Kurzlehrbücher
für das juristische Studium

Emmerich
Kartellrecht

Kartellrecht

Ein Studienbuch

von

Dr. Volker Emmerich
em. o. Professor an der Universität Bayreuth
Richter am Oberlandesgericht Nürnberg a. D.

12. Auflage

Verlag C. H. Beck München 2012

www.beck.de

ISBN 978 3 406 63266 2

Wilhelmstraße 9, 80801 München
Druck und Bindung: Druckhaus Nomos
In den Lissen 12, 76547 Sinzheim

Satz: ottomedien, 64295 Darmstadt

Gedruckt auf säurefreiem, alterungsbeständigem Papier
(hergestellt aus chlorfrei gebleichtem Zellstoff)

Vorwort

Die 11. Auflage dieses Buchs fand eine unerwartet freundliche Aufnahme, so dass schon nach wenigen Jahren eine Neuauflage erforderlich wurde. Ich habe die Gelegenheit genutzt, das Buch erneut in allen Teilen gründlich zu überarbeiten und zugleich auf den neuesten Stand zu bringen.

Bayreuth, im Herbst 2011 *Volker Emmerich*

Inhaltsverzeichnis

14.02

Abkürzungsverzeichnis

a. A.	anderer Ansicht
a. a. O.	am angegebenen Ort
ABl.	Amtsblatt der Europäischen Gemeinschaften
AcP	Archiv für die civilistische Praxis
AER	American Economic Review
a. F.	alte Fassung
AfP	Archiv für Presserecht
AG	Die Aktiengesellschaft (Zeitschrift)
AJP	Aktuelle Juristische Praxis (Schweiz)
AEG	Allgemeines Eisenbahngesetz
ArchPF	Archiv für das Post- und Fernmeldewesen
AWD	Außenwirtschaftsdienst des Betriebsberaters
BAGE	Entscheidungen des Bundesarbeitsgerichts
BB	Betriebs-Berater
Bd.	Band
Begr. z. RegE	Begründung zum Regierungsentwurf
BGBl.	Bundesgesetzblatt
BGE	Entscheidungen des Schweizerischen Bundesgerichts
BGHSt	Entscheidungen des Bundesgerichtshofs in Strafsachen
BGHZ	Entscheidungen des Bundesgerichtshofs in Zivilsachen
BKartA	Bundeskartellamt
BMWi	Bundesminister für Wirtschaft
BR-Drs.	Bundesrats-Drucksache
BReg	Bundesregierung
BSGE	Entscheidungen des Bundessozialgerichts
BT-Drs.	Bundestags-Drucksache
Bull.	Bulletin der Europäischen Kommission
BVerfGE	Entscheidungen des Bundesverfassungsgerichts
BVerwGE	Entscheidungen des Bundesverwaltungsgerichts
CaS	Causa Sport
CDE	Cahiers de droit européen
C. M. L. R.	Common Market Law Review
Columbia L. R.	Columbia Law Review
CR	Computer und Recht
DB	Der Betrieb
ders.	derselbe
Diss.	Dissertation
DJT	Deutscher Juristentag
EBOR	European Bussiness Organization Law Review
E. C. L. Rev.	European Competition Law Review
EGKS	(frühere) Europische Gemeinschaft für Kohle und Stahl (Montanunion)
EG	Europäische Gemeinschaft (Union)
EGV	Vertrag zur Gründung der EG (früher EWGV)
E. L. R.	European Law Review
et	Energiewirtschaftliche Tagesfragen
EU	Europäische Union
EuG	Europäisches Gericht 1. Instanz
EuGH	Europäischer Gerichtshof
EuGHE	Sammlung der Rechtsprechung des EuGH
EuR	Europarecht

EuZW	Europäische Zeitschrift für Wirtschaftsrecht
EVU	Energieversorgungsunternehmen
EWG	Europäische Wirtschaftsgemeinschaft
EWGV	EWG-Vertrag (heute AEUV)
EWR	Europäischer Wirtschaftsraum
EWS	Europäisches Wirtschafts- und Steuerrecht
f.	folgende Seite, für
FG	Festgabe
FIW	Forschungsinstitut der Wirtschaft
FKVO	Fusionskontrollverordnung
FLF	Finanzierung, Leasing, Factoring (Zeitschrift)
Fn.	Fußnote
FS	Festschrift
FTC	Federal Trade Commission
GA	Generalanwalt (beim EuGH)
gem.	gemäß
GFVO	Gruppenfreistellungsverordnung
grdl.	grundlegend
grds.	grundsätzlich
GRUR	Gewerblicher Rechtsschutz und Urheberrecht
GRUR Ausl/Int	GRUR Ausländischer/Internationaler Teil
GS	Gedächtnisschrift
GU	Gemeinschaftsunternehmen
GWB	Gesetz gegen Wettbewerbsbeschränkungen
H.	Heft
Halbs.	Halbsatz
Harvard L. R.	Harvard Law Review
HauptGA	Hauptgutachten der Monopolkommission
Hdb.	Handbuch, ohne weiteren Zusatz: Dauses, Handbuch des EU-Wirtschaftsrechts
h. M.	herrschende Meinung
Hrsg.	Herausgeber
IIC	International Review of Intellectual Property and Competition Law
IM Bd. I/1 oder 2	*Immenga/Mestmäcker,* EG-Wettbewerbsrecht, 5. Aufl. (2012)
IM Bd. II	*Immenga/Mestmäcker,* GWB, Kommentar, 5. Aufl. (2012)
J. des Trib.	Journal des Tribunaux, Paris
JNSt	Jahrbücher für Nationalökonomie und Statistik
JuS	Juristische Schulung
JW	Juristische Wochenschrift
JZ	Juristenzeitung
KartRdsch.	Kartellrundschau
KG	Kammergericht
LKartB	Landeskartellbehörde
LM	Lindenmaier-Möhring
LMK	Kommentierte BGH-Rechtsprechung Lindenmaier-Möhring
LMR	*Loewenheim/Meessen/Riesenkampff,* Kartellrecht, 2 Bände, 2006
MA	Der Markenartikel
MK	Monopolkommission
MMR	Multimedia und Recht

MRG .... Militärregierungsgesetz
MünchKomm .... Münchner Kommentar zum Europäischen und Deutschen Wettbewerbsrecht (Kartellrecht), 2007 f.

n. F. .... Neue Folge
NJW .... Neue Juristische Wochenschrift
NJWE-WettbR .... NJW-Entscheidungsdienst-Wettbewerbsrecht
NJW-RR .... NJW-Rechtsprechungsreport

OLGZ .... Entscheidungen der Oberlandesgerichte in Zivilsachen
ORDO .... Jahrbuch für die Ordnung der Wirtschaft und Gesellschaft
ÖJZ .... Österreichische Juristenzeitung

p. .... page
PBefG .... Personenbeförderungsgesetz

Qu. J. E. .... Quarterly Journal of Economics

RefE .... Referentenentwurf
RegE .... Regierungsentwurf
RevMC. .... Revue du Marché Commun
RGBl. .... Reichsgesetzblatt
RGSt .... Entscheidungen des Reichsgerichts in Strafsachen
RGZ .... Entscheidungen des Reichsgerichts in Zivilsachen
Rn. .... Randnummer
Rs. .... Rechtssache
RTDE .... Revue trimestrielle de droit européen

s. .... siehe
S. .... Seite
Schr. d. Verf.f. Soc. Pol. .. Schriften des Vereins für Socialpolitik
S. Ct. .... Supreme Court Reporter
Slg. .... Sammlung der Rechtsprechung des EuGH (Teil I) und des EuG (Teil II)
SonderGA .... Sondergutachten der Monopolkommission
SpuRt .... Sport und Recht
SZ .... Entscheidungen des österreichischen OGH in Zivilsachen

TB .... Tätigkeitsbericht des Bundeskartellamts
TK .... Telekommunikation
TKG .... Telekommunikationsgesetz
Tz. .... Textziffer

u. .... unten; und
Unlauterer Wettbewerb .. *Emmerich,* Das Recht des unlauteren Wettbewerbs, 8. Aufl. (2012)
u. ö. .... und öfters
unstr. .... unstreitig
US .... Entscheidungen des Obersten Bundesgerichts der USA
UWG .... Gesetz gegen den unlauteren Wettbewerb von 2004

VEnergR .... Veröffentlichungen des Instituts für Energierecht an der Universität zu Köln
VersR .... Versicherungsrecht
VO .... Verordnung

WB .... *Europäische Kommission,* Bericht über die Wettbewerbspolitik (seit 1971)
WBl., WiBl. .... Wirtschaftsrechtliche Blätter (Österreich)
WM .... Wertpapiermitteilungen
WuM .... Wohnungswirtschaft und Mietrecht

WRP	Wettbewerb in Recht und Praxis
WuW	Wirtschaft und Wettbewerb
WuW/E	Entscheidungssammlung der WuW
ZBB	Zeitschrift für Bankrecht und Bankwirtschaft
ZfBR	Zeitschrift für Baurecht
ZfE	Zeitschrift für Energiewirtschaft
ZfgG	Zeitschrift für das gesamte Genossenschaftswesen
ZGR	Zeitschrift für Unternehmens- und Gesellschaftsrecht
ZHR	Zeitschrift für das gesamte Handels- und Wirtschaftsrecht
ZStW	Zeitschrift für die gesamten Staatswissenschaften
ZUM	Zeitschrift für Urheber- und Medienrecht
zust.	zustimmend
ZWeR	Zeitschrift für Wettbewerbsrecht (seit 2003)

Literaturverzeichnis

van Bael/Bellis	*van Bael/Bellis,* Competition Law of the European Community, 5. Aufl., 2009
Bauchesne	*Bauchesne,* La protection juridique des entreprises en droit communautaire de la concurrence, 1993
Bechtold	*Bechtold,* Kartellgesetz, 6. Aufl., 2010
Bechtold/Bosch u. a.	*Bechtold/Bosch/Brinker/Hirsbrunner,* EG-Kartellrecht, 2. Aufl., 2009
Bellamy/Child	*Bellamy/Child,* Common Market Law of Competition, 4. Aufl., 1993 (mit Nachtrag 1998)
Emmerich/Habersack	*Emmerich/Habersack,* Konzernrecht, 9. Aufl., 2008
Frenz	*Frenz,* Handbuch Europarecht, Bd. 2: Europäisches Kartellrecht, 2006
FK/*Bearbeiter*	*Glassen/v. Hahn u. a.*, Frankfurter Kommentar zum GWB, 3. Aufl., 1993 ff.
Gloy/Loschelder/Erdmann	*Gloy/Loschelder/Erdmann,* Handbuch des Wettbewerbsrechts, 4. Aufl., 2010
Goyder	*Goyder,* Goyder's EC Competition Law, 5. Aufl., 2009
Grabitz/Hilf/*Bearbeiter*	*Grabitz/Hilf,* Das Recht der Europäischen Union, Kommentar, 1986 ff.
v. d. Groeben/Schwarze/ *Bearbeiter*	*v. d. Groeben/Schwarze,* EU-Vertrag und EG-Vertrag, 6. Aufl., 2003
Hdb. (ohne Zusätze)	*Dauses* (Hrsg.), Handbuch des EG-Wirtschaftsrechts, 2011 (Beiträge ohne Autorenangabe stammen von *Emmerich*)
Herdzina	*Herdzina,* Wettbewerbspolitik, 5. Aufl., 1999
IM/*Bearbeiter,* Bd. I/1 bzw. I/2	*Immenga/Mestmäcker,* Wettbewerbsrecht, Bd. 1 (in 2 Teilbänden): EG-Wettbewerbsrecht, 5. Aufl., 2012
IM/*Bearbeiter,* Bd. II	*Immenga/Mestmäcker,* Wettbewerbsrecht, Bd. 2: GWB, 5. Aufl., 2012
Koppensteiner	*Koppensteiner,* Österreichisches und europäisches Wettbewerbsrecht, 3. Aufl., 1997
Korah	*Korah,* EC-Competition Law and Practice, 8. Aufl., 2003
Lange	*Lange* (Hrsg.), Handbuch zum deutschen und europäischen Kartellrecht, 2. Aufl., 2006
Langen/Bunte/*Bearbeiter*	*Langen/Bunte,* Kommentar zum Kartellrecht, 11. Aufl., 2010
Lenz/Borchardt/ *Bearbeiter*	*Lenz/Borchardt,* EG-Vertrag, 3. Aufl., 2003
LMR/*Bearbeiter*	*Loewenheim/Meessen/Riesenkampff,* Kartellrecht, 2. Aufl., 2009
Mestmäcker/Schweitzer	*Mestmäcker/Schweitzer,* Europäisches Wettbewerbsrecht, 2. Aufl., 2004
Möschel	*Möschel,* Recht der Wettbewerbsbeschränkungen, 1983
MünchKomm/*Bearbeiter*	*Hirsch/Montag/Säcker,* Münchener Kommentar zum Europäischen und Deutschen Wettbewerbsrecht (Kartellrecht), Bd. 1, 2007
Ritter/Braun	*Ritter/Braun,* Competition Law, 3. Aufl., 2004
I. Schmidt	*I. Schmidt,* Wettbewerbspolitik und Kartellrecht, 8. Aufl., 2005
Schulte	*Schulte,* Handbuch Fusionskontrolle, 2. Aufl., 2009
Unlauterer Wettbewerb	*Emmerich,* Unlauterer Wettbewerb, 9. Aufl., 2012
Wiedemann	*Wiedemann,* Handbuch des Kartellrechts, 1999
Zäch, Kartellrecht	*R. Zäch,* Schweizerisches Kartellrecht, 2. Aufl., 2005
Zäch, Grundzüge	*R. Zäch,* Grundzüge des europäischen Wettbewerbsrechts, 2. Aufl., 2005

1. Teil. Einleitung

§ 1. Grundlagen

Literatur(Auswahl): *Baetge,* Globalisierung des Wettbewerbsrechts, 2008; *J. S. Bain,* Barriers to New Competition, Cambridge/Mass. 1956; *Bartling,* Leitbilder der Wettbewerbspolitik, 1980; *H. Berg,* Wettbewerbspolitik, 7. Aufl., 1999; *Böhm,* Wettbewerb und Monopolkampf, 1933/1964; *R. H. Bork,* The Antitrust Paradox, New York 1978/1993; *John M. Clark,* Competition as a Dynamic Process, Washington D. C. 1961; *E. H. Chamberlin,* The Theory of Monopolistic Competition, 6. Aufl., Cambridge/Mass. 1950; *D. Dewey,* The Theory of Imperfect Competition, A Radical Reconstruction, New York 1969; *Galbraith,* The New Industrial State, 2. Aufl., Boston 1971 (dt. Ausgabe 1968); *Fr. A. v. Hayek,* Individualismus und wirtschaftliche Ordnung, 2. Aufl., 1976; *ders.,* Die Verfassung der Freiheit, 1971; *ders.,* Der Weg zur Knechtschaft, 1946/1971; *ders.,* Mißbrauch und Verfall der Vernunft, 2. Aufl., 1979; *ders.,* Recht, Gesetzgebung und Freiheit, 3 Bde., 1980 ff.; *Herdzina* (Hrsg.), Wettbewerbstheorie, 1975; *ders.,* Wettbewerbspolitik, 5. Aufl., 1999; *E. Heuß,* Allgemeine Markttheorie, 1965; *Issing* (Hrsg.), Zukunftsprobleme der sozialen Marktwirtschaft, 1981; *Kantzenbach,* Die Funktionsfähigkeit des Wettbewerbs, 2. Aufl., 1967; *Kaufer,* Industrieökonomik, 1980; *Kerber/Schwalbe,* Ökonomische Grundlagen des Wettbewerbsrechts, in: MünchKomm, Einl. Rn. 960 ff. (S. 238 ff.); *I. M. Kirzner,* Wettbewerb und Unternehmertum, 1978; *G. Knieps,* Wettbewerbsökonomie, 2. Aufl., 2005; *Lampe,* Wettbewerb, Wettbewerbsbeziehungen, Wettbewerbsintensität, 1979; *Mestmäcker,* Recht und ökonomisches Gesetz, 2. Aufl., 1984; *ders.,* Bausteine zu einer Wirtschaftsverfassung, 1996; *ders.,* Die Interdepentenz von Recht und Ökonomie, in: Monopolkommission (Hrsg.), Zukunftsperspektiven der Wettbewerbspolitik, 2005, S. 19; *Mestmäcker/Schweitzer,* Europäisches Wettbewerbsrecht, 2. Aufl., 2004, § 2 VII (S. 71 ff.); *C. W. Neumann,* Historische Entwicklung und heutiger Stand der Wettbewerbstheorie, 1982; *P. Oberender/F. Daumann,* Industriepolitik, 1995; *J. Robinson,* The Economics of Imperfect Competition, New York/London 1933; *Scherer/Ross,* Industrial Market Structure and Economic Performances, 3. Aufl., Boston 1990; *I. Schmidt,* Wettbewerbspolitik und Kartellrecht, 8. Aufl., 2005; *ders./Binder,* Wettbewerbspolitik im internationalen Vergleich, 1996; *D. Schmidtchen,* Wettbewerbspolitik als Aufgabe, 1978; *Schumpeter,* Die Theorie der wirtschaftlichen Entwicklung, 6. Aufl., 1964; *ders.,* Kapitalismus, Sozialismus und Demokratie, 2. Aufl., Bern 1950; *Schwalbe/Zimmer,* Kartellrecht und Ökonomie, 2006; *Streißler/Watrin,* Zur Theorie marktwirtschaftlicher Ordnungen, 1980; *Triffin,* Monopolistic Competition and General Equilibrium Theorie, Cambridge/Mass. 1940; *Willeke,* Grundsätze wettbewerbspolitischer Konzeptionen, 1973; *ders.,* Wettbewerbspolitik, 1980; *Wurmnest,* Marktmacht und Verdrängungsmissbrauch, 2010. – Bibliographie in: *G. Schwarz/Habermann* (Hrsg.), Die Idee der Freiheit, 2007.

Gegenstand dieses Buchs ist das Kartellrecht. Aufgabe des Kartellrechts ist es in erster Linie, den Wettbewerb umfassend zu schützen. Daraus ergeben sich vor allem zwei Fragen, zunächst die Frage, was Wettbewerb eigentlich ist, und sodann die Frage, warum dieser Wettbewerb schützenswert ist. Zu beginnen ist mit der Frage nach dem „Begriff" des Wettbewerbs (s. u. Rn. 2 ff.). Die zweite Frage, die Frage nach den Gründen für die besondere Schutzwürdigkeit des Wettbewerbs wird üblicherweise mit dem Hinweis auf die verschiedenen Wettbewerbsfunktionen beantwortet, auf die deshalb im Anschluss an die Bemerkungen zum Wettbewerbsbegriff ebenfalls ein kurzer Blick zu werfen ist (u. Rn. 7 ff.). Daran anschließen soll sich ein knapper Überblick über die Entwicklung der Wettbewerbstheorie (u. Rn. 13 ff.). 1

I. Zum Begriff des Wettbewerbs

Am Anfang eines Lehrbuchs des Kartellrechts wird man in der Regel eine „Definition" des Wettbewerbs als des primären Schutzguts des Kartellrechts erwarten (o. Rn. 1). Bei näherem Zusehen erweist sich jedoch der Versuch einer Wettbewerbs- 2 definition als ausgesprochen schwierig. Vielfach wird sogar bezweifelt, ob eine Definition des Wettbewerbs – verstanden als (normatives) Leitbild der Wettbewerbspolitik – überhaupt möglich ist.[1] Zwar hat jeder eine ungefähre Vorstellung von dem, was Wettbewerb „ist"; aber ob sich daraus eine operationale Definition des Wettbewerbs ableiten lässt, ist angesichts der unübersehbaren Vielgestaltigkeit von Wettbewerbsprozessen in einer modernen Wirtschaft in der Tat eher zweifelhaft. Zu Resignation besteht gleichwohl kein Anlass. Denn „Wettbewerb entsteht in aller Regel dort, wo Rechtssubjekte von ihrer Handlungsfreiheit im Wirtschaftsverkehr Gebrauch machen. Welche wirtschaftlichen Handlungsfreiheiten gegeben sind, hängt von der Wirtschaftsordnung ab".[2]

3 Diese Einsicht genügt vollauf für die begrenzten Zwecke unserer Darstellung. Der Wettbewerb in dem hier interessierenden Sinne ist mit anderen Worten identisch mit dem komplexen **System von Marktprozessen,** das entsteht, wenn die Wirtschaftssubjekte von ihrer wirtschaftlichen Freiheit im Rahmen der Rechtsordnung Gebrauch machen.[3] Beschränkt man den Blick auf das Grundmuster des **Angebotswettbewerbs,** so wird sich der Wettbewerb in der Regel darin äußern, dass mehrere Unternehmen sich gleichzeitig bemühen, durch besondere Angebote in Vertragsbeziehungen zur Marktgegenseite, zu den Abnehmern, zu treten, wobei es keine Rolle spielt, in welcher Beziehung ihr Angebot das der Konkurrenten übertrifft.[4] Häufig wird dies der Preis oder die Qualität der angebotenen Ware oder Leistung sein; notwendig ist das indessen nicht; vielmehr stehen den Unternehmen im Wettbewerb auch noch zahlreiche andere Parameter zur Verfügung. Entsprechend vielgestaltig ist der Wettbewerbsprozess, den man infolgedessen wohl partiell beschreiben, aber nie abschließend definieren kann.

4 Nicht anders als mit dem Begriff des Wettbewerbs (o. Rn. 2 f.) verhält es sich im Ergebnis mit dem Gegenbegriff der **Wettbewerbsbeschränkung.** Heute wird zwar vielfach versucht, dem Phänomen des Wettbewerbs über die Definition seines Gegenbegriffs näher zu kommen, wenn es schon nicht gelingen will, den Wettbewerb selbst abschließend zu definieren.[5] Indessen erweist sich auch eine operationale Definition des Begriffs der Wettbewerbsbeschränkung als ausgesprochen schwierig.[6]

5 Gleichwohl besteht hier ebenfalls kein Anlass zu übertriebenem Pessimismus oder gar Resignation: Wenn Wettbewerb überall dort entsteht, wo die Wirtschaftssubjekte von ihrer wirtschaftlichen Handlungsfreiheit Gebrauch machen (o. Rn. 2 f.), liegt es auf der Hand, dass eine Wettbewerbsbeschränkung – jedenfalls in erster Annäherung – anzunehmen ist, wenn die **Freiheit unternehmerischer Planung willkürlich eingeschränkt** wird. Die Betonung liegt dabei auf dem Wort „willkürlich", da unter-

[1] Verneinend *Herdzina,* S. 7 f.; *Mestmäcker/Schweitzer,* § 2 Rn. 75 (S. 72 f.); *D. Schmidtchen,* S. 33 ff.; anders *Fikentscher,* Wettbewerb und gewerblicher Rechtsschutz, 1958, S. 33 ff.; *Knöpfle,* DB 1991, 1433; *Lukes,* (1.) FS Böhm, 1965, S. 269; *Meessen,* JZ 2009, 697; MünchKomm/*Kerber/Schwalbe,* Einl. Rn. 960 ff.; *Willeke,* Wettbewerbspolitik, S. 26 ff.; *Zäch,* Kartellrecht, S. 5 Tz. 10.

[2] So *Mestmäcker/Schweitzer,* § 2 Rn. 73 (S. 72); ebenso betont *Möschel,* (2.) FS Mestmäcker, 2006, S. 355 (366 f.).

[3] *Mestmäcker/Schweitzer,* § 2 Rn. 74 (S. 72); *Meessen,* JZ 2009, 697, 698 ff.

[4] *Zäch,* Kartellrecht, S. 5 Tz. 10; *Meessen,* JZ 2009, 697, 698 ff.

[5] Vgl. die „Definitionen" bei *Fikentscher,* Wettbewerb (o. Fn. 1), S. 33 ff.; *Herdzina,* S. 82 ff.; *Möschel,* Wettbewerbsbeschränkungen, S. 48 ff.; *I. Schmidt,* S. 121 f.

[6] Vgl. *Bartling,* S. 42, 49 ff.; *Emmerich,* FS H. K. Schneider, 1980, S. 103; *Herdzina,* S. 60 ff.; *Lampe,* S. 129 ff.; *I. Schmidt* (vorige Fn.); *Willeke,* S. 40 ff.

nehmerische Freiheit, gleich auf welcher Seite des Marktprozesses, niemals umfassend sein kann,[7] so dass man ohne Wertungen letztlich auch hier nicht auskommt. Im Ergebnis bleibt daher häufig nichts anderes übrig, als (normativ) festzulegen, welche Verhaltensweisen als wettbewerbsbeschränkend *gelten* sollen, weil von ihnen nach unseren Erfahrungen typischerweise der Wettbewerbsordnung besondere Gefahren drohen.[8]

Als besonders gefährlich gelten gemeinhin künstliche Marktzutrittsschranken. Folgt 6
man dem, wofür viel spricht, so erweist sich als **Hauptaufgabe** einer rationalen Wettbewerbspolitik die **Offenhaltung der Märkte,** damit die Machtposition von Unternehmen im Wettbewerb bedroht bleibt und im Zeitablauf auch wieder abgebaut werden kann.[9]

II. Wettbewerbsfunktionen

1. Wirtschaftspolitische Funktionen

Der Wettbewerb ist schützenswert, weil man sich von ihm verschiedene **positive** 7
Wirkungen verspricht, die anders als durch Wettbewerb nicht oder doch nur schwer erreichbar wären. Diese erhofften positiven Wirkungen oder Effekte des Wettbewerbs werden in der Theorie als **Wettbewerbsfunktionen** bezeichnet. Im einzelnen hat man vor allem die wirtschaftspolitischen und die gesellschaftspolitischen Funktionen des Wettbewerbs zu unterscheiden.[10] Im Vordergrund des Interesses der Wettbewerbstheorie stehen durchweg die **wirtschaftspolitischen Funktionen.** Zu ihnen werden in erster Linie die Steuerungs- oder Ordnungsfunktion sowie die Verteilungs- und die Antriebs- oder Leistungsfunktion des Wettbewerbs gezählt.

Wegen der Einzelheiten kann auf die wettbewerbstheoretische Literatur verwiesen 8
werden.[11] Im vorliegenden Zusammenhang genügt es, einen kurzen Blick auf das Beispiel des **Angebotswettbewerbs** mehrerer selbstständiger Unternehmen zu werfen, um die Vorteile eines Wettbewerbs der Anbieter und damit zugleich die Nachteile jeder Beschränkung dieses Wettbewerbs – hier verstanden als Ausschluss der Freiheit der konkurrierenden Unternehmen zu selbstständigem Handeln am Markt (o. Rn. 5) – zu erkennen. Paradigmata sind Preiskartelle oder das Auftreten von Monopolen. In jedem Falle ist die Folge, dass im Gegensatz zu der Situation bei Wettbewerb die Marktgegenseite, in erster Linie also die Verbraucher, **keine Alternativen mehr** haben, unter denen sie entsprechend ihren Präferenzen wählen können, so dass sich die Anbieter nicht mehr um die Wünsche ihrer Kunden zu kümmern brauchen und sie ihre Preise – innerhalb bestimmter äußerster Grenzen – beliebig hoch festsetzen können. Es kommt dann nicht nur zu Kapitalfehlleitungen größten Ausmaßes; sondern für die privilegierten Unternehmungen entfällt auch jeder Anlass, sich um Kostensenkungen, um eine Verbesserung ihrer Produkte oder um neue Produkte zu

[7] *Möschel,* Pressekonzentration und Wettbewerbsgesetz, 1978, S. 43 ff.

[8] *Herdzina,* S. 82, 88 ff.

[9] S. u. Rn. 21 sowie *Bartling,* S. 130 ff.; *E. Heuß,* S. 264 ff.; *Hoppmann,* FS Th. Wessels, S. 145 ff. (176 ff.); *ders.,* Schr. d. Ver.f. SocPol. n. F. 48, 9 ff.

[10] Zu den letzteren s. u. Rn. 9 ff.

[11] S. *Knieps,* S. 4 ff.; *Schwalbe/Zimmer,* S. 3 ff.; *I. Schmidt,* S. 11 ff.; *Zäch,* Kartellrecht, Tz. 20 ff. (S. 10 ff.).

bemühen. Eine allgemeine Erlahmung der wirtschaftlichen Dynamik ist die nahezu unausweichliche Folge.

2. Gesellschaftspolitische Funktionen

9 Den angedeuteten wirtschaftspolitischen Funktionen des Wettbewerbs (s. o. Rn. 7 f.) stehen aus rechtlicher Sicht die gesellschaftspolitischen an Bedeutung nicht nach. Gemeint ist damit in erster Linie die Aufgabe des Wettbewerbs, für die Herstellung einer (einigermaßen) **gleichmäßigen Machtverteilung** in Wirtschaft und Gesellschaft zu sorgen.[12] Dahinter steht die durch die geschichtlichen Erfahrungen immer wieder bestätigte und bisher nicht widerlegte Annahme, dass es vor allem der Wettbewerb ist, der in unserer Gesellschaftsordnung dazu berufen ist, den Aufbau *endgültiger* Machtpositionen zu verhindern, durch die die gleiche Freiheit aller anderen bedroht wird (sog. machtzerstörende oder **machtneutralisierende Wirkung** des Wettbewerbs).

10 Die fundamentale Bedeutung des Wettbewerbs für jede freiheitliche Gesellschafts- und Privatrechtsordnung beruht in erster Linie auf diesen Zusammenhängen, weil eine auf **Privatautonomie und Eigentum aufgebaute** und durch Verträge gestaltete **Privatrechtsordnung** nur dann zu „gerechten", d. h. allseits akzeptierten Ergebnissen führt, wenn es keinem Privatrechtssubjekt gelingt, endgültig eine derartige wirtschaftliche Macht zu erringen, dass es ihm möglich wird, an die Stelle des interessenausgleichenden Vertragsmechanismus sein einseitiges Diktat zu setzen.

11 Diese Einsicht ist keineswegs neu. Verbote von Kartellen, die genau auf der Einsicht in die angedeuteten Zusammenhänge beruhten, gab es vielmehr bereits in der römischen Kaiserzeit und in Deutschland in der frühen Neuzeit (§ 2 Rn. 5). Noch die **Verfasser des BGB** wollten deshalb vor über hundert Jahren durch **§ 138 Abs. 1** (mit vollem Recht) Kartelle verbieten, weil sie gegen das Prinzip der Gewerbefreiheit und damit gegen die allgemeinen Interessen des Staates verstießen.[13] Hätte man in den ersten Jahren nach Inkrafttreten des BGB dies mit dem gebotenen Ernst zur Kenntnis genommen, so wäre Deutschland nicht, wie es tatsächlich der Fall war, schließlich zum Land der Kartelle geworden (s. u. § 2 Rn. 5 ff.). Es besteht Grund zu der Annahme, dass sich dann die wirtschaftliche und politische Entwicklung in Deutschland wohl sehr viel anders als tatsächlich geschehen vollzogen hätte.

12 **Privatautonomie, Privateigentum und Wettbewerb** gehören daher unmittelbar zusammen. Sie sind die **drei Säulen,** auf denen jede funktionsfähige freie Wirtschafts- und Gesellschaftsordnung ruht. Das sollte heute aufgrund der geschichtlichen Entwicklung – eigentlich – feststehen, so dass sich seitdem im Grunde nur noch die andere Frage stellt, **wie viel** Privateigentum, Vertragsfreiheit und Wettbewerb jeweils wünschenswert sind **und wie** namentlich der **Wettbewerb** gegen seine vielen Feinde **geschützt** werden kann. Allein mit der zuletzt genannten Frage beschäftigt sich das Kartellrecht; nur sie ist daher Gegenstand der folgenden Darstellung.

---

[12] Dazu insb. *F. Böhm,* in: Kartelle und Monopole im modernen Recht, Bd. I, 1961, S. 3 ff.; *J. M. Clark,* AER 45 (1955), 450; *Herdzina,* S. 16 ff.; *Hoppmann,* JNSt 179 (1966), 286 (299); *Koppensteiner,* § 1 Rn. 1 ff. (S. 1 ff.); *Mestmäcker,* JZ 1964, 441; *ders.,* AcP 168 (1968), 235; *I. Schmidt,* S. 30 ff.

[13] Mot. I, S. 221.

III. Entwicklung der Wettbewerbstheorie

Literatur: *Bartling,* S. 9 ff.; *Emmerich,* ZGR 1976, 170; *Herdzina,* Wettbewerbstheorie 1975; *Kaufer,* Industrieökonomik, 1980; *I. M. Kirzner,* Wettbewerb, S. 72 ff.; *G. Knieps,* Wettbewerbsökonomie, 2. Aufl., 2005, S. 67 ff.; *I. Schmidt,* S. 1 ff.; *Stürner,* Markt und Wettbewerb über alles?, 2007; *Zäch,* Kartellrecht, Tz. 96 ff. (S. 41 ff.).

1. Von den Klassikern zu John M. Clark

Bereits für die **Klassiker** der Nationalökonomie, die den Preismechanismus entdeckt 13
und als erste beschrieben haben (*A. Smith*[14] und *D. Ricardo*[15]), war der Wettbewerb ein Verfahren herrschaftsfreier gesellschaftlicher Koordination, das eine optimale Synthese aus den Zielen Freiheit, Gleichheit und Wohlstand für alle garantiert. Sie hatten sich jedoch noch nicht viele Gedanken darüber gemacht, welche Voraussetzungen im Einzelnen erfüllt sein müssen, damit der Wettbewerb funktioniert. Sie waren vielmehr – sicher nicht ohne Berechtigung – einfach davon ausgegangen, dass sich Wettbewerb überall dort von selbst einstellen wird, wo alle künstlichen Wettbewerbshindernisse beseitigt sind. Deshalb hatten sie auch bereits ganz richtig erkannt, dass (nach wie vor) der **größte Feind** des Wettbewerbs der **Staat** ist (und nicht etwa die Unternehmen), so dass die wichtigste Voraussetzung für möglichst viel Wettbewerb die Beseitigung der zahlreichen staatlichen Wettbewerbshindernisse ist, von Zöllen und Kontingenten über Marktzutrittsbeschränkungen aller Art bis zu gesetzlichen Monopolen, dem Lieblingsspielzeug korrupter Politiker.[16] Dass sich daran im Grunde bis heute nichts geändert hat, zeigt die Hartnäckigkeit, mit der die Politiker vor allem auf der Ebene der Gemeinden und der Länder buchstäblich über Jahrzehnte hinweg die ach so bequemen Versorgungsmonopole in der Energiewirtschaft – als ihre Pfründe – verteidigten und teilweise auch heute noch, unter Berufung auf den verlogenen Topos der Daseinsvorsorge, verteidigen, aktuell insbesondere in der Wasserwirtschaft (§ 131 Abs. 6 GWB). Als Vehikel dient neuerdings vielfach der – absichtlich missverstandene – Art. 106 AEU V (s. dazu unten § 19). Nur das jüngste Beispiel für dieses „Trauerspiel" ist der Kampf der Bundesländer um ihr bizarres Glücksspiel oder Wettmonopol, hinter dem sich ausschließlich fiskalische Interessen verbergen, das aber unter heuchlerischer Berufung (ausgerechnet) auf den Schutz der Allgemeinheit vor der Wett- und Spielsucht verteidigt wird (woran die Länder doch gerade verdienen wollen).

Der umfassende wettbewerbspolitische Ansatz der Klassiker (o. Rn. 13) geriet später 14
zunehmend in Vergessenheit. Vor allem unter dem Einfluss des großen französischen Nationalökonomen *Cournot* verengte sich die Wettbewerbstheorie stattdessen immer mehr auf die statische **Preistheorie** mit ihren Gleichgewichtsmodellen, die nur den Endzustand völlig ausgereifter, keinem Wandel mehr unterliegender Märkte beschreiben.

[14] An Inquiry into the Nature and Causes of the Wealth of Nations, 5. Aufl., London 1789/München 1974, insb. S. 103, 500 ff.; dazu *Benöhr,* JuS 1976, 273; *Mestmäcker,* Recht und ökonomisches Gesetz, S. 100 ff.; *Recktenwald,* A. Smith, 1976.

[15] Grundsätze der politischen Ökonomie und der Besteuerung, London 1817; neu hrsg. von *Neumark,* 1972.

[16] Beeindruckende Aufzählung bei MünchKomm/*Kerber/Schwalbe,* Einl. Rn. 965 ff.

15 Seitdem wurde es üblich, je nach der Anzahl der Anbieter und Nachfrager bestimmte **Marktformen** zu unterscheiden. Grundformen waren und sind das Polypol, das (weite und enge) Oligopol, das Dyopol[17] und das Monopol bzw. das Polypson, das Oligopson und das Monopson. Aus der Kombination dieser Merkmale ergab sich dann die jeweilige konkrete Marktform, z. B. die des beiderseitigen Polypols oder des einseitigen Oligopols mit polypsonistischer Nachfrage. Unter Vernachlässigung aller anderen Faktoren und insbesondere des Zeitmoments wurden anschließend anhand dieser Modelle die Auswirkungen von Veränderungen der Preise oder Mengen auf die jeweils andere Größe studiert. Grundformen waren das Polypol und das Monopol.

16 Nimmt man z. B. ein beiderseitiges Polypol mit vollkommener Markttransparenz, Produkthomogenität, totaler Faktormobilität und -flexibilität sowie unendlicher Anpassungsgeschwindigkeit für alle Marktteilnehmer an (sog. **vollkommene Konkurrenz**), so ist der Preis für jeden Anbieter und Nachfrager ein Datum, auf das er keinen Einfluss besitzt, das er vielmehr aus dem „Markt" entnimmt und auf dessen Veränderungen er durch die Anpassung seiner Produktionsmenge oder seiner Nachfrage reagiert. Unter solchen Voraussetzungen wird nun ein Anbieter, einen U-förmigen Verlauf der Kostenkurven unterstellt, seine Produktion so lange ausdehnen, bis gilt: Grenzkosten = Preis. Denn sobald seine Grenzkosten über den Preis steigen, lohnt sich für ihn eine weitere Produktionsausweitung nicht mehr. Ein **Monopolist** wird dagegen seine Produktion (nur) bis zu dem Punkt ausdehnen, an dem für ihn gilt: Grenzkosten = Grenzerlös, weil er hier sein Gewinnmaximum erreicht (sog. **Cournotscher Punkt**). Dies folgt aus der einfachen Überlegung, dass sich für den Monopolisten eine zusätzliche Produktion nur so lange lohnt, wie die zusätzlichen Kosten (Grenzkosten) unter den zusätzlichen Erlösen (Grenzerlösen) liegen, jedoch nicht mehr, sobald sie darüber hinaus ansteigen.

17 Die **Preistheorie** zog aus diesen Einsichten die wettbewerbs*politische* Folgerung, dass die Versorgung der Allgemeinheit am besten im Polypol und am schlechtesten im Monopol gewährleistet sei, weil im Polypol – jedenfalls langfristig – die Preise auf die Grenzkosten des Grenzanbieters gedrückt würden, während der Monopolist in der Lage sei, auf Kosten der Allgemeinheit hohe Differentialgewinne zu erzielen. Daher rührt die bis heute anhaltende positive Bewertung des Polypols und des weiten Oligopols sowie die negative Bewertung des Monopols und des engen Oligopols.

18 In der Konsequenz der Preistheorie, jedenfalls in ihrer herkömmlichen Gestalt, liegt es, das **Modell der vollkommenen Konkurrenz** zum **wettbewerbspolitischen Leitbild** zu erheben, d. h. als Ziel der Wettbewerbspolitik die möglichst weitgehende Annäherung aller Märkte an dieses Modell zu definieren. Noch im Jahre 1957 wurde als Ziel des GWB die „Erhaltung der vollständigen Konkurrenz in einem möglichst großen Umfang" propagiert.[18] Tatsächlich kann dies indessen schwerlich das Ziel einer rationalen Wettbewerbspolitik sein, weil die **Voraussetzungen** der vollkommenen Konkurrenz **weithin irreal** sind, so dass in der wirtschaftlichen Wirklichkeit Märkte, die dem Idealbild der vollständigen Konkurrenz entsprechen, nahezu nirgends anzutreffen sind.[19] Die allermeisten Märkte weisen vielmehr – in unterschied-

[17] Häufig auch (unrichtig) Duopol genannt.

[18] So die Begr. z. RegE des GWB, BT-Drs. II/1158, S. 22.

[19] Allenfalls bestimmte hochliquide Börsen mit zahlreichen aktiven Teilnehmern erfüllen diese Voraussetzungen.

lichem Ausmaß – sog. „Unvollkommenheiten" auf. Der tatsächliche Wettbewerb trägt daher, wie man seit den dreißiger Jahren des zwanzigsten Jahrhunderts zu sagen pflegt, **„monopolistische Züge"**.

Wettbewerbspolitisch hatte man daraus zunächst den Schluss gezogen, die festgestellten Unvollkommenheiten müssten auf allen Märkten so weit wie möglich beseitigt werden, um die **Märkte** dadurch dem **Idealbild** der vollkommenen Konkurrenz wenigstens partiell wieder **anzunähern.** Dieses wettbewerbspolitische Konzept hat auch heute noch – ausgesprochen oder unausgesprochen – zahlreiche Anhänger, zumal ihm eine gewisse Rationalität nicht abzusprechen ist. Gleichwohl überwiegt heute die Kritik, seitdem *John M. Clark* mit seiner Gegengiftthese die moderne wettbewerbstheoretische Diskussion einläutete. 19

J. M. Clark[20] hielt ebenso wie vor ihm die Vertreter der Theorie der monopolistischen Konkurrenz ursprünglich noch an dem Leitbild der vollkommenen Konkurrenz fest; indessen zog er als Erster entschlossen die Konsequenzen aus dem Umstand, dass die Voraussetzungen dieses Wettbewerbsmodells weithin irreal sind. Das war die Geburtsstunde seiner **Gegengiftthese,** die im Kern besagt, dass auf sämtlichen Märkten, die durch Unvollkommenheiten gekennzeichnet sind, eine möglichst weitgehende Beseitigung dieser Unvollkommenheiten nicht immer und nicht notwendig zu guten ökonomischen Ergebnissen führt, es vielmehr durchaus auch erforderlich sein kann, vorhandene Unvollkommenheiten durch die **Schaffung weiterer Unvollkommenheiten („Gegengift")** zu bekämpfen, wenn es schon nicht gelingt, alle Unvollkommenheiten zu beseitigen (sog. **Theorie des Zweitbesten**). 20

Später hat *Clark* die Orientierung an dem Modell der vollkommenen Konkurrenz ganz aufgegeben. An ihre Stelle setzte er stattdessen die heute herrschende **dynamische Theorie.**[21] Sie versteht den Wettbewerb als einen in der Zeit ablaufenden Prozess, der aus Vorstößen einzelner Pionierunternehmen und aus Verfolgungsaktionen anderer, sog. Nachahmer besteht.[22] Dieser Prozess kommt niemals zum Ende, solange er frei ist. Vorübergehende Machtpositionen einzelner Unternehmen sind mit ihm durchaus vereinbar, sofern nur der Marktzutritt offen bleibt. Als zentrale Aufgabe jeder rationalen Wettbewerbspolitik erweist sich damit in der Tat die **Offenhaltung der Märkte.** Diese Erkenntnis ist heute Allgemeingut der Wettbewerbstheorie (s. schon o. Rn. 6). 21

2. Workable competition

Literatur: *Herdzina,* S. 33 ff.; *Hoppmann,* FS Th. Wessels, 1967, S. 145; *Kaysen/Turner,* Antitrust Policy, Cambridge/Mass. 1959/1965, S. 44, 82 ff.; *G. Knieps,* Wettbewerbsökonomie, 2. Aufl., 2005, S. 45, 67 ff., 74; *Mestmäcker/Schweitzer,* § 2 Rn. 75 ff. (S. 72 ff.); *Möschel,* Tz. 66 (S. 44 ff.); MünchKomm/*Kerber/Schwalbe,* Einl. Rn. 1002 ff.; *Schwalbe/Zimmer,* S. 29 ff.; *I. Schmidt,* S. 9, 56, 77 ff.; *Zäch,* Kartellrecht, Tz. 100 ff. (S. 42 ff.).

Die Thesen *J. M. Clarks* (s. o. Rn. 19 ff.) hatten seinerzeit eine lebhafte, bis heute anhaltende Diskussion vor allem über die Frage ausgelöst, welche Unvollkommenheiten des Wettbewerbs um des technischen und wirtschaftlichen Fortschritts willen nicht nur in Kauf genommen, sondern gegebenenfalls geradezu gefördert werden 22

[20] AER 30 (1940), 241 = in: *Herdzina,* S. 143; AER 45 (1955), 450.
[21] Competition as a Dynamic Process, 1961; Auszug in: *Herdzina,* Wettbewerbstheorie, S. 269 ff.
[22] Ebenso zuletzt z. B. *Meessen,* JZ 2009, 698, 698, 701 m. N.

müssen oder – anders gewendet – welche Voraussetzungen erfüllt sein müssen, damit der Wettbewerb seine Funktionen – unter den gegebenen Umständen (!) – „optimal" erfüllen und die „besten" möglichen Ergebnisse auch tatsächlich hervorbringen kann. Diese Diskussion steht vor allem im Zeichen der Auseinandersetzung um die verschiedenen **Workability-Konzepte** (Stichworte: Harvard School, Chicago School, Konzept der Wettbewerbsfreiheit).

23 Es gibt zahlreiche unterschiedliche Konzepte des funktionsfähigen Wettbewerbs (workable competition), die hier nicht im Einzelnen aufgezählt werden können.[23] Wichtig ist nur festzuhalten, dass diese ganze Lehre eine **normative Theorie** ist. Denn sie definiert **Leitbilder** (Normen), anhand derer sie zu beurteilen versucht, ob bestimmte ökonomische Zustände positiv oder negativ zu bewerten und deshalb mit dem Instrumentarium der Wettbewerbspolitik anzustreben sind oder nicht. Üblicherweise geht man dabei auf folgende Weise vor:

24 Wenn man feststellen will, ob auf einem Markt funktionsfähiger Wettbewerb herrscht, muss man zunächst den zu betrachtenden sog. **relevanten Markt** möglichst genau in räumlicher, zeitlicher und vor allem sachlicher Hinsicht von anderen Märkten abgrenzen.[24] Als nächstes sind sodann die charakteristischen Eigenschaften (Merkmale) dieses Marktes zu ermitteln. Sie werden gewöhnlich in das **Marktverhalten** der Unternehmen, die **Marktstruktur** und die **Marktergebnisse** unterteilt.[25] Für einzelne, mehrere oder sogar alle genannten Merkmale hat man schließlich **Normen** aufzustellen, die erfüllt sein müssen, wenn auf dem fraglichen Markt Wettbewerb in dem erforderlichen Ausmaß herrschen soll, erforderlich wohlgemerkt, um die jeweils gewünschten Ergebnisse hervorzubringen.

25 Die Konzepte der workable competition lassen sich deshalb zunächst danach unterscheiden, für welche und für wie viele Merkmale eines Marktes sie Normen aufstellen.[26] Besondere Bedeutung kommt in diesem Zusammenhang der Frage zu, ob auch die Marktergebnisse, die sog. **performance,** berücksichtigt werden soll. Weitere Unterschiede ergeben sich daraus, auf **welche Funktionen** des Wettbewerbs bei der Aufstellung der Normen das Schwergewicht gelegt wird.[27] Heute stehen meistens die **dynamischen Funktionen** des Wettbewerbs im Vordergrund des Interesses, so dass die Mehrzahl der Anhänger derartiger Konzepte bereit ist, um eines optimalen technischen Fortschritts willen auf die Verwirklichung der übrigen Wettbewerbsfunktionen (mehr oder weniger) zu verzichten.[28]

26 So einleuchtend alle diese Konzepte auf den ersten Blick auch erscheinen mögen, so umstritten sind sie doch tatsächlich. In den USA befinden sie sich heute infolge des Vordringens der Chicago-Schule (s. u. Rn. 32 f.) sogar unverkennbar wieder auf dem Rückzug. Bei uns haben die workability-Konzepte ihre beste Zeit gleichfalls bereits hinter sich. Auslösend für diese Entwicklung war vor allem die **Kritik**

[23] S. insb. *Sosnick,* Qu. J. E. 72 (1958), 380.

[24] Zum Problem des sog. relevanten Marktes s. im Einzelnen u. § 4 Rn. 63 ff., § 9 Rn. 8 ff. usw.

[25] Aufgliederung der einzelnen Marktmerkmale bei *Bartling,* S. 21 ff.; *Knieps,* Wettbewerbsökonomie, S. 46 ff.; *I. Schmidt,* S. 58 ff.; *Sosnick,* Qu. J. E. 72 (1958), 380.

[26] S. *Herdzina,* S. 47 ff.; *I. Schmidt,* S. 78 ff.

[27] Vgl. die Zielkataloge bei *John M. Clark* (AER 45 [1955], 450 ff.) und bei *Sosnick,* Qu. J. E. 72 (1958), 380.

[28] *Kantzenbach/Kartte,* BB 1969, 54; – ablehnend aber *Bartling,* S. 30, 36 ff.; *Hoppmann,* JNSt 179 (1966), 286; 181 (1970), 251; *Kaufer,* S. 604 ff.; *ders.,* JNSt 179 (1966), 481; *I. Schmidt,* S. 13 f.

Fr. A. v. Hayeks[29] und *Hoppmanns*[30] an den workability-Konzepten in ihren verschiedenen Spielarten. Hervorzuheben sind folgende Punkte:

Workability-Konzepte beruhen letztlich auf der Annahme bestimmter kausaler **Beziehungen (Korrelationen) zwischen Marktstruktur, Marktverhalten und Marktergebnissen.**[31] Sie stehen und fallen infolgedessen mit der Möglichkeit, empirisch mit vertretbarem Aufwand Korrelationen zwischen den genannten Größen nachweisen zu können. In den USA hat sich vor allem die sog. **Industrial-Organization-Lehre** darum bemüht, solche Zusammenhänge aufzuspüren, um darauf empirisch fundierte, wettbewerbspolitische Urteile stützen zu können. Dabei sind zunehmend die **strukturellen Besonderheiten** einzelner Wirtschafts- oder Industriezweige (daher der Name) hervorgetreten, da sich gezeigt hat, dass von Industriezweig zu Industriezweig unterschiedliche Gesetzmäßigkeiten vorherrschen, ohne deren Beachtung belastbare (robuste) Aussagen über die Korrelationen zwischen Marktverhalten, Marktstruktur und Marktergebnissen nicht möglich sind.[32] 27

Die Ergebnisse, zu denen die industrieökonomischen Untersuchungen gelangt sind, legen zwar auf den ersten Blick in der Tat die Annahme nahe, dass es **positive Korrelationen** zwischen Marktverhalten, Marktstruktur und (wie immer gemessenen) Marktergebnissen gibt. Die zugrunde liegenden theoretischen Annahmen sind gleichwohl **umstritten** geblieben. Heute herrscht sogar die Auffassung vor, dass sich in der Mehrzahl der Fälle belastbare Aussagen über Kausalbeziehungen zwischen Marktstruktur, Marktverhalten und Marktergebnissen, bisher jedenfalls, *nicht* machen lassen, so dass ein **Schluss** von der Struktur eines Marktes auf ein bestimmtes Marktverhalten oder gar auf Marktergebnisse gewöhnlich **ausscheidet**. Ebensowenig sind im Regelfall offenbar exakte Voraussagen darüber möglich, welche Wirkungen ein Marktverhalten haben wird, da nicht nur das Marktverhalten und die Marktstruktur auf die Marktergebnisse, sondern ebenso die Marktergebnisse auf die Marktstruktur und das Marktverhalten einwirken, wodurch ein vollkommen undurchschaubares Geflecht von Kausalbeziehungen entsteht. Erschwerend kommt noch hinzu, dass die Fülle der zu berücksichtigenden Kausalfaktoren schlicht unbekannt und jedenfalls unübersehbar ist. 28

3. Konzept der Wettbewerbsfreiheit

Literatur: *Bartling,* S. 23, 41 ff.; *Herdzina,* S. 108 ff.; *Hoppmann,* FS Wessels, 1967, S. 145; *Kaufer,* Industrieökonomik; *G. Knieps,* Wettbewerbsökonomie, 2. Aufl., 2005, S. 67 ff.; *I. M. Kirzner,* Wettbewerb und Unternehmertum (1978); *Künzler,* Effizienz oder Wettbewerbsfreiheit?, 2008; *Lampe,* Wettbewerb; *Koppensteiner,* § 1 Rn. 21 ff. (S. 12 ff.); *Mestmäcker/Schweitzer,* § 2 Rn. 75, 92 ff. (S. 72, 80 ff.); *Möschel,* Tz. 67 f. (S. 46 ff.); *I. Schmidt,* S. 16 ff.; *I. Schmidtchen,* ORDO 39 (1988), 111; *ders.,* Wettbewerbspolitik; *Stürner,* Markt und Wettbewerb über alles?, 2007; *Willeke,* Wettbewerbspolitik (1980); *Zäch,* Kartellrecht, Tz. 107 ff. (S. 46 ff.).

---

29 S. insb. *Hayek,* Die Theorie komplexer Phänomene, 1972, S. 25 ff.; Die Verfassung der Freiheit, S. 30 ff.; Der Wettbewerb als Entdeckungsverfahren, Kieler Vorträge n. F. H. 56, 1968 = Studien, S. 249.

30 JNSt 179 (1966), 286; 181 (1968), 251; 184 (1971), 397; ebenso *Herdzina,* Wettbewerbstheorie, S. 53 ff.; *Kaufer,* JNSt 1979 (1966), 481.

31 S. dazu z. B. MünchKomm/*Kerber/Schwalbe,* Einl. Rn. 1003 ff.

32 Zu der Industrial-Organization-Lehre (einem schillernden, vieldeutigen Begriff) s. statt aller *Kaufer,* Industrieökonomik, sowie zuletzt *Knieps,* Wettbewerbsökonomie, S. 45 ff.; *I. Schmidt,* S. 58 ff.

29 **a)** Das Konzept der Wettbewerbsfreiheit, begründet in erster Linie von *Fr. A. v. Hayek* und *Hoppmann,* ist im Gegensatz zu den Workability-Konzepten (o. Rn. 22 ff.) gekennzeichnet durch den Verzicht auf normative Ansätze. *Fr. A. v. Hayek* hat es immer wieder geradezu als das „Wesen" von Wettbewerbprozessen bezeichnet, dass ihre Ergebnisse von niemandem vorausgesagt werden können.[33] Der Wettbewerb ist in seinen Augen vielmehr eine **abstrakte Ordnung ohne heteronom gesetzte Ziele und Zwecke**, die den Vorteil hat, das einzige bekannte Verfahren zu sein, das auf dem Wege über dezentrale Planung die umfassende Nutzung der Fähigkeiten und Kenntnisse jedes einzelnen Wirtschaftssubjekts ermöglicht. Kern des Wettbewerbsprozesses ist aus diesem Blickwinkel letztlich die sich in den unterschiedlichsten Formen äußernde **Rivalität der Unternehmen**, die jeden zwingt, wenn er sich behaupten will, möglichst findiger als seine Konkurrenten zu sein. Das aus diesen Einsichten abgeleitete Wettbewerbskonzept der **Neuklassik** deckt sich im Ergebnis weithin mit der dynamischen Theorie *J. M. Clarks* (s. o. Rn. 21).

30 **b)** Gegen den theoretischen Ansatz der Neuklassik wird vor allem eingewandt, ein Konzept umfassender Wettbewerbsförderung auf allen Ebenen scheitere schon daran, dass es zahlreiche Fälle gebe, in denen die Förderung des Wettbewerbs in Konflikt mit anderen vorrangigen Zielsetzungen ökonomischer und metaökonomischer Art gerate (sog. **Dilemmathese**). Genannt werden insbesondere die sog. optimale Betriebs- und Unternehmensgröße, die Förderung von Forschung und Entwicklung, die internationale Konkurrenzfähigkeit, die Sicherung von Arbeitsplätzen, die Mehrung der allgemeinen Wohlfahrt sowie die Verwirklichung sozialer Gerechtigkeit, insbesondere in Gestalt der wie auch immer definierten Verteilungsgerechtigkeit.[34]

31 Ein besonderer Aspekt in der Auseinandersetzung um die Dilemmathese ist die verbreitete Annahme, im Interesse einer umfassenden Förderung von Forschung und Entwicklung müssten **notfalls Großunternehmen** auch auf Kosten des Wettbewerbsschutzes hingenommen werden. Tatsächlich haben sich indessen bisher keine eindeutigen Korrelationen zwischen Unternehmensgröße, Gewinnen, technischem Fortschritt und wirtschaftlichem Wachstum nachweisen lassen. Im Gegenteil: Das gesamte bisher vorliegende empirische Material zeigt, dass nach wie vor nichts so sehr technischen Fortschritt und wirtschaftliches Wachstum fördert wie **möglichst viel Wettbewerb** auf möglichst vielen Märkten.[35] Seitdem sich diese Erkenntnis weitgehend durchgesetzt hat, verlagert sich die Auseinandersetzung um die Dilemmathese offenbar immer mehr auf **metaökonomische Zielsetzungen** wie namentlich Verteilungsgerechtigkeit, Umwelt- oder Klimaschutz. Indessen handelt sich dabei in erster Linie um Anforderungen an die **staatliche Rahmensetzung**, ohne die eine Wettbewerbsordnung ohnehin nicht funktionieren kann. Einen (besonders wichtigen) Teil dieser Rahmensordnung bilden die **Kartellgesetze**, auf die sich deshalb die vorliegende Betrachtung konzentriert.

[33] *S. v. Hayek,* Die Theorie komplexer Phänomene, 1972, S. 25 ff.; Die Verfassung der Freiheit, S. 30 ff.; Der Wettbewerb als Entdeckungsverfahren, Kieler Vorträge n. F. H. 56, 1968 = Studien, S. 249; *ders.,* Recht, Gesetzgebung u. Freiheit, Bd. III, S. 97 ff.; zustimmend insbesondere *Mestmäcker/Schweitzer,* § 2 Rn. 92 ff. (S. 80 ff.).

[34] S. eingehend *Herdzina,* S. 37 ff.; *I. Schmidt,* S. 17, 34, 83 ff; *Stürner,* passim.

[35] S. *Röper* (Hrsg.), Technischer Fortschritt und Unternehmensgröße, 1973; *Goergens,* Wettbewerb und Wirtschaftswachstum, 1969, insb. S. 220, 245 ff.; *Kaufer,* Industrieökonomik, S. 600 ff.; *Jüttner-Kramny,* Zur Bedeutung der Unternehmensgröße für den technischen Fortschritt, 1970.

4. Chicago-School

Literatur: *A. Bork,* The Antitrust Paradox, NY 1978/1993; *Jr. Chandler,* The Visible Hand, Cambridge/ Mass. 1977; *ders./H. Daems,* in: Recht und Entwicklung der Großunternehmen, 1979, S. 28; *H. Demsetz,* Efficiency, Competition and Policy, 1989; *ders.*, AER 72 (1982), 47; *ders.*, in: Assmann/Kirchner/ Schanze, Ökonomische Analyse des Rechts, 1978, S. 330; *R. A. Posner,* Univ. of Pennsylvania L. R. Bd. 127 (1979), 925; *Stigler,* The Organization of Industry, Homewood/Ill 1968.

Darstellungen bei *Bittlingmayer,* WuW 1978, 709; *Herdzina,* S. 111; *Kallfass,* WuW 1980, 596; *G. Knieps,* Wettbewerbsökonomie, 2. Aufl., 2005, S. 73 f.; *Mestmäcker/Schweitzer,* § 2 Rn. 88 ff. (S. 79 ff.); *D. Mueller,* WuW 1986, 533; MünchKomm/*Kerber/Schwalbe,* Einl. Rn. 1012 ff.; *I. Schmidt,* S. 19 ff.; *ders./Rittaler,* WiSt 1986, 233; *Schwalbe/Zimmer,* passim; *Zäch,* Kartellrecht, Tz. 107 ff. (S. 46 ff.).

a) Am Anfang der Chicago-Schule[36] steht – nicht anders als bei den Anhängern des Konzepts der Wettbewerbsfreiheit (o. Rn. 29 ff.) – die Leugnung empirisch nachweisbarer Zusammenhänge zwischen Marktstruktur, Marktverhalten und Marktergebnissen. Die Anhänger der Chicago-Schule ziehen daraus indessen völlig andere Schlussfolgerungen als die Vertreter eines Konzepts der Wettbewerbsfreiheit (o. Rn. 29 ff.), da sie als legitime Ziele einer staatlichen Wettbewerbspolitik allein die **Vermehrung der allgemeinen Wohlfahrt**, insbesondere in Gestalt niedriger Verbraucherpreise, durch die Steigerung der Effektivität der einzelnen Unternehmen anerkennen (sog. **Efficiency-Doktrin**). Sie vertrauen außerdem aufgrund langfristiger Betrachtungsweise weitgehend auf die Selbstheilungskräfte des Wettbewerbs, weshalb sich der Staat ihrer Meinung nach im Wesentlichen auf die Bekämpfung künstlicher Marktzutrittsschranken beschränken sollte. Daraus folgt z. B. eine grundsätzlich positive Beurteilung von Unternehmenszusammenschlüssen und von vertikalen Wettbewerbsbeschränkungen, weil derartige Maßnahmen in der Regel geeignet seien, die Effektivität der einzelnen Unternehmen und damit den allgemeinen Wohlstand zu fördern. 32

Die Efficiency-Doktrin beherrscht heute in Gestalt der **modernen ökonomischen Wohlfahrtstheorie** anglo-amerikanischer Prägung eindeutig die Wettbewerbspolitik der Kommission und färbt von dort auch zunehmend auf die deutsche Wettbewerbspolitik ab. Zugrunde liegt letztlich ein rein **instrumentales Verständnis des Wettbewerbs**, das in dem Wettbewerb nur ein Mittel *unter anderen* zur Steigerung der allgemeinen Wohlfahrt, gemessen in der Regel ganz vordergründig an dem Niveau der Verbraucherpreise, sieht. **„Efficiency"**, d. h. die Effizienzsteigerung auf allen Märkten, wird damit zum allein ausschlaggebenden Ziel der Wettbewerbspolitik[37] – und damit letztlich auch zum entscheidenden Kriterium für die Zulässigkeit oder Unzulässigkeit von Wettbewerbsbeschränkungen. Ist von einer Wettbewerbsbeschränkung ein größerer Beitrag zur Effizienzsteigerung als vom Wettbewerb zu erwarten, so spricht dies mit anderen Worten grundsätzlich *für* die Zulässigkeit der fraglichen Wettbewerbsbeschränkung. Der Übergang zu dem System der *Legalausnahme* bei dem Kartellverbot des Art. 101 AEUV und des § 1 GWB (s. § 2 GWB und dazu u. § 2 Rn. 27 ff.) geht unmittelbar auf derartige wohlfahrtstheoretische Vorstellungen zurück. Auch die neue Fusionskontrollverordnung von 2004 hat hier eine ihrer wichtigsten Wurzeln (s. u. § 16 Rn. 59 ff.). 33

b) Alle derartigen Konzepte (Rn. 32 f.) sind im Grunde denselben **Einwänden** ausgesetzt, die bereits die Vertreter des Konzepts der Wettbewerbsfreiheit immer wieder 34

[36] Vertreten insb. von *Bork, Demsetz, Posner* und *Stigler,* a. a. O. (vor Rn. 32).
[37] S. im Einzelnen MünchKomm/*Kerber/Schwalbe,* Einl. Rn. 1012 m.N.; *Schwalbe/Zimmer,* S. passim.

gegen die Workability-Lehren vorgebracht haben.[38] Denn derartige Konzepte unterstellen durchgängig ein tatsächlich gar **nicht vorhandenes Wissen über** die **Korrelationen** von Marktverhalten, Marktstruktur und Marktergebnissen (o. Rn. 27 ff.). Daran ändert es auch nichts, wenn man sich, wie heute weithin üblich, auf Partialanalysen beschränkt. Wer Effizienzvorteile zum alleinigen Maßstab der Wettbewerbspolitik erhebt, muss in der Lage sein, belastbare Aussagen über die Voraussetzungen bestimmter Effizienzvorteile zu machen. Genau daran fehlt es aber nach wie vor. Effizienz taugt allein aus diesem Grund weder als Maßstab für unternehmerisches Verhalten noch als Beurteilungsmaßstab für die Rechtsanwendung. Denn nach wie vor ist tatsächlich niemand in der Lage, einem Unternehmen genau zu sagen, welches Verhalten es konkret am Markt beobachten muss, damit die letztlich angestrebte „efficiency" auch tatsächlich eintritt (Rn. 39).

35 c) Es handelt sich dabei zugleich um den zentralen Einwand gegen den von der Kommission seit einigen Jahren propagierten **more economic approach** als Grundlage ihrer Wettbewerbspolitik.[39] Dieser schillernde Begriff hat mehrere **Aspekte**.[40] Im Kern geht es aber wohl durchweg um eine **Akzentverlagerung** weg von dem Freiheitsschutz als Ziel einer rationalen Wettbewerbspolitik und hin zur **Effizienzsteigerung** der Unternehmen auch als Kriterium für die Rechtsanwendung, gemessen ganz vordergründig im Wesentlichen an dem Niveau der Verbraucherpreise, und zwar nicht nur dort, wo das Gesetz selbst dies bereits ausdrücklich vorsieht wie in Art. 101 Abs. 3 AEUV und § 2 GWB, sondern auch bei der Anwendung der Missbrauchsverbote des Art. 102 AEUV und des § 19 GWB sowie in der Fusionskontrolle.[41] Damit einher geht die verbreitete Forderung insbesondere in der ökonomischen Literatur nach einer **„effect-based" Rechtsanwendung**, womit gemeint ist, dass sich die Rechtsanwendung fortan nicht mehr in erster Linie an strikten „formalen" Rechtsregeln, sondern an den in jedem Einzelfall zu analysierenden positiven oder negativen Effekten einer wettbewerbsbeschränkenden Maßnahme auf die Effizienz der Unternehmen und namentlich auf die Verbraucherwohlfahrt orientieren solle.[42] Hierher gehört z. B. die Vorstellung der Kommission, die Frage, ob eine

[38] S. deshalb schon im Einzelnen o. Rn. 29 ff. sowie zuletzt insb. *Basedow,* WuW 2007, 712; *Mestmäcker/Schweitzer,* § 2 Rn. 88 ff. (S. 79 f.); *Hellwig,* (2.) FS *Mestmäcker,* 2006, S. 231; *Möschel,* ebenda, S. 355.

[39] S. dazu z. B. *Basedow*, WuW 2007, 712; *Behrens*, FS Möschel, 2011, S. 115; *Christiansen*, Der „More Economic Approach" in der EU-Fusionskontrolle, 2010; *Eilmannsberger*, ZWeR 2009, 437; *Ewald*, ZWeR 2011, 15; *Fuchs*, in: Fleischer/Zimmer, Effizienz als Regelungsziel im Handels- und Wirtschaftsrecht, 2008, S. 69; *Galle*, Ein wirtschaftlicher Ansatz im Kartellrecht, ein Rechtsvergleich, 2010; *Heidrich*, Das evolutorisch-systemtheoretische Paradima in der Wettbewerbstheorie, 2009; *Kellerbauer*, in: Möschel, 50 Jahre Wettbewerbsgesetze in Deutschland und Europa, 2010; *Künzler*, Effizienz oder Wettbewerbsfreiheit?, 2008; *Lademann*, FS Möschel, 2011, S. 381; *Mestmäcker*, ORDO 59 (2008), 185; *ders.*, ZWeR 2010, 1; *ders.*, WuW 2008, 6; *Möschel*, JZ 2009, 1040; *Th. Paul*, Behinderungsmissbrauch nach Art. 82 EGV und more economic approach, 2008; *I. Schmidt*, FS Eickhof, 2008, S. 65; *Schmidtchen/Albert/Voigt* (ed.), The More Economic Approach in European Competition Law, 2007; *Schwalbe/Zimmer*, S. 352 ff.; *C. C. v. Weiszäcker*, WuW 2008, 1078; *Wurmnest*, Marktmacht und Verdrängungsmissbrauch, 2010, S. 233 ff.

[40] S. statt aller *Basedow*, WuW 2007, 712; *Möschel*, JZ 2009, 1040; *Wurmnest*, Marktmacht und Verdrängungsmissbrauch, 2010, S. 233 ff.

[41] So ausdrücklich z. B. die Mitteilung der Kommission zu den Prioritäten bei der Anwendung vor Art. 82 EGV von 2009, ABl. Nr. C 47/1 Tz. 28, 30.

[42] Insbesondere *I. Schmidt*, FS Eickhof, 2008, S. 65; *C. C. v. Weiszäcker*, WuW 2008, 1078.

Wettbewerbsbeschränkung vorliegt, lasse sich häufig nur an den positiven oder negativen Effekten des fraglichen Verhaltens ablesen.[43]

Die praktischen **Auswirkungen** dieses neuen Ansatzes der Kommission halten sich bisher (noch) in engen Grenzen.[44] Vor allem die europäischen **Gerichte** haben bislang nur wenig Bereitschaft erkennen lassen, sich von der strikten Rechtsbindung zu Gunsten ökonomische Analysen im Einzelfall zu lösen.[45] In der Tat liegt hier der **schwerwiegendste Einwand** gegen jede Form eines more economic approach in dem angedeuteten Sinne (Rn. 35): Löst man sich erst einmal im Kartellrecht von der strikten Rechtsbindung zu Gunsten einer ökonomischen Analyse der Vor- und Nachteile einer wettbewerbsbeschränkenden Maßnahme, so wird die Rechtsanwendung arbiträr; ihre Ergebnisse sind nicht mehr voraussehbar und vor allem **nicht mehr justiziabel** – mit der unvermeidlichen Folge, dass die Rechtssicherheit verloren geht, ganz abgesehen von der offenbar durchaus erwünschten Überforderung der Gerichte mit derartigen ökonomischen Analysen im Einzelfall.[46] Ohnehin wird man den Verdacht nicht los, dass es der Kommission bei ihrem neuen Ansatz nicht zuletzt darum geht, sich unter Berufung auf beliebige ökonomische Theorien und Modelle von Fall zu Fall möglichst der Kontrolle der europäischen Gerichte entziehen zu können. – Eine Fülle weiterer **Einwände** kommt hinzu.[47] Der wohl Wichtigste ist und bleibt, dass die Korrelationen zwischen unternehmerischem Verhalten im Wettbewerb, Effizienz und „guten" Marktergebnissen in Gestalt niedriger Verbraucherpreise unbekannt sind und bleiben, so dass Verbraucherwohlfahrt kein Kriterium zur Beurteilung unternehmerischen Verhaltens im Einzelfall sein kann (s. schon o. Rn. 34). 36

§ 2. Geschichte

I. Überblick

Die geschichtliche Entwicklung hat es mit sich gebracht, dass in Deutschland seit Inkrafttreten des GWB am 1. Januar 1958 mit dem GWB von 1957 und den Wettbewerbsregeln des AEUV (heute Art. 101 bis 106; ursprünglich Art. 85 – 90 EWGV, sodann Art. 81 – 86 EGV) **zwei** sich jedenfalls anfangs keineswegs deckende **Kartellrechtsordnungen nebeneinander** standen. Das Verhältnis zwischen den beiden Regelungskomplexen war zudem niemals völlig frei von Spannungen. 1

Es gehörte deshalb von Anfang an zu den Zielen der von der Kommission Anfang der neunziger Jahre eingeleiteten Revision ihrer Wettbewerbspolitik, unter anderem die **Rangfrage** im Sinne des generellen Vorrangs des Unionsrechts zu lösen. Dieses Ziel hat die Kommission weitgehend, wenn auch nicht ganz erreicht. Die Einzelheiten ergeben sich aus der **Verordnung Nr. 1/2003** zur Durchführung der Wettbewerbsregeln vom 16. Dezember 2002.[1] 2

[43] So die Leitlinien zu Art. 81 Abs. 3 EGV von 2004, ABl. Nr. C 101/97 Tz. 24.
[44] Nachw. bei *Möschel*, JZ 2009, 1040 ff.
[45] Ablehnend insbesondere *EuGH* Slg. 2009, I-9374 = WuW/E EU-R 1641, 1645 Tz. 63 – GSK.
[46] Zutreffend *Künzler*, Effizienz.
[47] S. vor allem *Basedow*, WuW 2007, 712; *Mestmäcker*, WuW 2008, 6 (13 ff.).
[1] ABl. 2003 Nr. L 1/; wegen der Einzelheiten s. u. § 3 Rn. 57 ff.

3 Der Kommission gelang es im Jahre 2003 außerdem, den Übergang zu dem System der **Legalausnahme** bei Art. 101 Abs. 3 AEUV durchzusetzen.[2] Beide Umstände zusammen, der erweiterte Vorrang der Wettbewerbsregeln (o. Rn. 2) sowie der Übergang zu dem System der Legalausnahme, veranlassten den deutschen Gesetzgeber nach Inkrafttreten der VO Nr. 1/2003 am 1. Mai 2004 zu einer Totalrevision des deutschen Kartellrechts. Ergebnis war die **siebte GWB-Novelle vom 7. Juli 2005**,[3] die durch die weitgehende Anpassung des deutschen Kartellrechts an die Wettbewerbsregeln des AEUV vor allem bei der Aufsicht über Kartelle (§§ 1–3 GWB) und bei den Befugnissen der Kartellbehörden (§§ 32–34 a GWB) gekennzeichnet ist (u. Rn. 11 f.). Weitere Anpassungen sind mit der 8. Novelle für 2012 geplant.

4 Die geschilderte Entwicklung (o. Rn. 2 f.) macht es nötig, bei der Darstellung des Kartellrechts heute durchgängig das europäische Kartellrecht in den Vordergrund zu rücken (u. §§ 3–19). Erst im Anschluss daran kann mit Rücksicht auf den weitgehenden Vorrang der Wettbewerbsregeln des AEUV das deutsche Kartellrecht erörtert werden (u. §§ 20 ff.). Vorauszuschicken ist ein kurzer Überblick über die Geschichte des deutschen und des europäischen Kartellrechts (u. Rn. 5, 18 ff.).

II. Deutsches Kartellrecht

Literatur: *Basedow*, WuW 2008, 270; *Baums*, Kartellrecht in Preußen, 1990; *v. Götz*, WRP 2007, 741; *E. R. Huber*, Deutsche Verfassungsgeschichte Bd. IV, 1969, S. 1105 ff.; *Immenga*, ZWeR 2008, 1; *Kestner*, Der Organisationszwang, 1912; *Lehnich*, Kartelle und Staat, 1928; *Liefmann*, Kartelle und Trusts, 8. Aufl., 1930; *Mestmäcker*, WuW 2008, 6; *K. W. Nörr*, Das Leiden des Privatrechts, 1994; *Rotthege*, Die Beurteilung von Kartellen und Genossenschaften durch die Rechtswissenschaft 1982; *R. Schröder*, Entwicklung des Kartellrechts und des kollektiven Arbeitsrechts durch die Rechtsprechung des Reichsgerichts vor 1914, 1988; *G. Spindler*, Recht und Konzern, 1993; *O. Volckart*, Wettbewerb und Wettbewerbsbeschränkungen im vormodernen Deutschland, 1000 bis 1800, 2002; *ders.*, Wettbewerb und Wettbewerbsbeschränkungen in Politik und Wirtschaft in Deutschland im Mittelalter und Früher Neuzeit, 2002. Zur europäischen Entwicklung s. u. vor Rn. 18.

1. Von der Kartellfreiheit zum Kartellverbot

5 Die Kartellproblematik ist alt. Bereits in der frühen Neuzeit fanden sich in den „Polizeigesetzen" der Kaiser immer wieder Kartellverbote zum Schutze des freien Handels im Reich. Der Erfolg dieser Gesetze blieb jedoch wegen der notorischen Schwäche der Reichsgewalt und auch deshalb gering, weil Deutschland bis ins 19. Jahrhundert hinein von einer freien Wirtschaft weit entfernt war. Das änderte sich erst mit dem Übergang zur Gewerbefreiheit aufgrund der Stein-Hardenbergschen Reformen ab 1809. Die Folge war, dass jetzt auch die Kartellproblematik virulent wurde. Mit voller Macht setzte die **Kartellierung der Märkte** in Deutschland jedoch erst im Zuge der wirtschaftlichen Rezession ab Mitte der siebziger Jahre des 19. Jahrhunderts ein, nicht zuletzt dank der „Großzügigkeit" der Gerichte, die unter Berufung auf die damals in der Nationalökonomie vorherrschenden Auffassungen Kartelle nahezu unbeschränkt zuließen.[4] Deutschland wurde so zum **klassischen Land der Kartelle.**

[2] S. Art. 1 Abs. 2 der VO Nr. 1/2003 sowie § 2 GWB in der Fassung von 2005.

[3] BGBl. I S. 1954.

[4] Grdlg. 1897 für das sächsische Holzstoffkartell RGZ 38, 155 (158 ff.); s. dazu *Böhm*, ORDO Bd. 1 (1958), S. 197; *Eger*, in: RG-Praxis, Bd. IV (1929), S. 231; *Lammel*, Zeitschrift für neue Rechtsgeschichte 1987, 151; *Möschel*, 70 Jahre deutsche Kartellpolitik, 1972; *R. Schröder*, S. 1–150 m. N.

Der Gesetzgeber sah dieser bedrohlichen Entwicklung (viel zu) lange tatenlos zu. Erst die allgemeine Verschlechterung der wirtschaftlichen Verhältnisse nach dem ersten Weltkrieg und der wachsende Druck der Öffentlichkeit zwangen ihn 1923 schließlich zum Eingreifen. Die endlich erlassene **Kartellverordnung**[5] enthielt indessen lediglich ein Missbrauchsverbot, das – wie bisher alle anderen Missbrauchsverbote auch – praktisch wirkungslos blieb, da die Reichsregierung tatsächlich nur in ganz wenigen Fällen gegen Kartelle einschritt. Im Ergebnis dürfte die Kartellverordnung sogar ausgesprochen kontraproduktiv gewirkt haben, da sie letztlich als Legalisierung der Kartelle verstanden wurde. 6

Es blieb infolgedessen den Alliierten vorbehalten, erstmals 1947 mit ihren **Dekartellierungsgesetzen** in Deutschland ein Kartell- und Monopolisierungsverbot einzuführen.[6] Von einer konsequenten Durchsetzung dieser Verbote konnte indessen gleichfalls keine Rede sein, so dass ihre Wirkung begrenzt blieb. Die Dekartellierungsgesetze waren gleichwohl von nicht zu unterschätzender Bedeutung für die Entwicklung der deutschen Wettbewerbspolitik, weil sie einen „Klimawandel" einleiteten, der ein deutsches Kartellverbot überhaupt erst möglich machte. 7

2. GWB von 1957 bis 1998

Die Bundesregierung bemühte sich ab 1950 um eine Ablösung der alliierten Dekartellierungsgesetze durch ein deutsches Kartellgesetz, in dessen Mittelpunkt ein Kartellverbot und eine Fusionskontrolle stehen sollten. Der von ihr zu diesem Zweck 1952 vorgelegte **GWB-Entwurf**[7] löste indessen einen regelrechten **Glaubenskrieg** zwischen den Anhängern eines Kartellverbots und den Befürwortern einer bloßen Missbrauchsgesetzgebung nach dem Vorbild der Kartellverordnung von 1923 aus, der die Verabschiedung des Gesetzes um Jahre verzögerte.[8] Im Verlauf dieser Auseinandersetzung wurde der Entwurf immer mehr verwässert, insbesondere durch die Zulassung zahlreicher neuer Ausnahmen vom Kartellverbot, durch die Streichung der ursprünglich geplanten Fusionskontrolle, durch die Erlaubnis der Preisbindung für Markenartikel sowie durch die ständige Ausdehnung der sogenannten Ausnahmebereiche (§§ 99 ff. GWB a. F.). Dagegen gelang es, an dem grundsätzlichen **Kartellverbot** festzuhalten (§ 1 GWB a. F.). In dieser Form trat das Gesetz schließlich am 1. Januar 1958 in Kraft. 8

Das GWB ist in der Folgezeit wiederholt geändert worden. Besonders wichtig war die **zweite Novelle von 1973,** die die überfällige **Fusionskontrolle,** die Abschaffung der Preisbindung für Markenartikel, das Verbot abgestimmter Verhaltensweisen sowie eine Verbesserung der Missbrauchsaufsicht über marktbeherrschende Unternehmen brachte.[9] In der Folgezeit ist vor allem die Fusionskontrolle mehrfach verschärft worden. Hinzu kamen noch zahlreiche andere Änderungen, vor allem infolge der fortschreitenden **Einschränkung der Ausnahmebereiche,**[10] so dass das GWB zuletzt nahezu unleserlich geworden war. 9

---

5 NotVO v. 2. 11. 1923, RGBl. I S. 1067, 1090 mit späteren Änderungen.

6 Anm. MRG Nr. 56 v. 28. 1. 1947; brit. VO Nr. 96 v. 9. 6. 1947; franz. VO Nr. 96 v. 9. 6. 1947.

7 BT-Drs. II/1158.

8 Dazu z. B. *Mestmäcker,* WuW 2008, 6.

9 S. dazu die Begr. zu dem RegE des ÄnderungsG, BT-Drs. 7(1973)/76.

10 Wegen der Einzelheiten s. *Emmerich,* FLF 1988, 10, 52; 1989, 123; *ders.,* WM 1988, 1773; *ders.,* WuW 1989, 363; *ders.,* AG 1989, 261.

10 Die Bundesregierung legte deshalb Ende 1997 den Entwurf eines neuen GWB vor, mit dem außerdem der Zweck verfolgt wurde, das deutsche Kartellrecht nach Möglichkeit an das europäische Kartellrecht anzupassen.[11] Zugleich sollte in das GWB erstmals ein neuer Vierter Teil über die Vergabe öffentlicher Aufträge eingefügt werden, so dass sich **1998** eine **Neuverkündung** des dadurch erheblich angeschwollenen Gesetzes als notwendig erwies.[12] Auch dem neuen GWB in der Fassung der sechsten Novelle von 1998 war indessen nur eine kurze Geltungsdauer vergönnt, weil es bereits 2005 wieder durch ein „neues" GWB abgelöst wurde (u. Rn. 11 ff.).

3. Siebte GWB-Novelle von 2005

Literatur: Eckwerte einer Siebten GWB-Novelle, WuW 2003, 379; Begr. z. RegE von 2004, BT-Drs. 15/3640; Ausschussbericht von 2005, BT-Drs. 15/5049; *MK*, Das allgemeine Wettbewerbsrecht in der Siebten GWB-Novelle, SonderGA von 2004.

11 Die 7. GWB-Novelle von 2005[13] wurde in erster Linie durch die von der Kommission Anfang der neunziger Jahre eingeleitete Revision ihrer Wettbewerbspolitik veranlasst, die ihren Niederschlag schließlich in der Kartellverfahrensverordnung Nr. 1/2003 vom 16. Dezember 2005[14] fand. Es waren vor allem der Übergang zu dem System der Legalausnahme bei den Ausnahmen vom Kartellverbot (Art. 101 Abs. 3 AEUV in Verb. mit Art. 1 Abs. 2 der VO Nr. 1/2003) sowie der wesentlich erweiterte Vorrang der Wettbewerbsregeln (Art. 3 der VO Nr. 1/2003), die den deutschen Gesetzgeber zu einer **weitgehenden Anpassung** des GWB an die Wettbewerbsregeln des AEUV veranlassten. Insbesondere **für wettbewerbsbeschränkende Vereinbarungen** wurde in toto das **europäische Kartellrecht** übernommen, so dass jetzt die §§ 1 und 2 GWB im Wesentlichen den Abs. 1 und 3 des Art. 101 AEUV entsprechen (s. u. §§ 21, 22). Besonderheiten gelten seitdem nur noch für Mittelstandskartelle nach § 3 GWB (s. u. § 23). Weitgehend **unverändert** blieben dagegen (vorerst) die Vorschriften über die **Missbrauchsaufsicht** über marktbeherrschende Unternehmen (§§ 19 und 20; dazu u. §§ 27 f.) und über die **Fusionskontrolle** (§§ 35 bis 43 GWB; u. §§ 31–35).

4. Spätere Änderungen

12 Die ersten Änderungen des GWB von 2005 folgten bereits im Jahr 2007. Durch das Gesetz zur Bekämpfung von Preismissbräuchen im Bereich der Energieversorgung und des Lebensmittelhandels vom 18. Dezember 2007 wurden die Behinderungsverbote des § 20 Abs. 3 und Abs. 4 erheblich verschärft und zugleich in Gestalt des § 29 eine neue Vorschrift zur Bekämpfung von Preimissbräuchen in der Energiewirtschaft eingeführt.[15] Beide Änderungen sind jedoch bis zum 31. Dezember 2012 befristet.[16] Als nächste Änderung war zunächst die Einführung einer missbrauchsunabhängigen Entflechtung geplant, die jedoch mit Rücksicht auf unionsrechtliche Sonderregelungen (ausgerechnet) nicht für die Energiewirtschaft gelten sollte und mittlerweile nicht

[11] BT-Drs. 13/9720; Ausschussbericht, BT-Drs. 13/10 633.
[12] BGBl. 1998 I S. 2547.
[13] BGBl. I S. 1954.
[14] ABl. 2003 Nr. L 1/1; s. o. Rn. 4.
[15] BGBl. I S. 2966; Abdruck sämtlicher Materialien in WuW 2008, 289–328; s. dazu im Einzelnen u. § 29 Rn. 41 ff.
[16] S. § 131 Abs. 7 GWB sowie Art. 3 S. 2 des Gesetzes v. 2007 (vorige Fn.).

mehr weiter verfolgt wird; stattdessen legte das BMWi im November 2011 den Entwurf einer 8. Novelle vor, durch die das GWB, und zwar jetzt auch bei der Fusionskontrolle, weiter an das Unionsrecht angepasst werden soll.[17]

5. Überblick über das geltende deutsche Kartellrecht

Das GWB unterscheidet heute im Wesentlichen **drei Grundformen** von Wettbe- 13
werbsbeschränkungen. Es sind dies neben den wettbewerbsbeschränkenden Vereinbarungen die unterschiedlichen Erscheinungsformen des Missbrauchs wirtschaftlicher Macht sowie wettbewerbsbeschränkende Unternehmenszusammenschlüsse (s. §§ 1 ff., 19 ff. und 35 ff.). Das war nicht immer so; vielmehr beschränkte sich das Gesetz ursprünglich im Wesentlichen auf ein Verbot verschiedener Erscheinungsformen wettbewerbsbeschränkender Vereinbarungen. Nur Kartelle und bestimmte wettbewerbsbeschränkende Vertikalvereinbarungen waren von Anfang an durch die partiellen Generalklauseln der §§ 1, 14 und 17 a. F. verboten, während die Mehrzahl der sonstigen vertikalen Vereinbarungen durch § 16 a. F. lediglich einer im Wesentlichen wirkungslosen Missbrauchsaufsicht unterstellt worden waren. An die Stelle dieser Regelung ist durch die 7. GWB-Novelle von 2005 nach dem Vorbild des Art. 101 AEUV das **generelle Verbot** horizontaler und vertikaler **wettbewerbsbeschränkender Vereinbarungen** getreten, von dem das Gesetz im Wesentlichen nur noch die Ausnahmen der §§ 2 und 3 GWB kennt.[18] Alle anderen Vorschriften über wettbewerbsbeschränkende Vereinbarungen (§§ 4– 18 a. F.) wurden dagegen 2005 ersatzlos gestrichen.

Verboten sind heute anders als früher außerdem aufgrund des § 36 Abs. 1 **Unterneh-** 14
menszusammenschlüsse, sofern durch sie eine marktbeherrschende Stellung begründet oder verstärkt wird. Dasselbe gilt schließlich noch für die meisten Formen des **Missbrauchs** wirtschaftlicher Macht (§§ 19, 20). Insoweit geht das GWB aufgrund des Vorbehalts in Art. 3 Abs. 2 S. 2 der VO Nr. 1/2003 zum Teil deutlich über das europäische Kartellrecht (Art. 102 AEUV) hinaus.

Die genannten Verbote wurden früher noch ergänzt durch Vorschriften, die eine 15
Umgehung des Gesetzes durch die Anwendung von Druck oder durch Empfehlungen verhindern sollten (§§ 21 Abs. 2, 22 a. F.). Geblieben ist davon nur das **Druckverbot** des § 21 Abs. 2, während durch die 7. Novelle von 2005 auch das (bewährte) Empfehlungsverbot des § 22 a. F. gestrichen wurde, weil dem Wettbewerbsrecht der EU eine vergleichbare Regelung fremd sei.

Das GWB enthält neben umfangreichen **Verfahrensvorschriften** (§§ 54 ff.) insbe- 16
sondere noch Vorschriften über Wettbewerbsregeln (§§ 24–27) sowie über die **Sanktionen** bei Verstößen gegen seine Verbote (§§ 32 ff., 81 ff.). Dagegen sind die weitreichenden **Ausnahmebereiche** insbesondere für Banken und Versicherungen, Verkehrsunternehmen sowie Energieversorgungsunternehmen, die für das GWB ursprünglich kennzeichnend waren (§§ 99–104 a a. F.), mittlerweile (erfreulicherweise)

[17] *RefE,* WuW 2010, 698; s. dazu MK, 58. SonderGA von 2010, WuW/E DE-V 1903; *Bach,* FS Möschel, 2011, S. 15; *Engel,* Die verfassungsrechtliche Zulässigkeit eines Entflechtungstatbestandes im GWB, 2007; *Möschel,* ZNER 2011, 101; *Satzky,* WuW 2010, 614; – Eckpunkte der 8. Novelle, WuW 2011, 853; *RefE,* WuW 2011, 1165; *Bechtold/Bosch,* NJW 2011, 3484 (3491).

[18] Weitere Ausnahmen in § 28 für die Landwirtschaft und in § 30 für Zeitungen und Zeitschriften; s. dazu u. § 25.

weitgehend dem Liberalisierungsdruck, der von der Europäischen Union ausgeht, zum Opfer gefallen.[19] Geblieben sind lediglich die partiellen und praktisch wenig bedeutsamen Ausnahmen für die Landwirtschaft (§ 28), für Zeitungen und Zeitschriften (§ 30) sowie (auf Druck der Länder und der Gemeinden) für Fernwärme- und Wasserversorgungsunternehmen (§ 131 Abs. 6).[20] Weitere Ausnahmen finden sich verstreut in anderen Gesetzen. Erweitert wurde das GWB schließlich noch 1998 um das verwickelte **Vergaberecht** (§§ 97–129), auf dessen Erläuterung in diesem Buch jedoch wegen seiner geringen Bedeutung für den akademischen Unterricht verzichtet wird.

III. Europäisches Kartellrecht

1. Entwicklung bis 2000

17 Die Wettbewerbsregeln für Unternehmen finden sich heute in erster Linie in den **Art. 101 bis 106 AEUV**. Während **Art. 101 AEUV** ein umfassendes Verbot wettbewerbsbeschränkender Vereinbarungen und gleichstehender Maßnahmen enthält, wendet sich **Art. 102 AEUV** gegen die missbräuchliche Ausnutzung einer beherrschenden Stellung auf dem Gemeinsamen Markt oder auf einem wesentlichen Teil desselben. **Art. 106 AEUV** bringt ergänzend Vorschriften über öffentliche Unternehmen, über Unternehmen mit besonderen oder ausschließlichen Rechten sowie über Dienstleistungsunternehmen und Finanzmonopole. Hinzugetreten ist seit 1990 die Möglichkeit zur Untersagung von Unternehmenszusammenschlüssen. Maßgebend war zunächst die Fusionskontrollverordnung (FKVO) vom 21. Dezember 1989,[21] an deren Stelle mittlerweile die **FKVO Nr. 139/2004** vom 20. Januar 2004 getreten ist.[22]

18 Die Art. 101 und 102 AEUV waren von Anfang an keine bloßen Programmsätze, sondern traten bereits am 1. Januar 1958, also gleichzeitig mit dem GWB in Kraft. Ihre Wirkung war jedoch bis zum Inkrafttreten der ersten (inzwischen aufgehobenen) **Durchführungsverordnung Nr. 17** vom 6. Februar 1962[23] insofern beschränkt, als gegen Art. 101 AEUV verstoßende Kartelle zunächst als „vorläufig gültig" galten, bis durch die zuständigen Behörden über ihre Nichtigkeit (Art. 101 Abs. 2 AEUV) entschieden war. Erst seit Inkrafttreten der Verordnung Nr. 17 am 13. Februar 1962 konnten daher die Wettbewerbsregeln ihre volle Kraft entfalten. An die Stelle der Verordnung Nr. 17 ist mittlerweile die neue **Kartellverfahrensverordnung Nr. 1/2003** vom 16. Dezember 2002[24] in der Fassung der Änderungsverordnung vom 26. Februar 2004 getreten.[25]

19 Eines der Kennzeichen des durch die VO Nr. 17 eingeführten Kartellverfahrens war das sog. **Freistellungsmonopol** der Kommission aufgrund des Art. 9 Abs. 1 der VO Nr. 17 gewesen, d. h. die alleinige Zuständigkeit der Kommission zur Anwendung des Art. 101 Abs. 3 AEUV. Diese Regelung hatte zunächst zu einer „Überflutung"

[19] Wegen der Einzelheiten s. u. §§ 37–39.
[20] Wegen der Einzelheiten s. u. § 25.
[21] ABl. 1990 Nr. L 257/13 mit Änderungen.
[22] ABl. Nr. 24/1.
[23] ABl. 1962, S. 204.
[24] ABl. 2003 Nr. L 1/1.
[25] ABl. Nr. L 68/1.

der Kommission mit buchstäblich abertausenden von Freistellungsanträgen nach Art. 101 Abs. 3 AEUV geführt, so dass sich die Kommission seit Beginn der gemeinsamen Wettbewerbspolitik im Jahre 1962 bemühte, auf die eine oder andere Weise dieses **„Massenproblems"** Herr zu werden. Im Vordergrund standen zunächst der Erlass einer wachsenden Zahl von Gruppenfreistellungsverordnungen (u. Rn. 21 ff.) sowie die Erledigung der Mehrzahl der übrigen Fälle durch einfache Verwaltungsschreiben, sog. **comfort letters,** anstelle der aufwendigen, förmlichen Entscheidungen nach Art. 101 Abs. 3 AEUV, die bald zur seltenen Ausnahmeerscheinung wurden.

Als **Gruppenfreistellungsverordnungen** (GFVO) bezeichnet man Verordnungen der Kommission aufgrund entsprechender Ermächtigungen des Rates, durch die nach Art. 101 Abs. 3 AEUV Gruppen von Vereinbarungen (daher der Name) von dem Verbot des Art. 101 Abs. 1 AEUV freigestellt werden. Die Gruppenfreistellungsverordnungen sind durchweg nach demselben **Muster** aufgebaut: Nach der Beschreibung der freistellungsfähigen Vereinbarungen folgen ausführliche Kataloge erlaubter und verbotener Klauseln (sog. weiße und schwarze Listen). Hinzu trat später häufig noch eine Aufzählung von Klauseln, die in einem Widerspruchsverfahren Gültigkeit erlangen können. Den Abschluss bilden meistens Vorschriften, die der Kommission bei einem Missbrauch der Freistellung deren Widerruf ermöglichen, eine Möglichkeit, von der sie freilich bislang nie Gebrauch gemacht hat. 20

Die Gruppenfreistellungsverordnungen sind trotz des Übergangs zu dem System der Legalausnahme durch die VO Nr. 1/2003 **weiterhin in Kraft.**[26] Als **Gesetze** im materiellen Sinn binden sie die Behörden und Gerichte der Mitgliedstaaten.[27] Aber es steht im Belieben der Unternehmen, ob sie sich auf die Gruppenfreistellungsverordnungen stützen wollen. Machen die Verordnungen ihre Anwendbarkeit von bestimmten Abreden der Beteiligten abhängig, so sind die Unternehmen nicht etwa gezwungen, derartige Abreden zu treffen; sie können vielmehr darauf auch verzichten und stattdessen nach Art. 101 Abs. 3 AEUV vorgehen, ein in dem neuen System der Legalausnahme naheliegendes, freilich stets riskantes Verfahren.[28] 21

2. Reform

Trotz der genannten Maßnahmen zur Bewältigung des vielberufenen „Massenproblems" (o. Rn. 19 ff.) kam die Kommission Mitte der neunziger Jahre zu der Einsicht, dass es ihr auf die Dauer doch nicht gelingen werde, des Massenproblems auf dem eingeschlagenen Weg Herr zu werden. Sie leitete deshalb eine grundlegende **Revision ihrer Wettbewerbspolitik** ein, um sich durch die Befreiung von der Unzahl der Verfahren nach Art. 101 Abs. 3 AEUV (endlich) auf die in ihren Augen wirklich wichtigen Fälle konzentrieren zu können.[29] 22

[26] S. die Art. 10, 29 der VO Nr. 1/2003; Leitlinien v. 27. 4. 2004 zu Art. 101 Abs. 3 AEUV (ABl. Nr. C 101/97), Tz. 3; str.

[27] *EuGH* Slg. 1976, 111 (118); 1991, I-977 (992) – Delimitis.

[28] *EuGH* Slg. 1986, 4084 (4087 f.) = NJW 1987, 620 – VAG/Magne; Slg. 1991, I-977 (991) – Delimitis; 1996, I-667 (673 f. Tz. 15) = EuZW 1996, 216 (217); Slg. 1996, I-692 (698 Tz. 15) = EuZW 1996, 345 – Nissan; Slg. 1998, I-2083 (2100 f Tz. 47 f.) = WuW/E EU-R 80 (84) – Cabour; *EuG* Slg. 1990, II-195 (201 f.) – Peugeot; 1999, II-93 (106 Tz. 30) – Riviera.

[29] Zusammenfassend *Kommission,* Weißbuch über die Modernisierung der Vorschriften zur Anwendung der Art. 85 und 86 AEUV, ABl. 1999 Nr. C 132/1 = BR-Drs. 310/99.

23 Den ersten Schritt auf diesem Weg bildete die generelle Befreiung der **Vertikalvereinbarungen** von der (früheren) Anmeldepflicht nach der VO Nr. 17. Der nächste Schritt war die Zusammenfassung der meisten Gruppenfreistellungsverordnungen, die sich bis 2000 mit Vertikalvereinbarungen beschäftigt hatten, in der **„Schirm"-Gruppenfreistellungsverordnung Nr. 2790/99 vom 22. Dezember 1999,** an deren Stelle mittlerweile die **Verordnung Nr. 330/2010** vom 20. April 2010 getreten ist.[30] Durch diese Verordnungen wurden alle Vertikalvereinbarungen freigestellt wurden, sofern der Marktanteil des Lieferanten nicht 30 % überschreitet und der Vertrag keine sog. Kernbeschränkungen wie z. B. Preisbindungen enthält (s. u. § 5 Rn. 18 ff.).

24 Der nächste Reformschritt war die erst nach heftigen Auseinandersetzungen Ende des Jahres 2002 gelungene Verabschiedung der neuen **Kartellverfahrensverordnung,** der **VO Nr. 1/2003,**[31] die mit dem **Übergang zu** dem System der **Legalausnahme** bei Art. 101 Abs. 3 AEUV nicht weniger als einen **Paradigmenwechsel** in der europäischen Wettbewerbspolitik einläutete. Die neue Verordnung ist am 1. Mai 2004 in Kraft getreten (Art. 45 Abs. 2 der VO Nr. 1/2003; s. u. § 8 Rn. 8 ff.). Wettbewerbsbeschränkende Vereinbarungen, Beschlüsse und aufeinander abgestimmte Verhaltensweisen im Sinne des Art. 101 Abs. 1 AEUV sind seitdem, wenn sie die Voraussetzungen des Art. 101 Abs. 3 AEUV erfüllen, **kraft Gesetzes erlaubt**, ohne dass es jetzt noch (anders als früher) einer vorherigen Entscheidung der Kommission bedürfte (Art. 1 Abs. 2 der VO Nr. 1/2003; s. dazu u. § 8).

25 Der Übergang zu einem System der Legalausnahme war vor allem in Deutschland umstritten gewesen, wobei die **Kritik** deutlich überwog.[32] In der Tat ist die **Gefahr** unübersehbar, dass das System der Legalausnahme letztlich dazu führen wird, das bewährte Verbotsprinzip für Kartelle durch eine nach allen Erfahrungen wirkungslose Missbrauchsaufsicht über Kartelle zu ersetzen. Um hier gegenzusteuern, sind zugleich durch die VO Nr. 1/2003 und durch die 7. Novelle (s. §§ 32 ff. GWB) die Befugnisse der Kartellbehörden erheblich verschärft worden (s. u. §§ 12 f., 40–43). Auch die deutlichen Verbesserungen der Klagemöglichkeiten Privater durch § 33 GWB gehören in diesen Rahmen (dazu unten § 40).

26 Den nächsten Schritt bildete der Erlass der neuen **Fusionskontrollverordnung** (FKVO) vom 20. Januar 2004,[33] die durch den Übergang zu dem **SIEC-Test**[34] in Art. 2 Abs. 2 und 3 gleichfalls deutlich mit der bisherigen Entwicklung bricht, wovon sich die Kommission vor allem eine Verbesserung der Fusionskontrolle in Oligopolfällen sowie die Ermöglichung der umfassenden Berücksichtigung von Effizienzvorteilen in Fusionskontrollfällen erhofft.[35] Den Abschluss der Reformbemühungen der Kommission markierte schließlich die Verabschiedung eines ganzen Bündels überaus umfangreicher **Mitteilungen, Leitlinien und Bekanntmachungen** zu den unterschiedlichsten Fragen der Wettbewerbspolitik, von der Auslegung des Art. 101 Abs. 1

---

[30] ABl. Nr. L 102/1.

[31] ABl. 2003 Nr. L 1/1.

[32] S. statt aller m. N. *Emmerich,* WRP 2000, 858; *Mestmäcker,* EuZW 1999, 523; *ders.,* EBOR 1 (2000), 401; *ders./Schweitzer,* § 13 Rn. 9 ff. (S. 332 ff.).

[33] ABl. Nr. L 24/1.

[34] SIEC = „Significant impediment to effective competition" (so der englische Text des Art. 2 Abs. 2 und Abs. 3 FKVO).

[35] Wegen der Einzelheiten s. u. § 16 Rn. 51, 59 ff.

AEUV bis zu Detailfragen der Fusionskontrolle, in denen die Kommission im Einzelnen ihre Auffassung zu den angesprochenen wettbewerbsrechtlichen Problemen darlegt, natürlich in der Hoffnung, dass sich die Behörden und Gerichte möglichst danach richten werden, obwohl – an sich – diese amtlichen „Lehrbücher" niemanden binden. Gleichwohl haben sie wie von der Kommission erhofft eine überragende Bedeutung für die Fortentwicklung des europäischen Wettbewerbsrechts erlangt. In der Praxis der nationalen Kartellbehörden und vieler nationaler Gerichte werden sie tatsächlich (fast) wie Gesetze gehandhabt (sog. soft law).[36]

[36] Zur Kritik s. statt aller *Mestmäcker*, FS Möschel, 2011, S. 409.

2. Teil. Der Schutz des Wettbewerbs gegen Beschränkungen im europäischen Recht[1]

§ 3. Einführung

I. Zweck

Ziel der Europäischen Union ist nach Art. 3 Abs. 3 und Abs. 4 EUV die Errichtung eines Binnenmarktes sowie einer Wirtschafts- und Währungsunion. Dieser Gemeinsame Markt soll nach Art. 26 Abs. 2 AEUV die Züge eines echten **Binnenmarktes** tragen und **marktwirtschaftlich geprägt** sein (vgl. Art. 3 Abs. 1 S. 2 EUV, Art. 120 S. 2, 127 S. 3 und 157 Abs. 1 Unterabs. 2 AEUV).[2] Folgerichtig bestimmte noch Art. 3 Abs. 1 lit. g EGV, der kein bloßer Programmsatz war,[3] dass zu den Mitteln, durch die der Binnenmarkt geschaffen werden soll, (u. a.) die Errichtung eines **Systems unverfälschten Wettbewerbs** gehören sollte. Diese Bestimmung ist zwar (bedauerlicherweise) im Vertrag von Lissabon auf französischen Druck hin gestrichen worden. Wie aus dem **Protokoll über den Binnenmarkt und den Wettbewerb** vom 13. Dezember 2007[4] zu folgern ist, ergeben sich daraus indessen im vorliegenden Zusammenhang wohl keine Änderungen.[5] 1

Dem System unverfälschten Wettbewerbs drohen vor allem von zwei Seiten **Gefahren.** Nach wie vor die wichtigste Gefahrenquelle sind die verbreiteten **Wirtschaftsinterventionen der Mitgliedstaaten.** Hier stellt sich deshalb in erster Linie die Aufgabe, die Interventionen der Mitgliedstaaten nach Möglichkeit an bestimmte Regeln zu binden, durch die ihre Verträglichkeit mit dem System unverfälschten Wettbewerbs in der Gemeinschaft sichergestellt werden kann. Diesem Zweck dienen vor allem die Art. 106, 107 f. und 110 ff. sowie die vom Gerichtshof entwickelten allgemeinen Regeln, durch die die praktische Wirksamkeit (effet utile) der Wettbewerbsordnung der Gemeinschaft geschützt werden soll (u. Rn. 7 ff.). Gefahren drohen dem System unverfälschten Wettbewerbs aber ebenso (zweitens) von den Wirtschaftsteilnehmern, den **Unternehmen,** die deshalb gleichfalls an einem Verhalten gehindert werden müssen, das mit den Grundsätzen der europäischen Wettbewerbsordnung unvereinbar ist. Diese Aufgabe obliegt vorrangig den hier näher ins Auge zu fassenden Wettbewerbsregeln der Art. 101 bis 106 des Vertrages. 2

In den Art. 101 bis 106 geht der Vertrag davon aus, dass den Unternehmen in der Gemeinschaft durch die Beseitigung der staatlichen Handelshemmnisse **zusätzliche Handlungsmöglichkeiten** eröffnet werden. Die Koordinierung der daraus resultierenden unternehmerischen Entscheidungen soll nach dem Gesagten mithin weder die Aufgabe der Mitgliedstaaten sein noch durch die Unternehmen gemeinsam erfol- 3

---

1 Artikel ohne Angabe des Gesetzes sind in diesem Teil des Buchs solche des AEUV.

2 *Dreher,* WuW 1998, 656; *Mestmäcker,* (1.) FS Böhm, 1965, S. 345 ff.; *ders.,* FS Willgeroth, 1994, S. 263; *Mestmäcker/Schweitzer,* § 2 (S. 43 ff.); *Mussler,* Die Wirtschaftsverfassung der EG im Wandel, 1998.

3 *EuGH* Slg. 1973, 215 (244) = JuS 1973, 508 Nr. 1 – Continental Can; Slg. 1977, 2115 (2145 ff.); *Bleckmann,* FS Lukes, 1989, S. 271.

4 ABl. Nr. C 306/156.

5 Ebenso *EuGH* EuZW 2011, 339 Tz. 20 – TeliaSolera; *BGH* ZIP 2011, 732 (736 Tz. 33) – Flughafen Frankfurt-Hahn; str.

gen, sondern primär dem **Wettbewerb** obliegen, gekennzeichnet in erster Linie durch das autonome Agieren der Unternehmen am Markt (sog. **Selbständigkeitspostulat**). Das daraus entstehende hochkomplexe Interaktionssystem der Unternehmen ist es, was der Vertrag seinerzeit mit der glücklichen Formulierung „System unverfälschten Wettbewerbs" ins Auge fasste. Nicht willkürliche staatliche oder private Eingriffe in die Marktprozesse sollen mit anderen Worten über die Entwicklung des europäischen Binnenmarktes entscheiden, sondern der autonome, herrschaftsfreie Koordinationsprozess des Wettbewerbs.

4 **Zweck** der Wettbewerbsregeln ist es folglich in erster Linie, den vom Vertrag angestrebten, wettbewerblich organisierten **Binnenmarkt gegen Beschränkungen** seitens der Wirtschaftsteilnehmer zu **schützen**.[6] Dahinter steht die Erfahrung, dass private Wettbewerbsbeschränkungen weithin dieselben Wirkungen wie die vom Vertrag gerade abgeschafften staatlichen Handelsschranken haben können. Will der Vertrag durch die Beseitigung der staatlichen Handelshemmnisse einen echten Binnenmarkt schaffen, so muss er deshalb zugleich dafür Sorge tragen, dass die staatlichen Handelshemmnisse nicht durch private ersetzt werden.

5 Bei der **Auslegung** der Wettbewerbsregeln ist in erster Linie von dem geschilderten **Zweck** der Art. 101 bis 106 (o. Rn. 4) auszugehen.[7] Zu berücksichtigen bleibt freilich, dass die Wettbewerbspolitik nicht allein im Raum steht, sondern allenthalben auf **konkurrierende Politiken** der Union stößt. Daraus können sich Zielkonflikte ergeben, die von Fall zu Fall eine Einschränkung des Wettbewerbs nötig machen.[8]

6 Bisher haben sich **Zielkonflikte** vor allem zwischen der Wettbewerbspolitik und der gemeinsamen **Landwirtschaftspolitik** ergeben. Hier kann, wie bereits Art. 42 AEUV zeigt, die Wettbewerbspolitik keinen unbedingten Vorrang beanspruchen;[9] vielmehr ist bei Konflikten zwischen der Landwirtschafts- und der Wettbewerbspolitik nach einem praktischen Ausgleich zu suchen, und zwar auf der Ebene des Unionsrechts und mit dessen Mitteln und Verfahren, um das primäre Ziel der Union, die Errichtung des europäischen Binnenmarktes, so wenig wie möglich zu beeinträchtigen.[10]

II. Schutz der Wettbewerbsordnung gegen staatliche Interventionen

Literatur: S. u. § 19 sowie Hdb., H II; *A. Bach,* Wettbewerbsrechtliche Schranken für staatliche Maßnahmen nach europäischem Gemeinschaftsrecht, 1992; *G. Baur,* Wettbewerbsbeschränkungen durch Staaten?, 1990; *Ehricke,* Staatliche Eingriffe in den Wettbewerb und Kontrolle durch Gemeinschaftsrecht, 1994; *ders.,* EuZW 1990, 507; *Emmerich,* FS Keller, 1989, S. 685; *ders.,* BB 1989, Beil. 3 zu H. 4, S. 9; *ders.,* (2.) FS Seuß, 1997, S. 109; *Lange,* EuR 2008, 3; *Mestmäcker,* RabelsZ 52 (1988), S. 526; *ders.,* FS Steindorff, 1990, S. 1045; *ders.,* FS Börner, 1992, S. 277; *ders./Schweitzer,* § 37 VII (Rn. 54 ff.). *Mikroulea,* Wettbewerbsbeschränkende Maßnahmen der Mitgliedstaaten und EWG-Vertrag, 1995; *Müller,* Dienstleistungsmonopole im EWG-Recht, 1988; *Steinberger,* Wirtschaftsinterventionen als Verstoß gegen die Wettbewerbsregeln des AEUV, 1994.

[6] *EuGH* Slg. 1973, 215 (244 ff.); 1974, 223 (252 ff.); 1977, 2115 (2145 ff.) – Inno/ATAB; 1979, 461 (552 f.); 1980, 3393 (3421); 1982, 329 (348 f); 1989, 21 919 (2126) = NJW 1989, 3080 – Hoechst.

[7] *Mestmäcker/Schweitzer,* § 3 IV (Rn. 27 ff.).

[8] S. *Everling,* EuR 1982, 1 (12 f.).

[9] S. u. Rn. 56; *EuGH* Slg. 1980, 3393 (3421); 1994, I-5039 (5060 f.) = EuZW 1994, 688 (691) – Bananen.

[10] Grdl. *EuGH* Slg. 1981, 1095 (1119 f.); 1982, 2745 (2757).

Die **Wirtschaftspolitik** bleibt auch im europäischen Binnenmarkt weithin Sache der Mitgliedstaaten. Daraus ergeben sich unvermeidlich **Konflikte** mit der gemeinsamen Wettbewerbspolitik, zumal angesichts der in (fast) allen Mitgliedstaaten zunehmenden Neigung zu Wirtschaftsinterventionen (s. schon o. Rn. 2). Die Unionsorgane bemühen sich deshalb seit langem, aus dem Vertrag Schranken für derartige mitgliedstaatliche Interventionen zu entwickeln. Im Folgenden können nur einige besonders wichtige Aspekte dieser schwierigen und sensiblen Materie aufgegriffen werden. Weitere Aspekte sind weiter unten im Zusammenhang mit Art. 106 AEUV zu erörtern (u. § 19). 7

Hoheitliches Handeln der Mitgliedstaaten im Bereich der Wirtschaft kann zunächst, sofern es seiner Natur nach als an sich wirtschaftliches Handeln anzusehen ist, als **unternehmerisch** im Sinne der Wettbewerbsregeln zu qualifizieren sein und unterliegt dann – trotz seines hoheitlichen Charakters – der Bindung an die **Wettbewerbsregeln** der Art. 101 bis 106 AEUV (s. u. Rn. 24, 35 ff.). Auf diesem Wege wurde es z. B. möglich, die Benutzungsordnungen der früheren Postverwaltungen ebenso wie etwa die Vermittlungstätigkeit der Bundesanstalt für Arbeit aufgrund des AFG, obwohl sie nach nationalem Recht als hoheitlich einzustufen waren, doch an den Wettbewerbsregeln zu messen.[11] 8

Hoheitliches Handeln der Mitgliedstaaten kann sich außerdem an den Wettbewerbsregeln der Gemeinschaft brechen, wenn es um **nationale Marktordnungen** geht, die keine Entsprechung auf der Ebene der Gemeinschaft haben. Beispiele waren die (früheren) **deutschen Ausnahmebereiche** für Verkehrsunternehmen, Banken, Versicherungen oder Versorgungsunternehmen (s. u. §§ 37 ff.). Zusätzlichen Bindungen unterliegen die Mitgliedstaaten ferner im Verhältnis zu **öffentlichen Unternehmen** sowie zu Unternehmen mit besonderen oder ausschließlichen Rechten aufgrund des **Art. 106 Abs. 1 AEUV** (s. u. § 19 Rn. 6 ff.). Jenseits des Anwendungsbereichs dieser Vorschrift greift schließlich noch bei bestimmten mitgliedstaatlichen Interventionen die **effet-utile-Doktrin** ein: 9

In einer langen Kette von Entscheidungen hat der Gerichtshof den Wettbewerbsregeln und insbesondere dem Art. 106 AEUV in Verbindung mit den früheren Art. 3 Abs. 1 lit. g und 10 Abs. 2 EGV (s. jetzt Art. 4 Abs. 3 EUV) den Grundsatz entnommen, dass die Mitgliedstaaten keine Maßnahmen ergreifen oder aufrechterhalten dürfen, durch die die **„praktische Wirksamkeit (effet utile) der Wettbewerbsregeln“ beeinträchtigt** werden könnte. Dadurch sollen *zumindest einzelnen* staatlichen Interventionen Schranken gezogen werden, soweit solche Schranken erforderlich sind, um das System unverfälschten Wettbewerbs in der Gemeinschaft vor einseitigen Eingriffen der Mitgliedstaaten zu schützen.[12] 10

[11] *EuGH* Slg. 1985, 880 (885 f. Tz. 18 ff.) – BT; 1991, I-2010 (2016 f. Tz. 20 ff.) = EuZW 1991, 349 – Höfer und Elsner/Macrotron; Slg. 1998, I-3886 (3896 ff Tz. 39 ff) = WuW/E EU-R 71 (73 f.) – CNSD; s. *Emmerich,* EuR 1983, 216.

[12] *EuGH* Slg. 1969, 1 (14) = NJW 1969, 1000 – Walt Wilhelm; Slg. 1977, 2115 (2141 ff.) – Inno/ATAB; 1988, 4769 (4791 f.) – van Eycke/Aspa; 1989, 803 (851 f.) = NJW 1989, 219 = JuS 1989, 1007 Nr. 1 – Flugtarife; Slg. 1997, I-3422 (3434 f.) = EuZW 1998, 124 (126 f.) – Sodemare; Slg. 1997, I-6301 (6312 f. Tz. 32 ff.) = EuZW 1997, 759 – Ladbroke Racing; Slg. 1999, I-5863 (5883 Tz. 65) = ZIP 2000, 34 = WuW/E EU-R 251 = JuS 2000, 609 Nr. 12 – Albany; Slg. 2002, I-1561 (1572 f. Tz. 34 ff.) = NJW 2002, 882 = EuZW 2002, 179 – Arduino; Slg. 2003, I-8079 (8093 f. Tz. 45 ff.) = EuZW 2003, 728 – CIP; Slg. 2003, I-8894 (8908 f. Tz. 30 ff.) – Altair Chimica; *EuGH*

11 Der **Anwendungsbereich** dieser Doktrin beschränkt sich freilich auf Fälle, in denen die Mitgliedstaaten gegen die Wettbewerbsregeln verstoßende **Verhaltensweisen von Unternehmen vorschreiben oder erleichtern oder** deren Auswirkungen **verstärken** oder in denen sie ihrer eigenen Regelung dadurch den staatlichen Charakter nehmen, dass sie die Verantwortung für die Interventionen privaten Wirtschaftsteilnehmern übertragen.[13] Der wichtigste Fall ist der, dass die fragliche staatliche Maßnahme **an wettbewerbsbeschränkendes Verhalten der Unternehmen anknüpft und** dieses **verstärkt** oder dass noch eigenes unternehmerisches Verhalten in Ergänzung der hoheitlichen Maßnahmen möglich bleibt, während eine Anwendung der Lehre ausscheidet, wenn der Staat den Unternehmen ein bestimmtes Verhalten definitiv vorschreibt (sog. **Akzessorietät der Intervention**).[14] Eine Ausnahme gilt aufgrund des Art. 106 Abs. 1 lediglich für das Verhältnis der Mitgliedstaaten speziell zu öffentlichen Unternehmen und zu Unternehmen mit besonderen oder ausschließlichen Rechten (s. dazu u. § 19 Rn. 6 ff.).

12 Für das Kartellverbot des **Art. 101 AEUV** folgt aus dem Gesagten (o. Rn. 11), dass der Anwendungsbereich des Verbots zwar nicht davon abhängt, ob die fragliche Vereinbarung nach nationalem Recht als privatrechtlicher oder öffentlich-rechtlicher Vertrag einzustufen ist, wohl aber davon, **ob** überhaupt eine **Vereinbarung von Unternehmen** (oder eine gleichstehende Maßnahme) **vorliegt**, während **kein Raum** mehr für die Anwendung des Kartellverbotes ist, wenn den Unternehmen in einem Mitgliedstaat durch hoheitliche Maßnahmen ein bestimmtes **Verhalten verbindlich vorgeschrieben** wird, selbst wenn die Wirkungen dieselben wie die einer entsprechenden Vereinbarung der Unternehmen selbst sind (sog. **state action defense**).[15] Dasselbe gilt, wenn durch gesetzliche Maßnahmen der Handlungsspielraum der Unternehmen so weitgehend eingeengt wird, dass ihnen im Ergebnis gleichfalls nur noch *eine* einzige Handlungsmöglichkeit offensteht. Wird dagegen der **Handlungsspielraum** der Unternehmen **lediglich begrenzt,** so dass in diesem (eingeschränkten) Rahmen immer noch ein Wettbewerb der Unternehmen möglich ist, so bleibt auch Raum für die Anwendung des Art. 101 Abs. 1 auf entsprechende wettbewerbsbeschränkende Vereinbarungen der Unternehmen.[16] Entsprechendes gilt für das Missbrauchsverbot des Art. 102 (s. u. § 10 Rn. 7).

13 Art. 101 Abs. 1 findet daher **z. B. keine Anwendung** auf die staatliche Festsetzung der Gebühren von Rechtsanwälten, selbst wenn die festgesetzten Gebühren auf dem

Slg. 2006, I-11455 = NJW 2007, 281 = EuZW 2007, 18 (21 Tz. 46 f.) – Cipolla; WuW/E EU-R 1929 Tz. 37 ff. – AG2R; *BGH* WuW/E DE-R 2035 (2040 ff. Tz. 35 ff.).

[13] So die ständige Formulierung seit *EuGH* Slg. 1988, 4769 (4791 f.) – van Eycke/Aspa; 1994, I-2227 (2234) – t'Heukske; 1994, I-2525 (2530) = EuZW 1995, 29 – Delta usw. bis Urt. Cipolla Slg. 2006, I-11455 = NJW 2007, 281 = EuZW 2007, 18 (21 Tz. 47): Slg. 2008, I-1404 Tz. 20 = EuZW 2008, 351 (352) – Doulamis; *Lange*, EuR 2008, 3 (9 ff.).

[14] S. *EuGH* Slg. 1997, I-6301 (6312 f. Tz. 32 ff.) = EuZW 1997, 759 (761) – Ladbroke Racing; Slg. 1998, I-3886 (3899 f. Tz. 53 ff.) = WuW/E EU-R 71 (74 f.) – CNSD; Slg. 1999, I-5863 (5883 Tz. 65) = ZIP 2000, 34 (39) = WuW/E EU-R 251 = JuS 2000, 609 Nr. 12 – Albany; *OLG Düsseldorf* EuZW 1999, 188 = NJW-RR 2000, 193 = JuS 1999, 1025 Nr. 14.

[15] S. im Einzelnen IM Bd. I/1, Art. 101 Abs. 1 Rn. 66 ff.; z. B. *EuGH* WuW/E EU-R 1773 Tz. 80 ff. – DTK; *EuG* Slg. 2003, II-5440 (5481 ff. Tz. 119 ff.); 2003, II-5523 (5588 ff. Tz. 176 ff.); 2003, II-5768 (5867 Tz. 296) – FEG.

[16] *EuGH* Slg. 1997, I-6301 (6312 f. Tz. 33 f.) – Ladbroke Racing; 2003, I-8894 (8908 Tz. 30 f.) – Altair Chimica; *EuG* Slg. 2000, II-3456 (3481 ff. Tz. 81 ff.) = WuW/E EU-R 386 – Asia Motor France; *Lange*, EuR 2008, 3 (15 f.).

Vorschlag eines Gremiums von Anwälten beruhen,[17] auf ein gesetzliches Werbeverbot für Ärzte, dem kein Kartell zugrundeliegt,[18] oder auf die staatliche Festsetzung von Mindestpreisen für Ausfuhren sowie sonstige Maßnahmen im Rahmen von Handelsabkommen.[19] Dasselbe gilt für eine von einem Mitgliedstaat einseitig verfügte Kontingentierung der Einfuhr japanischer Autos[20] sowie für die auf Gesetz beruhende Verpflichtung eines staatlichen Monopolunternehmens, Zuschläge auf seine Preise zu erheben und die zusätzlichen Beträge an die Staatskasse abzuführen.[21] Dagegen steht die **bloße staatliche Förderung, Billigung oder Genehmigung** von (privatrechtlichen oder öffentlich-rechtlichen) wettbewerbsbeschränkenden Vereinbarungen der Anwendung des Art. 101 Abs. 1 ebensowenig entgegen wie eine nachträgliche Allgemeinverbindlicherklärung solcher Vereinbarungen durch die Behörden eines Mitgliedstaates.[22] Insgesamt zeigt sich aber, dass der Anwendungsbereich der effet-utile-Doktrin ausgesprochen **schmal** ist, zu schmal, um eine wirkliche Lösung für die Problematik staatlicher Interventionen im Binnenmarkt zu bieten.[23] Mehr Erfolg verspricht stattdessen auf die Dauer der Rückgriff auf die Grundfreiheiten des Vertrages sowie insbesondere die (überfällige) energische Anwendung des Art. 106 AEUV, – die denn auch bezeichnenderweise auf den stärksten Widerstand der Mitgliedstaaten trifft (unten § 19).

III. Internationaler Anwendungsbereich

Literatur: *Haymann,* Extraterritoriale Wirkungen des EWG-Wettbewerbsrechts, 1974; *Meessen,* Völkerrechtliche Grundsätze des internationalen Kartellrechts, 1975; *Mestmäcker,* RabelsZ 52 (1988), 205; *ders./Schweitzer,* Wettbewerbsrecht, § 6 (S. 156 ff.); *Stoephasius,* Anwendung des europäischen Kartellrechts auf Unternehmen mit Sitz in Drittstaaten, 1971; *Wiedemann,* § 5 (S. 61 ff.).

Art. 101 Abs. 1 wendet sich nur gegen Wettbewerbsbeschränkungen „innerhalb des Gemeinsamen Marktes". Auch Art. 102 des Vertrages ist nur anwendbar, wenn es sich um die missbräuchliche Ausnutzung einer beherrschenden Stellung gerade „auf dem Gemeinsamen Markt oder auf einem wesentlichen Teil desselben" handelt. Die Anwendbarkeit der Wettbewerbsregeln auf eine wettbewerbsbeschränkende Handlung setzt mithin als erstes voraus, dass die fragliche Handlung überhaupt wettbewerbsbeschränkende **Wirkungen innerhalb der Union** äußert. Probleme ergeben sich daraus vor allem bei **Handlungen, die außerhalb der Union veranlasst** werden. In solchen Fällen muss entschieden werden, ob die Wettbewerbsregeln des AEUV nur auf Unternehmen mit Sitz in der Union oder auch auf Unternehmen mit Sitz in Drittstaaten anwendbar sind, sofern die von ihnen zu vertretenden wettbewerbsbeschränkenden Maßnahmen Auswirkungen in der Union haben. 14

Der Fragenkreis ist wegen der hier häufig nicht zu vermeidenden Konflikte mit fremden Rechtsordnungen vielfältig umstritten. Zur Lösung derartiger Konfliktsfälle sind 15

[17] *EuGH* Slg. 2002, I-1561 (1572 f. Tz. 34 ff.) = EuZW 2002, 179 – Arduino; *EuGH* Slg. 2006, I-11455 = EuZW 2007, 19 (21 Tz. 48 ff.) – Cipolla; s. u. Rn. 39.

[18] *EuGH* Slg. 2008, I-1404, 1410 Tz. 19 f. = EuZW 2008, 351 – Doulamis.

[19] *Kommission,* Entsch. v. 29. 11. 1974, ABl. Nr. L 343/19 (23) – Kugellager; v. 15. 12. 1982, ABl. Nr. L 379/1 (10 Tz. 48) – UGAL/BNIC.

[20] *EuG* Slg. 2000, II-3456 (3481 ff. Tz. 81 ff.) = WuW/E EU-R 386 – Asia Motor France.

[21] *EuGH* Slg. 2003, I-8894 (8908 Tz. 30 f.) – Altair Chimica.

[22] *EuGH* Slg. 1984, 19 (64 Tz. 40) – VBVB/VBBB; 1987, 447 (452 f.) – Sachversicherer; *Kommission,* Entsch. v. 30. 1. 1995, ABl. Nr. L 122/37 (49 f.) – COAPI.

[23] *Lange,* EuR 2008, 3 (16 ff.).

vor allem das Personalitäts-, das Territorialitäts- und das **Auswirkungsprinzip** entwickelt worden. Das zuletzt genannte Prinzip, das auch dem deutschen Recht zugrunde liegt (s. § 130 Abs. 2 GWB und dazu; s. u. § 20 Rn. 22 ff.), hat zwar den Vorteil, den Wettbewerbsregeln der Union den größtmöglichen Anwendungsbereich zu sichern. Dem steht jedoch der Nachteil gegenüber, dass es bei Sachverhalten mit Bezug zu Drittstaaten besonders häufig zu **Kollisionen mit dem Wettbewerbsrecht anderer Staaten** führt. Die Union hat deshalb z. B. mit den USA, um solche Konflikte nach Möglichkeit zu vermeiden, bereits 1995 ein **Abkommen** über die Zusammenarbeit in Kartellsachen abgeschlossen.[24] Die spätere Entwicklung der Fusionskontrollpraxis zeigt indessen, dass selbst derartige Abkommen Konflikte mit anderen Staaten nicht gänzlich auszuschließen vermögen (s. u. § 16 Rn. 5 f.).

16 Trotz dieses Konfliktpotentials (o. Rn. 15) hat sich die **Kommission** im Interesse ihrer möglichst weitgehenden Zuständigkeit in Kartellsachen für die generelle **Maßgeblichkeit des Auswirkungsprinzips** entschieden, insbesondere bei der Beteiligung von Unternehmen mit Sitz in Drittstaaten an internationalen Kartellen mit Auswirkungen in der Union oder bei missbräuchlichen Verhaltensweisen solcher Unternehmen mit Rückwirkungen auf die Union.[25] Sie hat außerdem nicht gezögert, die Fusionskontrollverordnung auf reine **Auslandszusammenschlüsse** unter der Voraussetzung anzuwenden, dass von ihnen unmittelbare Rückwirkungen auf den Wettbewerb in der Europäischen Union zu befürchten sind (s. u. § 16 Rn. 5 f.).

17 Für Auslandszusammenschlüsse hat sich dieser Praxis der Kommission mittlerweile bereits das **EuG**, wenn auch mit völkerrechtlich bedingten Modifikationen angeschlossen (s. u. § 16 Rn. 5 f.). Dagegen hat der **Gerichtshof** bisher eine endgültige Festlegung auf das Auswirkungsprinzip vermieden, kommt diesem aber nahe, indem er darauf abstellt, ob z. B. ein internationales Kartell in der Gemeinschaft „durchgeführt" wird.[26] Von hier ist es bis zur generellen Anerkennung des Auswirkungsprinzips nur noch ein kleiner Schritt.[27]

IV. Zwischenstaatlichkeitsklausel

Literatur: *Kommission,* Leitlinien über den Begriff der Beeinträchtigung des zwischenstaatlichen Handels von 2004, ABl. Nr. C 101/82 (auch abgedruckt bei *Bechtold* I., S. 1079); Bekanntmachung über Vereinbarungen von geringer Bedeutung v. 9. 12. 1997, ABl. Nr. C 372/13 = WuW 1998, 159; *Mestmäcker/Schweitzer,* § 4(S. 125 ff.).

18 Die Anwendung der Wettbewerbsregeln des Vertrages setzt nach den Art. 101 Abs. 1 und 102 S. 1 ferner voraus, dass die fragliche wettbewerbsbeschränkende Maßnahme geeignet ist, den Handel zwischen Mitgliedstaaten zu beeinträchtigen. Dadurch soll der **Anwendungsbereich** der Wettbewerbsregeln der Union von dem des nationalen

[24] ABl. 1995 Nr. L 95/45.

[25] *Kommission,* Bekanntmachung, ABl. 1972 Nr. C 111/13; Entsch. v. 29. 11. 1974, ABl. Nr. L 343/9 (23 ff.); v. 17. 10. 1983, ABl. Nr. L 317/1 (14); v. 19. 12. 1984, ABl. Nr. L 85/1 (14) und L 92/1 (48);. 21. 12. 1988, ABl. 1989 Nr. 74/1 (14) u. 21 (34 f.); v. 7. 6. 2000, ABl. Nr. L 152/24 (42 Tz. 182) = WuW/E EU-V 684 (686) – Aminosäuren; zustimmend *Knebel,* EuZW 1991, 265; *Bellamy/Child,* Tz. 2–147 ff.; *Schwarze,* WuW 2000, 1190.

[26] *EuGH* Slg. 1988, 5193 (5242 ff. Tz. 12 ff.) = NJW 1988, 3086 – Ahlström (Zellstoff I); ebenso *EuG* Slg. 2000, II-508 (1450 Tz. 4240 ff.) – Cimenteries (CBR).

[27] Ebenso *Bechtold* I, Einl. Rn. 16 – 18.

Wettbewerbsrechts **abgegrenzt** werden.[28] Aus Art. 3 Abs. 1 der VO Nr. 1/2003 und § 22 GWB folgt zugleich, dass, wann immer die Voraussetzungen der Zwischenstaatlichkeitsklausel erfüllt sind, die nationalen Wettbewerbsbehörden jedenfalls **auch** die Wettbewerbsregeln des **AEUV anwenden müssen,** während es ihnen freisteht, ob sie auf den fraglichen Fall zugleich das nationale Wettbewerbsrecht anwenden wollen oder nicht.[29] Dadurch soll möglichen Konflikten zwischen beiden Rechtsordnungen – wegen des Anwendungsvorrangs des Unionsrechts – vorgebeugt werden (s. u. Rn. 57 ff.). Die Zwischenstaatlichkeitsklausel hat dadurch erheblich an Bedeutung gewonnen.

1. Die Zwischenstaatlichkeitsklausel wird von den Unionsorganen in der Regel (nicht 19
immer) **ganz weit** ausgelegt, natürlich zu dem Zweck, den Wettbewerbsregeln des Vertrages einen möglichst großen Anwendungsbereich zu sichern.[30] Erst in jüngster Zeit finden sich in der Kommissionspraxis auch gewisse **restriktive Tendenzen** (u. Rn. 23). Die Einzelheiten ergeben sich aus den **Leitlinien der Kommission von 2004.**[31] Die Verfasser der 7. GWB-Novelle von 2005 haben aus diesen Leitlinien den Schluss gezogen, dass im Grunde heute **nur** noch **Wettbewerbsbeschränkungen mit lediglich lokaler oder regionaler Bedeutung** dem Anwendungsbereich der Wettbewerbsregeln des Vertrags entzogen seien, während sämtliche Wettbewerbsbeschränkungen **mit überregionaler Bedeutung** (auch) in den Anwendungsbereich der Wettbewerbsregeln des Vertrags fielen (u. Rn. 22), – mit der notwendigen Folge, dass für eine eigenständige nationale Kartellgesetzgebung nur noch ein schmaler Raum übrig bleibe.[32]

Bereits der Begriff des **„Handels"** ist in der Zwischenstaatlichkeitsklausel der 20
Art. 101 Abs. 1 Halbs. 1 und 102 S. 1 im denkbar weitesten Sinne zu verstehen. Gemeint ist damit im Grunde der gesamte Wirtschaftsverkehr, soweit er überhaupt der Anwendung des AEUV unterliegt.[33] Ebenso weit wird der Begriff der **Eignung** (u. Rn. 22) einer wettbewerbsbeschränkenden Maßnahme **zur Beeinträchtigung des Handels** zwischen Mitgliedstaaten interpretiert. Nach der ständigen Rechtsprechung des EuGH genügt es dafür bereits, wenn die betreffende Maßnahme aufgrund der gesamten Umstände geeignet ist, unmittelbar oder mittelbar den Handel zwischen Mitgliedstaaten in einer Weise zu beeinträchtigen, die der Verwirklichung der Ziele eines einheitlichen zwischenstaatlichen Marktes nachteilig sein kann, indem die Maßnahme zur Errichtung von Handelsschranken im Gemeinsamen Markt beiträgt und die vom Vertrag gewollte, gegenseitige Durchdringung der Märkte erschwert.[34] Dabei sind auch **mittelbare** und **Drittwirkungen** der Maßnahme in die Betrachtung

[28] *EuGH* WuW/E EU-R 1557 (1559 f. Tz. 50) – AEPI.

[29] *Kommission,* Leitlinien von 2004, Tz. 9; s. u. Rn. 57, 68 ff.

[30] S. u. Rn. 20 f.; kritisch z. B. *Soltesz,* FS Bechtold, 2006, S. 801 (802 ff.).

[31] ABl. Nr. C 101/82.

[32] S. die Begr., BT-Drs 15/3640, S. 21 ff.

[33] *Kommission,* Leitlinien, Tz. 19 ff.

[34] *EuGH Slg.* 1966, 281 (303) – LTM/MBU; 1981, 861 (867) – Lab; 1981, 1563 (1578 f.) – Salonia; 1988, 1935 (1939 f.) – La Hesbignonne; 1989, 2117 (2189 ff.) – Belasco; 1993, I-1575 (1616 f. Tz. 142 f.) – EuZW 1993, 377 (386) – Zellstoff; Slg. 1998, I-1997 (2003 Tz. 16) = EuZW 1998, 404 – Javico; Slg. 1999, I-161 (178 f. Tz. 47 ff.) = EuZW 1999, 212 – Bagnasco; *EuGH* Slg. 2006, I-6641 = EuZW 2006, 529 (531 f. Tz. 40 ff.) = JuS 2006, 1125 Nr. 3 – Manfredi; Slg. 2006, I-11125 = EuZW 2006, 753 (755) = JuS 2007, 877– Asnaf-Equifax; *EuGH* WuW/E EU-R 1557 Tz. 50 ff. – AEPI; *EuG* Slg. 2006, II-5000, 5022 f.; WuW/E EU-R 26 Tz. 55 ff. – Thyssen-Krupp; *Kommission,* Leitlinie, Tz. 23, 25, 36 ff.; *Bechtold* I, Art. 81 Rn. 102 ff.

miteinzubeziehen. Außerdem darf nicht die einzelne, jeweils gerade zur Beurteilung anstehende Vereinbarung für sich allein auf ihre Eignung zur Beeinträchtigung des Handels zwischen Mitgliedstaaten überprüft werden; vielmehr muss noch zusätzlich gefragt werden, ob sie nicht Teil eines umfassenderen Vertragssystems ist, das wenigstens in seiner Gesamtheit nach den genannten Kriterien geeignet ist, die Handelsströme (immer im Sinne des wirtschaftlichen Verkehrs) zwischen Mitgliedstaaten zu beeinträchtigen (sog. **Bündeltheorie**).[35]

21 **Maßstab** sind die hypothetischen Verhältnisse ohne die fragliche Maßnahme, d. h. bei Wettbewerb.[36] An ihnen ist zu messen, ob die Maßnahme eine (spürbare) Veränderung des Handels zwischen Mitgliedstaaten zur Folge haben *kann*. Keine Rolle spielt, ob die Maßnahme den Handel fördert oder behindert; ausschlaggebend ist vielmehr allein die Zielsetzung des Vertrages, einen Binnenmarkt ohne Wettbewerbsbeschränkungen zu schaffen.

22 Die Beeinträchtigung des Binnenhandels braucht noch nicht tatsächlich eingetreten zu sein; vielmehr genügt bereits die **bloße Eignung** der Maßnahme hierzu.[37] Gleich steht der **Zweck** einer Vereinbarung, den Wettbewerb innerhalb der Gemeinschaft zu beschränken.[38] All dies zusammengenommen bedeutet in der Tat, dass **sämtliche Wettbewerbsbeschränkungen mit überregionaler Bedeutung** heute von den Wettbewerbsregeln des Vertrags erfasst werden.[39]

23 **2.** Die einzige Einschränkung dieses umfassenden Geltungsanspruchs der Wettbewerbsregeln des Vertrags ergibt sich daraus, dass die fragliche Wettbewerbsbeschränkung geeignet sein muss, den zwischenstaatlichen Wirtschaftsverkehr *spürbar* zu beeinträchtigen.[40] Die restriktiven Tendenzen der Kommission setzen dementsprechend genau hier, d. h. bei der Betonung der notwendigen **Spürbarkeit der Maßnahme** an. Nach einer vom Gerichtshof entwickelten Formel ist die Spürbarkeit zwar nur zu verneinen, wenn die von einer wettbewerbsbeschränkenden Maßnahme betroffenen Erzeugnisse lediglich einen „unbedeutenden Prozentsatz des Gesamtmarktes dieser Erzeugnisse im Gebiet des Gemeinsamen Marktes ausmachen", so dass die Auswirkungen der Maßnahme, weil nur geringfügig, vernachlässigt werden können.[41] Nach der sog. **NAAT-Regel** der Kommission ist dies jedoch neuerdings bereits anzunehmen, wenn der **kumulierte Marktanteil** der Beteiligten nicht die **Grenze von 5 %** überschreitet.[42] Im Interesse der Förderung der **Kooperation kleiner und mittlerer Unternehmen** vertritt die Kommission außerdem die Auffassung, dass Vereinbarungen derartiger Unternehmen grundsätzlich nicht mehr zur Beein-

[35] *EuGH* Slg. 1967, 543 (555 f.)= EuR 1968, 132 – Brasserie de Haecht; Slg. 1977, 65 (91 f.); 1988, 5249 (5286) = NJW 1988, 3082 (3083) – Nichtangriffsklausel; Slg. 1991, I-935 (983 ff.) = EuZW 1991, 376 – Delimitis; Slg. 1994, I-1508 (1518 f.) = EuZW 1994, 408 – Almelo; Slg. 2000, I-11 140 (11 148 f. Tz. 25 ff.) = EuZW 2001, 631 – Neste Markinointi Oy.

[36] *EuGH* Slg. 1979, 3279 (3288 f.); 1980, 3125 (3274).

[37] *Kommission,* Leitlinien, Tz. 26 ff.

[38] *EuGH* Slg. 1990, I-45 – Sandoz (nur Leitsatz); *Kommission,* Leitlinien, Tz. 25.

[39] Zahlreiche Beispiele in: *Kommission,* Leitlinien, Tz. 58 ff.

[40] S. dazu im Einzelnen *Kommission,* Leitlinien, Tz. 44 ff.; Bagatellbekanntmachung von 1997, Tz. 7 ff. = WuW 1998, 109.

[41] *EuGH* Slg. 1978, 131 (149 ff.); 1978, 1391 (1415); 1988, 1935 (1940 f); 1998, I-1997 (2003 Tz. 17, 2005 Tz. 26) – Javico; 1999, I-161 (178 f Tz. 47 ff.) – Bagnasco.

[42] NAAT = No appreciable affectation of trade (i. S. des englischen Textes der Art. 101 Abs. 1 und 102 S. 1); s. dazu auch u. § 4 Rn. 56 ff.

trächtigung des Handels zwischen Mitgliedstaaten geeignet seien, so dass sie schon deshalb generell nicht an Art. 101 Abs. 1 gemessen werden könnten (u. § 8 Rn. 30, § 23 Rn. 8). Deutschland verdankt dieser neuen Großzügigkeit der Kommission die generelle Freistellung der Mittelstandskartelle durch § 3 GWB von 2005 (s. u. § 23). Die Spürbarkeit der Beeinträchtigung des zwischenstaatlichen Handels ist dagegen z. B. zu bejahen, wenn 10 % der Einfuhren aus einem Mitgliedstaat in einen anderen betroffen sind.[43]

V. Unternehmen

Literatur: IM, Bd. I/1, Art. 101 Abs. 1 Rn. 6 ff.; *H. Bucher*, Die Anwendbarkeit des Europäischen Wettbewerbsrechts auf Träger sozialer Sicherheitssysteme, 2008; *Jennert*, WuW 2004, 37; *Mestmäcker/Schweitzer*, § 8 (S. 221 ff.); *Mestmäcker*, RabelsZ 52 (1988), 526; *ders.*, FS Börner, 1992, S. 277; *W.-H. Roth*, FS Bechtold, 2006, S. 393; *Slot*, FS Everling, 1995, S. 1413. – Speziell zum Sport s. noch u. § 37 Rn. 15.

1. Wirtschaftliche Einheit

a) Die Art. 101 bis 106 sind überschrieben „Vorschriften für Unternehmen". Hieraus folgt ebenso wie aus dem Wortlaut der Art. 101, 102 und 106 AEUV, dass sie sich **allein** an **„Unternehmen"** wenden. Der Anwendungsbereich der Wettbewerbsregeln hängt daher – neben der Erfüllung der Zwischenstaatlichkeitsklausel (o. Rn. 18 ff.) – vor allem von der engen oder weiten Fassung des Unternehmensbegriffs ab. Zur näheren Umschreibung dieses Begriffs wird meistens auf den (abgelegenen) **Art. 1 des Protokolls 22 zum EWR-Abkommen** zurückgegriffen, nach dem als Unternehmen „jedes Rechtssubjekt (gilt), das eine kommerzielle oder wirtschaftliche Tätigkeit ausübt". Jedenfalls der **Schwerpunkt** des Unternehmensbegriffs des Vertrags liegt folglich in der **Ausübung einer wirtschaftlichen Tätigkeit durch ein Rechtssubjekt** im Gegensatz insbesondere zur Ausübung hoheitlicher Gewalt seitens der Mitgliedstaaten (s. Art. 4 Abs. 4, 51 und 62 AEUV), zum privaten Verbrauch und zur kollektiven Regelung der Arbeitsbedingungen (Rn. 31). 24

Die Betonung der Ausübung einer wirtschaftlichen Tätigkeit als zentrales Merkmal des Unternehmensbegriffs des Vertrages (Rn. 24) wird allgemein als **funktionaler Unternehmensbegriff** bezeichnet. Den Gegensatz bildet der **institutionelle** Unternehmensbegriff, der das Gewicht (zusätzlich oder allein) auf die Organisation und die Dauer der fraglichen wirtschaftlichen Einheit legt. Eindeutig vorherrschend ist in der Praxis der Unionsorgane heute der funktionale Unternehmensbegriff. Insbesondere der **Gerichtshof** hat immer wieder betont, dass als Unternehmen im Sinne der Wettbewerbsregeln **„jede eine wirtschaftliche Tätigkeit ausübende Einheit** oder Einrichtung unabhängig von ihrer Rechtsform und der Art ihrer Finanzierung" zu gelten hat.[44] Im Ergebnis sind es somit **zwei Merkmale**, die den gemeinschaftsrecht- 25

[43] *EuGH* Slg. 1983, 4173 (4183).

[44] *EuGH* Slg. 1984, 2999 (3016) – Hydrotherm; 1991, I-2010 (2016 f.) = EuZW 1991, 349 – Macrotron; Slg. 1993, I-637 = NJW 1993, 2597 – Poucet; Slg. 1994, I-55 (61) = EuZW 1994, 248 – Eurocontrol usw. bis Slg. 2004, I-2524 (2542 Tz. 46) = EuZW 2004, 241 – Ichthyol (mit Anm. *Emmerich*, JuS 2004, 712); Slg. 2005, I-5488 (5540) = WuW/E EU-R 913 (916 Tz. 112) – HFB/Isoplus; Slg. 2006, I-325 (357 f.) = EuZW 2006, 306 (310 Tz. 107 ff.) – Sparkasse Florenz; Slg. 2006, I-6319 = WuW/E EU-R 1213 = EuZW 2006, 600 (601 Tz. 25) – FENIN; Slg. 2006, I-12018 = EuZW 2007, 150 (153 Tz. 39) = JuS 2007, 596– CEPSA; Slg. 2007, I-10925 = WuW/E EU-R 1353, 1356 Tz,

lichen Unternehmensbegriff konstituieren: Es muss sich einmal um eine „wirtschaftliche Einheit (oder auch Einrichtung)" handeln; und diese Einheit muss zum anderen eine „wirtschaftliche Tätigkeit" im Gegensatz insbesondere zu einer privaten oder hoheitlichen Tätigkeit ausüben.[45]

26 **b)** Erstes Merkmal des Unternehmensbegriffs im Sinne der Wettbewerbsregeln des Vertrages ist nach den Gesagten (Rn. 25) das Vorliegen einer „**wirtschaftlichen Einheit oder Einrichtung**". Im Schrifttum ist umstritten, was darunter zu verstehen ist.[46] Praktische Bedeutung hat die Auseinandersetzung indessen nur in einigen eigenartigen Fallgestaltungen, die der Gerichtshof wohl auch vornehmlich bei seiner Definition des Unternehmensbegriff im Auge hatte. Hervorzuheben ist die Behandlung von Unternehmensgruppen, die im Wettbewerbsrecht der Union unter bestimmten Voraussetzungen als *ein* Unternehmen im Sinne der Wettbewerbsregeln angesehen werden (s. unten Rn. 35, 39 und 44ff.), sowie die intrikate Problematik der Unternehmenskontinuität (Rn. 28). Sieht man von diesen beiden problematischen Fallgestaltungen zunächst einmal ab, so kann man ohne Bedenken als wirtschaftliche Einheit im Sinne der Wettbewerbsregeln alle natürlichen und juristischen Personen sowie überhaupt **alle Personenvereinigungen** und sonstigen Einrichtungen bezeichnen, die sich, wie immer, selbstständig am wirtschaftlichen Verkehr beteiligen können. Bloße **Teilrechtsfähigkeit** der fraglichen „Einheit" genügt nach dem Zweck der Wettbewerbsregeln auf jeden Fall. Fehlt dagegen nach nationalem Recht einer „Einheit" auch diese, so richtet sich das Verbot des Art. 101 und des Art. 102 immer noch zumindest an diejenigen Rechtssubjekte, die **Träger der wirtschaftlichen Einheit** sind. Unternehmen können daher außer natürlichen und juristischen Personen auch Personengesellschaften, rechtsfähige und nichtrechtsfähige Vereine sowie bestimmte Sondervermögen wie früher Bundesbahn und Bundespost sein. Die **Größe** eines Unternehmens spielt gleichfalls keine Rolle. **Einzelkaufleute** sind Unternehmen wie andere auch.

27 Der Anwendung der Wettbewerbsregeln steht es nicht entgegen, wenn eine Person **nur hinsichtlich einzelner ihrer Aktivitäten**, nicht jedoch im Übrigen die Voraussetzungen des Unternehmensbegriffs erfüllt. Das wohl wichtigste Beispiel bilden **juristische Personen des öffentlichen Rechts**, die sich zugleich wirtschaftlich betätigen. Ihre Behördenstruktur steht dann der Anwendung der Wettbewerbsregeln auf ihre wirtschaftlichen Aktivitäten nicht entgegen; so verhält es sich etwa mit dem italienischen Finanzministerium, das zugleich die Staatsmonopole verwaltet.[47] Es versteht sich zudem von selbst, dass z. B. ein Arbeitnehmer, der nebenher ein Unternehmen betreibt, insoweit die Wettbewerbsgesetze ebenso wie die Steuergesetze zu beachten hat. Man spricht insoweit gelegentlich auch von einem **relativen Unternehmen.**[48] Aus denselben Gründen erfassen die Wettbewerbsregeln neben aktuellen ferner sog. **potentielle Unternehmen.** Eine Person, die in der Lage ist, sich jederzeit am wirtschaftlichen Leben zu beteiligen, ist an die Wettbewerbsregeln gebunden, wenn sie

38, 43 = JuS 2008, 382–ETI; Slg. 2008, I- 4892 = EuZW 2008, 605, 607 Tz. 21f.= JuS 2008, 1131–MOTOE.

[45] S. *Roth,* FS Bechtold, 2006, S. 393 (394ff.).

[46] S. IM/*Emmerich* Bd. I/1 Art. 101 Rn. 9ff.

[47] *EuGH* Slg. 2007, I-10925 Tz. 38ff. = WuW/E EU-R 1353 – ETI; Slg. 2008, I- 4892 Tz. 25ff. = EuZW 2008, 605 – MOTOE (s. dazu *Emmerich,* JuS 2008, 382 und 1131); *EuG* Slg. 2006, II-4803 Tz. 54 = WuW/E EU-R 1250, 1252f. – SELEX (betr. Eurocontrol).

[48] *Roth,* FS Bechtold, S. 393 (394ff.).

sich, sozusagen im Vorgriff auf ihre zukünftige wirtschaftliche Betätigung, vorweg an wettbewerbsbeschränkenden Vereinbarungen beteiligt.[49]

c) Zusätzliche Probleme entstehen in den Fällen der **Umstrukturierung oder Veräußerung** von Unternehmen oder Unternehmensteilen, weil dann entschieden werden muss, wen hinfort (allein oder zusätzlich) die Verantwortung für frühere Kartellverstöße trifft. Die Praxis der Gemeinschaftsorgane ist wenig einheitlich, da sie sich gleichzeitig von **zwei** häufig einander widersprechenden **Grundsätzen** leiten lässt. Es sind dies der Grundsatz der persönlichen Verantwortlichkeit sowie der Grundsatz der funktionalen und wirtschaftlichen Kontinuität. Im Regelfall ist von dem zuerst genannten **Grundsatz der persönlichen Verantwortlichkeit** auszugehen. Er besagt im Kern, dass die einmal durch einen Kartellverstoß begründete Verantwortlichkeit eines Unternehmens und seines Trägers – das kann auch ein Konzern als wirtschaftliche Einheit sein (unten Rn. 44 ff.) – durch Änderungen der Rechtsform, durch sonstige Umstrukturierungen oder durch die Veräußerung von Unternehmensteilen nicht berührt wird.[50] Auf den Grundsatz der **wirtschaftlichen und funktionalen Kontinuität der** beteiligten **Unternehmen** greifen die Gemeinschaftsorgane dagegen zurück, wenn das seinerzeit für den Kartellverstoß verantwortliche Unternehmen als selbstständige rechtliche Einheit **aufgehört** hat **zu existieren**, z. B. infolge seiner Veräußerung an ein anderes Unternehmen, durch Umwandlung oder durch Verschmelzung mit einem anderen Unternehmen. In diesem Fall wird der Kartellverstoß dem **Rechtsnachfolger zugerechnet**, selbst wenn er diesen seinerzeit nicht gebilligt hat und an ihm auch nicht beteiligt war. Wieder anders wird jedoch entschieden, wenn das ursprünglich verantwortliche Unternehmen und sein Rechtsnachfolger eine wirtschaftliche Einheit bilden oder doch **strukturell** miteinander **verbunden** sind, insbesondere, weil sie der Kontrolle derselben Personen unterstehen. In diesen beiden Fällen soll die Kommission offenbar die **Wahl** haben, wen sie in Anspruch nehmen will.[51] 28

d) Nach dem Gesagten (o. Rn. 24 ff.) ist es in erster Linie die **wirtschaftliche Tätigkeit**, die eine „Einheit" (o. Rn. 26 f.) zum Unternehmen macht.[52] Infolgedessen hat der Begriff „der wirtschaftlichen Tätigkeit" zentrale Bedeutung für die Abgrenzung des Anwendungsbereichs der Wettbewerbsregeln erlangt. Der **Gerichtshof** versteht darunter grundsätzlich **jede selbstständige Tätigkeit (nur) in der Erzeugung oder Verteilung wirtschaftlicher Güter oder gewerblicher Leistungen**, während die Rechtsform, in der die Tätigkeit ausgeübt wird, ebenso wenig eine Rolle spielt wie ihre Finanzierung.[53] Später hat er präzisierend hinzugefügt, dass jede Tätigkeit erfasst 29

[49] Vgl. *Kommission,* Entsch. v. 26. 7. 1976, ABl. Nr. L 254/40 (45) – Reuter/BASF.

[50] *EuGH* Slg. 1984, 1679, 1699 – Rheinzink; Slg. 2004, I-403, 441 = WuW/E Eu-R 899 Tz. 59 – Aalborg; EuG Slg. 1994, II-211, 225 (Tz. 30) = EuZW 1994, 508, 510 – AWS.

[51] So zuletzt insbes. *EuGH* Slg. 2004, I-403 = WuW/E Eu-R 899 – Aalborg; Slg. 2007, I-10925 Tz. 41 – 50 = EuZW 2008, 93 = WuW/E EU-R 1353 – ETI; *EuG* WuW/E Eu-R 1667 Tz. 106 – 119 – AcelorMittal; WuW/E Eu-R 1655 Tz, 50 – 62 – Hoechst; s. dazu *Emmerich,* JuS 2008, 382 ff.; *Kling,* WRP 2010, 506, 515 ff. m. Nachw; *Kapp/Schumacher,* ZWeR 2009, 503.

[52] S. IM Bd I/1 Art 101 Rn. 15 ff. sowie insb. *Jennert,* WuW 2004, 37; *Mestmäcker/Schweitzer,* § 8 Rn. 16 ff. (S. 226 ff.); *Roth,* FS Bechtold, 2006, S. 393 (395 ff.).

[53] *EuGH* Slg. 1993, I-664, 669 Tz. 17 = NJW 1993, 2497 – Poucet; Slg. 1998, I-3886, 3895 f. Tz. 36 = WuW/E EU-R 71 – *CNSD;* Slg. 2002, I-1653, 1676 f. Tz. 47 = NJW 2002, 877 – Wouters; Slg. 2006, I-289 = EuZW 2006, 306, 310 Tz. 108 – Sparkasse Florenz*;* Slg. 2007, I-10925 Tz. 38 = EuZW 2008, 93 = JuS 2008, 382 – ETI.

werde, die in dem **Angebot** von Gütern oder Dienstleistungen auf einem bestimmten Markt bestehe, auch wenn sie eine Verbindung zum **Sport** aufweise, so dass die Veranstaltung von Motorradrennen durch einen Verband in Verbindung mit dem Abschluss von Sponsoring-, Werbe- und Versicherungsverträgen für die Annahme einer wirtschaftlichen Tätigkeit ausreiche, selbst wenn der Verband damit nicht die Absicht der Gewinnerzielung verbinde; den Gegensatz bilde insbesondere die hoheitliche Tätigkeit der Mitgliedstaaten und ihrer Gliederungen.[54] Erfasst wird mithin jede Form des **entgeltlichen Angebots von Waren oder Dienstleistungen auf dem Binnenmarkt**, und zwar ohne Rücksicht darauf, ob im Einzelfall tatsächlich ein Entgelt erzielt oder verlangt oder die Erzielung eines Gewinns beabsichtigt werden.[55] Unerheblich ist ferner, ob dies **unmittelbar** selbst **oder mittelbar** durch zwischengeschaltete andere Gesellschaften geschieht. Auch reine Holdinggesellschaften sind Unternehmen. Auszuklammern sind lediglich **marktferne Tätigkeiten** wie z. B. die Lobbytätigkeit von Verbänden, die Vorbereitung und der Erlass von Normen[56] sowie traditionell der Arbeitsmarkt (u. Rn. 31 f.) und die Ausübung von Hoheitsgewalt seitens des Staates.[57]

30 Probleme ergeben sich aus diesem Begriffsverständnis insbesondere für die Beurteilung der bloßen **Nachfrage nach** wirtschaftlichen **Gütern** oder gewerblichen Leistungen, da der Gerichtshof betont hat, dass als wirtschaftliche nur solche Tätigkeiten anzusehen seien, die darin bestehen, **Güter oder Dienstleistungen** auf einem bestimmten Markt **anzubieten**, so dass die Beurteilung der Einkaufstätigkeit einer Einheit „von der späteren Verwendung des erworbenen Erzeugnisses" abhänge.[58] Die Folge dieser Praxis ist, dass die (häufig besonders kritisch zu beurteilende) **Nachfragetätigkeit der öffentlichen Hand** weithin nicht mehr mit den Wettbewerbsregeln des Vertrags erfasst werden kann (s. u. Rn. 36). Demgegenüber ist daran festzuhalten, dass eine wirtschaftliche Tätigkeit nicht nur im Angebot von wirtschaftlichen Gütern am Markt, sondern **auch** in der „bloßen" **Nachfrage** nach solchen bestehen kann; auszuklammern sind lediglich der Bereich des **privaten Verbrauchs** sowie die private Vermögensverwaltung, solange sie nicht in gewerblichen Unternehmen verselbstständigt wird.[59] **Einkaufszusammenschlüsse** der öffentlichen Hand oder auch von Verbrauchern, die als mächtige Nachfrager am Markt agieren, können dagegen sehr wohl als Unternehmen mit den Wettbewerbsregeln erfasst werden.

31 **d)** Auszuklammern ist ferner der gesamte **Arbeitsmarkt,** da zum Unternehmen im Sinne der Wettbewerbsregeln **nur** die **selbstständige Teilnahme** am wirtschaftlichen Verkehr macht, so dass (wirtschaftlich abhängige) Arbeitnehmer nicht den Wettbewerbsregeln unterfallen. Arbeitsverträge können daher nicht an den Art. 101 und 102

[54] *EuGH* Slg. 2008, I-4892 Tz. 22–28 = EuZW 2008, 605 = JuS 2008, 1131 – MOTOE; *EuG* Slg. 2005, II-4803 Tz. 54 ff. = WuW/E EU-R 1250, 1252 ff. – SELEX; *Kommission,* Mitteilung Leistungen der Daseinsvorsorge in Europa II v. 19. 1. 2001, ABl. 2001 Nr. C 17/4, 9 Tz. 28 ff.

[55] *EuG* Slg. 2005, II-4803 Tz. 50, 77 und 90 = WuW/E EU-R 1250, 1252 ff. – SELEX.

[56] *EuG* Slg. 2005, II-4803 Tz. 57–62 = WuW/E EU-R 1250, 1252 ff. – SELEX.

[57] S. *Jennert,* WuW 2004, 37, bes. 41 ff.

[58] *EuGH* Slg. 2006, I-6319 = EuZW 2006, 600 (601 Tz. 26) – FENIN; ebenso zuvor schon *EuG* Slg. 2003, II-360 (372 f. Tz. 36) = WuW/E Eu-R 688 – FENIN; Slg. 2006, II-4803 = WuW/E Eu-R 1250 (1254 ff. Tz. 65 ff.) – Eurocontrol.

[59] *BKartA* TB 2005/2006, S. 38; *Mestmäcker/Schweizer,* § 8 Rn. 23 ff. (S. 228 f.); *Roth,* FS Bechtold, S. 393 (396 f.).

gemessen werden.[60] Dasselbe gilt nach Meinung des Gerichtshofs für **Tarifverträge,** gleichgültig, welchen Inhalt sie haben.[61] Für eine derartige **generelle Freistellung** der Tarifvertragsparteien von den Wettbewerbsregeln besteht indessen **kein** sachlicher **Grund.** Beschränken sie sich nicht auf die Regelung der Arbeitsbedingungen, sondern greifen sie darüber hinaus durch die Regelung des Wettbewerbs zwischen den Arbeitgebern oder zwischen diesen und Dritten in das Marktgeschehen ein, so ist schon zum Schutze Dritter die Anwendung der Wettbewerbsregeln unabdingbar.[62] Auch das Gericht hat sich deshalb für eine **enge Auslegung** dieses eigenartigen, wohl vornehmlich sozialpolitisch bedingten Ausnahmebereichs ausgesprochen und folgerichtig eine Übertragung auf andere Verbände strikt abgelehnt.[63]

Ebenso zurückhaltend wie bei den Tarifvertragsparteien (Rn. 31) ist der Gerichtshof 32
ferner bei der Bejahung der Unternehmenseigenschaft der **Sozialversicherungsträger,** in erster Linie wohl, um die fortbestehende Zuständigkeit der Mitgliedstaaten für die Gestaltung ihrer Sozialversicherungssysteme zu schonen.[64] Der Gerichtshof unterscheidet deshalb meistens danach, ob bei den Sozialversicherungsträgern der Charakter einer Versicherung oder der eines aus öffentlichen Mitteln alimentierten Erbringers von Sozialleistungen im Vordergrund steht, gekennzeichnet insbesondere durch die *Unabhängigkeit* seiner Leistungen von den Beiträgen der Mitglieder.[65] Für die deutschen **Krankenkassen** hat der Gerichtshof daraus 2004 den Schluss gezogen, dass sie ebenso wie sonstige Einrichtungen der gesetzlichen Rentenversicherungssysteme **keine Unternehmen** seien, *sofern* sie einen rein sozialen Zweck verfolgen, nur die Gesetze anwenden und keine Möglichkeit besitzen, auf die Höhe der Beiträge, die Verwendung der Mittel und die Bestimmung des Leistungsumfangs Einfluss zu nehmen, während bei Einrichtungen, bei denen einzelne der genannten Merkmale fehlen, statt dessen wieder der Unternehmenscharakter überwiegen soll.[66] Ebenso wurde sodann für die **Berufsgenossenschaften** entschieden, wobei der Gerichtshof in diesem Fall letztlich darauf abstellte, in welchem Ausmaß durch die gesetzliche Regelung im SGB VII der **Grundsatz der Solidarität**, d. h. des solidarischen Charakters der Finanzierung des Systems verwirklicht ist und wie stark die **staatliche Aufsicht** über die Berufsgenossenschaften ist.[67] Indessen sind das alles **gänzlich un-**

[60] S. IM Bd. I/1, Art. 101 Abs. 1 Rn. 24 f.; *van den Berg/Camesasca,* 25 ELR (2000), 492; *Mestmäcker/Schweitzer,* § 8 Rn. 31 ff. (S. 230 ff.); *v. Wallwitz,* Tarifverträge und die Wettbewerbsordnung des EGV, 1997.

[61] *EuGH* Slg. 1999, I-5863 (5882 ff. Tz. 60 ff.) = ZIP 2000, 34 = WuW/E EU-R 251 (mit Anm. *Emmerich,* JuS 2000, 609) – Albany; Slg. 1999, I-6029 (6048 f. Tz. 57 ff.) = EuZW 2000, 174 – Brentjens; Slg. 1999, I-6125 (6142 f. Tz. 47 f.) – Drijvende Bokken; Slg. 2000, I-7129 (7139 Tz. 22 ff.) = WuW/E EU-R 364 – van de Woude; WuW/E EU-R 1929 Tz. 35 ff. – AG2R.

[62] *Mestmäcker/Schweitzer,* § 8 Rn. 32 ff.

[63] *EuG* Slg. 2006, II-5000, 5034 f. Tz. 98 ff. – E.R.U.A.

[64] S. m. N. *Emmerich,* FS Th. Raiser, 2005, S. 647; IM Bd. I/1 Art. 101 Rn. 27 ff.

[65] *EuGH* Slg. 1993, I-664 (667 ff. Tz. 7 ff., 18) = NJW 1993, 2597 – Poucet; Slg. 1995, I-4022 (4028 f. Tz. 14 ff.) = EuZW 1996, 277 – Fed. franç. des Soc. d' Assurances; Slg. 1997, I-3422 (3433 ff. Tz. 27) – Sodemare; 2001, I-8137 (8146 Tz. 20) – Glöckner; 2002, I- 717 (730 ff. Tz. 34 ff.) – CISAL.

[66] *EuGH* Slg. 2004, I-2524 (2542 ff.) = EuZW 2004, 241 = NJW 2004, 2723; WuW/EuR 1929 Tz. 44 ff. – AG2R; dagegen *Emmerich,* FS Raiser, 2005, S. 647; *ders.,* JuS 2004, 712; *Oppermann,* GS Walz, 2008, S. 485 (497 ff.).

[67] *EuGH* Slg. 2009, I-1538 = NJW 2009, 1325 Tz. 43, 60 ff.; ebenso für die Versorgungsanstalt des Bundes und der Länder (VBL) *LG Mannheim* WuW/E DE-R 2988, 2997 ff.

bestimmte Kriterien ohne Aussagekraft.[68] Tatsächlich sind die gesetzlichen Krankenkassen ebenso wie die Berufsgenossenschaften **gesetzliche Versicherungsunternehmen** und nichts anderes, die wie andere auch durchaus unterschiedliche Leistungen am Markt anbieten, zwischen denen die Adressaten die Wahl haben und die im Wettbewerb mit zahlreichen anderen Versicherungen stehen, wobei zu bedenken ist, dass die Wettbewerbselemente durch die jüngsten Reformen noch erheblich verstärkt wurden.[69] Jedenfalls nach der ausdrücklichen Anordnung der Anwendbarkeit des GWB auf die Leistungsbeziehungen der gesetzlichen Krankenkassen insbesondere zu den Arzneimittelherstellern und Krankenhäusern durch § 69 Abs. 2 SGB V in der Fassung des AMNOG von 2010 dürfte dies unbestreitbar sein.[70] Es kann sich deshalb immer nur **im Einzelfall** fragen, ob – entsprechend Art. 106 Abs. 2 AEUV – mit Rücksicht auf den sozialen Sicherungszweck der Einrichtung und die gesetzliche Regelung **Modifikationen** oder Restriktionen bei der Anwendbarkeit der Wettbewerbsregeln erforderlich sind.

33 **e)** Besonderheiten gelten schließlich nach einer verbreiteten Meinung noch für die Handelsvertreter (s. dazu im Einzelnen unten § 4 Rn. 90 ff.) sowie für die **freien Berufe**. An sich kann es nicht ernstlich zweifelhaft sein, dass die Angehörigen der freien Berufe wirtschaftlich werthafte Dienstleistungen am Markt im Wettbewerb mit anderen Berufsangehörigen auf eigenes Risiko gegen Entgelt anbieten und deshalb **unternehmerisch** tätig werden.[71] Die Folge ist vor allem, dass die verbreiteten **Zusammenschlüsse** der Angehörigen freier Berufe im Sinne des Art. 101 Abs. 1 Unternehmensvereinigungen darstellen, selbst wenn sie wie die deutschen Anwalts- oder Ärztekammern den Status von Körperschaften des öffentlichen Rechts haben.[72] **Beschlüsse der Kammern** können deshalb, auch wenn sie als **Satzungen** ergehen, an den Wettbewerbsregeln gemessen werden, soweit nicht im Einzelfall aufgrund anderer, vorrangiger Wertungen **Ausnahmen** angebracht sind. Nach Meinung des Gerichtshofs ist dies vor allem dann der Fall, wenn die Kammern bei dem Erlass von Satzungen, die Gesetze im materiellen Sinne sind, an Kriterien des Allgemeininteresses gebunden sind und staatlicher Kontrolle unterliegen.[73] An der prinzipiellen Anwendbarkeit der Wettbewerbsregeln auf die Angehörigen der freien Berufe und ihre Zusammenschlüsse ändert dies indessen nichts. Unternehmerisch werden außerdem **Künstler, Wissenschaftler** und **Erfinder** bei der Verwertung ihrer Leistungen am Markt tätig.[74] Soweit man hier in einzelnen Beziehungen die Wettbewerbsregeln für unanwendbar halten sollte, hat dies wiederum andere, sachliche Gründe und hängt nicht mit der Unternehmenseigenschaft der Beteiligten zusammen.

[68] Ebenso FK/*Roth/Ackermann*, Art. 81 Rn. 102.

[69] S. *Bache/Kuchinke/Wey*, WuW 2010, 502; *Emmerich*, in: FS Raiser, S. 647; *Kersting/Faust*, WuW 2011, 6; FK/*Roth/Ackermann*, Art. 81 Rn. 102.

[70] S. u. § 37 Rn. 5; ausführlich *Haus/Schaper*, ZWeR 20112, 48 (56 ff. m.N.).

[71] *EuGH* Slg. 1998, I-3886 (3896 Tz. 37 f.) = WuW/E EU-R 71 – CNSD; Slg. 2000, I-6497 (6521 Tz. 77) – Pavlov; Slg. 2002, I-1653 (1676 f. Tz. 48 f.) = EuZW 2002, 172 = NJW 2002, 877 – Wouters; *EuG* Slg. 2001, II-1090 (1107 ff. Tz. 63 ff.) – Institut des Mandataires Agréés; 2004, II-3294 = WuW/E EU-R 892 (898 Tz. 65) – Meca-Medina; s. im Einzelnen IM Bd. I/1 Art. 101 Rn. 20 f.

[72] *EuGH* Slg. 1998, I-3886 (3896 ff. Tz. 39 ff.) = WuW/E EU-R 71 – CNSD; Slg. 2002, I-1561 (1572 ff. Tz. 34 ff.) = EuZW 2002, 179 = NJW 2002, 882 – Arduino; Slg. 2002, I-1653 (1677 ff. Tz. 50 ff.) = NJW 2002, 877 = EuZW 2002, 172 – Wouters; s. u. Rn. 41 sowie § 4 Rn. 15 ff.

[73] S. o. Rn. 13 sowie die Urt. Arduino und Wouters (vorige Fn.).

[74] *Kommision*, Entsch. v. 2. 12. 1975, ABl. 1976 Nr. L 6/8, 12 – ADIP/Beyrard; v. 26. 5. 1978, ABl. 1978 Nr. L 157/39, 40 – RAI/Unitel; v. 10. 1. 1979, ABl. 1979 Nr. L 19/32, 34 (Tz. 12) – Vaessen/Morris; *Mestmäcker/Schweitzer*, § 8 Rn. 21 (S. 227).

Vergleichbare Differenzierungen sind schließlich in der umstrittenen Frage angebracht, inwieweit auf **Berufssportler** und **Sportverbände** die Wettbewerbsregeln anwendbar sind (s. dazu auch u. § 37 Rn. 15 ff.): Soweit sich die Genannten wirtschaftlich betätigen, unterliegen sie gewiss den Wettbewerbsregeln; anders freilich, soweit es um die Regelung rein sportlicher Fragen wie z. B. die Bekämpfung des Dopings geht.[75] Man muss deshalb unterscheiden: **Angestellte Sportler** – man denke an die Profifußballer – sind Arbeitnehmer und als solche grundsätzlich dem Anwendungsbereich der Wettbewerbsregeln entrückt (Rn. 31). Selbstständige **Berufssportler** unterfallen dagegen bei der Vermarktung ihres Könnens den Wettbewerbsregeln. Dasselbe gilt (erst recht) für die **Sportvereine** sowie für deren **Verbände**. Vor allem die **Satzungen** der Verbände können infolgedessen als **Beschlüsse** von Unternehmensvereinigungen an Art. 101 AEUV gemessen werden. Eine **Ausnahme** gilt nur, soweit Beschränkungen der Handlungsfreiheit der Sportler in derartigen Satzungen durch legitime sportliche Zwecke gerechtfertigt sind und „auf das zum ordnungsgemäßen Funktionieren des sportlichen Wettkampfs Notwendige beschränkt sind".[76] Paradigma sind sachlich vertretbare Dopingregeln. Dagegen wird etwa die Vermarktung der Fernsehübertragungsrechte, die wichtigste Einnahmequelle der Verbände, uneingeschränkt von Art. 101 AEUV erfasst und muss gegebenenfalls nach Abs. 3 dieser Vorschrift freigestellt werden (s. u. § 37 Rn. 17 f.). 34

2. Öffentliche Unternehmen

Literatur: IM Bd. I/1, Art 101 Rn. 30 ff.; *Emmerich,* Das Wirtschaftsrecht der öffentlichen Unternehmen, 1969, S. 370 ff.; *ders.,* FS Raiser, 2005, S. 647; *ders./Hofmann,* FS Selmer, 2004, S. 305; *Füller,* Deregulierung durch Europäisches Kartellrecht, in: Callies/Mahlmann, Der Staat der Zukunft, 2002, S. 121; *Heinemann,* Grenzen staatlicher Monopole, 1996, S. 72 ff.; *Kn. W. Lange,* WuW 2002, 953; *Mestmäcker,* RabelsZ 52 (1988), 526; *ders.,* FS Börner, 1992, S. 277; *Mestmäcker/Schweitzer,* § 31 (S. 783 ff.); *Möschel,* in: Weiterentwicklung der europäischen Gemeinschaften und der Marktwirtschaft, 1992, S. 89; *K. Westermann,* ZWeR 2010, 81.

a) Art. 101 unterscheidet ebensowenig wie Art. 102 zwischen privaten und öffentlichen Unternehmen. Es steht daher außer Frage, dass die Wettbewerbsregeln gleichermaßen für private wie für öffentliche Unternehmen gelten (vgl. auch Art. 106 I).[77] Auf die **Rechtsform,** unter der sich die Mitgliedstaaten und ihre Gliederungen wirtschaftlich betätigen, kommt es dabei ebensowenig an wie auf die Ausgestaltung der **Leistungsbeziehungen:** Sofern nur die fragliche Einheit eine wirtschaftliche Tätigkeit in dem genannten Sinne (o. Rn. 28 ff.; u. Rn. 37) ausübt, greifen die Wettbewerbsregeln auch bei einer öffentlich-rechtlichen Gestaltung der Leistungsbeziehungen ein.[78] Das muss schon deshalb so sein, weil andernfalls der Anwendungsbereich der Wettbewerbsregeln zur Disposition der Mitgliedstaaten stände. 35

75 *EuGH* Slg. 2006, I-7006 = EuZW 2006, 593 (595 ff. Tz. 22 ff.) = JuS 2007, 596 – Meca-Medina; *EuG* Slg. 2005, II-476 = WuW/E EU-R 881 (882 f. Tz. 69 ff.) – Piau/FIFA; s. im Einzelnen m.N. *Heermann,* WuW 2009, 394, 489; *ders.,* WRP 2009, 285.

76 Urteil Meca-Medina (vorige Fn.) Tz. 45 ff.

77 S. u. § 19 Rn. 6 ff. sowie *EuGH* Slg. 1994, I-1508 (1518) = EuZW 1994, 408 (410) – Almelo; Slg. 1997, I-1580 (1587 f. Tz. 16 f.) = EuZW 1997, 312 – Diego Calí; Slg. 2002, I-9334 (9362 ff. Tz. 74 ff.) = WuW/E EU-R 597 – ADP; Slg. 2007, I-10925 Tz. 43 = WuW/E EU-R 1353 = JuS 2008, 382 – ETI; *BKartA* WuW/E DE-V 1251 (1257 ff.) – Lottogesellschaft.

78 *Emmerich,* Das Wirtschaftsrecht der öffentlichen Unternehmen, S. 376 ff.

36 Es spielt außerdem keine Rolle, ob das öffentliche Unternehmen rechtlich oder wirtschaftlich verselbstständigt ist oder einen Teil der staatlichen Organisation selbst bildet. **Regieunternehmen** sind nicht etwa von den Wettbewerbsregeln befreit.[79] Nichts anderes gilt für die **Mitgliedstaaten** selbst, sofern sie sich wirtschaftlich betätigen. Der Staat muss daher jedenfalls **als Anbieter** wirtschaftlicher Güter ebenso wie andere Unternehmen die Wettbewerbsregeln beachten,[80] während auf die ausschließliche (reine) **Nachfragetätigkeit** der öffentlichen Hand der Gerichtshof jetzt die Wettbewerbsregeln nicht mehr anwenden will (s. schon o. Rn. 30).

37 **b)** Die Wettbewerbsregeln finden nur Anwendung, wenn und soweit sich ein Rechtssubjekt wirtschaftlich betätigt (o. Rn. 28 ff.). Kein Raum für ihre Anwendung ist daher bei der **hoheitlichen Tätigkeit** der Mitgliedstaaten (vgl. Art. 39 Abs. 4, 45 Abs. 1 und 55).[81] Die **Abgrenzung** ist schwierig, zumal angesichts der unterschiedlichen Rechtstraditionen der Mitgliedstaaten. Der Gerichtshof nimmt hoheitliches oder staatliches Handeln idR an, wenn die fragliche Tätigkeit nach den Traditionen der Mitgliedstaaten zu den **wesentlichen Staatsaufgaben** gehört, die **im öffentlichen Interesse** wahrgenommen werden.[82] Den Gegensatz bildet die Erbringung wirtschaftlich werthafter Leistungen, wie sie in gleicher Form auch von privaten Unternehmen erbracht werden könnten (sog **hypothetischer Wettbewerbstest**).[83] So wurden **z. B.** als **wirtschaftliche Tätigkeiten** eingestuft das Angebot von Spielen und Wetten,[84] die Dienstleistungen der (früheren) nationalen Postverwaltungen,[85] die Vermittlungstätigkeit der Bundesanstalt für Arbeit aufgrund des AFG,[86] die Bereitstellung von Bodenabfertigungsdiensten gegen Entgelt durch ein autonomes öffentliches Unternehmen, das im Auftrag eines Mitgliedstaats die staatlichen Flughäfen betreibt,[87] die Verwaltung der Finanzmonopole eines Mitgliedstaates durch seine Finanzverwaltung,[88] sowie schließlich die Sammlung von Abfällen, Verpackungsmaterialien und dergleichen mehr durch die Gemeinden gegen Entgelt.[89] Dagegen wurden als **hoheitlich** eingestuft die Überwachung von Hafengewässern zur Bekämpfung der Umweltverschmutzung, auch wenn dafür Gebühren erhoben werden,[90] sowie die Tätigkeit internationa-

[79] *EuGH* Slg. 1987, 2619 (2621 ff.) – Transparenzrichtlinie; 1993, I-5373 (5379 Tz. 15) – Decoster; 1993, I-5398 (5403 Tz. 14) – Taillandier.

[80] *EuGH* Slg. 1997, I-1580 (1587 ff. Tz. 16 ff.) = EuZW 1997, 312 – Diego Calí; Slg. 2007, I-10925 Tz. 43 = WuW/E EU-R 1353 = JuS 2008, 382 – ETI; *Kommission,* Entsch. v. 20. 3. 2001, ABl. Nr. L 125/27 (35) – UPS/DPAG; 9. Wettbewerbsbericht 1979, Tz. 114 (S. 86) – Suralmo; *Emmerich,* Das Wirtschaftsrecht der öffentlichen Unternehmen, S. 372 ff.

[81] S. schon o. Rn. 8, 29 ff.; ebenso ausdrücklich *EuGH* Slg. 1997, I-1580 (1587 f. Tz. 16 ff.) = EuZW 1997, 312 – Diego Calí; *Jennert,* WuW 2004, 37; *Roth/Ackermann, in:* FK, Art. 101 Rn. 43 ff. m. N.

[82] Vgl. für den Umweltschutz *EuGH* Slg. 1997, I-1580 (1588 f. Tz. 22 ff.) = EuZW 1997, 312 – Diego Calí.

[83] *BKartA* WuW/E DE-V 1251 (1258 f.) – Lottogesellschaft; IM Bd. I/1 Art. 101 Rn. 34; ebenso weitgehend *EuG* Slg. 2006, II-4803 Tz. 88 (jedenfalls ein starkes Indiz).

[84] *BKartA* (vorige Fn.); *OLG Düsseldorf* WuW/E DE-R 1869 (1872); *BGH* WuW/E DE-R 2035 (2038 ff. Tz. 21 f.).

[85] *EuGH* Slg. 1985, 880 (885 Tz. 18) – BT.

[86] *EuGH* Slg. 1991, I-2010 (2016 f.) = NJW 1991, 2891 = EuZW 1991, 349 – Höfner/Macrotron.

[87] *EuGH* Slg. 2002, I-9334 (9362 ff. Tz. 74 ff.) = WuW/E EU-R 597 – ADP (für die Pariser Flughäfen); *EuG* Slg. 2000, II-3929 (3964 f. Tz. 109 ff.) = WuW/E EU-R 442 – ADP.

[88] *EuGH* Slg. 2007, I-10925 Tz. 45 ff. = WuW/E EU-R 1353 = JuS 2008, 382 – ETI.

[89] *Kommission,* Entsch. v. 15. 6. 2001, ABl. Nr. L 337/37 (45 Tz. 70).

[90] *EuGH* Slg. 1997, I-1580 (1588 f. Tz. 19 ff.) = EuZW 1997, 312 – Diego Calí; zu den Sozialversicherungsträgern s. schon o. Rn. 32.

ler Organisationen, die für die Mitgliedstaaten hoheitliche Aufgaben wie etwa die Sicherung des Luftverkehrs wahrnehmen.[91]

38 **Öffentliche Unternehmen** sind danach insbesondere die Lottogesellschaften der Länder,[92] Krankenhäuser, die (früheren) nationalen **Postverwaltungen** ohne Rücksicht auf ihre von Mitgliedstaat zu Mitgliedstaat unterschiedliche Organisation,[93] die **Börsen** trotz ihrer Rechtsnatur als Anstalten des öffentlichen Rechts,[94] die **Rundfunkanstalten** ebenfalls unabhängig von ihrer Organisation und ihrer Verselbstständigung nach nationalem Recht,[95] die Betreiber von Flughäfen, soweit sie gegen Entgelt Bodenabfertigungsdienste anbieten,[96] sowie Handelsmonopole, und zwar auch dann, wenn sie keine vom Staat getrennte Rechtspersönlichkeit besitzen.[97] Zu beachten ist, dass es dadurch nicht ausgeschlossen wird, auch noch **andere Tätigkeiten** derselben Organisation als **wirtschaftlich** zu qualifizieren.[98] Ein Beispiel ist die Beratung der Verwaltungen der Mitgliedstaaten in technischen oder Sicherheitsfragen, während die Vorbereitung und der Erlass technischer Normen – als Rechtsetzung – ebenso wie Forschungs- und Entwicklungstätigkeiten einschließlich des damit verbundenen Erwerbs von Prototypen und Schutzrechten (als bloße Nachfragetätigkeit) nicht als wirtschaftlich, sondern hoheitlich qualifiziert wurde.[99] Aus deutscher Sicht sind z. B. noch hinzuzufügen (insoweit entgegen dem EuGH) die Nachfragetätigkeit der öffentlichen Hand[100] sowie schließlich das **Angebot von Wetten** durch die Länder, sei es durch die Verwaltung selbst, sei es durch Anstalten oder Gesellschaften.[101]

3. Unternehmensvereinigungen

Literatur: IM Bd. I/1, Art. 101 Abs. 1 Rn. 37 ff.; *Mestmäcker/Schweitzer,* § 8 Rn. 26 ff. (S. 229 f.); *J. Tempel Lang,* Trade Associations and Self-Regulation under EEC Antitrust Law, in: Hawk (ed.), Fordham Corporate Law Institute, 1984, p. 605 ff.

39 Art. 101 Abs. 1 wendet sich ferner gegen Beschlüsse von Unternehmensvereinigungen. Zu den Adressaten der Wettbewerbsregeln gehören folglich neben den Unternehmen auch die Unternehmensvereinigungen, denen durch die Praxis später noch Zusammenschlüsse von Unternehmensvereinigungen gleichgestellt wurden (u. Rn. 42).

40 **a)** Unter einer **Unternehmensvereinigung** im Sinne des Art. 101 Abs. 1 versteht man jeden beliebig strukturierten **Zusammenschluss mehrerer Unternehmen,** dessen Zweck (unter anderem) darin besteht, die gemeinsamen Interessen seiner Mit-

91 *EuGH* Slg. 1994, I-55 (62 ff.) = EuZW 1994, 248 – Eurocontrol; enger *EuG* Slg. 2006, II- 4803 (4825 ff. Tz. 51 ff.) = WuW/E EU-R 1250 (1253 ff.) – Eurocontrol; s. dazu *Kunz-Hallstein,* EuZW 1994, 402.

92 *OLG Düsseldorf* WuW/E DE-R 2003 (2005); *BGH* WuW/E DE-R 2035 (2038 Tz. 23).

93 *EuGH* Slg. 1985, 880 – BT; *Kommission,* Leitlinien, ABl. 1991 Nr. C 233; Bekanntmachung, ABl. 1995 Nr. C 322/3; s. *Emmerich,* ORDO 44 (1993), 55 (58 ff.); *ders.,* AJP 1993, 383.

94 *Emmerich/Hoffmann,* FS Selmer, 2004, S. 305 ff.

95 *EuGH* Slg. 1974, 407 (430 f.) – Sacchi; 1985, 1117 (1123 f.) – CICCE; 1985, 3270 (3275) – CBEM/CLT; *Emmerich,* in: Steiner (Hrsg.), Sport und Medien, 1990, S. 57.

96 *EuGH* Slg. 2002, I-9334 (9363 f. Tz. 77 ff.) – ADP.

97 Art. 31; s. *EuGH* Slg. 1987, 2619 (2620 ff.) – Transparenzrichtlinie; Hdb., H II Rn. 1 ff.

98 *EuG* Slg. 2006, II-4803 Tz. 54 – *SELEX.*

99 *EuG* Slg. 2006, II-4803 Tz. 59, 73 ff. – *SELEX.*

100 S. zuletzt *BGH* NZBau 2008, 335 = WuW/E EU-R 2161 Tz. 12 – Tariftreueerklärung III.

101 *BGH* LM Nr. 52 zu § 1 GWB (Bl. 3 Rf.) = NJW-RR 1999, 1266 – Lottoblock (m. Anm. *Emmerich,* JuS 1999, 1131); NJW-RR 2007, 1491 Tz. 23 = WuW/E EU-R 2035 – Lottoblock II; WuW/E DE-R 2035 Tz. 25 = WRP 2008, 1456 – Lottoblock III m. Anm. *K. Westermann,* ZWeR 2010, 81, 90 ff.

glieder wahrzunehmen. Der Begriff wird üblicherweise **weit** ausgelegt.[102] Die Organisation der Vereinigung spielt ebensowenig eine Rolle wie ihre **Rechtsform** oder ihr Sitz. *Nicht* erforderlich ist außerdem, dass der Zusammenschluss eigene **Rechtspersönlichkeit** besitzt, so dass in Deutschland z. B. auch Zusammenschlüsse in der Rechtsform eines **nichtrechtsfähigen Vereins** oder einer BGB-Gesellschaft erfasst werden können. Adressaten der Wettbewerbsregeln und etwaiger Beschlüsse der Kommission sind in diesen Fällen die Mitglieder der selbst nicht rechtsfähigen Vereinigung. Zu den Unternehmensvereinigungen im Sinne des Art. 101 Abs. 1 zählen ferner die **Genossenschaften**; eine Bereichsausnahme für Genossenschaften ist dem Unionsrecht fremd.[103]

41 Da der Vertrag keinen Unterschied macht, wird außerdem nicht zwischen privatrechtlichen und **öffentlich-rechtlichen Verbänden** unterschieden. Selbst wenn es sich um Zwangszusammenschlüsse von Unternehmen handelt, bleibt Art. 101 anwendbar.[104] Unternehmensvereinigungen i. S. d. Art. 101 Abs. 1 sind insbesondere auch die **Kammern** der freien Berufe (s. o. Rn. 34). Soweit die Vereinigung eigene wirtschaftliche Zwecke verfolgt, ist sie zugleich als **Unternehmen** zu behandeln. Ein Beispiel ist die Organisation von Sportveranstaltungen durch Sportverbände als Zusammenschlüsse von Berufssportlern.[105]

42 Gleich stehen **Zusammenschlüsse** von Unternehmensvereinigungen.[106] Beispiele sind sog. Dachverbände oder nationale Sportverbände als Zusammenschlüssen von Sportvereinen. Die Folge ist, dass Beschlüsse derartiger Zusammenschlüsse gleichfalls gegen Art. 101 verstoßen können, jedenfalls, sofern sie für die Mitglieder der Vereinigung rechtlich oder faktisch verbindlich sind (s. u. Rn. 43). Beteiligen sich Zusammenschlüsse von Unternehmensvereinigungen an wettbewerbsbeschränkenden Vereinbarungen, so ist ebenfalls Raum für die Anwendung des Kartellverbots.[107]

43 **b)** Art. 101 Abs. 1 wendet sich seinem Wortlaut nach (allein) gegen **„Beschlüsse"** von Unternehmensvereinigungen. Umstritten ist, ob als solche nur für die Mitglieder **verbindliche Willensäußerungen** des Verbandes in Betracht kommen. Richtiger Meinung nach sollte die Anwendung des Art. 101 davon **nicht** abhängen.[108] **Satzungen** der Vereinigungen sind je nach der Art ihres Zustandekommens Vereinbarungen von Unternehmen (als Gesellschaftsverträge) oder (bei späterer Abänderung) Beschlüsse; auf die rechtliche Beurteilung hat dies keinen Einfluss.[109] Gegen Art. 101 Abs. 1 AEUV verstoßen nach dem Gesagten **z. B.** Preis- und Quotenregelungen im Rahmen internationaler Zusammenschlüsse von Unternehmensvereinigungen,[110]

[102] *BGH* WuW/E DE-R 2408 Tz. 25 = WRP 2008, 1456; *OLG Düsseldorf* WuW/E DE-R 2003 (2005 ff.).

[103] *EuGH* Slg. 1995, I-4520 (4525 f. Tz. 11 ff.) = EuZW 1996, 282 (283); *EuG* Slg. 1992, II-1931 (1952) – DPF.

[104] *EuGH* Slg. 1985, 402 (423 f.) – Clair.

[105] MünchKomm/*Paschke*, Art. 81 Rn. 1656.

[106] *EuGH* Slg. 1975, 563 (583 f.) – Frubo; *Kommission,* Entsch. v. 30. 11. 1994, ABl. Nr. L 343/1 (97) – Zement.

[107] *Kommission,* Entsch. v. 30. 11. 1994, ABl. Nr. L 343/1 (98) – Zement.

[108] *EuGH* Slg. 1980, 3125 (3250) – van Landewyck/FEDETAB; 1983, 3369 (3410) – Navewa-Anseau; 1987, 447 (454 f.) – Sachversicherer; *Kommission,* Entsch. v. 5. 6. 1996, ABl. Nr. L 181/28 – FENEX; *BKartA* WuW/E DE-V 1539, 1542 ff.

[109] *Kommission,* Entsch. v. 30. 1. 1995, ABl. Nr. L 122/37 (46 Tz. 34) – COAPI.

[110] *EuG* Slg. 2000, II-508, 848 ff. Tz. 1322 ff. – Cimenteries CBR.

wettbewerbsbeschränkende Beschlüsse von **Sportverbänden** und deren Zusammenschlüssen, etwa in Gestalt restriktiver Regelungen für die Zulassung von Spielevermittlern durch die Fußballvereine und -verbände,[111] wettbewerbsbeschränkende Beschlüsse des Deutschen Lotto- und Totoblocks, eines Zusammenschlusses der Lottogesellschaften der Bundesländer,[112] sowie Absprachen von **Rundfunkanstalten** im Rahmen ihrer Verbände über den gemeinsamen Erwerb von Rechten.[113]

4. Konzerne

Literatur: IM/*Emmerich* Bd. I/1, Art 101 Rn. 43 ff.; *M. Buntscheck,* Das „Konzernprivileg" im Rahmen von Art. 101 Abs. 1 AEUV, 2002; *Harms,* Konzerne im Recht der Wettbewerbsbeschränkungen, 1968; *E. Heitzer,* Konzerne im Europäischen Wettbewerbsrecht, 1999; *Kling,* ZWeR 2011, 169; *U. Lipowsky,* Die Zurechnung von Wettbewerbsverstößen zwischen verbundenen Unternehmen im EWG-Wettbewerbsrecht, 1987; *Mestmäcker/Schweitzer,* § 8 Rn. 46 ff. (S. 236 ff.); *T. Pohlmann,* Der Unternehmensverbund im europäischen Kartellrecht, 1999; *Potrafke,* Kartellrechtswidrigkeit konzerninterner Vereinbarungen, 1991; *St. Thomas,* Unternehmensverantwortlichkeit und – umstrukturierung nach EG-Kartellrecht, 2005; *Wackerbarth,* Grenzen der Leitungsmacht in der internationalen Unternehmensgruppe, 2001.

Als einen Konzern bezeichnet man gemeinhin die Zusammenfassung mehrerer rechtlich selbstständiger Unternehmen unter einheitlicher Leitung (§ 18 AktG). Kennzeichnend für ihn ist, dass er je nach Blickwinkel entweder als Zusammenschluss rechtlich selbstständiger Einzelunternehmen oder – infolge der einheitlichen Leitung des Verbandes – als wirtschaftliche Einheit erscheint. Das gilt für das Kartellrecht nicht weniger als für das Konzernrecht. Daraus ergeben sich im vorliegenden Zusammenhang vor allem zwei Fragen. Die erste betrifft die Zulässigkeit konzerninterner Wettbewerbsbeschränkungen (dazu u. Rn. 45 ff.), die zweite die Problematik der Zurechnung des Verhaltens im Konzern (dazu u. Rn. 50 ff.). 44

a) Konzerninterne Wettbewerbsbeschränkungen

Die Zugehörigkeit eines Unternehmens zu einem Konzern ändert nichts an seiner *rechtlichen* Selbständigkeit und damit an seiner Unternehmensqualität im Sinne der Wettbewerbsregeln. Es steht daher außer Frage, dass einzelne **Konzernunternehmen mit dritten Unternehmen** verbotene wettbewerbsbeschränkende **Vereinbarungen** abschließen können.[114] Aber auch im Falle des Abschlusses wettbewerbsbeschränkender Vereinbarungen **zwischen** mehreren **demselben Konzern angehörenden Unternehmen**, z. B. zwischen verschiedenen Tochtergesellschaften derselben Muttergesellschaft, ist Art. 101 grundsätzlich erfüllt. Denn in jedem Fall handelt es sich bei den Beteiligten um rechtlich selbstständige Unternehmen, die Vereinbarungen miteinander abschließen können. 45

Die **Anwendbarkeit** des Art. 101 auf konzerninterne Wettbewerbsbeschränkungen ist indessen nur die Regel, von der es unter im Einzelnen umstrittenen Voraussetzungen **Ausnahmen** gibt (sog **Konzernprivileg**). Zwei Gesichtspunkte stehen in der Diskussion über diesen Fragenkreis im Vordergrund. Der erste ist der Hinweis auf den besonderen **Unternehmensbegriff** der Wettbewerbsregeln (o. Rn. 24 ff.), der es erlaubt, mehrere zu einem und demselben Konzern gehörende Gesellschaften als *ein* 46

[111] *EuG* Slg. 2005, II-476 = WuW/E EU-R 881, 882 ff. Tz. 69 ff. – Piau/FIFA.

[112] *BGH* WuW/E DE-R 2408, 2412 ff. Tz. 19 ff. = WRP 2008, 1456 – Lottoblock III m. Anm. *K. Westermann,* ZWeR 2010, 81 m. Nachw.

[113] *Kommission,* Entsch. v. 10. 5. 2000, ABl. 2000 Nr. L 151/18 = WuW/E EU-V 481, 482 ff. – EBU.

[114] *EuGH* Slg. 1979, 2435 (2475 f.) – BMW.

Unternehmen im Sinne der Wettbewerbsregeln zu behandeln, sofern die verbundenen Unternehmen tatsächlich eine **wirtschaftliche Einheit** bilden. Der zweite relevante Gesichtspunkt ist im vorliegenden Zusammenhang das **Fehlen eines Wettbewerbsverhältnisses** zwischen den beteiligten Konzerngliedern, das zur Folge habe, dass mit konzerninternen Vereinbarungen keine Wettbewerbsbeschränkung im Sinne des Art. 101 Abs. 1 mehr verbunden sei.

47 Die **Gemeinschaftsorgane** stellen in der Regel auf den ersten genannten Gesichtspunkt, d. h. darauf ab, ob die verbundenen Unternehmen aus wettbewerbsrechtlicher Sicht eine **wirtschaftliche Einheit** bilden, zwischen deren Gliedern es ohnehin keinen Wettbewerb mehr gibt, der noch beschränkt werden könnte. Ergänzend wird häufig noch die fehlende Autonomie der Tochtergesellschaft betont.[115] Richtiger Meinung nach sollte indessen vor allem der *zweite* Gesichtspunkt maßgeblich sein: Besteht zwischen den verbundenen Unternehmen aus rechtlichen oder tatsächlichen Gründen ohnehin **kein Wettbewerb** mehr, der noch i. S. d. Art. 101 Abs. 1 beschränkt werden könnte, so ist auch kein Raum für die Anwendung des Kartellverbots.[116]

48 Das Vorliegen einer **wirtschaftlichen Einheit** der verbundenen Unternehmen lässt sich nur an Hand der Umstände des Einzelfalls beurteilen. Die Kommission[117] sieht in erster Linie als entscheidend an, ob die fragliche Tochtergesellschaft über **keine Entscheidungsautonomie** gegenüber der Muttergesellschaft mehr verfügt, so dass sie mit dieser nicht selbstständig in Wettbewerb treten kann. Maßgebend ist mit anderen Worten, ob die Tochtergesellschaft unabhängig über ihr eigenes Verhalten im Markt befinden kann oder ob sie im wesentlichen die Weisungen ihrer Muttergesellschaft befolgen muss.[118] Beurteilt wird dies vornehmlich anhand der **Höhe der Beteiligung** der Muttergesellschaft sowie aufgrund ergänzender Umstände wie personelle Verflechtungen oder der Abschluß von Unternehmensverträgen. Entscheidend ist letztlich ein etwaiges **Weisungsrecht der Muttergesellschaft** gegenüber der Tochtergesellschaft. Hinweise auf die dabei zu berücksichtigenden Kriterien können der Definition der Kontrolle in Art. 3 Abs. 2 FKVO sowie der Verbundklausel des Art. 5 Abs. 4 FKVO entnommen werden.[119]

49 Unproblematisch ist danach die Situation im Falle einer 100%igen oder doch fast **100%igen Beteiligung** der Muttergesellschaft an der Tochtergesellschaft. Auch eine qualifizierte Mehrheitsbeteiligung wird in der Regel für die Annahme einer wirtschaftlichen Einheit in dem genannten Sinne (o. Rn. 48) ausreichen. Dasselbe ist bei Abschluss eines Beherrschungsvertrages nach § 291 AktG zwischen den verbundenen Unternehmen anzunehmen (s. § 308 AktG), grundsätzlich aber wohl auch bei einer

[115] *EuGH* Slg. 1971, 949 – Béguelin; 1972, 745 – Bayer; 1974, 1147 (1168) – Sterling Drug; 1974, 1183 (1198) – Winthorp; 1984, 2999 (3016) – Hydrotherm; 1986, 3074 (3094) – Metro; 1988, 2507 (2513 Tz. 19) – Bodson; 1989, 838 (848 f.) = NJW 1989, 2192 – Flugtarife; Slg. 1996, I-5482 (5495 ff. Tz. 15 ff.) = EuZW 1997, 84 (m. Anm. *Emmerich,* JuS 1997, 376) – Viho/Parker; Slg. 1999, I-8664 (8673 Tz. 18 f.) = WM 2000, 562 – Allen; WuW/E EU-R 2110 (2120 ff. Tz. 53 ff.) – Elf Aquitaine; *EuG* Slg. 2005, II-3319 = WuW/E EU-R 933 (934 f. Tz. 85 ff.) – DaimlerChrysler; BGHZ 81, 282 (288 ff.) = NJW 1982, 1221 (m. Anm. *Emmerich,* JuS 1982, 773) – Gema; *öOGH* ÖBl. 2001, 121 (123); *OLG Stuttgart* WuW/E OLG 2352 (2355).

[116] *Mestmäcker/Schweitzer,* § 8 Rn. 46 (S. 236 f.).

[117] Insb. Entsch. v. 27. 7. 1994, ABl. Nr. L 239/19 (29 Tz. 44–46) – PVC; 27. 11. 2002, ABl. 2004 Nr. L 38/18 (39 Tz. 203 f.) – Methylglukamin.

[118] So wörtlich die Entsch. v. 27. 11. 2002 (vorige Fn.), Tz. 204.

[119] *Mestmäcker/Schweitzer,* § 8 Rn. 48 (S. 237 f.); s. dazu u. § 15 Rn. 4 ff.

sonstigen **Mehrheitsbeteiligung**, jedenfalls, wenn noch personelle Verflechtungen hinzukommen.[120] Den Gegensatz bilden bloße **kapitalmäßige Verflechtungen** zwischen den beteiligten Unternehmen, weil allein dadurch kein Konzern begründet wird.[121] In Zweifelsfällen sollte vor allem darauf abgestellt werden, ob zwischen den Tochtergesellschaften tatsächlich ein Wettbewerb besteht, da jeder Wettbewerb, gleichgültig, wo er sich entfaltet, schutzwürdig ist.[122]

b) Zurechnung von Verhaltensweisen

Kommission und Gerichtshof haben in einer Vielzahl von Entscheidungen ange- 50
nommen, dass in einem Konzern unter bestimmten Voraussetzungen ein gegen die Wettbewerbsregeln verstoßendes **Verhalten** eines Konzernunternehmens **anderen** Konzernunternehmen (einschließlich der Muttergesellschaft) **zugerechnet** werden kann. Bedeutung kommt dem vor allem zu, wenn die letztlich entscheidende Muttergesellschaft ihren **Sitz außerhalb der Union** hat. Verbots- und Bußgeldentscheidungen oder (so heute) -beschlüsse aufgrund der VO Nr. 1/2003 können in diesem Fall auch gegen *Tochtergesellschaften* mit Sitz *innerhalb der Union* erlassen werden. Genauso gut kann aber auch die **Muttergesellschaft** für Verstöße der Töchter gegen die Wettbewerbsregeln haftbar gemacht werden.[123] Die Kommission hat in diesem Zusammenhang wiederholt betont, im Falle eines Konzerns könnten je nach den Umständen des Falles als Unternehmen die Muttergesellschaft, die ganze Firmengruppe, Zwischenholdings, Teilkonzerne oder die einzelnen Tochtergesellschaften anzusehen sein.[124]

Die erstaunliche Folge der geschilderten Praxis ist, dass in den fraglichen Fällen die 51
für einen Konzern kennzeichnende Haftungssegmentierung durch Beschränkung der Haftung auf die jeweils unmittelbar verantwortliche Konzerngesellschaft (sog. **Trennungsprinzip**) aufgehoben und insbesondere eine Haftung der Muttergesellschaft für Verbindlichkeiten ihrer Tochtergesellschaften aufgrund von Bußgeldbeschlüssen der Kommission begründet wird. Im Schrifttum wird die von der Kommission damit im Ergebnis angenommene **Haftungszurechnung** im Konzern genau aus diesem Grunde vielfach **kritisiert**.[125] Die Unionsorgane begründen die Zulässigkeit der Haftungszurechnung in der Regel unter Hinweis auf den besonderen Unter-

[120] S. im Einzelnen *Fleischer,* AG 1997, 493 (498 ff.).

[121] *Kommission,* Entsch. v. 2. 8. 1989, ABl. Nr. L 260/1 (37 Tz. 178) – Betonstahlmatten; bestätigt durch *EuG* Slg. 1995, II-791 (841 f., Tz. 129, 131) – Trefileurope; 1995, II-991 (1034 f. Tz. 107) – Betonstahlgewebe.

[122] S. IM Bd. I/1, Art. 101 Abs. 1 AEUV Rn. 53.

[123] *EuGH* Slg. 1972, 619 (665 Tz. 632 ff.) – ICI; 1972, 787 (838) – Geigy; 1972, 845 – Sandoz; 1973, 215 (242) – Continental Can; 1983, 3151 (3199 f.) = NJW 1984, 1281 – AEG; *EuG* Slg. 2002, II-1498 (1516 Tz. 54 ff., 66) = WuW/E EU-R 545 – HFB; Slg. 2006, II-3448 = WuW/E EU-R 1192 (1196 ff. Tz. 122 ff.) – Jungbunzlauer; Slg. 2006, II-5200 = WuW/E EU-R 1262 (1265 ff. Tz. 330 ff.) – Lombard-Fall; WuW/E EU-R 2046 (2056 ff. Tz. 30 ff.) – Thyssen Krupp; WuW/E EU-R 2149 Tz. 75 ff. – Grolsch; *Kommission,* Entsch. v. 27. 8. 2003, ABl. 2004 Nr. L 11/17 (28 f. Tz. 72 ff., 165) – GVG/FS.

[124] *Kommission,* Entsch. v. 13. 7. 1994, ABl. Nr. L 343/1 (45 Tz. 150) – Karton; 2. 7. 2002, ABl. 2003 Nr. L 155/1 (18 Tz. 230) = WuW/E EU-V 901 – Methionin; 27. 11. 2002, ABl. Nr. L 38/18 (39 Tz. 203) – Methylglukamin; ebenso *EuG* Slg. 2006, II-5200 = WuW/E EU-R 1262 (1265 ff. Tz. 330 ff.) – Lombard-Fall.

[125] S. *Bauer/Heisner,* WuW 2007, 737; *Hofstetter/Lindacher,* FS v. Büren, 2008, S. 485; *Kellerbauer/Weber,* EuZW 2011, 666; *Kling,* WRP 2010, *506; Köhler,* WRP 2011, 277; *Mansdörfer/Timmerbeil,* EuZW 2011, 214; *van Vormizeele,* WuW 201o, 1006; *D. J. Zimmer/Paul,* WuW 2007, 970.

nehmensbegriff in den Art. 101 f., der, wie gezeigt (Rn. 24 ff.), an das Vorliegen einer wirtschaftlichen Einheit anknüpft, die durchaus auch mehrere Rechtssubjekte umfassen kann. Das Vorliegen einer derartigen wirtschaftlichen Einheit wird bei einer **100 %igen** oder doch fast 100 %igen **Beteiligung** der Muttergesellschaft an einer Tochtergesellschaft **vermutet**, so dass es dann Sache der Mutter ist, den Gegenbeweis zu führen, d. h. nachzuweisen, dass die Tochtergesellschaft ihr Verhalten im Wettbewerb tatsächlich autonom bestimmen kann, ein Beweis, der in der Praxis kaum zu führen sein dürfte.[126] Das gilt auch in **mehrstufigen Konzernen**, sofern auf jeder Stufe eine (nahezu) 100 %ige Beteiligung besteht.[127] Bei **niedrigeren Beteiligungen** bedarf dagegen das Vorliegen einer wirtschaftlichen Einheit des Nachweises, dass die Tochtergesellschaft über keine Autonomie im Wettbewerb verfügt, sondern im wesentlichen die **Weisungen der Mutter befolgt**, wofür zahlreiche wirtschaftliche, organisatorische und rechtliche Faktoren in Betracht kommen, von der Höhe der Beteiligung über den Abschluss von Unternehmensverträgen bis hin zu personellen Verflechtungen.[128] Insgesamt zeichnet sich hier eine Entwicklung ab, durch die das Trennungsprinzip, eine der Grundlagen des deutschen Konzernrechts, immer mehr relativiert zu werden droht.

VI. Ausnahmebereiche

1. Überblick

52 **a)** Der AEUV gilt einschließlich der Wettbewerbsregeln der Art. 101 bis 106 für den gesamten wirtschaftlichen Verkehr einschließlich Kohle und Stahl, seitdem der EGKSV außer Kraft getreten ist, soweit der Vertrag nicht selbst ausdrücklich das Gegenteil bestimmt.[129] Die Zahl solcher **Ausnahmebereiche** ist (erfreulich) klein. Im Grunde handelt es sich lediglich um die **Landwirtschaft** (Art. 42; s. u. Rn. 56) sowie um die Herstellung von **Kriegswaffen** (Art. 346 Abs. 1 lit. b). Der Vertrag gestattet außerdem in **Art. 106 Abs. 2 Durchbrechungen** der Wettbewerbsregeln zugunsten sog. Dienstleistungsunternehmen und Finanzmonopole, freilich immer **nur im Einzelfall** und nicht etwa generell, wie vielfach zu Unrecht angenommen wird (s. dazu u. § 19 Rn. 27 ff.).

53 Auch jenseits dieser Fälle folgt aus der prinzipiellen Anwendbarkeit der Wettbewerbsregeln auf eine bestimmte wirtschaftliche Tätigkeit noch nicht mit Notwendigkeit zugleich deren uneingeschränkte Unterwerfung unter die Art. 101 und 102, da in zunehmendem Maße unter unterschiedlichen Gesichtspunkten **Ausnahmen** von den Wettbewerbsregeln diskutiert werden (s. u. § 4 Rn. 50, 87 ff.). **Beispiele** sind die partiellen Ausnahmebereiche für Tarifverträge (o. Rn. 31), für die Vertragssysteme der Sozialversicherungsträger (o. Rn. 32) sowie für sportliche Regelwerke, sofern bei ihnen sportliche Anliegen im Vordergrund stehen (o. Rn. 34), während die wirtschaftliche Betätigung der Sportler, der Sportvereine und ihrer Verbände im vollen Umfang den Wettbewerbsregeln unterworfen sind (s. u. § 37 Rn. 17 f.).

---

126 Zuletz z. B. *EuGH* WuW/E EU-R 1899 Tz. 34, 50, 84 ff. = WRP 2011, 335 = JuS 2011, 651 – General Quimica; WuW/E EU-R 2110 (2120 Tz. 56 ff.) – Elf Aquitaine; GA *Mazak,* WuW/E EU-R 1806 ff.

127 *EuGH* WuW/E EU-R 1899 Tz. 34 ff. = WRP 2011, 335 – General Quimica.

128 *EuGH* WuW/E EU-R 1562 Tz. 58 f., 74 – Akzo Nobel.

129 *EuGH* Slg. 1974, 359 (370); *Emmerich,* EuR 1983, 216 (218 ff.).

b) Kennzeichnend für das **deutsche Kartellrecht** waren ursprünglich die zahlreichen unvertretbar weiten **Ausnahmebereiche für alle möglichen Unternehmen**, denen es seinerzeit im Gesetzgebungsverfahren gelungen war, für sich Privilegien durchzusetzen (§§ 99 bis 104 a GWB von 1957). Die wichtigsten dieser Unternehmen waren neben der Landwirtschaft die Banken und Versicherungen sowie die Verkehrs- und Versorgungsunternehmen (s. u. § 37 Rn. 1 ff.). Hinzugetreten war 1998 sogar noch der Sport (s. u. § 37 Rn. 15 ff.). Vergleichbare Privilegien für einzelne Wirtschaftszweige sind dagegen dem AEUV – von der Landwirtschaft abgesehen (Art. 42) – fremd. Er galt und gilt vielmehr seit seinem Inkrafttreten im Jahre 1958 grundsätzlich auch für Banken und Versicherungen sowie für Verkehrs- und Versorgungsunternehmen. Infolgedessen hat sich der AEUV im Ergebnis als das **umfassendste Deregulierungsprogramm** der Geschichte erwiesen, ohne das etwa in Deutschland auch nur an eine Einschränkung der zahllosen Privilegien für Banken und Versicherungen sowie für Verkehrs- und Versorgungsunternehmen nicht zu denken gewesen wäre. Einzelnen Besonderheiten der genannten Unternehmen trägt die Kommission insbesondere durch den Erlass von **Gruppenfreistellungsverordnungen**, z. B. für die Versicherungs- oder Verkehrsunternehmen Rechnung.[130] 54

Die Wettbewerbsregeln finden nach dem Gesagten (o. Rn. 54) z. B. Anwendung auf die urheberrechtlichen Verwertungsgesellschaften,[131] die nationalen Postunternehmen[132] sowie auf die Rundfunkanstalten ohne Rücksicht auf ihre Rechtsform (Art. 106 Abs. 1). Absprachen von öffentlich-rechtlichen Rundfunkanstalten über die gemeinsame Beschaffung von Filmmaterial unterliegen folglich dem Art. 101.[133] 55

2. Landwirtschaft

Nach Art. 42 finden die Wettbewerbsregeln auf die Produktion landwirtschaftlicher Erzeugnisse und den Handel mit diesen nur insoweit Anwendung, als Parlament und Rat dies unter Berücksichtigung der Ziele der gemeinsamen Landwirtschaftspolitik und gemäß den dort vorgesehenen Verfahren bestimmen (s. schon o. Rn. 6). Die Einzelheiten regelt die **Verordnung Nr. 1184/2006**[134] in Verb. nit der **VO Nr. 1234/2007**.[135]Danach tritt die Wettbewerbspolitik nur insoweit hinter der gemeinsamen Landwirtschaftspolitik zurück, wie es zu deren Durchsetzung unbedingt erforderlich ist.[136] Wettbewerbsbeschränkungen, die den Zwecken der gemeinsamen 56

---

130 Vgl. für die Verkehrsunternehmen *Bechtold* I, Einl. Rn. 19; für die Versicherungen die GFVO Nr. 358/2003 (ABl. Nr. L 53/8) und dazu z. B. *BGH* WuW/E DE-R 2732; *Pohlmann*, WuW 2010, 1106 sowie u. §§ 37 und 38.

131 *EuGH* Slg. 1983, 483 (504 ff.) = NJW 1984, 2755 = JuS 1985, 141 Nr. 1 – GVL; *Kommission*, Entsch. v. 2. 6. 1971, ABl. Nr. L 134/15; v. 4. 12. 1981, ABl. Nr. L 94/12; s. u. § 37 Rn. 13 f.

132 *EuGH* Slg. 1985, 873 (885 ff.) – BT; *Kommission*, Leitlinien, ABl. 1991 Nr. C 233; Bekanntmachung v. 6. 2. 1998, ABl. Nr. C 39/2; Entsch. v. 15. 9. 1999, ABl. Nr. L 275/17 – Reims II; s. o. Rn. 37.

133 *EuGH* Slg. 1974, 407 (430 f.) – Sacchi; 1985, 1105 (1123 f.); 1985, 3261 (3275); *Kommission*, Entsch. v. 15. 9. 1989, ABl. Nr. L 284/36 (49) – ARD; *Emmerich*, in Steiner (Hrsg.), Sport und Medien, 1990, S. 57; *Graf*, Rundfunkanstalten im Kartellrecht, 1991; *Ladeur*, WuW 2000, 965; s. o. Rn. 38.

134 ABl.2006 Nr. L 214/07; s. dazu *Bellamy/Child*, Tz. 14–001 ff. (p. 825 ff.); *Buth*, in: LMR, Einl Landwirtschaft (S. 187 ff.); *Martinez*, EuZW 2010, 268.

135 ABl.2007 Nr. L 299/1.

136 *EuGH* Slg. 1995, I-4520 (4527 ff.) = EuZW 1996, 282 – Oude Luttikhus; Slg. 1995, I-4497 (4506 ff.) = EuZW 1996, 284 – Dijkstra; EuG Slg. 2006, II-5000 (5066 ff.).

Landwirtschaftspolitik direkt zuwiderlaufen, bleiben verboten.[137] Der Anwendungsbereich der genannten beiden Verordnungen beschränkt sich außerdem auf die im **Anhang I** des Vertrags genannten Produkte. Für andere landwirtschaftlichen Produkte wie etwa Häute und Felle, Branntwein oder Lab gelten sie nicht.[138] Eine entsprechende Regelung für das deutsche Recht findet sich in § 28 GWB (s. dazu u. § 25 Rn. 2).

VII. Rangverhältnis

Literatur: *Kommission,* Weißbuch über die Modernisierung des Wettbewerbsrechts, ABl. 1999 Nr. C 123/1 = BR-Drs. 310/99; *Chr. Jung,* Subsidiarität im Recht der Wettbewerbsbeschränkungen, 1995; *Klose,* Das Verhältnis des deutschen zum europäischen Kartellrecht, 1998; *Mestmäcker,* Die Vermittlung von europäischem und nationalem Recht, 1969; *ders.,* EBOR 1 (2000), 401; *Mestmäcker/Schweitzer,* § 5 (S. 141 ff.); *Wagner,* EWG-Gruppenfreistellung und nationales Kartellrecht, 1993; *Walz,* Der Vorrang des europäischen vor dem nationalen Kartellrecht, 1994; *Wiedemann,* § 6 (S. 91 ff.); *Zuleeg,* EuR 1990, 123; weitere Literatur zur VO Nr. 1/2003 s. u. §§ 12, 13.

1. Überblick

57 Der weite Anwendungsbereich der Wettbewerbsregeln (s. besonders o. Rn. 18, 24 ff.) hatte es zusammen mit dem nahezu völligen Fehlen von Ausnahmebereichen im europäischen Wettbewerbsrecht (o. Rn. 52 ff.) mit sich gebracht, dass es vom Beginn der gemeinsamen Wettbewerbspolitik im Jahre 1958 an in wachsendem Maße zur **gleichzeitigen Anwendbarkeit** des nationalen und des europäischen Wettbewerbsrechts kam. Dieses Nebeneinander unterschiedlicher Rechtsordnungen stellte in den zahlreichen **Kollisionsfällen** mit zunehmender Schärfe die **Rangfrage,** d. h. die Frage, welcher Rechtsordnung im Konfliktsfalle der Vorrang zukommen sollte. Bereits in seiner ursprünglichen Fassung bestimmte deshalb der Vertrag in Art. 87 Abs. 2 lit. e EWGV (= heute Art. 103 AEUV), dass das Verhältnis zwischen dem nationalen Kartellrecht und den Wettbewerbsregeln durch eine Ratsverordnung geregelt werden kann.

58 Von dieser Befugnis hat der Rat erst Ende des Jahres 2002 mit Erlass der am 1. Mai 2004 in Kraft getretenen **Kartellverfahrensverordnung Nr. 1/2003** Gebrauch gemacht.[139] Seitdem verdrängen die Wettbewerbsregeln der Art. 101 und 102 des Vertrages aufgrund des **Art. 3 der VO Nr. 1/2003** in ihrem Anwendungsbereich weitgehend, wenn auch nicht völlig, das nationale Kartellrecht. Im **GWB** wiederholt heute **§ 22** von 2005 im Prinzip die Regelung des Art. 3 der VO Nr. 1/2003.

59 Die VO Nr. 1/2003 hat zwar **keine erschöpfende Regelung** der Rangproblematik gebracht, läuft jedoch im Ergebnis (zusammen mit Art. 21 Abs. 3 FKVO sowie mit den §§ 22 und 35 Abs. 3 GWB) tatsächlich **weithin** auf eine **Verdrängung des nationalen Rechts** im Anwendungsbereich der Wettbewerbsregeln des AEUV und der

[137] *Kommission,* Entsch. v. 7. 12. 1984, ABl. 1985 Nr. L 35/35 (38); v. 26. 11. 1986, ABl. Nr. L 348/50 (59 f.); v. 18. 12. 1989, ABl. Nr. L 31/32 (42 ff.) – Zuckerrüben; v. 30. 7. 1992, ABl. Nr. L 246/37 (44); v. 20. 10. 2004, ABl. 2007 Nr. L 102/14 (17) = WuW/E EU-V 1045 (1049 f. Tz. 337 ff.) – spanischer Rohtabak.

[138] *EuGH* Slg. 1981, 851 (869 f.) – Coöperatieve Stremselen Kleurselfabriek; 1985, 402 (422); *EuG* Slg. 1992, II-1931 (1947) – DPF.

[139] ABl. 2003 Nr. L 1/1.

FKVO hinaus.[140] Auf jeden Fall trifft dies zu, soweit es um Unternehmenszusammenschlüsse von gemeinschaftsweiter Bedeutung sowie um wettbewerbsbeschränkende Vereinbarungen und gleichstehende Maßnahmen geht, also im Anwendungsbereich der **FKVO und** des **Art. 101**, deutlich **weniger** jedoch in dem des **Art. 102.** Als **Zweck** der Lösung der Rangproblematik werden in den Erwägungsgründen der VO in erster Linie die Gewährleistung einer wirksamen Durchsetzung der Wettbewerbsregeln der Union sowie die Schaffung gleicher Wettbewerbsbedingungen im Binnenmarkt genannt.[141] Tatsächlich dürfte es jedoch vor allem darum gegangen sein, den von der Kommission im Interesse ihrer Arbeitsentlastung mit so großem Nachdruck verfochtenen Übergang zu dem **System der Legalausnahme** bei Art. 101 Abs. 1 und 3 nach allen Seiten abzusichern, d. h. konkret: sicherzustellen, dass die europäische Legalausnahme vom Kartellverbot in Gestalt des unmittelbar anwendbaren Art. 101 Abs. 3 auch nicht über strengeres nationales Kartellrecht, in Deutschland also auf den Weg über § 1 GWB, konterkariert wird.[142]

2. Früherer Rechtszustand

a) Die Rechtslage vor Inkrafttreten des Art. 3 der VO Nr. 1/2003 am 1. Mai 2004 war durch das weitgehende *Fehlen* einer gesetzlichen Regelung für die Masse der Kollisionsfälle gekennzeichnet (o. Rn. 58). Im Schrifttum waren deshalb unterschiedliche Lösungsansätze für die Rangproblematik entwickelt worden, von der parallelen Anwendbarkeit der konkurrierenden Rechtsordnungen über vielfältige differenzierende Lösungen bis hin zum generellen Vorrang des Gemeinschaftsrechts. Herrschend war lange Zeit die sog. **Zweischrankentheorie,** die sich für den Regelfall für die gleichberechtigte oder parallele Anwendbarkeit beider Wettbewerbsordnungen, der europäischen wie der nationalen, aussprach.[143] **60**

Der **Gerichtshof** ging gleichfalls von der grundsätzlichen parallelen Anwendbarkeit des Wettbewerbsrechts der Gemeinschaft und des nationalen Wettbewerbsrechts aus, modifizierte diese Regel jedoch durch die Betonung des grundsätzlichen **Vorrangs des Gemeinschaftsrechts** im Konfliktsfalle.[144] Für „positive" Freistellungsentscheidungen der Kommission nach Art. 101 Abs. 3 hatte der Gerichtshof daraus schon früh den Schluss gezogen, dass sie sich gegen nationale Kartellverbote jedenfalls dann durchsetzten, wenn sie Ausdruck einer auf die einheitliche Gestaltung der „Wettbewerbsbedingungen in der Gemeinschaft gerichteten grundsätzlichen Wettbewerbspolitik" sind.[145] **61**

b) Aus dem prinzipiellen Vorrang des Gemeinschaftsrechts (o. Rn. 61) ergab (und ergibt) sich ferner, dass ein Verhalten, das nach Gemeinschaftsrecht als missbräuchlich verboten ist **(Art. 102),** nicht durch nationales Recht erlaubt oder gar vorge- **62**

[140] S. *E. Rehbinder,* FS Immenga, S. 303 (309 2. Abs.); *Weitbrecht,* EuZW 2003, 69 (70 f.).

[141] S. den Erwägungsgrund Nr. 8 S. 1 und 2 zu der VO Nr. 1/2003.

[142] *Mestmäcker/Schweitzer,* § 5 Rn. 15 f., 21 ff. (S. 147 ff.); *E. Rehbinder,* FS Immenga, S. 303 (307, 309 f.).

[143] Begründet von *N. Koch,* BB 1959, 241; ebenso später z. B. *Doherty,* E. C. L. Rev. 1994, 315.

[144] *EuGH* Slg. 2006, I-6641 Tz. 38 f. = EuZW 2006, 529 = WuW/E EU-R 1107 (1113) – Manfredi m. Anm. *Emmerich,* JuS 2006, 1125 (1127).

[145] So *EuGH* Slg. 1969, 1 (13 ff.) = NJW 1969, 1000 – Teerfarben/Walt Wilhelm – m. Anm. *Emmerich,* JuS 1969, 413; ebenso sodann *EuGH* Slg. 1980, 2327 (2374 f.) – Guerlain; 1987, 2354 (2359 f.) – Albaco; 1992, I-4820 (4825 f. Tz. 11 f.) = NJW 1993, 251 = EuZW 1992, 671 – AEB; *Kommission,* 2. Bekanntmachung, Tz. 16 ff.

schrieben werden kann.[146] **Parallele Bußgeld- und Verwaltungsverfahren** wegen desselben Verhaltens blieben (und bleiben) zwar möglich.[147] Kommt es jedoch in einem der Verfahren zur Verhängung einer Geldbuße, in Deutschland aufgrund des § 81 Abs. 2 Nr. 1 GWB, so muss die andere Behörde, in dem genannten Fall also die später entscheidende Kommission, „nach einem allgemeinen Billigkeitsgrundsatz" die bereits durch die nationale Behörde verhängte **Geldbuße** bei ihrer Entscheidung angemessen berücksichtigen, d. h. der Sache nach: auf die von ihr verhängte Geldbuße **anrechnen,** um die doppelte Bestrafung desselben Verhaltens zu vermeiden.[148] **Keine Anrechnungspflicht** besteht dagegen hinsichtlich **Geldbußen**, die Behörden **aus Drittstaaten,** etwa aus den USA oder Kanada, gegen die Mitglieder eines internationalen Kartells verhängen.[149]

3. Neuer Rechtszustand

a) Überblick

63 Die Kommission hatte ursprünglich vorgehabt, mit der neuen Kartellverfahrensverordnung eine Regelung durchzusetzen, die auf die **generelle Verdrängung** des nationalen Wettbewerbsrechts im Anwendungsbereich der Wettbewerbsregeln des Vertrags (Art. 101 und 102) hinausgelaufen wäre,[150] hatte sich jedoch mit dieser Vorstellung nicht durchzusetzen vermocht. **Art. 3 der VO Nr. 1/2003** hält daher an der grundsätzlichen **parallelen Anwendbarkeit** des nationalen Wettbewerbsrechts und der Wettbewerbsregeln des Vertrags fest, stellt aber durch eine neue **Konvergenzregel** sicher, dass sich das Unionsrecht grundsätzlich, d. h. von verschiedenen Ausnahmen (s. Art. 3 Abs. 2 S. 2 und Abs. 3 VO Nr. 1/2003) abgesehen, auch in den bisher streitigen Fällen gegen das nationale Recht durchsetzt.[151] Grundlage der ganzen Regelung ist der **Grundsatz des Vorrangs** des Unionsrechts vor dem nationalen Recht im Konfliktsfalle, der – als Teil des Primärrechts – durch Art. 3 der VO Nr. 1/2003 (selbstverständlich) nicht tangiert wird.[152] Art. 3 der VO Nr. 1/2003 erweitert oder, wenn man so will: präzisiert lediglich den Grundsatz des Vorrangs des Unionsrechts auch für eine Reihe bisher umstrittener Grenzfälle. Durch die 7. GWB-Novelle von 2005 ist Art. 3 der VO Nr. 1/2003 in Gestalt des neuen

[146] *EuGH* Slg. 1977, 2115 (2145 ff.) – GB-INNO/ATAB; 1987, 2354 (2359 f.) – Albako.

[147] *EuGH* Slg. 1969, 1 (13 f.) = NJW 1969, 1000 – Walt Wilhelm/Teerfarben; Slg. 1992, I-4820 (4825 f. Tz. 11 ff.) = NJW 1993, 251 = EuZW 1992, 671 – AEB; *EuG* Slg. 2003, II-2611 (2641 ff. Tz. 85 ff.) – Archer Daniels; *BGH* LM § 18 GWB Nr. 16 = NJW 1993, 2445; dagegen *Dannecker,* FS Immenga, 2004, S. 61 (67 f.); *ders.,* FS Kohlmann, 2003, S. 593 (612 f.).

[148] *EuGH* Slg. 1969, 1 (15) = NJW 1969, 1000 – Walt Wilhelm/Teerfarben; *EuG* Slg. 2003, II-2611 (S. 2642 Tz. 87); *EuG* Slg. 2006, II-3448 = WuW/E 1192 (1202 f. Tz. 285 ff.) – Jungbunzlauer; Slg. 2006, II-3145 (3230 ff. Tz. 277) – Roquette Fr.; BGHSt 24, 54 = NJW 1971, 521; *Kommission,* 4. WB, S. 23; *Röhling,* EuZW 2011, 516 f.; *Soltesz/Marquier,* EuZW 2006, 102.

[149] *EuGH* Slg. 2006, I-5977 = WuW/E EU-R 1069 (1075 ff. Tz. 32 ff.) – Graphitelektroden; Slg. 2007, I-3955 = EuZW 2007, 408 (409 Tz. 27 f.) – SGL Carbon; *EuG* Slg. 2003, II-2611 (2642 Tz. 88 ff.); 2004, II-1200 (1241 f. Tz. 130 ff.) = WuW/E EU-R 847 (850 Tz. 130 ff.) – Graphitelektroden; Slg. 2006, II-3145 (3232 Tz. 281) – Roquette Fr.; *E. Rehbinder,* FS Immenga, 2004, S. 303 (311); dagegen *Dannecker,* FS Immenga, 2004, S. 90 f.

[150] Art. 3 des Verordnungsentwurfs, KOM (2000), 582 endg.; s. *Bechtold,* BB 2000, 2425 (2429 f.); *Ehlermann,* WuW 2001, 231; *Mestmäcker,* EBOR 1 (2000), 401 (426 ff.).

[151] Ebenso *EuGH* Slg. 2006 I-6641 Tz. 38 f. = EuZW 2006, 529 = WuW/E EU-R 1107 (1113) – Manfredi – m. Anm. *Emmerich,* JuS 2006, 1125 (1127).

[152] Ebenso *EuGH,* Urt. Manfredi (vorige Fn.).

§ 22 GWB anschließend nur wenig verändert ins deutsche Recht übernommen worden.

Art. 3 Abs. 1 der VO Nr. 1/2003 (im Folgenden immer: VO) bekräftigt zunächst – unter Zurückweisung der weitergehenden Vorstellungen der Kommission (o. Rn. 68) – den **Grundsatz der parallelen Anwendbarkeit** des europäischen und des nationalen Kartellrechts. Zu diesem Zweck bestimmt die Vorschrift, dass die Wettbewerbsbehörden und die Gerichte der Mitgliedstaaten neben ihrem Wettbewerbsrecht **immer „auch"** die **Art. 101 und 102** des Vertrages **anwenden** müssen, wenn sie gegen Vereinbarungen (und gleichstehende Maßnahmen) oder gegen missbräuchliche Verhaltensweisen marktbeherrschender Unternehmen vorgehen *und* die Voraussetzungen der Zwischenstaatlichkeitsklausel (s. o. Rn. 18 ff.) erfüllt sind, so dass überhaupt Raum für die parallele Anwendbarkeit des Unionsrechts ist. Dadurch sollen die einheitliche Anwendung und Durchsetzung der Wettbewerbsregeln in der Union sichergestellt werden.[153] 64

Die entsprechende **deutsche Regelung** findet sich in **§ 22 Abs. 1 bis Abs. 3 GWB** von 2005. Danach steht es den deutschen Kartellbehörden (§ 48 GWB) und Gerichten in Fällen mit zwischenstaatlichem Bezug (o. Rn. 18 ff.) grundsätzlich frei, ob sie das GWB anwenden wollen oder nicht (s. § 22 Abs. 2 S. 1 und Abs. 3 S. 1 GWB). Wenden sie aber deutsches Kartellrecht an, so sind sie zugleich **verpflichtet**, daneben auf jeden Fall **auch die Wettbewerbsregeln** des Vertrags (Art. 101 und 102) **anzuwenden**, und zwar aufgrund der Ermächtigung des § 50 GWB sowie der Art. 3, 5 und 6 VO (§ 22 Abs. 1 S. 2 und Abs. 3 S. 2 GWB), wobei sie außerdem in Konfliktfällen den **Vorrang** des Unionsrechts zu beachten haben (§ 22 II S. 1 und 3 GWB).[154] Kommen sie dabei zu dem Ergebnis, dass die Wettbewerbsregeln des Vertrags nicht eingreifen, so sind sie freilich auf die **Entscheidung** beschränkt, dass für sie kein Anlass besteht, tätig zu werden (Art. 5 S. 3 der Verordnung). Dagegen ist ihnen die Entscheidung verwehrt, dass die Voraussetzungen der Wettbewerbsregeln nicht vorliegen, weil sie damit die einheitliche Anwendung der Wettbewerbsregeln in der Union durch einen Eingriff in die alleinige Zuständigkeit derr Kommission beeinträchtigen könnten.[155] 65

b) Genereller Vorrang des Art. 101 AEUV

Am weitesten konnte sich die Kommission mit ihren Vorstellungen (s. o. Rn. 63) im Anwendungsbereich des Art. 101 AEUV durchsetzen, d. h. bei wettbewerbsbeschränkenden **Vereinbarungen** und gleichstehenden Maßnahmen mit zwischenstaatlichem Bezug. Zu diesem Zweck bestimmt **Art. 3 Abs. 2 S. 1 VO,** dass die Anwendung des nationalen Kartellrechts nicht zum Verbot wettbewerbsbeschränkender Vereinbarungen führen darf, die nicht den Wettbewerb im Sinne des Art. 101 Abs. 1 einschränken (etwa mangels Spürbarkeit der Wettbewerbsbeschränkung), die die Bedingungen des Art. 101 Abs. 3 erfüllen (Stichwort: Legalausnahme!) oder die durch eine Gruppenfreistellungsverordnung erfasst sind. Für das deutsche Recht wird diese Regel nochmals – im wesentlichen wörtlich – durch **§ 22 Abs. 2 S. 1 GWB** von 2005 wiederholt. S. 2 dieser Vorschrift fügt jedoch hinzu, dass die Vorschriften des 66

[153] S. den Erwägungsgrund Nr. 8 S. 3 zu der VO.
[154] S. die Begr., BT-Drs. 15/3640, S. 31 (l. Sp. 2. Abs.), 46 (r. Sp. 1. Abs.).
[155] *EuGH* EuZW 2011, 514 (515 f. Tz. 27 ff.) – Tele2Polska; *Röhling*, EuZW 2011, 516 f.

2. Abschnitts, d. h. die §§ 19 bis 21 GWB unberührt bleiben (s. dazu u. Rn. 69 f.). Ergänzend heißt es schließlich noch in S. 3 des § 22 Abs. 2 GWB, dass sich in anderen Fällen der Vorrang von Art. 101 nach dem insoweit maßgeblichen europäischen Gemeinschaftsrecht richtet (s. Rn. 68).

67 Durch die **beiden Konvergenzregeln** des Art. 3 Abs. 2 S. 1 VO und des § 22 Abs. 2 S. 1 GWB von 2005 (o. Rn. 66) soll erreicht werden, dass Vereinbarungen (und gleichstehende Maßnahmen) mit zwischenstaatlichem Bezug nach nationalem Kartellrecht nur verboten werden können, wenn (1.) zugleich die Voraussetzungen des Art. 101 Abs. 1 erfüllt sind und nicht (2.) Art. 101 Abs. 3 oder eine Gruppenfreistellungsverordnung eingreifen.[156] Aus dem Grundsatz des Vorrangs des Unionsrechts folgt außerdem, dass sich „umgekehrt" das Unionsrecht auch gegen milderes nationales Recht durchsetzt.

68 Es ist vor allem die Bekräftigung des zuletzt genannten Grundsatzes des **Vorrangs auch strengeren Unionsrechts** (o. Rn. 67), die mit der eigenartigen Bestimmung des **§ 22 Abs. 2 S. 3 GWB** bezweckt wird, nach dem sich in den übrigen Fällen der Vorrang des Art. 101 nach dem insoweit maßgeblichen Unionsrecht richtet.[157] Durch diesen Grundsatz wird die Reichweite der wenigen noch verbliebenen Ausnahmen von dem Kartellverbot des § 1 GWB insbesondere für Mittelstandskartelle in § 3 GWB und für die Preisbindung bei Zeitungen und Zeitschriften in § 30 spürbar relativiert (s. u. §§ 23 Rn. 7, 25 Rn. 8 ff.).

c) Eingeschränkter Vorrang des Art. 102 AEUV

69 Anders als Art. 101, der sich nach dem Gesagten (o. Rn. 66 ff.) nahezu ausnahmslos gegen kollidierendes nationales Kartellrecht durchsetzt, ist es der Kommission bei Art. 102 nicht gelungen, ihre Vorstellung von der generellen Verdrängung des nationalen Kartellrechts im Anwendungsbereich der Wettbewerbsregeln des Vertrags durchzusetzen. Vor allem auf deutschen Druck hin bestimmt vielmehr **Art. 3 Abs. 2 S. 2 VO,** dass es den Mitgliedstaaten durch die VO nicht verwehrt wird, in ihrem Hoheitsgebiet *„strengere innerstaatliche Vorschriften* zur Unterbindung oder Ahndung *einseitiger* Handlungen von Unternehmen" zu erlassen oder *anzuwenden.* Die entsprechende deutsche Regelung findet sich in **§ 22 Abs. 3 S. 3 GWB von 2005,** nach dem durch die Verpflichtung zur Anwendung auch des Art. 102 auf missbräuchliche Verhaltensweisen die Anwendung weitergehender Vorschriften des GWB nicht berührt wird.[158]

70 Auszugehen ist auch hier von dem grundsätzlichen **Vorrang des Unionsrechts.** *Soweit* das Verbot des Art. 102 reicht, ist mithin für abweichende nationale Vorschriften kein Raum. Parallele nationale Missbrauchsverbote bleiben dagegen anwendbar (Art. 3 Abs. 1 S. 2 VO; § 22 Abs. 3 S. 1 GWB). Im Falle der Verhängung von Bußgeldern (§ 81 Abs. 2 Nr. 1 GWB; Art. 23 Abs. 2 lit. a VO) besteht indessen die bereits erwähnte gegenseitige Anrechnungspflicht (o. Rn. 62).

---

[156] So Erwägungsgrund Nr. 8 S. 3 zu der VO.

[157] S. dazu die Begr., BT-Drs. 15/3640, S. 31 (r. Sp. 1. Abs.), 47 (l. Sp. 1. Abs.).

[158] Wegen der Einzelheiten s. die Begr., BT-Drs. 15/3640, S. 31 (r. Sp. 2. Abs.), 47 (l. Sp. 2. Abs.); *Mestmäcker/Schweitzer,* § 5 Rn. 27 ff. (S. 150 ff.); *E. Rehbinder,* FS Immenga, 2004, S. 303 (311 ff.).

Zusätzliche Regeln gelten im Falle **„strengerer“**, d. h. über Art. 102 hinausgehender **nationaler Verbote.** Ihre Anwendung bleibt nach der sog. **deutschen Klausel** des Art. 3 Abs. 2 S. 2 VO **möglich**, *soweit* es sich um „*einseitige* Handlungen von Unternehmen“ handelt.[159] Deutschland wollte mit dieser Regelung vor allem die unveränderte Beibehaltung der **§§ 19 bis 21 GWB** sicherstellen, auch soweit sie im Einzelfall strenger als Art. 102 AEUV sein sollten. Ein wichtiges Beispiel ist die Regelung des Verkaufs unter Einstandspreis durch § 20 IV GWB, die deutlich über Art. 102 AEUV hinausgeht, zumal nach ihrer Verschärfung im Jahre 2007 für Lebensmittel. Ferner ist hier an Verstöße gegen in Spezialgesetzen wie dem **TKG** enthaltene Missbrauchsverbote zu denken,[160] freilich immer nur, wenn es sich tatsächlich um **„einseitige Handlungen** von Unternehmen“ handelt, so dass Kollektivmonopole ebensowenig erfasst werden wie Missbräuche im Rahmen von Vereinbarungen; in diesen Fällen bleibt es vielmehr bei dem unbedingten Vorrang der Art. 101 und 102 AEUV. Die genaue Grenzziehung ist schwierig und kann wohl erst durch die Rechtsprechung des EuGH geklärt werden.[161] 71

d) Weitere Ausnahmen

Eine **zusätzliche Ausnahme** von dem durch Art. 3 Abs. 2 VO eingeführten erweiterten Vorrang der Wettbewerbsregeln des Vertrags findet sich in **Abs. 3 des Art. 3 VO.** Danach gelten die Abs. 1 und 2 der Vorschrift (über die parallele Anwendbarkeit der Wettbewerbsregeln und über deren erweiterten Vorrang) „unbeschadet der allgemeinen Grundsätze und sonstigen Vorschriften des Gemeinschaftsrechts“ *nicht,* wenn die Wettbewerbsbehörden und Gerichte der Mitgliedstaaten einzelstaatliche Gesetze über die Kontrolle von Unternehmenszusammenschlüssen anwenden (s u. § 14 Rn. 9 ff.); sie stehen außerdem nicht der Anwendung von Bestimmungen des nationalen Rechts entgegen, die überwiegend ein von den Wettbewerbsregeln des Vertrags abweichendes Ziel verfolgen. Die entsprechende deutsche Bestimmung findet sich in **§ 22 IV GWB** von 2005 (s. Rn. 73 f.). 72

Für die **Fusionskontrolle** enthält **Art. 21 Abs. 3 FKVO** von 2004 eine speziellere Regelung, so dass die Problematik hier nicht weiter zu vertiefen ist (s. u. § 14 Rn. 9 ff.). Nähere Ausführungen sind vielmehr im vorliegenden Zusammenhang allein zu dem Vorbehalt für solche Vorschriften angebracht, mit denen ein von den Wettbewerbsregeln **abweichendes Ziel** verfolgt wird (Art. 3 Abs. 3 Halbs. 2 VO; § 22 Abs. 4 S. 2 GWB von 2005). Zum Verständnis dieser Regelung muss man sich vor allem vergegenwärtigen, dass Art. 3 Abs. 1 und Abs. 2 VO allein das Verhältnis der Wettbewerbsregeln zu dem „einzelstaatlichen *Wettbewerbsrecht*“ regelt.[162] **Nicht geregelt** ist dagegen das **Verhältnis** der Wettbewerbsregeln des Vertrags **zu sonstigen einzelstaatlichen Vorschriften**. Dieses Verhältnis beurteilt sich vielmehr allein nach den „allgemeinen Grundsätzen und sonstigen Vorschriften des Gemeinschaftsrechts“ (s. Art. 3 Abs. 3 Halbs. 1 VO), d. h. nach dem **Grundsatz des Vorrangs** des Unionsrechts im Konfliktsfall. 73

Grundgedanke der Regelung dürfte es sein, dass bei Vorschriften, mit denen **andere Regelungszwecke** als mit den Wettbewerbsregeln verfolgt werden, im Zweifel eine 74

---

[159] S. dazu die Erwägungsgründe Nr. 8 S. 5 f. zu der VO.

[160] S. *Bechtold* I, Art. 3 VO Nr. 1/2003 Rn. 22 sowie u. § 38.

[161] *E. Rehbinder,* FS Immenga, 2004, S. 303 (311 ff.).

[162] S. die Überschrift zu Art. 3 sowie Art. 3 I S. 1 und 2 und II S. 1 VO.

Kollision mit den Wettbewerbsregeln nicht vorstellbar ist, so dass die fraglichen Vorschriften *neben* den Wettbewerbsregeln des Vertrags grundsätzlich **weiterhin Anwendung** finden können. Zu denken ist hier in erster Linie an Vorschriften gegen unlautereren Wettbewerb oder gegen missbräuchliche Geschäftsbedingungen,[163] weiter an Vorschriften über den gewerblichen Rechtschutz wie z. B. das Patentgesetz, ferner an Vorschriften, die der Bundesnetzagentur als Regulierungsbehörde besondere Eingriffsbefugnisse verleihen (insbesondere KWG, TKG, AEG, EnWG usw.), sowie noch an so eigenartige Regelungen wie die §§ 14 bis 16 des Urheberrechtswahrnehmungsgesetzes.[164]

1. Kapitel. Kartellverbot

§ 4. Tatbestand (Art. 101 Abs. 1 AEUV)

1 Gemäß Art. 101 Abs. 1 sind verboten alle Vereinbarungen zwischen Unternehmen, Beschlüsse von Unternehmensvereinigungen und aufeinander abgestimmte Verhaltensweisen, die den Handel zwischen Mitgliedstaaten zu beeinträchtigen geeignet sind und eine Verhinderung, Einschränkung oder Verfälschung des Wettbewerbs innerhalb des Gemeinsamen Marktes bezwecken oder bewirken. Gegen das Verbot des Art. 101 Abs. 1 verstoßende Verträge und Beschlüsse sind nichtig (Art. 101 Abs. 2). Nach Abs. 3 des Art. 101 kann das Verbot jedoch unter bestimmten Voraussetzungen auf wettbewerbsbeschränkende Verträge oder Beschlüsse für nicht anwendbar erklärt werden.

2 Zu den allgemeinen Anwendungsvoraussetzungen der Wettbewerbsregeln ist bereits im vorigen Kapitel Stellung genommen worden.[1] Darauf kann verwiesen werden. Die folgenden Ausführungen beschränken sich auf die weiteren Tatbestandsmerkmale des Art. 101 Abs. 1. Zu beginnen ist mit Ausführungen zu der Frage, was der Vertrag in Art. 101 Abs. 1 unter Vereinbarungen von Unternehmen (Rn. 3 ff.), Beschlüssen von Unternehmensvereinigungen (Rn. 15 ff.) und aufeinander abgestimmten Verhaltensweisen versteht (u. Rn. 18 ff.).

I. Maßnahmen

1. Vereinbarungen

a) Anwendungsbereich

3 Art. 101 Abs. 1 wendet sich in erster Linie gegen Vereinbarungen von Unternehmen und daneben noch (ergänzend) gegen Beschlüsse von Unternehmensvereinigungen und abgestimmte Verhaltensweisen. Aus dieser Formulierung darf jedoch nicht der Schluss gezogen werden, dass der Vertrag allein Vereinbarungen gerade von Unter-

---

[163] So der Erwägungsgrund Nr. 9 S. 4 bis 6 zu der VO; ebenso die Begr., BT-Drs. 15/3640, S. 32 (l. p. o.), 47 (l. Sp. „Zu Abs. 4").

[164] S. *Mestmäcker/Schweitzer*, § 5 Rn. 31 f. (S. 152 f.); *E. Rehbinder*, FS Immenga, S. 303 (316 f.).

[1] S. insb. zu dem Merkmal der Beeinträchtigung des Handels zwischen Mitgliedstaaten o. § 3 Rn. 18 ff., zum Unternehmensbegriff o. § 3 Rn. 24 ff.

nehmen (im Gegensatz zu Unternehmensvereinigungen) erfasst. Es besteht vielmehr Übereinstimmung, dass die Formulierung des Vertrages insoweit zu eng ist und dass unter Art. 101 Abs. 1 daher auch wettbewerbsbeschränkende Vereinbarungen unter Beteiligung von Unternehmensvereinigungen und deren Zusammenschlüssen fallen.[2] Handeln die Vereinigungen im Namen ihrer Mitglieder, so greift Art. 101 Abs. 1 ohnehin bereits seinem Wortlaut nach ein.[3] Gleich stehen Vereinbarungen von Unternehmensvereinigungen (und deren Zusammenschlüssen) mit einzelnen Unternehmen. **Beispiele** für Vereinbarungen unter Beteiligung von Unternehmensvereinigungen sind umfassende Marktregelungen zwischen Herstellern aus verschiedenen Mitgliedstaaten im Rahmen ihrer Verbände[4] sowie gegenseitige Ausschließlichkeitsbindungen zwischen Unternehmensverbänden, durch die die Mitglieder zum ausschließlichen Geschäftsverkehr mit Mitgliedern des anderen Verbandes veranlasst werden sollen.[5]

Den Gegensatz zu Vereinbarungen bilden – neben einseitigen Weisungen einer Partei (u. Rn. 7) – insbesondere **hoheitliche Maßnahmen** der Mitgliedstaaten gegenüber den ihrer Jurisdiktion unterworfenen Unternehmen, so dass kein Raum für die Anwendung des Art. 101 Abs. 1 ist, wenn den Unternehmen von einem Mitgliedstaat ein bestimmtes Verhalten verbindlich vorgeschrieben wird (sog. **state action defense**).[6] Vom Anwendungsbereich des Art. 101 Abs. 1 AEUV ausgenommen sind ferner **öffentlich-rechtliche Verträge**, durch die die Mitgliedstaaten Hoheitsaufgaben erfüllen; ein Beispiel ist ein **Konzessionsvertrag** zwischen einer Gemeinde und einem Unternehmen, durch das diesem auf gesetzlicher Grundlage ein Monopol, etwa im Bestattungswesen, eingeräumt wird.[7] Dagegen steht die **bloße staatliche Förderung, Billigung oder Genehmigung** von (privatrechtlichen oder öffentlich-rechtlichen) wettbewerbsbeschränkenden Vereinbarungen von Unternehmen und Unternehmensvereinigungen der Anwendung des Art. 101 Abs. 1 ebensowenig entgegen wie eine **nachträgliche Allgemeinverbindlicherklärung** solcher Vereinbarungen durch die Behörden eines Mitgliedstaates (o. § 3 Rn. 13). 4

b) Begriff

Der Vertrag wendet sich in Art. 101 Abs. 1 gegen „alle Vereinbarungen" zwischen Unternehmen (und Unternehmensvereinigungen, s. o. Rn. 3 f.), ohne indessen den Begriff der Vereinbarung näher zu definieren. Jedoch zeigt die Wortwahl in Art. 101 in sämtlichen Vertragssprachen („Vereinbarungen, accords, accordi, agreements") deutlich, dass der Begriff der Vereinbarung zumindest in enger **Nachbarschaft zu** 5

---

2 *EuG* Slg. 2000, II-508 (847 ff. Tz. 1321, 1325 ff.) – Cimenteries CBR.

3 *EuGH* Slg. 1975, 563 (583 f.) – Frubo; *EuG* Slg. 1994, II-49 (80 f.) – CB.

4 *EuG* Slg. 2000, II-508 ff. – Cimenteries CBR (ein bedrückendes Beispiel für die offenbar übliche Missachtung der Wettbewerbsregeln durch große Unternehmen und ihre Verbände).

5 *Kommission,* Entsch. v. 25. 11. 1981, ABl. 1982 Nr. L 54/36 (44) – VBVB/VBBB; v. 17. 12. 1981, ABl. 1982 Nr. L 167/39 (45) – Anseau/Navewa; 26. 10. 1999, ABl. 2000 Nr. L 39/1 (17) – FEG und TU.

6 S. schon o. § 3 Rn. 12 sowie *EuGH* Slg. 1997, I-6301 (6312 f. Tz. 33 f.) – Ladbroke Raising; 2003, I-8894 (8908 Tz. 30 f.) – Altair Chemica; *EuG* Slg. 2000, II-3456 (3481 ff. Tz. 81 ff.) – Asia Motor France; 2003, II-5768 (5867 Tz. 296) – FEG; Slg. 2008, II-85 ff. = WuW/E EU-R 1429 – DTK.

7 EuGH Slg. 1988, 2507, 2512 Tz. 18 – Bodson; ähnlich für den Glücksspielstaatsvertrag de Länder zur Absicherung ihres Monopols *BGH* WuW/E DE-R 2408 = WRP 2008, 1456 m. Anm. *K. Westermann,* ZWeR 2010, 81.

dem herkömmlichen **Vertragsbegriff** des bürgerlichen Rechts zu sehen ist. Die Formulierung des Art. 101 Abs. 1 („alle Vereinbarungen") deutet zugleich auf eine **weite Auslegung** des Begriffs hin. Für die Annahme einer Vereinbarung reicht es daher schon aus, wenn, wie immer, mehrere Unternehmen ihren *gemeinsamen Willen* zum Ausdruck bringen, sich auf dem Markt in einer bestimmten Weise zu verhalten, mag die **Willensübereinstimmung** ausdrücklich oder konkludent, schriftlich oder formlos zustande gekommen sein.[8] Unerheblich ist auch, **wo und wann** die Vereinbarung getroffen wurde und welchen **Zweck** die Beteiligten mit ihr verfolgen: Immer findet Art. 101 Abs. 1 Anwendung, und zwar gleichgültig, ob sich ein Unternehmen **freiwillig oder unter** dem **Druck** seiner Konkurrenten an der Vereinbarung beteiligt. Sieht es sich einem rechtswidrigen Druck anderer Unternehmen zur Teilnahme an wettbewerbsbeschränkenden Maßnahmen ausgesetzt, so muss es sich dagegen mit den dafür gesetzlich vorgesehenen Mitteln wehren, darf sich aber nicht, um dem Druck auszuweichen, an der verbotenen Vereinbarung beteiligen.[9]

6 Ausreichend ist bereits die **Festlegung eines Rahmens** oder Plans für eine gemeinsame Regulierung der Märkte; sämtliche folgenden Maßnahmen zur Konkretisierung des festgelegten Rahmens oder Plans bilden dann eine **einzige andauernde Zuwiderhandlung**, da generell sämtliche Maßnahmen im Rahmen einer Vereinbarung zu deren Durchführung wettbewerbsrechtlich als **Teil der Vereinbarung** behandelt werden.[10] Selbst die bloße **Ausübung gewerblicher Schutzrechte** kann daher unter Art. 101 Abs. 1 subsumiert werden, sofern sie Gegenstand, Mittel oder Folge einer gegen Art. 101 Abs. 1 verstoßenden Vereinbarung ist.[11]

7 Umstritten ist, ob die Annahme einer Vereinbarung im Sinne des Art. 101 Abs. 1 entsprechend dem Vertragsbegriff der Mitgliedstaaten (s. § 311 Abs. 1 BGB) die **Verbindlichkeit** der Abrede für die Beteiligten im Sinne einer zumindest faktischen, wirtschaftlichen oder moralischen Bindung voraussetzt. Während das **Schrifttum** überwiegend für ein derartiges Begriffsverständnis eintritt, weil andernfalls die Grenze zur Verhaltensabstimmung flüssig würde,[12] verzichten die **Unionsorgane** in der Regel auf die Verbindlichkeit der Absprache als Voraussetzung für die Annahme einer Vereinbarung, so dass auch unverbindliche Absprachen die Merkmale einer Ver-

---

[8] *EuGH* Slg. 1970, 661, 696 (Tz. 112) – ACF; 1980, 3125 (3250 Tz. 86) – van Landewyck; EuZW 1990, 93 (94) – Tipp Ex; Slg. 1999, I-4162, (4205 f. Tz. 130 ff.) = WuW/E 320 – Anic Partecipazioni; Slg. 1999, I-4575 (4627 Tz. 162) – Montecatini; 2004, I-64 (101, 104 f. Tz. 88, 97 ff.) = WuW/E EU-R 769 = EuZW 2004, 309 – Bayer/Adalat; Slg. 2006, I-6602 = WuW/E EU-R 1120 Tz. 37 = EWS 2006, 365 – VW II – m. Anm. *Emmerich*, JuS 2007, 494 (496) Nr. 13; ebenso das *EuG* (s. folgende Fn. 9) sowie die Kommission (Fn. 10).

[9] *EuG* Slg. 1991, II-1091 (1155 ff.) – Petrofina; 1991, II-1180 (1244) – Atochem – usw. bis Slg. 2005, II-3038 (3057) = WuW/E EU-R 967 (970 Tz. 118 f.) – Brasserie Nationale; Slg. 2005, II-3326 (3357 Tz. 83) – Daimler Chrysler; Slg. 2005, II-5066 (5089 Tz. 63) – Union Pigments; Slg. 2008, II-1353 (1379 ff.) – BPB.

[10] *EuG* Slg. 2010, II-1270 (1296 ff. Tz. 89 ff.) – Amann; 2010, II-1457 (1472 ff. Tz. 45 ff.) – Gütermann; *Kommission,* Entsch. v. 7. 6. 2000, ABl. 2001 Nr. L 152/24 (47 Tz. 237) – Aminosäuren; 18. 7. 2001, ABl. 2002 Nr. L 100/1 (24 ff.) – Graphitelektroden; v. 20. 12. 2001, ABl. 2004 Nr. L 115/1 (53 ff.); v. 20. 11. 2007, WuW/E EU-V 1255 (1258 Tz. 107 ff.) – Videobänder; v. 8. 7. 2009, WuW/E EU-V1457 (1461 ff.).

[11] *EuGH* Slg. 1968, 86 (112) – Parke Davis; 1971, 69 (82 f.) – Sirena; 1971, 487 (499) – Deutsche Grammophon.

[12] S. IM/*Emmerich*, Bd. I/1 Art. 101 Rn. 60 f. m. N.

einbarung erfüllen können.[13] Indessen unterscheidet der Vertrag in den Abs. 1 und 2 des Art. 101 deutlich zwischen Vereinbarungen und abgestimmten Verhaltensweisen, wobei der Unterschied letztlich nur darin liegen kann, dass sich die Vereinbarung durch eine gewisse faktische, wirtschaftliche oder moralische Bindungswirkung für die Beteiligten auszeichnet. Die Folge ist vor allem, dass **gentlemen's agreements,** bei denen die Beteiligten von vornherein auf eine rechtliche Verbindlichkeit der Abrede verzichten und sich statt dessen mit einer wirtschaftlichen, moralischen oder gesellschaftlichen Bindung „begnügen", im Rahmen des Art. 101 Abs. 1 AEUV bereits als **Vereinbarungen** (und nicht erst als abgestimmte Verhaltensweisen) erfasst werden können.[14] Wo es jedoch auch daran fehlt, kommt nur noch die Annahme einer Verhaltensabstimmung in Betracht.

Die **Beweislast** für das Vorliegen einer Vereinbarung trägt in Kartellverwaltungsverfahren grundsätzlich die Kommission, wobei es von den Umständen des Falles abhängt, wie viele auf eine Vereinbarung hinweisende **Indizien** von der Kommission nachgewiesen werden müssen, um die Annahme einer Vereinbarung zu rechtfertigen (Art. 2 S. 1 VO Nr. 1/2003).[15] Als besonders kritisch gilt durchweg die **Teilnahme an Zusammenkünften,** die wettbewerbswidrige Aktivitäten zum Gegenstand haben.[16] Ein innerer Vorbehalt oder die unterlassene Mitwirkung an einzelnen Maßnahmen des Kartells steht in diesem Fall der Verantwortung für das Kartell insgesamt nicht entgegen.[17] 8

c) Beispiele

Art. 101 Abs. 1 erfasst unter den genannten Voraussetzungen (Rn. 5 ff.) alle denkbaren Erscheinungsformen von Vereinbarungen. *Keine* Rolle spielen daher insbesondere, da der Vertrag innerhalb der Vereinbarungen nicht weiter unterscheidet, die vielfältigen **Unterscheidungen** der nationalen Rechtsordnungen **innerhalb der Verträge**. Zwischen schuldrechtlichen und dinglichen Verträgen wird ebensowenig unterschieden wie zwischen privatrechtlichen und öffentlich-rechtlichen, sofern es sich nur eben um eine Vereinbarung in dem genannten Sinne mit dem Zweck oder der Wirkung der Wettbewerbsbeschränkung handelt. Den Gegensatz bilden – neben den von den Mitgliedstaaten hoheitlich erzwungenen Maßnahmen der Unternehmen (o. Rn. 6) – einseitige Maßnahmen einzelner Unternehmen (u. In. 12 ff.). 9

Anders als früher das deutsche Recht (s. §§ 1 und 14 ff. GWB a. F.) unterscheidet Art. 101 Abs. 1 insbesondere auch nicht zwischen **Kartellen und Austauschverträ-** 10

[13] *EuG* Slg. 2000, II-3387 (3409 Tz. 68) = WuW/E EU-R 367 – Bayer; *Kommission,* Entsch. v. 2. 4. 2003, ABl. Nr. L 209/12 (32 Tz. 121) – Viandes bovines françaises.

[14] EuG Slg. 1991, II-1091 (1180); 1523; 1623; 1711 und 1833; Slg. 1992, II-499; 629; 757; 907; 1021; 1155 und 1274; 1995, II-791 (830 f. Tz. 96) – Tréfileurope; Slg. 2008, II-1353 (1380 Tz. 82); *Kommission,* Entsch. v. 26. 10. 1999, ABl. 2000 Nr. L 39/1 (16 Tz. 101) – FEG und TU; v. 13. 12. 2000, ABl. 2003 Nr. L 10/1 (7 Tz. 56) – Natriumkarbonat.

[15] *EuG* Slg. 2007 II 965, 1051 ff. – Bollore; 2008 II 1353, 1372 f. Tz. 61 ff. – BPB; *EuG* WuW/E EU-R 1835, 1838 ff. Tz. 48 ff., 74 – E.ON. Energie.

[16] *EuGH* Slg. 2004, I-403, 439, 447 f. = WuW/E EU-R 899 Tz. 53, 81 f. – Aalborg; Slg. 2006, I-8873, 8907 f. – TU; WuW/E EU-R 1551 Tz. 119 f. – ADM; EuG Slg. 2006, II-4574, 4595 Tz. 75 ff., 4601 Tz. 97 – Westf. Gassen Ned.; 2007, II-965, 1028 ff. Tz. 188 ff. – Bollore; Slg. 2008, II-1353 Tz. 83, 90, 232 – BPB.

[17] *EuGH* Slg. 2004, I-403 (439, 447 f.) – Alborg; *EuG* Slg. 2010, II-1384 (1394 ff. Tz. 81 ff.) – BST; 2010, II-1457 (1473 f. Tz. 51 ff.) – Gütermann.

gen; beide werden vielmehr grundsätzlich gleichbehandelt, sofern nur die übrigen Voraussetzungen des Art. 101 Abs. 1 erfüllt sind (ebenso jetzt § 1 GWB n. F.). Art. 101 gilt daher gleichermaßen für die klassischen Kartelle zwischen Konkurrenten wie für Vertriebsabreden zwischen Unternehmen auf verschiedenen Wirtschaftsstufen, wie auch durch die Regelbeispiele des Art. 101 Abs. 1 Hs 2 lit. a bis lit. e belegt wird.[18]

11 Vor allem hierauf beruht der **weite Anwendungsbereich** des Art. 101, der außer den „klassischen" Kartellen z. B. auch Ausschließlichkeits- und Vertriebsbindungen, Preis- und Konditionenbindungen sowie Lizenzverträge umfasst. Nichts anderes gilt für Unternehmenszusammenschlüsse einschließlich Fusionen, vorausgesetzt, dass sie auf Vereinbarungen der Unternehmen beruhen (s. u. § 14 Rn. 19 ff.). Der Anwendung des Art. 101 Abs. 1 steht es ferner nicht entgegen, wenn wettbewerbsbeschränkende Abreden auf eine **Vielzahl** wirtschaftlich **zusammenhängender Verträge** aufgeteilt werden; wettbewerbsrechtlich werden diese dann vielmehr als Einheit behandelt.[19] Beispiele sind **Vertragssysteme** aus parallelen, aufeinander bezogenen Lizenzverträgen oder aus Verträgen mit einer Stelle, die den Informationsaustausch zwischen den Beteiligten organisiert (sog. Marktinformationssysteme).[20]

d) „Einseitige Maßnahmen"

12 Eine Vereinbarung kann nur angenommen werden, wenn es sich um eine **Willensübereinstimmung zwischen** mindestens **zwei** rechtlich verschiedenen **Personen** handelt (o. Rn. 5 ff.). *Keine* Vereinbarungen sind dagegen **einseitige Maßnahmen einer Partei** gegenüber einer oder mehreren anderen wie Empfehlungen, Warnungen oder Weisungen; derartige Maßnahmen sind vielmehr ebenso wie interne Beschränkungen der Produktion oder des Absatzes nach Unionsrecht grundsätzlich erlaubt, sofern nicht im Einzelfall aus sonstigen Gründen die Voraussetzungen der Art. 101 oder 102 erfüllt sind.[21] Darauf beruht z. B. die (wettbewerbsrechtliche) **Zulässigkeit einseitiger Weisungen** des herrschenden Unternehmens gegenüber den von ihm abhängigen Unternehmen (s. o. § 3 Rn. 45 ff.) sowie der Weisungen des Geschäftsherrn gegenüber Handelsvertretern und Kommissionären (§§ 675 Abs. 1, 665 BGB; u. Rn. 90 ff.).

13 Die Grenze zum Anwendungsbereich des Art. 101 Abs. 1 wird erst überschritten, wenn die fragliche „Weisung" oder „Empfehlung" nur scheinbar eine einseitige Maßnahme, **tatsächlich** jedoch einen **Antrag auf Abschluss** einer entsprechenden Vereinbarung mit dem Adressaten darstellt, dem dieser (ausdrücklich oder konkludent) zustimmt. Gleich steht der Fall, dass es sich bei der auf den ersten Blick einseitigen Maßnahme eines Unternehmens um die Ausübung eines vertraglich eingeräumten

[18] *EuGH* Slg. 1966, 281 (302 ff.) – LTM/MBU; 1966, 321 (387 f.) = JZ 1966, 673 = JuS 1966, 448 Nr. 1 – Grundig/Consten; Slg. 1966, 457 (485 f.); 1967, 543 (555 f.) – de Haecht – usw. bis Slg. 1998, I-1997 (2002 Tz. 11) – Javico; Slg. 2006, I-12018 = EuZW 2007, 150 (153 Tz. 37)– CEPSA – m. Anm. *Emmerich,* JuS 2007, 596.

[19] *EuGH* Slg. 1982, 2015 (2059 ff.) = NJW 1982, 1929 – Nung; *BKartA,* WuW/E DE-V 1579.

[20] *EuGH* Slg. 2006, I-11145 = EuZW 2006, 753 = WuW/E EU-R 1235 – Asnef-Equifax = JuS 2007, 877 Nr. 14; *Mestmäcker/Schweitzer,* § 9 Rn. 36 ff. (S. 255 ff.); *Emmerich,* EuR 1971, 295 (313 f.).

[21] *EuGH* Slg. 2004, I-64 (101 f. Tz. 88 ff.) = EuZW 2004, 309 – Bayer/Adalat; *EuG* Slg. 2000, II-3387 (3408 f. Tz. 66 ff.) = WuW/E EU-R 367 – Bayer/Adalat; Slg. 2003, II-4495 (4513 Tz. 58) – GM Opel; 2005, II-3326 (3357 ff.) = WuW/E EU-R 933 Tz. 83 ff. – Daimler-Chrysler; s. u. § 26.

Leistungsbestimmungsrechts handelt, etwa im Sinne des § 315 BGB, wobei es bereits genügt, wenn sich ein derartiges Leistungsbestimmungsrecht aus dem rechtlichen und wirtschaftlichen Kontext des Vertragsabschlusses ergibt.[22] Die Gemeinschaftsorgane tendieren zur Bejahung dieser Voraussetzungen vor allem bei „einseitigen" Maßnahmen eines Unternehmens zur weiteren Konkretisierung oder Durchführung bereits *bestehender,* auf Dauer angelegter Vertriebsvereinbarungen.[23] **Beispiele** sind „einseitige" Aktionen oder öffentliche Erklärungen eines Herstellers, die von den Händlern stillschweigend angenommen werden,[24] sowie die Ablehnung der Aufnahme neuer Händler in ein selektives Vertriebssystem trotz Erfüllung aller Voraussetzungen, weil und sofern die Ablehnung Ausdruck der *gemeinsamen* Politik des Herstellers und der zugelassenen Händler ist.[25]

Ein kritischer und viel umstrittener Grenzfall ist die „einseitige" Kontingentierung 14
eines begehrten Gutes seitens des Herstellers, bei Kraftfahrzeugen z. B. zu dem Zweck, die gefürchteten Reexporte aus Niedrigpreisländern wie z. B. Italien in Hochpreisländer wie Deutschland zu unterbinden. Solche Maßnahmen können nach dem Gesagten (Rn. 13) mit Art. 101 nur erfasst werden, wenn es sich bei ihnen in Wirklichkeit um Handlungen zur weiteren Konkretisierung der schon bestehenden vertraglichen Beziehungen handelt, denen die Abnehmer entweder im Voraus oder doch nachträglich ausdrücklich oder konkludent zugestimmt haben, während **kein Raum** für die Anwendung des Art. 101 Abs. 1 AEUV ist, **wenn** es – mangels Verlautbarung der Maßnahme oder mangels einer Zustimmung der Abnehmer – bei der **Einseitigkeit der Maßnahme bleibt**, – vorausgesetzt, dass sich aus dem Vertrag auch nicht die Befugnis des Herstellers zur nachträglichen Konkretisierung der Lieferbeziehungen ableiten lässt.[26] Für die Anwendung des Art. 101 ist daher namentlich kein Raum, wenn der Hersteller seine **Vertriebspolitik einseitig ändert**, ohne dies den Händlern überhaupt mitzuteilen, z. B. von sich aus die Lieferungen, möglicherweise sogar entgegen den Wünschen der Händler, aus welchen Gründen immer, kürzt oder sogar ganz verweigert. Solche tatsächlich einseitigen Maßnahmen eines Herstellers können folglich nicht mehr mit Art. 101, sondern nur von Fall zu Fall mit Art. 102 unter dem Gesichtspunkt der Lieferverweigerung erfasst werden.[27] Es handelt sich dabei um einen der wichtigsten, fortbestehenden Unterschiede zwischen dem europäischen und dem deutschen Kartellrecht, weil das Letztere derartige Fallgestaltungen insbesondere mit § 20 Abs. 2 GWB wesentlich leichter als das europäische Kartellrecht zu erfassen vermag (s. dazu u. § 29 Rn. 12 ff.), – weshalb auch Deutschland bei der Verabschiedung der Verordnung Nr. 1/2003 darauf gedrängt hat, diese Sonderregelung beibehalten zu können.[28]

---

[22] *EuGH* Slg. 2006, I-6602 Tz. 40 ff., 43 ff. = WuW/E EU-R 1120– VW II – m. Anm. *Emmerich,* JuS 2007, 494 f. Nr. 13 und *Lange,* EWS 2006, 481; *Behrens,* ZWeR 2008, 20 (26 ff.).

[23] S. *Lübbig,* WuW 1991, 561.

[24] *EuGH* Slg. 1995, I-3459 (3467 f. Tz. 16) = EuZW 1995, 797 – BMW/ALD.

[25] *Kommission,* Entsch. v. 6. 1. 1982, ABl. Nr. L 117/15 (16 f. Tz. 18 ff., 23 Tz. 56 f.) – AEG; bestätigt durch *EuGH* Slg. 1983, 3151 (3195) = NJW 1984, 1281 – AEG.

[26] *EuGH* Slg. 2004, I 64, 101, 104 f. Tz. 88 f., 97 ff. – EuZW 2004, 309 = WuW/E EU-R 769, 772 ff. – Bayer/Adalat; Slg. 2006, I-6602 Tz. 35 ff. = WuW/E EU-R 1120 – VW II; *EuG* Slg. 2005, II-3319 = WuW/E EU-R 933 – Daimler Chrysler.

[27] *Hirsbrunner/Schwarz,* FS Bechtold, 2006, S. 171, 178; MünchKomm/*Paschke,* Art. 81 Rn. 33 ff.

[28] S. Art. 3 II S. 2 VO Nr. 1/2003 und dazu o. § 3 Rn. 69 ff.

2. Beschlüsse

15 Die zweite Form wettbewerbsbeschränkender Maßnahmen, gegen die sich Art. 101 Abs. 1 wendet, sind Beschlüsse von Unternehmensvereinigungen. Gleich stehen Beschlüsse von Zusammenschlüssen derartiger Vereinigungen (o. Rn. 3). Durch die Erstreckung des Anwendungsbereichs des Kartellverbotes auf Beschlüsse von Unternehmensvereinigungen soll verhindert werden, dass das Verbot wettbewerbsbeschränkender Vereinbarungen (Art. 101 Abs. 1) durch die Verlagerung der Entscheidungen in eine Organisation umgangen wird, weil das Kartellverbot andernfalls zur Disposition der Beteiligten stände. **Zweck** der Regelung ist mit anderen Worten ein umfassendes **Umgehungsverbot**, worauf bei der Auslegung der Vorschrift vor allem Rücksicht zu nehmen ist.[29] Keine Rolle spielt daher insbesondere die Rechtsnatur der Vereinigung. Ebenso unerheblich ist, ob es sich um einen privatrechtlichen oder öffentlich-rechtlichen Zusammenschluss von Unternehmen handelt.[30] Auch Beschlüsse der Kammern der freien Berufe gehören hierher.

16 Unter **Beschlüssen** sind in Art. 101 Abs. 1 alle Rechtsakte zu verstehen, durch die eine Unternehmensvereinigung ihren Willen bildet,[31] wobei es auf das Verfahren der Willensbildung und die rechtliche Qualifizierung des Beschlusses nach nationalem Recht nicht ankommt.[32] Selbst wenn es sich bei der Vereinigung um eine **öffentlich-rechtliche Körperschaft** handelt, deren Beschlüsse nach nationalem Recht als Verwaltungsakte oder Satzungen zu qualifizieen sind, bleibt doch Art. 101 Abs. 1 ohne Rücksicht darauf anwendbar, wenn der Sache nach der Beschluss einer Unternehmensvereinigung vorliegt.[33] Bedeutung hat das in erster Linie für die in der Form von **Satzungen** ergehenden „Beschlüsse" der Kammern der freien Berufe. Unanwendbar ist Art. 101 dagegen auf Beschlüsse, die nur die Rechtsverhältnisse der Vereinigung selbst betreffen. Ein Beispiel sind Beschlüsse über eine Erhöhung der Beiträge.[34] Art. 101 wendet sich lediglich gegen eine Koordinierung des Verhaltens der Mitglieder der Vereinigung am Markt auf dem Weg über Beschlüsse der Vereinigung.

17 Bei den Beschlüssen ist ebenso wie bei den Vereinbarungen (s. o. Rn. 7 ff.) umstritten, ob die Anwendbarkeit des Art. 101 Abs. 1 voraussetzt, dass der Beschluss für die Mitglieder zumindest **faktisch verbindlich** ist. Die überwiegende Meinung verneint heute diese Frage.[35] Auch die **Unionsorgane** verlangen offenbar keine Verbindlichkeit des Beschlusses als Voraussetzung der Anwendbarkeit des Art. 101. Bloße, ihrem Wortlaut nach an sich unverbindliche Empfehlungen oder Rundschreiben von Unternehmensvereinigungen werden vielmehr jedenfalls dann als Beschlüsse unter

[29] *BGH* WuW/E DE-R 2408 Tz. 26 = WRP 2008, 1456 – Lottoblock II; MünchKomm/*Paschke*, Art. 81 Rn. 47; FK/*Roth/Ackermann*, Art. 81 Rn. 140.

[30] *EuGH* Slg. 2002, I-1653 (1680 f. Tz. 65 ff.) = NJW 2002, 877 = EuZW 2002, 172 – Wouters; ebenso im Ausgangspunkt *EuGH* Slg. 2002, I-1561 (1572 f. Tz. 34 ff.) – Arduino; *Kommission,* Entsch. v. 30. 1. 1995, ABl. Nr. L 122/37 – COAPI; 23. Wettbewerbsbericht 1993, Tz. 219 (S. 146 f) – CNSI (beide für die Kammern der freien Berufe).

[31] *BGH* WuW/E DE-R 2408 Tz. 88 f.; *OLG Düsseldorf* WuW/E DE-R 2003 (2006); *BKartA* WuW/E DE-V 1251 (1260 f.); 1539; *Kommission,* WuW/E EU-V 1483.

[32] *Kommission,* Entsch. v. 30. 1. 1995, ABl. Nr. L 122/37 (49 Tz. 46 f.) – COAPI.

[33] *Kommission* (vorige Fn.), Tz. 45–47 – COAPI; 23. Wettbewerbsbericht 1993, Tz. 219 (S. 146 f.) – CNSI.

[34] *BKartA* WuW/E DE-V 1537 Tz. 25 – Arzneimittel-Hersteller.

[35] S. IM/*Emmerich*, Bd. I/1 Art. 101 Rn. 80.

Art. 101 Abs. 1 subsumiert, wenn bereits die **soziale Kontrolle und** der **Druck** der anderen Mitglieder ausreichen, um die regelmäßige Befolgung der „Empfehlungen“ oder Rundschreiben der Unternehmensvereinigung sicherzustellen;[36] dasselbe gilt, wenn sich die Mitglieder tatsächlich überwiegend an die Verlautbarungen der Vereinigung halten.[37]

3. Abgestimmte Verhaltensweisen

Literatur: Hdb., H I § 2; IM/*Emmerich*, Bd. I/1 Art. 101 Rn. 74 ff.; *Bahntje*, Gentlemen's agreement und abgestimmtes Verhalten, 1982; *P. Bülow*, Gleichförmiges Unternehmensverhalten ohne Kommunikation, 1985; *E. Diekmann*, Abgestimmte Verhaltensweisen und conspiray im deutschen, europäischen und amerikanischen Antitrustrecht, 1971; *Heiduk/Emmerich*, Arzneimittelmarkt und europäisches Wettbewerbsrecht, 1985; *Frenz*, Tz. 447 ff. (S. 166 ff.); *van Gerven/N. Varona*, C. M. L. Rev. 31 (1994), 575; *Höfer*, Abgestimmtes Verhalten – ein Zentralproblem der Wettbewerbspolitik, 1989; *Lüppert*, Das Verbot abgestimmten Verhaltens im deutschen und europäischen Kartellrecht, 1975; *Mestmäcker/Schweitzer*, § 9 IV (S. 247 ff.); *Fl. Wagner-v. Papp*, Marktinformationsverfahren: Grenzen der Information im Wettbewerb, 2004; *ders.*, WuW 2005, 732; *Zäch*, Kartellrecht, Tz. 36 ff. (S. 177 ff.); *D. Zimmer*, ZHR 154 (1990), 470.

a) Überblick

Als dritte Form der verbotenen wettbewerbsbeschränkenden Maßnahmen nennt 18 Art. 101 Abs. 1 noch die „aufeinander abgestimmten Verhaltensweisen“ („pratiques concertées; concerted practices“) von Unternehmen und Unternehmensvereinigungen. Der Begriff stammt aus dem amerikanischen Antitrust-Recht (sec 1 Sherman Act) und ist von dort über das französische Wettbewerbsrecht und den früheren EGKS-Vertrag[38] in das Kartellrecht der Union gelangt (Art. 101 Abs. 1). Die praktische Bedeutung des Verbots abgestimmter Verhaltensweisen ist im Unionsrecht – anders als im deutschen Recht (s. § 1 GWB) – erheblich, wobei eine nähere Analyse der bisherigen Fälle vor allem zweierlei lehrt, einmal, dass ein Nachweis abgestimmter Verhaltensweisen zwar nicht immer, aber doch in der Mehrzahl der Fälle allein auf dem Weg über einen aufwendigen **Indizienbeweis** möglich ist (dazu u. Rn. 29 ff.), zum andern, dass abgestimmte Verhaltensweisen häufig nur einen Teil oder besser: einen **Aspekt umfassenderer** wettbewerbsbeschränkender **Praktiken** bilden, bestehend aus einer Vielzahl von Vereinbarungen, Beschlüssen und Verhaltensabstimmungen, die dann als *ein* einheitlicher Verstoß gegen Art. 101 Abs. 1 zu werten sind.[39] In derartigen Fällen muss die Kommission nicht etwa für jeden einzelnen Aspekt des häufig langwierigen Prozesses, in dessen Rahmen sich die Koordinierung des Verhaltens der Unternehmen abspielt, im Einzelnen feststellen, ob es sich dabei „schon“ um eine Vereinbarung oder noch „lediglich“ um eine abgestimmte Verhaltensweise handelt; sie kann die Qualifizierung vielmehr offen lassen, sofern nur feststeht, dass der **ganze Prozess insgesamt** dem **Zweck** dient, das **Verhalten** der beteiligten Unternehmen am Markt zu **koordinieren**, insbesondere durch Auf-

[36] S. u. Rn. 30a sowie *Kommission*, Entsch. v. 26. 10. 1999, ABl. 2000 Nr. L 39/1 (16 Tz. 95) – FEG und TU; ebenso *BGH* WuW/E DE-R 2408 Tz. 88 f.

[37] *EuGH* Slg. 1980, 3125 (3250 Tz. 86 ff.) – van Landewyck; 1983, 3369 (3410 Tz. 20) – IAZ/Navewa-Anseau; 1987, 447 (554 f. Tz. 29 ff.) – NJW 1987, 2150 – Sachversicherer.

[38] Art. 65 § 1: „verabredete Praktiken“.

[39] S. insb. *EuG* Slg. 1991, II-034 (1073 ff.) – Rhône-Poulenc; 1991, II-1090 (1156 ff.) – Petrofina; 1992, II-499 (548 ff.) – Hüls; 1992, II-1274 (1377 ff.) – Chemie Linz usw. bis Slg. 2010, II-1270 (1296 ff.) – Amann; 2010, II-1457 (1472 ff.) – Gütermann.

teilung der Märkte oder Festlegung der Preise, und dass dabei in vielfältiger Form Vereinbarungen und Verhaltensabstimmungen Verwendung finden.[40]

19 Bei dem Verbot abgestimmter Verhaltensweisen unterscheidet der Vertrag in Art. 101 Abs. 1 ebensowenig wie bei den Vereinbarungen (o. Rn. 9 f.) danach, ob es sich bei den beteiligten Unternehmen um Konkurrenten oder um Unternehmen auf verschiedenen Marktstufen handelt. Auch in **Vertikalbeziehungen** zwischen Herstellern und Händlern sind daher abgestimmte Verhaltensweisen möglich und häufig. Zu denken ist hier vor allem an gemeinsame Strategien zur Abwehr von Parallelimporten.[41]

b) Begriff

20 Art. 101 Abs. 1 stellt die Verhaltensabstimmung auf eine Stufe mit Vereinbarungen und Beschlüssen von Unternehmen und Unternehmensvereinigungen. Daraus folgt unmittelbar die enge Verwandtschaft zwischen Vereinbarungen und abgestimmten Verhaltensweisen, die sich allenfalls idealtypisch gegeneinander abgrenzen lassen, in der Praxis jedoch häufig ununterscheidbar ineinander übergehen. Auch nach Meinung des **Gerichtshofs** unterscheiden sich Vereinbarungen und abgestimmte Verhaltensweisen in Art. 101 (nicht dem Wesen nach), sondern allein hinsichtlich ihrer Intensität und ihrer Ausdrucksformen.[42] Die wichtigsten **Elemente** einer Verhaltensabstimmung sieht der Gerichtshof folgerichtig (in Parallele zu dem Begriff der Vereinbarungen) in der **Koordinierung** (oder: Koordination) **und** der **Zusammenarbeit** mehrerer Unternehmen am Markt.[43]

21 Den Gegensatz zur Verhaltensabstimmung bilden **einseitige Maßnahmen,** deren Vornahme die Unternehmen **autonom**, d. h. allein ohne Einflussnahme Dritter beschließen. Dazu gehört insbesonder auch das **bewusste Parallelverhalten**, bei dem die Unternehmen ihr Verhalten in voller Selbständigkeit, d. h. **autonom** bestimmen. Eine Verhaltensabstimmung kann demgegenüber nur angenommen werden, wenn zumindest **zwei Unternehmen** in irgendeiner Form **willentlich zusammenwirken**, während die bloße **einseitige Anpassung** des Verhaltens eines Unternehmens an das eines anderen nicht mehr als Verhaltensabstimmung erfasst werden kann, solange dem nicht eine darauf abzielende **„Fühlungnahme",** d. h. eine Kontaktaufnahme zwischen beiden Unternehmen vorausgegangen ist, wobei es keine Rolle spielt, von wem die Initiative ausgegangen ist.[44]

22 Das wichtigste **Mittel** der Verhaltensabstimmung ist nach den bisherigen Erfahrungen der **gegenseitige Informationsaustausch** der Unternehmen, weil sie dadurch die für unternehmerisches Verhalten unter Wettbewerbsbedingungen charakteristische Unsicherheit über die Reaktionen der Konkurrenten auf ihre eigenen Maßnah-

[40] *EuG* Slg. 1999, II-945, 1127 Tz. 696–698 – Limburgse Vinyl Maatschappig; 2010, II-1270 (1296 ff.); 2010, II-1457 (1472 ff.).

[41] S. *Kommission,* Entsch. v. 14. 12. 1979, ABl. 1980 Nr. L 60/21 (31 ff.) – Pioneer – (bestätigt im wesentlichen durch *EuGH* Slg. 1983, 1825 [1897 f. Tz. 74 f.]); v. 2. 12. 1981, ABl. 1982 Nr. L 161/18 (26 f. Tz. 43 ff.) – Hasselblad; bestätigt durch *EuGH* Slg. 1984, 883 (903 f. Tz. 24 ff.); s. schon o. Rn. 12.

[42] *EuGH* Slg. 2009, I-4562 = WuW/E EU-R 1589 Tz. 23 = EuZW 2009, 505 = JuS 2009, 1156 – T-Mobile Neth.

[43] S. *EuGH* Slg. 1998 I 3138, 3162 f. Tz. 86 – John Deere.

[44] S. *EuGH* Slg. 1998, I-3138 (3162 f. Tz. 86) – John Deere; *EuGH* Slg. 2009, I-4562 = EuZW 2009, 505 Tz. 32 f. = WuW/E EU-R 1589 = JuS 2009, 1056 – T-Mobile Neth.

men beseitigen.[45] Vor allem zwei Fallgestaltungen sind hier zu unterscheiden, einmal die **Unterrichtung der Konkurrenten** *über* das geplante *eigene Verhalten* in der Erwartung, dass sich die Adressaten danach richten werden, zum anderen der **Versuch, über** das zukünftige **Verhalten der Konkurrenten Aufschluss** zu erhalten.[46] In beiden Fällen verändern die Unternehmen durch ihre Zusammenarbeit im Wege des Informationsaustauschs künstlich die normalen Wettbewerbsbedingungen, die gerade durch die *Unsicherheit* über die Reaktionen der Konkurrenten gekennzeichnet sind.

Es ist im Kern dies, was der Gerichtshof mit dem von ihm im vorliegenden Zusammenhang immer wieder betonten **Selbständigkeitspostulat** zum Ausdruck bringen will. Gemeint ist damit die Verpflichtung aller Unternehmen, ihr Verhalten im Gemeinsamen Markt *selbstständig* zu bestimmen, woraus der Gerichtshof unter anderem das **Verbot jeder Fühlungnahme** von Unternehmen zwecks Information über das beabsichtigte eigene oder über das geplante Verhalten der Konkurrenten ableitet. Nach einer ständig wiederholten Formulierung erfasst das Verbot abgestimmter Verhaltensweisen deshalb jede Form der **Koordinierung** zwischen Unternehmen, die **bewusst** eine **praktische Zusammenarbeit** an die Stelle des mit Risiken behafteten Wettbewerbs treten lässt und die zu nicht mehr wettbewerbsgerechten Marktbedingungen führt.[47] Den Unternehmen steht es zwar frei, sich *autonom* dem Verhalten ihrer Konkurrenten anzupassen und in deren Preise „einzusteigen". Verboten ist dagegen **jede Form der Fühlungnahme** zwischen ihnen mit dem Ziel oder der Wirkung, andere über das geplante eigene Verhalten zu informieren *oder* dasjenige anderer Unternehmen in Erfahrung zu bringen und zu beeinflussen, um dergestalt die Risiken des autonomen unternehmerischen Verhaltens im Wettbewerb auszuschalten.[48] Hinzutreten muss nach der jüngsten Praxis noch ein entsprechendes **Verhalten** der beteiligten Unternehmen (s. dazu u. Rn. 28 f.). 23

Die Ausarbeitung eines **gemeinsamen Planes** ist für die Annahme einer Verhaltensabstimmung nicht erforderlich; vielmehr genügt bereits die „abgesprochene" Anpassung an die Wünsche eines anderen Unternehmens. Das wichtigste **Mittel** hierzu ist nach dem Gesagten (o. Rn. 22) die **vorherige gegenseitige Information** der Unternehmen über ihr geplantes zukünftiges Verhalten am Markt durch den Austausch von Preislisten oder sonstiger Daten, vorausgesetzt, dass die Unternehmen dadurch Marktfaktoren ausschalten, die einem einheitlichen (koordinierten) Verhalten am 24

[45] S. u. Rn. 26 ff. sowie insb. *Kommission,* Entsch. v. 13. 7. 1994, ABl. Nr. L 243/1 (40 ff.) – Karton; v. 27. 7. 1994, ABl. Nr. L 239/14 (25 ff.) – PVC.

[46] IM/*Emmerich*, Bd. I/1 Art. 101 Rn. 89 ff.; *Daig,* EuR 1976, 213 (225 ff.); *Mestmäcker/Schweitzer,* § 9 Rn. 15 ff. (S. 247 ff.).

[47] Grdl. sind die sog. Farbstoff-Urteile: *EuGH* Slg. 1972, 619 (658 ff.) – ICI; 1972, 713 (733 ff.) – BASF; 1972, 745 (774 ff.) – Bayer; 1972, 787 (829 ff.) – Geigy – usw. bis Slg. 1993, I-1575 (1598 ff.) = EuZW 1993, 377 (380 ff.) – Zellstoff; Slg. 1998, I-3138 (3162 ff. Tz. 86 ff.) – John Deere; 1999, I-4162 (4202 ff. Tz. 115 ff.) = WuW/E EU-R 320 – Anic Partecipazioni; Slg. 1999, I-4336 (4385 ff. Tz. 158 ff.) = WuW/E EU-R 226 – Hüls; Slg. 1999, 4575 (4615 ff. Tz. 122 ff.) – Montecatini; *EuGH* Slg. 2006, I-11145 = WuW/E EU-R 1235 (1238 Tz. 52 ff.) = EuZW 2006, 753 = JuS 2007, 877 – Asnef-Equifax; *EuGH* Slg. 2009, I-4562 = WuW/E EU-R 1589 Tz. 26, 32 ff. = EuZW 2009, 505 = JuS 2009, 1156 – T-Mobile Neth.; *EuG* Slg. 2008, I-1353 – BPB; 2008, II-2575 Tz. 116 ff. – SKT; *Kommission*, Horizontalleitlinien v. 14. 1. 2011, ABl. Nr. C 11/1, Tz. 60 ff.; Entsch. v. 20. 11. 2007, WuW/E DE-V 1255 Tz. 104 ff. – Videobänder; v. 8. 7. 2009, WuW/E DE-V 1457 Tz. 168 ff. – E.ON/GDF.

[48] *EuGH* (vorige Fn.) sowie z. B. *EuG* Slg. 2003, II-5768 (5863 ff. Tz. 284 ff.) – FEG.

Markt entgegenstehen (u. Rn. 26 f.). Es ist nicht erforderlich, dass die ausgetauschten Daten in einem unmittelbaren oder auch nur mittelbaren Zusammenhang mit den Endverbraucherpreisen stehen; vielmehr ist **jeder Austausch** von wettbewerbsrelevanten Daten verboten.[49] Ein „schönes" Beispiel ist ein Austausch wettbewerbsrelevanter Daten zur Vorbereitung eines Kartells.[50]

25 Ein **Parallelverhalten** der Unternehmen im Oligopol *kann* dafür ein wichtiges **Indiz** sein, insbesondere, wenn es zu Wettbewerbsbedingungen führt, die nicht mehr durch den sog. oligopolistischen Marktzwang erklärt werden können.[51] Notwendig ist dieser Schluss indessen nicht; er versagt bereits, wenn die Unternehmen auch noch andere einleuchtende Gründe für ihr Parallelverhalten anzuführen vermögen.[52] Dabei muss freilich auch berücksichtigt werden, dass **gleichzeitige Preiserhöhungen,** insbesondere um denselben Betrag oder Prozentsatz, in aller Regel nicht anders denn durch eine vorherige Fühlungnahme der Unternehmen, d. h. durch eine Verhaltensabstimmung erklärt werden können. Außerdem versagt der Hinweis auf mögliche andere Erklärungen des Parallelverhaltens, wenn die Fühlungnahme der Unternehmen, z. B. im Rahmen gemeinsamer Sitzungen, feststeht.[53] Dieses Verständnis des Begriffs der Verhaltensabstimmung ist für die **nationalen Gerichte** bei der Anwendung der Wettbewerbsregeln verbindlich.[54]

c) Erscheinungsformen

26 Die **Mittel** der Koordinierung oder „Fühlungnahme" sind beliebig; der Phantasie der Unternehmen sind hier keine Grenzen gesetzt. Die größte Bedeutung hat jedoch nach den bisherigen Erfahrungen der (spontane oder organisierte) **Austausch unternehmensrelevanter Informationen,** z. B. auf gemeinsamen Sitzungen der Unternehmensvertreter.[55] Grundsätzlich kann solche **Koordinierung auch über Dritte** erfolgen, insbesondere durch die Einschaltung von Verbänden, denen der Austausch der Informationen zwischen den beteiligten Unternehmen oder die Überwachung der Einhaltung des gemeinsamen Planes übertragen wird. Einen kritischen **Grenzfall** stellt die sog. **Koordinierung über den Markt** dar (dazu u. Rn. 27). Zurückhaltung ist außerdem bei der Anwendung des Art. 101 auf Informationen geboten, die der Marktgegenseite gegeben werden. Preisankündigungen **gegenüber** den **Kunden** sind ein normales Mittel des Wettbewerbs und für die Kunden häufig von erheblicher Bedeutung. Sie können deshalb nicht über Art. 101 verboten werden, selbst wenn die Konkurrenten des ankündigenden Unternehmens daraus Schlussfolgerungen über dessen zukünftiges Marktverhalten ziehen können. Um so mehr spricht es für die Anwendbarkeit des Art. 101, wenn es sich bei den Informationen um sonst streng geheimgehaltene Unternehmensdaten wie Umsätze

[49] *EuGH* Slg. 2009, I-4562 = WuW/E EU-R 1589 Tz. 37–39 = EuZW 2009, 505 = JuS 2009, 1156–T-Mobile Neth.

[50] *EuG* Slg. 2008, II-1353 Tz. 178 – BPB.

[51] *EuGH* (o. Fn. 47); *SchweizBGE* 129 (2003) II, 18 (27).

[52] *EuGH* Slg. 1984, 1679 (1702) – Rheinzink; 1993, I-1575 (1613 Tz. 126) = EuZW 1993, 377 (385) – Zellstoff; *EuG* Slg. 1995, II-1127 (1155 ff. Tz. 63 ff.) – Sotralentz.

[53] *EuG* Slg. 1999, II-945 (1134 f. Tz. 727 f.) – Limburgse Vinyl.

[54] *EuGH* Slg. 2009, I-4562 = WuW/E EU-R 1589 Tz. 50–53 = EuZW 2009, 505 – T-Mobile Neth.; deshalb ebenso z. B. *BGH* WuW/E DE-R 2408, 2415 f. Tz. 40 ff. = WRP 2008, 1456 – Lottoblock III; ebenso ferner z. B. SchweizBG, BGE 129 (2003) II, 18, 27.

[55] S. IM/*Emmerich*, Bd. I/1 Art. 101 Rn. 92 ff.

und Aufträge sowie geplante Preisänderungen handelt *und* die **Informationen nur Konkurrenten** unter Ausschluss der Kunden zugänglich gemacht werden.[56]

27 Bei der sog. **„Koordinierung über den Markt"** geht es um die Frage der Anwendbarkeit des Art. 101 auf eine **Verhaltensabstimmung durch** die **öffentliche Ankündigung von Preiserhöhungen** in der erkennbaren Erwartung, dass sich die Konkurrenten der Preiserhöhung anschließen werden. Die Kommission hatte in dem *Zellstoff-Fall* einmal in einer derartigen Vorgehensweise der Unternehmen unter den besonderen Bedingungen des betreffenden Marktes[57] eine Verhaltensabstimmung gesehen,[58] war damit jedoch auf den Widerspruch des Gerichtshofs gestoßen.[59] Im Schrifttum sind die Meinungen geteilt.[60] Das Problem rührt daher, dass auf der einen Seite öffentliche Preisankündigungen, schon mit Rücksicht auf das Informationsinteresse der Öffentlichkeit, nicht generell nach Art. 101 Abs. 1 untersagt werden können (o. Rn. 26), auf der anderen Seite aber unbestreitbar ist, dass Fallgestaltungen vorstellbar sind, in denen öffentliche Preisankündigungen als Mittel zur Abstimmung der Preise mit den ebenfalls angesprochenen Konkurrenten dienen. Deshalb sollte in solchen Fällen Art. 101 Abs. 1 jedenfalls dann angewandt werden, wenn die Beteiligten **künstlich Marktbedingungen schaffen,** in denen öffentliche Preisankündigungen zur Koordinierung ihres Verhaltens ausreichen.[61]

d) Zweigliedriger Tatbestand

28 Art. 101 Abs. 1 wendet sich ganz allgemein gegen abgestimmte Verhaltensweisen, die eine Wettbewerbsbeschränkung innerhalb des Gemeinsamen Marktes bezwecken *oder* bewirken. Diese Formulierung hat zu der Frage Anlass gegeben, ob ebenso wie bei den Vereinbarungen und Beschlüssen **bereits** die **„bloße" Abstimmung** als solche, d. h. ohne Rücksicht auf ihren Erfolg, **verboten** ist, sofern nur mit ihr eine Wettbewerbsbeschränkung „bezweckt" wird, oder ob Art. 101 Abs. 1 auf eine Verhaltensabstimmung nur anwendbar ist, wenn zu der Abstimmung der Beteiligten **noch** – als äußeres Anzeichen – ein entsprechendes **Verhalten hinzutritt**. Früher wurde das Verbot des Art. 101 überwiegend auf die Abstimmung als solche bezogen. Diese Auffassung fand indessen nicht die Billigung des Gerichtshofs, der zusätzlich noch ein entsprechendes **Verhalten der Beteiligten** verlangt.[62] Erforderlich ist außerdem ein **Kausalzusammenhang** zwischen der Abstimmung und dem entsprechenden Marktverhalten, wobei jedoch grundsätzlich vermutet wird, dass die Unterneh-

[56] *EuGH* Slg. 1998, I-3138 (3164 Tz. 91) – John Deere.

[57] Regelmäßige Preisankündigungen in abgesprochenen Abständen, lange Wartezeiten und langjährige entsprechende Übung.

[58] *Kommission*, Entsch. v. 19. 12. 1984, ABl. 1985 Nr. L 85/1 (20 Tz. 108).

[59] *EuGH* Slg. 1993, I-1575 (1601 ff. Tz. 73 ff.) = EuZW 1993, 377 (381 ff.) – Zellstoff; s. dazu insb. *van Gerven/Varona,* C. M. L. Rev. 31 (1994), 375.

[60] Für die Anwendbarkeit des Art. 101 in derartigen Fällen *D. Zimmer,* ZHR 154 (1990), 470 (485 f.); dagegen *Daig,* EuR 1976, 213 (227); zurückhaltend auch FK/*Roth/Ackermann,* Art. 81 Rn. 206 ff.; MünchKomm/*Paschke,* Art 81 R. 69, 80.

[61] *EuG* Slg. 2001, II-2040 (2059 f. Tz. 60) – Tate & Lyle; *Mestmäcker/Schweitzer,* § 9 Rn. 34 (S. 254); IM/*Emmerich,* Bd. I/1, Art. 101 Abs. 1 Rn. 93.

[62] *EuGH* Slg. 1999, I-4162 (4203 f. Tz. 118 ff.) = WuW/E EU-R 320 – Anic Partecipazioni; Slg. 1999, I-4336 (4686 f. Tz. 161 ff.) = WuW/E EU-R 226 – Hüls; Slg. 1999, I-4575 (4615 f. Tz. 122 ff.) – Montecatini; Slg. 2006, I-8766 (8808 Tz. 139); *EuGH* WuW/E EU-R 1589 Tz. 50, 58 ff. = EuZW 2009, 505 = JuS 2009, 1156 – T-Mobile Neth.; *EuG* Slg. 2008, II-1353 (1410 Tz, 189) – BPB; 2008, II-2579 Tz. 118 – SKT.

men bei ihrem nachfolgenden Verhalten die Verhaltensabstimmung berücksichtigen. Dagegen ist es *nicht* erforderlich, dass es darüber hinaus bereits zu wettbewerbswidrigen **Wirkungen** der Abstimmung gekommen ist; das Verhalten muss vielmehr (sofern möglich) von seinen Wirkungen auf den Markt getrennt werden, so dass für die Anwendung des Art. 101 die Feststellung solchen Verhaltens in Verbindung mit einer wettbewerbswidrigen Zielsetzung genügt.

e) Beweis

29 Zahlreiche Formen einer Verhaltensabstimmung stehen **auf der Grenze zu Vereinbarungen.**[63] In vielen Fällen, in denen letztlich „nur" eine Verhaltensabstimmung angenommen wurde, dürfte in Wirklichkeit bereits eine Vereinbarung vorgelegen haben, bei der sich lediglich eine Willensübereinstimmung der Beteiligten hinsichtlich ihres zukünftigen Marktverhaltens (= Vereinbarung, Rn. 5 ff.) nicht nachweisen ließ. In derartigen Fällen gilt für den **(direkten) Nachweis einer Verhaltensabstimmung** nichts anderes als für den einer Vereinbarung. Als Beweismittel kommen mithin in erster Linie **Urkunden** sowie Zeugenaussagen in Betracht.[64] In der Mehrzahl der Fälle ist der Nachweis einer Verhaltensabstimmung jedoch nur auf dem Weg über einen aufwendigen **Indizienbeweis** möglich, wobei von den **Besonderheiten** des betreffenden Marktes auszugehen und auf dieser Grundlage anschließend zu prüfen ist, welche Handlungsmöglichkeiten den Unternehmen überhaupt konkret offenstehen. Denn nur, wenn sich bei solcher Prüfung *unterschiedliche* Handlungsmöglichkeiten ergeben, wie sie für Wettbewerbsmärkte typisch sind, ist der Schluss von einer über längere Zeit andauernden Identität des Verhaltens der Unternehmen auf eine Verhaltensabstimmung gerechtfertigt. Dabei ist die bekannte **Ambivalenz** unternehmerischen Verhaltens in Rechnung zu stellen, das häufig ebensogut Ausdruck von Wettbewerb wie von wettbewerbsbeschränkenden Strategien sein kann, so dass man sich vor voreiligen Schlüssen und bloßen Plausibilitätserwägungen hüten muss. Ebenso große **Vorsicht** ist gegenüber den häufig stark vereinfachten Annahmen der **ökonomischen Theorie** mit ihren abstrakten mathematischen Modellen geboten, die, zumal im Oligopol, nur allzu oft durch die wirtschaftliche Wirklichkeit widerlegt werden.[65]

30 Insbesondere ein längere Zeit **andauerndes gleichförmiges Verhalten** der Unternehmen *kann* je nach den Marktverhältnissen gleichermaßen der Ausdruck von Wettbewerb wie das Ergebnis wettbewerbsbeschränkender kollusiver Praktiken sein. Die zweite Annahme kommt grundsätzlich nur in Betracht, wenn zu dem fraglichen Verhalten noch weitere Indizien, sog. **Plusfaktoren** hinzukommen, die bei einer Gesamtbetrachtung der Marktverhältnisse, des gleichförmigen Verhaltens der Unternehmen *und* der Plusfaktoren den Schluss zulassen, dass das Verhalten der Unternehmen vernünftigerweise nicht anders denn durch eine vorherige Abstimmung erklärt werden kann.[66] Derartige Plusfaktoren sind insbesondere eine **vorherige Fühlung-**

[63] Beispiele s. IM/*Emmerich*, Bd. I/1 Art. 101 Rn. 96 ff.

[64] *EuGH* Slg. 1975, 1663, 1984 (Tz. 285 ff.) – Suiker Unie; 1983, 1825, 1897 – Pioneer.

[65] *Mestmäcker/Schweitzer*, § 9 Rn. 30 (S. 252 f.); *Möschel*, in: Zum 100. Geburtstag von Prof. Dr. Raiser, 2006, S. 29; *Zimmer*, FS U. Huber, 2006, S. 1173; *ders.*, WuW 2007, 1198; *Stürner*, Markt und Wettbewerb, 2007, S. 149 ff.

[66] *EuG* Slg. 2008 II 1353, 1398 Tz. 143 – BPB; *EuG* uW/E EuR 1835, 1839 ff. Tz. 53 ff. – E.ON. Energie.

nahme der Unternehmen oder sonstige Formen des Informationsaustausches zwischen ihnen.[67] Ein weiterer derartiger **Plusfaktor** ist der Umstand, dass das gemeinsame und identische Verhalten der Unternehmen aus ihren individuellen Interessen heraus unverständlich bleiben muss und daher nur aufgrund gemeinsamer Ziele und Pläne zu erklären ist. Dies gilt freilich nur, wenn die Unternehmen nicht noch andere plausible Gründe für ihr Verhalten anzuführen vermögen.[68] Der Schluss von dem Widerspruch zwischen dem wirtschaftlichen Eigeninteresse der Unternehmen und ihrem Verhalten am Markt auf eine Verhaltensabstimmung ist aber z. B. gerechtfertigt, wenn Hersteller aus einem Mitgliedstaat in anderen Mitgliedstaaten ebenfalls nur Hersteller beliefern, die Belieferung von Händlern und Endverbrauchern dagegen ablehnen,[69] oder wenn sie sich auf den Exportmärkten den dortigen höheren Herstellerabgabepreisen anschließen, anstatt den Preiswettbewerb mit ihren niedrigeren Preisen aufzunehmen,[70] ferner, wenn sie von Ausfuhren ganz absehen sowie wenn sie auf den Exportmärkten überhöhte, eindeutig prohibitiv wirkende Preise fordern.[71]

4. Empfehlungen[72]

Anders als das frühere deutsche Kartellrecht (s. § 22 GWB a. F.) enthält das europä- **30a**
ische Kartellrecht an keiner Stelle ein ausdrückliches Verbot von Empfehlungen mit wettbewerbsbeschränkender Zielsetzung. Derartige Empfehlungen, insbesondere also vertikale Preisempfehlungen sind folglich grundsätzlich **zulässig** (ebenso Art. 4 lit. a der Gruppenfreistellungsverordnung vom 20. April 2010 für vertikale Vereinbarungen[73]). Eine andere Beurteilung kommt nur in Betracht, wenn die Empfehlungen z. B. von Verbänden zugleich die Merkmale einer Vereinbarung, eines Beschlusses oder einer abgestimmten Verhaltensweise im Sinne des Art. 101 Abs. 1 erfüllen.[74] Häufig sind diese Voraussetzungen für eine Anwendung des Art. 101 auf Empfehlungen erfüllt. Namentlich sog. **Verbandsempfehlungen** stellen in der Regel Beschlüsse im Sinne des Art. 101 Abs. 1 dar und verstoßen dann gegen das Kartellverbot, insbesondere, wenn sie auf die Festlegung von Festpreisen oder Mindestpreisen hinauslaufen.[75] In den verbleibenden Fällen wird oft das **Verbot abgestimmter Ver-**

[67] S. besonders *EuGH* Slg. 1972, 619 (658 f. Tz. 68, 662 Tz. 104 ff.) – ICI; 1975, 1663 (1942 Tz. 26 ff., 1965 f Tz. 137 ff.) – Suiker Unie; 1981, 2021 (2031 Tz. 13 f. = NJW 1982, 505) – Züchner.

[68] S. *EuGH* Slg. 1984, 1679 (1702) – Rheinzink; 1993, I-1575 (1601 f., 1614 ff.) = EuZW 1993, 377 (381, 385) – Zellstoff; *EuG* 1995, II-1127 (1155 f., Tz. 63 ff.) – Sotralentz; 1995, II-991 (1022 Tz. 75) – Baustahlgewerbe; 1995, II-1175 (1805 ff. Tz. 66 ff.) – Solvay; 1995, II-1847 (1883 ff. Tz. 76 ff.) – ICI.

[69] *Kommission,* Entsch. v. 2. 1. 1973, ABl. Nr. L 140/17 (30 ff.) – Europäische Zuckerindustrie; v. 23. 12. 1977, ABl. 1978 Nr. L 70/54 (61 Tz. 59) – Pergamentpapier.

[70] *Kommission,* Entsch. v. 2. 1. 1973 (vorige Fn.).

[71] *Kommission,* Entsch. v. 23. 11. 1972, ABl. Nr. L 272/35 (36) – Pittsbourgh Corning Europe/Formica.

[72] S. u. § 26; *Hirsbrunner/Schwarz,* FS Bechtold, 2006, S. 177; *Köhler,* WuW 2009, 258; *Möschel,* WuW 2010, 1229.

[73] ABl. 2010 Nr. L 102/1; Vertikal-Leitlinien, ABl. 2010 Nr. C 130/1, Tz. 226–228.

[74] S. *EuG* Slg. 2004 II 56, 98 ff. Tz. 121 ff. – JCP Service; *BKartA* WuW/E DE-V 1539, 1543 f. Tz. 25 ff. – Arzneimittelhersteller; 1813, 1817 f. Tz. 43 ff. – Kontaktlinsen; *Hirsbrunner/Schwarz,* FS Bechtold, S. 177, 185 ff.; *Ritter/Braun,* p. 69 f.

[75] *EuGH* Slg. 1980, 3125, 3250 Tz. 87 f. – van Landewyck/FETEDAB; Slg. 1987, 447, 455 Tz. 30 f. = NJW 1987, 2150 – Sachversicherer; Slg. 2008, I-6681 Tz. 70 = EuZW 2008, 668 (672) – CEPSA/Tobar; Slg. 2009, I-2464 = EuZW 22009, 374 (379 Tz. 79) – Pedro IV.

haltensweisen eingreifen, jedenfalls bei Empfehlungen, die von den Adressaten befolgt werden.[76] Werden Empfehlungen im Rahmen schon bestehender wettbewerbsbeschränkender Vereinbarungen ausgesprochen, so können sie je nach den Umständen des Falles auch als Teil dieser Vereinbarungen qualifiziert und dann aus diesem Grunde unter Art. 101 Abs. 1 subsumiert werden.[77]

II. Wettbewerbsbeschränkung

Literatur: *Kommission,* Leitlinien für vertikale Beschränkungen v. 28. 5. 2010, ABl. Nr. C 129/52; Leitlinien für Vereinbarungen über horizontale Zusammenarbeit v. 11. 1. 2011, ABl. Nr. C 11/1; Leitlinien zu Art. 101 Abs. 3 AEUV vom 27. 4. 2004, ABl. Nr. C 101/97 (99 Tz. 17 ff.); Bekanntmachung über Einschränkungen des Wettbewerbs in Verbindung mit der Durchführung von Unternehmenszusammenschlüssen v. 5. 3. 2005, ABl. Nr. C 56/24; *Ackermann,* Art. 85 Abs. 1 AEUV und die rule of reason, 1997, S. 86 ff.; *Bahntje,* Das Prinzip des Vorrangs der Wettbewerbsermöglichung, 1992; *M. Becker,* Wettbewerbsbeschränkungen im System der Legalausnahme, 2005; *Beuthien,* Handelskooperationen und europäisches Wettbewerbsrecht, 1998; *Behrens,* ZWeR 2008, 20; *U. Caspar,* Wettbewerbsrechtliche Gesamtwürdigung von Vereinbarungen im Rahmen von Art. 101 Abs. 1 AEUV, 2001; *Emmerich,* EuR 1971, 295; *ders.,* FS Koppensteiner, 2001, S. 351; *Eichler,* Handelsbeeinträchtigung und Wettbewerbsbeschränkung, 1972; *Frenz,* Tz. 513 ff. (S. 189 ff.); *Fuchs,* ZWeR 2007, 369; *Heiduk/Emmerich,* Arzneimittelmarkt und europäisches Wettbewerbsrecht, 1985; *Koos,* Europäischer Lauterkeitsmaßstab und globale Integration, 1996; *Mestmäcker/Schweitzer,* § 10 (S. 261 ff.); *Mestmäcker,* FS Böhm, 1965, S. 345; *Pohlmann,* Der Unternehmensverbund im europäischen Kartellrecht, 1999, S. 221 ff.; *Terhechte,* Die ungeschriebenen Tatbestandsmerkmale des europäischen Wettbewerbsrechts, 2004; *Zimmer/Paul,* JZ 2008, 611.

1. Überblick

31 Die in Art. 101 Abs. 1 genannten Maßnahmen (o. Rn. 3 ff.) sind (nur) verboten, wenn sie eine Verhinderung, Einschränkung oder Verfälschung des Wettbewerbs innerhalb des Gemeinsamen Marktes bezwecken oder bewirken. Bei der näheren Betrachtung dieser Begriffe fällt zunächst ins Auge, dass offenkundig mit der **Verhinderung** des Wettbewerbs lediglich eine besonders schwerwiegende Form der Einschränkung des Wettbewerbs, nämlich der vollständige Wettbewerbsausschluss gemeint ist. Deshalb ist es heute üblich geworden, jedenfalls die Verhinderung und die Einschränkung des Wettbewerbs unter dem **Oberbegriff der Wettbewerbsbeschränkung** zusammenzufassen. Umstritten ist, ob die in Art. 101 Abs. 1 außerdem erwähnte Wettbewerbsverfälschung gleichfalls nur eine besondere Erscheinungsform der Wettbewerbsbeschränkung darstellt oder eigenständige Bedeutung hat. Überwiegend wird heute das Erstere angenommen und deshalb der Begriff der „Wettbewerbsbeschränkung" als **umfassender Oberbegriff** für alle drei in Art. 101 genannten Begriffe (Verhinderung, Einschränkung und Verfälschung des Wettbewerbs) verwandt. Es gibt indessen auch abweichende Konzepte. Im Ergebnis handelt es sich dabei freilich um nicht mehr als um unterschiedliche Akzentsetzungen (s. Rn. 46 ff.).

32 Die Wettbewerbsbeschränkung ist der **Zentralbegriff** des Art. 101 Abs. 1 und zugleich das am schwierigsten zu fassende Tatbestandsmerkmal. Die sich hier bei nähe-

[76] Ebenso *EuGH* Slg. 1980, 3125 (3250 Tz. 86) –van Landewyck/FEDETAB; *BGH* WuW/E DE-R 2408 (2415 f. Tz. 40 ff.) = WRP 2008, 1456 – Lottoblock III; *BKartA* WuW/E DE-V 1539 (1543 f. Tz. 25 ff.) – Arzneimittelhersteller; 1813 (1817 f. Tz. 43 ff.) – Kontaktlinsen.

[77] S. dazu o. Rn. 18; *Ritter/Braun,* p. 69 f.

rem Zusehen auftürmenden Schwierigkeiten haben mehrere Ursachen. Hervorzuheben ist der Umstand, dass der Wettbewerbstheorie bislang eine allseits akzeptierte Definition des Wettbewerbs (als des Objekts der Beschränkung) nicht gelungen ist, so dass nach wie vor auch keine Einigkeit über den Kern der Wettbewerbsbeschränkung besteht (oben § 1 Rn. 2 ff.). Die notwendige Folge ist, dass bis heute unsere Vorstellungen darüber, was (noch) Wettbewerb oder (schon) Wettbewerbsbeschränkung ist, einem ständigen Wandel unterliegen. Das kann nicht ohne Auswirkungen auf die Auslegung des Art. 101 bleiben.

Letztlich darauf ist es zurückzuführen, dass sich heute in der nicht abreißenden Dis- 33
kussion über das „richtige" Konzept der Wettbewerbsbeschränkung in Art. 101 Abs. 1 **zwei grundverschiedene Betrachtungsweisen** gegenüberstehen, zu denen naturgemäß noch zahlreiche vermittelnde Auffassungen hinzukommen. Im Kern geht es dabei um Folgendes: Man kann entweder, ausgehend von dem Selbständigkeitspostulat des EuGH (s. o. Rn. 23), an die den Unternehmen auf einem bestimmten Markt je offenstehenden *Handlungsmöglichkeiten anknüpfen* und folgerichtig den Kern der Wettbewerbsbeschränkung in der auf einer Vereinbarung (oder einer gleichstehenden Maßnahme) beruhenden Einschränkung genau dieser Handlungsmöglichkeiten der an der Vereinbarung *beteiligten* Unternehmen erblicken. Die Wettbewerbsbeschränkung ist bei dieser Sicht der Dinge identisch mit der **Beschränkung der wirtschaftlichen Handlungsfreiheit der** an der Maßnahme **beteiligten Unternehmen.** Statt dessen kann man aber auch unter Betonung des Zwecks des Kartellverbots, die **Handlungsfreiheit Dritter** und insbesondere die Wahlmöglichkeiten der Marktgegenseite zu **schützen,** die mit einer Vereinbarung zusammenhängenden Eingriffe in die wettbewerbliche Freiheit *Dritter* in den Vordergrund rücken und dementsprechend das Wesen der Wettbewerbsbeschränkung zusätzlich *oder* sogar allein in den **Auswirkungen** der fraglichen Maßnahmen **auf** die Wahl- oder Betätigungsmöglichkeiten **Dritter** erblicken.

Am weitesten geht die Auffassung, die **allein** auf die genannten **Auswirkungen auf** 34
Dritte abstellen will.[78] Dahinter steht die Auffassung, dass es nicht die Aufgabe des Kartellrechts sei, die Handlungsfreiheit der Kartellbeteiligten zu schützen, sondern dass als legitimer **Zweck** des Kartellrechts **ausschließlich** der umfassende **Schutz Dritter** gegen die Beeinträchtigung ihrer Handlungsfreiheit durch die Kartellbeteiligten in Betracht komme. Eine vermittelnde Auffassung tritt hingegen dafür ein, generell oder doch in bestimmten Fallgruppen diese **Auswirkungen auf Dritte zusätzlich ins Auge zu fassen**, d. h. eine Wettbewerbsbeschränkung im Sinne des Art. 101 Abs. 1 nur anzunehmen, wenn zu der Beschränkung der Handlungsfreiheit der an der fraglichen Maßnahme beteiligten Unternehmen noch **Drittwirkungen** hinzutreten.[79] Vor allem die Kommission tendiert deutlich in die zuletzt genannte Richtung, *sofern* es sich *nicht* gerade um sog. *Kernbeschränkungen* handelt, während die Gemeinschaftsgerichte bisher in der Mehrzahl der Fälle, nicht generell, mehr zu dem herkömmlichen Verständnis der Wettbewerbsbeschränkung als Einschränkung der wirtschaftlichen Handlungsfreiheit der an einer Maßnahme beteiligten Unternehmen neigen, wie jetzt im Einzelnen zu zeigen sein wird (Rn. 35, 42 f.).

[78] So z. B. FK/*Roth/Ackermann,* Art. 81 Rn. 296 ff. m. N.
[79] Insbesondere IM/*Zimmer,* GWB § 1 Rn. 151 ff.; *Zimmer/Paul,* JZ 2008, 611, 615 f.

2. Unionsgerichte

35 Der bisherigen Praxis des Gerichtshofs lässt sich kein geschlossenes Wettbewerbskonzept entnehmen; der Gerichtshof geht vielmehr pragmatisch vor, wobei er sich vornehmlich von zwei Topoi leiten lässt, von dem sog. **Selbständigkeitspostulat** (s. dazu schon o. Rn. 24) sowie von den vermutlichen Auswirkungen der fraglichen Maßnahme auf das **Binnenmarktprojekt.** Dahinter steht die Vorstellung, dass durch den Vertrag den Unternehmen in dem angestrebten Binnenmarkt zusätzliche Handlungsspielräume eröffnet werden, von denen sie grundsätzlich selbstständig Gebrauch machen sollen, weil nur dann der herrschaftsfreie Koordinationsmechanismus des Wettbewerbs seine volle Wirksamkeit zu entfalten vermag (s. § 3 Rn. 1 ff.).

36 Folgerichtig geht der Gerichtshof im vorliegenden Zusammenhang durchgängig von dem Grundsatz aus, dass im Binnenmarkt jedes Unternehmen **selbstständig zu bestimmen** habe, welche **Politik** es am Markt zu verfolgen gedenkt.[80] Eine Wettbewerbsbeschränkung liegt somit vor, wenn diese **geschäftliche Handlungsfreiheit der Unternehmen beschränkt** wird, wenn sich die Unternehmen etwa auf einheitliche Mindestpreise einigen oder wenn sie in Lieferverträgen die Abnehmer in ihrer Freiheit beschränken, die gelieferten Waren nach ihren eigenen wirtschaftlichen Interessen zu verwenden oder an beliebige Dritte zu verkaufen.[81]

37 Aus dem Gesagten (o. Rn. 35 f.) folgt, dass der Gerichtshof jedenfalls den Kern der Wettbewerbsbeschränkung in der **Beschränkung der** wirtschaftlichen **Handlungsfreiheit** der an der fraglichen Maßnahme beteiligten Unternehmen sieht.[82] Ausgangspunkt der Überlegungen müssen daher stets die den Unternehmen auf einem bestimmten Markt **tatsächlich offenstehenden Handlungsmöglichkeiten** sein. Aus diesen von Fall zu Fall unterschiedlichen Handlungsmöglichkeiten ergeben sich nämlich, wenn die Unternehmen von ihnen **autonom** Gebrauch machen, je ganz eigenartige und im Einzelnen nicht voraussehbare **Koordinierungsprozesse.** Genau diese bilden dann den jeweils **schutzwürdigen Wettbewerb,** anhand dessen die fragliche Maßnahme auf ihre wettbewerbsbeschränkende Wirkung zu beurteilen ist.[83]

38 Die Rechtsprechung ist freilich **nicht einheitlich**, weil der Gerichtshof in zahlreichen anderen Fällen durchaus auch – mit unterschiedlichem Gewicht – die **Auswirkungen** der fraglichen Maßnahme **auf den Binnenmarkt** in die Betrachtung miteinbezogen hat.[84] In diesem Sinne hat der Gerichtshof wiederholt entschieden, dass die

[80] So z. B. *EuGH* Slg. 1975, 1663 (1965) – Suiker Unie; 1981, 2021 (2031 f.) – Züchner; 1998, I-1997 (2002 Rn. 13) = WuW/E EU-R 57 = EuZW 1998, 404 – Javico; Slg. 2006, I-11145 Tz. 52 ff. = EuZW 2006, 753 = JuS 2007, 877 Nr. 14 – Asnef-Equifax; *EuG* Slg. 2006, II-5000 (5029 F.) – E.R. U.A.

[81] *EuGH* Slg. 1983, 4173 (4182) – Kerpen; 1984, 883 (908) – Hasselblad; 1995, I-3459 (3468 Tz. 19–21) = EuZW 1995, 797 = ZIP 1995, 1776 = GRURInt 1996, 147 – BMW; *EuG* Slg. 2003, II-4495 (4525 f. Tz. 100 ff.) – GM und Opel; Slg. 2006, II-5000 (5029 F.) – E.R.U.A.

[82] S. insb. *EuGH* Slg. 1998, I-1997 (2002 Tz. 13) = WuW/E EU-R 57 = EuZW 1998, 404 – Javico; *EuG* Slg. 2003, II-4495 (4525 Tz. 100) – GM und Opel; ebenso *öOGH* GRURInt 2010, 888 Tz. 2, 8.

[83] S. *EuGH* und *EuG* (vorige Fn.) sowie *EuGH* Slg. 1966, 281 (304) – LTM/MBU; 1980, 3125 (3264 ff.) – van Landenwyck/FEDETAB; 1980, 3775 (3793) – L'Oréal; 1981, 2021 (2033) – Züchner; 1982, 3381 (3400 ff.) = NJW 1983, 1255 – Coditel; Slg. 1983, 3369 (3480 ff.) – IAZ/Navewa-Anseau; *EuG* Slg. 1992, II-415 (445 ff.) – Vichy.

[84] S. dazu insbesondere *Fuchs,* ZWeR 2007, 369, 376 ff.; *Langen/Bunte* I, Art. 81 Rn. 53 ff.

Vereinbarkeit einer Maßnahme mit den Wettbewerbsregeln nicht abstrakt beurteilt werden dürfe: Nicht jede Maßnahme, durch die die Handlungsfreiheit der Beteiligten oder eines der Beteiligten beschränkt werde, falle zwangsläufig unter das Kartellverbots des Vertrages. Bei der Anwendung des Art. 101 seien vielmehr der **Gesamtzusammenhang**, in dem die Maßnahme zu Stande gekommen ist oder ihre Wirkungen entfaltet, d. h. der konkrete rechtliche und wirtschaftliche **Kontext** der Maßnahmene, und insbesondere ihre **Zielsetzungen** zu würdigen.[85]

Je gefährlicher eine bestimmte Maßnahme für das Funktionieren des Binnenmarktes ist, desto eher neigt der Gerichtshof insgesamt zur Annahme einer Wettbewerbsbeschränkung. Auf der anderen Seite lässt er zugleich aber auch zunehmend die Bereitschaft erkennen, bei Maßnahmen, die er als ungefährlich oder sogar förderlich für das Binnenmarktprojekt einstuft, eine Wettbewerbsbeschränkung zu verneinen. 39

In einer Reihe eigenartiger Fallgruppen (u. Rn. 41) hat der Gerichtshof aus diesem Ansatz (o. Rn. 38 f.) weitergehend den Schluss gezogen, dass **einzelne Erscheinungsformen** des Wettbewerbs als **nicht schutzwürdig** ganz aus dem Anwendungsbereich des Art. 101 *Abs. 1* auszuklammern seien, womit zugleich die Notwendigkeit ihrer Prüfung nach *Abs. 3* des Art. 101 entfällt. Dahinter steht letztlich die Auffassung, dass allein solcher Wettbewerb schutzwürdig ist, der stark genug ist, die grundlegenden Forderungen des Vertrags zu erfüllen und seine Ziele zu verwirklichen.[86] Im Schrifttum wird in diesem Zusammenhang vielfach geradezu von der Entwicklung einer europäischen **rule of reason** gesprochen, eine Deutung, der freilich das Gericht wiederum mehrfach widersprochen hat.[87] 40

Die einschlägigen **Fallgruppen** weisen nur wenige Gemeinsamkeiten auf.[88] Sie reichen von bestimmten Erscheinungsformen der Vertriebsverträge über Arbeitsgemeinschaften von Unternehmen bis hin zu Nebenabreden bei Unternehmenszusammenschlüssen und wettbewerbsbeschränkenden Klauseln in Satzungen der Kammern der freien Berufe (u. Rn. 87 ff.). 41

3. Kommission

a) Die Kommission hat sich in jüngster Zeit wiederholt in grundsätzlicher Form zu dem von ihr verfolgten Konzept der Wettbewerbsbeschränkung geäußert. Hervorzuheben sind die Leitlinien zur Anwendbarkeit des Art. 101 AEUV auf Vereinbarungen über horizontale Zusammenarbeit, die sog. **Horizontalleitlinien** vom 14. Januar 2011,[89] sowie die **Leitlinien zur Anwendung von Art. 81 Abs. 3 EGV** vom 27. April 2004.[90] Danach bleibt es bei dem **herkömmlichen Verständnis** der Wettbewerbsbeschränkung als Einschränkung der wirtschaftlichen Handlungsfreiheit der an der Maßnahme beteiligten Unternehmen (nur) bei den (freilich immer noch die 42

[85] *EuGH* Slg. 2002, I- 1653 Tz. 97 = NJW 2002, 837, 841 – Wouters; Slg. 2006 I 7006 Tz. 42 = EuZW 2006, 593. 596 – Meca-Medina; *Fuchs,* ZWeR 2007, 369, 376, 379 ff.

[86] Insb. *EuGH* Slg. 1977, 1875 (1905 ff.) – Metro/Saba.

[87] *EuG* Slg. 2001, II-2464, 2487 ff. Tz. 72 ff., 2498 Tz. 107 = WuW/E EU-R 469 – M6; Slg. 2003 II 4662, 4701 Tz. 106 ff. – van den Bergh Foods;. 2006, II-1234 = WuW/E EU-R 1174, 1178 Tz. 69 – O2.

[88] Aufzählung bei *Fuchs,* ZWeR 2007, 369, 378; *Langen/Bunte* I, Art. 81 Rn. 54; FK/*Roth/Ackermann,* Art. 101 Rn. 269 ff.;.

[89] ABl. Nr. C 11/1 Tz. 23 – 31; s. dazu IM/*Emmerich,* Bd. I/1 Art. 101 Rn. 114 ff.

[90] ABl. Nr. C 101/97.

Masse der relevanten Fälle bildenden) **„hardcore-" oder Kernbeschränkungen.** Darunter fallen bei den horizontalen Vereinbarungen alle „klassischen" Preis-, Mengen- und Gebietskartelle sowie bei den vertikalen Vereinbarungen die Preisbindung zweiter Hand, die Festsetzung von Mindestpreisen sowie der absolute Gebietsschutz.[91]

43 In den verbleibenden Fallgruppen legt die Kommission dagegen heute besonderes Gewicht auf die mit den fraglichen Absprachen verbundenen **Auswirkungen auf** die Position **Dritter,** so dass in ihnen für die Anwendung des Art. 101 Abs. 1 nur noch Raum ist, wenn durch die fragliche Vereinbarung der Wettbewerb im betroffenen Markt in einem Maße beeinträchtigt wird, dass **negative Auswirkungen** hinsichtlich Preisen, Produktion, Innovation oder Vielfalt und Qualität der Waren und Dienstleistungen zu erwarten sind (Stichwort: efficiency; s. Rn. 34).[92] Ob dies der Fall ist, hängt nach Meinung der Kommission vor allem von dem jeweiligen wirtschaftlichen Umfeld ab, wobei auf die **Art der Vereinbarung** sowie auf die **gemeinsame Marktmacht** der Vertragspartner abzustellen sein soll.[93] Als besonders kritisch sieht es die Kommission an, wenn die fragliche Vereinbarung zur Begründung, Erhöhung oder **Stärkung der Marktmacht** der Beteiligten **beiträgt** oder wenn sie es den Parteien ermöglicht, ihre **Marktmacht auszunutzen,** wobei sie unter „Marktmacht" in diesem Zusammenhang die Fähigkeit versteht, den Preis oberhalb des Marktpreises oder die Produktionsmenge oder -qualität unterhalb des Wettbewerbsniveaus aufrechtzuerhalten.[94] Die Kommission hat hinzugefügt, dass das Maß an Marktmacht, das für die Anwendung des Art. 101 Abs. 1 auf Vereinbarungen erforderlich sei, *unter* der für die Anwendung des Art. 102 nötigen Marktmacht i. S. einer beherrschenden Stellung liege.[95]

4. Stellungnahme

44 Bei dem Versuch, den Begriff der Wettbewerbsbeschränkung in Art. 101 Abs. 1 zu präzisieren, ist – in Übereinstimmung mit der Rechtsprechung des Gerichtshofs (o. Rn. 35 f.) – in erster Linie von dem **Zweck der Wettbewerbsregeln** auszugehen, die durch den Vertrag eröffneten, zusätzlichen Handlungsmöglichkeiten der Unternehmen auf dem europäischen Binnenmarkt umfassend gegen künstliche Beschränkungen seitens der Unternehmen selbst zu schützen, indem die Unternehmen daran gehindert werden, die durch den Vertrag gerade beseitigten Handelsschranken durch private Maßnahmen im Sinne des Art. 101 Abs. 1 zu ersetzen. Dies spricht ebenso wie die im Vertrag in **Art. 101 Abs. 1 Halbs. 2 lit. a bis e** genannten Erscheinungsformen von Wettbewerbsbeschränkungen deutlich dafür, dass aus der Sicht des Vertrages die Wettbewerbsbeschränkung jedenfalls im Kern identisch ist mit der **Einschränkung der wirtschaftlichen Betätigungsfreiheit zumindest einzelner** der an einer Vereinbarung oder Verhaltensabstimmung **beteiligten** oder von einem Beschluss betroffenen **Unternehmen.** Für die sog. **Kernbeschränkungen** ist dies auch, wie gezeigt, im Wesentlichen unstreitig.

91 So ausdrücklich die Leitlinien zu Art. 81 Abs. 3 EGV (vorige Fn.), Tz. 23.

92 Horizontalleitlinien, Tz. 26 ff.; Leitlinien zu Art. 81 Abs. 3 EGV, Tz. 24 ff.

93 Horizontalleitlinien, Tz. 26; ebenso die Leitlinien v. 27. 4. 2004 zu Technologietransferverträgen, ABl. Nr. C 101/2 (4 Tz. 14 f.).

94 So die Leitlinien zu Art. 81 Abs. 3 EGV, ABl. 2004 Nr. C 191/97, Tz. 25.

95 Leitlinien zu Art. 81 Abs. 3 EGV (vorige Fn.), Tz. 26 und 27.

In den übrigen Fällen – jenseits der Kernbeschränkungen (Rn. 44) – ist heute in der Praxis der Gemeinschaftsorgane die **Berücksichtigung der Auswirkungen der Maßnahmen auf Dritte** fest etabliert. Für einige eigenartige Fallgestaltungen, die häufig unter dem Stichwort der „Wettbewerbsverfälschung" diskutiert werden (Rn. 47 ff.), ist das schon immer unstreitig gewesen. Nach der heute überwiegend vertretenen Meinung ist diese Unterscheidung zwischen den Kernbeschränkungen und den sonstigen Fällen bereits im Wortlaut des Art. 101 durch die Unterscheidung zwischen **bezweckten und bewirkten Wettbewerbsbeschränkungen** angelegt.[96] Davon zu trennen ist die andere Frage, **welche Wirkungen** auf Dritte jeweils ergänzend zu berücksichtigen sein sollen. Während die Kommission, wie gezeigt (Rn. 42 f.), insoweit sehr weit gehen will, überwiegt im Schrifttum zu Recht die Skepsis.[97] Vor allem die starke Betonung der (kaum fassbaren) „**Marktmacht**" im Rahmen der Prüfung des Art. 101 ist durchaus problematisch, weil Art. 101 darauf im Gegensatz zu Art. 102 gerade *nicht* abstellt. Ebenso zweifelhaft ist die Vorverlegung der **Abwägung der positiven und negativen Effekte** einer Maßnahme bereits in den *Abs. 1* des Art. 101, einmal, weil dafür sämtliche Maßstäbe fehlen, zum anderen, weil damit im Grunde Art. 101 *Abs. 3* überflüssig würde.[98] 45

In der bisherigen Praxis hat sich eine Reihe von Fallgruppen herauskristallisiert, in denen die **Berücksichtigung von Drittwirkungen** (Rn. 45) so sehr im Vordergrund steht, dass gelegentlich empfohlen wird, sie unter dem Begriff der **Wettbewerbsverfälschung** zusammenzufassen, um den Unterschied zu den herkömmlichen Erscheinungsformen der Wettbewerbsbeschränkung zu betonen.[99] Diese Auffassung hat sich indessen *nicht* durchzusetzen vermocht; alle fraglichen Fallgestaltungen, von denen im Folgenden noch einige näher beleuchtet werden sollen, werden vielmehr heute durchgängig unter den umfassend verstandenen Begriff der Wettbewerbsbeschränkung subsumiert. 46

Beispiele aus der bisherigen Praxis sind insbesondere die Errichtung eines Fonds durch konkurrierende Unternehmen zur Zahlung von **Ausfuhrbeihilfen**[100] sowie besonders **langfristige Liefer- oder Bezugsverträge,** insbesondere in der Energiewirtschaft, aber nicht nur dort, die in jüngster Zeit von den Kartellbehörden zunehmend kritischer beurteilt werden.[101] Soweit solche Verträge die gesamte oder doch nahezu die *gesamte Nachfrage* des Abnehmers abdecken, stehen sie ohnehin Ausschließlich- 47

[96] S. IM/*Zimmer,* § 1 GWB Rn. 155 ff.; *Fuchs,* ZWeR 2007, 369; FK/*Roth/Ackermann,* Art. 81 Rn. 309 ff.

[97] S. *Fuchs,* ZWeR 2007, 369, 385 f.; *Langen/Bunte* I, Art. 81 Rn. 61 ff.; *Mestmäcker/Schweitzer,* § 10 Rn. 23 – 27; *Möschel,* (2.) Festschr. Mestmäcker, 2006, S. 537, 567 f.; FK/*Roth/Ackermann,* Art. 81 Rn. 345 f.

[98] Ebenso *EuG* Slg. 2006, II-1234 Tz. 69 = WuW/E EU-R 1174, 1178 – O2.

[99] Voraufl., S. 62 f.; *Emmerich,* FS Koppensteiner, 2001, S. 351; *Mestmäcker/Schweitzer,* § 9 Rn. 2–4; *Schluep,* FG Kummer, 1980, S. 487.

[100] S. dazu und zu vergleichbaren Fällen IM/*Emmerich,* Bd. I/1 Art. 101 Rn. 120 sowie *Kommission,* Entsch. v. 22. 12. 1972, ABl. Nr. L 303/24 (33) – Cimbel; 7. 12. 1984, ABl. 1985 Nr. L 35/35 (40 Tz. 29) – Milchförderungsfonds; 10. 7. 1985, ABl. Nr. L 209/35 (41 Tz. 47) – EATE-Abgabe (bestätigt durch *EuGH* Slg. 1987, 2218 [2224 f.] – ANTIP).

[101] S. zu diesen Fällen *Emmerich,* FS Koppensteiner, S. 351; *Laumann,* Langfristige Bezugsbindungen in Gaslieferverträgen nach dem europäischen Karellrecht, 2007; *L. Ritter,* FS Lieberknecht, 1997, S. 496 (512 ff.); *Säcker/Jaecks,* Langfristige Energielieferverträge und Wettbewerbsrecht, 2002; *A. Schöler,* Langfristige Energielieferverträge, 2006.

keitsbindungen gleich und sind schon deshalb als Wettbewerbsbeschränkung zu qualifizieren, wobei sich in der Praxis eine Zulässigkeitsgrenze von rund **80%** des geschätzten Jahresbedarfs des Abnehmers und eine Laufzeit von vier bis fünf Jahren herausgebildet hat. Aber auch **unterhalb** der 80%-Grenze kommt **bei** einer **besonderen Langfristigkeit** von Liefer- oder Bezugsverträgen durchaus eine Anwendung des Art. 101 Abs. 1 in Betracht.

48 In der **Kommissionspraxis** zeichnet sich insoweit in der *Energiewirtschaft* als zulässige **Obergrenze** eine Dauer von fünfzehn Jahren ab, während die Kommission auf anderen Märkten zu einer deutlich niedrigeren Obergrenze, etwa in der Gegend von vier bis sechs Jahren tendiert, unterschiedlich je nach der Position der Vertragsparteien, den Marktverhältnissen und dem Vertragsvolumen.[102] In der **deutschen Praxis** werden dagegen, jedenfalls, wenn es sich um die Vertragssysteme der großen Energieversorgungsunternehmen wie E.ON und RWE handelt, noch **wesentlich kürzere Vertragslaufzeiten** als gerade noch zulässig angesehen, wobei zudem nicht auf den einzelnen jeweils umstrittenen Vertrag abzustellen ist, sondern stets die Gesamtheit der Verträge des betreffenden Energieversorgungsunternehmens mit seinen Abnehmern im Rahmen der durch die Bündelung solcher Verträge gekennzeichneten Marktverhältnisse ins Auge zu fassen ist.[103]

49 Der Wettbewerb wird durch Art. 101 Abs. 1 AEUV **umfassend** auf sämtlichen Märkten der Union und in allen seinen Erscheinungsformen gegen jede Form der Beschränkung **geschützt**. Zwischen **Angebots- und Nachfragewettbewerb** wird dabei ebenso wenig unterschieden wie zwischen aktuellem und potentiellem Wettbewerb. Schutzwürdig ist ferner der **Restwettbewerb** auf bereits weitgehend vermachteten Märkten, so dass Absprachen zu dessen Ausschluss ebenfalls von Art. 101 Abs. 1 erfasst werden.[104] **Ausnahmen** von dem umfassenden Wettbewerbsschutz werden – jenseits der Art. 101 Abs. 3 und 106 Abs. 2 – lediglich unter unterschiedlichen Gesichtspunkten für den nicht schutzwürdigen und den unlauteren Wettbewerb diskutiert (Rn. 50ff.).

5. Spürbarkeit

50 **a)** Art. 101 Abs. 1 enthält nach ständiger Rechtsprechung als **ungeschriebenes weiteres Tatbestandsmerkmal** das Erfordernis der Spürbarkeit der Wettbewerbsbeschränkung.[105] Gemeint ist damit, dass von der Wettbewerbsbeschränkung **erkennbare Auswirkungen auf Dritte** im Sinne der Beeinträchtigung der ihnen bei Wett-

[102] Zur Energiewirtschaft s. Kommission., 23. Wettbewerbsbericht 1993, 1994, Tz. 222 (S. 150 ff.); zu anderen Märkten s. insbes. *Kommission,* Entsch. v. 12. 7. 1984, ABl. EG 1984 Nr. L 207/26, 33 Tz. 13 – Carlsberg*;* 26. 11. 1986, ABl. EG 1986 Nr. L 348/50, 57 Tz. 36, 61 Tz. 64 – Meldoc*;* 11. 11. 1994, ABl. EG 1994 Nr. L 309/24, 27 f. Tz. 21 ff. – Olivetti/Digital.

[103] S. den E.ON Ruhrgas-Fall: *BGH* NJW-RR 2009, 1635 Tz. 26, 34ff.; *OLG Düsseldorf* WuW/E DE-R 2197, 2200ff.; *BKartA* WuW/E DE-V 1147; ebenso *OLG Düsseldorf* WuW/E DE-R 854, 861 ff. – Stadtwerke Aachen m. abl. Anm. *L. Ritter,* WuW 2002, 362.

[104] *EuGH* Slg. 1975, 1663, 1942 (Tz. 24) – Suiker Unie*;* 1980, 3125, 3261 ff. (Tz. 126 ff.) – van Landewyck/FEDETAB;. 1985, 3860, 3868 ff. – SSI.

[105] *EuGH* Slg. 1966, 281 (303 f.) – LTM/MBU; 1969, 295 (302) – Völk/Vervaecke; 1971, 351 (356) – Cadillon/Höss – usw. bis Slg. 1998, I-1997 (2003 Tz. 17, 2005 Tz. 25 f.) = WuW/E EU-R 57 = EuZW 1998, 404 – Javico; Slg. 1999, I-161 (175 Tz. 34, 179 Tz. 50–52) = EuZW 1999, 212 – Bagnasco; Slg. 2000, I-6497 (6525 Tz. 93–97) – Pavlov; *EuG* Slg. 2005, II-3038 (3083); zuletzt z.B. *OLG Düsseldorf* WuW/E DE-R 3421 (3425 ff.) Private-Label.

bewerb offenstehenden Handlungsalternativen ausgehen müssen. Es handelt sich dabei um eine **De-minimis-Regel,** durch die verhindert wird, dass Art. 101 auf Bagatellkartelle im weitesten Sinne angewandt wird. **Maßstab** ist die hypothetische Situation ohne die fragliche Wettbewerbsbeschränkung, d. h. bei Wettbewerb, auf dem jeweils relevanten Markt.[106]

Die Frage der Spürbarkeit der Auswirkungen einer verbotenen Maßnahme auf Dritte 51
spielt im Rahmen des Art. 101 Abs. 1 außerdem noch eine Rolle bei der Prüfung der **Beeinträchtigung des Handels zwischen Mitgliedstaaten** (s. § 3 Rn. 18 ff.). Man spricht insoweit auch von der **Doppelfunktion** des Merkmals der Spürbarkeit in Art. 101, wobei man früher allgemein davon ausgegangen war, dass der Begriff der Spürbarkeit in beiden Beziehungen in derselben Weise auszulegen ist. Seit der **De-minimis-Bekanntmachung** vom 22. Dezember 2001 nimmt die Kommission jedoch einen abweichenden Standpunkt ein,[107] um zu verhindern, dass die mit der Bekanntmachung von 2001 eingeleitete, unvertretbar großzügige Behandlung zahlreicher Wettbewerbsbeschränkungen (u. Rn. 54 ff.) über eine entsprechend enge Auslegung der Zwischenstaatlichkeitsklausel zu einer nicht gewünschten Einschränkung des Anwendungsbereichs der Wettbewerbsregeln führte.[108] Die jetzige **Funktion des Tatbestandsmerkmals** der Spürbarkeit der Wettbewerbsbeschränkung ist **unklar** und umstritten.[109] Das Problem rührt vor allem daher, dass, von den Kernbeschränkungen abgesehen, heute ohnehin nach überwiegender Meinung die Annahme einer Wettbewerbsbeschränkung in Art. 101 die umfassende Berücksichtigung möglicher Auswirkungen der fraglichen Maßnahme auf Dritte voraussetzt (Rn. 35 ff.), so dass **zweifelhaft** ist, welche **eigenständige Bedeutung** daneben noch die Prüfung der Spürbarkeit der Wettbewerbsbeschränkung haben soll. Dem entspricht es, dass in der Praxis der Unionsorgane das Merkmal der Spürbarkeit der Wettbewerbsbeschränkungen in den letzten Jahren, soweit ersichtlich, kaum noch Bedeutung erlangt hat. Die Kommission hält gleichwohl bisher grundsätzlich an der Notwendigkeit fest, neben der Wettbewerbsbeschränkung zusätzlich deren Spürbarkeit zu prüfen, wie ihren **Leitlinien für vertikale Beschränkungen von 2010** zu entnehmen ist.[110]

b) Über die Spürbarkeit der Wettbewerbsbeschränkung entscheidet nach der **Recht-** 52
sprechung des Gerichtshofs letztlich eine **Gesamtbetrachtung der Verhältnisse** des Einzelfalls. Ausschlaggebend ist mit anderen Worten, ob die fragliche Wettbewerbsbeschränkung **quantitativ oder qualitativ von Relevanz für das Binnenmarktprojekt** ist – dann wird Art. 101 Abs. 1 angewandt – oder ob sie unter diesem Gesichtspunkt unbedenklich vernachlässigt werden kann. Ist das Letztere der Fall, so werden von Fall zu Fall auch besonders schwerwiegende Wettbewerbsbeschränkungen wie die Vereinbarung eines absoluten Gebietsschutzes in Alleinvertriebsverträgen hingenommen.[111] Die vom Gerichtshof herangezogenen **Kriterien** wechseln je nach der

[106] *EuGH* Slg. 1966, 281 (303 f.) – LTM/MBU; 1971, 949 (960 Tz. 16–18) – Béguelin; 1999, I-161 (175 Tz. 33) = EuZW 1999, 212 – Bagnasco. Zur Marktabgrenzung s. u. Rn. 63 ff.

[107] Bekanntmachung, ABl. Nr. C 368/13, Tz. 3.

[108] S. *Mestmäcker/Schweitzer,* § 10 Rn. 85 (S. 293).

[109] S. *Fuchs,* ZWeR 2007, 369, 386 ff.; *Langen/Bunte* I, Art. 81 Rn. 124 ff.; *Lübbig,* in: Hdb, § 7 Rn. 44–46 (S. 166 f.); FK/*Roth/Ackermann,* Art. 81 Rn. 318.

[110] ABl. 2010 Nr. C 130/1 Tz. 8–11.

[111] *EuGH* Slg. 1969, 295 (302 Tz. 7) – Völker/Vervaecke; 1971, 351 (356) – Cadillon/Höss; 1971, 949 (960) – Béguelin; 1983, 1825 (1900 Tz. 85) – Musique Diffusion Française; insb. Slg. 1998, I-1997 (2003 Tz. 17) = EuZW 1998, 404 = WuW/E EU-R 57 – Javico.

Struktur des Marktes, der Bedeutung der beteiligten Unternehmen und der Art der Wettbewerbsbeschränkung. Im Vordergrund steht jedoch deutlich der **Marktanteil** der an der Maßnahme beteiligten Unternehmen auf dem jeweiligen Markt, gemessen wohl durchweg nach Umsatz-, nicht nach Mengenanteilen. Bei Marktanteilen in einer Größenordnung von rund **5% oder mehr** wird meistens **Spürbarkeit** der Wettbewerbsbeschränkung angenommen.[112]

53 Daneben stehen freilich auch zahlreiche Fälle, in denen die Gemeinschaftsgerichte auf eine **nähere Prüfung** der Spürbarkeit der Wettbewerbsbeschränkung **verzichtet** und sich statt dessen mit einem allgemeinen Blick auf die Bedeutung und Größe der beteiligten Unternehmen und die Schwere der Wettbewerbsbeschränkung begnügt haben, um deren Relevanz für das Binnenmarktprojekt zutreffend würdigen zu können. Das gilt auf der einen Seite für die **Kern- oder „hardcore"-Beschränkungen**[113] und wohl darüber hinaus überhaupt für alle **bezweckten** Wettbewerbsbeschränkungen, da rational handelnde Unternehmen, die eine Wettbewerbsbeschränkung bezwecken, ausnahmslos von deren Spürbarkeit ausgehen durften[114]. sowie auf der anderen Seite aber auch für besonders **förderungswürdige Abreden.** Stellt z. B. eine Absprache das einzige Mittel für die beteiligten Unternehmen dar, um ihnen das Eindringen in einen neuen Markt zu ermöglichen oder um eine neue Technologie auf dem Markt durchzusetzen, so kann die Spürbarkeit der Wettbewerbsbeschränkung ohne weiteres zu verneinen sein.[115]

54 c) Die **Kommission** interpretiert die Spürbarkeit heute nach der letzten **De-minimis-Bekanntmachung vom 22. Dezember 2001** durchgängig **quantitativ**.[116] Wie sich aus den Leitlinien für vertikale Beschränkungen von 2010 ergibt, betrachtet die Kommission die Bekanntmachung von 2001 **nach wie vor** als **maßgeblich**.[117] Die **Bedeutung** dieser Bekanntmachung besteht vor allem darin, dass sie dem Aufgreifermessen der Kommission sowie ihrem Ermessen bei der Festsetzung von Geldbußen wegen Verstößen gegen Art. 101 Abs. 1 Schranken zieht, weil sich die Kommission darin (selbst) verpflichtet hat, gegen Kartelle, die unter den Schwellenwerten der Bekanntmachung bleiben, weder von Amts wegen noch auf Antrag einzuschreiten.[118] Die **Gerichte** sind dagegen (natürlich) nicht gebunden, sondern können die Spürbarkeit einer Wettbewerbsbeschränkung auch nach wie vor nach ganz anderen Kriterien als die Kommission beurteilen, – wovon sie offenbar weiterhin durchaus Gebrauch machen.

---

[112] *EuGH* Slg. 1978, 131 (148) – Miller International; 1983, 3151 (3201) = NJW 1984, 1281 – AEG; Slg. 1984, 883 (902 f.) – Hasselblad; 1988, 1919 (1940) – La Hesbignonne.

[113] Z. B. *EuG* Slg. 1998, I-3146 (3196 f. Tz. 136 f.) – ENS.

[114] *EuG* Slg. 2004, II-2405 = WuW/E EU-R 819 Tz. 385 – Dalmine; Slg. 2005, I- 3033 = WuW/E EU-R 967 Tz. 14 – Brasserie Nationale; *Langen/Bunte* I, Art. 81 Rn. 124 Abs. 2.

[115] Vgl. die freilich Sonderfälle betreffenden Urteile *EuGH* Slg. 1982, 2015 (2069 Tz. 57 f.) = NJW 1982, 1929 – Maissaatgut/Nungesser; Slg. 1988, 1919 (1938 f.) – La Hesbignonne; 1998, I-1997 (2003 ff. Tz. 16 ff.) = EuZW 1998, 404 = WuW/E EU-R 57 – Javico.

[116] ABl. Nr. C 368/13; *Kommission,* 31. WB 2001, 2002, S. 28 ff.; wegen der Einzelheiten s. IM/*Emmerich,* Bd. I/1 Art. 101 Abs. 1 Rn. 148 ff.; *Fuchs,* ZWeR 2007, 369 (382 ff.); *Mestmäcker/Schweitzer,* § 10 Rn. 84 ff. (S. 292 ff.); FK/*Roth/Ackermann,* Art. 101 Rn. 397 ff.

[117] ABl. 2010 Nr. C 130/1, Tz. 8 – 11.

[118] De-minimis-Bekanntmachung, Tz. 4. Alle folgenden Angaben im Text beziehen sich auf die Deminimis-Bekanntmachung von 2001 (ABl. Nr. C 368/13).

Die maßgeblichen **Marktanteilsschwellen** betragen nach der De-minimis-Bekanntmachung bei Vereinbarungen (oder gleichstehenden Maßnahmen) **zwischen Wettbewerbern 10 %** und **sonst 15 %** (Tz. 7). Handelt es sich um **Netze** einer Vielzahl paralleler Vereinbarungen (Stichwort: Bündeltheorie, s. u. Rn. 88 ff.), so gilt zusätzlich eine **Schwelle von 30 %** für den kumulativen Abschottungseffekt der parallelen Netze. Dies bedeutet, dass die Kommission gegen die an den einzelnen Vereinbarungen eines Netzes beteiligten Unternehmen erst einschreiten will, wenn die 30 %-Grenze überschritten ist, vorausgesetzt zudem, dass der Marktanteil der an den Vereinbarungen beteiligten Unternehmen seinerseits zusammen mindestens 5 % beträgt (Tz. 8). 55

Die De-minimis-Bekanntmachung findet **keine Anwendung auf Kernbeschränkungen** (Tz. 11). Dazu gehören bei Vereinbarungen **zwischen Wettbewerbern** die Festsetzung der Preise, die Beschränkung der Produktion oder des Absatzes sowie die Aufteilung von Märkten oder Kunden (Tz. 11 Nr. 1), während bei Vereinbarungen **zwischen Nichtwettbewerbern**, in erster Linie also bei vertikalen Vereinbarungen, hierher Preisbindungen und Beschränkungen der Abnehmer hinsichtlich des Verkaufsgebietes oder des Kundenkreises gerechnet werden, mit Ausnahme freilich der Beschränkung des aktiven Verkaufs in andere Absatzgebiete (Tz. 11 Nr. 2 lit. a und b). **Überschreiten** die Beteiligten diese Schwellenwerte, so zieht dies freilich nach Meinung der Kommission keineswegs automatisch die Anwendbarkeit des Kartellverbotes nach sich; vielmehr sind die Auswirkungen der fraglichen Maßnahme dann **im Einzelfall** in ihrem rechtlichen und wirtschaftlichen Kontext zu prüfen, wohl entsprechend den vom Gerichtshof entwickelten Regeln.[119] Eine besonders großzügigen Behandlung erfreuen sich auf der anderen Seite die sog. kleinen und mittleren Unternehmen **(KMUs)** im Sinne der Empfehlung von 2003 zur Definition von Kleinstunternehmen, kleinen und mittleren Unternehmen.[120] Bei ihnen **verneint** die Kommission heute im Ergebnis **generell** die **Spürbarkeit** einer etwaigen wettbewerbsbeschränkenden Vereinbarung (Tz.3 S. 3), – womit es ihr der Sache nach gelungen ist, losgelöst vom Vertragstext einen neuen Ausnahmebereich für KMUs zu schaffen.[121] 56

III. Ausnahmen

Literatur IM/*Emmerich*, Bd. I/1 Art. 101 Rn. 126 ff.; *Frenz* Hdb., Tz. 67 ff. (S. 27 ff.); *Ph. Hoffmann*, Unlauterer Wettbewerb und Art. 81 EG, 2003; *Koos*, Europäischer Lauterkeitsmaßstab und globale Integration, 1996; *Mestmäcker/Schweitzer*, § 10 Rn. 33 ff. (S. 274 ff.); *Mook*, Internationale Rechtsunterschiede und nationaler Wettbewerb, 1986; *Reymann*, Immanente Schranken des europäischen Kartellrechts, 2006; *Molle*, Zur Beurteilung „begleitender" Wettbewerbsverbote im Rahmen von Art. 81 Abs. 1 EG und 1 GWB, 2005; *J. Peeters*, The rule of reason revisted, American Journal of Comparative Law 1989, 521; *Pelster*, Wettbewerbsverbote in Unternehmensveräußerungsverträgen nach EG-Recht, 1992; *Roth*, ZEuP 1994, 1; *Willms*, Das Spannungsverhältnis von internationalem Wettbewerbs- und Vertragsrecht bei Ausnutzung eines Verbraucherschutzgefälles, 1997.

Die Wettbewerbsregeln (Art. 101, 102 und 106) schützen den Wettbewerb an sich umfassend in allen seinen Erscheinungsformen (o. Rn. 121). Bereits der Vertrag konnte dieses Konzept freilich nicht uneingeschränkt durchhalten, wie namentlich 57

[119] Vertikalleitlinien von 2010, ABl. 2010 Nr. C 130/1, Tz. 9. 96 ff.

[120] ABl. 2003 Nr. L 124/36.

[121] Zur Kritik s. IM/*Emmerich*;, Bd. I/1 Art. 101 Rn. 152.

die beiden Aussnahmen in den Art. 101 Abs. 3 und 106 Abs. 2 zeigen. In Literatur und Rechtsprechung wird außerdem eine Reihe weiterer Ausnahmen von Art. 101 Abs. 1 AEUV diskutiert. Stichworte sind vor allem der unlautere, der sonstige rechtswidrige Wettbewerb und der nicht schutzwürdige Wettbewerb. Als weitere Ausnahmen werden die Zulässigkeit von Arbeitsgemeinschaften (§ 5 Rn. 9) und von wettbewerbsbeschränkenden Nebenabreden zu wettbewerbsneutralen Hauptabreden genannt (Rn. 67 ff.). Als übergreifende Gesichtspunkte zur Erklärung der verschiedenen Erscheinungsformen von Ausnahmen sind die Förderung wettbewerblicher und nichtwettbewerblicher (z. B. sozial-, wirtschafts-, kultur- oder energiepolitischer) Belange mit Vorrang vor dem Wettbewerbsschutz sowie die Einführung einer allgemeinen **rule of reason** im Gespräch (Rn. 62 ff.), wobei wiederum umstritten ist, ob solche Erwägungen, soweit sie denn anzuerkennen sind, ihren legitimen **Standort** in Abs. 1 oder Abs. 3 des Art. 101 der zu finden haben.

1. Unlauterer Wettbewerb

58 Der Vertrag schützt nach seiner Präambel (4. Abs.) und dem Protokoll Nr. 27 über den Binnenmarkt und den Wettbewerb v. 13. Dezember 2007[122] allein den „redlichen" und „unverfälschten" Wettbewerb. Der **unlautere oder sonst gesetzwidrige Wettbewerb** genießt folglich grundsätzlich **keinen Schutz** nach den Wettbewerbsregeln. Eine verbreitete Meinung zieht daraus den Schluss, dass Abreden und Beschlüsse von Unternehmen zur Unterbindung unlauterer oder sonst gesetzwidriger Verhaltensweisen nicht gegen Art. 101 Abs. 1 verstoßen, ohne dass es hierzu einer Freistellung nach Art. 101 Abs. 3 bedürfte. Ein **genereller Vorrang** des nationalen Lauterkeitsrechts vor Art. 101 kann indessen **nicht anerkannt** werden, wenn man verhindern will, dass die Mitgliedstaaten über das Lauterkeitsrecht ein bequemes Mittel erlangen, um durch die Umqualifizierung bloß unerwünschten Wettbewerbs in unlauteren Wettbewerb wichtige Teile des Wettbewerbs einseitig wieder dem Schutz der Wettbewerbsregeln zu entziehen.

59 Die Brisanz dieser Frage hat freilich in den letzten Jahren in dem Maße abgenommen, in dem die Kommission Fortschritte auf dem Weg zur Angleichung des Lauterkeitsrechts der Mitgliedstaaten erzielt hat.[123] Das Ergebnis dieser Bemühungen der Kommission war lange Zeit bescheiden. Das änderte sich erst im Jahre 2005 mit der Verabschiedung der **Richtlinie über unlautere Geschäftspraktiken** vom 11. Mai 2005,[124] die jedoch nur für das Verhältnis zwischen Unternehmen und Verbrauchern (**B2C**) gilt (Art. 3 Abs. 1 der Richtlinie). Die Lauterkeitsrichtlinie von 2005 wurde durch das Änderungsgesetz vom 29. Dezember 2008 (mit einjähriger Verspätung) in deutsches Recht umgesetzt.[125] Halten sich die Vereinbarungen der Unternehmen an diesen Rahmen, so sollte sich fortan nicht mehr die Frage der Vereinbarkeit mit Art. 101 stellen. Der Anwendungsbereich dieser Problematik beschränkt sich vielmehr heute auf den **nicht harmonisierten Bereich**, insbesondere im Verhältnis **zwischen Unternehmen (B2B)**.

[122] ABl. EG 2007 Nr. C 306/156.
[123] Überblick bei *Emmerich,* Unlauterer Wettbewerb, § 1 Rn. 23 ff.
[124] ABl. 2005 Nr. L 149/22.
[125] BGBl. 2008 I S. 2949.

In dem verbleibenden Konfliktsbereich, d. h. in dem Bereich des nicht angeglichenen Lauterkeitsrechts, vor allem im Verhältnis zwischen Unternehmen (Rn. 59), gibt es **keinen generellen Vorrang** des nationalen Lauterkeitsrechts vor Art. 101 AEUV, so dass Vereinbarungen zur Unterbindung nach *nationalem* Recht unlauteren Verhaltens in jedem Fall einer zusätzlichen Überprüfung anhand des Art. 101 bedürfen, ob die fraglichen Wertungen des nationalen Rechts auch mit dem Vertrag vereinbar sind. Daraus ergibt sich die Notwendigkeit, im Rahmen der Wettbewerbsregeln zu einer **praktischen Konkordanz zwischen** den **Wettbewerbsregeln und** den (nicht angeglichenen) **nationalen Vorschriften** zum Schutze des lauteren Wettbewerbs zu gelangen, um gleichermaßen den gebotenen umfassenden Wettbewerbsschutz wie den Schutz der Unternehmen gegen unlautere Verhaltensweisen im Wettbewerb sicherzustellen. 60

Die Praxis der Gemeinschaftsgerichte zielt in dieselbe Richtung. Für den **EuGH** genießt vor allem das **Binnenmarktprojekt** unbedingten **Vorrang** vor der (nicht angeglichenen) nationalen Gesetzgebung zum Schutze des lauteren Wettbewerbs. Nationale Vorschriften und Rechtsinstitute zum Schutze des lauteren Wettbewerbs dürfen daher nicht zur Behinderung normaler **Parallelimporte** eingesetzt werden,[126] selbst wenn das nationale Recht dies an sich, etwa zum Schutze von Preisbindungssystemen oder selektiven Vertriebssystemen, zulässt, wie es das deutsche Recht zum Teil immer noch tut.[127] Ebenso unzulässig ist es, die bloße **Einfuhr** einer Ware, die in einem anderen Mitgliedstaat rechtmäßig in den Verkehr gebracht wurde, als **unlauter** zu qualifizieren. Dies ist vielmehr immer **nur aufgrund zusätzlicher Umstände** möglich, die von der eigentlichen Einfuhr unabhängig sind.[128] Als solche zusätzlichen Umstände kommen etwa der Schutz der Verbraucher gegen eine Irreführung durch die Verwendung verwechslungsfähiger Zeichen oder der Schutz von Unternehmen gegen eine sklavische Nachahmung ihrer Produkte durch Importwaren in Betracht.[129] In der Rechtsprechung ist außerdem geklärt, dass der **Verkauf unter Selbstkosten** keinesfalls generell als unlauter angesehen werden kann; er ist z. B. dann unbedenklich, wenn er durch den Wettbewerb erzwungen wird.[130] Folglich bleibt Art. 101 Abs. 1 AEUV auf vertragliche Verbote des Verkaufs unter Kosten anwendbar.[131] 61

2. Rule of reason

Unter dem Stichwort „rule of reason" wird die Fragen diskutiert, ob es jenseits der „geschriebenen" Ausnahmen vom Kartellverbot des Art. 101 Abs. 1 in den Art. 101 Abs. 3 und 106 Abs. 2 AEUV noch weitere **ungeschriebene Ausnahmen** gibt. Hintergrund dieser Diskussion ist die offenbar wachsende Bereitschaft des **Gerichtshofs**, trotz des mit Art. 101 AEUV an sich intendierten umfassenden Wetbewersschutzes bestimmte Formen des Wettbewerbs als nicht schutzwürdig doch wieder aus dem 62

126 *EuGH* Slg. 1971, 949 (960 Tz. 14/15) – Béguelin.

127 S. statt aller *Emmerich,* FG 50 Jahre BGH Bd. 2, 2000, S. 627; *ders.,* FS Erdmann, 2002, S. 561.

128 *EuGH* Slg. 1981, 181, 195 Tz. 1 – Dansk Supermarket/Imerco.

129 *EuGH* Slg. 1976, 1039, 1062 Tz. 7 – Terrapin/Terranova; 1978, 1139, 1164 – Hoffmann-La Roche/Centrafarm; 1978, 1823, 1840 – American Home Products/Centrafarm; 1982, 707, 717 f. – Beele.

130 *EuG* Slg. 1992 II 1155, 1253 – Montedipe.

131 *EuGH* Slg. 1989, 2181, 2186 = EuZW 1990, 323 – Belasco; *EuG* Slg. 1992 II 1155, 1253 – Montedipe.

Anwendungsbereich des Art. 101 *Abs. 1* auszuklammern, vor allem, aber nicht nur, wenn die Vorteile einer wettbewerbsbeschränkenden Abrede für das Binnenmarktprojekt in seinen Augen ihre Nachteile deutlich überwiegen.[132]

63 Die einschlägigen **Fallgruppen**, die teilweise auch unter dem Stichwort des „nicht schutzwürdigen Wettbewerbs" diskutiert werden, bieten bei näherem Zusehen kein einheitliches Bild. Das Spektrum reicht von der Hinnahme gewisser wettbewerbsbeschränkender Klauseln in den Satzungen der Kammern der freien Berufe aufgrund vorrangiger berufsrechtlicher Wertungen, insbesondere zur Sicherung der Unabhängigkeit und Verschwiegenheit der Anwaltschaft (Rn. 15ff.), über die großzügige Behandlung von Konkurrenzverboten, Ausschließlichkeitsbindungen und restriktiven Austrittsklauseln in den Satzungen von Einkaufsgemeinschaften und Genossenschaften, soweit zu deren Funktion erforderlich, bis zur Freistellung rein sportlich bedingter Regelwerke der Sportverbände (o. § 3 Rn. 34) und der Erlaubnis von Arbeitsgemeinschaften, zu denen sich Unternehmen zusammenschließen, um Aufträge durchzuführen, die sie allein nicht ausführen könnten.

64 Weitere **Beispiele** sind die großzügige Behandlung verschiedener wettbewerbsbeschränkender Klauseln in Lizenzverträgen (§ 6 Rn. 10, 15ff.), die Hinname selektiver Vertriebssysteme, wenn und soweit zum Eindringen in fremde Märkte notwendig (§ 5 Rn. 25ff.), außerdem die Erlaubnis von Wettbewerbsverboten in Unternehmensveräußerungsverträgen (Rn. 67ff.) und in Verträgen mit Handelsvertretern (Rn. 90ff.), überhaupt die weitgehende Billigung wettbewerbsbeschränkender Nebenabreden zu als solchen unbedenklichen Abreden (Rn. 67ff.), die großzügige Behandlung wettbewerbsbeschränkender Abreden in Bierlieferungsverträgen, in Franchiseverträgen und in Alleinvertriebsverträgen für Drittmärkte sowie noch die Zulassung von Marktinformationsverfahren, soweit zur Verfolgung legitimer Zwecke erforderlich.[133] Auch an die Praxis zu den Vertragssystemen der Urheberrechtverwertungsgesellschaften ist hier zu erinnern (§ 29 Rn. 14ff.).

65 Die geschilderte Praxis hat eine umfangreiche **Diskussion** ausgelöst. Im Schrifttum wird aus ihr zum Teil der Schluss gezogen, im Gemeinschaftsrecht entwickele sich eine Art **rule of reason**, deren Kern darin bestehen soll, bereits **im Rahmen des Art. 101 Abs. 1** eine fallbezogene **Abwägung der Vor- und Nachteile einer wettbewerbsbeschränkenden Abrede** zu erlauben – mit der Folge, dass bei einem Überwiegen der Vorteile, etwa in Gestalt der Eröffnung eines neuen Marktes, das Verbot des Art. 101 Abs. 1 hinter anderen Wertungen zurückzutreten habe.[134] Die überwiegende Meinung lehnt dagegen bisher die Anerkennung einer wie immer verstandenen rule of reason im Gemeinschaftsrecht ab.[135] Auf denselben Standpunkt hat sich in jüngster Zeit wiederholt mit Nachdrucke das **Gericht** gestellt.[136] Auch nach dem **Gerichtshof** kann die „rule of reason", selbst wenn sie einen Platz im Rahmen von

132 Erstmals *EuGH* Slg. 1966, 281, 304 – LTM/MBU.

133 *EuGH* Slg. 2006, I-11 45 Tz. 47, 54ff. = EuZW 21007, 753.

134 Insbes. *Ackermann,* Rule of reason, S. 190, 207ff.; *ders.* EuZW 1997, 271 (274f.); s. im Einzelnen IM/*Emmerich,* Bd. I/1 Art. 101 Rn. 135.

135 *Everling,* WuW 1990, 995; *Frenz,* Tz. 67ff.; *Mestmäcker/Schweitzer,* § 7 Rn. 56ff.; *P. Ulmer,* RIW 1985, 517; *G. Wils,* CDE 1990, 19.

136 *EuG* Slg. 2001 II 2464, 2487ff. Tz. 72ff. = WuW/E EU-R 469–M6/TF1; Slg. 2003 II 4662, 4701 Tz. 106f. – van den Bergh Foods; 2006 II 1234 Tz. 69 = WuW/E EU-R 1174, 1178–O2.

Art. 101 Abs. 1 des Vertrages haben sollte, **keinesfalls Kern- oder hardcore-Beschränkungen**, also die klassischen Kartelle rechtfertigen.[137]

Die Entwicklung ist mithin noch offen. Unübersehbar sind aber die **Gefahren**, die von einer Ausuferung der ungeschriebenen Ausnahmen von Art. 101 Abs. 1 drohen. Deutlich wird dies etwa an der umstrittenen Frage, ob Unternehmen in objektiv zweifelhaften Fragen zur Beilegung von Rechtsstreitigkeiten gerichtlich oder außergerichtlich **Vergleiche mit** im Ergebnis **wettbewerbsbeschränkenden Klauseln** abschließen dürfen. **Beispiele** sind Vergleiche in Wettbewerbsstreitigkeiten, z. B. über die Zulässigkeit bestimmter Werbeaktionen, sowie insbesondere **Abgrenzungsvereinbarungen** über gewerbliche Schutzrechte einschließlich Marken. Im Schrifttum wird für derartige Fälle z. T. eine Einschränkung des Art. 101 befürwortet.[138] Diese Auffassung ist nicht unbedenklich, weil sie bei Lichte besehen Durchbrechungen des Art. 101 unter dem Vorwand der Streitbeilegung zumal in Schutzrechtsvereinbarungen Tür und Tor öffnet. Deshalb sollte daran festgehalten werden, dass Art. 101 Abs. 1 **keine Ausnahme für** gerichtliche und außergerichtliche **Vergleiche** sowie für **Schutzrechtsvereinbarungen** kennt.[139] Dasselbe gilt für **Schiedsklauseln** in wettbewerbsbeschränkenden Vereinbarungen.[140] 66

3. Nebenabreden

Unter dem Stichwort **wettbewerbsbeschränkende Nebenabreden** („ancillary restraints") wird die Frage diskutiert, ob unter im Einzelnen umstrittenen Voraussetzungen für wettbewerbsbeschränkende Nebenabreden zu als solchen unbedenklichen und möglicherweise sogar im Interesse des Wettbewerbs positiv zu beurteilenden Abreden eine weitere (ungeschriebene) **Ausnahme** von Art. 101 AEUV angenommen werden kann. Paradigmata sind insbesondere **Wettbewerbsverbote** in Unternehmensveräußerungsverträgen sowie in kartellrechtsneutralen Gesellschaftsverträgen. In Literatur und Rechtsprechung wird vielfach angenommen, dass Art. 101 AEUV nach seinem Sinn und Zweck auf derartige grundsätzlich positiv zu bewertenden Nebenabreden keine Anwendung finden könne.[141] 67

Praktische Bedeutung hat dieser Fragenkreis vor allem im Rahmen der **Fusionskontrolle** erlangt, da sich nach Art. 6 Abs. 1 lit b S. 2 und Art. 8 Abs. 2 Unterabs. 3 FKVO eine Entscheidung, durch die ein Zusammenschluss für zulässig erklärt wird, auch auf die mit seiner Durchführung verbundenen und für sie notwendigen Einschränkungen erstreckt. Darunter fallen u. A. wettbewerbsbeschränkender Abreden der beteiligten Unternehmen im Zusammenhang mit der Durchführung des Zusammenschlusses.[142] Die Einzelheiten richten sich nach der **Bekanntmachung** der Kommission vom **5. März 2005.**[143] Die wichtigsten Beispiele für derartige er- 68

[137] *EuGH* Slg. 1999 I 4575, 4618 Tz. 133 – Montecatini.

[138] So z. B. FK/*Roth/Ackermann,* Art. 81 Rn. 290–292; *K. Schmidt,* JuS 1978, 736.

[139] *EuGH* Slg. 1988, 5281, 5286 Tz. 15 f. – Bayer AG.

[140] FK/*Roth/Ackermann,* Art. 81 Rn. 363.

[141] S. zuletzt für Wettbewerbsverbote in Gesellschaftsverträgen *BGH* NJW-RR 2010, 615 = GRUR 2010, 84 = JuS 2010, 547 „Gratis-Zeitung Hallo" sowie generell *Mestmäcker/Schweitzer* § 7 Rn. 58 ff.; FK/*Roth/Ackermann,* Art. 81 Rn. 325; ebenso wohl *EuGH* Slg. 1998 I 1997, 2004 Tz. 19 = EuZW 1998, 404 – Javico.

[142] S. 1 des Erwägungsgrundes Nr. 21 zu der FKVO.

[143] ABl. 2005 Nr. C 56/24; s. u. § 18 Rn. 16 f.

laubte Nebenabreden sind Wettbewerbsverbote in Unternehmensveräußerungsverträgen. Sie sind grundsätzlich erlaubt, wenn sie im Hinblick auf ihre Geltungsdauer, ihren räumlichen und zeitlichen Geltungsbereich sowie die betroffenen Personen nicht über das zur Durchführung der Unternehmensveräußerung erforderliche Maß hinausgehen. Im Einzelfall können danach auch Lizenzvereinbarungen sowie Liefer- und Bezugsverpflichtungen als Nebenabreden legitimiert werden.[144]

69 Nach Meinung der **Kommission** ist dieser Ansatz verallgemeinerungsfähig. Die Einzelheiten ergeben sich aus den **Leitlinien zu Art. 81 Abs. 3 von 2004.**[145] Als grundsätzlich zulässige Nebenabreden bezeichnet die Kommission hier „vermutete Wettbewerbsbeschränkungen, die mit der Durchführung der nicht wettbewerbsbeschränkenden Hauptvereinbarung unmittelbar verbunden, dafür notwendig und angemessen sind" (Tz. 29).[146] Ob diese Voraussetzungen erfüllt sind, könne nur auf der Grundlage objektiver, von den Parteien unabhängiger Faktoren beurteilt werden (Tz. 18 Nr. 2). Entscheidend sei mit anderen Worten, ob ohne die Nebenabrede die neutrale Hauptvereinbarung nur schwer oder überhaupt nicht durchführbar wäre (Tz. 31); als **Beispiele** nennt die Kommission unter anderem Gebietsbeschränkungen in Vertriebsverträgen (Tz. 18 Nr. 2) sowie Beschränkungen, die für die Funktionsfähigkeit eines den Wettbewerb nicht beschränkenden **Gemeinschaftsunternehmens** erforderlich sind (Tz. 31). Zu denken ist in diesem Zusammenhang insbesondere an Gemeinschaftsunternehmen zur Erschließung neuer Märkte,[147] an Arbeitsgemeinschaften sowie etwa an Ausschließlichkeitsbindungen in Sponsoringverträgen und vergleichbaren Abreden.[148]

70 Die **Problematik** einer generellen Freistellung wettbewerbsbeschränkender Nebenabreden zu als solchen unbedenklichen Vereinbarungen liegt auf der Hand.[149] Von diesem Konzept darf daher im Interesse des gebotenen Wettbewerbsschutzes **nur sparsam** Gebrauch gemacht werden. Es kann sich nur darum handeln, **im Einzelfall** wettbewerbsbeschränkende Abreden, die mit als solchen unbedenklichen Vereinbarungen wie Unternehmensveräußerungen oder den Satzungen von Genossenschaften oder Arbeitsgemeinschaften notwendigerweise verbunden sind, im Interesse der Förderung solcher Vereinbarungen zuzulassen, vorausgesetzt, dass sich die Nebenabreden **auf** das **unbedingt Notwendige beschränken**. Weitergehende Abreden, insbesondere solche, die **Kernbeschränkungen** halten, bleiben dagegen **verboten.**[150]

IV. Relevanter Markt

Literatur: IM/*Emmerich,* Bd. I/1, Art. 101 Abs. 1 Rn. 153 ff.; Kommission, Bekanntmachung über die Definition des relevanten Marktes im Sinne des Wettbewerbsrechts der Gemeinschaft vom 9. Dezember 1997, ABl. Nr. C 372/5 = WuW 1998, 261; *Ewald,* ZWeR 2004, 512; *Chr. Engel,* FS Immenga, 2004, 127; *Frenz,* Tz. 553 ff. (S. 204 ff.); *T. Golz,* Der sachlich relevante Markt bei Verlagserzeugnissen, 2003;

[144] Bekanntmachung (vorige Fn.). Tz. 18–26; IM/*Emmerich*, Bd. I/1 Art. 101 Rn. 139 f.

[145] ABl. Nr. C 101/97 Tz. 18, 28 ff.

[146] Ebenso beiläufig *BGH* NJW 2009, 1751 Tz,17 = JuS 2010, 449.

[147] FK/*Roth/Ackermann,* Art. 81 Rn. 326.

[148] *Heermann,* CaS 2009, 226, 229 ff. m. Nachw.

[149] Zurückhaltend auch *Bellamy/Child,* Rn. 2–110 (p. 109); *Fuchs,* ZWeR 2007, 369, 375 ff.

[150] *EuGH* Slg. 1999, I-4574 (4618 Tz. 133) – Montcatini; *EuG* Slg. 1992, II-1155 (1246 ff.) – Montedipe; 1995, II-1063 (1107 f. Tz. 109) – Trefilunion.

Klein, WuW 2010, 162; *Lenßen*, Der kartellrechrlich relevante Markt, 2009; *Mestmäcker/Schweitzer*, § 10 Rn. 100 ff. (S. 296 ff.); *E. Rehbinder*, (2.) FS Mestmäcker, 2006, S. 371; *Säcker*, ZWeR 2004, 1; *Schwalbe/Zimmer*, Kartellrecht und Ökonomie, 2005, S. 65 ff.; *Zimmer*, FS U. Huber, 2006, S. 1173.

1. Überblick

Die Abgrenzung des relevanten Marktes hat in den letzten Jahren in der Praxis zu Art. 101 zunehmende Bedeutung erlangt. Dies hängt in erster Linie damit zusammen, dass die Kommission, wie gezeigt (o. Rn. 50 ff.), bei der Prüfung der **Spürbarkeit** einer Wettbewerbsbeschränkung vorrangig auf die **Marktanteile** der an einer wettbewerbsbeschränkenden Maßnahme beteiligten Unternehmen abstellt, Marktanteile aber nur auf sachlich, räumlich und gegebenenfalls auch zeitlich möglichst genau abgegrenzten Märkten bestimmt werden können.[151] Die Abgrenzung des relevanten Marktes spielt im Rahmen von Art. 101 außerdem eine Rolle bei der Unterscheidung zwischen aktuellem und potentiellem Wettbewerb, ferner im Rahmen der **Zwischenstaatlichkeitsklausel** (s. o. § 3 Rn. 18 ff.) sowie schließlich bei der Prüfung, ob eine bestimmte Wettbewerbsbeschränkung nach **Art. 101 Abs. 3** (bzw. § 2 GWB) erlaubt ist, weil dies unter anderem davon abhängt, ob den beteiligten Unternehmen durch die wettbewerbsbeschränkende Maßnahme Möglichkeiten eröffnet werden, für einen wesentlichen Teil der betreffenden Waren den Wettbewerb auszuschalten (Art. 101 III lit b und § 2 I Nr. 2 GWB; s. u. § 8 Rn. 25 ff.). Dem entspricht es, dass heute in verschiedenen **Gruppenfreistellungsverordnungen** die Freistellung ausdrücklich von den Marktanteilen der beteiligten Unternehmen abhängig gemacht wird.[152] 71

Der **Schwerpunkt** der Marktabgrenzungsproblematik liegt freilich nicht bei Art. 101 Abs. 1, sondern bei der **Missbrauchsaufsicht** über Unternehmen in beherrschender Stellung aufgrund des Art. 102 und der §§ 19 und 20 GWB sowie bei der **Fusionskontrolle** nach Art. 2 der der Verordnung Nr. 139/04 vom 20. Januar 2004[153] und §§ 35 ff. GWB, so dass wegen der Einzelheiten auf die Ausführungen dazu zu verweisen ist.[154] Gleichwohl kann im vorliegenden Zusammenhang auf eine Erörterung des Fragenkreises nicht ganz verzichtet werden, weil die Marktabgrenzung wegen der unterschiedlichen Zwecke des Kartellverbots, des Missbrauchsverbots und der Fusionskontrolle nicht mit Notwendigkeit überall denselben Regeln folgt. Dies hängt vor allem damit zusammen, dass die Fusionskontrolle eine *Prognose* über die Entwicklung der Märkte notwendig macht, während es bei den Art. 101 und 102 in erster Linie um eine *Vergangenheitsanalyse* geht.[155] Diese Unterschiede in der Perspektive sind, wiewohl vielfach zu Unrecht weitgehend vernachlässigt, von nicht zu unterschätzender Bedeutung für die Problematik, und zwar nicht nur hier, sondern noch in zahlreichen anderen Zusammenhängen: 72

Die zutreffende Abgrenzung des relevanten Marktes stellt Rechts- und Wirtschaftswissenschaften gleichermaßen vor ungewöhnliche **Schwierigkeiten**, weil in der wirtschaftlichen Wirklichkeit alle Märkte nahezu ununterscheidbar ineinander überge- 73

[151] S. *Kommission,* Bekanntmachung v. 22. Dezember 2001 über Vereinbarungen von geringer Bedeutung, ABl. Nr. C 368/13, Tz. 7.

[152] S. insb. Art. 3 Gruppenfreistellungsverordnung Nr. 330/2010 für vertikale Vereinbarungen v. 20. 4. 2010 (ABl. Nr. L 102/10) und dazu u. § 5 Rn. 18 ff.

[153] ABl. EG 2004 Nr. L 24/1.

[154] S. dazu u. §§ 9 Rn. 7 ff., § 16 Rn. 7 ff.

[155] Ebenso *Kommission,* Bekanntmachung, Tz. 12; FK/*Roth/Ackermann* Art. 81 Rn. 368.

hen. In den **Wirtschaftswissenschaften** ist deshalb in den letzten Jahren eine Fülle neuer Konzepte zur Marktabgrenzung entwickelt worden, wobei ökonometrische Verfahren zunehmende Bedeutung erlangen.[156] Hervorzuheben, weil auch von der Kommission bevorzugt, sind der sog. **SSNIP-Test**, auch hypothetischer Monopolistentest genannt,[157] sowie verschiedene Partialanalysen, unter denen die Ermittlung der **Kreuzpreiselastizitäten** und die **Preiskorrelationsanalyse** wohl die wichtigsten sind. In der Rechtswissenschaft wird dagegen nach wie vor das sog. **Bedarfsmarktkonzept** favorisiert, modifiziert freilich durch die ergänzende Berücksichtigung der Angebotsumstellungsflexibilität der Anbieter sowie den sog. Sortimentsgedanken. Hinzu treten neuerdings (wieder) mit zunehmendem Gewicht **subjektivistische Ansätze**, die die Orientierung an den **Wirtschaftsplänen** der betroffenen Unternehmen in den Vordergrund rücken, dies deshalb, weil es letztlich allein darauf ankomme, welche anderen Unternehmen ein Unternehmen als seine Konkurrenten ansehe, so dass es auf diese gegebenenfalls Rücksicht nehme.[158] Zwar treffen solche subjektivistischen Ansätze nach wie vor auf verbreitete Kritik, insbesondere, weil die Wirtschaftspläne der Unternehmen eine hoffnungslose Unbekannte bildeten.[159] Die Praxis zeigt indessen, dass es, insbesondere im Rahmen der verschiedenen Missbrauchs- und Diskriminierungsverbote, aber nicht nur dort, durchaus Fallgestaltungen gibt, in denen derartige Ansätze zu befriedigenden Ergebnissen führen,[160] wie sich denn überhaupt die verschiedenen Konzepte zur Marktabgrenzung nicht notwendig gegenseitig ausschließen, sondern auch von Fall zu Fall **kombiniert** werden können, wenn dies nach den Umständen angemessen erscheint. So geht die Praxis zwar in der Regel nach wie vor von dem Bedarfsmarktkonzept aus, ergänzt dieses aber, wo immer möglich, durch den Rückgriff auf ökonometrische Partialanalysen oder auf den SSNIP-Test. Auch auf nationaler Ebene ist eine entsprechende Entwicklung festzustellen.[161]

74 Auf dem Bedarfsmarktkonzept beruht vor allem die **Bekanntmachung über die Definition des relevanten Marktes** im Sinne des Wettbewerbsrechts der Gemeinschaft vom **9. Dezember 1997.**[162] Zu einem Markt werden danach **(nur) solche Waren oder Dienstleistungen** gerechnet, **die für die andere Marktseite** ohne ins Gewicht fallende physische und psychische Anpassungslasten **austauschbar** sind.[163] Die Nachfragesubstituierbarkeit oder Austauschbarkeit von Produkten will die Kommission dabei in erster Linie mittels des **SSNIP-Tests** ermitteln, indem sie prüft, ob bei einer Preiserhöhung um 5 bis 10 % so viele Abnehmer auf andere Produkte ausweichen, dass sich die Preiserhöhung für das betreffende Unternehmen nicht mehr lohnt (Bekanntmachung Tz. 5–19); ergänzend kommen jedoch auch andere Verfahren einschließlich ökonometrischer Partialanalysen zum Einsatz (Bekanntmachung

156 Überblicke bei *Ewald,* ZWeR 2004, 512; MünchKomm/*Kerber/Schwalbe*, Einleitung Rn. 1114 ff. (S. 297 ff.) = (wörtlich übereinstimmend) *Schwalbe/Zimmer*, Kartellrecht und Ökonomie, S. 65 ff.

157 SSNIP = Small but Significant Non-Transitory Incraese in Price, d. h.: dauerhafte Preiserhöhung von 5–10 %.

158 S. *Emmerich,* AG 2004, 629, 631 ff.; *ders.*, FS Oberender, 2011, S. 61; *Engel,* FS Immenga, S. 127; *T. Golz,* Der sachlich relevante Markt; *Säcker,* ZWeR 2004, 1.

159 Insbes. *Ewald,* ZWeR 2004, 512, 539 ff.; FK/*Roth/Ackermann,* Art. 81 Rn. 372.

160 S. *Emmerich*, FS Oberender, 2011, S. 61.

161 S. insbes. BGHZ 170, 299, 305 ff. Tz. 18 ff. = NJW 2007, 1823 – National Geographic II.

162 ABl. Nr. C 372/5 = WuW 1998, 261; s. dazu 27. Wettbewerbsbericht 1997, 1998, Tz. 44 (S. 31 f.).

163 Bekanntmachung (vorige Fn.), Tz. 7, 13 ff.; Leitlinien v. 13. Oktober 2000 (ABl. Nr. C 291/1 [18 ff.]), Tz. 68 ff.

Tz. 35–43). – Der **SSNIP-Test** stammt aus dem amerikanischen Antitrustrecht. Sein **Zweck** besteht darin, gegebenenfalls in einer schrittweisen (iterativen) Vorgehensweise die engsten **Substitute** eines Produktes zu **ermitteln**, wobei – anders als nach dem Bedarfsmarktkonzept – nicht mehr auf den verständigen Durchschnittsverbraucher als Referenzperson abgestellt wird, sondern auf den **Grenznachfrager**, bei dessen Ausscheiden aus dem Markt infolge seines Ausweichens auf andere Produkte, d. h. eben auf Substitute, sich eine Preiserhöhung für das betreffende Unternehmen nicht mehr lohnt.[164]

Wie dem aber auch sei; bei Art. 101 ist jedenfalls davon auszugehen, dass jedes **Unternehmen** den Markt, auf dem es sich betätigt, zunächst einmal **selbst definiert.**[165] 75
Zumindest für die Zwecke des Art. 101 kann deshalb bei der Marktabgrenzung in zahlreichen Fällen ohne weiteres von der fraglichen Vereinbarung ausgegangen werden, sofern nämlich in dieser der betroffene (relevante) Markt bereits umschrieben wird. Das gilt insbesondere für den **räumlich relevanten Markt,**[166] so dass sich z. B. alle weiteren Ausführungen zur Marktabgrenzung erübrigen, wenn eine Maßnahme eindeutig die Abschottung des Marktes eines Mitgliedstaates von den Nachbarmärkten bezweckt.[167] Es gilt aber in nicht geringerem Maße auch für die **sachliche Marktabgrenzung,** bei der gleichfalls häufig an die von den Beteiligten in ihrer Vereinbarung selbst vorgenommene Marktabgrenzung angeknüpft werden kann.[168] Erstreckt sich z. B. eine wettbewerbsbeschränkende Vereinbarung auf ganze Erzeugnisgruppen, so besteht kein Anlass, die einzelnen Erzeugnisse scharf gegeneinander abzugrenzen.[169] Nur wenn man auf diesem Wege nicht weiterkommt, ist daher entsprechend der gängigen Praxis von den folgenden Überlegungen auszugehen:

2. Sachlich relevanter Markt

Legt man auf **Angebotsmärkten** bei der Abgrenzung des sachlich relevanten Marktes 76
mit der Kommission das sog. **Bedarfsmarktkonzept** zugrunde,[170] so ist maßgebliches Kriterium für die Zugehörigkeit mehrerer Produkte oder Dienstleistungen zu einem Markt deren **funktionelle Austauschbarkeit** aus der Sicht der Abnehmer. In der **Bekanntmachung** vom 9. Dezember 1997 heißt es dementsprechend in der **Tz. 7:** „Der sachlich relevante Produktmarkt umfaßt sämtliche Erzeugnisse oder Dienstleistungen, die von den Verbrauchern hinsichtlich ihrer Eigenschaften, Preise und ihres vorgesehenen Verwendungszwecks als austauschbar oder subsituierbar angesehen werden." Man spricht insoweit auch von der **Nachfragesubstituierbarkeit,**

[164] S. im Einzelnen Langen/Bunte/*Bulst*, Art 82 Rn. 39f.; *Ewald*, ZWeR 2004, 512, 524ff.; *Th. Klein*, WuW 2010, 169; *Lademann/Kn. W. Lange*, WuW 2010, 387; MünchKomm/*Kerber/Schwalbe*, Einleitung Rn. 1148; *Schwalbe/Zimmer*, Kartellrecht und Ökonomie, S. 69ff.; FK/*Roth/Ackermann*, Art. 81 Rn. 373ff., 387f.; *Zimmer*, JZ 2008, 611, 614; *ders.*, FS U. Huber, S. 1173, 1175ff.

[165] Ebenso *EuG* Slg. 1994, II-905 (934 Tz. 51 und 936 Tz. 56) – Fiatagri; 1995, II-289 (318ff. Tz. 76–82) – SPO.

[166] *EuG* (vorige Fn.).

[167] *EuG* Slg. 2000, II-2713 (2803 Tz. 231) = WuW/E EU-R 330 (337) – VW.

[168] *EuG* Slg. 1994, II-905 (934 Tz. 51) – Fiatagri.

[169] *Kommission*, Entsch. v. 22. 12. 1987, ABl. 1988 Nr. L 52/51 – Olivetti/Canon (für das Gebiet der Datenverarbeitung und Bürogeräte); vgl. auch für das Gebiet der Unterhaltungselektronik *EuGH* Slg. 1977, 1875 (1903 Tz. 17) – Metro/SABA.

[170] S. o. Rn. 64; Bekanntmachung v. 9. Dezember 1997 (ABl. Nr. C 372/5 f.), Tz. 7, 13ff. – Zu den Beschaffungsmärkten s. u. Rn. 78; ebernso zuletzt z.B. *EuG* Slg. 2010, II-1270 (1287ff. Tz. 54ff.) – Amann.

gemessen, wo immer möglich, anhand der Kreuzpreiselastizitäten (Tz. 15 ff.). Ergänzende Berücksichtigung findet daneben die **Angebotssubstituierbarkeit** (Tz. 13). Man versteht darunter die Fähigkeit anderer Unternehmen, in einen Markt schon bei geringen Preiserhöhungen einzutreten (Tz. 24). Die praktische Bedeutung dieses zusätzlichen Kriteriums war freilich bislang gering.[171]

77 Im Rahmen des Art. 101, in dem es darum geht, die Auswirkungen bestimmter Maßnahmen auf Dritte zu erfassen, wird der sachlich relevante Markt mithin grundsätzlich aus sämtlichen **Produkten oder Dienstleistungen** gebildet, die für die Marktgegenseite ohne weiteres, d. h. ohne besondere psychische oder physische Anpassungslasten **austauschbar** sind, wobei in erster Linie von einem vernünftigen, durchschnittlichen Käufer, dem sog. Verbrauchsdisponenten, auszugehen ist, der sich bereits für eine bestimmte Ware oder Dienstleistung entschieden *hat.* Nur dort, wo (ausnahmsweise) Raum für die Anwendung des SSNIP-Tests ist, tritt an die Stelle des durchschnittlichen vernünftigen Verbrauchers der **Grenznachfrager** (Rn. 74), – bei dem es sich freilich um eine ebenso fiktive Figur wie bei dem Durchschnittsverbraucher handeln dürfte. Ohne Rücksicht darauf steht aber fest, dass es, entsprechend den wechselnden Präferenzen der Abnehmer, hier auf die unterschiedlichsten **Merkmale** ankommen kann. Maßgebend sind in erster Linie die Eigenschaften der fraglichen Produkte oder Dienstleistungen, ihre Preislage sowie ihr Verwendungszweck. Waren oder Dienstleistungen, die wegen ihrer besonderen Eigenschaften durch andere **nur in geringem Maße** oder zeitlich begrenzt **ersetzt** werden können, bilden einen **eigenen Markt.**[172]

78 Grundsätzlich dieselben Regeln sind anzuwenden, wenn die **Nachfrageseite** des Marktes ins Auge gefasst wird, um den Beschaffungsmarkt der Unternehmen zu ermitteln. Die Folge ist, dass hier gleichfalls allein auf die **Sicht der** Marktgegenseite, diesmal der **Anbieter** abzustellen und zu prüfen ist, **welche Ausweichmöglichkeiten** für sie, die Anbieter bestehen. Daher gehören hier alle Nachfrager und Produkte zu einen Markt, auf die die *Anbieter* ohne große Schwierigkeiten **ausweichen** können, wobei nicht nur an unterschiedliche Vertriebswege und Absatzmärkte, sondern auch an unterschiedliche Produktionslinien zu denken ist.[173] Die Spürbarkeit der von einem **Bezugskartell** der Abnehmer ausgehenden Wettbewerbsbeschränkung hängt daher in erster Linie, aber nicht allein von dem Umfang der Warenbezüge des Kartells im Verhältnis zu den Gesamtlieferungen der Anbieter in den fraglichen Waren ab.[174] Steht es den Mitgliedern des Bezugskartells frei, auch unabhängig von dem Kartell unmittelbar von den Lieferanten zu beziehen, so wird meistens eine wettbewerbsbeschränkende Wirkung verneint.[175]

---

[171] Anders jetzt betont BGHZ 170, 299 (305 f.) = NJW 2007, 1823 Tz. 19 = JuS 2007, 784 Nr. 13 – National Geographic II.

[172] Wegen zahlreicher Beispielen s. IM/*Emmerich,* Bd. I/1, Art. 101 Abs. 1 Rn. 161 – 165.

[173] S. insb. *Kommission,* Entsch. v. 9. 7. 1980, ABl. Nr. L 260/24 (29 Tz. 37) – National Sulphuric Acid Associaton (für ein Bezugskartell für Schwefel).

[174] *Kommission,* Entsch. v. 17. 7. 1968, ABl. Nr. L 201/4 (6) – SOCEMAS; 14. 7. 1975, ABl. Nr. L 212/23 (25) – Intergroup.

[175] *Kommission,* (vorige Fn.); ähnlich im Ergebnis *EuGH* Slg. 1994, I-5671 (5687 f.) = EuZW 1995, 244 – DLG.

3. Räumlich relevanter Markt[176]

Die exakte Abgrenzung des räumlich relevanten Marktes, das heißt des Hauptabsatzgebietes einer Ware, bereitet in einem durch Marktintegration und Globalisierung gekennzeichneten Umfeld im Grunde noch größere Schwierigkeiten als bereits die Abgrenzung des sachlich relevanten Marktes, da an den Grenzen eigentlich alle Märkte nahezu ununterscheidbar ineinander übergehen. Ungeachtet dessen legt man, soweit ersichtlich, in der **ökonomischen Theorie** der räumlichen Marktabgrenzung im wesentlichen dieselben theoretischen Ansätze wie der sachlichen Marktabgrenzung zugrunde.[177] Dies bedeutet vor allem, dass auch hier neben ökonometrischen Partialanalysen, die insbesondere an die Entwicklung der Preise und der Handelsströme anknüpfen, primär **der SSNIP-Test** oder hypothetische Monopoltest Anwendung findet. Es wird mit anderen Worten nicht anders als bereits bei der sachlichen Marktabgrenzung geprüft, auf welche anderen Anbieter die Nachfrager bei einer Preiserhöhung des Unternehmens, dessen Marktposition untersucht wird, um 5 bis 10% ausweichen. Sind dies hinreichend viele, um eine Preiserhöhung als nicht mehr lohnend erscheinen zu lassen, so gehören diese anderen Anbieter räumlich zum selben Markt. Daneben wird auch hier ferner die **Angebotsumstellungsflexibilität** weiterer Anbieter am Marktrand berücksichtigt, sofern von diesen eine disziplinierende Wirkung ausgeht. Die **Kommission** knüpft in ihrer **Bekanntmachung von 1997**[178] an die skizzierten Aussagen der ökonomischen Theorie zur räumlichen Marktabgrenzung an, wobei sie sich in erster Linie an **Art. 9 Abs. 7 S. 1** FKVO orientiert, nach dem der räumliche Referenzmarkt aus einem Gebiet besteht, auf dem die beteiligten Unternehmen als Anbieter oder Nachfrager von Waren oder Dienstleistungen auftreten, in dem die Wettbewerbsbedingungen hinreichend homogen sind und das sich von den benachbarten Gebieten hinsichtlich der Wettbewerbsbedingungen unterscheidet.[179] Zu einem räumlich relevanten Markt gehören folglich alle Unternehmen an unterschiedlichen Standorten, die für die Marktgegenseite tatsächlich als **alternative Liefer- oder Bezugsquelle** in Betracht kommen, so dass die *Abnehmer* ihre Nachfrage kurzfristig und mit geringen Kosten auf Unternehmen mit anderem Standort umlenken werden, wenn einzelne Anbieter ihre Preise erhöhen. Zentrale Bedeutung haben in diesem Zusammenhang die Struktur der Märkte, die räumlichen Verhältnisse sowie tatsächliche und rechtliche Marktzutrittsschranken.[180] 79

Diese komplizierte Prüfung ist jedoch nur erforderlich, wenn sich ausnahmsweise nicht bereits der fraglichen **Vereinbarung** entnehmen lässt, für welches Gebiet innerhalb der Union der Wettbewerb geregelt werden soll. Denn auch hier gilt, wie bereits betont (Rn. 75), dass die Unternehmen ihre **Märkte** zunächst einmal **selbst definieren**, so dass bei Art. 101 zur Definition des räumlich relevanten Marktes in erster Linie an die Vereinbarungen der Parteien anzuknüpfen ist, die darin selbst festlegen, 80

[176] S. im Einzelnen IM/*Emmerich*, Bd. I/1, Art. 101 Rn. 166–169, wegen des nur ganz selten bedeutsamen zeitlich relevanten Marktes s. noch IM/*Emmerich*, Bd. I/1, Art. 101 Rn. 170.

[177] Übersicht bei *Schwalbe/Zimmer*, Kartellrecht und Ökonomie, S. 92ff. und bei *MünchKomm/Kerber/Schwalbe*, Einl. Rn. 1175ff. (S. 308ff.) sowie z. B. *Kullfuß*, FS I. Schmidt, 1997, S. 111ff.

[178] ABl.EG 1997 Nr. C 372/1.

[179] *Kommission,* Bekanntmachung v. 9. Dezember 1997 (ABl. Nr. C 372/5), Tz. 8, 28ff.

[180] *EuG* Slg. 1994, II-762 (805 Tz. 91) – Tetra Pak; 2000, II-3929 (3974 Tz. 140) = WuW/E EU-R 443–ADP.

wo sich die von ihnen vereinbarte Wettbewerbsbeschränkung auswirken soll.[181] Nur wo solche Vorgehensweise versagt, ist die komplizierte Prüfung des räumlich relevanten Marktes nach den genannten ökonomischen Kriterien erforderlich, wobei sich die Gemeinschaftsorgane, wie gezeigt, in erster Linie an Art. 9 Abs. 7 S. 1 FKVO orientieren, ergänzt, wo immer möglich, durch ökonometrische Partialanalysen.

V. Zweck oder Wirkung

1. Überblick

81 Die Wettbewerbsbeschränkung muss nach Art. 101 Abs. 1 der Zweck oder die Wirkung der wettbewerbsbeschränkenden Maßnahme sein. Die Funktion dieses Tatbestandsmerkmals im Rahmen des Art. 101 war und ist umstritten. Heute wird die Unterscheidung zwischen Zweck und Wirkung der Maßnahme in Art. 101 meistens mit den beiden Aspekten der Wettbewerbsbeschränkung in Art. 101 identifiziert (oben Rn. 35 ff.). Danach fasst der Vertrag mit dem **Zweck der Maßnahme** in erster Linie die von einer Maßnahme ausgehende Beschränkung der wirtschaftlichen Handlungsfreiheit der an der Maßnahme **beteiligten Unternehmen** ins Auge (die ihrerseits heute in der Regel mit den sog. Kernbeschränkungen gleichgesetzt werden), während der Vertrag mit den **Wirkungen** der Maßnahme auf die ebenfalls zu berücksichtigenden Auswirkungen der Maßnahme auf **Dritte** zielt. Diese Interpretation des Art. 101 Abs. 1 ist zwar keinesfalls zwingend, aber mittlerweile so weitgehend akzeptiert, insbesondere in der Praxis der Unionsorgane, dass sie auch hier zugrunde gelegt werden soll.

82 Der Vertrag stellt in Art. 101 Abs. 1 Zweck und Wirkung der Maßnahme **gleichberechtigt nebeneinander.** Für die Anwendung des Art. 101 Abs. 1 **genügt** daher grundsätzlich bereits die **Feststellung eines** wettbewerbsbeschränkenden **Zweckes** der Maßnahme, *ohne* dass es dann noch zusätzlich auf die Prüfung ihrer tatsächlichen *Auswirkungen* auf den Markt ankäme. Diese sind vielmehr nur erheblich, wenn sich ein wettbewerbsbeschränkender Zweck der Maßnahme nicht feststellen lässt. Die Folge ist vor allem, dass die Anwendung des Art. 101 Abs. 1 **unabhängig davon ist, ob** eine **bezweckte Wettbewerbsbeschränkung** jemals **versucht** wurde.[182] Als Grund für diese strenge Haltung führt der Gerichtshof in der Regel an, dass bestimmte Formen der Koordination unternehmerischen Verhaltens bereits **ihrer Natur nach schädlich** seien, so dass sie eben *immer* von Art. 101 erfasst werden müssten.[183] Die Alternativität von Zweck und Wirkung hindert aber (natürlich) nicht, im Einzelfall beides auch **nebeneinander** zu prüfen. Vor allem die **Kommis-**

[181] Ebenso *EuGH* Slg. 1969, 295 (301 f.) – Völk/Vervaecke; 1971, 351 (376) – Cadillon/Höss; *EuG* Slg. 1994, II-905 (936 Tz. 56) – Fiatagri.

[182] So *EuGH* Slg. 1993, I-1575 (1624) = EuZW 1993, 377 (388) – Zellstoff; Slg. 1997, I-4430 (4434 ff. Tz. 12 f., 14 f.) = EuZW 1997, 632 – Ferrière Nord; Slg. 2002, I-8618 (8762 Tz. 491, 8766 Tz. 508 f.) – Limburgse Vinyl Maatschappij (PVC); Slg. 2006, I-8766 (8807 Tz. 136) – FEG; *EuGH* WuW/E EU-R 1509 Tz. 15 – BIDS; Slg. 2009, I-9374 = WuW/E EU-R 1642 Tz. 55 – GSK; Slg. 2009, I-4562 = EuZW 2009, 505 Tz. 28 = JuS 2009, 1156 – T-Mobile Nerh.; zuletzt *EuG* WuW/E EU-R 1939 Tz. 135, 259 – Siemens; *Kommission,* Leitlinien zu Art. 81 Abs. 3 EGV, ABl. 2004 Nr. C 191/7, Tz. 20.

[183] *EuGH* WuW/E EU-R 1509 Tz. 17 – BIDS; Slg. 2009, I-4562 = EuZW 2009, 505 Tz. 29 – T-Mobile Nerherlands.

sion verfährt vielfach auf diese Weise. Dies hängt nicht zuletzt mit dem Umstand zusammen, dass die Frage der Realisierung einer bezweckten Wettbewerbsbeschränkung naturgemäß von erheblicher Bedeutung für die Höhe eines etwaigen Bußgeldes sein kann.[184]

2. Zweck

Der Vertrag spricht in Art. 101 Abs. 1 zunächst ganz allgemein davon, dass es genüge, wenn die fragliche Maßnahme eine Wettbewerbsbeschränkung innerhalb des Gemeinsamen Marktes „bezweckt“. Maßgebend sind mithin der **„Zweck“ der Maßnahme selbst,** d. h. ihre **wettbewerbsbeschränkende Zielsetzung oder Tendenz,** und *nicht* so sehr die *Zwecke der Beteiligten* im Sinne der von ihnen jeweils (subjektiv) verfolgten Absichten.[185] Das ist schon deshalb gerechtfertigt, weil rational handelnde Unternehmen mit den nach den Umständen naheliegenden Auswirkungen ihrer Maßnahme auf den Markt allemal rechnen werden, so dass sie sie auch zumindest in Kauf nehmen. Hinzu kommen muss freilich noch, dass die intendierte Wettbewerbsbeschränkung im Falle ihrer Verwirklichung zugleich **spürbar** wäre.[186] Daraus folgt, dass neben der Prüfung des Zwecks der Maßnahme immer zumindest noch zusätzlich die ihrer **Eignung** zur Beschränkung des Wettbewerbs erforderlich ist. 83

Der (objektive) **Zweck** einer Maßnahme ist aufgrund der gesamten Umstände des Einzelfalls unter Berücksichtigung der rechtlichen und wirtschaftlichen Zusammenhänge zu **ermitteln.**[187] Steht danach der wettbewerbsbeschränkende Zweck einer Maßnahme fest, so ist eine **zusätzliche Prüfung der Wirkungen** der Maßnahme grundsätzlich **entbehrlich** (Rn. 82). Ebenso wenig ist erforderlich, dass die Verbraucher durch die fragliche Maßnahme tatsächlich geschädigt werden; auch auf einen Zusammenhang der Maßnahme mit den Verbraucherpreisen kommt es nicht an.[188] Art. 101 Abs. 1 wendet sich vielmehr gegen jede Maßnahme, der eine wettbewerbsbeschränkende Tendenz innewohnt. – Von den Beteiligten verfolgte, wettbewerbsbeschränkende Zwecke können im Einzelfall außerdem **an sich getrennte Maßnahmen** unter dem Blickwinkel des Art. 101 Abs. 1 zu einer **Einheit** zusammenfassen, so dass sie dann *gemeinsam* auf ihre Vereinbarkeit mit Art. 101 zu prüfen sind.[189] Sogar für sich gesehen unbedenkliche Maßnahmen können infolgedessen im Falle ihrer Einordnung in eine wettbewerbsbeschränkende Gesamtstrategie der Beteiligten in die Reichweite des Art. 101 Abs. 1 geraten. 84

[184] *EuG* Slg. 1992, II-1021 (1125 f.) – ICI.

[185] *EuGH* WuW/E EU-R 1509, 1510 Tz. 14 ff. – BIDS; *Kommission,* Leitlinien zu Art. 81 Abs. 3 EGV, ABl. 2004 Nr. C 191/7, Tz. 21; Entsch. v. 5. 12. 2001, ABl. 2002 Nr. L 253/21 (33 Tz. 61) – Luxemburgische Brauereie; v. 8. 7. 2009, WuW/E EU-V 1457 /1465) – E.ON/GDF.

[186] S. o. Rn. 50 ff.; *EuGH* Slg. 1966, 321 (390 f.) – Grundig/Consten; 1975, 1663 (2025 ff.) – Suiker Unie; 1984, 1679 (1704 ff.) – Rheinzink; 1985, 402 (423 f.) – Clair; 1987, 447 (457) = NJW 1987, 2150 – Sachversicherer; Slg. 1989, 2117 (2185 ff.) – Belasco.

[187] *EuGH* WuW/E EU-R 1509 Tz. 15 – BIDS; Slg. 2009, I-9374 = WuW/E EU-R 1641 Tz. 58 – GSK Services; *Kommission,* Leitlinien zur Anwendung von Art. 81 Abs. 3 EGV vom 27. April 2004 (ABl. EG 2004 Nr. C 101/97), Tz. 22; Horizontalleitlinien von 2011, ABl. 2011 Nr. C11/1, 8 Tz. 24 f.; *Langen/Bunte,* Art. 81 Rn. 119 f.

[188] *EuGH* Slg. 2009, I-4562 = EuZW 2009, 505 = WuW/E EU-R 1589 Tz. 38 f. – T-Mobile Netherlands; Slg. 2009, I-9374 = WuW/E EU-R 1641 Tz. 62 f. – GSK Services; *Kommission,* Entsch. v. 8. 7. 2009, WuW/E EU-V 1457, 1465 Tz. 219 – E.ON/GDF.

[189] *EuGH* Slg. 2006, I-8766 (88o1, 8807) – FEG; 2006, I-8873 (8923 f. Tz. 178) – TU.

85 Zahlreiche Abreden tragen bereits **ihrer Art nach** eine wettbewerbsbeschränkende Tendenz in sich und sind dann, ihre Spürbarkeit unterstellt (o. Rn. 83), **per se verboten.** Paradigmata sind die sog. **Kern- oder „hardcore"-Beschränkungen,**[190] insbesondere also die „klassischen" Kartelle (s. Art. 101 Abs. 1 lit. a bis lit. c), über deren wettbewerbsbeschränkende Zielsetzung jedes Wort entbehrlich ist, außerdem aber auch viele vertikale Beschränkungen, wenn sie unmittelbar oder mittelbar eine Preisbindung oder einen absoluten Gebietsschutz für die Abnehmer bezwecken. Der Kreis dieser Fälle nimmt zudem kontinuierlich zu – mit der Konsequenz einer fortlaufenden Ausdehnung des Anwendungsbereichs des Art. 101. Nur ein Beispiel aus jüngster Zeit sind **Marktinformationsverfahren** zwischen Konkurrenten auf oligopolistischen Märkten, und zwar wegen ihres (objektiven) Zwecks, den gerade für derartige Märkte charakteristischen Geheimwettbewerb auszuschließen.[191] Auf der anderen Seite wächst freilich auch die Zahl der Fälle, in denen der Gerichtshof mit Rücksicht auf in seinen Augen positiv zu bewertende Zwecke der Beteiligten ungeschriebene Ausnahme von dem umfassenden Verbot des Art. 101 annimmt (Rn. 57 ff.). Dies darf man niemals aus den Augen verlieren, wenn man die skizzierte Entwicklung in der Interpretation des Kartellverbots zutreffend würdigen will.

3. Wirkung

86 **a)** Der Vertrag stellt in Art. 101 Abs. 1 als Merkmal des Verbotstatbestandes neben den wettbewerbsbeschränkenden Zweck einer Maßnahme (dazu o. Rn. 83 ff.) gleichberechtigt noch ihre entsprechende Wirkung. Damit kann im vorliegenden Zusammenhang **zweierlei** gemeint sein,[192] entweder die etwaigen wettbewerbsbeschränkenden **Auswirkungen** der Maßnahme **auf** die an ihr **beteiligten Unternehmen oder** (zusätzlich oder allein) die entsprechenden Auswirkungen **auf Dritte.** Allgemein durchgesetzt hat sich mittlerweile das zweite, weitere Verständnis des Art. 101 (o. Rn. 31, 44 ff.). Bei den Wirkungen der wettbewerbsbeschränkenden Maßnahme hat der Vertrag in Art. 101 danach in erster Linie deren **Auswirkungen auf Dritte** im Auge, d. h. den Eingriff in die wirtschaftliche Handlungs- oder Bewegungsfreiheit Dritter.

87 Die **Ermittlung** der so verstandenen Wirkungen einer Maßnahme erfordert die umfassende Berücksichtigung ihres jeweiligen konkreten Rahmens, d. h. des wirtschaftlichen und rechtlichen Zusammenhangs, in dem die betreffenden Unternehmen tätig sind, der Natur der betroffenen Waren und Dienstleistungen, der auf dem betreffenden Markt oder den betreffenden Märkten bestehenden tatsächlichen Bedingungen und der Struktur dieser Märkte. Diese Beurteilung darf sich auch nicht auf die tatsächlichen Auswirkungen der betreffenden Maßnahmen beschränken, sondern muss außerdem ihre potentiellen (weiteren) Auswirkungen einbeziehen, wobei zum Vergleich auf den Wettbewerb abzustellen ist, wie er ohne die streitige Maßnahme bestände.[193] Zu beachten bleibt, dass die Prüfung der Wirkungen einer Maßnahme

[190] *Kommission,* Leitlinien zu Art. 81 Abs. 3 EGV, ABl. 2004 Nr. C 101/97, Tz. 23.

[191] *EuGH* Slg. 2006, I-11145 Tz. 51 ff. = EuZW 2006, 75 = JuS 2007, 877 – Asnef-Equifax; Slg. 2009, I-4562 = EuZW 2009, 505 = WuW/E EU-R 1589 Tz. 34 ff. = JuS 2009, 1156 – T-Mobile Netherlands; *Kommission,* Entsch. v. 8. 7. 2009, WuW/E EU-V 1457, 1465 Tz. 219 – E.ON/GDF.

[192] S. IM/*Emmerich,* Bd. I/1, Art. 101 Abs. 1 Rn. 179 ff.

[193] So insbes. *EuGH* Slg. 2006, I-11145 Tz. 48–50 = EuZW 2006, 735 = JuS 2007, 877 Nr. 14 – Asnef-Equifax; *EuG* Slg. 2006, II-1234 Tz. 66 ff. = WuW/E EU-R 1174(117) – O2.

nicht etwa bedeutet, dass nun in jedem Fall in eine **umfassende Marktanalyse** eingetreten werden müsste (wozu in der Regel auch gar keine Möglichkeit besteht), um etwaige negative Auswirkungen der Maßnahme zu ermitteln. Schon aus praktischen Gründen wird sich die Prüfung der Wirkungen einer Maßnahme vielmehr, jedenfalls in aller Regel, auf die **Auswirkungen auf die wirtschaftliche Handlungsfreiheit Dritter** auf den jeweils betroffenen Märkten beschränken müssen.

4. Bündeltheorie

a) Bei der Prüfung der wettbewerbsbeschränkenden Auswirkungen einer Maßnahme 88
(o. Rn. 86 f.) darf diese nicht aus dem **Gesamtzusammenhang** gelöst werden, in dem sie tatsächlich steht, so dass ergänzend die **Existenz gleichartiger Verträge** zwischen den Beteiligten sowie zwischen Dritten zu berücksichtigen ist.[194] Bedeutsam ist das vor allem für die zutreffende Beurteilung sog. **Vertragsnetze** wie z. B. umfassender **Systeme von Ausschließlichkeitsbindungen,** die, je für sich genommen, harmlos sein mögen, in ihrer Gesamtheit aber eine erhebliche Marktzutrittssperre bedeuten können und jedenfalls dann gegen Art. 101 Abs. 1 verstoßen. Paradigmata sind die Vertragsnetze der großen Verbundunternehmen auf den Energiemärkten sowie die verbreiteten **Bierlieferungsverträge,** durch die die Brauereien versuchen, möglichst viele Gastwirte durch Ausschließlichkeitsbindungen und Wettbewerbsverbote an sich zu binden, nicht zuletzt zu dem Zweck, ausländischen Brauereien den Zugang zu ihrem Markt zu versperren.

Die **Prüfung** der wettbewerbsbeschränkenden Wirkungen kumulativer Vertrags- 89
systeme ist mit erheblichen **Schwierigkeiten** verbunden. Die **Kommission** hat sich deshalb im Anschluss an das Delimitis-Urteil des Gerichtshofs von 1991[195] zu einer zweistufigen Vorgehensweise entschlossen (sog. **Delimitis- Test).**[196] Der erste Prüfungsschritt muss danach die **Bewertung der Gesamtwirkungen aller** einschlägigen, gleichartigen **Vereinbarungen** auf dem jeweils relevanten Markt sein, wobei zu beachten ist, dass die kumulative Wirkung mehrerer gleichartiger Vereinbarungen (*nur*) *ein Umstand unter mehreren* ist, die bei der Entscheidung zu berücksichtigen sind, ob der Wettbewerb verhindert, eingeschränkt oder verfälscht werden kann.[197] *Weitere* erhebliche Faktoren sind die Möglichkeiten des Marktzugangs für andere Unternehmen sowie die Bedingungen, unter denen der Wettbewerb auf dem relevanten Markt stattfindet.[198]

Ergibt sich bei dieser Prüfung (Rn. 89), dass die fraglichen (gleichartigen) Vereinba- 90
rungen in ihrer Gesamtheit den Marktzutritt von Konkurrenten spürbar behindern,

[194] *EuGH* Slg. 1967, 543 (555 f.) – de Haecht I – usw. bis Slg. 2000, I-11 140 (11 148 Tz. 25 ff.) = EuZW 2001, 631 = WuW/E EU-R 381 – Neste; Slg. 2002, I-8618 (8760 Tz. 486) – Limburgse Vinyl Maatschappij; Slg. 2006, I-9094 (9115 Tz. 53, 9121 Tz. 84 ff.) – Unilever; 2008, I-6681 Tz. 43 = EuZW 2008, 668 (670) – CEPSA/Toban; *EuG* Slg. 2003, II-4662 (4691 Tz. 82 ff., 4702 f. Tz. 109 ff.) – Van den Bergh Foods; BGHZ 180, 323 (335 ff. Tz. 35ff) = NJW-RR 2009, 1635 – Gaslieferungsverträge.

[195] *EuGH* Slg. 1991, I-977 (983 ff.) = EuZW 1991, 376.

[196] *Kommission,* 28. Wettbewerbsbericht 1998, S. 184 f. – Greene King/Roberts; Entsch. v. 24. 2. 1999, ABl. Nr. L 88/26 (44 ff.) – Whitbread; v. 16. 6. 1999, ABl. Nr. L 186/1 (16 ff.) – Bass – und 28 (41 ff.) – Scottish and Newcastle; v. 29. 6. 2000, ABl. Nr. L 195/49 (55 f.) – Intrepeneur und Spring; v. 5. 12. 2001, ABl. 2002 Nr. L 253/21 – Luxemburgische Brauereien.

[197] S. statt aller die Entscheidung Whitbread v. 24. 2. 1999, ABl. Nr. L 88/26 (44 Tz. 107).

[198] S. die Entscheidung Whitbread v. 24. 2. 1999, ABl. Nr. L 88/26 (46 Tz. 119 ff.).

so muss in einem zweiten Schritt untersucht werden, **inwieweit die Verträge des betreffenden Unternehmens,** bei Bierlieferungsverträgen also die Verträge der einzelnen fraglichen Brauerei, zu der kumulativen Wirkung **beitragen,** die alle auf diesem Markt bestehenden gleichartigen Verträge in ihrer Gesamtheit entfalten. Die Marktabschließungswirkung ist (nur) denjenigen Unternehmen zuzurechnen, die dazu **in erheblichem Maße beitragen.** Ist dies für das Vertragssystem einer Brauerei zu bejahen, so gilt dies dann freilich auch für seine einzelnen Bestandteile, d. h. für die einzelnen Verträge, wobei es insbesondere auf die Stellung der Vertragspartner auf dem relevanten Markt, d. h. auf ihren **Marktanteil**, sowie auf die **Vertragsdauer** ankommt.[199] Ein hoher Marktanteil kann folglich durch eine besonders kurze Vertragsdauer neutralisiert werden – und umgekehrt.[200] Eine Wechselwirkung besteht ferner zwischen der **Laufzeit** der Verträge und dem **Ausmaß der Bedarfsdeckung** bei den Abnehmern insbesondere auf den Energiemärkten. Je höher der Bedarfsdeckunggrad ist, desto eher verstoßen langfristige Verträge gegen Art. 101.[201] – Außerdem dürfen immer nur die Auswirkungen **gleichartiger** Verträge berücksichtigt werden. Verwendet z. B. eine Brauerei Verträge mit unterschiedlicher Vertragsdauer oder Bindungswirkung, so müssen diese Verträge getrennt gewürdigt werden.[202] Die **Kommission** unterscheidet insoweit insbesondere den sog. Markenzwang, den Alleinvertrieb, die Kundenbeschränkung, den selektiven Vertrieb und die Alleinbelieferung.[203] Ob jedoch immer alle Verträge, die unter eine der genannten Kategorien fallen, zugleich als gleichartig in dem genannten Sinne zu behandeln sind, ist noch offen.

91 **b)** Dies alles sind natürlich sehr unbestimmte Kriterien, deren Anwendung im konkreten Einzelfall die *größten* Schwierigkeiten bereitet. Die Kommission hat deshalb den Versuch unternommen, die vom Gerichtshof entwickelten Kriterien zu quantifizieren. Die Einzelheiten finden sich in den Leitlinien für vertikale Beschränkungen von 2010[204] sowie in der **De-minimis-Bekanntmachung** vom 22. Dezember 2001.[205]

VI. Handelsvertreter

Literatur: IM/*Emmerich,* Bd. I/1, Art. 101 Abs. 1 Rn. 185 ff.; *Kommission,* Leitlinien vom 19. Mai 2010 für vertikale Beschränkungen, ABl. Nr. C 130/1 Tz. 12 ff.; *Ackermann,* EuZW 1999, 741; *Eilmansberger,* ZWeR 2006, 64; *Ensthaler/D. Gesmann-Nuissl,* EuZW 2006, 167; *Freund,* EuZW 1992, 408; *Frenz,* Tz. 355 ff. (S. 132 ff.); *Kapp/Schumacher,* WuW 2007, 26; *dies.,* EuZW 2008, 167; *Kapp/Andresen,* BB 2006, 2253; *Horsch,* Handelsvertretung undd EG-Kartellrecht, 2006; *Lange,* EWS 1997, 325; 2001, 18; *Mestmäcker/Schweitzer,* § 8 Rn. 36 ff. (S. 232 ff.); *U. Müller,* Die Handelsvertretung im EG-Kartellrecht, 1996; *Nolte,* WuW 2006, 252; *ders.,* FS Bechtold, 2006, S. 357; *Pfeffer/Wegner,* EWS 2006, 296; *Ritt-*

[199] Entscheidung Whitbread v. 24. 2. 1999 (vorige Fn.), S. 27 f. Tz. 128 ff.; ebenso *EuG* Slg. 2001, II-1884 (1909 f. Tz. 76 ff.) – Roberts (Greene King); 2003, II-4662 (4691 ff. Tz. 82 ff.) – van den Bergh Foods.

[200] FK/*Roth/Ackermann,* Art. 81 Rn. 346.

[201] BGHZ 180, 323, 336 ff. Tz. 32 ff. – Gaslieferungsverträge.

[202] *EuGH* Slg. 2000, I-11 140 (11 148 ff. Tz. 25 ff.) = EuZW 2001, 631 = WuW/E EU-R 381 – Neste; *GA Fenelly* (in der Sache Neste), Slg. 2000, I-11 123 (11 135 Tz. 29 ff.); *Cumming,* 22 ECLR (2001), 394; *Eccles/Huopalainen,* 22 ECLR (2001), 131; *Mestmäcker/Schweitzer,* § 10 Rn. 78 f. (S. 289 f.).

[203] Leitlinien von 2010, ABl. 2010 Nr. C 130/1, Tz. 129 ff.

[204] ABl. Nr. C 130/1 (Tz. 128 ff.).

[205] ABl. Nr. C 368/13 (14 Tz. 8); s. dazu IM/*Emmerich,* Bd. I/1, Art. 101 Abs. 1 Rn. 184 f. m. N.

ner, ZWeR 2006, 331; *ders.,* FS U. Huber, 2006, S. 1095; *Seemann,* Schranken des EG-Kartellrechts für die Ausgestaltung von Handelsvertreterverträgen, 1995; *P. Ulmer/Habersack,* ZHR 159 (1995), 109; *Völker,* Handelsvertretervertrieb und EG-Kartellrecht, 1994; *Wilhelm,* Wettbewerbsfreiheit und Agenturvertrieb, 1995.

1. Die zutreffende kartellrechtliche Behandlung der Handelsvertreter ist umstritten. 92
Das Problem rührt daher, dass die Handelsvertreter zwar – als selbstständige Kaufleute (§§ 1, 84 I HGB) – zweifelsfrei Unternehmer sind (o. § 3 Rn. 33), auf ihre Beziehungen zu den von ihnen vertretenen Unternehmen, den Geschäftsherren, Art. 101 indessen keine uneingeschränkte Anwendung finden kann. Die Voraussetzungen dieser partiellen Freistellung der Handelsvertreter von der uneingeschränkten Anwendung des Art. 101 sind jedoch buchstäblich seit Beginn der gemeinsamen Wettbewerbspolitik umstritten. Im Laufe der Zeit haben sie wiederholt gewechselt. Soweit die Handelsvertreter danach heute noch in den Genuss des sog. **Handelsvertreterprivilegs** kommen, spricht man auch von **echten Handelsvertretern** - im Gegensatz zu „unechten" Handelsvertretern, denen, aus welchen Gründen immer, das genannte Privileg verweigert wird (obwohl sie natürlich ebenfalls „Handelsvertreter" sind, etwa i. S. d. § 84 HGB).

Bei der kartellrechtlichen Beurteilung der Stellung von Handelsvertretern muss 93
man beachten, dass Handelsvertreter **auf zwei verschiedenen Märkten tätig** sind. Im Vordergrund des Interesses stehen üblicherweise die Güter- oder Dienstleistungsmärkte, auf denen sie **für andere Unternehmen Verträge** über von diesen angebotene (oder nachgefragte) **Güter oder Dienstleistungen vermitteln oder abschließen** (s. § 84 HGB). Insoweit erscheinen die Handelsvertreter vornehmlich als **Absatzmittler** der Unternehmen, für die sie tätig werden und in deren Absatzsystem sie – in unterschiedlichem Ausmaß – eingegliedert sind. Darüber darf man indessen nicht aus dem Blick verlieren, dass sich Handelsvertreter – als selbstständige Unternehmer – **zugleich** auf dem **Markt für Dienstleistungen von Absatzmittlern** betätigen, wo sie untereinander und mit anderen Absatzmittlern um Vertragsabschlüsse mit Unternehmen konkurrieren, die die Leistungen von Absatzmittlern nachfragen. Wettbewerbsbeschränkungen sind auf beiden Tätigkeitsfeldern von Handelsvertretern denkbar und müssen dann an Art. 101 Abs. 1 gemessen werden (s. Rn. 95 f.).

Den Gegensatz zu den echten Handelsvertreter bilden insbesondere die **Eigenhänd-** 94
ler, die auf eigenes Risiko tätig werden; Art. 101 gilt für sie ohne Einschränkung.[206] Zwischen Eigenhändlern und Handelsvertretern gibt es freilich zahlreiche **Übergangsformen.** Hervorzuheben sind Kommissionäre und Kommissionsagenten, denen heute meistens das Handelsvertreterprivileg unter denselben (engen) Voraussetzungen wie den echten Handelsvertretern zugebilligt wird.[207] Im selben Sinne ist wohl die (nur schwer verständliche) Vorschrift des Art. 1 Abs. 1 lit h der Gruppenfreistellungsverordnung Nr. 330/2010 für vertikale Vereinbarungen zu interpretieren.[208]

2. Die **Gemeinschaftsorgane** haben lange Zeit keine einheitliche Linie in der Frage 95
verfolgt, unter welchen Voraussetzungen im Rahmen des Art. 101 Raum für die Annahme eines (ungeschriebenen) Handelsvertreterprivilegs ist. Mittlerweile hat sich

[206] Unstr. seit *EuGH* 13. 7. 1966, Slg. 1966, 321, 387 f = NJW 1966, 1585 *„Grundig/Consten"*; 13. 7. 1986, Slg. 1966, 457, 485 f. *„Italienische Klage"*.
[207] *Kommission*, Vertikalleitlinien von 2010, Tz. 12.
[208] S. IM/*Emmerich*, Bd. I/1 Art. 101 Rn. 189.

jedoch die restriktive Linie der Kommission weit gehend durchgesetzt. Ursprünglich hatte demgegenüber der **Gerichtshof** die Besonderheit „echter" Handelsvertreter vor allem in ihrer **Eingliederung** in das Absatzsystem des Herstellers und in ihrer daraus folgenden **Weisungsabhängigkeit** gesehen und sich deshalb (nur) unter diesen Voraussetzungen bereit gezeigt, wettbewerbsbeschränkende Abreden wie insbesondere Ausschließlichkeitsbindungen und Wettbewerbsverbote zulasten von Handelsvertretern hinzunehmen.[209] Letztlich ausschlaggebend war dafür wohl die Überlegung gewesen, dass unter den genannten Voraussetzungen Handelsvertreter und Geschäftsherr als *eine* wirtschaftliche Einheit und damit als *ein* Unternehmen im Sinne der Wettbewerbsregeln angesehen werden könnten.

96 Die **Kommission** hatte dagegen schon früh die **Risikoverteilung** zwischen Geschäftsherr und Handelsvertreter als maßgebendes Kriterium in den Vordergrund gerückt.[210] Die Einzelheiten finden sich jetzt in den **Vertikalleitlinien** von 2010.[211] Für die **Abgrenzung** der „echten" Handelsvertreter (einschließlich der Kommissionsagenten, Tz. 12) von anderen Absatzmittlern kommt es danach ausschließlich auf die **Risikoverteilung** zwischen den Beteiligten, dem Absatzmittler und dem Geschäftsherrn an, während es keine Rolle spielt, ob der Handelsvertreter für einen oder mehrere Geschäftsherren (Auftraggeber) tätig wird (Tz. 13). Art. 101 findet danach nur dann *keine* Anwendung, wenn der Vertreter **keinerlei Risiken in Bezug auf** die vermittelten **Geschäfte und** in Bezug auf die geschäftsspezifischen **Investitionen** für das betreffende Geschäftsfeld trägt (Tz. 14 f.). Nur dann sind mit anderen Worten Beschränkungen des Vertreters hinsichtlich seines Tätigkeitsgebietes, hinsichtlich der von ihm zu betreuenden Kunden sowie hinsichtlich der Preise und der Bedingungen des vermittelten Geschäfts zulässig sein (Tz. 18). Dagegen bleibt es bei Art. 101, wenn der Vertrieb über Handelsvertreter eingesetzt wird, um das Kartellverbot zu umgehen (Tz. 20).

97 Der skizzierten neuen Linie der Kommission (Rn. 96) hat sich mittlerweile auch der **Gerichtshof** mit den Urteilen „CEES/CEPSA I" von 2006[212] und „CEPSA II/Tobar" von 2008[213] weitgehend, wenn nicht ganz angeschlossen, wobei er zudem in dem zweiten genannten Urteil endgültig jede Reminiszenz an die alte Eingliederungstheorie aufgegeben hat. Entscheidend ist seitdem nur noch, **wer „die finanziellen und kommerziellen Risiken des Warenabsatzes an Dritte" trägt**. Dies beurteilt sich im wesentlichen nach denselben **Kriterien**, wie sie auch die Kommission in ihren Leitlinien von 2010 herausgearbeitet hat.[214] Zu den **Rechtsfolgen** heißt es ergänzend in dem Urteil von 2006, Art. 101 finde lediglich dann keine Anwendung, wenn der „Absatzmittler nur einen geringen Teil der Gefahren tragen muss";[215] dies

[209] *EuGH* Slg. 1966, 321 (387 f.) = NJW 1966, 158 = JuS 1966, 448 Nr. 1 – Grundig/Consten; Slg. 1966, 457 (485 f.) – Italienische Klage; 1975, 1663 (2024 f.) – Suiker Unie; 1995, I-3508 (3516 f. Tz. 19 ff.) = EuZW 1995, 795 (796) = ZIP 1995, 1769 (1771) – VAG; *EuG* Slg. 2003, II-5523 (5565 ff. Tz. 121 ff.) – Minoan Lines; 2005, II-3326 (3358 ff.) = WuW/E EU-R 933 (934 ff. Tz. 86 ff.) – Daimler Chrysler; ebenso BGH, NJW-RR 2008, 1491 Tz. 40 = WuW/E DE-R 2363 (2366 f.); *öOGH* KRInt 101 (112 f.) – LH.

[210] S. im Einzelnen IM/*Emmerich*, Bd. I/1 Art. 101 Rn. 191 f.

[211] ABl. C 130/1 Tz. 12 ff.

[212] Slg. 2006, I-12018 Tz. 42 ff. = EuZW 2007, 150 = JuS 2007, 596.

[213] Slg. 2008, I-6681 Tz. 36 f. = EuZW 2008, 668.

[214] *EuGH* Slg. 2006, I-12018 Tz. 44, 46, 51 ff. = JuS 2007, 596; Slg. 2008, I-6681 Tz. 39–40.

[215] *EuGH* Slg. 2006, I-12018 Tz. 61–63 = JuS 2007, 596.

gilt außerdem allein für die Verpflichtungen, die dem Absatzmittler hinsichtlich des Verkaufs der Waren an Dritte auferlegt werden (so dass eine Preisbindung erlaubt sein kann), während auf die Beziehungen zwischen dem Handelsvertreter und dem Geschäftsherrn in jedem Fall Art. 101 anwendbar bleibt – mit der wichtigen Folge, dass insbesondere Ausschließlichkeits- und Wettbewerbsverbotsklauseln stets an Art. 101 zu messen sind.

Die ganzen **Konsequenzen** der neuen Praxis der Gemeinschaftsorgane zu den Voraussetzungen des Handelsvertreterprivilegs für den herkömmlichen Handelsvertretervertrieb sind noch nicht endgültig abzusehen. Deutlich ist aber bereits jetzt, dass für die **Preisbindung für Zeitungen** und Zeitschriften jedenfalls im Verhältnis zwischen Deutschland und Österreich fortan – entgegen § 30 GWB – wegen des Vorrangs des Art. 101 kein Raum mehr sein dürfte.[216] 98

§ 5. Beispiele

I. Regelbeispiele

1. Überblick

Die Praxis zu Art. 101 Abs. 1 ist unübersehbar, so dass im Folgenden nur ein Überblick über die wichtigsten Beispiele und Fallgruppen gegeben werden kann, die sich in der bisherigen Praxis herausgebildet haben. Zu beginnen ist mit den sog. Regelbeispielen des Art. 101 Abs. 1 Halbs. 2. 1

Der Vertrag zählt in **Art. 101 Abs. 1 Halbs. 2 lit. a bis lit. e** zur Verdeutlichung des Verbotstatbestandes des Art. 101 Abs. 1 Halbs. 1 (dazu o. § 4) verschiedene Beispiele wettbewerbsbeschränkender Vereinbarungen auf. Die Aufzählung ist weder abschließend noch folgt aus ihr, dass eine Vereinbarung,[1] die unter eines der Regelbeispiele fällt, damit automatisch gegen Art. 101 Abs. 1 verstößt. Dies ist vielmehr nur der Fall, wenn zugleich die Voraussetzungen des Art. 101 Abs. 1 Halbs. 1 erfüllt sind und nicht eine Ausnahme nach Art. 101 Abs. 3 in Betracht kommt. 2

Der Anwendungsbereich der einzelnen Regelbeispiele des Art. 101 Abs. 1 Halbs. 2 lässt sich nicht streng voneinander abgrenzen. **Überschneidungen** sind unvermeidlich, jedoch unschädlich, weil die Beispielstatbestände vom Vertrag grundsätzlich gleichbehandelt werden. Es ist daher unbedenklich, bestimmte Kartelle schwerpunktmäßig dem einen oder dem anderen Beispielstatbestand zuzuordnen, wobei in Kauf genommen wird, dass das betreffende Kartell mit derselben Berechtigung auch unter einen der anderen Beispielstatbestände subsumiert werden könnte. Besonderer Betrachtung bedürfen in jedem Fall die Absprachen über den Vertrieb, die jedenfalls in den ersten Jahrzehnten der gemeinsamen Wettbewerbspolitik ganz im Mittelpunkt der Praxis der Kommission gestanden haben (Rn. 15 ff.), sowie die Lizenzverträge, und zwar wegen der durch sie aufgeworfenen, schwierigen Fragen über das Verhältnis zwischen Kartellrecht und Recht des geistigen Eigentums (u. § 6). 3

[216] *öOGH* GRURInt 2010, 885 (888); 2010, 888 (890 f.); s. im Einzelnen u. § 25 Rn. 8 f.

[1] Im Folgenden immer pars pro toto für Vereinbarungen, abgestimmte Verhaltensweisen und Beschlüsse im Sinne des Art. 101 Abs. 1 Halbs. 1 (o. § 4 Rn. 3 ff.).

2. Festsetzung von Preisen und Geschäftsbedingungen

a) Überblick

4 Art. 101 Abs. 1 Halbs. 2 nennt in der **lit. a** zunächst als Beispiele für verbotene Wettbewerbsbeschränkungen „die unmittelbare oder mittelbare Festsetzung der An- oder Verkaufspreise oder sonstiger Geschäftsbedingungen". Gemeint sind damit die „klassischen" **Preis- und Konditionenkartelle,** die schon immer als die gefährlichsten Erscheinungsformen von Kartellen gegolten haben. Die *Kommission* rechnet aus demselben Grund Preis- und Konditionenkartelle zu den immer verbotenen und deshalb streng zu verfolgenden **Kernbeschränkungen** („**hardcore-Kartelle**").[2] Art. 101 Abs. 1 Halbs. 2 lit. a enthält daher der Sache nach insoweit heute ein **per-se-Verbot**. Die praktische Bedeutung dieses Verbots ist erheblich. Die in den letzten Jahren aufgedeckten und von der Kommission energisch verfolgten Kartelle waren eigentlich ausnahmslos zumindest auch Preis- oder Konditionenkartelle. Dieser Umstand erklärt zugleich die durchweg sehr hohen Bußgelder, die von der Kommission in diesen Fällen verhängt wurden und die zu Recht immer wieder großes Aufsehen in der Öffentlichkeit erregt haben (s. u. § 13 Rn. 15ff.).

b) Preise

5 **Preiskartelle** sind in allen Formen und auf allen Handelsstufen verboten, wobei zwischen der unmittelbaren und der mittelbaren Fixierung von Preisen oder Preisbestandteilen nicht unterschieden wird; **verboten** ist vielmehr im weitesten Sinne **jede kollektive Einflussnahme** auf die Preisbildungsfreiheit der Unternehmen als einer der wichtigsten Erscheinungsformen des Wettbewerbs überhaupt.[3] **Beispiele** sind die Fixierung von Festpreisen, die Vereinbarung von Mindestpreisen,[4] Absprachen über Preisbestandteile und Preisnachlässe, Rabattkartelle einschließlich der Gesamtumsatzrabattkartelle, Absprachen über Skonti und Zahlungsaufschübe, ferner Submissionskartelle, die Vereinbarung sog. gemeinsamer Zielpreise sowie Absprachen über die Einkaufspreise oder über die kollektive Einführung der Preisbindung.[5] Weitere Beispiele aus der Praxis der letzten Jahre sind die umfassenden Kartelle der Reedereien für die Linienschifffahrt sowie die Preisbildungskommissionen der europäischen Eisenbahngesellschaften.[6] **Marktinformationsverfahren** gehören gleichfalls hierher, *sofern* sie nach den Umständen des betreffenden Marktes, den von den Beteiligten verfolgten Zwecken und der Art der ausgetauschten Daten die **Einschränkung des** auf vielen Märkten wichtigen **Geheimwettbewerbs** bezwecken oder be-

[2] S. z. B. die Vertikalleitlinien, ABl. 2010 Nr. C 130/1, Tz. 47 ff.; die Leitlinien zu Art. 101 Abs. 3 AEUV, ABl. 2004 Nr. C 101/97, Tz. 23; Geldbußenleitlinien von 2006, ABl. Nr. C 210/2 (3 Tz. 23): „schwerwiegendste Verstöße"; ebenso *EuG* Slg. 2003, II-3298 (3463 ff. Tz. 498 ff.) – Atlantic Container Line; 2003, II-2611 (2651 ff. Tz. 117 ff.) – Archer Daniels.

[3] *EuGH* Slg. 1977, 1875 (1906) – Metro; 1989, 2181 (2185 ff.) – Belasco; *EuG* Slg. 2003, II-3298 (3463 ff. Tz. 498 ff.) – Atlantic Container Line; 2003, II-2611 (2651 ff. Tz. 117 ff.) – Archer Daniels.

[4] Vgl. z. B. für die Vertragswerke der Kreditkartenunternehmen *Kommission*, Entsch. v. 19. 12. 2007, ABl. 2009 Nr. C 264/8.

[5] *EuGH* Slg. 1985, 3812 (3822 ff.) – NSO; *EuG* Slg. 1995, II-289 (330, 341, 356 ff.) – SPO; 1995, II-791 – Tréfileurope; 1997, II-1695 (1706 ff.); 1997, II-1739 (1800) – SCK; *Kommission,* Entsch. v. 5. 6. 1996, ABl. Nr. L 181/28 (32 ff.) – FENEX; v. 4. 12. 1996, ABl. 1997 Nr. L 47/11 (18) – Novalliance.

[6] *EuG* Slg. 1997, II-1695 (1706 ff) – Deutsche Bahn AG; 2003, II-3298 – Atlantic Container Line; *Kommission,* Entsch. v. 16. 9. 1998, ABl. 1999 Nr. L 95/1 (69 ff); v. 30. 4. 1999, ABl. Nr. L 193/23 (44).

wirken, wobei das Letztere um so eher anzunehmen ist, je enger der Markt und je kleiner die Zahl der Konkurrenten ist, zumal bei homogenen Gütern auf oligopolistischen Märkten.[7] Maßgebend sind die Umstände des Einzelfalles. Eine großzügigere Beurteilung erfahren lediglich Informationsverfahren, die in der Kredit- und Versicherungswirtschaft einen Austausch der Anbieter über solche Daten zum Gegenstand haben, die es ihnen überhaupt erst ermöglichen, die Kreditwürdigkeit neuer Kunden sowie bei den Versicherern das mit neuen Versicherungsnehmern verbundene Risiko zutreffend einzuschätzen.[8]

Die **vertikale Preisbindung** fällt gleichfalls unter Art. 101 Abs. 1 Halbs. 2 lit. a, und 6
zwar ohne Rücksicht darauf, ob sie sich auf die Endpreise, auf Mindestpreise oder auf einzelne Preisbestandteile bezieht. Für die Anwendung der Gruppenfreistellungsverordnung Nr. 330/2010 für vertikale Vereinbarungen ist dann kein Raum, weil es sich bei der vertikalen Preisbindung um eine **Kernbeschränkung** handelt (Art. 4 lit. a Halbs. 1 VO). Die Frage ist freilich neuerdings umstritten. Im Schrifttum wird vielfach im Anschluss an die jüngste Rechtsprechung des amerikanischen **Supreme Courts** (S. Ct.)[9] auch für die Beurteilung der vertikalen Preisbindung im europäischen Kartellrecht die Aufgabe des per-se-Verbots zu Gunsten einer **„effect based" Einzelfallanalyse** gefordert, weil mit vertikalen Preisbindung durchaus auch positive Effekte verbunden sein könnten.[10] Es geht dabei vor allem um die Lösung der so genannten Trittbrettfahrerproblematik. Indessen handelt es sich dabei um Sonderfälle, die mühelos bereits im Rahmen des Art. 101 Abs. 3 gelöst werden können und die deshalb unter keinen Umständen für die Masse der durchaus kritisch zu beurteilenden Fälle einer vertikalen Preisbindung die Aufgabe des per-se-Verbotes zu rechtfertigen vermögen.[11]

Auf der generellen Unzulässigkeit der vertikalen Preisbindung nach dem Unionsrecht 6a
(Rn. 6) beruht auch die Problematik der deutschen **Preisbindung für Zeitungen** und Zeitschriften nach § 30 GWB (s. u. § 25) sowie **für Bücher** aufgrund des Buchpreisbindungsgesetzes von 2002,[12] sofern durch die fraglichen Vereinbarungen der Handel zwischen Mitgliedstaaten beeinträchtigt wird, wie es tatsächlich in großem Ausmaß der Fall ist, weil deutsche Literatur (natürlich) auch in Österreich und in anderen deutschsprachigen Gebieten der Europäischen Union vertrieben wird (s. u. § 25 Rn. 8 ff.). Anders beurteilt wird lediglich der Ausspruch von **Preisempfehlungen** (s. § 4 Rn. 30a) sowie die Festsetzung von **Höchstverkaufspreisen,** vorausgesetzt, dass sie nicht tatsächlich, etwa wegen der Ausübung von Druck, doch wie Fest-

[7] S. u. § 21 Rn. 64 ff.; *EuGH* Slg. 1998, I-3138 (3161 ff. Tz. 90 ff.) = WuW/E EU-R 75 (78 f.) – J. Deere; Slg. 1998, I-3198 (3226) – New Holland Ford/Fiatagri; Slg. 2003, I-10 885 (10 913 Tz. 81 ff.) – Thyssen Stahl; Slg. 2006, I-11145 Tz. 51 ff. = EuZW 2006, 753 (756 f.) = JuS 2007, 877 Nr. 14– Asnef-Equifax; *EuG* 1995, II-289 (330 ff.) – SPO; s. u. § 21 Rn. 64 ff.; *Dreher,* FS Schirmer, 2005, S. 71; *Feldkamp,* EuZW 1991, 617; *Sedemund,* FS Lieberknecht, 1997, S. 571; *Tugendreich,* Die kartellrechtliche Zulässigkeit von Marktinformationsverfahren, 2004; *Vollmer,* FS Mailänder, 2006, S. 215; *Wagner-v. Papp,* Marktinformationsverfahren, 2004; *ders.,* WuW 2005, 732.

[8] S. dazu das Urteil Asnef-Equifax (vorige Fn.) Tz. 51 ff.; u. § 21 Rn. 67 sowie *Emmerich,* JuS 2007, 877.

[9] *Leegin v. PSKS,* 127 S. Ct. (2007), 2705 = 168 L. Ed. 2d (2007) = KRInt 185.

[10] Z. B. *Kasten,* WuW 2007, 994 (1005 ff. m. N.).

[11] Ebenso zutreffend *Chr. Hoffmann,* WM 2010, 920; *M. A. Schwander* WuW 2008, 653; *Sosnitza/J. Hoffmann,* AG 2008, 107.

[12] BGBl. I S. 3448 = GRUR 2003, 38.

oder Mindestverkaufspreise wirken.[13] Dahinter steht die Auffassung, dass die Festsetzung von Höchstverkaufspreisen seitens des Lieferanten letztlich nur im Interesse der Abnehmer und insbesondere der Verbraucher liege (str.).

c) Geschäftsbedingungen

7 Den Preisabreden (o. Rn. 5 f.) stehen Abreden über sonstige **Geschäftsbedingungen** gleich, wiederum ohne Rücksicht darauf, ob es sich um horizontale oder vertikale Beziehungen handelt. Auch dabei handelt es sich um **Kernbeschränkungen,** bei denen schon deshalb kein Raum für die Anwendung der rule of reason ist.[14] Beispiele sind wettbewerbsbeschränkende Klauseln in den Vertragswerken von **Messen,** durch die die Messeveranstalter versuchen, die Aussteller nach Möglichkeit an sich zu binden und dadurch von der Teilnahme an konkurrierenden Messen abzuhalten.[15] Wettbewerbsbeschränkende Klauseln in den **Satzungen der Kammern** der freien Berufe oder sonstiger Verbände gehören gleichfalls hierher.[16]

3. Einschränkung oder Kontrolle der Erzeugung, des Absatzes, der technischen Entwicklung oder der Investitionen

8 Als Beispiele für wettbewerbsbeschränkende Vereinbarungen nennt **Art. 101 Abs. 1 Halbs. 2 lit. b** ferner die Einschränkung *oder* Kontrolle der Erzeugung, des Absatzes, der technischen Entwicklung *oder* der Investitionen (vgl. auch Art. 102 S. 2 lit. b). Dieser Tatbestand umfasst ebenfalls eine **ganze Reihe „klassischer" Kartelle** wie Quotenkartelle, Strukturkrisen- und Spezialisierungskartelle. Darüber hinaus fällt unter Art. 101 Abs. 1 Halbs. 2 lit. b noch eine Fülle sonstiger wettbewerbsbeschränkender Abreden einschließlich namentlich der **Vertriebsabsprachen** (s. u. Rn. 15 ff.). Dies erklärt zugleich die **große Zahl von Gruppenfreistellungsverordnungen und Bekanntmachungen,** die im vorliegenden Zusammenhang zu berücksichtigen sind. Hervorzuheben sind neben der **Gruppenfreistellungsverordnung Nr. 330/2010 für vertikale Vereinbarungen** von 2010[17] die beiden Gruppenfreistellungsverordnungen Nr. 2658/2000 für Spezialisierungsvereinbarungen und Nr. 2659/2000 für Vereinbarungen über Forschung und Entwicklung[18] sowie noch die Bekanntmachung vom 14. Januar 2011 über Vereinbarungen über horizontale Zusammenarbeit, die sog. **Horizontalleitlinien.**[19]

9 **Beispiele** für die Einschränkung oder Kontrolle der **Erzeugung** sind außer **Quotenkartellen** von Unternehmen[20] insbesondere **Spezialisierungskartelle** sowie Ab-

[13] Art. 4 lit. a Halbs. 2 VO Nr. 330/2010.
[14] *öOGH* WuW 2005, 220 (221) = WuW/E KRInt 66 (67) – Wärmedämmverbundsysteme.
[15] *EuGH* Slg. 1987, 3131 (3154 f.) – Ancides; *EuG* Slg. 1992, II-1931 (1953 ff.) – DPF; *Kommission,* Entsch. v. 20. 12. 1988, ABl. Nr. L 37/11 – Emo; v. 15. 2. 1991, ABl. Nr. L 60/19 – SIPPA; *Emmerich/J. Hoffmann,* FS F. Selmer, 2004, S. 305.
[16] S. schon o. § 3 Rn. 34, § 4 Rn. 15 ff.; *EuGH* Slg. 1989, 1321 (1327 ff.) – Royal Pharmaceutical Soc.; 2002, I-1561 (1572 ff. Tz. 34 ff.) = NJW 2002, 882 – Arduino; Slg. 2002, I-1653 (1677 ff. Tz. 50 ff.) = NJW 2002, 877 – Wouters; *EuG* Slg. 1997, II-1739 (1789 ff.) – SCK/FNK; *M. König,* Standesrechtliche Wettbewerbsbeschränkungen im gemeinsamen Markt, 1997, S. 134 ff.
[17] ABl. Nr. L 102/1.
[18] ABl. Nr. L 304/3 und 7; wegen der Einzelheiten s. u. § 8 Rn. 32, 34 f.
[19] ABl. Nr. C 11/2; s. dazu im Einzelnen u. § 8 Rn. 28, 39 ff.
[20] *EuG* Slg. 1995, II-289 (350 ff.) – SPO; 1995, II-791 (818 ff.) – Tréfileurope.

reden über **Normen und Typen**,[21] weiter der Austausch von Produktionseinheiten oder langfristige Lohnfertigungsverträge zwischen Konkurrenten, außerdem die Übertragung der Produktion konkurrierender Unternehmen auf Gemeinschaftsunternehmen sowie **Arbeitsgemeinschaften** zwischen aktuellen oder potentiellen Konkurrenten, vorausgesetzt, dass jedes der beteiligten Unternehmen auch alleine zur Ausführung des fraglichen Auftrags in der Lage wäre.[22] Um eine **Einschränkung des Absatzes** im Sinne des Art. 101 Abs. 1 Halbs. 2 lit. b handelt es sich dagegen insbesondere bei Alleinvertriebs- und Alleinbezugsvereinbarungen, bei selektiven Vertriebssystemen sowie bei Zuliefervereinbarungen (dazu u. Rn. 15 ff.). Eine **Einschränkung der technischen Entwicklung oder der Investitionen** wird schließlich vor allem bei Strukturkrisenkartellen angenommen.[23] Weitere Beispiele sind Vereinbarungen über eine gemeinsame Forschung und Entwicklung, wenn sie zu einer Normung der Teile oder zu einer Spezialisierung der Hersteller führen,[24] sowie überhaupt jeder **gemeinsame Vertrieb oder Bezug**, in erster Linie von Großunternehmen.[25] Auch Selbstbeschränkungsabkommen gehören hierher.[26]

4. Aufteilung der Märkte oder Versorgungsquellen

Als weiteres Regelbeispiel nennt **Art. 101 Abs. 1 Halbs. 2 lit. c** die Aufteilung der Märkte oder Versorgungsquellen. Darunter fallen vor allem die verbreiteten Versuche der Unternehmen, den europäischen Binnenmarkt wieder künstlich in nationale Märkte aufzuspalten. Derartige Versuche widersprechen so sehr dem Zweck der Wettbewerbsregeln (s. o. § 3 Rn. 1 ff.), dass die *Kommission* gegen sie seit Beginn der gemeinsamen Wettbewerbspolitik mit besonderer Strenge vorgeht. Heute zählt die *Kommission* jede Vereinbarung eines **absoluten Gebietsschutzes** für einzelne Unternehmen zu den immer und ohne weiteres verbotenen **Kernbeschränkungen.**[27] 10

Die Mittel, die die Unternehmen verwenden, sind unerheblich; erfasst wird vielmehr **jede** horizontale oder vertikale **Abrede**, die **auf** einen **Heimatschutz** für Unternehmen hinausläuft.[28] Die wichtigsten **Beispiele** sind umfassende internationale Kartelle, nationale Marktordnungen sowie Export- und Importkartelle, für die Art. 101 Abs. 1 wegen ihrer generellen Unvereinbarkeit mit dem Binnenmarktprojekt einem **per se-Verbot** gleichkommt.[29] Ebenso zu behandeln sind die Aufteilung der Kunden 11

---

[21] Zu den Standardisierungskooperationen, deren Problematik in Europa erst langsam erkannt wird, s. die Horizontalleitlinien von 2011, Tz. 257 ff.; *Walther/Baumgartner*, WuW 2008, 158.

[22] Zu den Arbeitsgemeinschaften s. *Kommission,* Entsch. v. 12. 4. 1999, ABl. Nr. L 125/12 (21 f.) – Versicherungspools.

[23] *EuG* Slg. 1992, II-1155 (1251 f.) – Montedipe; *Kommission,* 12. WB, Tz. 38 ff.; *P. Jung,* ZWeR 2007, 141 (150 ff.).

[24] *EuGH* Slg. 1989, 2117 (2189) – Belasco.

[25] *Kommission,* Entsch. v. 18. 12. 1985, ABl. Nr. L 376/29 (35 f.); v. 28. 10. 1988, ABl. Nr. L 316/43 (46).

[26] Vgl. die Bekanntmachung v. 21. 10. 1972 betreffend die Einfuhr japanischer Erzeugnisse in die Gemeinschaft, ABl. Nr. C 111/13.

[27] S. insb. Art. 4 lit. b Halbs. 1 der Gruppenfreistellungsverordnung Nr. 330/2010 für Vertikalvereinbarungen; Leitlinien zu Art. 101 Abs. 3 vom 22. April 2004 (ABl. Nr. C 191/97), Tz. 23; Vertikalleitlinien von 2010 (ABl. Nr. C 130/1), Tz. 47 ff.

[28] Zahlreiche Beispiele in Hdb., H I § 2 Rn.

[29] *EuGH* Slg. 1966, 322 (391) = JuS 1966, 448 Nr. 1 – Grundig/Consten; Slg. 1978, 131 (147 f.) – Miller International; 1979, 2435 (2477) – BMW Belgium; 1980, 2229 (2265 Tz. 26); 1998, I-1997 (2002 f., 2004 Tz. 13 f., 20 f.) = WuW/E EU-R 57 – Javico; Slg. 1999, I-4162 = WuW/E EU-R

zwischen Konkurrenten, vertikale Marktaufteilungen, namentlich durch Alleinvertriebsvereinbarungen mit Exportverboten, sowie die Gewährung von Exportbeihilfen durch einen Verband, um die Absatzmöglichkeiten der Konkurrenten zu beschränken.[30]

5. Anwendung unterschiedlicher Bedingungen

12 Der nächste Beispielstatbestand **(Art. 101 Abs. 1 Halbs. 2 lit. d)** betrifft die Anwendung unterschiedlicher Bedingungen bei gleichwertigen Leistungen gegenüber Handelspartnern, wodurch diese im Wettbewerb benachteiligt werden. Um diesen Tatbestand richtig einordnen zu können, muss man sich vergegenwärtigen, dass es sich auch bei ihm um einen bloßen Anwendungsfall des Art. 101 Abs. 1 Halbs. 1 handelt, so dass ihm **nicht** etwa ein **generelles Diskriminierungsverbot** entnommen werden kann. Ein solches enthalten vielmehr nur **Art. 18** des Vertrages speziell für Diskriminierungen aus Gründen der Staatsangehörigkeit sowie Art. 102 S. 2 lit. c für beherrschende Unternehmen.[31] Für die Anwendung des wesentlich weitergehenden Art. 101 Abs. 1 Halbs. 2 lit. d ist dagegen nur Raum, wenn die **Diskriminierung** gerade **auf** einer **Vereinbarung** mehrerer Unternehmen beruht (Art. 101 Abs. 1 Halbs. 1).[32] Wichtigster Anwendungsfall ist die Diskriminierung zwischen den Handelspartnern eines Kartells.[33] **Autonome Diskriminierungen** durch ein einzelnes Unternehmen können dagegen, soweit nicht Art. 18 eingreift, allein unter den zusätzlichen Voraussetzungen des Art. 102 als Missbrauch einer beherrschenden Stellung erfasst werden (Art. 102 S. 2 lit. c und dazu u. § 10 Rn. 45 ff.).

6. Koppelungsverträge

13 Als letztes Regelbeispiel erwähnt der Vertrag in **Art. 101 Abs. 1 Halbs. 2 lit. e** noch die an den Abschluss von Verträgen geknüpfte Bedingung, dass die Vertragspartner *zusätzliche* Leistungen abnehmen, die weder sachlich noch nach Handelsbrauch in Beziehung zum Vertragsgegenstand stehen. Eine Parallelvorschrift findet sich für Unternehmen in beherrschender Stellung in Art. 102 S. 2 lit. d (s. dazu u. § 10 Rn. 53 f.). Mit Rücksicht darauf ist umstritten, ob sich der Anwendungsbereich des Art. 101 Abs. 1 Halbs. 2 lit. e auf kollektive Koppelungspraktiken beschränkt oder ob er auch Koppelungsverträge umfasst, die nur von einem Unternehmen praktiziert werden.

14 Entscheidend kann letztlich immer nur sein, ob zugleich die Voraussetzungen des Art. 101 Abs. 1 Halbs. 1 erfüllt sind. Trifft dies bei Koppelungsverträgen eines *einzel-*

320 – Polypropylen; EuZW 1990, 93 – Tipp-Ex; Slg. 2009, I-9374 = WuW/E EU-R 1641 (1644 f. Tz. 59 ff.: kein Ausschluss des Parallelhandels, auch nicht bei Arzneimitteln) – GSK; *EuG* Slg. 1994, II-441 (467 ff.) – Dunlop; 1994, II-531 (542) = EuZW 1994, 664 (665 f.) – Herlitz; Slg. 1994, II-549 (564 f.) = EuZW 1994, 666 (668 ff.) – Parker; Slg. 1995, II-791 (838, 845 f. Tz. 119, 141, 146) – Tréfileurope; Slg. 2000, II-491 = WuW/E EU-R 293 – Cimenteries; Slg. 2000, II-2713 (2782 ff. Tz. 178 ff.) = WuW/E EU-R 330 (334 f.) – VW; Slg. 2005, II-3038 = WuW/E EU-R 967 (975 f. Tz. 173 ff.) – Brasserie Nationale; *Kommission,* Entsch. v. 4. 12. 1996, ABl. 1997 Nr. L 47/11 (17) – Novalliance.

[30] *Kommission,* Entsch. v. 7. 12. 1984, ABl. 1985 Nr. L 35/35 (40 ff.); ebenso für Wettbewerbsverbote *EuG* Slg. 1992, II-1931 (1961) – DPF.

[31] S. u. § 10 Rn. 45 ff.; zu §§ 19 IV Nr. 3 und 20 I GWB s. u. § 27 Rn. 98 ff, § 29 Rn. 1 ff.

[32] *EuGH* Slg. 1996, I-5482 (5495 ff.) = EuZW 1997, 84 = JuS 1997, 376 Nr. 11 – Viho Europe; *EuG* Slg. 1995, II-17 (38 f.) = EuZW 1995, 583 (587 f. Tz. 61 f.).

[33] *Kommission,* Entsch. v. 23. 7. 1974, ABl. Nr. L 237/3 (7 ff.) – Papiers paints belgiques.

nen Unternehmens ausnahmsweise zu, so bestehen keine Bedenken gegen den Rückgriff auf Art. 101 Abs. 1 Halbs. 2 lit. e. Eine *kollektive* Koppelungspraxis liegt dagegen z. B. vor, wenn Kartelle die Lieferung bestimmter Waren von der Abnahme weiterer Waren oder Leistungen, z. B. vom Transport oder von der Versicherung der Ware seitens des Kartells, abhängig machen.[34]

II. Absprachen über den Vertrieb

Literatur: *Kommission,* Grünbuch zur Wettbewerbspolitik gegenüber vertikalen Wettbewerbsbeschränkungen, KOM 96 (721) endg. = C. M. L. R. 1997 I, p. 519 = BR-Drs. 121/97; Mitteilung v. 26. 11. 1998, ABl. Nr. C 365/3; Leitlinien für vertikale Beschränkungen v. 19. 5. 2010, ABl. Nr. C 130/1; *Bauer/de Bronett,* Die Novelle der GruppenfreistellungsVO, 2000; *Beuthien/Schwarz,* Kooperationsgruppen des Handels und Franchisesysteme in Europa aus der Sicht des EG-Wettbewerbsrechts, 1993; *Duijm,* Die Wettbewerbspolitik der EG gegenüber vertikalen Vertriebsvereinbarungen, 1997; *Frenz,* Tz. 782 ff. (S. 291 ff.); *Kirchhoff,* in: Wiedemann, § 10; *ders.,* Die kartellrechtliche Beurteilung vertikaler Vertriebsverträge, 1990, S. 233 ff.; *Korah/Rotnie,* Exclusive distribution and the EEC competition rules, 2. Aufl. 1992; *Mestmäcker/Schweitzer,* §§ 12, 14 (S. 314, 361 ff.); *Habermeier* und *Rahlmeyer,* in: Martinek/Semler/Habermeier, Hdb. des Vertriebsrechts, 2. Aufl., 2003, §§ 30, 31 (S. 765, 800 ff.); *N. Reich,* Europäisches Verbraucherschutzrecht, 2. Aufl., 1993; *Schiele,* Kraftfahrzeugvertrieb, 1994; *Wijkmans/Tuytshawer/Vanderelst,* Vertical Agreements in EC-Competition Law, Oxford 2006.

1. Überblick

Art. 101 Abs. 1 gilt gleichermaßen für horizontale wie für vertikale Vereinbarungen, 15
so dass in seinen Anwendungsbereich **auch** wettbewerbsbeschränkende **Vertriebsabreden** fallen.[35] Die wichtigsten Erscheinungsformen sind Alleinvertriebs- und Alleinbezugsvereinbarungen, Franchiseverträge sowie selektive Vertriebssysteme. Derartige Vertriebsvereinbarungen sind nach überwiegender Meinung **keineswegs generell negativ zu beurteilen**, auch nicht im Binnenmarkt; in zahlreichen Fällen bilden sie im Gegenteil sogar das einzige Mittel, das es den Herstellern erlaubt, in die Märkte der anderen Mitgliedstaaten einzudringen. Die Unterstellung aller dieser Vereinbarungen unter Art. 101 Abs. 1 hatte deshalb nach Inkrafttreten der VO Nr. 17 im März 1962 zu einer Überflutung der Kommission mit buchstäblich abertausenden von Freistellungsanträgen aufgrund des Art. 101 Abs. 3 geführt (s. schon o. § 2 Rn. 18 ff., 27 ff.).

Die **Kommission** versuchte zunächst, dieses sog. **Massenproblems** durch den Erlass 16
einer Vielzahl von **Gruppenfreistellungsverordnungen (GFVO),** ergänzt durch Bekanntmachungen und Mitteilungen, Herr zu werden. Das dadurch geschaffene System sich vielfältig überschneidender, häufig sehr ins Detail gehender Verordnungen für bestimmte Erscheinungsformen von Vertriebsvereinbarungen stieß indessen in den letzten Jahren auf zunehmende **Kritik.** Gerügt wurden vor allem die großen Lücken, die das System der Gruppenfreistellungsverordnungen immer noch aufwies, – es fehlte z. B. bis zuletzt eine GFVO für den wichtigen und verbreiteten selektiven Vertrieb –, die mangelnde Flexibilität des Systems sowie das Alles- oder Nichts-Prinzip, d. h. der Umstand, dass bereits die Vereinbarung einer einzigen, mit den genann-

[34] Vgl. *Kommission,* Entsch. v. 18. 7. 1988, ABl. Nr. L 284/41 (55) – Napier Brown; v. 23. 3. 1990, ABl. Nr. L 100/32 (35) – Moosehat; v. 24. 7. 1991, ABl. Nr. L 72/1 (24 ff.) – Tetra Pak II.

[35] S. o. § 4 Rn. 9 ff.; grdl. ist der Fall Grundig/Consten von 1964: *Kommission,* Entsch. v. 23. 9. 1964, ABl. 1964, S. 2545; *EuGH* Slg. 1966, 321 = JuS 1966, 448 Nr. 1 m. Anm. *Deringer,* NJW 1966, 1585.

ten Verordnungen unvereinbaren Klausel zu deren Unanwendbarkeit insgesamt und damit zur Anwendbarkeit von Art. 101 Abs. 1 und 3 führte. Eine **Reform** war deshalb nach verbreiteter Meinung überfällig.

17 Die Kommission veröffentlichte aus diesem Grunde zunächst Ende des Jahres 1996 ein umfangreiches **Grünbuch** zur Wettbewerbspolitik gegenüber vertikalen Wettbewerbsbeschränkungen, um eine Diskussion über die nötigen Reformschritte einzuleiten.[36] Aufgrund der Stellungnahmen, die darauf hin bei ihr eingingen, wählte sie schließlich die Lösung, die **drei Gruppenfreistellungsverordnungen**, die sich bisher vornehmlich mit Vertriebsabreden befasst hatten, **durch eine einzige** umfassende **GFVO** für alle vertikalen Vereinbarungen **bis** zu einem Marktanteil der Beteiligten von **30 %** zu ersetzen.[37] So kam es Ende des Jahres 1999 zur Verabschiedung der **VO Nr. 2790/1999** über die Anwendung des Art. 101 auf Gruppen von vertikalen Vereinbarungen[38] in Verbindung mit umfangreichen **Leitlinien** für vertikale Beschränkungen vom Oktober 2000.[39] An die Stelle dieser Verordnung ist mittlerweile die neue **Gruppenfreistellungsverordnung Nr. 330/2010** vom 24. April 2010 getreten[40], ergänzt durch neue vertikale **Leitlinien** vom 19. Mai 2010 (Rn. 18 ff.).[41] Sonderregeln gelten seitdem lediglich noch für den Kraftfahrzeugvertrieb (s. u. Rn. 31 ff.).

2. Die Gruppenfreistellungsverordnung Nr. 330/2010

a) Überblick

18 Die Gruppenfreistellungsverordnung (VO) Nr. 330/2010[42] hat eine zusammenhängende Regelung für die Mehrzahl der vertikalen Vereinbarungen gebracht. Ihr Merkmal ist ein stärker „wirtschaftlich“, d. h. an der Marktmacht der Beteiligten ausgerichteter Regelungsansatz als früher.[43] Dies äußert sich vor allem darin, dass die Verordnung in **Art. 3** vorrangig auf **Marktanteilsschwellen** als Voraussetzungen für die Zulässigkeit von Vertikalvereinbarungen abstellt.

19 Die Verordnung enthält zunächst in Art. 1 Definitionen der wichtigsten von ihr verwandten Begriffe und regelt sodann in Art. 2 ihren Anwendungsbereich.[44] Er umfasst danach grundsätzlich **alle vertikalen Vereinbarungen.** Die Verordnung versteht darunter Vereinbarungen zwischen zwei oder mehr Unternehmen, von denen jedes zwecks Durchführung der Vereinbarung auf einer anderen Produktions- oder Vertriebsstufe tätig ist, und die die Bedingungen betreffen, zu denen die Parteien bestimmte Waren oder Dienstleistungen beziehen, verkaufen oder weiterverkaufen können (s. die Definition in Art. 1 Abs. 1 lit a VO). Die Freistellung setzt nach

---

[36] KOM (96) 721 endg. = BR-Drs. 121/97 = CMLR 1997 I, p. 519.

[37] Vgl. die Mitteilung über die Anwendung der EG-Wettbewerbsregeln auf vertikale Beschränkungen vom 26. 11. 1998, ABl. Nr. C 365/3 (9 ff.); 29. WB 1999, Tz. 8 ff. (S. 25 ff.).

[38] ABl. 1999 Nr. L 336/21.

[39] ABl. Nr. C 291/1.

[40] ABl. Nr. L 102/1.

[41] ABl. Nr. C 130/1.

[42] ABl. 2010 Nr. L 102/1; s. dazu *Besen/Jorins*, BB 2010, 1099; *Funke*, Betr 201o, 1389; *Lettl*, WRP 2010, 807; *Römer*, WRP 2010, 1114; *Schulze*, BB 2009, 2266.

[43] So *Kommission*, Mitteilung v. 26. 11. 1998, ABl. Nr. C 365/3 f (Tz. 1 f.).

[44] S. dazu ausführlich die Vertikalleitlinien, Tz. 23 ff.; *Ackermann*, EuZW 1999, 741 (742); *Mestmäcker/Schweitzer*, § 14 Rn. 5 ff. (S. 363 ff.).

Art. 2 weiter voraus, dass es sich um eine Vereinbarung über den Bezug oder den Verkauf von Waren oder Dienstleistungen zwischen nicht miteinander in Wettbewerb stehenden Unternehmen handelt; unerheblich ist, ob der Vertrag Nebenabreden über gewerbliche Schutzrechte enthält, wobei insbesondere an Markenlizenzen in Vertriebsverträgen über Markenartikel zu denken ist, während Verträge zwischen Wettbewerbern nur ausnahmsweise unter zusätzlichen Voraussetzungen freigestellt sind.[45] Auch Tankstellenpachtverträge fallen daher heute z. B. unter die Verordnung, sofern nicht im Einzelfall das Handelsvertreterprivileg eingreift, – worauf in der Praxis bisher noch kaum Rücksicht genommen wird.[46] Ausgenommen ist lediglich der Kraftfahrzeugvertrieb (Art. 2 Abs. 5; s. dazu u. Rn. 31 ff.). Von diesem abgesehen, sind fortan alle genannten Vereinbarungen freigestellt, sofern der **Marktanteil** des Lieferanten sowie bei Alleinbelieferungspflichten der des begünstigten Käufers **30 % nicht übersteigt** (Art. 3 Abs. 1 VO). „Um den Marktanteil zu ermitteln, muss der **relevante Markt** abgegrenzt werden, auf dem das Unternehmen die Vertragsprodukte verkauft oder bezieht".[47] Einzelheiten der Marktabgrenzung entsprechend dem Bedarfsmarktkonzept[48] finden sich dementsprechend in den Art. 7 bis 9 der VO.[49]

Die Gruppenfreistellungsverordnung Nr. 330/2010 gilt nicht für die in Art. 4 VO aufgeführten **Kernbeschränkungen,** hinsichtlich derer es folglich bei dem Alles- oder Nichts-Prinzip bleibt.[50] Kernbeschränkungen sind die **Festsetzung von Mindest- oder Festpreisen, Weiterverkaufsverbote** sowie sämtlichr Formen des **absoluten Gebietsschutzes.**[51] Schranken zieht die Verordnung außerdem in Art. 5 etwaigen **Wettbewerbsverboten.** Die Verordnung sieht schließlich noch in Art. 6 ein Verfahren vor, mittels derer den Beteiligten die Rechtswohltat der Freistellung wieder entzogen werden kann, wenn der ganze Markt mit Netzen vertikaler Vereinbarungen überzogen wird. 20

b) Alleinvertriebsverträge

Die vorstehend skizzierten Regeln (o. Rn. 18–20) gelten auch für Alleinvertriebsverträge. Man versteht darunter Vereinbarungen zwischen Herstellern und Händlern, durch die sich der Lieferant verpflichtet, in einem bestimmten Gebiet zum Zwecke des Weiterverkaufs ausschließlich einen bestimmten Abnehmer zu beliefern (sog. **Alleinbelieferungspflicht).** Damit kann, muss aber nicht die Verpflichtung des Abnehmers verbunden sein, die betreffenden Waren ausschließlich von dem Lieferanten zu beziehen (sog. **Alleinbezugspflicht**). **Beispiele** sind die üblichen Tankstellenpachtverträge, weil sie in aller Regel Alleinbelieferungs- und Alleinbezugspflichten vorsehen.[52] 21

---

[45] S. dazu auch den Erwägungsgrund Nr. 3 zu der VO; Vertikalleitlinien, Tz. 24 ff.

[46] *EuGH* Slg. 2008, I-6681 = EuZW 2008, 668 – CEPSA/Tobar; *EuGH* EuZW 2009, 374 – Pedro IV.

[47] So wörtlich die Vertikalleitlinien, Tz. 88 S. 1.

[48] Vgl. die Bekanntmachung über die Definition des relevanten Marktes von 1997, ABl. Nr. C 372/1; s. o. § 4 Rn. 63 ff.

[49] Wegen der Einzelheiten s. Vertikalleitlinien, Tz. 86 ff.; *Mestmäcker/Schweitzer,* § 14 Rn. 27 ff. (S. 369 ff.).

[50] Vertikalleitlinien, Tz. 47 ff.; *Mestmäcker/Schweitzer,* § 14 Rn. 31 ff. (S. 370 ff.).

[51] Beispiele bei *Bechtold/Denzel,* WuW 2998, 1272; für Gaslieferungsverträge in *BKartA* WuW/E DE-V 1827 (1833); für Laborchemikalien, bewerkstelligt über einen Alleinvertriebsvertrag mit einem Konkurrenten, in *BKartA* WuW/E DE-V1790 (1797 ff.) – Merck.

[52] S. Rn. 19; ein weiteres Beispiel in *BKartA* WuW/E DE-V1790 (1793 ff.) – Merck.

21a Sowohl die Alleinbelieferungs- als auch die Alleinbezugspflicht sind Ausschließlichkeitsbindungen, die an sich unter Art. 101 Abs. 1 fallen. Alleinvertriebsverträge unterscheiden sich jedoch dadurch von anderen Ausschließlichkeitsbindungen, dass die Abnehmer eine **besondere Absatzförderungspflicht** trifft. Es war vor allem dieser Umstand, der die Alleinvertriebsverträge in den Augen der Kommission schon früh als besonders geeignetes Mittel zur gegenseitigen Durchdringung der Märkte im Binnenmarkt erscheinen ließ. Sie gehörten folgerichtig zu den ersten Verträgen, die durch Gruppenfreistellungsverordnungen unter bestimmten Voraussetzungen von Art. 101 Abs. 1 freigestellt wurden.[53] Jetzt ist maßgebend die Gruppenfreistellungsverordnung Nr. 330/2010.

c) Franchisevereinbarungen

Literatur: *Beuthien/Schwarz,* Kooperationsgruppen des Handels und Franchiseverträge in Europa aus der Sicht des EG-Wettbewerbsrechts, 1993; *Epp,* Franchising und Kartellrecht, 1994; *Martinek/Semler,* Hdb. des Vertriebsrechts, 2. Aufl. (2003); *Martinek,* Franchising, 1987; *Metzlaff,* Franchiseverträge und EG-Kartellrecht, 1994; *Weltrich,* Franchising im EG-Kartellrecht, 1992.

22 In den Anwendungsbereich der Gruppenfreistellungsverordnung Nr. 330/2010 fallen ferner Franchisevereinbarungen (s. Art. 1 Abs. 1 lit. f und g VO). Die frühere Sonderregelung für derartige Verträge durch die Gruppenfreistellungsverordnung Nr. 4087/1988 ist ersatzlos entfallen.[54]

23 Unter dem Sammelbegriff **Franchising** werden unterschiedliche Kooperationsformen von Unternehmen zusammengefasst, von denen hier allein das **Waren- und das Dienstleistungsfranchising** interessieren, weil es sich nur bei diesen um besondere Vertriebsformen handelt. Kern derartiger Franchiseverträge ist die **Lizenzierung** der Firmen- und Markenrechte des Franchisegebers sowie die Überlassung dessen Know-hows in dem Vertrieb von Waren oder der Erbringung von Dienstleistungen (s. Art. 1 Abs. 1 lit. f und g VO), wogegen sich der Franchisenehmer in der Regel zum **ausschließlichen Bezug** der Vertragsware von dem Franchisegeber verpflichten muss.[55] Neben diesen Ausschließlichkeitsbindungen finden sich in den Vertragswerken häufig noch **weitere wettbewerbsbeschränkende Klauseln** zulasten der Franchisenehmer. Hervorzuheben sind Wettbewerbsverbote sowie Absprachen über die Preise oder Konditionen. Im einzelnen variieren die Erscheinungsformen des Franchising stark, so dass allgemeine Aussagen schwierig sind.

24 Die Voraussetzungen, unter denen das Warenfranchising mit Art. 101 Abs. 1 vereinbar ist, waren erst im Jahre 1986 durch das **Pronuptia-Urteil** des Gerichtshofs geklärt worden.[56] Dieses Urteil war auch die Grundlage der bereits erwähnten GFVO Nr. 4087/1988, an deren Stelle jetzt die GFVO Nr. 330/2010 getreten ist. Sonderregeln für das Franchising bestehen seitdem nicht mehr.[57]

---

[53] Maßgebend war zunächst die VO Nr. 67/67 (ABl. 1967, S. 849), an deren Stelle später die beiden VO Nr. 1983/83 und 1984/83 getreten waren (ABl. Nr. L 53/1 und 5).

[54] ABl. Nr. L 359/46.

[55] Wegen der Einzelheiten s. *Emmerich,* JuS 1995, 761.

[56] *EuGH* Slg. 1986, 374 (380 ff.) = NJW 1986, 1415 = JuS 1986, 558 Nr. 1.

[57] Wegen der Einzelheiten s. Vertikalleitlinien, Tz. 189 ff.; *Metzlaff,* BB 2000, 1201.

3. Selektive Vertriebssysteme

Literatur: S. u. § 29 Rn. 63 f.; *Kommission,* Vertikalleitlinien Tz. 174 ff.; *Czarnetzki,* Selektive Vertriebssysteme in der EU, 1997; *Deselaers,* Selektiver Vertrieb und Kontrahierungszwang nach Art. 85 EWG-Vertrag, 1992; *Immenga/Markert,* Selektiver Vertrieb, 1982; *Kopp,* Wettbewerbsbeschränkungen durch vertikale Vertriebsbindung?, 1984; *Kirchhoff/Lübbert,* in: Wiedemann, § 10 Rn. 34 ff., § 28 Rn. 6 ff.; *Martinek,* Aktuelle Fragen der vertriebsvertraglichen Praxis, 2. Aufl. (1993); *ders./Semler,* Handbuch des Vertriebsrechts, 2. Aufl., 2003; *Chr. Meier,* Der selektive Vertrieb im EWG-Kartellrecht, 1979; *Pawlikowski,* Selektive Vertriebssysteme, 1983; *J. Schmitt,* Selektiver Vertrieb und Kartellrecht, 1975.

a) Unter einem selektiven Vertriebssystem versteht man eine Absatzorganisation, bei 25 der sich der Hersteller in einem bestimmten Gebiet auf **einzelne ausgewählte Abnehmer** (unter Ausschluss aller übrigen) beschränkt und in denen sich die ausgewählten (privilegierten) Händler verpflichten (müssen), die betreffenden Waren oder Dienstleistungen nicht an Händler zu verkaufen, die nicht zum Vertrieb zugelassen sind (so Art. 1 Abs. 1 lit. e VO 330/2010). Es gibt verschiedene **Erscheinungsformen** des selektiven Vertriebs. Als unbedenklich gelten lediglich die sog. **offenen Systeme**, bei denen der Hersteller seine Abnehmer (einseitig) nach beliebigen Kriterien auswählt, ohne ihnen irgendwelche Beschränkungen hinsichtlich der Weiterveräußerung der Ware aufzuerlegen. Probleme werfen dagegen die einfache Fachhandelsbindung, die qualifizierte Fachhandelsbindung und der quantitative selektive Vertrieb auf (u. Rn. 26 ff.).

b) Von einer **einfachen Fachhandelsbindung** (oder – in der Sprache der Kommis- 26 sion – einem rein qualitativen Selektivvertrieb) spricht man, wenn der Hersteller seine unmittelbaren Abnehmer (den Großhandel) verpflichtet, **allein** in bestimmter Weise **qualifizierte Fachgeschäfte** unter Ausschluss anderer Formen des Einzelhandels zu beliefern; hinzu tritt häufig noch die Verpflichtung des Einzelhandels, die gebundene Ware allein an Letztverbraucher weiterzuveräußern. Beide Vereinbarungen fallen zwar an sich unter Art. 101 Abs. 1; gleichwohl gelten derartige Absatzsysteme als **zulässig, sofern** sie nach der Art des Produkts **erforderlich** erscheinen, um dessen Qualität sicherzustellen und einen richtigen Gebrauch der Ware zu gewährleisten; hinzu kommen muss noch, dass die **Auswahl** der Wiederverkäufer **aufgrund objektiver Gesichtspunkte** qualitativer Art diskriminierungsfrei erfolgt, dass das System ferner zur Stärkung des Wettbewerbs beiträgt und deshalb im Interesse der Verbraucher liegt und dass die aufgestellten Kriterien nicht über das zur Verwirklichung der genannten Zwecke erforderliche Ausmaß hinausgehen.[58] Beispiele für Produkte, für die nach diesen Kriterien ein selektiver Vertrieb möglich ist, sind Kraftfahrzeuge (s. u. Rn. 30 ff.), Computer, Produkte der Unterhaltungselektronik, hochwertiger Schmuck, Kameras, Uhren, sonstige Luxusartikel wie etwa teure Parfüms sowie Presseerzeugnisse und sonstige beliebige Markenartikel wie sogar Schulranzen.[59]

---

[58] *EuGH* Slg. 1977, 1875 (1907 ff.) – Metro/Saba I; 1983, 3151 (3194 ff.) = NJW 1984, 1281 = JuS 1984, 476 Nr. 2 – AEG; Slg. 1986, 3021 (3074 ff.) – Metro/Saba II; *EuG* Slg. 1992, II-417 (438 ff.) – Vichy; 1996, II-1851 (1897 ff.) – Yves St. Laurent; 1996, II-1961 (2007 ff.) – Givenchy; *Kommission,* Vertikalleitlinien, Tz. 175; BGHZ 142, 192 (199 f) = NJW 1999, 3043 = JuS 2000, 194 Nr. 14; *OLG Düsseldorf* WuW/E OLG 5525 (5537 ff.); *OLG* Karlsruhe EuZW 2010, 237 (238) = WuW/E DE-R 2789 (2791 Tz. 49 ff.) – Schulranzen.

[59] *EuGH* Slg. 1985, 2015 (2041 ff.) = NJW 1986, 651 = JuS 1986, 476 Nr. 1 – Binon; *OLG Karlsruhe* EuZW 2010, 237 (238) = WuW/E DE-R 2789 – Schulranzen.

27 c) Die **qualifizierte Fachhandelsbindung** unterscheidet sich von der einfachen (o. Rn. 26) dadurch, dass die zugelassenen Händler in den Verträgen mit dem Hersteller **zusätzliche, wettbewerbsbeschränkende Verpflichtungen** übernehmen, die mit Rücksicht auf die Eigenschaften des Produkts zur Wahrung seiner Qualität und zur Gewährleistung eines richtigen Gebrauchs *nicht* mehr unbedingt erforderlich sind. **Beispiele** sind eine besondere Absatzförderungspflicht, die Pflicht zur Mindestabnahme, zur Lagerhaltung oder zur Mitwirkung bei der Werbung, die Verpflichtung, das Programm des Herstellers vollständig zu führen oder ein angemessenes Lager zu unterhalten, Ausschließlichkeits- und Vertriebsbindungen, Quer- und Sprunglieferungsverbote sowie Wettbewerbsverbote.[60] Derartige Wettbewerbsbeschränkungen konnten früher nur von Fall zu Fall nach Art. 101 Abs. 3 freigestellt werden, während heute die **Gruppenfreistellungsverordnung Nr. 330/2010** maßgebend ist.[61] Infolgedessen gilt heute für die qualifizierte Fachhandelsbindung nichts anderes als für den quantitativen Selektivvertrieb (s. dazu sogleich Rn. 28 f.).

28 d) Als **quantitativen Selektivvertrieb** bezeichnet man Vertriebssysteme, bei denen die Auswahl der Händler zusätzlich von quantitativen Merkmalen abhängt, so dass nicht alle Händler, die den qualitativen Standards des Herstellers an sich genügen, zugelassen werden, sondern zwischen ihnen eine weitere Auswahl („Selektion") stattfindet. Derartige Vertriebssysteme verstoßen an sich gegen Art. 101 Abs. 1, sofern die Wettbewerbsbeschränkung auf einer Vereinbarung beruht und spürbar ist.[62] Früher konnten sie daher nur im Einzelfall nach Art. 101 Abs. 3 freigestellt werden, während heute auch auf sie die Gruppenfreistellungsverordnung Nr. 330/2010 Anwendung findet, wobei jedoch einige Besonderheiten zu beachten sind:

29 Die Einzelheiten ergeben sich aus **Art. 4 lit. c und lit. d** sowie aus Art. 5 Abs. 1 lit. c VO. Nach den beiden zuerst genannten Vorschriften ziehen Beschränkungen des aktiven oder passiven Verkaufs an Endverbraucher für Einzelhändler im Rahmen eines selektiven Vertriebssystems ebenso die Unanwendbarkeit der Verordnung nach sich wie Querlieferungsverbote zulasten der zugelassenen Händler. **Art. 5 Abs. 1 lit. c VO** fügt hinzu, dass die Freistellung ferner nicht für Vereinbarungen gilt, durch die Mitglieder eines selektiven Vertriebssystems veranlasst werden sollen, Marken bestimmter konkurrierender Lieferanten nicht zu verkaufen. Zweck dieser Regelung ist es in erster Linie, kollusiven Praktiken der Lieferanten vorzubeugen.[63] Noch nicht endgültig geklärt ist die Frage, ob und gegebenfalls unter welchen Voraussetzungen der Lieferant in einem selektiven Vertriebssystem zum Schutze des sog. Markenimages den Vertrieb der Ware über das **Internet** ausschließen oder doch beschränken kann (Stichwort: ebay). Die herrschende Meinung tendiert offenbar dahin, solche Beschränkungen, soweit erforderlich, gleichfalls zuzulassen.[64]

---

[60] S. *Kommission,* Entsch. v. 16. 12. 1991, ABl. 1992 Nr. L 12/24 (28) – Yves St. Laurent; v. 24. 7. 1992, ABl. Nr. L 236/11 (15 ff.) – Givenchy; v. 21. 12. 1993, ABl. Nr. L 20/15 (19 ff.) – Grundig.

[61] Wegen der Einzelheiten s. *Kommission,* Vertikalleitlinien Tz. 176 ff.

[62] *EuGH* Slg. 1980, 2511 (2536 Tz. 21) = NJW 1981, 1151 = JuS 1981, 605 Nr. 1 – Lancôme; Slg. 1980, 3775 (3791 Tz. 17) – L'Oréal; 1984, 883 (908 f.) – Hasselblad; *EuG* Slg. 1992, II-417 (438 ff.) – Vichy; *OLG München* WuW/E OLG 5659 (5662 f.).

[63] S. *Kommission,* Vertikalleitlinien, Tz. 178.

[64] *EuGH* Slg. 2009, I-3439 = EuZW 2009, 453 – Dior (nach Markenrecht und nur für sog Prestigeware); *OLG Karlsruhe* EuZW 2010, 237 (239 f.) = WuW/E DE-R 2789 – Schulranzen; *Dieselhorst/Luhn,* WRP 2008, 1306; *St. Haslinger,* WRP 2009, 279; *Pischel,* GRUR 2008,1066; *Ruess/Slopak,* WRP 2009, 1021.

4. Kraftfahrzeugvertrieb

Literatur: Gruppenfreistellungsverordnung (GFVO) für Vereinbarungen im Kraftfahrzeugsektor Nr. 1400/2002 (ABl. Nr. L 203/30) und Nr. 461/2010 (ABl. Nr. L 129/52); *Kommission,* Bekanntmachung, ABl. 1985 Nr. C 17; Bekanntmachung zur Klarstellung der Tätigkeit von Kraftfahrzeugvermittlern v. 18. 12. 1991, ABl. Nr. C 329/20; Ergänzender Leitfaden für den Verkauf und die Instandsetzung von Kfz vom 28. Mai 2010, ABl. Nr. C 138/16; Mitteilung, Der künftige rechtliche Rahmen für den Kfz-Sektor v. 22. Juli 2009, KOM (2009) 388 endg.; *Bechtold,* NJW 2003, 3729; *ders.,* FS Mailänder, 2006, S. 71; *Buchner,* EG-Kartellrecht und Vertriebssysteme, 2006; *Kirchhoff,* in: Wiedemann, § 10 Rn. 205 ff.; *Nolte,* FS Bechtold, 2006, S. 357. – Zur Reform von 2010 s. *Ensthaler/Gessmann-Nuissl,* BB 2009, 618; *Genzow,* FS Graf v. Westphalen, 2010, S. 193; *Köhnen,* BB 2010, 781; *Schumacher/Erdmann,* WuW 2011, 462; *Wagner,* BB 2010, 1867.

a) Überblick

Den Kraftfahrzeugherstellern ist es bisher aufgrund ihrer überragenden Macht gelungen, die Verwirklichung des Binnenmarktes – zum evidenten Schaden der Verbraucher – zu verhindern, abzulesen an den fortbestehenden **Preisunterschieden** zwischen Hochpreisländern wie z. B. Deutschland und Niedrigpreisländern wie etwa Italien in einer Größenordnung von 30 bis 40 %, gemessen an den deutschen Preisen. Ermöglicht wird den Kraftfahrzeugherstellern diese Absatzstrategie durch **ganz restriktive, quantitative selektive Absatzsysteme**, die zu **streng gegeneinander abgeschotteten Märkten** der einzelnen Hersteller geführt haben, verbunden mit rigorosen Maßnahmen gegen Händler, die sich über die von den Herstellern willkürlich gezogenen Marktgrenzen hinwegzusetzen wagen, um den Wettbewerb um die Verbraucher auch jenseits dieser Grenzen aufzunehmen. 30

Angesichts dessen verwundert es nicht, dass der Kraftfahrzeugvertrieb in Europa seit vielen Jahren **eines der Sorgenkinder der Kommission** bildet. Die Kommission hat deshalb immer wieder Anläufe unternommen, die total verkrusteten Strukturen der Kraftfahrzeugmärkte aufzubrechen. Der erste Schritt war der Erlass sog. **Testentscheidungen**, mittels derer die Kommission die Zulässigkeitsvoraussetzungen des selektiven Vertriebs auf dem Kraftfahrzeugmarkt zu klären versuchte. Die dabei gewonnen Erkenntnisse flossen sodann in die **Gruppenfreistellungsverordnung Nr. 123/1985** ein,[65] die indessen nicht die in sie gesetzten Hoffnungen der Kommission erfüllte, zur gegenseitigen Öffnung der nationalen Kraftfahrzeugmärkte beizutragen. Deshalb wurde die GFVO Nr. 123/1985 im Jahre 1995 durch die **GFVO Nr. 1475/1995**[66] ersetzt, die jedoch, wie nicht anders zu erwarten, wiederum ihr Ziel verfehlte, die Kraftfahrzeugmärkte für den Wettbewerb zu öffnen, weil sie nach wie vor, auf massiven Druck der Kfz-Hersteller hin, in viel zu großem Umfang Wettbewerbsbeschränkungen zulasten der Händler gestattete. 31

Die Kommission entschloss sich deshalb, die ganze Materie von Grund auf neu zu regeln.[67] Ergebnis war die **GFVO Nr. 1400/2002 vom 31. Juli 2002,**[68] von der behauptet wurde, sie habe die Kraftfahrzeughersteller zu einer weitgehenden Umstellung ihrer Vertriebssysteme gezwungen.[69] Die GFVO **behielt** nach Auffassung der *Kommission* auch nach dem Übergang zu dem System der Legalausnahme bei 32

[65] ABl. Nr. L 15/16.
[66] ABl. Nr. L 145/25.
[67] 29. WB 1999, Tz. 143 ff. (S. 62 ff.).
[68] ABl. Nr. L 203/03.
[69] S. *Schumacher,* WuW 2005, 1222.

Art. 101 Abs. 3 AEUV am 1. Mai 2004 durch die neue Kartellverfahrensverordnung Nr. 1/2003 ihre **Bedeutung**, so dass unter die GFVO fallende Vereinbarungen weiterhin als zulässig zu gelten haben, selbst wenn sie – an sich – nicht die Freistellungsvoraussetzungen des Art. 101 Abs. 3 AEUV erfüllen, da es sich bei den Gruppenfreistellungsverordnungen um Gesetze im materiellen Sinne handele, die durch Art. 101 Abs. 3 des Vertrages und die darauf beruhenden Ermächtigungsverordnungen des Rats gedeckt seien.[70] Neben der GFVO bleibt jedoch (natürlich) der vorrangige Art. 101 Abs. 3 AEUV anwendbar, so dass im Einzelfall eine durch die GFVO nicht gedeckte Vereinbarung doch erlaubt sein kann, sofern sie – unabhängig davon – die Freistellungsvoraussetzungen des Art. 101 Abs. 3 AEUV erfüllt.[71] Bei den **betont verbraucherfeindlichen Vertriebssystemen** der Kraftfahrzeughersteller ist dies freilich nur schwer vorstellbar.

33 Viele Kfz-Hersteller haben das Inkrafttreten der neuen GFVO dazu genutzt, sich von lästigen Vertriebsverträgen unter Berufung auf ihr **besonderes Kündigungsrecht** nach Art. 5 Abs. 3 Unterabs. 1 der früheren GFVO Nr. 1475/1995 oder Art. 3 Abs. 5 lit. b Nr. 2 der VO Nr. 1400/2002 zu befreien. Bei den Gerichten hatten sie damit durchaus Erfolg, wenn sie sich nach den Umständen zu einer Umstrukturierung ihres Vertriebs gezwungen sahen.[72] Trotzdem (oder gerade deshalb) brachte auch die neue GFVO nicht die gewünschten Erfolge. Insbesondere änderte sich nichts an den Preisunterschieden zwischen den Mitgliedstaaten – wohl aber die Einstellung der Kommission.[73] Infolge ihrer Fixierung auf die Effizienz des Vertriebs von Kraftfahrzeugen (efficiency über alles!) kam die Kommission jetzt zu dem Ergebnis, dass ein besonderer Schutz der Unabhängigkeit der Kraftfahrzeughändler nicht mehr ihre Aufgabe im Rahmen einer Gruppenfreistellungsverordnung sei und daher dem Privatrecht der Mitgliedstaaten überlassen werden könne. Aus diesem Grunde wurde der Kraftfahzeugvertrieb ganz aus der **neuen Gruppenfreistellungsverordnung Nr. 461/2010 vom 28. Mai 2010**[74] herausgenommen und vom 1. Juni 2013 ab der allgemeinen Gruppenfreistellungsverordnung für vertikale Vereinbarungen Nr. 330/2010 unterstellt, während die neue Verordnung Nr. 461/2010 schon vom 1. Juni 2010 ab nur noch für Vereinbarungen über den **Vertrieb von Ersatzteilen** und über die **Erbringung von Instandsetzungs- und Wartungsdienstleistungen** gilt.[75] Mit Rücksicht auf diese verwirrende Regelung soll im Folgenden zunächst ein kurzer Blick auf die bis Mai 2013 (nur) für den Kfz-Vertrieb fortgeltende alte VO Nr. 1400/2002 geworfen werden (Rn. 34 ff.). Im Anschluss daran ist auf die neue VO Nr. 461/2010 einzugehen (Rn. 37).

b) Grundzüge der alten GFVO Nr. 1400/2002

34 Die GFVO Nr. 1400/2002 (im Folgenden: VO) gilt bis Mai 2013 lediglich für den Kraftfahrzeughandel oder -vertieb als Sonderregelung zu der GFVO Nr. 330/2010

[70] Leitlinien zu Art. 101 Abs. 3 AEUV v. 22. 4. 2004, ABl. Nr. C 101/97, Tz. 2; str.

[71] *BGH* WuW/E DE-R 1335 (1338 f.) = GRUR 2005, 62 – Citroën; *Schumacher,* WuW 2005, 1222 (insb. 1228 ff. m. N.).

[72] *EuGH* Slg. 2006, I-7665 = EuZW 2007, 31 (nur LS) – VW-Audi; *EuGH* Slg. 2006, I-11383 = EuZW 2007, 23 (24 f. Tz. 31 ff.) = NJW 2007, 201 – Brünsteiner/BMW; BGHZ 181, 346 (355 ff. Tz. 20 ff.) = NJW 2009, 3646 – Nissan.

[73] Mitteilung v. 22. 7. 2009, KOM (2009) 388 endg.; *Genzow,* FS Graf v. Westphalen, 2010, S. 193.

[74] ABl. Nr. L 129/52.

[75] Art. 2 und 3 der VO Nr. 461/2010; s. dazu ausführlich der Erwägungsgründe Nrn. 6 ff. zu der VO sowie die ergänzenden Leitlinien v. 28. 5. 2010, ABl. Nr. C 138/16.

fort (o. Rn. 18 ff., 32). Die VO knüpft zwar ebenso wie die zuletzt genannte GVFO grundsätzlich an Marktanteilsschwellen an (s. Art. 3 Abs. 1 VO), geht aber in zahlreichen Punkten über die VO Nr. 330/2010 hinaus, um auf dem Weg zur Verwirklichung des Binnenmarktes für Kraftfahrzeuge (ein wenig) voranzukommen. Diesem Zweck diente insbesondere eine Fülle von Vorschriften, durch die die **Position der Händler** gegenüber den nahezu allmächtigen Herstellern **gestärkt** werden sollte, um ihnen überhaupt erst die Möglichkeit zu eröffnen, den Wettbewerb aufzunehmen, ohne existenzbedrohende Sanktionen der Hersteller befürchten zu müssen.[76] Hervorzuheben sind die generelle **Untersagung von Wettbewerbsverboten,** um den Mehrmarkenvertrieb zu ermöglichen (s. Art. 5 Abs. 1 lit. a in Verb. mit Art. 1 lit. b VO), sowie die Bestimmung, dass in die Vertriebsvereinbarungen zwischen den Herstellern und den Händlern eine ganze Reihe von **Schutzbestimmungen** zu Gunsten der Händler aufgenommen werden musste, insbesondere in Gestalt von Kündigungsbeschränkungen und Schiedsklauseln (s. im Einzelnen Art. 3 Abs. 3 bis Abs. 6 VO).

Die VO erlaubte den Herstellern an sich die Wahl zwischen verschiedenen Absatz- 35
systemen für neue Kraftfahrzeuge. Jedoch haben sich die Hersteller nahezu ausnahmslos für den **quantitativen selektiven Vertrieb** entschieden.[77] Die VO versteht darunter ein selektives Vertriebssystem, in dem der Lieferant Merkmale für die Auswahl der Händler und Werkstätten verwendet, durch die deren **Zahl** unmittelbar **begrenzt** wird (Art. 1 lit. g VO). Nach welchen Kriterien die Hersteller dabei vorgehen, ist im wesentlichen ihnen überlassen.[78] Für derartige quantitative selektive Absatzsysteme gilt nach Art. 3 Abs. 1 Unterabs. 2 VO (vorerst noch) eine **Marktanteilsschwelle von 40%.** Diese Marktanteilsschwellen beziehen sich nicht etwa auf den gesamten Binnenmarkt, sondern auf den jeweils **relevanten Markt,** der sich gegenständlich auf die einzelnen Kraftfahrzeugkategorien, von Kleinwagen bis zu Luxussportwagen, und räumlich auf die einzelnen Mitgliedstaaten beschränkt, so dass sich insgesamt sehr enge Märkte ergeben können.

Die Freistellung war außerdem davon abhängig, dass die Vereinbarung **keine Kern-** 36
beschränkungen im Sinne des Art. 4 VO, sog. **schwarze Klauseln**, enthält. Die Vereinbarung einer derartigen Kernbeschränkung führte zur Unanwendbarkeit der ganzen GruppenfreistellungsVO Nr. 1400/2002.[79] Die wichtigsten verbotenen Klauseln sind bis Mai 2013 (und auch danach) Preisbindungen (Art. 4 Abs. 1 lit. a), Gebiets- und Kundenbeschränkungen (Art. 4 I lit. b VO) sowie Querlieferungsverbote, eine besonders kritisch zu beurteilende Abrede (Art. 4 Abs. 1 lit. c VO). Verboten war (und ist) damit insbesondere jede Form des **absoluten Gebietsschutzes,** so dass alle Maßnahmen zur Behinderung von Parallelimporten zur Unanwendbarkeit der Verordnung führen; Beispiele sind Mindestabnahmepflichten, weil sie wie ein Querlieferungsverbot wirken,[80] ein Lieferboykott gegen selbstständige Leasinggesellschaften oder gegen gewerbliche Zwischenhändler, die im Namen und im Auftrag ihrer Kun-

[76] *Mestmäcker/Schweitzer,* § 12 Rn. 23 ff. (S. 321 ff.).
[77] S. *Schumacher,* WuW 2005, 1222 (1228 1. Abs.).
[78] S. *Bechtold* I, Art. 1 VO Rn. 33 f.
[79] *EuGH* Slg. 2006, I-11383 = NJW 2007, 201 = EuZW 2007, 23 (26 Tz. 44 ff.) – Brünsteiner/BMW; *Kommission,* Entsch. v. 5. 10. 2005, ABl. 2006 Nr. L 173/20 (22 f.) – Peugeot; *BGH* NJW 2007, 3568 Tz. 14 ff. = WuW/E 2045 – Brünsteiner/BMW II.
[80] *BGH* WuW/E DE-R 1335 (1341) = GRUR 2005, 62.

den handeln,[81] sowie die Verweigerung von Garantieleistungen oder Konformitätsbescheinigungen für parallelimportierte Fahrzeuge, um ihre Zulassung im Inland zu behindern. Hinzu kommt noch ein Katalog sog. **grauer Klauseln** in Art. 5 VO, deren Vereinbarung ebenfalls unwirksam ist, ohne dass freilich in diesem Fall – anders als bei Art. 4 VO – zugleich die Freistellung insgesamt entfiele. Hierher gehören vor allem neben den bereits erwähnten Wettbewerbsverboten (o. Rn. 34) sonstige unmittelbare und mittelbare Beschränkungen des Mehrmarkenvertriebs sowie des Leasinggeschäfts der Händler.

c) Die neue GFVO Nr. 461/2010

37 Für vertikale Vereinbarungen über den Bezug, den Verkauf und den Weiterverkauf von Ersatzteilen sowie über Instandsetzungs- und Wartungsdienstleistungen für Kraftfahrzeuge gilt bereits seit Juni 2010 die neue Verordnung Nr. 461/2010 (Art. 4 ff.). Danach unterstehen die genannten vertikalen Vereinbarungen fortan grundsätzlich der allgemeinen **Verordnung Nr. 330/2010** (Art. 4), jedoch mit einigen Besonderheiten, die sich aus Art. 5 der Verordnung ergeben, der die Liste der **Kernbeschränkungen** enthält, deren Vereinbarung zur Unanwendbarkeit der Gruppenfreistellungsverordnung Nr. 461/2010 insgesamt führt. Derartige Kernbeschränkungen sind das Verbot des Weiterverkaufs von Ersatzteilen an unabhängige Werkstätten, Beschränkungen des Verkaufs von Ersatzteilen an zugelassene und an unabhängige Händler und Werkstätten in den Verträgen der Kraftfahrzeughersteller mit den Herstellern der Ersatzteile sowie Beschränkungen der Hersteller der Ersatzteile in den genannten Verträgen mit den Herstellern der Kraftfahrzeuge hinsichtlich der Anbringung von Marken oder Firmen auf den Teilen. Insgesamt zeigt sich, dass der Kommission fortan nur noch an der Stärkung der Position der unabhängigen Händler und Werkstätten im Interesse der Belebung des Wettbewerbs gelegen ist.

5. Sonstige Vereinbarungen

38 Die Gruppenfreistellungsverordnung Nr. 330/2010 (VO) erfasst trotz ihres umfassenden Geltungsanspruchs keineswegs sämtliche Vertikalvereinbarungen (s. Art. 2 VO). Unanwendbar ist sie insbesondere auf vertikale Vereinbarungen, bei denen der Marktanteil des begünstigten Teils die Grenze von 30 % überschreitet sowie auf vertikale Vereinbarungen zwischen Konkurrenten. In diesen Fällen bleibt es bei der unmittelbaren Geltung des **Art. 101 AEUV.**

39 Die Kommission hat sich deshalb in ihren **Leitlinien** vom Mai 2010 auch zur rechtlichen Behandlung dieser Fälle geäußert.[82] Sie unterscheidet hier in wenig klarer Weise verschiedene Typen solcher Vereinbarungen, analysiert sodann deren negativen und positiven Wirkungen und entwickelt schließlich auf dieser Grundlage ein **hochdifferenziertes Beurteilungsschema** für die wichtigsten vertikalen Vereinbarungen, in erster Linie für den sog. Markenzwang,[83] für den Alleinvertrieb und die Alleinbelieferung,[84]

[81] *EuGH* Slg. 1994, I-2742 (2752 ff.) – Peugeot; 1995, I-3459 (3470 ff. Tz. 25 ff.) – BMW/VAL; *EuG* Slg. 1991, II-653 (664 ff.); 1993, II-493 (510 ff. Tz. 40 ff.); *BGH* NJW 1996, 3212 = LM § 26 GWB Nr. 90 m. Anm. *Emmerich*.

[82] Leitlinien, ABl. Nr. C 130/1, Tz. 96 ff.

[83] Tz. 129 ff.

[84] Tz. 151 und 192 ff.

für die ausschließliche Kundenzuteilung[85] sowie für den Selektivvertrieb und für Franchisevereinbarungen.[86] Die komplizierten Einzelheiten machen letztlich nur deutlich, wohin der neue „more economic approach" der Kommission tatsächlich führt, nämlich zu **mehr Rechtsunsicherheit** anstatt der erstrebten Rechtssicherheit mit der Folge eines nahezu unbeschränkten Ermessens der Kommission bei der Anwendung des Art. 101 auf wettbewerbsbeschränkende Vereinbarungen, und zwar schon deshalb, weil buchstäblich niemand über die nötigen Marktkenntnisse verfügt, um die von der Kommission jeweils in den Mittelpunkt ihrer rechtlichen Würdigung gerückten wirtschaftlichen Kriterien auf ihre Reichweite abschätzen zu können.[87]

§ 6. Lizenzverträge

Literatur: VO Nr. 772/2004 über die Anwendung von Art. 81 Abs. 3 EGV auf Gruppen von Technologietransfervereinbarungen v. 27. April 2004 (ABl. Nr. L 123/11); Leitlinien zur Anwendung von Art. 81 EGV auf Technologietransfervereinbarungen v. 27. 4. 2004, ABl. Nr. C 101/2–42; VO Nr. 1217/2010 über die Anwendung von Art 101 Abs 3 AEUV auf Vereinbarungen über Forschung und Entwicklung. ABl. Nr. L 335/6; *St. Bechtold*, Die Kontrolle von Sekundärmärkten 2007; *Behrens* (Hrsg.), Stand und Perspektiven des Schutzes geistigen Eigentums in Europa, 2004; *Burgbacher,* Warenzeichenlizenzverträge im Recht der Wettbewerbsbeschränkungen, 1972; *Christoph,* Wettbewerbsbeschränkungen in Lizenzverträgen über gewerbliche Schutzrechte nach deutschem und europäischem Recht, 1998; *Ebenroth/Hübschle,* Gewerbliche Schutzrechte und Marktaufteilung im Binnenmarkt, 1994; *Groß,* in: Wiedemann, § 13; *Heinemann,* Immaterialgüterschutz in der Wettbewerbsordnung, 2002; *Johannes,* Gewerblicher Rechtsschutz und Urheberrecht im europäischen Gemeinschaftsrecht, 1973; *Klawitter/Lübbig,* Lizenzvertäge im Kartellrecht, 2009; *Landes/Posner*, The Economic Structure of Intellectual Property Law, Cambridge 2003; *Lange/Klippel/Ohly,* (Hrsg.), Geistiges Eigentum und Wettbewerb, 2009; *Lübbig,* GRUR 2004, 483; *Mestmäcker,* FS Immenga, 2004, S. 261; *ders./Schweitzer,* §§ 26–30 (S. 653 ff.); *Möschel,* Die rechtliche Behandlung der Paralleleinfuhr von Markenwaren innerhalb der EWG, 1968; *Oberender* (Hrsg.), Wettbewerb und geistiges Eigentum, 2007; *Ohly/Klippel* (Hrsg.), Geistiges Eigentum und Gemeinfreiheit, 2007; *Sack,* Die Verwirklichung des europäischen Binnenmarktes im Bereich des gewerblichen Rechtsschutzes und des Urheberrechts, in: Dichtel, Schritte zum europäischen Binnenmarkt, 2. Aufl. (1992), S. 39; *ders.,* FS Fikentscher, 1998, S. 740; *ders.,* FS Ritter, 1997, S. 753; *Schricker/Dreier/Kur* (Hrsg.), Geistiges Eigentum im Dienst der Innovation, 2001; *Ullrich,* FS Immenga, 2004, S. 403; *Wedekind,* Die Anwendung der Kartellvorschriften des EWGV auf Patentlizenzverträge, 1989.

I. Problematik

Auch Lizenzverträge über gewerbliche Schutzrechte, über das Urheberrecht und über verwandte Schutzrechte können gegen das Kartellverbot des Art. 101 unter den dort genannten Voraussetzungen verstoßen. Dadurch werden schwierige Fragen des Verhältnisses zwischen **Kartellrecht und Recht des geistigen Eigentums** aufgeworfen. In der internationalen Diskussion über diesen Fragenkreis droht das Kartellrecht immer mehr ins Hintertreffen zu geraten, während dem umfassenden Schutz des geistigen Eigentums im In- und Ausland ein ständig wachsendes Gewicht beigemessen wird, vor allem im Interesse der Förderung des technischen Fortschritts. Darüber dürfen jedoch nicht die großen Gefahren für den Wettbewerb, die mit dieser Entwicklung verbunden sind, in Vergessenheit geraten. Die angedeutete Entwicklung hat es mit sich gebracht, dass heute insbesondere die **kartellrechtlichen Grenzen von** 1

[85] Tz. 168 ff.

[86] Tz. 174, 189 ff.

[87] Ebenso *Ackermann,* EuZW 1999, 741 (746); *F. Müller,* WRP 2004, 1472 (1477 f.).

Lizenzverträgen einen Schwerpunkt der wettbewerbsrechtlichen Diskussion bilden. Weitere Schwerpunkte sind die Grenzen, die sich für Vereinbarungen über die **Zusammenarbeit in Forschung und Entwicklung** aus dem Kartellverbot ergeben (dazu § 8 Rn. 34 ff.), sowie die Anwendung der verschiedenen Missbrauchs- und Diskriminierungsverbote auf die Ausübung von Schutzrechten durch marktbeherrschende Unternehmen, wobei es nicht zuletzt um die Frage geht, unter welchen Voraussetzungen aus den genannten Verboten ein Anspruch auf die Erteilung von **Zwangslizenzen** hergeleitet werden kann (dazu § 10 Rn. 35, 64 ff.; § 22 Rn. 102 ff; § 29). Im vorliegenden Zusammenhang ist von allen diesen noch weit gehend ungelösten Fragen allein die Anwendung des Kartellverbotes auf Lizenzverträge zu erörtern.

1a **Lizenzverträge** sind Verträge, durch die der Inhaber eines Schutzrechts einem anderen die Ausübung an sich dem Rechtsinhaber aufgrund des Schutzrechts vorbehaltener Tätigkeiten gestattet. Die wichtigsten hierher gehörenden Schutzrechte sind neben dem Patentrecht das Gebrauchsmuster- und das Sortenschutzrecht, das Urheber- und das Geschmacksmusterrecht sowie das Markenrecht. Im Vordergrund des Interesses haben bisher durchweg Lizenzverträge über **Patente und gleichstehende Schutzrechte** gestanden, weshalb sich die folgenden Ausführungen gleichfalls zunächst im wesentlichen auf Lizenzverträge über diese Rechte beschränken werden (zu den anderen Schutzrechten s. u. Rn. 26 ff.).

2 Das **Patent** verleiht ebenso wie die anderen Schutzrechte seinem Inhaber ein **Ausschließlichkeitsrecht**, so dass allein der Patentinhaber während der Laufzeit des Rechts (§ 16 Abs. 1 S. 1 PatG) die patentierte Erfindung benutzen darf (§ 9 PatG). Andere Personen sind dagegen von der Benutzung des Rechts genauer: des geschützten Erfindungsgedankens so lange ausgeschlossen, wie sie ihnen nicht durch den Inhaber des Patents im Wege der Einräumung einer Lizenz oder auf sonstige Weise gestattet wird (§ 15 PatG). Die **wettbewerbspolitische Berechtigung** dieser Regelung ist umstritten. In der nicht abreißenden Diskussion sind die unterschiedlichsten Theorien zur Rechtfertigung des Patentschutzes entwickelt und wieder verworfen worden.[1] In der Gegenwart wird die **Funktion** eines zeitlich begrenzten Patentschutzes in erster Linie darin gesehen, eine **sofortige Nachahmung** der sonst gemeinfreien Erfindung durch die Konkurrenten des Erfinders zu verhindern und dergestalt zusätzliche **Anreize** für Erfindungen im Interesse des allgemeinen technischen und wirtschaftlichen Fortschritts zu **schaffen.**[2] Durch diese **künstliche Verknappung** wird die Erfindung zudem überhaupt erst zu einem **verkehrsfähigen Gut**, während ohne solche Regelung jedermann fremde Ideen beliebig nutzen könnte. Der Erfinder erhält dadurch zugleich die Chance, in der ihm garantierten reaktionsfreien Zeit seine möglicherweise hohen **Aufwendungen** für Forschung und Entwicklung zu **amortisieren.** Außerdem sollen die Konkurrenten hierdurch dazu veranlasst werden, nach Ersatzlösungen, sog. **Substituten,** Ausschau zu halten, d. h. um das Patent „herumzuerfinden", um dadurch auch ihrerseits die Technik zu bereichern.

---

[1] S. die Überblicke bei *Dahmann,* Patentwesen, technischer Fortschritt und Wettbewerb, 1981, S. 68 ff.; *Landes/Posner*, The Economic Structure of Intellectual Property Law, 2003; *Machlup,* Die wirtschaftlichen Grundlagen des Patentrechts, 1962, S. 19 ff.; *Möschel,* in: *Lange/Klippel/Ohly,*, Geistiges Eigentum, S. 119 (123 ff.); *Strohm,* Wettbewerbsbeschränkungen in Patentlizenzverträgen, 1971, S. 40 ff.

[2] S. *Lehmann,* GRURInt 1983, 356; *Kraft,* Patent und Wettbewerb in der Bundesrepublik Deutschland, 1972, S. 30 ff.; *Möschel,* in: *Lange/Klippel/Ohly,*, Geistiges Eigentum, S. 119 (123 ff.); *Prahl,* Patentschutz und Wettbewerb, 1969, S. 71 ff.

Über den skizzierte, als solchen unbestreitbaren Vorteilen des Patentschutzes (o. Rn. 2) dürfen jedoch dessen ebenso offenkundigen **Nachteile** nicht übersehen werden.[3] Hervorzuheben sind zunächst die von dem Patentschutz in seiner heutigen Ausgestaltung ausgehenden **konzentrationsfördernden Wirkungen,** die schon wiederholt empirisch belegt wurden.[4] Namentlich in der chemischen und in der elektrotechnischen Industrie besteht eine ausgeprägte Konzentration des Patentbesitzes bei wenigen Großunternehmen (sog. **Patenthäufung** oder **-akkumulation**). Nahezu unangreifbar wird in solchen Fällen die Position der großen Lizenzgeber, wenn die Lizenznehmer noch zusätzlich durch **Rückgewährklauseln** zum Erfahrungs- und Lizenzaustausch mit dem Lizenzgeber verpflichtet werden, da die unvermeidliche Folge ist, dass sich auf die Dauer das gesamte technische Wissen einer Branche in der Hand weniger großer Lizenzgeber konzentriert, die dergestalt in die Lage versetzt werden, ihre Technologie zum Industriestandard zu erheben. Die (durchaus problematische) Folge sind kaum übersteigbare **Marktzutrittsschranken.** Hinzu kommt eine Fülle weiterer Nachteile, unter denen der verbreitete Einsatz von Patenten zur Behinderung von Konkurrenten an der Entwicklung eigener technische Lösungen hervorzuheben ist, besonders ausgeprägt bei sog. **Wegelagerpatenten**, die allein zu diesem Zweck erwirkt werden. 3

Die **Lizenzierung** von Patenten kann ferner zur **Begründung oder Absicherung von Wettbewerbsbeschränkungen** missbraucht werden, wovon nach allen Erfahrungen auf nationaler wie internationaler Ebene im denkbar größten Umfang Gebrauch gemacht wird. Denn die Erteilung von Lizenzen kann nicht nur von der Zahlung einer Gegenleistung, sondern ebenso von der Übernahme beliebiger anderer Verpflichtungen einschließlich eben **wettbewerbsbeschränkender Verpflichtungen** der Lizenznehmer abhängig gemacht werden, denen außerdem entsprechende Beschränkungen des Lizenzgebers korrespondieren können. Beispiele sind Preisbindungen, mengenmäßige oder territoriale Beschränkungen einer oder beider Parteien, Export- und Reimportverbote, Wettbewerbsverbote, Bezugs- und Vertriebsbindungen sowie Rückgewähr- und (vor allem) Nichtangriffsklauseln.[5] Zusätzlich verstärkt werden diese wettbewerbsbeschränkenden Wirkungen von Lizenzverträgen, wenn entsprechende Klauseln in umfassende **Lizenzvertragssysteme** einzelner mächtiger Lizenzgeber oder von Patentgemeinschaften aufgenommen werden.[6] Die Folge sind hier gleichfalls häufig nahezu unübersteigbare, technisch bedingte Marktzutrittsschranken für Newcomer. Als weiterer hiermit zusammenhängender Problemkreis sind in den letzten Jahren die sich immer mehr verbreitenden **Standardisierungsvereinbarungen** auch in das Blickfeld des Kartellrechts gerückt, seit sich herausgestellt hat, dass sich derartige Vereinbarungen hervorragend zur kollusiven Monopolisierung von Märkten durch die Behinderung von Außenseitern eignen.[7] 4

[3] S. schon ausführlich *Lieberknecht,* Patente, Lizenzverträge und Verbote von Wettbewerbsbeschränkungen, 1953, S. 19 ff.

[4] S. *Monopolkommission,* 2. Hauptgutachten, Tz. 636 ff.; str.

[5] S. außer den Genannten (o. Fn. 1–4) noch *Buxbaum,* WuW 1966, 193; *Kaufer,* Patente, Wettbewerb und technischer Fortschritt, 1968, S. 157 ff.; *Walz,* Der Schutzinhalt des Patentrechts im Recht der Wettbewerbsbeschränkungen, 1973, S. 237 ff.

[6] Zu den Patentpools s. außer den Genannten (o. Fn. 1–5) z. B. noch *Dreiss,* Die kartellrechtliche Beurteilung von Lizenzvertragssystemen, 1972; *Schulte,* Lizenzaustauschverträge und Patentgemeinschaften, 1971.

[7] Ausführlich *Fuchs,* in: *Lange/Klippel/Ohly,*, Geistiges Eigentum, S. 147 ff.; *Walther/Baumgartner,* WuW 2008, 158.

II. Infringement-Test

5 Eine gesetzliche Regelung des Fragenkreises Lizenzverträge und Kartellrecht fand sich für Deutschland erstmals in den alliierten **Dekartellierungsgesetzen von 1948**, die übereinstimmend Absprachen verboten, durch die das gesetzliche Monopol auf Gegenstände ausgedehnt wurde, „die in der gesetzmäßigen Erteilung nicht enthalten sind".[8] Der **Zweck** dieser Bestimmungen wurde vor allem darin gesehen, eine Ausdehnung der Schutzrechte über ihren gesetzlich vorgeschriebenen Umfang hinaus zu verhindern. Dies war die Geburtsstunde des sog. **Infringement-Tests,** der die Rechtsentwicklung in Deutschland bis in die jüngste Zeit geprägt hat, da er auch vom **GWB** zunächst übernommen worden war. Maßgebend war zunächst § 20 GWB von 1957, an dessen Stelle später **§ 17 a. F.** getreten war. Auch diese Bestimmungen wandten sich allein gegen solche **Beschränkungen** des Erwerbers oder Lizenznehmers, **die über** den **„Inhalt des Schutzrechtes" hinausgingen**. Das Gesetz erkannte damit die Schutzrechte ebenso wie zuvor schon die Dekartellierungsgesetze prinzipiell in den ihnen durch die jeweiligen Schutzgesetze gezogenen Grenzen an und verbot lediglich ihre vertragliche Ausdehnung über diesen gesetzlichen Rahmen hinaus.[9]

6 Der Infringement-Test, der auch bei der Auslegung der Wettbewerbsregeln des Vertrags im Ergebnis nach wie vor viele Anhänger hat, ist nur auf den ersten Blick plausibel. Tatsächlich gibt es indessen **keinen** dem Wettbewerbsrecht sozusagen **vom Patentrecht vorgegebenen Inhalt** des Schutzrechts.[10] Der **Schutzrechtsinhalt** kann vielmehr, soweit er zur Rechtfertigung von Wettbewerbsbeschränkungen herangezogen wird, immer nur von Fall zu Fall im Zusammenwirken von Patentrecht *und* Wettbewerbsrecht bestimmt werden, wobei vor allem der **Wert** des jeweiligen **Patents,** die Position und die Zahl der Vertragsbeteiligten, die von ihnen verfolgten **Zwecke** sowie die **Auswirkungen** des Systems auf den Wettbewerb zu berücksichtigen sind. Insbesondere die Frage, ob es sich um ein **starkes oder schwaches Patent** handelt, erlangt in diesem Zusammenhang zentrale Bedeutung. Denn es liegt auf der Hand, dass auf offensichtlich nichtige, von der Konkurrenz nicht mehr beachtete, technisch überholte oder sonst **wertlose Schutzrechte** überhaupt *keine* Lizenznehmerbeschränkungen mehr gestützt werden dürfen, während **schwache Patente**, die dem Lizenznehmer lediglich einen geringfügigen Vorsprung vor der Konkurrenz verschaffen, auch nur entsprechend unbedeutende Lizenznehmerbeschränkungen zu rechtfertigen vermögen.

III. Erschöpfungslehre

7 Eines der Kennzeichen des Patentschutzes ist oder war doch bisher das sog. **Territorialitätsprinzip,** d. h. der Umstand, dass der Schutz von Ausschließlichkeitsrechten durchweg auf staatlicher Verleihung beruht und sich deshalb auf das Gebiet des betreffenden Staates beschränkt, so dass die **Schutzrechte** in mehreren Staaten, mögen sie auch denselben Gegenstand haben, **rechtlich** doch **voneinander unabhängig**

[8] Wegen der Einzelheiten s. IM/*Emmerich,* GWB, 3. Aufl., 2001, § 17 Rn. 8 ff.

[9] BGHZ 51, 263 (266) = NJW 1969, 1247; *BGH* LM Nr. 14 zu § 20 GWB = GRUR 1975, 206; WuW/E BGH 696; *Emmerich,* ZHR 140 (1976), 17 (22 ff.).

[10] S. zu dieser grundsätzlichen Frage statt aller *Heinemann,* Immaterialgüterschutz in der Wettbewerbsordnung, S. 147 ff.; *ders.,* in: Behrens, Stand und Perspektiven des Schutzes geistigen Eigentums in Europa, S. 105 ff. sowie u. Rn. 8.

sind.[11] Die Folge ist, dass das Inverkehrbringen des geschützten Gegenstandes in einem Land auch nur zur **Erschöpfung** gerade des **in diesem Lande** bestehenden Schutzrechtes führt, während parallele Schutzrechte in anderen Ländern unberührt bleiben, d. h. *nicht* erschöpft werden – mit der Konsequenz, dass sich gewerbliche Schutzrechte alsbald als hervorragendes Mittel erwiesen, den einheitlichen Binnenmarkt wieder in getrennte nationale Märkte aufzuteilen. Es bedurfte dazu nicht mehr, als der Erwirkung mehrerer paralleler Schutzrechte in mehreren Mitgliedstaaten. Die Kommission bemüht sich deshalb buchstäblich seit Jahrzehnten um die Ersetzung der einzelnen nationalen Patente durch ein einheitliches **europäisches Patent**. Diese Bemühungen sind bisher an der offenbar unlösbaren Sprachenproblematik gescheitert. Nach dem neuesten Stand der Dinge sieht es so aus, dass das europäische Patent (vielleicht) wenigstens von einer Reihe von Mitgliedstaaten mit Ausnahme insbesondere von Spanien und Italien eingeführt werden soll. Gleichsam im Vorgriff auf diese Entwicklung ist außerdem der **Gerichtshof** bereits seit den siebziger Jahren des vorigen Jahrhunderts den Gefahren aus den nationalen Patentsystemen für den Binnenmarkt mit der Entwicklung der Lehre von der **gemeinschaftsweiten Erschöpfung** des Schutzrechtes entgegengetreten, *sofern* der geschützte Gegenstand von dem Berechtigten selbst oder mit dessen Zustimmung in einem Mitgliedstaat der insoweit als Einheit gedachten Union *einmal* in Verkehr gebracht worden ist.[12]

Hintergrund dieser im vorliegenden Zusammenhang im Übrigen nicht weiter zu verfolgenden Rechtsprechung des Gerichtshofs ist die von ihm entwickelte **Unterscheidung zwischen** dem vom Vertrag gewährleisteten **Bestand** der nationalen Schutzrechte **und** ihrer dem Vertrag unterworfenen **Ausübung,**[13] wobei der Gerichtshof all das zum Bestand der Rechte zählt, was ihren „spezifischen Gegenstand" ausmacht. Infolgedessen ist in der jüngsten Diskussion der **„spezifische Gegenstand"** der Schutzrechte immer mehr zum **Schlüsselbegriff** der Materie geworden, da in einem Teil des Schrifttums unverkennbar die Neigung besteht, einfach alle gewünschten Wettbewerbsbeschränkungen zum „spezifischen Gegenstand" des jeweiligen Schutzrechtes „hochzustilisieren", um sie so dem Zugriff des Art. 101 (als schutzrechtsimmanent) entziehen zu können.[14] Der alte, längst überwunden geglaubte Infringement-Test des Dekartellierungsrechts feiert hier in wenig veränderter Gestalt fröhliche Urständ.[15] 8

[11] S. zum Folgenden schon *Emmerich,* DB 1972, 1275, 1325 sowie zusammenfassend *Mestmäcker/Schweitzer,* § 26 Rn. 3 ff. (S. 654 ff.).

[12] S. zuletzt für das Urheberrecht *EuGH* Slg. 2006, I-8113 Tz. 22 ff. = EuZW 2006, 662 (663) – Laserdisken; sowie allgemein *Kommission,* Leitlinien zur Anwendung von Art. 101 AEUV auf Technologietransfervereinbarungen (TT) v. 27. 4. 2004, ABl. Nr. C 101/2, Tz. 6; *Mestmäcker/Schweitzer,* § 22 Rn. 32 ff. (S. 677 ff.) m. N.

[13] *EuGH* Slg. 1971, 69 (83) – Sirena; 1974, 731 (744 f.) – Hag I; 1982, 2853 (2871) – Keurkoop; 1988, 6067 (6071 f. Tz. 10 f.) – Renault; 1988, 6232 (6235 Tz. 7 f.) = NJW 1990, 628 – Volvo; Slg. 1990, I-3711 – NJW 1991, 626 = EuZW 1990, 545 – Hag II; Slg. 1992, I-818 (823 ff.); 1992, I-858 (864 ff.) = EuZW 1993, 638; Slg. 1993, I-6260 (6267 ff.) – Audi Quattro; 1994, I-2836 (2855) = EuZW 1994, 467 – Idealstandard; Slg. 1995, I-808 (823) = EuZW 1995, 339 (342) – RTE/ITP (Magill); Slg. 2004, I-5069 (5081 f. Tz. 34 ff.) = EuZW 2004, 345 – IMS Health; *OLG Frankfurt a. M.* WuW/E DE-R 2018; *Mestmäcker/Schweitzer,* § 27 Rn. 19 ff. (S. 672 ff.); dagegen *Schwarze,* EuZW 2002, 75 (79 m. N.).

[14] So insb. *Sack,* FS Ritter, 1997, S. 753 (757 ff); *ders.,* WRP 1999, 592 (593 ff. m. N.).

[15] S. schon o. Rn. 6; dagegen auch *Mestmäcker/Schweitzer,* § 28 Rn. 22 (S. 707 f.); *Mestmäcker,* FS Immenga, S. 261 (272 ff.); *Heinemann,* in: Behrens, Stand und Perspektiven des Schutzes geistigen Eigentums in Europa, S. 105, insb. 109 ff.; *ders.,* Immaterialgüterschutz in der Wettbewerbsordnung, S. 147 ff. und passim.

9 Es ist dies der wohl wichtigste Grund, warum es die Gemeinschaftsorgane bisher vermieden haben, sich auf eine abschließende **Definition** des „spezifischen Gegenstandes“ der einzelnen Schutzrechte festzulegen. Der Gerichtshof hat sich vielmehr auf die Feststellung zurückgezogen, zum **„spezifischen Gegenstand“ des Patentrechts** gehöre zumindest, dass der Inhaber zum Ausgleich für seine schöpferische Tätigkeit das ausschließliche Recht erlange, gewerbliche Erzeugnisse herzustellen und in Verkehr zu bringen, die Erfindung durch Lizenzvergabe zu verwerten und sich gegen jede Zuwiderhandlung zur Wehr zu setzen.[16] Entsprechendes gilt für die **verwandten Schutzrechte** wie das Gebrauchsmuster- und das Sortenschutzrecht. Beim **Urheberrecht** liegt der spezifische Gegenstand gleichfalls in erster Linie in dem ausschließlichen Recht des Berechtigten zur körperlichen und unkörperlichen Verwertung des Werks,[17] während er beim **Markenrecht** darin gesehen wird, dass der Inhaber durch das ausschließliche Recht, ein Erzeugnis erstmals in den Verkehr zu bringen und dabei sein Zeichen zu benutzen, Schutz vor Konkurrenten erlangt.[18]

IV. Entwicklung des Gemeinschaftsrechts

10 Den ersten Versuch der Kommission, sich der Problematik der Patentlizenzverträge zu nähern, markierte die sog. **Weihnachtsbekanntmachung vom 24. Dezember 1962.**[19] Als Kriterium für die Unterscheidung zulässiger und unzulässiger Lizenznehmerbeschränkungen betonte die Kommission hier noch nach dem Vorbild des deutschen Kartellrechts (s. § 17 Abs. 1 GWB a. F.) den „Inhalt des Schutzrechts“, so dass durch diesen gedeckte Lizenznehmerbeschränkungen auch Bestand vor Art. 101 Abs. 1 haben sollten. Dies hätte der Sache nach die **Übernahme des Infringement-Tests** (o. Rn. 5 ff.) ins europäische Recht bedeutet, dessen Ungeeignetheit zur Lösung des Spannungsverhältnisses zwischen Patent- und Wettbewerbsrecht indessen schon lange erwiesen war (o. Rn. 6, 9).

11 Erschwerend kam hinzu, dass die Anknüpfung an den Inhalt des Schutzrechtes auf die Dauer zum **Vorrang der nationalen Gesetzgebung** über Schutzrechte vor den Wettbewerbsregeln geführt hätte. Deshalb gab die Kommission diesen Ansatz später wieder auf und entwickelte statt dessen aufgrund des Art. 101 Abs. 1 **eigene, gemeinschaftsrechtliche Kriterien für** die Zulässigkeit von **Lizenznehmerbeschränkungen.**[20] Als **bedenklich** galten seitdem namentlich Klauseln, durch die das Schutzrecht auf gemeinfreie Produkte erstreckt werden sollte, Wettbewerbsverbote, weiter die Verpflichtung, den geschützten Gegenstand nur zusammen mit anderen zu verkaufen, die Berechnung der Lizenzgebühren nach dem ganzen zusammengesetzten Produkt, obwohl nur Teile geschützt waren, Produktions- und Vertriebsverbote für das patentfreie Ausland sowie Nichtangriffsklauseln.

[16] Grdlg. *EuGH* Slg. 1974, 1147 (1163 Tz. 9) – Centrafarm; 1988, 1268 (1273 Tz. 11) – Allen und Hanburgs; 1992, I-818 (824 Tz. 17); 1992, I-858 (865 Tz. 21) = EuZW 1993, 638 (639).

[17] *EuGH* Slg. 1988, 2625 (2629 Tz. 13) – Warner Brothers; 2004, I-5069 (5081 Tz. 34) = EuZW 2004, 345 – IMS Health; *Kommission,* Entsch. v. 8. 10. 2002, ABl. 2003 Nr. L 107/58 (69 f. Tz. 68) – IFPI m. Anm. *Mestmäcker,* WuW 2004, 754.

[18] *EuGH* Slg. 1994, I-2836 (2846 ff. Tz. 33 ff.) = EuZW 1994, 467 – Ideal-Standard; dazu *Lüder,* EuZW 1995, 15.

[19] ABl. 1962, S. 2922.

[20] Ebenso im wesentlichen *EuGH* Slg. 1986, 643 (653 ff.) – Windsurfing; 1988, 5249 (5286) – Bayer; 1989, 1177 (1198 ff.) = EuZW 1990, 131 – Ottung; *EuG* Slg. 1991, II-535 (561 ff.) – BBC/Magill.

Art. 101 Abs. 1 wurde außerdem grundsätzlich auf **Beschränkungen des Lizenzgebers** angewandt. Beispiele waren neben ausschließlichen Lizenzen ebenfalls Wettbewerbsverbote, Export- und Reimportverbote sowie die Verpflichtung des Lizenzgebers, Beschränkungen auch seinen übrigen Lizenznehmern und Abnehmern aufzuerlegen. Unter **ausschließlichen Lizenzen** versteht man Verträge, durch die der Lizenzgeber die Verpflichtung übernimmt, für das betreffende Gebiet keine weiteren Lizenzen an Dritte zu vergeben. Damit kann, muss aber nicht die Verpflichtung des Lizenzgebers einhergehen, von dem Schutzrecht in diesem Gebiet gleichfalls keinen Gebrauch mehr zu machen. Die Kommission unterscheidet insoweit heute zwischen **Exklusiv- und Alleinlizenzen** und unterwirft beide ganz unterschiedlichen Regeln.[21] 12

In den Augen der Kommission war damit der Boden bereitet für eine **gesetzliche Regelung** der Materie. Die ersten Schritte waren für Patentlizenzverträge die Gruppenfreistellungsverordnung Nr. 2349/84 vom 23. Juli 1984[22] und für Know-how-Lizenzverträge die Verordnung Nr. 556/89 vom 30. November 1988.[23] An die Stelle dieser beiden Verordnungen trat sodann 1996 die **Gruppenfreistellungsverordnung Nr. 240/96.**[24] 13

Die genannten Verordnungen (o. Rn. 13) übernahmen zwar im Prinzip die von Kommission und Gerichtshof erarbeiteten Grundsätze, entwickelten diese aber in zahlreichen Punkten fort, und zwar infolge des massiven Drucks, unter dem die Kommission bei der Verabschiedung der Verordnungen seitens interessierter Kreise stand, durchweg *zugunsten* der *Zulässigkeit von Beschränkungen* des Lizenznehmers. Vor allem die GruppenfreistellungsVO Nr. 240/96 trug deutlich Kompromisscharakter, so dass ihr Konzept zuletzt kaum noch durchschaubar war. 14

V. Gruppenfreistellungsverordnung Nr. 772/2004 für Technologietransfervereinbarungen

Die Gruppenfreistellungsverordnung (GFVO) Nr. 240/1996 war spätestens mit Inkrafttreten der Kartellverfahrensverordnung Nr. 1/2003 am 1. Mai 2004 wegen des damit vollzogenen Übergangs zu dem System der Legalausnahme überholt. Die Kommission hatte deshalb bereits Ende der neunziger Jahre des vorigen Jahrhunderts ein Konsultationsverfahren eingeleitet, um rechtzeitig Klarheit über die nötigen Reformen zu erhalten.[25] Ergebnis ist die neue **GFVO für Technologietransfer (TT)-Vereinbarungen Nr. 772/2004** (im Folgenden immer: VO) vom 27. April 2004.[26] Die Kommission veröffentlichte gleichzeitig umfangreiche **Leitlinien** zur Anwendung des Art. 101 auf TT-Vereinbarungen,[27] die sich nicht nur zur Auslegung der VO äußern, sondern auch ausführlich auf sonstige Lizenzverträge eingehen.[28] 15

[21] S. die Leitlinien für Technologietransfervereinbarungen, ABl. 2004 Nr. C 101/2 (29 ff. Tz. 161 ff.); wegen der Einzelheiten s. u. Rn. 15 ff.; für einen Nießbrauch an dem Patent s. noch *LG Hamburg* WuW/DE-R 3373 (3379).

[22] ABl. Nr. L 219/15.

[23] ABl. 1989 Nr. 61/1.

[24] ABl. Nr. L 31/2.

[25] S. *Lübbig*, GRUR 2004, 483.

[26] ABl. Nr. L 123/11.

[27] Bekanntmachung v. 27. 4. 2004, ABl. Nr. C 101/2.

[28] Leitlinien, S. 24 ff. Tz. 130 ff.; dazu u. Rn. 26 ff.

1. Anwendungsbereich

16 Der Anwendungsbereich der GFVO ergibt sich aus **Art. 1**. Die VO erfasst danach **Technologietransfervereinbarungen über Patente,** Gebrauchsmuster, Geschmacksmuster, Sortenschutzrechte und Know-how (Art. 1 Abs. 1 lit. h, i VO). Gemeint sind damit nach Art. 1 Abs. 1 lit. b VO der Sache nach in erster Linie schlicht **Lizenzverträge** und gleichstehende Abreden.[29] Lizenzverträge über **Know-how**, d. h. über nicht patentierte, praktische Kenntnisse insbesondere in der Herstellung von Waren kommen freilich nur in den Genuss der Freistellung aufgrund der Gruppenfreistellungsverordnung, wenn sie die engen **Voraussetzungen** des Art. 1 Abs. 1 lit i der Verordnung erfüllen, d. h. geheim und wesentlich sind, wobei die Kartellbehörden in der Regel ganz restriktiv verfahren, um der nahe liegenden Gefahr zu begegnen, dass auf dem Weg über Lizenzverträge über beliebiges technisches Wissen (das im Grunde jedermann zugänglich ist) letztlich das Kartellverbot ausgehöhlt wird.[30]

17 Innerhalb der unter die Verordnung fallenden Lizenzverträge wird sodann weiter danach unterschieden, ob die Vertragsparteien Konkurrenten sind oder nicht, da **Verträge zwischen Konkurrenten** naturgemäß kritischer zu beurteilen sind als Verträge zwischen sonstigen Unternehmen (Art. 1 Abs. 1 lit. j VO).[31] Überhaupt **keine Anwendung** findet die VO schließlich auf Vereinbarungen zwischen mehr als zwei Unternehmen, wobei insbesondere an die verbreiteten Patent- oder Technologiepools zu denken ist.[32] **Patentpools** unterliegen daher weiterhin allein der Beurteilung im Einzelfall nach Art. 101.[33] Zwischen aktuellen oder potentiellen Konkurrenten dürften Patentpools danach in der Regel auf erhebliche Bedenken stoßen.

2. Freistellungsvoraussetzungen

18 Lizenzverträge, die unter die GFVO fallen (o. Rn. 16), sind nach **Art. 2 VO** generell von dem Verbot des Art. 101 AEUV **freigestellt** und damit erlaubt, **sofern** die positiven und negativen **Voraussetzungen der Art. 3 bis 5 VO erfüllt** sind. Art. 3 VO führt nach dem Vorbild der GFVO Nr. 2790/1999 für Vertikalvereinbarungen (s. dazu o. § 5 Rn. 18 ff.) erstmals auch für Lizenzverträge Marktanteilsschwellen ein (Rn. 20), während sich in den Art. 4 und 5 VO die bekannten Listen schwarzer und grauer Klauseln finden, die in Lizenzverträgen nicht enthalten sein dürfen (Rn. 21 f.).

19 Eine (nicht abschließende) **Aufzählung zulässiger „weißer Klauseln"** (zulässig, wenn nicht die Marktanteilsschwellen des Art. 3 der Verordnung überschritten werden.[34]) findet sich **in den Leitlinien.**[35] Die wichtigsten sind die Verpflichtung zur Wahrung der Vertraulichkeit, das Verbot von Unterlizenzen, Nutzungsverbote nach Ablauf der Vereinbarung, die Verpflichtung zur Anbringung der Marke des Lizenzgebers an den unter Verwendung der lizenzierten Schutzrechte hergestellten Produkten sowie insbesondere die Verpflichtung zur Bezahlung von **Lizenzgebühren**, sofern

[29] S. Leitlinien, S. 9 f. Tz. 46 ff.
[30] *BKartA* WuW/E DE-V 1579 (1582) –KS-Quadro.
[31] S. Leitlinien, S. 6 f. Tz. 26 ff.
[32] S. Leitlinien, S. 8 Tz. 38 ff.
[33] S. Leitlinien, S. 37 ff. Tz. 210 ff.
[34] S. u. Rn. 20; *Lübbig,* GRUR 2004, 483 (485).
[35] S. 28 f. Tz. 155 ff.

sich nicht unter dem Mantel der Vereinbarung einer entgeltlichen Lizenz der Sache nach ein Preiskartell verbirgt, wie es tatsächlich häufig bei Lizenzverträgen über wertlose Patente der Fall ist.[36]

Die für die Freistellung maßgeblichen **Marktanteilsschwellen** ergeben sich aus 20 Art. 3 VO.[37] Die Marktanteilsschwelle beträgt danach **für** Lizenzverträgen zwischen **Konkurrenten zusammen 20 %,** wobei sowohl die Produkt- als auch die Technologiemärkte ins Auge zu fassen sind, sowie bei Lizenzverträgen **zwischen anderen Unternehmen für jedes** beteiligte **Unternehmen** gesondert **30 %** (Art. 3 Abs. 1 und Abs. 2 VO). Für die Berechnung der Marktanteilsschwellen enthält Art. 8 VO besondere Vorschriften. Im übrigen richtet sich die (schwierige) Abgrenzung der relevanten Märkte nach der Bekanntmachung von 1997.[38] Dabei ist zu beachten, dass gerade an Lizenzverträgen in erheblichem Umfang **Großunternehmen** beteiligt sind (s. o. Rn. 3), so dass in einer Vielzahl von Fällen die Marktanteilsschwellen des Art. 3 VO überschritten sein dürften. Ist dies der Fall, so bleibt es bei der Maßgeblichkeit des Art. 101 im Einzelfall.[39]

3. Kernbeschränkungen

In keiner GFVO darf eine Liste **schwarzer Klauseln,** sog. Kernbeschränkungen feh- 21 len, deren Vereinbarung zur Unanwendbarkeit der GFVO *insgesamt* führt. Für Lizenzverträge findet sich diese Liste in **Art. 4 VO.**[40] Dabei wird wieder danach unterschieden, ob der Vertrag zwischen Konkurrenten oder zwischen anderen Unternehmen abgeschlossen wurde (Art. 4 Abs. 1 und Abs. 2 VO). Zweck der Regelung ist es, den verbreiteten Versuchen zu begegnen, unter dem Anschein harmloser Lizenzverträge handfeste Preis-, Gebiets- oder Mengenkartelle zu praktizieren und dergestalt die Märkte unter den Beteiligten aufzuteilen, wofür sich vor allem Lizenzverträge über in Wirklichkeit wertlose oder doch ganz schwache Patente oder Know-how hervorragend eignen:

Zwischen **Konkurrenten** wendet sich die GFVO in **Art. 4 Abs. 1** insbesondere ge- 22 gen jede Form der Preisbindung, ferner gegen Mengenbeschränkungen sowie gegen die Zuweisung von Märkten und Kunden, d. h. gegen Marktaufteilungen (Art. 4 Abs. 1 lit. a bis c). Ein **Beispiel** ist eine Gebietsaufteilung in Sternverträgen über wertloses, weil nicht geheimes und damit jedermann zugängliches „Know-how".[41] Für **ausschließliche Lizenzen** in ihren beiden Spielarten, d. h. für Exklusiv- und Alleinlizenzen, enthält die VO jedoch in Art. 4 Abs. 1 lit. c Nr. 3 bis 5 verschiedene **Ausnahmen**, die im Ergebnis dahin führen, dass Alleinlizenzen generell und Exklusivlizenzen jedenfalls dann erlaubt sind, wenn es sich nicht um wechselseitige Vereinbarungen handelt.[42]

Im Kern schließt sich die GFVO mit dieser Regelung wohl der Rechtsprechung des 23 **Gerichtshofs** zu ausschließlichen Lizenzen an, die auf der Unterscheidung zwischen

[36] S. Leitlinien, S. 28 f. Tz. 155–160.
[37] S. dazu Leitlinien, S. 12 ff. Tz. 65 ff.
[38] ABl. Nr. C 372/1.
[39] Zur Kritik s. *Basedow,* EuZW 2006, 97.
[40] Wegen der Einzelheiten s. die Leitlinien, S. 14, 29 ff. Tz. 74, 161 ff.; *Lübbig,* GRUR 2004, 483.
[41] *BKartA* WuW/E DE-V 1579 (1582) –KS-Quadro.
[42] S. dazu ausführlich die Leitlinien, S. 29 ff. Tz. 161 ff.; *Lübbig,* GRUR 2004, 483 (486); *Mestmäcker/Schweitzer,* § 28 Rn. 61 ff. (S. 721 ff.).

offenen und geschlossenen ausschließlichen Lizenzen beruht.[43] **Offene ausschließliche Lizenzen** sind solche, bei denen sich der Lizenzgeber lediglich verpflichtet, keine anderen Lizenzen für das betreffende Gebiet zu vergeben, während Parallelimporte seitens anderer Lizenznehmer möglich bleiben. Derartige Lizenzen gelten im Regelfall als unbedenklich, während **geschlossene ausschließliche Lizenzen**, bei denen der Lizenzgeber die zusätzliche Verpflichtung übernimmt, einen Wettbewerb Dritter in dem dem Lizenznehmer vorbehaltenen Gebiet nach Möglichkeit zu unterbinden, grundsätzlich gegen Art. 101 Abs. 1 verstoßen. Ebenso beurteilt werden sonstige Beschränkungen des Lizenzgebers, durch die den Lizenznehmern im Ergebnis ein **absoluter Gebietsschutz** verschafft werden soll, wie etwa Wettbewerbsverbote oder Reimportverbote.[44] Im selben Sinne dürfte im Kern die Regelung für Exklusiv- und Alleinlizenzen zwischen Konkurrenten in Art. 4 Abs. 1 lit. c Nr. 3 bis 5 VO zu verstehen sein. Für **Lizenzverträge zwischen sonstigen Unternehmen**, die keine Konkurrenten sind, gelten die genannten Regeln nach **Art. 4 Abs. 2 VO** nur mit erheblichen Modifikationen.

4. Graue Klauseln

24 Die in **Art. 5 VO** aufgezählten sog. grauen Klauseln unterscheiden sich von den Kernbeschränkungen des Art. 4 VO dadurch, dass ihre Vereinbarung zwar ebenfalls verboten ist, jedoch *nicht* zur Unanwendbarkeit der GFVO *insgesamt* führt. Die GFVO wendet sich hier vor allem gegen zwei ebenso verbreitete wie umstrittene Arten von Abreden in Lizenzverträgen, nämlich gegen Rückgewähr- und gegen Nichtangriffsklauseln. **Rückgewährklauseln** sind deshalb so gefährlich, weil sie zu einer Monopolisierung des technischen Wissens in der Hand von Großunternehmen führen können, die imstande sind, aufgrund ihres umfangreichen Patentbesitzes den ganzen Markt mit Lizenzverträgen abzudecken und auf diese Weise über Rückgewährklauseln alle Zusatz- und Verbesserungserfindungen bei sich zu monopolisieren. Die GFVO zieht deshalb Rückgewährklauseln in Art. 5 I lit. a und lit. b **gewisse Schranken**, ohne doch einem Erfahrungsaustausch zwischen den Vertragsparteien generell entgegenzutreten.[45]

25 Noch kritischer zu beurteilen sind **Nichtangriffsklauseln,** die die GFVO in Art. 5 Abs. 1 lit. c Halbs. 1 deshalb zu Recht **grundsätzlich verbietet.**[46] Um die Gefährlichkeit solcher Klauseln zu erkennen, muss man sich vergegenwärtigen, dass in einer Vielzahl von Fällen Lizenznehmer die einzigen sind, die den wirklichen Wert einer Erfindung zu beurteilen vermögen, so dass Angriffe gegen das Schutzrecht von ihrer Seite noch immer den größten Erfolg versprechen. Nichtangriffsklauseln begründen daher die Gefahr, dass zahlreiche im Grunde wertlose Patente weiter zu Wettbewerbsbeschränkungen missbraucht werden können, weil Dritte keine Chance sehen, sie mit Erfolg anzugreifen. Grundsätzlich unbedenklich sind dagegen in den Augen

[43] *EuGH* Slg. 1982, 2015 (2068 ff.) = NJW 1982, 1929 = JuS 1983, 59 Nr. 2 – Nungesser/Maissaatgut; Slg. 1982, 3381 (3401 f.) = NJW 1983, 1255 = JuS 1983, 549 Nr. 1 – Coditel II; *EuG* Slg. 1997, II-933 (973 ff.) – Tierce Ladbroke; *OLG Düsseldorf* WuW/E DE-R 1573 (1574).

[44] *EuGH* Slg. 1978, 1391 (1414 ff.) – Tepea; 1982, 2015 (2068 ff.) = NJW 1982, 1929 – Maissaatgut; Slg. 1982, 3381 (3401 f.) = NJW 1983, 1255 – Coditel II; *EuG* Slg. 1990, II-309 (356 ff.) – Tetra Pak.

[45] *OLG Düsseldorf* WuW/E DE-R 1573 (1575).

[46] *OLG Düsseldorf* WuW/E DE-R 1573; Leitlinien, S. 21 f. Tz. 112 f.; *Mestmäcker/Schweitzer,* § 28 Rn. 78 ff. (S. 727 ff.); *Mestmäcker,* FS Immenga, S. 261 (274 f.); s. auch u. § 10 Rn. 67.

der Kommission sog. Anspruchsregelungs- und Anspruchsverzichtsvereinbarungen. Man versteht darunter Vereinbarungen, meistens zwischen konkurrierenden Unternehmen, zur Beilegung patentrechtlicher Streitigkeiten, wobei insbesondere an **gerichtliche Vergleiche** zu denken ist. Solche Vergleiche sollen offenbar nicht behindert werden, obwohl sie der Sache nach Nichtangriffsvereinbarungen sehr nahe kommen können.[47]

VI. Andere Schutzrechte

Literatur: S. o. vor Rn. 1 sowie *Kommission,* Die Wahrnehmung von Urheberrechten und verwandten Schutzrechten im Binnenmarkt, Mitteilung KOM (2004) 261 endg.; *Fikentscher,* FS Schricker, 1995, 5149; *Groß,* in: Wiedemann, § 13 Rn. 150 ff *Mestmäcker,* FS Rittner, 1991, S. 391; *ders.,* WuW 2004, 754; *Mestmäcker/Schweitzer,* § 28 Rn. 39, 122 ff. (S. 713, 739 ff.); *Miersch,* in: *Lange/Klippel/Ohly,* Geistiges Eigentum, S., 177; *Pfeifer,* GRUR 2009, 22; *Schwarze* (Hrsg.), Rechtsschutz gegen Urheberrechtsverletzungen und Wettbewerbsverstöße, 2000; *ders./Becker* (Hrsg.), Geistiges Eigentum und Kultur im Spannungsfeld, 1998: *Streicher,* WuW 2011, 954; *Zeidler,* Urhebervertragsrecht und Kartellrecht, 2007.

1. Überblick

Der Anwendungsbereich der GFVO Nr. 772/2004 beschränkt sich auf Patente, Gebrauchsmuster, technisches Know-how sowie einige gleichstehende Schutzrechte, zu denen seit 2004 auch Geschmacksmuster zählen (Art. 1 Abs. 1 lit. h VO). Auf **Urheber- und Markenrechte** findet sie dagegen grundsätzlich **keine Anwendung**. Eine **Ausnahme** gilt lediglich für **gemischte Verträge**, bei denen die Lizenzierung von Schutzrechten, die unter die GFVO Nr. 772/2004 fallen, im Vordergrund steht.[48] Ein Beispiel ist ein Patentlizenzvertrag, in dem dem Lizenznehmer zugleich die Benutzung der Marke des Lizenzgebers gestattet oder ihre Benutzung vorgeschrieben wird.[49] Jenseits dieser Sonderfälle ist jedoch für eine Anwendung der GFVO Nr. 772/2004 auf die anderen Schutzrechte kein Raum, so dass die Behandlung wettbewerbsbeschränkender Abreden in Lizenzverträgen über diese Schutzrechte nach wie vor wenig geklärt ist. Die Situation wird weiter dadurch erschwert, dass ständig neue Nutzungsformen, z. B. über das Internet auftauchen, die zusätzliche Überlegungen erforderlich machen.[50] 26

Spezielle Regelungen der Materie fehlen; vor allem gibt es keine Gruppenfreistellungsverordnung für Lizenzverträge über Urheber- und Markenrechte, so dass es grundsätzlich bei der **Anwendbarkeit der allgemeinen Regeln** und damit insbesondere auch bei der Unterscheidung zwischen dem vom Vertrag vorausgesetzten Bestand und der Ausübung der Rechte bleibt, so dass die letztere durchaus an den Wettbewerbsregeln sowie z. B. an der Gruppenfreistellungsverordnung für vertikale Vereinbarungen Nr. 33/2010 gemessen werden kann (s. aber Art. 2 Abs. 3 der Verordnung). Ebenso anwendbar ist außerdem der Erschöpfungsgrundsatz.[51] 27

---

47 S. Leitlinien, S. 36 f. Tz. 204 ff.; *Lübbig,* GRUR 2004, 483 (488).

48 Leitlinien für TT-Vereinbarungen v. 27. 4. 2004, ABl. Nr. C 101/2 (10 Tz. 50).

49 Leitlinien (vorige Fn.) und S. 28 f. Tz. 155 f.

50 Vgl. für Musikrechte, insbes. im Internet, *Miersch,* in: *Lange/Klippel/Ohly,,* Geistiges Eigentum, S. 177.

51 S. Art 4 Abs. 2 der Urheberrecht-Richtlinie von 2002, ABl. Nr. L 167; *Miersch,* in: *Lange/Klippel/Ohly,,* Geistiges Eigentum, S. 177, 180.

28 Im **Schrifttum** wird aus dem Gesagten (Rn. 27) vielfach der Schluss gezogen, dass ebenso wie bei den Patentrechten (Rn. 8 f.) so auch hier die **vom „spezifischen Gegenstand“ des Rechts gedeckten Wettbewerbsbeschränkungen** als schutzrechtsimmanent grundsätzlich zulässig seien, selbst wenn im Einzelfall die Voraussetzungen des Art. 101 erfüllt sind, wobei für die **Abgrenzung** zwischen danach zulässigen und unzulässigen Vereinbarungen meistens an die für Patentlizenzverträge entwickelten Regeln, heute mithin in erster Linie an die Art. 4 und 5 der GFVO 772/2004, angeknüpft wird.[52] Die **Gemeinschaftsorgane** haben es dagegen bisher weit gehend vermieden, sich auf ein geschlossenes Konzept zur Beurteilung von Wettbewerbsbeschränkungen in Lizenzverträgen über Urheber- und Markenrechte festzulegen. Nur in wenigen Punkten zeichnen sich bisher erste Grundzüge eines derartigen Konzepts ab.

2. Bisherige Praxis

29 **a)** Den wenigen Äußerungen der Gemeinschaftsorgane zu der Problematik von Urheber- und Markenlizenzverträgen konnte jedenfalls **bis 2004** (s. Rn. 31 ff.) **keine klare Linie** entnommen werden. In Lizenzverträgen über **Urheberrechte** waren zuvor nur gelegentlich geschlossene ausschließliche Lizenzen, Wettbewerbsverbote, Lizenzgebührenpflichten für nichtgeschützte Gegenstände, die Verpflichtung zur Übertragung von Urheberrechten an Verbesserungen des Werks, Gebietsaufteilungen sowie Nichtangriffsklauseln beanstandet worden;[53] lediglich **ausschließliche Filmlizenzen** erfuhren eine großzügigere Behandlung als sonst üblich, wofür offenbar die Besonderheiten des Filmverleihs maßgeblich waren.[54] **Art. 101** wurde ferner z. B. angewandt, wenn die Vergabe ausschließlicher Lizenzen Gegenstand eines Kartells der Urheber ist.[55]

30 Bei der Beurteilung von **Markenlizenzverträgen** orientierten sich die Gemeinschaftsorgane bislang, soweit erkennbar, gleichfalls nach Möglichkeit an dem Vorbild der Patentlizenzverträge.[56] Als unzulässig galten folgerichtig insbesondere **Nichtangriffsabreden** gegenüber prioritätsjüngeren und deshalb unwirksamen Marken sowie **Abgrenzungsvereinbarungen,** sofern mit ihnen eine Wettbewerbsbeschränkung bezweckt wird oder die Rechtslage hinsichtlich der wechselseitigen Ansprüche gar nicht ernstlich zweifelhaft eine konnte.[57] Außerdem durfte nicht über Markenlizenzverträge der Schutz von Patenten künstlich über die Laufzeit des Schutzrechtes hinaus verlängert werden.[58]

[52] Zur Kritik s. *Mestmäcker/Schweitzer,* § 28 Rn. 39, 44 ff. (S. 713 ff.).

[53] S. *EuG* Slg. 1991, II-538 (561 ff. Tz. 52 ff.) – BBC/Magill; *Kommission,* Entsch. v. 15. 9. 1989, ABl. Nr. L 284/36; 12. WB 1982, S. 52, 77 f.; 13. WB 1983, S. 93 ff.; 28. WB 1998, S. 183 f.; *LG München I* NJW-RR 1994, 680; vgl. außerdem die eigenartigen Fälle in: 27. WB 1997, S. 73, 167 f.; 28. WB 1998, S. 175 f. – Nintendo und Sony.

[54] *EuGH* Slg. 1982, 3381 (3401 f.) = NJW 1983, 1255 = JuS 1983, 549 Nr. 1 – Coditel II.

[55] *EuG* Slg. 1997, II-923 (976 ff. Tz. 154 ff.) – Tierce/Ladbroke.

[56] *EuGH* Slg. 1966, 321 (393 f.) = JZ 1966, 673 = JuS 1966, 448 Nr. 1 – Grundig/Consten; Slg. 1978, 1391 (1414 ff.) – Tepea; 1985, 363 (385) – B. A. T./Segers; 1994, I-2836 (2855) = EuZW 1994, 467 – Ideal-Standard; *EuG* Slg. 1994, II-441 (498) – Dunlop.

[57] *EuGH* Slg. 1994, I-2836 (2855 Tz. 59) = EuZW 1994, 467 – Ideal-Standard; *BGH* NJW-RR 2011, 835 = WuW/E DE-R 3275 (3277 ff. Tz. 19 ff.) – Jette Joop; *Kommission,* 19. WB, Tz. 59 (S. 76).

[58] *Kommission,* 10. WB, S. 98 f.

31 b) **Grundsätzliche Ausführungen** zu dem ganzen Fragenkreis finden sich erst in jüngster Zeit. Der **Gerichtshof** hat **2004** in dem IMS Health/NDC-Urteil entschieden, dass das Vervielfältigungsrecht zu den Vorrechten des Urhebers gehöre, jedoch die Ausübung dieses Rechts im Einzelfall missbräuchlich sein könne.[59] Die **Kommission** hat hinzugefügt, zu den wesentlichen Merkmalen des Urheberrechts zähle ferner das Recht des Urhebers auf Vergütung für die öffentliche Wiedergabe seines Werks.[60] Der Vertrag erkenne zwar das Urheberrecht an; jedoch könne die Anwendung des Urheberrechts im Einzelfall in dem Maße eingeschränkt werden, wie es für die Durchsetzung des Verbots des Art. 101 erforderlich sei. Dasselbe gelte für die kollektive Verwaltung der Urheberrechte durch Verwertungsgesellschaften.

32 In den **Leitlinien** zur Anwendung des Art. 81 EGV (= Art. 101 AEUV) auf TT-Vereinbarungen vom 27. April 2004[61] heißt es ergänzend, auf **Urheberlizenzverträge** seien die Regeln der GFVO für Patentlizenzverträge Nr. 772/2004 (nur) insoweit entsprechend anwendbar, wie es um die Vergabe von Lizenzen für die Vervielfältigung und Verbreitung eines geschützten Werks, d. h. für die Herstellung von Kopien für den Weiterverkauf gehe (Tz. 51). Bei der Lizenzierung der anderen Rechte des Urhebers einschließlich des Rechts zur Aufführung des Werks sei jedoch kein Raum für die Analogie zu der genannten GFVO, weil sich hier spezielle Fragen stellten, die eine andere Beurteilung erforderten (Tz. 52).

33 Bei **Markenlizenzverträgen** im Zusammenhang mit dem Vertrieb und dem Weiterverkauf von Waren und Dienstleistungen ist nach Meinung der Kommission gleichfalls **kein Raum für eine Analogie zu der GFVO Nr. 772/2004** für Patentlizenzverträge, da es sich der Sache nach um Vertriebsvereinbarungen handele, so dass auf diese Verträge die allgemeine GFVO Nr. 2790/1999 für Vertikalvereinbarungen anzuwenden sei.[62] In der Tat gibt es keinen Grund und keine Rechtfertigung für eine besondere wettbewerbsrechtliche Behandlung speziell von Markenlizenzverträgen.[63]

§ 7. Rechtsfolgen

Literatur: S. u. bei § 40 sowie *Kommission,* Bekanntmachung über die Zusammenarbeit zwischen der Kommission und den Gerichten, ABl. 2004 Nr. C 101/54; *dies.,* Grünbuch „Schadensersatzklagen wegen Verletzung des EU-Wettbewerbsrechts“ v. 19. 12. 2005, KOM (2005) 672 endg.; *Monopolkommission,* Das allgemeine Wettbewerbsrecht in der 7. GWB-Novelle, 2004, Tz. 35 ff. (S. 19 ff.); *Alexander,* Schadensersatz und Abschöpfung im Lauterkeits- und Krtellrecht, 2010; *Bulst,* Schadensersatzansprüche der Marktgegenseite, 2006; *E. Braun,* EG-Wettbewerbsregeln vor nationalen Gerichten, Bd. III, 1996; *Dreier,* Kompensation und Prävention, 2003; *Drexl,* FS Canaris, Bd. I, 2007, S. 1339; *Frenz,* Tz. 1085 ff. (S. 405 ff.); *Fuchs,* Kartellvertrag und Bereicherung, 1990; *R. Hempel,* Privater Rechtsschutz im Kartellrecht, 2002; *Jones,* Private Enforcement of Antitrust Law in the EU, UK and USA, 1999; *Mestmäcker/Schweitzer,* § 22 (S. 511 ff.); *Odersky,* FS Mestmäcker, 1996, S. 699; *Pfeiffer,* FS Benisch, 1989, S. 313; *W.-H. Roth,* FS Gerhardt, 2004, S. 815; *K. Schmidt,* FS Mestmäcker, 1996, S. 763; *Steindorff,* EG-Vertrag und Privatrecht, 1996; *Wils,* The Optimal Enforcement of EC-Antitrust Law, 2002; *v. Winterfeld,* FS Geiß, 2000, S. 667; *Zuber,* Die EG-Kommission als amicus curiae, 2001.

[59] Slg. 2004, I-5069 (5081 f. Tz. 34 ff.) = EuZW 2004, 345; s. im Einzelnen u. § 10 Rn. 64 ff.
[60] Entsch. v. 8. 10. 2002, ABl. 2003 Nr. L 107/58 (70 Tz. 66) – IFPI „Simulcasting“.
[61] ABl. Nr. C 101/2 (10 Tz. 50–53); ebenso *OLG Frankfurt a. M.* WuW/E DE-R 2018 (2020 ff.).
[62] Leitlinien (vorige Fn.), Tz. 53.; ebenso *BKartA* WuW/E DE-V 1579 (1586) – KS-Quadto.
[63] Ebenso *Mestmäcker/Schweitzer,* § 28 Rn. 39 ff. (S. 713 ff.).

I. Überblick

1 Gegen Art. 101 Abs. 1 verstoßende Vereinbarungen oder Beschlüsse sind grundsätzlich nichtig (Art. 101 Abs. 2; Art. 1 Abs. 1 VO Nr. 1/2003), sofern nicht im Einzelfall die Voraussetzungen des Art. 101 Abs. 3 oder einer Gruppenfreistellungsverordnung (GFVO) erfüllt sind (s. u. § 8). Weitere Rechtsfolgen eines Verstoßes gegen das Kartellverbot ergeben sich aus der Kartellverfahrensverordnung Nr. 1/2003[1] sowie aus den §§ 32 bis 34a und 81 GWB (s. Rn. 3 sowie u. §§ 12 und 13).

2 Während früher unter der Geltung der Verordnung Nr. 17 von 1962 die **Durchsetzung** der Wettbewerbsregeln des Vertrages im wesentlichen **allein** der **Kommission** oblag, trifft diese Pflicht seit dem Übergang zu dem System der Legalausnahme im selben Ausmaß wie die Kommission **auch** die **nationalen Kartellbehörden** (u. Rn. 3). Ergänzend soll nach Möglichkeit die **„private" Durchsetzung** der Wettbewerbsregeln auf dem Wege über Beseitigungs-, Unterlassungs- und Schadensersatzansprüche betroffener Dritter verstärkt werden, weil man mit gutem Grund befürchtet, dass andernfalls unter dem System der Legalausnahme keine Gewähr mehr für die Beachtung der Wettbewerbsregeln durch die Unternehmen besteht (s. u. Rn. 10 ff.):

3 Nach § 32 GWB können heute neben der Kommission auch die **deutschen Kartellbehörden** (§ 48 GWB) Unternehmen oder Vereinigungen von Unternehmen durch Verwaltungsakt, sog. **Abstellungsverfügung**, zur Abstellung einer Zuwiderhandlung gegen die Wettbewerbsregeln des Vertrages (Art. 101, 102 und 106) verpflichten (u. § 43 Rn. 8 ff.). Schuldhafte Verstöße gegen die Wettbewerbsregeln des Vertrags stellen ferner eine **Ordnungswidrigkeit** dar (§ 81 Abs. 1 GWB), die von den deutschen Kartellbehörden mit Geldbußen geahndet werden können, so dass die Kartellbehörden bei der Durchsetzung der Wettbewerbsregeln jetzt im Ergebnis dieselben Befugnisse wie die Kommission aufgrund der Verordnung Nr. 1/2003 besitzen (u. § 43 Rn. 16 ff.). § 33 GWB fügt hinzu, dass Mitbewerber und sonstige Marktbeteiligte (einschließlich der Verbraucher), die durch einen Verstoß gegen die Wettbewerbsregeln des Vertrages beeinträchtigt sind, von dem Täter **Beseitigung und Unterlassung** (§ 33 Abs. 1 GWB) sowie bei Verschulden (§ 276 BGB) **Schadensersatz** verlangen können (§ 33 Abs. 3 GWB; s. u. Rn. 10 ff.). Außerdem besteht dann noch die Möglichkeit der **Vorteilsabschöpfung** nach den §§ 34 und 34 a GWB (u. § 43 Rn. 15).

II. Nichtigkeit (Art. 101 Abs. 2 AEUV)

1. Altkartelle

4 Gegen Art. 101 Abs. 1 verstoßende Vereinbarungen oder Beschlüsse sind nach Abs. 2 der Vorschrift **nichtig**. Uneingeschränkt gilt dies freilich nur für die sog. Neukartelle aus der Zeit nach Inkrafttreten der früheren VO Nr. 17 am 13. Februar 1962 (Rn. 6 f.), **nicht** dagegen für die **Altkartelle** aus der Zeit vor Inkrafttreten der VO Nr. 17, da der Gerichtshof aus dem Zusammenhang von Art. 101 Abs. 1 und Abs. 3 den Schluss gezogen hat, dass (früher) für eine uneingeschränkte Anwendung

[1] ABl. 2003 Nr. L 1/1.

des Kartellverbots des Art. 101 Abs. 1 so lange kein Raum war, wie – nach dem ursprünglichen Verständnis des Art. 101 Abs. 3 als Ermächtigung der Kommission zur Freistellung von Kartellen – (noch) keine Freistellungsmöglichkeit seitens der Kommission bestand. Auf Altkartelle konnte daher Art. 101 Abs. 2 zunächst nicht angewandt werden. Gleich standen die sog. **Beitrittskartelle,** d. h. Kartelle aus den neuen Mitgliedstaaten aus der Zeit vor ihrem Beitritt, sowie bestimmte Kartelle aus der **Verkehrswirtschaft**, auf die die Verordnung Nr. 17 zunächst keine Anwendung fand,[2] so dass hier Freistellungsentscheidungen der Kommission ebenfalls erst nach Erlass spezieller Verordnungen möglich wurden.

Die genannten Kartelle (o. Rn. 4) galten – mangels Anwendbarkeit des Art. 101 Abs. 2 und 3 – zunächst als **„vorläufig gültig"**, sofern sie rechtzeitig nach Art. 5 der früheren VO Nr. 17 bei der Kommission angemeldet worden waren. Die Kartellverträge durften infolgedessen (vorerst) praktiziert werden, ohne dass die Beteiligten Sanktionen befürchten mussten. Ihre Gültigkeit war jedoch **auflösend bedingt** durch eine negative Entscheidung der Kommission oder der Kartellbehörden eines Mitgliedstaates.[3] 5

2. Neukartelle

a) Als Neukartelle bezeichnet man im Gegensatz zu den Altkartellen (o. Rn. 4) wettbewerbsbeschränkende Vereinbarungen und Beschlüsse **aus** der **Zeit nach** Inkrafttreten der früheren Verordnung Nr. 17 am **13. Februar 1962.** Derartige Vereinbarungen und Beschlüsse sind nach Art. 101 Abs. 2 **grundsätzlich nichtig,** soweit nicht – nach dem Übergang zu dem System der Legalausnahme – die Freistellungsvoraussetzungen des Art. 101 Abs. 3 oder einer der GFVOen erfüllt sind.[4] Die Nichtigkeit besteht **von Anfang an** und wirkt **gegen jedermann**, so dass sie auch von den nationalen Gerichten von Amts wegen zu beachten ist (Art. 1 Abs.1 VO Nr. 1/2003; § 134 BGB). Die Berufung darauf verstößt auch grundsätzlich nicht gegen Treu und Glauben (§ 242 BGB), weil die Durchsetzung des Kartellverbots im öffentlichen Interesse liegt.[5] Aus demselben Grund ist ein etwaiger **Schiedsspruch,** der mit Art. 101 Abs. 1 unvereinbar ist, wegen des darin liegenden Widerspruchs zur öffentlichen Ordnung auf Antrag nach § 1059 Abs. 2 Nr. 2 lit. b ZPO durch Beschluss aufzuheben (§ 1063 Abs. 1 ZPO).[6] 6

b) Neben Art. 101 AEUV können die deutschen Behörden und Gerichte **auch § 1 GWB** anwenden, müssen dies aber nicht (Art. 3 Abs. 1 VO Nr. 1/2003; § 22 Abs. 1 GWB). Wenden sie zugleich deutsches Recht an, so haben sie außerdem die **Konvergenzregeln** des Art. 3 Abs. 2 S. 1 VO Nr. 1/2003 und des § 22 Abs. 2 S. 1 GWB zu beachten, durch die der generelle Vorrang des Gemeinschaftsrechts sichergestellt werden soll (s. o. § 3 Rn. 68, 72 ff.). 7

---

[2] VO Nr. 141 v. 26. 11. 1962, ABl. 1962, S. 2751.

[3] *EuGH* Slg. 1962, 97 (112 f.) – Bosch usw bis EuGH Slg. 1991, I-977 (992) = EuZW 1991, 380 – Delimitis; Slg. 1997, I-2316 (2321 ff.) – Free Record Shop; *Jecht,* JuS 1964, 20.

[4] S. *EuGH* Slg. 2006, I-6641 = EuZW 2006, 529 (533 f. Tz. 57 ff.) = JuS 2006, 1125 – Manfredi. Die abgestimmten Verhaltensweisen sind hier nicht erwähnt, weil sie ohnehin keine rechtliche Verbindlichkeit besitzen.

[5] *BGH* WuW/E BGH 2565 (2567) = NJW-RR 1989, 998; *Pfeiffer,* FS Benisch, 1989, S. 313 (315 ff.).

[6] *EuGH* Slg. 1999, I-3079 (3093 f. Tz. 37 ff.) = EuZW 1999, 565 (567) – Eco Swiss/Benetton; *Spiegel,* EuZW 1999, 568 f.

8 c) Die Nichtigkeit wettbewerbsbeschränkender Vereinbarungen und Beschlüsse nach Art. 101 Abs. 2 beschränkt sich grundsätzlich auf die gegen Art. 101 Abs. 1 verstoßenden Klauseln. Die **restlichen Vereinbarungen** der Parteien werden von der Nichtigkeit nur erfasst, wenn sie sich von den wettbewerbsbeschränkenden Klauseln **nicht trennen** lassen.[7] Andernfalls richtet sich das Schicksal des Vertragsrestes nach nationalem Recht, in Deutschland also nach **§ 139 BGB.**[8] **Gesellschaftsverträge** sind unter den Voraussetzungen des Art. 101 Abs. 1 ebenfalls gemäß Art. 101 Abs. 2 nichtig; für die Anwendung der Regeln über fehlerhafte Gesellschaften ist hier kein Raum.[9]

9 d) **Folgeverträge** mit Dritten werden von der Nichtigkeit des Kartells grundsätzlich nicht erfasst.[10] Anders dagegen **Ausführungsverträge,** d. h. Verträge zwischen den Kartellmitgliedern oder mit Dritten zur Durchführung oder Vertiefung der verbotenen wettbewerbsbeschränkenden Vereinbarung; derartige Verträge verstoßen gleichfalls gegen Art. 101 Abs. 1 und sind deshalb nichtig (Art. 101 Abs. 2).[11]

III. Schadensersatz

1. Überblick

10 a) Die Erfahrung lehrt, dass Kartellbehörden allein in der Regel mit der Aufgabe überfordert sind, für eine effektive Durchsetzung der Wettbewerbsregeln zu sorgen. Schon aus Mangel an Ressourcen können sie gewöhnlich nur wenige exemplarische Fälle aufgreifen. Eine breite „flächendeckende" Durchsetzung der Wettbewerbsregeln ist dagegen nur zu erwarten, wenn es gelingt, das **Interesse der** durch Wettbewerbsverstöße **betroffenen Dritten** an einer allseitigen Beachtung der Wettbewerbsregeln zu aktivieren, vornehmlich in Gestalt von Schadensersatz– und Unterlassungsansprüchen. Das Beispiel der **USA,** wo Schadensersatzansprüche Dritter bei der Durchsetzung der Antitrustgesetze eine erhebliche Rolle spielen, lehrt, wie wichtig aus wettbewerbspolitischer Sicht gerade dieser Punkt ist.

11 Um so mehr ist zu bedauern, dass auf deutscher wie auf europäischer Ebene bisher die **private Durchsetzung** des Kartellverbots mittels Unterlassungs- oder Schadensersatzansprüchen Betroffener aus unterschiedlichen Gründen buchstäblich über Jahrzehnte hinweg ein ausgesprochenes **Schattendasein** fristete. Diese (durchaus beklagenswerte) Entwicklung hatte viele Gründe. Ganz im Vordergrund standen aber gewiss die **ungewöhnlichen Schwierigkeiten,** auf die Dritte bei dem Nachweis eines Verstoßes gegen das Kartellverbot und eines daraus resultierenden Schadens stoßen, ferner die damit notwendigerweise verbundenen hohen, häufig nahezu unkalkulierbaren Prozessrisiken sowie natürlich auch die Gefahr von Vergeltungsmaßnahmen

[7] *EuGH* Slg. 1966, 321 (392 f.) – Grundig/Consten; 1983, 4173 (4183 f.) – Kerpen; 1991, I-977 (990) = EuZW 1991, 376 (379 Tz. 40) – Delimitis; Slg. 2008, I- 6681 Tz. 78 ff. = EuZW 2008, 668 (673) – CEPSA/Tobar; *BGH* WuW/E BGH 2288 (2289); 2565 (2569) = NJW-RR 1989, 998; LM Nr. 81 zu § 139 BGB = NJW 1994, 1651 – Pronuptia II.

[8] *EuGH* Slg. 1983, 4173 (4183 f.) – Kerpen; 1986, 4084 (4088) – VAG/Magne; 1998, I-2083 (2101 Tz. 50) – Cabour; Slg. 2008, I- 6681 Tz. 78 ff. = EuZW 2008, 668 (673) – CEPSA/Tobar; *BGH* (vorige Fn.).

[9] S. *Weyer,* ZEuP 1999, 424 (431 f.); anders *K. Schmidt,* in: (1.) FS *Mestmäcker,* S. 763 (767 ff.).

[10] *EuGH* Slg. 1983, 4173 (4183 f.) – Kerpen; 1986, 4084 (4088) – VAG/Magne; *Mestmäcker,* WuW 2004, 754 (765).

[11] Wegen der Einzelheiten s. IM/*Emmerich,* Bd. II, § 33 GWB Rn. 108 f., 111 m. N.

der beklagten Unternehmen, etwa auf dritten Märkten.[12] Erst in den letzten Jahren scheint sich hier ein grundlegender **Wandel**, nachgerade ein Paradigmenwechsel abzuzeichnen, da offenbar auf kartellbehördliche Maßnahmen gegen Kartelle (Art. 7 VO Nr. 1/2003; §§ 32, 81 GWB) immer häufiger Schadensersatzklagen Privater auf den Fuß folgen (sog. **Follow-on-Klagen**). Sollte sich dieser Trend verfestigen und durchsetzen, so wäre dies nur zu begrüßen. Kartellverstöße würden dann endlich „richtig teuer", – während sie sich bisher meistens selbst dann gelohnt haben, wenn sie – eher zufällig – einmal aufgedeckt wurden.

Der **Gerichtshof** sieht es seit langem als eine seiner wichtigsten Aufgaben auf dem Gebiet der Wettbewerbspolitik an, mit seinen Mitteln nach Möglichkeit zur **Erleichterung privater Schadensersatzansprüche** beizutragen. Er hat deshalb in den letzten Jahre wiederholt betont, dass die volle Wirksamkeit des Kartellverbots beeinträchtigt würde, wenn nicht **jedermann Ersatz des Schadens** verlangen könnte, der ihm durch einen wettbewerbsbeschränkenden Vertrag entstanden ist.[13] Die Regelung der Einzelheiten einschließlich z. B. der Verjährung sowie der Zuständigkeit und des Verfahrens der Gerichte bleibe zwar Sache der Mitgliedstaaten; jedoch müssten sie dabei die **Grundsätze der Effektivität** und der **Äquivalenz** beachten, so dass die nationale Regelung der Ersatzansprüche (s. § 33 GWB) nicht übermäßig restriktiv sein dürfe, sondern eine Durchsetzung von Schadensersatzansprüchen bei Verstößen gegen Art. 101 mit zumutbarem Aufwand für jedermann erlauben müsse.[14] In dieselbe Kerbe schlägt seit langem die **Kommission**.[15] Die von ihr in den neunziger Jahren in die Wege geleiteten Reformen hatten nicht zuletzt den Zweck, Dritten nach Möglichkeit die Verfolgung von Unterlassungs- und Schadensersatzansprüchen gegen Kartellmitglieder zu erleichtern, um dergestalt für eine breite Durchsetzung der Wettbewerbsregeln in der wirtschaftlichen Praxis zu sorgen. 12

b) In **Deutschland** wurden früher Unterlassungs- und Schadensersatzansprüche Dritter bei Verstößen gegen Art. 101 überwiegend auf die **§§ 823 Abs. 2 und 1004 BGB** gestützt, weil das Kartellverbot des Art. 101 Abs. 1 als **Schutzgesetz** zugunsten der durch wettbewerbsbeschränkende Vereinbarungen oder Beschlüsse ummittelbar betroffenen Dritten anerkannt war.[16] Gleichwohl wurden Schadensersatzansprüche nur selten bejaht. Selbst Abnehmern, deren Belieferung ein Hersteller unter Berufung auf ein gegen Art. 101 Abs. 1 verstoßendes selektives Vertriebssystem (zu Unrecht) verweigert hatte, wurden Ansprüche auf Naturalrestitution durch Belieferung versagt.[17] 13

[12] S. *Basedow,* EuZW 2006, 97; *Krause/Mullette,* ZWeR 2007, 466; vgl. in diesem Zusammenhang auch das Verbot des § 21 IV GWB.

[13] *EuGH* Slg. 2001, I-6314 (6323 f. Tz. 24 ff.) = EuZW 2001, 715– Courage; Slg. 2006, I-6441 Tz. 60 ff., 90 f. = EuZW 2006, 529 (533 ff. 535) = JuS 2006, 1125 – Manfredi; *Lübbig,* EuZW 2006, 536.

[14] Urt. Manfredi (vorige Fn.), Tz. 62, 71, 77 ff.

[15] Vgl. das Grünbuch „Schadensersatzklagen", KOM (2005) 672 endg.

[16] *EuGH* Slg. 1974, 51 (62) – BRT/SABAM; 1974, 409 (431) – Sacchi; 1980, 2481 (2500) – Estée Lauder; 1991, I-977 (990) = EuZW 1991, 376 (379 Tz. 45) – Delimitis; Slg. 1997, I-1531 (1541 Tz. 39) = EuZW 1997, 762 (764) – Guérin; *EuG* Slg. 1992, II-2250 (2269 Tz. 50) – Automec II; *BGH* LM § 26 GWB Nr. 60 = WuW/E BGH 2451; LM EG-Vertrag Nr. 15 = NJW-RR 1999, 189.

[17] So (zu Unrecht) *BGH* LM Nr. 15 zu EG-Vertrag = NJW-RR 1999, 189 – Depot-Kosmetik; WRP 1999, 203; dagegen *OLG Düsseldorf* EuZW 1999, 188 = NJW-RR 2000, 193 = JuS 1999, 1025 Nr. 14.

14 Diese restriktive Praxis (o. Rn. 13) widersprach offenkundig der geschilderten Rechtsprechung des Gerichtshofs (Rn. 11). Deshalb bestimmt jetzt der 2005 in das Gesetz eingefügte **§ 33 GWB** generell, dass, wer gegen die Wettbewerbsregeln des AEUV verstößt, von den Betroffenen auf Unterlassung, Beseitigung und bei Verschulden auch auf Schadensersatz in Anspruch genommen werden kann (§ 33 Abs. 1 S. 1 und Abs. 3 S. 1 GWB). Wegen der Einzelheiten ist auf die Ausführungen zu § 33 GWB zu verweisen (u. § 40).[18] Die folgenden Ausführungen beschränken sich auf einen kurzen Überblick über die jetzige Rechtslage.

2. § 33 GWB

15 Nach § 33 Abs. 3 S. 1 GWB ist unter anderem schadensersatzpflichtig, wer schuldhaft gegen die Art. 101 und 102 verstößt. Der Schadensersatzanspruch steht jedem zu, der durch den Verstoß beeinträchtigt ist (u. Rn. 16). Ergänzende Regelungen für die Schadensermittlung und -berechnung finden sich in § 33 Abs. 3 S. 2 und 3 GWB (u. Rn. 18 ff.). Eine weitere Erleichterung der Verfolgung von Schadensersatzansprüchen auf der Grundlage des § 33 GWB in Verb. mit Art. 101 AEUV ergibt sich aus der eigenartigen Feststellungswirkung kartellbehördlicher und -gerichtlicher Entscheidungen nach § 33 Abs. 4 GWB (u. Rn. 21 f.). Eine Sonderregelung für die Verjährung der Ersatzansprüche findet sich schließlich in § 33 Abs. 5 GWB.

16 a) **Anspruchsberechtigt** sind nach § 33 Abs. 3 S. 1 in Verbindung mit Abs. 1 S. 3 GWB **alle** durch den Verstoß gegen Art. 101 Abs. 1 **Betroffenen,** wozu das Gesetz die Mitbewerber sowie die sonstigen Marktbeteiligten zählt, sofern sie durch den Verstoß beeinträchtigt sind. Im Lichte des Courage-Urteils des Gerichtshofs (s. o. Rn. 11) müssen alle diese Begriffe ganz **weit** ausgelegt werden (s. u. § 40 Rn. 8 ff.). Bei einem verbotenen Kartell gehören deshalb zu den Betroffenen nicht nur die **Konkurrenten** sowie die unmittelbaren Abnehmer und Lieferanten, sondern auch die mittelbaren, d. h. entfernteren **Abnehmer** einschließlich der Endverbraucher sowie (unter zusätzlichen Voraussetzungen) sogar die Kartellmitglieder selbst, sofern sie nicht eine erhebliche Verantwortung für den Kartellverstoß tragen.[19]

17 **b)** Voraussetzung der Schadensersatzpflicht der Kartellmitglieder ist nach § 33 Abs. 3 S. 1 GWB, dass sie **schuldhaft,** d. h. vorsätzlich oder fahrlässig im Sinne des **§ 276 BGB** gehandelt haben. Zwar wird verschiedentlich die Auffassung vertreten, dass die Schadensersatzpflicht bei Verstößen gegen Art. 101 nach Unionsrecht kein Verschulden voraussetze.[20] Dem hat sich jedoch der deutsche Gesetzgeber nicht angeschlossen.

18 **c)** Die **Schadensermittlung und -berechnung** richtet sich grundsätzlich nach den **§§ 249 bis 252 BGB.**[21] Danach kommen im Falle einer verbotenen **Liefersperre** als Schadensersatz durchaus auch Belieferungsansprüche der betroffenen Abnehmer in Betracht (§ 249 BGB). Außerdem können sie Ersatz des ihnen entgangenen Gewinns verlangen (§ 252 BGB).

19 Besteht der Zweck des Kartells in erster Linie in der Verschlechterung der Austauschbedingungen für die Marktgegenseite (Paradigmata: **Preis- und Konditionenkar-**

[18] Ausführlich außerdem IM/*Emmerich,* Bd. II, § 33 GWB.

[19] *EuGH* Slg. 2001, I-6314 (6323 f. Tz. 24, 31); s. IM/*Emmerich,* Bd. II, § 33 GWB Rn. 12, 18 ff.

[20] So insb. *GA van Gerven,* Slg. 1994, I-1212 (1258 Tz. 53) – Banks; s. auch *Roth,* FS Gerhardt, 2004, S. 815 (830); *Weyer,* ZEuP 1999, 424 (428 f.).

[21] Wegen aller Einzelheiten s. u. § 40 Rn. 13; IM/*Emmerich,* Bd. II, § 33 GWB Rn. 51 ff.

telle), so ist ergänzend § 33 Abs. 3 S. 2 GWB zu beachten, nach dem in diesem Fall ein Schaden der unmittelbaren Abnehmer nicht deshalb verneint werden darf, weil es diesen gelungen ist, die überhöhten Kartellpreise auf ihre weiteren Abnehmer abzuwälzen. Dadurch soll die sog. **„passing-on-defense"** der Kartellmitglieder ausgeschlossen werden. An ihre Stelle tritt vielmehr die Frage, ob in solchen Fällen Raum für eine **Vorteilsausgleichung** ist.[22] Überwiegend wird die Frage *verneint* (s. u. § 40 Rn. 20 ff.).

d) Nach § 33 Abs. 3 S. 3 GWB kann bei der Entscheidung über den Umfang des **Schadens** nach § 287 ZPO der „anteilige Gewinn berücksichtigt" werden, den das fragliche Unternehmen durch den Kartellverstoß erlangt hat. Die Gesetzesverfasser wollten mit dieser Bestimmung nach dem Vorbild der dreifachen Schadensberechnung im gewerblichen Rechtsschutz auch im Kartellrecht die Schadensberechnung nach dem **Verletzergewinn** zulassen.[23] 20

e) Zur weiteren Erleichterung der Verfolgung von Schadensersatzansprüchen aufgrund der Wettbewerbsregeln des Vertrages enthält das GWB in § 33 Abs. 4 eine eigenartige Regelung über die **Feststellungswirkung** kartellbehördlicher und kartellgerichtlicher Entscheidungen. Die **Gerichte** sind danach, wenn aufgrund der Wettbewerbsregeln des Vertrags Schadensersatz verlangt wird, an bestandskräftige Entscheidungen der Kartellbehörden einschließlich insbesondere der Kommission **gebunden**, *soweit* es um die Feststellung des Verstoßes geht, also nicht hinsichtlich der weiteren Voraussetzungen des Schadensersatzanspruchs wie Kausalität, Verschulden und Schaden (s. dazu u. § 40 Rn. 14–16). 21

§ 8. Ausnahmen (Art. 101 Abs. 3 AEUV)

Literatur: *Kommission,* Leitlinien über horizontale Zusammenarbeit (Horizontalleitlinien) v. 14. 1. 2011, ABl. Nr. C 11/1; Leitlinien zur Anwendung von Art. 81 Abs. 3 EGV v. 22. 4. 2004, ABl. Nr. C 101/97; Gruppenfreistellungsverordnung (GFVO) Nr. 1217/2010 v. 18. 12. 2010 für Vereinbarungen über Forschung und Entwicklung (F&E-GFVO), ABl. Nr. L 335/36; GFVO Nr. 1218/2010 v. 18. 12. 2010 für Spezialisierungsvereinbarungen, ABl. Nr. L 335/43; *M. Dresel,* Die Verbraucherbeteiligung am Gewinn als Freistellungsvoraussetzung nach Art. 85 Abs. 3 EWGV, 1993; *Everling,* FS U. Huber, 2006, S. 1073; *Frenz,* Tz. 725 ff. (S. 271 ff.); *Hellwig,* in: (2.) FS Mestmäcker, 2006, S. 231; *M. Köppen,* Gruppenfreistellungsverordnungen – Wirksamkeit und Rechtsschutz, 2000; *Liebscher/Flohr/Petsche,* Handbuch der EU-Gruppenfreistellungsverordnungen, 2003; *Mestmäcker/Schweitzer,* § 13 (S. 328 ff.); *Möschel,* in: (2.) FS Mestmäcker, 2006, S. 355; *Roth,* in: (2.) FS Mestmäcker, 2006, S. 411; *Säcker/Mohr,* WRP 2011, 793; *J. Schütz,* FS Bechtold, 2006, S. 455; *Schwalbe/Zimmer,* Kartellrecht und Ökonomie, 2006; *Stockmann,* in: Wiedemann, § 7 Rn. 101 ff.; *Chr. Teichmann,* Die Verbesserung der Warenerzeugung oder -verteilung und die Förderung des technischen oder wirtschaftlichen Fortschritts nach Art. § 85 Abs. 3 EWGV, 1994; *Weiß,* Die Verteidigungsrechte im EG-Kartellverfahren, 1996; *Ziegler,* Die Zulässigkeit der Forschungskooperation im Kartellrecht, 1992.

Es gibt kein Kartellverbot ohne Ausnahmen. Auch Art. 101 macht von dieser Regel nach seinem Abs. 3 keine „Ausnahme". In Betracht kommen danach gleichermaßen generelle Freistellungen für ganze Gruppen von Vereinbarungen und Beschlüssen wie Freistellungen im Einzelfall für bestimmte Vereinbarungen oder Beschlüsse.[1] 1

[22] S. IM/*Emmerich,* Bd. II, § 33 GWB Rn. 52 ff.

[23] Wegen der Einzelheiten s. IM/*Emmerich,* Bd. II, § 33 GWB Rn. 73 ff. m. N.

[1] Auf die Beschlüsse wird im Folgenden nicht mehr gesondert eingegangen, weil sie in der Praxis des Art. 101 Abs. 3 AEUV keinerlei Bedeutung erlangt haben.

Das deutsche Recht enthält heute in **§ 2 GWB** von 2005 eine im wesentlichen übereinstimmende Regelung. § 2 GWB von 2005 bildet den Endpunkt einer langen wechselvollen Geschichte, auf die im Folgenden zunächst kurz aus Gründen des Sachzusammenhangs eingegangen werden soll (Rn. 2 ff.), bevor sich die Darstellung der Erläuterung des Art. 101 Abs. 3 zuwendet (Rn. 6 ff.; zum deutschen Recht s. im Übrigen u. §§ 22, 23).

I. Exkurs: Deutsches Recht

2 Nach **§ 2 Abs. 1 GWB** sind Vereinbarungen zwischen Unternehmen, Beschlüsse von Unternehmensvereinigungen oder aufeinander abgestimmte Verhaltensweisen unter denselben Voraussetzungen von dem Kartellverbot des § 1 GWB freigestellt wie Beschlüsse und Vereinbarungen im europäischen Recht aufgrund des Art. 101 Abs. 3. § 2 Abs. 2 GWB fügt hinzu, dass bei der Anwendung des § 2 Abs. 1 GWB die Gruppenfreistellungsverordnungen (GFVO) zu berücksichtigen sind, und zwar auch, wenn die betreffende Vereinbarung *nicht* geeignet ist, den Handel zwischen Mitgliedstaaten zu beeinträchtigen, so dass an sich kein Raum für die Anwendung des Art. 101 und damit der GFVOen ist (s. dazu u. § 22).

3 Eine weitere Sonderregelung findet sich für sog. **Mittelstandskartelle** in **§ 3 Abs. 1 GWB** von 2005 (s. u. § 23). Eigenständige Bedeutung hat diese Regelung zwar ebenfalls an sich nur für Vereinbarungen mit lediglich lokaler oder regionaler Bedeutung, weil in Fällen mit zwischenstaatlichem Bezug Art. 101 Abs. 1 und 3 vorgeht. Jedoch sind nach der betont großzügigen Auslegung der Zwischenstaatlichkeitsklausrel durch die Kommission **Vereinbarungen zwischen kleinen und mittleren Unternehmen**, den sog. **KMUs,** (angeblich) in aller Regel nicht geeignet, den Handel zwischen Mitgliedstaaten zu beeinträchtigen, wobei die Kommission heute zu den kleinen und mittleren Unternehmen sämtliche Unternehmen zählt, die weniger als 250 Mitarbeiter haben und deren Jahresumsatz 50 Mio. Euro oder deren Bilanzsumme 43 Mio. Euro nicht übersteigt;[2] dasselbe soll gelten, wenn der kumulierte Marktanteil der Beteiligten auf dem jeweils relevanten Markt nicht die Schwelle von 5 % überschreitet.[3] Danach bleibt tatsächlich ein gewisser **eigenständiger Anwendungsbereich für § 3 Abs. 1 GWB** über Mittelstandskartelle, womit denn auch die Bundesregierung 2004 die Aufnahme dieser Vorschrift in das neue GWB gerechtfertigt hat.[4]

4 § 3 Abs. 1 GWB von 2005 (o. Rn. 3) ist der bescheidene Überrest des **früheren deutschen Systems** der Ausnahmen vom Kartellverbot, das vor allem durch zwei Merkmale gekennzeichnet war, für die sich die Bezeichnungen Enumerativprinzip und Prinzip der Administrativfreistellung eingebürgert hatten. Mit **Enumerativprinzip** war gemeint, dass das deutsche Recht im Gegensatz zum AEUV (Art. 101

[2] S. schon o. § 3 Rn. 23, u. Rn. 30 sowie die Bagatellbekanntmachung v. 2001, ABl. Nr. C 368/13, Tz. 3; die Leitlinien über den Begriff der Beeinträchtigung des zwischenstaatlichen Handels von 2004 (ABl. Nr. C 101/82), Tz. 52 f., 83 f.; Art. 2 des Anhangs zu der Empfehlung zur Definition von Kleinstunternehmen, kleinen und mittleren Unternehmen von 2003, ABl. Nr. L 124/36; diese Empfehlung ist an die Stelle der früheren Empfehlung von 1996 (ABl. Nr. L 107/4) getreten, nach der die genannten Umsatz- und Bilanzschwellen noch 40 bzw. 27 Mio. Euro betrugen.

[3] Leitlinien zum zwischenstaatlichen Handel (vorige Fn.), Tz. 52 lit. a.

[4] S. die Begr., BT-Drs. 15/3640, S. 28 (l. Sp.).

Abs. 3) bis 2005 keine Generalklausel für die Ausnahmen vom Kartellverbot, sondern lediglich einen **Katalog von Einzelfreistellungen** für verschiedene Erscheinungsformen von Kartellen kannte (§§ 2 bis 6 GWB von 1998), ergänzt freilich durch zwei partielle Generalklauseln in den §§ 7 und 8 GWB a. F., wobei speziell § 7 GWB von 1998 bereits weitgehend dem Art. 101 Abs. 3 entsprach.[5] Mit dem Begriff der **Administrativfreistellung** wurde dagegen zum Ausdruck gebracht, dass eine Freistellung vom Kartellverbot grundsätzlich – in unterschiedlichem Umfang – der Mitwirkung der Kartellbehörden bis hin zur Erlaubnis im Einzelfall durch Verwaltungsakt bedurfte.

Aufgrund der 7. GWB-Novelle von **2005** ist an die Stelle dieses fast fünfzig Jahre praktizierten Systems (o. Rn. 4) auch im deutschen Recht nach dem Vorbild des Art. 101 Abs. 3 und der VO Nr. 1/2003 das **System der Legalausnahme** auf der Basis einer Generalklausel (§ 2 GWB) getreten. Die Bundesregierung hat diesen Paradigmenwechsel mit dem erweiterten Vorrang des Gemeinschaftsrechts (Art. 3 der VO Nr. 1/2003; § 22 GWB) sowie damit begründet, dass die bisherigen deutschen Ausnahmen vom Kartellverbot (§§ 2 bis 8 GWB a. F.), *soweit* sie heute *noch* sachlich *gerechtfertigt* sind, ohne weiteres auch nach Art. 101 Abs. 3 und damit nach § 2 Abs. 1 und Abs. 2 GWB n. F. beibehalten werden könnten.[6] Die Bundesregierung nennt in diesem Zusammenhang ausdrücklich Normen- und Typenkartelle (§ 2 Abs. 1 GWB a. F.), Vereinbarungen über Skonti (§ 2 Abs. 2 GWB a. F.), Spezialisierungskartelle (§ 3 GWB a. F.), Einkaufskooperationen (§ 4 Abs. 2 GWB a. F.), Rationalisierungskartelle (§ 5 GWB a. F.) sowie Umweltschutzvereinbarungen (§ 7 GWB a. F.).[7] 5

II. Gruppenfreistellungsverordnungen

Im Wege einer sog. dynamischen Verweisung übernimmt § 2 Abs. 2 GWB von 2005 außerdem die sog. **Gruppenfreistellungsverordnungen** (GFVO) ins deutsche Recht. Bei diesen handelt es sich, wie bereits im Einzelnen ausgeführt (s. o. § 3 Rn. 27 ff.), um **Verordnungen der Kommission**,[8] durch die entsprechend Art. 101 Abs. 3 ganze Gruppen von Vereinbarungen (daher der Name) von dem Kartellverbot des Art. 101 Abs. 1 freigestellt werden, weil bei ihnen unter den in den Verordnungen genannten Voraussetzungen grundsätzlich von dem Vorliegen der Freistellungsvoraussetzungen des Art. 101 Abs. 3 auszugehen ist. Die Regelung des § 2 Abs. 2 GWB bedeutet im Ergebnis, dass die Gruppenfreistellungsverordnungen (die an sich nur „Freistellungen" von Art. 101 Abs. 1 AEUV enthalten) „entsprechend" auf § 2 Abs. 1 GWB anwendbar sind, so dass unter den in den Gruppenfreistellungsverordnungen genannten Voraussetzungen auch von der Unanwendbarkeit des deutschen Kartellverbots des § 1 GWB gemäß § 2 Abs. 1 GWB auszugehen ist, und zwar selbst dann, wenn an sich die Voraussetzungen der Zwischenstaatlichkeitsklausel *nicht* erfüllt sind (so dass auf den ersten Blick kein Raum für die Anwendung des Art. 101 AEUV und damit auch nicht für die der Gruppenfreistellungsverordnungen ist). Oder anders gewendet: Unter den **Voraussetzungen der Gruppenfreistellungsver-** 6

[5] Wegen der Einzelheiten s. u. §§ 22, 23.
[6] S. die Begr., BT-Drs. 15/3640, S. 26–29.
[7] S. die Begr. (vorige Fn.), S. 26 f.
[8] Aufgrund entsprechender Ermächtigungsverordnungen des Rats nach Art. 103 Abs. 2 lit. b und c AEUV. Zur Rechtsnatur der GFVO s. *Baron*, WuW 2006, 358; *J. Schütz*, FS Bechtold, 2006, S. 455.

ordnungen ist *in jedem Fall*, d. h. ohne Rücksicht auf die Eignung der fraglichen Vereinbarung zur Beeinträchtigung des Handels zwischen Mitgliedstaaten, von der **Unanwendbarkeit des Kartellverbots** des Art. 101 AEUV ebenso wie des § 1 GWB auszugehen. Oder noch anders gewendet: Über die Unanwendbarkeit des deutschen Kartellverbots des § 1 GWB entscheidet jetzt nicht mehr der deutsche, sondern der europäische Gesetzgeber.[9]

7 Das verwickelte System der Gruppenfreistellungsverordnungen unterliegt einem **ständigen Wandel**. Der (vorerst) letzte Reformschub datiert vom **Dezember 2010.**[10] Er brachte neben umfangreichen neuen Horizontalleitlinien[11] zwei neue Gruppenfreistellungsverordnungen Nr. 1217/2010 für Vereinbarungen über Forschung und Entwicklung[12] sowie Nr. 1218/2010 für Spezialisierungsvereinbarungen,[13] beide vom 18. Dezember 2010. Weitere im vorliegenden Zusammenhang nicht zu verfolgende GFVOen betreffen die Anwendbarkeit der Wettbewerbsregeln auf die **Versicherungswirtschaft**[14] und die **Verkehrsmärkte.** Hervorzuheben ist für den Verkehr die Ratsverordnung Nr. 169/2009 v. 6. 2. 2009 über die Anwendung der Wettbewerbsregeln auf dem Gebiet des Eisenbahn-, Straßen- und Binnenschiffsverkehrs,[15] die an die Stelle der alten Verordnung Nr. 1017/1968 vom 19. Juli 1968[16] getreten ist. Soweit zu den Gruppenfreistellungsverordnungen schon in anderem Zusammenhang Stellung genommen wurde, kann im Übrigen auf diese Ausführungen verwiesen werden.[17]

III. Legalausnahme

8 Bereits während der Beratungen des EWG-Vertrages in den fünfziger Jahren des vorigen Jahrhunderts war umstritten gewesen, ob man bei den Ausnahmen von dem Kartellverbot dem französischen System der **Legalausnahme** oder dem deutschen System der **Administrativfreistellung** im Einzelfall (o. Rn. 4) folgen sollte.[18] Durchgesetzt hatte sich in den Beratungen schließlich im Wesentlichen das deutsche Konzept, wie jeder unbefangene Blick auf den Wortlaut des Art. 101 Abs. 3 zeigt, nach dem die Bestimmungen des Art. 101 Abs. 1 unter bestimmten Voraussetzungen „… für nicht anwendbar erklärt werden (können)". Nach Inkrafttreten des Vertrages am 1. Januar 1958 setzte sich gleichwohl die Diskussion über die Vorzugswürdigkeit des Systems der Legalausnahme oder der Administrativfreistellung im Einzelfall fort. Die erste **Durchführungsverordnung Nr. 17 vom 6. Februar**

[9] Im einzelnen str., s. *Bechtold*, GWB, § 2 Rn. 25 f.; *Nordemann*, LMR, § 2 Rn. 154 ff.

[10] S. dazu *Auf 'mKolk*, WuW 2011, 699; *Fritzsche*, EuZW 2011, 208; *Lübbig*, EWS 11, 5; *Weitbrecht*, EuZW 2010, 328.

[11] Horizontalleitlinien v. 14. 1. 2011, ABl. Nr. C 11/1.

[12] ABl. 2010 Nr. L 335/36.

[13] ABl. 2010 Nr. L 335/43.

[14] S. dazu u. § 37 Rn. 6 ff.

[15] ABl. Nr. L 61/1.

[16] ABl. Nr. L 175/1.

[17] S. zu der GFVO für Vertikalvereinbarungen o. § 5 Rn. 17 ff., zu der GFVO für vertikale Vereinbarungen im Kraftfahrzeugsektor o. § 5 Rn. 30 ff., zu der GFVO für Technologietransfervereinbarungen o. § 6 sowie zu der Verordnung über die Anwendung der Wettbewerbsregeln auf die Landwirtschaft o. § 3 Rn. 56.

[18] S. zum Folgenden *Emmerich*, WRP 2000, 858 (862); *Hoeren*, FS Großfeld, 1999, S. 405 (420 f.) m. N.

1962[19] trug deshalb in einzelnen Punkten Kompromisscharakter; im Kern folgte sie jedoch – entsprechend dem Wortlaut des Art. 101 Abs. 3 *und* der Entstehungsgeschichte der Vorschrift – dem **System der Einzelfreistellungen**, noch verstärkt durch das **Freistellungsmonopol** der Kommission aufgrund des Art. 9 Abs. 1 der VO Nr. 17 (o. § 2 Rn. 20).

Der Preis war freilich das bekannte **Massenproblem,** d. h. die *(anfängliche)* Überflu- 9
tung der Kommission mit buchstäblich Tausenden von Freistellungsanträgen nach Art. 101 Abs. 3. Einen Ausweg aus diesem Dilemma sah die Kommission – nach zahlreichen, in ihren Augen aber letztlich vergeblichen Anläufen – nur noch in einem radikalen Kurswechsel in Gestalt der „Umdeutung" des Art. 101 Abs. 3 in eine **Legalausnahme,** durchgesetzt nach heftigen Auseinandersetzungen mit der neuen **Kartellverfahrensverordnung Nr. 1/2003.**[20]

Das System der **Legalausnahme** ist seitdem **verankert in Art. 1 Abs. 2 VO Nr. 1/** 10
2003, nach dem wettbewerbsbeschränkende Vereinbarungen und Beschlüsse, die die Voraussetzungen des Art. 101 Abs. 3 erfüllen, nicht verboten sind, ohne dass dies einer vorherigen Entscheidung bedürfte. Entsprechend formuliert ist seit 2005 § 2 Abs. 1 GWB. **Art. 2 S. 2** der VO Nr. 1/2003 fügt hinzu, dass die **Beweislast** für die Voraussetzungen der Freistellung nach Art. 101 Abs. 3 bei denjenigen Unternehmen liegt, die sich auf die Freistellung berufen.[21] Aus den **Art. 5 und 6** der genannten VO folgt außerdem, dass die Behörden und Gerichte der Mitgliedstaaten ebenfalls ohne weiteres zur Anwendung des Art. 101 Abs. 3 befugt sind. **Art. 29 Abs. 1** der VO Nr. 1/2003 verleiht der Kommission schließlich noch die Befugnis, den Unternehmen im Einzelfall den Rechtsvorteil einer GFVO wieder zu entziehen, sofern sie feststellt, dass die fragliche Vereinbarung mit Art. 101 Abs. 3 unvereinbare Wirkungen hat. Unter zusätzlichen Voraussetzungen haben dieselbe Befugnis die Wettbewerbsbehörden der Mitgliedstaaten (Art. 29 Abs. 2 a. a. O.). Die entsprechende Ermächtigung für die deutschen Kartellbehörden findet sich in § 32 d GWB von 2005.

IV. Generalklausel

Art. 101 Abs. 3 (§ 2 Abs. 1 GWB) nennt im Einzelnen **vier Voraussetzungen** für 11
die Freistellung einer wettbewerbsbeschränkenden Vereinbarung. Diese vier Voraussetzungen müssen **gleichzeitig erfüllt** sein, wenn Art. 101 Abs. 3 anwendbar sein soll.[22] Fehlt *eine* der genannten Voraussetzungen, ist z. B. die Wettbewerbsbeschränkung nicht unerlässlich zur Erreichung der mit der Vereinbarung verfolgten Zwecke

[19] ABl. 1962, S. 204; s. schon o. § 2 Rn. 19 ff.

[20] Wegen der Einzelheiten s. schon o. § 2 Rn. 27 ff., u. Rn. 12, 14 sowie u. §§ 12, 13.

[21] Z. B. *EuGH* Slg. 2006, I-9094 (9126 Tz. 102 f.) – Unilever; *EuGH* Slg. 2009, I-9374 = WuW/E EU-R 1641 (1647 Tz. 82 f.) – GSK.

[22] *EuGH* Slg. 2006, I-8972 (9024 Tz. 187) – JCB; 2006, I-11145 Tz. 65 f.= EuZW 2006, 753 (757 f.) = JuS 2007, 877 Nr. 14 – Asnef-Equifax; *EuG* Slg. 1992, II-1995 (2022 Tz. 69) = EuZW 1993, 254 (258) – Nettobücher; Slg. 1994, II-49 (90) – Europay; 1994, II-595 (631) – Matra; 1995, II-1533 (1596 ff.) = EuZW 1996, 49 – Langnese-Iglo; Slg. 1995, II-1611 (1662 ff.) – Schöller; 1996, II-649 (683 Tz. 93) = EuZW 1996, 660 (666) – Metropole; Slg. 2002, II-3808 (3840 Tz. 86) – M6; Slg. 2006 II-2969 = WuW/E EU-R 1151 (1159 ff. Tz. 234 ff.) – GlaxoSmithKline (GSK); *Kommission,* Leitlinien v. 27. 4. 2004 zu Art. 101 Abs. 3 AEUV (ABl. Nr. C 101/97), Tz. 42.

(Art. 101 Abs. 3 Halbs. 2 lit. a), so ist kein Raum für eine Freistellung, auch wenn die anderen Voraussetzungen an sich erfüllt sind; es bleibt dann vielmehr bei dem Verbot des Art. 101 Abs. 1.[23]

12 Schon ein flüchtiger Blick auf den Wortlaut des Art. 101 Abs. 3 zeigt, dass diese Vorschrift durch eine ungewöhnliche **Anhäufung unbestimmter Rechtsbegriffe** gekennzeichnet ist. In der Rechtsprechung ist daraus wiederholt der Schluss gezogen worden, dass Art. 101 Abs. 3 der Kommission einen besonders **weiten Beurteilungsspielraum** eröffne, der von den Unionsgerichten nur in engen Grenzen auf Verfahrensfehler, Ermessensmissbrauch und offenkundige Beurteilungsfehler überprüft werden könne.[24] Dabei bleibt freilich zu beachten, dass für die durchweg ganz im Mittelpunkt des Interesses stehenden **Kernbeschränkungen** Art. 101 Abs. 3 in aller Regel **keine Bedeutung** hat (u. Rn. 16). Der Beurteilungsspielraum der Kommission betrifft daher im wesentlichen allein den verbleibenden Bereich „jenseits der Kernbeschränkungen",[25] wobei dies zugleich der Bereich ist, in dem sich heute in erster Linie der viel berufene „more economic approach" der Kommission auswirkt, da die Kommission hier immer mehr **ökonomische Kriterien** bei der Beurteilung der Voraussetzungen einer Freistellung in den Vordergrund rückt. Den (vorläufigen) Höhepunkt dieser keineswegs positiv zu beurteilenden Entwicklung bilden die neuen **Horizontalleitlinien** von 2011.[26]

13 Für eine Anwendung des Art. 101 Abs. 3 ist kein Raum, wenn die fragliche wettbewerbsbeschränkende Vereinbarung zugleich einen **Missbrauch** i. S. d. Art. 102 darstellt, da sich Art. 101 Abs. 3 allein auf Art. 101 und nicht auch auf Art. 102 bezieht.[27] Aus demselben Grund kann ein Vertrag, der an sich unter eine der GFVO fällt, immer noch, wenn er im Einzelfall aufgrund besonderer Umstände als Missbrauch zu qualifizieren ist, wegen des Verstoßes gegen Art. 102 (trotz seiner Freistellung) nichtig sein (§ 134 BGB),[28] – ebenso wie (umgekehrt) eine Vereinbarung, die, etwa wegen Überschreitung der Marktanteilsschwellen, nicht die Voraussetzungen einer GFVO erfüllt, doch noch im Einzelfall (ausnahmsweise) nach Art. 101 Abs. 3 freigestellt sein kann.[29]

[23] Ein Beispiel in *EuG* Slg. 2002, II-3808 (3832 ff. Tz. 63 ff.) – M6 für den Versuch der in der EBU zusammengefassten öffentlich-rechtlichen Rundfunkanstalten der Mitgliedstaaten, andere Sender nach Möglichkeit von dem Zugang zu dem Sendegut auszuschließen.

[24] *EuGH* Slg. 1999, I-240 (251 f. Tz. 34) – Upjohn; *EuGH* WuW/E EU-R 1641 (1647 Tz. 84 f.) – GSK; *EuG* Slg. 1994, II-49 (90) – Europay; 1994, II-595 (631 f.) – Matra; 1995, II-1533 (1596 ff.) – Langnese-Iglo; 1995, II-1611 (1662 ff.) – Schöller; 1996, II-649 (683 Tz. 93) = EuZW 1996, 660 (666) – Metropole; Slg. 2003, II-4662 (4711); WuW/E EU-R 1151 (1160 Tz. 244) – GSA.

[25] Gegen einen Beurteilungsspielraum der Kommission auch insoweit heute *J. Koch*, ZWeR 2005, 380; *ders.*, ZHR 169 (2005), 625.

[26] Kritisch zu Recht auch *AufmKolk*, WuW 2011, 699; *Fritzsche*, EuZW 2011, 208; ebenso zuvor schon *Basedow*, EuZW 2006, 97; *Emmerich*, WRP 2000, 858 (862); *Mestmäcker/Schweitzer*, § 13 Rn. 15 (S. 335 f.); *F. Müller*, WRP 2004, 1472 (1477 f.); *Spindler*, FS Canaris, Bd. II, 2007, S. 403; *Weyer*, ZHR 164 (2000), 611; durchaus positiv dagegen offenbar *Lübbig*, EWS 2011, 5.

[27] *EuGH* Slg. 1989, 838 (848) – Flugreisen; 2000, I-1442 (1480 f.) = WuW/E EU-R 309 (315 Tz. 130, 135) – CMB; *EuG* Slg. 1990, II-309 (356 ff.) – Tetra Pak; 1993, II-389 (419 Tz. 75) – BPB; Leitlinien zu Art. 101 Abs. 3, Tz. 106; Horizontalleitlinien von 2011, Tz. 16.

[28] *EuG* Slg. 1990, II-309 (356 ff.) – Tetra Pak; 1993, II-389 (419 Tz. 75) – BPB; *Kulka*, FS Rittner, 1991, S. 343; str.

[29] *BGH* WuW/E DE-R 1335 (1337 f.) = GRUR 2005, 62 – Citröen; unstr.

V. Freistellungsvoraussetzungen

1. Allgemeines

Die Kommission hat sich zu den einzelnen Freistellungsvoraussetzungen des Art. 101 Abs. 3 (§ 2 I GWB) ausführlich in ihren **Leitlinien zur Anwendung von Art. 81 Abs. 3 EGV vom 27. April 2004** geäußert.[30] Sie verspricht sich davon eine „Methodik" zur Anwendung des Art. 101 Abs. 3 AEUV, beruhend auf einem „ökonomischen Ansatz", der es den Unternehmen und den Gerichten der Mitgliedstaaten ermöglichen soll, im System der Legalausnahme selbst über die Anwendbarkeit des Art. 101 Abs. 3 auf eine wettbewerbsbeschränkende Vereinbarung zu entscheiden. Im selben Sinne spricht die Kommission in den Horizontalleitlinien von 2011 von einem „analytischen Rahmen", der eine konsistente Beurteilung der positiven und negativen Effekte der verschiedenen Formen der Unternehmenskooperation erlaube.[31] Angesichts der Vielzahl unbestimmter Rechtsbegriffe in Art. 101 Abs. 3 sowie der Fülle der zu ihrer „Präzisierung" von der Kommission herangezogenen, als solche indessen kaum greifbaren ökonomischen Kriterien muss es indessen als durchaus *zweifelhaft* bezeichnet werden, ob dieses Ziel überhaupt erreichbar ist.[32] 14

Eine Freistellung von Unternehmen vom Kartellverbot des Art. 101 Abs. 1 ist grundsätzlich *nur* unter den Voraussetzungen des Art. 101 Abs. 3 möglich, sofern nicht im Einzelfall Art. 106 Abs. 2 S. 1 weitergehende Ausnahmen zulässt. Art. 101 Abs. 3 muss insbesondere auch in **Krisensituationen** beachtet werden. Selbst in Strukturkrisen ganzer Branchen kommt eine Freistellung wettbewerbsbeschränkender Vereinbarungen zur „Rettung" der betroffenen Unternehmen allein unter den Voraussetzungen des Art. 101 Abs. 3 in Betracht.[33] 15

Eine wesentliche Einschränkung des Art. 101 Abs. 3 ergibt sich daraus, dass im Falle der Vereinbarung sog. **Kernbeschränkungen** von den Gemeinschaftsorganen zwar nicht immer und nicht notwendig, aber doch in aller Regel das Vorliegen der Voraussetzungen des Art. 101 Abs. 3 **verneint** wird.[34] In einer Entscheidung der Kommission aus dem Jahre 2009 heißt es z. B. ausdrücklich, die Kernbeschränkungen erfüllten „im Allgemeinen nicht die Voraussetzungen für die Anwendung des Art. 101 Abs. 3, da sie für die Verbraucher keine objektiven Vorteile oder einen Gewinn bewirkten."[35] Die Kernbeschränkungen werden in der Regel mit den bezweckten Wettbewerbsbeschränkungen im Sinne des Art. 101 Abs. 1 Halbs. 2 lit. a bis lit. c gleichgesetzt. Die wichtigsten **Beispiele** sind folglich bei den horizontalen Vereinbarungen Preis-, Mengen- und Gebietsabsprachen sowie bei den vertikalen Vereinbarungen die Preisbindung, die Festsetzung von Mindestpreisen und der absolute Gebietsschutz.[36] Die Vereinbarung derartiger Kernbeschränkungen schließt damit grundsätzlich eine Freistellung nach Art. 101 Abs. 3 aus. 16

---

30 ABl. Nr. C 101/97.

31 Horizontalleitlinien von 2011, Tz. 5.

32 S. schon o. Rn. 12; ebenso z. B. *F. Müller,* WRP 2004, 1472 (1477 f.).

33 *EuGH* Slg. 2002, I-8618 (8761 Tz. 487 f.) = WuW/E EU-R 601 – Limburgse Vinyl Maatschappij; *P. Jung,* ZWeR 2007, 141 (150 ff.).

34 *Kommission,* Entsch. v. 8. 5. 2001, ABl. Nr. L 302/1 (26 Tz. 124) – Glaxo Wellcome; v. 20. 12. 2006, WuW/E DE-V 1189 (1194 Tz. 86) – Legierungszuschlag II; v. 8. 7. 2009, WuW/E DE-V 1457 (1467 Tz, 265) – E.ON/GDF; s. schon o. Rn. 12.

35 Entsch. v. 8. 7. 2009, WuW/E DE-V 1457 (1467 Tz, 265) – E.ON/GDF.

36 Vgl. für eine Gebietsaufteilung zwischen Gasversorgern *Kommision* (vorige Fn.).

2. Verbesserung der Warenerzeugung oder Verteilung[37]

17 **a)** Die wichtigste Voraussetzung einer Freistellung nach Art. 101 Abs. 3 ist, dass die fragliche Vereinbarung einen Beitrag zur Verbesserung der Warenerzeugung *oder* -verteilung *oder* zur Förderung des technischen *oder* wirtschaftlichen Fortschritts leistet. Dies bedeutet, dass für die Anwendung des Art. 101 Abs. 3 mit der Vereinbarung tatsächlich **spürbare objektive Vorteile für andere Marktteilnehmer** und insbesondere für die Verbraucher (s. u. Rn. 21) verbunden sein müssen, die die mit der Vereinbarung verbundenen Nachteile zumindest aufwiegen, wobei die Besonderheiten der betroffenen Branche in Rechnung zu stellen sind.[38] Die Vorteile müssen konkret nachgewiesen werden; bloße Theorien genügen nicht.[39] Die Kommission spricht insoweit heute zusammenfassend von **Effizienzgewinnen** oder -vorteilen und stellt deren Verwirklichung ganz in den Mittelpunkt ihrer Wettbewerbspolitik.[40]

18 Um feststellen zu können, ob mit einer wettbewerbsbeschränkenden Vereinbarung Effizienzgewinne in dem genannten Sinne (o. Rn. 17) verbunden sind, müssen die Nachteile der Vereinbarung mit ihren vermutlichen Vorteilen verglichen werden, wobei es genügt, dass die behaupteten Vorteile mit hoher Wahrscheinlichkeit aufgrund der Vereinbarung in naher Zukunft eintreten werden. Anschließend sind die **Vor- und Nachteile** gegeneinander **abzuwägen,** um zu ermitteln, ob die Vorteile tatsächlich die Nachteile zumindest aufwiegen. **Referenzsystem** sind die Verhältnisse *ohne* die betreffende Vereinbarung, d. h. bei Wettbewerb. Vor diesem Hintergrund sind sodann die beiden verglichenen Zustände an den **Vertragszielen,** insbesondere also an dem Beitrag zur Verwirklichung des Binnenmarktprojekts, zu messen.

19 **b)** Als mögliche Vorteile einer wettbewerbsbeschränkenden Vereinbarung nennt der Vertrag in Art. 101 Abs. 3 als erstes die **Verbesserung der Warenerzeugung oder -verteilung.** Die Kommission unterscheidet insoweit quantitative und qualitative Effizienzgewinne. Unter **quantitativen Effizienzgewinnen** versteht sie in erster Linie Kosteneinsparungen infolge der fraglichen Vereinbarung, die unterschiedliche Ursachen haben können.[41] Zu nennen sind die Entwicklung neuer Produktionstechniken und -verfahren, Synergieeffekte infolge der Zusammenlegung von Betriebsteilen, Größen- und Verbundvorteile sowie die bessere Auslastung der Kapazität. **Qualitative Effizienzgewinne** äußern sich dagegen vornehmlich in der Verbesserung der Qualität der Produkte, in der Entwicklung neuer Produkte sowie in der Verbesserung des Vertriebs. Ein **Beispiel** ist die Entwicklung neuer Medikamente, so dass die Sicherung der dafür erforderlichen, oft erheblichen Mittel von Fall zu Fall Wettbewerbsbeschränkungen zu rechtfertigen vermögen.[42] Weitere Beispiele sind die Erschließung neuer Märkte, die Erhaltung von Arbeitsplätzen oder der Schutz der

[37] S. zum Folgenden ausführlich Leitlinien zu Art. 81 Abs. 3 EGV, Tz. 48 ff.; *Frenz,* Tz. 876 ff. (S. 323 ff.); *Mestmäcker/Schweitzer,* § 13 Rn. 39 ff. (S. 344 ff.); *F. Müller,* WRP 2004, 1472 (1475).

[38] *EuGH* Slg. 2009, I-9374 = WuW/E EU-R 1641 (1648 Tz. 92, 103) – GSK; *EuG* Slg. 1992, II-417 (425 f.) – Vichy; 1994, II-595 (632 ff.) – Matra; 1995, II-1533 (1596 ff.) – Langnese-Iglo; 1995, II-1611 (1662 ff.) – Schöller; Slg. 2006, II-2969 = WuW/E EU-R 1151 (1161 Tz. 247) – GSK.

[39] *Kommission,* Entsch. v. 19. 12. 2007, ABl. 2009 Nr. C 264/8, Tz. 19.

[40] Leitlinien, Tz. 32, 59 ff.; s. o. § 1 Rn. 32 ff., u. § 16 Rn. 60 ff. sowie *Oberender* (Hrsg.), Effizienz und Wettbewerb, 2005; *Schwalbe/Zimmer,* S. 3 ff.

[41] Leitlinien,Tz. 64, 69 ff; ebenso *BKartA* WuW/E DE-V 1459 (1468 ff.).

[42] So jedenfalls *EuG* Slg. 2006, II-2969 Tz. 742 ff = WuW/E EU-R 1151 (1161 ff.) – GSK; bestätigt durch *EuGH* Slg. 2009, I-9374 = WuW/E EU-R 1641.

Umwelt.[43] Gedacht ist hier somit im weitesten Sinne an mögliche **Rationalisierungseffekte** einer wettbewerbsbeschränkenden Vereinbarung, die um so größer sein müssen, je schwerwiegender die Wettbewerbsbeschränkung ist.[44] Keine Rolle spielt, *wo* innerhalb der Union diese Vorteile eintreten; dies kann sehr wohl auch in einem anderen Mitgliedstaat als demjenigen sein, in dem die beteiligten Unternehmen ihren Sitz haben.[45]

c) Als **Verbesserung der Warenverteilung** kommt in erster Linie eine schnellere oder leichtere gegenseitige Durchdringung der Märkte als ohne die fragliche Vereinbarung in Betracht, während bei der **Förderung des technischen oder wirtschaftlichen Fortschritts** vor allem an eine schnellere Entwicklung und Durchsetzung neuer Technologien als bei Wettbewerb zu denken ist.[46] 20

3. Angemessene Beteiligung der Verbraucher[47]

Die Freistellung setzt nach Art. 101 Abs. 3 weiter voraus, dass die Verbraucher angemessen an dem mit der wettbewerbsbeschränkenden Maßnahme für die Kartellmitglieder verbundenen Gewinn beteiligt werden. Unter den **„Verbrauchern"** sind in diesem Zusammenhang alle Dritten im Gegensatz zu den Parteien der Vereinbarung, in erster Linie also sämtliche unmittelbaren und mittelbaren Abnehmer des Kartells zu verstehen,[48] während der Begriff des **Gewinns** die mit der wettbewerbsbeschränkenden Maßnahme für die Abnehmer mit hoher Wahrscheinlichkeit verbundenen Vorteile in dem schon genannten Sinne, d. h. die mit der Vereinbarung verbundenen Effizienzgewinne umfasst.[49] Der Gerichtshof legt Art. 101 Abs. 3 insoweit ausgesprochen **großzügig** aus, da es seiner Meinung nach für die Anwendung der Vorschrift bereits ausreicht, wenn die günstigen Auswirkungen einer wettbewerbsbeschränkenden Vereinbarung, z. B. eines Informationssystems der Banken und Versicherungen, für die *Mehrzahl* der Verbraucher auf dem relevanten Markt spürbar werden, in dem genannten Beispiel in Gestalt der besseren Verfügbarkeit und der leichteren Zugänglichkeit von Krediten oder Versicherungen für die Masse der Verbraucher, während es nicht erforderlich sein soll, dass die Vorteile auch für *jeden* einzelnen Verbraucher eintreten.[50] Aus denselben Erwägungen heraus reicht die Verfügbarkeit neuer Arzneimittel für die Anwendung des Art. 101 Abs. 3 gleichfalls aus, die naturgemäß nur bestimmten Kranken zugute kommen.[51] 21

Außerdem ist erforderlich, dass die **Vorteile** für die Verbraucher (o. Rn. 21) die für sie mit der wettbewerbsbeschränkenden Vereinbarung verbundenen **Nachteile** zumindest **aufwiegen.** Dies setzt voraus, dass nach den Merkmalen und der Struktur 22

[43] Str., s. *Roth,* in: (2.) FS *Mestmäcker,* 2006, S. 411.

[44] *EuG* Slg. 1994, II-595 (625) – Matra; *Kommission,* Entsch. v. 19. 12. 1990, ABl. Nr. L 152/54 (59 f.) – ANSAC; Leitlinien, Tz. 90.

[45] *EuGH* Slg. 1995, I-54 (68 f. Tz. 29) = EuZW 1995, 180 (183) – Nettobücher.

[46] *Mestmäcker/Schweitzer,* § 13 Rn. 42 f. (S. 346 f.).

[47] S. dazu Leitlinien, Tz. 83 ff.; *Mestmäcker/Schweitzer,* § 13 Rn. 58 ff. (S. 352 f.); *F. Müller,* WRP 2004, 1472 (1476).

[48] *Kommission,* Entsch. v. 8. 5. 2001, ABl. Nr. L 302/1 (17 f. Tz. 185) – Glaxo Wellcome; v. 17. 9. 2001, ABl. Nr. L 319/1 (19 Tz. 147 ff.) – DSD.

[49] S. o. Rn. 19; *EuGH* Slg. 2006, I-11145 Tz. 70 = EuZW 2006, 753 (756) = JuS 2007, 877 – Asnef-Equifax; *EuG* Slg. 1994, II-595 (634 ff.) – Matra.

[50] Urt. Asnef-Equifax (vorige Fn.).

[51] *EuG* Slg. 2006, II-2969 = WuW/E EU-R 1151 (1161 ff. Tz. 247 ff.) – GlaxoSmithKline (GSK).

der betroffenen Märkte, der Art der Effizienzgewinne und dem Ausmaß des fortbestehenden Wettbewerbs in hinreichendem Maße die **Weitergabe der Effizienzgewinne** an die Verbraucher **gewährleistet** ist. Am größten ist diese Gewähr natürlich bei Fortbestand wirksamen Wettbewerbs, – woraus zugleich der Ausnahmecharakter einer Freistellung nach Art. 101 Abs. 3 folgt.[52]

4. Verhältnismäßigkeitsgrundsatz[53]

23 Selbst wenn die genannten Voraussetzungen (Rn. 17 ff.) vorliegen, scheidet die Freistellung eines Kartells doch aus, wenn den beteiligten Unternehmen **Beschränkungen** auferlegt werden, die für die Verwirklichung dieser „Ziele", d. h. der mit der Vereinbarung angestrebten Effizienzgewinne für die Verbraucher, nicht unerlässlich sind (Art. 101 Abs. 3 lit. a; § 2 Abs. 1 Nr. 1 GWB). Hieraus folgt die Notwendigkeit zu prüfen, ob es zur Erreichung der genannten Effizienzgewinne auch **wettbewerbskonformere Lösungen** als gerade den Abschluss einer wettbewerbsbeschränkenden Vereinbarung gibt. Ist dies der Fall, so ist die Vereinbarung nicht freigestellt.[54]

24 Die Kommission bezieht das Erfordernis der Unerlässlichkeit sowohl auf die Vereinbarung als solche (im ganzen) als auch auf die einzelnen wettbewerbsbeschränkenden Abreden. Daraus ergibt sich die Notwendigkeit einer **zweistufigen Prüfung.** Auf der **ersten Stufe** muss geprüft werden, ob vernünftigerweise anzunehmen ist, dass die Effizienzgewinne ohne die betreffende Vereinbarung überhaupt nicht verwirklicht werden könnten. Ist dies anzunehmen, so muss dieselbe Prüfung **nochmals** hinsichtlich der einzelnen wettbewerbsbeschränkenden Abreden wiederholt werden. Die Unerlässlichkeit der Wettbewerbsbeschränkung ist daher zu verneinen, wenn die Effizienzgewinne nach den ganzen Umständen von den Unternehmen auch alleine im Wettbewerb realisiert werden könnten.[55]

5. Ausschaltung des Wettbewerbs[56]

25 Letzte Voraussetzung der Freistellung eines Kartells ist nach Art. 101 Abs. 3 lit. b (§ 2 Abs. 1 Nr. 2 GWB), dass den Beteiligten keine Möglichkeiten eröffnet werden, für einen wesentlichen Teil der betreffenden Waren den Wettbewerb auszuschalten. Dies bedeutet, dass ungeachtet der Freistellung auf jedem Markt der Gemeinschaft ein **„funktionsfähiger" Wettbewerb erhalten bleiben** muss, der noch in der Lage ist, seine elementare Steuerungs- und Koordinierungsfunktion zu erfüllen.[57] Die **Grenze** bildet daher, wie auch aus einem Vergleich mit Art. 102 S. 1 zu folgern ist,

[52] Ebenso ausdrücklich die *Kommission,* Leitlinien, Tz. 105.

[53] S. dazu Leitlinie zu Art. 81 Abs. 3 EGV, Tz. 73 ff.; *Frenz,* Tz. 897 ff. (S. 340 ff.); *Mestmäcker/Schweitzer,* § 13 Rn. 62 ff. (S. 353 ff.); *F. Müller,* WRP 2004, 1472 (1475).

[54] Vgl. für den Vertrieb von Kosmetika über Apotheken *EuG* Slg. 1992, II-417 (425 f.) – Vichy; für die Preisbindung für Bücher *EuG* Slg. 1992, II-1995 (2021 ff.) = EuZW 1993, 254 (258 ff.) – Nettobücher; für die Kooperation von Kfz-Herstellern *EuG* Slg. 1994, II-595 (641 ff.) – Matra; für die Aufnahmebedingungen in ein marktbeherrschendes Kartell *EuG* Slg. 1996, II-649 (683 ff. Tz. 93 ff.) – Metropole; für den „Grünen Punkt" *Kommission,* Entsch. v 17. 9. 2001, ABl. Nr. L 319/1 (19 f. Tz. 150 ff.) – DSD.

[55] S. Leitlinien, Tz. 73–82; ebenso *BKartA* WuW/E DE-V 1459 (1473 f.).

[56] S. zum Folgenden Leitlinien, Tz. 105 ff.; *Frenz,* Tz. 962 ff. (S. 352 ff.); *Mestmäcker/Schweitzer,* § 13 Rn. 68 ff. (S. 356 ff.); *F. Müller,* WRP 2004, 1472 (1476 f.).

[57] *EuGH* Slg. 1973, 215 (245 f.) = NJW 1973, 966 – Continental Can; Slg. 1977, 1875 (1905) – Metro/Saba I; Leitlinien, Tz. 188.

die Begründung oder Verstärkung einer **beherrschenden Stellung** auf dem Gemeinsamen Markt oder einem wesentlichen Teil desselben.[58]

Die Prüfung einer wettbewerbsbeschränkenden Vereinbarung muss folglich mit der 26
Abgrenzung des **relevanten Marktes** beginnen, um feststellen zu können, welchen Marktanteil die Beteiligten aufgrund ihrer wettbewerbsbeschränkenden Maßnahme vermutlich erreichen werden.[59] Die **Marktanteilsschwellen** in den einzelnen Gruppenfreistellungsverordnungen geben in diesem Zusammenhang wichtige Hinweise darauf, von welchen Grenzen hier auszugehen ist.[60] Folgerichtig werden Marktanteile der Beteiligten in der Größenordnung von 20 bis 30 % in der Regel noch hingenommen, während **Marktanteile jenseits 40 %** durchweg als **kritisch** gelten. Ergänzend müssen die gesamten sonstigen Marktverhältnisse einschließlich insbesondere des potentiellen Wettbewerbs von Unternehmen am Marktrand in die Betrachtung miteinbezogen werden.[61]

Dies bedeutet z. B., dass im **Handel** in jedem Fall die nötige Flexibilität gewährleistet 27
bleiben muss, damit er angemessen auf die Wünsche der Verbraucher reagieren kann.[62] Dafür reicht es zwar aus, wenn neben einem freigestellten selektiven Vertriebssystem eines großen Herstellers noch andere Vertriebsformen mit abweichender Marktpolitik existieren.[63] Anders verhält es sich dagegen, wenn im Falle der Erlaubnis eines Kartells die Lieferanten und Abnehmer von einer marktbeherrschenden Gruppe abhängig würden.[64] Dasselbe gilt, wenn ein großes Bezugskartell die anderen Unternehmen von ihren Versorgungsquellen abzuschneiden droht.[65] Eine Freistellung scheidet ferner aus, wenn sämtliche Unternehmen ihre Preise ohne Rücksicht auf ihre je unterschiedliche Kostensituation erhöhen wollen,[66] wenn mit einem Händlerkartell nur der Zweck verfolgt wird, zum Schutze des eigenen hohen Preisniveaus Importe vom Markt fernzuhalten,[67] wenn durch ein Kartell ein neuer Markt bereits in seiner Aufbauphase total geschlossen würde[68] oder wenn die Freistellung eines ausländischen Syndikats zur Folge hätte, dass jeder Wettbewerb der Kartellmitglieder in der Gemeinschaft beseitigt würde.[69]

VI. Förderung der Unternehmenskooperation

1. Überblick

Einen besonderen Schwerpunkt der bisherigen Praxis der Kommission zu Art. 101 28
Abs. 3 bildet seit Beginn der gemeinsamen Wettbewerbspolitik Anfang der sechziger

---

[58] *EuGH* Slg. 1980, 3125 (3276 ff.) – van Landewyck/FEDETAP; Leitlinien, Tz. 106.
[59] *EuGH* Slg. 1987, 3151 (3154) – Ancides; *Kommission,* Bekanntmachung v. 9. 12. 1997, ABl. Nr. C 372/5 = WuW 1998, 261.
[60] *Mestmäcker/Schweitzer,* § 13 Rn. 69 (S. 356).
[61] Leitlinie.n, Tz. 109 ff.
[62] *EuGH* Slg. 1980, 3125 (3276 ff.); s. Fn. 55.
[63] *EuGH* Slg. 1986, 3075 (3090 Tz. 65 f.) – Metro/Saba II.
[64] *EuGH* Slg. 1973, 215 (245 f.) = NJW 1973, 966 – Continental Can.
[65] *EuG* Slg. 2002, II-3808 (3833 ff. Tz. 67 ff.) = EuZW 2002, 729 – EBU.
[66] *EuGH* Slg. 1987, 405 (461 f.) = NJW 1987, 2150 – Sachversicherer (für lineare pauschale Erhöhungen der Versicherungsprämien).
[67] *Kommission,* Entsch. v. 13. 7. 1983, ABl. Nr. L 200/44 (50).
[68] *Kommission,* Entsch. v. 19. 2. 1991, ABl. Nr. L 63/32 (43) – EBU.
[69] *Kommission,* Entsch. v. 19. 12. 1990, ABl. 1991 Nr. L 152/54 (59) – ANSAC.

Jahre die umfassende Förderung der Zusammenarbeit oder Kooperation von Unternehmen.[70] Die heute maßgeblichen Rechtsakte sind insbesondere die beiden **GFVOen Nr. 1218/2010** für Spezialisierungsvereinbarungen **und Nr. 1217/2010** für Forschungs- und Entwicklungsvereinbarungen (u. Rn. 32, 34 f.) sowie die umfangreichen **Leitlinien** zur Anwendbarkeit von Art. 101 AEUV auf Vereinbarungen über horizontale Zusammenarbeit **vom 14. Januar 2011, die sog. Horizontalleitlinien,**[71] in denen die Kommission eine Reihe weiterer Vereinbarungen aufzählt, die ihrer Meinung nach häufig nach Art. 101 Abs. 3 freigestellt sind, weil mit ihnen „Effizienzgewinne" verbunden sind, die die Nachteile der Wettbewerbsbeschränkung i. S. d. Art. 101 Abs. 3 aufwiegen. Die wichtigsten **Beispiele** sind Verinbarungen über den Informationsaustausch, Einkaufskooperationen, Vermarktungsvereinbarungen sowie Vereinbarungen über Normen (u. Rn. 39 ff.).

29 Einen ersten Höhepunkt erreichte die Förderung der Unternehmenskooperation seitens der Kommission bereits im Jahre **1968** mit Erlass der sog. **Kooperationsbekanntmachung,**[72] der in den Folgejahren noch eine ganze Reihe weiterer Bekanntmachungen folgte, von denen heute freilich nur noch die Bekanntmachung über die Beurteilung von Zulieferverträgen vom 18. Dezember 1978[73] Bedeutung hat. Hinzu traten bereits früh GFVOen zunächst für Spezialisierungsvereinbarungen und später auch für Vereinbarungen über Forschung und Entwicklung („F&E").

30 Besonderer Zuwendung der Kommission erfreuen sich in diesem Zusammenhang die vielberufenen **kleinen und mittleren Unternehmen,** die sog. **„KMUs",** unter denen die Kommission heute Unternehmen mit weniger als 250 Beschäftigten versteht, deren Umsatz nicht die Grenze von 50 Mio. Euro und deren Jahresbilanzsumme nicht die Grenze von 43 Mio. Euro überschreitet (o. Rn. 3). Nach Meinung der Kommission sind Vereinbarungen zwischen solchen Unternehmen sogar grundsätzlich nicht mehr zur Beeinträchtigung des Handels zwischen Mitgliedstaaten geeignet, so dass sie schon deshalb **nicht unter Art. 101 Abs. 1 fallen,**[74] wobei die Tendenz der Kommission unverkennbar ist, die Schwellenwerte, jenseits derer sie überhaupt erst Art. 101 anwenden will, im Interesse der Förderung der Kooperation kleiner und mittlerer Unternehmen (und ihrer eigenen Entlastung) ständig zu erhöhen.

31 Aber auch die Kooperation von **Großunternehmen** steht hoch in der Gunst der Kommission, vor allem, wenn ihre Zusammenarbeit der Entwicklung und Durchsetzung neuer „Technologien" in der Gemeinschaft dient, da nach Meinung der Kommission die Aufwendungen für deren Entwicklung und die Risiken, die mit ihrer Durchsetzung verbunden sind, häufig selbst die finanziellen Kräfte von Großunternehmen übersteigen. In der Kommissionspraxis finden sich dafür zahlreiche Beispiele.[75]

[70] S. auch ausführlich Hdb., H I § 2 Rn. 166 ff.

[71] ABl. Nr. C 11/1.

[72] ABl. Nr. C 75/3.

[73] ABl. 1979 Nr. C 1/2.

[74] S. o. § 3 Rn. 23; die Bagatellbekanntmachung v. 2001 (ABl. Nr. C 368/13, Tz. 3 f.); die Leitlinien über den Begriff der Beeinträchtigung des zwischenstaatlichen Handels v. 2004 (ABl. Nr. C 101/82, Tz. 50 ff.); ebenso die Begr. z. RegE der 7. Novelle, BT-Drs. 15 (2004)/3640, S. 28 (l. Sp. 2/3 Abs.).

[75] S. Hdb., H I § 2 Rn. 166–168 m. N.

2. Spezialisierungsvereinbarungen[76]

Unter Spezialisierung versteht man die **Arbeitsteilung zwischen Unternehmen**, in erster Linie in der Produktion von Gütern oder in der Erbringung von Dienstleistungen, so dass die Spezialisierung, bei Lichte besehen, nichts anderes als ein freilich besonders wichtiger Anwendungsfall der umfassend verstandenen Unternehmenskooperation ist (o. Rn. 28 f.). Der Vorteil der Spezialisierung wird vor allem darin gesehen, dass sie es jedem Beteiligten erlaubt, sich **auf das zu beschränken, was er besonders gut kann**. Man verspricht sich davon erhebliche Kostenersparnisse durch Größen- oder Verbundvorteile. Aus diesen Gründen wurde die Spezialisierung auf deutscher wie auf europäischer Ebene seit den siebziger Jahren des vorigen Jahrhunderts zunehmend erleichtert, in *Deutschland* bis 2005 durch den § 3 GWB a. F., an dessen Stelle mittlerweile über § 2 Abs. 1 und Abs. 2 GWB die GFVO Nr. 1218/2010 vom 14. Dezember 2010 getreten ist, die nach Meinung der Verfasser der 7. GWB-Novelle inhaltlich im wesentlichen dem früheren § 3 GWB entspricht.[77] 32

Die **GFVO Nr. 1218/2010** (im Folgenden: VO) erfasst einseitige und gegenseitige Spezialisierungen sowie Vereinbarungen über eine gemeinsame Produktion (Art. 1 Abs. 1 lit. a VO). Solche Vereinbarungen werden durch die VO **generell freigestellt**, auch, soweit sie an sich unter Art. 101 Abs. 1 fallen (Art. 2 Abs. 1 VO), *sofern* die Vereinbarung die **Marktanteilsschwellen** des Art. 3 VO einhält (**20%)** *und* sich **nicht** auf die in Art. 4 VO aufgezählten **Kernbeschränkungen** erstreckt.[78] Man bezeichnet diese leicht fettzustellenden Voraussetzungen einer Freistellung auch als **„safe harbour"**. Unter den genannten Voraussetzungen sind auch Vereinbarungen über eine Alleinbezugs- oder Alleinbelieferungspflicht sowie Vereinbarungen über eine gemeinsame Produktion und über einen gemeinsamen Vertrieb, d. h. Syndikate (!), erlaubt (Art. 2 Abs. 3 VO). Wird die Marktanteilsschwelle überschritten, so kommt dagegen nur im Einzelfall die Anwendung des Art. 101 Abs. 3 in Betracht. Grundsätzlich dieselben Regeln sollen für **sonstige Produktionsvereinbarungen** gelten.[79] Ein Beispiel ist etwa die Gemeinschaftsproduktion von Zwischenerzeugnissen. Als problematisch sieht die Kommission dabei vor allem eine zu weit gehende Vergemeinschaftung der Kosten an.[80] 33

3. Forschungs- und Entwicklungsvereinbarungen[81]

a) Die Förderung von Forschung und Entwicklung (F&E) gehört gemäß **Art. 179 Abs. 1 AEUV** zu den Zielen der Gemeinschaft. Zu diesem Zweck unterstützt die Gemeinschaft, wie Art. 179 Abs. 2 hervorhebt, die Zusammenarbeit der Unternehmen einschließlich insbesondere der kleinen und mittleren Unternehmen auf dem Gebiet der Forschung und der technologischen Entwicklung. Auch die Kommission verspricht sich von der Förderung der Zusammenarbeit der Unternehmen in Forschung 34

[76] GFVO Nr. 1218/2010 für Spezialisierungsvereinbarungen v. 14. Dezember 2010 ABl. Nr. L 335/43; Horizontalleitlinien von 2011, Tz. 150 ff.

[77] S. die Begr., BT-Drs. 15(2004)/3640, S. 26 (r. Sp. 2. Abs.).

[78] S. *AufmKolk*, WuW 2011, 699 (706 f.); *Fritzsche*, EuZW 2011, 208 (210).

[79] S. die Horizontalleitlinien von 2011, Tz. 150 ff.

[80] *Lübbig*, EWS 2011, 5 (6 f.).

[81] GFVO Nr. 1217/2010 für Vereinbarungen über Forschung und Entwicklung (F&E) v. 18. Dezember 2010, ABl. Nr. L 304/7; Horizontalleitlinien von 2011, Tz. 111 ff.; *Besen/Slobodenjub*, GRUR 2011, 300; *AufmKolk*, WuW 2011, 699 (705 f.); *Brandi-Dohrn*, WRP 2009, 1348; *Fritzsche*, EuZW 2011, 208.

und Entwicklung besonders **große Effizienzgewinne**, in erster Linie in Gestalt der Einsparung von Kosten und der schnelleren Entwicklung und Durchsetzung neuer Technologien.[82] Sie fördert deshalb die Zusammenarbeit der Unternehmen in Forschung und Entwicklung, wo immer möglich. Ausdruck dieser Politik ist vor allem die **GFVO Nr. 1217/2010** vom 14. Dezember 2010 für Vereinbarungen über Forschung und Entwicklung (im Folgenden: VO).[83]

35 Auf deutscher Ebene findet sich eine entsprechende Regelung in **§ 3 GWB** von 2005 (= § 4 Abs. 1 GWB von 1998), durch den die sog. **Mittelstandskartelle** freigestellt sind (s. dazu u. § 23 sowie schon o. Rn. 3). Darunter fallen auch die hier interessierenden Vereinbarungen kleiner und mittlerer Unternehmen über die Zusammenarbeit bei Forschung und Entwicklung, vorausgesetzt, dass durch die Vereinbarung nicht der Handel zwischen Mitgliedstaaten beeinträchtigt wird, weil dann Art. 101 AEUV vorgeht (Art. 3 VO Nr. 1/2003; § 22 GWB). Ohnehin findet neben § 3 GWB über § 2 Abs. 2 GWB in jedem Fall auch die hier interessierende GFVO Nr. 1217/2010 Anwendung.[84]

36 **b)** Die GFVO Nr. 1217/2010 gilt nach ihrem **Art. 1 Abs. 1 lit. a** insbesondere für die gemeinsame Forschung und Entwicklung von Produkten oder Dienstleistungen sowie für die gemeinsame Verwertung der dabei erzielten Ergebnisse, weiter für die gemeinsame Verwertung der Ergebnisse früherer Forschungs- und Entwicklungsvereinbarungen der Parteien sowie für die gemeinsame Forschung und Entwicklung ohne gemeinsame Verwertung der Ergebnisse. Alle mit derartigen Vereinbarungen verbundenen Wettbewerbsbeschränkungen im Sinne des Art. 101 Abs. 1 sind grundsätzlich unter den in der GFVO genannten Voraussetzung freigestellt (Art. 2 Abs. 1 VO).

37 **Definitionen** der wichtigsten in diesem Zusammenhang von der GFVO verwandten Begriffe finden sich in **Art. 1 VO.** Forschungs- und Entwicklungsarbeiten sind danach insbesondere der Erwerb von Know-how und die Erlangung von gewerblichen Schutzrechten, während unter die Verwertung der Ergebnisse die Herstellung oder der Vertrieb der Vertragsprodukte fällt (Art. 1 Abs. 1 lit. c und g VO). Die **positiven Voraussetzungen der Freistellung** ergeben sich im Einzelnen aus den **Art. 3 und 4 VO.** Hervorzuheben ist, dass grundsätzlich alle Vertragsparteien **Zugang zu den Ergebnissen** der gemeinsamen Forschungs- und Entwicklungsarbeiten für weitere Forschungs- oder Verwertungszwecke haben müssen (Art. 3 Abs. 2 S. 1 VO). Eine **Marktanteilsschwelle** gilt nur, wenn mindestens zwei beteiligte Unternehmen **Konkurrenten** sind; sie beträgt dann **25 %** des relevanten Produktmarkts (Art. 4 Abs. 2 VO). Andernfalls gilt die Freistellung ohne Rücksicht auf Marktanteilsschwellen für die Dauer der gemeinsamen Forschungs- und Entwicklungsarbeiten sowie im Falle der gemeinsamen Verwertung auch noch für weitere sieben Jahre (Art. 4 Abs. 1 und Abs. 3 VO). Wegen der Berechnung der Marktanteile ist im Übrigen auf Art. 7 VO zu verweisen.

38 Die Freistellung scheidet auf der anderen Seite nach der schwarzen Liste des **Art. 5 VO** aus, wenn eine der dort genannten **Kernbeschränkungen** vereinbart wird. Der

[82] S. *Kommission,* Erwägungsgrund Nr. 10 zu der VO 1217/2010; Horizontalleitlinien von 2011, Tz. 111 ff.

[83] ABl. Nr. L 335/36; s. dazu u. Rn. 36 ff.

[84] S. die Begr., BT-Drs. 15/3640, S. 28 (l. Sp.), 44 f.

Katalog enthält auf der einen Seite die üblichen Verbote von Produktions-, Absatz-, Preis- und Kundenbeschränkungen (Art. 5 Abs. 1 lit. b bis d VO) und auf der anderen Seite eine Reihe spezifischer Klauseln, unter denen Beschränkungen von Forschung und Entwicklung auf anderen Gebieten und nach Ablauf der Vereinbarung hervorzuheben sind (Art. 5 Abs. 1 lit. a VO). Hinzugekommen ist im Jahre 2010 eine Liste **grauer Klauseln** in Art. 6 der Verordnung. Dazu gehören insbesondere auch **Nichtangriffsklauseln**. Jedoch sind unter engen Voraussetzungen Preisfestsetzungen bei Vereinbarung eines gemeinsamen Vertriebs nach Art. 5 lit. c der VO zulässig, – womit die VO in Gestalt von *Syndikaten* sogar die wohl schwerwiegendste Wettbewerbsbeschränkung überhaupt gestattet. Liegen die Voraussetzungen der VO nicht vor, so kommt immer noch im Einzelfall eine Freistellung nach Art. 101 Abs. 3 in Betracht.[85]

4. Einkaufsvereinbarungen[86]

Die ersten Horizontalleitlinien von 2001 befassten sich außer mit den beiden genannten Kooperationsformen (o. Rn. 32, 34 ff.) noch mit Einkaufsvereinbarungen, Vermarktungsvereinbarungen, Vereinbarungen über Normen sowie Umweltschutzvereinbarungen (Tz. 115, 139, 159 und 179 ff.). In den neuen **Horizontalleitlinien von 2011** ist dagegen der Abschnitt über Umweltschutzvereinbarungen, offenbar mangels praktischer Bedeutung, gestrichen worden.[87] Dazu gekommen sind auf der anderen Seite ein langer Abschnitt über den Informationsaustausch zwischen Wettbewerbern sowie ein Abschnitt über Standardisierungsvereinbarungen (dazu unten Rn. 53 f., 55). Zu beginnen ist mit einem Blick auf die verbreiteten Einkaufsvereinbarungen. 39

a) Unter **Einkaufsvereinbarungen** hat man in erster Linie die vielfältigen **Zusammenschlüsse des Handels** zwecks Erzielung möglichst günstiger Konditionen durch den gemeinsamen Einkauf von Waren oder Dienstleistungen zu verstehen. Die deutsche wie die europäische Wettbewerbspolitik steht solchen Einkaufsvereinbarungen – trotz ihrer kartellrechtlichen Relevanz – seit jeher ausgesprochen *positiv* gegenüber, und zwar in erster Linie aufgrund der Vorstellung, insbesondere Einkaufsgemeinschaften kleiner und mittlerer Unternehmen könnten die Nachteile ausgleichen, denen diese Unternehmen nach einer verbreiteten Meinung im Wettbewerb mit großbetrieblichen Formen des Einzelhandels ausgesetzt sind, denen es wegen des von ihnen vertretenen Einkaufsvolumens häufig gelinge, bei den Lieferanten günstigere Konditionen als ihre kleineren Konkurrenten durchzusetzen.[88] Daher rührt die verbreitete Vorstellung, kleine und mittlere Unternehmen könnten zu ihren großen Konkurrenten nur aufschließen, wenn sie sich ebenfalls zu großen *Gruppen* zusammenschließen (deshalb häufig auch „**Verbundgruppen**" genannt), um **durch** die **Ballung ihrer Einkaufsmacht** dieselben Konditionen bei den Lieferanten wie die großen Einzelhandelsunternehmen durchzusetzen. 40

Die auf diesen Erwägungen beruhende, positive Bewertung der Einkaufsgemeinschaften kleiner und mittlerer Unternehmen reicht in Deutschland bis in die Zeit 41

[85] S. dazu Horizontalleitlinien von 2011, Tz. 111 ff.

[86] *Kommission*, Horizontalleitlinien von 2011, Tz. 194 ff.; Begr. z. RegE der 7. GWB-Novelle, BT-Drs. 15/3640, S. 26 f.

[87] S. dazu *Lübbig*, EWS 2011, 5 (7 f.).

[88] S. die Begr. z. RegE der 5. Novelle, BT-Drs. 11 (1989)/4610, S. 14 ff.

vor Inkrafttreten des **GWB** zurück.[89] Bereits die frühere Gegenstandstheorie war seinerzeit im Rahmen des § 1 GWB von 1957 in erster Linie zu dem Zweck entwickelt worden, einen Freiraum für Einkaufsgemeinschaften des Handels zu schaffen. Das **BKartA** wandte das Kartellverbot daher ursprünglich auf Einkaufsgemeinschaften nur an, wenn die Mitglieder geradezu eine vertragliche **Bezugspflicht** traf.[90] An dieser Haltung hielt das BKartA sogar nach der Aufgabe der Gegenstandstheorie grundsätzlich fest.[91] Dagegen nahm das **KG** später eine deutlich strengere Haltung in der Frage der Zulässigkeit von Einkaufsgemeinschaften ein, da es zumindest in den sog. **Anschlussfällen**, d. h. im Falle des Beitritts großer Handelsunternehmen zu den bekannten Handelsgruppen, für die Anwendung des § 1 GWB a. F. bereits einen Eingriff in die Handlungsfreiheit der Marktgegenseite genügen ließ.[92]

42 Das KG hatte dabei zum Ausdruck gebracht, dass seiner Meinung nach Einkaufsgemeinschaften ferner dann unter das Kartellverbot fielen, wenn mit ihnen ein Verzicht der Mitglieder auf selbstständige Einkaufsverhandlungen mit den Lieferanten verbunden ist. Dies war für den deutschen Gesetzgeber im Jahre 1989 der unmittelbare Anlass gewesen, die **Zulässigkeit** von Einkaufsgemeinschaften kleiner und mittlerer Unternehmen **ohne Bezugszwang** durch **§ 5 c GWB a. F.** ausdrücklich klarzustellen.[93] Obwohl bereits dieses Entgegenkommen des Gesetzgebers kaum vertretbar war,[94] wurde doch in der Folgezeit von den gut organisierten Verbundgruppen erneut starker Druck auf den Gesetzgeber ausgeübt, die Freistellung für Einkaufskooperationen noch weiter auszudehnen, wobei es vor allem um die Zulässigkeit von *Bezugspflichten* und um gemeinsame Marketingaktivitäten ging.

43 Der Gesetzgeber hatte diesem Druck 1998 insoweit nachgegeben, als nach **§ 4 Abs. 2 GWB von 1998** ein **Bezugszwang (nur) im Einzelfall** möglich war, während eine *generelle* Bezugspflicht für die Mitglieder weiterhin verboten blieb. § 4 Abs. 2 GWB a. F. bestimmte seitdem, dass das Kartellverbot nicht für Vereinbarungen oder Beschlüsse gelten sollte, die den gemeinsamen Einkauf von Waren oder die gemeinsame Beschaffung gewerblicher Leistungen zum Gegenstand haben, ohne einen über den Einzelfall hinausgehenden Bezugszwang für die beteiligten Unternehmen zu begründen, vorausgesetzt, dass zugleich die Voraussetzungen des § 4 Abs. 1 Nr. 1 und 2 GWB a. F. erfüllt waren. 2005 wurde indessen auch diese Vorschrift wieder **gestrichen** (s. u. Rn. 46).

44 **b)** Eine vergleichbare Entwicklung hin zu einer **immer großzügigeren Behandlung** der Einkaufskooperationen ist auf europäischer Ebene festzustellen. Vor allem der **Gerichtshof** steht ihnen offenbar grundsätzlich **positiv** gegenüber, wie die nachsichtige Behandlung von Konkurrenzverboten, Ausschließlichkeitsbindungen und restriktiven Austrittsklauseln in den Satzungen von **Einkaufsgemeinschaften und Genossenschaften** zeigt, soweit die fraglichen Klauseln erforderlich sind, um das ordnungsgemäße Funktionieren der genannten Gruppen sicherzustellen und ihre Vertragsgestaltungsmacht gegenüber der anderen Marktseite zu erhalten, während

[89] Ebenso zuletzt die Begr. zu dem RegE der 6. Novelle, BT-Drs. 13/9720, S. 32 f.; *BKartA* TB 1995/96, S. 36 f.; anders hingegen zu Recht *MK,* 11. HauptGA, Tz. 958 (S. 402).

[90] *BKartA* WuW/E BKartA 575; TB 1961, S. 41; 1976, S. 51 f., 57.

[91] *BKartA* TB 1978, S. 8 ff.; 1987/88, S. 23 ff.; ebenso die BReg., in: TB 1983/84, S. IV.

[92] *KG* WuW/E OLG 2745 – HFGE; 2961 – Rewe; 3121; 3737 (3741 ff.) – S + T.

[93] Begr. z. RegE, BT-Drs. 11/4610, S. 15 (l. Sp).

[94] S. die Kritik bei *Emmerich,* AG 1989, 261 (262 ff.); *Martinek,* NJW 1990, 793 (794 f.).

auf Klauseln mit weitergehenden wettbewerbsbeschränkenden Zwecken oder Wirkungen das Kartellverbot des Art. 101 anwendbar bleibt.[95]

Die **Kommission** beurteilt Einkaufsvereinbarungen zumal kleiner und mittlerer Unternehmen gleichfalls grundsätzlich positiv, weil sie sich von ihnen **Effizienzgewinne** in Gestalt der Erhöhung der Nachfragemacht der beteiligten Unternehmen verspricht, vorausgesetzt, dass der **kumulierte Marktanteil** der beteiligten Unternehmen auf den betroffenen Einkaufs- und Verkaufsmärkten **15 %** nicht übersteigt und **keine Kernbeschränkungen** unter dem Mantel der Einkaufsvereinbarung praktiziert werden.[96] Unter diesen Voraussetzungen kann nach Meinung der Kommission im Einzelfall sogar ein **Bezugszwang** gerechtfertigt sein. 45

c) Mit Rücksicht auf die geschilderte, ausgesprochen großzügige Beurteilung von Einkaufskooperationen durch die Kommission (o. Rn. 45) hielten die Verfasser der **7. GWB-Novelle** eine besondere deutsche Regelung nicht mehr für erforderlich, da Einkaufskooperationen von der Kommission ohnehin in größerem Umfang als nach dem früheren § 4 II GWB von 1998 zugelassen würden.[97] Es komme hinzu, dass Einkaufskooperationen ihrer Art nach in aller Regel zur Beeinträchtigung des Handels zwischen Mitgliedstaaten geeignet seien. **§ 4 Abs. 2 GWB a. F.** wurde deshalb ersatzlos **gestrichen**. An seine Stelle sind Art. 101 AEUV sowie die §§ 1 und 2 GWB n. F. in der Auslegung durch den Gerichtshof und die Kommission, insbesondere in ihren Leitlinien von 2011, getreten, auf die die Verfasser der 7. GWB-Novelle in der Begründung zu dem Regierungsentwurf deshalb auch ausdrücklich Bezug genommen haben.[98] 46

5. Vermarktungsvereinbarungen[99]

a) Begriff

Unter der Bezeichnung „**Vermarktungsvereinbarungen**" fasst die Kommission solche Vereinbarungen von Konkurrenten zusammen, deren Gegenstand die Zusammenarbeit beim Verkauf, beim Vertrieb oder bei der Werbung ist. **Beispiele** sind der gemeinsamen Vertrieb über Syndikate sowie die Zusammenarbeit bei der Werbung oder bei dem Kundendienst.[100] Mit dem gemeinsamen Verkauf in Gestalt sog. **Syndikate** wird die wohl schwerwiegendste vertragliche Wettbewerbsbeschränkung überhaupt erfasst, weil durch Syndikate die Konditionen und die Produktionsmengen vereinheitlicht und die Kunden aufgeteilt werden. Wird der gemeinsame Verkauf in einem **Gemeinschaftsunternehmen** verselbstständigt, wie es jedenfalls früher bei den deutschen Syndikaten die Regel war, so haben derartige Vereinbarungen außerdem die Wirkung, dass die beteiligten Unternehmen vom Markt getrennt werden, da den Lieferanten und Abnehmern nur noch das Gemeinschaftsunternehmen der 47

[95] S. *EuGH* Slg. 1994, I-5671 (5687 f. Tz. 30 ff.) = EuZW 1995, 244 – DLG; Slg. 1995, I-4520 (4525 f. Tz. 14 ff.) = EuZW 1996, 282 (283) – Oude Luttikhuis; *Kommission*, Entsch. v. 24. 4. 1997, ABl. Nr. L 284/68 (82 Tz. 68 ff.) – NSF.

[96] Horizontalleitlinien von 2011, Tz. 205, 208 ff.; ebenso *BKartA* TB 2003/2004, S. 91 (r. Sp.); WuW/E DE-V 1392 (1400 ff.) – Altglas.

[97] Begr., BT-Drs. 15/3640, S. 26 f.

[98] Begr. (vorige Fn.), S. 27 (l. Sp. 1. Abs.); zu § 3 GWB n. F. s. u. § 23.

[99] *Kommission*, Horizontalleitlinien von 2011, Tz. 225 ff.; *Schürnbrand*, ZWeR 2005, 396.

[100] Horizontalleitlinien von 2011, Tz. 225 ff.

Beteiligten gegenübertritt.[101] Diese Wirkungen sind letztlich unabhängig davon, ob die Beteiligten eine ausdrückliche **Andienungspflicht** in Gestalt der Verpflichtung zum Vertrieb über die gemeinsame Einrichtung trifft oder nicht, weil Syndikate ohne zumindest faktische Andienungspflicht für den größten Teil der Vertragsware nicht funktionsfähig sind.[102]

b) Früherer deutscher Rechtszustand

48 Das deutsche Recht ließ bis zum Inkrafttreten der 7. GWB-Novelle Syndikate als höherstufige Rationalisierungskartelle wegen der mit ihnen verbundenen schwerwiegenden Wettbewerbsbeschränkungen (zu Recht) nur unter den engen Voraussetzungen des **§ 5 Abs. 2 GWB a. F.** zu. Ausgenommen von dieser strengen Beurteilung der Syndikate waren lediglich aufgrund des **§ 31 GWB von 1998** Vereinbarungen über die zentrale Vermarktung von Rechten an der Fernsehübertragung satzungsgemäß durchgeführter sportlicher Wettbewerbe durch Sportverbände, nachdem der BGH 1997 entschieden hatte, dass die zentrale Vermarktung der Fernsehübertragungsrechte an Europapokalheimspielen durch den Deutschen Fußballbund (DFB) ein verbotenes Syndikat im Sinne des § 1 GWB a. F. darstelle.[103]

49 Die **§§ 5 und 31 GWB a. F.** sind durch die 7. GWB-Novelle von 2005 wieder ersatzlos **gestrichen** worden, in erster Linie mit der Begründung, die fraglichen Vereinbarungen seien in der Regel zur Beeinträchtigung des Handels zwischen Mitgliedstaaten geeignet, so dass wegen des vorrangigen Gemeinschaftsrechts für deutsche Sonderregelungen kein Raum mehr bleibe.[104]

c) Unionsrecht

50 Vereinbarungen von Konkurrenten über den gemeinsamen Vertrieb, und zwar auch in Gestalt von Syndikaten, sind nach Unionsrecht zunächst erlaubt, soweit die Voraussetzungen der **GFVOen Nr. 1218/2010** für Spezialisierungsvereinbarungen (s. Art. 2 Abs. 3 lit. d VO) und **Nr. 1217/2010** für Forschungs- und Entwicklungsvereinbarungen (s. Art. 3 Abs. 4 VO) erfüllt sind (s. o. Rn. 33, 38). Vertriebsvereinbarungen zwischen Konkurrenten können außerdem unter engen Voraussetzungen unter die vertikale GFVO Nr. 330/2010 fallen (Art. 2 Abs. 4 VO).

51 Jenseits dieser Sonderregelungen sieht die Kommission bei Vermarktungsvereinbarungen vor allem die **Gefahr** der Preisfestsetzung sowie der Aufteilung der Märkte zwischen den beteiligten Unternehmen. Im Falle der Preisfestsetzung, namentlich in Gestalt von Syndikaten, handelt es sich um eine **Kernbeschränkung**, für die keine Freistellungsmöglichkeit besteht.[105] In den restlichen Fällen geht die Kommission – auf zweifelhafter gesetzlicher Grundlage – von einer **Marktanteilsschwelle von 15 %** für solche Vereinbarungen aus, die an sich unter Art. 101 Abs. 1 fallen (sog. safe harbour).[106] Jenseits dieser Marktanteilsschwelle kommt außerdem immer noch von Fall

[101] Ein bekanntes Beispiel ist oder war doch die ARAL AG.
[102] So schon BGHZ 50, 357 = NJW 1969, 2376 – ZVN.
[103] BGHZ 137, 297 = NJW 1998, 756 = JuS 1998, 461 Nr. 10 – UEFA Pokal; s. u. § 37 Rn. 15 ff.
[104] Begr., BT-Drs. 15/3640, S. 27 (l. Sp. 2. Abs.), 32 f.
[105] Horizontalleitlinien von 2011, Tz. 234 ff.
[106] Horizontalleitlinien von 2011, Tz. 240 f.

zu Fall eine Anwendung des Art. 101 Abs. 3 in Betracht.[107] Von denselben Vorstellungen haben sich offenbar die Verfasser der 7. GWB-Novelle bei der Streichung des § 5 GWB a. F. leiten lassen.[108]

Ein Beispiel für die Anwendung des Art. 101 Abs. 3 auf den gemeinsamen Vertrieb 52
jenseits der Marktanteilsschwelle von 15 % ist die einheitliche **Vergabe der Fernsehübertragungsrechte** für die Spiele der sog. Champions League durch die UEFA und für die Bundesliga durch den DFB, die von der Kommission 2003 und 2005 freigestellt wurde.[109] Die Kommission ist in diesem Fall davon ausgegangen, dass die Fernsehübertragungsrechte an sich den einzelnen Vereinen – als den Eigentümern oder Mietern der Stadien – zustehen, so dass ihre gemeinsame Wahrnehmung durch die Verbände (UEFA oder DFB) der Sache nach ein **Syndikat** bilde.[110]

6. Standardisierungsvereinbarungen

Literatur: *Kommission*, Horizontalleitlinien, Tz. 257 ff.; *Fuchs*, in: Lange/Klippel/Ohly, Geistiges Eigentum und Wettbewerb, 2009, S. 147; *Fr. Immenga*, GRUR 2007, 302; *Klees*, EWS 2008, 454; *Koenig*, WuW 2008, 1259; *ders./Neumann*, WuW 2009, 382; *Loest/Bartlik*, ZWeR 2008, 141; *Lübbig*, EWS 2011, 5; *Walther/Baumgartner*, WuW 2008, 158. 53

Die Kommission behandelt die Standardisierungsvereinbarungen zusammen mit den herkömmlichen Konditionenkartellen als „Verträge über Normen". Unter Standardisierungsvereinbarungen versteht man Verträge meistens zwischen zumindest potentiellen Wettbewerbern über die **Entwicklung und Einführung technischer Normen** oder Spezifikationen für Produkte oder Prozesse.[111] Von solchen Vereinbarungen verspricht man sich üblicherweise hohe Effizienzgewinne. Darüber dürfen jedoch nicht die mit ihnen verbundenen **Gefahren** für den Wettbewerb übersehen werden. Zwischen den Beteiligten droht insbesondere eine Vereinheitlichung der Preise, Konditionen und Produkte. Zugleich besteht die Gefahr der Errichtung künstlicher Marktzutrittsschranken für Dritte, insbesondere, wenn es den Beteiligten gelingt, ihre Normen als Industriestandard durchzusetzen und obendrein durch gewerbliche Schutzrechte abzusichern.[112] Zusätzliche Gefahren tauchen auf, wenn es einer der Beteiligten schafft, die erforderlichen Schutzrechte für sich zu monopolisieren. Nur einen Aspekt dieser Problematik, der durch den sog. *Rambus-Fall* bekannt geworden ist, stellt die Verheimlichung der relevanten Schutzrechte durch einen Beteiligten dar, der später für deren Benutzung auch von den anderen Beteiligten überhöhte Gebühren verlangt (sog. **patent ambushing**).[113]

---

[107] Horizontalleitlinien von 2011, Tz. 246 ff.

[108] S. die Begr., BT-Drs. 15/3640, S. 27 (l. Sp.).

[109] S. u. § 37 Rn. 17 f. sowie *Kommission*, Entsch. v. 23. 7. 2003, ABl. Nr. L 291/25 (43, 47 ff.); v. 19. 1. 2005, WuW/E EU-V 1041 – Bundesliga (nach Art. 9 VO Nr. 1/2003); *Hellmann/Bruder*, EuZW 2006, 359; *Mestmäcker*, FS Sandrock, 2000, S. 689; *ders./Schweitzer*, § 11 Rn. 36 ff. (S. 311 ff.); *Schürnbrand*, ZWeR 2005, 396 (408 ff.).

[110] S. *Kommission*, Entsch. v. 23. 7. 2003 (vorige Fn.), S. 44 f. Tz. 120, 122; v. 19. 1. 2005, WuW/E EU-V 1041 – Bundesliga, Tz. 22 ff.; *Schürnbrand*, ZWeR 2005, 396 (408 ff.); anders *Mestmäcker* (vorige Fn.).

[111] Horizontalleitlinien von 2011, Tz. 257; *Fuchs*, aaO. S. 147.

[112] Horizontalleitlinien von 2011, Tz. 263 ff.; *Fuchs*, aaO. S. 147 ff.; *Koenig/Neumann*, WuW 2009, 382 (387 ff.); *Walther/Baumgartner*, WuW 2008, 158 (160 ff.).

[113] *Kommission*, Entsch. v. 9. 12. 2009, ABl. 2010 Nr. C 30/17 = (vollständiger) WuW/E DE-V 1513 – Rambus.

54 Durch diese Entwicklung werden vielfältige **Probleme** aufgeworfen – bis hin zu der Frage der Erteilung von Zwangslizenzen (s. unten § 10 Rn. 35, 64 ff.). Hier interessiert indessen allein die Beurteilung von Standardisierungsvereinbarungen nach **Art. 101**. Die *Kommission* unterscheidet auch insoweit zwischen den immer verbotenen, bezweckten Wettbewerbsbeschränkungen (als **Kernbeschränkungen**)[114] und „bloßen" bewirkten Wettbewerbsbeschränkungen, die in ihren Augen drohen, wenn es den Beteiligten gelingt, „Marktmacht" zu erringen.[115] Um dieser Gefahr zu begegnen, muss die fragliche Vereinbarung nach Meinung der *Kommission* **strengen Anforderungen** an ein offenes und transparentes Verfahren genügen, zu dem jedermann zu fairen, zumutbaren und diskriminierungsfreien Bedingungen Zugang hat. Die Beteiligten müssen sich außerdem verpflichten, jedermann zu diesen Bedingungen später Zugang zu den Normen und etwaigen Schutzrechten zu gewähren (sog. **FRAND- Selbstverpflichtung**).[116]

7. Informationsaustausch[117]

55 Die Horizontalleitlinien enthalten schließlich noch erstmals allgemeine Aussagen zur Zulässigkeit von **Marktinformationsverfahren**. Angesichts der bekannten Ambivalenz solcher Verfahren, die je nach den von den Beteiligten verfolgten Zwecken und den Marktverhältnissen ebensogut wettbewerbsbeschränkend wie wettbewerbsfördernd wirken können (s. unten § 21 Rn. 64 ff.), vermeidet die Kommission hier jedoch weitgehend konkrete Festlegungen und stellt lediglich einen allgemeinen „analytischen" Rahmen vor, in dem sich ihrer Meinung nach von Fall zu Fall die Beurteilung von Marktinformationsverfahren zu bewegen hat. „Safe harbours", wie von der Industrie mit Nachdruck gefordert, gibt es nicht.[118] Die Kommission beschränkt sich vielmehr auf die Unterscheidung von bezweckten und bewirkten Wettbewerbsbeschränkungen und erläutert sodann ausführlich, unter welchen **Voraussetzungen** ihrer Meinung nach **wettbewerbsbeschränkende Wirkungen** zu befürchten sind, wobei die Marktstruktur, die Marktnähe der ausgetauschten Daten sowie deren Alter eine zentrale Rolle spielen.[119]

---

[114] Horizontalleitlinien von 2011, Tz. 273 ff.

[115] Horizontalleitlinien von 2011, Tz. 277 ff.

[116] FRAND = free, reasonable and non discriminatory terms for licensing; Horizontalleitlinien von 2011, Tz. 280, 287 ff.; *Kommission,* Entsch. v. 9. 12. 2009, ABl. 2010 Nr. C 30/17 = WuW/E DE-V 1513 – Rambus; *Fuchs,* aaO., S. 147 (156 ff.); *Koenig,* WuW 2008, 1259; *ders./Neumann,* WuW 2009, 382 (388 ff.); *Lübbig,* EWS 2011, (7); *Walther/Baumgartner,* WuW 2008, 158 (167 ff.).

[117] S. u. § 21 Rn. 64 ff.; *Kommission,* Leitlinien zur Anwendung des Kartellrechts auf den Seeverkehr von 2008, ABl. Nr. 245/2, Tz. 38 ff.; Horizontalleitlinien von 2011, Tz. 55 ff.

[118] Dazu kritisch *AufmKolk,* WuW 2011, 699; *Fritzsche,* EuZW 2011, 208 (212 f.); *Lübbig,* EWS 2011, 5 (7).

[119] Horizontalleitlinien von 2011, Tz. 72, 75 ff.; s. im Einzelnen *Wagner-v.Papp,* Martktinformationsverfahren: Grenzen der Information im Wettbewerb, 2004.

2. Kapitel. Missbrauchsverbot (Art. 102 AEUV)

§ 9. Beherrschende Stellung

Literatur: Hdb., H I § 3; *Kommission,* Diskussionspapier über die Anwendung des Art. 82 EGV auf Behinderungsmissbräuche, Dezember 2005; Mitteilung v. 24. 2. 2009 zu den Prioritäten der Kommission bei der Anwendung von Art. 82 EGV auf Fälle des Behinderungsmissbrauchs, ABl. Nr. C 45/7; *J. Baur,* in: Kontrolle von Marktmacht nach deutschem, europäischem und amerikanischem Kartellrecht, 1982, S. 131; *de Bronett,* in: Wiedemann, § 22; *O'Donaghue/Padilla,* The Law and Economics of Art 82 EC, Oxford 2006; *Frenz,* S. 417 ff.; *A. Heinemann,* Immaterialgüterschutz in der Wettbewerbsordnung, 2002, S. 428 ff.; *A. Koch,* Eingriffe in die Struktur beherrschender Unternehmen, 2008; *Mestmäcker,* FS Hallstein, 1966, S. 322; *ders.,* FS Raisch, 1995, S. 441; *Mestmäcker/Schweitzer,* §§ 15–18 (S. 377 ff.); *Möschel,* Der Oligopolmißbrauch im Recht der Wettbewerbsbeschränkungen, 1974; *ders.,* Entflechtungen im Recht der Wettbewerbsbeschränkungen, 1979; *Schwalbe/Zimmer,* Kartellrecht und Ökonomie, 2006, S. 49 ff.; *Schulte-Braucks,* Die Auflösung marktbeherrschender Stellungen, 1980; *Wurmnest,* Marktmacht und Verdrängungsmissbrauch, 2010; *Zäch,* Kartellrecht, Tz. 526 ff. (S. 256 ff.).

I. Überblick

Neben dem Kartellverbot des Art. 101 bildet das Missbrauchsverbot des **Art. 102** 1
(= Art. 82 EGV) die zweite Säule der gemeinsamen Wettbewerbspolitik. Nach S. 1 des Art. 102 ist mit dem Binnenmarkt unvereinbar und verboten die **missbräuchliche Ausnutzung einer beherrschenden Stellung** auf dem Binnenmarkt oder einem wesentlichen Teil desselben durch ein oder mehrere Unternehmen, soweit dies dazu führen kann, den Handel zwischen Mitgliedstaaten zu beeinträchtigen. Gemäß Satz 2 der Vorschrift ist dies „insbesondere" der Fall, wenn eines der hier genannten **Regelbeispiele** eines Missbrauchs vorliegt (dazu u. § 10). In Deutschland entspricht dem Art. 102 der freilich in einzelnen Beziehungen weitergehende **§ 19 GWB,** der seinerseits noch durch ein umfassendes Diskriminierungsverbot in **§ 20 GWB** ergänzt wird (s. dazu u. §§ 27 und 29).

Die Zahl der auf Art. 102 gestützten Entscheidungen der Kommission ist zwar weit 2
geringer als die der Entscheidungen nach Art. 101 des Vertrags. Gleichwohl kann keine Rede davon sein, dass Art. 102 bislang ein bloßes Schattendasein gefristet hätte. Das Gegenteil ist der Fall, da Art. 102 der Kommission auf zahlreichen Gebieten, vielfach in Verbindung mit Art. 106, als Mittel zur **Auflockerung traditionell vermachteter Marktstrukturen** gedient hat. Besonders hervorzuheben ist in diesem Zusammenhang sein Einsatz als Instrument zur Zurückdrängung der vielen überflüssigen, nationalen Monopole (s. u. § 10 Rn. 68 ff.). Auch die europäische Fusionskontrolle hat letztlich bei dem Missbrauchsverbot des Art. 102 ihren Ausgang genommen.[1]

Art. 102 hat im Binnenmarkt in erster Linie die **Aufgabe**, mächtige Unternehmen 3
daran zu hindern, durch den Einsatz ihrer besonderen Machtmittel das ordnungsmäßige Funktionieren des Systems unverfälschten Wettbewerbs zu stören. Art. 102 enthält jedoch **kein generelles Monopolisierungsverbot,** etwa nach dem Vorbild der sec. 2 Sherman Act.[2] Art. 102 wendet sich vielmehr „nur" gegen die **missbräuch-**

[1] Grdl. *EuGH* Slg. 1973, 215 = NJW 1973, 966 – Continental Can; wegen der Einzelheiten s. u. § 14 Rn. 1 ff.

[2] *Kommission,* Mitteilung von 2009, Tz. 1; *Bloch/Kamann u. a.,* ZWeR 2005, 325.

liche Ausnutzung einer bereits bestehenden beherrschenden Stellung auf dem Binnenmarkt oder einem wesentlichen Teil desselben, während der bloße **erstmalige Aufbau** einer derartigen Stellung **ebensowenig wie** ihr **Bestand** für sich allein unter Art. 102 fallen.[3] Von dem ersten Aufbau und der bloßen Innehabung einer beherrschenden Stellung müssen jedoch deren **weiterer Ausbau sowie** die **Übertragung** der beherrschenden Stellung **auf dritte Märkte** unterschieden werden, so dass in derartigen Fallgestaltungen durchaus Raum für die Anwendung des Art. 102 ist.[4]

4 Die Verfasser des Vertrags hatten bei der Konzipierung des allgemeinen Missbrauchsverbots des Art. 102 in erster Linie Fälle des **Ausbeutungsmissbrauchs** im Auge, wie die Beispielstatbestände des Art. 102 S. 2 lit. a und b belegen (u. § 10 Rn. 15, 23 ff.). Gleichberechtigt steht daneben jedoch der **Schutz anderer Unternehmen gegen** ihre **Behinderung** im Wettbewerb durch missbräuchliche Verhaltensweisen von Unternehmen in beherrschender Stellung. Darauf deuten vor allem die Beispielstatbestände des Art. 102 S. 2 lit. c und d hin (s. u. § 10 Rn. 45, 53 ff.). Die Kommission hat gerade die weitere Präzisierung dieses Tatbestandes ausgesprochen in den Mittelpunkt ihrer Reformüberlegungen zu Art. 102 gerückt (u. Rn. 6 f.). Andere Missbrauchsformen können schließlich unbedenklich unter die Generalklausel des Art. 102 S. 1 subsumiert werden; wichtig ist das namentlich für den sog. **Strukturmissbrauch** (s. u. § 14 Rn. 19 ff.). **Geschützt** werden durch Art. 102 folglich **sämtliche Personen im Einflussbereich** beherrschender Unternehmen. Vor allem im Lichte dieses umfassend verstandenen **Schutzzwecks** muss Art. 102 interpretiert werden.

5 Die Anwendung des Art. 102 setzt voraus, dass ein oder mehrere Unternehmen über eine beherrschende Stellung auf dem Binnenmarkt oder auf einem wesentlichen Teil desselben verfügen. Aus dieser Formulierung des Vertrags wird überwiegend der Schluss gezogen, dass dem europäischen Wettbewerbsrecht ebenso wie dem deutschen (s. § 19 GWB und dazu u. § 27 Rn. 10) das **Marktmachtkonzept** zugrunde liegt, nach dem sich wirtschaftliche Macht grundsätzlich nur auf einem bestimmten Markt, dem sogenannten **relevanten Markt**, bilden kann, so dass Fälle reiner Größenmacht von Art. 102 ebensowenig wie etwa von § 19 GWB erfasst werden.[5]

II. Reform

Literatur: *Kommission,* Diskussionspapier über die Anwendung des Art. 82 EGV auf Behinderungsmissbräuche, Dezember 2005; Mitteilung v. 24. 2. 2009 zu den Prioritäten der Kommission bei der Anwendung von Art. 82 EGV auf Fälle des Behinderungsmissbrauchs, ABl. Nr. C 45/7; *Hellwig,* in: (2.) FS für Mestmäcker, 2006, S. 231; *Hirsbrunner/A. Schädle,* EuZW 2006, 583; *Immenga,* WuW 2006, 483; *A. Schmidt/St. Voigt,* WuW 2006, 1097; *I. Schmidt,* FS Bechtold, 2006, S. 409; *D. Schmidtchen,* WuW 2006, 707; *M. Wirtz/S. Möller,* WuW 2006, 226; *Zimmer,* FS U. Huber, 2006, S. 1173.

6 Die Reformüberlegungen der Kommission haben – nach den wettbewerbsbeschränkenden Vereinbarungen und der Fusionskontrolle – mittlerweile auch die Missbrauchsaufsicht über beherrschende Unternehmen aufgrund des Art. 102 erreicht

[3] Ebenso betont BGHZ 170, 299 (302 ff.) = NJW 2007, 1823 Tz. 13 f. = JuS 2007, 784 Nr. 13 – National Geographic II.

[4] *Mestmäcker/Schweitzer,* § 15 Rn. 31 ff. (S. 386 ff.).

[5] *EuGH* Slg. 1973, 215 (248 ff.) – Continental Can; 1974, 223 (248 ff.) – Commercial Solvents; 1978, 207 (280 ff.) = NJW 1978, 2439 – Chiquita; Slg. 1979, 461 (514 ff.) – Hoffman-La Roche; 1979, 1869 (1895 f.) – Hugin; 1980, 3775 (3793) – L'Oréral; 1983, 483 (506 f.) = NJW 1984, 2755 – GVL; Slg. 1983, 3461 (3604 ff.) – Michelin; 1989, 803 (849) = NJW 1989, 2192 – Flugtarife.

(s. schon o. § 2 Rn. 27 ff.). Ergebnis dieser Überlegungen war zunächst das sog. **Diskussionspapier** vom Ende des Jahres 2005, das sich freilich – unter Ausklammerung anderer Missbrauchsformen – auf Fälle des Behinderungsmissbrauchs beschränkte. Kern des Diskussionspapiers war die These, dass in Zukunft die **Auswirkungen** der fraglichen Maßnahmen auf den Markt stärker als bisher bei ihrer Beurteilung berücksichtigt werden sollten, womit in erster Linie gemeint ist, dass die Kommission ihr Eingreifen fortan vorrangig davon abhängig machen will, ob die **positiven oder negativen Effekte** einer bestimmten Maßnahme **überwiegen**. Damit hing unmittelbar die zweite geplante Neuerung zusammen, die Berücksichtigung von **Effizienzvorteilen als Rechtfertigungsgründe** für – an sich – gegebene Missbräuche, und zwar unter Voraussetzungen, die im wesentlichen dem Art. 101 Abs. 3 entsprechen.

Aus dem Diskussionspapier von 2005 (Rn. 6) ist im Jahre 2009 die **Mitteilung** der 6a Kommission **zu den Prioritäten der Kommission** bei der Anwendung von Art. 82 EGV auf Fälle des Behinderungsmissbrauchs durch marktbeherrschende Unternehmen hervorgegangen.[6] Die Mitteilung betont, dass in den Augen der Kommission bei der Anwendung des Art. 102 weiterhin die Fälle des Behinderungsmissbrauchs, durch die Verbraucher geschädigt werden können, Priorität besitzen (Tz. 2, 5). Im Mittelpunkt des Interesses der Kommission ständen daher sämtliche Praktiken marktbeherrschende Unternehmen mit dem Ziel einer „wettbewerbswidrigen Marktverschließung" (Tz. 19 ff.), für die die Kommission im Einzelnen zahlreiche Beispiele gibt (Tz. 23, 32ff). Die Kommission hält außerdem auch in der Mitteilung von 2009 an ihrer (problematischen) Auffassung fest, dass missbräuchliches Verhalten **im Einzelfall gerechtfertigt** sein könne, wenn es sich, etwa aus Gründen der Gesundheit oder der Sicherheit, als **objektiv notwendig** erweist (Tz. 29 f), *oder* wenn mit ihm erhebliche **Effizienzvorteile** für die Verbraucher verbunden sind, die die Nachteile der Wettbewerbsbeschränkung aufwiegen; die Voraussetzungen sollen denen des Art 101 III entsprechen (Tz. 30).[7]

III. Konkurrenzen

Die **Art. 101 und 102** schließen sich nicht gegenseitig aus, sondern können – als 7 zwei getrennte Verbote – je nach den Umständen des Einzelfalles **auch nebeneinander anwendbar** sein.[8] Der wichtigste Fall ist die missbräuchliche Ausnutzung der beherrschenden Stellung von **Kartellen,** gleichgültig, ob verboten oder erlaubt. Denn auch erlaubte Kartelle (Art. 101 Abs. 3) dürfen ihre Machtstellung nicht in einer gegen Art. 102 verstoßenden Weise missbrauchen (s. u. Rn. 31). Selbst Vereinbarungen, die unter eine der **Gruppenfreistellungsverordnungen** fallen, sind daher ungeachtet des Art. 101 Abs. 3 nichtig, sofern ihr Abschluss im Einzelfall einen Missbrauch darstellt (Art. 102 AEUV in Verb. mit § 134 BGB).[9] Ebenso wenig zieht die Fusionskontrollverordnung Nr. 139/2004 dem Anwendungsbereich des Art. 102 Schranken (str.). **Unternehmenszusammenschlüsse,** die auf der missbräuchlichen Ausnutzung einer beherrschenden Stellung im Sinne des Art. 102 S. 1 beruhen, sind

[6] ABl. 2009 Nr. C 45/7; dazu zB *Adam/Maier-Rigaud,* ZWeR 2009, 131.

[7] Zur Kritik s. Hdb, H I § 3 Rn. 9.

[8] *Frenz,* Tz. 1124 ff. (S. 423 ff.); *Mestmäcker/Schweitzer,* § 18 Rn. 16 ff. (S. 382 f.).

[9] *EuG* Slg. 1990, II-309 (356 ff.) = EuZW 1990, 447 – Tetra Pak; *Eilmansberger,* EuZW 1992, 625 (629 f.); *Kulka,* FS Rittner, 1991, S. 343.

ohne Rücksicht auf die genannte Verordnung verboten und können infolgedessen z. B. auch von nationalen Behörden und Gerichten untersagt werden (s. u. § 14 Rn. 19 ff.).

IV. Beherrschende Stellung

1. Grundlagen

8 Art. 102 enthält kein allgemeines Missbrauchsverbot, sondern wendet sich **allein** an solche Unternehmen, die über eine **beherrschende Stellung** auf dem Binnenmarkt oder einem wesentlichen Teil desselben verfügen. Der Vertrag sagt jedoch an keiner Stelle, was unter einer beherrschenden Stellung zu verstehen sein soll; diese Frage wurde vielmehr seinerzeit bewusst offen gelassen, um den Gemeinschaftsorganen die Möglichkeit zu geben, das Missbrauchsverbot dynamisch der Entwicklung des Gemeinsamen Marktes anzupassen, versteht sich: unter Berücksichtigung der sich aus einer Vielzahl verstreuter Vorschriften der Gemeinschaftsrechtsordnung ergebenden Wertungen.

9 Art. 102 soll umfassend den Wettbewerb in dem grundsätzlich marktwirtschaftlich geprägten Binnenmarkt schützen. Aus dem Protokoll Nr. 27 über den Binnenmarkt und den Wettbewerb vom 13. Dezember 2007[10] darf außerdem der Schluss gezogen werden, dass der Binnenmarkt (nach wie vor) „ein System umfasst, das den Wettbewerb vor Verfälschungen schützt" (vgl. den früheren Art. 3 Abs. 1 lit. g EGV). Wenn nun Art. 102 S. 1 des Vertrages zum Schutze dieses Systems *allein* Unternehmen in beherrschender Stellung einer besonderen Missbrauchsaufsicht unterwirft, so kann daraus nur der Schluss gezogen werden, dass der Vertrag in einer beherrschenden Stellung das genaue **Gegenteil eines Systems unverfälschten Wettbewerbs** sieht. In dieselbe Richtung weisen Art. 101 Abs. 3 S. 3 lit. b und Art. 2 Abs. 3 FKVO.

10 **Referenzsystem** muss mithin ein **System unverfälschten Wettbewerbs** i. S. d. genannten Vorschriften (Rn. 9) sein. Ein solches System ist vor allem dadurch gekennzeichnet, dass auf einem Markt *so viele* Unternehmen tätig sind, dass von ihnen wechselseitig ein **hinreichender Wettbewerbsdruck** aufeinander ausgeht. Dies entspricht offenkundig auch der Sicht der Kommission, wie sie in ihrer Mitteilung von 2009 zum Ausdruck kommt.[11] Die Ermittlung der beherrschenden Stellung eines Unternehmens setzt deshalb als erstes die **Abgrenzung des Marktes** voraus, auf dem sich das fragliche Unternehmen betätigt, weil nur dann festgestellt werden kann, ob es durch konkurrierende Unternehmen auf seinem Markt einem hinreichenden Wettbewerbsdruck ausgesetzt ist oder nicht, so dass es über einen übermäßigen, vom Wettbewerb nicht mehr hinreichend kontrollierten Verhaltensspielraum verfügt. Daher die zentrale Bedeutung der Abgrenzung des relevanten Marktes insbesondere im Rahmen der Missbrauchsaufsicht über Unternehmen in beherrschender Stellung nach Art. 102. Bei der Bestimmung des relevanten Marktes geht es mit anderen Worten hier darum, in sachlicher (gegenständlicher) und räumlicher sowie gegebenenfalls zeitlicher Hinsicht diejenigen Unternehmen zu identifizieren, die mit dem fraglichen Unternehmen überhaupt konkurrieren, um feststellen zu können, ob nach den Besonderheiten des betreffenden Marktes die danach zu demselben Markt zu

[10] ABl. Nr. C 306/156.
[11] ABl. Nr. C 45/7, Tz. 9 f.

rechnenden Unternehmen wechselseitig einen so starken Wettbewerbsdruck aufeinander ausüben, dass keines der konkurrierenden Unternehmen über einen **übermäßigen Verhaltensspielraum** verfügt, so dass eine zusätzliche Kontrolle an Hand des Art. 102 entbehrlich ist. Welche Unternehmen mit einem anderen in dem Sinne „konkurrieren", dass sie seinem Handlungsspielraum wirksame Schranken setzen, lässt sich nun freilich nach durchaus unterschiedlichen Kriterien bestimmen. Es bedeutet vor allem einen großen Unterschied, ob man auf die Sichtweise des betreffenden Unternehmens *oder* auf die der Marktgegenseite abstellt. Nach überwiegender Meinung kommt es allein oder doch in erster Linie auf die **Sicht der Marktgegenseite** an, so dass prinzipiell nur solche Unternehmen als Konkurrenten anerkannt werden, die – auf einem bestimmten räumlichen Markt (u. Rn. 15 ff.) – dieselben Waren oder Leistungen anbieten oder nachfragen, so dass ihr Angebot oder ihre Nachfrage für die Marktgegenseite eine echte Alternative darstellt. Maßgebend ist mit anderen Worten – bei dieser Sichtweise der Dinge – in erster Linie die **Austauschbarkeit** der fraglichen Produkte oder Leistungen für die Marktgegenseite.[12]

2. Sachlich relevanter Markt

Wie bereits im Einzelnen ausgeführt (o. § 4 Rn. 64 ff.), folgen die Gemeinschaftsorgane 11
bei der Abgrenzung des sachlich relevanten Marktes dem sog. **Bedarfsmarktkonzept,** nach dem zu einem **Angebotsmarkt** nur diejenigen Produkte oder Leistungen gehören, die aus der Sicht der Marktgegenseite, hier also der **Nachfrager,** wegen ihrer Eigenschaften zur Befriedigung eines gleichbleibenden Bedarfs gleichermaßen geeignet sind, während ihre Austauschbarkeit mit anderen Erzeugnissen oder Leistungen gering ist.[13] Die **Abgrenzungskriterien** schwanken von Fall zu Fall, weil die Abnehmer (von deren Sicht auszugehen ist) bei ihren Entscheidungen gleichfalls unterschiedliche Kriterien zugrunde zu legen pflegen. Maßgebend sind namentlich die Eigenschaften der Produkte oder Leistungen, ihre Preislage und ihr Verwendungszweck. Volle Austauschbarkeit der Produkte oder Dienstleistungen ist nicht erforderlich,[14] während auf der anderen Seite Produkte oder Leistungen am Marktrand aus der Betrachtung auszuscheiden haben.[15] Entscheidend sind letztlich die Wettbewerbsbedingungen auf dem Markt sowie die Struktur von Angebot und Nachfrage,[16] wobei sich die Kommission, wo immer möglich, an der Reaktion der Grenznachfrager auf Preisänderungen bei den verschiedenen Produkten orientiert (sog. **SSNIP-Test**).[17]

[12] Zu einer möglichen anderen Sicht der Dinge s. *Emmerich*, FS Oberender, 2011, S. 61.

[13] *EuGH* Slg. 1991, I-3359 (3439 ff.) – Akzo; 1994, I-693 (701 f. Tz. 13 ff.) = EuZW 1994, 316 (317) – Hilti; Slg. 1996, I-5987 (6004 ff. Tz. 11 ff.) – Tetra Pak; 1998, I-7817 (7829 f. Tz. 33 ff.) = NJW 1999, 2259 – Bronner/Mediaprint; Slg. 2003, I-5219 (5246 f. Tz. 73 ff.); Slg. 2008, I-4892 Tz. 32 = EuZW 2008, 605 (608) = JuS 2008, 1131 – MOTOE; *EuG* Slg.2007, II-117 Tz. 78 ff. = WuW/E EU-R 1224 (1225 f.) – France Telecom; BGHZ 176, 1 (7 f.) = NJW-RR 2008, 896 = JuS 2009, 89 – Soda Club; ausführlich *Kommission,* Bekanntmachung v. 9. 12. 1997 (ABl. Nr. C 372/5 = WuW 1998, 261), Tz. 7, 13 ff., 25 ff.; ebenso die Bekanntmachung über Vereinbarungen von geringer Bedeutung vom 9. 12. 1997, ABl. Nr. C 372/13 = WuW 1998, 151 Tz. 14.

[14] *EuGH* Slg. 1983, 3461 (3508) – Michelin.

[15] *EuGH* Slg. 1983, 3461 (3508) – Michelin.

[16] *EuGH* Slg. 1996, I-5987 (6004 f. Tz. 11 f.) – Tetra Pak; *EuG* Slg. 1994, II-755 (792 ff. Tz. 60 ff.) – Tetra Pak.

[17] Bekanntmachung v. 9. 12. 1997, Tz. 15 ff.; treffende Kritik bei *Mestmäcker/Schweitzer,* § 16 Rn. 8 (S. 395); ablehnend auch BGHZ 176, 1 (7 f. Tz. 18) = NJW-RR 2008, 896 = JuS 2009, 89 – Soda Club.

12 Die Brauchbarkeit des Bedarfsmarktkonzepts (Rn. 11 ist umstritten; auf zahlreichen Märkten stößt seine Anwendbarkeit auf unübersehbare **Schwierigkeiten**. Beispiele sind neben den **Innovationmärkten**[18] insbesondere die sog. abgeleiteten oder **Sekundärmärkte**, auf denen die Anbieter von Primärgütern wie insbesondere Maschinen für diese geeignete Betriebsstoffe, Ersatzteile oder Dienstleistungen anbieten. Bei den Sekundärmärkten geht es vor allem um die Frage, ob ihre wettbewerbsrechtliche Beurteilung dem Primärmarkt folgt oder ob sie zum Schutze der Abnehmer gesondert zu betrachten sind.[19] Für das Letztere hat sich mittlerweile offenbar in Europa (anders als in den USA) die Rechtsprechung entschieden.[20]

13 Dieselben Regeln gelten für die Abgrenzung von **Beschaffungsmärkten,** so dass es hier vor allem darauf ankommt, über welche Ausweichmöglichkeiten die **Anbieter** verfügen. In der Mehrzahl der Fälle dürften sich infolgedessen die Nachfragemärkte aus *Gruppen* sachlich verwandter Produkte zusammensetzen.[21]

14 Im Allgemeinen neigen die Gemeinschaftsorgane zu einer verhältnismäßig **engen Marktabgrenzung,** um zu überschaubaren Marktverhältnissen zu gelangen.[22] Als je eigene Märkte sind **z. B.** in den letzten Jahren angesehen worden Maschinen und Kartons für die aseptische und für die nichtaseptische Verpackung von Getränken,[23] der mobile Funktelefondienst mit cellularer digitaler Technik,[24] Kristallzucker für Haushalt und für Gewerbe,[25] die Durchführung von Sportveranstaltungen und die wirtschaftliche Nutzung der Veranstaltungen durch den Abschluss von Sponsoring-, Werbe- und Versicherungsverträgen,[26] in der Telekommunikation die einzelnen Dienste vom Sprachtelefon bis zur Satellitenübermittlung und alle Endgeräte[27] sowie schließlich noch bei Strom die deutschen Märkte für den Großhandel mit Strom sowie für Sekundärregelleistungen.[28]

3. Räumlich relevanter Markt

15 Die räumliche Marktabgrenzung spielt im Rahmen des Art. 102 eine wesentlich größere Rolle als im Rahmen des Art. 101 (s. o. § 4 Rn. 71 f.), da ihr hier die Aufgabe zukommt, diejenigen Unternehmen zu identifizieren, die mit dem Unternehmen, um dessen beherrschende Stellung es geht, auf dem jeweils sachlich relevanten Markt (o. Rn. 11 ff.) in einem bestimmten Raum tatsächlich konkurrieren, da erst nach

[18] Zu den Innovationmärkten s. *Dreher*, ZWeR 2009, 149.

[19] S. dazu Kodak v. Image Technical, 504 US 451 (1992) = 112 SCt 2072; *St. Bechtold*, FS R. Bechtold, 2006, S. 31; *ders.*, Die Kontrolle von Sekundärmärkten, 2007; *Emmerich*, JuS 2009, 89; *Wendenburg*, Martmacht auf Sekundärmärkten, 2004.

[20] BGHZ 176, 1 (6 Tz. 15 f.) = NJW-RR 2008, 896; ebenso im Ergebnis *EuGH* Slg. 2008, I-4892 = EuZW 2008, 605 (608 Tz. 33) – MOTOE; *BGH* NJW-RR 2010, 312 Tz. 18 = WuW/E DE-R 2708 – Reisestellenkarten.

[21] S. *EuGH* Slg. 1985, 1117 (1123 f. Tz. 21 ff.) – CICCE.

[22] Gegen die immer weiter getriebene Aufsplitterung der Märkte jetzt betont BGHZ 170, 299 (305 ff. Tz. 19 f.) = NJW 2007, 1823 =JuS 2007, 784 Nr. 13 – National Geographic I.

[23] S. die Tetra-Pak-Urteile *EuGH* Slg. 1996, I-5987 (6004 f. Tz. 11 f.) – Tetra Pak; *EuG* Slg. 1994, II-755 (792 ff. Tz. 60 ff.) – Tetra Pak.

[24] *Kommission,* Entsch. v. 4. 10. 1995, ABl. Nr. 280/49 (51 ff.) – GSM.

[25] *Kommission,* Entsch. v. 14. 3. 1997, ABl. Nr. 258/1 (15 Tz. 87 ff.) – Irish Sugar.

[26] *EuGH* Slg. 2008, I-4892 Tz. 33 = EuZW 2008, 605 (608) = JuS 2008, 1131 – MOTOE.

[27] *Kommission*, Leitlinien vom 6. 9. 1991, ABl. 1991 Nr. C 233/1 (7 f.); vom 11. 7. 2002, ABl. 2002 Nr. C 165/6 (11 ff., Tz. 44 ff.).

[28] *Kommission,* Entsch. v. 26. 11. 2008, WuW/E EU-V 1380 Tz. 11, 46 – E.ON/RWE.

Kenntnis dieser Unternehmen die Marktposition des fraglichen Unternehmens (einigermaßen) zutreffend abgeschätzt werden kann. Eine (partielle) gesetzliche Definition findet sich in **Art. 9 Abs. 7 FKVO Nr. 139/2004.** Ein bestimmtes Gebiet bildet danach räumlich einen eigenen Markt, wenn die Wettbewerbsbedingungen in ihm hinreichend homogen sind und sich das Gebiet von benachbarten Gebieten durch spürbar unterschiedliche Wettbewerbsbedingungen unterscheidet.[29] Davon gehen auch die Gemeinschaftsorgane in ihrer Praxis aus.[30]

Die maßgeblichen **Kriterien** wechseln je nach den betroffenen Märkten und deren Eigenarten. Eine zentrale Rolle spielt aber durchweg – neben der immer zu berücksichtigenden Nachfrage- und Angebotssubstituierbarkeit – die **Einheitlichkeit der Preise** im Raum. Abnehmer an unterschiedlichen Orten, die zum selben Preis einkaufen können, gehören zum selben Markt. Besteht dagegen die Möglichkeit zu Preisdiskriminierungen zwischen den Abnehmergruppen an verschiedenen Plätzen, so deutet dies auf getrennte räumliche Märkte hin, weil dafür unter anderem Voraussetzung ist, dass ein Handel der Abnehmer untereinander (sog. Arbitrage-Geschäfte) nicht möglich ist.[31] 16

Im Einzelnen hat man lokale, regionale, nationale, europaweite und Weltmärkte zu unterscheiden, je nach den unterschiedlichen Marktbedingungen. **Lokale Märkte** bestehen z. B. für die Erbringung von Bodenabfertigungsdiensten auf Flughäfen, weil die Anbieter gerade auf diejenigen Flughäfen, auf denen sie tätig werden wollen, angewiesen sind,[32] sowie – aus denselben Gründen – für die Erbringung von Lotsendiensten in einem großen Hafen.[33] Im Bahn- und Flugverkehr bildet außerdem jede Verbindung zwischen zwei Städten einen eigenen Markt, weil die Nachfrager nach Transportleistungen zu einem Ort schwerlich auf Verbindungen nach anderen Orten ausweichen können.[34] Generell ist zu beachten, dass der europäische Binnenmarkt nach wie vor auf zahlreichen Sektoren aus einer Vielzahl von Gründen in **getrennte nationale Märkte** zerfällt. 17

Hervorzuheben sind fortbestehende staatliche Handelsschranken sowie die Verbrauchsgewohnheiten der Abnehmer. Eine Rolle spielt ferner die Möglichkeit der Abnehmer, räumlich entfernte Produktmärkte überhaupt zu erreichen. Weitere wichtige Gesichtspunkte sind der Standort der Unternehmen sowie die Produkteigenschaften, insbesondere die Haltbarkeit und die Transportfähigkeit von Gütern. Aus den genannten Gründen bestehen z. B. nach wie vor gesonderte nationale Märkte bei Kraftfahrzeugen, abzulesen an den immer noch verblüffenden Preis- 18

[29] Ebenso *EuGH* Slg. 1998, I-1453 (1495 Tz. 143) = EuZW 1998, 299 (308) – K+S/MdK; *EuG* Slg. 1997, II-923 (960 Tz. 102) – Tierce Ladbroke; 2000, II-3929 (3974 Tz. 140) – ADP; 2001, II-3415 (3435 f. Tz. 39 f.) = WuW/E EU-R 527 – AAMS/Rothmans; Slg. 2003, II-5925 (5955 ff.) = WuW/E EU-R 777 (781 f. Tz. 108 ff.) – BA/*Kommission.*

[30] Z. B. *EuGH* Slg. 2008, I-4892 Tz. 33 f. = EuZW 2008, 605 (608) = JuS 2008, 1131 – MOTOE; *Kommission,* Bekanntmachung v. 9. 12. 1997 über eine Bestimmung des relevanten Marktes (ABl. Nr. C 372/5), Tz. 8, 28 ff., 44 ff. = WuW 1998, 261; Bagatellbekanntmachung vom 9. 12. 1997 (ABl. Nr. C 372/13), Tz. 15 = WuW 1998, 159 (162).

[31] *Kommission,* Entsch. vom 31. 1. 2001, ABl. 2002 Nr. L 57/1 (7 ff., Rn. 47 ff.) – SCA/MT.

[32] *EuG* Slg. 2000, II-3929 (3974 f. Tz. 140 ff.) – WuW/E EU-R 443 – ADP.

[33] S. *EuGH* Slg. 1991 I-5923 – Porto di Genova; 1994, I-1812 – Corsica Ferries.

[34] *EuG* Slg. 1994, II-923 (953 Tz. 84) = EuZW 1994, 534 (539) – Air France; Slg. 1998, II-3141 (3179 f. Tz. 91 ff.) – Europ. Night Services; *Kommission,* Entsch. v. 27. 8. 2003, ABl. 2004 Nr. L 11/17 (27 Tz. 68).

unterschieden zwischen Kraftfahrzeugen in den einzelnen Mitgliedstaaten der Union.[35]

4. Wesentlicher Teil

19 Die genannten Kriterien (o. Rn. 15 ff.) können zur Anerkennung sehr enger räumlicher Märkte führen. Art. 102 hat indessen nicht die Aufgabe, auf kleinen lokalen Märkten den wenigen dort tätigen Unternehmen einen Schutz gegen Machtmissbräuche martbeherrschender Unternehmen zu verschaffen. Deshalb fügt Art. 102 S. 1 hinzu, dass das unionsrechtliche Missbrauchsverbot nur Anwendung findet, wenn der jeweilige Markt zugleich einen „wesentlichen Teil" des Binnenmarktes bildet. Maßgebendes Kriterium dafür ist die **Relevanz des betreffenden Marktes für den Wettbewerb** in der Union. Nur Missbräuche auf Märkten, deren Entwicklung für den Wettbewerb in der Union wichtig sind, werden erfasst.

20 Um die **Gemeinschaftsrelevanz** eines Marktes zu beurteilen, stellt der **Gerichtshof** in erster Linie auf die **Struktur** des betreffenden Marktes sowie auf **Größe und Umfang** der Produktion und des Verbrauchs auf diesem Markt ab.[36] Daher können selbst Produktions- und Verbrauchsanteile von deutlich unter 10 % für die Annahme eines wesentlichen Teils des Gemeinsamen Marktes ausreichen, vor allem, wenn die nationalen Märkte noch getrennt sind. Einen wesentlichen Teil des Gemeinsamen Marktes bilden infolgedessen nicht nur das **Gebiet jedes Mitgliedstaates**[37] sowie bedeutende Teile zumindest der großen Mitgliedstaaten,[38] sondern von Fall zu Fall auch schon ein einziger bedeutender Flug- oder Seehafen.[39]

5. Einzelmaktbeherrschung

a) Begriff

21 Art. 102 beruht, wie schon im Einzelnen ausgeführt (Rn. 8), auf der Vorstellung, dass ein System unverfälschten Wettbewerbs vor allem durch den **anonymen Wettbewerbsdruck** gekennzeichnet ist, der dem Verhaltensspielraum der Unternehmen die im Interesse ihrer Konkurrenten und Vertragspartner erforderlichen Schranken zieht. Denn nur bei Vorhandensein eines ausreichenden Wettbewerbsdrucks bleibt das unternehmerische Verhalten auf offenen Märkten **risikobehaftet**, so dass die Unternehmen auf ihre Konkurrenten Rücksicht nehmen und sich außerdem darum be-

[35] Vgl. auch für den italienischen Zigarettenmarkt *EuG* Slg. 2001, II-3415 (3435 ff. Tz. 39 ff.) – AAMS/Rothmans. Zu dem nur ganz selten bedeutsamen zeitlich relevanten Markt s. Hdb, H I § 3 Rn. 26.

[36] *EuGH* Slg. 1975, 1663 (1995 f., 2011 ff.) – Suiker Unie; 1978, 207 (283 ff.) – Chiquita; 1979, 461 (514 ff.) – Hoffmann-La Roche; *Kommission,* Leitlinien, ABl. 1991 Nr. C 133, Tz. 33.

[37] *EuGH* Slg. 1974, 313 (316) – SABAM; 1991, I-2010 (2018 Tz. 28) = EuZW 1991, 349 – Macroton; Slg. 1998, I-7817 (7829 Tz. 36) = NJW 1999, 2259 – Bronner/Mediaprint; Slg. 2001, I-4142 (4159 Tz. 43) = EuZW 2001, 148 – TNT Traco; Slg. 2001, I-8137 (8150 f. Tz. 28) – Ambulanz Glöckner; 2003, I-5219 (5247 Tz. 79); 2008, I-4892 Tz. 35 – MOTOE; *EuGH* WuW/E EU-R 1513 T. 22 – Kanal 5/STIM; *EuG* Slg. 1997, II-1695 (1714 Tz. 58) – DPAG; *Kommission,* Entsch. v. 27. 8. 2003, ABl. 2004 Nr. L 11/17 (33 Tz. 115 f.) – GVG/FS.

[38] *EuGH* Slg. 1975, 1663 (1995 f., 2011 ff.) – Suiker Unie; 2001, I-8137 (8150 f. Tz. 38) – Ambulanz Glöckner.

[39] So für die Häfen von Genua und La Spezia *EuGH* Slg. 1991, I-5923 (5928); 1994, I-1812 (1824 f.); 1997, I-4453 (4465) – GT-Link; 1998, I-570 (579 Tz. 26) – Raso; 1998, I-3981 (3994 f. Tz. 38) – Corsica Ferries France; für die Pariser Flughäfen *EuG* Slg. 2000, II-3929 (3977 Tz. 152) = WuW/E EU-R 443 – ADP.

mühen müssen, der Marktgegenseite „bessere" Bedingungen als ihre Konkurrenten anzubieten, um im Geschäft zu bleiben (sog. **Leistungselement** des Wettbewerbs). Solange dies gewährleistet ist, solange also kein Unternehmen in der Lage ist, auf einem bedeutenden Teil des Marktes *einseitig* die Preise zu bestimmen, die Produktion oder die Verteilung zu kontrollieren oder zu beschränken oder einen wirksamen Wettbewerb zu verhindern (vgl. die früheren Art. 65 § 2 und 66 § 2 des EGKSV), so lange ist es auch gerechtfertigt, von einem System unverfälschten Wettbewerbs i. S. d. früheren Art. 3 Abs. 1 lit. g EGV zu sprechen. Das **charakteristische Merkmal** der beherrschenden Stellung ist folglich in der Fähigkeit eines Unternehmens zu sehen, sich genau diesem anonymen Wettbewerbsdruck auf seinen Märkten zu entziehen, **unabhängige Strategien** zu **entwickeln und** dadurch die **Wettbewerbsbedingungen** in einer Weise **zu beeinflussen,** die allein seinen Interessen dient, nicht jedoch denen seiner Vertragspartner oder seiner Konkurrenten.

Dabei wird nicht verkannt, dass selbst ein Monopolist wenigstens in gewissen äußersten Grenzen auf seine Vertragspartner Rücksicht nehmen muss, während umgekehrt auch in einem System unverfälschten Wettbewerbs ein Unternehmen durchaus über einen beachtlichen Verhaltensspielraum verfügen kann. Bei der Feststellung einer beherrschenden Stellung handelt es sich mithin um eine **Grad- und Maßfrage,** nämlich um die Entscheidung, von welchem Punkt ab der **Verhaltensspielraum** eines Unternehmens als **übermäßig** und gerade **deshalb** als **kontrollbedürftig** (Art. 102) erscheint. 22

Der Rechtsprechung des **Gerichtshofs** liegt offenbar eine vergleichbare Sicht der Dinge zugrunde. Denn er hat in einer Vielzahl von Entscheidungen die beherrschende Stellung eines Unternehmens als **wirtschaftliche Machtstellung** definiert, die das Unternehmen in die Lage versetzt, die Aufrechterhaltung eines wirksamen Wettbewerbs auf dem relevanten Markt zu verhindern, indem sie ihm die **Möglichkeit zu einer unabhängigen Marktstrategie** im Verhältnis zu seinen Marktpartnern verschafft. Dafür ist weder ein Monopol noch ein Quasimonopol erforderlich; vielmehr kann eine beherrschende Stellung bereits anzunehmen sein, wenn auf dem Markt noch ein gewisser Wettbewerb herrscht, sofern nur das betreffende Unternehmen in der Lage ist, die **Bedingungen**, unter denen sich dieser Wettbewerb entwickeln kann, **merklich zu beeinflussen**, während es seinerseits **auf** das Verhalten seiner **Konkurrenten keine** nennenswerte **Rücksicht mehr** zu nehmen braucht. Die wirtschaftliche Machtstellung eines Unternehmens äußert sich folglich in erster Linie in seiner Fähigkeit, die Preise zu bestimmen und die Produktion oder die Verteilung zu kontrollieren.[40] Auch die **Kommission** hat sich diese Sicht der Dinge wiederholt zu eigen gemacht.[41] Hervorzuheben ist die Mitteilung vom 24. 2. 23

[40] *EuGH* Slg. 1971, 487 (501) – Deutsche Grammophon/Metro; 1975, 1367 (1378 f.) – General Motors; 1975, 1663 (1996, 2013) – Suiker Unie; 1978, 207 (286, 290 f.) – Chiquita; 1979, 461 (519 ff.) – Hofmann-La Roche/Vitamine; 1979, 1869 (1897) – Hugin; 1980, 3775 (3793) – L'Oréal; 1983, 483 (506 f.) – GVL; 1983, 3461 (3501 ff.) – Michelin; 1985, 873 (885 ff.) – BT; 1985, 3261 (3275) – Télémarketing; 1988, 2507 (2514 f.) – Bodson; 1988, 5987 (6008 f.) – Alsatel; 1994, I-5671 (5690 f. Tz. 47 ff.) = EuZW 1995, 244 (247) – DLG; Slg. 1995, I-2900 (2911 f. Tz. 31) – Centro Servici Spediporto; 2008. I-4892 Tz. 37 = EuZW 2008, 605 = JuS 2008, 1131 – MOTOE; *EuGH* WuW/E EU-R 1513 Tz. 27 – Kanal 5/STIM: 1779 (1793 Tz. 170) – DTK; EuZW 2011, 339 Tz. 23 – TeliaSonera.

[41] S. z. B. *Kommission*, Leitlinien v. 11. 7. 2002, ABl. Nr. C 165/6 (14 ff. Tz. 70 ff.); Entsch. vom 14. 12. 1985, ABl. 1985, L 374/1 – Akzo; vom 22. 12. 1987, ABl. 1988, L 65/19 (34 f.) – Hilti; vom

2009,[42] in der die Kommission ausdrücklich die Marktbeherrschung als Ausdruck des fehlenden, von den aktuellen und potentiellen Konkurrenten sowie von den Nachfragern ausgehenden Wettbewerbsdrucks definiert (Tz. 10, 12. 18). Die **Kommission** legt dabei durchweg besonderes Gewicht auf die je eigenartige Marktstruktur, um ein möglichst realistisches Bild der Verhaltensspielräume der betreffenden Unternehmen zu gewinnen.[43] Dies alles gilt gleichermaßen für Anbieter wie für Nachfrager. Auch **Nachfrager** können eine beherrschende Stellung einnehmen, sobald sie Raum für unabhängige Marktstrategien besitzen.[44] Gleich steht ferner unter im Einzelnen noch nicht endgültig geklärten Voraussetzungen die **Abhängigkeit** bestimmter Unternehmen von anderen, jedenfalls dann, wenn sich die letzteren in einer Position befinden, die sie zum „Zwangspartner“ für die Mehrzahl ihrer Lieferanten oder Abnehmer macht.[45]

24 **Zwei Kriterien** sind es folglich vornehmlich, die eine beherrschende Stellung charakterisieren, einmal die Fähigkeit zur **Verhinderung eines wirksamen Wettbewerbs** auf dem relevanten Markt, zum anderen die **Möglichkeit zu einer unabhängigen Marktstrategie** im Verhältnis insbesondere zu den Marktpartnern. Die Fähigkeit zur Verhinderung eines wirksamen Wettbewerbs äußert sich insbesondere in der **Kontrolle des Marktzugangs** einschließlich des Zugangs zu vor- und nachgeordneten Märkten, namentlich durch die Verweigerung der Belieferung mit den zum Markteintritt erforderlichen Ressourcen zu wettbewerbsfähigen Preisen oder durch vergleichbare Strategien, da solches Verhalten ein besonders deutliches Anzeichen für das Vorliegen von Marktbeherrschung ist.[46] Die genannten Faktoren sind nicht unabhängig voneinander zu sehen (str.); vielmehr handelt es sich bei ihnen genau genommen lediglich um **unterschiedliche Aspekte** desselben Phänomens, nämlich des Vorliegens eines übermäßigen, vom Wettbewerb nicht mehr hinreichend kontrollierten Verhaltensspielraums eines Unternehmens, der seine Ursache in den unterschiedlichsten Faktoren haben kann (u. Rn. 25 ff.).

b) Ursachen

25 Die **Faktoren**, die als Ursache für den übermäßigen, vom Wettbewerb nicht mehr hinreichend kontrollierten Verhaltensspielraum eines Unternehmens in Betracht kommen (o. Rn. 21 ff.), sind vielfältig. Sie reichen von der Innehabung eines gesetzlichen Monopols bis zum Besitz wertvoller Schutzrechte oder Marken. Ganz im Vordergrund steht jedoch ebenso wie im deutschen Recht (s. u. § 27 Rn. 33 ff.) der

5. 12. 1988, ABl. 1989, L 10/50 (64); vom 19. 12. 1990, ABl. 1991, L 152/21 (30 f.) – Solvay; vom 19. 12. 1990, ABl. 1991, L 152/40 (48 f.) – ICI; vom 24. 7. 1991, ABl. 1992, L 72/1 (19 ff.) – Tetra Pak.

[42] ABl. C 45/7.

[43] S. z. B. *Kommission,* Entsch. v. 13. 12. 2000, ABl. 2003 Nr. L 10 (23) und 33 (44) – ICI und Solvay; 20. 3. 2001, ABl. Nr. L 125/27 (36 f.) – DPAG; insb. 20. 6. 2001 (vorige Fn.) – Michelin; 27. 8. 2003, ABl. 2004 Nr. L 11/17 (29 f. Tz. 82 ff.) – GVG/FS.

[44] *EuGH* Slg. 1985, 1105 (1123 f.) – CICCE/TV France; *Kommission,* Leitlinien, ABl. 1991 Nr. C 233/1 (16 Tz. 82).

[45] *EuG* Slg. 2003, Slg. II-4662 (4718 f. Tz. 154 ff.) = WuW/E EU-R 765 – van den Berg Foods; *Kommission,* Entsch. v. 20. 6. 2001, ABl. 2002 Nr. L 143/1 (33 f. Tz. 202 ff.). – Michelin; *van Bael/Bellis,* p. 126 f.; *Ritter/Braun,* p. 401 ff.

[46] *EuGH* Slg. 2008. I-4892 Tz. 37 = EuZW 2008, 605 = JuS 2008, 1131 – MOTOE; *BGH* NJW-RR 2010, 392 (393 Tz. 25 ff.); *OLG Hamburg* WuW/E DE-R 2381 (2384 ff.).

Marktanteil des betreffenden Unternehmens,[47] so dass die Prüfung, ob ein Unternehmen über eine beherrschende Stellung verfügt, in aller Regel bei der Bestimmung seines Marktanteils (und deshalb bei der Marktabgrenzung, o. Rn. 8 ff.) zu beginnen hat (u. Rn. 27). Das Gewicht der anderen Faktoren ist in der Regel um so geringer, je höher der Marktanteil eines Unternehmens auf dem fraglichen Markt bereits ist.[48] Dabei gilt, dass die Anwendung des Art. 102 AEUV **umso strenger** sein muss, **je höher** der **Marktanteil** eines Unternehmens ist. Denn Marktbeherrschung ist nicht gleich Marktbeherrschung, sondern in sich vielfacher Abstufung zugänglich – bis hin zu dem Grenzfall eines gesetzlichen Monopols (u. Rn. 26). Kommt die beherrschende Stellung eines Unternehmens einem derartigen Monopol zumindest nahe, so spricht man neuerdings vielfach auch von „Super-Marktbeherrschung" oder von **„Superdominance".**[49] Dahinter steht die Auffassung, dass spätestens eine derartige, ganz herausragende Stellung eines Unternehmens diesem **besondere Pflichten** für die Aufrechterhaltung kompetitiver Strukturen in der Gemeinschaft auferlegt.[50] Weder Kommission noch Gerichtshof haben freilich bisher ausdrücklich eine derartige Sicht der Dinge akzeptiert. Sie haben jedoch – sachlich übereinstimmend – immer wieder die **besondere Verantwortung** der Unternehmen in beherrschender Stellung für die Aufrechterhaltung eines Systems unverfälschten Wettbewerbs auf den Märkten der Union betont, die sich für sie – im Unterschied zu sonstigen Unternehmen – aus Art. 102 ergibt und die weitreichende Auswirkungen für die Auslegung des Art. 102 hat, namentlich in den Fällen des Behinderungs- und des Strukturmissbrauchs.[51]

Verfügt ein Unternehmen auf einem wesentlichen Teil des Binnenmarktes, insbesondere also in einem Mitgliedstaat, über ein **Monopol,** so wird automatisch von dem Vorliegen einer beherrschenden Stellung ausgegangen, wobei **faktische und rechtliche Monopole** gleichstehen.[52] Unter Art. 102 fallen daher z. B., sofern sie noch über gesetzliche oder faktische Monopole verfügen, die nationalen Post- und Eisenbahnunternehmen,[53] die Deutsche Telekom AG zumindest im Ortsvermittlungsbereich und wohl auch darüber hinaus, ein französisches Staatsunternehmen mit dem ausschließlichen Recht zum Betrieb der großen Pariser Flughäfen,[54] die französischen 26

[47] Ebenso z. B. BGHZ 176, 1 = NJW-RR 2008, 896 = JuS 2009, 89; *BGH* NJW-RR 2010, 392.

[48] *EuGH* Slg. 1982, 3461 (3503 ff.) – Michelin; 1988, 2507 (2514 f.) – Bodson; 1991, I-3439 (3452 f.) – Akzo; *EuG* Slg. 1994, II-755 (811 ff.) – Tetra Pak.

[49] *GA Fennelly*, in: Slg. 2000, I-1371 (1420 Tz. 137); *van Bael/Bellis*, p. 119; *Goyder*, p. 301.

[50] So in der Tat *GA Fennelly* (vorige Fn.).

[51] S. u. § 10 Rn. 13 sowie *EuGH* Slg. 1983, 4361 (3511, Tz. 57) – Michelin; WuW/E EU-R 1779 Tz. 83, 176 – DTK; *EuG* Slg. 1993, II-389 (417 Tz. 67) – BPB; 2003, II-4082 (4154 Tz. 217) – Michelin; BGHZ 176, 1 (15 Tz. 37) = NJW-RR 2008, 896 = JuS 2009, 89; *Kommission*, Mitteilung von 2009, Tz. 1, 9; Entsch. v. 2. 6. 2004, WuW/E EU-V 1053 (1058 Tz. 217) – Clearstream.

[52] *EuGH* Slg. 1988, I-2557 (2514 f.) – Bodson; ständige Rechtsprechung, zuletzt *EuGH* Slg. 1998, I-570 (579 Tz. 25) – Raso; 1998, I-4111 (4130 Tz. 60); 1999, I-5863 (5890 Tz. 91) = ZIP 2000, 34 = WuW/E EU-R 251 = JuS 2000, 609 Nr. 12 – Albany; Slg. 1999, I-6029 (6056 Tz. 91) = EuZW 2000, 174 – Brentjens; Slg. 1999, I-6125 (6150 Tz. 81) – Drijvende Bokken; 2000, I-857 (873 Tz. 37, 878 Tz. 57 ff.) = EuZW 2000, 281 = ZIP 2000, 329 (332 f.) – DPAG/GZS/Citicorp; Slg. 2000, I-3777 (3795 ff.); 2001, I-4142 (4159 Tz. 43); 2003, I-6497 (6533 Tz. 126); Slg. 2008. I-4892 Tz. 38 = EuZW 2008, 605 = JuS 2008, 1131 – MOTOE.

[53] *EuGH,* Urteil DPAG/GZS/Citicorp. (vorige Fn.); *EuG* Slg. 1997, II-1695 (1714 Tz. 57) = WuW/E EU-R 1 (6) – Deutsche Bahn; Slg. 1998, II-3649 (3679 f. Tz. 94 ff.) = ZIP 1998, 1674 (1681) – Remailing/IECC; *Kommission,* Entsch. v. 20. 3. 2001, ABl. Nr. L 125/27 (36 f.) – DPAG; 27. 8. 2003, ABl. 2004 Nr. L 11/17 (29 f. Tz. 82 ff.) – GVG/FS.

[54] *EuGH* Slg. 2002, I-9334 (9370 Tz. 106 f.) = WuW/E EU-R 597 – ADP.

und italienischen Staatsmonopole EdF, GdF und ENEL für Strom und Gas (ein Albtraum), die Clearstream Banking AG als einzige verbliebene deutsche Wertpapiersammelstelle,[55] die urheberrechtlichen Verwertungsgesellschaften (s. u. § 37 Rn. 13 f.), die Arbeitsvermittlungsmonopole einzelner Mitgliedstaaten,[56] die Tabakmonopole in mehreren südlichen Mitgliedstaaten[57] sowie etwa ein Monopol für Lotsendienste in einem großen Hafen[58] oder für die Abfallverwertung.[59]

27 Eine besondere Bedeutung hat in diesem Zusammenhang ferner der Besitz wertvoller **gewerblicher Schutzrechte:**[60] *Allein* begründen sie freilich nur in Ausnahmefällen eine beherrschende Stellung,[61] und zwar insbesondere, wenn das Schutzrecht seinem Inhaber die Möglichkeit eröffnet, den Zugang zum Markt zu kontrollieren. Die wichtigsten **Beispiele** sind **Schlüsselpatente**, ohne deren Benutzung die Betätigung auf einem bestimmten Markt praktisch nicht möglich ist, sowie die Entwicklung eines Schutzrechts zum **Industriestandard**, dem ebenfalls kein Wettbewerber ausweichen kann, selbst wenn es technische Alternativen geben sollte.[62] Aus denselben Überlegungen heraus wurde auch bei Fernsehanstalten auf dem Markt für Programmzeitschriften eine beherrschende Stellung angenommen, sofern sie als Inhaber eines etwaigen Urheberrechts an den Fernsehprogrammen darüber entscheiden können, wer Zugang zu dem Markt für Programmzeitschriften erhalten soll.[63]

27a Wichtig ist im vorliegenden Zusammenhang vor allem, die einzelnen Schutzrechte nicht isoliert zu sehen, sondern in ihrem wirtschaftlichen Zusammenhang ins Auge zu fassen, weil sich dann zeigt, dass auf zahlreichen Märkten eine ausgesprochene **Patentkonzentration** in den Händen weniger Großunternehmen besteht (Paradigmata: GE und Siemens), die zur Folge hat, dass die betreffenden Unternehmen über eine beherrschende Stellung verfügen, weil sie aufgrund der *Gesamtheit* ihrer zahlreichen Schutzrechte letztlich über den Zugang ihrer Konkurrenten zu den einzelnen Märkten zu entscheiden vermögen. Ebenso wichtig ist die Berücksichtigung sonstiger, auf den Bestand einer beherrschenden Stellung hinweisender Faktoren (s. sogleich Rn. 28), weil diese gleichfalls durch die Verbindung mit wertvollen Schutzrechten so verstärkt werden können, dass sich insgesamt eine beherrschende Stellung ergibt.

[55] *Kommission,* Entsch. v. 2. 6. 2004, WuW/E EU-V 1053 (1057 f. Tz. 207 ff.) – Clearstream.

[56] *EuGH* Slg. 1991, I-2010 (2018) – Macrotron.

[57] Vgl. *EuG* Slg. 2001, II-3415 (3440 Tz. 51 f.) – AAMS (für das italienische Zigarettengroßhandelsmonopol).

[58] *EuGH* Slg. 1991, I-2951 (2961) – ERT; 1991, I-5923 (5928) – Porto di Genova; 1991, I-5973 (5979 f.) – RTT/GB Inno; 1994, I-1812 (1824 f.) – Porto di Genova; 1998, I-3981 (3999 f. Tz. 39) – Corsica Ferries France; *Kommission,* Entsch. v. 17. 6. 1998, ABl. Nr. L 252/47 (55 f. Tz. 30 ff.) – AAMS.

[59] *EuGH* Slg. 1998, I-4111 (4130 Tz. 60) – Dusseldorp.

[60] S. im Einzelnen *Mestmäcker/Schweitzer,* § 28 Rn. 122 ff. (S. 739 ff.).

[61] *EuGH* Slg. 1968, 85 (112) – Parke Davis; 1971, 69 (84) – Sirena; 1971, 487 (501) – Deutsche Grammophon/Metro; 1974, 313 (316) – BRT; 1976, 811 (851) – Emi; 1976, 871 (909) – Emi; 1995, I-808 (822 Tz. 46) = EuZW 1995, 339 = JuS 1995, 840 Nr. 11 – RTE und ITP.

[62] S. u. § 29 Rn. 62 (zu Zwangslizenzen); BGHZ 160, 67 (72 ff.) = NJW-RR 2005, 269 – Standard-Spundfaß; BGHZ 180, 312 = GRUR 2009, 694 – Orange Book; *OLG Karlsruhe* GRUR-RR 2007, 177 (179) – Orange Book.

[63] *EuGH* Slg. 1995, I/808 (822, Tz. 47) = EuZW 1995, 339, „RTE u. ITP/Magill"; *EuG* Slg. 1991, II/538 (561) – BBC/Magill.

Liegt kein Monopol oder Quasi-Monopol vor (o. Rn. 26), so kommt es in erster Linie auf die **Höhe** des **Marktanteils** des betreffenden Unternehmens auf dem relevanten Markt an (o. Rn. 25). Das deutsche Recht (§ 19 Abs. 3 S. 1 GWB) vermutet das Vorliegen von Marktbeherrschung bereits bei einem Marktanteil von (nur) einem Drittel (s. u. § 27 Rn. 54 ff.). Das europäische Wettbewerbsrecht ist hier deutlich zurückhaltender. Kleine Marktanteile (**unter 25 %)** schließen in der Regel die Annahme einer beherrschenden Stellung aus.[64] Marktanteile zwischen **25 und 40 %** rechtfertigen gleichfalls nur im Falle des Zusammentreffens mit anderen Faktoren die Annahme einer beherrschenden Stellung.[65] Die Situation ändert sich erst bei Marktanteilen **deutlich jenseits 40 %** auf dem jeweils relevanten, meistens noch nationalen Markt (o. Rn. 15 f.). Solche Marktanteile begründen in der Regel, vor allem, wenn noch andere, in dieselbe Richtung weisende Faktoren hinzukommen, eine beherrschende Stellung.[66] Bei noch höheren Marktanteilen **(ab 50 %)** wird sogar durchweg ohne weitere Prüfung von dem Vorliegen einer beherrschenden Stellung ausgegangen.[67] In den verbleibenden Fällen ist *ergänzend* das Augenmerk namentlich auf den **Abstand** zu den Konkurrenten, das Gewicht der **Marktzutrittsschranken** sowie die **Dauer** des hohen Marktanteils zu richten, weil die überragende Position eines Unternehmens umso gefestigter erscheint, je länger sie andauert und je höher die Marktzutrittsschranken sind.[68] Eine ganz herausragende, einem Quasimonopol nahekommende Stellung auf einem Markt kann außerdem noch auf **andere, eng verbundene Märkte** ausstrahlen und einem Unternehmen dort – trotz deutlich niedrigerer Marktanteile – gleichfalls die Fähigkeit zur Verfolgung unabhängiger Marktstrategien und damit eine beherrschende Stellung verleihen.[69] Das ist eindeutig, wenn es sich bei dem Drittmarkt um vor- oder nachgeordnete Märkte handelt (Rn. 12), kommt aber unter den genannten engen Voraussetzungen auch bei sonstigen Märkten, insbesondere also bei Nachbarmärkten in Betracht, weil zu beachten ist, dass es oft nur eine Frage der Definition ist, ob mehrere „benachbarte" Märkte als *ein* relevanter Markt oder mehrere, aber verbundene Märkte angesehen werden. Verbindliche Kriterien für die Abgrenzung existieren nicht. 28

In den verbleibenden Fällen lässt sich das Vorliegen einer beherrschenden Stellung nur von Fall zu Fall anhand einer Fülle unterschiedlicher **Kriterien** beurteilen, wobei Marktstrukturkriterien durchaus im Vordergrund stehen, während **Marktverhaltenskriterien** nur von Fall zu Fall ergänzend Berücksichtigung finden, gleichsam, um das Bild abzurunden, etwa in Fällen einer langjährigen Preisführerschaft oder 28a

[64] *EuGH* Slg. 1977, 1875 (1903 f.); 1986, 3021 (3094) – Metro I und II.

[65] *EuGH* Slg. 1994, I-5671 (5690 f. Tz. 47 ff.) = EuZW 1995, 244 (247): Bei einer Bezugsgenossenschaft reicht ein Marktanteil von 36 % allein für die Anwendung des Art. 102 nicht aus.

[66] *EuGH* Slg. 1978, 207 (290) = NJW 1978, 2439 – Chiquita.

[67] *EuGH* Slg. 1975, 1663 (1996, 2013) – Suiker Unie; 1979, 461 (519 ff.) – Hoffmann-La Roche/Vitamine; 1983, 3461 (3503 ff.) – Michelin; 1991, I-3439 (3452 f.) – Akzo; *EuG* Slg. 1991, II-1439 (1480 f.) – Hilti; 1994, II-755 (815 ff.) – Tetra Pak; 2001, II-3415 (3440 Tz. 51) – AAMS; 2003, II-3298 (3594 Tz. 907 ff.) – Atlantic Container Line; 2003, II-4662 (4718 ff. Tz. 154 ff.) – van den Bergh Foods; *Kommission,* Entsch. v. 13. 12. 2000, ABl. 2003 Nr. L 10/10 (23 ff.) und 33 (44 ff.); v. 20. 6. 2001, ABl. 2002 Nr. L 143/1 (28 ff. Tz. 172 ff.) – Michelin; BGHZ 176, 1 = NJW-RR 2008, 896.

[68] *EuGH* Slg. 1978, 207 (290) = NJW 1978, 2439 – Chiquita; 1979, 461 (519 ff.) – Hoffmann-La Roche; *Kommission,* Mitteilung, ABl. 2009 Nr. C 45/7, Tz. 15–18; Entsch. vom 7. 10. 1978, ABl. 1978 Nr. L 353/33 (40 f.); 10. WB, 112.

[69] *EuG* Slg. II 1994, 755 (815 ff.) – Tetra Pak; *EuGH* Slg. 1996, I-5987 (6008 f. Tz. 28 f.) – Tetra Pak; *OLG Hamburg* WuW/E DE-R 2831 (2835); *Mestmäcker/Schweitzer,* § 18 Rn. 19 ff. (S. 441 ff.).

bei der Durchführung andauernder, verlustreicher Preiskämpfe (Rn. 29). Derartige **Plusfaktoren** sind z. B. hohe Marktzutrittsschranken, geringe Austauschbarkeit der eigenen Produkte mit denen der Konkurrenten, besonders enge Beziehungen zur öffentlichen Hand, sonstige gesetzliche Privilegien, herausragende wirtschaftliche Ressourcen, der Besitz besonderer Kenntnisse und Fähigkeiten, ein erheblicher technischer Vorsprung, ein erstklassiges Vertriebsnetz sowie das Fehlen potentiellen Wettbewerbs, vor allem, wenn es sich dabei um einen lange andauernden Zustand handelt.[70] Unter solchen Umständen stehen auch vorübergehende Verluste eines Unternehmens oder die Größe seiner Konkurrenten der Annahme einer beherrschenden Stellung nicht notwendig entgegen.[71]

29 Daneben können, wie schon betont, von Fall zu Fall auch **Marktverhaltenskriterien** (trotz ihrer bekannten Ambivalenz) herangezogen werden, wobei in erster Linie an die **Preispolitik** eines Unternehmens zu denken ist.[72] So befindet sich in der Regel in einer beherrschenden Position, wer die Preise auf dem Markt diktiert, vor allem, wenn er dadurch zugleich über den Marktzugang anderer Unternehmen entscheidet.[73] Nur selten liegen freilich die Verhältnisse wegen der schon betonten Ambivalenz des Marktverhaltens selbst großer und mächtiger Unternehmen so klar wie in derartigen Fällen. In besonderem Maße trifft dies für **Preisunterbietungen** zu, die auch bei einem großen und mächtigen Unternehmen letztlich darauf beruhen können, dass das Untenehmen im Wettbewerb Rücksicht auf seine Konkurrenten und Abnehmer nehmen muss (Stichwort: **meeting competition-defence**).[74] Dagegen ist sehr wohl Raum für die Anwendung des Art. 102, wenn die Preisunterbietung nichts anderes als der Ausdruck einer gezielten, auf die Verdrängung kleinerer Konkurrenten gerichteten **Kampfstrategie** ist (u. § 10 Rn. 58 ff.).

6. Mehrere Unternehmen

a) Konzerne

30 Art. 102 S. 1 verbietet nicht nur missbräuchliche Verhaltensweisen einzelner Unternehmen in beherrschender Stellung (o. Rn. 19 ff.), sondern auch den Missbrauch einer beherrschenden Stellung „durch mehrere Unternehmen". Nicht eigentlich hierher gehört zunächst der Fall der Konzerne, die, wie bereits ausgeführt (o. § 3 Rn. 44, 50 f.), im europäischen Kartellrecht unter bestimmten Voraussetzungen als **wirtschaftliche Einheit** und damit als *ein* Unternehmen, und zwar auch im Sinne des Art. 102, zu behandeln sind. Erforderlich ist dafür, dass die verbundenen Unternehmen eine **koordinierte Marktstrategie** verfolgen, sei es aufgrund der Weisungen der Muttergesellschaft, sei es aufgrund einer Abstimmung der Konzernglieder, *und* dass die verbundenen Unternehmen infolgedessen **zusammen** über eine **beherrschende Stellung** i. S. d. Art. 102 verfügen.[75] Ein Beispiel ist der italienische Staatsbahnkon-

[70] *EuGH* Slg. 1979, 461 (519 ff.) – Hoffmann-La Roche/Vitamine; 1983, 3461 (3510 f.) – Michelin; 1988, 2507 (2514 f.) – Bodson; 1991, I-3439 (3452 f.) – Akzo.

[71] *EuGH* Slg. 1983, 3461 (3511 f.) – Michelin.

[72] *van Bael/Bellis*, 130 ff.; *Frenz*, Handbuch, Rn. 1124 ff. (S. 463 ff.).

[73] S. *EuGH* Slg. 1975, 1663 (1996, 2013) – Suiker Unie.

[74] *EuGH* Slg. 1977, 1875 (1904) – Metro I; 1986, 3021 (3094) – Metro II.

[75] *EuGH* Slg. 1974, 223 (255 f.) – ICI; 1986, 3021 (3094) – Metro; 1989, 803 (848 f.) = NJW 1989, 2192 – Flugtarife; *EuG* Slg. 1992, II-1403 (1547) – Vetro; *Pohlmann*, Unternehmensverbund, S. 354 ff.

zern, der einheitlich von der Muttergesellschaft geleitet wird.[76] Die Kommission kann in solchen Fällen bei Missbräuchen einer Tochtergesellschaft nach ihrer Wahl gegen dieses Unternehmen, gegen die Muttergesellschaft oder gegen beide vorgehen.[77] Denn aus dem Blickwinkel der Wettbewerbsregeln bilden alle zusammen eben nur *ein* Unternehmen.

b) Kollektivmonopole

Mehrere Unternehmen nehmen außerdem dann zusammen eine beherrschende Stellung ein, wenn zwischen ihnen **aus strukturellen Gründen kein Wettbewerb** mehr besteht *und* sie Dritten gegenüber als Einheit auftreten. Voraussetzung ist, dass zwischen den betreffenden Unternehmen **wirtschaftliche Bindungen** oder sonstige sie **verbindende Faktoren** bestehen, die es ihnen erlauben, **gemeinsam unabhängig** von ihren Konkurrenten und Marktpartnern zu **handeln.**[78] Im einzelnen hat man dabei Kollektivmonopole im engeren Sinne und sonstige Oligopole zu unterscheiden. Bei den **Kollektivmonopolen im engeren Sinne** hat man vornehmlich solche Fälle im Auge, bei denen die Verbindung der Unternehmen auf einer Vereinbarung oder sonstigen Maßnahmen im Sinne des Art. 101 Abs. 1 beruht (u. Rn. 32; zu den sonstigen Oligopolen s. Rn. 33 f.). 31

Kollektivmonopole im engeren Sinne beruhen in erster Linie, aber nicht allein auf dem Abschluss einer wettbewerbsbeschränkenden **Vereinbarung** im Sinne des **Art. 101 Abs. 1,** vorausgesetzt, dass zu solcher Vereinbarung noch wirtschaftliche Bindungen oder **sonstige verbindende Faktoren** hinzukommen, die den beteiligten Unternehmen ein einheitliches Auftreten am Markt erlauben.[79] Ein Beispiel für derartige Kollektivmonopole bilden die Seeschiffahrts- oder **Linienkonferenzen,** die aufgrund der GFVO Nr. 4056/1986[80] *gemeinsam* den Linienverkehr betreiben.[81] In diesen Fällen sind dann die Art. 101 und 102 nebeneinander anwendbar, sobald die Kartellmitglieder ihre Kollektivmacht missbrauchen.[82] Beispiele sind Kampfstrategien gegen Außenseiter oder die gemeinsame Ausplünderung der Abnehmer.[83] Dies gilt auch, wenn es sich um eine an sich unter Art. 101 Abs. 3 fallende und deshalb freigestellte wettbewerbsbeschränkende Vereinbarung handelt, weil sich Art. 101 Abs. 3 allein auf das Verbot des Art. 101 Abs. 1 und nicht zugleich auf Art. 102 bezieht, Missbräuche vielmehr ausnahmslos verboten sind.[84] 32

---

[76] *Kommission,* Entsch. v. 27. 8. 2003, ABl. 2004 Nr. L 11/17 (28 Tz. 72 ff.) – GVG/FS.

[77] *EuG* Slg. 2006, II-3448 = WuW/E EU-R 1192 (1197 f. Tz. 129 ff.) – Jungbunzlauer; *Pohlmann,* Unternehmensverbund, S. 354 ff.

[78] *EuGH* Slg. 2000, I-1442 (1458 ff. Tz. 36 ff.) = WuW/E EU-R 309 – Comp. Maritime Belge; Slg. 2001, I-5335 (5347 f. Tz. 46 f.) – Irish Sugar; *Kommission.* Leitlinien von 2002, ABl. Nr. C 165/6, Tz. 86 ff.; Entsch. v. 26. 11. 2008, WuW/E EU-V 1380 Tz. 13 ff. – E.ON.

[79] *EuGH* Slg. 2000, I-1442 (1459 f. Tz. 44 f.) – Comp. Maritime Belge.

[80] ABl. Nr. L 378/4.

[81] *EuGH* Slg. 2000, I-1442 (1460 ff. Tz. 46 ff.) = WuW/E EU-R 309 – Comp. Maritime Belge (CMB); vgl. auch schon *EuGH* Slg. 1975, 1663 (2013) – Suiker Unie; *EuG* Slg. 1992, II-1403 (1548) – Vetro; 1997, II-1201 (1234 ff.) – Comp. Maritime Belge.

[82] *EuGH* Slg. 1979, 461 (550) – Vitamine; 1989, 803 (849) = NJW 1989, 2192 – Flugtarife; Slg. 2000, I-1442, (1457 Tz. 33) = WuW/E EU-R 309 – CMB.

[83] *EuG* Slg. 1996, II-1201 (1234 ff.) – Comp. Maritime Belge; bestätigt durch *EuGH* Slg. 2000, I-1442 (1480 ff. Tz. 129 ff.) = WuW/E EU-R 309 (315 f.).

[84] *EuG* Slg. 2003, II-3298 (3654 ff. Tz. 1109 ff.) – Atlantic Container Line; s. auch o. Rn. 6, § 8 Rn. 6 f. und u. § 10 Rn. 11.

33 Art. 102 erfasst schließlich auch noch **sonstige Oligopole** – von der Kommission jetzt immer (entsprechend Art. 102 S. 1) **„gemeinsame Beherrschung"** genannt –, sofern strukturelle Gegebenheiten des Marktes zwischen den beteiligten Unternehmen eine so enge Bindung schaffen, dass ihnen **allein aufgrund des** sog. **Marktzwanges** bereits ein einheitliches und unabhängiges Verhalten gegenüber Dritten ermöglicht wird, das es rechtfertigt, sie als Einheit zu behandeln.[85] Die (sehr schwer nachzuweisenden) Voraussetzungen dürften im Wesentlichen denen entsprechen, unter denen im Rahmen der Fusionskontrolle heute eine wettbewerbliche Einheit angenommen wird.[86] Folgt man dem, so kommt die Annahme eines marktbeherrschenden Oligopols in Betracht, wenn erstens die weitgehende *Markttransparenz* eine vollständige gegenseitige Kontrolle der Oligopolisten erlaubt, wenn zweitens die *hohe Reaktionsverbundenheit* zwischen den Beteiligten auf Dauer sicherstellt, dass ein abweichendes Verhalten sofort sanktioniert wird, und wenn drittens etwaige *Reaktionen von Kunden oder Konkurrenten* die Position der Oligopolmitglieder nicht infrage stellen können.[87]

34 Entscheidend ist mithin für die Annahme einer gemeinsamen beherrschenden Stellung letztlich das Vorliegen **struktureller Verbindungen** zwischen den Unternehmen, die ihre Reaktionsverbundenheit gewährleistet, wobei die unterschiedlichsten **Faktoren** in Betracht kommen.[88] Hervorzuheben sind außer Kartellverträgen (o. Rn. 32) noch sonstige Vereinbarungen wie Marktinformationsverfahren, ferner die Zusammenarbeit in Gemeinschaftsunternehmen, wechselseitige Lizenzen, wechselseitige Beteiligungen, personelle Verflechtungen, eine hohe Markttransparenz sowie ausgereifte Märkte mit homogenen Produkten und großer Markttransparenz. Ein Beispiel ist der deutsche Großhandelsmarkt für Strom, der gemeinsam von den großen Verbundunternehmen E.ON und RWE beherrscht wird, die die Märkte unter sich aufgeteilt haben und sich keinen Wettbewerb mehr liefern.[89]

§ 10. Missbrauch

Literatur: Hdb., H I § 3 Rn. 51 ff.; *Kommission,* Diskussionspapier über die Anwendung des Art. 82 EGV auf Behinderungsmissbräuche, Dezember 2005; Mitteilung zu den Prioritäten bei der Anwendung von Art. 82 EGV auf Fälle des Behinderungsmissbrauchs durch marktbeherrschende Unternehmen vom 24. Februar 2009, ABl. Nr. C 45/7; *de Bronett,* in: Wiedemann, § 22 Rn. 33 ff.; *Mestmäcker/Schweitzer,* §§ 17, 18 (S. 409 ff.); *Wurmnest,* Marktmacht und Verdrängungsmissbrauch, 2010.

I. Begriff

1. Grundlagen

1 **a)** Nach Art. 102 S. 1 ist verboten „die missbräuchliche Ausnutzung einer beherrschenden Stellung auf dem Binnenmarkt oder auf einem wesentlichen Teil des-

[85] S. im Einzelnen Hdb, H I § 3 Rn. 49 f.; *Kommission,* Leitlinien v. 11. 7. 2002, ABl. Nr. C 165/6 (17 ff. Tz. 86 ff.); Entsch. v. 26. 11. 2008, WuW/E EU-V 1380 Tz. 13 ff. – E.ON.

[86] Wegen der Einzelheiten s. deshalb u. § 16 Rn. 51 ff.

[87] *EuG* Slg. 2002, II-2592 (2611 ff., Tz. 58 ff.) – Airtours und First Choice; 2006, II-2298 = WuW/E EU-R 1091 (1093 ff., Tz. 245 ff.) – Impala; s. *Kommission,* Leitlinien zur Bewertung horizontaler Zusammenschlüsse vom 5. 2. 2004, ABl. 2004 Nr. C 31/5, Tz. 24, 39 ff.; wegen der Einzelheiten s. *Emmerich,* AG 2007, 517 (524 f. m. Nachw.); *Bartosch,* EuZW 2006, 619; *Frenz,* WuW 2007, 138.

[88] S. IM/*Möschel,* Art. 82 Rn. 110 ff.; *van Bael/Bellis,* p. 121 f. *Böni/Palzer,* WuW 2009, 477.

[89] *Kommission,* Entsch. v. 26. 11. 2008, WuW/E EU-V 1380 Tz. 13 ff. – E.ON; zur Kritik s. Hdb, H I § 3 Rn. 50; *Böni/Palzer,* WuW 2009, 477.

selben", vorausgesetzt, dass der Missbrauch dazu führen kann, den Handel zwischen Mitgliedstaaten zu beeinträchtigen.[1] Der Vertrag sagt jedoch an keiner Stelle, was unter einem Missbrauch im Sinne des Art. 102 S. 1 zu verstehen sein soll, sondern beschränkt sich darauf, in S. 2 des Art. 102 vier sog. **Regelbeispiele** aufzuzählen. Missbräuchlich sind danach „insbesondere" die Erzwingung unangemessener Einkaufs- oder Verkaufspreise oder sonstiger Geschäftsbedingungen (Art. 102 S. 2 lit. a, Rn. 15 ff.), die Einschränkung der Erzeugung, des Absatzes oder der technischen Entwicklung zum Schaden der Verbraucher (Art. 102 S. 2 lit. b, Rn. 23 ff.), die Diskriminierung von Handelspartnern mit der Folge, dass diese im Wettbewerb benachteiligt werden (Art. 102 S. 2 lit. c, Rn. 45 ff.), sowie die an den Abschluss von Verträgen geknüpfte Bedingung, dass die Vertragspartner zusätzliche Leistungen annehmen, die weder sachlich noch nach Handelsbrauch in Beziehung zum Vertragsgegenstand stehen (Art. 102 S. 2 lit. d, Rn. 53 ff.).

Diese Aufzählung ist nicht abschließend, so dass in anderen Fallgestaltungen miss- 2
bräuchlichen Verhaltens auf die **Generalklausel** des Art. 102 S. 1 zurückgegriffen werden kann.[2] Zu deren Präzisierung wurde früher meistens ergänzend noch **Art. 66 § 7 Abs. 1** des 2002 außer Kraft getretenen **EGKS-Vertrages** herangezogen. Nach dieser Vorschrift war der Missbrauch einer beherrschenden Stellung vor allem dadurch gekennzeichnet, dass die beherrschende Stellung „zu **mit** diesem **Vertrag im Widerspruch stehenden Zwecken**" verwendet wird. Davon ist auch weiterhin auszugehen.

b) Das Schwergewicht der Regelbeispiele des Art. 102 S. 2 (o. Rn. 1) liegt bei Fällen 3
einer machtbedingten Schädigung der Vertragspartner, insbesondere in Gestalt der Ausplünderung der Abnehmer durch überhöhte Preise (Art. 102 S. 2 lit. a). Der Anwendungsbereich des Art. 102 beschränkt sich indessen nicht auf Fälle des Ausbeutungsmissbrauchs, sondern ist, wie die Generalklausel des Art 102 S. 1 sowie die Regelbeispiele des Art. 102 S. 2 lit. c und d zeigen, umfassend zu verstehen. Art. 102 erfasst daher ebenso wie das GWB in § 19 I und IV gleichermaßen Fälle des **Ausbeutungsmissbrauchs, des Behinderungsmissbrauchs und** des **Strukturmissbrauchs**.[3] Das folgt auch unmittelbar aus der Notwendigkeit, Art. 102 als (zentrales) Instrument zur Sicherung des Systems unverfälschten Wettbewerbs zu verstehen.[4]

Unter **Behinderungsmissbrauch** versteht man schwergewichtig Maßnahmen be- 4
herrschender Unternehmen, die gegen Konkurrenten auf dem bereits beherrschten oder auf dritten Märkten gerichtet sind,[5] während man bei dem **Strukturmissbrauch** in erster Linie Fälle im Auge hat, die dadurch gekennzeichnet sind, dass ein beherrschendes Unternehmen gezielt in die Struktur der Märkte zum Nachteil des

[1] Zur Zwischenstaatlichkeitsklausel s. schon o. § 3 Rn. 18 ff.; *Kommission,* Leitlinien über den Begriff der Beeinträchtigung des zwischenstaatlichen Handels in den Art. 81 und 82 AEUV, ABl. 2004 Nr. C 101/82.

[2] Rn. 58 ff.; *EuGH* Slg. 1973, 215 (246) – Continental Can; 1996, I-5987 (6011 Tz. 37) – Tetra Pak; Slg. 2007, I-2373 = EuZW 2007, 306 (308 Tz. 57, 311 Tz. 106) = JuS 2007, 975 Nr. 14 – BA; WuW/E EU-R 1779 (1794 Tz. 173) – DTK; EuZW 2011, 339 Tz. 26– TeliaSonera.

[3] *EuGH* Slg. 2007, I-2373 = EuZW 2007, 306 (308 Tz. 57, 311 Tz. 106) = JuS 2007, 975 Nr. 14 – BA; s. im Einzelnen u. Rn. 4 ff.

[4] Ebenso *EuGH* Slg. 2007, I-2373 = EuZW 2007, 306 (308 Tz. 57, 311 Tz. 106) = JuS 2007, 975 Nr. 14 – BA; *Kommission,* Entsch. v. 2. 6. 2004, WuW/E EU-V 1053 (1058 ff. Tz. 217 ff.) – Clearstream.

[5] *Kommission,* Mitteilung von 2009, Tz. 19 ff.

Wettbewerbs eingreift. Hierher gehören vor allem von dem beherrschenden Unternehmen erzwungene Unternehmenszusammenschlüsse. Insoweit behält Art. 102 auch neben der FKVO Nr. 139/2004 eigenständige Bedeutung (u. § 14 Rn. 19 ff.).

5 **c)** Das schwierigste Problem bei der Anwendung des Art. 102 ist eine operationale Fassung des Missbrauchsbegriffs, und zwar bei jeder Form des Missbrauchs. Bei dem **Ausbeutungsmissbrauch** haben diese Probleme ihre Ursache vornehmlich darin, dass die hier in erster Linie als Maßstab in Betracht kommenden Verhältnisse bei Wettbewerb prinzipiell unbekannt sind, während alle Versuche zur Präzisierung des Begriffs des **Behinderungsmissbrauchs** mit der bekannten Ambivalenz unternehmerischen Verhaltens zu kämpfen haben.[6] Denn bei der Anwendung des Art. 102 darf man niemals aus den Augen verlieren, dass beherrschenden Unternehmen im Wettbewerb grundsätzlich genauso wie anderen Unternehmen der **Einsatz aller** ihnen zu Gebote stehenden **Aktionsparameter** erlaubt ist und dass sich deshalb ihr Verhalten äußerlich nur selten signifikant von dem sonstiger Unternehmen unter Wettbewerbsbedingungen unterscheidet (s. aber auch u. Rn. 13).

6 Für die Anwendung des Art. 102 auf Fälle des Behinderungsmissbrauchs ergibt sich daraus die (schwierige) Aufgabe, **Kriterien** zu entwickeln, an Hand derer man entscheiden kann, von welchem Punkt ab der als solcher prinzipiell erlaubte Einsatz eines Aktionsparameters durch ein beherrschendes Unternehmen, z. B. eine Preisunterbietung, wegen bestimmter schädlicher Auswirkungen ausnahmsweise verboten ist.[7] Die Maßstäbe, nach denen sich die Gemeinschaftsorgane dabei zu richten haben, können letztlich allein dem **Zweck des Missbrauchsverbots** entnommen werden, das System unverfälschten Wettbewerbs umfassend gegen Eingriffe von Unternehmen in beherrschender Stellung zu schützen (Art. 102 S. 1).

7 **Ziel der Missbrauchsaufsicht** muss es vorrangig sein, die Monopolisierung weiterer Märkte zu verhindern und den schon beherrschten **Markt offenzuhalten**, damit die Machtposition des Unternehmens in beherrschender Stellung durch das Eindringen neuer Unternehmen in „seinen" Markt gefährdet bleibt und im Laufe der Zeit auch wieder abgebaut werden kann. Das ist freilich – zugegebenermaßen – nur ein sehr allgemeiner Maßstab, aus dem man durchaus unterschiedliche Schlüsse ziehen kann. Die Kommission hat deshalb im Jahre 2009 **Leitlinien** vorgelegt, mit denen sie bezweckt, die Anwendung des Art. 102 auf **Fälle des Behinderungsmissbrauchs** zu präzisieren, gekennzeichnet vor allem durch ihren neuen „more economic approach" (s. o. § 9 Rn. 6).[8]

8 **d)** Art. 102 S. 1 wendet sich gegen die „missbräuchliche Ausnutzung einer beherrschenden Stellung ... *durch* ein oder mehrere Unternehmen". Er setzt mithin voraus, dass die **missbräuchliche Verhaltensweise** dem oder den Unternehmen in beherrschender Stellung **zugerechnet** werden kann, während für die Anwendung des Art. 102 kein Raum ist, wenn dem Unternehmen in beherrschender Stellung das fragliche Verhalten durch staatliche Normen, z. B. durch eine Preisverordnung, ge-

6 S. *Kommission,* Entsch. v. 2. 6. 2004, WuW/E EU-V 1053 (1058 ff. Tz. 217 ff.) – Clearstream; *Kommission,* Mitteilung von 2009, Tz. 19 ff.; *de Bronett,* in: Wiedemann, § 22 Rn. 39 ff. (S. 919 ff.); *Koppensteiner,* WRP 2007, 475 (480 ff.); *Mestmäcker/Schweitzer,* § 17 Rn. 1.

7 Auf dieses Problem weisen auch hin *EuG* Slg. 1998, II-2937 (2987 Tz. 39 f.) – ITT Promedia; *Kommission,* Entsch. v. 2. 6. 2004, WuW/E EU-V 1053 (1058 ff. Tz. 217 ff.).

8 Mitteilung zu den Prioritäten, ABl. Nr. C 45/7.

nau vorgeschrieben wird, so dass dem Unternehmen gar kein Spielraum mehr für eigenes, ihm zurechenbares Verhalten bleibt (sog. **state action defense**).[9] In derartigen Fällen kann sich daher allein die Frage nach der Verantwortlichkeit des betreffenden Mitgliedstaates aufgrund des Art. 106 Abs. 1 in Verb. mit Art. 102 stellen (s. dazu u. § 19 Rn. 6 ff.). Dagegen ändert die bloße staatliche Veranlassung oder Förderung missbräuchlicher Verhaltensweisen nichts an der Zurechenbarkeit des betreffenden Verhaltens zu dem Unternehmen in beherrschender Stellung und damit an der Anwendbarkeit des Art. 102 auf das privilegierte beherrschende Unternehmen.[10]

In diesen Zusammenhang gehört auch die Diskussion der Frage, ob zwischen der 9
besonderen Macht des Unternehmens in beherrschender Stellung und dem missbräuchlichen Verhalten ein **Kausalzusammenhang** in dem Sinne bestehen muss, dass das betreffende Verhalten gerade auf den Umständen beruht, die die besondere Machtstellung dieses Unternehmens ausmachen. Im Schrifttum wird die Frage z. T. bejaht und daraus der Schluss gezogen, dass der beherrschte und der vom Missbrauch betroffene Markt grundsätzlich identisch sein müssten, dass mit anderen Worten der sog. **Missbrauchstransfer** nicht unter Art. 102 falle.[11] Dieser Schluss ist indessen nicht zwingend, weil er voraussetzt, was zu beweisen ist. Auch die Konsequenz, dass ein Unternehmen in beherrschender Stellung auf Drittmärkten keinen Beschränkungen unterliegt, wäre inakzeptabel. Die überwiegende Meinung lehnt deshalb mit guten Gründen das Erfordernis eines ursächlichen Zusammenhangs zwischen der beherrschenden Stellung eines Unternehmens und dem Missbrauch ab.[12]

Die **Rechtsprechung** ist nicht eindeutig. Der Gerichtshof hat die Notwendigkeit ei- 10
nes Kausalzusammenhangs zwischen der Machtstellung des fraglichen Unternehmens und dem missbräuchlichen Verhalten in einzelnen Entscheidungen verneint[13] und deshalb wiederholt in Fällen eines **Missbrauchstransfers** die Anwendung des Art. 102 in Erwägung gezogen.[14] Nach dem jetzigen Stand der Rechtsprechung soll dies aber offenbar nur noch für **eng verbundene Märkte** gelten.[15] Wann Märkte in diesem Sinne „eng verbunden" sind, kann freilich angesichts der Schwierigkeiten, die mit jeder exakten Marktabgrenzung verbunden sind, niemand rational entscheiden. Deshalb sollte richtigerweise daran festgehalten werden, dass es auf eine wie immer geartete **Kausalität** zwischen der besonderen Macht des fraglichen Unternehmens und dem missbräuchlichen Verhalten **nicht ankommt,** und zwar schon deshalb nicht, weil dem Unternehmen in beherrschender Stellung seine Macht, die ja nichts anderes

[9] S. schon o. § 3 Rn. 11; *EuGH* WuW/E EU-R 1779 (1784 f. Tz. 80 ff.) – DTK; EuZW 2011, 339 Tz. 49 – TeliaSonera; *OLG Düsseldorf* WuW/E DE-R 894 (895 f.) – Netzzugangstarife; *BKartA* WuW/E DE-V 1025 (1028) – Konsolidierer.

[10] *Kommission*, Entsch. vom 20. 10. 2004, WuW/E EU-V 1035 (1036 f., Rn. 59 ff.) – Postgesetz/DPAG.

[11] *Gleiss/Hirsch,* EWG-Kartellrecht, 3. Aufl., 1978, Art. 86 Rn. 56 ff.

[12] *van Bael/Bellis,* p. 906; *Bellamy/Child,* Tz. 9–045; *de Bronett,* in: Wiedemann, § 22 Rn. 99 (S. 962); *Lenz/Grill,* Art. 82 Rn. 25; *Möschel,* Der Oligopolmißbrauch im Recht der Wettbewerbsbeschränkungen, 1974, S. 113; IM/*Möschel,* Art. 82 Rn. 122 ff.; *Ritter/Braun,* p. 422 f.

[13] *EuGH* Slg. 1973, 215 (246 Tz. 27) – Continental-Can; vgl. außerdem *EuGH* Slg. 1979, 461 (551) – Hoffman-La Roche; *Kommission,* Entsch. v. 14. 12. 1985, ABl. Nr. L 374/1 (22 f.) – Akzo.

[14] Nachw. in *EuGH* Slg. 1996, I-6008 Tz. 25.

[15] So grdl. *EuGH* Slg. 1996, I-5987 (6008 f. Tz. 27 ff.) – Tetra Pak; EuZW 2011, 339 Tz. 86 f. – TeliaSonera; ebenso zuvor schon *EuG* Slg. 1994, II-755 (813 f.) – Tetra Pak; *Kommission,* Entsch. v. 24. 7. 1991, ABl. 1992, L 27/1 (21 f.) – Tetra Pak; ebenso für die Telekommunikationsmärkte *Kommission,* Mitteilung v. 22. 8. 1998, ABl. Nr. C 265/2 (11 f. Tz. 63 ff.).

als eine zusammenfassende Bezeichnung seiner besonderen Stellung auf den Märkten ist, schattengleich folgt, so dass man sie bereits gedanklich nicht von dem Verhalten des Unternehmens trennen kann. Man darf auch nicht übersehen, dass sich die „Macht" eines beherrschenden Unternehmens in erster Linie in seinen **Ressourcen** äußert. Wenn daher ein Unternehmen in beherrschender Stellung **auf dritten**, (noch) nicht beherrschten **Märkten** Preiskämpfe gegen seine dortigen Konkurrenten eröffnet, so hindert nichts die Vorstellung, dass es dabei seine „Macht", eben in Gestalt seiner besonderen **Ressourcen, einsetzt**. Art. 102 ist daher anwendbar, ohne Rücksicht darauf, ob man nun hier einen Kausalzusammenhang zwischen der Macht und der Preisunterbietung annimmt oder nicht, da die letztere ihre Grundlage jedenfalls immer in den Ressourcen des beherrschenden Unternehmens findet (s. u. Rn. 58 ff.).

11 **e)** Die besondere Bedeutung, die der Vertrag dem umfassenden Missbrauchsverbot für Unternehmen in beherrschender Stellung beimisst, äußert sich auch darin, dass der Vertrag, von Art. 106 Abs. 2 S. 1 vielleicht abgesehen, **keine Ausnahmen** von Art. 102 kennt.[16] Selbst die etwaige Freistellung einer wettbewerbsbeschränkenden Vereinbarung nach **Art. 101 Abs. 3** ändert nichts an der Anwendbarkeit des Missbrauchsverbots des Art. 102, wenn zugleich dessen Voraussetzungen erfüllt sind, z. B., weil die beteiligten Unternehmen ein Kollektivmonopol im Sinne des Art. 102 S. 1 bilden (s. o. § 9 Rn. 6, 11). Dies hat die Gemeinschaftsorgane indessen nicht daran gehindert, in besonders gelagerten Ausnahmefällen doch eine **Rechtfertigung** an sich missbräuchlichen Verhaltens **durch die Verfolgung legitimer Zwecke** seitens eines beherrschenden Unternehmens ins Auge zu fassen (s. u. Rn. 12).

2. Praxis der Gemeinschaftsorgane

12 Die vorstehenden Überlegungen zum Missbrauchsbegriff (o. Rn. 1 ff.) dürften sich im wesentlichen mit den vom **EuGH** entwickelten Grundsätzen decken, da der Gerichtshof zur Präzisierung des Missbrauchsbegriffs gleichfalls in erster Linie an den *Zweck* des Missbrauchsverbots anknüpft. Er hat dementsprechend wiederholt betont, dass die **Maßstäbe** für die Feststellung eines Missbrauchs primär den **Funktionsbedingungen und Verhaltensabläufen eines Systems unverfälschten Wettbewerbs** zu entnehmen sind, die damit normativen Rang erlangen.[17] Als missbräuchlich bezeichnet er folgerichtig durchgängig solche Verhaltensweisen eines Unternehmens in beherrschender Stellung, die die *Struktur* eines Marktes *beeinflussen* können, auf dem der Wettbewerb gerade wegen der Anwesenheit des fraglichen Unternehmens bereits geschwächt ist, und die die *Aufrechterhaltung des* auf dem Markt noch bestehenden *Wettbewerbs* oder dessen Entwicklung durch die Verwendung von Mitteln *behindern*, die von den Mitteln eines „normalen Produkt- oder Dienstleistungswettbewerbs" auf der Grundlage der *Leistungen* der Marktbürger abweichen.[18] Die anzulegenden Maßstäbe müssen um so strenger sein, je mehr der Wettbewerb bereits gefährdet ist.

[16] *EuG* Slg. 2003, II-3298 (3654 f. Tz. 1109 ff.) – Atlantic Container Line; s. aber schon o. § 9 Rn. 6.

[17] *EuGH* Slg. 1977, 2115 (2145) – Inno/ATAB; 1978, 207 (286) = NJW 1978, 2439 – Chiquita; Slg. 1979, 461 (552, 554) – Hoffmann-La Roche; WuW/E EU-R 1779 (1793 Tz. 170) – DTK.

[18] *EuGH* Slg. 1979, 461 (539 ff.) – Hoffmann-La Roche; 1980, 3775 (3794) – L'Oréal; 1983, 483 (508 f.) – GVL; 1983, 3461 (3512 ff.) – Michelin; 1985, 873 (886 ff.) – BT; 1985, 3261 (3277 f.) – Telemarketing; 1991, I-3439 (3453 ff.) – Akzo; Slg. 2006, I- 9094 (9133 Tz. 129) – Unilever; Slg. 2007, I-2373 = EuZW 2007, 306 (309 Tz. 66) = JuS 2007, 975 Nr. 14 – BA/Virgin; *EuGH* WuW/E EU-R 1513 Tz. 15 – Kanal5/STIM; 1779 (1794 Tz. 173 ff.) – DTK; *EuG* Slg. 2007, II-1607 (1654 Tz. 120).

Keine Rolle spielt dagegen ein etwaiges Verschulden des Unternehmens in beherrschender Stellung; der Missbrauchsbegriff ist vielmehr **objektiv** zu verstehen unter Absehen von allen subjektiven Elementen.[19] Dadurch wird es aber (natürlich) nicht ausgeschlossen, dass im Einzelfall die von dem beherrschenden Unternehmen verfolgten **Ziele und Zwecke** doch ausschlaggebende Bedeutung erlangen können, da es auf der Hand liegt, dass die **wettbewerbsfeindliche Zielsetzung** eines Unternehmens in beherrschender Stellung ein wichtiges Element bei der Beurteilung seines Verhaltens als missbräuchlich bilden kann, wie etwa das Beispiel der Kampfpreisunterbietung zeigt (u. Rn. 58 ff.). Damit ist aber zugleich gesagt, dass in eigenartigen Ausnahmefällen auch – umgekehrt – die **Verfolgung legitimer Zwecke** das Verhalten von Unternehmen in beherrschender Stellung in einem anderen Licht erscheinen lassen kann, so dass dann Verhaltensweisen, die an sich als missbräuchlich einzustufen sind, doch (möglicherweise) hinzunehmen sein mögen.[20] Ein wichtiges Beispiel ist die Einleitung eines gesetzlich geordneten, behördlichen oder gerichtlichen Verfahrens, das auch Unternehmen in beherrschender Stellung grundsätzlich erlaubt sein muss, sofern sie nicht geradezu unredlich handeln.[21]

Diesem objektiven, am Zweck des Art. 102 in der Unionsrechtsordnung orientierten Verständnis des Art. 102 haben sich mittlerweile der **BGH**[22] und der österreichische **OGH**[23] ebenso wie die **Kommission** angeschlossen.[24] Hervorzuheben sind die Ausführungen der Kommission zum Behinderungsmissbrauch in ihrer **Mitteilung vom 24. 2. 2009**.[25] Danach hat Art. 102 primär die Aufgabe sicherzustellen, dass marktbeherrschende Unternehmen den Wettbewerb nicht beeinträchtigen, indem sie zum Schaden der Verbraucher ihre (leistungsfähigen) Konkurrenten vom Markt ausschließen. Solche **„wettbewerbswidrige Marktverschließung“** äußert sich in den Augen der Kommission insbesondere in Verhaltensweisen, durch die Unternehmen in beherrschender Stellung ihren Konkurrenten den Zugang zu Lieferquellen oder Absatzmärkten erschweren oder unmöglich machen (Mitteilung, Tz. 19), wobei sämtliche Umstände des Einzelfalls zu berücksichtigen seien (Mitteilung, Tz. 20 ff.). 12a

b) Unternehmen in beherrschender Stellung trifft, wie schon weiter oben ausgeführt (§ 9 Rn. 25), eine besondere **Verantwortung für die Aufrechterhaltung eines Systems unverfälschten Wettbewerbs** auf den Märkten der Union. Die Folge ist vor allem die Möglichkeit, Unternehmen in beherrschender Stellung aufgrund des Art. 102 „das Recht zu bestimmten Verhaltensweisen und Maßnahmen abzusprechen, die für sich genommen nicht missbräuchlich sind und die nicht zu beanstan- 13

[19] *EuG* Slg. 1993, II-389 (418 Tz. 70) – BPB; 2003, II-4082 (4100 f. Tz. 54) – Michelin; 2003, II-4662 (4720 Tz. 157) – van den Bergh Foods.

[20] S. schon o. Rn. 11; zurückhaltend *EuG* Slg. 2003, II-3298 (3656 Tz. 1113 f.) – Altlantic Container Line.

[21] *EuG* Slg. 2000, II-3759 (3818 Tz. 213); *öOGH* ÖBl. 2004, 129; Beispiele für unredliches Handeln s. Rn. 13.

[22] BGHZ 176, 1 (14 ff Tz. 37ff) = NJW-RR 2008, 896 = JuS 2009, 89 – Soda Club; *OLG München* WuW/E DE-R, 372 (373).

[23] *öOGH* ÖBl. 1999, 297; 2004, 129; WuW/E KRInt 217 (218) – Autobahnvignette; 267 (268 f.) – Kombipakct.

[24] Z. B. *Kommission*, Entsch. vom 14. 12. 1985, ABl. 1985 Nr. L 374/1 (18 ff.) – Akzo; vom 5. 12. 1988, ABl. 1989 Nr. L 10/50 (65 ff.), – BPB; vom 10. 11. 1992 Nr. ABl. 1993, L 116/21 (27 ff.) – Gillette; vom 20. 6. 2001, ABl. 2002 Nr. L 143/1 (34 ff.) – Michelin; vom 2. 6. 2004, WuW/E EU-V 1053 (1058 f.) – Clearstream; Leitlinien, ABl. 1991, C 233/1 (16 ff.).

[25] ABl. 2009 Nr. C 45/7 (9 Tz. 18 ff.).

den wären, wenn sie von nichtbeherrschenden Unternehmen an den Tag gelegt oder vorgenommen würden", wie etwa der Abschluss von Vereinbarungen, der Erwerb von Rechten, die Verweigerung von Lizenzen, die Ablehnung der Belieferung oder die Forderung auf Durchführung einer Vertragsklausel.[26] Sogar **Beschränkungen des Eigentums**, z. B. durch das Verbot der bloßen Vermietung von Produktionsmitteln, oder die Anordnung von **Zwangslizenzen** können daher gegebenenfalls auf Art. 102 gestützt werden.[27] Auch die **Erwirkung oder Durchsetzung von Patenten** können in Ausnahmefällen auf diese Weise anhand des Missbrauchsverbotes kontrolliert werden. Paradigmata sind der **Rambus-** und der **Astra – Zeneca-Fall**: Während es in dem ersten Fall um die Täuschung der Beteiligten an Standardisierungsvereinbarungen über den Patentbesitz eines der Beteiligten ging,[28] war der zweite Fall durch verschiedene Täuschungen der Patentämter in mehreren Ländern gekennzeichnet mit dem Ziel, eine Verlängerung des eigenen Patentschutzes zu erreichen sowie eine Zulassung konkurrierender Arzneimittel zu verhindern.[29] Die besondere Verantwortung von Unternehmen in beherrschender Stellung für die Aufrechterhaltung eines Systems unverfälschten Wettbewerbs bildet letztlich auch die Grundlage für die nach wie vor aufgrund des Art. 102 (neben der FKVO) mögliche Kontrolle von Unternehmenszusammenschlüssen (u. § 14 Rn. 19 ff.) sowie für die sich im Gemeinschaftsrecht langsam entwickelnde essential-facilities-Doktrin (u. Rn. 35 ff.). Marktbeherrschung gibt es eben nicht „zum halben Preis".

14 **c)** Aus ähnlichen Erwägungen heraus wird das Missbrauchsverbot des Art. 102 heute allgemein als **Gefährdungstatbestand** verstanden.[30] Das Verbot greift mit anderen Worten nicht erst ein, wenn es – in den Fällen des Ausbeutungsmissbrauchs – schon zu einer Schädigung der Abnehmer oder – in den Fällen des Behinderungsmissbrauchs – zu einer Behinderung der Konkurrenten gekommen *ist,* sondern bereits dann, wenn nur solche **Gefahr** ernsthaft **droht,** weil allein bei diesem Verständnis Art. 102 geeignet ist, einen wirksamen Beitrag zum Schutz der Vertragspartner des Unternehmens in beherrschender Stellung und vor allem zum Schutz des Wettbewerbs in der Union zu leisten.[31] Ebenso können aber auch auf der anderen Seite mit Art. 102 ohne Weiteres die fortbestehenden **Nachwirkungen** an sich abgeschlossener missbräuchlicher Verhaltensweisen erfasst werden, etwa in Gestalt der weiterhin marktverschließenden Wirkungen langfristiger Verträge.[32]

II. Ausbeutungsmissbrauch (Art. 102 S. 2 lit. a)

15 Nach Art. 102 S. 2 lit. a kann der Missbrauch einer beherrschenden Stellung „insbesondere" in der unmittelbaren *oder* mittelbaren Erzwingung von unangemessenen Einkaufs- *oder* Verkaufspreisen *oder* sonstigen Geschäftsbedingungen bestehen. Die

[26] So *EuG* Slg. 1998, II-2937 (2987 Tz. 139 f.) – ITT Promedia.

[27] BGHZ 176, 1 (14 ff. Tz. 37 ff.) = NJW-RR 2008, 896 = JuS 2009, 89 – Soda Club.

[28] S. schon o. § 8 Rn. 53 ff. sowie *Kommission,* Entsch. v. 9. 12. 2009, ABl. 2010 Nr. 330/12 = WuW/E EU-V 1513.

[29] *EuG* NZM 2010, 1380; s. dazu z. B. *Müller-Graff/Teichmann,* GRURInt 2009, 792; *J. Straus,* GRURInt 2009, 93.

[30] S. *Leupold,* EuZW 2011, 345 (346), nach dem insoweit zwischen den einzelnen Fallgruppen unterschieden werden muss.

[31] *de Bronett,* in: Wiedemann, § 22 Rn. 37.

[32] *öOGH* WuW/E KRInt 267 (268 f.) – Kombipaket.

Kommission ist folglich befugt, sowohl die von einem Unternehmen in beherrschender Stellung geforderten oder gezahlten Preise als auch die von ihm angewandten Geschäftsbedingungen zu kontrollieren. Eine vergleichbare Regelung enthält § 19 Abs. 4 Nr. 2 und 3 GWB (dazu u. § 27 Rn. 84, 95 ff.).

1. Preismissbrauch[33]

Art. 102 S. 2 lit. a AEUV wendet sich zunächst gegen die unmittelbare oder mittelbare Erzwingung unangemessener Einkaufs- *oder* Verkaufspreise. Kontrolliert wird mit anderen Worten gleichermaßen die Preispolitik mächtiger Nachfrager wie die mächtiger Anbieter, beides unter **zwei Voraussetzungen:** Erste Voraussetzung ist, dass die von dem beherrschenden Unternehmen geforderten oder – in der Position des mächtigen Nachfragers – bewilligten Preise erzwungen sind, die zweite, dass die Preise unangemessen sind. Die erste Voraussetzung **(Erzwingung)** wird allgemein **weit** ausgelegt. Es genügt dafür jeder Einsatz der besonderen Macht des Unternehmens in beherrschender Stellung; **nicht erforderlich** ist dagegen, dass das Unternehmen zusätzlich einen **besonderen Druck** auf die Marktgegenseite ausübt. Preise werden vielmehr bereits erzwungen, wenn die andere Seite gerade wegen der besonderen Position des Unternehmens in beherrschender Stellung den von ihm angebotenen oder geforderten Preisen nicht mehr auszuweichen vermag, insbesondere, weil es sich bei dem betreffenden Unternehmen um einen sog **„Zwangspartner"** handelt, auf den praktisch jedermann am Markt als Anbieter oder Nachfrager angewiesen ist (vgl. § 20 Abs. 2 S. 1 GWB). 16

Die zweite (und entscheidende) Voraussetzung für die Anwendung des Art. 102 S. 2 lit. a ist, dass die **erzwungenen Preise** (o. Rn. 16) **„unangemessen"** sind. „Unangemessen" ist natürlich ein Preis, der zum Nachteil der Marktgegenseite negativ vom **Wettbewerbspreis** abweicht. Aber den „Wettbewerbspreis" kennt – von Ausnahmefällen abgesehen – niemand. Und damit beginnen die Probleme. Denn wenn man den eigentlichen Maßstab, den Wettbewerbspreis, nicht ermitteln kann, muss man notwendigerweise auf **Hilfsverfahren** ausweichen. Und über derartige Verfahren kann man immer trefflich streiten. Der **Gerichtshof** stellt meistens darauf ab, ob der geforderte oder gezahlte Preis **in keinem vertretbaren Verhältnis** zu dem **„wirtschaftlichen Wert"** des betreffenden Produkts steht, so dass er, daran gemessen, als „unbillig oder unverhältnismäßig" erscheint.[34] Dies ist in der bisherigen Praxis namentlich erwogen worden bei der Forderung unbilliger, weil außer Verhältnis zu den Kosten stehender Gebühren durch gesetzliche Monopole,[35] durch Fernsehgesellschaften,[36] durch Schutzrechtsinhaber[37] und durch Kraftfahrzeughersteller im Falle der Ausstellung sog. Konformitätsbescheinigungen, die für die Zulassung parallel 17

[33] S. dazu Hdb., H I § 3 Rn. 64 ff.; *Weiser,* Preismißbrauch nach Art. 106 EWG-Vertrag, 1987.

[34] *EuGH* Slg. 1994, I-5097 (5106 Tz. 25) – Centre d'insémination de Crespelle (Rinderbesamung); 1997, I-4453 (4466 Tz. 39) – GT-Link; 2001, I-4142 (4160 Tz. 46) = EuZW 2001, 408 – TNT Traco; WuW/E EU-R 1513 Tz. 28, 37 ff. – Kanal 5/STIM; Slg. 2009, I-6219 = WuW/E EU-R 1596 (1601 Tz. 142) – Grüner Punkt/DSD.

[35] *EuGH* (vorige Fn.).

[36] *EuGH* Slg. 1974, 409 (430 f.) – Sacchi.

[37] *EuGH* Slg. 1968, 85 (113) – Parke Davis; 1971, 69 (84 Tz. 17) – Sirena; 1971, 487 (501 Tz. 19) – Dt. Grammophon/Metro; 1989, 2565 (2577 ff.) = EuZW 1990, 518 – Tournier; Slg. 1989, 2823 (2831 ff.) = EuZW 1990, 515 – Lucazeau; *EuG* Slg. 1991, II-1439 (1482 f. Tz. 99) – Hilti.

importierter Fahrzeuge erforderlich sind,[38] weiter bei der Durchsetzung unangemessener Flugtarife[39] sowie bei der Forderung überhöhter Preise für Ersatzteile.[40] Missbräuchlich ist es insbesondere, wenn ein gesetzliches Monopol wie (früher) die Post eine Vergütung für von ihr gar **nicht erbrachte Dienstleistungen** verlangt[41] oder wenn eine Gesellschaft zur Verwertung von Verpackungen wie die deutsche DSD Lizenzgebühren für die Verwendung ihres Zeichens „Grüner Punkt" auf Verpackungen auch dann verlangt, wenn die Kunden ihre Verpackungen nachweisbar ganz oder teilweise auf andere Weise entsorgen.[42] Missbräuchlich können außerdem sachlich **nicht zu rechtfertigende Preisunterschiede** zwischen den Mitgliedstaaten für dasselbe Produkt oder dieselbe Dienstleistung sein.[43] Schließlich ist auch der umgekehrte Fall, d. h. die Erzwingung unangemessen niedriger **Einkaufspreise** durch marktbeherrschende Nachfrager vorstellbar.[44]

18 Das zentrale Problem dieser Praxis ist natürlich die **Ermittlung des „wirtschaftlichen Werts** einer Ware oder Dienstleistung" als Maßstab für die Angemessenheit eines Preises. Denn den „wirtschaftlichen Wert" einer Leistung kann man nach durchaus unterschiedlichen Kriterien beurteilen. In Betracht kommen vor allem die **Kosten** einer Leistung (s. u.) *oder* die **Preise vergleichbarer Leistungen** am Markt. Bei diesem sog. **Vergleichsmarktkonzept** muss man weiter danach unterscheiden, ob die Preise *desselben* Unternehmens auf verschiedenen Märkten oder die Preise des beherrschenden Unternehmens und die *anderer* Unternehmen, gegebenenfalls auch noch auf anderen Märkten, verglichen werden sollen. Ein **Vergleich mit den Preisen anderer Unternehmen auf anderen Märkten** scheitert indessen in aller Regel bereits an den „nicht herauszurechnenden" strukturellen Unterschieden zwischen den verschiedenen Unternehmen und Märkten. In den wenigen Fällen, in denen der Gerichtshof bisher dem Vergleichsmarktkonzept gefolgt ist, hat er deshalb in der Regel besonderes Gewicht auf den Vergleich zwischen den Preisen des beherrschenden Unternehmens *selbst* **in den verschiedenen Mitgliedstaaten** gelegt.[45] Es handelte sich dabei freilich durchweg um Ausnahmefälle, die sich kaum verallgemeinern lassen.

19 In der Mehrzahl der Fälle hat der Gerichtshof dagegen bisher auf einen **Vergleich zwischen** den **Preisen und** den **Kosten** des Unternehmens in beherrschender Stellung abgestellt und dementsprechend einen Missbrauch angenommen, wenn die Preise in „unangemessener", d. h. übertriebener Weise die „Vollkosten" übersteigen

---

[38] *EuGH* Slg. 1975, 1367 (1379 f.) – General Motors; *Kommission,* Entsch. v. 2. 7. 1984, ABl. Nr. L 207/11 (14 f.) – BL. Dieser Fall zeigt im Übrigen, dass die Forderung überhöhter Preise durch beherrschende Unternehmen durchaus auch den Zweck haben kann, Kunden abzuschrecken (s. *van Bael/ Bellis,* p. 913 ff.).

[39] *EuGH* Slg. 1989, 803 (850 f.) = NJW 1989, 2192 – Ahmed Saeed.

[40] *EuGH* Slg. 1988, 6067 (6073) – Renault; 1988, 6232 (6235) – Volvo.

[41] *EuGH* Slg. 2001, I-4142 (4160 Tz. 47) = EuZW 2001, 408 – TNT Traco/Poste Italiane.

[42] *EuGH* Slg. 2009, I-6219 = WuW/E EU-R 1596 Tz. 142 f.; *EuG* Slg. 2007, II/1607 = WuW/E EU-R 1273 Tz. 121.

[43] *EuGH* Slg. 1978, 207 (302 f.) = NJW 1978, 2439 – Chiquita; Slg. 1989, 2565 (2577 ff.) = EuZW 1990, 518 – Tournier; Slg. 1989, 2811 (2831 ff.) = EuZW 1990, 515 – Lucazeau; *EuG* Slg. 1994, II-755 (831, 846) – Tetra Pak II.

[44] *EuGH* Slg. 1985, 1105 (1123 f.) – CICCE/TV France.

[45] *EuGH* 1988, 2479 (2516) – Bodson; 1989, 2511 (2577 ff.) = EuZW 1990, 518 – Tournier; Slg. 1989, 2811 (2831 ff.) = EuZW 1990, 515 – Lucazeau; s. u. Rn. 22.

(sog. Konzept der **Gewinnspannenbegrenzung**).[46] Aber auch dieses Konzept hält nicht, was es verspricht. Es scheitert in der Regel bereits an der **Unmöglichkeit einer exakten Ermittlung der Kosten**, zum anderen an der Unlösbarkeit der Frage, **welche** Kosten hier überhaupt berücksichtigt werden können, da künstlich aufgeblähte Kosten wohl kaum geeignet sein dürften, als Rechtfertigung für „überhöhte" Preise zu dienen.[47] Sobald man aber erst einmal mit einer derartigen Prüfung Ernst macht, kommt man schnell „vom Hundertsten ins Tausendste" und endet schließlich bei einer Kontrolle des gesamten Verhaltens des betreffenden Unternehmens, die tatsächlich niemand will und wollen kann. Außerdem **fehlen** auch nach wie vor **alle Maßstäbe,** an Hand derer die nicht mehr zu vertretende Überhöhung einer **Gewinnspanne** beurteilt werden könnte, da die Gewinnspannen selbst auf Wettbewerbsmärkten oft eine erhebliche Bandbreite aufweisen. Auf das gefährliche Parkett der Kosten- und Preiskontrolle sollten sich daher Kommission und Gerichtshof **nur in Notfällen** wagen, in denen alle anderen Aushilfen versagen, etwa weil es sich um praktisch nicht mehr angreifbare Monopolisten handelt.

2. Konditionenmissbrauch

a) Der zweite Fall des Ausbeutungsmissbrauchs, den Art. 102 S. 2 lit. a im Auge hat, 20
ist die unmittelbare oder mittelbare Erzwingung unangemessener Geschäftsbedingungen. Dieses Verbot gilt gleichermaßen für mächtige **Anbieter** wie die Fernsehanstalten,[48] einen bedeutenden Vermieter von Telefonanlagen[49] oder den Anbieter einer marktbeherrschenden Technologie[50] wie für bedeutende **Nachfrager** wie z. B. ebenfalls die Fernsehanstalten,[51] die Eisenbahnen[52] oder die Verwertungsgesellschaften (u. Rn. 22). Ihnen allen ist daher die Erzwingung unangemessener Geschäftsbedingungen untersagt. Da zu dem Begriff der Erzwingung bereits Stellung genommen wurde (o. Rn. 16), ist hier nur noch auf die Frage der Unangemessenheit der Geschäftsbedingungen näher einzugehen.

Für die Prüfung der **Unangemessenheit** von Geschäftsbedingungen kommen ebenso 21
wie für die der Preise (o. Rn. 17 ff.) verschiedene **Maßstäbe** in Betracht. Hervorzuheben sind die Heranziehung des dispositiven Gesetzesrechtes als Maßstab, der Vergleich mit den Konditionen desselben oder eines anderen Unternehmens auf Wettbewerbsmärkten sowie die Kontrolle der Geschäftsbedingungen im Einzelfall auf ihre Unbilligkeit aufgrund einer umfassenden Interessenabwägung. Von diesen Maßstäben versagt auf Unionsebene zunächst der Maßstab des **Gesetzesrechts**, soweit nicht bereits unionsrechtliche Regelungen vorliegen, die zudem in Zukunft angesichts der

46 *EuGH* Slg. 1978, 207 (305) = NJW 1978, 2439 – Chiquita (für Bananen); Slg. 1989, 803 (850) = NJW 1989, 2192 – Flugtarife; zustimmend *Kommission,* 10. WB. 1980, Tz. 137 (S. 102 f.) – Sterling Airways; Entsch. v. 22. 12. 1987, ABl. Nr. L 65/19 (36 f.) – Hilti; v. 18. 7. 1988, ABl. Nr. L 284/41 (54 f.) – BS; v. 4. 11. 1988, ABl. Nr. L 317/47 (52) – Sabena; *öOGH* ÖBl. 2001, 137.

47 Ebenso offenbar *EuGH* Slg. 1989, 2565 (2578 Tz. 42) = EuZW 1990, 518 – Tournier; Slg. 1989, 2823 (2832 f. Tz. 29) = EuZW 1990, 515 – Lucazeau; *Kommission,* Mitteilung, ABl. 1998 Nr. C 265/2 (18 Tz. 17 f.); ebenso BGHZ 142, 239 (246 ff.) = NJW 2000, 76 = JuS 2000, 500 Nr. 12.

48 *EuGH* Slg. 1974, 409 (430) – Sacchi.

49 *EuGH* Slg. 1988, 5987 (6008) – Alsatel.

50 *EuG* Slg. 1994, II-755 (821 ff.) – Tetra Pak II; *Kommission,* Entsch. v. 24. 7. 1991, ABl. 1992 Nr. L 72/1 (insb. 23 ff.) – Tetra Pak II.

51 *EuGH* Slg. 1985, 1117 (1123 f.) – CICCE/TV France.

52 *EuG* Slg. 1997, II-1695 – Deutsche Bahn; *Kommission,* 3. WB 1973, Tz. 68 f. (S. 62 f.); 20. WB 1990, Tz. 115 (S. 114 f.).

Bemühungen der Kommission um eine Rechtsvereinheitlichung in Europa auch auf dem Gebiet des Privatrechts noch erheblich an Gewicht gewinnen können. Im selben Maße wird dann auch die Kontrolle von Konditionen der Unternehmen in beherrschender Stellung auf Unionsebene anhand des Art. 102 S. 2 lit. a an Bedeutung zunehmen. Von vornherein nicht praktikabel ist dagegen bei Konditionen das gelegentlich favorisierte **Vergleichsmarktkonzept**. Als Ausweg bleibt daher nur, über die Unangemessenheit von Geschäftsbedingungen aufgrund einer umfassenden **Interessenabwägung** unter Berücksichtigung der Vertragsziele, des Diskriminierungsverbotes (Art. 18) und des Verhältnismäßigkeitsgrundsatzes zu entscheiden.[53] Zu berücksichtigen sind außerdem die **Auswirkungen** der fraglichen Klauseln **auf** den **Wettbewerb** im Binnenmarkt. Je schädlicher eine Klausel für das System unverfälschten Wettbewerbs und das Funktionieren des Binnenmarktes ist, desto eher ist sie als unangemessen einzustufen.[54] Von Fall zu Fall können danach z. B. unangemessen sein Verwendungsbeschränkungen, Kunden- und Gebietsbeschränkungen, Preisbindungen, eine übermäßig lange Vertragsdauer, überhöhte Vertragsstrafen sowie Ausschließlichkeitsbindungen (dazu u. Rn. 24 ff.). Art. 102 S. 2 lit. a konkurriert hier häufig mit Art. 101 Abs. 1.

22 **b)** Der Schwerpunkt der Kontrollpraxis der Kommission gegenüber Geschäftsbedingungen lag bisher bei den **Urheberrechtsverwertungsgesellschaften** (s. dazu u. § 37 Rn. 13 f.). Kommission und Gerichtshof erkennen zwar die **Notwendigkeit** derartiger Gesellschaften für eine effektive Durchsetzung der Urheber- und Leistungsschutzrechte ihrer Mitglieder an.[55] Dies befreit sie indessen nicht von der **Bindung an den Vertrag** einschließlich namentlich des Art. 102. Verboten, weil missbräuchlich, sind deshalb insbesondere eine übermäßige Beschränkung oder Bindung der Mitglieder sowie die Diskriminierung von Ausländern im Verhältnis zu Inländern (s. Art. 102 S. 2 lit. a und c). Außerdem ist es Verwertungsgesellschaften untersagt, **Parallelimporte** von Tonträgern zu behindern, sofern diese einmal in einem Mitgliedstaat rechtmäßig in den Verkehr gelangt sind. Gegen die Wettbewerbsregeln des Vertrags verstoßen ferner gegenseitige **Ausschließlichkeitsverträge** zwischen den Verwertungsgesellschaften (Art. 101 Abs. 1)[56] sowie **überhöhte Gebühren** (Art. 102 S. 2 lit. a), etwa für die Erlaubnis zur öffentlichen Aufführung geschützter Werke, wobei als Maßstab auf einen Vergleich mit den Gebühren in anderen Mitgliedstaaten abzustellen ist, sofern nicht die Differenzen ausnahmsweise sachlich gerechtfertigt sind.[57] Entscheidend ist, ob – in den Augen des Gerichtshofs – noch ein **„vernünfti-**

[53] *EuGH* Slg. 1974, 313 (316 f.) – BRT/SABAM; 1974, 409 (431) – Sacchi; 1978, 207 (298) – Chiquita; *Kommission,* Entsch. v. 20. 4. 2001, ABl. Nr. 166/1 (16 Tz. 112) – DSD; *GA Kirschner,* in: EuG Slg. 1990, II-312 (332 ff.); *öOGH* ÖBl. 2001, 137.

[54] Vgl. für wettbewerbsbeschränkende Klauseln in den Vertragswerken gesetzlicher Monopole *Kommission,* Entsch. v. 17. 6. 1998, ABl. Nr. L 252/47 (56 ff. Tz. 34 ff.) – AAMS; ein langer Katalog derartiger Klauseln findet sich in der Tetra-Pak-Entscheidung v. 24. 7. 1991, ABl. 1992 Nr. L 72/1 (23 ff.).

[55] S. *EuGH* Slg. 1989, 2565 (2575) = EuZW 1990, 518 – Tournier; Slg. 1989, 2823 = EuZW 1990, 515 – Lucazeau; *Mestmäcker,* FS Rittner, 1991, S. 391.

[56] *EuGH* Slg. 1974, 313 (316 f.) – BRT/SABAM; 1979, 3275 (3288 f.) – SACEM; 1983, 483 (508 f.) = NJW 1984, 2755 – GVL; Slg. 1989, 2565 (2570) = EuZW 1990, 518 – Tournier; Slg. 1989, 2823 (2828 f.) = EuZW 1990, 515 (517) – Lucazeau; *Kommission,* Entsch. v. 2. 6. 1971, ABl. Nr. L 134/15 – Gema I; v. 4. 12. 1981, ABl. 1982 Nr. L 94/12 (16 ff.) – Gema II; v. 29. 10. 1981, ABl. Nr. L 370/49 (55 ff.) – GVL; 11. WB 1981, Tz. 102 (S. 76 f.).

[57] *EuGH* Slg. 1987, 1763 (1769) – Basset/SACEM; 1989, 2565 (2571, 2577 ff.) = EuZW 1990, 518 – Tournier; Slg. 1989, 2823 (2831 ff.) = EuZW 1990, 515 – Lucazeau; s. schon o. Rn. 18.

ger Zusammenhang“ zwischen den von der Verwertungsgesellschaft verlangten Preisen und den von ihr erbrachten Leistungen besteht. Das kann auch der Fall sein, wenn eine Verwertungsgesellschaft für die Gestattung der Übertragung von Musikwerken im Rundfunk einen angemessenen Teil der Einnahmen des Rundfunks als Gegenleistung fordert.[58]

III. Einschränkung der Erzeugung, des Absatzes oder der technischen Entwicklung zum Schaden der Verbraucher (Art. 102 S. 2 lit. b)

Literatur: Hdb., H I § 3 Rn. 74 ff.; Kx 19, 32 ff.; *de Bronett,* in: Wiedemann, § 22 Rn. 57, 85 ff. (S. 933 ff.); *Frenz,* Tz. 1268 ff. (S. 479 ff.); *Lux,* Der Tatbestand der allgemeinen Marktbehinderung, 2006; *Mestmäcker/Schweitzer,* § 17 Rn. 9, 35 ff. (S. 412, 422 ff.).

1. Überblick

a) Als weiteres Regelbeispiel missbräuchlichen Verhaltens nennt der Vertrag in 23 Art. 102 S. 2 lit. b die Einschränkung der Erzeugung, des Absatzes *oder* der technischen Entwicklung zum Schaden der Verbraucher. Dieser Tatbestand wird allgemein ebenso wie schon der der lit. a des Art. 102 S. 2 ganz *weit* ausgelegt und insbesondere auch auf die **Einschränkung** der Erzeugung, des Absatzes oder der technischen Entwicklung **bei anderen Unternehmen** erstreckt. Eine ebenso weite Auslegung erfährt der Begriff der **Verbraucher** in Art. 102 S. 2 lit. b, der hier im Ergebnis **alle** möglicherweise betroffenen **Abnehmer** des beherrschenden Unternehmens umfasst. Gleich stehen ferner entsprechende Verhaltensweisen in Bezug auf das Angebot von **Dienstleistungen.**[59] Die wichtigsten im vorliegenden Zusammenhang üblicherweise erörterten **Fallgruppen** sind Ausschließlichkeitsbindungen (u. Rn. 27 ff.) sowie die Lieferverweigerung einschließlich der unter dem Stichwort: „essential-facilities-Doktrin“ erörterten Fallgestaltungen (u. Rn. 32, 35 ff.).

Die genannten Beispiele (Rn. 23) machen bereits deutlich, dass es hier im Kern 24 durchweg um Fälle des **Behinderungsmissbrauchs** geht, in denen sich eigentlich ausnahmslos die schwierige Frage stellt, wie der (gerade noch) erlaubte Einsatz beliebiger Aktionsparameter im Wettbewerb von dem (schon) missbräuchlichen Verhalten beherrschender Unternehmen abgegrenzt werden kann. Die Grenzziehung wurde bisher meistens einzelfallbezogen aufgrund einer umfassenden **Interessenabwägung,** orientiert an dem grundlegenden Ziel der allseitigen Marktöffnung, vorgenommen.[60] Einen anderen Ansatz legt dagegen heute die **Kommission** ihrer Praxis nach ihrer **Mitteilung von 2009** zugrunde.[61] Danach wendet sich die Kommission in erster Linie gegen Praktiken einer **„wettbewerbswidrigen Marktverschließung“** durch Unternehmen in beherrschender Stellung zum Nachteil der Verbraucher mit dem Ziel, aktuellen und potentiellen Konkurrenten den Zugang zu Lieferquellen oder Absatzmärkten zu erschweren oder unmöglich zu machen (Tz.19), wobei sämtliche relevanten Faktoren des betreffenden Marktes zu berücksichtigen sein sollen (Tz. 20). Als besondere Erscheinungsform der wettbewerbswidrigen Marktverschließung betrachtet die Kommission offenbar den **preisbezogenen Behinderungsmissbrauch**, durch den

[58] *EuGH* WuW/E EU-R 1513 Tz. 29, 32 ff. – Kanal5/STIM.
[59] *EuGH* Slg. 1991, I-2010 (2017 f.) = EuZW 1991, 349 – Macrotron.
[60] S. zuletzt ausführlich *Koppensteiner,* WRP 2007, 475 (480 ff.).
[61] ABl. Nr. C 45/7; alle Angaben zu Tz. im Text beziehen sich im Folgenden auf diese Mitteilung.

andere ebenso effektive Konkurrenten am Marktzutritt gehindert werden sollen, insbesondere durch das Verlangen nicht kostendeckender Preise (Tz. 23–31, 63–74, dazu u, Rn. 58 ff.). Als Beispiele derartiger Verhaltensweisen von Unternehmen in beherrschender Stellung diskutiert die Kommission insbesondere Ausschließlichkeitsbindungen (Rn. 27 ff.), Koppelungen (Rn. 53 ff.) sowie Lieferverweigerungen (Rn. 32 ff.). Die Kommission hat zugleich klargestellt, dass die fraglichen Verhaltensweisen marktbeherrschende Unternehmen im Einzelfall **gerechtfertigt** sein können, wenn sie, insbesondere aus Gründen der Gesundheit oder der Sicherheit, sich als objektiv **notwendig** erweisen oder wenn mit ihnen für die Verbraucher **Effizienzvorteile** verbunden sind, die die Nachteile der Wettbewerbsbeschränkung aufwiegen (Tz. 28 – 31).[62] Die Kommission überträgt insoweit im Kern den Gedanken des Art. 101 Abs. 3 auf den Art. 102. Die Bedenken dagegen liegen auf der Hand.[63]

25 b) Eine **Einschränkung der eigenen Erzeugung** des beherrschenden Unternehmens zum Schaden der Verbraucher liegt insbesondere in einer **künstlichen Verknappung** des Angebots trotz entsprechender Nachfrage, um die Preise hochzuhalten. Ein **Beispiel** ist die Einstellung der Produktion von Ersatzteilen für ältere Modelle, obwohl nach wie vor eine Nachfrage danach besteht.[64] Zahlreiche weitere Beispiele finden sich auf den **Energiemärkten**, auf denen in den letzten Jahren immer neue Praktiken aufgedeckt wurden, gekennzeichnet durchweg im Kern durch eine künstliche Verknappung des Energieangebots, um die Preise künstlich hochzuhalten und Konkurrenten am Markteintritt zu hindern.[65]

26 Gleich stehen Maßnahmen zur **Einschränkung des eigenen Absatzes**, vor allem in Gestalt einer grundlosen Lieferverweigerung (s. u. Rn. 32 ff.). Ebenso wichtig sind die Fälle einer künstlichen **Einschränkung** der Erzeugung oder des Absatzes **anderer Unternehmen,** insbesondere durch Wettbewerbsverbote, Spezialisierungsabkommen, Exportverbote, Verwendungs- oder Vertriebsbindungen sowie durch die Praktizierung ganz restriktiver selektiver Vertriebssysteme (Art. 102 S. 2 lit. b). Ein Monopolunternehmen, das die Nachfrage nach bestimmten Dienstleistungen nicht zu befriedigen vermag, gleichwohl aber private Anbieter unter Berufung auf sein Monopol an der Erbringung solcher Leistungen hindert, verstößt z. B. gegen Art. 102 S. 2 lit. b.[66] Missbräuchlich ist ferner die **Einschränkung des technischen Fortschritts** zum Schaden der Verbraucher. Ein solcher Fall liegt etwa vor, wenn Unternehmen in beherrschender Stellung den Einsatz neuer fortschrittlicher Technologien unterlassen oder bei anderen Unternehmen verhindern.[67] Entsprechendes gilt für **Verwendungsbeschränkungen** mit wettbewerbsbeschränkender Tendenz; sie sind gleichfalls nur zulässig, wenn sie durch berechtigte Interessen legitimiert und verhältnismäßig sind und diskriminierungsfrei gehandhabt werden.[68] Dagegen verstößt zum Beispiel

---

[62] Dazu *Herrmann*, WuW 2009, 481 (497ff).

[63] S. *Hellwig*, (2.) FS Mestmäcker, S. 231; *Hirsbrunner/Schädle*, EuZW 2006, 583; *Schmidt/Voigt*, WuW 2006, 1097; *Wirtz/Möller*, WuW 2006, 226.

[64] *EuGH* Slg. 1988, 6067 (6073 Tz. 16) – Renault; 1988, 6232 (6235 Tz. 9) – Volvo.

[65] S. m.N. Hdb H I § 3 Rn. 76; insbes. *Kommission*, Entsch. v. 3. 12. 2009, ABl. 2010 Nr. c 57/13 = WuW/E EU-R 1490 – GDF.

[66] *EuGH* Slg. 1991, I-2010 (2017 f.) = EuZW 1991, 349 – Macrotron.

[67] *EuGH* Slg. 1985, 880 (887 Tz. 26) – BT; 1991, I-5923 (5929 Tz. 19) = EuZW 1992, 248 (249) – Porto di Genova; *Kommission,* Entsch. v. 10. 12. 1982, ABl. Nr. L 360/36 (41) – BT – m. Anm. *Emmerich*, EuR 1983, 216; *Ritter/Braun*, p. 440.

[68] *OLG Düsseldorf* WuW/E DE-R 2427 (2429 Tz. 114).

der Versuch großer Telekommunikationsunternehmen, den Einsatz sog. SIM-Karten mit dem Ziel eines günstigen Zugangs vom Festnetz zum Mobilfunknetz zu verhindern.[69] Selbst **Beschränkungen des Eigentums** sind unter diesem Gesichtspunkt möglich. Aufgrund des Art. 102 S. 2 lit b kann z. B. einem Hersteller in beherrschender Stellung von Besprudelungsgeräten verboten werden, die benötigten Zylinder zur Befüllung der Geräte mit Kohlensäure lediglich zu vermieten (anstatt sie zu verkaufen), weil dadurch andere Anbieter unter Berufung auf das Eigentum an den Zylindern systematisch vom Markt verdrängt werden können.[70]

2. Ausschließlichkeitsbindungen[71]

Der wichtigste Anwendungsfall von Art. 102 S. 2 lit. b in der bisherigen Praxis waren von beherrschenden Unternehmen praktizierte Ausschließlichkeitsbindungen, da sie häufig, wenn nicht in der Regel zu einer Einschränkung der Erzeugung oder des Absatzes zum Schaden der Verbraucher im Sinne des Art. 102 S. 2 lit. b führen (o. Rn. 23 ff.). Um dies zu erkennen, genügt es, sich die **Konsequenzen** solcher Bindungssysteme für die Konkurrenten zu vergegenwärtigen. Gelingt es z. B. einem beherrschenden Anbieter, eine *große Zahl* von Abnehmern durch Ausschließlichkeitsbindungen an sich zu binden, so werden dadurch den Konkurrenten dieses Anbieters nahezu zwangsläufig (entgegen Art. 102 S. 2 lit. b) die Absatzwege verstopft. Entsprechendes gilt im umgekehrten Fall der Verpflichtung wichtiger Lieferanten von Vorprodukten zur ausschließlichen Belieferung eines Abnehmers in beherrschender Stellung. Ein **Beispiel** ist die Praxis eines führenden Speiseeislieferanten mit einem Marktanteil von über 40 %, den Händlern die (sehr begehrten) Kühltruhen nur unter der Bedingung zur Verfügung zu stellen, dass in diesen keine Konkurrenzprodukte gelagert werden dürfen, natürlich, um diesen den Marktzugang zu versperren.[72] 27

Ausschließlichkeitsbindungen verstoßen an sich bereits gegen Art. 101 Abs. 1 (s. o. § 4 Rn. 10). Sind an ihnen Unternehmen in beherrschender Stellung beteiligt, so wird jedoch auf sie wegen ihrer geschilderten Gefährlichkeit für das System unverfälschten Wettbewerbs häufig zusätzlich oder allein Art. 102 S. 2 lit. b angewandt; einschlägig ist außerdem von Fall zu Fall Art. 102 S. 2 lit. c (Diskriminierung) und lit. d (Koppelungsstrategien). Das Ergebnis ist in jedem Fall dasselbe: **grundsätzliche Unzulässigkeit** der Ausschließlichkeitsbindung und der gleichstehenden Abreden, und zwar ohne Rücksicht darauf, ob der Wunsch zur Vereinbarung der Ausschließlichkeitsbindung von dem Unternehmen in beherrschender Stellung oder von der anderen Marktseite ausgegangen ist.[73] Ebenso behandelt werden **Abreden mit einer vergleichbaren Wirkung** wie Ausschließlichkeitsbindungen (s. u. Rn. 30 f.), insbesondere Wettbewerbsverbote oder langfristige Bezugsverträge über (nahezu) den ge- 28

[69] *OLG Düsseldorf* WuW/E DE-R 2427 (2429 Tz. 113ff).

[70] BGHZ 176, 1 (14ff Tz. 34ff) = NJW-RR 2008, 996 = JuS 2009, 89 – Soda Club.

[71] S. dazu Hdb., H I § 3 Rn. 81 ff.; *Kommission,* Mitteilung von 2009, Tz. 32 ff.

[72] *EuG* Slg. 2003, II-4662 (4720 ff. Tz. 157 ff.) = WuW/E EU-R 765 – van den Bergh Foods; ein weiteres Beispiel s. schon Rn. 26 (Soda Club).

[73] *EuGH* Slg. 1975, 1663 (1994, 2015, 2018 ff.) – Suiker Unie; 1979, 461 (539 ff.) – Hoffmann-La Roche; 1989, 2521 (2573) – Tournier; 1989, 2811 (2828 f.) – Lucazeau; 1991, I-3439 (3473) – Akzo; 1994, I-1508 (1520) = EuZW 1994, 408 (410) – Almelo; *EuG* Slg. 2001, II-3415 (3440 Tz. 51, 3456 f. Tz. 94 ff.) = WuW/E EU-R 527 – AAMS; Slg. 2003, II-4662 (4720 f. Tz. 157 ff.) = WuW/E EU-R 765 – van den Bergh Foods; Slg. 2007, II-1607 Tz. 122 ff.= WuW/E EU-R 1273 (1275 ff.) – DSD; BGHZ 176, 1 (14 ff.) – Soda Club; *OLG Düsseldorf* WuW/E DE-R 1935 (1939 ff.).

samten Bedarf der Abnehmer.[74] Export- und Importverbote sowie Vertriebs- und Verwendungsbindungen in Verträgen von Unternehmen in beherrschender Stellung können gleichfalls von Fall zu Fall gegen Art. 102 S. 2 lit. b (sowie gegen Art. 101 Abs. 1) verstoßen.[75]

29 An dieser grundsätzlichen negativen Beurteilung namentlich von Alleinbezugsbindungen hat die **Kommission** auch in ihrer **Mitteilung von 2009** festgehalten.[76] Eine Anwendung des Art. 102 S. 2 lit b kommt danach insbesondere in Betracht, wenn eine *große Zahl* von Abnehmern gebunden wird und dadurch zum Nachteil der Verbraucher konkurrierende Unternehmen am Markteintritt oder an der Expansion auf dem Markt gehindert werden, so dass der von ihnen ausgehende Wettbewerbsdruck beseitigt wird (Tz. 34–36). Dabei gilt, dass die Ausschließlichkeitsbindung umso kritischer zu beurteilen ist, je größer der Marktanteil des Unternehmens in beherrschender Stellung ist und je länger die Bindung dauert (Tz. 36). An der Beurteilung solcher Abreden als **grundsätzlich missbräuchlich** ändern auch nichts die in der Praxis vielfach anzutreffenden **„abschwächenden" Klauseln**. Hervorzuheben sind Abreden, durch die ein Unternehmen in beherrschender Stellung seinen Abnehmern „lediglich" die Verpflichtung auferlegt, einen **Teil ihres Bedarfs** bei ihm zu decken. Beträgt dieser Anteil 80 % oder mehr, so handelt es sich ohnehin der Sache nach um eine Ausschließlichkeitsbindung. Aber auch bei niedrigeren Anteilen kann ein Missbrauch anzunehmen sein, wobei besondere Beachtung der Umstand verdient, dass derartige **Bedarfsdeckungsklauseln** den Unternehmen in beherrschender Stellung alle gewünschten Informationen über den Bedarf ihrer Abnehmer *und* über die Liefermöglichkeiten der Konkurrenten verschaffen, wodurch ihnen auch noch andere Strategien zur Monopolisierung der Märkte ermöglicht werden.[77] Dieselbe negative Beurteilung ist bei den sog. **„englischen Klauseln"** angebracht, nach denen das beherrschende Unternehmen auf die Ausschließlichkeitsbindung „verzichtet", wenn den Abnehmern günstigere Angebote von dritter Seite vorliegen, in die das beherrschende Unternehmen nicht eintreten will. Die Folge ist, dass sich für alle genannten Abreden und insbesondere für Ausschließlichkeitsbindungen, die von Unternehmen in beherrschender Stellung praktiziert werden, Art. 102 Schritt für Schritt einem **per-se-Verbot** nähert.[78]

3. Rabattsysteme

30 **a)** Die zutreffende wettbewerbsrechtliche Beurteilung von Rabattsystemen steht heute im Mittelpunkt einer ausgebreiteten Diskussion auf juristischer und ökonomischer Ebene.[79] Das Problem rührt vor allem daher, dass Rabatte zunächst einmal nichts an-

[74] *Kommission,* Entsch. v. 19. 12. 1990, ABl. 1991 Nr. L 152/21 (33 ff.) – Solvay und 40 (50 ff.) – ICI; 19. WB 1989, Tz. 62 (S. 78 f.) – Industriegase; *OLG Düsseldorf* WuW/E DE-R 1557 (1571 ff.); s. schon o. § 4 Rn. 47 ff.

[75] S. *Mestmäcker/Schweitzer,* § 17 Rn. 48 ff. (S. 427 f.); *Möschel,* Art. 102 Rn. 183 ff.

[76] 75 ABl. Nr. C 45/7 Tz. 32–36.

[77] *Kommission,* Entsch. v. 19. 12. 1990, ABl. 1991 Nr. L 152/21 (33 ff.) – Solvay; v. 19. 12. 1990, ABl. 1991 Nr. L 152/40 (50 ff.) – ICI; 19. WB 1989, Tz. 62 (S. 78 f.) – Industriegase; *OLG Düsseldorf* WuW/E DE-R, 1757 (1771 ff.).

[78] IM/*Möschel,* Art. 82 Rn. 179–181.

[79] S. *van Bael/Bellis,* p. 924 ff.; *Hellwig,* (2.) FS Mestmäcker, S. 231 (253 ff.); *Holzinger,* EuZW 2007, 313 f.; *Kallaugher/Sher,* ECLR 2004, 263; *Kamann/E. Bergmann,* BB 2004, 1173; *W. Kleinmann,* EWS 2002, 466; *Sher,* ECLR 2002, 483; *Wurmnest,* Marktmacht, S. 529 ff.

deres als gewöhnliche, grundsätzlich positiv zu beurteilende Preisnachlässe sind. In der Wettbewerbstheorie wird aus diesem Grund immer wieder vor voreiligen Eingriffen in die Preisbildungsfreiheit der Unternehmen durch das Verbot bestimmter Rabattsysteme als missbräuchlich gewarnt. Auf der anderen Seite steht aber auch fest, dass von Rabattsystemen ebenso **negative Wirkungen** wie von Ausschließlichkeitsbindungen ausgehen können. In besonderem Maße gilt dies für sog. **bedingte Rabattsysteme**, bei denen die Gewährung von Rabatten von einem Verhalten der Abnehmer, insbesondere von der Konzentration ihrer Nachfrage auf das marktbeherrschende Unternehmen abhängig gemacht wird. Paradigma sind **Treuerabatte** und vergleichbaren Abreden, die die Aufgabe haben, den *ausschließlichen Bezug* bei dem beherrschenden Unternehmen zu *belohnen*. Die vertiefte Prüfung derartiger Rabattsysteme in den letzten Jahren hat zugleich deutlich gemacht, dass **generelle Aussagen** über ihre positiven oder negativen Wirkungen auf den Wettbewerb ausgesprochen **schwierig** sind, so dass selbst von Treuerabatten nur unter im Einzelnen umstrittenen zusätzlichen Voraussetzungen wettbewerbsschädliche Wirkungen in Gestalt einer Sogwirkung, d. h. eines **Marktverschließungseffektes** zu befürchten sind.

Die skizzierte Entwicklung in der wettbewerbstheoretischen Diskussion (Rn. 30) **30a** spiegelt sich deutlich in der Entwicklung der Entscheidungspraxis der Unionsorgane zur Beurteilung von Rabattsystemen anhand des Art. 102 AEUV wider: Während **ursprünglich** Gerichtshof und Kommission zu einem grundsätzlich **negativen Urteil** über Treuerabatte und vergleichbare Abreden tendierten (Rn. 30b), tritt insbesondere die Kommission **heute** für eine **differenzierte Analyse** der Auswirkungen bedingter Rabattsysteme auf den Wettbewerb ein, um übermäßige Eingriffe in die Preisbildungsfreiheit der Unternehmen zu vermeiden und nur solche Fälle zu erfassen, in denen von dem Rabattsystem tatsächlich Marktverschließungseffekte zu befürchten sind, ohne dass im Einzelfall besondere Rechtfertigungsgründe eingreifen (Rn. 31 f.).

b) Ursprünglich standen Gerichtshof und Kommission Treuerabatten und vergleich- **30b** baren Abreden über bedingte Rabatte ausgesprochen **kritisch** gegenüber weil sie davon ausgingen, dass sich mit derartigen Abreden weit gehend dieselben Wirkungen wie mit Ausschließlichkeitsbindungen (o. Rn. 27 ff.) erreichen ließen. Derartige Rabattsysteme wurden deshalb vielfach als **missbräuchlich** angesehen, in erster Linie nach Art. 102 S. 2 lit. b sowie häufig – wegen der mit ihnen oft verbundenen Diskriminierung zwischen den verschiedenen Abnehmergruppen – auch nach Art. 102 S. 2 lit. c.[80] Dieselbe negative Beurteilung erfuhren meistens **individuelle Rabattsysteme** für die einzelnen Abnehmer, insbesondere, wenn diesen die jeweiligen Höchstsätze immer erst nachträglich bekannt gegeben werden,[81] sowie schließlich

[80] *EuGH* Slg. 1978, 207 (295) = NJW 1978, 2339 – Chiquita; Slg. 1979, 461 (539 ff.) – Hoffmann-La Roche; 1983, 3461 (3514) – Michelin; Slg. 2001, I-2638 (2657 f. Tz. 50 ff.) – Portugal; Slg. 2007, I-2373 = EuZW 2007, 306 (308 ff. Tz. 58 ff.) = JuS 2007, 975 Nr. 14 – BA; *EuG* Slg. 1993, II-389 (431 Tz. 120) – BPB; 2003, II-4082 (4100 ff. Tz. 54 ff.) = WuW/E 731 – Michelin; Slg. 2003, II-5925 (5986 ff.) = WuW/E 777 (787 ff. Tz. 244 ff.) – BA; zuletzt *Kommission,* Entsch. v. 13. 12. 2000, ABl. 2003 Nr. L 10/10 (26 ff.) und 33 (46 ff.) – Solvay und ICI; 26. 3. 2001, ABl. Nr. L 125/27 (37 ff.) – DPAG; 20. 6. 2001, ABl. 2002 Nr. L 143/1 (34 ff.) – Michelin; s. auch u. Rn. 45 ff.

[81] *EuGH* Slg. 1983, 3461 (3512 ff.) – Michelin; Slg. 2007, I-2373 = EuZW 2007, 306 (308 f., Tz. 63, 71 ff.) – BA; *Kommission,* Entsch. v. 17. 10. 1981, ABl. Nr. L 353/33 (41 ff.) – Michelin I und v. 20. 6. 2001, ABl. 2002 Nr. L 143/1 (34 ff.) – Michelin II.

Zielvereinbarungen und vergleichbare, oft nur schwer durchschaubare Vertragsgestaltungen.[82] Den Gegensatz bilden **Mengen- und Funktionsrabatte,** die jedenfalls unbedenklich sind, *sofern* durch sie den Abnehmern *zusätzliche Leistungen* für die Lieferanten *vergütet* werden, insbesondere in Gestalt größerer Abnahmemengen als üblich oder in Gestalt der Abnahme typischer Saisonware außerhalb des Saison. Art. 102 S. 2 lit. b kommt dagegen auch hier in Reichweite, wenn die Rabattstufen in keinem Zusammenhang mehr mit der Kostenersparnis bei dem Lieferanten stehen, sondern offenkundig allein dem Zweck dienen, die Abnehmer durch große Rabattsprünge bei Überschreitung einzelner Umsatzschwellen nach Möglichkeit an den Lieferanten zu binden.[83]

31 **c)** Inzwischen hat sich jedoch bei den Unionsorganen die Erkenntnis durchgesetzt, dass die Wirkungen von Rabattsystemen ganz von den Umständen abhängen und dass man sich daher vor übermäßigen Eingriffen in den grundsätzlich schützenswerten Preiswettbewerb auf dem Weg über Art. 102 hüten muss (Rn. 30). Die **Kommission** hat deshalb in ihrer **Mitteilung von 2009** ein hochdifferenziertes System zur Beurteilung von Rabattsystemen entwickelt, gekennzeichnet in erster Linie durch die Beschränkung auf **bedingte (konditionierte) Rabatte** die den Abnehmern als Belohnung für ein bestimmtes Verhalten und insbesondere für den ausschließlichen oder überwiegenden Bezug bei dem Unternehmen in beherrschender Stellung gewährt werden.[84] Innerhalb der bedingten Rabatten muss man weiter danach unterscheiden, ob sie bei Erreichung einer bestimmten Umsatzschwelle **rückwirkend** für die gesamte Bezugsmenge in der Referenzperiode oder nur **stufenweise** für die Bezüge oberhalb einer im Voraus definierten Schwelle gewährt werden. Marktverschließungswirkungen drohen vor allem von rückwirkenden bedingten Rabatten, namentlich, wenn es sich bei dem Unternehmen in beherrschender Stellung um einen sog. Zwangspartner mit besonders hohen Marktanteilen handelt, auf den jeder Abnehmer ohnehin angewiesen ist (Tz. 37 ff.); Diese negativen Wirkungen rückwirkender bedingter Rabatte können noch gesteigert werden bei Anwendung **unternehmensspezifischer Umsatzschwellen** oder bei Festlegung **individueller Zielmengen** (Tz. 45). Im Einzelfall können jedoch solche Rabattsysteme durch **Effizienzvorteile** auch gerechtfertigt sein, insbesondere, wenn mit ihnen Kostenvorteile für die Abnehmer verbunden sind oder wenn durch sie sonst unterbliebene Investitionen ermöglicht werden (Tz. 46).

31a In der **Intel-Entscheidung vom 13. Mai 2009**[85] ist die **Kommission** auf dieser Grundlage zu dem Ergebnis gelangt, dass das komplizierte Rabattsystem von Intel gegen Art. 102 S. 2 lit b und c verstößt, weil im Ergebnis die Höhe der Rabatte von dem ausschließlichen oder überwiegenden Bezug von Chips bei Intel abhing, nachgewiesen anhand des von der Kommission entwickelten **„as efficient competitor-**

[82] S. die verschiedenen Entscheidungen zu den ausgesprochen raffinierten Rabattsystemen von Michelin und British Airways (vorige Fn.).

[83] *EuGH* Slg. 2001, I-2638 (2657 ff. Tz. 50 ff.) – Portugal; *EuG* Slg. 2003, II-4082 (4100 ff. Tz. 54 ff.) = WuW/E EU-R 731 – Michelin; Slg. 2003, II-5925 (5985 ff.) = WuW/E EU-R 777 (787 ff. Tz. 241 ff.) – BA; *Kommission,* Entsch. v. 20. 6. 2001, ABl. 2002 Nr. L 143/1 (34 ff.) – Michelin; v. 20. 3. 2001, ABl. Nr. L 125/27 (37 ff. Tz. 33 ff.) – DPAG.

[84] ABl. Nr. C 45/7 Tz. 37; s. dazu *Schmidt/Voigt,* WuW 2006, 1097 (1101 ff.); *Wirtz/Möller,* WuW 2006, 226 (231 ff.); *Wurmnest,* Marktmacht, S. 600 ff.

[85] WuW/E EU-V 1441 (1447 ff., Tz. 920 ff.); vgl. auch schon den Fall Prokant/Tomra: *Kommission,* Entsch. v. 29. 3. 2006 (n.v.); *Wurmnest,* Marktmacht, S. 601 ff.

Test", bei dem geprüft wird, welche Preise ein kleinerer, aber ebenso effektiver Anbieter wie das fragliche Unternehmen in beherrschender Stellung den Kunden bieten müsste, um die Rabattverluste der Kunden bei einem Wechsel ihres Anbieters auszugleichen.[86] Das Missbrauchsverbot greift danach (jedenfalls) ein, wenn solcher Test ergibt, dass die **Preise** des hypothetischen konkurrierenden Anbieters so niedrig sein müssen, da sie **auf keinen Fall mehr auskömmlich** sind.

Im Anschluss an die skizzierte jüngste Praxis der Kommission (Rn. 31a) verlangt der 31b **Gerichtshof** jetzt gleichfalls grundsätzlich eine **zweistufige Prüfung** von Rabattsystemen.[87] Auf der ersten Stufe muss geprüft werden, ob von dem fraglichen Rabattsystem eine *Sog- oder Verdrängungswirkung* ausgeht. Ist dies wie in der Regel bei Treuerabatten und individuellen Rabatten sowie häufig bei Zielrabatten der Fall, so ist auf der zweiten Stufe zu prüfen, ob die Rabatte ausnahmsweise *objektiv wirtschaftlich gerechtfertigt* sind, wofür das betreffende Unternehmen die Beweislast trägt. Ergänzend ist außerdem noch zu untersuchen, ob die Rabatte gegen das Diskriminierungsverbot des Art. 102 S. 2 lit. c verstoßen.[88]

4. Geschäftsverweigerung

Literatur: S. u. § 29 Rn. 54 ff.; Hdb., H I § 3 Rn. 90 ff.; *Kommission,* Mitteilung über die Anwendung der Wettbewerbsregeln auf Zugangsvereinbarungen im Telekommunikationsbereich vom 22. 8. 1998, ABl. Nr. C 265/2; Diskussionspapier, Dezember 2005, Tz. 217 ff.; Mitteilung von 2009, Tz. 75 ff.; *Areeda,* Antritrust Law Journal 58 (1990), 841; *Beckmerhagen,* Die essential-facilities-Doktrin im US-amerikanischen und europäischen Kartellrecht, 2002; *St. Bechtold,* FS Bechtold, 2006, S. 31; *K. V. Boesche,* Die zivilrechtsdogmatische Struktur des Anspruchs auf Zugang zu Energieversorgungsnetzen, 2002; *de Bronett,* in: Wiedemann, § 22 Rn. 59 ff.(S. 934 ff.); *Emmerich,* FS Großfeld, 1998, S. 185; *ders.,* FS Söllner, 2000, S. 35; *Fleischer,* RIW 2000, 22; *ders./Weyer,* WuW 1999, 305; *Glasl,* ECLR 1994, 306; *Frenz,* Tz. 1350 ff. (S. 511 ff.); *A. Heinemann,* Immaterialgüterschutz in der Wettbewerbsordnung, 2002, S. 453 ff.; *G. Kühne,* FS Immenga, 2004, S. 243; *Mailänder,* FS I. Schmidt, 1997, S. 271; *Markert,* FS Mestmäcker, 1996, S. 661; *P. Mennicke,* ZHR 160 (1996), 626; *Mestmäcker,* FS Steindorff, 1990, S. 1045; *ders.,* FS Immenga, 2004, S. 261; *ders./Schweitzer,* § 18 Rn. 15, 30 ff. (S. 440, 445 ff.); *Schwintowski,* (Hrsg.), Verhandelter und regulierter Netzzugang, 2005; *Subiotto,* ECLR 1992, 234; *J. Tempel Lang,* Fordham International Law J. 18 (1994), 245; *Wendenburg,* Marktmacht auf Sekundärmärkten, 2004.

Als Einschränkung der Erzeugung oder des Absatzes zum Schaden der Verbraucher 32 im Sinne des Art. 102 S. 2 lit. b wird es ferner angesehen, wenn ein Unternehmen in beherrschender Stellung die **Geschäftsbeziehungen** zu einem anderen Unternehmen **abbricht oder** von vornherein die Aufnahme solcher Beziehungen mit ihm **ablehnt** (sog. Geschäfts- oder Lieferverweigerung, **refusal to supply**). Gleich steht der Fall, dass ein beherrschendes Unternehmen die Aufnahme oder die Fortsetzung der Geschäftsbeziehungen davon abhängig macht, dass der andere Teil für ihn im Grunde unzumutbare Geschäftsbedingungen akzeptiert. Sonderfälle bilden die bisher nur selten praktisch gewordene Abnahmeverweigerung sowie die heute unter dem Stichwort: „essential-facilities-Doktrin" diskutierten Fälle (dazu u. Rn. 35 f.). Soweit danach ein Kontrahierungszwang von Unternehmen in beherrschender Stellung angenommen wird, kommt darin in besonderem Maße die Verantwortung zum

[86] WuW/E EU-V 1441 (1450 ff., Tz. 1002 ff.).

[87] *EuGH* Slg. 2007, I-2373 = EuZW 2007, 306 (309 ff. Tz. 67 ff.) = JuS 2007, 975 Nr. 14 – BA; s. dazu *Holzinger,* EuZW 2007, 313 f.

[88] S. u. Rn. 45 ff.; *EuGH* Slg. 2007, I-2373 = EuZW 2007, 306 (312 f. Tz. 133 ff.) = JuS 2007, 975 Nr. 14 – BA.

Ausdruck, die Unternehmen in beherrschender Stellung für die Aufrechterhaltung eines Systems unverfälschten Wettbewerbs tragen.

33 **a)** Der **Abbruch von Geschäftsbeziehungen** (o. Rn. 32) wird, wenn er von einem Unternehmen in beherrschender Stellung ausgeht, von den Gemeinschaftsorganen vielfach als **Verstoß** gegen Art. 102 S. 2 lit. b qualifiziert, jedenfalls, sofern davon **wettbewerbsbeschränkende Wirkungen**, insbesondere auf Drittmärkten, drohen, außer wenn der Abbruch im Einzelfall, gemessen an den Vertragszielen, **sachlich gerechtfertigt** („vernünftig") erscheint, wozu auch erforderlich ist, dass dem Unternehmen in beherrschender Stellung zur Wahrung seiner legitimen Interessen kein milderes Mittel als gerade der Abbruch der Geschäftsbeziehungen zur Verfügung steht (Verhältnismäßigkeitsgrundsatz).[89] Die Einzelheiten sind umstritten; maßgebend sind letztlich immer die Besonderheiten der einzelnen Märkte. Bei **mehrstufigen Unternehmen** kommt eine Anwendung des Art. 102 z. B. in Betracht, wenn sie die Belieferung ihrer einstufigen Konkurrenten auf den nachgelagerten oder **Sekundärmärkten** mit Rohstoffen oder Vorprodukten ganz ablehnen oder nur zu überhöhten Preisen anbieten, so dass ihre einstufigen Konkurrenten einer sog. **Kosten-Preis-Schere** ausgesetzt werden. Auszugehen ist dabei grundsätzlich von den Verhältnissen auf den Sekundärmärkten. Die *Kommission* hat sich gegen derartige Praktiken von Unternehmen in beherrschender Stellung in erster Linie auf den Telekommunikations-, Post- und Verkehrsmärkten gewandt. Bekannte **Beispiele** sind die Preispolitik der Deutschen Post AG (DPAG) auf dem Paketmarkt[90], der Deutschen Telekom AG (DTAG) bei der Festsetzung der Gebühren für den Zugang ihrer privaten Konkurrenten zu dem nach wie vor von ihr allein beherrschten Ortsnetz[91] sowie der spanischen Post bei der Festsetzung der Gebühren für den Internetzugang ihrer Konkurrenten im Netz, die bewusst viel zu hoch angesetzt waren, während die Post ihren eigenen Endkunden ganz niedrige Gebühren abverlangte.[92] Die *Kommission* hat in diesen Fällen eine missbräuchliche Preis- oder Kostenschere insbesondere angenommen, wenn die **Differenz** zwischen den Preisen für die Endkunden auf dem Sekundärmarkt und den Preisen für die Konkurrenten auf dem vorgelagerten Markt entweder **negativ** oder doch so **gering** ist, dass sie auch für effektive Konkurrenten nicht mehr ausreichend ist; dies hat in dem DTAG-Fall ausdrücklich die Billigung des **EuG** gefunden.[93]

34 Im Jahre 2005 hatte die **Kommission** aus dieser Praxis den Schluss gezogen, die Anwendung des Art. 102 setze in den fraglichen Fällen der Reihe nach voraus: 1. eine

[89] Zusammenfassung der Rechtsprechung in *EuG* Slg. 2005, II-5596 = WuW/E EU-R 977 (984 f. Tz. 306 ff.) – GE/Honeywell sowie bei *GA Jacobs,* in: Slg. 1998, I-7794 (7802 ff. Tz. 33 ff.); zuletztt insbes. *EuGH* Slg. 2008, I-7174 = EuZW 2008, 634 = JuS 2009, 479 – GSK; *EuG* Slg. 2007, II-3601 = WuW/E EU-R 1307 Tz. 317 ff. – Microsoft; *BGH* NJW-RR 2010, 392 (394 f. Tz. 35 ff.) = WuW/E DE-R 2708 – Reisestellenkarte; WuW/E DE-R 2963 (2967 ff.) – SIM-Karte I; WM 2010, 1950 = MMR 2010, 786 – SIM –Karte II; *Kommission,* Entsch. v. 29. 9. 2010, ABl. Nr. C 352/8 – ENI: *öOGH* WuW/E KRInt 118 (119 f.) = WuW 2006, 332; *Möschel,* JZ 2009, 1040 (1042).

[90] *Kommission*, Entsch. vom 20. 3. 2001, ABl. Nr. L 125/27 (39 ff., Rn. 35 ff.) – DPAG/UPS.

[91] *EuG* Slg. 2008, II-485 Tz. 166, 186 ff. = WuW/E EU-R 1429 (1433 ff.); *Kommission*, Entsch. vom 21. 3. 2003, ABl. Nr. L 263/9 (23 ff., Rn. 102 ff.) = WuW/E EU-V 908 – DTAG.

[92] *Kommission*, Entsch. vom 4. 7. 2007, ABl. Nr. C – Telefonica; vgl. auch *BKartA* WuW/E DE-V 1191 (1193 f.).

[93] *EuG* Slg. 2008, II-485 Tz. 166, 183 ff. = WuW/E EU-R 1429 (1433 ff.); vgl dazu auch noch *EuG* Slg. 2000, II- 3759 (3807 ff., Tz. 178 ff.).

Geschäftsverweigerung, 2. die beherrschende Stellung des betreffenden Unternehmens, 3. die Ausschaltung wirksamen Wettbewerbs durch die Geschäftsverweigerung sowie 4. das Fehlen objektiver Rechtfertigungsgründe.[94] In ihrer **Mitteilung von 2009** hat sich die Kommission dagegen schon wieder deutlich zurückhaltender zu dem Fragenkreis geäußert.[95] Eine Anwendung des Art. 102 kommt danach (nur noch) unter **drei Voraussetzungen** in Betracht, nämlich 1. wenn das fragliche Produkt oder die fragliche Dienstleistung objektiv zum Markteintritt anderer Unternehmen notwendig ist, 2. wenn die Lieferverweigerung deshalb zum Ausschluss des Wettbewerbs durch die genannten anderen Unternehmen auf dem nachgelagerten Markt führen wird, sowie 3., wenn die Verbraucher dadurch geschädigt werden, wenn mit anderen Worten von der Lieferverweigerung keine Effizienzvorteile für die Verbraucher zu erwarten sind (Mitteilung Tz. 81 – 90). Soweit nach dem Gesagten hier Raum für die Anwendung des Art. 102 ist, kann sich daraus in **Krisenzeiten** für beherrschende Unternehmen mit Zugang zu den Rohstoffquellen außerdem die **Pflicht zur Repartierung** ihrer knappen Ressourcen ergeben.

In dem **GSK-Urteil** von 2008 hatte der **EuGH** erstmals Gelegenheit, zu der neuen 35
Linie der Kommission Stellung zu nehmen.[96] Die Lieferverweigerung ist danach als missbräuchlich anzusehen, wenn sie – ohne eine sachliche Rechtfertigung – geeignet erscheint, den Wettbewerb des betroffenen Unternehmens auszuschalten (Urteil GSK Tz. 34). Dafür reicht es aus, wenn die Lieferverweigerung zur Folge hat, dass das betroffene Unternehmen von Lieferungen in *andere* Mitgliedstaaten abgehalten wird, während es auf seinem Heimatsmarkt durchaus weiterhin tätig werden kann (Urteil GSK Tz. 35). Dementsprechend sieht der Gerichtshof insbesondere die Behinderung von Parallelexporten und -importen als kritisch an (Urteil GSK Tz. 39), und zwar auch auf hochregulierten Märkten wie den Pharmamärkten, weil das Binnenmarktprojekt im Interesse der Verbraucher den Vorrang habe (Urteil GSK Tz.51 ff, 59 ff, insb. Tz.65 und 69). Der **BGH** betont demgegenüber auf regulierten Märkten wie insbesondere den Telekommunikationsmärkten deutlich stärker die Notwendigkeit, die Regulierungspraxis zu berücksichtigen, so dass die Annahme eines Missbrauchs durch eine Lieferverweigerung auf derartigen Märkten in der Regel auszuscheiden habe, wenn sich das Unternehmen in beherrschender Stellung an die Praxis der Regulierungsbehörde über die Regelung des Marktzugangs hält und anderen Unternehmen weitere und günstigere Möglichkeiten des Zugangs zu seinen Netzen verweigert.[97]

b) Dieselben Regeln finden grundsätzlich Anwendung, wenn es ein Unternehmen in 36
beherrschender Stellung **von vornherein ablehnt,** mit einem anderen Unternehmen, das auf seine Leistungen angewiesen ist, Geschäftsbeziehungen aufzunehmen (sog. **De-novo-Lieferverweigerung**).[98] Aus naheliegenden Gründen kommt jedoch hier eine Rechtfertigung solchen Verhaltens durch die Wahrnehmung legitimer Interessen des beherrschenden Unternehmens (weit) eher in Betracht als bei dem „grund-

[94] Diskussionspapier, Tz. 217 ff.

[95] ABl. C 45/7, Tz. 75 ff.

[96] *EuGH* Slg. 2008, I-7174 = EuZW 2008, 634 = WuW/E EU-R 1463 = JuS 2009, 479.

[97] Vgl die beiden SIM-Karten-Urteile von 2010: *BGH* WuW/E DE-R 2963 (2967 ff.) – SIM-Karte I; WM 2010, 1950 = MMR 2010, 786 – SIM –Karte II, die beide keineswegs in jeder Hinsicht zu überzeugen vermögen; zustimmend aber *Haus,* WuW 2010, 1237; – anders zuvor *OLG Düsseldorf* WuW/E DE-R 2427; im Ergebnis wohl auch *Heise,* WuW 2009, 1024; s. u. § 27 Rn. 104 und § 38 Rn. 14.

[98] *Kommission,* Entsch. v. 2. 6. 2004, WuW/E EU-V 1053 (1058 ff. Tz. 219 ff.) – Clearstream; *öOGH* ÖBl. 1998, 36; 1998, 256; 1998, 308; 1999, 16; 1999, 50.

losen Abbruch" schon bestehender Geschäftsbeziehungen (o. Rn. 33 ff.). Keine Rolle spielt dagegen, ob es sich um die Lieferung von *Waren oder* die Erbringung von *Dienstleistungen* handelt.[99]

5. Essential-facilities-Doktrin

Literatur: S. o. vor Rn. 32, u. bei § 27 Rn. 102 ff. sowie Hdb., H I § 3 Rn. 95–103; *Arlt*, GRUR 2005, 1009; *St. Bechtold*, Die Kontrolle von Sekundärmärkten, 2007; *Busche*, FS Tilmann, 2003, S. 645; *Conte Gallego*, GRURInt 2006, 16; *Deselaers*, WuW 2008, 171; *Ensthaler/Bock*, GRUR 2009, 1; *Frenz*, Tz. 1354 ff. (S. 513 ff.); *Heinemann*, in: *Baudenbacher/Simon* (Hrsg.), Neueste Entwicklungen im europäischen und internationalen Immaterialgüterrecht, 2003, S. 177; *Heise* WuW 2010, 1237; *Kaestner*, Missbrauch von Immaterialgüterrechten, 2005; *Kühnen*, FS Tilmann, 2003, S. 513; *Lange/Klippel/Ohly* (Hrsg.), Geistiges Eigentum und Wettbewerb, 2009; *Lubitz*, K&R 2004, 649; *Nägele/Jacobs*, Zwangslizenzen, WRP 2009, 1062; *Spindler/Apel*, JZ 2005, 133; *R. Wilhelmi*, WRP 2009, 1431; *Wirtz/Möller*, WuW 2006, 226.

37 **a)** Unter dem Stichwort: essential-facilities-Doktrin (Verweigerung des Zugangs zu wesentlichen Einrichtungen) diskutiert man die Frage, ob die Inhaber von Infrastruktureinrichtungen und Rechten, die über diese Einrichtungen oder Rechte den Zugang zu vorgelagerten oder nachgeordneten Märkten beherrschen, anderen Unternehmen die Mitbenutzung ihrer Einrichtungen oder Rechte gestatten müssen, selbst wenn ihnen davon eine Konkurrenz auf den genannten Märkten droht. Paradigma für derartige Infrastruktureinrichtungen, in diesem Zusammenhang meistens **wesentliche Einrichtungen** genannt, sind die **Netze** der Verkehrs- und Versorgungswirtschaft, ohne deren Mitbenutzung offenkundig in der Regel anderen Verkehrs-, Telekommunikations- und Versorgungsunternehmen ein Zugang zu den nachgeordneten Märkten nicht möglich ist. Der Fragenkreis beschränkt sich jedoch im Unionsrecht nicht auf die damit angesprochene Durchleitungsproblematik, da hier – anders als nach deutschem Recht (Rn. 38) – der Begriff der wesentlichen Einrichtungen nicht auf die genannten Infrastruktureinrichtungen beschränkt, sondern wesentlich *weiter* gezogen wird, bis hin zu gewerblichen Schutzrechten, ohne deren Lizenzierung Konkurrenten die Betätigung auf einem bestimmten Markt nicht möglich ist.

38 Gesetzliche Regelungen dieses schwierigen Fragenkreises finden sich außer in **§ 19 Abs. 4 Nr. 4 GWB** von 1998 (s. dazu u. § 27 Rn. 102 ff.) vor allem in verschiedenen **Richtlinien** der Union und den darauf fußenden **Regulierungsgesetzen** für die Energie-, Bahn-, Post- und Telekommunikationsmärkte (s. dazu u. §§ 38 f.). Daneben bleibt aber in jedem Fall **Art. 102** (als vorrangiges Primärrecht) anwendbar. Die Konsequenzen sind umstritten. Während der BGH offenbar auch im Rahmen des Art. 102 der Regulierungspraxis erhebliche Bedeutung beimessen will (Rn. 35), tendiert die überwiegende Meinung im Schrifttum dahin, Art. 102 nach Möglichkeit seinen eigenständigen Anwendungsbereich – jenseits der allemal problematischen Regulierung – zu belassen.[100] Aus dieser Sicht bildet die ganze essential-facilities-Doktrin daher nichts anderes als eine (**eigenartige**) **Fallgruppe der Geschäftsverweigerung** (o. Rn. 32 ff.),[101] so dass sich im Kern die Kriterien, unter denen Dritte Zugang zu den genannten wesentlichen Einrichtungen verlangen können, mit denen decken, unter denen sonst eine Geschäftsverweigerung als missbräuchlich im Sinne des Art. 102 S. 1 oder S. 2 lit. b angesehen wird (o. Rn. 33 ff.). Besonderheiten gelten

[99] *Kommission*, Entsch. v. 2. 6. 2004, WuW/E EU-V 1053 (1058 ff., Tz. 220 ff.) – Clearstream.

[100] S. *Kühne*, FS Immenga, S. 243; *Mestmäcker/Schweitzer*, § 18 Rn. 55, 59 ff. (S. 453 ff.).

[101] Ebenso *Kommission*, Mitteilung von 2009, ABl. Nr. C 45/7, Tz. 78 f.

lediglich für die (besonders verwickelte) Problematik der **Zwangslizenzen** an gewerblichen und sonstigen Schutzrechten, wo die Notwendigkeit zur Respektierung des durch den Vertrag garantierten Bestandes dieser Rechte (angeblich) **zusätzliche Voraussetzungen** für die Anwendung des Art. 102 erforderlich macht. Meistens wird darauf abgestellt, dass eine Zwangslizenz nur unter außergewöhnlichen Umständen in Betracht komme, wozu insbesondere notwendig sei, dass durch die Erteilung der Zwangslizenz im Interesse der Verbraucher ein neues Produkt oder eine neue Dienstleistung ermöglicht würde (sog. **Neuheitserfordernis**, s. Rn. 42 f.).

b) Entwickelt wurde die essential-facilities-Doktrin schon verhältnismäßig früh in den **Vereinigten Staaten.**[102] Von dort ist sie von der **Kommission** Schritt für Schritt in das Gemeinschaftsrecht übernommen worden, wobei sie sich auf einige in dieselbe Richtung zielende Leitentscheidungen des **Gerichtshofs** berufen konnte. Ihre erste Ausformulierung fand die essential-facilities-Doktrin in den **Seehafenentscheidungen** der Kommission aus den Jahren 1993 bis 1995, in denen sie wiederholt feststellte, dass die Verweigerung der Mitbenutzung wesentlicher Einrichtungen wie eben Häfen zu diskriminierungsfreien Bedingungen gegen Art. 102 verstößt, wenn der marktbeherrschende Inhaber der fraglichen Einrichtung diese zwar selbst nutzt, zugleich aber durch die Verweigerung des Zugangs zu der Einrichtung andere Unternehmen an der Aufnahme der Konkurrenztätigkeit auf einem nachgeordneten Markt hindert.[103] Die essential-facilities-Doktrin wurde seitdem in allen Fällen angewandt, in denen ein beherrschendes Unternehmen den Zugang zu einem Markt kontrolliert, weil es über Einrichtungen, Kenntnisse oder Schutzrechte verfügt, ohne die eine Betätigung auf dem nachgeordneten Markt nicht möglich ist. 39

Beispiele sind außer den „klassischen" **Netzmonopolen und** anderen **Infrastruktureinrichtungen** wie Häfen und Bahnhöfen auch **Schlüsselpatente und Urheberrechte** sowie überhaupt **jede Erlaubnis oder Lizenz,** die Dritte als Voraussetzung für die Betätigung auf einem bestimmten Markt von seiten des Berechtigten benötigen. Der Begriff wird insgesamt im Gemeinschaftsrecht – anders als im deutschen Recht nach § 19 Abs. 4 Nr. 4 GWB – ganz **weit** ausgelegt. **Beispiele** sind das (angebliche) Urheberrechte der Rundfunkanstalten an ihren Programmen, so dass die Herausgabe von Programmzeitschriften eine entsprechende Lizenz voraussetzt,[104] die Schnittstellenbedingungen großer Anbieter von Software, ohne deren Kenntnis anderen Unternehmen die Entwicklung ergänzender Programme verwehrt ist,[105] 40

[102] Wegen der Einzelheiten s. 540 US 398 = 124 SCt. 872 (2004) = WuW/E KRInt 59 –Verizon/Trinko; *Areeda,* Antitrust Law J. 58 (1990), 841; *Glasl,* ECLR 1994, 306; *Klaue,* RdE 1996, 51; *A. Klimisch/M. Lange,* WuW 1998, 15 (18 ff.); *Markert,* FS Mestmäcker, S. 661 (665 ff.); *Mestmäcker,* FS Steindorff, S. 1045 (1053 ff.); *ders./Schweitzer,* Wettbewerbsrecht, § 18 Rn. 33 ff. (S. 446 ff.); *Subiotto,* ECLR 1992, 234 (242 ff.); *Schwintowski,* WuW 1999, 842.

[103] *Kommission,* Entsch. v. 21. 12. 1993, ABl. 1994 Nr. L 15/8 (16 Tz. 66) – Stena Sealink II; v. 21. 12. 1993, ABl. 1994 Nr. L 55/52 (55 Tz. 12) – Hafen von Rodby; 22. WB 1992, Tz. 219 (S. 123 ff.) – Sealink I/Holyhead; 23. WB 1993, Tz. 234 (S. 164 ff.) – Sealink; 25. WB 1995, Tz. 43 (S. 28 f.) – ICG/Morlaix; Mitteilung über Zugangsvereinbarungen im Telekommunikationsbereich v. 22. 8. 1998, ABl. Nr. C 265/2 (15 ff. Tz. 87 ff.); zuletzt Beschl. v. 22. 6. 2011 – ABl. Nr. C 324/7 Tz. 13 ff. – TK Polska; *GA Jacobs,* in: *EuGH* Slg. 1998, I-7794 (7806 ff. Tz. 44 ff.); *BKartA* WuW/E DE-V 1879 (1881 ff.) – Scandlines/Hafen von Puttgarden; *Emmerich,* FS v. Gamm, 1990, S. 581 (592 ff.).

[104] *Kommission,* Entsch. vom 21. 12. 1988, ABl. 1989, L 78/43 – BBC/Magill; *EuGH* Slg. 1995, I-808 (822 ff., Tz. 48 ff.) = EuZW 1995, 339; *EuG* Slg. 1991, II-485 (519 ff., Tz. 70 ff.) – RTE; 1991, II/535 (561 ff.) = EuZW 1993, 189 – BBC; *EuG* Slg. 1991, II-575 (601 ff.) – ITP.

[105] *EuG* Slg. 2007, II-3601 = WuW/E 1301 (1315 ff. Tz. 317 ff.) – Microsoft.

das Urheberrecht an einer von einer Firma entwickelten Bausteinstruktur für Daten über den regionalen Absatz von Arzneimitteln in Deutschland, die zum Industriestandard geworden ist – mit der Folge, dass die Benutzung dieser Bausteinstruktur unabdingbar für eine Betätigung auf dem betreffenden Markt ist,[106] sogar eine nach Steuerrecht erforderliche Erlaubnis eines Leistungserbringers zum gesonderten Ausweis der Umsatzsteuer, etwa auf Reisesstellenkarten, weil ohne solche Erlaubnis und damit ohne gesonderten Ausweis der Umsatzsteuer auf den Rechnungen eine Betätigung auf diesem speziellen Markt praktisch nicht möglich ist,[107] sowie (natürlich) insbesondere die großen Netze in der Verkehrs- und Versorgungswirtschaft in Verbindung mit sämtlichen dazu gehörigen Dienstleistungen der Netzbetreiber.[108]

41 In ihrem **Diskussionspapier** von 2005 fasste die **Kommission** die Ergebnisse ihrer bisherigen Praxis zusammen und stellte fest, dass die Verweigerung der Erlaubnis zur Mitbenutzung einer der genannten Infrastruktureinrichtungen oder Rechte (Rn. 37 f.) grundsätzlich missbräuchlich ist, wenn (1.) das die Lizenzierung verweigernde Unternehmen marktbeherrschend ist, wenn (2.) die Nutzung der Einrichtung oder des Immaterialgüterrechts für die Entwicklung eines bestimmten Marktes unerlässlich ist und ohne sie dessen Entwicklung zum Nachteil der Verbraucher verhindert wird, wenn (3.) die Verweigerung höchstwahrscheinlich einen nachteiligen Einfluss auf den Wettbewerb hat, sowie wenn (4.) die Verweigerung nicht objektiv gerechtfertigt ist.[109] In ihrer **Mitteilung von 2009**[110] ist die Kommission darauf indessen nicht mehr zurückgekommen, sondern beschränkt sich auf die Bemerkung, dass die fraglichen Fälle lediglich besondere Aspekte der allgemeinen Problematik der Lieferverweigerung sind; als Beispiele nennt die Kommission hier die Weigerung, eine Lizenz für Rechte des geistigen Eigentums zu erteilen, sowie die Verweigerung des Zugangs zu wesentlichen Einrichtungen oder Netzen und fügt hinzu, dass es in diesen Fällen für die Anwendung der Grundsätze über die Lieferverweigerung (oben Rn. 32 ff.) genüge, wenn eine Nachfrage potentieller Abnehmer bestehe und ein potentieller Markt für den betreffenden „Input" bestimmt werden könne.

42 c) Der **Gerichtshof** hatte sich noch 1998 ganz zurückhaltend zu der essential-facilities-Doktrin geäußert.[111] Damit war jedoch keine endgültige Absage an die essential-facilities-Doktrin bezweckt, wie das nachfolgende Urteil in dem Fall **„IMS/NDC"**[112] von 2004 ebensowie die Urteile des EuG in dem Fall **„Microsoft"**[113] von 2004 und

[106] *EuGH* Slg. 2002, I-3401; 2004, I-5069 = EuZW 2004, 34 – IMS/NDC; s. dazu insbes. *Heinemann*, GRUR 2006, 705 (710 f.); *Höppner*, EuZW 2004, 748; *Thyri*, WuW 2005, 388.

[107] *BGH* NJW-RR 2010, 392 (394 ff. Tz. 36 f.) = WuW/E DE-R 2708; *OLG Düsseldorf* WuW/E DE-R 2184 (2189 ff.); *Deselaers*, WuW 2008, 179, alle zu § 14 Abs. 2 S. 2 UStG.

[108] *Kommission*, Entsch. vom 21. 5. 2003, ABl. Nr. L 263/9 (23 ff., Rn. 102 ff.) = WuW/E EU-V 908 – Deutsche Telecom; vom 27. 8. 2003, ABl. 200 Nr. L 11/17 (34 ff. (Rn. 119 ff.) – GVG/FS.

[109] Diskussionspapier, Rn. 239; s. dazu *Wirtz/Möller*, WuW 2006, 226 (232 f.).

[110] ABl. Nr. C 45/7 Tz. 78 f.

[111] *EuGH* Slg. 1998, I-7817 (7831 f. Tz. 41 ff.) = NJW 1999, 2259 = EuZW 1999, 86 – Bronner/Mediaprint; bestätigt durch *EuGH* Slg. 2004, I-5069 (5079 f. Tz. 28 ff.) – Tierce Ladbroke; s. dazu *Ehle*, EuZW 1999, 89 f.; *Lampert*, NJW 1999, 2235; zustimmend *öOGH* ÖBl. 2001, 41 – Mediaprint III.

[112] *EuGH* Slg. 2004, I-5069 = EuZW 2004, 345.

[113] *EuG* Slg. 2004, II-4483 = WuW/E EU-R 863; Slg. 2007, II-3601 = WuW/E EU-R 1307; dazu *Heinemann*, IIC 2005, 63; *ders.*, in: Behrens, Stand und Perspektiven des geistigen Eigentums in Europa, 2004, S. 105 (122 ff.); *Körber*, WuW 2007, 1209; *Stoppper*, ZWeR 2005, 87.

2007 zeigten. Voraussetzung für die Anwendung der essential-facilities-Doktrin ist danach vor allem, dass die Mitbenutzung der betreffenden Einrichtungen, Informationen oder Dienstleistungen **unerlässlich** für ein Unternehmen ist, das auf einem bestimmten Markt tätig werden will. Dies ist nur anzunehmen, wenn es keine Produkte oder Dienstleistungen gibt, die technisch und wirtschaftlich als Alternativlösungen in Betracht kommen.[114] Ist dies der Fall, so kann sogar die **Verweigerung der Lizenz** an einem Schutzrecht missbräuchlich sein, wenn (1.) die Zugangsverweigerung das Auftreten eines neuen Erzeugnisses verhindert, nach dem eine potentielle Nachfrage der Verbraucher besteht, wenn (2.) die Weigerung willkürlich ist und wenn sie (3.) geeignet ist, jeglichen Wettbewerb auf einem nachgelagerten oder abgeleiteten Markt auszuschließen.[115] Von diesen Grundsätzen geht auch die **deutschen Gerichte** bei der Anwendung des Art. 102 in den hier interessierenden Fällen aus.[116]

Die Entwicklung ist jedoch noch im Fluss. Denn in dem **Microsoft-Fall** ist das **Gericht** in der Anwendung des Art. 102 in den hier interessierenden Fällen einen wesentlichen Schritt *weiter* als die vorausgegangene Rechtsprechung gegangen. Es ging in diesem Fall um die Frage, ob die Weigerung von Microsoft, seinen Konkurrenten die Schnittstellenbedingungen zur Verfügung zu stellen, berechtigt ist oder gegen Art. 102 verstößt. Das Gericht hat hier zwar im Ausgangspunkt dieselben Kriterien bei der Prüfung wie zuvor der EuGH zugrunde gelegt, ist aber in einem entscheidenden Punkt über die bisherige Rechtsprechung des EuGH hinausgegangen: Nachdem es zunächst festgestellt hatte, dass sich das besonders umstrittene **Neuheitserfordernis** allein auf die Fälle einer *Zwangslizenz* an gewerblichen Schutzrechten bezieht (und deshalb in anderen Fällen entbehrlich ist) (Urteil Tz. 334), hat es sodann hinzugefügt, dass **auch andere Umstände** die Annahme eines Missbrauchs nach Art. 102 S. 2 lit b zu rechtfertigen vermögen wie insbesondere eine Beschränkung der technischen Entwicklung zum Schaden der Verbraucher.[117] 43

Ob sich diese großzügige Haltung des Gerichts endgültig durchsetzen wird, ist noch offen. Im Schrifttum, insbesondere zu den gewerblichen Schutzrechten, stößt sie verbreitet auf Kritik, weil man hier, wohl zu Unrecht, von ihr eine übermäßige Einschränkung der gewerblichen Schutzrechte durch die Anwendung des Art. 102 befürchtet. Sieht man hiervon einmal ab, so entsprechen in der Tat die **Voraussetzungen**, unter denen ein Zugang zu den genannten Einrichtungen und Rechten verlangt werden kann, im wesentlichen den Regeln bei der Geschäftsverweigerung (o. Rn. 32 ff.). Besonderheiten gelten lediglich für **Zwangslizenzen** an gewerblichen Schutzrechten, wo als zusätzliche Voraussetzung für die Anwendung des Art. 102 jedenfalls im Regelfall noch die Verhinderung eines neuen Produkts oder einer neuen Dienstleistung zum Schaden der Verbraucher verlangt wird. Liegen die genannten Voraussetzungen für die Anwendung des Art. 102 vor, so scheidet die Annahme eines Missbrauchs nur noch aus, wenn die Verweigerung des Zugangs zu der wesent- 44

114 *EuGH* Slg. 2004, I-5069 (5079 Tz. 28).

115 *EuGH* Slg. 2004, I-5069 (5081 f. Tz. 34–38).

116 *BGH* NJW-RR 2010, 392 (394 f. Tz. 35 ff.) = WuW/E DE-R 2708 – Reisestellenkarte; ebenso zuvor schon *OLG Düsseldorf* WuW/E DE-R 2184 (2189 ff.).

117 *EuG* Slg. 2007, II-3601 Tz. 643 ff., 647 ff. = WuW/E EU-R 1307; s. dazu *Lange*, in: ders./Klippel/Ohly, Geistiges Eigentum und Wettbewerb, 2009, S. 139 ff.; *R. Wilhelmi*, WRP 2009, 1431 (1442 ff.); *Wirtz/Möller*, WuW 2006, 226 (232 f.).

lichen Einrichtung **objektiv gerechtfertigt** ist, etwa wegen fehlender Kapazitäten oder wegen Gefahren für die Funktionsfähigkeit und Betriebssicherheit der Einrichtung bei ihrer Öffnung für Dritte.

IV. Anwendung unterschiedlicher Bedingungen bei gleichwertigen Leistungen (Art. 102 S. 2 lit. c)

1. Überblick

45 Nach Art. 102 S. 2 lit. c stellt ferner die Anwendung unterschiedlicher Bedingungen bei gleichwertigen Leistungen gegenüber Handelspartnern, wodurch diese im Wettbewerb benachteiligt werden, einen Missbrauch dar. Wie der Vergleich mit der Parallelvorschrift des Art. 101 Abs. 1 Halbs. 2 lit. c (o. § 5 Rn. 12) zeigt, hat der Vertrag hier vorrangig **einseitige Diskriminierungen** im Auge, die von Unternehmen in beherrschender Stellung praktiziert werden.

46 Unter einer **Diskriminierung** versteht man die unterschiedliche Behandlung gleichartiger Sachverhalte. Die **Auswirkungen** auf den Wettbewerb sind **ambivalent**. Je nach den Umständen können sie positiv oder negativ zu bewerten sein.[118] Lediglich **grundlose Diskriminierungen,** die **von marktstarken Unternehmen** ausgehen, gelten grundsätzlich als unvereinbar mit einer Wettbewerbsordnung, weil mit ihnen durchweg die Gefahr verbunden ist, dass durch sie die gleichen Wettbewerbschancen der Vertragspartner, der Lieferanten wie der Abnehmer des marktstarken Unternehmens, beeinträchtigt und damit der Wettbewerb verzerrt wird. Das ist der Grund, warum sich der Anwendungsbereich der meisten Diskriminierungsverbote auf marktstarke oder marktbeherrschende Unternehmen beschränkt (vgl. neben Art. 102 AEUV noch § 19 Abs. 4 Nr. 3 und § 20 Abs. 1 und Abs. 4 GWB und dazu u. §§ 27 Rn. 98 ff. und § 29).

47 Der **Zweck** des Diskriminierungsverbotes des Art. 102 S. 2 lit. c besteht nach dem Gesagten (Rn. 46) in erster Linie in dem **Schutz des unverfälschten Wettbewerbs** auf den vor- und nachgelagerten Märkten gegen eine Verzerrung des Wettbewerbs zwischen den Lieferanten oder Abnehmern des Unternehmens in beherrschender Stellung durch ihre grundlose unterschiedliche Behandlung,[119] d. h. – anders gewendet – letztlich in der **allseitigen Öffnung der Märkte** im Binnenmarkt. Speziell in der Europäischen Union kommt noch der weitere Zweck hinzu, das für die Union schlechthin fundamentale **Verbot jeder Diskriminierung** zwischen den Bürgern der Mitgliedstaaten **aus Gründen der Staatsangehörigkeit** auch gegen Unternehmen in beherrschender Stellung durchzusetzen, nicht zuletzt wegen der *Staatsnähe* vieler dieser Unternehmen (s. Art. 106 Abs. 1). So gesehen, erweist sich Art. 102 S. 2 lit. c zugleich als Anwendungsfall des allgemeinen Diskriminierungsverbots des Art. 9 EUV und des Art. 18 AEUV, so dass von Fall zu Fall auch beide Verbote **nebeneinander** anwendbar sein können. Im Vordergrund der Praxis zu Art. 102 S. 2 lit. c stehen folgerichtig **Diskriminierungen zwischen den Angehörigen verschiedener Mitgliedstaaten** seitens Unternehmen in beherrschender Stellung. Mit dem Missbrauchstat-

[118] S. *MK,* SonderGA 7, Tz. 217 ff.; *Mestmäcker,* WuW 1957, 21, 92; *ders./Schweitzer,* § 17 Rn. 14 (S. 413 f.).

[119] *EuGH* Slg. 2007, I-2373 Tz. 143 = EuZW 2007, 306, 313 = JuS 2007, 975 – BA.

bestand des Art. 102 S. 2 lit. c treffen außerdem häufig auch noch **andere Beispielstatbestände** des Art. 102 S. 2 zusammen. In wieder anderen Fällen kommt daneben nur der Rückgriff auf die **Generalklausel** des S. 1 des Art. 102 in Betracht, insbesondere bei Diskriminierungen zum Nachteil der Verbraucher, da diese nicht zu den „Handelspartnern" im Sinne des Art. 102 S. 2 lit. c zählen.

2. Tatbestand

a) Das Diskriminierungsverbot des Art. 102 S. 2 lit. c soll nach dem Gesagten (o. Rn. 47) vor allem verhindern, dass Unternehmen in beherrschender Stellung durch diskriminierende Eingriffe die **Marktchancen der „Handelspartner"**, d. h. der Unternehmen auf den vor- und nachgeordneten Märkten, **beeinträchtigen**, indem sie einzelne ihrer Lieferanten oder Abnehmer gegenüber anderen benachteiligen, und zwar durch Anwendung unterschiedlicher Bedingungen „bei gleichwertigen Leistungen".[120] Mit den **Handelspartnern** meint der Vertrag allein die *gewerblichen* Lieferanten und Abnehmer des Unternehmens in beherrschender Stellung. Unklar ist, wessen **Leistungen gleichwertig** sein müssen, um die Anwendung des Art. 102 S. 2 lit. c zu rechtfertigen. Geht man von dem Regelfall eines Austauschvertrages aus, so zeigt sich jedoch, dass der Vertrag bei den „gleichwertigen Leistungen" nur die **Sachleistungen** des beherrschenden Unternehmens an seine Abnehmer oder die Leistungen der Lieferanten an das beherrschende Unternehmen im Auge haben kann, da die Gegenleistungen des anderen Teils – als Geldleistungen – allemal gleichwertig sind.[121] 48

Die **Gleichwertigkeit von Leistungen,** also entweder der Leistungen der Lieferanten an das beherrschende Unternehmen oder dessen Leistungen an seine Abnehmer, beurteilt sich nach einem **objektiven Maßstab** aus der Sicht der Handelspartner. Ist danach die Gleichwertigkeit der Leistungen zu bejahen, so wird Art. 102 S. 2 lit. c anwendbar mit der Folge, dass das beherrschende Unternehmen seine Handels- oder besser: Vertragspartner **hinsichtlich der** jeweiligen **Gegenleistung gleichbehandeln** muss. Unterschiedliche Bedingungen sind daher mit Art. 102 S. 2 lit. c nur vereinbar, wenn sie durch **sachliche Gründe,** etwa durch unterschiedliche Kosten bei dem beherrschenden Unternehmen als Lieferant oder Abnehmer, gerechtfertigt werden können.[122] Zulässig ist ferner grundsätzlich der Eintritt in günstigere Angebote von Konkurrenten (sog. **meeting-competition-defense**), ohne dass deshalb derartige Preiszugeständnisse sofort nach Art. 102 S. 2 lit. c auch allen anderen Abnehmern eingeräumt werden müssten.[123] Fehlt es jedoch an derartigen sachlichen Gründen für die unterschiedliche Behandlung der Handelspartner, so greift das Diskriminierungsverbot des Art. 102 S. 2 lit. c ein. Die im Vertrag seinem Wortlaut nach noch zusätzlich verlangte **Benachteiligung der Handelspartner** im Wettbewerb (Art. 102 S. 2 lit. c Halbs. 2) ergibt sich bereits aus der Diskriminierung, d. h. der Benachteili- 49

---

[120] Diesen Zweck betont auch nachdrücklich der *EuGH* Slg. 2007, I-2373 Tz. 143 ff. = EuZW 2007, 306 (313) = JuS 2007, 975 Nr. 14 – BA.

[121] Ebenso das Urteil BA (vorige Fn. Tz. 136 ff.) für das Verhältnis der Fluggesellschaften zu den Reisevermittlern, in dem der Gerichtshof allein auf die Gleichwertigkeit der Leistungen der Vermittler, d. h. die Zahl der „verkauften" Flugscheine abgestellt hat.

[122] Beispiele: *Kommission,* Entsch. v. 2. 6. 2004, WuW/E EU-V 1053 (1063 ff. Tz. 302 ff.) – Clearstream; *OLG Hamburg* WuW/E DE-R 2831 (2836 ff. Tz. 51 ff.) – CRS/LH.

[123] *Kommission,* Diskussionspapier von 2005, Tz. 77, 204 ff.; *van Bael/Bellis,* p. 920 ff.; *Hirsbrunner/Schädle,* EuZW 2006, 583 (584 f.).

gung der Handelspartner gegenüber anderen, so dass sich eine selbstständige Prüfung für den Regelfall erübrigt.[124]

50 **b)** Als Diskriminierung gilt nach einer verbreiteten Meinung auch die **Gleichbehandlung** unterschiedlicher Sachverhalte (str.). Ebenso zu beurteilen ist ferner die **Quersubventionierung von Wettbewerbsdiensten** durch Monopolunternehmen mit Gewinnen aus dem Monopolbereich; Paradigma ist die Subventionierung der Paketpreise der Deutschen Post AG aus ihren exzessiven Gewinnen aus dem früher monopolisierten Briefdienst.[125] Fehlt es in derartigen Fallgestaltungen im Einzelfall an den Voraussetzungen des Art. 102 S. 2 lit. c, so muss dies nicht notwendig die Unanwendbarkeit des Art. 102 zur Folge haben; vielmehr bleibt, wenn die Voraussetzungen eines der Regelbeispiele des Art. 102 S. 2 nicht erfüllt sind, daneben immer noch der Rückgriff auf die **Generalklausel** des Art. 102 S. 1 möglich.[126] Wichtig ist das vor allem für **mittelbare Diskriminierungen,** d. h. für die von dem beherrschenden Unternehmen ausgehende *Veranlassung* diskriminierender Maßnahmen der Handelspartner gegenüber Konkurrenten, wodurch die letzteren im Wettbewerb mit dem Unternehmen in beherrschender Stellung behindert werden.

51 **c)** Unter Art. 102 S. 2 lit. c fallen nach dem Gesagten (o. Rn. 47) zunächst alle Formen einer offenen oder versteckten **Diskriminierung zwischen** den **Angehörigen** der Mitgliedstaaten seitens Unternehmen in beherrschender Stellung (Art. 18 AEUV). **Beispiele** sind die Festsetzung unterschiedlicher Gebühren für In- und Ausländer durch Telekommunikationsunternehmen,[127] der Aufbau eines Vertriebssystems, das auf die Abschottung der nationalen Märkte abzielt, um dort, je nach der Preiselastizität der Abnehmer, unterschiedliche Preise verlangen zu können,[128] die Benachteiligung ausländischer Unternehmen beim Zugang zum Werbefernsehen,[129] die Anwendung unterschiedlicher Preise durch die nationalen Bahngesellschaften,[130] weiter die Benachteiligung ausländischer Anbieter bei Ausschreibungen der öffentlichen Hand und ihrer Unternehmen,[131] die Festsetzung unterschiedlicher Gebühren für Inlands- und Auslandsflüge durch die Betreiber von Flughäfen[132] sowie die Benachteiligung ausländischer Konkurrenten bei der Abrechnung spezieller Bankleistungen, um sie vom Inlandsmarkt fernzuhalten.[133] Vielfältiges Anschauungsmaterial

[124] Ebenso im Ergebnis *EuGH* Slg. 2007, I-2372 Tz. 143 ff.= EuZW 2007, 306 (313) = JuS 2007, 975 Nr. 14 – BA.

[125] *Kommission,* Bekanntmachung über die Anwendung der Wettbewerbsregeln auf den Postsektor vom 6. 2. 1998, ABl. Nr. C 39/2 (10 Tz. 3.3); *Kommission,* Mitteilung von 2009, ABl. Nr. C 45/7 Tz. 64; Schr. vom 23. 7. 2004, WuW/E EU-V 1097 (1103 ff., Tz. 223 ff.) – Hafen von Helsingborg im Anschluss an *EuG* Slg. 2002, II-1917 (1934 ff., Tz. 55, 61 f.), – UPS/DPAG; *van Bael/Bellis,* 939 ff.; *Platt,* Quersubventionierung im Wettbewerbsrecht der EU, 2005.

[126] Ebenso ausdrücklich *EuGH* Slg. 2007, I-2372 = EuZW 2007, 306 (308 Tz. 58) – BA.

[127] *Kommission,* Entsch. v. 10. 12. 1982, ABl. Nr. L 360/36 (42 Tz. 30) – BT; bestätigt durch *EuGH* Slg. 1985, 880 (887 Tz. 26) – BT.

[128] Vgl. den Chiquita-Fall *EuGH* Slg. 1978, 207 (302 f. Tz. 233) = NJW 1978, 2439.

[129] *EuGH* Slg. 1974, 409 (431 Tz. 17) – Sacchi.

[130] Vgl. für die Deutsche Bahn *Kommission,* Entsch. v. 29. 3. 1994, ABl. Nr. L 104/34 (51 ff.) – HOV; *EuG* Slg. 1997, II-1689 (1720 f. Tz. 78 f.) – Deutsche Bahn.

[131] Vgl. z. B. für die nationalen Bahngesellschaften *Kommission,* 3. WB 1973, Tz. 68 f. (S. 62 f.); 20. WB 1990, Tz. 115 (S. 105 f.).

[132] Vgl. für Portugal *Kommission,* Entsch. v. 10. 2. 1999, ABl. Nr. L 69/64 (27 f.); v. 10. 2. 1999, ABl. Nr. L 69/31 (35 ff.); bestätigt durch *EuGH* Slg. 2001, I-2638 = WuW/E EU-R 428 – Portugal.

[133] *Kommission,* Entsch. v. 2. 6. 2004, WuW/E EU-V 1053 (1063 ff. Tz. 302 ff.) – Clearstream; zahlreiche weitere Beispiele, insbesondere aus der Praxis der DPAG, s. Hdb., H I § 1 Rn. 408.

für die üblichen Diskriminierungspraktiken, insbesondere öffentlicher Unternehmen in beherrschender Stellung, bietet außerdem die Praxis der Deutschen Post AG (**DPAG**). Ein „schönes" Beispiel ist die Diskriminierung der sog. Konsolidierer gegenüber den Massenversendern.[134] Ebenso missbrauchsträchtig ist der Kampf der DPAG gegen das sog. ABA-Remailing, worunter man das Einsammeln von Sendungen in Deutschland (A) und ihre Aufgabe zur Beförderung nach Deutschland (A) in einem anderen Mitgliedstaat mit niedrigeren Posttarifen (B) versteht.[135]

Einen weiteren Schwerpunkt der heutigen Praxis bilden offene und versteckte Diskriminierungen durch **unterschiedliche Rabatte** für die Vertragspartner beherrschender Unternehmen. Die wichtigsten Beispiele sind **Treuerabatte** und gleichstehende Rabattsysteme, die wettbewerbsbeschränkendes Verhalten belohnen sollen und die schwerpunktmäßig je nach Fallgestaltung den Beispielstatbeständen des Art. 102 S. 2 lit. a, c und d zugeordnet werden.[136] Gleich stehen willkürliche Rabattstaffeln einschließlich individueller und damit im Zweifel willkürlicher **Zielrabatte**[137] und gegebenenfalls sogar **Mengenrabatte**, wenn die einzelnen Rabattsprünge nicht mehr durch Kostenersparnisse bei dem Lieferanten gerechtfertigt werden können, sondern z. B. nur einzelne Unternehmen belohnen und andere bestrafen sollen.[138] 52

V. Koppelungsgeschäfte (Art. 102 S. 2 lit. d)

Literatur: *Kommission,* Mitteilung von 2009, Tz. 47 ff.; Leitlinien zur Anwendung von Art. 81 EGV auf Technologietransfervereinbarungen v. 27. April 2004, ABl. Nr. C 101/2 (34 f. Tz. 191 ff.); *St. Bechtold,* Die Kontrolle von Sekundärmärkten 2007; *ders.*, FS Bechtold, 2006, S. 31; *Burkert,* Die Zulässigkeit von Koppelungsgeschäften aus wettbewerblicher Sicht, 1992; *Lange*, in: ders./Klippel/Ohly, Geistiges Eigentum und, Wettbewerb, 2009, S. 31; *ders./Pries*, EWS 2008, 1.

1. Als letztes Regelbeispiel missbräuchlichen Verhaltens nennt der Vertrag in Art. 102 S. 2 lit. d die an den Abschluss von Verträgen geknüpfte Bedingung, dass die Vertragspartner zusätzliche Leistungen annehmen, die weder sachlich noch nach Handelsbrauch in Beziehung zum Vertragsgegenstand stehen (vgl. auch Art. 101 Abs. 1 Halbs. 2 lit. e und dazu o. § 5 Rn. 13 f.). **Paradigma** ist die Koppelung des Bezugs einer begehrten Maschine an die Abnahme der für den Betrieb benötigten Hilfsstoffe, Ersatzteile oder Reparaturleistungen. **Zweck** des Verbots derartiger Geschäfte ist in erster Linie der Schutz der Vertragspartner dagegen, dass ihnen von Unternehmen in beherrschender Stellung Leistungen aufgezwungen werden, die sie gar nicht haben wollen. Zugleich soll dadurch der **Wettbewerb auf dem Sekundärmarkt für die gekoppelten Produkte** oder Dienstleistungen **geschützt** werden, da von beherrschenden Unternehmen praktizierte Koppelungsgeschäfte die Gefahr be- 53

[134] *Kommission*, Entsch. vom 20. 10. 2004, WuW/E EU-V 1035 (1037 Tz. 65, 1040 Tz. 86 ff.) – Postgesetz/DPAG; *BKartA*, WuW/E DE-V, 1025 (1036 ff.) – Konsolidierer.

[135] *EuGH* Slg. 2000, I-857 (876 ff., Tz. 48 ff.) = EuZW 2000, 281 – DPAG/GZS/Citicorp; Slg. 2000, I-3063 (3075 f. Tz. 25) – DPAG/IECC; *EuG* Slg. 1998, II-3645 (3679 ff. Tz. 96 ff.) = ZIP 1998, 1674 – IECC; *Kommission*, Entsch. vom 25. 7. 2001, ABl. Nr. L 331/40 (66 ff., Tz. 127 ff.) – DPAG.

[136] *EuGH* Slg. 2007, I-2373 = EuZW 2007, 306 (308, 312 ff.) = JuS 2007, 975 Nr. 14 – BA/Virgin; s. o. Rn. 30 ff., u. Rn. 55.

[137] So für die unterschiedlichen Zielrabatte, die BA den Reisevermittlern trotz gleicher Umsätze gewährte, *EuGH* (vorige Fn.) Tz. 125 ff.

[138] *EuGH* Slg. 2001, I-2638 (2657 ff. Tz. 50 ff.) = WuW/E EU-R 426 – Portugal; Urteil BA (vorige Fn.); *Kommission,* Entsch. v. 13. 12. 2000, ABl. 2003 Nr. L 10/10 (28 f. Tz. 181 ff.) – Solvay.

gründen, dass Wettbewerber auf dem Sekundärmarkt für das gekoppelte Produkt oder die gekoppelte Dienstleistung verdrängt werden und so die Macht von dem bereits beherrschten auf den benachbarten Markt übertragen wird (sog. **Hebelwirkung** oder **leveraging**).

54 **2.** Ein Verstoß gegen das Koppelungsverbot liegt nur vor, wenn die Erbringung bestimmter Leistungen von der Annahme **„zusätzlicher Leistungen"** abhängig gemacht wird (Art. 102 S. 2 lit. d). Zusätzliche Leistungen in diesem Sinne sind solche, die zu einem **anderen Markt** als die Hauptleistung gehören, meistens **Sekundärmarkt** genannt. Den Gegensatz bildet der Verkauf von Sachgesamtheiten und von wirtschaftlich zusammengehörenden Sachen wie z. B. Kraftfahrzeugen, Maschinen, Wohnungseinrichtungen oder Essservicen. Die **Abgrenzung** kann im Einzelfall Schwierigkeiten bereiten, weil häufig zweifelhaft ist, ob zwei Produkte oder Dienstleistungen noch zum selben Markt oder bereits zu getrennten, wenn auch benachbarten Märkten gehören. In derartigen Fällen sollte im Interesse eines umfassenden Wettbewerbsschutzes grundsätzlich von der *Anwendbarkeit* des Art. 102 S. 2 lit. d ausgegangen und sodann geprüft werden, ob die Verbindung der fraglichen Leistungen aus Primär- und Sekundärmarkt sachlich gerechtfertigt ist.[139]

54a In den Augen der Kommission ist gerade der **Wettbewerb auf Sekundärmärkten** besonders schutzwürdig. Zu diesem Zweck unterscheidet sie in ihrer **Mitteilung** von 2009 im Einzelnen zwischen Koppelungen und Bündelungen.[140] Eine **Koppelung** soll vorliegen, wenn die verbundenen Produkte auch separat gehandelt werden, eine **Bündelung** dagegen, wenn dies nicht der Fall ist (Mitteilung Tz. 48). Die **Gefahren** solcher Praktiken sieht die Kommission vor allem in der **Schließung des Sekundärmarktes**, von der Kommission gekoppelter Markt genannt (Mitteilung Tz. 49, 52ff.). Solche Marktverschließung, von einem Unternehmen in beherrschender Stellung bewirkt, verstoße gegen Art. 102, wenn es sich bei den gekoppelten oder gebündelten Produkten an sich um klar voneinander getrennte, d. h. **separate Produkte** handele (Mitteilung Tz. 50). Ob dies der Fall ist, soll davon abhängen, ob die Verbraucher, wenn sie die Wahl hätten, die Produkte auch aus verschiedenen Quellen bezögen (Mitteilung Tz. 51). In ihrem **Microsoft-Beschluss vom Dezember 2009** hat die Kommission hinzugefügt, eine Koppelung sei missbräuchlich, wenn es sich um getrennte (separate) Produkte handele, wenn das beherrschende Unternehmen auf dem Markt für das koppelnde Produkt eine beherrschende Stellung innehabe, wenn die Kunden keine Alternativen hätten und wenn die Koppelung wettbewerbsbeschränkende Wirkungen habe, wobei die Kommission in der Regel, aber nicht immer ohne weiteres von derartigen wettbewerbsbeschränkende Wirkungen einer Koppelung ausgeht.[141]

55 **3.** Für die Annahme einer verbotenen Koppelung genügt die **konditionale Verknüpfung** zweier Leistungen (s. Art. 102 S. 2 lit. d: „. . . Bedingung . . ."). Die rechtliche **Konstruktion** ist unerheblich. Eine Koppelung kann auch angenommen werden, wenn zwei äußerlich getrennte Verträge miteinander verknüpft werden oder wenn die Gewährung von **Rabatten** von zusätzlichen Leistungen, insbesondere von wettbewerbsbeschränkendem Verhalten auf demselben oder auf anderen Märkten

[139] Vgl. *Mestmäcker/Schweitzer,* § 17 Rn. 23, 27 (S. 417, 419).
[140] ABl. Nr. C 45/7 Tz. 47–62.
[141] Beschl. v. 16. 12. 2009, ABl. 2010 Nr. C 36/7 = (vollständiger) WuW/E EU-V 1499 (1502f. Tz. 33ff.).

abhängig gemacht wird.[142] Beispiele sind **Treuerabatte** und vergleichbare Rabattsysteme. Gleich stehen ferner **technisch bedingte Koppelungen**, d. h. die Integration des einen Produkts in das andere, solange es sich bei den Produkten nur tatsächlich um separate Produkte handelt.[143] Beispiele sind die beiden Microsoft-Fälle (Rn. 57), in denen es um die Integration spezieller Programme in das allgemeine Betriebsprogramm Windows ging.

4. Die Annahme einer verbotenen Koppelung scheidet gemäß Art. 102 S. 2 lit. d in zwei Fällen aus, zunächst, wenn die fraglichen zusätzlichen **Leistungen sachlich in Beziehung zum Vertragsgegenstand** stehen. Dies ist anzunehmen, wenn die Koppelung durch vernünftige wirtschaftliche oder technische Gründe gerechtfertigt erscheint. Ein Beispiel ist die Koppelung von Lizenzen an *technisch* bedingte Abnahmepflichten für Vorprodukte oder Rohstoffe.[144] Eine Koppelung kann außerdem noch nach **Handelsbrauch** gerechtfertigt sein. Voraussetzung ist jedoch in diesem Fall, dass der Handelsbrauch nicht seinerseits einen Missbrauch darstellt, etwa, weil er zuvor von dem Unternehmen in beherrschender Stellung in seinem Interesse durchgesetzt wurde.[145] Entsprechend ihrer neuen Philosophie scheidet nach Meinung der Kommission die Annahme eines Missbrauchs ferner aus, wenn mit der Koppelung oder Bündelung **Effizienzvorteile** für die Verbraucher verbunden sind, die die Nachteile der Marktverschließung überwiegen.[146] Die Kommission nennt in diesem Zusammenhang als mögliche Effizienzvorteile einer Koppelung oder Bündelung an sich getrennter Produkte insbesondere die Einsparung von Produktionskosten, von Transaktionskosten sowie von Verpackungs- und Vertriebskosten. 56

5. Beispiele für gegen Art. 102 S. 2 lit. d verstoßende Koppelungen finden sich vor allem in den Fällen „Hilti", „Tetra Pak" und „Microsoft". In dem **Hilti-Fall** ging es um die Koppelung des Vertriebs patentierter Bolzenschussgeräte mit der Abnahme von Kartuschen und Bolzen, wodurch selbstständige Hersteller von Kartuschen und Bolzen vom Markt verdrängt werden sollten,[147] während der **Tetra Pak-Fall** die Koppelung des Vertriebs patentierter Maschinen mit dem Absatz der darauf zu bearbeitenden Materialien und mit dem Bezug von Reparaturleistungen betraf.[148] In dem **Microsoft-Fall** beanstandete die Kommission unter Berufung auf das Koppelungsverbot des Art. 102 S. 2 lit. d (unter anderem) zunächst die Integration des **Windows Mediaplayers (WMP)** in das Windows PC-Betriebssystem, wobei sie davon ausging, dass der WMP und das Betriebssystem zwei separate Produkte sind, die auf unterschiedlichen Märkten angeboten und nachgefragt werden, so dass die Integration des WMP in das Betriebssystem auf eine Koppelung beider Produkte hinauslaufe, die unabhängige Hersteller von Mediaplayern praktisch vom Markt ausschlie- 57

142 *Kommission,* Entsch. vom 11. 12. 2000, ABl. 2003 Nr. L 10/33 (46 ff. Tz. 137 ff.) – ICI; vom 5. 12. 2001, ABl. 2002 Nr. L 61/32 (44 ff. Tz. 54 ff.) – de Post/La Poste.

143 Mitteilung von 2009, Tz. 48; s. *Lange/Pries,* EWS 2008, 1 (3 f.).

144 Ausführlich *Kommission,* Leitlinien für Technologietransfer-Vereinbarungen von 2004, ABl. Nr. C 101/02 (34 f. Tz. 191 ff.).

145 *EuGH* Slg. 1996, I-5987 (6011 Tz. 37) – Tetra Pak.

146 Mitteilung von 2009, Tz. 62; *Lange/Pries,* EWS 2008, 1 (4 f.).

147 *Kommission,* Entsch. v. 22. 12. 1987, ABl. 1988, L 65/19 (35 ff.); bestätigt durch *EuG* Slg. 1991, II-1439 (1488 f.); *EuGH* Slg. 1994, I-693 = EuZW 1994, 316; s. dazu auch *Kommission,* 17. WB. 1987, Tz. 83 (S. 78 f.).

148 *Kommission,* Entsch. v. 24. 7. 1991, ABl. 1992 Nr. L 72/1 (23 ff.); *EuG* Slg. 1994, II-755 (817 ff.); *EuGH* Slg. 1996, I-5987 (6010 ff.); s. auch u. Rn. 60, 67.

ße.[149] Nachdem diese Auffassung vom Gericht bestätigt worden war,[150] griff die Kommission außerdem (wiederum mit Erfolg) die Integration des Web-Browser **„Internet Explorer"** in das Betriebssystem Windows an.[151] Die praktischen Auswirkungen beider Verfahren blieben freilich – trotz des gewltigen Aufwands der Kommission – bescheiden.[152]

VI. Kampfpreisunterbietung

Literatur: S. u. § 27 Rn. 71 ff.; *Kommission,* Mitteilung von 2009, Tz. 23, 63, 75 ff.; *Areeda/Turner,* 88 Harvard L. Rev (1975), 637; *Bolton/Brodley/Riordan,* 88 Georgetown L. J. (2000), 2239; *Caspary,* Der Verkauf unter Einstandspreis, 2005, S. 103 ff.; *Henck-Merten,* Die Kostenpreisschere im Kartellrecht, 2004; *Joskow/Klevorik,* 89. Yale Y. L. Bd. 89 (1979), 273; *Kon/Turnbull,* E. C. L. Rev. 2003, 70; *Mastromanolis,* E. C. L. Rev. 1998, 211; *Moritz,* Kartellrechtliche Grenzen des Preiswettbewerbs in der EG, in: Henssler (Hrsg.), Europäische Integration und globaler Wettbewerb, 1993; *Platt,* Quersubventionierung im Wettbewerbsrecht der EU, 2005; *Pries,* Kampfpreisunterbietung im ökonomisierten EG-Kartellrecht, 2009; *Wurmnest,* Marktmacht und Verdrängungsmissbrauch, 2010, S. 387 ff.

1. Erscheinungsformen

58 Art. 102 S. 2 enthält in den lit. a bis d lediglich *Regelbeispiele* missbräuchlicher Verhaltensweisen von Unternehmen in beherrschender Stellung. Deshalb kann in anderen Fällen, die sich auch bei weitester Auslegung nicht mehr unter einen der Beispielstatbestände des Art. 102 S. 2 subsumieren lassen, unbedenklich auf die Generalklausel des S. 1 des Art. 102 zurückgegriffen werden (o. Rn. 2). Ein Beispiel sind Kampreisunterbietungen **(predatory pricing, predation).** Von einer solchen spricht man in der Regel, wenn ein Unternehmen in beherrschender Stellung seine besonderen Ressourcen einsetzt, um Konkurrenten selbst unter Inkaufnahme erheblicher Verluste durch Preisunterbietungen aus dem bereits beherrschten *oder* aus einem anderen Markt zu verdrängen. In der **Wettbewerbstheorie** ist zwar umstritten, ob solche Verhaltensweisen bei rational handelnden Unternehmen überhaupt denkbar sind;[153] die wirtschaftliche Wirklichkeit zeigt indessen immer wieder Fälle, in denen beherrschende Unternehmen tatsächlich Preisunterbietungen rücksichtslos einsetzen, um bestimmte Konkurrenten zu disziplinieren. Paradigma ist die Strategie der Seeschiffahrtskonferenzen, bei denen es sich um (erlaubte) marktbeherrschende Preiskartelle handelt, sog. **Kampfschiffe** allein auf einzelnen umstrittenen Linien gegen bestimmte freie Reeder einzusetzen.[154] Vergleichbarer Fälle finden sich auch in der amerikanischen Rechtsprechung.[155]

[149] *Kommission,* Entsch. v. 24. 5. 2004, ABl. 2007 Nr. L 32/23 (26 f. Tz. 24 ff.) = (vollständiger) WuW/E EU-V 931 (940 f. Tz. 792 ff.).

[150] *EuG* Slg. 2004, II-4463 = WuW/E EU-R 863; *EuG* Slg. 2007, II-3601 = WuW/E EU-R 1301 (1325 ff. Tz. 839, 1088, 1144 ff.).

[151] Beschl. v. 16. 12. 2009, ABl. 2010 Nr. C 36/7 = (vollständiger) WuW/E EU-V 1499 – 1512.

[152] S. *Lange/Pries,* EWS 2008, 1 (5 f.).

[153] S. zu dieser Diskussion m. N. *Areeda/Turner,* 88 Harvard L. Rev (1975), 637; *Bolton/Brodley/Riordan,* 88 Georgetown L. J. (2000), 2239; *Korah,* p. 103 ff.; *Kn. W. Lange,* ZHR 169 (2005), 495 (500 ff.); *Mestmäcker/Schweitzer,* § 18 Rn. 3 ff. (S. 435 f.).

[154] Grdl. *EuGH* Slg. 2000, I-1442 (1475 ff. Tz. 111 ff.) = WuW/E EU-R 309 – Comp. Maritime Belge (CMB); s. dazu u. Rn. 62.

[155] S. 509 US 209 (1993) – Brooke Group v. Brown & Williamson; 127 S. Ct. 1069 (2007) = WuW/E KRInt 180 – Weyerhaeuser v. Ross-Simmons.

Besondere Erscheinungsformen der Kampfpreisunterbietung sind die **Quersubventionierung** von Preiskämpfen auf Wettbewerbsmärkten durch die Gewinne aus Monopolmärkten (s. dazu schon o. Rn. 50) sowie die sog. **Preis- oder Kostenschere** (auch **Preissqueezing**, Kosten-Preisschere o.ä. genannt; s. dazu auch u. § 29 Rn. 100)). Man versteht darunter die Praxis mehrstufiger, vertikal integrierter Unternehmen, die Preise für Rohstoffe oder Vorleistungen für ihre damit belieferten einstufigen Konkurrenten so hoch festzusetzen, dass die letzteren auf dem Markt für die Endprodukte nicht mehr konkurrenzfähig sind.[156] **Beispiele** sind die Preispolitik der Deutschen Post AG (**DPAG**) auf dem Paketmarkt[157] sowie der Deutschen Telekom AG (**DTK**), der schwedischen **TeliaSoncra** oder der spanischen **Telefonica** bei der Festsetzung der Gebühren für den Zugang ihrer privaten Konkurrenten zu den nach wie vor von ihnen allein beherrschten Orts- oder Festnetzen, die zur Folge hat, dass infolge der niedrigen Tarife für die Endkunden und der hohen Tarife für den Zugang der privaten Konkurrenten zu den Netzen die verbleibende Spanne für die Konkurrenten zum Teil sogar negativ, auf keinen Fall aber mehr auskömmlich ist. Kommission und Gerichtshof sehen deshalb eine derartige Preispolitik von Unternehmen in beherrschender Stellung heute grundsätzlich als missbräuchlich an, wenn sie auf eine Verdrängung ebenso effizienter Konkurrenten wie das Unternehmen in beherrschender Stellung selbst und damit auf eine Beschränkung des Wettbewerbs abzielt (sog. Politik der **Margenbeschneidung**).[158] Voraussetzung für die Anwendung des Art. 102 in diesen Fällen ist, dass die **Differenz** zwischen den Preisen der Vorleistung des Unternehmens in beherrschender Stellung und den von ihm selbst berechneten Endpreisen **negativ oder** doch so **gering** ist, dass ebenso effiziente Konkurrenten wie das beherrschende Unternehmen dadurch im Wettbewerb erheblich behindert werden. Das ist insbesondere anzunehmen, wenn das Unternehmen in beherrschender Stellung mit der von ihm den Konkurrenten zugebilligten niedrigen Spanne ebenfalls nicht mehr auskäme, sondern Verluste machte, wobei es genügt, dass das fragliche Unternehmen für die Vorleistungen marktbeherrschend ist, während Marktbeherrschung bei den Endprodukten nicht erforderlich ist.[159] Es handelt sich hier mit anderen Worten um einen der Fälle, in denen negative Auswirkungen eines missbräuchlichen Verhaltens auf verbundenen Drittmärkten mit Art. 102 erfasst werden können (Rn. 10). Möglich bleibt jedoch nach Meinung des EuGH immer eine **Rechtfertigung** des betreffenden Verhaltens des Unternehmens in beherrschender Stellung durch damit verbundene, die Nachteile ausgleichende **Effizienzvorteile** für die Verbraucher, insbesondere in Gestalt von Preissenkungen.[160] 59

Die Besonderheit dieser Fälle besteht darin, dass mit der fraglichen Preispolitik ebenso wie mit einer Quersubventionierung von Preiskämpfen durch Gewinne aus Monopolmärkten *nicht* notwendig Verluste des Unternehmens in beherrschender Stel- 59a

[156] S. *Henck-Merten*, Die Kostenpreisschere im Kartellrecht, 2004; *Leupold*, EuZW 2011, 345 f.

[157] *Kommission*, Entsch. v. 20. 3. 2001, ABl. Nr. L 125/27 (39 ff. Tz. 35 ff.) – DPAG/UPS.

[158] *EuGH* WuW/E EU-R 1779 (1794 ff. Tz. 173 ff.) – DTK; EuZW 2011, 339 Tz. 31 ff. – TeliaSonera; *EuG* Slg. 2008, II-485 (537, 543 ff. Tz. 166, 186 ff.) = WuW/E EuR1429 (1433 ff.) – DTK; *Kommission*, Mitteilung von 2009, Tz. 75 ff., 80; Entsch. v. 21. 3. 2003, ABl. Nr. L 263/9 (23 ff. Tz. 102 ff.) = WuW/E EU-V 908 – DTAG; 14. 7. 2007, ABl. 2008 Nr. C 83/6 (7 f.) – Telefonica.

[159] *EuGH* EuZW 2011, 339 (340 ff. Tz. 30 ff.) – TeliaSonera.

[160] Urteil TeliaSonera, Tz. 75 ff.; *Kommission*, Mitteilung von 2009, Tz. 89 f.; *Leupold*, EuZW 2011, 345 (347).

lung verbunden sind. Deshalb ist umstritten, ob es sich bei ihnen um **selbstständige Fallgruppen** des Art. 102 *oder* um bloße **Erscheinungsformen** der Kampfpreisunterbietung handelt.[161] Die Frage ist deshalb offen, weil die Kommission heute die Annahme einer Kampfpreisunterbietung gleichfalls nicht mehr von dem Nachweis von Verlusten des Unternehmens in beherrschender Stellung abhängig macht (Rn. 60). Der EuGH betont gleichwohl die Notwendigkeit, die Fälle der Kosten-Preisschere von denen der Kampfpreisunterbietung zu unterscheiden,[162] und will diese Fälle jetzt offenbar bei Art. 102 S. 2 lit a einordnen.[163] Näher liegt jedoch die Einordnung bei der Generalklausel des Art. 102 S. 1.

2. Voraussetzungen

60 Unternehmen in beherrschender Stellung dürfen und sollen (selbstverständlich) ebenso wie andere Unternehmen am Preiswettbewerb teilnehmen und können dabei (natürlich) auch durch Preissenkungen ihre Interessen verfolgen. Daraus ergibt sich die schwierige Frage, wie der grundsätzlich unbedenkliche Einsatz des Aktionsparameters Preis im Wettbewerb von einer gezielten Kampfpreisunterbietung abgegrenzt werden kann. Die **Kommission** wollte zur **Abgrenzung ursprünglich** vorrangig auf den von dem Unternehmen in beherrschender Stellung verfolgten **Zweck** abstellen.[164] Heute sieht die Kommission dagegen das entscheidende Merkmal einer gegen Art. 102 S. 1 verstoßenden Kampfpreisunterbietung in der Praktizierung von Preisen, bei denen das Unternehmen in beherrschender Stellung bewusst kurzfristige Verluste oder auch nur Gewinneinbußen in Kauf nimmt, also ein **Opfer** („sacrifice") erbringt, um Konkurrenten vom Markt auszuschließen (sog. **sacrifice-Test).**[165] Infolgedessen stehen in der aktuellen Praxis der Kommission **objektive** Kriterien, d. h. ein Vergleich der Preise mit den Kosten, ganz im Vordergrund.[166] Maßstab des **sacrifice-Test** sind die *vermeidbaren* Verluste des Unternehmens in beherrschender Stellung, und zwar entssprechend einer verbreiteten Tendenz in der Wettbewerbstheorie, insbesondere in den USA, gemessen am Maßstab der **durchschnittlichen vermeidbaren Kosten.**[167] Auf diesen Test soll nur verzichtet werden können, wenn der direkte Nachweis einer Vernichtungsabsicht gelingt.[168] Entscheidend ist in jedem Fall die von der fraglichen Maßnahme drohende **Marktverschließung** durch die Vernichtung oder Abschreckung an sich effektiver Wettbewerber (sog. **equaly-efficient-competitor-Test**).[169] Eine Rechtfertigung missbräuchlicher Kampfpreisestrategien durch Effizienzvorteile soll in aller Regel nicht in Betracht kommen.[170]

61 Die Praktikabilität der geschilderten Kriterien der Kommission ist ebenso offen wie ihre Vereinbarkeit mit der Rechtsprechung des **EuGH**. Leitentscheidung ist das

---

[161] S. m.N. *Leupold*, EuZW 2011, 345 (346); *Lommler*, WuW 2011, 244.

[162] EuZW 2011, 339 (344 Tz. 99 ff. – TeliaSonera

[163] Urteil TeliaSonera Tz. 25; *Leupold*, EuZW 2011, 345 (346).

[164] S. insbesondere die Entsch. der *Kommission* in dem Akzo-Fall v. 14. 12. 1985, ABl. Nr. L 374/1 (18 ff.).

[165] Mitteilung von 2009, Tz. 63 f.; dazu zB. *A. Martin-Ehlers*, EuZW 2010, 287 (288 ff.).

[166] *Kommission*, Entsch. vom 20. 3. 2001, ABl. Nr. L 125/27 (29 f., Tz. 35 f.) – DPAG; ebenso: *öOGH* SZ Bd. 71 (1998) I Nr. 103 (S. 642, 646 ff.); *öOGH* ÖBl. 2001, 133.

[167] Mitteilung von 2009, Tz. 63 ff.; s. u. § 27 Rn. 75 m.N.

[168] Mitteilung von 2009, Tz. 66.

[169] Mitteilung von 2009, Tz. 25, 63 ff.

[170] Mitteilung von 2009, Tz. 74.

Akzo-Urteil von 1991, in dem der Gerichtshof als maßgebliches Kriterium das **Verhältnis zwischen den Preisen und den Kosten** des beherrschenden Unternehmens in den Vordergrund rückte.[171] Die **Unterschreitung der variablen Kosten** soll danach grundsätzlich missbräuchlich sein, während bei einer Unterschreitung der **totalen Durchschnittskosten** ein Missbrauch erst angenommen werden darf, wenn **zugleich** der **Zweck** nachgewiesen werden kann, den bekämpften Konkurrenten vom Markt zu verdrängen. Indizien für solche Absicht sollen Drohungen gegen die Konkurrenten, Angebote zu ganz ungewöhnlich niedrigen Preisen, Lockvogelangebote und Preisdiskriminierungen zur gezielten Abwerbung der Kunden der Konkurrenten sein.[172] An diesen Kriterien haben Gerichtshof und Gericht bis in die jüngste Zeit festgehalten,[173] während in anderen Urteilen unübersehbar mehr subjektive Kriterien Verwendung fanden.[174] In dem **DTK-Urteil** vom Dezember 2010 hat der Gerichtshof schließlich anlässlich der Beurteilung einer Preis-Kostenschere betont auf die dadurch bewirkte Verdrängung zumindest ebenso effizienter Konkurrenten und die daraus resultierende Wettbewerbsbeschränkung abgestellt.[175]

Im **Schrifttum** ist die geschilderte Praxis (o. Rn. 60 f.) umstritten, vor allem, soweit sie zur Beurteilung der Missbräuchlichkeit von Kampfpreisunterbietungen auf die *Kosten* des beherrschenden Unternehmens zurückgreift, einmal, weil die exakte Ermittlung der Kosten einzelner Produkte erfahrungsgemäß erhebliche Schwierigkeiten bereitet, zumal bei einem international tätigen Mehrproduktunternehmen, zum anderen, weil Kosten nahezu beliebig manipulierbar sind und ohnehin in einer Wettbewerbsordnung kein Kriterium für die Höhe der Preise abgeben.[176] Natürlich liegen die Fälle unterschiedlich. Im Einzelfall mag daher auch einmal eine **exakte Kostenermittlung** möglich sein, so dass die Kosten dann – faute de nieux – als Maßstab herhalten können.[177] Wo jedoch eine Ermittlung der Kosten mit zumutbarem Aufwand nicht möglich ist, bleibt wohl nichts anderes als der Rückgriff auf **subjektive Merkmale** oder auf eine **Kombination** objektiver und subjektiver Merkmale übrig, da der Einsatz von Macht zu dem **Zweck der Verdrängung oder Vernichtung einzelner** ausgewählter **Konkurrenten** das entscheidende Missbrauchskriterium ist.[178] 62

[171] *EuGH* Slg. 1991, I/3439 (3453 ff. Tz. 70 ff.) = EuZW 1992, 21 (25 ff.) – Akzo; ebenso Slg. 1996, I-5987 (6012 Tz. 41) – Tetra Pak; *Kommission,* v. 24. 7. 1991, ABl. 1992 Nr. L 72/1 (32 ff.) – Tetra Pak II.

[172] Zustimmend *Kommission,* Entsch. v. 20. 3. 2001, ABl. Nr. L 125/27 (39 f. Tz. 35 f.) – DPAG; *öOGH* SZ Bd. 71 (1998 I) Nr. 103, S. 642, 646 ff.; ÖBl. 2001, 133; vgl. den Areeda/Turner-Test bei *Korah,* p. 103.

[173] *EuGH* WuW/E EU-R 1779 Tz. 173 ff. – DTK; *EuG* Slg. 1994, II-755 (826 f., 840 f.) – Tetra Pak; 1996, II-1201 (1250 ff.) – Comp. Maritime belge; 2007, II-117 = WuW/E EU-R 1224 (1228 ff. Tz. 130, 197, 227 ff.) – France Télecom.

[174] S. insb. *EuGH* Slg. 2000, I-1442 (1476 ff. Tz. 117 ff.) = WuW/E EU-R 309 – CMB; *EuG* Slg. 2000, II-3759 (3807 ff. Tz. 178 ff.) – Industrie des proudres sphériques; 2002, II-1917 (1934 f. Tz. 55, 61 f.) – UPS/DPAG.

[175] *EuGH* WuW/E EU-R 1779 Tz. 173 ff.

[176] *Korah,* p. 104 ff.; *K. W. Lange,* ZHR 169 (2005), 495 (501 ff.); *Pries,* Kampfpreismissbrauch, S. 47, 73 ff.; *Wurmnest,* Marktmacht und Verdrängungsmissbrauch, 2010, S. 389, 462 ff.; positiver dagegen *Mestmäcker/Schweitzer,* § 18 Rn. 7 ff., 12 ff. (S. 437 ff.).

[177] Vgl. den Aufwand, den das *EuG* in dem France Telecom-Fall betreiben musste, um die Missbräuchlichkeit der Preise von France Telecom nachweisen zu können (Slg. 2007, II-117 = WuW/E EU-R 1224–1234).

[178] Ebenso *Pries,* Kampfpreismissbrauch, S. 120 ff.

63 Dieser Zweck ist besonders deutlich, wenn es dem Unternehmen in beherrschender Stellung gelingt, die zu vernichtenden **Konkurrenten** zu **isolieren**, so dass es gezielt *allein gegen sie* massive Preissenkungen als Kampfmittel einsetzen kann (Paradigma: Kampfschiffe der Seeschifffahrtskonferenzen zur Vernichtung einzelner Konkurrenzreeder). Davon geht heute offenbar auch die **Kommission** aus.[179] Weitere hierher gehörige Fälle sind ein Preiskampf gegen einen kleinen Konkurrenten, der es „gewagt" hatte, in den Markt des beherrschenden Unternehmens einzudringen, „ohne Rücksicht auf Verluste",[180] weiter der Verkauf von Maschinen auf dem beherrschten oder auf eng verbundenen Nachbarmärkten zu Verlustpreisen in Verbindung mit hohen Rabatten für einzelne besonders wichtige Kunden zu dem alleinigen Zweck der Vernichtung der Konkurrenten[181] sowie schließlich die Senkung der Anzeigenpreise durch eine große Zeitung auf ein Sechstel des bisherigen Preises(!), um eine kleine Zeitung endgültig aus dem Markt zu „boxen".[182]

VII. Gewerbliche Schutzrechte

Literatur: S. o. § 6 sowie o. Rn. 39 ff.; Hdb., H I § 3 Rn. 129 ff.; *Beier,* FS Quack, 1991, S. 15; *de Bronett,* in: Wiedemann, § 22 Rn. 47 ff.; *Conde Gallego,* GRURInt 2006, 16; *Eilmansberger,* EuZW 1992, 625; *Frenz,* Tz. 1284 ff. (1286 ff.); *A. Heinemann,* Immaterialgüterschutz in der Wettbewerbsordnung, 2002, S. 453 ff.; *G. Kühne,* FS Immenga, 2004, S. 243; *ders.*, FS Tilmann, S. 513; *Mestmäcker,* FS Rittner, 1991, S. 391; *ders.,* FS Immenga, 2004, S. 261; *ders./Schweitzer,* § 28 Rn. 122 ff. (S. 739 ff.); *Lange/Klippel/Ohly,* Geistiges Eigentum und Wettbewerb, 2009; *Chr. Schmidt,* Lizenzverweigerung als Missbrauch, 2005; *J. Temple Lang,* in: Ehlermann/Atanasiu (Hrsg.), European Competition Law Annual 2003, 2006, p. 589; *Wirtz/Holzhäuser,* WRP 2004, 683; *Zimmerlich,* WRP 2004, 1260.

64 Der Vertrag respektiert zwar grundsätzlich den **Bestand** der gewerblichen Schutzrechte, des Urheberrechts und der gleichstehenden Rechte. Daraus folgt indessen nicht eine generelle Immunität der Schutzrechte gegenüber dem Kartellrecht; vielmehr kann ihre **Ausübung** ebenso wie die jedes anderen Rechts sehr wohl unter den in Art. 102 genannten Voraussetzungen als missbräuchlich zu qualifizieren sein.[183] Die Grenzziehung im Einzelnen ist schwierig und umstritten, die ganze Materie daher ständig im Fluß.[184]

65 **1.** Gewerbliche Schutzrechte begründen *allein* nur in Ausnahmefällen eine beherrschende Stellung, können aber *zusammen mit anderen Umständen* durchaus zur Begründung der beherrschenden Position eines Unternehmens beitragen, so dass dann Raum für die Anwendung des Art. 102 ist (o. § 9 Rn. 27 f.). In diesen Fällen ist zu

[179] Mitteilung von 2009, Tz. 72; Schr. vom 23. 7. 2004, WuW/E EU-V 1097 (1103 ff. Tz. 223 ff.) – Hafen von Helsingborg; *Platt,* Quersubventionierung im Wettbewerbsrecht der EU, 2005.

[180] So in dem bekannten Akzo-Fall: *Kommission,* Entsch. v. 14. 12. 1985, ABl. Nr. L 374/1 (18 ff.) = 15. WB 1985 Tz. 82 (S. 90 ff.); bestätigt durch *EuGH* Slg. 1991, I-3439 (3453 ff.) = EuZW 1992, 21 (25 ff.).

[181] So in dem Tetra-Pak-Fall: *Kommission,* Entsch. v. 24. 7. 1991, ABl. Nr. L 72/1 (20 ff.); bestätigt durch *EuG* Slg. 1994, II-755 (826 f., 840 f.); *EuGH* Slg. 1996, I-5987 (6012 f.).

[182] *öOGH* SZ Bd. 69 (1996 I) Nr. 47, S. 279 (285 f.) = ÖBl. 1996, 289 – Kronenzeitung/Standard; SZ Bd. 71 (1998 I) Nr. 103, S. 642 (646 ff.); ÖBl. 1998, 52; 2001, 133 (135 f.).

[183] S. dazu schon im Einzelnen o. § 6 Rn. 1 ff. m. N.

[184] S. insbesondere *Heinemann,* Immaterialgüterschutz in der Wettbewerbsordnung, S. 453 ff.; *ders.,* GRUR 2006, 705 m. N.

beachten, dass die Inhaber gewerblicher Schutzrechte in der Regel **auf zwei** verschiedenen **Märkten tätig** werden, einmal auf dem Markt für die Verwertung von Schutzrechten (u. Rn. 66f.) und zum anderen auf dem abgeleiteten Markt für diejenigen Produkte, die unter Einsatz des betreffenden Schutzrechtes hergestellt werden (u. Rn. 67). Auf beiden Märkten kommt von Fall zu Fall eine Anwendung des Art. 102 in Betracht.

2. Der **originäre Erwerb** eines Schutzrechts gilt in der Regel als unproblematisch. 66
Aber auch hier gibt es **Ausnahmen,** etwa, wenn der Hersteller eines marktbeherrschenden Arzneimittels durch unrichtige Angaben gegenüber den Patentämtern eine Schutzrechtsverlängerung erwirkt.[185] Auf dem **Lizenzmarkt** ist gleichfalls von Fall zu Fall Raum für die Anwendung des Art. 102, wenn die Beteiligten wettbewerbsbeschränkende Zwecke verfolgen *und* durch die Anwendung des Art. 102 nicht in den Bestand des Schutzrechts, d. h. in seinen spezifischen Gegenstand eingegriffen wird.[186] Je nach den Umständen fallen daher *z. B.* unter Art. 102 die Eintragung von Defensivzeichen, um ausländischen Konkurrenten den Zugang zu dem beherrschten nationalen Markt zu versperren,[187] der Einsatz von Sperr- oder Wegelagererpatenten zu dem Zweck, die Konkurrenten an der technischen Fortentwicklung ihrer Produkte zu hindern,[188] sowie in Ausnahmefällen sogar das systematische Bestreiten und Bekämpfen fremder Schutzrechte.[189]

Eine weitere, deutlich abgegrenzte Fallgruppe bildet die Problematik der Verweige- 66a
rung von Lizenzen an Schutzrechten (Stichwort: **Zwangslizenzen**). Es handelt sich dabei um einen besonderen Aspekt der Geschäftsverweigerung und der „essential-facilities"-Doktrin, so dass insoweit auf die Ausführungen weiter oben (Rn. 32, 35ff.) verwiesen werden kann. In den vorliegenden Zusammenhang gehört ferner noch die **Forderung überhöhter Lizenzgebühren** durch marktbeherrschender Inhaber von Schutzrechten (Art. 102 S. 1 und S. 2 lit a). Auf diesen Aspekt der Materie hat die **Kommission** in jüngster Zeit vorrangig in dem vieldiskutierten **Rambush-Fall** abgestellt, obwohl es in diesem Fall in erster Linie um die Problematik eines sog. **Patenthinterhalts** (patent ambush) ging.[190] Von einem Patenthinterhalt spricht man, wenn ein Teilnehmer an einer Standardisierungs-Kooperation den anderen Teilnehmern seine Schutzrechte auf dem Gebiet der Standardisierung verschweigt – mit dem Ziel, nach Einführung des Industriestandards unter Berufung auf seine (zuvor verschwiegenen) Schutzrechte den ganzen Markt mit Lizenzvereinbarungen überziehen zu können und so allein die Früchte der Kooperation zu ernten.

---

185 *EuG* NZG 2010, 1380 = EuZW 2010, 564 - Astra Zeneca (Losec); *Kommission,* Entsch. v. 15. 6. 2005, ABl. 2006 Nr. L 332/24 – Astra Zeneca (Losec) – m. Anm. *Heinemann,* GRUR 2006, 705, 709; *Hirsbrunner,* EWS 2005, 488; vgl. H I § 3 Rn. 135.

186 S. u. Rn. 67; *EuGH* Slg. 1978, 1139 (1168) – Hoffmann-La Roche/Centrafarm; 1995, I-808 (822ff. Tz. 48ff.) = EuZW 1995, 339 – RTE und ITP (Magill); *Ehlermann,* EuR 1991, 307 (317f.); *Eilmansberger,* EuZW 1992, 625; a. A. *Beier,* FS Quack, 1965, S. 15.

187 *Kommission,* 11. WB, 1981, Tz. 97 (S. 73) – Osram/Airam.

188 *Eilmansberger,* EuZW 1992, 625 (630).

189 *EuG* Slg. 1998, II-2937 (2960ff. Tz. 54ff.) – ITT Promedia; *de Bronett,* in: Wiedemann, § 22 Rn. 48.

190 Entsch. v. 9. 12. 2009, ABl. 2010 Nr. C30/17 = WuW/E DE-V 1513; s. dazu H I § 3 Rn. 134; *Fuchs,* in: *Lange/Klippel/Ohly,* Geistiges Eigentum und Wettbewerb, 2009, S. 147 (153, 173ff.); *Klees,* EWS 2008, 451; *M. Walther/Baumgartner,* WuW 2008, 158 (166f.).

67 **3.** Vielfältige Beispiele für missbräuchliche Verhaltensweisen auf dem abgeleiteten **Produktmarkt** bietet vor allem die Praxis der **Kraftfahrzeughersteller**, ihre Schutzrechte zu dem Zweck einzusetzen, unabhängige Teilehersteller vom Markt zu verdrängen. Hierher gehören die grundlose Verweigerung von Lizenzen (s. o. Rn. 39 ff.), die Geltendmachung von Urheber- oder Geschmacksmusterrechten, um den Nachbau von Karosserieteilen zu verhindern, sowie Liefersperren oder die Forderung überhöhter Preise.[191] Von Fall zu Fall kann außerdem die **Koppelung** des Absatzes der geschützten Produkte mit dem anderer ungeschützter Produkte gegen Art. 102 S. 2 lit. d verstoßen.[192] Dasselbe gilt für die **willkürliche Verknappung** des Angebots **von Ersatzteilen**, obwohl für diese am Markt nach wie vor eine Nachfrage besteht (Art. 102 S. 2 lit. b).[193] Unbedenklich ist die Anwendung des Art. 102 ferner, wenn ein Unternehmen, dessen beherrschende Stellung auf einem Patent beruht, nach dessen Ablauf versucht, mit seinen Konkurrenten zur Aufteilung des Marktes fingierte Lizenzverträge abzuschließen.[194] Die große Gefährlichkeit von Nichtangriffsklauseln wird an solchen Fällen besonders deutlich (s. dazu schon o. § 6 Rn. 25). Schließlich kann im Einzelfall auch noch der abgeleitete **Erwerb** eines Schutzrechtes gegen Art. 102 S. 1 verstoßen, sofern nämlich damit wettbewerbsbeschränkende Zwecke verfolgt werden. Ein „schönes" Beispiel ist der Erwerb einer ausschließlichen Lizenz an der einzigen Konkurrenztechnik durch den ohnehin marktbeherrschenden Hersteller einer Maschine, um Konkurrenten endgültig den Zutritt zu dem beherrschten Markt zu versperren.[195]

VIII. Verwaltungsmonopole

68 Der dritte Grundfall des Missbrauchs einer beherrschenden Stellung neben dem Ausbeutungs- und dem Behinderungsmissbrauch ist der sog. **Strukturmissbrauch.** Man versteht darunter gezielte Eingriffe eines beherrschenden Unternehmens in die Struktur der Märkte zum Nachteil des Systems unverfälschten Wettbewerbs (Art. 102 S. 1). Eigenständige Bedeutung hat dieser Tatbestand bisher vor allem in zwei Fallgruppen erlangt, zunächst in den Fällen der grundlosen Verstärkung oder Ausdehnung gesetzlicher Monopole (Rn. 68 a ff.) sowie sodann noch in den (seltenen) Fällen missbräuchlicher Unternehmenszusammenschlüsse. Da auf die zuletzt genannten Fälle weiter unten im Zusammenhang eingegangen werden soll (§ 14 Rn. 19 ff.), beschränken sich die folgenden Ausführungen auf die zuerst genannte Fallgruppe einer grundlosen Ausdehnung oder Verstärkung von Verwaltungsmonopolen.

69 Als **Verwaltungsmonopole** bezeichnet man Monopole in der Hand der Mitgliedstaaten. Solche Monopole, die früher vor allem in den südlichen Mitgliedstaaten, aber nicht nur dort stark verbreitet waren, – einen bizarren Grenzfall bildet das allein

[191] *EuG* Slg. 1991, II-485 (519 f.) – RTE; 1991, II-538 (565) – BBC/Magill; 1991, II-575 (603) – ITT; ebenso schon *Kommission,* 15. WB 1985, Tz. 49 (S. 62) – Ford; *Eilmansberger,* EuZW 1992, 625 (630).

[192] S. o. Rn. 53 ff., 57; *EuG* Slg. 1994, II-755 (821 ff.) – Tetra Pak II; *Kommission,* 14. WB 1984, Tz. 94 ff. (S. 87 ff.) – IBM; 15. WB 1985, Tz. 49 (S. 61) – Hilti.

[193] *EuGH* Slg. 1988, 6067 (6073) = NJW 1990, 627 – Renault; Slg. 1988, 6232 (6235 f.) = NJW 1990, 628 – Volvo; *Eilmansberger,* EuZW 1992, 625 (627).

[194] *Kommission,* Entsch. v. 21. 12. 1988, ABl. 1989 Nr. L 43/27 (39 f.) – Decca.

[195] So geschehen in dem Falle Tetra Pak (s. o. Rn. 67 m. N.). Zur Verweigerung von Lizenzen s. schon o. Rn. 35 ff., 44.

aus fiskalischen Gründen eisern verteidigte Glücksspielmonopol der Bundesländer –, sind schon ihrer Natur nach mit einem System unverfälschten Wettbewerbs in einem Binnenmarkt kaum zu vereinbaren. Der Vertrag nimmt gleichwohl aus historischen Gründen zu dieser Problematik nur eher beiläufig Stellung (s. Art. 14, 37, 106).[196] Das hat die Gemeinschaftsorgane indessen nicht daran gehindert, insbesondere die nationalen Dienstleistungsmonopole aus den unterschiedlichsten Richtungen „anzugreifen", um so zu einer gegenseitigen Öffnung der Märkte zu gelangen. In diesem Rahmen hat auch Art. 102, meistens in Verbindung mit Art. 106 Abs. 2 S. 1, eine zentrale Rolle gespielt (s. deshalb auch u. § 19 Rn. 13 ff.).In den Art. 102 und 106 geht der Vertrag zwar von der grundsätzlichen *Zulässigkeit* gesetzlicher Monopole aus; davon zu trennen ist jedoch, vergleichbar mit der Situation bei den gewerblichen Schutzrechten (s. § 6 Rn. 1 ff. und o. Rn. 64 ff.), die **Ausübung** der Monopolrechte, die daher – im Rahmen der Art. 14 und 106 Abs. 2 S. 1 – durchaus durch das Gemeinschaftsrecht an Hand des Art. 102 kontrolliert werden kann. Wichtig ist dies namentlich für eine **Ausdehnung oder Verstärkung** des Monopols im Widerspruch zu dem System unverfälschten Wettbewerbs. Die Kommission hat auf diese Weise in einer Vielzahl von Fällen die Art. 102 und 106 mit Erfolg zur schrittweisen **Deregulierung** der vielen überflüssigen nationalen Monopole eingesetzt. In dieser Praxis hat sich mittlerweile eine Reihe von **Fallgruppen** herausgebildet, in denen vorrangig die Annahme eines Missbrauchs in Betracht kommt.

Monopolunternehmen handeln insbesondere dann missbräuchlich, wenn sie durch 70
wettbewerbswidrige Maßnahmen versuchen, ihr Monopol **auf** zwar **benachbarte,** aber sachlich getrennte **Märkte** zu **erstrecken**, für die ihnen an sich *kein* Monopolrecht zusteht,[197] z. B. indem sie ihre Leistungen Konkurrenten, die sich auf derartigen Nachbarmärkten betätigen wollen, vorenthalten und diese damit am Marktzutritt hindern.[198] Ebenso ist es zu beurteilen, wenn sie zum Schutze ihrer Monopole die **Entstehung neuer Märkte verhindern** und veraltete Systeme aufrechterhalten,[199] wenn sie das **Aufkommen privater Konkurrenten verhindern,** obwohl sie selbst zur Befriedigung der Nachfrage gar nicht in der Lage sind,[200] oder wenn sie **unzulängliche Dienste zu überhöhten Preisen** bereitstellen und den technischen Fortschritt nicht nutzen.[201] Wo aber keine derartigen Missbräuche erkennbar sind,

[196] Vgl in diesem Zusammenhang auch das Protokoll Nr. 26 über Diesnste von allgemeinem Interesse v. 13. 12. 2007 zu dem Vertrag von Lissabon (ABl. Nr. C 306/158).

[197] Grdl. für die Netzmonopole der Mitgliedstaaten *EuGH* Slg. 1991, I-5973 (5979 f.) = EuZW 1992, 250 – RTT/GB-Inno-BM; Slg. 1992, I-5859 (5868 f. Tz. 36 f.) = EuZW 1993, 131 (133) – Wettbewerbsrichtlinie; Slg. 1995, I-808 (824 f. Tz. 54 ff.) = EuZW 1995, 339 – RTE und ITP (Magill); Slg. 2001, I-8137 (8157 ff. Tz. 39 ff.) – Ambulanz Glöckner; *Kommission,* Entsch. v. 14. 1. 1998, ABl. Nr. L 72/30 (43 f.) für den Flughafen Frankfurt; v. 20. 10. 2004, WuW/E EU-V 1035 (1036 ff. Tz. 59 ff.) – Konsolidierer.

[198] *EuGH* Slg. 1985, 3270 (3277 f. Tz. 25 f.) – Télemarketing/CLT-IPB; zur essential-facilities-Doktrin s. schon o. Rn. 35 ff.

[199] *EuGH* Slg. 1985, 880 (885 ff.) – BT.

[200] So für das Arbeitsvermittlungsmonopol *EuGH* Slg. 1991, I-2010 (2016 ff.) = EuZW 1991, 349 – Macrotron; Slg. 1997, I-7140 (7149 f. Tz. 32 ff.) = EuZW 1998, 274 – Job-Centre; Slg. 1999, I-5863 (5890 f. Tz. 93 ff.) = JuS 2000, 609 Nr. 12 – Albany; Slg. 1999, I-6125 (6151 f. Tz. 83 ff.) – Drijvende Bokken; insbesondere zusammenfassend Slg. 2000, I-4231 (4236 ff. Tz. 11 ff.) = WuW/E EU-R 349 – Giovanni Carra; für den Postdienst *Kommission,* Bekanntmachung v. 6. 2. 1998, ABl. Nr. C 39/2 (8 f. Tz. 2.7 ff.).

[201] So sehr kritisch für die Postdienste der Mitgliedstaaten die *Kommission* (vorige Fn.).

bleibt auch die Einrichtung neuer Monopole wie z. B. eines ausschließlichen Pensionsfonds für Freiberufler zulässig.[202]

71 **Beispiele** für missbräuchliche Verhaltensweisen in dem genannten Sinne (o. Rn. 70) finden sich vor allem in der Praxis der früheren nationalen **Fernmelde- und Postverwaltungen** und der mittlerweile überall an ihre Stelle getretenen Post- und Telekommunikationsunternehmen.[203] Hervorzuheben sind die Behinderung internationaler Kurierdienste, die Ausdehnung des Post- oder Fernmeldemonopols auf andere Dienste oder auf Endgeräte wie z. B. schnurlose Telefone, Modems oder Fernschreiber,[204] die drastische Erhöhung der Gebühren für Mietleitungen, wenn diese für das Angebot von Mehrwertdiensten benutzt werden sollen, das grundlose und wirtschaftlich unsinnige Verbot solcher Dienste, selbst wenn die nationalen Postverwaltungen derartige Dienste gar nicht bereitstellen, das Verbot von Vermittlungsagenturen, die sich das Gebührengefälle im Fernschreib- und Telefonverkehr zwischen verschiedenen Mitgliedstaaten zunutze machen,[205] sowie die Subventionierung der Wettbewerbsdienste aus den exzessiven Gewinnen aus den (früheren) Monopolmärkten, um die privaten Konkurrenten auf den Wettbewerbsmärkten, z. B. auf dem Paketmarkt, zu vertreiben (s. o. Rn. 63).

§ 11. Rechtsfolgen

1 Im Gegensatz zu Art. 101 (s. Art. 101 Abs. 2 und dazu o. § 7) regelt Art. 102 die Rechtsfolgen eines Verstoßes gegen das Missbrauchsverbot nicht selbst; die Rechtsfolgen ergeben sich vielmehr erst aus der **Kartellverfahrensverordnung Nr. 1/2003** und im Übrigen aus dem nationalen Recht, in Deutschland seit der 7. GWB-Novelle von 2005 in erster Linie aus den **§§ 32, 33, 34 und 81 GWB** sowie aus **§ 134 BGB.**

I. Verwaltungsverfahren

2 Die verwaltungs- und bußgeldrechtlichen Konsequenzen eines Verstoßes gegen das Missbrauchsverbot des Art. 102 richten sich in erster Linie nach der **Kartellverfahrensverordnung Nr. 1/2003**[1] sowie nach den entsprechenden Vorschriften des GWB von 2005 (§§ 32 ff., 34 und 81 I). Im Vordergrund des Interesses steht die Befugnis der Kommission, nach **Art. 7 Abs. 1 S. 1 VO Nr. 1/2003,** im Falle der Feststellung eines Verstoßes gegen Art. 102 AEUV die beteiligten Unternehmen und Unternehmensvereinigungen durch Entscheidung zu verpflichten, die **Zuwiderhandlung abzustellen.** S. 2 des Art. 7 Abs. 1 VO fügt hinzu, dass die Kommission den Unternehmen hierzu alle erforderlichen **Abhilfemaßnahmen** verhaltensorientierter *oder* struktureller Art **vorschreiben** kann, die gegenüber der festgestellten Zuwiderhandlung verhältnismäßig und für eine wirksame Abstellung der Zuwiderhandlung erforderlich sind. Diese Regelung ermöglicht es der Kommission, die Art der von ihr vorgeschriebenen Maßnahmen

[202] *EuGH* Slg. 2000, I-6497 (6532 ff. Tz. 122 ff.) – Pavlov; WuW/ EuR 1929 Tz. 66 ff. – AG2R.
[203] *Kommission,* Entsch. v. 20. 10. 2004, WuW/E EU-V 1035 (1036 ff. Tz. 59 ff.) – Konsolidierer; *Emmerich,* FS Keller, 1989, S. 865; *ders.,* ORDO Bd. 44 (1993), 55; *ders.,* (2.) FS Seuß, 1997, S. 109.
[204] *EuGH* Slg. 1991, I-5973 (5979 f.) = EuZW 1992, 250 – RTT/GB Inno-BM; Slg. 1992, I-5859 (5868 f.) = EuZW 1993, 131 (133 Tz. 36) – Wettbewerbsrichtlinie.
[205] Grdl. *EuGH* Slg. 1985, 880 – BT; *Kommission,* Entsch. v. 10. 12. 1982, ABl. Nr. L 360/36 – BT.
[1] ABl. 2003 Nr. L 1/1; s. dazu u. § 12 f.

ganz der Art des Missbrauchs anzupassen. Sie ist insbesondere nicht auf **Unterlassungs- oder Abstellungsverfügungen** beschränkt, sondern kann z. B. im Falle einer missbräuchlichen Liefersperre auch die **Belieferung** eines anderen Unternehmens, etwa mit Rohstoffen, anordnen (s. im Einzelnen u. § 13 Rn. 7 ff. und § 43 Rn. 3 ff.).

Die Kommission ist in den genannten Fällen (o. Rn. 2) außerdem befugt, unter 3
engen Voraussetzungen nach **Art. 8 VO einstweilige Maßnahmen** anordnen. **Art. 9 VO** ermächtigt die Kommission ferner, von dem Erlass einer Entscheidung nach Art. 7 VO abzusehen, wenn die beteiligten Unternehmen Verpflichtungen zur Abstellung der Zuwiderhandlung anbieten.[2] Von dieser Möglichkeit, **Verpflichtungszusagen** der beteiligten Unternehmen entgegenzunehmen, macht die Kommission im Interesse der Verfahrensvereinfachung zunehmend Gebrauch, zumal sie dabei nach der Rechtsprechung des EuGH über ein ganz weites, gerichtlich kaum kontrolliertes Ermessen verfügt.[3] Zur Durchsetzung der genannten Entscheidungen aufgrund der Art. 7 bis 9 VO kann die Kommission außerdem **Zwangsgelder** festsetzen (Art. 24 VO). Bei einem schuldhaften Verstoß gegen Art. 102 AEUV kommt schließlich noch die Festsetzung von **Bußgeldern** nach Art. 23 VO in Betracht (s. dazu u. § 13).

Die entsprechenden Befugnisse der **deutschen Kartellbehörden** (§ 48 GWB) bei 4
den ihrer Zuständigkeit unterliegenden Verstößen von Unternehmen gegen Art. 102 AEUV ergeben sich aus den §§ 32 bis 32 b und 81 Abs. 1 GWB. § 34 GWB eröffnet außerdem den Kartellbehörden die Möglichkeit der Vorteilsabschöpfung (s. u. §§ 41–43).

II. Zivilrechtliche Folgen

1. Art. 102 ist ein unmittelbar anwendbares **gesetzliches Verbot** im Sinne des **§ 134** 5
BGB, dessen Geltung nicht von einem vorgängigen Beschluss der Kommission abhängt (Art. 1 Abs. 3 VO Nr. 1/2003) und von dem der Vertrag, von Art. 106 Abs. 2 S. 1 vielleicht abgesehen, auch **keine Ausnahmen** kennt, so dass die Kommission unter keinem rechtlichen Gesichtspunkt befugt ist, missbräuchliche Verhaltensweisen zu erlauben.[4] Das ist wichtig, wenn bei marktbeherrschenden Kartellen die Art. 101 und 102 zusammentreffen. In solchen Fällen schließt die Anwendbarkeit des Art. 102 neben Art. 101 eine Freistellung des Kartells aufgrund des Art. 101 Abs. 3 aus (s. § 9 Rn. 6 f.).

2. Nach **§ 134 BGB** ist ein Rechtsgeschäft, das gegen ein gesetzliches Verbot wie 6
Art. 102 verstößt, nichtig, vorausgesetzt, dass sich nicht aus dem Gesetz ein anderes ergibt. Daraus folgt die Möglichkeit, bei den **Rechtsfolgen** im Rahmen des § 134 BGB zu **differenzieren.**[5] Richtschnur muss neben dem Grundsatz der effektiven Durchsetzung des Gemeinschaftsrechts die Notwendigkeit sein, auf die legitimen Interessen Dritter die gebotene Rücksicht zu nehmen. Dies bedeutet konkret, dass **vollständige Nichtigkeit** eines Rechtsgeschäfts wegen des Verstoßes gegen Art. 102

[2] Ein Beispiel in *Kommission,* Entsch. v. 19. 2. 2005, WuW/E EU-V 1041 (1044 Tz. 40 ff.) – Deutsche Bundesliga.

[3] *EuGH,* Urt.v. 29. 6. 2010 – C 441/07 – Arosa; s. dazu *Kellerbauer,* EuZW 2010, 652.

[4] *EuGH* Slg. 1989, 803 (848) = NJW 1989, 2192 – Flugtarife.

[5] *öOGH* WuW/E KRInt 267 (269 f.) – KombiPaket; s. im Einzelnen *Emmerich,* AG 2001, 520 (525 f.); *H. Schneider,* FS J. Baur, 1998, S. 177 (186 ff.); *H. Weyer,* ZEuP 1999, 424 (444 ff.).

nach § 134 BGB nur in Betracht kommt, wenn der Verstoß gerade in der Beeinträchtigung der wirtschaftlichen Bewegungsfreiheit des Vertragspartners durch die Auferlegung missbräuchlicher Klauseln liegt.

7 Das Interesse der Allgemeinheit an der Durchsetzung des Missbrauchsverbots kann gleichfalls von Fall zu Fall die vollständige Nichtigkeit eines Rechtsgeschäfts bei einem Verstoß gegen Art. 102 erfordern. In Betracht kommt dies in erster Linie bei missbräuchlichen **Unternehmenszusammenschlüssen.** Gerade in dieser Rechtsfolge liegt die Besonderheit einer Anwendung des Art. 102 auf Unternehmenszusammenschlüsse im Verhältnis zur FKVO (s. § 14 Rn. 19 ff.). Handelt es sich dagegen um Fälle des Ausbeutungsmissbrauchs, so ist vorrangig an eine **Anpassung** der Verträge zum Schutz der Vertragspartner, insbesondere durch eine Herabsetzung überhöhter Preise, zu denken. Auf dieselbe Weise wird häufig in Diskriminierungsfällen ein Ausgleich möglich sein. Nur eine geringe Korrekturmöglichkeit besteht dagegen in Fällen der **Kampfpreisunterbietung;** eine Heraufsetzung von Preisen aufgrund des Art. 102 scheidet wohl meistens aus.[6]

8 **3.** Verstöße gegen Art. 102 lösen seit der 7. GWB-Novelle von 2005 unter den Voraussetzungen des **§ 33 GWB** außerdem Unterlassungs-, Beseitigungs- und Schadensersatzansprüche der Betroffenen aus (dazu u. § 40). Kein Einwand gegen die Möglichkeit von Schadensersatzansprüchen Dritter sind die unleugbaren Schwierigkeiten, auf die die **Schadensberechnung** in verschiedenen Fallgestaltungen des Art. 102 stößt, da diese in der Mehrzahl der Fälle auf die eine oder andere Weise doch überwindbar sind:[7] In den **Behinderungsfällen** richtet sich die missbräuchliche Verhaltensweise eines beherrschenden Unternehmens gegen bestimmte andere Unternehmen, deren Schaden dann in der Regel in dem ihnen **entgangenen Gewinn** bestehen wird, für dessen Schätzung im Rahmen des § 287 ZPO und des § 252 BGB von Fall zu Fall durchaus Raum ist, zumal bei Berücksichtigung des § 33 Abs. 3 S. 3 GWB, nach dem bei der Schadensschätzung der anteilige Gewinn berücksichtigt werden kann, den das beherrschende Unternehmen selbst durch den Verstoß erlangt hat. In Fällen der **Geschäftsverweigerung** kommen außerdem **Belieferungsansprüche** in Betracht, die zumal in Fällen der Verweigerung des Zugangs zu wesentlichen Einrichtungen (essential-facilities) mittlerweile durchaus praktische Bedeutung erlangt haben. Entsprechendes gilt für die in Ausnahmefällen mögliche Verpflichtung beherrschender Unternehmen zur Erteilung von Zwangslizenzen.[8]

9 Andere Fragen stellen sich in den Fällen des **Ausbeutungsmissbrauchs.** Die häufigen Probleme bei der Schadensberechnung schließen auch in solchen Fällen Schadensersatzansprüche jedenfalls dann nicht aus, wenn der Schaden ausnahmsweise ermittelt und berechnet werden kann. Der BGH hat folgerichtig bereits wiederholt unbillig behinderten Lieferanten Nachzahlungsansprüche zugebilligt.[9] In zahlreichen anderen Fällen wird, zumal bei Berücksichtigung des § 33 Abs. 3 S. 3 GWB, eine Schadensschätzung auf der Grundlage des § 287 ZPO und des § 252 BGB möglich sein. In den Fällen des Konditionenmissbrauchs kommt schließlich noch in geeigneten Fällen eine Ersetzung missbräuchlicher Klauseln durch billige Klauseln in Betracht.

---

6 Str., anders insbesondere *öOGH* WuW/E KRInt 239 (241) – KombiPaket.

7 Wegen der Einzelheiten s. *Emmerich,* AG 2001, 520 (526 f.) sowie IM/*Emmerich* Bd. II, § 33.

8 S. o. § 10 Rn. 35 ff., 44, 64; *EuGH* Slg. 2004, I-5069 (5079 ff. Tz. 28 ff.) = EuZW 2004, 345 – IMS Health/NDC; BGHZ 160, 67 (72 ff.) = NJW-RR 2005, 269 – Spundfaß.

9 BGHZ 119, 335 (345 f.) = NJW 1993, 396; BGHZ 133, 177 (181 f.) = NJW 1996, 3005.

3. Kapitel. Verfahren in Kartellsachen

§ 12. Grundzüge des Verfahrens

Literatur: *Kommission,* Bekanntmachung über die Zusammenarbeit mit den Wettbewerbsbehörden, ABl. 2004 Nr. C 101/43; *dies.,* Bekanntmachung über die Zusammenarbeit mit den Gerichten, ABl. 2004 Nr. C 101/54; *dies.,* Bekanntmachung über die Behandlung von Beschwerden, 2004 Nr. C 101/65; *dies.,* Beratungsschreiben, 2004 Nr. C 101/78; *dies.,* Bericht über das Funktionieren der Verordnung Nr. 1/2003 v. 29. 4. 2009, KOM (2009) 206 endg.; *de Bronett,* Kommentar zum europäischen Kartellverfahrensrecht – VO 1/2003, 2005; *Klees,* Europäisches Kartellverfahrensrecht, 2005; *Schnelle/Bartosch/Hübner,* Das neue EU-Kartellverfahrensrecht, 2004; *Schwarze/Weitbrecht,* Grundzüge des europäischen Kartellverfahrensrechts, 2004; *Steindorff,* EG-Vertrag und Privatrecht, 1996. – Zur VO Nr. 17 von 1962 s. noch *L. O. Blanco,* EC-Competition Procedure, Oxford 1996; *Kerse,* EEC-Antitrust Procedure, 3. Aufl., London 1994.

I. Geschichte

Die Art. 101 und 102 besitzen seit Inkrafttreten des Vertrags im Jahre 1958 unmittelbare Wirkung, so dass sie – an sich – seit 1958 ohne Weiteres auch von den nationalen Behörden und Gerichten zu beachten waren (s. schon o. § 2 Rn. 18 ff.). Von den ihnen hierdurch eröffneten Möglichkeiten und Befugnisse machten indessen die Behörden und Gerichte der Mitgliedstaaten zunächst – und über Jahrzehnte hinweg – nahezu keinen Gebrauch. Um so wichtiger war es, dass daneben von Anfang an zusätzlich auch die **Kommission** die **Befugnis zur Durchsetzung** der Wettbewerbsregeln besaß (Art. 105). Die Einzelheiten des von ihr dabei zu beachtenden Verfahrens regelte zunächst die erste Durchführungsverordnung zu den Art. 101 und 102, die sog. **Verordnung Nr. 17** vom 6. Februar 1962, in Kraft getreten am 13. März 1962,[1] in Verbindung mit zwei Durchführungsverordnungen, die weitere Verfahrensfragen regelten.[2] 1

Kennzeichen des durch die VO Nr. 17 eingeführten Verfahrens war das sogenannte **Freistellungsmonopol** der Kommission, d. h. die alleinige Zuständigkeit der Kommission zur Anwendung des Art. 101 Abs. 3. Wie schon ausgeführt (s. o. § 2 Rn. 20 ff.), hatte diese Regelung (ursprünglich) zu einer „Überflutung" der Kommission mit buchstäblich tausenden von Freistellungsanträgen aufgrund des Art. 101 Abs. 3 geführt (sog. **Massenproblem**), so dass sich die Kommission schließlich zu einem radikalen Kurswechsel in ihrer Wettbewerbspolitik genötigt sah, gekennzeichnet durch die Aufgabe ihres Freistellungsmonopols zu Gunsten des neuen Systems der **Legalausnahme.** Man versteht darunter die Interpretation des Art. 101 Abs. 3 als gesetzliche Ausnahme von dem Kartellverbot des Art. 101 Abs. 1 unter den dort genannten Voraussetzungen (s. schon o. § 2 Rn. 27 ff., § 8 Rn. 1 ff.). 2

Ausdruck dieses Paradigmenwechsels war die **neue Kartellverfahrensverordnung Nr. 1/2003** vom 16. Dezember 2002,[3] in Kraft getreten am 1. Mai 2004. Diese VO brachte neben dem Übergang zu dem System der Legalausnahme (s. dazu o. § 2 3

[1] ABl. 1962, S. 204; zuletzt geändert durch die VO Nr. 1216/99, ABl. 1999 Nr. 148/5.

[2] S. die VO Nr. 99/63 über die Anhörung nach Art. 19 (ABl. 1963, S. 2268) sowie die VO Nr. 3385/94 über die Form, den Inhalt und die anderen Einzelheiten der Anträge und Anmeldungen (ABl. 1994 Nr. L 377/28).

[3] ABl. 2003 Nr. L 1/1 mit späteren Änderungen.

Rn. 27 ff., § 8 Rn. 1 ff.) insbesondere den erweiterten Vorrang des Gemeinschaftsrechts aufgrund des Art. 3 VO Nr. 1/2003 (in Verbindung mit § 22 GWB; s. o. § 8 Rn. 57 ff.). Die folgenden Ausführungen beschränken sich auf eine Darstellung der Grundzüge des Verfahrens vor der Kommission (u. Rn. 4 ff.) sowie auf einen Überblick über die wichtigsten Entscheidungen oder (so heute) Beschlüsse, die die Kommission aufgrund der VO Nr. 1/2003 erlassen kann (u. § 13).

II. Überblick

4 Die KartellverfahrensVO Nr. 1/2003 (im Folgenden immer: VO) bekräftigt zunächst in Art. 1 Abs. 1 und Abs. 3 die **unmittelbare Anwendbarkeit der Verbote** der Art. 101 Abs. 1 und 102 und dehnt zugleich diesen Grundsatz erstmals auf Art. 101 Abs. 3 aus durch die Bestimmung, dass gegen Art. 101 Abs. 1 verstoßende Vereinbarungen, die zugleich die Voraussetzungen des Art. 101 Abs. 3 erfüllen, ohne weiteres erlaubt sind (Art. 1 Abs. 2 VO; sog. System der **Legalausnahme**). Art. 2 S. 2 VO fügt hinzu, dass die **Beweislast** für das Vorliegen der Voraussetzungen des Art. 101 Abs. 3 die beteiligten Unternehmen und Unternehmensvereinigungen trifft, die sich auf diese Ausnahme von dem Kartellverbot des Art. 101 Abs. 1 berufen.

5 Eines der wichtigsten Ziele, das die Kommission mit der neuen Kartellverfahrensverordnung anstrebte, war die **Dezentralisierung der Durchsetzung** der Wettbewerbsregeln. Gemeint ist damit die Verlagerung der Durchsetzung der Wettbewerbsregeln, die früher nahezu ausschließlich in den Händen der Kommission lag (o. Rn. 1), wenigstens partiell auf die Behörden und Gerichte der Mitgliedstaaten. Deshalb betont die VO in den Art. 5 und 6 die **Zuständigkeit der** Wettbewerbsbehörden und der Gerichte der **Mitgliedstaaten** zur Anwendung der Wettbewerbsregeln und verleiht obendrein in Art. 5 S. 2 den Behörden der Mitgliedstaaten im wesentlichen dieselben weitgehenden Befugnisse, wie sie die Kommission aufgrund der VO Nr. 1/2003 besitzt. Die entsprechenden deutschen Vorschriften, die sich weithin mit den parallelen Bestimmungen der VO Nr. 1/2003 decken, finden sich in den **§§ 32 bis 32 e GWB** von 2005 (s. dazu im Einzelnen u. § 42). Im Ergebnis obliegt damit heute die behördliche Durchsetzung der Wettbewerbsregeln *nebeneinander* der Kommission *und* den Wettbewerbsbehörden sämtlicher Mitgliedstaaten. Die Einzelheiten dieses **Nebeneinanders** einer Vielzahl **konkurrierender Behörden** regeln die Art. 11 bis 16 VO.[4] Zugleich musste in dieser Regelung dafür Vorsorge getroffen werden, dass es bei der Anwendung der Wettbewerbsregeln nicht zu unterschiedlichen Entscheidungen der Kommission und der nationalen Wettbewerbsbehörden kommt. Diesem Zweck dient neben dem erweiterten Vorrang des Gemeinschaftsrechts aufgrund des Art. 3 VO (s. dazu o. § 3 Rn. 57 ff.) insbesondere **Art. 16 VO**, nach dem die Kartellbehörden und die Gerichte der Mitgliedstaaten keine Entscheidungen treffen dürfen, die Entscheidungen der Kommission zuwiderlaufen (s. § 7 Rn. 15 ff. und § 40 Rn. 14 ff.).

6 Kartellverstöße werden aus naheliegenden Gründen in der Regel sorgsam vor den Augen der Öffentlichkeit verborgen. Um ihren Aufgaben bei der Durchsetzung der Wettbewerbsregeln nachkommen zu können, verfügt die Kommission deshalb zunächst über umfassende **Ermittlungsbefugnisse** aufgrund der **Art. 17 bis 21 VO** (s. u. Rn. 18 ff.). Die Kommission kann außerdem aufgrund des Art. 22 Abs. 2 und

[4] S. dazu z. B. *Dannecker,* FS Immenga, 2004, S. 61 (78, 86 ff.).

Abs. 3 VO die Wettbewerbsbehörden der Mitgliedstaaten in ihre Untersuchungen einschalten. Die entsprechenden deutschen Vorschriften finden sich in § 32 e sowie in den §§ 57 bis 59 GWB von 2005 (s. u. §§ 13; 42).

Für das Verfahren der Kommission, einer Verwaltungsbehörde, gilt das **Opportunitätsprinzip;** es steht daher im Ermessen der Kommission, ob und wie sie auf einen Kartellverstoß auf der Grundlage der VO Nr. 1/2003 reagieren will. Ist sie der Meinung, dass, aus welchen Gründen immer, und sei es auch wegen ihrer Überlastung, momentan keine Reaktion erforderlich oder möglich ist, so ist sie befugt, das Verfahren, gegebenenfalls vorläufig, einzustellen. Will sie jedoch auf den Verstoß reagieren, so hat sie vor allem die Wahl zwischen den Entscheidungen oder Beschlüssen aufgrund der Art. 7 bis 9 VO und der Verhängung von Geldbußen aufgrund des Art. 23 VO, sofern die beteiligten Unternehmen schuldhaft gehandelt haben. Die entsprechenden deutschen Vorschriften finden sich in den §§ 32 bis 32b und 81 GWB von 2005. Die mit Abstand bedeutsamste Befugnis der Kommission ist ihr Recht, nach **Art. 7 VO** den beteiligten Unternehmen **durch Entscheidung** oder (so heute) durch **Beschluss** aufzugeben, eine **festgestellte Zuwiderhandlung** gegen die Wettbewerbsregeln **abzustellen** (vgl. § 32 GWB von 2005; s. u. § 13 Rn. 7 ff.). Unter den weiteren Befugnissen der Kommission sind noch hervorzuheben ihre Befugnis zur Festsetzung von **Zwangsgeldern,** um ihre Entscheidungen durchzusetzen (Art. 24 VO), sowie ihre Befugnis, Unternehmen im Einzelfall die Wirkungen einer Gruppenfreistellungsverordnung bei Missbrauch der **Freistellung** zu **entziehen** (Art. 29 VO). Die Verjährungsfrist für die Festsetzung von Geldbußen und Zwangsgeldern beträgt nach Art. 25 VO im Regelfall fünf Jahre. 7

Freistellungsanträge der an einer wettbewerbsbeschränkenden Vereinbarung beteiligten Unternehmen, durch die früher die große Mehrzahl der Verfahren wegen des ursprünglichen Freistellungsmonopols der Kommission eingeleitet worden war, kennt die VO Nr. 1/2003 unter dem System der Legalausnahme **nicht mehr**. Es war gerade der vorrangige Zweck der neuen Kartellverfahrensverordnung, die Kommission von der Masse dieser Verfahren zu entlasten (Art. 1 Abs. 2 VO). Die **Feststellung der Nichtanwendbarkeit** (unter anderem) des Art. 101 (weil die Voraussetzungen des Art. 101 Abs. 3 erfüllt sind) nach **Art. 10 Abs. 1 VO** erfolgt seitdem nur noch aus Gründen des öffentlichen Interesses, d. h. von Amts wegen. „Anträge" der beteiligten Unternehmen auf Erlass einer solchen Feststellungsentscheidung sind daher der Sache nach nichts anderes als bloße Anregungen beliebiger Dritter zur Einleitung eines Amtsverfahrens seitens der Kommission (s. § 13 Rn. 5). 8

Art. 33 VO verleiht der Kommission außerdem die Befugnis zum Erlass von **Durchführungsverordnungen.** Von dieser Befugnis hat die Kommission mittlerweile mit Erlass der VO Nr. 773/2004 vom 7. April 2004 über die Durchführung von Verfahren aufgrund der Art. 101 und 102 AEUV Gebrauch gemacht.[5] 9

III. Das Beschwerderecht Dritter

Literatur: *Kommission,* Bekanntmachung über die Behandlung von Beschwerden durch die Kommission gemäß Art. 101 und 102 AEUV, ABl. 2004 Nr. C 101/65; *Steindorff,* ZHR 162 (1998), 290; *K. Schmidt,* FS Steindorff, 1990, S. 185; *Vesterdorf,* CMLR 1994, 77.

[5] ABl. Nr. L 123/18, geändert durch die VO v. 30. 6. 2008, ABl. Nr. L 622/08.

10 **a)** Verfahren wegen einer Zuwiderhandlung gegen die Wettbewerbsregeln der Art. 101 und 102 AEUV leitet die Kommission nach Art. 7 Abs. 1 S. 1 VO von Amts wegen oder auf Beschwerde hin ein. Wer **beschwerdebefugt** ist, ergibt sich aus **Art. 7 Abs. 2 VO**. Das Beschwerderecht steht danach neben den Mitgliedstaaten natürlichen und juristischen Personen zu, die ein **berechtigtes Interesse** darlegen. Von dieser Beschwerdebefugnis beliebiger Dritter wird reger Gebrauch gemacht. Die Grundzüge des durch eine Beschwerde ausgelösten Verfahrens regelt die **Durchführungsverordnung (DVO) Nr. 773/2004** (s. Rn. 9) in den Art. 5 bis 9 in Verb. mit einer umfangreichen **Bekanntmachung der Kommission** ebenfalls von 2004.[6] Danach gilt Folgendes:

11 Der Beschwerdeführer muss sein **berechtigtes Interesse** im Sinne des Art. 7 Abs. 2 VO in der Beschwerde im Einzelnen **darlegen,** wenn er ein Verfahren der Kommission auslösen will (Art. 5 DVO Nr. 773/2004). Tut er dies nicht, so braucht die Kommission auf die Beschwerde nicht zu reagieren, kann dies aber jederzeit tun, indem sie ihrerseits ein Verfahren von Amts wegen einleitet. In der Praxis geschieht dies häufig.

12 Der Begriff des **berechtigten Interesses** in Art. 7 Abs. 2 VO wird allgemein **weit** ausgelegt. Es genügt, wenn der Beschwerdeführer schlüssig darlegt, dass er durch einen Verstoß gegen die Wettbewerbsregeln des Vertrags in seinen legitimen Interessen beeinträchtigt wird, insbesondere, weil ihm ein Schaden droht.[7] Im Kern deckt sich der Begriff mit dem der unmittelbaren und individuellen Betroffenheit einzelner im Sinne des Art. 263 Abs. 4 AEUV als Voraussetzung der Klagebefugnis gegen Rechtsakte der Gemeinschaftsorgane, so dass vor allem die **Konkurrenten und** die **Vertragspartner** der Wettbewerbssünder in der Regel beschwerdebefugt sein werden. Dasselbe gilt ferner für einen **Unternehmensverband**, wenn er befugt ist, die Interessen seiner Mitglieder zu vertreten und die beanstandete Verhaltensweise geeignet ist, deren Interessen zu verletzen,[8] sowie sogar für **Verbraucher**, sofern sie geltend machen, durch ein Kartell in ihren Interessen betroffen zu sein.[9]

13 **b)** Art. 7 Abs. 2 VO ändert nichts daran, dass für das Verfahren vor der Kommission das Opportunitätsprinzip gilt (Rn. 7). Art. 7 Abs. 2 VO begründet daher **nicht** etwa, so jedenfalls die ganz überwiegende Meinung, einen notfalls gerichtlich durchsetzbaren **Anspruch** des Beschwerdeführers **auf** eine **Sachentscheidung** der Kommission nach Art. 7 Abs. 1 VO über das Vorliegen oder Nichtvorliegen einer Zuwiderhandlung gegen die Wettbewerbsregeln (Art. 101 und 102 AEUV); es bleibt vielmehr dabei, dass die **Kommission nach ihrem Ermessen entscheiden** kann, **ob** sie ein Verfahren wegen einer Zuwiderhandlung gegen die Wettbewerbsregeln einleiten will oder nicht.[10] Wegen ihrer beschränkten Ressourcen ist sie dabei befugt, Prioritäten zu setzen und sich an dem von ihr definierten Gemeinschaftsinteresse zu orientieren,[11] so dass Wettbewerbsbeschränkungen mit vorrangig lokaler Bedeutung von der Kommission ohne weiteres den nationalen Behörden und Gerichten überlassen wer-

[6] ABl. 2004 Nr. C 101/65.

[7] S. *Mestmäcker/Schweitzer,* § 20 Rn. 6 ff. (S. 486 ff.).

[8] *EuG* Slg. 1995, II-150 (161 Tz. 28) – BEMIM.

[9] *EuG* Slg. 2006, II- 1609 (1645 f.) = WuW/E EU-R 1131 (1137 f. Tz. 112 ff.) – Österreichische Postsparkasse.

[10] *EuGH* Slg. 2001, I-3918 (3932 Tz. 35 f.) = EuZW 2001, 590 – IECC.

[11] *EuGH* (vorige Fn.).

den können (s. Art. 13 Abs. 1 S. 2 VO). Die Kommission kann selbst dann so verfahren, wenn in ihren Augen an sich ein Verstoß gegen die Art. 101 oder 102 vorliegt, sie im Augenblick aber keine Möglichkeit oder keinen Anlass zum Einschreiten sieht.[12]

c) Das **Verfahren,** das die Kommission bei dieser Prüfung zu beobachten hat, ist seit 2004 aufgrund der vorausgegangenen Rechtsprechung[13] teilweise in der **Durchführungsverordnung Nr. 773/2004** geregelt. Danach muss die Kommission, wenn ihrer Meinung nach kein Anlass zur Einleitung eines Verfahrens besteht, dies dem Beschwerdeführer mitteilen, um ihm Gelegenheit zur Stellungnahme zu geben (Art. 7 Abs. 1 a. a. O.). Sieht die Kommission nach Eingang der Stellungnahme des Beschwerdeführers keinen Anlass, ihre ablehnende Haltung zu ändern, so weist sie nunmehr die Beschwerde durch (anfechtbaren) Beschluss ab (Art. 7 Abs. 2 a. a. O.). Durch diese Regelung wird klargestellt, dass der abweisende Beschluss der Kommission von dem Beschwerdeführer nach Art. 263 Abs. 4 AEUV vor dem Gericht **angefochten** werden kann, wobei als Klagegründe, weil *kein* Anspruch auf eine Sachentscheidung der Kommission besteht, in erster Linie die Verletzung wesentlicher Formvorschriften sowie Ermessensmissbrauch in Betracht kommen (Art. 263 Abs. 2). 14

Dies bedeutet, dass ein Beschluss der Kommission, eine Beschwerde wegen mangelnder Erfolgsaussicht oder aus anderen Gründen nach Art. 7 Abs. 2 VO Nr. 773/2004 abzuweisen, von den Gerichten *nur* darauf hin **überprüft** wird, ob er ordnungsgemäß begründet ist (s. Art. 253 AEUV), ob ihm ein zutreffender Sachverhalt zugrunde gelegt wurde und ob die Beurteilung dieses Sachverhalts nicht offensichtlich fehlerhaft ist, weil die Kommission von einer unzutreffenden Rechtsauffassung ausgegangen oder von ihrem **Ermessen** einen **fehlerhaften Gebrauch** gemacht hat, insbesondere durch eine eindeutig unrichtige Gewichtung des Gemeinschaftsinteresses an der Verfolgung bestimmter Zuwiderhandlungen gegen die Wettbewerbsregeln.[14] Die Begründung des Beschlusses muss deshalb so genau und ausführlich sein, dass die Gemeinschaftsgerichte in die Lage versetzt werden, die Ausübung der Ermessensbefugnis der Kommission bei der Festlegung ihrer Prioritäten wirksam, d. h. konkret auf ihre Schlüssigkeit zu überprüfen.[15] 15

Die Kommission muss dazu in ihrem Beschluss (nur) klarmachen, wie sie von ihrem Ermessen in Bezug auf den fraglichen konkreten Fall Gebrauch gemacht hat, von welchen Überlegungen sie ausgegangen ist und warum ihrer Meinung nach kein sachlicher Grund besteht, auf die Beschwerde hin tätig zu werden, wobei die **unter-** 16

12 In diesem Sinne *EuGH* Slg. 1979, 3173 (3180 f.) – GEMA; 19102, 2277 (2291 Tz. 15 f.) – Lord Bethell; 1997, I-4801 (4838 Tz. 42 f.) – Koelmann; 1999, I-1371 (1395 ff. Tz. 79, 86 ff.) = WuW/E EU-R 169 – Ufex; Slg. 2001, I-3918 (3932 Tz. 35 f.) = EuZW 2001, 590 – IECC; *EuGH* WUW/E EuR 1557 Tz. 54 ff. – AEPI*EuG* Slg. 1992, II-2250 (2275 f. Tz. 75 ff.) – Automec II; 1992, II-2417 (2447 ff.) – Rendo usw. bis EuG Slg. 2006, II-3783 (3791 ff.) – Haladjion; WuW/E EU-R 1382 – Scippercercolo; 1862 (1864 Tz. 26 ff.) – CEAHR.

13 Grdl. *EuG* Slg. 1990, II-367 (382 f. Tz. 45 ff.) – Automec I.

14 So z. B. *EuG* Slg. 1995, II-147 (160 Tz. 26, 176 Tz. 72) – BEMIM; 1995, II-1753 (1765 f.) – Guérin; 1996, II-1 (18 ff.) – Koelmann; 2000, II-2170 (2185 f. Tz. 42 f.) – WuW/E EU-R 407 – Ufex; Slg. 2002, II-316 (338 f. Tz. 58) = EuZW 2002, 186– max.mobil; Slg. 2006, II-3783 (3792 Tz. 30); kritisch *de Bronett,* WuW 1997, 865.

15 *EuGH* Slg. 2001, I-3950 (3971 Tz. 54) = EuZW 2001, 595 – IECC II; *EuG* Slg. 1995, II-147 (165 Tz. 71); 1995, II-185 (199 Tz. 29); 2002, II-316 (337 f. Tz. 58) = EuZW 2002, 186– max.mobil.

schiedlichsten Gesichtspunkte Bedeutung erlangen können.[16] Wichtig sind insbesondere der Grad der möglichen Beeinträchtigung des Funktionierens des Gemeinsamen Marktes durch das beanstandete Verhalten, die Wahrscheinlichkeit, eine Zuwiderhandlung überhaupt nachweisen zu können, der dafür erforderliche Aufwand, die etwaige Fortdauer eines wettbewerbswidrigen Zustandes sowie insbesondere dessen Schwere.[17] Anders ist die Rechtslage dagegen, wenn die Kommission auf die Beschwerde hin überhaupt nicht oder jedenfalls nicht binnen angemessener Zeit tätig wird. In diesem Fall kommt lediglich eine **Untätigkeitsklage** nach Art. 265 Abs. 3 AEUV in Betracht.[18]

17 Hat die Klage **Erfolg,** so wird das Verfahren an die Kommission zurückverwiesen, um ihr erneut Gelegenheit zur Entscheidung über die Einleitung eines Verfahrens unter Berücksichtigung der Rechtsauffassung des Gerichts zu geben. Eine eigene Entscheidung des Gerichts kommt nicht in Betracht.

IV. Ermittlungsbefugnisse

18 Wettbewerbsverstöße werden aus naheliegenden Gründen nach Möglichkeit vor den Augen der Öffentlichkeit verborgen. Wettbewerbsbehörden sind daher für die Erfüllung ihrer Aufgaben bei der Durchsetzung der Wettbewerbsregeln durchweg auf möglichst umfassende Ermittlungsbefugnisse angewiesen. Grundlage sind die Art. 17 bis 22 in Verb. mit den Art. 23 und 24 der KartellverfahrensVO Nr. 1/2003.[19] Über entsprechende Ermittlungsbefugnisse verfügen die deutschen Kartellbehörden (s. §§ 32 e, 57 bis 59 GWB von 2005 und dazu u. § 41 Rn. 5 ff.).

19 Da die Aufdeckung von Verstößen gegen die Wettbewerbsregeln „zunehmend schwieriger wird“,[20] sind die Ermittlungsbefugnisse der Kommission durch die VO Nr. 1/2003 in einzelnen Beziehungen erweitert worden. Die wichtigsten **Befugnisse der Kommission** sind die Untersuchung einzelner Wirtschaftszweige oder einzelner Arten von Vereinbarungen, wenn Anlass zu der Vermutung besteht, dass die betreffenden Unternehmen wettbewerbsbeschränkende Vereinbarungen getroffen haben (sog **Sektoruntersuchungen** nach Art. 17 VO),[21] die Einholung von Auskünften der Unternehmen und einzelner Personen (Art. 18 f. VO) sowie Nachprüfungen in den Geschäftsräumen der beteiligten Unternehmen und neuerdings auch in anderen Räumlichkeiten wie z. B. privaten Wohnungen (Art. 20 und 21 VO). In den Verfahren müssen die **Grundrechte der Betroffenen gewahrt** werden, wozu insbesondere der Anspruch auf rechtliches Gehör, das Recht auf Hinzuziehung eines Anwalts und die Wahrung der Vertraulichkeit des Verhältnisses zwischen Anwalt und Mandant

[16] *EuGH* Slg. 2001, I-3950 (3972 Tz. 57 f.) m. N. = EuZW 2001, 595 – IECC II; *EuG* WuW/E EU-R 1862 (1864 Tz. 25 f.) – CEAHR.

[17] S. m. N. *EuG* Slg. 2000, II-2170 (2185 ff. Tz. 41 ff.) = WuW/E EU-R 407 – Ufex II; Slg. 1999, II-3587 (3604 f.); 1999, II-3989 (4000 f.); 2001, I-3918 (3932 ff.); 2001, II-633 (645 f.); 2001, II-657 (672 ff.); 2001, II-1057 (10102 f. Tz. 58, 64 ff.).

[18] *EuGH* Slg. 1997, I-1531 (1543 Tz. 38) = EuZW 1997, 762 – Guérin; *EuG* Slg. 1995, II-115 (132 ff.) – Ladbroke; 1998, II-3649 (3675 ff.) = ZIP 1998, 1674 (1679 ff.); Slg. 1999, II-2635 = EuR 1999, 649 Tz. 36 ff. – UPS.

[19] S. dazu die Erwägungsgründe Nr. 23 bis 26 zu der VO.

[20] So Erwägungsgrund Nr. 25 S. 1 zu der VO.

[21] S. dazu *de Bronett*, WuW 2010, 258.

gehören, nicht jedoch der Grundsatz der Unverletzlichkeit der Wohnung.[22] Ebensowenig kennt das Unionsrecht ein generelles Auskunftsverweigerungsrecht von Unternehmen, gegen die Ermittlungen wegen Verstößen gegen die Wettbewerbsregeln geführt werden. Zwar braucht sich niemand selbst zu beschuldigen;[23] indessen entbindet dies betroffene Unternehmen nicht von der Verpflichtung, die von der Kommission gestellten Fragen zu beantworten und Unterlagen herauszugeben.[24]

Zwischen den genannten Ermittlungsbefugnissen hat die Kommission die Wahl.[25] 20
Hervorzuheben ist ihr **Auskunftsrecht** aufgrund des Art. 18 VO Nr. 1/2003, dessen Grenzen üblicherweise ganz weit gezogen werden.[26] Das Verfahren war **früher zweistufig** gestaltet und wurde durch ein Auskunftsverlangen der Kommission eingeleitet, das bereits weitgehende Mitwirkungspflichten der auskunftspflichtigen Personen begründete.[27] Kamen sie darauf hin ihrer Auskunftspflicht nicht in ausreichendem Maße nach, so konnte die Kommission sodann eine anfechtbare Auskunftsentscheidung erlassen (Art. 11 Abs. 5 VO Nr. 17).[28] Durch die VO Nr. 1/2003 ist diese Zweistufigkeit des Auskunftsverfahrens jedoch im Interesse der Verstärkung der Ermittlungsbefugnisse der Kommission aufgegeben worden. Einfaches Auskunftsverlangen und Auskunftsentscheidung stehen seitdem gleichberechtigt nebeneinander (Art. 18 Abs. 1 bis Abs. 3 VO). Dies hat indessen nichts daran geändert, dass einfache Auskunftsverlangen nach wie vor die Regel bilden. Der Unterschied zwischen beiden Verfahren besteht vor allem darin, dass das **einfache Auskunftsverlangen keine Auskunftspflicht** begründet, so dass die Nichtbeantwortung des Verlangens keine Sanktionen nach sich zieht. Beantworten jedoch die angesprochenen Unternehmen das Auskunftsverlangen, so müssen die (freiwillig gegebenen) Auskünfte auch zutreffen, widrigenfalls die Kommission eine Geldbuße verhängen kann (Art. 18 Abs. 2, 23 Abs. 1 lit. a VO). Auf eine **Auskunftsentscheidung** hin sind die angesprochenen Unternehmen dagegen (in den genannten Grenzen, o. Rn. 19) **auskunftspflichtig**, so dass die Auskunftspflicht in diesem Fall außerdem durch Zwangsgelder nach Art. 24 VO durchgesetzt werden kann (Art. 18 Abs. 3 VO).

Genügen der Kommission die durch Auskünfte der Unternehmen oder auf andere 21
Weise erlangten Informationen nicht, so kann sie zusätzlich Personen (mit deren Zustimmung) **befragen (Art. 19 VO). Sanktionen** sind in diewsem Fall nicht vorgesehen, auch nicht bei unrichtigen Auskünfte. Daher rührt die große praktische Bedeutung der Befugnis der Kommission zur **Durchführung von Nachprüfungen** in den betroffenen Unternehmen und Unternehmensverbänden (Art. 20). Die Nachprüfungsbefugnis der Kommission umfasst insbesondere das Recht zur **Prüfung von**

[22] *EuGH* Slg. 1989, 2919 (2923 f.) – Hoechst; 1989, 3150 (3156 f.) – Dow; *EuG* Slg. 2002, II-316 (333 ff. Tz. 48 ff.) = EuZW 2002, 186 – max.mobil; Slg. 2004, II-56 (71 ff.) – JCB; 2004, II-2514 (25102 f. Tz. 178) – JCE; *Mattfeld,* EuR 1993, 47.

[23] Erwägungsgrund Nr. 23 S. 2 zu der VO.

[24] *EuGH* Slg. 2006, I-5943 (5967) = WuW/E EU-R 1065 (1067 Tz. 41) – SGL Carbon; *EuG* Slg. 2001, II-732 (754 ff. Tz. 61 ff.) = EuZW 2001, 345 – Mannesmannröhren-Werke; kritisch *Dannecker,* FS Immenga, 2004, S. 61 (68 f.); *Roß,* Die Auskunftsverweigerungsrechte im Europäischen Wirtschaftsverwaltungsrecht, 1998; *Weiß,* JZ 1998, 289.

[25] *EuGH* Slg. 1980, 2033 (2053 ff.) – National Panasonic; 1989, 2919 (2925) = NJW 1989, 3080 – Hoechst.

[26] *Kühlhorn,* WuW 1986, 7.

[27] *EuG* Slg. 1994, II-1039 (1056) – Scottish Football.

[28] S. *EuG* (vorige Fn.).

Büchern und Geschäftsunterlagen, zur Anfertigung von **Kopien**, zur Versiegelung von Räumlichkeiten und Büchern und zur Befragung der Vertreter und Mitarbeiter der betroffenen Unternehmen (Art. 20 Abs. 2 lit. b – e). Zur **Versiegelung** von Räumen und Büchern schreitet die Kommission, wenn sie nicht sofort sämtliche vorgefundenen Unterlagen sichten und kopieren kann, aber verhindern muss, dass die Unterlagen in der Zwischenzeit beseitigt oder verändert werden. Wird das Siegel später **gebrochen**, so kann die Kommission Geldbußen verhängen (Art. 21 Abs. 1 lit. e), wovon sie auch bereits Gebrauch gemacht hat.[29] Die Kommission kann außerdem während der Nachprüfungen von Vertretern und Mitgliedern der Belegschaft der betroffenen Unternehmen **Erläuterungen verlangen**. Auch diese Befugnis nutzt die Kommission regelmäßig mit erheblichem Erfolg. Jedoch darf auch auf diesem Wege keine Selbstbezichtigung der Betroffenen erzwungen werden.[30] Die betroffenen Unternehmen müssen die Nachprüfungen dulden (Art. 20 Abs. 4 VO). Lediglich, wenn unmittelbarer Zwang erforderlich ist, etwa, weil das betroffene Unternehmen den Beauftragten der Kommission den Zutritt verwehrt, ist die Kommission auf die Mitwirkung der nationalen Behörden angewiesen (Art. 20 Abs. 6 VO). Alle diese Befugnisse der Kommission werden üblicherweise ganz *weit* ausgelegt, um ihr den schwierigen Nachweis von Verstößen gegen die Wettbewerbsregeln nach Möglichkeit zu erleichtern.[31]

22 Hinzugetreten ist im Jahre 2004 aufgrund des Art. 21 der Verordnung Nr. 1/2003 die Befugnis der Kommission zur **Nachprüfung in anderen Räumlichkeiten** einschließlich insbesondere der Wohnungen der Unternehmensleiter, freilich nur bei Bestehen des begründeten Verdachts eines schweren Verstoßes gegen die Wettbewerbsregeln und nur nach vorheriger Genehmigung des zuständigen nationalen Gerichts.[32] Trotz aller dieser Befugnisse der Kommission bleibt es aber dabei, dass die Masse jedenfalls der Kartelle nach wie vor nur aufgedeckt wird, wenn und weil einer oder mehrere der Beteiligten selbst „reden“, insbesondere, um in den Genuss der Kronzeugenregelung zu gelangen (s. unten § 13 Rn. 18, 24). Alle anderen Befugnisse der Kommission sind dann bloße Hilfsmittel zur Ergänzung des Sachverhalts.

§ 13. Entscheidungen und Sanktionen

Literatur: S. o. vor § 12 sowie *Kommission,* Mitteilung über den Erlass und die Ermäßigung von Geldbußen in Kartellsachen, sogenannte Kronzeugenmitteilung vom 19. 2. 2002, ABl. 2002 Nr. C 45/3; Leitlinien für das Verfahren zur Festsetzung von Geldbußen, sogenannte Geldbußenleitlinien vom 1. 9. 2006, ABl. Nr. C 210/2; Mitteilung über das Funktionieren der VO Nr. 1/2003 v. 29. 4. 2009, KOM (2009) 206 endg.; *Dannecker,* FS Immenga, 2004, S. 61; *ders./Jansen* (Hrsg.), Competition Law Sanctioning in the EU, 2004; *Klees,* Europäisches Kartellverfahrensrecht, 2005; *Sauter,* in: Hdb., H I § 5; *K. Schmidt,* FS Börner, 1993, S. 789; *D. Schroeder,* FS Bechtold, 2006, S. 437; *Schünemann/Suarez Gon-*

[29] So in dem E.ON-Fall *Kommission,* Entsch. v. 30. 1. 2008, WuW/E EU-V 1299 (1304 ff. Tz. 99 ff.); *EuG,* Urt. 15. 12. 2010 – T 141/08.

[30] *De Bronett,* EWS 2011, 8 (10 ff.).

[31] *EuGH* Slg. 1986, 2607 (2612 ff.) – Akzo; 1989, 2919 (2926 ff.) = NJW 1989, 3080 – Hoechst; Slg. 1989, 3150 (3155, 3159 f.) – Dow Benelux; 1989, 3181 (3187 f.) = EuZW 1991, 2048 – Dow Chemical Iberica; Slg. 1989, 3343 (3347 f.) – Orkem; 1992, I-41020 (41026 f.) = NJW 1993, 251 = EuZW 1992, 671 – AEB; *EuG* Slg. 1991, II-1497 (1510) – SEP; Slg. 2003, II-5440 (5457 ff. Tz. 39 ff.); 2003, II-5523 (5542 ff. Tz. 45 ff.); 2003, II-5768 (5779 ff. Tz. 32 ff.) – FEG; WuW/E EU-R 1371 – France Telecom.

[32] *De Bronett,* EWS 2011, 8 (12 ff.); Beispiele in EuG Slg. 2007, II-526 (545 ff.); 2007, II-575; (621 ff.).

zalez (Hrsg.), Bausteine des europäischen Wirtschaftsstrafrechts, 1994; *Stockmann,* FS Bechtold, 2006, S. 559; *Weiß,* Die Verteidigungsrechte im EG-Kartellverfahren, 1996; *W. Wiedemann,* FS Bechtold, 2006, S. 627.

I. Überblick

Die Befugnisse, die die Kommission bei Zuwiderhandlungen gegen die Wettbewerbsregeln (Art. 101 und 102 AEUV) besitzt, sind im Einzelnen in der VO Nr. 1/2003 geregelt (Art. 4 VO). Hervorzuheben sind die Entscheidungsbefugnisse der Kommission nach den Art. 7 bis 10 VO sowie ihre Befugnis zur Festsetzung von Geldbußen und Zwangsgeldern (Art. 23 und 24 VO). Hinzu kommt noch die Befugnis, den Unternehmen im Einzelfall den Rechtsvorteil einer Gruppenfreistellungsverordnung wieder zu entziehen, wenn die Freistellung missbraucht wird (Art. 29 VO). Entsprechende Befugnisse besitzen die Kartellbehörden der Mitgliedstaaten (Art. 5 VO; s. u. § 43). 1

Von den genannten Entscheidungsbefugnissen der Kommission kommt die größte praktische Bedeutung den in Art. 7 Abs. 1 VO geregelten **Verbots- oder Verpflichtungsentscheidungen** zu, gelegentlich auch Abstellungsentscheidungen genannt. Zu beachten ist, dass durch den Vertrag von Lissabon die „Entscheidungen" der Kommission in „**Beschlüsse**" umbenannt wurden (Art. 288 Abs. 4); eine sachliche Änderung ist mit dieser Umbenennung der Rechtsakte der Kommission nicht verbunden, so dass im vorliegenden Zusammenhang entsprechend der allgemeinen Übung auch weiterhin teilweise von Entscheidungen der Kommission die Rede sein soll (wegen der Einzelheiten s. unten Rn. 6 ff.). 2

Die Kommission besitzt außerdem die Befugnis, in dringenden Fällen, wenn die Gefahr eines ernsten, nicht wieder gutzumachenden Schadens für den Wettbewerb besteht, **einstweilige Anordnungen** zu erlassen (Art. 8 VO; § 32 a GWB). Neu ist die Befugnis der Kommission, nach **Art. 9 VO** sog. Verpflichtungszusagen der an einem Wettbewerbsverstoß beteiligten Unternehmen durch **Zusagenentscheidungen** für verbindlich zu erklären (ebenso § 32 b GWB von 2005; s. u. Rn. 14 f.). 3

Wenn ein öffentliches Interesse der Gemeinschaft besteht, kann die Kommission ferner nach **Art. 10 Abs. 1 VO** von Amts wegen durch Entscheidung **feststellen,** dass **Art. 101** auf eine Vereinbarung **keine Anwendung** findet, entweder, weil der Tatbestand des Art. 101 Abs. 1 nicht vorliegt oder weil doch die Freistellungsvoraussetzungen des Art. 101 Abs. 3 erfüllt sind. Mit dieser eigenartigen Regelung, die an die Stelle des früheren Freistellungsmonopols der Kommission getreten ist, soll es der Kommission ermöglicht werden, in Zweifelsfällen die Rechtslage zu klären.[1] Eine vergleichbare Regelung für Art. 102 findet sich in Art. 10 Abs. 2 VO Nr. 1/2003. Die entsprechende deutsche Regelung enthält § 32 c GWB von 2005. 4

Im Jahre 2008 ist noch zur weiteren Vereinfachung des Verfahrens (nur) in schwerwiegenden Kartellfällen nach Art. 101 das sog. **Vergleichsverfahren** (oder Settlement-Verfahren) hinzugekommen. Der Kern des Verfahrens besteht in dem Eingeständnis eines Verstoßes gegen Art. 101 durch die beteiligten Unternehmen, um das Verfahren abzukürzen, wofür die Unternehmen mit einer Ermäßigung der verwirk- 5

[1] S. den Erwägungsgrund Nr. 14 zu der VO sowie schon o. § 12 Rn. 8.

ten Geldbußen „belohnt" werden. Die Einzelheiten des Verfahrens sind in der Durchführungsverordnung Nr. 773/2004 in der Fassung von 2008[2] sowie in der umfangreichen **Mitteilung der Kommission** über die Durchführung von Vergleichsverfahren bei dem Erlass von Entscheidungen nach Art. 7 und 29 der Verordnung Nr. 1/2003 ebenfalls aus dem Jahr 2008 geregelt.[3] Die praktische Bedeutung dieser neuen Verfahrensart ist bisher gering geblieben.[4]

II. Verbotsentscheidungen nach Art. 7 VO Nr. 1/2003

6 Die wichtigsten Befugnisse der Kommission in Kartellfällen ergeben sich aus Art. 7 der Verordnung Nr. 1/2003. Die Kommission kann danach, wenn sie das Vorliegen eines Verstoßes gegen die Wettbewerbsregeln des Vertrages für erwiesen hält, den Verstoß durch Entscheidung **feststellen und** die beteiligten Unternehmen und Unternehmensvereinigungen **verpflichten,** die festgestellte Zuwiderhandlung **abzustellen** (S. 1 des Art. 7 Abs. 1 VO). S. 2 des Art. 7 Abs. 1 VO fügt hinzu, dass die Kommission den beteiligten Unternehmen hierzu alle erforderlichen **Abhilfemaßnahmen** verhaltensorientierter *oder* struktureller Art vorschreiben kann, die gegenüber der festgestellten Zuwiderhandlung verhältnismäßig und für eine wirksame Abstellung der Zuwiderhandlung erforderlich sind; jedoch kommen Abhilfemaßnahmen struktureller Art nur subsidiär in Betracht (S. 3 a. a. O.). Die entsprechende deutsche Regelung findet sich in **§ 32 GWB von 2005**. Wegen der Einzelheiten kann daher auf die Ausführungen zu dieser Vorschrift verwiesen werden.[5] Hier genügt ein kurzer Überblick über die Rechtslage:

7 **1.** Kommt die Kommission aufgrund ihrer Ermittlungen zu der Ansicht, dass das untersuchte Verhalten der beteiligten Unternehmen gegen die Wettbewerbsregeln verstößt, so teilt sie ihnen zunächst schriftlich ihre **Beschwerdepunkte** mit, um ihnen rechtliches Gehör zu gewähren (Art. 27 VO). Zu diesem Zweck sind in der fraglichen Mitteilung die wesentlichen Tatsachen möglichst vollständig anzugeben, damit sich die Unternehmen dazu äußern können.[6] Die Einzelheiten dieses Verfahrens regelt die **Durchführungsverordnung Nr. 773/2004** in den Art. 10 bis 14. Die Mitteilung der Beschwerdepunkte ist ebensowenig selbstständig anfechtbar wie die bloße Einleitung des Verfahrens durch die Kommission.[7]

8 **2.** Entscheidungen oder (so jetzt) Beschlüsse der Kommission nach Art. 7 VO Nr. 1/2003 umfassen, wie auch die Überschrift der Vorschrift zum Ausdruck bringt, grundsätzlich **zwei Elemente**, die **Feststellung** einer Zuwiderhandlung gegen die Wettbewerbsregeln der Art. 101 und 102 AEUV *und* die **Verpflichtung** der beteiligten Unternehmen **zur Abstellung** der Zuwiderhandlung (Art. 7 Abs. 1 S. 1 VO). Sowohl die Feststellung der Zuwiderhandlung als auch die Festlegung der den be-

[2] VO Nr. 622/2008, ABl. Nr. L 171/3.

[3] ABl. 2008 Nr. C 167/1.

[4] *Hirsbrunner*, EuZW 2011, 12.

[5] S. u. § 43 Rn. 8 ff.

[6] *EuGH* Slg. 1980, 3125 (3285 ff.); 1983, 1825 (1880 ff.); *EuG* Slg. 2002, II-1716 (1778 f. Tz. 188 ff.) – LR AF; 2003, II-5768 (5779 ff. Tz. 32 ff.) – FEG.

[7] *EuGH* Slg. 1981, 2639 (2653 f.) – IBM; 1986, 1899 (1904 f.) – BAT; Slg. 2009, I-5912 = WuW/E EU-R 1621 (1623 f. Tz. 84 ff.) – Archer Daniels Midland; *EuG* Slg. 1990, II-367 (383 Tz. 46) = EuZW 1991, 564 (568) – Automec I; *Freund*, EuZW 2009, 839 m.N.

teiligten Unternehmen auferlegten Abhilfemaßnahmen werden regelmäßig in den Tenor der Entscheidung aufgenommen. Als weniger weitgehende Maßnahmen umfasst Art. 7 Abs. 1 VO außerdem die Befugnis der Kommission, an die Unternehmen bloße **Empfehlungen** zu richten, wenn ihr dies ausreichend erscheint; sie ist ferner befugt, die Unternehmen aufzufordern, ihr **Vorschläge** für geeignete Abhilfemaßnahmen zu unterbreiten. Wirken sich die von der Kommission angeordneten Abhilfemaßnahmen auf **Dritte** aus, so kann die Kommission die beteiligten Unternehmen schließlich noch verpflichten, diese Dritten über die festgestellte Zuwiderhandlung und die angeordneten Abhilfemaßnahmen zu informieren, damit sie sich entsprechend einrichten können.[8]

3. Bereits in der Praxis zu **Art. 3** der früheren **VO Nr. 17,** dem Vorläufer des heuti- 9
gen Art. 7 VO Nr. 1/2003, wurde bei den **Abhilfemaßnahmen** zwischen Anordnungen zur Abstellung des rechtswidrigen Zustandes und Maßnahmen zur (Wieder-) Herstellung des rechtmäßigen Zustandes unterschieden. Im Vordergrund hatten gemäß dem Verhältnismäßigkeitsgrundsatz **Anordnungen zur Abstellung** des rechtswidrigen Zustandes zu stehen; gemeint sind damit in erster Linie **Unterlassungsanordnungen** in Gestalt des Verbots der konkreten gesetzwidrigen Handlung. Auf derartige Anordnungen musste sich die Kommission insbesondere dann beschränken, wenn den Unternehmen, wie häufig, *mehrere Möglichkeiten* zur Verfügung stehen, die festgestellte Zuwiderhandlung abzustellen, da in die Freiheit der Unternehmen nicht mehr als nötig eingegriffen werden darf.

Hinzu trat die (wichtige) Befugnis der Kommission, den Unternehmen **positive** 10
Handlungspflichten aufzuerlegen, indem sie z. B. die **Belieferung** bestimmter, von einem marktbeherrschenden Unternehmen zu Unrecht gesperrter Unternehmen anordnete, jedenfalls, wenn dies die einzige ernsthaft in Betracht kommende Maßnahme zur Abstellung des rechtswidrigen Zustandes war.[9] Die Kommission nahm dabei von Anfang an zum Teil **ausgesprochen weitreichende Befugnisse** in Anspruch, z. B. durch die Verpflichtung der Beteiligten zur Änderung von Preis- und Rabattsystemen oder von Geschäftsbedingungen, zur Gewährung von Lizenzen, zur Eröffnung des Zugangs zu bestimmten Informationen oder Infrastruktureinrichtungen sowie (in Ausnahmefällen) sogar zum Verkauf von Beteiligungen oder Geschäftsbereichen.[10] Der Schwerpunkt derartiger Maßnahmen lag freilich bei Verstößen gegen *Art. 102,* während ihre Anordnung in den Fällen des Art. 101 die Ausnahme bildete.[11] Dazu zwang schon der Verhältnismäßigkeitsgrundsatz, da die Eingriffe in die Vertragsfreiheit der beteiligten Unternehmen niemals weiter gehen dürfen als zur Beseitigung des rechtswidrigen Zustandes unbedingt erforderlich und ausreichend.[12]

4. Art. 7 Abs. 1 VO Nr. 1/2003 ist **ebensoweit wie** der vorausgegangene **Art. 3 der** 11
VO Nr. 17 auszulegen (s. deshalb o. Rn. 9 f.). Um dies zu verdeutlichen, unterscheidet die Vorschrift ausdrücklich verhaltensorientierte und strukturelle Abhilfemaßnahmen, wobei jedoch die Maßnahmen in jedem Fall verhältnismäßig und erforder-

[8] S. *Mestmäcker/Schweitzer,* § 20 Rn. 37 (S. 495 f.).

[9] *EuGH* Slg. 1974, 223 (257 Tz. 45) – Commercial Solvents; 1995, I-808 (833 f. Tz. 95 ff.) = EuZW 1995, 339 = JuS 1995, 840 Nr. 11 – RTE und ITP (Magill).

[10] S. im Einzelnen *Schwarze/Weitbrecht,* Grundzüge des europäischen Kartellverfahrens, 2004, § 6 Rn. 21 ff. (S. 101 ff. m. N.).

[11] *Mestmäcker/Schweitzer,* § 20 Rn. 34 (S. 495).

[12] *EuGH* Slg. 1995, I-808 (834 Tz. 93) = EuZW 1995, 339 – RTE.

lich sein müssen (S. 2 a. a. O.). **Abhilfemaßnahmen struktureller Art** sind grundsätzlich **subsidiär** gegenüber verhaltensorientierten Abhilfemaßnahmen, weil sie die denkbar schwerwiegendsten Eingriffe in Eigentum und Freiheit der beteiligten Unternehmen darstellen (S. 3 a. a. O.). Sie kommen infolgedessen **nur in Ausnahmefällen** in Betracht, wenn andere Maßnahmen zur Wiederherstellung eines rechtmäßigen Zustandes ausscheiden.

12 In engen Grenzen sind unter den genannten Voraussetzungen (o. Rn. 11) sogar **Entflechtungsmaßnahmen** möglich, wobei insbesondere an die Veräußerung von Beteiligungen oder Tochtergesellschaften sowie an die Freigabe oder Abgabe von Schutzrechten zu denken ist. In den Erwägungsgründen zu der VO heißt es dazu, Änderungen an der Unternehmensstruktur, wie sie vor der Zuwiderhandlung bestand, „sind nur dann verhältnismäßig, wenn ein erhebliches, durch die Struktur eines Unternehmens als solcher bedingtes Risiko anhaltender oder wiederholter Zuwiderhandlungen gegeben ist".[13] Daraus wird allgemein der Schluss gezogen, dass Art. 7 Abs. 1 der VO Nr. 1/2003 **keine Befugnis** der Kommission **zur Entflechtung beherrschender Unternehmen** begründet, da die bloße Marktbeherrschung allein noch nicht gegen den Vertrag verstößt, sondern erst ihr Missbrauch (Art. 102 AEUV).[14]

13 **5.** Haben die Unternehmen das fragliche Verhalten mittlerweile aufgegeben, ist jedoch jederzeit mit einer Wiederholung zu rechnen, so kann sich die Kommission nach **Art. 7 Abs. 1 S. 4 VO** darauf beschränken, durch Entscheidung die **Vertragsverletzung festzustellen.** Voraussetzung ist ein **berechtigtes Interesse** (ebenso § 32 Abs. 3 GWB von 2005). Ein solches ist vor allem anzunehmen, wenn **Wiederholungsgefahr** besteht, wenn es sich um neue klärungsbedürftige Rechtsfragen handelt oder wenn die **Wirkungen** des rechtswidrigen Verhaltens **fortbestehen** und deshalb nur über die Feststellung der Zuwiderhandlung für die Zukunft beseitigt werden können.[15] Aus demselben Grund ist die Feststellungsbefugnis der Kommission auch unabhängig von dem Ablauf der Verjährungsfrist des Art. 25 VO, weil sich diese Vorschrift allein auf die Sanktionen der Art. 23 und 24 VO, nicht dagegen auch auf Art. 7 Abs. 1 S. 4 VO bezieht.[16]

III. Zusagenentscheidungen nach Art. 9 VO 1/2003

Literatur: *Brenner*, WRP 2010, 1333; *Hennig*, ZWeR 2010, 440; *Kellerbauer*, EuZW 2010, 652; *Klees*, WuW 2009, 374; *ders.*, RIW 2010, 688; *ders.*, EWS 2011, 14; *Lübking*, WuW 2011, 1223; *P. Le More*, EuZW 2007, 722; *Wiedemann*, FS Bechtold, 2006, S. 627.

14 Nach Art. 9 Abs. 1 S. 1 der VO Nr. 1/2003 besitzt die Kommission ferner die Befugnis, unter bestimmten Voraussetzungen **Verpflichtungszusagen** der von einem Kartellverfahren betroffenen Unternehmen durch Entscheidung oder Beschluss für bindend zu erklären (s. schon oben Rn. 3). Voraussetzung einer derartigen **Zusagenentscheidung** (oder auch: commitment decision) ist, dass die Kommission beabsichtigt,

[13] Erwägungsgrund Nr. 12 S. 3 zu der VO.

[14] *Mestmäcker/Schweitzer*, § 20 Rn. 38 (S. 496).

[15] *EuGH* Slg. 1983, 483 (502 f. Tz. 23–38) = NJW 1984, 2755 = JuS 1985, 141 f. Nr. 1 – GVL; *EuG* Slg. 2005, II-4073 (4092, 4113 ff.) = WuW/E EU-R 957 (961 Tz. 60 f., 965 Tz. 131 ff.) – Sumitomo; Slg. 2006, II-1439 (1458 Tz. 56); *Kommission*, Entsch. v. 2. 6. 2004, WuW/E EU-V 1053 (1066 f. Tz. 340–342) – Clearstream; *GA Riuz-Jarabo Colomer*, Slg. 1998, I-1344 (1361 f. Tz. 68 ff.).

[16] *EuG* Slg. 2005, II-4073 (4092, 4113) = WuW/E EU-R 957 (961, 965) – Sumitomo.

eine Abstellungsentscheidung nach Art. 7 der VO Nr. 1/2003 zu erlassen, sowie, dass die beteiligten Unternehmen Verpflichtungen anbieten, die geeignet sind, die Bedenken der Kommission auszuräumen. Verstoßen die Unternehmen später gegen diese Verpflichtungen, so kann sie gegen die Unternehmen Geldbußen verhängen (Art. 23 Abs. 2 lit. c VO). Die Kommission besitzt außerdem die Befugnis, die von den Unternehmen eingegangenen Verpflichtungen durch Zwangsgelder durchzusetzen (Art. 24 Abs. 1 lit. c VO). Dagegen unterbleibt in diesem Fall eine bindende Feststellung der Zuwiderhandlung, worin für die beteiligten Unternehmen vor allem der Charme einer derartigen Verfahrensbeendigung liegt, weil dadurch das Risiko von Schadensersatzansprüchen Dritter erheblich reduziert wird. Auch die Verhängung einer Geldbuße durch die Kommission droht dann nicht mehr.[17]

Die Kommission macht von der Möglichkeit, Kartellverfahren durch Zusagenentscheidungen nach Art. 9 der VO Nr. 1/2003 zu beenden, zunehmend Gebrauch.[18] 14a
Die Zusagen der betroffenen Unternehmen gehen oft erstaunlich **weit** und umfassen in einzelnen Fällen auch so **tiefgreifende strukturelle Maßnahmen**, dass die Kommission zu deren Anordnung allein aufgrund des Art. 7 der VO Nr. 1/2003 schwerlich befugt gewesen wäre.[19] Ob diese Praxis mit dem **Verhältnismäßigkeitsgrundsatz** vereinbar ist, ist im Schrifttum vielfach bezweifelt worden,[20] in dem Alrosa-Fall aber letztlich vom **EuGH** bestätigt worden, nach dem die Kommission im Grunde nur die Geeignetheit der verschiedenen von den Unternehmen angebotenen Maßnahmen unter dem Gesichtspunkt der Verhältnismäßigkeit zu prüfen braucht, mehr nicht.[21] Die **Problematik** von Zusagenentscheidungen beruht vor allem darauf, dass ein angemessener Schutz Dritter, deren Interessen durch die von den Unternehmen angebotenen Maßnahme betroffen werden, nur in engen Grenzen möglich ist, – so dass die Kommission im Ergebnis hier einen ganz weiten Gestaltungsspielraum besitzt, von dem sie offenbar etwa zur Neuordnung der Elektrizitäts- und Gaswirtschaft durchaus Gebrauch zu machen entschlossen ist.

IV. Geldbußen

1. Überblick, Rechtsnatur

Die Kommission verfügt nach der VO Nr. 1/2003 ferner über die Befugnis zur Fest- 15
setzung von Geldbußen (Art. 23 VO) und von Zwangsgeldern (Art. 24 VO). Die Verjährung dieser beiden Sanktionsbefugnisse der Kommission sowie die der Vollstreckung der auf dieser Grundlage erlassenen Entscheidungen oder Bschlüsse richtet sich nach den Art. 25 und 26 der VO Nr. 1/2003. **Zweck** der ganzen Regelung ist es, die Beachtung der Wettbewerbsregeln des Vertrags (Art. 101 und 102) auch gegen widerstrebende Unternehmen sicherzustellen.[22]

[17] S. dn Erwägungsgrund Nr. 13 zu der VO Nr. 1/2003.

[18] Zahlen bei *Klees*, EWS 2011, 14 (15).

[19] Beispiele in: *Kommission*, Entsch v. 19. 2. 2005, WuW/E EU-V 1041 – Deutsche Bundesliga; v. 26. 11. 2008, WuW/E EU-V 1380 – E.ON; v. 9. 12. 2009, ABl. 2010 Nr. C 90/17 = WuW/E EU-V 1513 – Rambus.

[20] Kritisch insbes. *Klees*, WuW 2008, 374; *ders.*, EWS 2011, 14.

[21] *EuGH*, Urt.v. 29. 6. 2010 – C 441/07, EWS 2010, 330 – Alrosa; anders zuvor noch *EuG* Slg. 2007, II-2607 = WuW/E EU-R 1283 – Alrosa; s. dazu *Kellerbauer*, EuZW 2010, 652.

[22] S. den Erwägungsgrund Nr. 29 zu der VO.

16 Die von der Kommission verhängten **Geldbußen** waren ursprünglich relativ niedrig; seit den achtziger Jahren des vorigen Jahrhunderts hat die Kommission indessen das Niveau der von ihr verhängten Geldbußen kontinuierlich angehoben, vor allem in den sog. „Hardcore-Fällen" wie Preiskartellen oder Abreden über den absoluten Gebietsschutz. Auf diesen Gebieten sind mittlerweile Geldbußen in vielfacher Millionenhöhe an der Tagesordnung.[23] Selbst Geldbußen in einer Höhe von mehreren hundert Millionen € sind heute keine Seltenheit mehr. In besonders kritischen Einzelfällen reichen die Geldbußen mittlerweile sogar an die Grenze von einer Milliarde Euro heran. Unter diesen Umständen verwundert es nicht, dass die **Kritik** an der Bußgeldpraxis der Kommission immer lauter wird.[24]

17 Nach Art. 23 Abs. 5 der VO Nr. 1/2003 haben die Geldbußen **keinen strafrechtlichen Charakter.** Dies muss schon deshalb so sein, weil die Union keine Kompetenzen auf dem Gebiet des Strafrechts besitzt. Angesichts der außerordentlichen Höhe, die die Geldbußen mittlerweile in vielen Fällen erreicht haben, wird die bisherige Einstufung der Geldbußen als bloßer Mittel des Verwaltungszwanges zum Zwecke der Durchsetzung der Wettbewerbsregeln indessen **immer zweifelhafter**. Geldbußen in einer Höhe von vielen hundert Millionen Euro wirken (natürlich) wie schwere Kriminalstrafen, so dass es verständlich ist, dass im Schrifttum immer nachdrücklicher die strikte Beachtung rechtsstaatlicher Grundsätze des Straf- und Strafverfahrensrechts in der Bußgeldpraxis der Kommission angemahnt wird.[25] Auch in der Rechtsprechung wird der zumindest **„strafrechtsähnliche Charakter"** der Bußgelder der Kommission nicht mehr geleugnet.[26] Die Uniosgerichte haben daraus indessen bisher lediglich den Schluss gezogen, dass die Kommission bei der Verhängung von Geldbußen **dieselben Grundrechte und Verfahrensgrundsätze** beachten muss wie im Strafverfahren. Die wichtigsten sind die Wahrung der Verteidigungsrechte, die Verpflichtung, den betroffenen Unternehmen umfassend rechtliches Gehör zu gewähren, insbesondere in Gestalt möglichst ausführlicher und genauer Beschwerdepunkte, das Rückwirkungsverbot, der Gleichbehandlungsgrundsatz sowie der Grundstz „ne bis in idem".[27] Die an einem Kartell beteiligten Unternehmen müssen deshalb z. B. bei der Festsetzung von Geldbußen grundsätzlich gleichbehandelt werden, so dass nicht bei einzelnen von ihnen ohne sachlichen Grund von dem von der Kommission selbst gewählten Maßstab nach oben oder unten abgewichen werden darf.[28] Dabei geht es indessen im Grunde nur um Selbstverständlichkeiten und Randkorrekturen. Grundsätzliche Zweifel an der Rechtstaatlichkeit der Praxis der Kommission, die letztlich allein auf von der

[23] S. m. N. *Dannecker,* FS Immenga, S. 61 (73 ff.); *H. Honsell,* ZIP 2008, 621 (627 f.); *Schwarze,* WuW 2009, 6 f.

[24] S. statt aller *Dannecker, H. Honsell* und *Schwarze* (vorige Fn.) sowie z. B. *Bechtold/Bosch/Schwarze,* Rechtsstaatliche Defizite im Kartellrecht der Europäischen Gemeinschaft, 2008.

[25] Nachw. s. vorige Fn.

[26] Z. B. *öOGH* WuW/E KRInt 192 (194) – Bankomatvertrag.

[27] *EuGH* Slg. 2007, I-3955 = EuZW 2007, 408 (412 Tz. 71 f.) – SGL Carbon; WuW/E EU-R 1451 Tz. 53 ff. – Degussa; Slg. 2009, I-5912 = WuW/E EU-R 1621 Tz. 84 ff.; *EuGH* WuW/E EU-R 2137 Tz. 52 ff. – Solvay; *EuG* Slg. 2006, II-5000 (5114 ff.) – FNCB; 2007, II-965 (1086, 1092 ff.); Slg. 2008, II-812 = WuW/E EU-R 1438 (1447 Tz. 420 ff.) – Hoechst; Slg. 2009, II-2318 = WuW/E EU-R 1626 Tz. 178 ff. – ThyssenKrupp; *Klees,* WuW 2006, 1222.

[28] *EuGH* Slg. 2000, I-10 014 (10 060 ff. Tz. 97 ff.) = WuW/E EU-R 384 (385) – Karton Sarrio; *EuG* Slg. 2003, II-2611 (2636 ff. Tz. 69 ff.) – Archer Daniels Midland; 2003, II-5355 (5420 ff. Tz. 187 ff.) – Adriatica; 2005, II-4426 (4471 ff. Tz. 134 ff) – Danone; 2006, II-913 (929 Tz. 80) – Degussa.

Kommission selbst aufgestellten Leitlinien beruht (Rn. 18), haben die Unionsgerichte dagegen bisher noch immer zurückgewiesen und damit im Ergebnis die **Praxis der Kommission** nahezu ohne Einschränkungen **bestätigt**.[29]

2. Voraussetzungen

a) Die Verhängung von Geldbußen kommt nach Art. 23 VO bei formellen wie bei materiellen Wettbewerbsverstößen in Betracht. Von einem **formellen Wettbewerbsverstoß** spricht man bei Verstößen gegen die Art. 17, 18 und 20 VO, insbesondere durch die Erteilung unrichtiger Auskünfte (Art. 23 Abs. 1 VO), während ein **materieller Wettbewerbsverstoß** in erster Linie bei einer schuldhaften Verletzung der Wettbewerbsregeln der Art. 101 und 102 AEUV vorliegt; gleich stehen Verstöße gegen die Verpflichtungen der Unternehmen, die sich aus den auf die Art. 8 oder 9 VO gestützten Entscheidungen der Kommission ergeben (Art. 23 Abs. 2 VO). Die Höhe der Geldbuße richtet sich nach der Schwere der Zuwiderhandlung und deren Dauer (Art. 23 Abs. 3 VO; s. u. Rn. 24 ff.). Die Einzelheiten ergaben sich zunächst aus den sog. Geldbußenleitlinien der Kommission vom 15. Januar 1998,[30] an deren Stelle mittlerweile die **neuen Geldbußenleitlinien** vom 28. Juni 2006 getreten sind,[31] sowie aus der **Kronzeugenmitteilung** von 2006 (sog. Leniency-Bekanntmachung).[32] 18

b) Geldbußen können – als verwaltungsrechtliche Sanktionen – nach Art. 23 Abs. 1 und Abs. 2 VO lediglich **gegen Unternehmen** und Unternehmensvereinigungen, nicht jedoch gegen natürliche Personen (wie nach § 81 GWB) festgesetzt werden. **Konzerne** werden dabei unter den bekannten Voraussetzungen (§ 3 Rn. 50 f.) als *ein* Unternehmen behandelt, so dass wegen Kartellverstößen von Tochtergesellschaften Bußgelder auch gegen die Muttergesellschaft verhängt werden können, insbesondere, wenn die Organe der Muttergesellschaft ihre Kontroll- oder Organisationspflichten verletzt haben.[33] 18a

c) Für das Bußgeldverfahren gilt als Verwaltungsverfahren (o. Rn. 17 f.) das **Opportunitätsprinzip,** so dass es im pflichtgemäßen **Ermessen** der Kommission steht, ob sie in einem Einzelfall ein Bußgeldverfahren einleiten und durchführen will oder nicht, In rechtlich oder tatsächlich zweifelhaften Fällen kann sich daher die Kommission auch mit einer symbolischen Geldbuße begrügen oder sogar ganz auf eine solche verzichten.[34] Diesem Umstand kommt mit Rücksicht darauf besondere Bedeutung zu, dass für die Verhängung von Sanktionen bei Verstößen gegen die Wettbewerbsregeln des Vertrags neben der Kommission grundsätzlich **auch** die Wettbewerbsbehörden der **Mitgliedstaaten zuständig** sind (s. Art. 5 S. 2 VO), wobei die Behörden der Mitgliedstaaten auf der Grundlage ihrer Kartellgesetze, nicht der VO Nr. 1/2003 tätig werden.[35] In Deutschland ist maßgebend **§ 81 Abs. 1 GWB** von 2005, nach dem schuldhafte Verstöße gegen die Art. 101 Abs. 1 und 102 S. 1 AEUV Ordnungs- 19

[29] So EuGH und EuG in einer Vielzahl von Urteilen, zuletzt z. B. *EuGH* WuW/E EU-R 1451 – Degussa; *EuG* Slg. 2008, II-2579 Tz. 27, 36 und 44 ff. – SKT; WuW/E EU-R 1705.

[30] ABl. Nr. C 9/3.

[31] ABl. Nr. C 210/2.

[32] ABl. Nr. C 298/11.

[33] *Säcker*, WuW 2009, 362.

[34] S. *Kommission,* Entsch. v. 20. 10. 2004, WuW/E 1045 (1051 f. Tz. 425 ff.) – Spanischer Rohtabak; 2. 6. 2004, WuW/E EU-V 1053 (1067 f. Tz. 343 ff.) – Clearstream.

[35] S. *Dannecker,* FS Immenga, 2004, S. 61 (78 ff.).

widrigkeiten darstellen, die von den deutschen Kartellbehörden ebenfalls mit Geldbußen geahndet werden können (§ 81 Abs. 4 GWB).

20 Die Folge dieser Regelung ist, dass es wegen desselben Verstoßes gegen die Wettbewerbsregeln des Vertrags zu **parallelen Verfahren** der Kommission *und* der Kartellbehörden der Mitgliedstaaten kommen kann, weil, jedenfalls nach Meinung der Unionsgerichte, insoweit kein Raum für die Anwendung des Grundsatzes „ne bis in idem" ist. Jedoch besteht in den verschiedenen Verfahren eine **wechselseitige Anrechnungspflicht** hinsichtlich der ersten verhängten Geldbuße, um im Ergebnis eine doppelte Bestrafung desselben Verstoßes zu vermeiden.[36]

21 **d)** Geldbußen können nach Art. 23 Abs. 1 und Abs. 2 VO Nr. 1/2003 von der Kommission (nur) gegen Unternehmen und Unternehmensvereinigungen festgesetzt werden und auch dies nur, wenn sie sich **schuldhaft** eines formellen oder materiellen **Wettbewerbsverstoßes** schuldig gemacht haben (o. Rn. 18). Unternehmen gleichgültig welcher Rechtsform können aber (natürlich) nicht selbst schuldhaft handeln. Deshalb wird im Rahmen des Art. 23 Abs. 1 und Abs. 2 VO Nr. 1/2003 den Unternehmen (und Unternehmensvereinigungen) das **Verhalten ihrer Mitarbeiter zugerechnet,** gegebenfalls sogar konzernweit (Rn. 18a), sofern sie nur überhaupt berechtigt sind, für das Unternehmen tätig zu werden, d. h. sofern sie über die nötige Vertretungsmacht verfügen.[37]

22 Hinzu kommen muss, dass die fraglichen Personen (o. Rn. 21) selbst **schuldhaft,** d. h. vorsätzlich oder fahrlässig gehandelt haben (Art. 23 Abs. 1 und Abs. 2 S. 1 VO). Probleme für die Anwendbarkeit des Art. 23 VO Nr. 1/2003 ergeben sich daraus freilich nicht, weil die Gemeinschaftsorgane für die Annahme von **Vorsatz** bereits die bloße Kenntnis der Tatbestandsmerkmale der fraglichen Handlung genügen lassen, während es nicht erforderlich ist, dass der Täter zusätzlich das Bewusstsein eines Verstoßes gegen die Wettbewerbsregeln hatte; vielmehr genügt es, wenn er in der Lage war, die Rechtswidrigkeit seines Tuns zu erkennen.[38]

23 **e)** Da es sich bei dem Bußgeldverfahren aufgrund des Art. 23 VO nach dem Gesagten im Ergebnis um ein strafähnliches Verfahren handelt (o. Rn. 17), findet hier auch die **Unschuldsvermutung** des Art. 6 Abs. 2 EMRK Anwendung, so dass im Bußgeldverfahren die **Beweislast** für das Vorliegen eines *schuldhaften* Verstoßes gegen die Wettbewerbsregeln **bei der Kommission** liegt. Für die abweichende Regelung der Beweislast in Art. 2 S. 2 VO Nr. 1/2003 dürfte im Bußgeldverfahren kein Raum sein.[39] Eine steuerliche Abzugsfähigkeit der Geldbußen scheidet auf der anderen

[36] S. im Einzelnen o. § 3 Rn. 67; *EuG* Slg. 2004, II-1200 (1241 ff.) = WuW/E EU-R 847 – Tokai/Cárbon; 2005, II-4426 (4489 ff. Tz. 184 ff.) – Danone; *Klees,* WuW 2006, 1222.

[37] *EuGH* Slg. 1983, 1825 (1903 Tz. 97) – Musique Diffusion Franç.; *öOGH* WuW/E KRInt 231 (234); *Mestmäcker/Schweitzer,* § 21 Rn. 17 ff. (S. 505 f.); *Säcker,* WuW 2009, 362.

[38] *EuGH* Slg. 1983, 1825 (1903); 1983, 3369 (3415); 1989, 2117 = EuZW 1990, 323 (325); EuZW 1990, 93 (95) – Tipp-Ex; *EuG* Slg. 2001, II-2040 (2078 Tz. 127 f.) = WuW/E EU-R 497 – Tate & Lyle; Slg. 2003, II-5264 (5285 Tz. 54, 5299 Tz. 92) – Ventouris; 2003, II-5768 (5896 f. Tz. 396 ff.) – FEG; 2005, II-3038 (3088 Tz. 155) – Brasserie Nationale; 2005, II-5013 (5043 Tz. 83) – SNCZ; *Dannecker,* FS Immenga, S. 61 (80); *Mestmäcker/Schweitzer,* § 21 Rn. 21 f. (S. 506).

[39] Sehr str., wie hier aber *EuG* Slg. 2004, II-2514 (2581 ff.) = WuW/E EU-R 819 – JFE; Slg. 2006, II-919 (951 Tz. 115) – Degussa; 2006, II-4446 (4466 f.); 2006, II-4574 (4595 Tz. 74 ff.); *EuG,* WuW/E EU-R 1939 Tz. 43, 173 ff. – Siemens; s. *Dannecker,* FS Immenga, S. 61 (65 f.); o. § 12 Rn. 4.

Seite in der Regel aus, weil den Geldbußen sonst ihre Wirksamkeit als Mittel zur Durchsetzung der Wettbewerbsregeln genommen würde.[40]

3. Höhe

24 a) Die Höhe der Geldbuße richtet sich gemäß Art. 23 Abs. 3 VO Nr. 1/2003 nach der **Schwere** der Zuwiderhandlung **und** nach deren **Dauer**. Das sind naturgemäß sehr allgemeine Kriterien, so dass die Kommission bei der Festsetzung der konkreten Geldbuße über einen **großen Ermessensspielraum** verfügt.[41] Wegen der damit verbundenen Rechtsunsicherheit, die immer wieder vor dem Gericht gerügt wurde, entschloss sich die Kommission erstmals 1998, **Leitlinien für** das Verfahren zur **Festsetzung** von Geldbußen zu veröffentlichen.[42] Hinzu getreten war später noch eine Mitteilung über den Erlass und die Ermäßigung von Geldbußen in Kartellsachen, die sogenannte **Kronzeugenmitteilung** von 2006,[43] aus der sich ergibt, dass die Kommission bereit ist, auf die Festsetzung von Geldbußen ganz zu verzichten oder diese doch stark zu reduzieren, wenn Unternehmen, die an einer wettbewerbsbeschränkenden Vereinbarung beteiligt waren, mit ihr bei der Aufdeckung des Kartellverstoßes zusammenarbeiten. Obwohl die Problematik dieser Regelung nicht zu übersehen ist,[44] ist doch auch sie im Interesse der effektiven Durchsetzung der Wettbewerbsregeln von den Unionsgerichten durchweg gebilligt worden,[45] – in der Sache durchaus verständlich, weil nach wie vor die Masse der Kartelle allein aufgrund von Anzeigen beteiligter Unternehmen aufgedeckt wird.[46]

25 b) Die **Leitlinien für die Bußgeldbemessung von 1998** hatten ein kompliziertes **mehrstufiges Verfahren** für die Festsetzung der Geldbuße vorgesehen. Obwohl von den Gemeinschaftsgerichten wiederholt gebilligt,[47] stieß das Verfahren im Schrifttum doch weiterhin auf verbreitete **Kritik**.[48] Gerügt wurden vor allem die Undurchschaubarkeit der maßgeblichen Kriterien, ebenso aber auch der Umstand, dass es sich bei den Leitlinien letztlich um eine quasi-gesetzliche Regelung des Bußgeldrahmens handele, für die der Kommission die Kompetenz fehle. Deshalb veröffentlichte die Kommission im Jahre 2006 **neue Leitlinien** für das Verfahren zur Festsetzung von Geld-

---

[40] *EuGH* WuW/E EU-R 1551 Tz.71 ff. – ADM.

[41] *EuGH* Slg. 2004, I-2233 (2291 (Tz. 216 f.) – Mannesmann; 2006, I-4475; 2006, I-5885 (5904 Tz. 36); 2007, I-1355 = EuZW 2007, 145 (146 ff. Tz. 25, 37 ff.) – Danone; Slg. 2007, I-3955 = EuZW 2007, 408 (410 ff.) = SGL Carbon; Slg. 2009, I-1908 = WuW/E EU-R 1551 Tz. 71 ff. – ADM.

[42] *Kommission,* Leitlinien vom 14. 1. 1998, ABl. Nr. C 9/3.

[43] ABl. Nr. C 45/3.

[44] S. u. § 43 Rn. 20; *St. Albrecht,* WRP 2007, 417; *Dreher,* ZWeR 2009, 397; *D. Schroeder* u. *Stockmann,* FS Bechtold, S. 437 und 559; *Säcker,* WuW 2009, 362.

[45] Z B. *EuG* Slg. 2006, II-3145 (3213 ff.) – Roquette Frères.

[46] Ein Beispiel in *Kommission,* Entsch. v. 3. 5. 2006, ABl. Nr. 353/54 – Degussa/Wasserstoffperoxid; gebilligt von *EuGH* Slg. 2007, I-1355 = EuZW 2007, 145 (146 f. Tz. 23 ff.) – Danone; Slg. 2007, I-3955 = 2007, 408 (412 f Tz. 83 f.) – SGL Carbon.

[47] Insbes. *EuGH* Slg. 2006, I-6017 (6039 ff.) = WuW/E EU-R 1065 (1076 ff. Tz. 46 ff.); Slg. 2006, I-4475 = WuW/E EU-R 1205 (1207 ff., 1212 Tz. 91) – ADM (Lysin); Slg. 2006, I-8972 (9029 Tz. 207 ff.) – JCB; Slg. 2007, I-1355 (1369 ff.) = EuZW 2007, 145 (146 ff. Tz. 23 ff.) Danone; Slg. 2007, I-3955 = EuZW 2007, 408 (410 f. Tz. 43 f.) – SGL Carbon; *EuG* Slg. 2005, II-5146 (5159 ff. Tz. 35 ff.) – Heubach; Slg. 2006, II-1892 (1911 ff.); 2007, II-4959 = WuW/E EU-R 1362 Tz. 47 ff. – BASF; *EuG* WuW/E EU-R 1939 Tz. 271 ff. – Siemens.

[48] S. *Dannecker,* FS Immenga, S. 61 (75 ff.) m. N.

bußen.[49] Die **Berechnung** der Geldbußen erfolgt danach **in zwei Stufen** (Leitlinien, Tz. 9 ff.).[50] Die **erste** Stufe besteht in der Ermittlung eines sog. **Grundbetrages**, der sich, kurz gesagt, nach dem Umsatz des betreffenden Unternehmens mit den auf dem relevanten räumlichen Markt verkauften Waren oder Dienstleistungen richtet, abzüglich der Mehrwertsteuer und der übrigen Steuern und Abgaben (Tz. 13 ff.). Der Umsatz wird aber natürlich nicht in voller Höhe, sondern „nur" je nach Schwere des Verstoßes *bis* zu *30 %* als Grundbetrag angesetzt, *multipliziert* mit der Anzahl der Jahre des Verstoßes (Tz. 19 ff.). Von der Obergrenze von 30 % ist bei den Kernbeschränkungen auszugehen (Tz. 23). Hinzu kommt noch zwecks Abschreckung ein weiterer Zuschlag von 15 bis 25 % des Umsatzes (Tz. 25).

26 Der Grundbetrag ist anschließend (zweitens) durch die **Berücksichtigung mildernder oder erschwerender Umstände** an die Besonderheiten des Einzelfalls anzupassen. **Erschwerende Umstände** sind insbesondere die Wiederholung von Wettbewerbsverstößen,[51] die Behinderung der Untersuchungen durch die Kommission sowie die Rolle als Anführer oder Anstifter des Verstoßes (Tz. 28). Als **mildernde Umstände** nennt die Kommission dagegen unter anderem die Geringfügigkeit der Beteiligung eines Unternehmens sowie (freilich kaum vorstellbar) die bloße fahrlässige Begehung des Verstoßes (Tz. 29). Bei **Großunternehmen** kommen, um die abschreckende Wirkung der Geldbuße zu verstärken, weitere Zuschläge hinzu (Tz. 30 ff.). Auf keinen Fall darf jedoch die **Obergrenze** des Art. 23 Abs. 2 VO in Höhe von 10 % des Gesamtumsatzes des betreffenden Unternehmens in einem Geschäftsjahr überschritten werden (Tz. 32 f.). Insgesamt haben die neuen Leitlinien, wie wohl bezweckt, erneut zu einer **spürbaren Erhöhung** der Geldbußen namentlich bei sog. Kernbeschränkungen (Tz. 23), in erster Linie also bei Preis- und Gebietskartellen, sowie in Missbrauchsfällen geführt, und zwar rückwirkend, also auch bei Verstößen aus der Zeit vor Veröffentlichung der neuen Leitlinien von 2006.[52] Die erneute Erhöhung der Geldbußen hat ebenfalls im Ergebnis eigentlich durchgängig die **Billigung** der Unionsgerichte in einer Vielzahl von Urteilen gefunden.[53]

[49] ABl. Nr. C 210/2; s. dazu v. *Ahlemann,* EuZW 2006, 487; *Engelsing,* WuW 2007, 470; *Immenga/Jüttner,* ZWeR 2006, 400; *Sünner,* EuZW 2007, 8.

[50] Ebenso z. B. *öOGH* WuW/E KRInt 231 (235 ff.) – Aufzugskartell.

[51] Gebilligt durch *EuGH* Slg. 2007, I-1355 = EuZW 2007, 145 (146 ff. Tz. 37 ff.) – Danone m. Anm. *Seitz,* EuZW 2007, 304; *EuG* Slg. 2005, II-4426 (4489 f. Tz. 184 ff.) – Danone; 2005, II-5146 (5171 f. Tz. 68 ff., 5197 Tz. 144) – Heubach; 2006, II-516 (553 ff. Tz. 119 ff., 595 Tz. 250) – BASF; 2006, II-718 (734 ff. Tz. 49 ff.) – Daiichi; Slg. 2006, II-913 (940 ff. Tz.102 ff., 983 f. Tz. 222 ff.) – Degussa.

[52] Kritisch dazu *Hirsbrunner/Schädle,* WuW 2009, 12.

[53] Z. B. *EuGH* WuW/E EU-R 1438 (1448 Tz. 423) – Hoechst; 1705 – Wieland Werke; *EuG* Slg. 2005, II-2926 (2946 ff. Tz. 64 ff.) – SAS; 2005, II-3038 (3091 ff. Tz. 168 ff.) – Brasserie Nationale; 2005, II-4426 (4476 Tz. 147) – Danone; 2007, II-963 (1102 ff.); 2008, II-2579 Tz. 140 ff. – SKT; 2008, II- 1353 (1434 ff.) – BPB; 2008, II-2519 (2528 ff.) – SGL Carbon.

4. Kapitel. Fusionskontrolle

§ 14. Einleitung

Literatur: Kommission, Das Problem der Unternehmenskonzentration im Gemeinsamen Markt, Brüssel 1966; *Bos/Stuyck/Wytinck,* Concentration Control in the EEC, 1992; *J. Blank,* Europäische Fusionskontrolle im Rahmen der Art. 85 f EWG-Vertrag, 1991; *Cook/Kerse,* E. C. Merger Control, 3. Aufl., 2000; *Denzel,* Materielle Fusionskontrolle in Europa und USA, 2004; *Drauz/Schroeder,* Praxis der europäischen Fusionskontrolle, 3. Aufl., 1995; *Frenz,* S. 617 ff.; *H. Grappe,* Nebenabreden in der europäischen Fusionskontrolle, 2000; *Heinecke,* Entlastungsgründe in der europäischen und amerikanischen Zusammenschlusskontrolle, 2004; *Klump,* Die „Efficiency Defense" in der Fusionskontrolle, 2006; *Lampert,* Die Anwendbarkeit der EG-Fusionskontrollverordnung im Verhältnis zum Fusionskontrollrecht der Mitgliedstaaten, 1995; *Leibenath,* Rechtsprobleme der Zusagenpraxis in der europäischen Fusionskontrolle, 2000; *B. Linder,* Kollektive Marktbeherrschung in der Fusionskontrolle, 2005; *Löffler,* Kommentar zur Europäischen FusionskontrollVO, 2001; *Rosenthal/Thomas,* European Merger Control, 2010; *Mestmäcker/Schweitzer,* §§ 23 ff. (S. 527 ff.); *P. Pohlmann,* Der Unternehmensverbund im europäischen Kartellrecht, 1999; *Schulte* (Hrsg.), Handbuch Fusionskontrolle, 2. Aufl. (2010); *Schwalbe/Zimmer,* Kartellrecht und Ökonomie, 2006; *Schwarze* (Hrsg.), Neuere Entwicklungen auf dem Gebiet des europäischen Wettbewerbsrechts, 1999; *ders.* (Hrsg.), Europäisches Wettbewerbsrecht im Zeichen der Globalisierung, 2002; *Sedemund/Montag,* in: Hdb., H I § 4; *Stockenhuber,* Die europäische Fusionskontrolle, 1995; *Wagemann/Wiedemann,* in: Wiedemann, §§ 15 bis 17 (S. 463 ff.); *Zäch,* Kartellrecht, Tz. 716 ff. (S. 348 ff.); *St. Zilles,* Die Anfechtungslegitimation von Dritten im europäischen Fusionskontrollrecht, 1997.

I. Geschichte

Grundlage der europäischen Fusionskontrolle ist heute – neben den Wettbewerbsregeln des Vertrages (Art. 101 und 102; s. u. Rn. 19 ff.) – die **VO Nr. 139/2004** vom 20. Januar 2004 über die Kontrolle von Unternehmenszusammenschlüssen, die sog. **Fusionskontrollverordnung (FKVO).**[1] **Zweck** der FKVO ist die Verhinderung einer „dauerhaften Schädigung des Wettbewerbs" durch Unternehmenszusammenschlüsse und damit letztlich der Schutz des Systems unverfälschten Wettbewerbs.[2] 1

Die FKVO von 2004 ist am 1. Mai 2004 an die Stelle der **FKVO Nr. 4064/1989** vom 21. Dezember 1989[3] getreten, durch die erstmals die Fusionskontrolle auf europäischer Ebene umfassend geregelt worden war. Ihrer Verabschiedung vorausgegangen waren **langwierige Verhandlungen** der Mitgliedstaaten aufgrund zahlreicher Entwürfe der Kommission, in denen es vor allem um **drei zentrale Fragen** ging. Die schwierigste Frage war die „Philosophie" der europäischen Fusionskontrolle, d. h. die Frage, ob sie mehr wettbewerblich oder mehr industriepolitisch ausgerichtet sein sollte.[4] Der zweite Streitpunkt betraf das Verhältnis der europäischen Fusionskontrolle zur nationalen Fusionskontrolle. Damit hing unmittelbar der dritte Streitpunkt zusammen, bei dem es um die Aufgreifkriterien für die europäische Fusionskontrolle ging. Denn je höher diese festgesetzt wurden, desto mehr Raum blieb naturgemäß für die nationale Fusionskontrolle. 2

[1] ABl. Nr. L 24/1.
[2] So ausdrücklich die Erwägungsgründe Nr. 4–6 zur FKVO; s. im Übrigen ausführlich u. § 16.
[3] ABl. 1990 Nr. L 257/13 = EuZW 1990, 22.
[4] Dazu *Immenga,* Die europäische Fusionskontrolle im wettbewerbspolitischen Kräftefeld, 1993, S. 23 ff.; *Mestmäcker,* EuR 1988, 349.

3 Die seinerzeit schließlich gefundene **Lösung** ließ sich wie folgt charakterisieren:[5] Die Fusionskontrolle war – auf deutsches Drängen hin – **primär wettbewerblich ausgerichtet**. Denn als Untersagungskriterium stellte die alte FKVO seinerzeit noch – ebenso wie bis heute (noch) das deutsche Recht (§ 36 Abs. 1 GWB) – in erster Linie auf die *Begründung oder Verstärkung einer beherrschenden Stellung* ab. Die Fusionskontrolle hatte (und hat) außerdem grundsätzlich den **Vorrang vor der nationalen Fusionskontrolle**. Jedoch musste die Kommission, um diesen Vorrang der europäischen Fusionskontrolle durchzusetzen, **hohe Aufgreifkriterien** akzeptieren.

4 Im Zuge der Revision ihrer Wettbewerbspolitik seit Mitte der neunziger Jahre des vorigen Jahrhunderts strebte die Kommission auch eine weitgehende Novellierung der FKVO von 1989 an. Sie veröffentlichte zu diesem Zweck zunächst im Jahre 2001 ein umfangreiches **Grünbuch** über die Änderung der FKVO,[6] das eine lebhafte Diskussion in der interessierten Öffentlichkeit auslöste.[7] Deshalb gelang die Verabschiedung der neuen FKVO erst Anfang des Jahres 2004. Kennzeichen der **FKVO von 2004** ist – neben zahlreichen Modifikationen des Verfahren (s. u. § 18)– vor allem eine Änderung der Eingreifkritierien durch **Übergang zu** dem sog. **SIEC-Test.**[8] Denn anders als noch 1989 (o. Rn. 3) heißt es jetzt in Art. 2 Abs. 3 FKVO, dass (nur) Zusammenschlüsse, durch die wirksamer Wettbewerb im Gemeinsamen Markt oder in einem wesentlichen Teil desselben erheblich behindert würde, *insbesondere* durch Begründung oder Verstärkung einer beherrschenden Stellung, für mit dem Gemeinsamen Markt unvereinbar zu erklären sind, während Zusammenschlüsse, durch die wirksamer Wettbewerb in Gemeinsamen Markt oder in einem wesentlichen Teil desselben nicht erheblich behindert würde, für mit dem Gemeinsamen Markt vereinbar erklärt werden (Art. 2 Abs. 2 FKVO).

5 Die neue Formulierung des Art. 2 Abs. 2 und Abs. 3 FKVO ist ein **Kompromiss** zwischen dem Wunsch zahlreicher Mitgliedstaaten, an der früheren Rechtslage festzuhalten (o. Rn. 3), und der Forderung des Vereinigten Königreichs sowie Irlands, im Anschluss an das amerikanische Antitrustrecht zu dem sog. SLC-Test[9] überzugehen. In den Erwägungsgründen heißt es dazu, durch die gewählte neue Formulierung (SIEC-Test) solle „ausschließlich" klargestellt werden, dass unter den genannten Voraussetzungen auch Zusammenschlüsse in einem **Oligopol erfasst** werden könnten; im Übrigen solle es jedoch bei der bisherigen Rechtslage verbleiben.[10] Dies kommt indessen im Text der FKVO nicht zum Ausdruck, so dass bis auf den heutigen Tag umstritten ist, ob die Einführung des SIEC-Tests in dem genannten engen Sinne zu interpretieren ist oder weitergehende Bedeutung für die gesamte Fusionskontrolle hat. Dieselbe Diskussion ist auf der Ebene des deutschen Rechts mit dem mit der 8. Novelle geplanten Übergang zu dem SIEC-Text zu erwarten.

[5] Vgl. *Axster,* FS Quack, 1991, S. 569; *Immenga* (vorige Fn.); *Müller-Laube,* JuS 1991, 184; *Tilmann,* FS v. Gamm, 1990, S. 663.

[6] Grünbuch über die Revision der VO (EWG) Nr. 4064/89 des Rates, KOM (2001) 745/6 (endg.) v. 11. 12. 2001.

[7] S. *Emmerich,* AG 2002, 641 (642 m. N.).

[8] „Significant impediment to effective competition" (so der englische Text des Art. 2 Abs. 2 und Abs. 3).

[9] „Substantial lessening of competition" ist der Maßstab im Vereinigten Königreich und Irland im Anschluss an sec. 7 Clayton-Act von 1914 in den USA.

[10] S. die Erwägungsgründe Nr. 25 und 26 zu der VO und dazu u. § 16 Rn. 51 ff.

6 Verfahrensfragen sind ergänzend in der **Durchführungsverordnung Nr. 802/2004** vom 30. April 2004[11] geregelt. Die Kommission hat sich außerdem in einer Vielzahl von **Mitteilungen, Leitlinien und Bekanntmachungen** zu Auslegungsfragen geäußert. Hervorzuheben sind neben den später zu besprechenden Bekanntmachungen über Gemeinschaftsunternehmen (s. u. § 17) insbesondere die Bekanntmachung vom 14. August 1990 über Nebenabreden,[12] die Bekanntmachung vom 9. Dezember 1997 über die Definition des relevanten Marktes,[13] die drei Bekanntmachungen vom 2. März 1998 über den Zusammenschlussbegriff, den Begriff der beteiligten Unternehmen und die Berechnung des Umsatzes,[14] alle drei mittlerweile ersetzt durch die Konsolidierte Mitteilung zu Zuständigkeitsfragen vom 21. Februar 2009,[15] die Bekanntmachung vom 2. März 2001 über im Rahmen der FKVO zulässige Abhilfemaßnahmen,[16] im Jahre 2008 ihrerseits ersetzt durch die Mitfteilung über die nach der FKVO zulässigen Abhilfemaßnahmen vom 22. Oktober 2008,[17] die (wichtigen) **Leitlinien zur Beurteilung horizontaler Zusammenschlüsse vom 30. Januar 2004,**[18] die drei Mitteilungen und Bekanntmachungen vom 5. März 2005 über die Verweisung in Fusionssachen, über Einschränkungen des Wettbewerbs, die mit der Durchführung von Unternehmenszusammenschlüssen unmittelbar verbunden und für diese notwendig sind, und über ein vereinfachtes Verfahren für bestimmte Zusammenschlüsse,[19] eine Bekanntmachung aus dem Jahre 2006 über die Auslegung von Art. 6 Abs. 1 lit. c S. 2 FKVO[20] sowie schließlich – gleichsam als krönender Abschluss – die **Leitlinien zur Bewertung nichthorizontsler Zusammenschlüsse** vom 18. 10. 2008,[21] in der die Kommission ihre Erfahrungen bei der Beurteilung vertikaler und konglomerater Zusammenschlüsse zusammengefasst hat. Alle diese Bekanntmachungen, Mitteilungen und Leitlinien sind nach Meinung des **Gerichts** keine bloßen Meinungsäußerungen der Kommission, sondern **binden die Kommission**, *soweit* sie von den gesetzlichen Vorschriften gedeckt sind. Ist das der Fall, so kann die Kommission nicht mehr von den Regeln abweichen, die sie sich selbst auferlegt hat.[22]

II. Bisherige Erfahrungen

7 Wegen der kurzen Fristen, die nach Art. 10 FKVO für die Beurteilung von Zusammenschlüssen gelten, hat die Kommission innerhalb der zuständigen Generaldirektion IV eine sog. **Merger Task Force,** d. h. eine Arbeitsgruppe gebildet, die sich ausschließlich mit der Fusionskontrolle befasst. Die Zahl der von ihr zu prüfenden Zusammenschlüsse schwankt von Jahr zu Jahr, nimmt aber wohl insgesamt langsam zu.

[11] ABl. Nr. L 133/1; geändert durch die VO Nr. 1033/2008, ABl. Nr. L 279/3.
[12] ABl. Nr. C 203/5.
[13] ABl. Nr. C 372/5 = WuW 1998, 261.
[14] ABl. Nr. C 66/5, 14 und 25.
[15] ABl. Nr. C43/10.
[16] ABl. Nr. C 68/3 = WuW 2001, 365.
[17] ABl. Nr. C267/1.
[18] ABl. Nr. C 31/5.
[19] ABl. Nr. C 56/2, 24 und 32.
[20] S. *Hirsbrunner,* EuZW 2006, 711 (716).
[21] ABl. Nr. C 256/6.
[22] So *EuG* Slg. 2003, II-1288 (1335 Tz. 143) – BaByliss.

8 Die überwiegende Zahl der angemeldeten Zusammenschlüsse wird ohne weiteres nach Art. 6 FKVO freigegeben. Zur **Untersagung** eines Zusammenschlusses ist es bisher nur in rund 35 Fällen gekommen. Eine Reihe der Untersagungen ist zudem später wieder von den Gerichten aufgehoben worden.[23] Auf der anderen Seite wächst aber auch die Zahl der Fälle, in denen die Beteiligten wegen der Bedenken der Kommission schließlich auf den Zusammenschluss verzichten. Hinzu kommt noch eine erhebliche Anzahl von Zusammenschlüssen, die erst nach zum Teil **weitreichenden Auflagen und Entflechtungszusagen** der beteiligten Unternehmen von der Kommission freigegeben wurden (s. Art. 6 Abs. 2 Unterabs. 2, 8 Abs. 2 Unterabs. 2 FKVO). Die Auflagen und Entflechtungszusagen sind in der Tat häufig so einschneidend, dass sie in der Sache für die beteiligten Unternehmen „**Teiluntersagungen**" nahekommen.

III. Verhältnis zur nationalen Fusionskontrolle

1. Ausschließliche Zuständigkeit der Kommission

9 **a)** Zusammenschlüsse von unionsweiter Bedeutung i. S. d. Art. 1 Abs. 2 und Abs. 3 unterliegen nach Art. 21 Abs. 2 und Abs. 3 FKVO im Grundsatz **ausschließlich** der **europäischen Fusionskontrolle,** so dass daneben für die Anwendung des nationalen Wettbewerbsrechts kein Raum mehr ist (**sog. one-stop-shop;** ebenso § 35 Abs. 3 GWB).[24] Zusammenschlüsse von unionsweiter Bedeutung, die die Kommission genehmigt hat (Art. 6 Abs. 1 lit. b Unterabs. 1 und 8 Abs. 2 Unterabs. 1 FKVO), dürfen daher von den Mitgliedstaaten nicht mehr untersagt werden (s. aber u. Rn. 11 ff.). Ebensowenig besitzen die Mitgliedstaaten umgekehrt die Befugnis, von der Kommission untersagte Zusammenschlüsse (Art. 8 Abs. 3 FKVO) nachträglich zu genehmigen.

10 **b)** Von dem Grundsatz der ausschließlichen Zuständigkeit der Kommission (o. Rn. 9) gibt es verschiedene **Ausnahmen.** Die (komplizierten) Einzelheiten regeln die Art. 4 Abs. 4 und Abs. 5, 9, 21 und 22 FKVO. Diese Bestimmungen waren erforderlich, um die divergierenden wettbewerbspolitischen Interessen der Mitgliedstaaten und der Kommission gleichsam „auf einen Nenner zu bringen". Deshalb bleiben die Mitgliedstaaten in bestimmten Fällen neben der Kommission zur Wahrung spezieller Interessen zuständig (u. Rn. 11 ff.). Außerdem sind unter unterschiedlichen Voraussetzungen Verweisungen von der Kommission an die Mitgliedstaaten und umgekehrt von den Mitgliedstaaten an die Kommission möglich, wovon in der Praxis aus unterschiedlichen Gründen zunehmend Gebrauch gemacht wird (u. Rn. 14 ff.).[25]

2. Schutz anderer berechtigter Interessen

11 **a)** Nach Art. 21 Abs. 4 Unterabs. 1 FKVO bleiben die Mitgliedstaaten zum Schutze *anderer* berechtigter *Interessen* als derjenigen befugt, die in der FKVO berücksichtigt wurden, vorausgesetzt, dass diese anderen Interessen mit den allgemeinen Grundsätzen und den übrigen Bestimmungen des Unionsrechts vereinbar sind. Als solche an-

[23] Darstellung der jüngsten Praxis bei *Emmerich,* AG 2001, 605 usw. bis AG 2010, 517; 2011, 565; *Hirsbrunner,* EuZW 2001, 197 usw. bis EuZW 2010, 727.

[24] S. die Erwägungsgründe Nr. 6 S. 1 und Nr. 8 zur FKVO: „Prinzip der einzigen Anlaufstelle"; *EuGH* Slg. 2003, I-9903 (9914 Tz. 32) – Moser; 2004, I-6102 (6120 Tz. 50) – Portugal: alleinige Zuständigkeit der Kommission.

[25] Zahlen bei *Hirsbrunner,* EuZW 2010, 727.

deren Interessen gelten ohne weiteres die **öffentliche Sicherheit**, die **Medienvielfalt** und die **Aufsichtsregeln** im Banken- und Versicherungswesen sowie in anderen regulierten Bereichen (Art. 21 Abs. 4 Unterabs. 2). Sonstige öffentliche Interessen müssen vor ihrer Anwendung von dem betreffenden Mitgliedstaat der Kommission mitgeteilt werden, damit diese sie auf ihre Vereinbarkeit mit dem Unionsinteresse prüfen kann (a. a. O. Unterabs. 3).[26] Verstoßen die Mitgliedstaaten gegen ihre **Mitteilungspflicht**, so ändert dies nichts an der Befugnis der Kommission, nach Art. 21 Abs. 4 Unterabs. 3 S. 1 Halbs. 2 FKVO aufgrund der ihr vorliegenden Informationen über die Vereinbarkeit der fraglichen sonstigen Interessen mit dem Unionsrecht zu entscheiden und die Sache bei Verneinung der Vereinbarkeit an sich zu ziehen.[27]

Voraussetzung für die Zuständigkeit der Mitgliedstaaten ist in allen genannten Fäl- 12
len ferner, dass es für die Wahrung der anderen öffentlichen Interessen (o. Rn. 11) noch **keine Gemeinschaftsregelung** gibt.[28] Beispiele für den Anwendungsbereich des Art. 21 Abs. 4 FKVO sind insbesondere Zusammenschlüsse von Banken und Versicherungen oder im Rüstungssektor.[29] Auch die von den deutschen Ländern praktizierte **Rundfunkkonzentrationskontrolle** aufgrund des Rundfunkstaatsvertrages von 1997 wird auf Art. 21 Abs. 4 FKVO gestützt (s. u. § 31 Rn. 3).

b) In den genannten Fällen (o. Rn. 11 f.) bleibt es an sich bei der ausschließlichen 13
Zuständigkeit der Kommission zur Anwendung der FKVO auf den Zusammenschluss, so dass ein Mitgliedstaat, wenn die Kommission den Zusammenschluss nach der FKVO *untersagt* hat, nicht die Befugnis besitzt, ihn gleichwohl zu genehmigen.[30] Nur wenn die Kommission den Zusammenschluss **freigibt**, kann er immer noch von den Mitgliedstaaten mit Rücksicht auf die genannten *anderen* Interessen (o. Rn. 11), etwa bei Banken oder Versicherungen aus aufsichtsrechtlichen Gründen, **untersagt** werden.[31]

3. Verweisungen[32]

a) An die Mitgliedstaaten

Nach **Art. 9 FKVO,** der sog. **deutschen Klausel,** ist unter engen Voraussetzungen die 14
Rückverweisung eines Zusammenschlusses an die nationalen Behörden möglich, sofern ein **Mitgliedstaat** der Kommission mitgeteilt hat, dass auf einem nationalen Markt durch den Zusammenschluss eine beherrschende Stellung begründet oder verstärkt würde. Voraussetzung ist, dass es sich um einen **gesonderten** sachlich und räumlich relevanten **Markt** handelt, wobei sich die räumliche Marktabgrenzung nach Art. 9 Abs. 7 FKVO richtet. Liegt danach ein gesonderter Markt vor, so wird weiter danach unterschieden, ob der betreffende Markt einen **wesentlichen Teil** des Gemeinsamen Marktes darstellt oder nicht (s. Art. 9 Abs. 2 lit. a und b FKVO). Denn (nur) im zweiten Fall ist die Rückverweisung des Zusammenschlusses an den antrag-

26 S. hierzu *Kommission,* Entsch. v. 20. 7. 1999, WuW/E EU-V 3102 – BSCH/Champalimaud (in einem Fall, der den Zusammenschluss zweier portugiesischer Banken betraf).

27 *EuGH* Slg. 2004, I-6102 (6121 f. Tz. 54, 57 f.) – Portugal.

28 S. dazu die Protokollerklärung der *Kommission* (WuW 1990, 242 f.).

29 Ein weiteres Beispiel in *Kommission,* WuW 1999, 372 – EdF/London Electricity.

30 S. den erwähnten portugiesischen Fall (o. Fn. 27).

31 S. *Mestmäcker/Schweitzer,* § 23 Rn. 69 ff. (S. 545 f.).

32 S. dazu *Kommission,* Mitteilung über Verweisungen in Fusionssachen, ABl. 2005 Nr. C 56/2.

stellenden Mitgliedstaat im Rahmen des Art. 9 Abs. 3 Unterabs. 3 FKVO verbindlich, während in den übrigen Fällen die Kommission nach ihrem Ermessen entscheidet (Art. 9 Abs. 3 Unterabs. 1 und 2 FKVO). Lehnt sie in den zuletzt genannten Fällen die Rückverweisung ab, so kann der antragstellende Mitgliedstaat **Klage** beim EuGH erheben (Art. 9 Abs. 4 FKVO). Wenn die Kommission dagegen dem Antrag stattgibt, kann die Verweisung immer noch von anderen, durch den Zusammenschluss betroffenen Unternehmen angefochten werden; die Unionsgerichte prüfen darauf hin, ob die Voraussetzungen für eine Verweisung nach Art. 9 FKVO vorlagen.[33]

15 Neben den Mitgliedstaaten (o. Rn. 14) kann der Verweisungsantrag auch von den an dem Zusammenschluss **beteiligten Unternehmen** bei der Kommission gestellt werden. Die Einzelheiten regelt **Art. 4 Abs. 4 FKVO.** Gibt die Kommission dem Antrag statt und verweist sie den Zusammenschluss mit Zustimmung des betreffenden Mitgliedstaats an diesen, so wird der Zusammenschluss nur noch nach dem Wettbewerbsrecht dieses Mitgliedstaates geprüft, obwohl er an sich unter die FKVO fällt (Art. 4 Abs. 4 Unterabs. 5 FKVO).[34] In Deutschland finden dann allein die **§§ 35 ff. GWB** Anwendung. Die Kommission kann daher jetzt auf das Verfahren nur noch im Rahmen des allgemeinen Vertragsverletzungsverfahrens nach Art. 258 AEUV Einfluss nehmen, auf dessen Einleitung Dritte keinen Anspruch haben.[35]

16 Die deutsche Klausel des Art. 9 FKVO war eine der am meisten umstrittenen Vorschriften in den Beratungen über die FKVO. Dies erklärt zugleich, warum die Kommission ursprünglich von der Rückverweisungsmöglichkeit nur verhältnismäßig selten Gebrauch gemacht hatte.[36] In jüngster Zeit nimmt jedoch die Zahl der Verweisungen kontinuierlich zu.

b) An die Kommission

17 Nach der sog. **niederländischen Klausel** des **Art. 22 FKVO** besteht ferner eine **umgekehrte Verweisungsmöglichkeit** von den Mitgliedstaaten **an** die **Kommission** bei Zusammenschlüssen, die an sich mangels gemeinschaftsweiter Bedeutung (Art. 1 FKVO) nicht unter die FKVO fallen. Bedeutung hat diese Regelung vor allem für diejenigen Mitgliedstaaten, die nach ihrem nationalen Wettbewerbsrecht keine Fusionskontrolle kennen. Voraussetzung der Verweisung an die Kommission ist, dass der fragliche Zusammenschluss den Handel zwischen Mitgliedstaaten beeinträchtigt und den Wettbewerb im Hoheitsgebiet des antragstellenden Mitgliedstaats erheblich zu beeinträchtigen droht. Der Begriff der Beeinträchtigung des Handels zwischen Mitgliedstaaten wird hier in demselben Sinne wie in den Art. 101 Abs. 1 und 102 S. 1 AEUV ausgelegt.[37]

[33] *EuG* Slg. 2003, II-4259 (4280 ff. Tz. 48 ff., 4315 ff. Tz. 174 ff.).

[34] S. *EuG* Slg. 2003, II-4259 (4317 Tz. 178 ff., 4328 Tz. 217) – Cableuropa; 2005, II-1805 (11020 ff. Tz. 38 ff.) – Retecal; *Kommission,* Entsch. v. 23. 6. 2005, WuW/E EU-V 1119 (1120 Tz. 21) – Strabag/Dywidag.

[35] *EuG* Urteil Retecal (vorige Fn.).

[36] Beispiele für derartige Verweisungsentscheidungen in: *Kommission,* WuW 1997, 598 – Rheinmetall; 1997, 701 – VIAG/Preußen Elektra; 1998, 967 – Krauss-Maffei/Wegmann; WuW 1999, 481 – Beeck/Homann; 2000, 1213 – Rhône Capital/Go-Ahead; WuW/E EU-V 1119 – Strabag/Dywidag; für die Ablehnung eines Antrags in WuW 1999, 371 – EdF/London Electricity.

[37] S. deshalb o. § 3 Rn. 18 ff.; *EuG* Slg. 1999, II-3775 (3811 Tz. 106) – Kesko; s. dazu z. B. *J. Schmidt/ I. Simon,* WuW 2011, 1056.

Auf derartigen Verweisungen seitens der Mitgliedstaaten beruhen insbesondere die Entscheidungen der Kommission zu Zusammenschlüssen auf Einzelhandelsmärkten. Herrin des Verfahrens, das die Kommission in solchen Fällen aufgrund des Antrags eines Mitgliedstaates einleitet, ist allein die Kommission. Der antragstellende Mitgliedstaat besitzt keine Befugnis, den Prüfungsvorgang der Kommission zu überwachen oder ihren Untersuchungsbereich einzuschränken.[38] 18

IV. Ergänzende Fusionskontrolle nach den Wettbewerbsregeln

Literatur: Hdb., H I § 3 Rn. 142–147; *Kommission,* Das Problem der Unternehmenskonzentration im Gemeinsamen Markt, 1966; *Blank,* Europäische Fusionskontrolle im Rahmen der Art. 85 und 86 des EWG-Vertrages, 1991; *de Bronett,* in: Wiedemann, § 22 Rn. 95 ff.; *Deimel,* Rechtsgrundlagen einer europäischen Zusammenschlusskontrolle, 1992; *Emmerich,* FS Steindorff, 1990, S. 951; *Frenz,* Tz. 1377 ff. (S. 522 ff.); *Krimphove,* Europäische Fusionskontrolle, 1992; *Kronast,* Die „Philip-Morris-Doktrin" und die europäische Fusionskontrolle, 1996; *Kurz,* Das Verhältnis der EG-Fusionskontrollverordnung zu Art. 85 und 86 des EWG-Vertrages, 1993; *Mestmäcker/Schweitzer,* § 23 Rn. 21 ff. (S. 534 ff.); *Pohlmann,* Der Unternehmensverbund im europäischen Kartellrecht, 1999; *Riesenkampff,* FS Rittner, 1991, S. 29.

1. Nach Art. 21 Abs. 1 FKVO findet die **Kartellverfahrensverordnung Nr. 1/2003** auf Unternehmenszusammenschlüsse im Sinne des Art. 3 FKVO **keine Anwendung.** Damit wird bezweckt, eine **Doppelkontrolle** von Unternehmenszusammenschlüssen nach der FKVO *und* nach den Wettbewerbsregeln der Art. 101 und 102 AEUV nach Möglichkeit auszuschließen.[39] Verständlich wird diese eigenartige Regelung nur vor dem Hintergrund der vorausgegangenen **Rechtsprechung des Gerichtshofs,** nach der auch die Art. 101 und 102 AEUV unter bestimmten Voraussetzungen eine Fusionskontrolle ermöglichen.[40] 19

Diese Rechtsprechung (o. Rn. 19) hatte bei den Mitgliedstaaten die Befürchtung ausgelöst, die Kommission werde schließlich dazu übergehen, **aufgrund der Wettbewerbsregeln** eine weitreichende **Fusionskontrolle** gegenüber allen möglichen Unternehmenszusammenschlüssen zu praktizieren. Nicht zuletzt deshalb ist die Zuständigkeit der Kommission zur Kontrolle von Unternehmenszusammenschlüssen durch die FKVO auf gemeinschaftsweite Zusammenschlüsse im Sinne des Art. 1 Abs. 1 bis Abs. 3 FKVO beschränkt worden, während im Übrigen die Mitgliedstaaten zuständig bleiben sollen. 20

Dabei wurde jedoch „übersehen", dass die FKVO, eine bloße Ratsverordnung aufgrund der Art. 103 und 352, (natürlich) nichts an der Geltung des Vertrags einschließlich der Art. 101 und 102 AEUV zu ändern vermochte.[41] Eine **ergänzende Fusionskontrolle** gegenüber Unternehmenszusammenschlüssen nach den Wettbewerbsregeln des Vertrags (Art. 101, 102 und 105) bleibt deshalb neben der FKVO **möglich,** wobei mit Rücksicht auf Art. 21 Abs. 1 FKVO lediglich die Besonderheit 21

[38] *EuG* Slg. 1999, II-1299 (1318 Tz. 42) = EuZW 1999, 600 = AG 2000, 558 – Endemol.

[39] Vgl. den Erwägungsgrund Nr. 7 zu der FKVO.

[40] *EuGH* Slg. 1973, 215 (244 f.) = NJW 1973, 966 = JuS 1973, 508 Nr. 1 – Continental Can; Slg. 1987, 4487 (4584) = NJW 1988, 3083 = JuS 1989, 54 Nr. 1 – BAT u. Reynold's/Philip-Morris (Zigarettenurteil); s. dazu u. Rn. 22 ff.

[41] Vgl. *EuG* Slg. 2005, II-3753 (3772) = WuW/E EU-R 943 (945 Tz. 47) – Energias de Portual (EDP); *Kommission,* Entsch. v. 10. 11. 1992, ABl. 1993 Nr. L 116/21 (27 f.) – Gillette; Bekanntmachung über Konzentrations- und Kooperationstatbestände v. 14. 8. 1990, ABl. Nr. C 203/6 (Tz. 1, 38); Protokollerklärung Nr. 11 zu der FKVO (WuW 1990, 243).

zu beachten ist, dass die Kommission (nur) bei Zusammenschlüssen im Sinne des Art. 3 FKVO wegen der Unanwendbarkeit der Kartellverfahrensverordnung Nr. 1/2003 auf das besondere Verfahren des Art. 105 verwiesen ist, gegebenenfalls *neben* der FKVO.

22 **2. Art. 101 AEUV** dürfte nach den bisherigen Erfahrungen vor allem Bedeutung bei den zahlreichen **Übergangsformen zwischen Kartellen und Unternehmenszusammenschlüssen** haben: Beide unterscheiden sich zwar grundsätzlich dadurch, dass Unternehmenszusammenschlüsse in der Regel zur Aufgabe der wirtschaftlichen Selbständigkeit der verbundenen Unternehmen führen, während im Rahmen von Kartellen die beteiligten Unternehmen unter Wahrung ihrer wirtschaftlichen Selbständigkeit lediglich einzelne Aktionsparameter im Wettbewerb abstimmen.[42] Dies ändert indessen nichts daran, dass es in der wirtschaftlichen Wirklichkeit viele Übergangsformen zwischen wettbewerbsbeschränkenden Vereinbarungen und Unternehmenszusammenschlüssen gibt, in denen dann auch durchaus an eine parallele Anwendung des Art. 101 AEUV und der FKVO zu denken ist.

23 Das bekannteste Beispiel bilden **Gemeinschaftsunternehmen**, die je nach Blickwinkel als Zusammenschluss der beteiligten Unternehmen untereinander oder mit dem Gemeinschaftsunternehmen oder als wettbewerbsbeschränkende Vereinbarung der Mütter erscheinen (s. dazu u. § 17). **Weitere Beispiele** für derartige Übergangsformen (o. Rn. 22) sind Minderheitsbeteiligungen an Konkurrenten in Verbindung mit zusätzlichen wettbewerbsbeschränkenden Abreden, wechselseitige Beteiligungen zwischen Konkurrenten, der gemeinsame Erwerb eines Konkurrenten durch mehrere andere Unternehmen sowie die Gründung von Gleichordnungskonzernen zwischen Konkurrenten.[43]

24 **3.** Die FKVO hat ebenso wie § 36 Abs. 1 GWB vor allem die **Aufgabe,** bereits die Entstehung oder doch die Verstärkung beherrschender Stellungen im Gemeinsamen Markt oder einem wesentlichen Teil desselben zu verhindern, weil die immer erst *nach* Begründung einer beherrschenden Stellung eingreifende Missbrauchsaufsicht aufgrund des Art. 102 AEUV lediglich ein Notbehelf ist und in keinem Fall ein System unverfälschten Wettbewerbs zu ersetzen vermag (s. o. Rn. 1). Die Fusionskontrolle ist, so gesehen, dem Missbrauchsverbot des **Art. 102 AEUV** gleichsam „**vorgelagert**". Gleichwohl gibt es (natürlich) auch Fallgestaltungen, in denen Art. 102 AEUV mit der FKVO **zusammentrifft**, in erster Linie bei der Beteiligung eines bereits beherrschenden Unternehmens an einem anderen Unternehmen, wenn der Zweck oder die Folge ist, dass die beherrschende Stellung des Erwerbers *weiter* verstärkt und der Restwettbewerb auf dem Markt unmittelbar bedroht wird.[44] Dafür kann auch schon eine bloße Minderheitsbeteiligung ausreichen, sofern sie nur einen Einfluss auf die Geschäftspolitik des Beteiligungsunternehmens ermöglicht.[45]

---

[42] S. *Mestmäcker/Schweitzer,* § 23 Rn. 21 ff. (S. 534 f.).

[43] *Kommission,* Entsch. v. 19. 7. 1984, ABl. Nr. L 212/1 (5 ff.) – BPCL/ICI; Bekanntmachung v. 14. 8. 1990, ABl. Nr. C 203/6 (Tz. 37 ff.); *Pohlmann,* Unternehmensverbund, S. 242 f.

[44] *EuGH* Slg. 1973, 215 (246 Tz. 26) = NJW 1973, 966 = JuS 1973, 508 Nr. 1 – Continental Can; ebenso *EuG* Slg. 2005, II-3753 (3772) = WuW/E EU-R 943 (945 Tz. 47) – Energias de Portugal (EDP).

[45] *EuGH* Slg. 1987, 4566 (4584 Tz. 65) = NJW 1988, 3083 = JuS 1989, 54 Nr. 1 – BAT u. Reynold's/Philip-Morris (Zigarettenurteil); *Kommission,* Entsch. v. 10. 11. 1992, ABl. 1993 Nr. L 116/21 (27 ff.) – Gillette.

Art. 102 AEUV ist außerdem auf die Übernahme eines Konkurrenten durch ein Unternehmen in beherrschender Stellung anwendbar, wenn die Folge ist, dass der Erwerber Zugriff auf die einzige Konkurrenztechnologie erlangt, so dass dritten Unternehmen der Marktzutritt endgültig versperrt wird.[46] Weitere derartige Fallgestaltungen sind vorstellbar.[47]

4. Die Art. 101 und 102 AEUV sind unmittelbar anwendbare **gesetzliche Verbote**, die auch von den nationalen Behörden und Gerichten zu beachten sind (Art. 3 VO Nr. 1/2003; § 22 GWB). Das hat die weitreichende Folge, dass Zusammenschlüsse, die unter die Wettbewerbsregeln fallen, **nichtig** sind (Art. 101 Abs. 2 AEUV; § 134 BGB) und Unterlassungs- oder Ersatzansprüche Dritter auszulösen vermögen (§ 33 GWB), dies alles ganz ohne Rücksicht auf die alleinige Zuständigkeit der Kommission zur Anwendung der FKVO auf Unternehmenszusammenschlüsse. 25

§ 15. Zusammenschluss

Literatur: S. o. bei § 14 sowie insbesondere *Kommission,* Konsolidierte Mitteilung zu Zuständigkeitsfragen gemäß der FKVO v. 21 Febrauar 2009, ABl. Nr. C 43/10; *M. Karl,* Der Zusammenschlussbegriff in der europäischen Fusionskontrollverordnung, 1996; *Kleinmann,* FS I. Schmidt, 1997, S. 131; *K.* und *U. Quack,* FS Geiß, 2000, S. 645; *Riesenkampff,* FS Rittner, 1991, S. 491; *Rosenthal/Thomas,* Merger Control, S. 23 ff.; *Staudenmayer,* Der Zusammenschlussbegriff in Art. 3 der EG-FKVO, 2002; *Stockenhuber,* Die europäische Fusionskontrolle, 1995.

I. Überblick

Die FKVO gilt nur für Unternehmenszusammenschlüsse von gemeinschaftsweiter Bedeutung (Art. 1 Abs. 1). Der **Unternehmensbegriff** ist hier dieselbe wie bei den Wettbewerbsregeln der Art. 101 und 102 AEUV, so dass wegen der Einzelheiten auf die Ausführungen zu den Wettbewerbsregeln verwiesen werden kann (oben § 3 Rn. 24 ff.). Hervorzuheben ist, dass infolgedessen unter die FKVO auch Zusammenschlüsse mit **öffentlichen Unternehmen** fallen (§ 3 Rn. 35 ff.). Erfasst wird außerdem der Erwerb von Unternehmen durch die **Mitgliedsstaaten** selbst, wie aus Art. 3 I lit b FKVO zu folgern ist (Rn. 4). Ein Beispiel ist der Erwerb der Skandalbank HRE durch den Bund über den Sonderfonds Finanzmarktstabilität (wobei die Kommission freilich merkwürdigerweise den Sonderfonds selbst als Unternehmen eingestuft hat).[1] 1

Was in diesem Sinne unter einem **Zusammenschluss** von Unternehmen (Rn. 1) zu verstehen ist, ergibt sich im Einzelnen aus **Art. 3** (u. Rn. 3 ff.), während **Art. 1 Abs. 2 und Abs. 3 FKVO** festlegt, wann ein Zusammenschluss als gemeinschafts- oder jetzt **unionsweit** anzusehen ist (u. Rn. 11 ff.). Man spricht insoweit häufig auch von **Aufgreifkriterien** im Gegensatz zu den Eingreifkriterien des Art. 2 FKVO (s. u. § 16). 1a

Als Zusammenschluss gelten nach Art. 3 Abs. 1 Halbs. 1 FKVO grundsätzlich nur solche Vorgänge, die zu einer **dauerhaften Veränderung der Kontrolle bei** den **be-** 2

[46] *EuG* Slg. 1990, II-347 (356 ff.) = EuZW 1990, 447 – Tetra Pak I; *Kommission,* Entsch. v. 26. 7. 1988, ABl. Nr. L 272/27 (39 f.) – Tetra Pak I.

[47] S. Hdb., H I § 1 Rn. 434 m. N.

[1] *Kommission,* Entsch. v. 14. 5. 2009, WuW/E EU-V 1413 Tz. 4 ff.; Mitteilung von 2009, Tz. 12, 53 f., 153; *Hirsbrunner,* EuZW 2010, 727 f.; kritisch *Immenga,* EuZW 2009, 753.

teiligten Unternehmen führen.[2] Erscheinungsformen des Zusammenschlusses sind nach Art. 3 Abs. 1 lit. a und b FKVO die Fusion (Rn. 3) und der Kontrollerwerb. Zentralbegriff der Materie ist der **Kontrollerwerb** des Art. 3 Abs. 2 lit. b FKVO (Rn. 4f.). Die Regelung der FKVO deckt sich insoweit weitgehend mit der entsprechenden deutschen Regelung in § 37 Abs. 1 Nr. 2 GWB. Deshalb soll zu den Einzelheiten eines Zusammenschlusses durch Kontrollerwerb erst im Rahmen der Darstellung der deutschen Fusionskontrolle Stellung genommen werden (u. § 33 Rn. 8 ff.). Die folgenden Ausführungen beschränken sich infolgedessen auf einen kurzen Überblick über die Rechtslage auf der Grundlage der **Konsolidierten Mitteilung** der Kommission **zu Zuständigkeitsfragen von 2009**.[3] Soweit die FKVO in Art. 3 Abs. 4 außerdem unter bestimmten Voraussetzungen die Gründung eines Gemeinschaftsunternehmens als Zusammenschluss behandelt, ist auf die Ausführungen zu den Gemeinschaftsunternehmen zu verweisen (u. § 17).

II. Fusion

3 Unter einer Fusion i. S. d. Art. 3 Abs. 1 lit. a FKVO ist der **Zusammenschluss** zweier oder mehrerer Unternehmen **zu** einer **neuen** rechtlichen oder wirtschaftlichen **Einheit** zu verstehen. Auf die Ausgestaltung der Fusion im Einzelnen kommt es nicht an; entscheidend ist allein, ob im Ergebnis **ein neues Unternehmen** entsteht, mag dies durch Verschmelzung, durch die Übernahme des Geschäfts und der Vermögenswerte des einen Unternehmens seitens des anderen oder auch durch die Neugründung eines Unternehmens nach Auflösung der beiden ursprünglichen Unternehmen geschehen.[4] In Ausnahmefällen kann sogar die Gründung eines Gleichordnungskonzerns genügen, selbst in Gestalt wechselseitiger Minderheitsbeteiligungen, wenn die Beteiligungen mit Abreden über die gemeinsame Leitung der Unternehmen verbunden sind.[5]

III. Kontrollerwerb

1. Begriff

4 Ein Kontrollerwerb ist nach Art. 3 Abs. 1 lit. b FKVO anzunehmen, wenn ein oder mehrere Unternehmen durch den Erwerb von Anteilsrechten oder Vermögenswerten, durch Vertrag oder in sonstiger Weise die unmittelbare oder mittelbare Kontrolle über die Gesamtheit oder die Teile eines oder mehrerer anderer Unternehmen erwerben (vgl. § 37 Abs. 1 Nr. 2 S. 1 GWB von 2005). Als **Kontrollerwerber** kommen neben Unternehmen auch *sonstige Personen* in Betracht, die bereits mindestens ein Unternehmen kontrollieren, wozu nicht zuletzt die Mitgliedstaaten und ihre Gliederungen gehören (Rn. 1, 8).

---

[2] S. dazu auch den Erwägungsgrund Nr. 20 S. 1 zu der FKVO; *Kommission,* Mitteilung von 2009, Tz. 7.

[3] ABl. Nr. C 43/10.

[4] *Kommission,* Entsch. v. 20. 5. 1998, ABl. 1999 Nr. L 50/27 (28 Tz. 5) – Price Waterhouse/Coopers & Lybrand; v. 26. 6. 1997, ABl. 1998 Nr. L 316/1 (3 f. Tz. 12 ff.) – Blokker/Toys'R US; v. 13. 6. 2000, ABl. 2001 Nr. L 178/1 = WuW/E EU-V 509 Tz. 7 ff. – Veba/Viag.

[5] *Kommission,* Entsch. v. 7. 11. 1990, WuW/E EU-V 1542 – Renault/Volvo; Mitteilung, Tz. 10.

Die Einzelheiten ergeben sich aus den Abs. 2 und 3 des Art. 3 FKVO (= § 37 Abs. 1 Nr. 2 GWB). Nach **Art. 3 Abs. 2 Halbs. 2 FKVO** wird die Kontrolle durch Rechte, Verträge oder andere Mittel begründet (s. u. Rn. 7 ff.), die einzeln oder zusammen unter Berücksichtigung aller tatsächlichen oder rechtlichen Umstände die **Möglichkeit** gewähren, einen **bestimmenden Einfluss** auf die Tätigkeit eines anderen Unternehmens **auszuüben,** so dass dieses letztlich von dem Kontrollerwerber **abhängig** wird, etwa im Sinne des § 17 Abs. 1 AktG. Dies beurteilt sich danach, ob der oder die Erwerber einer Beteiligung allein oder gemeinsam die strategischen Entscheidungen des Beteiligungsunternehmens zu bestimmen vermögen.[6] 5

Es spielt keine Rolle, ob dieses Ergebnis **durch eine** einzige **oder** durch **mehrere** getrennte (gestaffelte) **Transaktionen** erreicht wird, sofern nur die einzelnen Transaktionen „aus ökonomischer Sicht" eine Einheit bilden, weil sie eng miteinander verknüpft sind (vgl. Art. 5 Abs. 2 Unterabs. 2 FKVO).[7] Erforderlich ist lediglich, dass die einzelnen Transaktionen derart in einem Bedingungszusammenhang stehen, dass keine ohne die anderen vorgenommen worden wäre.[8] 6

2. Mittel

Als Mittel des Kontrollerwerbs kommt nach Art. 3 Abs. 2 FKVO in erster Linie der **Erwerb von** so vielen **Anteilsrechten** in Betracht, dass sie eine Ausübung von Kontrollrechten (o. Rn. 5) ermöglichen; gleich steht der Abschluss von Verträgen, die einen entsprechenden Einfluss gewähren (Art. 3 Abs. 2 Halbs. 2 lit. a und b FKVO). Erfasst wird in Ausnahmefällen sogar eine **wirtschaftliche Abhängigkeit**, etwa aufgrund langfristiger Lieferverträge oder aufgrund von Lieferantenkrediten, jedenfalls in Verbindung mit strukturellen Verflechtungen.[9] 7

Wer als **Kontrollerwerber** zu gelten hat, beurteilt sich nach Art. 3 Abs. 3 FKVO. Hervorzuheben ist, dass nach Art. 3 Abs. 3 lit. b FKVO als Kontrollerwerber auch gilt, wer zwar aus den maßgeblichen Rechten oder Verträgen nicht selbst berechtigt wird, aber die Befugnis hat, die sich daraus ergebenden Rechte selbst auszuüben. Dadurch soll naheliegenden Umgehungsversuchen begegnet werden. 8

Ein Kontrollerwerb ist (natürlich) vor allem anzunehmen, wenn ein Unternehmen bei einem anderen die **Mehrheit der Stimmen** erlangt, kann jedoch auch im Falle einer bloßen **Minderheitsbeteiligung** zu bejahen sein, insbesondere, wenn diese mit Vorzugsrechten verbunden ist oder wenn sich die restlichen Anteile in Streubesitz befinden, so dass die Minderheitsbeteiligung eine stabile Hauptversammlungsmehrheit verleiht.[10] Ein **Beispiel** war die Beteiligung von Porsche an VW i. H. v. 35 %, da Porsche infolgedessen über eine gesicherte und stabile Hauptversammlungsmehrheit verfügte (– bis VW den Spieß umdrehte, weil sich Porsche übernom- 9

6 *EuG* Slg. 2006, II-331 = WuW/E EU-R 1005 (1006 ff.) – Haniel/Cementbouw; *Kommission,* Entsch. v. 21. 2. 2002, ABl. 2003 Nr. L 136/66 (44 Tz. 66 ff.) – Daniel/Fels; v. 9. 4. 2002, ABl. 2003 Nr. 111/1 (10 ff. Tz. 77 ff.) – Haniel/Ytong; *Emmerich,* AG 2003, 649 (653 f.).

7 Erwägungsgrund Nr. 20 S. 3 zu der VO; *EuG* Slg. 2006, II-331 = WuW/E EU-R 1005 (1010 f.); *Kommission* (vorige Fn.); *Emmerich,* AG 2006, 861 (865 r. Sp.).

8 *EuG* Slg. 2006, II-331 = WuW/E EU-R 1005 (1010 f.).

9 *Kommission,* Mitteilung, Tz. 18 f. m. N.

10 *Kommission,* Entsch. v. 11. 11. 1998, ABl. Nr. 1999 Nr. L 183/1 (3 Tz. 14 ff.) – Skanska/Scancem; *Emmerich,* AG 2010, 517 (521); *Hirsbrunner,* EuZW 2010, 727, beide m.N.; weitere Nachweise s. u. § 33 Rn. 16.

men hatte).[11] Ebenso ist es zu beurteilen, wenn zu der Minderheitsbeteiligung noch eine Aktionärsvereinbarung mit einem weiteren großen Aktionär über die Besetzung des Aufsichtsrats oder die Führung der Gesellschaft hinzu kommt.[12] Der Erwerb des **wesentlichen Vermögens** eines anderen Unternehmens kann hierfür ebenfalls genügen. Als Kontrollerwerb gilt es schließlich z. B. noch, wenn bei einem **Gemeinschaftsunternehmen** die eine Mutter die Beteiligung der anderen hinzuerwirbt und so die alleinige Kontrolle über das Beteiligungsunternehmen erlangt[13] oder wenn von drei gleichmäßig an einem Unternehmen Beteiligten einer ausscheidet, so dass die beiden verbleibenden Gesellschafter paritätisch beteiligt sind, dies deshalb, weil die Gründung oder der Erwerb eines paritätischen Gemeinschaftsunternehmens im Unionsrecht als Zusammenschluss gilt.[14]

3. Ausnahmen

10 Durch **Abs. 5 des Art. 3 FKVO** werden bestimmte Vorgänge aus unterschiedlichen Gründen wieder aus dem Zusammenschlussbegriff ausgeklammert. Praktische Bedeutung hat von diesen Fällen lediglich der des **Art. 3 Abs. 5 lit. a** FKVO, der Kreditinstituten, sonstigen Finanzinstituten und Versicherungsunternehmen den zu ihrem normalen Geschäft gehörenden **Handel mit Wertpapieren** ermöglichen soll. Der Ankauf von Wertpapieren, insbesondere also von Aktien (der nach Art. 3 Abs. 1 bis Abs. 3 FKVO durchaus einen Zusammenschluss darstellen kann), wird danach unter engen Voraussetzungen von der Anwendung der FKVO freigestellt, **sofern** der Erwerb der Anteile **nur vorübergehend zum Zweck der Veräußerung** binnen eines Jahres erfolgt und aus den erworbenen Anteilen grundsätzlich nicht das Stimmrecht ausgeübt wird. In allen anderen Fällen stellt dagegen auch der Erwerb von Wertpapieren oder Anteilen durch die genannten Unternehmen einen anmeldepflichtigen Zusammenschluss unter den Voraussetzungen des Art. 3 Abs. 1 bis Abs. 4 FKVO dar.

IV. Gemeinschaftsweite Bedeutung[15]

1. Schwellenwerte

11 **a)** Ein Zusammenschluss von Unternehmen im Sinne des Art. 3 (o. Rn. 1, 3 ff.) fällt nur dann unter die FKVO, wenn er zugleich die Schwellenwerte des Art. 1 FKVO erreicht. Seit 1997 muss man insoweit zwei Fälle unterscheiden. Regelfall ist **Art. 1 Abs. 2 FKVO** mit seinen **hohen Schwellenwerten** (weltweiter Gesamtumsatz aller beteiligten Unternehmen zusammen von mehr als fünf Milliarden Euro und gemeinschaftsweiter Gesamtumsatz von mindestens zwei beteiligten Unternehmen von jeweils mehr als 250 Mio. Euro); hinzukommen muss noch nach der sogenannten **Zweidrittelklausel,** dass die am Zusammenschluss beteiligten Unternehmen jeweils mehr als ein Drittel ihres gemeinschaftsweiten Gesamtumsatzes in verschiedenen Mitgliedstaaten erzielen.

[11] *Kommission*, Entsch. v. 23. 7. 2008, WuW/E EU-V 1321.

[12] *Kommission*, Entsch. v.10. 6. 2009, ABl. Nr. C 179/9, Tz. 10 f. – Electrabel/Comp. Nat. du Rhône.

[13] *Kommission*, Entsch. v. 28. 11. 1990, WuW/E EV 1551 = EuZW 1991, 187 – Cookson/ICI.

[14] S. u. § 17 Rn. 11 ff.; *EuG* Slg. 2006, II-331 = WuW/E EU-R 1005 (1006 ff. Tz. 67 ff.) – Haniel/Cementbouw.

[15] Wegen der Einzelheiten s. *Kommission*, Mitteilung von 2009, Tz. 124 ff.

b) Hinzugetreten ist 1997 nach **Art. 1 Abs. 3 FKVO** der eigenartige Fall der **Mehrfachanmeldung** oder Mehrfachnotifizierung. Es handelt sich dabei um Zusammenschlüsse, die zwar noch nicht die Umsatzschwellen des Art. 1 Abs. 2 VO erreichen (o. Rn. 11), durch die jedoch **mindestens drei Mitgliedstaaten** betroffen werden. Um in solchen Fällen den beteiligten Unternehmen eine Anmeldung in mehreren Mitgliedstaaten nebeneinander zu ersparen, greift hier unter engen Voraussetzungen eine ergänzende Zuständigkeit der Kommission ein. 12

Die wichtigsten **Voraussetzungen** sind ein weltweiter Gesamtumsatz aller beteiligten Unternehmen zusammen von mehr als 2,5 Milliarden Euro, ein Gesamtumsatz der beteiligten Unternehmen in mindestens drei Mitgliedstaaten von jeweils mehr als 100 Mio. Euro sowie noch zwei Untergrenzen von 25 und 100 Mio. Euro (s. im Einzelnen Art. 1 Abs. 3 Halbs. 1 lit. a bis d FKVO). Außerdem findet die Zweidrittelklausel hier ebenfalls Anwendung (Art. 1 Abs. 3 Halbs. 2 FKVO). 13

2. Berechnung

Die Umsatzberechnung richtet sich nach **Art. 5 FKVO.** Die Einzelheiten finden sich in der **Mitteilung der Kommission** von 2009.[16] Darauf kann verwiesen werden. Hervorzuheben sind lediglich folgende Punkte: 14

1. Unter den **Umsätzen** versteht die FKVO, wie sich im Einzelnen aus Art. 5 Abs. 1 ergibt, die Erlöse aus dem Verkauf von Waren oder der Erbringung von Dienstleistungen im normalen geschäftlichen Tätigkeitsbereich des Unternehmens abzüglich von Erlösschmälerungen, der Mehrwertsteuer und anderer auf den Umsatz bezogener Steuern, d. h. die sog. **Nettoerlöse.**[17] 15

2. Die Nettoerlöse (o. Rn. 15) müssen für jedes **„beteiligte Unternehmen"** berechnet werden. Wer damit gemeint ist, ergibt sich aus Art. 5 Abs. 4 FKVO in Verbindung mit der genannten Mitteilung von 2009 (o. Rn. 14). Beteiligte Unternehmen sind danach die **materiell** an dem Zusammenschlussvorgang **teilnehmenden Unternehmen** im Gegensatz zu den lediglich an dem Verfahren vor der Kommission beteiligten, weiteren Unternehmen, also konkret (nur) diejenigen Unternehmen, zwischen denen sich der jeweilige Zusammenschluss im Sinne des Art. 3 FKVO vollzieht, mit Ausnahme des Veräußerers im Falle der Anteils- oder Vermögensveräußerung.[18] 16

Konzerne gelten in der Fusionskontrolle aufgrund der **Verbundklausel** des Art. 5 IV lit. b bis lit. e FKVO als Einheit, so dass ihre Umsätze zu addieren sind. Ein Konzern ist insbesondere anzunehmen, wenn das eine Unternehmen an dem anderen eine Kapital- oder Stimmenmehrheit besitzt (vgl. die §§ 16 und 18 AktG) *oder* wenn das eine Unternehmen das Recht hat, mehr als die Hälfte der Mitglieder des Vorstands oder des Aufsichtsrats des anderen Unternehmens zu bestellen (Art. 5 Abs. 4 lit. b und c FKVO). 17

3. Erfolgt der **Erwerb durch mehrere Unternehmen,** so sind *alle* erwerbenden Unternehmen als an dem Zusammenschluss *beteiligt* anzusehen. Probleme ergeben sich daraus bei Einschaltung eines **Gemeinschaftsunternehmens.** Grundsätzlich ist in 18

[16] ABl. Nr. C 43/10, Tz. 157 ff.
[17] *Kommission,* Mitteilung, Tz. 157 ff.
[18] *Kommission,* Mitteilung, Tz. 129 ff.

diesem Fall nur das erwerbende Gemeinschaftsunternehmen neben dem erworbenen Unternehmen an dem Zusammenschluss beteiligt.[19] Anders wird jedoch entschieden, wenn das Gemeinschaftsunternehmen nur formal in den Zusammenschlussvorgang eingeschaltet wird, so dass dann *auch die Mütter* als an dem Zusammenschluss beteiligt gelten mit der weiteren Folge, dass Zusammenschlüsse von Großunternehmen über Gemeinschaftsunternehmen heute wohl durchweg unter die FKVO fallen.[20]

19 **4.** Besonderheiten gelten für die Umsatzberechnung bei **Kreditinstituten,** Finanzinstituten und Versicherungsunternehmen nach Art. 5 Abs. 3 FKVO. Danach treten an die Stelle der Umsätze bei Kredit- und Finanzinstituten die Erträge aus ihren verschiedenen Geschäftssparten (Art. 5 Abs. 3 lit. a FKVO) und bei den Versicherungsunternehmen die Summe der Bruttoprämien (s. im Einzelnen Art. 5 Abs. 3 lit. b FKVO).

§ 16. Eingreifkriterien

Literatur; S. o. bei § 14 sowie *Kommission,* Horizontalleitlinien von 2004 zur Bewertung horizontaler Zusammenschlüsse vom 5. 2. 2004, ABl. Nr. C 31/5; Horizontalleitlinien von 2004 zur Bewertung nichthorizontaler Zusammenschlüsse v. 18. 10 2008, ABl. Nr. C 265/6; *Baron,* FS Bechtold, 2006, S. 9; *Bechtold,* FS Gaedertz, 1992, S. 45; *Bergmann,* FS U. Huber, 2006, S. 1051; *Canenbley,* FS Deringer, 1993, S. 226; *Denzel,* Materielle Fusionskontrolle in Europa und USA, 2004; *Drauz/Schroeder,* Praxis der europäischen Fusionskontrolle, 3. Aufl., 1995; *Hansen,* Fusionskontrollpraxis von BKartA und EG-Kommission, 2009; *Hermann,* Die Neufassung der materiellen Untersagungskriterien in Art. 2 Abs. 2 und 3 FKVO, 2008; *Kaufhold,* Eingriffskriterien in der europäischen Fusionskontrolle, 2007; *Karl,* FS Bechtold, 2006, S. 209; *Kirchhoff,* BB 1990 Beil. 14, S. 5 ff.; *U. Klumpp,* Die „Efficiency Defense“ in der Fusionskontrolle, 2006; *Linder,* Kollektive Marktbeherrschung in der Fusionskontrolle, 2005; *Wrase,* Europäische Fusionskontrolle und der Oligopoltatbestand unter besonderer Berücksichtigung unilateraler Effekte, 2007.

I. Überblick

1 Unter den **Eingreifkriterien** versteht man in der Fusionskontrolle die **Voraussetzungen,** unter denen ein Zusammenschluss von gemeinschaftsweiter Bedeutung im Sinne der Art. 1 und 3 FKVO (dazu o. § 15) von der dafür allein zuständigen Kommission (dazu o. § 14 Rn. 9 ff.) tatsächlich **untersagt** werden kann. Sie ergeben sich im Einzelnen aus **Art. 2 FKVO.** Die zentrale Aussage findet sich in **Abs. 3** des Art. 2 FKVO. Danach sind Zusammenschlüsse, durch die wirksamer Wettbewerb im Gemeinsamen Markt oder in einem wesentlichen Teil desselben erheblich behindert würde, insbesondere durch Begründung oder Verstärkung einer beherrschenden Stellung, für mit dem Gemeinsamen Markt unvereinbar zu erklären (sog. **SIEC-Test**). Fehlen diese Voraussetzungen bei einem gemeinschaftsweiten Zusammenschluss, so ist er statt dessen für mit dem Gemeinsamen Markt vereinbar zu erklären (Art. 2 Abs. 2 FKVO).

2 Die bei der Entscheidung über einen Zusammenschluss zu berücksichtigenden **Kriterien** zählt **Abs. 1** der Vorschrift (**Art. 2 FKVO**) auf. Es sind dies neben den Zielen

[19] *Kommission,* Mitteilung, Tz. 145 ff.

[20] *Kommission,* Entsch. v. 4. 2. 1991, WuW/E EU-V 1568 – Dresdner Bank/BNP; v. 21. 2. 1991, WuW/E EU-V 1582 – Asko/Omni.

der FKVO (Art. 2 Abs. 1 Unterabs. 1 FKVO)[1] vor allem die Notwendigkeit, im Gemeinsamen Markt (oder heute: Binnenmarkt) wirksamen Wettbewerb aufrechtzuerhalten und zu entwickeln (Unterabs. 2 lit. a a. a. O.), sowie im Einzelnen noch die Marktstellung, die wirtschaftliche Macht und die Finanzkraft der beteiligten Unternehmen, die Wahlmöglichkeiten der Lieferanten und Abnehmer, ihr Zugang zu den Beschaffungs- und Absatzmärkten, rechtliche oder tatsächliche Marktzutrittsschranken (vgl. § 19 Abs. 2 Nr. 1 GWB), die Entwicklung des Angebots und der Nachfrage bei den jeweiligen Erzeugnissen und Dienstleistungen, die Interessen der Zwischen- und Endverbraucher sowie die Entwicklung des technischen und wirtschaftlichen Fortschritts, sofern diese dem Verbraucher dient und den Wettbewerb nicht behindert (Art. 2 Abs. 1 Unterabs. 2 lit. b FKVO).

Die genannten Kriterien (o. Rn. 2) deuten insgesamt auf die vorwiegend **wettbewerbliche Ausrichtung** der Fusionskontrolle hin. Einen anderen Akzent setzt lediglich das Kriterium der Entwicklung des technischen und wirtschaftlichen Fortschritts,[2] worin ursprünglich vielfach ein Einfallstor für **industriepolitische Erwägungen** gesehen wurde. Jedoch gibt die Praxis der Kommission, bisher jedenfalls, nur wenig Anlass zu solchen Befürchtungen oder – je nach Standpunkt – Hoffnungen.[3] Freilich kommt es wie immer auch hier ganz auf die jeweils gewählte Perspektive an. Das Gesagte ist nur richtig, wenn man allein die Praxis der Kommission zur *Untersagung* von Zusammenschlüssen ins Auge fasst. Ein ganz anderes Bild ergibt sich dagegen, wenn man die Freigabepraxis der Kommission wie geboten in die Betrachtung miteinbezieht, weil dann deutlich wird, dass die Kommission über Auflagen und Bedingungen bei der Freigabe von Zusammenschlüssen sehr wohl **industriepolitische Ziele** auf den unterschiedlichsten Märkten verfolgt – frei nach dem Motto: „Wir gestalten Märkte". 3

In der (wohl zu Unrecht) vielfach angenommenen Zurückhaltung der Kommission bei der Berücksichtigung industriepolitischer Erwägungen hat man auch einen der wichtigsten Gründe für den **Übergang zu dem SIEC-Test** in Art. 2 Abs. 3 FKVO zu sehen, da dieser es der Kommission auch ermöglichen soll, bei ihrer Entscheidung die mit einem Zusammenschluss verbundenen **Effizienzvorteile** zu berücksichtigen.[4] Der zweite mit dem Übergang zu dem SIEC-Test vorrangig verfolgte Zweck besteht darin, der Kommission einen Weg zu eröffnen, in engen **Oligopolen** mit Zusammenschlüssen verbundene, nicht koordinierte Auswirkungen zu erfassen, während es im Übrigen bei der bisherigen Rechtslage verbleiben sollte.[5] Da der Wortlaut des Art. 2 Abs. 2 und Abs. 3 FKVO jedoch weit über diese beschränkten Zielsetzungen hinausgeht, ist fraglich, ob sich die Auswirkungen der Änderung der Eingreifkriterien im Jahre 2004 tatsächlich auf die beiden genannten Punkte (Berücksichtigung von Effizienzvorteilen und von nicht koordinierten Effekten im Oligopol) beschränken lassen (s. u. Rn. 51 ff.). 4

[1] S. die Erwägungsgründe Nr. 4 und 5 zu der VO.

[2] S. dazu die Protokollerklärung der *Kommission* (WuW 1990, 241).

[3] S. aber *EuG* Slg. 1994, II-1247 (1267 Tz. 39) = EuZW 1995, 667 – CCE Vittel; zustimmend *Bechtold*, EuZW 1996, 389; zur Kritik s. *MK*, 11. HauptGA, Tz. 717; *Möschel*, DB 2001, 131.

[4] So Erwägungsgrund Nr. 29 zu der FKVO; s. u. Rn. 61 ff.

[5] S. schon o. § 14 Rn. 5, u. Rn. 51 ff. sowie die Erwägungsgründe Nr. 25 und 26 zu der FKVO.

II. Auslandszusammenschlüsse

5 Die FKVO enthält keine Aussagen darüber, unter welchen Voraussetzungen sie auf Unternehmenszusammenschlüsse in **Drittstaaten** anwendbar ist. Die Kommission hat daraus den Schluss gezogen, dass sie für solche Zusammenschlüsse **ebenfalls zuständig** ist, sofern nur die Voraussetzungen der Art. 1 bis 3 FKVO erfüllt sind, d. h. sofern sich der Zusammenschluss in dem in Art. 2 Abs. 3 FKVO genannten Ausmaß nachteilig auf den Wettbewerb in der Europäischen Union auswirkt. Dafür genügen jedoch aus völkerrechtlichen Gründen nicht bloße mittelbare Rückwirkungen auf die Marktverhältnisse in der Union; erforderlich ist vielmehr, dass der Zusammenschluss einen **unmittelbaren und wesentlichen Einfluss auf die Union** haben wird.[6] Beispiele für die Kontrolle von Auslandszusammenschlüssen durch die Kommission sind die Fälle „Gencor/Lonrho“[7] und „Boeing/MDC“[8] sowie der spektakuläre Fall „General Electric/Honeywell“:[9]

6 In dem zuletzt genannten Fall hat die Kommission erstmals einen in den USA geplanten Zusammenschluss zweier amerikanischer Unternehmen untersagt, obwohl er bereits von den amerikanischen Kartellbehörden freigegeben worden war. Da die Unternehmen darauf hin den Zusammenschluss aufgaben, löste die Untersagung heftige Reaktionen der amerikanischen Regierung aus.[10] Jedoch hat das **Gericht** im Jahre 2005 die Zulässigkeit der Untersagung bestätigt.[11]

III. Marktabgrenzung

7 Ob die Untersagungsvoraussetzungen des Art. 2 Abs. 3 FKVO in einem Fall erfüllt sind, kann immer nur in Bezug auf den jeweils betroffenen relevanten Markt beurteilt werden. Ebenso wie bei den Art. 101 und 102 AEUV kommt deshalb der Abgrenzung des sachlich und räumlich relevanten Marktes bei der Fusionskontrolle zentrale Bedeutung zu, wobei im Grundsatz von denselben Kriterien wie bei den Art. 101 und 102 AEUV auszugehen ist, so dass wegen der Einzelheiten auf die obigen Ausführungen verwiesen werden kann (§ 4 Rn. 71 ff., § 9 Rn. 8 ff.). Ergänzend sind folgende Bemerkungen erforderlich:

1. Sachlich relevanter Markt

8 **a)** Wie schon im Einzelnen ausgeführt (§ 4 Rn. 74 ff.), geht die Kommission bei der Abgrenzung des sachlich relevanten Marktes von dem **Bedarfsmarktkonzept aus,**[12]

6 Grdl. *EuG* Slg. 1999, II-759 (782 ff. Tz. 78, 89 ff.) = WuW/E EU-R 213 – Gencor/Lonrho; Slg. 2005, II-5596 = WuW/E EU-R 977 – GE; *Kommission,* 27. WB 1997, S. 72 ff. (Tz. 167 ff.); Entsch. v. 23. 4. 1997, ABl. 1998 Nr. L 149/21 – AAC/Lonrho; v. 8. 7. 1998, ABl. 1999 Nr. L 116/1 (26 ff. Tz. 136 ff.) – World Com/MCI; anders *G. Wiedemann,* FS Lieberknecht, 1997, S. 625 ff. m. N.

7 *Kommission,* Entsch. v. 24. 4. 1996, ABl. 1997 Nr. L 11/30.

8 *Kommission,* Entsch. v. 30. 7. 1997, ABl. Nr. L 336/16.

9 *Kommission,* Entsch. v. 3. 7. 2001, WuW/E EU-V 631; *EuG,* Slg. 2005, II-5596 = WuW/E EU-R 977 – GE; Slg. 2005, II-5537 – Honeywell; weitere Beispiele bei *Emmerich,* AG 2002, 641 (647 l. Sp. o.).

10 S. *Emmerich* (vorige Fn.); *Hirsbrunner,* EuZW 2002, 453 (455); *v. Maibom/Geiger,* EuZW 2002, 261; *Meessen,* WuW 2001, 1027.

11 *EuG* Slg. 2005, II-5596 = WuW/E EU-R 977 – GE; Slg. 2005, II-5537 – Honeywell.

12 *Kommission,* Bekanntmachung von 1997, ABl. Nr. C 372/5 = WuW 1998, 261, Tz. 7, 13 ff.; insbesondere Entsch. v. 26. 6. 1997, ABl. 1998 Nr. L 316/1 (5 Tz. 30) – Blokker/Toys 'R US.

so dass sie in erster Linie darauf abstellt, welche Produkte oder Dienstleistungen aus der Sicht der *Marktgegenseite* ohne weiteres *austauschbar* sind.[13] Die **Nachfragesubstituierbarkeit** ermittelt die Kommission dabei nach Möglichkeit mittels des **SSNIP-Tests**, indem sie prüft, ob bei einer Preiserhöhung um 5 bis 10 % so viele Abnehmer auf andere Produkte ausweichen, dass sich die Preiserhöhung für das betreffende Unternehmen nicht mehr lohnt; ergänzend kommen jedoch auch andere Verfahren einschließlich ökonometrischer Partialanalysen zum Einsatz. Ergänzend berücksichtigt wird ferner (mit wachsendem Gewicht) die **Angebotssubstituierbarkeit** sowie der potentielle Wettbewerb von Unternehmen am Marktrand.[14] Wo immer möglich, greift die Kommission in diesem Zusammenhang auf **ökonometrische Verfahren** wie die Messung der **Kreuzpreiselastizität** mehrerer Güter oder die **Korrelationsanalyse** zurück.[15] Die Anwendung derartiger Verfahren zur Ermittlung der exakten Marktgrenzen stößt indessen in der Praxis durchweg auf größte Schwierigkeiten, vor allem deshalb, weil die zu ihrer Anwendung erforderlichen Daten meistens fehlen oder doch jedenfalls in den kurzen Fristen, die der Kommission für eine Entscheidung in Fusionskontrollsachen lediglich zur Verfügung stehen, unter keinen Umständen zu ermitteln sind. Es ist genau dies der Grund, warum die Kommission in einer wachsenden Zahl von Fällen die Frage der Marktabgrenzung letztlich offen lässt, sofern nämlich bereits bei der *engsten* denkbaren Marktabgrenzung die Voraussetzungen für eine Untersagung des Zusammenschlusses nicht erfüllt sind.[16]

b) Bei der Marktabgrenzung verfügt die Kommission im Prinzip über einen weiten 9
Ermessensspielraum.[17] Tatsächlich dringen jedoch die Unionsgerichte heute bei der Überprüfung der Fusionskontrollentscheidungen der Kommission immer häufiger bis in die letzten Details der Begründung ein,[18] so dass im Ergebnis von dem vielberufenen Ermessensspielraum der Kommission in Fusionskontrollfällen de facto nicht mehr viel übrig geblieben ist.

c) Zur Verdeutlichung des Gesagten mögen im Folgenden noch einige **Beispiele** für 10
die Abgrenzung des sachlich relevanten Marktes aus der Kommissionspraxis angeführt werden:[19] Auf dem **Strommarkt** muss man nach Meinung der Kommission Teilmärkte für den Elektrizitätstransport und die Elektrizitätsverteilung, für die Bereitstellung von Ausgleichsenergie, für Großhandelslieferungen an die verschiedenen

[13] *Kommission,* Entsch. v. 26. 6. 1997 (vorige Fn.): „Alle Erzeugnisse und Dienstleistungen, die vom Verbraucher hinsichtlich ihrer Eigenschaften, Preise und ihres vorgesehenen Verwendungszwecks als austauschbar angesehen werden".

[14] So *Kommission,* Entsch. v. 11. 6. 2003, ABl. 2004 Nr. L 92/91 (95 Tz. 24) – Verbund/EnergieAllianz.

[15] *Kommission,* Entsch. v. 2. 10. 1991, ABl. Nr. L 356/1 = AG 1993, 144 – Nestlé/Perrier; v. 12. 11. 1992, ABl. 1993 Nr. L 144/34 = AG 1993, 475 – Mannesmann/Hoesch; v. 9. 11. 1994, ABl. Nr. L 346/1 (8 Tz. 43) – MSG; v. 18. 10. 1995, ABl. 1997 Nr. L 11/1 (3 Tz. 13) – ABB/Daimler-Benz; v. 19. 7. 2000, ABl. 2003 Nr. L 70/35 (37 Tz. 17 ff.) – Pirelli/BICC; v. 21. 11. 2001, ABl. 2002 Nr. L 333/38 (40 Tz. 17) – UPM/Heindl/Norske Skog; 24. WB 1994, Tz. 280 ff. (S. 160 f.); zustimmend *EuG* Slg. 1994, II-323 (352 f. Tz. 80 ff.) = EuZW 1994, 534 – Air France II.

[16] S. *Emmerich,* AG 2010, 517 (519 f.); *Rösler,* NZG 2000, 761 (763).

[17] *EuGH* Slg. 2005, I-1047 (1069 ff. Tz. 39 ff.) = WuW/E EU-R 875 – Tetra Laval; *EuG* Slg. 1999, II-1299 (1336 Tz. 106) – Endemol; WuW/E 1079 (1084 Tz. 44 ff.) – easyJet.

[18] *EuGH* Slg. 2005, I-1047 = WuW/E EU-R 875 (876 Tz. 38 ff.) – Tetra Laval/Sidel; *EuG* Slg. 2005. II-5596 = WuW/E EU-R 977 – GE; WuW/E EU-R 1091 (1098 ff. Tz. 327 ff.) – Impala; s. *Emmerich,* AG 2005, 857 (863 f.).

[19] Zahlreiche weitere Beispiele bei IM/*Immenga/Körber,* Bd. I/2, Art. 2 FKVO Rn. 71–128.

Abnehmergruppen sowie für Einzelhandelslieferungen an große und kleine gewerbliche Abnehmer sowie noch an Privatkunden unterscheiden.[20] Entsprechendes gilt für den **Gasmarkt**.[21] Der **Kraftfahrzeugmarkt** wird ebenfalls je nach Größe der Fahrzeuge in unterschiedliche Märkte aufgeteilt. Zu trennen ist weiter zwischen dem Großhandel und dem Einzelhandel mit Kraftfahrzeugen. Bei Ersatzteilen wird schließlich nicht nur zwischen Originalersatzteilen und sonstigen Ersatzteilen unterschieden, sondern außerdem noch zwischen den Marktstufen Herstellung und Vertrieb.[22] Wenn ein Hersteller seine Produkte zum Teil unter einer eigenen **Marke** und zum Teil unter den Handelsmarken der Abnehmer vertreibt, handelt es sich gleichfalls um verschiedene Märkte, da Abnehmer, die Produkte mit der Herstellermarke nachfragen, nicht auf Produkte mit den Handelsmarken verwiesen werden können. Bei **Zucker** muss ferner nach Meinung der Kommission neben den Märkten für Industriezucker und für Haushaltszucker auch ein Markt für Handelsmarken angenommen werden, obwohl es sich dabei physisch immer um „denselben" Zucker handelt.[23] Aus der Sicht der Märkte ist eben Zucker nicht gleich Zucker.

11 Im **Luftverkehr** bildet jede Flugverbindung zwischen zwei Punkten, z. B. die Verbindung zwischen Dublin und London, einen eigenen Markt (sog. **O- &D- Ansatz**), freilich auf der einen Seite unter Ausklammerung der Anschlussflüge über London hinaus und auf der anderen Seite unter Einbeziehung der Flüge von und zu denjenigen Flugplätzen, die mit dem Hauptflugplatz austauschbar sind, weil sie in einem Umkreis von 100 km um den Hauptflugplatz liegen.[24] Das gilt gleichermaßen für den Personen- wie für den Frachtverkehr, wobei Direktflüge durch indirekte Flüge substituiertbar sind, wenn der damit verbundene Zeitaufwand nicht zu groß wird. Je nach Eigenart der Verbindung ist die Marktabgrenzung entweder eindimensional oder zweidimensional. Handelt es sich um Linienflugverbindungen für Endkunden, so gehören zum Ausgangspunkt auch die im weiteren Umkreis liegenden Flughäfen, die leicht über öffentliche Verkehrsmittel zu erreichen sind.[25] – Beim **Fernsehen** sind entsprechend der Verwertungskette der einzelnen Inhalte gleichfalls mehrere Märkte zu unterscheiden: Die erste Stufe bildet der Markt für Fernsehrechte, auf dem weiter je nach den nachgefragten Inhalten zu trennen ist; ein wichtiger Teilmarkt ist hier z. B. der für den Erwerb von Übertragungsrechten für Spielfilme im Unterschied zu den für das Fernsehen produzierten Sendungen und Reihen. Weitere Märkte betreffen die Rechte für die Übertragung von Fußballspielen, von anderen Sportarten und für themenspezifische Programme, wobei zu beachten ist, dass bestimmte Rechte nur vom Bezahlfernsehen nachgefragt werden. Auf der nächsten Verwertungsstufe muss man insbesondere zwischen dem freien und dem Bezahlfernsehen trennen.[26] Eine

[20] *Kommission,* Entsch. v. 9. 12. 2004, ABl. 2005 Nr. L 302/69 (70 ff. Tz. 7 ff.) – EDP/ENI/GDP; bestätigt durch *EuG* Slg. 2005, II-3753 =, WuW/E EU-R 943 – EDP; v. 21. 12. 2005, ABl. 2006 Nr. L 253/20 (22 Tz. 17 f.) – E. ON/MOL; v. 14. 3. 2006, ABl. 2007 Nr. L 133/24 (28 ff. Tz. 38 ff.) – DONG/Elsam/Energie E 2; *Emmerich*, AG 2007, 517 (520).

[21] S. *Kommission,* Entsch. v. 21. 12. 2005, ABl. 2006 Nr. L 253/20, S. 20 Tz. 12 ff.; v. 14. 3. 2006, ABl. 2007 Nr. L 133/24, 25 ff. Tz. 12 ff.

[22] *Kommission,* Entsch. v. 23. 7. 2008, WuW/E EU-V 1321 (1324 f.) – VW/Porsche.

[23] *Kommission,* Entsch. v. 20. 12. 2001, ABl. 2003 Nr. L 103/1 (3 f. Tz. 16 ff.) – Südzucker/SLS.

[24] *Kommission,* Entsch. v. 27. 6. 2007, WuW/E EU-V 1233 Tz. 33, 54 ff. – Ryanair/Air Lingus.

[25] *Kommission,* Entsch. v 17. 12. 2008, ABl. 2009 Nr. C 51/4 (5 f. Tz. 15 ff.) – KLM/Martinair.

[26] *Kommission,* Entsch. v. 27. 5. 1998, ABl. 1999 Nr. L 53/1 (4 f. Tz. 18 ff.) – Bertelsmann/Kirch/Premiere und 31 (33 f. Tz. 15 ff.) – Telekom/Beta Research; v. 2. 4. 2003, ABl. 2004 Nr. L 110/73 (75 ff. Tz. 19 ff., 80 ff. Tz. 52 ff.) – News Corp/Telequi.

weitere Verwertungsstufe bildet die Randnutzung der Programme, für die sich ebenfalls eigenständige Märkte entwickelt haben, – wie es überhaupt eine Eigenart der modernen wirtschaftlichen Entwicklung zu sein scheint, dass sich die Märkte immer mehr ausdifferenzieren, entsprechend der wachsenden Spezialisierung der Anbieter und Nachfrager auf bestimmte Marktsegmente.

Auf den **Handelsmärkten** werden auf der **Angebotsseite** zu einem Markt sämtliche Güter gerechnet, die Bestandteile eines „Korbes täglicher Verbrauchsgüter" sind, die von den Verbrauchern typischerweise in einem Supermarkt im Gegensatz zu den Spezialgeschäften erwartet werden wie namentlich frische und trockene Lebensmittel sowie vergleichbare Produkte.[27] Anderen Kriterien folgt die Marktabgrenzung dagegen auf den **Beschaffungsmärkten,** da hier zusätzlich die Umstellungsflexibilität der Hersteller sowie ihre Absatzalternativen berücksichtigt werden müssen, so dass sich in den Augen der Kommission letztlich eine Marktaufteilung nach rund zwanzig Produktgruppen und den verschiedenen Absatzkanälen empfiehlt.[28] 12

2. Räumliche Marktabgrenzung

a) Bei der räumlichen Marktabgrenzung folgen die Unionsorgane durchweg der partiellen Begriffsbestimmung in **Art. 9 Abs. 7 FKVO** (s. im Einzelnen schon o. § 4 Rn. 79 ff.). Der räumlich relevante Markt umfasst danach ein Gebiet, auf dem die beteiligten Unternehmen als Anbieter oder Nachfrager von Waren oder Dienstleistungen auftreten, in dem die Wettbewerbsbedingungen hinreichend homogen sind und das von den benachbarten Gebieten abgegrenzt werden kann, weil sich die in ihm herrschenden Wettbewerbsbedingungen von denen in den benachbarten Gebieten deutlich unterscheiden.[29] Dabei ist besonders auf die Art und die Eigenschaften der betreffenden Waren und Dienstleistungen abzustellen, ferner auf das Vorhandensein von Marktzutrittsschranken, auf Verbrauchergewohnheiten sowie auf das Bestehen erheblicher Unterschiede bei den Marktanteilen der Unternehmen oder – in der Sprache der Kommission – auf die **Kriterien der Nachfrage- und Angebotssubstituierbarkeit** sowie des **potentiellen Wettbewerbs.** Zeigt sich bei Berücksichtigung dieser Kriterien, dass die Wettbewerbsbedingungen auf den betroffenen Märkten in einem Mitgliedstaat deutlich verschieden von denen in anderen Mitgliedstaaten sind, so handelt es sich um getrennte Märkte.[30] In dieselbe Richtung kann die **Transportkostenempfindlichkeit** vieler Güter weisen, die zur Folge hat, dass sich der räumlich relevante Markt häufig auf einen Radius um den Sitz des Herstellers beschränkt; ein Beispiel sind technische Gase, bei denen dieser Radius für die Lieferung durch Tankwagen (angeblich) 200 km beträgt.[31] 13

[27] *Kommission,* Entsch. v. 20. 11. 1996, ABl. 1997 Nr. L 110/53 (55 Tz. 18 ff.) – Kesko/TUKO; v. 3. 2. 1999, ABl. Nr. L 274/1 (2 ff.) – Rewe/Meinl.

[28] *Kommission,* Entsch. v. 3. 2. 1999 (vorige Fn.), S. 12 f.

[29] *EuGH* Slg. 1998, I-1453 (1495) = EuZW 1998, 299 (308 Tz. 143) – K+S/MdK; *EuG* Slg. 2002, II-4075 (4115 Tz. 153 ff.) – Schneider/Legrand; 2003, II-4259 (4298 f. Tz. 115 f.) = WuW/E EU-R 795 (797) – Cableuropa; Entsch. v. 18. 12. 1995, ABl. 1997 Nr. L 11/1 (5 Tz. 23) – ABB/Daimler-Benz; v. 13. 6. 2000, ABl. 2001 Nr. L 188/1 (3 Tz. 20) – Veba/VIAG; v. 31. 1. 2001, ABl. 2002 Nr. L 57/1 (7 ff. Tz. 47 ff.) – SCA/MT; v. 11. 6. 2003, ABl. 2004 Nr. L 92/91 (99 Tz. 55 f.) – Verbund/EnergieAllianz; 24. WB 1994, Tz. 285 ff. (S. 162 ff.).

[30] *EuG* Slg. 2002, II-4075 (4115 Tz. 153 ff.) – Schneider/Legrand; 2003, II-4259 (4298 f. Tz. 115 f.) = WuW/E EU-R 795 (797) – Cableuropa; *Kommission,* Entsch. v. 11. 6. 2003, ABl. 2004 Nr. L 92/91 (99 Tz. 55 f.) – Verbund/EnergieAllianz.

[31] *Kommission,* Entsch. v. 9. 2. 2000, ABl. 2002 Nr. L 120/1 Tz. 25 – Linde/AGA.

14 Ein entscheidendes Kriterium ist ferner die **Einheitlichkeit des Preises** im Raum. Abnehmer an unterschiedlichen Orten, die zum selben Preis einkaufen können, gehören zum selben Markt. Besteht dagegen die **Möglichkeit zu Preisdiskriminierungen** zwischen Abnehmergruppen an verschiedenen Plätzen, so deutet dies auf getrennte räumliche Märkte hin, weil dafür unter anderem Voraussetzung ist, dass ein Handel der Abnehmer untereinander nicht möglich ist. Oder anders gewendet: Diskriminieren kann man nur zwischen Abnehmern auf verschiedenen Märkten, weil es sonst zu Arbitragegeschäften käme.[32] Wo immer möglich greift die Kommission auch hier auf **ökonometrische Verfahren** zur Marktabgrenzung zurück. Beispiele sind die Preiskorrelationsanalyse sowie die Analyse der Folge unerwarteter Produktionsausfälle auf die Handelsströme, aus denen die Kommission z. B. den Schluss gezogen hat, dass es für Essigsäure und vergleichbare Produkte mittlerweile einen Weltmarkt gibt.[33]

15 **b)** Die Kommission unterscheidet im Einzelnen **lokale, regionale und nationale,** ferner mehrere Mitgliedstaaten umfassende und **unionsweite Märkte** sowie **Weltmärkte.** Die Prüfung vollzieht sich in der Regel **in mehreren Schritten,**[34] wobei die Untersuchung der Homogenität oder Heterogenität der Wettbewerbsbedingungen auf den Märkten, auf denen die verbundenen Unternehmen tatsächlich tätig werden, im Vordergrund steht. Ausschlaggebende Bedeutung haben letztlich die **Merkmale von Angebot und Nachfrage** auf den verschiedenen Märkten. Die Kommission tendierte dabei früher häufig zu einer *dynamischen* Betrachtungsweise, indem sie ergänzend berücksichtigte, ob in absehbarer Zeit mit einer gegenseitigen Durchdringung der Märkte im Binnenmarkt zu rechnen ist.[35] Neuerdings betont sie dagegen wieder mehr die auf vielen Märkten **fortbestehenden Handelsschranken** zwischen den Mitgliedstaaten, auch wenn sie lediglich auf Käuferpräferenzen für heimische Produkte beruhen, so dass in ihrer Praxis nationale und regionale Märkte zunehmendes Gewicht erlangen.[36]

16 Ein **Weltmarkt** wurde z. B. für große zivile Flugzeuge, Regionalflugzeuge und Platin anerkannt,[37] ferner für die Exploration von Öl und Gas[38] sowie für die Geräte der Avionic,[39] während ein **unionsweiter Markt** bei Filmen[40] sowie Zeitungspapier, Zeitschriftenpapier und Verpackungskartons angenommen wurde.[41] **Nationale Märkte** bestehen fort bei Mineralwässern, wobei die unterschiedlichen Verbrauchergewohnheiten sowie hohe Marktzutrittsschranken und Transportkosten eine Rolle spielen,[42] bei Pauschalreisen,[43] bei Produkten der Frauenhygiene[44] und der Telekommunika-

[32] Grdl. *Kommission,* Entsch. v. 31. 1. 2001, ABl. 2002 Nr. L 57/1 (7 ff. Tz. 47 ff.) – SCA/MT.

[33] *Kommission,* Entsch. v. 13. 7. 2005, ABl. Nr. L 312/60 (61 Tz. 12 ff.).

[34] S. im Einzelnen Bekanntmachung, Tz. 28 ff.

[35] Besonders ausgeprägt in den beiden Entsch. v. 17. und 18. 12. 1991: *Kommission,* WuW/E EU-V 1740 (1743 ff.); 1713 (1714 f.) – Alcatel/AEG.

[36] S. *Emmerich,* AG 2001, 605 (608); 2004, 629 (634); kritisch *BKartA* TB 1999/2000, S. 69.

[37] *Kommission,* Entsch. v. 2. 10. 1991, ABl. Nr. L 334/42 = AG 1992, 98 – Aerospatiale/de Havilland; v. 30. 7. 1997, ABl. Nr. L 336/16 – Boeing/MDC; v. 24. 4. 1996, ABl. 1997 Nr. L 11/30 (39 Tz. 68 ff.) – Gencor/Lonrho.

[38] *Kommission,* Entsch. v. 29. 9. 1999, ABl. 2001 Nr. L 18/1 (3 Tz. 16 f.) – BP Amoco/Arco.

[39] *Kommission,* Entsch. v. 1. 12. 1999, ABl. 2001 Nr. L 152/1 (8 Tz. 59) – AlliedSignal/Honeywell.

[40] *Kommission,* Entsch. v. 11. 2. 1998, ABl. Nr. L 211/22 (27 Tz. 37 ff.) – Agfa/DuPont.

[41] *Kommission,* Entsch. v. 25. 11. 1998, ABl. 1999 Nr. L 245/9 (14 ff.) – ENSO/STORA.

[42] *Kommission,* Entsch. v. 22. 7. 1992, ABl. Nr. L 356/1 = AG 1993, 144 (145 f.) – Nestlé/Perrier.

[43] *Kommission,* Entsch. v. 22. 9. 1999, ABl. 2000 Nr. L 93/1 (8 f.) – Airtours/First Choice.

[44] *Kommission,* Entsch. v. 21. 6. 1994, ABl. Nr. L 354/32 (44 ff. Tz. 76 ff.) – Procter und Gamble/VP Schickedanz II; v. 16. 1. 1996, ABl. Nr. L 183/1 (8 ff.) – Kimberley Clark/Scott.

tion,[45] bei Omnibussen[46] und Arzneimitteln, hier wegen der Unterschiede in den Sozialversicherungssystemen der Mitgliedstaaten,[47] sowie noch bei Produkten der Bahntechnik (beiläufig bemerkt: mit der Folge von Mehrkosten bis zu 60 %).[48]

Bei **Gas und Strom** sind ebenfalls trotz aller Liberalisierungsbemühungen der Kommission wegen des hartnäckigen Widerstandes der Mitgliedstaaten und der Versorgungsunternehmen nach wie vor die **nationalen Märkte streng gegeneinander abgeschottet**.[49] Ein wichtiger Grund dafür ist nicht zuletzt, dass, man mag es kaum glauben, die nationalen Versorgungsunternehmen sich nach wie vor strikt weigern, die nationalen Netze über die Grenzen hinweg durch leistungsfähige Kuppelungen zu verbinden.[50] 17

Lokale Märkte sind schließlich etwa bei dem Druck von Zeitschriften[51] sowie bei Lebensmitteln anzutreffen, da sich der Lebensmitteleinzelhandel in der Regel auf Märkten in einem Umkreis von rund zwanzig Autominuten um die einzelnen Standorte abspielt.[52] Aber auch hier gilt, dass die Unternehmen ihre Märkte letztlich selbst definieren. Eine abweichende Beurteilung kommt daher z. B. in Betracht, wenn ein „nationaler" Zusammenschluss eine Vielzahl zusammenhängender lokaler Märkte betrifft, die insgesamt eine größere Region oder sogar das gesamte Gebiet eines Mitgliedstaats abdecken, so dass dann – entsprechend der Strategie der beteiligten Unternehmen – von einem nationalen Markt auszugehen ist.[53] Die Beschaffungsmärkte des Lebensmitteleinzelhandels sind gleichfalls national ausgerichtet, wiederum wegen der ausgeprägten Präferenzen der Verbraucher für nationale Produkte.[54] 18

IV. Untersagungsvoraussetzungen[55]

1. Überblick

Zweck der europäischen Fusionskontrolle ist es nach Art. 2 Abs. 1 Unterabs. 2 lit. a FKVO, auf den Märkten der Gemeinschaft einen wirksamen Wettbewerb aufrechtzuerhalten und zu entwickeln; insbesondere sollen Zusammenschlüsse verhindert werden, die zu einer dauerhaften Schädigung des Wettbewerbs in der Gemeinschaft 19

[45] *Kommission,* Entsch. v. 9. 11. 1994, ABl. Nr. 364/1 (8 ff. Tz. 45 ff.) – MSG; v. 17. 2. 1995, ABl. Nr. L 161/27 (32 ff. Tz. 19 ff.) – Siemens/Italtel.

[46] *Kommission,* Entsch. v. 14. 2. 1995, ABl. Nr. L 211/1 (5 ff.) – MB/Kässbohrer.

[47] *Kommission,* Entsch. v. 4. 2. 1998, ABl. Nr. L 234/14 (16 Tz. 16) – Hoffmann-La Roche/BM.

[48] *Kommission,* Entsch. v. 18. 12. 1995, ABl. 1997 Nr. L 11/1 (5 Tz. 23) – ABB/Daimler-Benz; v. 3. 4. 2001, ABl. 2002 Nr. L 69/50 (Tz. 17 ff., 24) – Bombardier/ADtranz.

[49] Wegen der Einzelheiten s. u. § 39 sowie *Emmerich,* AG 2001, 605 (608); 2002, 641 (644 f.); 2003, 649 (653); 2004, 629 (634); 2006, 861 (864); zuletzt *Kommission,* Entsch. v. 9. 12. 2004, ABl. 2005 Nr. L 302/69 (71 f. Tz. 23 ff.) – EDP/ENI/GDP; v. 14. 3. 2006, ABl. 2007 Nr. L 133/24 (27 f. Tz. 28 ff., 29 Tz. 43 ff.) – DONG/Elsam/Energie E 2.

[50] *Kommission* (vorige Fn.).

[51] *Kommission,* Entsch. v. 3. 5. 2005, ABl. 2006 Nr. L 61/17 (18 f. Tz. 12 ff.) – Bertelsmann/Springer.

[52] *Kommission,* Entsch. v. 20. 11. 1996, ABl. 1997 Nr. L 110/53 (56 Tz. 21, 57 Tz. 32) – Kesko/Tuko (für Finnland); Entsch. v. 3. 2. 1999, ABl. 1999 Nr. L 274/1 (4) – Rewe/Meinl.

[53] *Kommission,* Entsch. v. 3. 2. 1999 (vorige Fn.); s. auch *MK,* 13. HauptGA 1998/99, Tz. 112 a ff.

[54] *Kommission,* Entsch. v. 3. 2. 1999 (Fn. 56), S. 14 – Rewe/Meinl.

[55] S. dazu *Kommission,* Leitlinien zur Bewertung horizontaler Zusammenschlüsse v. 5. Februar 2004 (sog. Horizontalleitlinien), ABl. Nr. C 31/5; Leitlinien zur Bewertung nichthorizontaler Zusammenschlüsse v. 18. Oktober 2008, ABl. Nr. C 265/6.

(bzw heute: Union) führen können,[56] wobei für die Kommission entsprechend ihrer heutigen, utilitaristischen Wettbewerbsphilosophie die damit verbundenen **Nachteile für die Verbraucher** im Vordergrund des Interesses stehen.[57] Entscheidend kann jedoch tatsächlich nur der **umfassende Schutz des Wettbewerbs auf allen Märkten** sein, weil auch nur dadurch auf die Dauer der gebotene Schutz der Verbraucher sichergestellt werden kann.[58] Eine Schädigung. des Wettbewerbs ist vor allem von Zusammenschlüssen zu befürchten, die zur Begründung oder Verstärkung von Strukturen führen, in denen die **missbräuchliche Ausnutzung einer beherrschenden Stellung ermöglicht** oder erleichtert würde.[59] Deshalb wendet sich die FKVO in Art. 2 III in erster Linie gegen Zusammenschlüsse, von denen solche negativen Auswirkungen zu befürchten sind, einfach deshalb, weil die *nach* einem Zusammenschluss nur noch bestehende Möglichkeit der **Verhaltenskontrolle** gegenüber Unternehmen in beherrschender Stellung aufgrund des Art. 102 AEUV angesichts der vielfältigen Missbrauchsmöglichkeiten der verbundenen Unternehmen **keinen adäquaten Ersatz** für eine wirksame präventive Fusionskontrolle darstellt, sondern immer nur die zweitbeste Lösung „faute de mieux" bildet.[60]

20 Art. 2 Abs. 3 FKVO greift jedoch seit der Reform von 2004 offenbar über die genannten Fälle (o. Rn. 19) hinaus, da er heute ganz allgemein bestimmt, dass Zusammenschlüsse, durch die **wirksamer Wettbewerb** im Gemeinsamen Markt oder in einem wesentlichen Teil desselben **erheblich behindert** würde, *insbesondere* durch Begründung oder Verstärkung einer beherrschenden Stellung, für mit dem Gemeinsamen Markt unvereinbar zu erklären sind (s. Art. 8 Abs. 3 FKVO). Man spricht in diesem Zusammenhang auch von dem **SIEC-Test.**[61] Die **Begründung oder Verstärkung einer beherrschenden Stellung** durch einen Zusammenschluss ist mit anderen Worten heute **nur noch ein Anwendungsfall** (unter anderen) der letztlich allein entscheidenden erheblichen Behinderung wirksamen Wettbewerbs im Gemeinsamen Markt oder in einem wesentlichen Teil desselben aufgrund des Zusammenschlusses.

21 Mit dem Übergang zu dem SIEC-Test wurden mehrere **Ziele** verfolgt (o. Rn. 3 f.). Im Vordergrund standen die erstmalige Erfassung bestimmter Effekte von Zusammenschlüssen in Oligpolen (u. Rn. 51 ff.) sowie die Ermöglichung der Berücksichtigung von Effizienzvorteilen (u. Rn. 61 ff.). In den **Erwägungsgründen** zu der FKVO heißt es in diesem Zusammenhang wörtlich:

„Für die Anwendung der Bestimmungen des Art. 2 II und III wird beabsichtigt, den Begriff ‚erhebliche Behinderung wirksamen Wettbewerbs' dahingehend auszulegen, dass er sich über das Konzept der Marktbeherrschung hinaus ausschließlich auf diejenigen wettbewerbsschädigenden Auswirkungen eines Zusammenschlusses erstreckt,

[56] Erwägungsgrund Nr. 5 zu der FKVO.

[57] *Kommission,* Horizontalleitlinien von 2004, Tz. 1 ff.; Leitlinien von 2008, Tz. 16.

[58] S *Körber,* WuW 2008, 522 (523); *Mestmäcker/Schweitzer,* § 25 Rn. 6 ff. (S. 595 ff.); *Zimmer,* ZWeR 2004, 250 (261 f.); s. im Übrigen o. § 14 Rn. 1 f.

[59] *Kommission,* Entsch. v. 13. 10. 1999, ABl. 2001 Nr. L 40/1 (23 Tz. 152) – Telia/Telenor.

[60] *Kommission,* Entsch. v. 13. 10. 1999, ABl. 2001 Nr. L 40/1 (26 Tz. 169) – Telia/Telenor; str., s. *Körber,* WuW 2008, 522 (532 f. m. N.).

[61] Entsprechend der englischen Formulierung des Art. 2 Abs. 3 FKVO: „... significant impediment to effective competition".

die sich aus nicht koordiniertem Verhalten von Unternehmen ergeben, die auf dem jeweiligen Markt keine beherrschende Stellung haben würden."[62]

Außerdem solle die Kommission bei ihren Entscheidungen begründeten und wahrscheinlichen **Effizienzvorteilen** Rechnung tragen können, da es möglich sei, dass solche Vorteile die negativen Auswirkungen eines Zusammenschlusses ausglichen, so dass durch den Zusammenschluss dann nicht mehr wirksamer Wettbewerb erheblich behindert würde.[63] Im übrigen solle es aber dabei bleiben, dass ebenso wie nach der früheren Fassung des Art. 2 Abs. 3 FKVO von 1989 die Behinderung wirksamen Wettbewerbs *„im Allgemeinen* aus der *Begründung oder Stärkung einer beherrschenden Stellung*" durch den Zusammenschluss resultiere, wobei die bisherige Praxis der Gerichte und der Kommission „weiterhin als Orientierung dienen" solle.[64] Damit ist zugleich aber auch angedeutet, dass zumindest für Ausnahmefälle auch an eine Schließung der vieldiskutierten Kontrolllücke („**Gap**") „unterhalb" der Marktbeherrschung gedacht war. 22

Nicht zu übersehen ist freilich, dass die angedeuteten Vorstellungen der Verordnungsgeber (o. Rn. 21 f.) im Text der FKVO, einer Ratsverordnung, auch nicht andeutungsweise zum Ausdruck gelangt sind. Den Verfassern der Verordnung war dies offenbar sehr wohl bewusst, weshalb sie die Kommission in den Erwägungsgründen wiederholt aufgefordert haben, durch Leitlinien eine ihren Vorstellungen entsprechende Auslegung des Art. 2 Abs. 2 und Abs. 3 FKVO zu fixieren.[65] Dieser Aufforderung ist die Kommission zunächst im Februar 2004 mit den **„Horizontalleitlinien von 2004 zur Bewertung horizontaler Zusammenschlüsse"**[66] sowie sodann im Oktober **2008** mit den neuen **„Leitlinien zur Bewertung nichthorizontaler Zusammenschlüsse"**, d. h. vertikaler und konglomerater Zusammenschlüsse nachgekommen.[67] In den Horizontalleitlinien von 2004 hat sich die Kommission in der Tat die vom Rat favorisierte Auslegung des Art. 2 Abs. 2 und Abs. 3 FKVO zueigen gemacht,[68] indem sie betont, es sei zu erwarten, dass weiterhin in den meisten Fällen der Untersagung eines Zusammenschlusses die **Feststellung von Marktbeherrschung** zugrunde liegen werde, wobei von der bisherigen Entscheidungspraxis auszugehen sei.[69] Die Grundkonzeption der Leitlinien von 2008 weist in dieselbe Richtung. 23

Die Kommission handhabt heute die (von ihr selbst aufgestellten) Leitlinien (fast) **wie Gesetze** und legt deshalb die in den Leitlinien entwickelten Kriterien möglichst genau der Prüfung der einzelnen Fälle zugrunde, worauf unmittelbar ihre große praktische Bedeutung beruht – trotz der Problematik dieser Entwicklung. Vor allem, um Zusammenschlüsse in engen Oligopolen wegen davon befürchteter, nicht koordinierter Effekte angreifen zu können, stützt sich die Kommission infolgesessen heute auf den neuen SIEC-Test (Rn. 55 ff.). 24

[62] Erwägungsgrund Nr. 25 S. 6 zu der VO.

[63] Erwägungsgrund Nr. 29 zu der FKVO; s. dazu u. Rn. 61 ff.

[64] So wörtlich der Erwägungsgrund Nr. 26 S. 1 und 2 Halbs. 1 zu der FKVO.

[65] S. die Erwägungsgründe Nr. 28 und 29 zu der FKVO.

[66] ABl. Nr. C 31/5.

[67] ABl. Nr. C 265/6; s. dazu *Körber*, WuW 2008, 522; *Rosenthal/Thomas*, Merger Control, S. 148 ff. (Tz. 236 ff.).

[68] S. *Kommission*, Horizontalleitlinien von 2004, Tz. 1, 24, 76 ff.

[69] *Kommission*, Horizontalleitlinien von 2004 Tz. 4 S. 2–4.

25 Nach wie vor offen ist, ob der Übergang zu dem SIEC- Test jenseits der genannten Fälle auf die Dauer praktische Bedeutung erlangen wird. Auch die Leitlinien von 2004 und 2008 beantworten diese Frage nicht abschließend. Bei dem gegenwärtigen Stand der Diskussion ist deshalb davon auszugehen, dass die **wichtigsten Fälle,** in denen die Fusionskontrolle aufgrund des Art. 2 Abs. 3 FKVO eingreift, weiterhin die **Behinderung** eines wirksamen Wettbewerbs im Gemeinsamen Markt oder in einem wesentlichen Teil desselben gerade **infolge der Begründung oder Verstärkung einer beherrschenden Stellung** sowie seit 2004 ergänzend bestimmte, bisher schwer fassbare **Zusammenschlüsse in engen Oligopolen** sind. Deshalb soll im Folgenden zunächst auf die Kriterien eingegangen werden, anhand derer die Kommission vorrangig die Begründung oder Verstärkung einer beherrschenden Stellung durch einen Zusammenschluss prüft (Rn. 26ff.). Diese Ausführungen haben naturgemäß in erster Linie Bedeutung für horizontale Zusammenschlüsse, bei denen ohnehin eindeutig der Schwergewicht der Fusionskontrolle liegt. Erst im Anschluss daran soll auf die Besonderheiten vertikaler und konglomerater Zusammenschlüsse eingegangen werden (Rn. 46, 48ff.).

2. Begründung oder Verstärkung einer beherrschenden Stellung

a) Begriff

26 Die FKVO wendet sich in Art. 2 Abs. 3 in erster Linie gegen die Begründung oder Verstärkung einer beherrschenden Stellung durch einen Zusammenschluss, ohne freilich dem Begriff der beherrschenden Stellung zu definieren; jedoch besteht Übereinstimmung darüber, dass, schon mit Rücksicht darauf, dass eine der Wurzeln der FKVO bei Art. 102 AEUV liegt (s. o. § 14 Rn. 19 ff.), der Begriff der beherrschenden Stellung in der FKVO ebenso **wie in Art. 102 AEUV** zu verstehen ist (o. § 9 Rn. 19ff.). Dementsprechend definiert die Kommission in ihren **Horizontalleitlinien** von 2004 den Begriff der beherrschenden Stellung in der FKVO als „wirtschaftliche Machtstellung eines oder mehrerer Unternehmen, die diese in die Lage versetzt, die Aufrechterhaltung eines wirksamen Wettbewerbs auf dem relevanten Markt zu verhindern, indem sie ihnen die Möglichkeit verschafft, sich ihren Konkurrenten, ihren Kunden und letztlich den Verbrauchern gegenüber in nennenswertem Umfang unabhängig zu verhalten" (Tz. 9).[70] Das wichtigste Kriterium ist der **Marktanteil** der verbundenen Unternehmen wobei gleichermaßen der absolute wie der relative Marktanteil zu beachten sind. Ein sehr hoher Marktanteil (jenseits 50 %) weist nahezu unwiderleglich auf das Vorliegen einer beherrschenden Stellung hin.[71] Jedoch besteht **kein zwingender Zusammenhang** zwischen der Höhe des Marktanteils und der beherrschenden Stellung. Auch Unternehmen mit einem relativ niedrigen Marktanteil können eine große Bedeutung für den Wettbewerb haben, so dass ein Zusammenschluss mit einem derartigen Unternehmen die Dynamik des Wettbewerbs signifikant beeinträchtigen kann, vor allem, wenn der Markt bereits hochkonzentriert ist.[72] Entscheidend ist letztlich die **Fähigkeit** eines Unternehmens, **dauerhaft unab-**

[70] Ebenso *EuG* Slg. 2005, II-3753 = WuW/E EU-R 943 (946 Tz. 48 f.) – EDP; Slg. 2006, II-331 (399 ff.) = WuW/E EU-R 1005 (1015 f. Tz. 201 ff.) – Haniel/Cementbouw.

[71] Urteil Haniel/Cementbouw (vorige Fn.), Tz. 201 ff.; s. u. Rn. 28.

[72] *Kommission*, Entsch. v. 21. 1. 2010. ABl. Nr. C 91/7 – Sun Microsystems/Oracle; s. dazu *Hirsbrunner*, EuZW 2010, 727 (728).

hängig von seinen Wettbewerbern und Abnehmern **zu agieren.**[73] Eine solche Stellung schließt einen gewissen Restwettbewerb nicht aus, versetzt aber das begünstigte Unternehmen in die Lage, die Bedingungen unter denen sich dieser Wettbewerb entwickeln kann, zu bestimmen oder doch merklich zu beeinflussen, jedenfalls aber in seinem Verhalten darauf weitgehend keine Rücksicht mehr zu nehmen, ohne dass ihm dies zum Schaden gereichte.[74]

Ihr Augenmerk richtet die Kommission in diesem Zusammenhang in erster Linie auf 27 die **Frage, ob** die aktuellen und potentiellen **Konkurrenten** den **Preiserhöhungsspielraum** der verbundenen Unternehmen hinreichend **begrenzen** oder nicht. Ist dies der Fall, so lässt sie auch Zusammenschlüsse, die zu hohen Marktanteilen führen, passieren, während sie umgekehrt interveniert, wenn sie den Eindruck hat, dass der Zusammenschluss dazu führen wird, dass die verbundenen Unternehmen vom Wettbewerb nicht mehr begrenzte Preiserhöhungsspielräume gewinnen.[75]

Die **Faktoren,** die bei dieser Prüfung im Rahmen von Fusionskontrollverfahren zu 28 berücksichtigen sind, ergeben sich im Einzelnen **aus Art. 2 Abs. 1 Unterabs. 2 lit. b FKVO,** wobei es auch erst das Zusammentreffen mehrerer derartiger Faktoren sein kann, das die Annahme einer beherrschenden Stellung rechtfertigt.[76] Besonderes Gewicht legt die Kommission dabei auf die folgenden **vier Faktoren,** 1. auf die Marktstruktur im Allgemeinen und die Marktstellung der beteiligten Unternehmen im Besonderen, 2. auf den Abstand zu den Konkurrenten und deren Ressourcen, 3. auf die Stärke der Abnehmer sowie 4. auf den potentiellen Wettbewerb.[77] Bei dem ersten Faktor, der **Marktstellung** der beteiligten Unternehmen, kommt dem absoluten wie dem relativen **Marktanteil** der beteiligten Unternehmen zentrale Bedeutung zu (Rn. 26). Die Kommission rechtfertigt dies damit, dass Markanteile einen ersten Hinweis für die Bestimmung der relativen Marktstellung der verschiedenen Wettbewerber aus Kundensicht liefern, da sie echte Kaufentscheidungen der Kunden in einem bestimmten Jahr widerspiegeln und deshalb wichtige Informationen enthalten.[78] Gemessen wird der Marktanteil in erster Linie auf wertmäßiger Basis.[79]

Bei der **Gewichtung** der Marktanteile bedient sich die Kommission neuerdings wo 29 immer möglich ökonometrischer Methoden, wobei sie den sog. **Herfindahl-Hirsch-**

[73] *Kommission,* Entsch. v. 2. 10. 1991, ABl. Nr. L 334/32 = AG 1992, 98 – Aerospatiale/de Havilland; v. 22. 7. 1992, ABl. Nr. L 356/1 = AG 1993, 144 (147 ff.) – Nestlé/Perrier; v. 12. 11. 1992, ABl. 1993 Nr. L 144/34 = AG 1993, 475 (477 ff.) – Mannesmann/Hoesch; v. 21. 6. 1994, ABl. Nr. L 354/32 (57 Tz. 154) – Procter & Gamble/VP Schickedanz II; v. 9. 6. 1994, ABl. Nr. L 332/48 (61 Tz. 72) – Shell/Montecatini; 24. WB 1994, Tz. 298 ff. (S. 166 f.).

[74] *Kommission,* Entsch. v. 11. 6. 2003, ABl. 2004 Nr. L 92/91 (106 f. Tz. 105 f.) – Verbund/EnergieAllianz; *Emmerich,* AG 2003, 639 (658 m. N.).

[75] *Kommission,* Entsch. v. 1. 12. 1999, ABl. 2000 Nr. L 294/1 (21 Tz. 158) – Sanitec/Sphinx; v. 6. 10. 2004, ABl. 2006 Nr. 61/11 (13 f. Tz. 14 ff.) – Areva/Urenco; v. 26. 10. 2004, ABl. 2005, Nr. L 218/6 (10 ff. Tz. 33 ff.) – Oracle/People Soft; 13. 7. 2005, ABl. Nr. L 312/60 (61 f. Tz. 17 ff.) – Blackstone/Acetex; 26. 4. 2006, ABl. 2007 Nr. L 88/44 = WuW/E EU-V 1153 (1155 ff. Tz. 41, 72 ff.) – T-Mobile Austria/tele.ring; v. 14. 3. 2006, ABl. 2007 Nr. L 133/24 (29 ff. Tz. 51 ff.) – DONG/Elsam/E2.

[76] S. *Kommission,* Entsch. v. 11. 6. 2003, ABl. 2004 Nr. L 92/91 (106 f. Tz. 105 f.) – Verbund/Energie-Allianz.

[77] *Kommission,* Horizontalleitlinien von 2004, Tz. 14, 24 ff.; z. B. Entsch. v. 14. 3. 2000, ABl. 2001 Nr. L 143/74 (87 Tz. 71 ff.) – Volvo/Scania.

[78] *Kommission,* Horizontalleitlinien von 2004, Tz. 17 f.; Entsch. v. 2. 9. 2003, ABl. 2004 Nr. L 109/1 (42 Tz. 262) – GE/Instrumentarium.

[79] *Kommission,* Entsch. v. 21. 6. 1994, ABl. Nr. L 354/32 (57 Tz. 154) – Procter & Gamble/VP Schickedanz; *Mestmäcker/Schweitzer,* § 25 Rn. 38 (S. 608).

mann-Index (HHI) bevorzugt.[80] Dieser Index beruht auf der Summe der Quadrate der Marktanteile der Unternehmen und führt deshalb zu einer (durchaus gewollten) Übergewichtung der Marktanteile der führenden Unternehmen, wobei offenbar die kritische Grenze deutlich oberhalb eines **HHI von 2000** gesehen wird. Konkret gesprochen bedeutet das, dass **Marktanteile jenseits 50%** (HHI 2500) grundsätzlich zur Anwendung der FKVO führen, während Marktanteile der beteiligten Unternehmen **unterhalb 30 bis 35%** (HHI 1000) in der Regel als unbedenklich gelten. In der Zwischenzone (**35 bis 50%;** HHI 1000–2500) müssen zu den hohen Marktanteilen noch weitere Faktoren hinzukommen, um – je nach den Umständen des Falles – eine beherrschende Stellung bejahen oder verneinen zu können.[81] Wie schon ausgeführt (o. Rn. 27), ist dabei letztlich entscheidend, ob nach der Marktstruktur noch damit zu rechnen ist, dass die aktuellen und potentiellen Konkurrenten den Preiserhöhungsspielraum der verbundenen Unternehmen hinreichend begrenzen oder nicht (Rn. 28).

30 Ergänzend werden (mit von Fall zu Fall unterschiedlichem Gewicht) die **anderen** in Art. 2 Abs. 1 Unterabs. 2 lit. b FKVO genannten **Faktoren** berücksichtigt, soweit sie der jeweiligen Marktstruktur ihr Gepräge verleihen, d. h. – in den Augen der Kommission – den Preiserhöhungsspielraum der verbundenen Unternehmen wirksam begrenzen oder nicht. Je nach den Umständen des Falles können daher z. B. Bedeutung erlangen der **Abstand** zu den Konkurrenten (s. Rn. 28), deren **Größe** sowie die **Marktzutrittsschranken,** wobei die Bedeutung von Innovationen und Werbeaktivitäten, die Markentreue der Verbraucher, ihre Preisempfindlichkeit sowie die Existenz von Alleinvertriebsverträgen hervorzuheben sind. Großes Gewicht wird in diesem Zusammenhang durchweg auf den **potentiellen Wettbewerb** von Unternehmen am Marktrand gelegt. Ist ein alsbaldiger Markteintritt von Unternehmen am Marktrand hinreichend leicht und wahrscheinlich, so kann dadurch die Bedeutung eines Zusammenschlusses selbst bei hohen Marktanteilen wieder relativiert werden, einfach deshalb, weil der Zusammenschluss dann den verbundenen Unternehmen keine neuen Spielräume für Preiserhöhungen eröffnet.[82]

31 Ebenso wie der potentielle Wettbewerb von Unternehmen am Marktrand (o. Rn. 30) kann ferner von Fall zu Fall die **Nachfragemacht** großer Abnehmer die Entstehung oder Verstärkung der beherrschenden Stellung mehrerer Anbieter infolge eines Zusammenschlusses verhindern. Voraussetzung ist jedoch, dass die Abnehmer, die einen erheblichen Teil des Absatzes der Anbieter auf sich vereinen, ohne weiteres auf andere Anbieter ausweichen können, und dass sie außerdem die erforderliche technische Ausstattung sowie das notwendige Verhandlungsgeschick besitzen, um diese Vorteile nutzen zu können; die konkurrierenden Anbieter müssen mit anderen Worten als **glaubwürdige Alternative** für die von dem Zusammenschluss betroffenen Nachfrager jederzeit zur Verfügung stehen.[83]

[80] *Kommission,* Horizontalleitlinien von 2004, Tz. 19–21; *Ulshöver,* ZWeR 2004, 50.

[81] Erwägungsgrund Nr. 32 S. 2 zu der FKVO: Grenze bei 25%; *Kommission,* Horizontalleitlinien von 2004, S. 7 Tz. 17–21; Leitlinien von 2008, Tz. 20f.; z. B. Entsch. v. 11. 11. 2003, ABl. 2005 Nr. L 138/18 (21 f. Tz. 17, 22, 24 Tz. 39) – SEB/Moulinex; v. 26. 4. 2006, ABl. 2007 Nr. L 88/44 = (vollständiger) WuW/E EU-V 1153 (1155 ff. Tz. 41 ff.) – T-Mobile Austria/tele.ring.

[82] Ausführlich *Kommission,* Horizontalleitlinien von 2004, S. 12 f. Tz. 68–75.

[83] *Kommission,* Horizontalleitlinien von 2004, S. 12 Tz. 64–67; Entsch. v. 15. 10. 1997, ABl. 1998 Nr. L 288/24 (33 Tz. 68) – Guiness/Gran Metropolitan; v. 21. 11. 2001, ABl. 2003 Nr. L 88/1 (26 Tz. 168) – Newco; v. 3. 5. 2005, ABl. 2006 Nr. L 61/17 (19 f. Tz. 18 ff.) – Bertelsmann/Springer (NewCo).

Daneben können je nach den Umständen des Falles noch die **unterschiedlichsten strukturellen Umstände** Bedeutung erlangen. Dafür lediglich ein Beispiel: Veräußert ein Mitgliedstaat ein Unternehmen zu einem symbolischen Preis an ein anderes Unternehmen, so liegt in der Preisermäßigung eine Beihilfe für den Erwerber, die ebenfalls im Rahmen des Art. 2 Abs. 3 FKVO zu berücksichtigen ist.[84] 32

Bei komplexen, d. h. zahlreiche Märkte gleichzeitig betreffenden, großen Zusammenschlüssen ist es außerdem geboten, die sog. **marktübergreifenden Effekte** in die Betrachtung miteinzubeziehen.[85] Ein Anwendungsfall ist die sog. **Portfolio-Theorie.**[86] Man versteht darunter den Umstand, dass der Besitz führender Marken einem Unternehmen eine *zusätzliche Marktmacht* verleiht, die sich vor allem in einer größeren Preisflexibilität und in einer Vielzahl handelsstrategischer Möglichkeiten niederschlägt, durch die der Zugang zu den Absatzmärkten verbessert und die Gefahr einer Abhängigkeit der Abnehmer vergrößert werden. Die Kommission schließt daraus z. B., dass die Aufnahme starker Marken in ein Getränkesortiment potentiell die Marktmacht *jeder einzelnen Marke* wachsen lässt, selbst wenn die Marken getrennten Märkten zuzuordnen sind.[87] 33

In den **Horizontalleitlinien** unterscheidet die Kommission weiter nichtkoordinierte und koordinierte Wirkungen horizontaler Zusammenschlüsse.[88] Bedeutung hat diese Unterscheidung freilich, soweit erkennbar, im wesentlichen nur für enge oligopolistische Märkte, auf die gesondert einzugehen ist (u. Rn. 51 ff.). Deshalb genügen hier folgende Bemerkungen: Unter **nichtkoordinierten Wirkungen** versteht die Kommission im Kern die **Verringerung des Wettbewerbsdrucks** auf die beteiligten Unternehmen, die sich aus dem Umstand ergibt, dass infolge des horizontalen Zusammenschlusses die Zahl der Konkurrenten auf einem Markt abnimmt – mit der Folge, dass von einer bestimmten, freilich nur schwer zu fixierenden Grenze ab für die verbleibenden Unternehmen jeder **Anreiz entfällt, den Wettbewerb** mit den wenigen verbliebenen Konkurrenten **aufzunehmen**, so dass sie die Möglichkeit erlangen, die Preise zu erhöhen, ohne dass die Abnehmer ausweichen könnten.[89] Hinzu kommt von Fall zu Fall eine **Verschlechterung der Position kleinerer Konkurrenten**, wenn die verbundenen Unternehmen auch Einfluss auf die Versorgungsquellen oder die Absatzwege ihrer Konkurrenten erlangen oder wenn sich in ihren Händen die wichtigsten Patente ansammeln.[90] Mit den **koordinierten Wirkungen** eines horizontalen Zusammenschlusses ist dagegen die künstliche Herbeiführung der **Reaktionsverbundenheit zwischen den Mitgliedern eines engen Oligopols** 34

---

[84] *EuG* Slg. 2001, II-340 (372 ff. Tz. 112 ff.) – RJB (RAG/Saarbergwerke/Preußag).

[85] *EuG* Slg. 2003, II-1288 (1391 ff. Tz. 326 ff.) – BaByliss (SEB/Moulinex).

[86] *EuG* Slg. 2003, II-1288 (1395, 1398, 1400 ff. Tz. 339, 349, 354 ff., insb. 359 und 361) BaByliss; *Hirsbrunner,* EuZW 1999, 389 (392).

[87] *Kommission,* Entsch. v. 22. 1. 1997, ABl. Nr. L 218/15 – Coca-Cola/AG; v. 15. 10. 1997, ABl. 1998 Nr. L 288/24 (29 f. Tz. 38 ff.) – Guiness/Gran Metropolitan; WuW 1997, 973 – Coca-Cola/Carlsberg; 27. WB 1997, S. 75 (Tz. 176 ff.); vgl. aber auch *EuG* Slg. 1997, II-2137 (2207 ff. Tz. 174 ff.) – Kaysersberg.

[88] *Kommission,* Horizontalleitlinien von 2004, Tz. 22 ff.

[89] S. schon o. Rn. 27; *Kommission,* Horizontalleitlinien von 2004, Tz. 24–35; jüngstes Beispiel in *Kommission,* Entsch. v. 26. 4. 2006, ABl. 2007 Nr. L 88/44 = WuW/E EU-V 1153 (1157 ff. Tz. 72 ff.) – T-Mobile Austria/tele.ring; *Emmerich,* AG 2006, 861 (868 r. Sp.) m. N.; zur theoretischen Ableitung s. statt aller *Schwalbe,* FS Bechthold, 2006, S. 465 m. N.

[90] *Kommission,* Horizontalleitlinien von 2004, Tz. 36–38.

gemeint, die ihnen gemeinsame Strategien zur Ausplünderung der Abnehmer oder Lieferanten ermöglicht.[91] Gleich stehen von Fall zu Fall Zusammenschlüsse mit potentiellen Konkurrenten am Marktrand.[92] Wegen der Einzelheiten ist auf die Ausführungen zum Oligopol zu verweisen (u. Rn. 51 ff.).

b) Kausalität

35 Die Untersagungsvoraussetzungen des Art. 2 Abs. 3 FKVO sind nur erfüllt, wenn gerade *durch* einen Zusammenschluss (im Sinne des Art. 3 FKVO) wirksamer Wettbewerb im Gemeinsamen Markt oder in einem wesentlich Teil desselben erheblich behindert würde (o. Rn. 27 ff., u. Rn. 37 ff.). Die Anwendung des Art. 2 Abs. 3 FKVO erfordert mithin **Kausalität zwischen** dem **Zusammenschluss und** den kritischen **Wirkungen**, gegen die sich die FKVO wendet.

36 Die Kommission muss daher, wenn bei ihr ein Zusammenschluss*vorhaben vor* seinem Vollzug nach Art. 4 Abs. 1 FKVO angemeldet wird, **vorausschauend** die Situation *nach* dem (unterstellten) *Vollzug* des Zusammenschlusses prüfen, so dass sie im Ergebnis hier zu einer (allemal problematischen) **Prognose über** die (vermutete) **zukünftige Entwicklung** der Märkte bei Unterstellung des angemeldeten Zusammenschlusses genötigt wird. Die **Anforderungen der Unionsgerichte** an die Schlüssigkeit der Pognosen der Kommission sind (sehr) hoch. Die Kommission muss sich danach die verschiedenen **Ursache-Wirkungen-Ketten** (mit und ohne Zusammenschluss) vor Augen führen und sodann bei ihrer Entscheidung von derjenigen Kette ausgehen, für die die größte Wahrscheinlichkeit spricht.[93] Als **Maßstab** für die Beurteilung des danach anzunehmenden Zustandes bei Durchführung des Zusammenschlusses kommt (natürlich) nur der Zustand *ohne* Zusammenschluss in Betracht, wobei freilich auch dessen hypothetische Entwicklung zu berücksichtigen ist.[94] Zur Ermittlung dieser verschiedenen hypothetischen Zustände bedient sich die Kommission wo immer möglich ökonometrischer Modelle,[95] wobei sie das **ADS-Modell** favorisiert, jedoch die Problematik der zugrunde liegenden, durchweg ganz unrealistischen Annahmen nicht verkennt.[96]

37 Wie immer man im Übrigen vorgeht, Prognosen über die Entwicklung der ökonomischen Verhältnisse mit und ohne Zusammenschluss sind von vornherein nur möglich, wo gesicherte wirtschaftliche **Erfahrungssätze** über die Entwicklung von Marktstrukturen unter bestimmten Bedingungen „ceteris paribus" vorliegen (s. u. § 34 Rn. 2 ff.). *Ein* derartiger Erfahrungssatz (auf dem letztlich die gesamte Fusionskontrolle beruht) ist z. B. die Annahme, dass der gemeinsame Marktanteil der an einem Zusammenschluss auf einem Markt beteiligten Unternehmen nach Vollzug des Zusammenschlusses die **Summe ihrer Marktanteile** vor dem Zusammenschluss erreichen wird, ungeachtet des Umstandes, dass es häufig zu Abschmelzungseffekten

[91] *Kommission,* Horizontalleitlinien von 2004, Tz. 22, 39–57.

[92] *Kommission,* Horizontalleitlinien von 2004, Tz. 58–60.

[93] *EuGH* Slg. 2008, I-5628 = WuW/E EU-R 1498 Tz. 46 ff. – Impala; *EuG* WuW/E EU-R 1576 Tz. 88 – Qualcomm Wireless.

[94] *Kommission,* Entsch. v. 28. 8. 2009, ABl. 2010 Nr. C 16/11 Tz. 14 ff. – Lufthansa/Austrian Airlines.

[95] S. dazu *Emmerich,* AG 2010, 517 (522); *Epple,* ZWeR 2009, 220; *Seehafer,* WuW 2009, 728; *Säcker,* WuW 2010, 370.

[96] *Kommission,* Entsch. v. 17. 12. 2008, WuW/E EU-V 1429 (1424 ff.) – Friesland Foods/Campina.

kommt.[97] Die Voraussetzungen des Art. 2 Abs. 3 FKVO sind somit insbesondere auch als erfüllt anzusehen, wenn die verbundenen Unternehmen vor dem Zusammenschluss noch nicht über eine beherrschende Stellung verfügten, jedoch mit hinreichender Sicherheit anzunehmen ist, dass ihr gemeinsamer Marktanteil nach dem Zusammenschluss so hoch sein wird, dass dann die Annahme von Marktbeherrschung gerechtfertigt ist.[98]

Die Annahme der **Begründung einer beherrschenden Stellung** eines Unternehmens durch einen Zusammenschluss ist naturgemäß um so eher gerechtfertigt, je höher die aggregierten Marktanteile der beteiligten Unternehmen auf den relevanten Märkten vermutlich sind. Letztlich entscheidend ist, ob anzunehmen ist, dass nach dem Zusammenschluss der Preiserhöhungsspielraum der beteiligten Unternehmen noch wirksam durch den Wettbewerb begrenzt wird oder nicht (o. Rn. 27). Ein spektakuläres Beispiel war die Übernahme des Billigfliegers **Air Lingus** durch seinen Konkurrenten **Ryanair**. Beide Gesellschaften bedienen in großem Umfang dieselben Strecken von Irland ins Vereinigte Königreich und kommen hier zusammen auf Marktanteile in der Gegend von mehr als 80 %. Die Kommission hat deshalb auf 35 Strecken die Begründung einer beherrschenden Stellung und auf zahlreichen weiteren Strecken eine wesentliche Behinderung des Wettbewerbs im Sinne von Art. 2 Abs. 3 AFKVO angenommen.[99] 38

c) Insbesondere Verstärkung einer beherrschenden Stellung

Die FKVO erfasst in Art. 2 Abs. 3 neben dem Fall der Begründung einer beherrschenden Stellung durch den Zusammenschluss auch den weiteren Fall der erheblichen Wettbewerbsbehinderung durch die **„bloße" Verstärkung einer** bereits **bestehenden beherrschenden Stellung** eines oder mehrerer der beteiligten Unternehmen durch den Zusammenschluss auf einem bestimmten Markt (ebenso § 36 Abs. 1 GWB).[100] Dieser Fall liegt insbesondere vor, wenn auf dem bereits beherrschten Markt der (besonders schutzwürdige) **Restwettbewerb** durch den Zusammenschluss **weiter beschränkt** und dadurch die Position der verbundenen Unternehmen zusätzlich abgesichert wird. Dazu ist nicht eine weitere Erhöhung des Marktanteils erforderlich; vielmehr genügt bereits die „bloße" **Absicherung der Marktstellung** des beteiligten beherrschenden Unternehmens, z. B. durch die Erhöhung bestehender oder die Errichtung neuer Marktzutrittsschranken oder durch eine sonstige **Erweiterung seines Verhaltensspielraums**, insbesondere durch den Wegfall ernstzunehmender potentieller Konkurrenten am Marktrand, ebenso aber z. B. auch durch eine für die Beurteilung der Marktstruktur ins Gewicht fallende **Erweiterung seines Sortiments** oider seiner **Ressourcen**.[101] **Paradigma** ist die Verbindung eines marktbeherrschenden Stromversorgungsunternehmens mit einem marktbeherrschenden Gasversor- 39

[97] *Kommission,* Horizontalleitlinien von 2004, Tz. 15 S. 3 m. N.

[98] *EuG* Slg. 2006, II-331 (425 ff.) = WuW/E EU-R 1005 (1016 f. Tz. 270 ff.) – Haniel/Cementbouw.

[99] *Kommission,* Entsch. v. 27. 6. 2007, WuW/E EU-V 1233- 1254.

[100] Jüngste Beispiele bei *Emmerich,* AG 2003, 649 (658); 2004, 629 (638 f.); 2006, 861 (869).

[101] *Kommission,* Entsch. v. 7. 2. 2001, ABl. 2002 Nr. L 59/1 (8 f. Tz. 51, 69 ff.) – EDF/EnBW; v. 20. 12. 2001, ABl. 2003 Nr. L 103/1 (14 f. Tz. 78–83) – Südzucker/SLS; v. 21. 2. 2002, ABl. 2003 Nr. L 103/36 (47 f. Tz. 86 ff.) – Haniel/Fels; v. 9. 4. 2002, ABl. 2003 Nr. L 111/1 (17 ff. Tz. 121 ff., insb. 126) – Haniel/Ytong; v. 9. 12. 2004, ABl. 2005 Nr. L 302/69 (72 f. Tz. 33 ff.) – EDP/ENI/GDP; v. 14. 3. 2006, ABl. 2007 Nr. L 133/24 (30 f. Tz. 59 ff.) – DONG/Elsam/E 2; v. 18. 7. 2007, ABl. Nr. C 316/57 (59 f.) – Vivendi/Tele 2.

gungsunternehmen, einfach deshalb, weil dadurch jeweils der wichtigste potentielle Konkurrent am Marktrand wegfällt.[102]

40 Gleich steht der Fall, dass der Zusammenschluss den verbundenen Unternehmen ein **zusätzliches Vergeltungspotential** gegen potentielle oder aktuelle Konkurrenten eröffnet, die es „wagen" sollten, in den beherrschten Markt einzudringen oder dort den Wettbewerb zu eröffnen.[103] Ebenso genügt (erst recht), zumal in Verbindung mit den genannten anderen Umständen, eine **geringfügige Erhöhung des Marktanteils** infolge des Zusammenschlusses für die Annahme der Verstärkung einer bereits bestehenden beherrschenden Stellung.[104] Eine *spürbare* Erhöhung des Marktanteils ist *nicht* erforderlich (s. aber u. Rn. 59).

41 Die genannten Kriterien (o. Rn. 38 f.) betreffen vorrangig horizontale Zusammenschlüsse (u. Rn. 43 ff.). Soweit es dagegen um **vertikale Zusammenschlüsse** geht, kommt eine Verstärkung der beherrschenden Position eines Unternehmens im Wege der Vorwärts- oder Rückwärtsintegration vor allem durch die **Absicherung der Versorgungsquellen oder der Absatzwege** in Betracht (s. u. Rn. 46 f.).

d) Sanierungsfusionen

42 Die Kausalität eines Zusammenschlusses für die Auswirkungen auf den Markt, gegen die sich die FKVO in Art. 2 wendet, kann bei Sanierungsfusionen fehlen. Von einer **Sanierungsfusion** spricht man bei der Übernahme von Unternehmen, die vor dem Zusammenbruch stehen und deshalb ohne den Zusammenschluss ohnehin aus dem Markt ausscheiden müssten. Die **Voraussetzungen**, unter denen die darauf gestützte **„failing firm defense"** (nur) zugelassen wurde, waren ursprünglich ausgesprochen eng; vor allem musste feststehen, dass das notleidende Unternehmen ohne den Zusammenschluss aus dem Markt ausscheidet, dass ein anderer Erwerber nicht in Betracht kommt und dass zu erwarten ist, dass der Marktanteil des übernommenen Unternehmens dem Erwerber ohnehin zuwächst.

43 In den meisten Fällen scheiterte die Zulässigkeit einer Sanierungsfusion an der genannten dritten Voraussetzung (o. Rn. 41), die im Grunde nur erfüllt war, wenn der Erwerber das einzige noch vorhandene Unternehmen ist. Die Kommission hat deshalb diese Voraussetzung später aufgegeben und begnügt sich seitdem mit dem Nachweis, dass die zur Übernahme anstehenden **Vermögenswerte** ohne die Fusion für den Markt **verloren gingen**, um zu verhindern, dass es andernfalls zu Engpässen auf dem Markt käme.[105] Eine **zulässige Sanierungsfunktion** wird seitdem angenommen, wenn (1.) das betreffende Unternehmen ohne den Erwerb durch ein anderes

[102] *Kommission,* Entsch. v. 9. 12. 2004, ABl. 2005 Nr. L 302/69 (72 ff. Tz. 63 ff.) – EDP/ENI/GDP (bestätigt durch *EuG* Slg. 2005, II-3753 = WuW/E EU-R 943 [955 f. Tz. 229 ff.]) – EDP; v. 14. 3. 2006, ABl. 2007 Nr. L 133/24 (30 f. Tz. 59 ff.) – DONG/Elsam/E 2; ein weiteres Beispiel in *Kommission,* Entsch. v. 28. 5. 2005, ABl. 2006 Nr. L 173/16 (18 f. Tz. 18 ff.) – Johnson & Johnson/Gidant; s. dazu *Emmerich,* AG 2006, 861 (869 r. Sp.).

[103] *Kommission,* Entsch. v. 7. 2. 2001, ABl. 2002 Nr. L 59/1 (8 f., Tz. 52, 69 ff.) – EDF/EnBW; v. 20. 12. 2001, ABl. 2003 Nr. L 103/1 (14 f.) – Südzucker/SLS.

[104] *EuG* Slg. 2003, II-1288 (1390 f. Tz. 320 ff.) – BaByliss.

[105] *Kommission,* Entsch. v. 11. 7. 2001, ABl. 2002 Nr. L 132/45 (61 Tz. 136 ff.) – BASF/Eurodiol; s. *Ehricke,* FS Kilian, 2004, S. 623; *Fiedler,* EuZW 2001, 585; *Heinecke,* Entlastungsgründe in der europäischen und amerikanischen Zusammenschlusskontrolle, 2004; *Mestmäcker/Schweitzer,* § 25 Rn. 150 ff. (S. 646 ff.); *Strohm,* WuW 2001, 1203.

Unternehmen kurzfristig aus dem Markt ausschiede, wenn es (2.) keine weniger wettbewerbswidrige Erwerbsalternative gibt und wenn (3.) ohne die Fusion die zur Übernahme anstehenden Aktiva unweigerlich für den Markt verlorengingen.[106] Dagegen ist nach wie vor kein Raum für die Bejahung einer zulässigen Sanierungsfusion, wenn anzunehmen ist, dass sich ohne den Zusammenschluss der Marktanteil des gefährdeten Unternehmens auf *mehrere* Konkurrenten verteilte.[107]

V. Vertikale Zusammenschlüsse

Innerhalb der Zusammenschlüsse unterscheidet man üblicherweise horizontale, vertikale und konglomerate Zusammenschlüsse, früher gelegentlich auch diagonale Zusammenschlüsse genannt, je nachdem, ob an dem Zusammenschluss konkurrierende Unternehmen aus einem Markt, Unternehmen auf verschiedenen Marktstufen oder Unternehmen aus verschiedenen Märkten beteiligt sind.[108] Im Mittelpunkt des Interesses haben bisher durchweg horizontale Zusammenschlüsse gestanden, einfach deshalb, weil ihre Wirkungen auf die betroffenen Märkte im Wege bloßer Marktanteilsaddition immer noch am leichtesten abzuschätzen sind.[109] Ganz anders verhält es sich insoweit mit vertikalen und konglomeraten Zusammenschlüssen. Deshalb sind hier noch einige Bemerkungen zu diesen schwierigen Fällen nötig, wobei mit den vertikalen Zusammenschlüssen begonnen werden mag (zu den konglomeraten Zusammenschlüssen s. u. Rn. 48 ff.). 44

Von einem vertikalen Zusammenschluss spricht man bei Zusammenschlüssen zwischen Unternehmen auf verschiedenen Marktstufen, z. B. zwischen einem Hersteller und seinen Lieferanten oder seinen Abnehmern (sog. **Vorwärts- oder Rückwärtsintegration**). Vertikale Zusammenschlüsse werfen in erster Linie Probleme wegen der mit ihnen häufig verbundenen **Ausschlusseffekte** gegenüber anderen Unternehmen auf vor- oder nachgelagerten Märkten auf. Deshalb ist hier das Augenmerk vorrangig darauf zu richten, ob der Zusammenschluss die Gefahr heraufbeschwört, dass Konkurrenten **von** ihren **Versorgungsquellen oder Absatzkanälen abgeschnitten** werden oder doch durch die Erhöhung ihrer Einstandspreise in eine gefährliche **Preisschere** hineinmanövriert werden können.[110] Ist eines der vertikal verbundenen Unternehmen strukturell mit anderen Unternehmen verflochten, so kann der Zusammenschluss außerdem zur Folge haben, dass letztlich alle Unternehmen eines Marktes in den Einflussbereich der verbundenen Unternehmen geraten.[111] 45

---

106 *Kommission,* Horizontalleitlinien von 2004, Tz. 89 ff.; Entsch. v. 2. 4. 2003, ABl. 2004 Nr. L 110/73 (105 f. Tz. 205 ff.) – News Corp/Telepiu.

107 *Kommission,* Entsch. v. 10. 5. 2007, ABl. 2009 Nr. C 241/12, Tz. 9 ff. – ICI/FIAMM.

108 *Kommission,* Leitlinien von 2008, Tz. 4 ff.

109 S. statt aller *Mestmäcker/Schweitzer,* § 25 Rn. 9, 44 ff. (S. 596, 610 ff.).

110 *EuG* Slg. 2005, II-5596 = WuW/E EU-R 977 (982 ff.) – GE; *Kommission,* 21. WB, S. 414 f. m. N.; Entsch. v. 3. 5. 2000, ABl. 2002 Nr. L 58/25 (Tz. 116, 124, 129 ff.) – Alcoa/Reynolds; v. 11. 10. 2000, ABl. 2001 Nr. L 268/28 (Tz. 46 ff.) – AOL/Time Warner; v. 21. 12. 2005, ABl. 2006 Nr. L 253/20 (23 ff. Tz. 31 ff.) = (ausführlicher) WuW/E EU-V 1145 (1146 ff. Tz. 399 ff.) – E. ON/MOL – m. Anm. *Hirsbrunner,* EuZW 2006, 711 (715); zur Berücksichtigung des Umstandes, dass solche Verhaltensweisen möglicherweise zugleich gegen Art. 102 AEUV verstoßen, s. u. Rn. 50.

111 *Kommission,* Entsch. v. 23. 7. 2003, ABl. 2004 Nr. L 82/73 (79 ff. Tz. 51 ff.) – DSM/Roche Vitamins.

46 Auf denselben Grundgedanken beruhen die neuen **Leitlinien der Kommission von 2008 zur Bewertung nichthorizontaler Zusammenschlüsse,**[112] in deren Mittelpunkt gerade vertikale Zusammenschlüsse stehen (Tz. 28 ff.), wobei die Kommission hier ebenso wie bei den horizontalen Zusammenschlüssen zwischen nichtkoordinierten und koordinierten Wirkungen unterscheidet (Tz. 18, 28, 79 ff.). Die gefährlichsten **nichtkoordinierten Wirkungen** vertikaler Zusammenschlüssen sieht die Kommission in der möglichen **Abschottung** der Konkurrenten von ihren Lieferquellen oder ihren Kunden (Tz. 29, 58 ff.). Ob im Einzelfall diese Gefahren tatsächlich drohen, untersucht die Kommission jeweils in drei Schritten, deren Gegenstand (1.) die Möglichkeit der Abschottung, (2.) der Anreiz dazu und (3.) die zu erwartenden nachteiligen Auswirkungen auf den Wettbewerb sind (Tz. 32, 59 ff.). Als mögliche **andere nichtkoordinierten Wirkungen** vertikaler Zusammenschlüssen fasst die Kommission insbesondere noch den Zugang der verbundenen Unternehmen zu vertraulichen Unternehmensdaten über die vorgelagerten oder nachgeordneten Tätigkeiten der Konkurrenten ins Auge (Tz. 76). Als mögliche negative **koordinierte Wirkungen** betrachtet die Kommission dagegen offenbar in erster Linie die Erhöhung der Reaktionsverbundenheit der Unternehmen in Oligopol (Tz. 79 ff.). Die Kommission handhabt heute diese (von ihr selbst stammenden) Leitlinien nahezu *gesetzesgleich*; d. h. sie prüft vertikale Zusammenschlüsse (nur) darauf, ob in dem fraglichen Fall die in den Leitlinien genannten Voraussetzungen für eine Untersagung des Zusammenschlusses erfüllt sind oder nicht, wobei sie so weit geht, Einwendungen der Beteiligten, die in den Leitlinien nicht berücksichtigt sind, als irrelevant zurückzuweisen. Beispiele sind zwei Navigationssysteme betreffende Entscheidungen aus den Jahren 2008 und 2009.[113]

47 Besonders verbreitet (und gefährlich) sind Strategien der Vorwärts- und Rückwärtsintegration zur Absicherung der Versorgungsquellen und der Absatzwege auf den **Energiemärkten.** Beispiele sind Zusammenschlüsse wichtiger Stromerzeuger mit großen Stromverteilern oder mit den Lieferanten von Primärenergien, die damit für die Konkurrenten ausfallen.[114] Die großen deutschen Verbundunternehmen **RWE und E. ON** praktizieren beide Strategien. Hervorzuheben sind auf der einen Seite die Übernahme von Primärenergielieferanten wie Ruhrgas und Thyssengas und auf der anderen Seite die systematische Beteiligung an allen erreichbaren, regionalen und lokalen Verteilerunternehmen wie insbesondere den Stadtwerken in „ihren" Versorgungsgebieten (s. u. § 34 Rn. 53 f.). Aus der Kommissionspraxis gehört hierher z. B. die Verbindung zwischen dem vertikal integrierten Gasversorgungsunternehmen **E. ON** mit dem Gasmonopolisten **MOL** auf dem ungarischen Markt, bei dem die Gefahr bestand, dass alle Konkurrenten von E. ON auf den nachgeordneten Marktstufen in Abhängigkeit von den verbundenen Unternehmen geraten wä-

[112] ABl. Nr. C 265/6; s. dazu *Körber*, WuW 2008, 522 (525 ff.); *Rosenthal/Thomas*, Merger Control, S. 236 ff. Angaben zu Tz. beziehen sich im Folgenden auf diese Leitlinien.

[113] *Kommission*, Entsch. v. 14. 5. 2008, ABl. Nr. 237/8 = WuW/E EU-V 1337 – TomTom/Tele Atlas; v. 2. 7. 2008, ABl. 2009 Nr. C 13/8 – Nokia Navteq; s. *Emmerich*, AG 2009, 597 (604); *Hirsbrunner*, EuZW 2009, 239 (243).

[114] *Kommission*, Entsch. v. 17. 12. 2002, ABl. 2003 Nr. L 48/51 – EnBW/ENI/Newco; v. 11. 6. 2003, ABl. 2004 Nr. L 92/91 (106 ff. Tz. 104 ff.) – Verbund/EnergieAllianz; v. 9. 12. 2004, ABl. 2005 Nr. L 302/69 (73 f. Tz. 35 ff.) – EDP/ENI/GDP; insb. 21. 12. 2005, ABl. 2006 Nr. L 253/20 (23 ff.) = WuW/E EU-V 1145 (1146 ff. Tz. 399 ff.) – E. ON/MOL; v. 14. 3. 2006, ABl. 2007 Nr. L133/24 (29 ff. Tz. 51 ff.) – DONG/Elsam/ E 2; s. *Emmerich*, AG 2004, 629 (639 m. N.).

ren.[115] Ein weiteres viel diskutiertes Beispiel bietet der spektakuläre Zusammenschluss von **GE und Honeywell**, von dem die Kommission befürchtet hatte, die verbundenen Unternehmen könnten die Konkurrenten bei der Herstellung von Triebwerken durch die Verweigerung der Belieferung mit Startern von Honeywell in Zukunft in eine überaus schwierige Situation bringen (Rn. 49).[116]

VI. Konglomerate Zusammenschlüsse

Von konglomeraten Zusammenschlüssen spricht man bei einer Verbindung zwischen Unternehmen aus verschiedenen Märkten. Im Einzelnen unterscheidet man vor allem **Marktverkettungszusammenschlüsse** und **reine „conglomerates**". Marktverkettungszusammenschlüsse sind Zusammenschlüsse zwischen Unternehmen aus benachbarten Märkten oder vertikale Zusammenschlüsse, die gleichsam eine Marktstufe überspringen, während reine „conglomerates" Unternehmen aus Märkten zusammenführen, die, jedenfalls auf den ersten Blick, nichts miteinander zu tun haben wie etwa bei der Fusion eines Rüstungsunternehmens mit einem Hersteller von Haushaltsgeräten. 48

Die **Wirkungen** solcher Zusammenschlüsse sind nur schwer zu durchschauen und in der Theorie entsprechend umstritten. Konglomerate Zusammenschlüsse können den Wettbewerb offenbar ebensowohl fördern wie beschränken. Gefahren drohen von ihnen vor allem, wenn sie zu einer **künstlichen Verbindung von Märkten** führen, die es den verbundenen Unternehmen erlaubt, durch günstige Kombinationsangebote, d. h. durch Koppelungs- oder Bündelungsstrategien (sog. „**bundling**" und „**tying**") ihre Konkurrenten auf den einzelnen, früher getrennten Märkten zu verdrängen. Paradigma ist die Kopppelung der Triebwerke von General Electric (GE) mit dem Angebot anderer Flugzeugkomponenten, insbesondere auf dem Gebiet der Avionik, durch Honeywell.[117] Der entscheidende Gesichtspunkt ist somit in derartigen Fällen, dass die verbundenen Unternehmen die Möglichkeit erhalten, **Strategien zur Übertragung ihrer Macht** von einem schon beherrschten auf einen anderen Markt zu entwickeln (sog. **Hebelwirkung** oder **„leveraging"**). Die wichtigsten derartigen Strategien sind die erwähnten Koppelungspraktiken sowie noch Treuerabatte und Kampfpreisunterbietungen. 49

Auf die geschilderten Gefahren legt auch die Kommission in ihren **Leitlinien von 2008** das Schwergewicht.[118] Im einzelnen unterscheidet sie hier wiederum **nichtkoordinierte** und koordinierte Wirkungen. Als besonders kritisch sieht die Kommission ebenso wie schon bei den vertikalen Zusammenschlüssen (Rn. 46) die Gefahr 49a

[115] *Kommission,* Entsch. v. 21. 12. 2005, ABl. 2006 Nr. L 253/20 (23 f.) = (ausführlicher) WuW/E EU-V 1145 (1146 ff. Tz. 399 ff.) – E. ON/MOL; s. dazu *Emmerich*, AG 2005, 517 (526): vgl. auch für Dänemark Entsch. v. 14. 3. 2006, ABl. 2007 Nr. L133/24 (29 ff. Tz. 51 ff.) – DONG/Elsam/ E 2.

[116] *Kommission,* Entsch. v. 3. 7. 2001, ABl. 2004 Nr. L 48/1 = WuW/E EU-V 631; kritisch *EuG,* Slg. 2005 II-5596 (5687 ff.) = WuW/E EU-R 977 (991 ff. Tz. 286 ff.) – GE; ein weiteres Beispiel aus der Baustoffbranche in *Kommission,* Entsch. v. 11. 11. 1998, ABl. 1999 Nr. L 183/1 (9, 13 ff. Tz. 68, 94 ff.) – Scancem/ Skanska.

[117] Rn. 47; *EuG* Slg. 2005 II-5596 = WuW/E EU-R 977–995 – GE; Slg. 2005, II-5539 – Honeywell; s. dazu *Loest,* FS Bechthold, 2006, S. 287; *Montag,* FS Bechtold, 2006, S. 339.

[118] ABl. Nr. C 265/6 Tz. 91 ff.; s. dazu *Körber*, WuW 2008, 522; *Rosenthal/Thomas*, Merger Control, S. 173 ff.

der **Abschottung** der Konkurrenten im Wege der künstlichen Verbindung an sich getrennter Märkte durch Praktiken des „**leveraging**" (d. h. der Hebelwirkung) an, wobei sie als Mittel die **Koppelung oder Bündelung** der verschiedenen Angebote hervorhebt (Tz. 93, 95 ff.). Voraussetzung für die Annahme derartiger Gefahren sind nach Meinung der Kommission (1.) ein deutliches Maß von Marktmacht der verbundenen Unternehmen (Tz. 99), (2.) ein entsprechender Anreiz (Tz. 105 ff.) sowie (3.) das Risiko negativer Auswirkungen auf die Absatzchancen der Konkurrenten (Tz. 111ff). Bei den **koordinierten** Wirkungen hat die Kommission dagegen erneut die Gefahr einer Erhöhung der Reaktionsverbundenheit der Unternehmen in engen Oligopolen im Auge (Tz. 119 ff.).

50 Der von der Kommission gewählte Ansatz (Rn. 49a) sieht sich vielfältiger **Kritik** ausgesetzt. Ein besonderes Problem ist die **Vereinbarkeit mit der Rechtsprechung der Unionsgerichte**. Das Problem rührt daher, dass die fraglichen Strategien der verbundenen Unternehmen zur Übertragung ihrer Macht von einem Markt auf einen anderen, *sofern* von Unternehmen in beherrschender Stellung praktiziert, wegen ihrer besonderen Gefährlichkeit eigemtlich durchgängig zugleich gegen **Art. 102 AEUV** verstoßen (s. o. § 10 Rn. 30, 53 und 58 ff.). Das **Gericht** hat daraus den Schluss gezogen, dass die genannten Gefahren konglomerater Zusammenschlüsse nicht einfach unterstellt werden dürften, sondern nur, wenn zusätzlich **Anhaltspunkte für ein zukünftiges rechtswidriges** (weil gegen Art. 102 AEUV verstoßendes) **Verhalten** der verbundenen Unternehmen vorliegen, da nicht ohne weiteres davon auszugehen sei, dass die verbundenen Unternehmen tatsächlich in diesem Sinne rechtswidrig handeln werden (sog. **Art 102-Einwand**).[119] Obwohl diese Auffassung zu Recht auf verbreitete **Kritik** gestoßen ist,[120] ist sie doch im Ergebnis im wesentlich vom **EuGH** bestätigt worden.[121] Der Gerichtshof geht zwar bei der Unterstellung ausschließlich rechtmäßigen Verhaltens der verbundenen Unternehmen nicht ganz so weit wie das Gericht, verlangt aber doch, dass der Aspekt des möglichen Verstoßes gegen Art. 102 AEUV im Rahmen der umfassenden Würdigung der relevanten Faktoren berücksichtigt wird.[122] Während das Gericht[123] folgerichtig in dem Tetra Laval-Urteil des Gerichtshofs im wesentlichen eine Bestätigung seiner Position sieht, interpretiert die **Kommission** dieses Urteil des EuGH ganz eng. Deshalb geht sie jetzt davon aus, sie brauche nicht festzustellen, ob überhaupt ein Verstoß gegen Art. 102 AEUV bei den fraglichen Praktiken vertikal oder konglomerat verbundener Unternehmen vorliegen werde, da es völlig offen sei, ob die fraglichen missbräuchlichen Praktiken überhaupt jemals aufgedeckt und dann auch sanktioniert würden, zumal angesichts der bekannten Intransparenz der hier fraglichen Märkte.[124] Mit anderen Worten: Es soll bereits

[119] So sehr eng *EuG* Slg. 2002, II-4389 (4442 ff. Tz. 142 ff.) – Tetra Laval/Sidel; Slg. 2005 II-5596 = WuW/E EU-R 977 (982 Tz. 70; 986, 992 ff. Tz. 286, 399 ff.) – GE; Slg. 2005, II-5539 – Honeywell.

[120] S. *BKartA* TB 2001/2002, S. 15; *v. Bonin,* WuW 2006, 466; *Brei,* WuW 2003, 585; *Drauz/König,* ZWeR 2006, 107 (125 ff.); *Feddersen,* WuW 2003, 15; *Pflanz,* ZWeR 2006, 139.

[121] *EuGH* Slg. 2005, I-1047 (1086 ff. Tz. 74 ff.) = WuW/E EU-R 875 – Tetra Laval/Sidel; s. dazu *Denzel,* BB 2005, 1062; *Wessely,* ZWeR 2003, 117.

[122] Urteil Tetra Laval/Sidel (vorige Fn.); *EuG* Slg. 2005 II-5596 = WuW/E EU-R 977 (982 Tz. 70, 293 ff.) – GE; Slg. 2005, II-5539 – Honeywell.

[123] S. das Urteil GE Slg. 2005 II-5596 = WuW/E EU-R 977 (982 Tz. 70, 986 Tz. 286 ff., 992 ff. Tz. 399 ff.); Slg. 2005, II-5539 – Honeywell.

[124] So *Kommission,* Entsch. v. 21. 12. 2005, WuW/E EU-V 1145 (1150 f. Tz. 442 ff.) – E. ON/MOL (insoweit nicht in ABl. 2006 Nr. L 253/50 abgedruckt); s. dazu *Emmerich,* AG 2997, 517 (526 f.).

die **Wahrscheinlichkeit der geschilderten kritischen Praktiken** für die Anwendung des Art. 2 Abs. 3 FKVO genügen, gleichgültig, ob sie nun im Einzelfall bereits zugleich gegen Art. 102 AEUV verstoßen würden oder noch nicht. Die Vereinbarkeit dieser Praxis der Kommission mit der geschilderten Rechtsprechung der Unionsgerichte ist indessen in der Tat mehr als fraglich.[125]

VII. Oligopole (gemeinsame Beherrschung)

Literatur: S. u. § 34 Rn. 43 ff. sowie *Kommission,* Horizontalleitlinien von 2004, Tz. 24, 39 ff.; *Baron,* FS Bechtold, 2006, S. 9; *E. Ganz,* Die Beurteilung von Fusionen kollektiv marktbeherrschender Unternehmen, 2004; *B. Linder,* Kollektive Marktbeherrschung in der Fusionskontrolle, 2005; *Mestmäcker/Schweitzer,* § 25 Tz. 104 ff. (S. 631 ff.); *Schwalbe,* FS Bechtold, 2006, S. 465; *Zimmer,* FS Bechtold, 2006, S. 677

Der Übergang zu dem sog. SIEC-Test (Art. 2 III FKVO n. F.) ist von den Verfassern der neuen FKVO 2004, wie bereits ausgeführt (o. Rn. 21 f.), nicht zuletzt mit der Notwendigkeit begründet worden, der Kommission ein Instrumentarium zur Verfügung zu stellen, das es ihr erlaubt, auch die nicht koordinierten Auswirkungen von Zusammenschlüssen in engen Oligopolen mit der FKVO zu erfassen.[126] Vor allem im vorliegenden Zusammenhang erlangt somit die schon wiederholt erwähnte Unterscheidung zwischen nichtkoordinierten und koordinierten Wirkungen von Zusammenschlüssen Bedeutung, worauf heute auch betont die beiden Leitlinien der Kommission von 2004 und 2008 abstellen (o. Rn. 46, 48). Zur Terminologie ist noch vorab anzumerken, dass die Kommission heute die Begriffe Oligopol und gemeinsame Beherrschung synonym verwendet.[127] 51

1. Koordinierte Wirkungen

a) Obwohl die FKVO, anders als etwa das GWB (§ 19 Abs. 2 S. 2), keine Oligopolklausel enthält, wurde die VO doch stets jedenfalls auf die koordinierten Wirkungen von Zusammenschlüssen in Oligopol angewandt. Daran haben Kommission und Unionsgerichte bis heute festgehalten, wobei die Voraussetzungen für die Annahme derartiger koordinierter Wirkungen eines Zusammenschlusses im Oligopol zunehmend präzisiert wurden. **Voraussetzung** für die Annahme **eines Oligopols** war von Anfang an, dass zwischen den Mitgliedern der Oligopolgruppe kein wirksamer Wettbewerb besteht *und* dass die Gruppe im Außenverhältnis keinem spürbaren Wettbewerb mehr ausgesetzt ist.[128] An den Nachweis dieser Voraussetzungen wurden und werden hohe Anforderungen gestellt, wobei der Gerichtshof besonderes Gewicht auf das **Vorliegen verbindender Faktoren** zwischen den Oligopolisten legt, die ihnen überhaupt erst die **Möglichkeit zu einem einheitlichen Vorgehen** auf dem Markt 52

[125] S. statt aller *Körber,* WuW 2008, 522 (532 ff. m.N.).

[126] Erwägungsgrund Nr. 25 zu der FKVO.

[127] So ausdrücklich Entsch. v. 21. 11. 2001, ABl. 2002 Nr. L 233/38 (49 Tz. 75 Fn. 26) – UPM/Haindl.

[128] *Kommission,* Entsch. v. 22. 7. 1992, ABl. Nr. L 356/1 = AG 1993, 144 (147 ff.) – Nestlé/Perrier; v. 27. 4. 1992, WuW/E EU-V 1836 – Thorn EMI/Virgin = 22. WB, Tz. 252 (S. 143 ff.); v. 31. 1. 1994, ABl. Nr. L 102/15 (24 Tz. 53) – Mannesmann/Ilva; v. 18. 12. 1995, ABl. 1997 Nr. L 11/1 (17 Tz. 86) – ABB/Daimler Benz; v. 24. 4. 1996, ABl. 1997 Nr. L 11/30 (52 Tz. 140) – Gencor/Lonhro; v. 13. 6. 2000, WuW/E EU-V 509 f. Tz. 60 ff. – Veba/Viag.

eröffnen; weitere Voraussetzungen sind namentlich noch eine hohe Konzentration bei Markttransparenz, Homogenität der Produkte und Marktreife.[129]

53 Ein frühes Beispiel für die Bedeutung des Art. 2 Abs. 3 FKVO im vorliegenden Zusammenhang ist insbesondere die **weitere Verengung** eines bereits bestehenden beherrschenden **Oligopols** durch Zusammenschlüsse innerhalb der Oligopolgruppe, **sofern** die Marktstruktur eine **stillschweigende Koordinierung** des Verhaltens der wenigen verbliebenen Oligopolisten nahelegt, so dass es für keinen von ihnen mehr Sinn macht, die Position der anderen, etwa durch Preissenkungen, anzugreifen, vor allem, weil jeder, zumal auf ausgereiften Märkten mit homogenen Produkten und hoher Transparenz, mit *sofortigen Reaktionen* seiner wenigen Konkurrenten rechnen muss.[130] Besonders naheliegend ist die sich daraus ergebende Gefahr eines wettbewerbslosen Zustandes, wenn der Zusammenschluss zur Folge hat, dass ein **friedliches Duopol** (richtiger: Dyopol) zweier annähernd gleichstarker Unternehmen entsteht. Bekannte **Beispiele** sind auf dem Markt für Bahntechnik der Zusammenschluss von ABB und Daimler Benz in dem Gemeinschaftsunternehmen ADtranz,[131] auf dem Strommarkt die Zusammenschlüsse der vier großen Verbundunternehmen zu den beiden Gruppen Veba/Viag (E. ON)[132] und RWE/VEW (RWE)[133] sowie bei Platin die von der Kommission wiederholt angegriffenen Zusammenschlüsse der wenigen weltweit tätigen Platinhersteller.[134] Dieselbe Situation kann entstehen, wenn durch den Zusammenschluss der einzige ernstzunehmende potentielle Konkurrent zweier großer Unternehmen wegfällt, so dass diese sich jetzt den Markt untereinander aufteilen können,[135] oder wenn die zusammengeschlossenen Unternehmen mit dem einzigen bedeutenden Konkurrenten strukturell über ein Gemeinschaftsunternehmen verbunden sind.[136]

54 **b)** Hinter den genannten Entscheidungen steht die Annahme, dass unter den genannten Voraussetzungen (o. Rn. 52 f.) die **Marktstruktur eine stillschweigende Koordinierung** des Verhaltens der Oligopolisten **begünstigt**, die es ihnen ermöglicht, eine gemeinsame Strategie zur Verdrängung der Konkurrenten und zur Ausplünderung der Abnehmer zu verfolgen. Die **Voraussetzungen,** unter denen danach eine Untersagung von Zusammenschlüssen im Oligopol in Betracht kommt, wurden erstmals in dem Urteil des **Gerichts** in dem Fall **Airtours und First Choice** präzisiert.[137] Die An-

[129] *EuGH* Slg. 1998, I-1453 (1501, 1519 ff. Tz. 165, 221 ff.) = EuZW 1998, 209 (309 ff.) – K+S/MdK; *EuG* Slg. 1999, II-759 (793 ff.) = WuW/E EU-R 213 – Gencor/Lonrho; *Kommission,* 29. WB 1999, S. 70 ff. (Tz. 160 ff.).

[130] *Kommission,* Entsch. v. 31. 1. 2001, ABl. 2002 Nr. L 57/1 (Tz. 148 f., 204 ff.); v. 20. 6. 2001, ABl. 2002 Nr. L 116/35 (Tz. 32, 37 ff.) – MAN/Auwärter.

[131] *Kommission,* Entsch. v. 18. 10. 1995, ABl. 1997 Nr. L 11/1 (9 ff.).

[132] *Kommission,* Entsch. v. 13. 6. 2000, ABl. 2001, Nr. L 188/1 = WuW/E EU-V 509 Tz. 60 ff. – Veba/Viag.

[133] *BKartA* WuW/E DE-V 301 – RWE/VEW.

[134] *Kommission,* Entsch. v. 24. 4. 1996, ABl. 1997 Nr. L 11/30 (39 ff.) – Gencor/Lonrho; v. 23. 4. 1997, ABl. 1998 Nr. L 149/21 (37 f.) – Anglo American Corp./Lonrho.

[135] *Kommission,* Entsch. v. 31. 1. 2001, ABl. 2002 Nr. L 57/1 (Tz. 145 ff.) – SCA/MT; v. 26. 4. 2006, ABl. 2007 Nr. L 88/44 = WuW/E EU-V 1153 (1155, 1157 ff. Tz. 41, 72 ff.) – T-Mobile Austria/tele.ring.

[136] *Kommission,* Entsch. v. 14. 3. 2000, ABl. 2002 Nr. L 90/1 (Tz. 48, 55, 81 ff.) – Alcoa/Reynolds; ebenso im Ergebnis *Kommission,* Entsch. v. 13. 7. 2005, ABl. 2006 Nr. L 353/19 – Siemens/VA Tech m. Anm. *Hirsbrunner,* EuZW 2006, 711 (714).

[137] *EuG* Slg. 2002, II-2592 (2611 ff. Tz. 58 ff.).

nahme koordinierter Wirkungen setzt danach voraus, dass (1.) die hohe Markttransparenz eine vollständige gegenseitige Kontrolle der Oligopolisten erlaubt, (2.) dass die hohe Reaktionsverbundenheit zwischen den Beteiligten auf Dauer sicherstellt, dass ein abweichendes Verhalten sofort sanktioniert wird, und dass (3.) etwaige Reaktionen von Kunden oder Konkurrenten die Position der Oligopolmitglieder nicht infrage stellen können.[138] Die Maßgeblichkeit dieser Kriterien hat das **Gericht** in der Folgezeit wiederholt bestätigt.[139] Mittlerweile hat diese Praxis auch die Billigung des **Gerichtshofs** erfahren.[140] Der Gerichtshof verlangt dazu von der Kommission die Prüfung, ob der Zusammenschluss zu einer Situation führt, in der ein wirksamer Wettbewerb auf dem relevanten Markt von den zusammengeschlossenen Unternehmen und einem oder mehreren dritten Unternehmen erheblich behindert wird, wobei zu den verbindenden Faktoren insbesondere die Wechselbeziehung zwischen den Mitgliedern eines engen Oligopols gehört. Als entscheidende Merkmale eines derartigen Oligopols nennt der Gerichtshof die Marktkonzentration, die Transparenz des Marktes und die Homogenität der Erzeugnisse sowie vergleichbare Umstände, die die Oligopolisten in die Lage versetzen, ihre jeweiligen Verhaltensweisen vorherzusehen, so dass sie unter einem starken Druck stehen, ihr Marktverhalten einander anzupassen und insbesondere ihren gemeinsamen Gewinn zu maximieren.

Die **Kommission** hat daraus den Schluss gezogen, dass die Annahme koordinierter 55
Effekte eines Zusammenschlusses im Oligopol kumulativ voraussetzt: ein einfaches und stabiles wirtschaftliches Umfeld in Verbindung mit hoher Markttransparenz, die die gegenseitige Überwachung der Unternehmen gewährleistet, weiter einen glaubhaften Sanktionsmechanismus für den Fall der Abweichung einzelner Unternehmen von der gemeinsame Strategie der Gewinnmaximierung sowie schließlich das Fehlen von Außenwettbewerb im Sinne eines erheblichen Wettbewerbsdrucks von Außenseitern, potentiellen Konkurrenten oder Kunden.[141] Dagegen lassen eine komplexe Marktstruktur, die fehlende Homogenität der Produkte, eine Vielzahl von Anbietern und asymmetrische Marktanteile die Entstehung koordinierter Effekte in einem Oligopol als unwahrscheinlich erscheinen, so dass dann ein Zusammenschluss von Oligopolisten, selbst wenn er zu hohen Marktanteilen führt, letztlich unproblematisch sein kann.[142]

[138] Urteil Airtours/First Choice (vorige Fn.), Tz. 58–62; ebenso sodann *Kommission,* Entsch. v. 21. 11. 2001, ABl. 2002 Nr. L 233/38 (49 ff. Tz. 74 ff.) – UPM/Haindl/Norkse Skog; v. 20. 12. 2001, ABl. 2002 Nr. L 236/31 (39 ff. Tz. 42 ff.) – BP/E. ON; v. 20. 12. 2001, ABl. 2003 Nr. L 15/35 (42 ff. Tz. 52 ff.) – Shell/DEAG; zuletzt insbesondere Entsch. v. 19. 7. 2004, ABl. 2005 Nr. L 62/30 (31 Tz. 13 ff.) – Sony/BMG; v. 14. 3. 2006, ABl. 2007 Nr. L 133/24 (32 Tz. 82 f.) – DONG/Elsam/E 2; zusammenfassend Horizontalleitlinien von 2004 von 2004, ABl. Nr. C 31/5 (9 f. Tz. 39 ff.).

[139] *EuG* WuW/E EU-R 1091 (1093 ff. Tz. 245 ff.) – Impala; Slg. 2007, II-2153 = WuW/E EU-R 1301 (1304 ff. Tz. 115 ff.) – Sun; s. dazu *Bartosch,* EuZW 2006, 619; *Baxter/Dethmers,* ECLR 2006, 148; *Emmerich,* AG 2007, 517 (524 f.); *Frenz,* WuW 2007, 138; *Meyring/J. Hermes,* ZWeR 2007, 108; *K. Murschitz,* WRP 2006, 232; *Weidenbach/Leupold,* EWS 2006, 433.

[140] Slg. 2008, I-5628 = WuW/E EU-R 1498 – Impala; s. dazu *Emmerich,* AG 2009, 597 (603); *Hirsbrunner/Köckritz,* EuZW 2008, 591; *Hirsbrunner,* EuZW 2009, 239 (245).

[141] Entsch. v. 20. 12. 2006, ABl. 2007 Nr. C 151/41 = WuW/E EU-V 1221 (1229 f. Tz. 118 ff.) – Glatfelter/Crompton.

[142] Entsch. v. 20. 12. 2006, ABl. 2007 Nr. C 151/41 = WuW/E EU-V 1221 (1229 f. Tz. 120 f.) – Glatfelter/Crompton.

2. Nicht koordinierte Wirkungen

56 Von den koordinierten Wirkungen eines Zusammenschlusses im Oligopol (dazu o. Rn. 52 ff.) müssen die nicht-koordinierten Effekte oder Wirkungen (**„unilateral effects“**) unterschieden werden. Gemeint sind damit Fallgestaltungen, die dadurch gekennzeichnet sind, dass es infolge eines Zusammenschlusses in einem engen Oligopol **auch ohne kollusive Praktiken** der beteiligten Unternehmen zu einer **Erlahmung des Wettbewerbs** und damit zur Begründung einer gemeinsamen beherrschenden Stellung der Oligopolmitglieder kommt. Nach Meinung der Kommission konnten solche Fälle zwar auch schon früher erfasst werden. Da jedoch eine Bestätigung dieses Standpunkts durch die Gemeinschaftsgerichte fehlte, hielten es die Verfasser der FKVO von 2004 für ratsam, durch den Übergang zu dem **SIEC-Test** in Art. 2 Abs. 3 FKVO der Kommission ausdrücklich die Möglichkeit zu eröffnen, in solchen Fällen ebenfalls zu intervenieren, sofern durch den Zusammenschluss der Wettbewerbsdruck wegfällt, den die verbundenen Unternehmen bisher aufeinander ausübten, vorausgesetzt, dass dadurch zugleich der **Wettbewerbsdruck auf die anderen** Oligopolmitglieder **nachhaltig gemindert** wird.[143]

57 Eine Präzisierung dieser Vorstellungen findet sich in den **Horizontalleitlinien von 2004.**[144] Der Eintritt nicht koordinierter Wirkungen eines Zusammenschlusses im engen Oligopol hängt danach von einer ganzen Reihe von **Faktoren** ab. Die wichtigsten sind ein möglichst hoher Marktanteil der verbundenen Unternehmen, enge Sustitutionsbeziehungen zwischen den Konkurrenten, die fehlende Möglichkeit der Abnehmer zum Ausweichen auf andere Anbieter sowie die Fähigkeit der verbundenen Unternehmen, Kampfmaßnahmen gegen ihre verbliebenen Konkurrenten zu ergreifen, wodurch diese diszipliniert werden können. Nicht koordinierte Effekte sind dagegen unwahrscheinlich, wenn eine große Zahl von Konkurrenten über freie Kapazitäten verfügt, so dass die Abnehmer nach wie vor über ausreichende, alternative Versorgungsquellen verfügen, um sich gegebenenfalls dem Versuch von Preiserhöhungen durch die zusammengeschlossenen Unternehmen entziehen zu können, selbst wenn diese nach dem Zusammenschluss über einen hohen Marktanteil verfügen sollten.[145]

58 **Beispiele** sind die Fälle „Siemens/VA Tech“[146] sowie „T-Mobile Austria/tele.ring“.[147] In dem zuerst genannten Fall war **Siemens** auf einem der von dem Zusammenschluss betroffenen Märkten zugleich in Höhe von 28 % an dem wichtigsten Konkurrenten SMS des übernommenen Unternehmens „**VA Tech**“ beteiligt, weshalb die Kommission eine erhebliche Minderung des Wettbewerbsdrucks auf den Verbund „Siemens/VA Tech“ infolge der Beteiligung von Siemens an SMS befürchtete.[148] In

[143] Erwägungsgrund Nr. 25 S. 3–5 zu der VO.

[144] *Kommission,* Horizontalleitlinien von 2004, Tz. 24 ff.; zustimmend *EuG* Slg. 2037, II-2153 = WuW/E EU-R 1301 (1303 f. Tz. 63 ff.) – Sun; s. dazu zuletzt statt aller m. N. *Baron, U. Schwalbe* und *Zimmer,* FS Bechtold, 2006, S. 9, 465 und 677.

[145] *EuG* Slg. 2007, II-2153 = WuW/E EU-R 1301 Tz. 63 ff. – Sun; *Kommission,* Entsch. v. 20. 12. 2006, ABl. 2007 Nr. C 151/41 = WuW/E EU-V 1221 (1224 ff. Tz. 79 ff.) – Glatfelter/Crompton.

[146] *Kommission,* Entsch. v. 13. 7. 2005, ABl. 2006 Nr. L 353/19 m. Anm. *Hirsbrunner,* EuZW 2006, 711 (714).

[147] *Kommission,* Entsch. v. 26. 4. 2006, ABl. 2007 Nr. L 88/44 = (vollständiger) WuW/E EU-V 1153; dazu *Emmerich,* AG 2007, 517 (525); *St. Holzwarth,* ZWeR 2007, 338.

[148] *Kommission,* Entsch. v. 13. 7. 2005, ABl. 2006 Nr. L 353/19 (30 Tz. 95).

dem zweiten erwähnten Fall „**T-Mobile Austria/tele.ring**" hätte der Zusammenschluss zur Folge gehabt, dass sich auf dem österreichischen Mobilfunkmarkt fortan nur noch zwei große Anbieter mit Marktanteilen von je rund 40 %, zusammen also von knapp 80 % gegenüber gestanden hätten, so dass in den Augen der Kommission die Gefahr der Entstehung eines weitgehend wettbewerbslosen Oligopols (Duopols) gegeben war, weil mit tele.ring der wichtigste Wettbewerber weggefallen war.[149]

VIII. Effizienzvorteile

Literatur: *Kommission,* Horizontalleitlinien von 2004, Tz. 76 ff.; *van Bergeij/Kloosterhuis,* Modelling European Mergers, Cheltenham 2005; *Hellwig,* (2.) FS Mestmäcker, 2006, 231; *Kleemann,* FS Lieberknecht, 1997, S. 379; *U. Klumpp,* Die „Efficiency Defense", 2006; *Mestmäcker/Schweitzer,* § 25 Rn. 141 ff. (S. 642 ff.); *Möschel,* (2.) FS Mestmäcker, 2006, S. 257; *I. Schmidtchen,* in: Oberender, Effizienz und Wettbewerb, 2005, S. 9; *Schwalbe/Zimmer,* Kartellrecht und Ökonomie, 2006.

Durch den Übergang zu dem SIEC-Test in Art. 2 Abs. 3 FKVO sollte es der Kom- 59
mission ferner ermöglicht werden, in der Fusionskontrolle mit einem Zusammenschluss verbundene Effizienzvorteile (oder -gewinne) zu berücksichtigen. In den Erwägungsgründen heißt es dazu, die durch einen Zusammenschluss bewirkten **Effizienzvorteile könnten** die (negativen) **Auswirkungen** des Zusammenschlusses auf den Wettbewerb **ausgleichen,** so dass im Ergebnis durch den Zusammenschluss wirksamer Wettbewerb nicht erheblich behindert werde; deshalb sollte begründeten und wahrscheinlichen Effizienzvorteilen, die von den Unternehmen dargelegt werden müssten, in der Fusionskontrolle Rechnung getragen werden.[150]

Unter der FKVO von 1989 war noch überwiegend eine derartige Berücksichtigung 60
von Effizienzvorteilen abgelehnt worden, einmal, weil der Wortlaut der FKVO dafür keinen Grundlage bot, zum anderen, weil nach allen Erfahrungen die mit Zusammenschlüssen angeblich verbundenen Effizienzvorteile, meistens in Gestalt von Synergieeffekten, erheblich überschätzt zu werden pflegen. Daran hat sich bis heute nichts geändert, so dass bei der Berücksichtigung (angeblicher) mit einem Zusammenschluss verbundener Effizienzvorteile **große Zurückhaltung geboten** ist. Auch die **Kommission** verlangt daher für ihre Berücksichtigung, dass die Effizienzvorteile nur und gerade auf dem Zusammenschluss beruhen, dass sie überprüfbar sind und dass sie den Verbrauchern zugute kommen, und zwar innerhalb eines überschaubaren Zeitraums. Als **Beispiele** nennt sie neue oder verbesserte Waren oder Dienstleistungen, die sich z. B. aus Effizienzvorteilen in den Bereichen von Forschung und Entwicklung ergeben könnten. Einschränkend fügt sie jedoch hinzu, dass die Effizienzvorteile um so größer sein müssten, je schwerwiegender die möglichen negativen Auswirkungen des Zusammenschlusses auf den Wettbewerb sind, wobei die beteiligten Unternehmen die volle Beweislast trifft.[151]

[149] *Kommission,* Entsch. v. 26. 4. 2006, ABl. 2007 Nr. L 88/44 = WuW/E EU-V 1153 (1157 ff. Tz. 72 ff.).
[150] Erwägungsgrund Nr. 29 zu der FKVO.
[151] *Kommission,* Horizontalleitlinien von 2004, S. 13 f. Tz. 76–88.

§ 17. Gemeinschaftsunternehmen

Literatur: S. u. § 33 Rn. 31 ff. sowie *Kommission,* Mitteilung zu Zuständigkeitsfragen vom 11. Februar 2009, ABl. Nr. C 43/10, Tz. 62, 89ff.; *Ahorn/Turner,* ECLR 1998, 249; *Axster,* FS Gaedertz, 1992, S. 1; *Frenz,* S. 630 ff.; *Iliopoulos,* Gemeinschaftsunternehmen im EGKS- und EWG-Kartellrecht, 1986; *Langefeld/Wirth,* Joint Ventures im internationalen Wirtschaftsverkehr, 1990; *Lohse,* Kartellfreie Gemeinschaftsunternehmen im europäischen Wettbewerbsrecht, 1992; *ders.,* ZHR 159 (1995), 164; *Matthies,* in: (1.) FS Böhm, 1965, S. 319; *Meessen,* FS Gaedertz, 1992, S. 417; *Mestmäcker/Schweitzer,* § 24 Rn. 36 ff. (S. 563 ff.); *Mestmäcker,* Gemeinschaftsunternehmen, in: Mestmäcker/Blaise/Donaldson, Gemeinschaftsunternehmen im Konzern- und Kartellrecht, 1979 = in: *Mestmäcker,* Recht und ökonomisches Gesetz, 2. Aufl., 1984, S. 414; *Pohlmann,* Der Unternehmensverbund im europäischen Kartellrecht, 1999; *Rosenthal/Thomas,* Merger Control, S. 32, 39, 225ff.; *Sedemund,* FS Deringer, 1993, S. 379.

I. Überblick

1 **Gemeinschaftsunternehmen** (neudeutsch: joint venture companies [JV]) sind Unternehmen, die der gemeinsamen Kontrolle durch mindestens zwei andere Unternehmen, die sog. Gründer oder Mütter (parents), unterliegen (Art. 3 Abs. 1 lit. b und Abs. 4 FKVO). Als Mittel der Kooperation von Unternehmen stehen sie auf der Grenze zwischen Kartellen und Unternehmenszusammenschlüssen. Ihre wirtschaftliche **Bedeutung** ist **erheblich**, da sich die **Kooperation** von Unternehmen heute vor allem in Gemeinschaftsunternehmen vollzieht. Die Folge ist, dass mittlerweile bereits knapp die Hälfte der von der Kommission durchgeführten Fusionskontrollverfahren Gemeinschaftsunternehmen betrifft.

2 Diese Entwicklung ist **nicht unproblematisch**, weil die Mütter, selbst wenn sie formal Wettbewerber bleiben, auf dem vergemeinschafteten Markt ebenso wie auf anderen Märkten vielfach auf ihre Zusammenarbeit in dem Gemeinschaftsunternehmen Rücksicht nehmen werden. Eine Erlahmung des Wettbewerbs zwischen den Müttern ist daher auf die Dauer die nahezu unausweichliche Folge.

3 Die Wettbewerbsgesetze versuchen auf unterschiedlichen Wegen, diesen sog. **Gruppeneffekt** (neudeutsch: spillover-effect) der Gründung von Gemeinschaftsunternehmen in den Griff zu bekommen. Im deutschen Recht steht die Fiktion einer Teilfusion der Mütter auf dem Markt des Gemeinschaftsunternehmens im Vordergrund (§ 37 I Nr. 3 S. 3 GWB), wodurch jedoch die Anwendung des Kartellverbots des § 1 GWB auf die Mütter nicht ausgeschlossen wird (sog. **Zweischrankentheorie**; s. u. § 33 Rn. 40 ff.).

4 Einen anderen Ansatz wählt seit 1997 das europäische Kartellrecht. Die einschlägige Regelung findet sich jetzt in Art. 2 Abs. 4 und Abs. 5 sowie in Art. 3 Abs. 1 lit b und Abs. 4 FKVO von 2004. Auszugehen ist von **Art. 3 Abs. 1 lit b FKVO,** nach dem ein Zusammenschluss auch dadurch bewirkt wird, dass mehrere Personen, die bereits mindestens ein Unternehmen kontrollieren, oder mehrere Unternehmen gemeinsam die Kontrolle über ein anderes Unternehmen erwerben. Abs. 4 der Vorschrift fügt hinzu, dass (nur) die *Gründung* eines Gemeinschaftsunternehmens, das auf Dauer **alle Funktionen einer** selbstständigen **wirtschaftlichen Einheit** erfüllt, einen Zusammenschluss im Sinne des erwähnten Art. 3 Abs. 1 lit. b FKVO darstellt. Vorausgesetzt wird dabei die Erfüllung der Aufgreifkriterien des Art. 1 Abs. 2 und Abs. 3 FKVO. Ist danach die FKVO auf die Gründung eines Gemeinschaftsunternehmens

anwendbar, so wird dieses **allein** nach der **FKVO**, d. h. insbesondere auch in dem von der FKVO vorgeschriebenen Verfahren und in den hier angeordneten kurzen Fristen (s. im Einzelnen u. § 18), darauf **geprüft,** ob durch seine Gründung wirksamer Wettbewerb im Gemeinsamen Markt oder in einem wesentlichen Teil desselben erheblich behindert würde, insbesondere durch die Begründung oder Verstärkung einer beherrschenden Stellung (**Art. 2 Abs. 3 FKVO**).

Die FKVO, eine bloße Ratsverordnung, konnte indessen nichts an dem vorrangigen Art. 101 AEUV ändern. Deshalb bestimmt ergänzend **Art. 2 Abs. 4 FKVO,** dass in dem genannten Falle (o. Rn. 4), d. h. **bei Anwendbarkeit der FKVO** auf die Gründung eines Gemeinschaftsunternehmens, die mit der Gründung des Gemeinschaftsunternehmens bezweckte oder bewirkte **Koordinierung** des Wettbewerbsverhaltens unabhängig bleibender Unternehmen – gemeint sind in erster Linie die Mütter – **nach Art. 101 Abs. 1 und Abs. 3 AEUV** zu beurteilen ist, um festzustellen, ob das Vorhaben mit dem Gemeinsamen Markt vereinbar ist. Die dabei insbesondere zu berücksichtigenden **Kriterien** nennt **Art. 2 Abs. 5 FKVO** (s. u. Rn. 28 ff.). 5

Dies alles gilt aber, um es zu wiederholten, nur für diejenigen Gemeinschaftsunternehmen, die die besonderen Voraussetzungen des Art. 1 Abs. 2 und Abs. 3 sowie des Art. 3 Abs. 1 lit. b und IV FKVO erfüllen (o. Rn. 4). Alle **anderen Gemeinschaftsunternehmen,** also auch die sog. Vollfunktionsgemeinschaftsunternehmen im Sinne des Art. 3 Abs. 4 FKVO, die *nicht* die Schwellenwerte des Art. 1 Abs. 2 und Abs. 3 FKVO überschreiten, werden dagegen weiterhin **allein nach Art. 101 AEUV** und damit im Verfahren nach der **VO Nr. 1/2003** geprüft. Zum Verständnis dieser ungewöhnlich verwickelten Regelung ist es nötig, hier etwas weiter auszuholen. 6

II. Geschichte

Vor Inkrafttreten der ersten **FKVO** im Jahre 1990 konnte sich die Kommission bei der Kontrolle von Gemeinschaftsunternehmen allein auf **Art. 101 AEUV** (ex-Art. 81) stützen. Von dieser Kontrolle ausgenommen wurden lediglich die sog. **echten konzentrativen Gemeinschaftsunternehmen,** die dadurch gekennzeichnet sind, dass sich die **Mütter endgültig** von dem Markt des Gemeinschaftsunternehmens **zurückziehen**, so dass dieses fortan allein auf dem betreffenden Markt als selbstständige wirtschaftliche Einheit tätig wird.[1] Dieser Ansatz führte (früher) zu einer weitgehenden Unterstellung der Gemeinschaftsunternehmen unter das **Kartellverbot,** *sofern* sich die Mütter auf irgendeinem Markt weiterhin als aktuelle oder potentielle Konkurrenten gegenüberstanden, so dass wettbewerbsbeschränkende Rückwirkungen der Gründung des Gemeinschaftsunternehmens auf die Beziehungen der Mütter auf dem betreffenden Markt nicht auszuschließen waren (sog. **Gruppen- oder Spillover-Effekt**). 7

Hieran knüpfte noch die **ursprüngliche** gesetzliche **Regelung** des Fragenkreises **in** der alten **FKVO von 1989** an. Danach stellte zunächst nur die Gründung eines Gemeinschaftsunternehmens, das auf Dauer alle Funktionen einer selbstständigen wirtschaftlichen Einheit erfüllt *und* das keine Koordinierung des Wettbewerbsverhaltens der Gründerunternehmen im Verhältnis zueinander oder im Verhältnis zu dem 8

[1] *Kommission,* Entsch. v. 20. 12. 1974, ABl. 1975 Nr. L 38/14 – SHV/Chevron.

Gemeinschaftsunternehmen mit sich bringt, einen Zusammenschluss dar. Die Verordnung unterschied mithin ursprünglich zwischen sog. Vollfunktionsgemeinschaftsunternehmen und sonstigen Gemeinschaftsunternehmen und innerhalb der *ersteren* weiter zwischen kooperativen und konzentrativen Gemeinschaftsunternehmen. **Allein** die letzteren, also **nur** die **konzentrativen Vollfunktionsgemeinschaftsunternehmen unterlagen** damit ursprünglich der **FKVO** (Art. 3 Abs. 2 Unterabs. 2 FKVO von 1989 a. F.), während die anderen Gemeinschaftsunternehmen dem Art. 101 AEUV zugewiesen wurden (Art. 3 Abs. 2 Unterabs. 1 FKVO von 1989 a. F.).[2]

9 Diese Regelung hatte mehr Fragen aufgeworfen als gelöst. Die Kommission bemühte sich deshalb, durch verschiedene **Bekanntmachungen** mehr Licht in die geheimnisvolle Welt der Gemeinschaftsunternehmen zu bringen. Hervorzuheben waren die (inzwischen aufgehobene) **Bekanntmachung vom 16. Februar 1993** über die Beurteilung **kooperativer** Gemeinschaftsunternehmen nach Art. 85 EGV a. F. (= Art. 101 AEUV),[3] die erste Bekanntmachung über **Nebenabreden** von 1990[4] sowie die wichtige, inzwischen aber gleichfalls wieder aufgehobene Bekanntmachung über die **Unterscheidung** zwischen konzentrativen und kooperativen Gemeinschaftsunternehmen vom 31. Dezember 1994.[5] Die Kommission tendierte jetzt in der Frage, wann ein konzentratives Vollfunktionsgemeinschaftsunternehmen anzunehmen ist, – anders als früher – zu einer ausgesprochen **großzügigen Haltung**, um nach Möglichkeit die Gemeinschaftsunternehmen dem Regime der FKVO zu unterstellen. Deshalb begnügte sie sich dafür meistens bereits mit dem endgültigen Rückzug *einer* der Mütter von dem Markt des Gemeinschaftsunternehmens.

10 Dies alles ist mittlerweile Geschichte, weil durch die **Ratsverordnung Nr. 1310/97** vom 30. Juni 1997 die Rechtslage (erneut) grundlegend geändert wurde.[6] Bezweckt wurde damit die einheitliche Behandlung (nur) **sämtlicher Vollfunktionsgemeinschaftsunternehmen nach** Maßgabe der **FKVO.**[7] Hieran hat auch die neue FKVO von 2004 festgehalten, wie sich aus dem Zusammenhang der Bestimmungen des Art. 2 Abs. 4 und 5 sowie des Art. 3 Abs. 1 lit b und Abs. 4 FKVO von 2004 ergibt. Im Vordergrund der Prüfung muss seitdem die Frage stehen, ob ein Gemeinschaftsunternehmen **unter die Art. 1 und 3 FKVO fällt**, weil es sich bei ihm um ein **Vollfunktionsgemeinschaftsunternehmen** handelt, und zwar gerade um ein solches **von gemeinschaftsweiter Bedeutung** (u. Rn. 11 ff.). (Nur) wenn dies der Fall ist, wird das Gemeinschaftsunternehmen einheitlich im Fusionskontrollverfahren auf seine Vereinbarkeit mit **Art. 2 Abs. 3 FKVO und,** *wenn* es sich um ein *kooperatives* Gemeinschaftsunternehmen handelt, auch mit **Art. 101 AEUV** nach Maßgabe des Art. 2 Abs. 4 und Abs. 5 FKVO **überprüft** (u. Rn. 17 ff.). Fehlt es dagegen an einer dieser Voraussetzungen, so bleibt es bei der unmittelbaren Anwendbarkeit des

[2] S. die frühere (inzwischen aufgehobene) Bekanntmachung vom 2. März 1998 (ABl. Nr. C 66/1), Tz. 5 f.

[3] ABl. Nr. C 43/2; s. 22. WB 1992, Tz. 294 ff. (S. 173 ff.); inzwischen ersetzt durch die neue Bekanntmachung über Leitlinien zur Anwendbarkeit des Art. 101 AEUV auf Vereinbarungen über horizontale Zusammenarbeit v. 6. 1. 2001, ABl. Nr. C 3/2.

[4] ABl. Nr. C 203/5; jetzt gilt die Bekanntmachung von 2005, ABl. Nr. C 56/24 (= in: *Bechtold/Bosch u. a.*, S. 1157 ff.).

[5] ABl. Nr. C 385/1.

[6] ABl. Nr. L 180/1.

[7] S. den Erwägungsgrund Nr. 5 zu der ÄnderungsVO Nr. 1310/97 (vorige Fn.).

Art. 101 AEUV in dem durch die Kartellverfahrensverordnung Nr. 1/2003 geordneten Verfahren.

III. Gemeinsame Kontrolle

Nach **Art. 3 Abs. 1 lit. b FKVO** ist ein Zusammenschluss (unter anderem) anzunehmen, wenn *mehrere* Unternehmen, insbesondere durch den Erwerb von Anteilsrechten, die unmittelbare oder mittelbare Kontrolle über ein anderes Unternehmen erwerben (sog. **gemeinsame Kontrolle**). **Art. 3 Abs. 4** der Verordnung fügt hinzu, dass (auch oder nur) die *Gründung* eines sog. Vollfunktionsgemeinschaftsunternehmens einen Zusammenschluss in diesem Sinne darstellt. Das Verhältnis zwischen diesen beiden Vorschriften (Abs. 1 lit b und Abs. 4 des Art. 3 FKVO) ist unklar und im Einzelnen umstritten. Überwiegend wird offenbar angenommen, dass der Erwerb der gemeinsamen Kontrolle über ein bereits bestehendes Unternehmen durch mehrere andere Personen oder Unternehmen nur dann zu einem Zusammenschluss im Sinne der Verordnung führt, wenn das übernommene Unternehmen auch nach seiner Übernahme durch mehrere andere Personen oder Unternehmen die Merkmale eines Vollfunktionsgemeinschaftsunternehmens erfüllt, und dass durch Abs. 4 des Art. 3 der Verordnung diesem Fall außerdem die **Neugründung** (de novo) solcher Gemeinschaftsunternehmen gleich gestellt sei,[8] während die Kommission jetzt offenbar beide Fälle trennen will.[9] Hier muss die Entwicklung abgewartet werden. Fest steht jedenfalls, dass ein Gemeinschaftsunternehmen sowohl die Voraussetzungen des Art. 3 Abs. 1 lit b als auch die des Art. 3 Abs. 4 der Verordnung erfüllen muss, wenn die FKVO auf das Gemeinschaftsunternehmen anwendbar sein soll. Erstes Merkmal eines Gemeinschaftsunternehmens im Sinne der Verordnung ist mit anderen Worten die gemeinsame Kontrolle durch die Mütter im Sinne des Art. 3 Abs. 1 lit. b FKVO. 11

1. Gemeinsame Kontrolle ist nach Art. 3 Abs. 1 lit. b und Abs. 2 FKVO anzunehmen, wenn **mehrere** Unternehmen **zusammen** aufgrund ihrer Beteiligungen und der getroffenen Abreden nach den Umständen des Falles die Möglichkeit besitzen, einen **bestimmenden Einfluss** auf die Tätigkeit ihrer gemeinsamen Tochtergesellschaft, des Gemeinschaftsunternehmens auszuüben. Die Einzelheiten ergeben sich aus der **Mitteilung** der Kommission **über Zuständigkeitsfragen von 2009.**[10] Die Kommission nimmt danach – mit Billigung des Gerichts[11] – einen bestimmenden Einfluss mehrerer Unternehmen auf ein anderes Unternehmen bereits dann an, wenn diese die **Möglichkeit** besitzen, **Aktionen zu blockieren**, die das strategische Wirtschaftsverhalten des Gemeinschaftsunternehmens bestimmen.[12] Keine Rolle spielt, *wann* die gemeinsame Kontrolle begründet wurde. Das kann bereits bei Gründung des Gemeinschaftsunternehmens geschehen, ebensogut aber auch später durch Beteiligung weiterer Unternehmen an einem anderen Unternehmen unter Umstän- 12

8 So offenbar *Bosch*, EG-Kartellrecht, FKVO Art. 3 Rn. 15, 19 ff.; LMR/*Lindemann*, FKVO Art. 3 Rn. 33, 41 ff.; FK/*Schröer*, FKVO Art 3 Rn. 76, 123 ff.

9 Mitteilung von 2009 (ABl. Nr. C 43/10), Tz. 91 ff.; s. dazu *Rosenthal/Thomas*, Merger Control, S. 39 ff.

10 ABl. Nr. C 43/10, Tz. 62 ff.; s. im Übrigen o. § 15 Rn. 4 ff.

11 *EuG* Slg. 2006, II-331 (356 ff.) = WuW/E EU-R 1005 (1006 ff.) – Cementbouw.

12 Mitteilung, Tz. 62; s. auch u. § 33 Rn. 35 ff.

den, die zur Annahme der gemeinsamen Kontrolle führen,[13] wobei auch nicht danach unterschieden wird, ob sich dieser Vorgang in einem oder mehreren zusammenhängenden Schritten vollzieht.[14]

13 Gemeinsame Beherrschung liegt danach insbesondere vor, wenn es sich um ein sog. **paritätisches** (50 : 50) **Gemeinschaftsunternehmen** handelt,[15] kommt aber auch **bei ungleicher Beteiligung der Mütter** in Betracht, vorausgesetzt, dass die nur minderheitlich beteiligte Mutter aufgrund von Rechten, Verträgen oder sonstigen Umständen über zusätzliche Einflussrechte verfügt, die über die eines Minderheitsgesellschafters hinausgehen und die es ihr ermöglichen, ein **Veto gegen strategische Entscheidungen** bei dem Gemeinschaftsunternehmen einzulegen, weil die Beteiligten dann letztlich ebenfalls auf eine Verständigung, d. h. auf die gemeinsame Beherrschung angewiesen sind.[16] Gemeinsame Kontrolle kann schließlich noch **von mehreren Minderheitsgesellschaftern zusammen** ausgeübt werden, vorausgesetzt, dass sie sich vertraglich zur *gemeinsamen* Vorgehensweise gegenüber dem Gemeinschaftsunternehmen verpflichtet haben oder dass sonst aufgrund besonderer Umstände ihre Interessenidentität und damit die gemeinsame Vorgehensweise in dem Gemeinschaftsunternehmen gewährleistet sind.[17]

14 **2.** Keineswegs alle Gemeinschaftsunternehmen in dem soeben entwickelten Sinne (o. Rn. 12 f.) unterfallen der FKVO, sondern nur diejenigen, bei denen (außerdem) die Voraussetzungen des Art. 1 Abs. 1 und Abs. 2 sowie des Art. 3 Abs. 4 FKVO vorliegen. Erforderlich ist mit anderen Worten **zusätzlich**, dass das Gemeinschaftsunternehmen die **Schwellenwerte des Art. 1 Abs. 2 und Abs. 3 FKVO** überschreitet (s. dazu o. § 15 Rn. 11 ff.) **sowie** dass es ein sog. Vollfunktionsgemeinschaftsunternehmen im Sinne des **Art. 3 Abs. 4 FKVO** darstellt, weil es auf Dauer alle Funktionen einer selbstständigen wirtschaftlichen Einheit erfüllt (dazu u. Rn. 15 ff.). Daraus folgt zugleich, dass **alle anderen Gemeinschaftsunternehmen** von der FKVO *nicht* erfasst werden und daher weiterhin allein dem Regime des **Art. 101 AEUV** unterstehen. Die wichtigsten Erscheinungsformen solcher anderen (nach Art. 101 AEUV zu beurteilenden) Gemeinschaftsunternehmen sind außer denjenigen, bei denen nicht die Schwellenwerte des Art. 1 Abs. 2 und Abs. 3 FKVO überschritten werden, noch die sog. **Teilfunktionsgemeinschaftsunternehmen**, Gemeinschaftsunternehmen, die nicht auf Dauer, sondern nur für **vorübergehende Zwecke** gegründet werden, sowie Gemeinschaftsunternehmen, bei denen die Gründer zusätzliche wettbewerbsbeschränkende **Nebenabreden** getroffen haben, die über den Rahmen des Art. 2 Abs. 4 FKVO hinausgehen.

[13] *EuG* Slg. 2006, II-331 (356 ff.) = WuW/E EU-R 1005 (1006 ff. Tz. 67 ff.) – Cementbouw; *Kommission,* Mitteilung, Tz. 83 ff.

[14] *EuG* Slg. 2006, II-331 (367 ff.) = WuW/E EU-R 1005 (1006 ff. Tz. 104 ff.) – Cementbouw.

[15] *Kommission,* Mitteilung, Tz. 64; Entsch. v. 12. 11. 1992, ABl. 1993 Nr. L 114/34 = AG 1993, 475 (476) – Mannesmann/Hoesch; 22. WB, Tz. 230 (S. 129 f.).

[16] *Kommission,* Mitteilung, Tz. 65 ff.

[17] *EuG* Slg. 2006, II-331 (352 f.) = WuW/E EU-R 1005 (1006 f. Tz. 54) – Cementbouw.

IV. Abgrenzung

1. Voll- und Teilfunktionsgemeinschaftsunternehmen

Wann ein **Vollfunktionsgemeinschaftsunternehmen** i. S. d. Art. 3 Abs. 4 FKVO anzunehmen ist, hat die Kommission in der **Mitteilung von 2009** präzisiert.[18] Entscheidend ist danach vor allem, ob das fragliche Gemeinschaftsunternehmen über die erforderlichen Ressourcen und das nötige Management verfügt, um seine Tätigkeit auf Dauer unabhängig auszuüben zu können.[19] Den Gegensatz bilden die **Teilfunktionsgemeinschaftsunternehmen,** die lediglich einzelne Aufgaben für die Mütter übernehmen, wobei in erster Linie an gemeinsame Töchter zu denken ist, die für die Mütter die Forschung und Entwicklung neuer Produkte betreiben, die Vorprodukte herstellen oder die den Einkauf oder den Verkauf für die Mütter koordinieren.[20] 15

Maßstab, anhand dessen beurteilt wird, ob es sich bei dem fraglichen Gemeinschaftsunternehmen um ein Vollfunktions- oder um ein bloßes Teilfunktionsgemeinschaftsunternehmen handelt, sind die **Funktionen,** die die **anderen Unternehmen auf dem** betreffenden **Markt** ausüben. Nur wenn das Gemeinschaftsunternehmen mit diesen Unternehmen hinsichtlich seiner Funktionen, seiner Ressourcen und seiner Tätigkeit am Markt vergleichbar ist, so dass es selbstständig mit ihnen auf dem Markt in Wettbewerb treten kann, wird ein Vollfunktionsgemeinschaftsunternehmen im Sinne des Art. 3 Abs. 4 FKVO angenommen. Beschränkt sich dagegen das Gemeinschaftsunternehmen ganz oder doch überwiegend auf Geschäftsbeziehungen mit den Müttern, so handelt es sich im Zweifel um ein bloßes Teilfunktionsgemeinschaftsunternehmen, das etwa Vorprodukte für die Mütter herstellt. Die **Abgrenzung** kann im Einzelfall schwierig sein, insbesondere in der Gründungsphase eines Gemeinschaftsunternehmens. Die Kommission verfährt in der Regel bei der Annahme eines Vollfunktionsgemeinschaftsunternehmens verhältnismäßig **großzügig** (um die alleinige Kontrolle nach der FKVO sicherzustellen), vorausgesetzt, dass nach einer Übergangszeit von zwei bis drei Jahren nach der Gründung mit der Aufnahme der vollen Geschäftstätigkeit am Markt zu rechnen ist. 16

2. Konzentrative und kooperative Gemeinschaftsunternehmen

a) Überblick

Die eigenartige Regelung des Art. 2 Abs. 4 und Abs. 5 FKVO zwingt dazu, innerhalb der Vollfunktionsgemeinschaftsunternehmen im Sinne des Art. 3 Abs. 4 FKVO (dazu o. Rn. 12, 14 ff.) weiter ebenso wie schon nach der früheren Rechtslage (s. o. Rn. 8 ff. und u. Rn. 19 f.) zwischen kooperativen und konzentrativen Vollfunktionsgemeinschaftsunternehmen zu unterscheiden. Ein **kooperatives Vollfunktionsgemeinschaftsunternehmen** liegt nach Art. 2 Abs. 4 FKVO vor, wenn die Gründung des Gemeinschaftsunternehmens die Koordinierung des Wettbewerbsverhaltens unabhängig bleibender Unternehmen bezweckt oder bewirkt. Ist dies der Fall, so findet auf das Gemeinschaftsunternehmen **zusätzlich** zu Art. 2 Abs. 3 FKVO **auch** 17

[18] ABl. Nr. C 43/10, Tz. 91 ff.

[19] Mitteilung, Tz. 94.

[20] Mitteilung, Tz. 95 ff.; *Ehlermann,* EuR 1991, 307 (309 ff.); *Mälzer,* WuW 1992, 705; *Mestmäcker/Schweitzer,* § 24 Rn. 63 f. (S. 575 f.); *Montag/Heinemann,* ZIP 1992, 1367 (1370 ff.); *Niemeyer,* BB 1991 Beil. 25, S. 3 f.; *Sedemund,* FS Deringer, 1993, S. 379 (381 ff.).

Art. 101 Abs. 1 und Abs. 3 AEUV Anwendung, dies deshalb, weil die FKVO an der Anwendbarkeit des vorrangigen primären Vertragsrechts nichts ändern konnte. **Art. 2 Abs. 5 FKVO** fügt noch hinzu, dass bei der Beurteilung eines Gemeinschaftsunternehmens nach Art. 2 IV FKVO die Kommission „insbesondere" berücksichtigt, ob es (1.) auf dem Markt des Gemeinschaftsunternehmens oder einem diesem vor- oder nachgelagerten Markt oder auf einem benachbarten oder eng mit ihm verknüpften Markt eine nennenswerte und gleichzeitige **Präsenz von** zwei oder mehr **Gründerunternehmen** („parents") gibt, sowie (2.) ob die unmittelbar aus der Gründung des Gemeinschaftsunternehmens erwachsende Koordinierung den beteiligten Unternehmen die **Möglichkeit** eröffnet, für einen wesentlichen Teil der betreffenden Waren und Dienstleistungen den **Wettbewerb auszuschalten**.

18 Mit dieser Regelung soll in erster Linie der häufig mit der Gründung von Gemeinschaftsunternehmen verbundene **Gruppeneffekt** erfasst werden (s. schon o. Rn. 2 f.). Man versteht darunter den Umstand, dass mehrere Unternehmen, die auf einem Markt im Rahmen eines Gemeinschaftsunternehmens zusammenarbeiten, sich häufig mit Rücksicht auf diese Zusammenarbeit auch auf anderen Märkten keinen Wettbewerb mehr liefern, sondern sich nach Möglichkeit gegenseitig schonen werden, um ihre Zusammenarbeit in dem Gemeinschaftsunternehmen nicht zu gefährden.

b) Frühere Rechtslage

19 Die Unterscheidung zwischen kooperativen und konzentrativen Gemeinschaftsunternehmen ist an sich nicht neu, sondern lag bereits der ursprünglichen Regelung der Gemeinschaftsunternehmen in der ersten FKVO von 1989 bis zu der Novelle von 1997 zugrunde (s. o. Rn. 8 f.). Die damals für die Abgrenzung maßgeblichen Kriterien ergaben sich aus der (inzwischen aufgehobenen) **Bekanntmachung** der Kommission **über** die **Unterscheidung** zwischen konzentrativen und kooperativen Gemeinschaftsunternehmen **vom 31. Dezember 1994.**[21] War danach ein kooperatives Gemeinschaftsunternehmen anzunehmen, das nicht unter die FKVO von 1989 fiel, so richtete sich die Beurteilung aufgrund des Art. 101 AEUV nach der **Bekanntmachung vom 16. Februar 1993,**[22] nach der die **Anwendung des Art. 101 AEUV** auf die Grundvereinbarung zwischen den Müttern vor allem **in** den folgenden **vier Fällen** in Betracht kam. Es waren dies der Reihe nach (1.) die Beschränkung des aktuellen oder potentiellen Wettbewerbs zwischen den Müttern, wobei auch der sog. **Gruppen- oder Spillover-Effekt** auf dritten Märkten zu berücksichtigen war (u. Rn. 20), (2.) wettbewerbsbeschränkende Auswirkungen auf Dritte, insbesondere durch die Erschwerung ihres Marktzutritts (sog. **foreclosure-Effekt**), (3.) die Überziehung der Märkte der Gemeinschaft mit ganzen Netzen von „parallelen" Gemeinschaftsunternehmen (sog. Netz- oder **Network-Effekt**, s. Rn. 20) sowie schließlich (4.) der Fall, dass im Zusammenhang mit der Gründung des Gemeinschaftsunternehmens dafür nicht notwendige, ergänzende wettbewerbsbeschränkende Neben- oder Zusatzabreden zwischen den Müttern getroffen wurden (sog. **ancillary-restrictions**).

20 Ganz im Vordergrund des Interesses stand der zuerst genannte Fall einer **Beschränkung des aktuellen oder potentiellen Wettbewerbs zwischen den Müttern** infolge

[21] ABl. Nr. C 385/1.
[22] ABl. Nr. C 43/2.

der Gründung des Gemeinschaftsunternehmens.[23] Besonders deutlich sind solche Effekte, wenn die Mütter als *aktuelle Konkurrenten* die Herstellung oder den Vertrieb eines Teils ihrer Produkte oder die Erbringung einzelner zu ihrem Leistungsprogramm zählender Dienstleistungen einem Gemeinschaftsunternehmen übertragen, bei dem es sich dann im Grunde um ein **Syndikat** handelt.[24] Gleich stand die **Beschränkung des potentiellen Wettbewerbs** zwischen den Müttern, wobei die Kommission freilich aufgrund einer „realistischen Betrachtungsweise" ausgesprochen zurückhaltend war, um die Kooperation von Unternehmen in Gemeinschaftsunternehmen nicht „unnötig" zu erschweren. Beispiele für **Netzeffekte** boten dagegen die Fälle, in denen sich die Gründung eines einzelnen Gemeinschaftsunternehmens als Teil einer umfassenderen Strategie der Mütter zur Regulierung der Märkte erwies, gekennzeichnet durch die Gründung ganzer Netze „paralleler" Gemeinschaftsunternehmen, an denen zumindest eine der Mütter durchweg maßgeblich beteiligt war.[25]

c) Neue Rechtslage

Heute ist bei der Unterscheidung zwischen kooperativen und konzentrativen Gemeinschaftsunternehmen, d. h. in der Frage, wann *zusätzlich* Art. 101 AEUV Anwendung findet, von der **Regelung** des Fragenkreises **in Art. 2 Abs. 4 und Abs. 5 FKVO** auszugehen, wobei aber, soweit möglich, an die früheren, sachlich durchaus begründeten Fallgruppen anzuknüpfen ist (o. Rn. 19 f.). 21

Art. 2 Abs. 4 FKVO stellt darauf ab, ob das Gemeinschaftsunternehmen die **Koordinierung des Wettbewerbsverhaltens unabhängig bleibender Unternehmen** bezweckt oder bewirkt. Gedacht ist dabei in erster Linie, wie aus Abs. 5 der Vorschrift zu entnehmen ist, an die an dem Gemeinschaftsunternehmen beteiligten Gründerunternehmen, die sog. **Mütter.** Mit Bezug auf sie ist folglich gemäß Art. 2 Abs. 4 FKVO zu prüfen, ob die Gründung des Gemeinschaftsunternehmens eine Koordinierung ihres Wettbewerbsverhaltens nach den Abreden der Beteiligten bezweckt oder doch nach den Umständen, insbesondere aufgrund der Verhältnisse der betroffenen Märkte, in Zukunft bewirken wird. Maßgebliches **Kriterium** ist dafür, wie dem **Art. 2 Abs. 5 Fall 1 FKVO** zu entnehmen ist, die **nennenswerte und gleichzeitige Präsenz der Mütter** entweder auf dem Markt des Gemeinschaftsunternehmens, auf einem diesem vor- oder nachgelagerten Markt oder auf einen benachbarten oder eng mit ihm verknüpften Markt. Für diese Märkte haben sich die Bezeichnungen „Kandidatenmärkte" oder – neudeutsch – **candidate markets** eingebürgert. Hinter dieser Regelung steht die Erfahrung, dass der von der Zusammenarbeit mehrerer Unternehmen in einem Gemeinschaftsunternehmen zu befürchtende **Gruppeneffekt** vor allem auf einem dieser candidate markets zu befürchten ist, nicht dagegen, wenn die betreffenden Unternehmen mehr oder weniger zufällig auf einem anderen, weit entfernten Markt aufeinandertreffen. 22

Erste Voraussetzung für die Anwendung des Art. 2 Abs. 4 FKVO auf die Gründung eines Vollfunktionsgemeinschaftsunternehmens im Sinne des Art. 3 Abs. 4 FKVO ist 23

[23] S. Hdb., H I § 2 Rn. 174–181.

[24] Beispiele in *Kommission,* Entsch. v. 23. 12. 1992, ABl. 1993 Nr. L 20/23 (28 ff.) – Astra; v. 29. 1. 1999, ABl. Nr. L 163/61 (66 ff.) – P. und O.

[25] *EuG* Slg. 1998, II-3141 (3204 ff. Tz. 155 ff.) = WuW/E EU-R 237 (245 ff.) – Europ. Night Services; *Kommission,* Entsch. v. 14. 7. 1986, ABl. Nr. L 236/30 (36 ff.) – Lichtwellenleiter; v. 27. 7. 1994, ABl. Nr. L 224/28 (31) – ACI; v. 21. 9. 1994, ABl. Nr. L 259/20 (24) – Night Services.

Kausalität zwischen der **Gründung** des Gemeinschaftsunternehmens **und** der befürchteten **Koordinierung** des Wettbewerbsverhaltens der Mütter auf einem der candidate markets, wobei meistens aus Art. 2 Abs. 5 Fall 2 FKVO der weitere Schluss gezogen wird, dass diese Kausalität eine „unmittelbare" sein muss. Damit kann aber – angesichts der Unmöglichkeit zwischen unmittelbarer und mittelbarer Kausalität zu unterscheiden – nur gemeint sein, dass die Kausalität der Gründung des Gemeinschaftsunternehmens für den Gruppeneffekt auf den *candidate markets* nach den Umständen **„unmittelbar" naheliegend** sein muss und nicht nur theoretischer Art sein darf.

24 Die zweite Voraussetzung für die Anwendung des Art. 2 Abs. 4 FKVO ist eine nennenswerte, d. h. **erhebliche** und **gleichzeitige Präsenz von** wenigstens zwei **Müttern auf** einem der **candidate markets**, weil nämlich – das klingt zumindest plausibel – die Zusammenarbeit mehrerer Unternehmen in einem Gemeinschaftsunternehmen nur unter der Voraussetzung ihrer gleichzeitigen Präsenz auf einem Markt eine Verhaltskoordinierung zwischen zwei oder mehr Müttern auf dem Markt des Gemeinschaftsunternehmens oder auf einem anderen candidate market nach sich ziehen kann. Besonders naheliegend ist diese Gefahr bei einer **Präsenz** zumindest zweier Mütter **neben dem Gemeinschaftsunternehmen** auf dessen Markt, da dann nach allgemeiner wirtschaftlicher Erfahrung anzunehmen ist, dass alle Beteiligten, die Mütter und das Gemeinschaftsunternehmen, aufeinander Rücksicht nehmen werden, schon, um ihre Zusammenarbeit nicht zu gefährden, *vorausgesetzt,* dass die Betätigung auf diesem Markt für die Mütter wichtig, d. h. eben „nennenswert" ist. Die Kommission beurteilt dies in erster Linie nach der Höhe der **Marktanteile der Beteiligten**, wobei in ihren Augen offenbar die addierte Marktanteilsschwelle in der Gegend von 20 bis 30 % liegt.[26]

25 Zu den candidate markets, die bei der Prüfung der kooperativen Aspekte eines Vollfunktionsgemeinschaftsunternehmens nach Art. 2 Abs. 5 Fall 1 FKVO ins Auge zu fassen sind, gehören außerdem die **vor- oder nachgelagerten Märkte, benachbarte Märkte sowie eng** mit dem Markt des Gemeinschaftsunternehmens **verknüpfte Märkte.** Sind auf einem dieser Märkte wenigstens zwei **Mütter** in nennenswertem Umfang **gleichzeitig präsent**, so wird in erster Linie geprüft, ob der Umsatz der Mütter mit dem Gemeinschaftsunternehmen einen erheblichen Anteil an dem Umsatz der Mütter hat, um feststellen zu können, welche Bedeutung für die Mütter überhaupt die Zusammenarbeit in dem Gemeinschaftsunternehmen hat. Denn nur, wenn diese Bedeutung erheblich ist, ist auf den genannten Märkten je nach den Umständen des Falles mit einem Gruppeneffekt durch gegenseitige Rücksichtnahme der Mütter aufeinander zu rechnen.[27]

26 Früher wurden kooperative Gemeinschaftsunternehmen vor allem bei der Zusammenarbeit großer Unternehmen in der Entwicklung und Herstellung neuer Produkte sowie in vergleichbaren Fallgestaltungen angenommen. Da jedoch die Praxis in der Zeit vor der Novelle von 1997 von anderen Kriterien bei der Abgrenzung kooperati-

[26] S. *Kommission,* Entsch. v. 30. 9. 1999, WuW/E EU-V 371 (374 f. Tz. 62 ff.) – Fujitsu/Siemens; v. 28. 2. 2000, WuW/E EU-V 493 (495 f. Tz. 26 ff.) – Bertelsmann/Planeta/NEB.

[27] S. z. B. *Kommission,* Entsch. v. 11. 8. 1999, WuW/E EU-V 473 – KLM/ALITALIA; v. 28. 2. 2000, WuW/E EU-V 493 (495 f. Tz. 23 ff.) – Bertelsmann/Planeta/NEB; v. 22. 12. 2000, WuW/E EU-V 572 – Sora Enso/Assidomän/JV; LMR/*Lindemann,* Art. 2 FKVO Rn. 74; *Mestmäcker/Schweitzer,* § 23 Rn. 79 (S. 5102 Fall 2 und 3).

ver von konzentrativen Gemeinschaftsunternehmen ausging, als sie heute nach Art. 2 Abs. 4 und Abs. 5 FKVO zugrunde zu legen sind, können frühere Entscheidungen nur noch mit Vorsicht für die Auslegung des geltenden Rechts herangezogen werden.[28] Unter diesem Vorbehalt sind die folgenden **Beispiele** zu lesen:

Als **kooperatives Gemeinschaftsunternehmen** wurde z. B. behandelt die Zusam- 27
menarbeit von Industrieunternehmen bei der Entwicklung neuer Triebwerke oder Fahrzeuge[29] oder bei der Entwicklung und Produktion elektronischer Bauteile.[30] Die Zusammenarbeit der europäischen Bahngesellschaften bei der Erbringung bestimmter Dienstleistungen auf den verschiedenen Transportmärkten, z. B. bei dem Transport von Gütern und Personen durch den Kanaltunnel, gehörte gleichfalls hierher.[31] Ebenso qualifiziert wurde (und wird) die sich kontinuierlich ausdehnende Zusammenarbeit der großen Telekommunikationsunternehmen auf den unterschiedlichsten Märkten, weil sie sich hier im Grunde durchweg zumindest als potentielle Konkurrenten gegenüberstehen.[32]

V. Rechtliche Behandlung

1. Kooperative Vollfunktionsgemeinschaftsunternehmen

Die **kooperativen Vollfunktionsgemeinschaftsunternehmen** unterliegen seit 1998 28
der **FKVO**, vorausgesetzt, dass sie die Schwellenwerte des Art. 1 Abs. 2 und Abs. 3 FKVO überschreiten (Art. 3 Abs. 4 FKVO). **Verfahrensrechtlich** richtet sich daher ihre **Prüfung** allein nach den Vorschriften der **FKVO** und nicht zugleich nach der VO Nr. 1/2003. Die Folge ist, dass sich seitdem die Prüfung der kooperativen Vollfunktionsgemeinschaftsunternehmen im Rahmen des einheitlichen Fusionskontrollverfahrens in **zwei Schritten** vollzieht. Der **erste Schritt** besteht in der Kontrolle der Gründung des Gemeinschaftsunternehmens anhand des **Art. 2 Abs. 2 und Abs. 3 FKVO,** d. h. in der Prüfung, ob durch die Gründung des Gemeinschaftsunternehmens auf einem relevanten Markt der Gemeinschaft wirksamer Wettbewerb erheblich behindert würde, insbesondere durch die Begründung oder Verstärkung einer beherrschenden Stellung, wobei vor allem, aber nicht allein an das Gemeinschaftsunternehmen zu denken ist.[33] Ergibt diese Prüfung, dass die Voraussetzungen des Art. 2 Abs. 3 FKVO erfüllt sind, so wird der in der Gründung des Gemeinschaftsunternehmens liegende Zusammenschluss nach Art. 8 Abs. 3 FKVO für unvereinbar mit dem Gemeinsamen Markt erklärt, d. h. untersagt.

---

[28] Ebenso *Mestmäcker/Schweitzer,* § 24 Rn. 79 (S. 581).

[29] *Kommission,* Entsch. v. 23. 12. 1992, ABl. 1993 Nr. L 20/14 – Ford/VW; v. 14. 9. 1999, ABl. 2000 Nr. L 58/16 = WuW/E EU-V 527 – GE/P. und W.

[30] *Kommission,* Entsch. v. 12. 12. 1994, ABl. Nr. L 341/66 – Fujitsu/AMD; 23. WB 1993, Tz. 215 (S. 140 ff.) – Philips/Thomson.

[31] *Kommission,* Entsch. v. 21. 9. 1994, ABl. Nr. L 259/20 – Night Services.

[32] *Kommission,* Entsch. v. 27. 7. 1994, ABl. Nr. L 221/36 – BT/MCI; v. 17. 7. 1996, ABl. Nr. L 239/23 – Atlas; v. 17. 7. 1996, ABl. L 239/57 – Phoenix; v. 29. 10. 1997, ABl. Nr. L 318/1 und 24 – Unisource und Uniworld; v. 20. 5. 1999, ABl. Nr. L 218/14 – Cegetel; v. 27. 7. 1999, ABl. Nr. L 218/24 – TD; v. 15. 9. 1999, ABl. Nr. L 321/1 (20 ff. Tz. 145 ff.) – BiB/Open; vgl. außerdem grdl. *EuG* Slg. 1999, II-203 (228 ff. Tz. 66 ff.) = WuW/E EU-R 261 (263 ff.) – Assicurazioni Generali und Unicredito.

[33] Ein Beispiel in *Kommission,* Entsch. v. 6. 10. 2004, ABl. 2006 Nr. L 61/11 (13 f. Tz. 14 ff.) – Areva/Urenco.

29 Führt jedoch die Prüfung auf der ersten Stufe nicht zur Untersagung des Zusammenschlusses (o. Rn. 28), so schließt sich als **zweite Stufe** die **Prüfung** der Gründung des Gemeinschaftsunternehmens **nach Art. 2 Abs. 4 und Abs. 5 FKVO,** d. h. der Sache nach gemäß **Art. 101 Abs. 1 und 3 AEUV** an.[34] In diesem Stadium der Prüfung wird somit untersucht, ob die Gründung des Gemeinschaftsunternehmens eine **Koordinierung des Wettbewerbsverhaltens der Mütter auf einem der candidate markets i. S. von Art. 101 AEUV** bezweckt oder bewirkt. Insoweit ist eine *Prognose* über die Entwicklung der Situation auf den candidate markets im Falle der Gründung des Gemeinschaftsunternehmens in den nächsten Jahren erforderlich, über deren Schwierigkeit man sich keinen Illusionen hingeben darf. Auszugehen ist dabei von den beiden **Beispielstatbeständen** des **Art. 2 Abs. 5 FKVO,** wobei der **erste Tatbestand** (Präsenz von mindestens zwei Müttern auf einem candidate market) ganz im Vordergrund des Interesses steht.[35] Denn der **zweite Tatbestand** – Eröffnung der Möglichkeit zur Ausschaltung des Wettbewerbs für einen wesentlichen Teil der betreffenden Waren oder Dienstleistungen – stellt bei Lichte besehen nur einen Anwendungsfall des ersten Tatbestandes des Art. 2 Abs. 5 FKVO dar.

30 Auch mit der Prüfung des Art. 101 Abs. 1 AEUV (o. Rn. 29 f.) ist die Prüfung noch nicht abgeschlossen, wie Art. 2 Abs. 4 FKVO zeigt, der auch den **Art. 101 Abs. 3 AEUV** in Bezug nimmt.[36] Deshalb muss jetzt noch abschließend geprüft werden, ob (ausnahmsweise) eine **Freistellung des kooperativen**, an sich gegen Art. 101 Abs. 1 AEUV verstoßenden **Vollfunktionsgemeinschaftsunternehmens** nach Art. 101 Abs. 3 AEUV in Betracht kommt. Ergibt diese Prüfung, dass vermutlich die Freistellungvoraussetzungen des Art. 101 Abs. 3 AEUV erfüllt sein werden, so wird das Gemeinschaftsunternehmen für mit dem Gemeinsamen Markt **vereinbar erklärt**, d. h. freigegeben (Art. 8 Abs. 1 FKVO).

2. Andere Gemeinschaftsunternehmen

31 Die FKVO gilt nur für Gemeinschaftsunternehmen, die Vollfunktionsgemeinschaftsunternehmen im Sinne des Art. 3 Abs. 4 FKVO sind *und* bei denen die Schwellenwerte des Art. 1 Abs. 2 und Abs. 3 FKVO überschritten sind. Auf alle anderen Gemeinschaftsunternehmen findet sie dagegen keine Anwendung, so dass sie **allein** dem **Art. 101 AEUV** unterstehen, und zwar einschließlich der Vollfunktionsgemeinschaftsunternehmen, die **unterhalb der Schwellenwerte** des Art. 1 Abs. 2 und Abs. 3 FKVO liegen, sowie solcher Vollfunktionsgemeinschaftsunternehmen, die zwar die Schwellenwerte des Art. 1 Abs. 2 und Abs. 3 FKVO überschreiten, deren Gründung jedoch mit zusätzlichen, wettbewerbsbeschränkenden **Nebenabreden** der Mütter, insbesondere über Preise, Gebiete oder Mengen verbunden ist. **Insoweit** bleibt es bei der gegebenenfalls zusätzlichen Anwendbarkeit des **Art. 101 AEUV,** und zwar im Rahmen der VO Nr. 1/2003.[37] „Schöne" Beispiele bietet in großer Zahl die um sich greifende „Kooperation" der großen Telekommunikationsunternehmen auf allen möglichen Gebieten und Netzebenen.[38]

[34] S. dazu z. B. *Bosch*, EG-Kartellrecht, FKVO Art. 2 Rn. 83–92; LMR/*Lindemann*, FKVO Art. 2 Rn. 186–196; *Rosenthal/Thomas*, Merger Control, Tz. 529 ff. (S. 225 ff.).

[35] *EuG* Slg. 2006, II-3089 (3118 ff.).

[36] S. *Mestmäcker/Schweitzer*, § 24 Rn. 80–84 (S. 583 ff.).

[37] Zu der schwierigen Grenzziehung s. etwa *Hirsbrunner*, EuZW 1999, 389 (390).

[38] S. o. Rn. 27; *Kommission*, Entsch. v. 17. 7. 1996, ABl. Nr. L 234/23 (41 f.) – Atlas; v. 17. 7. 1996, ABl. Nr. L 234/57 (68 f.) – Phoenix; v. 18. 12. 1996, ABl. 1997 Nr. L 16/87 (94 f.) – Iridium.

Weitere Fälle, in denen nach wie vor von der alleinigen Anwendbarkeit des Art. 101 AEUV auszugehen ist, sind schließlich noch **Teilfunktionsgemeinschaftsunternehmen** (o. Rn. 17 ff.), die bei Lichte besehen ohnehin nichts anderes als ein Mittel der Kooperation der Mütter auf einzelnen Märkten und damit reine Kartelle sind, wobei wiederum der sog. Gruppeneffekt zu berücksichtigen ist. Vor allem Gemeinschaftsunternehmen, die Forschungs- und Entwicklungsaufgaben für die Mütter übernehmen, die als Verkaufs- oder Einkaufsgemeinschaften fungieren oder die Vorprodukte herstellen, gehören vielfach hierher.[39] 32

§ 18. Verfahren

Literatur: *Kommission,* Mitteilung über im Rahmen der Fusionskontrolle zulässige Abhilfemaßnahmen, ABl. 2001 Nr. C 68/3; Mitteilung über interne Verfahrensvorschriften für die Behandlung von Anträgen auf Akteneinsicht, ABl. 1997 Nr. C 23/3; Bekanntmachung über Nebenabreden v. 5. März 2005, ABl. Nr. C 56/24; Bekanntmachung über ein vereinfachtes Verfahren für bestimmte Zusammenschlüsse v. 5. März 2005, ABl. Nr. C 56/32; Merger Remedies Study v. 21. Oktober 2005 (unveröffetlicht); *Albert,* Patente in der Fusionskontrolle, 2011; *Frenz,* S. 684 ff.; *Leibenath,* Rechtsprobleme der Zusagenpraxis in der europäischen Fusionskontrolle, 2000; *P. Linsmeier,* FS Bechtold, 2006, S. 269; *Mesmäcker/Schweitzer,* § 23 Rn. 74 ff. (S. 546 ff.); *Niemeyer,* Fusionskontrollverordnung, S. 4 ff.; *Rosenthal/Thomas,* Merger Control, S. 239, 285, 345 ff.; *Wagemann,* in: Wiedemann, § 17; *St. Zilles,* Die Anfechtungslegitimation von Dritten im europäischen Fusionskontrollrecht, 1997.

I. Überblick

Die Kartellverfahrensverordnung Nr. 1/2003 regelt allein die Befugnisse der Kommission bei der Durchsetzung der Wettbewerbsregeln des Vertrages (Art. 101 und 102). Das Verfahren in der Fusionskontrolle hat dagegen eine eigenständige Regelung in der **FKVO Nr. 139/2004** vom 20. Januar 2004 gefunden,[1] freilich in enger Anlehnung an die entsprechenden Regeln der VO Nr. 1/2003 an, so dass wegen der meisten Einzelheiten auf die Ausführungen zu der VO Nr. 1/2003 verwiesen werden kann (s. o. §§ 12, 13). 1

Die Kommission ist nach Art. 23 Abs. 1 FKVO ermächtigt, Durchführungsbestimmungen zu erlassen. Von dieser Ermächtigung hat sie mit Erlass der **Durchführungsverordnung (DVO) Nr. 802/2004** vom 7. April 2004 Gebrauch gemacht,[2] die ergänzend Einzelheiten der Anmeldung von Zusammenschlüssen (Art. 2 ff.), der Fristberechnung (Art. 7 ff.), der Anhörung der Beteiligten (Art. 11 ff.) sowie der Akteneinsicht und des Verfahrens bei dem Angebot von Verpflichtungszusagen regelt (Art. 17 f., 19 f.). Im Anhang zu der DVO finden sich umfangreiche **Formblätter,** deren Benutzung für die Anmeldung von Zusammenschlüssen vorgeschrieben ist. 2

Weitere Erläuterungen zu Einzelheiten des Verfahrens finden sich wie üblich in einer Reihe von **Bekanntmachungen** der Kommission. Hervorzuheben sind die beiden Bekanntmachungen **vom 5. März 2005 über Nebenabreden**[3] und **über** ein **vereinfach-** 3

[39] S. die frühere Bekanntmachung über kooperative Gemeinschaftsunternehmen, Tz. 36 ff.; *Kommission,* Entsch. v. 20. 10. 1978, ABl. Nr. L 322/26 (30 ff.) – WANO Schwarzpulver.

[1] ABl. Nr. L 24/1.

[2] ABl. Nr. L 133/1; zuletzt geändert durch die VO Nr. 1033/2008, ABl. Nr. L 279/3.

[3] ABl. Nr. C 56/24; s. dazu u. Rn. 16 f.

tes Verfahren für bestimmte Zusammenschlüsse.[4] Das vereinfachte Verfahren findet danach in solchen Fällen Anwendung, in denen in der Regel keine Bedenken gegen einen angemeldeten Zusammenschluss bestehen. Nach Meinung der Kommission gilt dies grundsätzlich für konglomerate Zusammenschlüsse sowie für horizontale Zusammenschlüsse mit einem Marktanteil von weniger als 15 % und für vertikale Zusammenschlüsse mit Marktanteilen bis 25 %.[5] Diese Kriterien geben auch wichtige Hinweise auf die Auslegung des Art. 2 Abs. 3 FKVO durch die Kommission.

4 Das **Verfahren** in der Fusionskontrolle ist ebenso wie nach deutschem Recht (s. § 39 Abs. 1 GWB) **präventiv,** da **Zusammenschlüsse** grundsätzlich bereits **vor** ihrem **Vollzug** bei der Kommission **angemeldet** werden müssen (Art. 4 Abs. 1 Unterabs. 1 FKVO), dies deshalb, weil erfahrungsgemäß die *nachträgliche Auflösung* eines einmal vollzogenen Zusammenschlusses auf größte Schwierigkeiten stößt. Aus diesem Grunde gilt während der Prüfung des Zusammenschlusses durch die Kommission ferner ein **Vollzugsverbot** (Art. 7 Abs. 1 FKVO). Verstöße gegen die Anmeldepflicht (Art. 4 FKVO) oder gegen das Vollzugsverbot (Art. 7 FKVO) können von der Kommission mit Geldbußen sanktioniert werden (Art. 14 Abs. 2 FKVO).

5 Das Vollzugsverbot für einen Zusammenschluss (o. Rn. 4) belastet die Unternehmen naturgemäß erheblich. Zum Ausgleich sieht die FKVO im Interesse der beteiligten Unternehmen ein streng gegliedertes Verfahren mit **kurzen Fristen** für die jeweils abschließenden Entscheidungen der Kommission vor (s. insbesondere die Art. 6, 8 und 10). Hält die Kommission diese Fristen nicht ein, so gilt der Zusammenschluss grundsätzlich kraft Gesetzes als erlaubt (Art. 10 Abs. 6 FKVO).

6 Die Kommission besitzt in dem Verfahren ebenso wie nach der Kartellverfahrensverordnung Nr. 1/2003 umfangreiche **Auskunfts- und Ermittlungsbefugnisse** (Art. 11 bis 13),[6] die durch Zwangsgelder durchgesetzt werden können (Art. 15 FKVO). Verstöße gegen die genannten Pflichten ziehen ferner Geldbußen nach sich (Art. 14 Abs. 1 FKVO).

7 In dem Fusionskontrollverfahren müssen die **Grundrechte** der Beteiligten gewahrt werden.[7] Dazu gehört insbesondere das Recht auf **rechtliches Gehör**. Seiner Verwirklichung dient vornehmlich die in Art. 18 FKVO vorgeschriebene **Mitteilung der Beschwerdepunkte.** Den beteiligten Unternehmen soll dadurch eine sachgerechte Verteidigung sowie die Prüfung ermöglicht werden, ob die drohende Untersagung des Zusammenschlusses noch durch bestimmte Zusagen abgewandt werden kann.[8] Deshalb müssen die wettbewerbsrechtlichen **Bedenken** der Kommission gegen ein Zusammenschlussvorhaben in den Beschwerdepunkten **deutlich herausgearbeitet** werden; geschieht dies nicht, stützt die Kommission die Untersagung des Zusammenschlusses vielmehr auf Gründe, die in den Beschwerdepunkten nicht klar angesprochen wurden, so werden die Verteidigungsrechte der beteiligten Unternehmen verletzt, so dass die Entscheidung auf Klage hin selbst dann aufzuheben ist, wenn sie im Übrigen an sich sachlich zutreffend sein sollte.[9] Jedoch haben die Be-

---

[4] ABl. Nr. C 56/32.
[5] Bekanntmachung (vorige Fn.), Tz. 5 lit. b und c.
[6] S. o. § 12 Rn. 18 ff.; *EuG* WuW/E EU-R 1536 (1537 ff.) – Omya; s. dazu *Hirsbrunner*, EuZW 2010, 727 (730).
[7] S. die Erwägungsgründe Nr. 36 und 37 zu der FKVO.
[8] *EuG* Slg. 2002, II-4075 (4191 ff. Tz. 440 ff.) – Schneider/Legrand.
[9] *EuG* Slg. 2002, II-4075 (4192 Tz. 444; 4194 Tz. 453 f.) – Schneider/Legrand.

schwerdepunkte **nur vorläufigen Charakter**, so dass die Kommission ihre Meinung aufgrund der Anhörung der Beteiligten immer noch ändern kann.[10] Stößt die Kommission dabei auf **zusätzliche Einwände** gegen den Zusammenschluss, so darf sie diese bei ihrer Entscheidung freilich nicht mehr berücksichtigen, außer wenn sie den Beteiligten erneut die Gelegenheit zur Stellungnahme gibt.[11]

II. Anmeldung

1. Zeitpunkt

Zusammenschlüsse von gemeinschaftsweiter Bedeutung im Sinne der Art. 1 und 3 FKVO müssen grundsätzlich **nach Vertragsabschluss,** nach Veröffentlichung des Übernahmeangebots oder **nach Erwerb** einer die Kontrolle begründenden Beteiligung, **jedoch vor** ihrem **Vollzug** bei der Kommission **angemeldet** werden (Art. 4 Abs. 1 Unterabs. 1 FKVO); die Einzelheiten ergeben sich aus der Durchführungsverordnung Nr. 802/2004 vom 7. April 2004 (Rn. 2). Eine Anmeldung ist aber auch schon früher möglich, sofern die Unternehmen glaubhaft machen, dass sie ernsthaft gewillt sind, einen bestimmten Vertrag abzuschließen (Art. 4 Abs. 1 Unterabs. 2 FKVO).[12] 8

Bei dem anzumeldenden **Vertrag** oder Vertragsvorhaben (Art. 4 Abs. 1 FKVO; o. Rn. 8) handelt es sich in erster Linie um die dem (geplanten) Zusammenschluss zugrundeliegenden **Kausalgeschäfte**, die dem (dinglichen) Vollzug, z. B. durch Übertragung der Anteile oder des Vermögens (u. Rn. 10), vorausgehen. Dagegen erledigt sich das Verfahren, wenn die beteiligten Unternehmen den Vertrag noch vor der Entscheidung der Kommission wieder aufheben.[13] 9

2. Vollzugsverbot

Die förmliche Anmeldung löst bereits das Vollzugsverbot des Art. 7 Abs. 1 FKVO bis zur Freigabe des Zusammenschlusses nach den Art. 6 Abs. 1 lit. b und 8 Abs. 1 und Abs. 2 FKVO aus (o. Rn. 4 f.) Mit **Vollzug** sind hier die **Erfüllungsgeschäfte** im Gegensatz zu den Kausalgeschäften gemeint, die nach Art. 4 Abs. 1 FKVO anzumelden sind (s. o. Rn. 9). Eine **Ausnahme** von dem Vollzugsverbot findet sich für öffentliche Übernahmeangebote sowie für bestimmte Wertpapiergeschäfte in Art. 7 Abs. 2 FKVO; außerdem kann die Kommission Befreiung von dem Vollzugsverbot erteilen (Art. 7 Abs. 3 FKVO). Verstöße gegen das Vollzugsverbot ziehen zivil- und bußgeldrechtliche Sanktionen nach sich (s. Art. 7 Abs. 4, 14 Abs. 2 lit. b FKVO). 10

III. Vorprüfverfahren

Durch die Anmeldung wird das Vorprüfverfahren **des Art. 6 FKVO** ausgelöst, für das kurze Fristen gelten (Art. 10 Abs. 1 FKVO). Die Vorprüfung kann zu dem **Ergebnis** führen, dass die FKVO nicht anwendbar ist (Art. 6 I lit. a FKVO), dass gegen 11

[10] *EuGH* Slg. 2008, I-5628 = WuW/E EU-R 1498 (1501 ff. Tz. 63 ff.) – Impala.
[11] *EuG* WuW/E EU-R 1576 Tz. 76 ff. – Qualcomm/Wireless.
[12] Anders früher *Kommission,* Entsch. v. 28. 11. 1990, EuZW 1991, 187 – Cookson/ICI.
[13] *EuG* Slg. 2004, II-3256 = WuW/E EU-R 840 (843 Tz. 89) – MCI/Sprint; s. dazu *Staebe,* EuZW 2005, 14.

den Zusammenschluss keine Bedenken bestehen (lit. b a. a. O.) oder dass das Hauptverfahren eröffnet wird, weil ernsthafte Bedenken gegen die Vereinbarkeit des Zusammenschlusses mit dem Gemeinsamen Markt zu erheben sind (lit. c; dazu u. Rn. 15). Bei der Entscheidung zwischen diesen drei Alternativen verfügt die Kommission über einen weiten Ermessensspielraum.[14]

12 Der größte Teil der Anmeldungen wird bereits im Vorprüfverfahren des Art. 6 FKVO erledigt. Die Kommission hat deshalb seit 1997 die Befugnis, schon im Vorprüfverfahren bei ihrer Entscheidung **Zusagen** der beteiligten Unternehmen über etwaige Änderungen des Zusammenschlusses zu berücksichtigen sowie ihre Entscheidung mit **Bedingungen** und **Auflagen** zu verbinden, um sicherzustellen, dass die beteiligten Unternehmen die übernommenen Verpflichtungen auch tatsächlich erfüllen (Art. 6 Abs. 2 Unterabs. 1 und 2 FKVO von 2004). Bei der Formulierung von Bedingungen und Auflagen verfügt die Kommission zwar über einen erheblichen Beurteilungsspielraum, muss aber den **Verhältnismäßigkeitsgrundsatz** beachten. Nicht zu prüfen braucht sie jedoch, ob der fragliche Zusammenschluss nach Erfüllung der Bedingungen oder Auflagen noch in ihre Zuständigkeit fällt.[15]

13 Für die Unterscheidung zwischen Bedingungen und Auflagen gilt dasselbe wie im deutschen Recht (s. u. § 36 Rn. 34 ff.). Bei Nichterfüllung einer **Bedingung** wird die Freigabeentscheidung folglich hinfällig, während **Auflagen** zusätzliche Verpflichtungen der Beteiligten begründen. Kommen sie diesen Verpflichtungen nicht nach, so kann die Kommission entweder die Freigabeentscheidung widerrufen (Art. 8 Abs. 6 lit. b FKVO) oder gegen die Beteiligten Geldbußen oder Zwangsgelder festsetzen (Art. 14 Abs. 2 lit. d, 15 Abs. 1 lit. c FKVO).[16] Von diesen Möglichkeiten, die ihr Art. 6 Abs. 2 FKVO eröffnet, macht die Kommission in zunehmendem Maße Gebrauch, so dass es mit Rücksicht auf die Zusagen der beteiligten Unternehmen und die von der Kommission festgesetzten Bedingungen und Auflagen **immer seltener** zu einer **Untersagung** des Zusammenschlusses kommt.[17] Die Zusagen haben im Einzelnen einen sehr unterschiedlichen Charakter; im Mittelpunkt der Praxis stehen jedoch eindeutig sog. **Veräußerungszusagen,** d. h. Zusagen der beteiligten Unternehmen, sich von bestimmten Unternehmensteilen oder Tochtergesellschaften durch ihre Veräußerung an Dritte zu trennen, um die mit dem Zusammenschluss verbundenen nachteiligen Wirkungen für den Wettbewerb auf andere Weise als durch Verzicht auf den Zusammenschluss auszugleichen. Die **Erfahrungen,** die die Kommission bisher mit derartigen Zusagen gemacht hat, sind freilich keineswegs ermutigend: In knapp der Hälfte der Fälle hatten die Zusagen keinerlei positive Effekte.[18]

14 Bieten die Unternehmen **Zusagen** über Abhilfemaßnahmen an, so muss die Kommission den Zusammenschluss im Lichte der vorgeschlagenen Änderungen erneut

[14] *EuG* Slg. 2003, II-1442 (1470 Tz. 77 ff.) – Royal Philips (SEB/Moulinex).

[15] *EuGH* WuW/E EU-R 1358 (1360 Tz. 52 ff.) – Cementbouw.

[16] S. *Kommission,* Entsch. v. 20. 12. 2001, ABl. 2002 Nr. L 276/31 (60 Tz. 150) – BP/E.ON; 20. 12. 2001, ABl. 2003 Nr. L 103/1 (33 Tz. 180) – Südzucker/SLS; 9. 4. 2002, ABl. 2003 Nr. L 111/1 (22 Tz. 154) – Haniel/Ytong.

[17] S. dazu die Mitteilung der *Kommission* über zulässige Abhilfemaßnahmen, ABl. 2008 Nr. C 267/1; *Berg,* EuZW 2003, 362; *Leibenath,* Probleme der Zusagenpraxis, 2000; *P. Linsmeier,* FS Bechtold, 2006, S. 269; *Papadopoulos/Tajana,* ECLR 2006, 443; *Schwarze,* EuZW 2002, 741; *Völcker,* WuW 2003, 6 (13 ff.).

[18] S. im Einzelnen *Kommission,* Merger Remedies Study v. 21. 10. 2005 und dazu ausführlich *P. Linsmeier* (vorige Fn.).

auf seine Vereinbarkeit mit Art. 2 Abs. 3 FKVO prüfen. Dazu gehört auch die Prüfung, ob die Zusagen ernstgemeint, wirksam und bindend sind. Die Kommission verfügt insoweit zwar im Prinzip über einen weiten Beurteilungsspielraum, so dass es grundsätzlich ausreicht, wenn sie ohne Beurteilungsfehler zu der Auffassung gelangen konnte, dass die gegebenen Zusagen zur Zerstreuung ihrer Bedenken ausreichen.[19] Tatsächlich nimmt jedoch auch insoweit das Gericht in der Regel ein umfassendes Prüfungsrecht in Anspruch.[20]

IV. Hauptprüfverfahren

Der zweite Abschnitt des Verfahrens besteht aus dem sog. **Haupt- oder Hauptprüfverfahren.** Das Hauptprüfverfahren wird durch eine Entscheidung der Kommission im Vorverfahren nach Art. 6 Abs. 1 lit. c FKVO eingeleitet. **Voraussetzung** ist, dass nach Meinung der Kommission der Zusammenschluss Anlass zu ernsthaften Bedenken hinsichtlich seiner Vereinbarkeit mit dem Gemeinsamen Markt gibt. In diesem Verfahren muss die Kommission grundsätzlich binnen 90 Arbeitstagen (s. Art. 10 Abs. 3 und Abs. 4 FKVO) eine abschließende Entscheidung im Sinne des Art. 8 Abs. 1 bis Abs. 3 FKVO treffen. Die **Frist von rund drei Monaten**, die der Kommission für die genannten Entscheidungen zur Verfügung steht, ist angesichts der Zahl und der ungewöhnlichen Komplexität vieler der von der Kommission zu beurteilenden Fälle ausgesprochen **kurz** (s. schon o. Rn. 7 und u. Rn. 16). Die Kommission wird dadurch zunehmend in eine überaus schwierige Situation gebracht, da sie in der Frist von drei Monaten nicht nur die etwaige **Untersagung** des Zusammenschlusses, sondern wegen der Klagemöglichkeit Dritter (u. Rn. 20) auch die **Freigabe** des Zusammenschlusses umfassend nach Maßgabe des Art. 2 Abs. 2 und Abs. 3 FKVO **begründen** muss (s. auch Rn. 16).[21] 15

Bei der Entscheidung über die Freigabe oder die Untersagung eines Zusammenschlusses nach Art. 2 Abs. 2 und Abs. 3 FKVO verfügt die Kommission an sich über einen weiten **Beurteilungsspielraum,** d. h. über ein „gewisses Ermessen", vor allem bei der Beurteilung wirtschaftlicher Zusammenhänge, das von den Unionsgerichten grundsätzlich nur darauf hin **überprüft** werden kann, ob die Verfahrens- und Begründungsvorschriften eingehalten wurden, ob der Sachverhalt zutreffend festgestellt wurde und ob kein offensichtlicher Beurteilungsfehler und kein Ermessensmissbrauch vorliegt, während es nicht Sache der Gerichte sein soll, ihre wirtschaftliche Beurteilung an die Stelle der der Kommission zu setzen.[22] Als **Maßstab** verwendet das Gericht dabei von Fall zu Fall auch die Leitlinien der Kommission und beschränkt sich dann auf die Prüfung, ob sich die Kommission widerspruchsfrei an ihre Leitlinien gehalten hat.[23] Die Praxis ist indessen nicht einheitlich, da das Gericht in 16

[19] *EuG* WuW/E EU-R 1079 (1086 ff. Tz. 128 ff.) – easyJet.

[20] *EuG* Slg. 2005, II-3753 = WuW/E EU-R 943 (948 f. Tz. 63 ff., 89 f.) – Energias de Portugal (EDP); Slg. 2006, II-331 = WuW/E EU-R 1005 (1020 ff.) – Cementbouw; s. auch Rn. 16.

[21] *EuG* WuW/E EU-R 1091 (1098 ff. Tz. 327 ff.) – Impala; s. dazu die Kontroverse zwischen *Baxter/Dethmers,* ECLR 2006, 148; *Frenz,* WuW 2007, 138; *Meyring/J. Hermes,* ZWeR 2007, 108 und *Weidenbach/Leupold,* EWS 2006, 433.

[22] So z. B. *EuG* Slg. 2005, II-5596 = WuW/E EU-R 977 (978 f. Tz. 60 ff.) – GE; Slg. 2006, II-331 = WuW/E EU-R 1005 (1014 Tz. 196 ff.) – Cementbouw; WuW/E EU-R 1079 (1084 Tz. 44 ff.) – easyJet.

[23] *EuG* WuW/E EU-R 1397 Tz. 131 ff. – Schneider/Legrand.

zahlreichen anderen Urteilen tatsächlich die Untersagungsentscheidungen *ebenso* wie die Freigabeentscheidungen der Kommission (s. o. Rn. 15) bis in die letzten Details auf ihre Schlüssigkeit und Tragfähigkeit überprüft hat.[24]

17 Neben einer eigenen Sachentscheidung der Kommission (Rn. 15) kommt noch eine **Verweisung** der Sache **an einen Mitgliedstaat** nach Art. 9 FKVO in Betracht. Sieht man von diesem Fall einmal ab, so hat die Kommission im Hauptprüfverfahren nur noch die **Wahl zwischen** der **Freigabe** des Zusammenschlusses (trotz anfänglicher erheblicher Bedenken) nach Art. 8 Abs. 1 FKVO, gegebenenfalls wieder nach Änderungszusagen der beteiligten Unternehmen und unter entsprechenden Bedingungen und Auflagen (Art. 8 Abs. 2 FKVO; s. dazu o. Rn. 12 f.), sowie der **Untersagung des Zusammenschlusses** durch die Entscheidung, dass der Zusammenschluss für unvereinbar mit dem Gemeinsamen Markt erklärt wird (Art. 8 Abs. 3 FKVO). War der Zusammenschluss – entgegen Art. 7 FKVO – bereits vollzogen worden, so kommen noch **Auflösungsanordnungen** nach Art. 8 Abs. 4 FKVO hinzu. Für die Annahme des Vollzugs eines Zusammenschlusses in diesem Sinne reicht es aber nicht aus, wenn bisher nicht mehr als ein Minderheitserwerb vorliegt, der nicht unter die FKVO fällt.[25]

V. Nebenabreden

18 Freigabeentscheidungen der Kommission erstrecken sich auch auf die Nebenabreden der am Zusammenschluss beteiligten Unternehmen. Man versteht darunter Abreden über die Einschränkung der wirtschaftlichen Handlungsfreiheit eines oder mehrerer beteiligter Unternehmen, die **an sich gegen Art. 101 Abs. 1 AEUV verstoßen**, jedoch mit der Durchführung des Zusammenschlusses **unmittelbar verbunden und** für diese **notwendig** sind, so dass sich die Prüfung des Zusammenschlusses nach Art. 2 Abs. 2 FKVO auch auf diese Nebenabreden erstreckt (Art. 6 Abs. 1 lit. b Unterabs. 2, 8 Abs. 1 Unterabs. 2 und Abs. 2 Unterabs. 3 FKVO). Die Einzelheiten ergeben sich aus der **Bekanntmachung** der Kommission **über Nebenabreden** vom **5. März 2005**.[26]

19 Das wichtigste Beispiel derartiger Nebenabreden sind **Wettbewerbsverbote** zu Lasten des Veräußerers eines Unternehmens, ohne die die Veräußerung eines Unternehmens häufig nicht durchführbar ist. Wettbewerbsverbote gelten deshalb als unbedenklich, *sofern* sie sich gegenständlich und räumlich auf den Markt des veräußerten Unternehmens beschränken und zeitlich auf eine kurz bemessene Übergangsfrist von wenigen Jahren begrenzt werden.[27] Weitere Beispiele für Nebenabreden sind **Lizenzvereinbarungen,** z. B. zugunsten des Erwerbers, der auf die Benutzung einer bestimmten, nicht mitveräußerten Technologie angewiesen ist,[28] sowie **Bezugs- oder Lieferpflichten** für eine Übergangszeit, die den beteiligten Unternehmen eine Fortsetzung ihrer bisherigen wirtschaftlichen Tätigkeit ermöglichen sollen.[29]

[24] S. insbes. das Impala-Urteil, WuW/E EU-R 1091; ebenso *Hirsbrunner*, EuZW 2010, 727 (730).

[25] *EuG* WuW/E EU-R 1415 (1419 ff. Tz. 51 ff.) – Aer Lingus.

[26] ABl. Nr. C 56/24; wegen der Einzelheiten s. *Grappe,* Nebenabreden in der europäischen Fusionskontrolle, 2000; *Mestmäcker/Schweitzer,* § 24 Rn. 90 ff. (S. 586 ff.); *Ritter/Braun,* p. 635 ff.

[27] S. o. § 4 Rn. 53, 87 ff.; Bekanntmachung (vorige Fn.), Tz. 18 ff.

[28] Bekanntmachung, Tz. 27 ff.; *Albert*, Patente, S. 213 ff.

[29] Bekanntmachung, Tz. 32 ff.

VI. Rechtsschutz

1. Sämtliche in der Sache ergehenden Entscheidungen der Kommission können zu- 20
nächst **von** den **beteiligten Unternehmen** vor dem Gericht **angefochten** werden (Art. 263 Abs. 4 AEUV), **sofern** sie durch die Entscheidung beschwert sind (zur Klagebefugnis Dritter s. u. Rn. 21 f.). Daran fehlt es z. B. bei Freigabeentscheidungen, sofern sich der Adressat lediglich gegen Feststellungen der Kommission in der Begründung wendet, etwa, weil er die Marktabgrenzung der Kommission für falsch hält. Denn diese Feststellungen der Kommission binden niemanden und beziehen sich ausschließlich auf den Zeitpunkt der Entscheidung, so dass sie in späteren Fällen jederzeit überprüft werden können.[30]

2. Unter den Voraussetzungen des Art. 263 Abs. 4 AEUV können ferner **Dritte** 21
und insbesondere die **Konkurrenten** der beteiligten Unternehmen eine **Freigabeentscheidung** der Kommission anfechten. Voraussetzung ist, dass sie durch die fragliche Entscheidung **unmittelbar und individuell betroffen** sind (Art. 263 Abs. 4 FKVO). Dies ist insbesondere anzunehmen, wenn sie am Verwaltungsverfahren beteiligt waren und ihre Marktstellung durch den Zusammenschluss unmittelbar beeinträchtigt wird, wie es wohl in der Regel bei einem Zusammenschluss der wichtigsten Konkurrenten eines klagenden Dritten tatsächlich der Fall sein dürfte. Die Klagebefugnis setzt außerdem ein **Rechtsschutzinteresse** voraus, das aber schon bejaht wird, wenn der Kläger ein Interesse an der Nichtigerklärung der angefochtenen Entscheidung der Kommission hat, weil ihm dadurch ein Vorteil auf dem relevanten Markt verschafft würde.[31] Wenden sich Dritte gegen die Freigabe eines Zusammenschlusses aufgrund von Zusagen der beteiligten Unternehmen, so müssen sie in dem Rechtsstreit dartun, dass die Kommission die Zusagen falsch beurteilt hat, so dass ihre Entscheidung zweifelhaft erscheint. Gelingt ihnen dies, so trägt fortan wieder die Kommission die volle Beweislast für die Richtigkeit ihrer Entscheidung.[32]

Bei der Bejahung dieser Klagevoraussetzungen (Rn. 21) verfährt das Gericht meistens 22
ausgesprochen **großzügig.**[33] Dem hat der Gerichtshof auch für den Fall zugestimmt, dass dritte Unternehmen (nur) durch die **Bedingungen,** von deren Einhaltung die Kommission die Freigabe nach Art. 8 Abs. 2 Unterabs. 2 FKVO abhängig gemacht hat, rechtlich und tatsächlich berührt werden.[34] Dritte genießen in der Fusionskontrolle unter bestimmten Voraussetzungen schließlich noch Rechtsschutz gegen eine **Untätigkeit** der Kommission gegenüber Zusammenschlüssen mit gemeinschaftsweiter Bedeutung, die zu Unrecht (mangels Zuständigkeit) von den Behörden eines Mitgliedstaates freigegeben wurden. Wenden sich Dritte im Wege der Beschwerde

[30] *EuG* Slg. 2000, II-1733 (1763 ff. Tz. 80 ff.) – Coca-Cola.
[31] *EuG* WuW/E EU-R 1079 (10102 f. Tz. 30 ff.) – easyJet.
[32] *EuG* WuW/E EU-R 1576 Tz. 76 ff. – Qualcomm/Wireless; *Hirsbrunner*, EuZW 2010, 727 (730).
[33] S. *EuG* (vorige Fn.) sowie Slg. 1993, II-449 (457 ff.) – CCE Vittel I; 1994, II-121 (161 f.) – Air France I; 1994, II-323 (340 ff.) = EuZW 1994, 534 – Air France II; Slg. 1994, II-1247 (1266 ff.) = EuZW 1995, 677 – CCE Vittel II; Slg. 2001, II-340 (357 ff. Tz. 59 ff.) – RJB (RAG/Saarbergwerke/Preußag); *Leibenath,* Rechtsprobleme; *Montag/Leibenath,* ZHR 164 (2000), 176; *St. Zilles,* Anfechtungslegitimation; *Motyka,* EuZW 2007, 463.
[34] *EuGH* Slg. 1998, I-1453 (1469 ff.) = EuZW 1998, 299 (301 f. Tz. 48 ff.) – K+S/MdK (SCPA/EMC).

gegen die Freigabe an die Kommission, so muss diese ihre Zuständigkeit sachlich prüfen und darüber entscheiden, um den gebotenen Rechtsschutz der betroffenen Dritten zu gewährleisten.[35]

5. Kapitel. Art. 106 AEUV

§ 19. Monopole, öffentliche Unternehmen und Dienstleistungsunternehmen

Literatur: Hdb., H II, 2007, Rn. 69–191; *Kommission,* Mitteilung zu Leistungen der Daseinsvorsorge in Europa, ABl. 2001 Nr. C 17/4; Bericht: Leistungen der Daseinsvorsorge, KOM (2001) 598 endg.; Grünbuch zu Dienstleistungen von allgemeinem Interesse v. 21. 5. 2003, KOM (2003) 770 endg.; Weißbuch zu Dienstleistungen von allgemeinem Interesse, v. 12. 5. 2004, KOM (2004) 374 endg.; *Bach,* Wettbewerbsrechtliche Schranken für staatliche Maßnahmen nach europäischem Unionsrecht, 1992; *Basedow* (Hrsg.), Das neue Wirtschaftsrecht der Postdienste, 1995*J. Baur,* FS Everling, Bd. I, 1995, S. 69; *Benesch,* Die Kompetenzen der EG-Kommission aus Art. 90 Abs. 3 EWG-Vertrag, 1993; *Behrens,* Public Services and the Internal Market, EBOR 2 (2001), 469 = in: Liber Amicorum Mestmäcker, Den Haag 2003, S. 41; *Cox,* Daseinsvorsorge und öffentliche Dienstleistungen in der EU, 2000; *Dufeau,* Les entreprises publiques, 1973; *Dutheil de la Rochère/Vandame,* Interventions publiques et droit communautaire, 1988; *Ehricke,* Staatliche Eingriffe in den Wettbewerb, Kontrolle durch Unionsrecht, 1994; *ders.,* EuZW 1993, 211; *Eichhorn* (Hrsg.), Perspektiven öffentlicher Unternehmen in der Wirtschafts- und Rechtsordnung der EU, 1995; *Emmerich,* Das Wirtschaftsrecht der öffentlichen Unternehmen, 1969; *ders.,* Staatliche Interventionen, Arzneimittelmarkt und EWG-Vertrag, 1980; *ders.,* FS Keller, 1989, S. 685; *ders.,* (2.) FS Seuß, 1997, S. 109; *ders.,* FS Steiner, 2009, S. 173; *ders./J. Hoffmann,* FS Selmer, 2004, S. 305; *Fesenmair,* Öffentliche Dienstleistungsmonopole im europäischen Recht, 1996; *Frenz,* Tz. 1985 ff. (S. 73 ff.); *ders.,* EuR 2000, 901; *Frömke,* Die Stellung der Kreditinstitute im Wettbewerbsrecht der EWG nach Art. 90 Abs. 2 EWGV, 1987; *Giesen,* Sozialversicherungsmonopol und EG-Vertrag, 1995; *V. Götz,* FS Maurer, 2001, S. 921; *Grabitz,* Dienstleistungsmonopole im Binnenmarkt, EWS 1990, 4; MünchKomm/*Gundel,* Art. 106 EG (S. 1283 ff.), *Haar,* Marktöffnung in der Telekommunikation, 1995; *Hailbronner,* Rechtsstellung und Tätigkeitsbereich der öffentlich-rechtlichen Pflicht- und Monopolversicherungsanstalten in der EG, 1991; *Heinemann,* Grenzen staatlicher Monopole im EG-Vertrag, 1996; *Hrbek/Nettesheim,* EU und mitgliedschaftliche Daseinsvorsorge, 2002; *Löwenberg,* Service public und öffentliche Dienstleistungen in Europa, 2001; *Manthy,* Bindung und Schutz öffentlicher Unternehmen durch die Grundfreiheiten der Europäischen Unionen, 2001; *Mestmäcker,* FS Böhm, 1965, S. 345; *ders.,* FS Deringer, 1993, S. 79 = in: ders., Recht in der offenen Gesellschaft, 1993, S. 254; *ders.,* RabelsZ 52 (1988), 526 = in: ders., Recht in der offenen Gesellschaft, 1993, S. 183; *ders.,* FS Raisch, 1995, S. 441; *ders.* (Hrsg.), Kommunikation ohne Monopole Bd. II, 1995; *ders./Schweitzer,* §§ 33–35 (S. 783 ff.); IM/*Mestmäcker/Schweitzer,* Bd. I/1, Art. 31, 106 AEUV Teile B-E (S. 651 ff.); *Mikroulea,* Wettbewerbsbeschränkende Maßnahmen der Mitgliedstaaten und EWGV, 1995; *J. Müller,* Dienstleistungsmonopole im System des EWGV, 1988; *Müller-Graff,* Unternehmensinvestitionen und Investitionssteuerung im Marktrecht, 1984; *Oldiges,* Daseinsvorsorge durch Privatisierung – Wettbewerb oder staatliche Gewährleistung, 2001; *Pielow,* Grundstrukturen öffentlicher Versorgung, 2001; *ders.,* JuS 2006, 692, 780; *Rinne,* Die Energiewirtschaft zwischen Wettbewerb und öffentlicher Aufgabe, 1998; *Roth,* FS Steindorff, 1990, S. 1313; *Schröder,* Das Arbeitsvermittlungsmonopol der Bundesanstalt für Arbeit im europäischen Binnenmarkt, 1995; *Schwarze* (Hrsg.), Daseinsvorsorge im Lichte des Wettbewerbsrechts, 2001; *ders.,* EuZW 2001, 334; *H. Schweitzer,* Dasseinsvorsorge, service public, Universaldienst, 2002; *Slot,* FS Everling, Bd. II, 1995, S. 1413; *Stürner,* Markt und Wettbewerb über alles?, 2007, S. 222 ff.; W *J. Temple Lang,* Article 90 EEC Treaty, Fordham Corp. Law Institute 1985, S. 543; *Zinow,* Rechtsprobleme der grenzüberschreitenden Durchleitung von Strom, 1995.

[35] *EuGH* Slg. 2003, I-9903 (9912 ff. Tz. 27 ff.) – Schlüsselverlag Moser; s. *Emmerich,* AG 2004, 629 (640).

I. Einleitung

Nach Art. 106 Abs. 1 AEUV (= ex-Art. 86 EGV = ex-Art. 90 EWGV) werden die Mitgliedstaaten in Bezug auf öffentliche Unternehmen und auf Unternehmen, denen sie besondere oder ausschließliche Rechte gewähren, keine dem AEUV und insbesondere dem Diskriminierungsverbot des Art. 18 und den Wettbewerbsregeln der Art. 101 bis 109 widersprechende Maßnahmen treffen oder beibehalten. Einschränkend fügt jedoch Abs. 2 S. 1 der Vorschrift hinzu, dass für Unternehmen, die mit Dienstleistungen von allgemeinem wirtschaftlichem Interesse betraut sind oder den Charakter eines Finanzmonopols haben, die Vorschriften des Vertrags und insbesondere die Wettbewerbsregeln (nur) gelten, soweit die Anwendung dieser Vorschriften nicht die Erfüllung der ihnen übertragenen besonderen Aufgaben rechtlich oder tatsächlich verhindert. Gemäß S. 2 des Art. 106 Abs. 2 darf aber (durch die Ausnahmeregelung des S. 1 a. a. O.) die Entwicklung des Handelsverkehrs nicht in einem Ausmaß beeinträchtigt werden, das dem Interesse der Union zuwiderläuft. Die Kommission achtet auf die Anwendung des Art. 106 und richtet erforderlichenfalls geeignete Richtlinien oder Beschlüsse an die Mitgliedstaaten (Art. 106 Abs. 3). 1

Der Vorschrift des Art. 106 kommt in dem Verfassungsgefüge der Union **zentrale Bedeutung** zu. Denn er regelt zusammen mit einer Reihe weiterer Vorschriften (s. insbesondere noch die Art. 14, 37, 93 und 107) einzelne Aspekte der bereits während der Vertragsverhandlungen zwischen den Gründungsmitgliedern umstrittenen Frage, welchen **Stellenwert** in dem von dem Vertrag angestrebten, marktwirtschaftlich geordneten Binnenmarkt die in den Mitgliedstaaten unterschiedlich verbreiteten **Monopole und öffentlichen Unternehmen** haben sollen *und* in welchem Umfang die Mitgliedstaaten sich dieser Unternehmen auch in Zukunft noch für die Verfolgung spezieller öffentlicher Interessen bedienen dürfen.[1] 2

Der ganze Fragenkreis (o. Rn. 2) ist **von einer Lösung weit entfernt**, da die Interessen der Mitgliedstaaten und der Union hier besonders heftig aufeinander prallen.[2] Im vorliegenden Zusammenhang können die damit zusammenhängenden Probleme nicht in voller Breite behandelt werden. Die folgenden Ausführungen beschränken sich auf die unmittelbar mit Art. 106 und den Wettbewerbsregeln zusammenhängenden Fragen, soweit sie nicht schon an anderer Stelle erörtert wurden (s. Rn. 4). 3

Zu erinnern ist hier zunächst daran, dass die Wettbewerbsregeln der Art. 101 und 102 grundsätzlich **auch für öffentliche Unternehmen** einschließlich der nationalen Monopole ebenso wie für private Unternehmen gelten (s. o. § 3 Rn. 35 ff.). Wie ebenfalls bereits gezeigt, haben die Unionsorgane daraus schon verhältnismäßig früh in verschiedener Hinsicht substantielle **Schranken** insbesondere **für** die weitere **Ausdehnung nationaler Monopole** abgeleitet (s. o. § 10 Rn. 68 ff.). Schließlich ist auch schon dargelegt worden, dass der Gerichtshof aus den Wettbewerbsregeln in Verbindung insbesondere mit den Art. 4 EUV und 106 AEUV gewisse äußerste **Schranken für staatliche Interventionen** im Binnenmarkt zu entwickeln versucht hat, soweit dadurch das ordnungsmäßige Funktionieren des Systems unverfälschten Wettbewerbs unmittelbar bedroht wird (sog. **effet-utile-Doktrin,** o. § 3 Rn. 7 ff.). 4

---

[1] S. im Einzelnen *Emmerich*, FS Steiner, S. 173 (174 ff.).

[2] S. Hdb., H II Rn. 69 ff.

5 Die effet-utile-Doktrin (o. Rn. 4) ist im Kern nichts anders als eine partielle Ausdehnung des Umgehungsverbots des Art. 106 Abs. 1 (s. u. Rn. 6 ff.) auf andere Fallgestaltungen. **Ausnahmen von** dem **Umgehungsverbot** gelten jedoch nach Abs. 2 des Art. 106 für Finanzmonopole[3] und **Dienstleistungsunternehmen**. Die Bedeutung dieser Ausnahmen hat geschwankt. Bis Mitte der neunziger Jahre des vorigen Jahrhunderts hatte es den Anschein gehabt, als ob Art. 106 Abs. 2 wegen der restriktiven Praxis der Unionsorgane keine Bedeutung besitze. Mittlerweile kann davon indessen keine Rede mehr sein, in erster Linie wegen des massiven Drucks der Mitgliedstaaten, allen voran Frankreichs und der vielen Wettbewerbsfeinde in Deutschland, für sich immer neue Ausnahmen vom Vertrag unter Berufung auf so inhaltslose Schlagworte wie Daseinsvorsorge, service public oder servizio publico durchzusetzen (dazu u. Rn. 27 ff.).

II. Umgehungsverbot (Art. 106 Abs. 1 AEUV)[4]

1. Zweck, Mitgliedstaaten

6 Über den **Zweck** des Art. 106 Abs. 1 herrscht weitgehende Einigkeit. Er besteht in erster Linie darin, die Mitgliedstaaten daran zu hindern, Unternehmen, auf die sie einen besonderen Einfluss auszuüben vermögen, zu einem vertragswidrigen Verhalten zu veranlassen *oder* sich dieser **Unternehmen zur** eigenen **Umgehung** des Vertrags **zu bedienen.**[5]

7 Daraus folgt zunächst, dass der Vertrag mit den **„Mitgliedstaaten"** hier die Gesamtheit der Träger öffentlicher Gewalt in dem Gebiet eines der Vertragsschließenden meint. Dazu gehören in Bundesstaaten wie Deutschland nicht nur der Zentralstaat, sondern ebenso die Länder und Gemeinden sowie die sonstigen Verwaltungsträger bis hin zu den Anstalten und Stiftungen des öffentlichen Rechts.[6]

2. Öffentliche Unternehmen

8 Art. 106 Abs. 1 begründet besondere Pflichten der Mitgliedstaaten (o. Rn. 7) zunächst in Bezug auf „öffentliche Unternehmen". Der **Unternehmensbegriff** ist hier derselbe wie auch sonst im Rahmen der Wettbewerbsregeln (s. deshalb o. § 3 Rn. 24 ff.). Erfasst wird folglich **jede eine wirtschaftliche Tätigkeit ausübende Einheit**, unabhängig von ihrer Rechtsform, von dem Vorliegen oder dem Fehlen der Gewinnerzielungsabsicht sowie von der Art ihrer Finanzierung, aber unter Ausklammerung der Nachfragetätigkeit der öffentlichen Hand (die dadurch bedauerlicherweise der Reichweite des Art. 106 Abs. 1 entzogen wird).[7] Den Gegensatz bilden

3 Auf die Finanzmonopole wird im Folgenden nicht näher eingegangen, da ihre praktische Bedeutung heute nur noch gering ist (wegen der Einzelheiten s. Hdb., H II Rn. 67 f.).

4 Alle Einzelheiten in Hdb., H II Rn. 81–115 m. N.

5 *EuGH* Slg. 19102, 2545 (2577 ff.) – Transparenzrichtlinie; 1987, 2619 (2621 f.); 1997, I-5768 (5777 Tz. 30) – Niederlande; 1997, I-5819 (5832 Tz. 47) – Frankreich; *Ehricke*, Staatliche Eingriffe in den Wettbewerb, S. 160 ff.; *Heinemann*, S. 59 ff.; *Mestmäcker/Schweitzer*, § 33 Rn. 1 ff. (S. 833 f.); *Pais Antunes*, RTDE 1991, 187 (189 f.).

6 *EuGH* Slg. 1988, 2507 (2516) – Bodson; *Kommission*, Mitteilung v. 29. 11. 2005, ABl. Nr. C 297/4 (5 Tz. 11); vgl. für die Kommunalwirtschaft *Scharpf*, EuZW 2005, 295; *Stern*, FS Stober, 2008, S. 97.

7 *EuGH* Slg. 2006, I-325 (357 Tz. 108) = EuZW 2006, 306 (310) – Sparkasse Florenz; Slg. 2006, I-6319 = EuZW 2006, 600 (601 Tz. 25)– FENIN; Slg. 2008, I-4892 Tz. 21 ff. = EuZW 2008, 605 (607) = JuS 2008, 1131 – MOTOE.

namentlich die **Verfolgung sportlicher, sozialer oder kultureller Zwecke** sowie die **Hoheitsverwaltung** der Mitgliedstaaten.[8] Die Abgrenzung bereitet gerade im Anwendungsbereich des Art. 106 Abs. 1 erhebliche Schwierigkeiten. Üblicherweise wird im vorliegenden Zusammenhang darauf abgestellt, ob bei der fraglichen Tätigkeit wirtschaftliche Ziele nicht ganz in den Hintergrund treten, so dass diese auch von Privaten mit dem Zweck der Gewinnerzielung ausgeübt werden könnte (sog. **hypothetischer Wettbewerbstest).**[9] Außerdem können ohne weiteres **wirtschaftliche Ziele mit anderen Tätigkeiten kombiniert** werden. Eine juristische Person, die wirtschaftliche Ziele verfolgt, verliert nicht ihren Status als öffentliches Unternehmen, wenn sie zugleich soziale, sportliche oder kulturelle Aufgaben wahrnimmt oder mit hoheitlichen Aufgaben betraut ist.[10] Ein Beispiel ist ein Sportverband, der Sportveranstaltungen durchführt (und deshalb Unternehmensqualität besitzt) und dem zugleich hoheitliche Aufgaben bei der Genehmigung anderer Veranstaltungen obliegen.[11]

Unternehmen in dem genannten Sinne (o. Rn. 8) sind zugleich **„öffentliche“** i. S. d. 9
Art. 106 Abs. 1, wenn sie **in einer besonderen Nähebeziehung zu dem Mitgliedstaat** stehen. Dafür ist nach dem Zweck der Regelung (o. Rn. 6) erforderlich und ausreichend, dass der Mitgliedstaat (o. Rn. 7) auf das fragliche Unternehmen, unmittelbar oder mittelbar, einen **beherrschenden Einfluss** auszuüben vermag.[12] Hinsichtlich der Einzelheiten orientiert sich die überwiegende Meinung in der Regel an der **Transparenzrichtlinie** von 1980[13] in der Fassung von 2000,[14] nach der ein derartiger Einfluss bei **Unternehmen in Privatrechtsform** insbesondere anzunehmen ist, wenn der Staat die **Mehrheit** des gezeichneten Kapitals des Unternehmens besitzt oder die Mehrheit der mit den Anteilen verbundenen Stimmrechte auszuüben oder mehr als die Hälfte der Mitglieder des Verwaltungs-, Leitungs- oder Aufsichtsorgans zu bestellen vermag. **Unternehmen in öffentlich-rechtlicher Form** sind dagegen gleichsam qua definitione öffentliche Unternehmen, und zwar auch, wenn sie nicht verselbstständigt sind, so dass – trotz unübersehbarer konstruktiver Probleme – Art. 106 Abs. 1 selbst auf die Beziehungen der Mitgliedstaaten zu Regieunternehmen anzuwenden ist.[15]

3. Privilegierte Unternehmen

Als zweite Gruppe von Unternehmen, hinsichtlich derer Art. 106 Abs. 1 den Mit- 10
gliedstaaten besondere Pflichten auferlegt, nennt die Vorschrift Unternehmen mit besonderen *oder* ausschließlichen Rechten (sog. privilegierte Unternehmen). Es handelt sich dabei um **zwei verschiedene Kategorien** von Unternehmen, zwischen denen daher sorgfältig unterschieden werden muss.[16] Zu beginnen ist mit einem Blick auf die Unternehmen mit ausschließlichen Rechten (Rn. 11).

---

8 S. *Mestmäcker/Schweitzer,* § 33 Rn. 18 ff. (S. 840 ff.).

9 IM/*Mestmäcker/Schweitzer,* Bd. I/1, Art. 31, 106 AEUV Rn. C 9 ff.

10 *EuGH* Slg. 2008, I-4892 Tz. 21 ff. = EuZW 2008, 605 (607) = JuS 2008, 1131 – MOTOE

11 Urt. MOTOE (vorige Fn.).

12 *EuGH* Slg. 1982, 2545 (2575 Tz. 12) – Transparenzrichtlinie; 1997, I-5768 (5777 Tz. 29) – Niederlande; 1997, I-5819 (5832 Tz. 46) – Frankreich; *Benesch,* Kompetenzen, S. 5 ff.

13 ABl. Nr. L 195/35.

14 ABl. Nr. L 193/75; gebilligt durch *EuGH* Slg. 1982, 2545; 1987, 2619.

15 Hdb., H II Rn. 87 ff. m. N.

16 Vgl. *Kommission,* Änderungsrichtlinie v. 13. 10. 1994, ABl. Nr. L 268/15; ebenso 24. WB 1994, Tz. 219 (S. 136 f.).

11 a) Bei den **Unternehmen mit ausschließlichen Rechten** hat der Vertrag in erster Linie **Monopolunternehmen** im Auge. Beispiele sind das frühere Arbeitsvermittlungsmonopol des Bundes,[17] das einem Unternehmen vom italienischen Staat verliehene Recht zur ausschließlichen Organisation der Hafenarbeiten in Genua,[18] das einem Unternehmen von einem Mitgliedstaat übertragene ausschließliche Recht zur Verbrennung gefährlicher Abfälle[19] sowie eine Krankenversicherung mit Zwangsmitgliedschaft der Arbeitnehmer und Arbeitgeber einer bestimmten Branche.[20]

12 b) Von den Monopolunternehmen (Rn. 11) müssen die **Unternehmen mit besonderen Rechten** unterschieden werden. Mit dieser Formulierung erfasst der Vertrag sämtliche Situationen, in denen die Mitgliedstaaten **bestimmte Rechte nur** einer von vornherein **begrenzten Anzahl** von Unternehmen (nicht allen) gewähren, deren Auswahl sich nicht nach objektiven, diskriminierungsfreien Kriterien richtet, vorausgesetzt, dass die fraglichen Unternehmen dadurch **besondere Vorteile** erhalten, durch die die Wettbewerbsfähigkeit anderer Unternehmen auf dem betreffenden Markt wesentlich beeinträchtigt wird.[21] **Maßstab** ist die Situation bei Wettbewerb, die durch prinzipiell gleiche Ausgangsbedingungen der Unternehmen gekennzeichnet ist.[22] Hinzu kommen muss noch, dass die Folge der Privilegierung eine besondere Nähebeziehung zum Staat ist, die dem Staat zusätzliche **Einflussmöglichkeiten** gegenüber dem begünstigten Unternehmen verleiht.[23] **Beispiele** sind in Deutschland außer den beliehenen Unternehmen etwa Sanitätsorganisationen, denen gesetzlich das Recht vorbehalten ist, Leistungen des Krankentransports durchzuführen.[24] Ein weiteres Beispiel bildet der schon erwähnte Fall eines griechischen Sportverbandes, der aufgrund eines Gesetzes das Recht hat, bei der Genehmigung von Sportveranstaltungen anderer Verbände (seiner Konkurrenten!) mitzuwirken.[25]

4. Verbotene Maßnahmen

a) Maßnahmen

13 Nach Art. 106 Abs. 1 werden die Mitgliedstaaten in Bezug auf öffentliche und privilegierte Unternehmen (o. Rn. 8, 11 f.) **keine** dem Vertrag und insbesondere dessen Art. 18 und 101 bis 109 widersprechende **Maßnahmen** treffen *oder* beibehalten. Der Vertrag verbietet hier mithin den Mitgliedstaaten in Bezug auf die genannten Unternehmen vertragswidrige Maßnahmen, um sie daran zu hindern, von ihren besonderen Einflussmöglichkeiten auf diese Unternehmen **zum Zwecke der Vertragsumgehung** Gebrauch zu machen (s. o. Rn. 6). Mit den „Maßnahmen" der Mitgliedstaaten ist folglich in Art. 106 Abs. 1 **jede Art der** rechtlichen oder tatsächlichen **Einflussnahme** der Mitgliedstaaten auf die genannten Unternehmen gemeint, die den Mitgliedstaaten deren Einsatz zum Zwecke der Vertragsumgehung ermöglicht. Auf die **rechtliche Form,** in der sich die Einflussnahme vollzieht, kommt es ebenso-

[17] *EuGH* Slg. 1991, I-2020 (2016 ff.) – Macrotron.
[18] *EuGH* Slg. 1991, I-5923 (5926 f.) = EuZW 1992, 248, – Porto di Genova.
[19] *EuGH* Slg. 1998, I-4111 (4130 f. Tz. 60) – Dusseldorp.
[20] *EuGH* WuW/E EU-R 1929 (1937 Tz. 66) – AG2R.
[21] *EuGH* Slg. 2001, I-8137 (8146 f. Tz. 24) = EuZW 2002, 25 – Ambulanz Glöckner.
[22] *Mestmäcker,* FS Deringer, 1993, S. 79 ff. = in: *ders.,* Recht in der offenen Gesellschaft, S. 254.
[23] Ebenso *Kommission,* 24. WB 1994, Tz. 219 (S. 136 f.).
[24] *EuGH* Slg. 2001, I-8137 (8146 f. Tz. 24) = EuZW 2002, 25 – Ambulanz Glöckner.
[25] *EuGH* Slg. 2008, I-4892 Tz. 43 = EuZW 2008, 605 (607) = JuS 2008, 1131 – MOTOE.

wenig an wie auf die positive oder negative Fassung der Maßnahme (s. u. Rn. 14). Den Gegensatz bilden **allgemeine staatliche Interventionen**, die öffentliche wie private, privilegierte wie nicht privilegierte Unternehmen gleichermaßen treffen und deshalb nicht an Art. 106 Abs. 1, sondern lediglich von Fall zu Fall an Art. 4 Abs. 3 EUV oder an den vom Gerichtshof entwickelten allgemeinen, die Mitgliedstaaten bindenden Grundsätzen (Stichwort: **effet-utile-Doktrin**) gemessen werden können (s. o. § 3 Rn. 7 ff).

Privatrechtliche Maßnahmen sind z. B. das Abstimmungsverhalten der Mitglied- 14
staaten in ihren Unternehmen sowie Weisungen oder Empfehlungen gegenüber den Gesellschaftsorganen. Als **öffentlich-rechtliche Formen** der Einflussnahme kommen dagegen in erster Linie Gesetze und Verordnungen in Betracht, vorausgesetzt, dass sie einen speziellen Bezug gerade auf ein öffentliches oder privilegiertes Unternehmen aufweisen.[26] **Beispiele** sind die gesetzliche Ausweitung der Monopole öffentlicher oder privilegierter Unternehmen[27] sowie öffentlich-rechtliche Konzessionsbedingungen, durch die dem begünstigten Unternehmen ein bestimmtes vertragswidriges Verhalten vorgeschrieben wird.[28] Gleich steht (negativ) die Behinderung privater Konkurrenten der öffentlichen Unternehmen durch die Verweigerung von Genehmigungen zur Aufnahme des Wettbewerbs[29] oder die Verleihung von Konzessionen unter Verstoß gegen die Art. 49 und 56 allein an Inländer oder an die Angehörigen anderer Mitgliedstaaten nur zu ungünstigeren Konditionen als an Inländer.[30]

Der Vertrag wendet sich in Art. 106 Abs. 1 gegen zweierlei, nicht nur – wie meistens 15
unreflektiert unterstellt wird – gegen den **Erlass** vertragswidriger Maßnahmen, sondern **auch** gegen die bloße **Beibehaltung** solcher Maßnahmen. Das hat die (weitreichende) Konsequenz, dass die Mitgliedstaaten verpflichtet sind, ihre Rechtsordnungen kontinuierlich darauf hin zu überprüfen, ob sich aus ihnen vertragswidrige Maßnahmen ergeben. Ist das der Fall, so müssen die festgestellten vertragswidrigen Maßnahmen im Interesse der Durchsetzung des Systems unverfälschten Wettbewerbs **aufgehoben** werden.[31]

b) Widerspruch zum Vertrag

Maßnahmen in dem genannten Sinne (o. Rn. 13 f.) dürfen die Mitgliedstaaten nach 16
Art. 106 Abs. 1 weder treffen noch beibehalten (Rn. 15), *sofern* sie dem Vertrag und insbesondere dessen Art. 18 und 101 bis 109 „widersprechen“. Man muss deshalb bei der Anwendung des Art. 106 Abs. 1 genau zwischen zwei verschiedenen Fallgestaltungen unterscheiden. Unproblematisch ist die Anwendung der Vorschrift zunächst, soweit sie sich gegen eine **Umgehung der unternehmensbezogenen Vorschriften** wendet, allen voran der Wettbewerbsregeln der **Art. 101 und 102,** indem z. B. ein Mitgliedstaat ein öffentliches oder privilegiertes Unternehmen zur Forderung missbräuchlicher, weil überhöhter oder diskriminierender Tarife veranlasst.[32]

---

26 *Kommission,* Entsch. v. 20. 12. 1989, ABl. 1990 Nr. L 10/47 (49) – Eilkurierdienstleistungen in den Niederlanden; 21. WB 1991, Tz. 324 (S. 212 f.); *Ehricke,* S. 164 ff.

27 *Kommission* Entsch. v. 20. 12. 1989, ABl. 1990 Nr. L 10/47 (49).

28 *EuGH* Slg. 1988, 2507 (2517) – Bodson.

29 *Kommission,* Entsch. v. 21. 12. 1993, ABl. 1994 Nr. L 55/52 (54) – Hafen von Rodby.

30 *EuGH* Slg. 2008, I-5660 (5681 Tz. 58, 63) – ASM Brescia.

31 S. Rn. 26; *EuGH* Slg. 2005, I-106 12 (106 31 Tz. 52) – Parking Brixen; Hdb., H II Rn. 101.

32 *EuGH* Slg. 1994, I-1812 (1102 5) – Corsica Ferries.

17 Die zweite Fallgruppe umfasst die (besonders gefährliche) Instrumentalisierung öffentlicher oder privilegierter Unternehmen durch die Mitgliedstaaten zur **Umgehung staatengerichteter Normen** wie insbesondere des Diskriminierungsverbotes (Art. 18) und der Grundfreiheiten (Art. 30, 34, 49 und 56). In diesen Fällen findet Art. 106 Abs. 1 bereits Anwendung, wenn das fragliche Unternehmensverhalten nicht selbst gegen den Vertrag verstößt, wohl aber die dahinter stehende **Maßnahme** eines Mitgliedstaates, die mittels eines öffentlichen oder privilegierten Unternehmens im Ergebnis **dieselbe Wirkung wie** eine **Vertragsverletzung des Mitgliedstaates selbst** hat. Denn nur auf diese vertragswidrige Wirkung kommt es an.[33] Im Ergebnis wird hier somit das **Verhalten** der Mitgliedstaaten und der öffentlichen oder privilegierten Unternehmen im Hinblick auf die verletzte Vertragsvorschrift **als Einheit** gewertet. Gerechtfertigt ist dies wegen der besonderen Einflussmöglichkeiten der Mitgliedstaaten, die zum Begriff der öffentlichen oder privilegierten Unternehmen gehören (o. Rn. 9 f.) und die sich gerade in der fraglichen Maßnahme (o. Rn. 13 f.) manifestieren.[34]

18 Aus dem Gesagten (Rn. 17) folgt vor allem, dass Art. 106 Abs. 1 auch dann anwendbar ist, wenn öffentliche oder privilegierte Unternehmen durch die Mitgliedstaaten **zu vertragswidrigen Verhaltensweisen** geradezu **gezwungen** werden, so dass den Unternehmen selbst – mangels eines autonomen Verhaltens – kein Verstoß gegen die Wettbewerbsregeln vorgeworfen werden kann (sog. „state action defense").[35] Es macht mit Rücksicht auf den Zweck der Regelung (o. Rn. 6) keinen Unterschied, ob ein Mitgliedstaat die öffentlichen oder privilegierten Unternehmen zur Beteiligung an wettbewerbsbeschränkenden Vereinbarungen veranlasst, ob er sie dazu zwingt oder ob er selbst Zwangskartelle einführt.[36] In jedem Fall wird Art. 106 Abs. 1 i.V.m. Art. 101 verletzt. Dasselbe gilt z. B. bei der Genehmigung von Tarifen, die unter Verstoß gegen Art. 101 Abs. 1 vereinbart wurden, oder bei deren Allgemeinverbindlicherklärung.[37]

19 Art. 106 Abs. 1 nimmt neben den Wettbewerbsregeln (o. Rn. 18) ferner besonders das **Diskriminierungsverbot** der Art. 18 und 102 S. 2 lit. c in Bezug. Ein Verstoß gegen diese Vorschriften in Verbindung mit Art. 106 Abs. 1 kommt z. B. in Betracht, wenn die Mitgliedstaaten öffentliche oder privilegierte Unternehmen, die über eine beherrschende Stellung verfügen, zu diskriminierenden Verhaltensweisen veranlassen oder verpflichten. **Beispiele** sind von den Mitgliedstaaten veranlasste Diskriminierungen zwischen den Angehörigen der Mitgliedstaaten bei der Gewährung von Tarifvergünstigungen durch öffentliche Verkehrsunternehmen,[38] die Ermäßigung der Tarife für Bodendienstleistungen von Flughäfen allein für die nationalen Fluggesellschaften,[39] die Genehmigung diskriminierender Tarife von Monopolunternehmen,[40]

[33] Ebenso *EuGH* Slg. 1997, I-5768 (5777 Tz. 30) – Niederlande; 1997, I-5793 (5806 Tz. 41) – Italien; insbesondere 1997, I-5819 (5832 Tz. 47) = EuZW 1998, 76 – Frankreich; Hdb., H II Rn. 103 ff.

[34] *Bach,* S. 35 ff.; *Ehricke,* EuZW 1993, 211 (212 f.); *Mestmäcker,* Kommunikation ohne Monopole II, 1995, S. 124; *ders.,* FS Deringer, 1993, S. 79 (90); *Pais Antunes,* RTDE 1991, 187 (198 ff.).

[35] S. im Einzelnen Hdb., H II Rn. 102–115.

[36] *EuGH* Slg. 1989, 838 (852) – Ahmed Saeed.

[37] *EuGH* Slg. 1989, 838 (852).

[38] Eine endlose Geschichte: vgl. für Spanien *Kommission,* Entsch. v. 22. 6. 1987, ABl. Nr. L 194/28 – Tarifermäßigungen im Luft- und Seeverkehr; 23. WB 1993, Tz. 364 (S. 240); 24. WB 1994, Tz. 226 (S. 142).

[39] *Kommission,* 23. WB 1993, Tz. 368 (S. 241); 24. WB 1994, Tz. 227 (S. 143).

[40] *EuGH* Slg. 1994, I-1812 (1102 5) = EuZW 1994, 475 – Corsica Ferries.

die Anordnung eines Mitgliedstaats, bei der Einstellung von Mitarbeitern die eigenen Staatsangehörigen zu bevorzugen,[41] sowie die Diskriminierung ausländischer Fernsehprogramme bei ihrer Weiterverbreitung durch die nationale Monopolanstalt.[42]

Weitere hierher gehörende **Beispiele** sind die grundlose Ausdehnung von Ausschließlichkeitsrechten auf Nachbarmärkte (o. § 10 Rn. 68 ff.) oder die Forderung überhöhter Tarife auf Veranlassung oder mit Genehmigung eines Mitgliedstaates,[43] die unnötige Verschlechterung der erbrachten Leistungen mit Billigung der Mitgliedstaaten,[44] die Hinderung privater Unternehmen an der Aufnahme des Wettbewerbs zu öffentlichen Monopolunternehmen, indem ihnen die Benutzung von Anlagen verweigert wird, derer sie zur Aufnahme der Tätigkeit bedürfen,[45] sowie schließlich noch die Veranlassung öffentlicher oder privilegierter Unternehmen zu mengenmäßigen Beschränkungen (entgegen Art. 34), etwa durch die Anordnung, dass nur bestimmte Mengen von Waren aus anderen Mitgliedstaaten bezogen werden dürfen.[46] **20**

Aus dieser Rechtsprechung haben die Unionsorgane den wichtigen Grundsatz abgeleitet, dass, wenn bereits die **Organisationsstruktur** eines öffentlichen oder privilegierten Unternehmens **Missbräuche** unter Verstoß gegen Art. 102 b**egünstigt**, sich für die Mitgliedstaaten aus Art. 106 Abs. 1 die Verpflichtung ergeben kann, diese **Struktur** in einer Weise zu **verändern**, die die fragliche Missbrauchsgefahr ausschließt (sog. **unbundling**). Die Konsequenzen sind weitreichend. Die Kommission hat auf diese Weise z. B. die Trennung der hoheitlichen von den unternehmerischen Funktionen bei den früheren Fernmeldeunternehmen der Mitgliedstaaten durchgesetzt.[47] Auch wenn ein Mitgliedstaat einem marktbeherrschenden öffentlichen Energieversorgungsunternehmen durch ein Bündel gesetzlicher Maßnahmen ein ausschließliches Zugriffsrecht auf Braunkohle (als der billigsten Primärenergie) sichert, führt dies automatisch zu einer Wettbewerbsverzerrung, weil das öffentliche Energieversorgungsunternehmen durch den alleinigen Zugriff auf die Braunkohle privaten Konkurrenten den Marktzutritt versperrt.[48] Ebenso ist es im Ergebnis zu beurteilen, wenn ein Mitgliedstaat – ebenfalls Griechenland (das sich durch besonders verkrustete Marktstrukturen auszeichnet) – einem Sportverband (der selbst Veranstaltungen durchführt, um sich zu finanzieren) das Recht verleiht, über die Genehmigung konkurrierender Veranstaltungen anderer Verbände zu entscheiden, weil wiederum die notwendige Folge Wettbewerbsverzerrungen zum Nachteil der privaten Konkurrenten des privilegierten marktbeherrschenden Verbandes sind.[49] Die Folge ist in allen genannten Fällen die Anwendung der Art. 106 Abs. 1 und 102. Eine konsequente **20a**

[41] *EuGH* Slg. 1991, I-5923 (5927 ff.) = EuZW 1992, 248 für den Hafen von Genua.

[42] *EuGH* Slg. 1991, I-2951, 507 = EuZW 1991, 507 – ERT; dazu ausführlich *Mestmäcker,* Kommunikation ohne Monopole, Bd. II, 1995, S. 172 ff.

[43] S. *EuGH* Slg. 1988, 2507 (2517) – Bodson.

[44] *Kommission,* Bekanntmachung über die Anwendung der Wettbewerbsregeln auf dem Postsektor, ABl. 1985 Nr. C 322/3 (8 f., Tz. 4.7 ff.).

[45] *Kommission,* Entsch. v. 21. 12. 1993, ABl. 1994 Nr. L 55/52 (55, Tz. 12 f.) = 23. WB, S. 497 – Hafen von Rodby; ebenso 25. WB 1995, Tz. 43 für den Hafen Roscoff in der Bretagne. Zur Anordnung von Durchleitungspflichten s. *Emmerich,* FS von Gamm, 1990, S. 581 (592 ff.).

[46] *EuGH* Slg. 1983, 545 (566 f.) – Inter-Huiles; *Kommission,* 24. WB 1994, Tz. 215 ff. (S. 133 ff.).

[47] S. Hdb., H II Rn. 112 m. N.

[48] *Kommission,* Entsch. v. 5. 3. 2008, WuW/E EU-V 1287 Tz. 155, 180, 238 ff. – Griechisches Braunkohlenmonopol.

[49] *EuGH* Slg. 2008, I-4892 Tz. 43 ff. = EuZW 2008, 605 (607) = JuS 2008, 1131 – MOTOE.

Durchsetzung dieses unmittelbar geltenden Rechtssatzes (s. Rn. 26.) würde auf zahlreichen Märkten zu einer (überfälligen) Auflockerung wettbewerbsfeindlicher Strukturen führen. Neben den Energiemärkten ist hier insbesondere an die Verkehrs-, Versicherungs- und Kreditmärkte zu denken.

III. Rechtsfolgen

21 Nach **Abs. 3 des Art. 106** achtet die Kommission auf die Anwendung dieses Artikels und richtet „erforderlichenfalls" geeignete Richtlinien oder Bechlüsse an die Mitgliedstaaten. Es sind diese **weitreichenden Befugnisse** der Kommission, die den besonderen Rang des Art. 106 ausmachen. Deutlich wird das vor allem bei einem Vergleich mit den Befugnissen, über die die Kommission sonst nur zur Durchsetzung der sich für die Mitgliedstaaten aus dem Vertrag ergebenden Verpflichtungen verfügt (s. Art. 258). Zwischen diesen verschiedenen Befugnissen hat die Kommission die **Wahl**; sie kann jederzeit von dem einen Verfahren zu dem anderen übergehen und ist nicht etwa genötigt, in Fällen des Art. 106 gerade nach Art. 106 Abs. 3 gegen einen Mitgliedstaat einzuschreiten.[50]

1. Ermessen

22 Der Vertrag räumt der Kommission in Art. 106 Abs. 3 („... erforderlichenfalls ...") ein weites Ermessen bei der Entscheidung ein, ob und in welcher Form sie von ihren Befugnissen aufgrund des Art. 106 Abs. 3 Gebrauch machen will, woraus überwiegend der Schluss gezogen wird, dass einzelne **keinen Anspruch** auf ein Tätigwerden der Kommission aufgrund des Art. 106 Abs. 3 haben. Lehnt die Kommission einen entsprechenden „Antrag" ab, so stellt dies nach Meinung des Gerichtshofs **keinen Beschluss** i. S. d. Art. 288 Abs. 4 dar, der nach Art. 263 Abs. 4 angefochten werden könnte.[51] **Ebenso wenig** kann ein einzelner **Untätigkeitsklage** erheben, wenn die Kommission auf die Beschwerde gegen einen Mitgliedstaat hin nichts unternimmt.[52] Lediglich dann, wenn die Kommission tätig wird und an einen Mitgliedstaat einen Beschluss aufgrund des Art. 106 Abs. 3 richtet, kommt somit unter den engen Voraussetzungen des Art. 263 Abs. 4 ausnahmsweise auch eine Klage einzelner in Betracht.[53]

2. Richtlinien

23 Die Kommission besitzt aufgrund des Art. 106 Abs. 3 zunächst die Befugnis, „erforderlichenfalls" (s. Rn. 22) zur Durchsetzung des Art. 106 „geeignete" Richtlinien i. S. d. Art. 288 Abs. 3 an die Mitgliedstaaten zu richten.[54] Die Kommission verfügt hier folglich (ausnahmsweise) in beschränktem Umfang über **quasi-gesetzgeberische Befugnisse,** indem sie **auch ohne konkreten Anlass** die sich für die Mitgliedstaaten aus Art. 106 Abs. 1 ergebenden Verpflichtungen durch Richtlinien konkretisieren

[50] *EuGH* Slg. 2001, I-2638 (2648 f.) – Portugal; s. Rn. 22.

[51] *EuGH* Slg. 1997, I-957 (965 Tz. 27 ff.) – Bundesverband der Bilanzbuchhalter; 2005, I-1316 (1338 f. Tz. 69 ff.) = EuZW 2005, 247 (248 Tz. 69 ff.) – T-Mobile Austria.

[52] *EuG* Slg. 1992, II-2417 (2448) – Rendo; 1994, II-1015 (1030 ff.) – Ladbroke Racing Ltd.

[53] *EuGH* Slg. 1997, I-957 (964 Tz. 25); 2005, I-1316 (1337 f.) = EuZW 2005, 247 (248 Tz. 68) – T-Mobile Austria.

[54] Dazu insbesondere *EuGH* Slg. 1982, 2545 (2573) – Transparenzrichtlinie; 1988, 3620 (3623).

kann, um die Durchsetzung des Art. 106 Abs. 1 in der Praxis zu erleichtern und zu fördern.[55]

Von dieser Befugnis hat die Kommission – trotz des heftigen Widerstandes der Mitgliedstaaten – in den achtziger und neunziger Jahren des vorigen Jahrhunderts **wiederholt Gebrauch gemacht**. Hervorzuheben sind neben der bereits erwähnten Transparenzrichtlinie von 1982 noch besonders die Endgeräterichtlinie von 1988[56] und die Wettbewerbsrichtlinie von 1990.[57] Auch die Postdiensterichtlinie, mit der die Liberalisierung der Postdienste eingeleitet wurde, wurde 1997 auf Art. 106 Abs. 3 gestützt.[58] Dagegen hat es die Kommission wegen des offenbar nahezu unüberwindbaren Widerstandes der Mitgliedstaaten bisher nicht gewagt, auf dem Energiesektor von ihren Befugnissen aufgrund des Art. 106 Abs. 3 Gebrauch zu machen, nachdem ihr Versuch, hier über Art. 37 voranzukommen, gescheitert war.[59] 24

3. Beschlüsse

Die Kommission kann ferner zur Durchsetzung der sich für die Mitgliedstaaten aus Art. 106 Abs. 1 ergebenden Verpflichtungen an diese Beschlüsse i. S. d. Art. 288 Abs. 4 richten. Daraus ergibt sich die Befugnis der Kommission, in Beschlüssen die Verletzung des Abs. 1 der Vorschrift durch vertragswidrige Maßnahmen eines Mitgliedstaats festzustellen *und* diesem zugleich die **Beseitigung** des vertragswidrigen Zustandes binnen einer bestimmten Frist **aufzugeben**.[60] 25

In der Auswahl der **Maßnahmen,** die zur Beseitigung des vertragswidrigen Zustandes in Betracht kommen, verfügt die Kommission über einen weiten Ermessensspielraum (o. Rn. 22). Möglich ist auch die Verpflichtung eines Mitgliedstaates zur **Änderung seiner Gesetzgebung**, wenn der vertragswidrige Zustand nur so beseitigt werden kann.[61] In Betracht kommt dies etwa bei der nicht mehr gerechtfertigten „Beibehaltung" von **Monopolrechten,** *soweit* diese *heute* gegen den Vertrag in der Auslegung des Gerichtshofs verstoßen.[62] In dem erwähnten griechischen Braunkohlefall (Rn. 20a) hat die Kommission deshalb z. B. Griechenland durch Entscheidung (heute: Beschluss) verpflichtet, das alleinige Zugriffsrecht des staatlichen Energieversorgungsunternehmens auf Braunkohle binnen sechs Monaten zu beseiti- 26

[55] *EuGH* Slg. 1991, I-1259 (1263 ff.) = EuZW 1991, 345 – Endgeräte; Slg. 1992, I-627 (635) – Eilkurierdienste in den Niederlanden; 1992, I-5859 (5106 3 ff.) – Wettbewerbsrichtlinie; *EuG* Slg. 1994, II-1015 (1034) – Ladbroke Racing Ltd.; *Kommission,* 24. WB 1994, Tz. 215 ff. (S. 133 f.); 25. WB 1995, Tz. 100; *v. Burchard,* EuZW 1993, 339; *Benesch,* S. 73, 87 ff.

[56] ABl. Nr. L 131/73.

[57] ABl. Nr. L 292/10; alle genannten Richtlinien wurden vom *EuGH* gebilligt, s. Slg. 1982, 2545; 1987, 2619; 1991, I-1259; 1992, I-5859 = EuZW 1993, 191 und Slg. 1993, I-3283.

[58] Richtlinie v. 15. 12. 1997 über die Entwicklung des Binnenmarktes der Postdienste, ABl. 1998 Nr. L 15/14.

[59] Grdlg. *EuGH* Slg. 1997, I-5768 – Niederlande; 1997, I-5793 – Italien; 1997, I-5819 = EuZW 1998, 76 – Frankreich.

[60] *EuGH* Slg. 1992, I-627 (635 ff.) – Eilkurierdienste in den Niederlanden; 1997, I-957 (964 Tz. 23) = EuZW 1997, 211 – Bilanzbuchhalter; Slg. 2005, I-1316 (1379 = EuZW 2005, 247 (248 Tz. 66) – T-Mobile Austria.

[61] *Kommission,* 6. WB 1977, Tz. 274 (S. 167 f.).

[62] Vgl. zu dieser schwierigen und umstrittenen Frage schon o. § 10 Rn. 68 ff. sowie im Einzelnen Hdb., H II Rn. 37–66; *Emmerich,* FS Keller, 1989, S. 685; *ders.,* BB 1989, Beil. 3 zu H 4, S. 9; *ders.,* in: (2.) FS Seuß, 1997, S. 109; *ders./J. Hoffmann,* FS Selmer, 2004, S. 305 (313 ff.); *Mestmäcker/Schweitzer,* § 33 Rn. 52 ff. (S. 852 ff.); *Mestmäcker,* Wirtschaft und Verfassung, S. 275.

gen.[63] Art. 106 Abs. 3 hat **unmittelbare Wirkung** im Verhältnis zwischen den Mitgliedstaaten und den einzelnen jedenfalls bei Maßnahmen der Mitgliedstaaten, die gegen Art. 106 Abs. 1 in Verbindung mit ihrerseits unmittelbar anwendbaren Vorschriften des Vertrags wie insbesondere den Wettbewerbsregeln der Art. 101 und 102 verstoßen.[64]

IV. Dienstleistungsunternehmen (Art. 106 Abs. 2 AEUV)

Literatur: Hdb., H II Rn. 128 ff.; *Kommission,* Mitteilung Leistungen der Daseinsvorsorge in Europa I, ABl. 1996 Nr. C 281/3; *dies.,* Mitteilung Leistungen der Daseinsvorsorge in Europa II, ABl. 2001 Nr. C 17/4; Mitteilung über die Anwendung der Vorschriften über staatliche Beihilfen auf den öffentlich-rechtlichen Rundfunk, ABl. 2001 Nr. C 320/5; Grünbuch zu Dienstleistungen von allgemeinem Interesse v. 21. 5. 2003, KOM (2003) 270 endg. und KOM (2004) 374 endg.; Unionsrahmen für staatliche Beihilfen, die als Ausgleich für die Erbringung öffentlicher Dienstleistungen gewährt werden, ABl. 2005 Nr. C 297/4; *H. Cox* (Hrsg.), Daseinsvorsorge und öffentliche Dienstleistungen in der EU, 2000; *Eichhorn* (Hrsg.), Perspektiven öffentlicher Unternehmen, 1995; *Emmerich,* Das Wirtschaftsrecht der öffentlichen Unternehmen, 1969, S. 438 f.; *ders.,* FS Steiner, 2009, S. 173; *Mestmäcker/Schweitzer,* § 34 (S. 106 8 ff.); IM/*Mestmäcker/Schweitzer,* Bd. I/1, Art. 101, 106 AEUV Rn. D 1 ff.; *J. Chr. Pielow,* Grundstrukturen der öffentlichen Versorgung, 2001, S. 75, 742 ff.; *ders.,* JuS 2006, 692, 780; *H. Schweitzer,* Daseinsvorsorge, „service public", Universaldienst, 2002, S. 83, 180 ff.

1. Überblick

27 Nach Art. 106 Abs. 2 S. 1 gelten die Vorschriften des Vertrages einschließlich der Wettbewerbsregeln für Unternehmen, die mit Dienstleistungen von allgemeinem wirtschaftlichem Interesse betraut sind, *nur, soweit* nicht durch die Anwendung der genannten Vorschriften die Erfüllung der diesen Unternehmen übertragenen besonderen Aufgabe rechtlich oder tatsächlich verhindert wird. Jedoch darf durch die Anwendung des Art. 106 Abs. 2 S. 1 nach S. 2 der Vorschrift die Entwicklung des Handelsverkehrs in der Union nicht in einem Ausmaß beeinträchtigt werden, das dem Interesse der Union zuwiderläuft.[65]

28 Art. 106 Abs. 2, eine der **am meisten umstrittenen Vorschriften** des Unionsrechts, muss im Zusammenhang mit Art. 106 Abs. 1 gesehen werden, der die Mitgliedstaaten bei der Einflussnahme auf öffentliche und privilegierte Unternehmen an das Unionsrecht bindet, um die Instrumentalisierung der genannten Unternehmen zu Vertragsumgehungen nach Möglichkeit zu unterbinden (o. Rn. 6). Diese Regelung, die ihren Ursprung in der Angst vor allem der Beneluxstaaten vor der übermächtigen Konkurrenz des öffentlichen Sektors in Frankreich und Italien hatte, stellt einen erheblichen **Eingriff in die Souveränität** der Mitgliedstaaten auf dem Gebiet der Wirtschaftspolitik dar. Insbesondere Frankreich war zur Hinnahme der Regelung daher nur bereit, wenn zugleich **Ausnahmeregelungen** vorgesehen wurden.[66] Nach zähen Verhandlungen erklärten sich die Beneluxstaaten schließlich bereit, in den Vertrag in Gestalt des Art. 106 Abs. 2 **S. 1** eine **bewusst unklar formulierte „Escape-Klausel"** aufzunehmen, die es Frankreich und Italien gestatten sollte, in engen, letzt-

[63] *Kommission*, Entsch. v. 5. 3. 2008, WuW/E EU-V 1287 (1297 f. Tz. 248 ff.).

[64] *EuGH* Slg. 1974, 409 (431) – Sacchi; 1991, I-5923 (5930) = EuZW 1992, 248 – Porto di Genova; s. Hdb., H II Rn. 127.

[65] Zu den in Art. 106 Abs. 2 S. 1 außerdem erwähnten, hier aber nicht weiter behandelten Finanzmonopolen s. Hdb., H II Rn. 67 ff.

[66] *Emmerich,* FS Steiner, S. 173 (174 ff.).

lich offen gebliebenen Grenzen weiterhin ihren öffentlichen Sektor für die Zwecke ihrer (nationalen) Wirtschaftspolitik einzusetzen. Die Beneluxstaaten bestanden jedoch darauf, dass dies auf keinen Fall das letzte Wort sein dürfe. So erklärt sich zugleich die **Gegenausnahme** in **S. 2** des Art. 106 Abs. 2.

Abs. 2 des Art. 106 unterscheidet sich von Abs. 1 der Vorschrift vor allem dadurch, dass er sich **direkt an** die dort genannten **Unternehmen wendet**, während Abs. 1 eine an die Mitgliedstaaten gerichtete Vorschrift darstellt. Aus diesem Unterschied darf indessen nicht der Schluss gezogen werden, die Abs. 1 und 2 des Art. 106 hätten unterschiedliche Regelungsbereiche; vielmehr zeigt bereits die Entstehungsgeschichte der Vorschrift (o. Rn. 28), dass **beide Absätze** des Art. 106 von Anfang an **als Einheit gedacht** waren und deshalb auch so gelesen werden müssen.[67] Daraus folgt vor allem, dass, soweit Art. 106 Abs. 2 S. 1 bestimmten Unternehmen Vertragsdurchbrechungen erlaubt, dasselbe sinngemäß den **Mitgliedstaaten** gestattet ist, die die Dienstleistungsunternehmen (und Finanzmonopole) überhaupt erst durch die Übertragung besonderer Aufgaben – eine Maßnahme im Sinne des Art. 106 Abs. 1 – zu ihrem vertragswidrigen Verhalten veranlasst haben.[68] 29

2. Begriff

Der Kompromiss, der letztlich dem Art. 106 Abs. 2 zugrundeliegt, ist bis auf den heutigen Tag umstritten geblieben. Vor allem, aber nicht allein Frankreich versucht immer wieder, den Art. 106 Abs. 2 (der nur Vertragsdurchbrechungen unter engen Voraussetzungen *im Einzelfall* zulässt) im Sinne eines allgemeinen **Souveränitätsvorbehalts** umzuformulieren oder doch umzuinterpretieren.[69] Im Lichte dieser Zielsetzung einzelner Mitgliedstaaten muss insbesondere der Kranz von Vorschriften gesehen werden, mit dem Art. 106 Abs. 2 im Zuge der verschiedenen Vertragsrevisionen umgeben wurde, um die besonderen Befugnisse der Mitgliedstaaten bei der Instrumentalisierung von Unternehmen, die sie mit Dienstleistungen von allgemeinem wirtschaftlichem Interesse betraut haben, für die Zwecke ihrer nationalen Wirtschafts- und Sozialpolitik zu betonen. Hervorzuheben sind **Art. 14 AEUV**, ferner das **Protokoll Nr. 26** über Dienste von allgemeinem Interesse vom 13. Dezember 2007[70] sowie noch **Art. 36 der Grundrechtecharta**. Keine dieser Vorschriften hat indessen, mag dies auch insbesondere von Frankreich beabsichtigt gewesen sein, irgendetwas an dem Wortlaut und der Stellung des Art. 106 Abs. 2 im Verfassungsgefüge der Union geändert, so dass sich die folgenden Ausführungen betont auf Art. 106 Abs. 2 beschränken werden. 30

Art. 106 Abs. 2 S. 1 bezieht sich auf Unternehmen, denen die Mitgliedstaaten durch die Betrauung mit Dienstleistungen von allgemeinem wirtschaftlichem Interesse eine besondere Aufgabe übertragen haben. Dabei kann es sich, weil der Vertrag insoweit nicht unterscheidet, gleichermaßen um **private wie** um **öffentliche Unternehmen** 31

[67] Ebenso *EuGH* Slg. 1993, I-2533 = EuZW 1993, 422 (423 Tz. 13) – Corbeau; Slg. 2001, I-4142 (4161 f. Tz. 52 ff.) – TNT Traco.

[68] *EuGH* Slg. 1993, I-2533 = EuZW 1993, 422 (423 Tz. 13); *Bach,* Wettbewerbsrechtliche Schranken, S. 49; *Ehricke,* Staatliche Eingriffe, S. 109 ff.; *ders.,* EuZW 1993, 211 (214); *Emmerich,* Das Wirschaftsrecht der öffentlichen Unternehmen, S. 450 f.; *Heinemann,* S. 67 f.; *Mestmäcker/Schweitzer,* § 34 Rn. 10 (S. 873).

[69] S. *Emmerich,* FS Sateiner, S. 173 (176 ff.).

[70] ABl. Nr. C 306/158.

handeln. In aller Regel, aber nicht notwendig werden die Dienstleistungsunternehmen zugleich zu den **öffentlichen oder privilegierten** Unternehmen im Sinne des Art. 106 Abs. 1 gehören,[71] dies schon deshalb, weil die Mitgliedstaaten gewöhnlich nur derartige Unternehmen mit Dienstleistungen von allgemeinem wirtschaftlichem Interesse betrauen. Dadurch erklärt sich zugleich der enge systematische Zusammenhang der Abs. 1 und 2 des Art. 106 (o. Rn. 30).

32 Die Einzelheiten sind, wie es angesichts der politischen Brisanz der ganzen Materie gar nicht anders sein kann, umstritten. Einigkeit besteht jedoch darüber, dass der Begriff der **Dienstleistungen** in Art. 106 Abs. 2 S. 1 nicht im Sinne des Art. 57, sondern **umfassend** zu verstehen ist, so dass darunter auch die Erbringung von Sachleistungen oder die Lieferung von Energie fällt. Das **entscheidende Merkmal,** das die Dienstleistungsunternehmen von anderen Unternehmen unterscheidet, ist mithin allein der Umstand, dass bei ihnen die Leistungserbringung, d. h. die **Erfüllung der** ihnen übertragenen **„besonderen" Aufgabe im „allgemeinen wirtschaftlichen Interesse"** eines Mitgliedstaates (u. Rn. 33) liegt. Bei diesem Begriff handelt es sich um einen **Begriff des Unionsrechts** ohne Entsprechung in den Rechtsordnungen der Mitgliedstaaten. Zwar wird der Begriff vielfach unreflektiert einfach mit dem französischen Begriff des **„service public"** oder mit dem deutschen Begriff der **„Daseinsvorsorge"** gleichgesetzt, indessen zu Unrecht, weil, wie bereits die Entstehungsgeschichte der Vorschrift zeigt (o. Rn. 28), mit ihr gewiss nicht die französische Vorstellung vom service public oder gar die inhaltlose deutsche Lehre von der Daseinvorsorge rezipiert werden sollten. Gleichwohl haben diese ständigen Bemühungen vor allem Frankreichs, Italiens sowie der deutschen Länder und Gemeinden, Art. 106 Abs. 2 S. 1 im Sinne eines umfassenden **Souveränitätsvorbehalts** zu Gunsten der Mitgliedstaaten mit einem bedeutenden öffentlichen Sektor umzuinterpretieren (s. Rn. 30), tiefe Spuren in der Praxis der Unionsorgane hinterlassen.

33 Der **Gerichtshof** betont zwar immer wieder die Notwendigkeit einer engen Auslegung der Ausnahmevorschrift des Art. 106 Abs. 2 S. 1.[72] Tatsächlich zeigt er sich jedoch seit dem mit dem Corbeau-Urteil von 1993 offenbar eingeleiteten Paradigmenwechsel **zunehmend großzügiger** bei der Annahme eines Dienstleistungsunternehmens im Sinne des Art. 106 Abs. 2 S. 1, vor allem, aber nicht allein **bei** den sog. **Universaldiensten sowie** in dem weiten Bereich der **sozialen Sicherungssysteme.** Als Universaldienste bezeichnet man in erster Linie Telekommunikations-, Verkehrs- und Versorgungsunternehmen **mit einem allgemeinen (flächendeckenden) Versorgungsauftrag**, der diese Unternehmen (angeblich) zwingt, gegebenenfalls auch *unrentable* Leistungen zu erbringen.[73] **Beispiele** sind **Luftverkehrsgesellschaften**, sofern sie nach nationalem Recht durch Hoheitsakt damit betraut sind, aus Gründen des öffentlichen Interesses auch unrentable Strecken zu betreiben,[74] und **Energieversorgungsunternehmen**, die durch öffentlich-rechtliche Konzessionen oder Vertrag damit betraut sind, die Gas- oder Stromversorgung zu einheitlichen Konditionen und Tarifen in einem bestimmten Gebiet sicherzustel-

[71] *EuG* Slg. 2008, II-95 (167 Tz. 179) – BUPA.

[72] Z. B. *EuGH* Slg. 1997, I-5768 (5778 Tz. 31) – Niederlande; 1997, I-5819 (5834 Tz. 53) = EuZW 1998, 76 – Frankreich; zur Praxis der Kommission s. u. Rn. 35.

[73] *Kommission,* Mitteilung: Leistungen der Daseinsvorsorge in Europa, ABl. 2001 Nr. C 17/4 (11 ff. Tz. 37 ff.); weitere Nachw. s. Hdb., H II Rn. 141 ff.

[74] *EuGH* Slg. 1989, 838 (853) – Ahmed Saaed.

len.[75] Ähnlicher Großzügigkeit bei ihrer Freistellung von der strikten Bindung an den Vertrag über Art. 106 Abs. 2 S. 1 erfreuen sich die **Sozialversicherungssysteme.** Soweit bei ihnen nicht bereits das Vorliegen einer wirtschaftlichen Tätigkeit verneint wird (s. o. § 3 Rn. 32), gehen die Unionsgerichte doch durchweg ohne weiteres von der Anwendbarkeit des Art. 106 Abs. 2 S. 1 auf sie aus, in der Regel, um damit die **Übertragung von Monopolrechten** auf einzelne Leistungserbringer zu rechtfertigen.[76]

Angesichts dieser betonten Großzügigkeit der Gerichte blieb der **Kommission** auf die Dauer nichts anderes übrig, als nachzuziehen. Maßgebend ist jetzt die **Mitteilung „Leistungen der Daseinsvorsorge in Europa II"** vom 19. Januar 2001.[77] Die Kommission betont hier immer wieder den **„großen Ermessensspielraum"**, über den die Mitgliedstaaten bei der Definition der Dienstleistungen von allgemeinem wirtschaftlichem Interesse verfügen, vorbehaltlich freilich derjenigen Sektoren, für die es bereits spezielle Unionsregelungen gibt.[78] Zugleich wird sie jedoch nicht müde, die **besondere Verantwortung** der Mitgliedstaaten bei der Betrauung von Unternehmen mit Diensten von allgemeinem wirtschaftlichem Interesse hervorzuheben und die völlige **Transparenz** des dabei angewandten Verfahrens zu fordern.[79] Die **Besonderheit** solcher Dienstleistungen sieht sie vor allem darin, dass die fraglichen Leistungen auch dann erbracht werden müssen, wenn der **Markt nicht genug Anreize** dafür bietet, so dass den betreffenden Unternehmen gegebenenfalls **besondere Rechte** eingeräumt werden müssen, damit sie die ihnen übertragenen besonderen Aufgaben überhaupt erfüllen können.[80] Dabei müssen nach Meinung der Kommission insbesondere die **Grundsätze der Neutralität, der Gestaltungsfreiheit und der Verhältnismäßigkeit** beachtet werden.[81] Die beiden ersten Grundsätze betonen die weitgehende **Zuständigkeit der Mitgliedstaaten** bei der Definition und Übertragung von Leistungen im allgemeinen wirtschaftlichen Interesse (Stichwort: Souveränitätsvorbehalt), während es bei dem **Grundsatz der Verhältnismäßigkeit** um die unionsrechtliche Kontrolle anhand des Art. 106 Abs. 2 S. 1 (nur) auf „offrenkundiger Beurteilugsfehler" geht, durch die verhindert werden soll, dass die Vertragsfreiheiten über das zur tatsächlichen Erfüllung des Auftrags unbedingt erforderliche Maß hinaus eingeschränkt werden.[82] 34

Auf derselben Linie liegt die jüngste Rechtsprechung der Unionsgerichte. Das **Gericht** betont immer wieder das „weite Ermessen" der Mitgliedstaaten bei der Definition der Dienstleistungen von allgemeinem wirtschaftlichem Interesse, das von der Kommission nur auf „offenkundige Fehler" überprüft werden könne. Auf der anderen Seite hält das Gericht freilich auch daran fest, dass nur und gerade Dienstleistungen im *allgemeinen öffentlichen* Interesse im Gegensatz zu partikulären und privaten Interessen die Anwendung des Art. 106 Abs. 2 zu rechtfertigen vermögen und dass 35

[75] *EuGH* Slg. 1994, I-1508 (1520 f.) = EuZW 1994, 408 = JuS 1994, 8102 Nr. 2 – Almelo; Slg. 1997, I-5768 (5777 ff. Tz. 29 ff.) – Niederlande; 1997, I-5819 (5834 ff. Tz. 55 f.) – Frankreich.

[76] S. insb. *EuGH* Slg. 1999, I-5106 3 (5892 ff. Tz. 103 ff.) = ZIP 2000, 34 = JuS 2000, 609 Nr. 12 – Albany; Slg. 2001, I-8137 (8154 ff. Tz. 51 ff.) – Ambulanz Glöckner.

[77] ABl. Nr. C 17/4 (7 ff. Tz. 14 ff.). Alle folgenden Zitate beziehen sich auf diese Mitteilung.

[78] Zustimmend *EuG* Slg. 2005, II-2036 (2100 f. Tz. 216) – Olsen.

[79] Mitteilung, Tz. 1, 8 ff.

[80] Mitteilung, Tz. 14 ff.

[81] Mitteilung, Tz. 20 ff.

[82] Mitteilung, Tz. 23 ff.

eine Vertragsdurchbrechung immer nur unter genauer Beachtung des Art. 106 Abs. 2 in Betracht kommt.[83] – **Beispiele** für Dienstleistungen von allgemeinem wirtschaftlichem Interesse sind außer den bereits genannten (Rn. 33) noch medizinische Notfalltransportleistungen,[84] eine gesetzliche Zusatzkrankenversicherung für bestimmte Branchen mit Zwangsmitgliedschaft,[85] ebenso aber auch private Krankenversicherungen, wenn ihnen im Interesse der Solidarität der Versicherten durch Gesetz unrentable gemeinwirtschaftliche Verpflichtungen auferlegt werden,[86] der öffentlich-rechtliche Rundfunk wegen seiner (angeblichen) kulturpolitischen Aufgaben (Rn. 38a) sowie etwa noch die Bundesanstalt für Arbeit, die durch das AFG mit der Aufgabe der Arbeitsvermittlung betraut ist,[87] ein staatlich konzessioniertes und privilegiertes Flußhafenunternehmen[88] (im Gegensatz zu einem Seehafen, der lediglich über gewisse ausschließliche Rechte verfügt),[89] ein Unternehmen, das im Interesse des Umweltschutzes ausschließlich mit der Entsorgung gefährlicher Abfälle betraut wird,[90] sowie (natürlich) die Erbringung postalischer Universaldienste,[91] **nicht** dagegen solche Unternehmen, die nur durch besondere Gesetze einer **staatlichen Aufsicht** unterstellt sind[92] wie die Verwertungsgesellschaften[93] oder die Banken.[94]

36 Mit den Dienstleistungsunternehmen sind nach dem Gesagten (Rn. 37 ff.) gleichermaßen private wie öffentliche Unternehmen gemeint, denen die Mitgliedstaaten im Rahmen ihrer Wirtschafts- oder Sozialpolitik eine **besondere Rolle** zugedacht haben, indem sie sie mit Dienstleistungen im allgemeinen wirtschaftlichen, d. h. im öffentlichen Interesse betraut *und* ihnen zur Verwirklichung dieses öffentlichen Interesses **besondere Aufgaben** übertragen haben. Aus der Beschränkung des Art. 106 Abs. 2 S. 1 auf „Unternehmen" und auf „wirtschaftliche Interessen" folgt zugleich, dass der Vertrag hier allein den weiten **Bereich der Wirtschaft** im Auge hat, während die **Vertragsbindung anderer Einrichtungen**, z. B. kultureller und sozialer Einrichtungen oder der Hoheitsträger selbst jedenfalls *nicht* Gegenstand des Art. 106 Abs. 2 ist.[95] Mit den allgemeinen (wirtschaftlichen) Interessen sind daher hier ausschließlich beliebige **öffentliche Interessen** der Mitgliedstaaten **im Rahmen ihrer** (weitgehend autonomen) **Wirtschafts- und Sozialpolitik** gemeint, vorausgesetzt, dass die Verwirklichung dieser Ziele den Einsatz von Unternehmen erfordert, denen zu diesem Zweck **besondere Aufgaben übertragen** werden, die unmittelbar auf die Verwirk-

[83] *EuG* Slg. 2008. II-95 (162 ff. Tz. 166 ff.) – BUPA; 2008, II-1165 (1214 ff.) – SIC; 2008, II-2938 (2969 ff. Tz. 101 ff.) – TV 2.

[84] *EuGH* EuZW 2010, 543 Tz. 125.

[85] *EuGH* WuW/E EU-R 1929 (1938 Tz. 37 f.) – AG2R.

[86] *EuG* Slg. 2008. II-95 (172 ff. Tz. 191 ff.) – BUPA.

[87] *EuGH* Slg. 1991, I-2010 (2017) – Macrotron.

[88] *EuGH* Slg. 1971, 723 (730) – Muller/Hafen von Mertert m. Anm. *Emmerich,* EuR 1972, 36.

[89] *EuGH* Slg. 1991, I-5923 (5931) – Porto di Genova.

[90] *EuGH* Slg. 1998, I-4111 (4131 ff. Tz. 64 ff.) – Dusseldorp; 2000, I-3777 (3799 ff. Tz. 74 ff.) – Sydhavnens Sten & Grus.

[91] *EuGH* Slg. 2001, I-4142 (4162 ff. Tz. 53 ff.) = EuZW 2001, 408 – TNT Traco; vgl. in diesem Zusammenhang auch die Richtlinie über den Universaldienst, ABl. 2002 Nr. L 108/51.

[92] *EuG* Slg. 2008. II-95 (165 Tz. 178) – BUPA.

[93] *EuGH* Slg. 1974, 313 (318) – BRT II; 1983, 483 (504) – GV; *Kommission,* Entsch. v. 16. 7. 2008, WuW/E EU-V 1357 (1377 f.) – CISAG.

[94] *EuGH* Slg. 1981, 2021 (2030) – Züchner; *Emmerich,* Das Wirtschaftsrecht der öffentlichen Unternehmen, S. 464 ff.; *Mikroulea,* S. 115 ff.; zum Rundfunk s. u. Rn. 38a.

[95] Protokoll Nr. 26 über Dienste von allgemeinem Interesse Art. 2; ebenso offenbar *EuGH* Slg. 2008, I-4892 Tz. 46 – MOTOE.

lichung der genannten öffentlichen Zwecke, d. h. der Wirtschafts- und Sozialpolitik der Mitgliedstaaten gerichtet sind. Hinzu kommen muss noch, dass es sich zugleich auch um „**allgemeine**" **öffentliche Interessen** im Gegensatz zu besonderen oder partikulären Interessen einzelner Gruppen handelt.[96] In erster Linie, aber wohl nicht ausschließlich dürfte hier an die Interessen der **Verbraucher** – als Repräsentanten der Allgemeinheit – zu denken sein.[97]

Der Schwerpunkt des Anwendungsbereichs des Art. 106 Abs. 2 liegt folgerichtig bei **Verkehrs- und Versorgungsunternehmen mit Aufgaben des Universaldienstes,** gekennzeichnet durch die Verpflichtung dieser Unternehmen zu einer flächendeckenden gleichmäßigen Versorgung der Verbraucher mit Verkehrs- oder Versorgungsleistungen **unter Inkaufnahme** gegebenenfalls **auch unrentabler Dienste**, so dass dem betreffenden Unternehmen zum Ausgleich dieser Verluste besondere Rechte oder Vergünstigungen gewährt werden müssen, gegebenenfalls eben auch unter Durchbrechung des Vertrags und insbesondere der Wettbewerbsregeln. Hinzu kommen muss schließlich noch, dass die Übertragung der besonderen Aufgaben im allgemeinen wirtschaftlichen Interesse im Wege der „Betrauung" erfolgt, dies, um die nötige Transparenz des Vorgangs sicherzustellen (Rn. 37 ff.). 36a

3. Betrauung, besondere Aufgaben

a) Die mögliche Privilegierung eines Unternehmens durch Art. 106 Abs. 2 S. 1 setzt nach dem Wortlaut der Vorschrift ferner voraus, dass es mit den Dienstleistungen von allgemeinem wirtschaftlichen Interesse (o. Rn. 36 f.) von einem Mitgliedstaat geradezu „**betraut**" wurde **und** dass ihm außerdem zur Verwirklichung dieses ihm anvertrauten öffentlichen Interesses „**besonderer Aufgaben" übertragen** wurden, deren Erfüllung das fragliche Unternehmen in Konflikt mit dem Vertrag bringen kann. Erforderlich ist also als erstes ein besonderer **Betrauungsakt,** der sorgfältig von der Übertragung besonderer Aufgaben unterschieden werden muss (Rn. 39). Dann zeigt sich, dass der Betrauungsakt vornehmlich die Aufgabe hat, diejenigen **Unternehmen zu individualisieren**, bei denen Vertragsdurchbrechungen mit Rücksicht auf ihren Charakter als Dienstleistungsunternehmen **infolge ihrer Indienstnahme für Aufgaben der nationalen Wirtschafts- oder Sozialpolitik** nach Art. 106 Abs. 2 S. 1 überhaupt in Betracht kommen.[98] Der Gerichtshof verlangt deshalb, dass die Betrauung eines Unternehmens mit Dienstleistungen ausdrücklich und unmissverständlich **durch Hoheitsakt,** d. h. durch Gesetz oder Verwaltungsakt erfolgt.[99] Die Kommission hat daraus den Schluss gezogen, dass dem fraglichen Unternehmen der Versorgungsauftrag **klar definiert** und **ausdrücklich** durch Hoheitsakt (Verträge eingeschlossen) auferlegt sein müsse, um ihr die Beurteilung der Verhältnismäßigkeit der Maßnahme zu ermöglichen, wobei sich aus dem Hoheitsakt Art und Dauer der Gemeinwohlverpflichtungen, das beauftragte Unternehmen und der geographische Geltungsbereich, Art und Dauer der dem Unternehmen gewährten ausschließlichen 37

[96] *EuG* Slg. 2008 II-95 (169 Tz. 178)– BUPA.

[97] Ebenso ausdrücklich *Kommission,* Mitteilung v. 19. 1. 2001, ABl. Nr. C 17/4 (6 Tz. 8 ff.).

[98] S. *Kommission* (vorige Fn.).

[99] *EuGH* Slg. 1974, 313 (318) – BRT II; 1981, 2021 (2030) = NJW 19102, 505 – Züchner; Slg. 1989, 838 (853) = NJW 1989, 2192 – Ahmed Saaed; Slg. 1997, I-5819 (5836 f. Tz. 65 ff.) = EuZW 1998, 76 – Frankreich; *EuG* Slg. 2005, II-2036 (2092 Tz. 1106) – Olsen; 2008, II-95 (165 Tz. 121, 168 Tz. 181) – BUPA.

oder besonderen Rechte sowie gegebenenfalls die Parameter für die Berechnung, Überwachung und etwaige Änderungen von Ausgleichszahlungen ergeben müssten.[100]

38 Im **Schrifttum** ist der Fragenkreis **umstritten,**[101] da die geschilderte Praxis der Unionsorgane (Rn. 37 f.) die beliebte Uminterpretation des Art. 106 Abs. 2 S. 1 im Sinne einer Bereichsausnahme für die Unternehmen der „**Daseinsvorsorge**" oder des „service public" ausschließt.[102] Die Unhaltbarkeit dieser Meinung, so verbreitet sie auch sein mag, ergibt sich jedoch bereits aus dem **Sekundärrecht**, in dem an verschiedenen Stellen ausdrücklich die Möglichkeit vorgesehen ist, unter den genannten Voraussetzungen Verkehrs- und Versorgungsunternehmen mit Dienstleistungen zu betrauen (s. u. Rn. 48). **Deutschland** hatte von diesen Befugnissen nur für die Deutsche Post AG befristet Gebrauch gemacht, dagegen nicht für die Deutsche Telekom AG und die Versorgungsunternehmen, womit sich die Annahme einer Bereichsausnahme für die genannten Unternehmen von selbst verbietet.

38a Unklar war lange Zeit insbesondere die Rechtslage der **öffentlich-rechtlichen Rundfunkanstalten** unter dem Unionsrecht gewesen.[103] Namentlich die Frage der Anwendbarkeit des Art 106 Abs. 2 auf sie war wegen der erheblichen Wettbewerbsvorteile der öffentlich-rechtlichen Rundfunkanstalten. – hervorzuheben ist ihre Finanzierung über Steuern, (zu Unrecht) **Gebühren** genannt, – lebhaft umstritten. Aufgrund des massiven Drucks aller Mitgliedstaaten hat sich indessen mittlerweile weitgehend die Auffassung durchgesetzt, dass der öffentlich-rechtliche Rundfunk grundsätzlich unter Art. 106 Abs. 2 fällt, so dass sich aus dem Vertrag und insbesondere aus den Beihilferegeln (Art. 107 ff.) im Ergebnis keine substantiellen Schranken für seine Finanzierung über Steuern (Gebühren) oder über Werbeeinnahmen ergeben.[104] In dem **Protokoll Nr. 29** zu dem Vertrag von Lissabon haben die Mitgliedstaaten dies ausdrücklich festgelegt.[105] Der Betrauungsakt wird seitdem in Deutschland überwiegend in § 11 des revidierten Rundfunkstaatsvertrages erblickt.[106] Im Übrigen ist auf die **Mitteilung der Kommission** über die Anwendung der Vorschriften über staatliche Beihilfen auf den Rundfunk **aus** dem Jahre **2001** zu verweisen.[107]

39 **b)** Von der Betrauung (Rn. 37 f.) muss richtiger Meinung nach die **Übertragung besonderer Aufgaben** im Sinne des Art. 106 Abs. 2 S. 1 unterschieden werden.[108] Die Aufgabenübertragung und die Betrauung eines Unternehmens verhalten sich zueinander wie **Mittel und Zweck**: Während mit der **Betrauung** allein der Zweck verfolgt wird, die Dienstleistungsunternehmen zu individualisieren und aus der Masse der anderen Unternehmen herauszuheben, für die der Grundsatz der Vertragsbin-

[100] Mitteilung v. 29. 11. 2005, ABl. Nr. C 297/4 (5 Tz. 11 f.); Entsch. v. 28. 11. 2005, ABl. 2005 Nr. L 312/67 Nr. 3 und 8 f.

[101] S. im Einzelnen Hdb., H II Rn. 159 ff.

[102] S. z. B. *V. Götz*, FS Maurer, 2001, S. 921 (931 ff.).

[103] S. statt aller m.N. *Gundel*, ZUM 2008, 758.

[104] S. Rn. 42; *EuG* Slg. 2008, II-1165 (1200 ff. Tz. 141 ff.) – SIC; 2008, II-2933 (2969 ff. Tz. 101 ff., insbes. 2972 f. Tz. 111 ff.) – TV 2.

[105] ABl. 2007 Nr. C 306/165.

[106] Wegen der Einzelheiten s. Hdb., H II Rn. 160 ff.

[107] ABl. Nr. C 320/5.

[108] S. *Emmerich*, FS Steiner, S. 173 (178 ff.); Hdb., H II Rn. 163 ff.; str.

dung ohne Ausnahme gilt, bezeichnen die ihnen übertragenen besonderen **Aufgaben** die Mittel, durch die das fragliche Unternehmen die Dienstleistungen, mit denen es von einem Mitgliedstaat betraut wurde, gegebenenfalls auch unter Durchbrechung des Vertrags verwirklichen soll. Von den sonstigen sozusagen „normalen" Unternehmen unterscheiden sich die Dienstleistungsunternehmen mithin (lediglich) dadurch, dass, *wenn* ihnen zusätzlich von den Mitgliedstaaten *besondere Aufgaben* übertragen werden, diese **Aufgabenerfüllung im Einzelfall** nach Art. 106 Abs. 2 S. 1 **Vorrang** vor der sonst geltenden strikten Vertragsbindung hat (Rn. 40 f.). Nötig ist dazu vor allem eine **präzise Umschreibung der übertragenen besonderen Aufgaben** des Dienstleistungsunternehmens, um der Kommission die Prüfung zu ermöglichen, ob ein **unmittelbarer (spezifischer) Zusammenhang** zwischen der Betrauung eines Unternehmens mit Dienstleistungen im öffentlichen Interesse und seinen besonderen Aufgaben besteht (wie es der Gerichtshof verlangt)[109] sowie ob, wenn das der Fall ist, tatsächlich im Einzelfall die Erfüllung der übertragenen besonderen Aufgaben durch die Anwendung des Vertrags im Sinne des Art. 106 Abs. 2 S. 1 geradezu verhindert würde (u. Rn. 40 ff.).

4. Freistellung nur im Einzelfall

Art. 106 Abs. 2 S. 1 enthält nach dem bisher Gesagten (Rn. 38) – entgegen einer verbreiteten Annahme, insbesondere in der deutschen Kommunalwirtschaft[110] – gerade **keine Bereichsausnahme** für Dienstleistungsunternehmen. Im Gegenteil: Der **Vertrag gilt für diese Unternehmen** grundsätzlich ebenso wie für andere private und öffentliche Unternehmen. Während jedoch bei den anderen Unternehmen (und den Mitgliedstaaten) die Bindung an den Vertrag unbedingt ist, d. h. keine Ausnahmen zulässt, verhält es sich bei den Dienstleistungsunternehmen (und den hinter ihnen stehenden Mitgliedstaaten) nach Art. 106 Abs. 2 S. 1 und 2 **anders**, wenn **im Einzelfall** (ausnahmsweise) durch die Anwendung des Vertrages die Erfüllung der ihnen übertragenen besonderen Aufgabe rechtlich oder tatsächlich geradezu *verhindert* würde (u. Rn. 41 ff.), *vorausgesetzt* zudem, dass dadurch die Entwicklung des Handelsverkehrs in der Union nicht in einem Ausmaß beeinträchtigt wird, das dem Interesse der Union zuwiderläuft (dazu u. Rn. 46 ff.). 40

Ob diese Voraussetzungen für eine Freistellung erfüllt sind, ist eine **Frage des Einzelfalles**. Bei ihrer Prüfung sind die Unionsorgane *früher* in der Regel ausgesprochen **restriktiv** verfahren, natürlich zu dem Zweck, Vertragsdurchbrechungen aufgrund des Art. 106 Abs. 2 S. 1 in einem möglichst engen Rahmen zu halten. Seit **Mitte der neunziger Jahre** des vorigen Jahrhunderts hat sich das Blatt jedoch gewendet, wobei der **Paradigmenwechsel** vor allem durch die Urteile Corbeau[111] und Almelo[112] aus den Jahren 1993 und 1994 markiert wird.[113] Vor dieser Wende kam eine Anwendung der Ausnahmevorschrift des Art. 106 Abs. 2 S. 1 nur in Betracht, wenn es **keinen anderen** technisch möglichen und wirtschaftlich wie rechtlich zumutbaren **Weg** gibt, um die übertragene Aufgabe ohne Vertragsverletzung zu erfüllen. Vertragstreue 41

[109] *EuGH* Slg. 1997, I-5819 (5837 Tz. 68 f.) = EuZW 1998, 76 – Frankreich; EuZW 2010, 543 (548 f. Tz. 127 – 129) – Krankentransporte.

[110] S. *Scharpf,* EuZW 2005, 295 m. N.

[111] *EuGH* Slg. 1993, I-2563 = EuZW 1993, 422.

[112] *EuGH* Slg. 1994, I-1508 = EuZW 1994, 408.

[113] S. *Emmerich,* FS Steiner, S. 173 (181 ff.).

musste, anders gewendet, gleichbedeutend mit dem Verzicht auf die weitere Aufgabenerfüllung sein, während eine bloße Behinderung oder Erschwerung der Aufgabenerfüllung nicht ausreichte.[114]

42 Diese strenge Linie (Rn. 41) gehört seit **„Corbeau" und „Almelo"** der Geschichte an. Seit diesen Urteilen lässt es der Gerichtshof für die Anwendung des Art. 106 Abs. 2 S. 1 statt dessen genügen, wenn ohne die streitigen besonderen Rechte des Dienstleistungsunternehmens die Erfüllung der ihm übertragenen besonderen **Aufgaben (bloß) gefährdet** wäre **oder** wenn die Beibehaltung der besonderen Rechte **erforderlich** ist, um dem Unternehmen die Erfüllung seiner Aufgaben zu wirtschaftlich annehmbaren Bedingungen zu ermöglichen.[115] Bei der Bejung dieser Voraussetzungen verfährt der Gerichtshof zudem **immer großzügiger,** natürlich, um auf diesem überaus sensiblen Gebiet die Empfindlichkeiten der Mitgliedstaaten nicht übermäßig zu strapazieren. Folgerichtig hat die **Kommission** mittlerweile den Regelungsgehalt der S. 1 und 2 des Art. 106 Abs. 2 auf einen weit gefassten **Verhältnismäßigkeitsgrundsatz** reduziert, so dass sie nur noch – in Ausnahmefällen – gegen offenkundige Missbräuche seitens der Mitgliedstaaten einschreiten kann.[116] Selbst die **Ausdehnung von Ausschließlichkeitsrechten auf andere**, wenn auch eng benachbarte **Märkte** gilt seitdem als zulässig, wenn nur so den Dienstleistungsunternehmen ein Weg zu einem **Verlustausgleich** zwischen rentablen und unrentablen Diensten eröffnet werden kann,[117] während dies vor dem Corbeau-Urteil von 1993 noch generell abgelehnt worden war.[118]

42a Der Kommission konzentriert im Augenblick ihre Bemühungen insbesondere darauf, die **Voraussetzungen der Zulässigkeit staatlicher Leistungen zum Ausgleich** von Gemeinwohlverpflichtungen zu präzisieren, die heute auch nicht mehr der Beihilfenkontrolle nach Art. 87 ff. unterliegen (sog. **Nettoprinzip**).[119] Aber es bleibt dabei, dass ein **enger Zusammenhang zwischen** der Erfüllung der übertragenen **Aufgaben und** der **Vertragsdurchbrechung** bestehen muss; Art. 106 Abs. 2 ist kein „Freifahrtschein" für beliebige Verstöße gegen das Unionsrecht durch Dienstleistungsunternehmen oder die hinter ihnen stehenden Mitgliedstaaten. Wenn es an dem erforderlichen sachlichen Zusammenhang zwischen der Aufgabenerfüllung und der Vertragsdurchbrechung fehlt, bleibt es bei der Maßgeblichkeit allein des Vertrages.[120] Dasselbe gilt, wenn die Aufgabenerfüllung ohne weiteres auch ohne die

[114] So noch *EuGH* Slg. 1974, 409 (431) – Sacchi; 19102, 2015 (2056 f.) = NJW 19102, 1929 – Nungesser; Slg. 1985, 3217 (3275), – Télemarketing; *EuG* Slg. 1997, II-233 (281 Tz. 173) – FFSA; 1997, II-1000 (1043 f. Tz. 138 ff.) – Air Inter.

[115] *EuGH* Slg. 1993, I-2563 (2568 Tz. 14 ff.) = EuZW 1993, 422 – Corbeau; Slg. 2000, I-857 (876 ff. Tz. 49 ff.) = EuZW 2000, 281 – DPAG/GZS; insb. Slg. 1997, I-5819 (5835 Tz. 59, 5843 ff. Tz. 95 ff.) = EuZW 1998, 76 – Frankreich; Slg. 2001, I-4142 (4161 ff. Tz. 52 ff.) = EuZW 2001, 408 – TNT-Traco.

[116] Mitteilung v. 19. 1. 2001, ABl. Nr. C 17/4 (8 f. Tz. 20 ff.); v. 15. 11. 2001, ABl. Nr. C 320/5 (8 Tz. 29 Nr. 3); ebenso *EuG* Slg. 2005, II-2036 (2100 f. Tz. 216) – Olsen; weitere Nachweise s. Hdb., H II Rn. 176 ff.

[117] *EuGH* Slg. 2001, I-8137 (8156 f. Tz. 56 ff.) = EuZW 2002, 25 – Ambulanz Glöckner.

[118] *EuGH* Slg. 1993, I-2563 (2569 Tz. 19 f.).

[119] S. im Einzelnen Mitteilung v. 15. 11. 2001, ABl. Nr. C 320/5 (11 Tz. 47 ff.); v. 29. 11. 2005, ABl. Nr. C 297/4 (5 f. Tz. 14 ff.); Entsch. v. 28. 11. 2005, ABl. Nr. L 312/67, alle im Anschluss an das Altmark Trans-Urteil des *EuGH* Slg. 2003, I-7810 (7839 Tz. 87 ff.) = EuZW 2003, 496; für den Rundfunk s. schon o. Rn. 38a m.N.; *Gundel*, ZUM 2008, 758.

[120] *EuGH* Slg. 1991, I-2010 (2018) – Macrotron; *EuGH* EuZW 2010, 543 (548 f. Tz. 127 – 129).

umstrittene Vertragsverletzung, z. B. ohne Verstoß gegen die Wettbewerbsregeln möglich ist.[121]

Besonders **großzügig** verfahren die Unionsorgane bei der Anwendung des Art 106 Abs. 2 zunächst, wie bereits mehrfach betont, bei den sog. **Universaldiensten,** insbesondere also bei Telekommunikations-, Verkehrs- und Versorgungsunternehmen, die einen flächendeckenden Dienst zu gleichen Preisen und Konditionen anbieten müssen.[122] Besteht die Verpflichtung zur Leistungserbringung auch dann, **wenn einzelne Dienstleistungen unrentabel** sind, so dass sie von privaten Konkurrenten nicht erbracht würden, so wird es durchweg als gerechtfertigt angesehen, private Konkurrenten vorübergehend oder dauernd, partiell oder total von dem betreffenden Markt auszuschließen, um dem Dienstleistungsunternehmen einen **Verlustausgleich** zwischen den rentablen und unrentablen Diensten zu ermöglichen (sog. **Quersubventionierung**).[123] Einer ebenso großzügigen Beurteilung können sich durchweg, wiederum natürlich zum Schutz der Empfindlichkeiten der Mitgliedstaaten, die **Sozialversicherungssysteme** und hier namentlich die Krankenversicherungssysteme erfreuen. Soweit auf sie heute überhaupt noch die Wettbewerbsregeln angewandt werden (s. o. § 3 Rn. 32), wird doch im Grunde jeder Verstoß gegen den Vertrag einschließlich vor allem der Wettbewerbsregeln unter Berufung auf Art. 106 Abs. 2 hingenommen, um die Funktionsfähigkeit dieser Systeme nur nicht zu beeinträchtigen.[124] 43

Der Sache nach geht es in der Regel um die Rechtfertigung von **Ausschließlichkeitsrechten und vergleichbaren Privilegien** für einzelne Dienstleistungsunternehmen, – womit sich zugleich, nüchtern betrachtet, die erstaunliche Hartnäckigkeit erklärt, mit der viele Mitgliedstaaten, allen voran Frankreich und Italien, ebenso wie die deutschen Gemeinden und Länder ihre diversen Pfründe unter Berufung auf Art. 106 Abs. 2 S. 1 – meistens mit ganz vorgeschobenen, durchsichtigen Gründen – verteidigen, in erster Linie durchweg zur Versorgung korrupter Politiker. Ein „schönes" Beispiel aus jüngster Zeit sind die bizarren **Spiel- und Wettmonopole der Länder**. Aber auch hier ist der Wind des Wandels offenbar auf die Dauer nicht aufzuhalten. Der Gerichtshof lässt zwar – unter engen Voraussetzungen – **Glücksspielmonopole** der Mitgliedstaaten (zwecks Suchtbekämpfung) weiter zu,[125] nicht aber **Wettmonopole** (die über das Internet mühelos umgangen werden können), so dass insoweit der Markt jetzt wohl geöffnet werden muss.[126] 44

[121] *Kommission,* Entsch. v. 16. 7. 2008, WuW/E EU-V 1357 (1378 Tz. 258 f.) – CISAG.

[122] S. dazu insb. *Basedow,* EuZW 1996, 143 (145); *Bright,* ECLR 1993, 263 (269); *Heinemann,* S. 183 ff.; *Mestmäcker,* Kommunikation ohne Monopole II, 1995, S. 137 ff.; *Wachsmann/Berrod,* RTDE 1994, 39 (49 ff.); *Everling,* EuR 1996, 58 (76 ff.); zur Kritik s. *Gröner/Knorr,* EWS 1996, 225 ff. m. N.

[123] *EuGH* Slg. 1989, 838 (853) – Ahmed Saeed – für den Betrieb unrentabler Fluglinien; Slg. 1993, I-2533 = EuZW 1993, 422 – Corbeau – und Slg. 2001, I-4142 (4162 ff. Tz. 53 ff.) – TNT Traco – für die Briefpost; Slg. 1994, I-1508 (1521) – Almelo; 1997, 5768 (5779 ff. Tz. 38 ff.) – Niederlande – und 1997, I-5819 (5833 ff. Tz. 51 ff.) – Frankreich – für die Stromversorgung zu einheitlichen Tarifpreisen in einem Gebiet; *Kommission,* Mitteilung, ABl. 2001 Nr. C 17/4 (11 ff. Tz. 40 ff.).

[124] S. zuletzt z. B. *EuGH* EuZW 2010, 543 (548 Tz. 128) – Krankentransporte; WuW/E EU-R 1929 (1938 f. Tz. 76 ff.) – AG2R (für die Zwangsmitgliedschaft in einer zusätzlichen Krankenversicherung für eine Branche); *EuG* Slg. 2008, II-95 172 ff. Tz. 191 ff.) -BU PA.

[125] Zuletzt z. B. *EuGH* EuZW 2010, 503 Tz. 36, 40, 47 Tz. – Betfair; 2011, 674 Tz. 37 ff. – Zeturf.

[126] *EuGH,* EuZW 2010, 759 – Winner; 2010, 759 f. – Carmen Media; 2010, 760 –Markus Stoß; s. im Einzelne *Dederer,* NJW 2010, 198; *ders.*, EuZW 2010, 771; *Hilf/Ploeckl,* EuZW 2010, 694.

45 Art. 106 Abs. 2 S. 1 vermag als Ausnahmevorschrift Vertragsdurchbrechungen im Einzelfall nur zu rechtfertigen, wenn seine Voraussetzungen zweifelsfrei feststehen. Die **Beweislast** hierfür tragen (im Rahmen des Art. 106 Abs. 2) das betreffende Dienstleistungsunternehmen und (im Rahmen des Art. 106 Abs. 1) der **Mitgliedstaat**, der das Dienstleistungsunternehmen mit der fraglichen Aufgabenerfüllung betraut hat.[127] Anders verhält es sich freilich nach Meinung des Gerichtshofs schon wieder, wenn die Kommission (nicht nach Art 106 Abs. 3, sondern) im Rahmen eines Vertragsverletzungsverfahrens nach Art. 258 unter Berufung auf Art. 106 Abs. 2 S. 1 gegen einen Mitgliedstaat vorgeht, so dass die Beweislast dann wieder die Kommission trifft.[128]

5. Interesse der Union

46 Die Freistellung der Dienstleistungsunternehmen von der Bindung an den Vertrag durch S. 1 des Art. 106 Abs. 2 ist *nicht unbegrenzt;* sie ist vielmehr nach **S. 2** aufgrund des bereits erwähnten Kompromisses zwischen Frankreich und den Beneluxstaaten (o. Rn. 29) von der *zusätzlichen Voraussetzung* abhängig, dass durch die Freistellung die Entwicklung des Handelsverkehrs nicht in einem Ausmaß beeinträchtigt werden darf, das dem Interesse der Union zuwiderläuft. Obwohl diese Vorschrift an sich eine wichtige Korrektur des S. 1 des Art. 106 Abs. 2 darstellt, hat sie doch in der bisherigen Praxis nahezu **keine Rolle** gespielt.

47 S. 2 des Art. 106 Abs. 2 ist ein typischer **Formelkompromiss,** gekennzeichnet durch eine Anhäufung gänzlich unbestimmter Begriffe. Schlüsselbegriff ist aber jedenfalls das „Interesse der Union", da es letztlich von der Tangierung dieses Interesses abhängt, ob im Einzelfall Raum für die Anwendung der Ausnahmevorschrift des S. 1 der Vorschrift ist. Gleichwohl ist bisher nach wie vor unklar, was im Sinne des S. 2 des Art. 106 Abs. 2 unter dem „**Interesse der Union**" zu verstehen ist. Der **Gerichtshof** hat lediglich einmal angedeutet, dass die **Definition** des Unionsinteresses primär die **Aufgabe der Kommission** im Rahmen der ihr durch Art. 106 Abs. 3 verliehenen weitreichenden Befugnisse sei, so dass, solange die Kommission hiervon keinen Gebrauch mache, auch keine Möglichkeit für die Anwendung des Art. 106 Abs. 2 S. 2 als Schranke für S. 1 a. a. O. bestehe.[129]

48 Dies bedeutet der Sache nach, dass zur Definition des Unionsinteresses in erster Linie bei dem **Sekundärrecht** anzusetzen ist, da es gerade die Aufgabe insbesondere der verschiedenen Liberalisierungsrichtlinien ist, das Interesse der Union an der **Liberalisierung** einzelner Märkte zu verdeutlichen, so dass Vertragsdurchbrechungen hier unter Berufung auf Art. 106 Abs. 2 S. 1 nur ausnahmsweise in Betracht kommen, soweit die Richtlinien dafür selbst eine Grundlage abgeben (o. Rn. 38). Jenseits dieser Fälle erweist sich jedoch – entgegen einer verbreiteten Meinung – der Begriff des Unionsinteresses so lange als nicht justiziabel, wie die Kommission davon absieht, von ihren Befugnissen aufgrund des Art. 106 Abs. 3 zur Präzisierung des Unions-

---

127 *EuGH* Slg. 1989, 838 (853) – Ahmed Saeed; 2001, I-4142 (4163 Tz. 59) = EuZW 2001, 408– TNT Traco; EuZW 2010, 543 Tz. 126; *EuG* Slg. 2008, II-95 (165 Tz. 171) – BUPA.

128 So jedenfalls *EuGH* Slg. 1997, I-5768 (5784 f. Tz. 58 ff.) – Niederlande; 1997, I-5819 (5845 f. Tz. 101 ff.) – Frankreich.

129 So die Energiemonopolurteile v. 1997 Slg. 1997, I-5768 (57106 f. Tz. 67 ff.) – Niederlande; 1997, I-5793 (5811 f. Tz. 63 ff.) – Italien; insb. 1997, I-5819 (5848 f. Tz. 112 ff.) = EuZW 1998, 76– Frankreich.

interesses Gebrauch zu machen.[130] Auf diesen weitgehenden Befugnissen der Kommission hatten die Benelux-Staaten seinerzeit gerade bestanden, um das Binnenmarktprojekt notfalls auch gegen den erwarteten Widerstand der französischen und italienischen Staatsmonopole durchsetzen zu können. Die darin liegende Aufgabe ist bis heute nicht gelöst; im Gegenteil: Ihre Lösung rückt in immer weitere Ferne.

6. Rechtsfolgen

Soweit im Einzelfall die Voraussetzungen des S. 1 des Art. 106 Abs. 2 erfüllt sind 49
und nicht Raum für die Anwendung der Gegenausnahme des S. 2 der Vorschrift ist, ist die **Vertragsdurchbrechung** seitens des Dienstleistungsunternehmens unmittelbar **kraft Gesetzes erlaubt**. Beruft sich ein Mitgliedstaat oder ein Unternehmen zur Rechtfertigung von Vertragsverletzungen auf Art. 106 Abs. 2 S. 1, so sind folglich auch die nationalen Gerichte verpflichtet, die Voraussetzungen dieser Vorschrift selbstständig zu prüfen.[131]

130 S. *Emmerich*, FS Steiner, S. 173 (183 f.).

131 Früher str., s. im Einzelnen Hdb., H II Rn. 190 f. m. N.

3. Teil. Der Schutz des Wettbewerbs gegen Beschränkungen im deutschen Recht[1]

1. Kapitel. Einführung

§ 20. Anwendungsbereich

I. Vorbemerkung

Das deutsche Kartellrecht wich ursprünglich in zahlreichen Punkten von dem europäischen Kartellrecht ab. Parallel zur Entfaltung der europäischen Wettbewerbspolitik ist jedoch das GWB seit den achtziger Jahren des vorigen Jahrhunderts Schritt für Schritt immer mehr dem europäischen Kartellrecht angeglichen worden. Die weitreichendsten Änderungen brachte insoweit die 7. Novelle von 2005, veranlasst insbesondere durch den Übergang zu dem System der Legalausnahme bei Art. 101 Abs. 3 AEUV (Art. 1 II der KartellverfahrensVO Nr. 1/2003) sowie durch den erweiterten Vorrang des Unionsrechts aufgrund des Art. 3 der genannten Verordnung (s. schon o. § 3 Rn. 57 ff. und § 8 Rn. 8 ff.). 1

Durch die §§ 1 und 2 GWB von 2005 sind deshalb Art. 101 Abs. 1 und 3 AEUV sowie die dazu ergangenen Verordnungen im wesentlichen unverändert ins deutsche Recht übernommen worden (s. u. §§ 21 und 22). Soweit dies der Fall ist, kann im Folgenden weithin auf die Ausführungen zu dem europäischen Kartellverbot verwiesen werden (o. §§ 3–6 und § 8). Nähere Ausführungen sind nur dort nötig, wo im deutschen Recht wie insbesondere aufgrund der §§ 3, 24 bis 27, 28 und 30 GWB Besonderheiten gelten (dazu u. §§ 23–25). 2

Eigenständige materiellrechtliche Regelungen enthält das GWB darüber hinaus heute vor allem noch bei der Missbrauchsaufsicht über marktbeherrschende Unternehmen (§§ 19 und 20) sowie bei der Fusionskontrolle (§§ 35–43). Vor allem darauf wird daher der Schwerpunkt der Ausführungen zum deutschen Recht zu liegen haben (s. u. §§ 27–30 und 31–36). Zu beobachten ist, dass mittlerweile mit der 8. Novelle auch insoweit eine Anpassung an das Unionsrecht geplant wird (s. die Eckpunkte in WuW 2011, 853). Ob und wann es dazu kommen wird, ist noch nicht abzusehen. 3

II. Unternehmen

Die Vorschriften des GWB gelten, von wenigen Ausnahmen abgesehen, allein für Unternehmen (s. §§ 1, 19, 20 und 35 f. GWB). Der Anwendungsbereich des GWB hängt daher zu einem guten Teil von der engen oder weiten Fassung des Unternehmensbegriffs ab, auf den aus diesem Grund hier als erstes einzugehen ist. 4

---

[1] §§ ohne Zusatz sind im folgenden 3. Teil des Buches solche des GWB in der Fassung von 2005. §§ der frühen Fassungen des GWB werden durch den Zusatz a. F. oder durch die Jahreszahl ihres Inkrafttretens gekennzeichnet (§ 18 v. 1998 = § 18 in der Fassung der 6. Novelle von 1998).

1. Begriff

5 Die Definition des Unternehmensbegriff deckt sich im GWB im Kern mit der im europäischen Kartellrecht (s. o. § 3 Rn. 24 ff.). Ebenso wie bei den Art. 101,102 und 106 AEUV genügt deshalb im Anwendungsbereich des GWB für die Annahme eines Unternehmens grundsätzlich **jede selbstständige geschäftliche oder wirtschaftliche Tätigkeit**, d. h. jede selbstständige, nicht rein private und außerhalb des Erwerbslebens liegende Tätigkeit einer Person in der Erzeugung oder Verteilung von Waren oder gewerblichen Leistungen.[1] Die **Funktion** des Begriffs beschränkt sich im wesentlichen darauf, die Sphäre des privaten Verbrauchs und die hoheitliche Tätigkeit des Staates sowie noch den Arbeitsmarkt von der Anwendung des Gesetzes auszuklammern (Rn. 8).

6 Um dem GWB einen möglichst umfassenden Anwendungsbereich zu sichern, wird der Unternehmensbegriff in der Regel **weit ausgelegt**. Die **Rechtsform,** die für ein Unternehmen gewählt wird, ist ebenso unerheblich wie etwa die Frage der Gewinnerzielungsabsicht. **Öffentliche** Unternehmen sind genauso wie **gemeinnützige Unternehmen** an das GWB gebunden (§ 130 Abs. 1 GWB; Rn. 13 ff.). Zwischen aktuellen und **potentiellen Unternehmen** wird gleichfalls nicht unterschieden; auch die letzteren sind vielmehr dem GWB unterworfen, sofern sie nur die Möglichkeit besitzen, sich in absehbarer Zeit in das Wirtschaftsleben einzuschalten.[2]

7 Die Anwendung des GWB setzt ferner nicht voraus, dass die betreffende Person *in jeder Beziehung* Unternehmen ist; es reicht vielmehr aus, dass sie **gerade in der fraglichen Beziehung** (und nur in ihr) unternehmerisch tätig wird, mag sie auch im Übrigen außerhalb des Wirtschaftslebens tätig sein, insbesondere also als Privatperson oder Hoheitsträger handeln. Ein Verein, eine Privatperson oder ein Hoheitsträger, die sich, durch welche Tätigkeit immer, im Wettbewerb mit anderen Unternehmen selbstständig am wirtschaftlichen Verkehr beteiligen, müssen daher das GWB genauso wie z. B. die Steuergesetze beachten.

2. Beispiele

8 Unternehmen i. S. d. GWB sind nach dem Gesagten (o. Rn. 5–7) z. B. eine „Privatperson", die mehrere Unternehmen beherrscht,[3] die auf einem Grundstück ein Hotel betreiben will,[4] die Lizenzen an gewerblichen Schutzrechten erteilt oder die Geschäftsräume verpachtet und dafür Automatenaufstellverträge abschließt,[5] weiter ein Hundezüchterverband,[6] die **Kammern** der freien Berufe (u. Rn. 9 f.), der Pharmaverband bei der Herausgabe der „roten Liste"[7] sowie grundsätzlich auch die Krankenkassen und die sonstigen **Sozialversicherungsträger** (s. u. Rn. 20 f.). Unternehmen

---

1 BGHZ 36, 91 (102 ff.) = NJW 1962, 196; BGHZ 52, 65 (66) = NJW 1969, 1716; BGHZ 64, 232 (234 f.) = NJW 1975, 1223 = JuS 1975, 662 Nr. 8; BGHZ(GS) 67, 81 (84) = NJW 1976, 1941; BGHZ 69, 59 (60) = NJW 1977, 2121; BGHZ 74, 359 (364 f.) = NJW 1979, 2401 = JuS 1980, 227 Nr. 11; BGHZ 137, 297 (304) = NJW 1998, 756 = JuS 1998, 461 Nr. 10 – DFB.

2 BGHZ 31, 105 (109 ff.) = NJW 1960, 145; *OLG Koblenz* NJW-RR 1989, 1057 (1059).

3 BGHZ 74, 359 (364 f.) = NJW 1979, 2401 = JuS 1980, 227 Nr. 11 – WAZ.

4 *BGH* LM § 1 GWB Nr. 53 (Bl. 2 f.) = NJW-RR 2000, 90 – Beschränkte Ausschreibung.

5 *BGH* WuW/E BGH 1521; 1745 (1746); 1841 (1842); *OLG Düsseldorf* WuW/E OLG 888; 2396 (2398 f.); *OLG Celle* WuW/E DE-R 1197 (1198).

6 *BGH* WuW/E BGH 1725 (1726); *OLG Karlsruhe* WuW/E DE-R 2606 (2607 Tz. 19).

7 BGHZ 78, 190 (194) = NJW 1981, 634; *KG* WuW/E OLG 2210; 4026 (4028).

sind ferner z. B. die **Börsen** trotz ihrer Rechtsnatur als Anstalten des öffentlichen Rechts mit Verwaltungsaufgaben,[8] der **Deutsche Fußballbund** ebenso wie die einzelnen Bundesligavereine bei ihren ausgreifenden wirtschaftlichen Aktivitäten, vom Verkauf von Eintrittskarten bis hin zur Vergabe von Fernsehübertragungsrechten oder Reklamemöglichkeiten,[9] außerdem Künstler bei der Verwertung ihrer Werke,[10] die Technischen Überwachungsvereine,[11] der Deutsche Lotto- und Totoblock und die **Lottogesellschaften** der Länder[12] sowie die **Kirchen** bei ihren wirtschaftlichen Aktivitäten.[13] **Keine Unternehmen** sind dagegen in der Regel Verbraucherzentralen,[14] Amateursportverbände,[15] Gütezeichengemeinschaften[16] sowie nach überwiegender Meinung die **Tarifvertragsparteien** bei dem Abschluss von Tarifverträgen, und zwar nach herrschender Meinung selbst dann, wenn Tarifverträge nachteilig in die Wettbewerbslage Dritter eingreifen.[17]

3. Freie Berufe

Literatur: S. o. § 3 Rn. 34, 41; *Emmerich,* FS Gernhuber, 1993, S. 857; *ders./J. Hoffmann,* FS Selmer, 2004, S. 305; *M. König,* Standesrechtliche Wettbewerbsbeschränkungen im Gemeinsamen Markt, 1997, S. 42 ff.; *Leisner,* Berufsordnungsrecht und Werbeverbote, 1984; *Messer,* FS Pfeiffer, 1988, S. 973; *Michalski,* Das Gesellschafts- und Kartellrecht der berufsrechtlich gebundenen freien Berufe, 1989; *Prinz,* Anwaltswerbung – eine rechtsvergleichende Darstellung des deutschen und des amerikanischen Rechts, 1986; *Ring,* Wettbewerbsrecht der freien Berufe, 1989; *M. Schmidt,* Standesrecht und Standesmoral, 1993; *Taupitz,* Die Standesordnungen der freien Berufe, 1991.

Rechtsanwälte, Steuerberater, Wirtschaftsprüfer, Ärzte, Architekten und Apotheker 9
sind **Unternehmer** wie andere auch; das gilt im GWB nicht anders als im europäischen Kartellrecht.[18] Die Abstimmung von Gebühren zwischen Ärzten verstößt daher (auch) gegen die §§ 1 und 81 Abs. 2 Nr. 1 GWB.[19] Für die **Standesorganisationen** der freien Berufe einschließlich der **Kammern** folgt daraus, dass sie unter dem Blickwinkel des Art. 101 AEUV und des § 1 GWB, ungeachtet ihrer öffentlich-

8 *H. Beck,* WM 2000, 597; *Emmerich/J. Hoffmann,* FS Schmitt Glaeser, 2003, S. 527.

9 BGHZ 101, 100 (102) = NJW 1987, 307 = JuS 1988, 158 Nr. 10; BGHZ 137, 297 (303 ff.) = NJW 1998, 756 = JuS 1998, 461 Nr. 10 – UEFA-Pokal; *BGH* NJW 2006, 377 = WuW/E DE-R 1597 (1599 f.) – Hörfunkrechte.

10 *BGH* LM § 26 GWB Nr. 64 = NJW-RR 1988, 1187; *KG* WuW/E OLG 4040 (4044 f.); zurückhaltend *Mestmäcker,* in: Schwarze/Becker (Hrsg.), Geistiges Eigentum und Kultur im Spannungsfeld von nationaler Regelungskompetenz und europäischem Wirtschafts- und Wettbewerbsrecht, 1998, S. 53.

11 *BKartA* TB 1977, S. 76 f.; 1981/82, S. 80; 1987/80, S. 99; WRP 1976, S. 344; s. *Emmerich,* Sicherheit und Wettbewerb, 1986; *ders.,* FS Hoppmann, 1994, S. 241.

12 *BGH* LM § 1 GWB Nr. 52 (Bl. 3 R f.) = NJW-RR 1999, 1266 = JuS 1999, 1131 Nr. 11; *OLG Düsseldorf* WuW/E DE-R 1869 (1872); *BKartA* WuW/E DE-V 1517 (1525 ff.); unstr.

13 BGHZ 19, 72 (79 f.). = NJW 1956, 341.

14 *OLG Hamburg* WuW/E OLG 2092; s. *Skoda,* FS Rittner, 1991, S. 651.

15 *OLG Frankfurt a. M.* WuW/E OLG 2784.

16 *OLG Frankfurt a. M.* NJW-RR 1986, 133.

17 S. o. § 3 Rn. 31; BAGE 62, 171 (182 ff.); *BAG,* AP § 5 TVG Nr. 25 (Bl. 7) = NJW 1990, 3036 (3038); *KG* WuW/E OLG 4531 (4533); *Bechtold,* RdA 1983, 99; *Büdenbender,* ZIP 2000, 44; *Chr. Jäger,* Die Anwendbarkeit des GWB auf die Verbandsarbeit der deutschen Arbeitgeberverbände, 1998, *Kulka,* RdA 1988, 483; *Riehle,* Arbeitsmarkt und Wettbewerb, 1999; zur Kritik s. *BKartA* WuW 1989, 563; MK, SonderGA Nr. 51 von 2007 – Postmindestlohn, WuW/E DE-V 1534 (1538 Tz. 78).

18 S. im Einzelnen o. § 3 Rn. 34, 41; ebenso schon BGHZ 42, 318 (324 f.) = NJW 1965, 500; BGHZ (GS) 67, 81 (84) = NJW 1976, 1941; *BGH* LM § 25 GWB Nr. 6 = WuW/E BGH 1474; LM § 1 GWB Nr. 43 = NJW-RR 1991, 1067 = JuS 1991, 106 3 Nr. 12.

19 *OLG München* WuW/E OLG 3395 = NStZ 1985, 175; *BGH* LM § 34 GWB Nr. 22 = NJW 1983, 1493.

rechtlichen Rechtsform, nichts anderes als **Unternehmensvereinigungen** sind, die daher gleichfalls – neben den Wettbewerbsregeln des AEUV – das GWB zu beachten haben, soweit sie sich *unternehmerisch* betätigen. Wichtig ist das vor allem, soweit sie in den Wettbewerb zwischen den Berufsangehörigen und mit Dritten eingreifen, insbesondere in Gestalt sog. **Berufsordnungen.**[20] Ein herausragendes Beispiel ist die von der Vertreterversammlung der Rechtsanwälte 1996 aufgrund des § 59 b BRAO als *Satzung* beschlossene und im März 1997 in Kraft getretene **Berufsordnung für Rechtsanwälte (BORA).**[21]

10 Für die genannten Berufsordnungen der freien Berufe folgt aus dem Gesagten (Rn. 9), dass sie im Sinne des § 1 GWB und des Art. 101 AEUV schlicht als **Beschlüsse von Unternehmensvereinigungen** zu behandeln sind (s. schon o. § 3 Rn. 34). Sie verstoßen folglich gegen das Kartellverbot (Art. 101 Abs. 1 AEUV; § 1 GWB), soweit in ihnen der Wettbewerb zwischen Berufsangehörigen oder mit Dritten beschränkt wird, es sei denn, der Berufsordnung komme – als Gesetz im materiellen Sinne – ausnahmsweise der **Vorrang vor dem GWB** zu. Dies ist, soweit es z. B. um das Verhältnis der **BORA** (nur) zum GWB geht, unproblematisch, weil die BORA auf einer bundesrechtlichen Ermächtigung beruht, so dass sie – im Rahmen der Ermächtigung (§ 59 b BRAGO) – gegebenenfalls vom *GWB* abweichen kann. Noch nichts gesagt ist damit freilich über ihre (durchaus problematische) Vereinbarkeit mit dem (vorrangigen) Art. 101 AEUV (s. dazu o. § 3 Rn. 34 m. N.).

11 Soweit dagegen wie in der Mehrzahl der Fälle die **Ermächtigungen** für den Erlass von Berufsordnungen durch Kammern dem **Landesrecht** angehören, muss darüber hinaus noch die Vereinbarkeit mit dem vorrangigen Bundesrecht (einschließlich des GWB) hinzukommen, wenn Wettbewerbsbeschränkungen, etwa in Gestalt von Werbeverboten, in Berufsordnungen Bestand vor dem GWB und vor dem AEUV (Art. 101) haben sollen. Zwar wird vielfach die Auffassung vertreten, die Kammern handelten bei Erlass berufsrechtlicher Regelungen *hoheitlich,* so dass für eine Anwendung des GWB hier generell kein Raum sei.[22] Das trifft indessen jedenfalls dann *nicht* zu, wenn die Kammern wettbewerbsbeschränkende Regelungen **ohne ausreichende gesetzliche Grundlage** erlassen. In solchem Fall werden sie vielmehr – mangels Hoheitsgewalt – als normale Unternehmensvereinigungen tätig und unterliegen deshalb dem GWB.[23] Im Ergebnis bedeutet dies, dass der Landesgesetzgeber die Kammern der freien Berufe heute nur noch zu solchen wettbewerbsbeschränkenden Berufsregelungen ermächtigen kann, die zur ordnungsmäßigen Erfüllung der den Berufsangehörigen übertragenen öffentlichen Aufgaben unerlässlich sind (vgl. Art. 106 Abs. 2 S. 1 AEUV). Für **generelle Werbe- oder Wettbewerbsverbote** in Kammersatzungen ist dagegen kein Raum mehr.[24]

[20] Wegen der Einzelheiten s. IM/*Emmerich,* Bd. II, § 130 Abs. 1 Rn. 60–70 m. N.

[21] BRAK-Mitteilungen 1996, 241 = NJW 1997, Beil. zu Heft 19.

[22] So insb. BayObLGZ 1981, 367 (375 ff.); *OLG Stuttgart* NJW-RR 1992, 551 = WuW/E OLG 4726; der Sache nach auch *OLG Düsseldorf* WuW/E OLG 4998 (5000 f.); *Messer,* FS Pfeiffer, 1988, S. 973; *Michalski,* S. 88, 420, 431 ff.

[23] S. IM/*Emmerich,* Bd. II, § 130 Rn. 60 ff.

[24] BGHZ (GS) 67, 81 (84 ff.) = NJW 1976, 1941; *BGH* LM § 25 GWB Nr. 6 = WuW/E BGH 1474; LM § 1 GWB Nr. 43 = NJW-RR 1991, 1067 = JuS 1991, 106 3 Nr. 12; WuW/E BGH 2141 (2143 f.) = GRUR 1985, 986; LM § 1 UWG Nr. 459 = NJW-RR 1987, 485; anders aber für ein Werbeverbot zulasten von Apothekern BVerwGE 89, 30 = NJW 1992, 994; dagegen mit Recht *BKartA* TB 1991/92, S. 44 f.

Architektenkammern dürfen daher **z. B.** nicht entgegen **§ 1 GWB** ohne wirksame gesetzliche Ermächtigung ihre Mitglieder an bestimmte **Honorarsätze binden** und deren Unterschreitung als standeswidrig verbieten.[25] Unzulässig sind außerdem Berufsordnungen, in denen die Kammern versuchen, den lauteren Wettbewerb ihrer Mitglieder ohne gesetzliche Grundlage durch **Werbeverbote** zu beschränken.[26] Beispiele sind ein generelles Verbot von Zugaben oder jeder Werbung für das Randsortiment der Apotheken.[27] Versuchen die Kammern derartige Wettbewerbsbeschränkungen durch die Androhung berufsrechtlicher oder gerichtlicher Maßnahmen gegen ihre Mitglieder durchzusetzen, so verstoßen sie damit zugleich gegen das **Druckverbot** des **§ 21 Abs. 2.**[28] Ebensowenig besitzen sie die Befugnis zu Eingriffen in die Wettbewerbsbeziehungen zwischen ihren Mitgliedern und Dritten. Wenn sie gegen Dritte wegen angeblicher Verstöße gegen die Wettbewerbsgesetze, etwa aufgrund der §§ 3 und 8 Abs. 3 Nr. 2 UWG vorgehen, kann darin deshalb gleichfalls ein Verstoß gegen **§ 21 Abs. 2** zu sehen sein.[29] 12

III. Öffentliche Hand

Literatur: S. IM/*Emmerich,* Bd. II, § 130 Rn. 1 ff. sowie *Badura,* FS Steindorff, 1990, S. 835; *J. Baur,* FS v. Gamm, 1990, S. 525; *Ehlers,* Verwaltung in Privatrechtsform, 1984; *Emmerich,* Das Wirtschaftsrecht der öffentlichen Unternehmen, 1969; *ders.,* (2.) FS Böhm, 1975, S. 119; *ders.,* AG 1976, 225; 1985, 293; *ders.,* in: Steiner (Hrsg.), Sport und Medien, 1990, S. 57; *ders.,* Zivilrechtliche Probleme des Ausschlusses von Bewerbern, in: Ausschluß von Unternehmern von der Teilnahme am Wettbewerb aus strafrechtlicher, verwaltungsrechtlicher sowie zivilrechtlicher Sicht, Schriftenreihe der deutschen Gesellschaft für Baurecht Bd. 24, 1995, S. 27; *ders.,* FS Raiser, 2005, S. 647; *ders./Hoffmann,* FS Schmitt Glaeser, 2003, S. 527; *dies.,* FS Selmer, 2004, S. 305; *Emmerich/U. Steiner,* Möglichkeiten und Grenzen der wirtschaftlichen Betätigung der öffentlich-rechtlichen Rundfunkanstalten, 1986; *Hoffmann-Riem* (Hrsg.), Rundfunk im Wettbewerbsrecht, 1988; *ders.,* Rundfunkrecht neben Wirtschaftsrecht, 1991; *Mestmäcker* (Hrsg.), Offene Rundfunkordnung, 1988; *D. Neumann,* Kartellrechtliche Sanktionierung von Wettbewerbsbeschränkungen im Gesundheitswesen, 2000.

1. Überblick

Nach **§ 130 Abs. 1 S. 1 GWB** findet das Gesetz „auch Anwendung auf Unternehmen, die ganz oder teilweise im Eigentum der öffentlichen Hand stehen oder die von ihr verwaltet oder betrieben werden". Hieraus und aus dem weiten Unternehmensbegriff des Gesetzes wird heute allgemein der Schluss gezogen, dass das GWB auf die **wirtschaftlichen Aktivitäten des Staates und seiner Gliederungen** ebenso anzuwenden ist wie etwa auf die freien Berufe einschließlich ihrer Kammern und Verbände (s. o. Rn. 9 ff.). Die Rechtslage unter dem GWB entspricht auch in diesem Punkt im wesentlichen, nicht ganz (s. Rn. 20 f.), der im europäischen Kartellrecht (s. o. § 3 Rn. 35 ff.). 13

Die **Rechtsform,** unter der sich der Staat am wirtschaftlichen Verkehr beteiligt, spielt ebensowenig eine Rolle wie die von ihm verfolgten **Zwecke.**[30] Entscheidend ist viel- 14

[25] *BGH* LM § 25 GWB Nr. 6 = WuW/E BGH 1474.

[26] BVerfGE 76, 171 = NJW 1988, 191; *KG* WuW/E OLG 4008; *OLG Celle* WuW/E OLG 3535; *BKartA* WuW/E BKartA 2232; TB 1974, S. 74 f.; 1977, S. 78 f.

[27] *BGH* LM § 1 GWB Nr. 43 = NJW-RR 1991, 1067 = JuS 1991,106 3 Nr. 12.

[28] *BGH* LM § 1 GWB Nr. 43 = NJW-RR 1991, 1067 = JuS 1991,106 3 Nr. 12; *Odersky,* AG 1991, 281 (283 ff.); s. u. § 28 Rn. 11 ff.

[29] *BGH* LM § 1 UWG Nr. 459 = NJW-RR 1987, 485; *OLG Stuttgart* WuW/E OLG 3703.

[30] BGHZ 36, 91 (102 ff.) = NJW 1962, 196; BGHZ 64, 232 (234 f.) = NJW 1975, 1223 = JuS 1975, 662 Nr. 8; BGHZ 65, 147 (149) = NJW 1976, 194; BGHZ(GS) 67, 81 (84) = NJW 1976, 1941; BGHZ 101, 273 (276 f.) = NJW 1989, 3010; BGHZ 152, 347 (351 f.) = WuW/E DE-R 1087.

mehr allein, ob der Staat bei der fraglichen Handlung **in zulässiger Weise** im Wettbewerb mit anderen Unternehmen **wirtschaftlich tätig** wird.[31] Hinzu kommen muss lediglich noch, dass die fragliche **Wettbewerbsbeziehung privatrechtlich geregelt** ist.[32] Diese Frage beurteilt sich nicht etwa nach den Leistungsbeziehungen der öffentlichen Hand, sondern unabhängig davon allein danach, ob der Staat seine Leistungen neben anderen auf dem Markt anbietet oder nachfragt.[33] Für die Anwendung des GWB auf den wirtschaftenden Staat und seine Gliederungen ist infolgedessen nur dort *kein* Raum, wo die **Wettbewerbsbeziehungen** der öffentlichen Hand **öffentlich-rechtlich geregelt** sind oder wo der Staat hoheitlich tätig wird. Die Gerichte nehmen deshalb z. B. an, dass eine Anwendung des GWB nicht mehr in Betracht komme, wenn etwa eine Rettungsleitstelle hoheitlich über die Auswahl von Krankentransportunternehmen entscheidet[34] oder wenn die Wasserversorgung öffentlich-rechtlich geregelt und zugleich ein Anschluss- und Benutzungszwang angeordnet ist, weil dann nämlich jeder Wettbewerb privater Unternehmen kraft Gesetzes ausgeschlossen sei.[35] Es darf indessen als durchaus zweifelhaft bezeichnet werden, ob der dann nur noch mögliche Schutz privater Unternehmen über das öffentliche Recht in irgendeiner Hinsicht einen zureichenden Ersatz für den an sich gebotenen Schutz Privater über das Kartellrecht darstellt.

15 Unerheblich ist dagegen, ob die wirtschaftlichen Aktivitäten des Staates verselbstständigt sind. Zwischen rechtlich selbstständigen öffentlichen Unternehmen in privatrechtlicher oder öffentlich-rechtlicher Form, **Regieunternehmen** und dem wirtschaftenden **Staat selbst** wird wettbewerbsrechtlich nicht unterschieden; unter den genannten Voraussetzungen ist vielmehr in jedem Fall das gesamte Wettbewerbsrecht einschließlich des GWB und des UWG auf den wirtschaftenden Staat anwendbar (u. Rn. 16 ff.). Daraus folgt z. B., dass **Universitätskliniken**, mögen sie als Regieunternehmen betrieben oder als juristische Personen des öffentlichen Rechts verselbstständigt sein, mit der sie tragenden Gebietskörperschaft in wettbewerbsrechtlicher Hinsicht eine wirtschaftliche Einheit im Sinne des § 36 Abs. 2 bilden, auf die das Fusionskontrollrecht Anwendung findet, etwa bei einem Zusammenschluss mit anderen Kliniken.[36]

2. Der Staat als Unternehmer

16 Der Staat handelt wirtschaftlich – mit der Folge der Bindung an das Wettbewerbsrecht einschließlich des GWB (o. Rn. 15) – auch bei der Nachfrage nach oder dem Angebot von Waren oder gewerblichen Leistungen.[37] Für das **Angebot von Waren**

---

[31] Vgl. zuletzt BGHZ 175, 333 (337 Tz. 21) = NJW-RR 2008, 1426 = JuS 2008, 1038 – Rhön Klinikum/Landkreis Rhön-Grabfeld.

[32] S. *BGH* LM § 1 GWB Nr. 52 (Bl. 4 ff.) = NJW-RR 1999, 1266 = JuS 1999, 1131 Nr. 11 – Lottoblock.

[33] Wegen der Einzelheiten s. IM/*Emmerich,* Bd. II, § 130 Rn. 14 ff.; *BGH* LM § 20 GWB Nr. 23 (Bl. 4 f.) = NJW 2000, 106 6 – Kartenlesegerät.

[34] *BGH* WuW/E DE-R 2144 (2146 Tz. 17).

[35] *OLG Düsseldorf* WuW/E DE-R 3170 (3171).

[36] *OLG Düsseldorf* WuW/E DE-R 2347 (2349 ff.) = AG 2008, 859 (860 f.) – Universitätsklinikum Greifswald.

[37] BGHZ 152, 347 (350 ff.) = GRUR 2003, 633 = WuW/E DE-R 1087; s. IM/*Emmerich,* Bd. II, § 130 I Rn. 46 ff.; *Emmerich,* in: Ausschluß von Unternehmern von der Teilnahme am Wettbewerb, 1995, S. 27, 35 ff.

oder gewerblichen Leistungen durch den Staat und seine Gliederungen ist das heute im wesentlichen unstreitig, während die staatliche **Nachfragetätigkeit** neuerdings im Anwendungsbereich der Wettbewerbsregeln des AEUV aufgrund der Rechtsprechung des **EuGH**[38] vielfach aus dem Anwendungsbereich der Wettbewerbsregeln ausgeklammert wird. Dieser Praxis, der schon für die Wettbewerbsregeln des AEUV zu widersprechen ist (s. o. § 3 Rn. 30), ist jedenfalls für den Anwendungsbereich des GWB nicht zu folgen (str., s. Rn. 20 f.). Der Staat muss vielmehr gleichermaßen bei der Nachfrage wie bei dem Angebot von Waren oder gewerblichen Leistungen das GWB und damit insbesondere die **§§ 19 und 20 GWB** beachten, so dass ihm die willkürliche Bevorzugung oder Benachteiligung einzelner Anbieter oder Nachfrager verboten ist.[39] Eine ausführliche Sonderregelung hat diese immer wichtiger werdende Materie mittlerweile in den **§§ 97 bis 129 GWB** über die Vergabe öffentlicher Aufträge gefunden, neben denen indessen die §§ 19 und 20 GWB ebenso wie die Wettbewerbsregeln des AEUV anwendbar bleiben.

Das Gesagte bedeutet vor allem, dass sich der Staat und seine Unternehmen nicht schon durch die bloße **Verfolgung beliebiger öffentlicher Zwecke** von der Bindung an die vom Staat selbst gesetzten Wettbewerbsregeln dispensieren können.[40] **Ausnahmen** von der Unterwerfung des Staates unter das GWB kommen vielmehr entsprechend Art. 106 Abs. 2 S. 1 AEUV (s. o. § 19 Rn. 27 ff.) nur in Betracht, wenn dem Staat oder seinen Unternehmen ausnahmsweise **durch Gesetz besondere Aufgaben übertragen** worden sind, deren Erfüllung nicht ohne Verletzung des GWB möglich ist.[41] Auch ein Kartell der **Lottogesellschaften** der Länder ist daher nicht etwa wegen der von ihm (angeblich) verfolgten öffentlichen (polizeilichen) Zwecke der Reichweite des Kartellverbots (§ 1 GWB; Art. 101 Abs. 1 AEUV) entzogen.[42] Ebenso unberührt bleibt die Anwendbarkeit der §§ 19 und 20 auf die genannten Ländergesellschaften. **Einkaufgemeinschaften von Gemeinden** sind, da sie das Wettbewerbsverhalten der Gemeinden bei der Nachfrage nach Gütern koordinieren sollen, gleichfalls als verbotene Kartelle im Sinne des § 1 zu qualifizieren, sofern nicht im Einzelfall eine Freistellung nach § 2 oder § 3 GWB in Betracht kommt.[43] 17

Ebensowenig ändert die **staatliche Regulierung** einzelner Wirtschaftszweige oder deren Zugehörigkeit zu der sog. **„Daseinsvorsorge"** etwas an der Anwendbarkeit des GWB (oder des AEUV) auf die betreffenden Unternehmen (s. o. § 19 Rn. 27 ff.). Die Unternehmen des **öffentlichen Personennahverkehrs** mögen ebenso wie etwa die **kommunalen Krankenhäuser** einen Teil der „Daseinsvorsorge" bilden; ungeachtet dessen sind sie gleichwohl ohne Ausnahme Unternehmen wie andere auch und daher dem GWB (und dem AEUV) unterworfen. Besondere Bedeutung hat das Gesagte in den letzten Jahren für die Fusionskontrolle erlangt: Entgegen massivem Widerstand der Gemeinden wie der Länder sowie ihrer Vertreter in Wissenschaft 18

[38] *EuGH* Slg. 2006, I-6319 = EuZW 2006, 600 (601 Tz. 25) – FENIN.

[39] Ebenso z. B. *Möschel*, JZ 2007, 601 (602 f.).

[40] S. schon o. Rn. 14; ebenso *BGH* LM § 15 GWB Nr. 10 = WuW/E BGH 1661 (1663); *BKartA* WuW/E BKartA 2150 (2153); *Immenga*, AG 1998, 547 (551); *Möschel*, Tz. 107; str.

[41] Vgl. IM/*Emmerich*, Bd. II, § 130 Rn. 39 ff., 41 f.; zustimmend *KG* WuW/E OLG 5821 (5838).

[42] *BGH* LM § 1 GWB Nr. 52 = NJW-RR 1999, 1266 = WuW/E DE-R 289 = JuS 1999, 1131 Nr. 11 – Lottoblock; WRP 2007, 970 (972 ff. Tz. 23 ff.) – Lotto im Internet; *OLG Düsseldorf* WuW/E DE-R 1869 ff.

[43] BGHZ 152, 347 (350 ff.) = GRUR 2003, 633 = WuW/E DE-R 1087 – Feuerlöschzüge; *BKartA* TB 2001/2002, S. 46 f.

und Politik halten die Gerichte zu recht daran fest, dass die Vorschriften über die **Fusionskontrolle** (§§ 35 ff. GWB) auf Zusammenschlüsse zwischen Unternehmen des öffentlichen Personennahverkehrs ebenso Anwendung finden wie auf Zusammenschlüsse von und mit öffentlichen Krankenhäusern einschließlich der Universitätskliniken.[44] § 69 SGB V, der sich nicht auf die Fusionskontrolle bezieht, steht nicht entgegen (Rn. 20 f.).

19 Das GWB gilt nach dem Gesagten ferner **z. B.** für den **Bund** bei der Nachfrage nach militärischen Ausrüstungsgegenständen,[45] für die Vergabestellen der Länder,[46] für die **Bundesländer** bei der Lieferung von Waren[47] sowie für die **Gemeinden** bei der Nachfrage nach Schulbüchern oder Bauleistungen.[48] Das GWB findet ferner – selbstverständlich – Anwendung auf sämtliche **Verkehrsunternehmen** des Bundes, der Länder und der Gemeinden sowie auf die öffentlich-rechtlichen **Rundfunkanstalten** aufgrund ihrer ausgreifenden wirtschaftlichen Aktivitäten, und zwar nicht nur bei der Nachfrage nach Sendegut und bei den sog. wirtschaftlichen Hilfstätigkeiten, sondern generell und daher insbesondere auch in ihren Wettbewerbsbeziehungen zu den privaten Veranstaltern.[49] Es gibt außerdem keine Ausnahmen für die **Gemeinden;** sie handeln vielmehr unternehmerisch, wenn sie z. B. ein Bestattungsunternehmen, ein Krankenhaus oder einen Großmarkt betreiben[50] oder wenn sie Räume an Schilderprägeunternehmen vermieten (s. u. § 27 Rn. 83).

20 Besonders umstritten ist bis auf den heutigen Tag die Stellung der **gesetzlichen Krankenkassen** unter dem GWB.[51] Nach einer verbreiteten Meinung soll für die Beziehungen der Krankenkassen untereinander und zu den privaten Leistungserbringern wie Ärzten, Apothekern und Krankenhäusern ausschließlich das öffentlich-rechtliche Sozialversicherungsrecht gelten, für dessen Anwendung zudem allein die Sozialgerichte unter Ausschluss der ordentlichen Gerichte zuständig seien; für eine **Anwendung des Kartellrechts** sei daneben heute **kein Raum** mehr.[52] Begründet wird diese (erstaunliche) Auffassung in erster Linie mit der Vorschrift des § 69 SGB V sowie mit den Rechtswegzuweisungen des § 51 SGG und des § 87 S. 3 GWB. Eine Bestätigung hierfür sieht man der Rechtsprechung des **EuGH**, nach der die gesetzlichen Krankenkassen in Deutschland in der Regel keine Unternehmensqualität im Sinne der Wettbewerbsregeln des AEUV besitzen (oben § 3 Rn. 32). Für das deutsche Kartellrecht verbiete sich deshalb wegen des Vorrangs des Unionsrechts eine

---

44 BGHZ 166, 165 (171 ff. Tz. 19 ff.) = NJW-RR 2006, 836– DBRegio/üstra; BGHZ 168, 295 (300 f. Tz. 18 ff.) = NJW-RR 2006, 1548– DBAG/KVS; BGHZ 175, 333 (335, 338 ff. Tz. 14, 22 ff.) = NJW-RR 2008, 1426 – Rhön Klinikum-Landkreis Rhön- Grabfeld; *BMWi* WuW/E DE-V 1691 (1694 Tz. 31; *Emmerich*, AG 2008, 597 (601 m.N.); *M. Lange*, ZWeR 2007, 445.

45 *OLG Frankfurt a. M.* WuW/E OLG 4354; *BKartA* TB 2003/2004, S. 90 f. – Polizeiuniformen.

46 *BKartA* WuW/E BKartA 2150.

47 *OLG Frankfurt a. M.* WuW/E OLG 3134.

48 *OLG Düsseldorf* WuW/E OLG 3613; 3873; *KG* NJW/E-WettbR 1998, 284; WuW/E DE-R 150.

49 S. IM/*Emmerich*, Bd. II, § 130 Rn. 21, 58 f.; *Emmerich*, in: Steiner, Sport und Medien, 1990, S. 57.

50 S. IM/*Emmerich*, Bd. II, § 130 Rn. 36, 52 ff.

51 Wegen der Einzelheiten s. *Baake/Kuchinke/Wey*, WuW 2010, 502; *Baltzer*, SGb 2007, 537, 638; *ders.*, FS Beuthien, 2009, S. 511; *Emmerich*, FS Raiser, 2005, S. 647; *J. Hofmann*, WuW 2011, 427; *Möschel*, JZ 2007, 601; *Oehler*, FS Priester, 2007, S. 557; *ders.*, FS Möschel, 2011, S. 451; *Oppermann*, GS Walz, 2008, S. 485; *W.-H. Roth*, GRUR 2007, 645; *Stumpf*, WRP 2008, 286.

52 *Baltzer*, SGb 2007, 537, 638; *ders.*, FS Beuthien, 2009, S. 511; *Bechtold*, GWB, § 87 Rn. 12–15; *ders.*, WuW 2010, 727; *Stumpf*, WRP 2008, 286; wohl auch (kritisch) *Oppermann*, GS Walz, 2008, S. 485 (490 ff.).

abweichende Auslegung.[53] Die Rechtsprechung tendiert heute weithin in dieselbe Richtung.[54]

Dieser Auffassung ist *nicht* zu folgen. Die Konvergenzregeln (Art. 3 Verordnung Nr. 1/2003; § 22 GWB) lassen auf jeden Fall dann Raum für eine abweichende nationale Begriffsbildung, wenn nicht zugleich der Handel zwischen Mitgliedstaaten betroffen ist (Rn. 28 f. sowie u. § 21 Rn. 3, 22), wie es in den hier interessierenden Fällen die Regel sein dürfte.[55] Zudem hat der EuGH die Unternehmenseigenschaft der Krankenkassen nur für den *Regelfall* bei der gegebenen Gesetzeslage, nicht generell verneint. Deshalb ist es wichtig, sich zu vergegenwärtigen, dass der deutsche Gesetzgeber in den letzten Jahren die Wettbewerbselemente im Krankenversicherungsrecht kontinuierlich verstärkt hat. Dem entspricht es, dass zugleich **§ 69 SGB V** mehrfach **geändert** wurde, jedes Mal mit dem Ziel einer erweiterten **Anwendung des GWB** auf die Krankenkassen.[56] Seitdem gelten jedenfalls die §§ 1 – 3 und 19 – 21 GWB auch wieder nach dem SGB V für die Krankenkassen. Unter diesen Umständen ist daran festzuhalten, dass die Sozialversicherungsträger einschließlich der Krankenkassen, der Ersatzkassen und der Kassenärztlichen Vereinigungen bei der Beschaffung und Abgabe von Heil- und Hilfsmitteln sowie bei dem Angebot von Zusatzversicherungen oder ärztlichen Sachleistungen unternehmerisch handeln und deshalb an das GWB ebenso wie an das UWG gebunden sind.[57] Besondere Bedeutung hat das für die Anwendung des § 20 angesichts der hier üblichen Diskriminierungen privater Leistungserbringer durch die Sozialversicherungsträger sowie für die Fusionskontrolle (str.). 20a

IV. Internationaler Anwendungsbereich

Literatur: *Autenrieth,* Die grenzüberschreitende Fusionskontrolle in Theorie und Praxis, 1982; *Beck,* Die extraterritoriale Anwendung nationalen Wettbewerbsrechts, 1986; *St. Habermeier,* Neue Wege zum Wirtschaftskollisionsrecht, 1997; *Heinemann,* Mélanges Dutoit, Genf 2002, S. 115; *Kevekordes,* Auslandszusammenschlüsse im internationalen und materiellen Kartellrecht, 1986; *Martinek,* Das internationale Kartellprivatrecht, 1987; *Meessen,* Kollisionsrecht der Zusammenschlusskontrolle, 1984; ders., Völkerrechtliche Grundsätze des internationalen Kartellrechts, 1975; *Mestmäcker,* FS Coing, Bd. II, 1982, S. 373; *ders.,* RabelsZ 52 (1988), 205; *E. Rehbinder,* Extraterritoriale Wirkungen des deutschen Kartellrechts, 1965; *Schmidt-Preuß,* Grenzen internationaler Unternehmensakquisition, 1983; *I. Schwartz,* Deutsches internationales Kartellrecht, 2. Aufl., 1968.

Der deutsche Gesetzgeber kann für Wettbewerb **nur im Inland** sorgen,[58] während es sich seinem Einfluss entzieht, ob auch im Ausland Wettbewerb herrscht. Für Staaten mit einer strengen Wettbewerbsordnung ergibt sich daraus angesichts der fortschreitenden Globalisierung der Märkte ein nur schwer lösbares **Dilemma**. *Ein Ausweg* ist die möglichst weite Ausdehnung des internationalen Anwendungsbereichs der natio- 21

[53] *Bechtold,* WuW 2010, 727.

[54] *BGH* NJW-RR 2006, 1046 (1047 Tz. 21 f.) = GRUR 2006, 517; BSGE 87, 95 (99); 89, 24 (30 ff.) = NJW-RR 2002, 1691 (1692 f.).

[55] S. *J. Hofmann,* WuW 2011, 472.

[56] Zuletzt durch das AMNOG v. 22. 12. 2010, BGBl I S. 2262.

[57] BGHZ 36, 91 (100 ff.) = NJW 1962, 196; *BGH* LM § 20 GWB Nr. 23 = NJW 2000,106 6 = WuW/E DE-R 349 – Kartenlesegerät; LM § 21 GWB Nr. 8 (Bl. 3) = NJWE-WettbR 1999, 212 = WuW/E DE-R 303; NJW 2007, 1819 (1820 Tz. 12 f.).

[58] Vgl. BGHSt 24, 54 = NJW 1971, 529 = WuW/E *BGH* 1147 (1150) = JuS 1971, 259 Nr. 1 – Teerfarben.

nalen Wettbewerbsregeln, ein *anderer* der Beitritt zu einer mehrere Staaten umfassende Wettbewerbsordnung. Deutschland hat sich im Interesse eines effektiven Wettbewerbsschutzes entschlossen, *beide* Wege gleichzeitig zu gehen: Für einen **weiten internationalen Anwendungsbereich** des GWB sorgt **§ 130 Abs. 2** (dazu u. Rn. 22 ff.) Durch den Beitritt zur Europäischen Union ist außerdem neben das GWB eine fast ganz Europa umspannende Wettbewerbsordnung in Gestalt der **Wettbewerbsregeln des AEUV** (Art. 101 bis 106) getreten, denen heute zudem in großem Umfang nach Art. 3 der KartellverfahrensVO Nr. 1/2003 und § 22 GWB der **Vorrang** vor dem GWB zukommt (Rn. 25 ff.).

1. § 130 Abs. 2 GWB

22 **a)** Nach § 130 Abs. 2 gilt das GWB für sämtliche Wettbewerbsbeschränkungen, die sich im Inland auswirken, selbst wenn sie im Ausland veranlasst wurden (sog. **Auswirkungsprinzip**). Aus völkerrechtlichen Gründen genügen indessen für die Anwendung deutschen Rechts nicht schon bloße mittelbare und entfernte Rückwirkungen im Ausland veranlasster Wettbewerbsbeschränkungen; erforderlich ist vielmehr, um den nötigen unmittelbaren Inlandsbezug herzustellen, dass die im Ausland veranlasste Wettbewerbsbeschränkung ein durch die verschiedenen Sachnormen des GWB **im Inland geschütztes Rechtsgut spürbar und unmittelbar beeinträchtigt**.[59] Um dies zu prüfen, muss der fragliche „Auslandsfall" als **hypothetischer Inlandsfall** gedacht und auf dieser Grundlage geprüft werden, ob durch ihn der Wettbewerb auf einem Inlandsmarkt spürbar beeinträchtigt würde. Dies ist z. B. zu bejahen bei einem im Ausland vereinbarten Importkartell für Deutschland, zweifelhaft dagegen für deutsche Exportkartelle.[60] Noch nicht endgültig geklärt ist die Frage, ob die genannten Inlandswirkungen tatsächlich eintreten müssen oder ob für die Anwendung des GWB die bloße Eignung dazu genügt.

23 **b)** Wie schon ausgeführt (s. o. § 16 Rn. 5 f.), wenden die Unionsorgane die Fusionskontrolle grundsätzlich auch auf sog. **Auslandszusammenschlüsse**, d. h. auf Zusammenschlüsse in Drittstaaten an, *sofern* der Zusammenschluss einen unmittelbaren und wesentlichen Einfluss auf die Union haben wird. Ebenso ist im Ausgangspunkt der Standpunkt der deutschen Gerichte, nach denen Auslandszusammenschlüsse aufgrund der §§ 36 und 130 Abs. 2 GWB gleichfalls nur untersagt werden können, wenn von ihnen **spürbare Auswirkungen im Inland** zu befürchten sind, etwa, weil die zusammengeschlossenen ausländischen Unternehmen über Niederlassungen oder Tochtergesellschaften im Inland tätig sind oder weil der Auslandszusammenschluss einen Absatzrückgang oder Produktionskürzungen im Inland zur Folge hätte. Gleich steht der Fall, dass durch den Zusammenschluss der Marktanteil eines der beteiligten Unternehmen im Inland um 5 bis 10 % erhöht würde[61] oder dass die verbundenen Unternehmen beide hohe Umsätze in Deutschland erzielen.[62] Hinzu kommen muss

[59] BGHSt 25, 208 = NJW 1973, 1609– Ölfeldrohre; *BGH* WM 2007, 2343 (2345 f. Tz. 18 f.) – Sulzer/Kelmix; *KG* WuW/E OLG 1993 (1995 f.); *OLG Karlsruhe* WuW/E OLG 2340; *OLG Stuttgart* WuW/E OLG 2376; 5895; *OLG Frankfurt a. M.* WuW/E DE-R 801 f.; *Meessen*, WuW 2005, 1115 (1119 ff.); ebenso für die USA Hoffmann-La Roche v. Empagran, 542 US 155 = 124 S. Ct. 2359 (2004) = WuW/E KRInt 37.

[60] S. *Bechtold*, GWB, § 130 Rn. 16.

[61] *OLG Düsseldorf* WuW/E DE-R 2477 (2482 ff. Tz. 28 ff.) – Phonak/Resound; dazu *Wertenbruch*, ZWeR 2008, 109.

[62] S. m.N. *Emmerich*, AG 2008, 517 (520).

aber in jedem Fall die Überschreitung der sog. 2. Inlandsumsatzschwelle des § 35 Abs. 1 Nr. 2 in Höhe von 5 Millionen Euro, die im Jahre 2009 gerade zu dem Zweck ins Gesetz eingefügt wurde, die Anwendbarkeit des GWB auf Auslandszusammenschlüsse zu begrenzen.[63] Nicht erforderlich ist dagegen, dass der Schwerpunkt des Zusammenschlusses geradezu im Inland liegt.[64]

Im Falle der Anwendung des GWB auf Auslandszusammenschlüsse droht naturgemäß stets ein Konflikt mit der gleichzeitig betroffenen ausländischen Rechtsordnung. Deshalb wird vielfach angenommen, dass das BKartA in einem derartigen Fall aus völkerrechtlichen Gründen grundsätzlich nur einen etwaigen gleichzeitigen Zusammenschluss der deutschen Tochtergesellschaften angreifen dürfe[65] oder sich gegebenenfalls auf eine **Teiluntersagung** des Zusammenschlusses (soweit er deutsche Märkte betrifft) beshränken müsse.[66] Dagegen hat sich das **BKartA** bisher in der Regel für befugt gehalten, **auch reine Auslandszusammenschlüsse**, also etwa den Zusammenschluss zweier amerikanischer Unternehmen in den USA, **insgesamt** zu **untersagen, sofern** die beteiligten Unternehmen infolge ihrer Verflechtung eine wirtschaftliche **Einheit bilden** *und* der **Schwerpunkt** des Zusammenschlusses **in Deutschland** liegt.[67] Dem haben die Gerichte mittlerweile jedenfalls für den Fall zugestimmt, dass der Zusammenschluss **nicht teilbar** ist, wofür es vor allem darauf ankommt, ob sich der den Inlandsbezug ergebende Sachverhalt isoliert, d. h. ohne Einbeziehung des Auslandsachverhaltes sinnvoll regeln lässt.[68] 24

Von der Frage der Anwendbarkeit des GWB auf Auslandssachverhalte muss die Frage unterschieden werden, welches Deliktsrecht zur Anwendung berufen ist, wenn Schadensersatzansprüche, in Deutschland nach § 33, aus Sachverhalten mit Auslandsbezug hergeleitet werden sollen. Diese Frage beurteilt sich heute in Deutschland nach **Art. 6 Abs. 3 der Rom II-Verordnung Nr. 864/2007**.[69] 24a

2. Rangverhältnis

a) Neben der deutschen Kartellrechtsordnung steht die europäische, beruhend vor allem auf den Wettbewerbsregeln des AEUV (Art. 101 – 106) sowie auf der FKVO von 2004. Aus diesem Nebeneinander zweier Kartellrechtsordnungen ergeben sich notwendigerweise Probleme, weil beide weitgehend dieselben Sachverhalte erfassen. Voraussetzung ist lediglich, dass die wettbewerbsbeschränkenden Vereinbarungen oder die etwaigen missbräuchlichen Verhaltensweisen von Unternehmen geeignet sind, den Handel zwischen Mitgliedstaaten zu beeinträchtigen (Art. 101 Abs. 1 Halbs. 1, 102 S. 1 AEUV und dazu o. § 3 Rn. 18 ff.), während die Anwendbarkeit 25

[63] Kritisch MK, 17. HauptGA 2006/2007, Tz. 529; *Wagner-v.Papp*, WuW 2008, 1167.

[64] *OLG Düsseldorf* WuW/E DE-R 2477 (2482 ff. Tz. 35) – Phonak/Resound.

[65] *KG* WuW/E OLG 1993 (1995 f.); 2106 (2107), 2411 = AG 1981, 285 – Bayer/Firestone; WuW/E OLG 3051 = AG 1984, 130 (138 ff.) – Ph. Morris/Rothmanns; AG 1990, 545 – Linde/Lansing.

[66] BGHZ 155, 214 (225 f.) = NJW 2003, 3776 – Habet/Lekkerland.

[67] *BKartA* AG 1992, 363 (367) – Gillette/Willkinson; AG 1993, 478 – ZF Friedrichshafen/Allison; WuW/E DE-V 227 (228) – IBM/Cisco; AG 2004, 557 (558 Tz. 26 ff.) – Synthes-Stratec/Mathys; WuW/E DE-V 777 (781 f.) – Ajinomoto/Orsan; 905 (906 f. Tz. 8 f.) – Ontex/Rostam; 1105 (1106) – Frankfurter Börse/Londoner Börse; AG 2007, 833 Tz. 22 ff. = WuW/E DE-V 1340 – Sulzer/Kelmix; WuW/E DE-V 1365 – Phonak Holding/GNStore Nord; WuW/E DE-V 1442 (1453) – Kalmar/CVS Ferrari.

[68] *OLG Düsseldorf* WuW/E DE-R 2477 (2484, 2490 Tz. 36, 126 ff.)– Phonak/Resound.

[69] ABl. Nr. L 199/46; s. dazu *U. Scholz/Rixen*, EuZW 2008, 327.

der FKVO voraussetzt, dass ein unionsweiter Zusammenschluss im Sinne des Art. 1 Abs. 2 und Abs. 3 und des Art. 3 FKVO vorliegt (s. dazu o. § 15).

26 Soweit danach die beiden Kartellrechtsordnungen **nebeneinander** auf denselben Sachverhalt **Anwendung** finden, stellt sich spätestens im Konfliktsfall die Frage nach dem **Rangverhältnis**, konkret die Frage, welche Rechtsordnung sich letztlich durchsetzt, wenn z. B. die eine ein Kartell verbietet, die andere es dagegen gestattet. Zu diesem Fragenkreis wurde bereits weiter oben für die Wettbewerbsregeln des Vertrags (s. o. § 3 Rn. 57 ff.) sowie für die Fusionskontrolle Stellung genommen (s. o. § 14 Rn. 9 ff.). Deshalb genügt hier eine kurze Zusammenfassung der maßgeblichen Regeln unter dem Blickwinkel der einschlägigen Vorschriften des GWB.

27 **b)** Im **GWB** befassen sich mit der Rangproblematik vornehmlich die **§§ 22 und 35 Abs. 3**. Am einfachsten gestaltet sich danach die Rechtslage bei der **Fusionskontrolle:** Nach § 35 Abs. 3 GWB findet in Übereinstimmung mit Art. 21 Abs. 3 Unter-Abs. 1 FKVO das GWB **keine Anwendung**, **soweit** die Kommission nach **Art. 21 Abs. 2 FKVO** ausschließlich zuständig ist, weil der fragliche Zusammenschluss nach Art. 1 Abs. 2 und Abs. 3 und Art. 3 FKVO in den Anwendungsbereich der europäischen Fusionskontrolle fällt. Zusammenschlüsse von unionsweiter Bedeutung unterliegen daher grundsätzlich **allein** der Kontrolle anhand der **FKVO**, wovon es nur wenige Ausnahmen gibt (sog. one-stop-shop; § 14 Rn. 9 ff.).

28 **c)** Anders ist die Rechtslage dagegen (nur) im Ausgangspunkt, soweit es um **wettbewerbsbeschränkende Vereinbarungen** (und gleichstehende Maßnahmen) **mit zwischenstaatlichem Bezug** im Sinne des Art. 101 AEUV geht: Auf solche Vereinbarungen können zwar grundsätzlich die Vorschriften des deutschen Rechts (insbesondere die §§ 1–3, 28 und 30 GWB) *und* Art. 101 AEUV nebeneinander angewandt werden (sog. **modifizierte Zweischrankentheorie**); jedoch muss im Falle der Anwendung deutschen Rechts immer zugleich das europäische Recht angewandt werden, um im Konfliktsfalle den **Vorrang des Unionsrechts** sicherzustellen, und zwar selbst dann, wenn im Einzelfall das Unionsrecht weniger streng als das deutsche Recht sein sollte (§ 22 Abs. 1 und Abs. 3 S. 1 GWB in Übereinstimmung mit Art. 3 Abs. 1 S. 1 und Abs. 2 S. 1 VO Nr. 1/2003).

29 Die praktische Folge ist bei wettbewerbsbeschränkenden Vereinbarungen letztlich ebenso wie bei der Fusionskontrolle (o. Rn. 27) eine **weitgehende Verdrängung des deutschen Rechts** durch das vorrangige Unionsrecht (nur) in allen Fällen mit zwischenstaatlichem Bezug (o. § 3 Rn. 68, 72 ff.). Mit Rücksicht darauf ist das deutsche Recht insoweit durch die 7. Novelle von 2005 durch die weitgehend wörtliche Übernahme der Abs. 1 und 3 des Art. 101 AEUV in den §§ 1 und 2 GWB nahezu vollständig dem **Unionsrecht angepasst** worden, weil eine abweichende Regelung für die wenigen ausschließlich lokalen oder regionalen Fälle ohne zwischenstaatlichen Bezug nicht sinnvoll erschien.[70]

30 **d)** Weniger rigoros als bei den wettbewerbsbeschränkenden Vereinbarungen (o. Rn. 28 f.) ist die Regelung bei **missbräuchlichen Verhaltensweisen** im Sinne der §§ 19 bis 21 GWB ausgefallen. Zwar muss auch hier in Fällen mit zwischenstaatlichem Bezug (in denen infolgedessen der Anwendungsbereich des Art. 102 AEUV eröffnet ist) **immer** neben der weiter möglichen Anwendung des deutschen Rechts

[70] S. Begr. z. RegE, BT-Drs. 15 (2004)/3640, S. 21, 44 f.

zusätzlich Art. 102 AEUV angewandt werden (so § 22 Abs. 3 S. 1 GWB und Art. 3 Abs. 1 S. 2 VO Nr. 1/2003). **Soweit** jedoch die **§§ 19 bis 21 GWB strenger als Art. 102 AEUV** sind, bleiben sie anwendbar, sofern es um die „Unterbindung oder Ahndung *einseitiger* Handlungen" geht (so Art. 3 Abs. 2 S. 2 VO Nr. 1/2003). Dies wird in Deutschland allgemein gemäß § 22 Abs. 3 S. 3 GWB ganz **weit ausgelegt**, um insbesondere die fernere Anwendung der Abs. 2 und 4 des § 20 GWB auch in Fällen mit zwischenstaatlichem Bezug sicherzustellen (s. dazu o. § 3 Rn. 75 ff.).

§ 21. Kartellverbot

Literatur: *Basedow/Jung,* Strategische Allianzen, 1993; *Baumann,* Einkaufsgesellschaften und -genossenschaften im Kartellrecht, 1981; *Biedenkopf,* Vertragliche Wettbewerbsbeschränkung und Wirtschaftsverfassung, 1958; *Emmerich,* Die höchstrichterliche Rechtsprechung zum GWB, ZHR 139 (1975), 476, 501; *Großfeld/Strümpell,* Genossenschaften, Kartellgesetz und Mittelstandsempfehlungen, 1976; *Höfer,* Abgestimmtes Verhalten, 1978; *Jäger,* Inhalt und Grenzen des Kartellbegriffes in § 1 GWB, 1970; *B. Kasten,* Höchstpreisbindungen, 2005; *S. Kirchhain,* Die Anwendung der Vertikal-GVO auf innerstaatliche Wettbewerbsbeschränkungen nach der 7. GWB-Novelle, 2008; *Klippert,* Die wettbewerbsrechtliche Beurteilung von Konzernen, 1984; *Hoppmann/Mestmäcker,* Normenzwecke und Systemfunktionen, 1974; *Müller-Graff,* Langzeitverträge im Recht der Wettbewerbsbeschränkungen, 1988; *Pescher,* Der äußere Kartellzwang, 1984; *G. Chr. Schwarz,* Kartellverträge und sonstige wettbewerbsbeschränkende Verträge, 1984.

I. Einleitung

Das GWB beginnt seit seinem Inkiraftreten im Jahre 1957 in § 1 mit einem grundsätzlichen **Kartellverbot**, dessen Fassung jedoch im Laufe der Zeit wiederholt gewechselt hat. Die heutige Fassung des **§ 1 entspricht Art. 101 Abs. 1 Halbs. 1 AEUV**, freilich unter Verzicht auf die Zwischenstaatlichkeitsklausel und auf die Regelbeispiele des Art. 101 Abs. 1 Halbs. 2 AEUV, die die Verfasser der 7. Novelle von 2005 neben dem ohnehin häufig zugleich anwendbaren Art. 101 Abs. 1 AEUV für entbehrlich hielten.[1] 1

Hintergrund der weitgehenden Anpassung des deutschen Kartellverbots (§ 1 GWB) an das europäische (Art. 101 AEUV) ist der **erweiterte Vorrang** des Unionsrechts aufgrund des Art. 3 Abs. 2 S. 1 der VO Nr. 1/2003, der dem nationalen Gesetzgeber nahezu keinen Raum mehr für eine eigenständige Gesetzgebung belässt.[2] Zwar hätte der deutsche Gesetzgeber für Fälle ohne zwischenstaatlichen Bezug theoretisch eine **eigenständige Regelung** treffen können. Mit guten Gründen hielt man dies jedoch für den Regelfall nicht zuletzt mit Rücksicht auf die Unschärfe der Zwischenstaatlichkeitsklausel (s. o. § 3 Rn. 18 ff.) für unzweckmäßig, so dass heute hinsichtlich wettbewerbsbeschränkender Vereinbarungen das deutsche und das europäische Kartellrecht grundsätzlich übereinstimmen (s. schon o. § 20 Rn. 28 f.). Eigenständige Regelungen enthält das deutsche Recht seitdem **nur noch an wenigen Stellen**, insbesondere für Mittelstandskartelle in § 3 GWB, für Wettbewerbsregeln in den §§ 24 bis 27 GWB, für die Landwirtschaft in § 28 GWB sowie für die Preisbindung bei Zeitungen und Zeitschriften in § 30 GWB (s. dazu im Einzelnen u. §§ 23 bis 25). 2

[1] So die Begr., BT-Drs. 15/3640, S. 23 (r. Sp.); s. u. Rn. 21, 58.
[2] Begr. (vorige Fn.), S. 21, 44 ff.

3 Zur Interpretation der §§ 1 und 2 GWB kann nach dem Gesagten (o. Rn. 1 f.) heute weitgehend auf die Ausführungen zu Art. 101 Abs. 1 und 3 AEUV verwiesen werden (o. §§ 3–8),[3] schon deshalb, weil nach Art. 3 VO Nr. 1/2003 und § 22 GWB in allen Fällen mit zwischenstaatlichem Bezug ohnehin aufgrund des deutschen Rechts keine von Art. 101 Abs. 1 AEUV abweichende Entscheidung mehr getroffen werden darf.[4] In den verbleibenden Fällen ist eine abweichende Auslegung des deutschen Rechts zwar nach wie vor möglich, in der Mehrzahl der Fälle jedoch wohl unzweckmäßig (s. u. Rn. 22).

II. Überblick über die bisherige Rechtslage

4 Kartellverbote können auf eine **lange Tradition** zurückblicken, da Kartelle die älteste und in ihrer Relevanz auch am frühesten erkannte Form von Wettbewerbsbeschränkungen darstellen. Bereits im alten Rom und im frühen Mittelalter waren Kartelle verbreitet und wurden deshalb von den Kaisern ebenso energisch wie erfolglos bekämpft.[5] Hieran hat sich im Grunde bis heute nichts geändert; lediglich die **Namen** haben (ein wenig) **gewechselt**.

5 In den siebziger Jahren sprach man anstatt von Kartellen meistens von **Kooperationen,** um so nach Möglichkeit den negativ besetzten Kartellbegriff in der öffentlichen Diskussion zu vermeiden. Nachdem jedoch auch der Kooperationsgedanke in der Folgezeit viel von seinem ursprünglichen Glanz verloren hatte, musste eine neuer Begriff her. Seitdem redet man hochtrabend von **„strategischen Allianzen“**, um der Öffentlichkeit die um sich greifende Zusammenarbeit der Unternehmen in allen möglichen und eben auch kartellrechtlich relevanten Formen schmackhaft zu machen.[6]

6 Trotz der auf der Hand liegenden Nachteile von Kartellen hatte es in Deutschland viele Jahrzehnte gedauert, bis sich der Gesetzgeber 1957 zu einem Kartellverbot aufzuraffen vermochte (s. o. § 2 Rn. 5 ff.). **§ 1 Abs. 1 S. 1 GWB von 1957** bestimmte seitdem, dass Verträge, die Unternehmen oder Vereinigungen von Unternehmen zu einem gemeinsamen Zweck schließen, und Beschlüsse von Vereinigungen von Unternehmen unwirksam sind, soweit sie geeignet sind, die Erzeugung oder die Marktverhältnisse für den Verkehr mit Waren oder gewerblichen Leistungen durch Beschränkung des Wettbewerbs zu beeinflussen.

7 Wegen der verbreiteten Widerstände gegen die Einführung eines Kartellverbotes war das Kartellverbot freilich ursprünglich von **zahlreichen Ausnahmen** durchbrochen gewesen, wobei man Einzelfreistellungen und Ausnahmebereiche unterschied. Von einer **Einzelfreistellung** spricht man, wenn sich die Ausnahme von dem Kartellverbot auf konkrete Vereinbarungen beschränkt, die bestimmte zusätzliche Merkmale erfüllen (vgl. jetzt §§ 2 und 3 GWB von 2005), wobei nach früherem Recht in der Regel noch hinzukommen musste, dass die zuständige Kartellbehörde, meistens also das BKartA (s. § 48), an der Erlaubnis mitwirkte.

[3] Ebenso ausdrücklich *BGH* WuW/E DE-R 3275 (3284 Tz. 58) – Jette Joop.

[4] *BGH* NJW 2009, 1751 Tz. 17 = JuS 2010, 449 – Subunternehmer II.

[5] S. die constitutio des Kaisers Zeno v. 483, C 4, 59, 2; *Höffner,* Wirtschaftsethik und Monopole im 15. und 16. Jahrhundert, 1941.

[6] Beispielhaft *Basedow/Jung,* Strategische Allianzen, insb. S. 123, 194 ff. (mit zahlreichen Beispielen); kritisch zu Recht *G. Götz,* Strategische Allianzen, 1996.

Die Einzelheiten ergaben sich aus den **§§ 2 bis 8 GWB a. F.,** zuletzt in der Fassung von 1998 (s. dazu schon o. § 8 Rn. 2–5). Auf diese Weise waren Freistellungen möglich gewesen für Normen- und Typenkartelle (§ 2 I a. F.), Konditionenkartelle (§ 2 II a. F.), Spezialisierungskartelle (§ 3 GWB a. F.), Mittelstandskartelle (§ 4 GWB a. F., heute § 3 GWB) sowie Rationalisierungs- (§ 5 GWB a. F.) und Strukturkrisenkartelle (§ 6 GWB a. F.). § 7 GWB a. F. fügte bereits seit 1998 in enger Anlehnung an Art. 101 Abs. 3 AEUV eine partielle Generalklausel hinzu, während nach § 8 GWB a. F. schließlich noch der Minister jedes andere Kartell „aus überwiegenden Gründen der Gesamtwirtschaft und des Gemeinwohls" genehmigen konnte. 8

Die meisten genannten Kartelle (o. Rn. 8) waren zuletzt sog. **Widerspruchskartelle** gewesen, womit gemeint ist, dass der Kartellvertrag nach seiner Anmeldung bei der zuständigen Kartellbehörde ohne weiteres Wirksamkeit erlangte, sofern die Kartellbehörde nicht binnen dreier Monate dem Vertrag widersprach (s. §§ 2 bis 4 Abs. 1 und 9 GWB a. F.). Von diesen Ausnahmeregelungen ist nur die des § 4 I GWB a. F. für sog. **Mittelstandskartelle** als neuer **§ 3** in das jetzige GWB übernommen worden (s. u. § 23), während auf alle anderen Freistellungsmöglichkeiten mit Rücksicht auf Art. 101 Abs. 3 AEUV in der großzügigen Auslegung seitens der Kommission verzichtet wurde (s. § 8). 9

Von den Einzelfreistellungen (o. Rn. 7–9) musste man die **Ausnahmebereiche** für bestimmte, hochprivilegierte Wirtschaftszweige unterscheiden. Ursprünglich umfassten sie so ungefähr alles, was in der deutschen Wirtschaft Rang und Namen hat, von der Landwirtschaft über die Banken und Versicherungen sowie die Verkehrsunternehmen bis hin zu den allmächtigen Energieversorgungsunternehmen.[7] Unter dem massiven Deregulierungsdruck der Europäischen Union sind diese Ausnahmebereiche seit den achtziger Jahren indessen zunehmend abgebaut worden. Übrig geblieben sind davon im heutigen GWB lediglich die Regelungen der **§§ 28, 30 und 131 Abs. 6 GWB** für die Landwirtschaft, für Zeitungen und Zeitschriften sowie für die Wasserversorgung. Ergänzend enthält noch seit 2007 § 29 ein spezielles, zudem bis Ende 2012 befristete Missbrauchsverbot für die Energieversorgungsunternehmen (§ 131 Abs. 7). Alle anderen Sonderregelungen finden sich heute außerhalb des GWB (s. im Einzelnen u. §§ 25, 37–39). 10

Neben den Ausnahmen vom Kartellverbot des § 1 GWB a. F. (o. Rn. 7–10) war für das deutsche Recht bis in das Jahr 2005 die **Unterscheidung zwischen horizontalen** und **vertikalen Vereinbarungen** kennzeichnend gewesen, die letzteren geregelt in den früheren §§ 14 bis 18, die im geltenden Recht keine Entsprechung mehr haben, da Art. 101 AEUV zwischen horizontalen und vertikalen Vereinbarungen nicht unterscheidet. Anders als für die Kartellvereinbarungen enthielt das Gesetz für die Vertikalvereinbarungen **keine einheitliche Regelung**; es unterschied vielmehr zwischen Preis- und Konditionenbindungen (§§ 14 und 15 GWB a. F.), Verwendungsbeschränkungen, Ausschließlichkeits- und Vertriebsbindungen (§ 16 GWB a. F.) sowie Beschränkungen des Lizenznehmers in Lizenzverträgen über Patente, Know-how und gleichstehende Schutzrechte (§§ 17 und 18 GWB a. F.). 11

[7] S. §§ 99–104 a GWB idF von 1957 und 1973 und dazu *Emmerich,* Das Wirtschaftsrecht der öffentlichen Unternehmen, 1969, S. 349 ff.; *Immenga,* Wettbewerbsbeschränkungen auf staatlich gelenkten Märkten, 1967.

12 Generell verboten waren lediglich **Preis- und Konditionenbindungen** für sog. Zweit- oder Folgeverträge des gebundenen Teils mit Dritten (§ 14 GWB a. F.), wovon es eine *Ausnahme* zuletzt nur noch für Bücher und Zeitschriften gab (§ 15 a. F.; s. jetzt § 30 GWB), während **Ausschließlichkeitsbindungen** und die gleichgestellten anderen Abreden durch § 16 GWB a. F. allein einer praktisch nahezu wirkungslosen Missbrauchsaufsicht unterstellt worden waren. Eine wieder andere Regelung enthielten die §§ 17 und 18 GWB a. F. für **Lizenzverträge** durch Fortschreibung des alten Infringement-Tests (s. o. § 6 Rn. 5 ff.).

13 Von diesen Sonderregelungen für Vertikalvereinbarungen (o. Rn. 12) findet sich im jetzigen GWB nur noch die Erlaubnis der Preisbindung bei Zeitungen und Zeitschriften in **§ 30 GWB** (dazu u. § 25). Dagegen hat die weit wichtigere Buchpreisbindung mittlerweile eine gesetzliche Regelung außerhalb des GWB in dem **Buchpreisbindungsgesetz** vom 2. September 2002 gefunden.[8]

14 Die unterschiedliche Regelung der Horizontal- und Vertikalvereinbarungen (§§ 1 ff. und 14 ff. GWB a. F.) beruhte auf der (zweifelhaften) wettbewerbspolitischen Annahme, dass **vertikale Wettbewerbsbeschränkungen** (Paradigma: Ausschließlichkeitsbindungen), von den Preis- und Konditionenbindungen abgesehen, weit **weniger gefährlich** für den Wettbewerb seien **als horizontale** Wettbewerbsbeschränkungen. Daraus ergab sich die Notwendigkeit, Kriterien zu entwickeln, anhand derer horizontale und vertikale wettbewerbsbeschränkende Vereinbarungen mit hinreichender Genauigkeit unterschieden werden konnten. Diese Aufgabe erwies sich jedoch als im Grunde unlösbar. Obwohl die **Abgrenzungskriterien wiederholt gewechselt** hatten, gelang es doch bis zuletzt nicht, eine allseits befriedigende Lösung zu finden, so dass von daher gesehen die grundsätzliche **Aufgabe der Unterscheidung** zwischen horizontalen und vertikalen wettbewerbsbeschränkenden Vereinbarungen nur begrüßt werden kann. **Ausnahmen** finden sich freilich nach wie vor in den §§ 3 I, 20 I, 28 II und 30 I S. 1, bei denen indessen offenbar die Unterscheidung horizontaler und vertikaler Vereinbarungen keine Schwierigkeiten mehr aufwirft, so dass sich heute die Abgrenzungsproblematik im wesentlichen auf **Altverträge** beschränkt, dort aber nach wie vor bedeutsam ist.[9]

15 Als Abgrenzungskriterium diente ursprünglich das Vorliegen oder Fehlen eines **gemeinsamen Zwecks** der Vertragsparteien. Dies wurde aus § 1 Abs. 1 S. 1 GWB von 1957 geschlossen, der bestimmte, dass (nur) Verträge, die Unternehmen gerade „zu einem gemeinsamen Zweck" schließen, unter bestimmten Voraussetzungen unwirksam sind (vgl. o. Rn. 6; s. auch § 17 Abs. 4 a. F.).

16 Die Auslegung dieses Tatbestandsmerkmals (o. Rn. 15) hatte der Praxis von Anfang an erhebliche Schwierigkeiten bereitet, weil das Merkmal des gemeinsamen Zwecks die Kartelle mit Rücksicht auf § 705 BGB unvermeidlich in eine enge Nachbarschaft zu **Gesellschaften** rückte.[10] Es dauerte infolgedessen verhältnismäßig lange, bis es den Gerichten gelang, sich von der gesellschaftsrechtlichen Orientierung des Kartellrechts zu lösen. Seitdem betonten sie durchgängig die Notwendigkeit, das Merkmal

[8] BGBl. I S. 3448, 3670 = GRUR 2003, 38.

[9] S. *Kirchhain*, Die Anwendung der Vertikal-GVO; *dies.*, WuW 2008, 167; ein Beispiel in *BGH* NJW 2009, 1751 = JuS 2010, 449 m. Anm. *St. Thomas*, WuW 2010, 177.

[10] So insb. BGHZ 31, 105 (110 ff.) = NJW 1960, 145 – Gasglühkörper; zuletzt *BGH* LM § 91 GWB Nr. 3 = WuW/E BGH 810 – Zimcofot.

des gemeinsamen Zwecks in § 1 Abs. 1 S. 1 GWB von 1957 **„eigenständig** unter Berücksichtigung der auf die Freiheit des Wettbewerbs gerichteten Zielsetzung des GWB" **auszulegen.**[11] Der Sache nach bedeutete dies den Versuch, an Hand der Funktionen des Kartellverbots in einer freiheitlichen Wirtschaftsordnung einzelne **Fallgruppen** herauszuarbeiten, in denen in erster Linie eine Anwendung des Kartellverbotes in Betracht kam. Die Folge war indessen, dass schließlich **nebeneinander** ganz **unterschiedliche Kriterien** Anwendung fanden, von der Verfolgung gemeinsamer Interessen der Parteien (s. § 705 BGB) bis hin zur **Regelung eines aktuellen oder potentiellen Wettbewerbs** zwischen ihnen.[12]

Eine **erneute Kehrtwendung** brachte eine Reihe von Entscheidungen des BGH aus den Jahren 1997 und 1998. Danach sollte in den kritischen Fällen der **Austauschverträge mit wettbewerbsbeschränkenden Klauseln** zusätzlich zu prüfen sein, ob für die fragliche Wettbewerbsbeschränkung bei wertender Betrachtungsweise im Hinblick auf die Freiheit des Wettbewerbs ein **„anzuerkennendes Interesse"** besteht.[13] In den letzten Entscheidungen unter dem alten Recht, d. h. vor 2005, verselbstständigte sich schließlich der „Rechtfertigungsgrund" des anzuerkennenden Interesses wieder gegenüber dem Merkmal des gemeinsamen Zwecks und fungierte seitdem als **Mittel einer außergesetzlichen Tatbestandsrestriktion**, wohl entsprechend der sog. Immanenztheorie.[14] 17

In dieser Situation wurde **1998** der § 1 GWB durch die **Aufgabe des gemeinsamen Zwecks** als Abgrenzungsmerkmal geändert, da die Verfasser der 6. Novelle aus der vorausgegangenen Diskussion den Schluss gezogen hatten, dass das Merkmal des gemeinsamen Zwecks in § 1 GWB a. F. **durch** die „sprachlich treffendere" **Formulierung: „zwischen miteinander in Wettbewerb stehenden Unternehmen" ersetzt** werden könne. Damit sollte gleichermaßen der aktuelle wie der potentielle Wettbewerb zwischen den Unternehmen erfasst werden.[15] Diese Bemerkungen der Gesetzesverfasser wurden überwiegend dahin verstanden, dass mit § 1 GWB von 1998 **keine sachliche Änderung** gegenüber dem früheren Rechtszustand bezweckt war.[16] 18

Der Fragenkreis bedarf heute im vorliegenden Zusammenhang keiner weiteren Vertiefung mehr, weil mit der **7. GWB-Novelle** von 2005 die ohnehin **problematische Unterscheidung** zwischen horizontalen und vertikalen wettbewerbsbeschränkenden Vereinbarungen weitgehend, nicht ganz (o. Rn. 14) **aufgegeben** wurde. § 1 gilt seitdem ebenso wie schon immer Art. 101 AEUV gleichermaßen für (horizontale) Kartellvereinbarungen wie für (vertikale) Austauschverträge, wobei sich die Behandlung 19

[11] BGHZ 68, 6 (10) = NJW 1977, 804 = JuS 1977, 622 Nr. 7 – Transportbeton; *BGH* LM § 1 GWB Nr. 47 = NJW 1997, 2324 = JuS 1998, 272 Nr. 12 – Druckgußteile.

[12] S. insb. BGHZ 65, 30 (33) = NJW 1975, 1837 = JuS 1976, 121 Nr. 7 – ZVN; BGHZ 68, 6 (10) = NJW 1977, 1804 = JuS 1977, 622 Nr. 7 – Transportbeton; *BGH* LM § 1 GWB Nr. 50 = WuW/E-DER 115 (116 ff.) = NJW 1998, 2825 – Carpartner.

[13] *BGH* LM § 1 GWB Nr. 47 = NJW 1997, 2324 = JuS 1998, 272 Nr. 11 – Druckgußteile; LM § 1 GWB Nr. 51 (Bl. 2 R f.) = NJW-RR 1998, 1508– Subunternehmervertrag I.

[14] S. u. Rn. 41 f. sowie *BGH* LM Nr. 51 zu § 1 GWB (Bl. 2 R f.) = NJW-RR 1998, 1508 = WuW/E BGH 131 (133) – Subunternehmervertrag I; WuW/E DE-R 505 f.; ausführlich dazu *Bornkamm,* FS Geiß, 2000, S. 539 (546 ff.).

[15] So die Begr. zu dem RegE der 6. Novelle, BT-Drs. 13/9720, S. 31 (r. Sp. o.).

[16] BGHZ 154, 21 (26 ff.) = WuW/E DE-R 1129 (1122 ff.) – Verbundnetz II; *BGH* LM § 1 GWB Nr. 52 (Bl. 6 R o.) = NJW-RR 1999, 1266 = JuS 1999, 1131 Nr. 11 – Lottoblock; WRP 2000, 196 (199).

der Letzteren gemäß § 2 Abs. 2 GWB in erster Linie nach der GFVO Nr. 2790/1999 vom 22. Dezember 1999 richtet (s. § 5 Rn. 18ff.).

20 Der BGH hat daraus mittlerweile den Schluss gezogen, dass heute für die herkömmliche **unterschiedliche Behandlung** horizontaler und vertikaler Verträge im Kartellrecht **kein Raum** mehr ist, beide vielmehr entsprechend der Praxis zum europäischen Kartellrecht grundsätzlich in jeder Hinsicht gleich behandelt werden müssen.[17] Die früher übliche Freistellung von wettbewerbsbeschränkenden Klauseln in vertikalen Verträgen, sofern für sie ein anzuerkennendes Interesse bestand (Rn. 17), ist deshalb heute nicht mehr möglich.[18] Für solche Klauseln gelten jetzt vielmehr nur noch dieselben engen Ausnahmen vom Kartellverbot wie schon immer in horizontalen Verträgen (u. Rn. 38ff.). Für zahlreiche früher verbreitete Wettbewerbsbeschränkungen in Austauschverträgen bedeutet dies nicht weniger als einen **Paradigmenwechsel**, da sie jetzt nur noch erlaubt sind, soweit im Einzelfall die Voraussetzungen des § 2 in Verbindung mit der Gruppenfreistellungsverordnung Nr. 2790/1999 für vertikale Vereinbarungen erfüllt sind.[19]

III. Tatbestand

1. Vorbemerkung

21 Der Wortlaut des § 1 GWB entspricht heute, wenn man von der im deutschen Recht entbehrlichen Zwischenstaatlichkeitsklausel absieht, dem des **Art. 101 Abs. 1 Halbs. 1 AEUV,** freilich unter Verzicht auf die **Regelbeispiele** des Art. 101 Abs. 1 Halbs. 2 AEUV, die aber nach dem Willen der Gesetzesverfasser gleichwohl bei der Auslegung des § 1 GWB zu berücksichtigen sein sollen.[20]

22 In Fällen **ohne zwischenstaatlichen Bezug** bleibt es an sich möglich, die Tatbestandsmerkmale des § 1 GWB anders, insbesonders strenger als die entsprechenden Merkmale des Art. 101 Abs. 1 AEUV auszulegen,[21] wofür von Fall zu Fall auch ein Bedürfnis bestehen mag (s. schon oben § 20 Rn. 20a). In der Mehrzahl der Fälle ist dies indessen nicht zweckmäßig (Rn. 3, 25) und wird aus diesem Grund auch von der Rechtsprechung abgelehnt.[22] Unter diesen Umständen genügen im Folgenden wenige Bemerkungen zum Tatbestand des § 1 GWB.

2. Maßnahmen

23 § 1 GWB wendet sich, und zwar bereits seit der 6. Novelle von 1998, im unmittelbaren Anschluss an Art. 101 Abs. 1 Halbs. 1 AEUV gleichermaßen gegen Vereinbarungen zwischen Unternehmen, Beschlüsse von Unternehmensvereinigungen sowie aufeinander abgestimmte Verhaltensweisen, während sich das Kartellverbot in seiner

[17] *BGH* NJW 2009, 1751 Tz. 17ff. = JuS 2010, 449 – Subunternehmer II.

[18] *BGH* NJW 2009, 1751 Tz. 17ff. = JuS 2010, 449 – Subunternehmer II; dazu *St. Thomas*, WuW 2010, 177.

[19] Die Einzelheiten sind str.; s. *S. Kirchhain*, Die Anwendung der Vertikal-GVO; *dies.*, WuW 2008, 167; *St. Thomas*, WuW 2010, 177.

[20] Begr., BT-Drs. 15/3640, S. 23 (r. Sp.); s. o. Rn. 1, u. Rn. 58.

[21] Davon geht ausdrücklich auch das BKartA in seiner Bagatellbekanntmachung vom 13. 3. 2007 (WuW 2007, 369) aus. (Tz. 14 Fn. 2); kritisch dazu *Pfeffer/A. C. Wegner*, BB 2007, 1173 f.

[22] *BGH* NJW 2009, 1751 Tz. 17 = JuS 2010, 449 – Subunternehmer II.

ursprünglichen Fassung noch allein auf „Verträge" und Beschlüsse bezogen hatte (§ 1 Abs. 1 S. 1 und Abs. 2 von 1957). Das Verbot abgestimmter Verhaltensweisen war erst im Jahre 1973 hinzugekommen (§ 25 Abs. 1 von 1973).

Die Begriffe „**Vereinbarungen** zwischen Unternehmen, Beschlüsse von Unternehmensvereinigungen und aufeinander abgestimmte Verhaltensweisen" werden in § 1 GWB seit 1998 genauso **wie in Art. 101 Abs. 1 Halbs. 1 AEUV ausgelegt.**[23] Wegen der Einzelheiten kann daher auf die Ausführungen zu den entsprechenden Begriffen in Art. 101 Abs. 1 AEUV verwiesen werden (o. § 4 Rn. 5, 15, 18 ff.). 24

Hervorzuheben ist lediglich, dass traditionell in Deutschland, bisher jedenfalls, die Akzente in einzelnen Punkten anders als auf europäischer Ebene gesetzt werden, besonders deutlich bei dem **Verbot abgestimmter Verhaltensweisen:** Während dieses Verbot im europäischen Kartellrecht eine zentrale Rolle spielt, vor allem als Auffangtatbestand in Fällen, in denen sich die Voraussetzungen einer Vereinbarung nicht nachweisen lassen (o. § 4 Rn. 18 ff.), hat es in Deutschland trotz seiner Einführung bereits im Jahre 1973 bis heute nahezu keine praktische Bedeutung erlangt. 25

Nicht viel besser als dem Verbot von Verhaltensabstimmungen (o. Rn. 25) ist es bisher dem Verbot wettbewerbsbeschränkender **Beschlüsse** im deutschen Recht ergangen. Auch dieses Verbot ist bisher nur selten angewandt worden. **Beispiele** sind Beschlüsse eines Organs des Deutschen Fußballbundes über die Vergabe von Fernsehübertragungsrechten,[24] Beschlüsse von Taxivereinigungen über die Begrenzung der Zahl der Wagen je Mitglied[25] sowie Beschlüsse von Industrieverbänden, von Industrie- und Handelskammern oder von Kammern der freien Berufe über die gemeinsam zu fordernden Preise und Honorare oder über die einheitliche Anwendung von Geschäftsbedingungen.[26] 26

3. Wettbewerbsbeschränkung

Vereinbarungen zwischen Unternehmen, Beschlüsse von Unternehmensvereinigungen und aufeinander abgestimmte Verhaltensweisen (o. Rn. 23 ff.) sind seit 1998 nach § 1 GWB ebenso wie nach Art. 101 Abs. 1 AEUV (nur) verboten, wenn sie eine Verhinderung, Einschränkung oder Verfälschung des Wettbewerbs bezwecken oder bewirken. Wegen der Einzelheiten kann insoweit gleichfalls auf die Ausführungen zu Art. 101 Abs. 1 AEUV verwiesen werden (s. deshalb o. § 4 Rn. 31 ff.). Hervorzuheben sind wiederum nur wenige Punkte: 27

Der Kern der Wettbewerbsbeschränkung besteht nach herkömmlicher (und im Kern immer noch zutreffender) Auffassung in Deutschland in der **Beschränkung der wirtschaftlichen Handlungsfreiheit** derjenigen Unternehmen, die an einer der in § 1 GWB genannten Maßnahmen **beteiligt** sind. Der Wettbewerb wird deshalb beschränkt, wenn von den Beteiligten einzelne Aktionsparameter wie insbesondere der Preis oder die Menge gemeinsam fixiert oder andere wie etwa bestimmte Werbemaßnahmen oder sonstige Aktivitäten ganz ausgeschlossen werden. Die Wettbewerbsbeschränkung braucht nicht für sämtliche an dem Kartell beteiligten Unternehmen 28

[23] Vgl. z. B. für gentlement's agreements *OLG Düsseldorf* WuW/E DE-R 1315 (1318).

[24] S. u. § 37 Rn. 15 ff.; BGHZ 137, 297 (303) = NJW 1998, 756 = JuS 1998, 461 Nr. 10 – UEFA-Pokal.

[25] *BGH* LM § 1 GWB Nr. 23 = NJW 1980, 2813.

[26] *BGH* WuW/E BGH 1474; s. im Übrigen o. § 4 Rn. 15 ff.

identisch zu sein. Nichts hindert die Anwendung des Kartellverbots, wenn die Parteien **unterschiedliche Beschränkungen** auf sich nehmen. Selbst wenn **nur eine der Parteien** durch den Vertrag in ihrer wettbewerblichen Handlungsfreiheit beschränkt wird, kann das Kartellverbot angewandt werden, so dass z. B. auch das Abkaufen von Wettbewerb sowie vergleichbare Absprachen mit § 1 erfasst werden können.[27]

29 Geschützt wird der **Wettbewerb** durch § 1 **in allen seinen Erscheinungsformen** einschließlich z. B. der Werbung, immer vorausgesetzt, dass es sich um Erscheinungsformen des **lauteren Wettbewerbs** handelt.[28] Der unlautere oder sonst unerlaubte Wettbewerb genießt dagegen aufgrund des § 1 GWB ebensowenig Schutz wie nach Art. 101 AEUV, so dass Verträge über die Unterlassung eines derartigen verbotenen Wettbewerbs unbedenklich sind (s. § 4 Rn. 50 ff.).

4. Spürbarkeit

30 Art. 101 Abs. 1 Halbs. 1 AEUV enthält als ungeschriebenes Tatbestandsmerkmal das Erfordernis der Spürbarkeit der Wettbewerbsbeschränkung (o. § 4 Rn. 56 ff.). Die Einzelheiten ergeben sich aus der **Bagattelbekanntmachung** der Kommission von 2001.[29] Die **Marktanteilsschwelle**, jenseits derer Spürbarkeit der Wettbewerbsbeschränkung anzunehmen ist, liegt danach für horizontale Vereinbarungen bei einem kumulierten Marktanteil der Beteiligten von 10 % und für vertikale Vereinbarungen bei einem Marktanteil von 15 % auf dem jeweils betroffenen relevanten Markt (Tz. 17), vorausgesetzt, dass es sich nicht um sog. Kernbeschränkungen handelt (Tz. 11).

31 Ebenso ist im Kern seit jeher das deutsche Kartellverbot verstanden worden. Bereits in seiner ursprünglichen Fassung aus dem Jahr 1957 richtete sich § 1 a. F. allein gegen solche Verträge und Beschlüsse, die überhaupt *geeignet* waren, die Erzeugung oder die Marktverhältnisse für den Verkehr mit Waren oder gewerblichen Leistungen zu beeinflussen. Zu der Wettbewerbsbeschränkung (o. Rn. 27 ff.) musste also noch ihre **Eignung zur Marktbeeinflussung** hinzutreten, wenn das Kartellverbot anwendbar sein sollte. Voraussetzung dafür war, dass die mit dem Vertrag oder Beschluss verbundene **Veränderung der Marktverhältnisse** für Güter und Dienstleistungen auf dem jeweils relevanten Markt **spürbar** war, und zwar im Sinne einer konkret feststellbaren Veränderung der Produktions- oder Marktfaktoren zum Nachteil Dritter durch die Beschränkung ihrer Alternativen.[30] Unter den **Marktverhältnissen** wurde in diesem Zusammenhang die Summe derjenigen Eigenschaften eines Marktes verstanden, die ihm sein Gepräge verleihen.[31] Hieran wurde allgemein auch nach der ersten Anpassung des § 1 GWB an Art. 101 AEUV durch die 6. Novelle von 1998 festgehalten.[32]

---

[27] BGHZ 31, 105 (112 f.) = NJW 1960, 145 – Gasglühkörper; BGHZ 68, 6 (9) = NJW 1977, 804.

[28] BGHZ 36, 105 (111) = NJW 1962, 247 – WBS; *BGH* LM § 1 GWB Nr. 43 = NJW-RR 1991, 1067 = JuS 1991, 863 Nr. 12.

[29] ABl. Nr. C 368/13.

[30] BGHZ 37, 194 (200 f.) = NJW 1962, 1955 – SPAR; BGHZ 68, 6 (11) = NJW 1977, 804 = JuS 1977, 622 Nr. 6 – Transportbeton; BGHZ 114, 40 (52) = NJW 1991, 3152 – Golden Toast; BGHSt 30, 270 = NJW 1982, 938 = JuS 1982, 627 Nr. 9.

[31] BGHZ 36, 105 (110) = NJW 1962, 247 „WBS"; BGHZ 65, 30 (34) = NJW 1975, 1837 „ZVN"; *BGH* LM § 34 GWB Nr. 24 = NJW-RR 1986, 336.

[32] S. *Chr. Bahr,* WuW 2000, 954 (963 f.).

Indizien der Spürbarkeit einer Wettbewerbsbeschränkung waren (und sind) die **Zahl der Beteiligten** und der **Marktanteil** des Kartells. Insoweit decken sich offenkundig weithin die Kriterien der Spürbarkeit einer Wettbewerbsbeschränkung in der früheren deutschen und in der europäischen Praxis. Jedenfalls im Prinzip gilt dasselbe auch für die **unterschiedliche Behandlung von Kernbeschränkungen** und sonstigen Wettbewerbsbeschränkungen: 32

Besonders geringe Anforderungen an den Nachweis der Spürbarkeit der Wettbewerbsbeschränkung stellten die Gerichte schon früher, wenn die Wettbewerbsbeschränkung von den Beteiligten geradezu **bezweckt** wurde, ferner, wenn für den Preiswettbewerb infolge gesetzlicher Regelungen ohnehin nur ein schmaler Raum blieb,[33] sowie, wenn es sich um Kartelle handelte, die wie z. B. Submissionskartelle wegen ihrer großen Verbreitung **besonders gefährlich** sind. In derartigen Fällen konnten bereits **Marktanteile** der Beteiligten in der Gegend **von 1 %** zur Anwendung des Kartellverbots führen,[34] während sich die Praxis sonst in der Regel bisher mit **Marktanteilen** der Beteiligten in einer Größenordnung von **4 bis höchstens 5 %** begnügte.[35] 33

Das **BKartA** hatte 1980 aus der geschilderten Praxis den Schluss gezogen, dass bei **Kooperationsverträgen** kleiner und mittlerer Unternehmen **mit Marktanteilen unter 5 %** mit Rücksicht auf die Förderungswürdigkeit solcher Absprachen *generell* die Spürbarkeit der Wettbewerbsbeschränkung und damit die Anwendbarkeit des Kartellverbots verneint werden könne.[36] An die Stelle dieser Bekanntmachung ist mittlerweile die **neue Bagatellbekanntmachung vom 13. März 2007** getreten,[37] die sich eng an die Bagatellbekanntmachung der Europäischen Kommission von 2001 anlehnt (o. Rn. 30), insbesondere, was die **Marktanteilsschwellen** für horizontale und vertikale Vereinbarungen betrifft.[38] Dasselbe gilt für die Herabsetzung der Marktanteilsschwellen auf generell 5 % bei einem kumulativen Marktabschottungseffekt von ganzen Vertragsnetzen (Tz. 11). Ausgenommen sind ferner auch hier **Kernbeschränkungen** (Tz. 13 ff.), unter denen das BKartA die Festsetzung von Preisen oder Preisbestandteilen sowie generell die Beschränkung von Produktion, Bezug oder Absatz von Waren oder Dienstleistungen, insbesondere durch die Aufteilung von Versorgungsquellen, Märkten oder Abnehmern versteht. 34

5. Zweck oder Wirkung

Die Anwendung des Kartellverbots auf eine Vereinbarung, eine abgestimmte Verhaltensweise oder einen Beschluss setzt nach § 1 GWB schließlich noch voraus, dass die Wettbewerbsbeschränkung (o. Rn. 27 ff.) der **Zweck oder** die **Wirkung der** fraglichen **Maßnahme** ist. Das Kartellverbot des § 1 GWB entspricht heute auch in diesem Punkt dem des Art. 101 Abs. 1 AEUV, während es nach der ursprünglichen 35

---

33 *BGH* LM § 1 GWB Nr. 39 = NJW-RR 1988, 50.

34 *BGH* WuW/E BGH 2000 (2002); *KG* WuW/E OLG 2789; 4885 (4891); *OLG Celle* WuW/E OLG 3330.

35 Vgl. z. B. für für die Gründung von Gemeinschaftsunternehmen *OLG Düsseldorf* AG 2006, 506 (509 Tz. 877) = WuW/E DE-R 995 – Rethmann/GfA Köthen.

36 Bekanntmachung Nr. 57/80 v. 8. 7. 1980, BAnz. 1980 Nr. 133, S. 6 = TB 1979/80, S. 7, 130.

37 WuW 2007, 369; s. dazu *Pfeffer/A. C. Wegner*, BB 2007, 1173.

38 S. die Bekanntmachung (vorige Fn.), Tz. 7 ff.; alle weitere Zitate beziehen sich auf diese Bekanntmachung.

Fassung des § 1 von 1957 lediglich solche Verträge (zu einem gemeinsamen Zweck) erfasste, die geeignet waren, die Marktverhältnisse durch Beschränkung des Wettbewerbs zu beeinflussen. Daraus waren im Schrifttum sehr unterschiedliche Folgerungen für das Verhältnis zwischen der Wettbewerbsbeschränkung als dem zentralen Tatbestandsmerkmal des Kartellverbots und dem Vertrag (zu einem gemeinsamen Zweck) als dem Gegenstand des Verbots gezogen worden. Der ganze Fragenkreis war schließlich zu einem **Tummelplatz unterschiedlicher „Theorien"** geworden.

36 Im Wesentlichen unterschied man die Gegenstands-, die Zweck- und die Folgetheorie, die zudem jeweils noch in mehreren Varianten vertreten wurden. In der Rechtsprechung stand zuletzt im Interesse einer effektiven Durchsetzung des Kartellverbots die Ablehnung der Gegenstandstheorie fest.[39] Im Übrigen schwankten die Gerichte je nach Fallgruppe zwischen der Zweck- und der Folgetheorie, wobei sich freilich die Waage zuletzt deutlich zugunsten der **Zwecktheorie** neigte.[40]

37 Der Theorienstreit endete abrupt im Jahre 1998 mit der ersten Anpassung des § 1 GWB an Art. 101 AEUV, da das Gesetz seitdem ebenso wie Art. 101 Abs. 1 Halbs. 1 AEUV den Zweck und die Wirkung einer Maßnahme gleichberechtigt nebeneinander stellt. Infolgedessen wird § 1 GWB heute in diesem Punkt ebenfalls in jeder Hinsicht ebenso wie Art. 101 Abs. 1 AEUV ausgelegt, so dass insoweit gleichfalls auf die Ausführungen zu Art. 101 verwiesen werden kann (o. § 4 Rn. 75 ff.).

IV. Tatbestandsrestriktionen

Literatur: *Beißer,* Wettbewerbsbeschränkungen im Dienste der Gesundheit, 1987; *Bornkamm,* FS Geiß, 2000, S. 539; *Hübner,* Außerkartellrechtliche Einschränkungen des Kartellverbots, 1971; *Mestmäcker,* Normenzwecke und Systemfunktionen, 1974; *Sandrock,* Grundbegriffe des Gesetzes gegen Wettbewerbsbeschränkungen, 1968.

1. Überblick

38 Kein Kartellverbot kommt ohne Ausnahmen aus, geschriebenen und ungeschriebenen. Das deutsche Kartellverbot macht von dieser Regel ebensowenig wie das europäische „eine Ausnahme". **Geschriebene Ausnahmen** von dem umfassenden Verbot wettbewerbsbeschränkender Vereinbarungen durch § 1 GWB finden sich an vielen Stellen innerhalb und außerhalb des GWB. Aus dem GWB sind hervorzuheben die §§ 2 und 3 (dazu u. §§ 22 und 23) sowie die §§ 28 und 30 (dazu u. § 25). Daneben werden schon seit langem auch **ungeschriebene Ausnahmen** (Stichwort: Tatbestandsrestriktionen) unter unterschiedlichen Gesichtspunkten diskutiert (s. u. Rn. 41 ff.).

39 Die Situation ist auf **europäischer Ebene** im Ausgangspunkt nicht anders. Auch die Unionsorgane haben sich in verschiedenen Fallgruppen bereit gezeigt, über Art. 101 Abs. 3 AEUV hinaus bereits den Tatbestand des Art. 101 **Abs. 1** AEUV mit Rücksicht auf andere, in ihren Augen vorrangige Wertungen einzuschränken.[41] Auf die Notwendigkeit derartiger Tatbestandsrestriktionen weisen für sog. Nebenabreden bereits die

[39] BGHZ 65, 30 (38 f.) = NJW 1975, 1837 = JuS 1976, 121 Nr. 7 – ZVN; *BGH* WuW/E BGH 1871 (1874).

[40] Für die Zwecktheorie wohl *BGH* (vorige Fn.) sowie *BGH* LM § 1 GWB Nr. 37 = NJW 1987, 1821 – Baumarkt-Statistik.

[41] Wegen der Einzelheiten s. o. § 4 Rn. 57, 87 ff. und § 18 Rn. 16 f.

Art. 6 Abs. 1 lit. b Unterabs. 2 und 8 Abs. 2 Unterabs. 2 FKVO hin.[42] Die Einzelheiten ergeben sich aus der **Bekanntmachung der Kommission über Nebenabreden** von 2005.[43] Paradigma sind Wettbewerbsverbote zulasten eines Unternehmensveräußerers. Weitere hierher gehörende Fallgruppen betreffen z. B. wettbewerbsbeschränkende Klauseln in Satzungen von Genossenschaften, Einkaufsgemeinschaften oder Sportverbänden, soweit zu deren Funktion erforderlich, sowie wettbewerbsbeschränkende Klauseln in Lizenzverträgen (s. o. § 4 Rn. 62 ff.).

Soweit wettbewerbsbeschränkende Vereinbarungen geeignet sind, den Handel zwischen Mitgliedstaaten zu beeinträchtigen, ist anzunehmen, dass in Zukunft die Auslegung des § 1 GWB der skizzierten Praxis der Unionsorgane folgen wird. In den verbleibenden Fällen ohne zwischenstaatlichen Bezug bleibt dagegen Raum für die Fortschreibung der bisherigen deutschen Tatbestandsrestriktionen, über die deshalb im Folgenden ein kurzer Überblick gegeben werden soll.[44] Zu beginnen ist mit der sog. Immanenztheorie. 40

2. Immanenztheorie

Kern der Immanenztheorie ist die Annahme, dass bestimmte **wettbewerbsbeschränkende Nebenabreden** wie etwa Wettbewerbsverbote in kartellrechts*neutralen* Verträgen, die zur Durchführung solcher Verträge unentbehrlich sind, – ebenso wie nach der Praxis der Unionsorgane zu Art. 101 Abs. 1 AEUV (o. Rn. 39) – Bestand vor § 1 GWB haben.[45] **Beispiele** sind in erster Linie Wettbewerbsverbote in Unternehmensveräußerungs- und in Gesellschaftsverträgen (u. Rn. 43, 46 f.). Indessen: So einleuchtend dieser Gedanke auch sein mag, er krankt doch daran, dass er bislang nicht die Billigung des **BGH** gefunden hat.[46] In den einschlägigen Fällen hat der BGH vielmehr statt dessen bisher durchweg darauf abgestellt, ob an der fraglichen wettbewerbsbeschränkenden Nebenabrede in einem als solchem unbedenklichen Hauptvertrag „bei wertender Betrachtungsweise im Hinblick auf die Freiheit des Wettbewerbs **anzuerkennende Interessen**" bestehen.[47] 41

Hieran hielt der BGH auch nach der Anpassung des § 1 GWB an Art. 101 AEUV durch die 6. Novelle von 1998, jedenfalls im Ergebnis, fest.[48] Deshalb ist nicht auszuschließen, dass er weiterhin vor allem darauf abstellen wird, ob an der fraglichen Abrede in dem genannten Sinne ein anzuerkennendes Interesse besteht.[49] Bedeutung hat dies vor allem für die Beurteilung von Wettbewerbsverboten in Unternehmensveräußerungs- und in Gesellschaftsverträgen (u. Rn. 43, 46 ff.). 42

---

[42] S. o. §§ 4 Rn. 67 ff.; 18 Rn. 16 f.

[43] ABl. Nr. C 56/24 (= in: *Bechtold/Bosch u. a.*, S. 1157 ff.).

[44] S. u. Rn. 41 ff.; ebenso im Ausgangspunkt *Mäger/Fr. Ringe*, WuW 2007, 18 (19 ff.).

[45] *Steindorff*, BB 1977, 569 (570 f.); *H. Köhler*, ZHR 148 (1984), 487 (491 ff.); *ders.*, BB 1996, 2577; *Rittner*, WuW 2000, 696; *K. Schmidt*, ZHR 149 (1985), 1 (7, 11 ff.); *Schwintowski*, WuW 1997, 769.

[46] So *Bornkamm*, FS Geiß, 2000, S. 539 (547).

[47] S. o. Rn. 17 sowie *BGH* LM § 1 GWB Nr. 47 = NJW 1997, 2324 = JuS 1998, 272 Nr. 11– Druckgußteile; LM § 1 GWB Nr. 47 a = NJWE-WettbR 1997, 211 = WuW/E BGH 3121 (3124 f.) – Bedside-Testkarten; LM § 1 GWB Nr. 51 (Bl. 2 R f.) = WuW/E DE-R 131 (133) = NJW RR 1998, 508 – Subunternehmervertrag I; WuW/E DE-R 505 f. – Subunternehmervertrag II; s. *Bornkamm*, FS Geiß, 2000, S. 549 ff.

[48] Grdl. BGHZ 154, 21 (26 ff.) = WuW/E DE-R 1119 – Verbundnetz II.

[49] Ebenso *Mäger/Fr. Ringe*, WuW 2007, 18 (19 f.).

3. Wettbewerbsverbote in Unternehmensveräußerungsverträgen

Literatur: *Baumann,* ZfgG 1985, 229; *Götz,* JuS 1963, 384; *Großfeld/Strümpell,* Genossenschaften, Kartellgesetz und Mittelstandsempfehlungen, 1976; *Kellermann,* FS R. Fischer, 1979, S. 707; *H. Köhler,* ZHR 148 (1984), 487; *ders.,* FS Rittner, 1991, S. 265; *Helm,* FG Hefermehl, 1972, S. 299; *Immenga,* FS Hoppmann, 1994, S. 257; *M. Ivens,* Das Konkurrenzverbot des GmbH-Gesellschafters, 1987; *ders.,* DB 1988, 215; *Mäger/Fr. Ringe,* WuW 2007, 18; *Hoppmann/Mestmäcker,* Normenzwecke und Systemfunktionen, 1974, S. 28 ff.; *Michalski,* BB 1991, 1875; *Olesch,* Das Kartellrecht der Einkaufszusammenschlüsse, 1983; *Oppenländer,* WuW 1981, 389; *Renner,* DB 2002, 1143; *Rotthege,* Die Beurteilung von Kartellen und Genossenschaften durch die Rechtswissenschaft, 1984; *Sandrock,* Kartellrecht und Genossenschaften, 1976; *K. Schmidt,* BB 1979, 1173; *ders.,* ZHR 149 (1985), 1; *Schwarz,* Kartellverträge und sonstige wettbewerbsbeschränkende Verträge, 1984; *Steindorff,* BB 1977, 569; *Voges,* DB 1977, 2081; *H. P. Westermann,* in: Henze/Timm/Westermann, Gesellschaftsrecht 1995, 1996, S. 75; *P. Ulmer,* NJW 1979, 1585; 1982, 1975; *J. Wilhelm,* ZHR 150 (1986), 320 und 434.

43 Zu dem typischen Inhalt von Unternehmensveräußerungsverträgen gehören Wettbewerbsverbote für den Veräußerer.[50] Die kartellrechtliche Problematik derartiger Abreden beruht darauf, dass durch sie häufig zugleich der (potentielle) Wettbewerb zwischen den Vertragsparteien geregelt wird. Daraus kann aber schwerlich der Schluss gezogen werden, dass Wettbewerbsverbote in Unternehmensveräußerungsverträgen, Spürbarkeit der Wettbewerbsbeschränkung unterstellt, heute grundsätzlich verboten seien (§ 1 GWB). Für Art. 101 Abs. 1 AEUV folgt das Gegenteil bereits aus den genannten Bestimmungen der FKVO für Nebenabreden zu Unternehmenszusammenschlüssen (o. Rn. 39), so dass für § 1 GWB in Fällen mit zwischenstaatlichem Bezug nicht anders entschieden werden kann.

44 In den verbleibenden Fällen wird man je nach dem Zweck und den Wirkungen der fraglichen Klauseln danach zu unterscheiden haben, ob an ihnen ein anzuerkennendes Interesse besteht. Wettbewerbsverbote sind daher wohl weiterhin **zulässig**, **sofern** tatsächlich ein Unternehmensveräußerungsvertrag vorliegt und sich das Wettbewerbsverbot gegenständlich, räumlich und zeitlich auf das Maß desjenigen beschränkt, was **erforderlich** ist, um dem Erwerber überhaupt die Chance zu verschaffen, den Kundenstamm des Veräußerers zu erwerben. Darüber hinausgehende Wettbewerbsverbote können dagegen von Fall zu Fall durchaus gegen § 1 GWB verstoßen.

45 Wo hier genau die **Grenze** verläuft, lässt sich nur im Einzelfall unter Berücksichtigung der Besonderheiten der betreffenden Branche und der Position der Beteiligten festlegen. Jedoch ist deutlich, dass Wettbewerbsverbote für einen längeren Zeitraum als vier bis fünf Jahre in der Regel in den Gefahrenbereich des § 1 GWB geraten werden. Dasselbe gilt, wenn sich das Wettbewerbsverbot nicht streng räumlich auf das Hauptabsatzgebiet des veräußerten Unternehmens und gegenständlich auf dessen Produkte beschränkt, sondern darüber hinausgreift, weil dann offenkundig ist, dass für die Beteiligten die marktregelnden Zwecke im Vordergrund standen.[51] Kein Raum für eine Freistellung ist außerdem, wenn sich unter dem „Unternehmensveräußerungsvertrag" in Wirklichkeit ein – immer verbotenes – Abkaufen von Wettbewerb verbirgt.[52]

[50] Vgl. BGHZ 16, 71 (76 ff.) = NJW 1955, 337; s. schon o. § 18 Rn. 16 f.

[51] S. aus der keineswegs einheitlichen Praxis *BGH* LM § 1 GWB Nr. 46 = NJW 1994, 384; WuW/E BGH 1597 = NJW 1980, 185 = JuS 1980, 67 Nr. 12; WuW/E BGH 1898 (1899 f.) = NJW 1982, 2000; *KG* WuW/E DE-R 384 (385); *OLG Hamm* GRUR 1973, 421 = JuS 1973, 783 Nr. 8; *OLG Karlsruhe* WuW/E OLG 3968; *OLG München* NJW-RR 1995, 1191 (1192); *OLG Stuttgart* WuW/E OLG 3492; 3965; WuW/E DE-R 224 (225) = NZG 1999, 252 (253: für eine Ärztesozietät).

[52] Zur Abgrenzung s. *Mäger/Fr. Ringe,* WuW 2007, 18 (19 ff.).

4. Wettbewerbsverbote in Gesellschaftsverträgen

a) Wettbewerbsverbote in Gesellschaftsverträgen wurden bisher grundsätzlich nach denselben Regeln behandelt wie in Unternehmensveräußerungsverträgen (o. Rn. 44 f.). Im Vordergrund stand infolgedessen auch bei ihnen durchweg die Prüfung, ob das Verbot **nach Art und Umfang** für die Aufrechterhaltung der Funktionsfähigkeit der als solcher zulässigen Gesellschaft bei Berücksichtigung der Wertungen des GWB **unerlässlich** ist, so dass an seiner Vereinbarung ein anzuerkennendes Interesse besteht.[53] Das galt gleichermaßen für Personengesellschaften (s. §§ 112, 165 HGB) wie für Kapitalgesellschaften. 46

Bei den **Personengesellschaften** sind danach Wettbewerbsverbote für persönlich haftende Gesellschafter (§§ 112, 161 Abs. 2 HGB) grundsätzlich unbedenklich.[54] Anders kann es sich jedoch verhalten, wenn der betreffende Gesellschafter lediglich kapitalistisch beteiligt ist und keinen Einfluss auf die Geschäftsführung besitzt.[55] Wettbewerbsverbote zulasten von Kommanditisten können gleichfalls mit § 1 GWB kollidieren (§ 165 HGB).[56] Auf jeden Fall aber setzt sich das Kartellverbot durch, wenn mit der Gesellschaft selbst wettbewerbsbeschränkende Zwecke verfolgt werden, weil andernfalls § 1 GWB jederzeit durch die Einkleidung eines Kartells in die Rechtsform einer Personen- oder Kapitalgesellschaft umgangen werden könnte.[57] 47

b) Das Gesagte gilt auch für **Genossenschaften.** Zwar findet sich im genossenschaftlich ausgerichteten Schrifttum vielfach die These, das GWB enthalte eine stillschweigende Ausnahme vom Kartellverbot zugunsten der Genossenschaften, weil anders diese Gesellschaftsform nicht lebensfähig sei.[58] Tatsächlich besteht jedoch kein Anlass für eine Privilegierung von Genossenschaften.[59] Wettbewerbsbeschränkende Klauseln in den Satzungen von Genossenschaften sind vielmehr nach denselben Regeln wie bei anderen Gesellschaftsformen zu beurteilen, so dass sie nur zulässig sind, wenn und soweit sie **„genossenschaftsimmanent"**, d. h. zur Sicherung des Zwecks oder der Funktionsfähigkeit der fraglichen konkreten Genossenschaft erforderlich sind, vorausgesetzt, dass diese selbst erlaubte Zwecke verfolgt. Darüber hinausgehende Beschränkungen der Mitglieder im Wettbewerb verstoßen gegen das Kartellverbot.[60] Ebenso wird im Kern im Unionsrecht unterschieden (s. o. § 4 Rn. 63). 48

[53] Grdl. BGHZ 38, 306 (311 ff.) = NJW 1963, 646 = JuS 1963, 245 Nr. 4; BGHZ 70, 331 (334 ff.) = NJW 1978, 1001; BGHZ 104, 246 (251 f.) = NJW 1988, 2737; *BGH* LM § 157 (D) BGB Nr. 54 = BB 1990, 11; *OLG München* WuW/E OLG 5385 (5389); NJW-RR 1997, 873; *BKartA* WuW/E BKartA 2682 (2693 f.) – UEFA-Pokal (für die Mitglieder des DFB).

[54] BGHZ 70, 331 (334 ff.) = NJW 1978, 1001; BGHZ 104, 246 (251 f.) = NJW 1988, 2737; *BGH* WM 1984, 996 (997) = NJW 1984, 2366 (2367) (insoweit nicht in BGHZ 91, 1 [8] abgedruckt).

[55] BGHZ 38, 306 (311 ff.) = NJW 1963, 646 = JuS 1963, 245 Nr. 4; *OLG Hamburg* WuW/E OLG 3320 (3322 f.); *OLG Karlsruhe* BB 1984, 2015; WM 1986, 1473 (1475).

[56] *OLG Hamburg* WuW/E OLG 3320 (3322 f.); *OLG Düsseldorf* WuW/E OLG 3328; 3491.

[57] BGHZ 70, 331 (335) = NJW 1978, 1001; BGHSt 30, 270 = NJW 1982, 938 = JuS 1982, 627 Nr. 9; *BKartA* WuW/E, BKartA 1771 (1778).

[58] *Baumann,* ZfgG 1985, 229; *Großfeld/Strümpell,* 1976; *Olesch; Rotthege,* a. a. O. (o. vor Rn. 43).

[59] BGHZ 70, 331 (335) = NJW 1978, 1001.

[60] Grdl. *BGH* (vorige Fn.); BGHZ 78, 190 (197) = NJW 1981, 634 – Rote Liste; LM § 1 GWB Nr. 35 = NJW-RR 1986, 1298; LM § 100 GWB Nr. 3 = WuW/E BGH 1977; LM § 1 GWB Nr. 39 = NJW-RR 1988, 50; LM § 1 GWB Nr. 45 = WuW/E BGH 2828 = WM 1993, 917.

5. Vergleiche

Literatur: *Beater,* WuW 2000, 584; *Jauernig,* ZHR 141 (1977), 224; *K. Schmidt,* JuS 1978, 736; *H. J. Schulte,* Lizenzaustauschverträge und PatentUnionen, 1971.

49 In der Praxis kommt es häufig vor, dass eine Partei in einem Vergleich zur Beilegung von Wettbewerbs- oder Patentstreitigkeiten wettbewerbsbeschränkende Verpflichtungen übernimmt. In solchen Fällen stellt sich wiederum die Frage nach der Anwendbarkeit des Kartellverbots. Die deutschen Gerichte, traditionell ausgesprochen vergleichsfreundlich (s. § 278 ZPO), neigen hier zu ähnlichen Restriktionen des Kartellverbots wie bei den Unternehmensveräußerungsverträgen,[61] indessen zu Unrecht.[62] § 1 GWB enthält keinen Vorbehalt zugunsten von Vergleichen. Auf Vergleiche ist daher das Kartellverbot des GWB ebenso wie Art. 101 AEUV ohne Einschränkungen anwendbar (s. o. § 4 Rn. 66).

6. Rechtsgüter- und Interessenabwägung

Literatur: *Biedenkopf,* BB 1966, 1133; *M. Bock,* WuW 1996, 187; *Herrmann,* in: Hoffmann-Riem, Rundfunk im Wettbewerbsrecht, 1988, S. 115; *S. Hossenfelder/M. Müller/S. Parlasca,* ZHR 160 (1996), 1; *H. Köhler,* BB 1996, 2577; *Kloepfer,* JZ 1980, 781; 2002, 1117; *Riesenkampff,* BB 1995, 833; *K. Schumacher,* WuW 2002, 121.

50 Das BKartA hatte in den ersten Jahren seiner Tätigkeit wiederholt an sich tatbestandsmäßige Wettbewerbsbeschränkungen nach den Grundsätzen der Rechtsgüter- und Interessenabwägung wegen der Verfolgung (angeblich) höherrangiger Rechtsgüter zugelassen. Es ging dabei vor allem um Wettbewerbsbeschränkungen im Interesse des Gesundheits- und Umweltschutzes, etwa in Gestalt des vertraglichen Verbots besonders gefährlicher Produkte oder durch vertragliche Beschränkungen der Werbung für Zigaretten.[63] Später hatte das BKartA diese Praxis indessen – zu Recht – wieder aufgegeben, weil es allein Sache des Gesetzgebers sei, über Ausnahmen vom Kartellverbot zu entscheiden.[64]

51 Wieder akut geworden ist der „Konflikt" zwischen dem Kartellverbot und dem Umweltschutz erst Jahre später bei den verbreiteten Bemühungen der **Abfallwirtschaft,** in unheiliger Allianz mit den Kommunen und den Ländern diesen zukunftsträchtigen Markt in den Händen weniger zu monopolisieren.[65] Grundlage ist das **Kreislaufwirtschafts- und Abfallgesetz von 1994,**[66] durch das die Hersteller und Vertreiber von Produkten verpflichtet wurden, bestimmte Abfälle zurückzunehmen und einer Verwertung zuzuführen. Die Einzelheiten regelt unter anderem die **Ver-**

[61] BGHZ 3, 193 (195 ff.) = NJW 1952, 101; BGHZ 16, 296 (303 ff.) = NJW 1955, 630; BGHZ 65, 147 (151 ff.) = NJW 1976, 194; *BGH* LM § 242 (Bb) BGB Nr. 105 = NJW 1983, 2143 (2144); GRUR 2005, 845 = WuW/E DE-R 1537 (1539) – Abgasreinigung; *OLG München* NJWE-WettbR 1997, 46 (47).

[62] Zutreffend *OLG Hamburg* WuW/E OLG 1724; *OLG Stuttgart* WuW/E OLG 4118 (4120); *K. Schmidt,* JuS 1978, 736.

[63] *BKartA* TB 1959, S. 114; 1966, S. 58; 1976, S. 79; WuW/E BKartA 145; 370; zustimmend *Biedenkopf,* BB 1966, 1133; *Kloepfer,* JZ 1980, 781.

[64] *BKartA* WuW/E BKartA 339 f.; 1126; TB 1995/96, S. 39.

[65] Wegen der Einzelheiten s. *M. Bock,* WuW 1996, 187; *Emmerich,* WiB 1996, 1070; *H. Köhler,* BB 1996, 2577; *Riesenkampff,* BB 1995, 833; *Sacksofsky,* WuW 1994, 320; *K. Schumacher,* WuW 2002, 121.

[66] BGBl. I, S. 2705 mit späteren Änderungen.

packungsverordnung von 1991.[67] Danach entfällt die grundsätzliche Rücknahmepflicht der Hersteller und Vertreiber von Verpackungen (nur), wenn sie sich an einem *System* beteiligen, das die regelmäßige flächendeckende Abholung der Verpackungen beim Verbraucher gewährleistet.[68]

Zu diesem Zweck wurde die Gesellschaft „Der grüne Punkt – Duales System Deutschland **(DSD)**" gegründet, die für die Hersteller und Vertreiber die Abholung und Verwertung der Verpackungen organisiert. Hierzu schließt die DSD Verträge mit Entsorgungsunternehmen, denen praktisch ein lokales Monopol eingeräumt wird, sowie mit den sog. Garantiegebern, aufgrund derer die DSD verpflichtet ist, die gesammelten und aufgeteilten Rohstoffe allein an die jeweiligen Garantiegeber weiterzuleiten, die dergestalt ebenfalls eine Monopolstellung erlangen. 52

Schon auf den ersten Blick ist erkennbar, dass mit diesem Vertragssystem eine **Vielzahl von Wettbewerbsbeschränkungen** verbunden ist, unter denen die Bündelung der Nachfrage der Hersteller und Vertreiber nach Entsorgungsleistungen sowie die Begründung von Monopolen für die Entsorgungsunternehmen und die Garantiegeber herausragen. Das BKartA hatte gleichwohl zunächst die mit dem Dualen System verbundenen Wettbewerbsbeschränkungen bei *Haushaltsverpackungen* toleriert,[69] während es gegen die Ausdehnung des Systems auf *Transportverpackungen* sofort unter Berufung auf § 1 GWB eingeschritten war.[70] 53

Die Rechtslage änderte sich mit Inkrafttreten der sechsten Novelle von 1998, da nach **§ 7 Abs. 1 GWB von 1998** (unter anderem) Vereinbarungen und Beschlüsse, die zu einer Verbesserung der Rücknahme oder Entsorgung von Waren beitragen, unter bestimmten Voraussetzungen vom Verbot des § 1 freigestellt werden konnten. Damit war nicht zuletzt eine Freistellung von Vereinbarungen und Beschlüssen bezweckt gewesen, die der Erfüllung von Pflichten nach den genannten Gesetzen und Verordnungen (o. Rn. 51 ff.) dienen.[71] Für eine Duldung der auf diesem Sektor offenbar üblichen Wettbewerbsbeschränkungen durch die Kartellbehörden, auf welcher Grundlage immer, war seitdem kein Raum mehr; erforderlich war vielmehr nunmehr eine ausdrückliche Freistellung nach § 7 GWB a. F. sowie nach Art. 101 Abs. 3 AEUV. 54

Infolgedessen kam es seitdem zu einer Fülle kartellbehördlicher und -gerichtlicher Verfahren gegen die DSD auf der Grundlage der **Art. 101** und **102 AEUV** sowie der §§ 1 und 21 Abs. 1 GWB, weil die in der DSD zusammengeschlossenen Unternehmen zahlreiche Maßnahmen ergriffen, um das Aufkommen von Konkurrenten zu 55

[67] BGBl. I S. 1234 mit späteren Änderungen.

[68] Wegen der Einzelheiten s. die Genannten (o. Fn. 77) sowie *Ekkenga,* BB 1993, 945; *Kloepfer,* JZ 1991, 737; *Versteyl,* NVwZ 1991, 848; ausführliche Schilderung der Rechtslage auch in: *Kommission,* Entsch. v. 17. 9. 2001, ABl. Nr. L 319/1 (2 ff.) – DSD.

[69] TB 1991/92, S. 38 f.; 1993/94, S. 32 f., 126 ff.; 1995/96, S. 39; 1997/98, S. 43 f.; WuW 1992, 33, 408; zu den Gründen s. *Hossenfelder/Müller/Parlasca,* ZHR 160 (1996), 1 (14 ff.); offengelassen in *OLG Frankfurt a. M.* WiB 1996, 1068.

[70] *BKartA* WuW/E BKartA 2561 (2568 ff.); vgl. in diesem Zusammenhang auch *OLG Düsseldorf* WuW/E OLG 5213; *OLG Frankfurt a. M.* (vorige Fn.); *MK,* 11. HauptGA, Tz. 90 ff. (S. 34 ff.); *H. Köhler,* BB 1996, 2577; vgl. auch für sog. Selbstbeschränkungsabkommen der Wirtschaft (angeblich) im Interesse des Umweltschutzes (sehr kritisch) *BKartA* TB 1995/96, S. 39 ff.; 1997/98, S. 43; positiver dagegen offenbar *MK,* 11. HauptGA, Tz. 94 ff. (S. 35).

[71] S. die Begr. zum RegE, BT-Drs. 13/9720, S. 33 (r. Sp.), 48 (r. Sp.).

behindern.[72] Unter dem Druck dieser Verfahren bequemte sich die DSD schließlich zu einer Umstrukturierung, die zumindest zu einer Auflockerung des Monopols geführt hat.

56 § 7 GWB a. F. aus dem Jahre 1998 ist durch die 7. Novelle von 2005 ersatzlos gestrichen worden. Die Zulässigkeit der mit Entsorgungssystemen verbundenen Wettbewerbsbeschränkungen richtet sich jetzt nach **Art. 101 Abs. 3 AEUV,** weil es sich um ein das ganze Bundesgebiet umspannendes Kartell handelt, sowie nach dem entsprechenden **§ 2 Abs. 1 GWB.** In der Begründung zu der 7. Novelle wird insoweit ausdrücklich auf die Ausführungen der Kommission zu sog. **„Umweltschutzvereinbarungen"** in den **Horizontalleitlinien** von 2001 Bezug genommen.[73] Danach bietet aber weder Art. 101 Abs. 3 AEUV noch § 2 Abs. 1 GWB irgendeine Grundlage für derart umfassende Monopolisierungen von Märkten, wie sie jedenfalls bisher mit dem DSD verbunden waren (Art. 101 Abs. 3 lit. b AEUV, § 2 Abs. 1 Nr. 2 GWB).[74] In den neuen Leitlinien von 2011 (ABl. Nr. C 11/1) ist die Kommission daher auf den Fragenkreis nicht mehr zurückgekommen.

57 Aus dem Gesagten folgt unmittelbar, dass für eine Rechtfertigung tatbestandsmäßiger Wettbewerbsbeschränkungen unter Berufung auf den Gedanken einer Rechtsgüter- und Interessenabwägung heute neben Art. 101 Abs. 3 AEUV und § 2 Abs. 1 GWB von 2005 endgültig **kein Raum** mehr ist. Ebensowenig bietet das deutsche Recht eine Grundlage für die Entwicklung einer wirtschaftspolitischen **rule of reason,** die es den Kartellbehörden und den Gerichten erlaubte, im Einzelfall zwischen in ihren Augen „guten" und „bösen" Kartellen zu unterscheiden.[75]

V. Beispiele

58 § 1 GWB von 2005 hat zwar nicht den Beispielskatalog des Art. 101 Abs. 1 Halbs. 2 AEUV ins deutsche Recht übernommen (dazu o. § 5); wegen der totalen Anpassung des deutschen an das europäische Kartellverbot des Art. 101 AEUV ist der Katalog gleichwohl bei der Auslegung des § 1 GWB zu berücksichtigen (s. o. Rn. 1, 21), so dass hier zunächst auf die Ausführungen zu Art. 101 Abs. 1 Halbs. 2 AEUV zu verweisen ist (o. § 5). Im übrigen genügen folgende Bemerkungen:

59 Die gefährlichsten Kartelle bilden auch auf deutscher Ebene die sog. hardcore-Kartelle, auch **Kernbeschränkungen** genannt, gekennzeichnet durch Absprachen über Preise, Mengen, Gebiete oder Produkte sowie über einen absoluten Gebietsschutz für einzelne Vertragsteile.[76] Paradigma sind umfassende **„Marktregelungen"** zur Beseitigung des Wettbewerbs auf ganzen Märkten mit Preisabsprachen, festen Quoten,

---

[72] Grdl. *EuG* WuW/E EU-R 1273 – DSD; *Kommission,* Entsch. v. 20. 4. 2001, ABl. Nr. L 166/1 (14 ff. Tz. 100 ff.) – DSD I (nach Art. 82 AEUV); v. 17. 9. 2001, ABl. Nr. L 319/1 (11 ff. Tz. 83 ff.) – DSD II; *BKartA* TB 2001/2002, S. 222 ff.; 2003/2004, S. 178 ff.; WuW/E DE-V 1392 – Altglas; großzügiger jedoch *OLG Düsseldorf* WuW/E DE-R 1381 – DSD; 1453 – PPK-Entsorgung.

[73] S. die Begr., BT-Drs. 15/3640, S. 27 (r. Sp. 3. Abs.); *Kommission,* Leitlinien von 2001, ABl. Nr. C 3/2, Tz. 179 ff.

[74] Ebenso ausdrücklich die Leitlinien (vorige Fn.), Tz. 197; *BKartA* WuW/E DE-V 1392 – Altglas.

[75] S. im Einzelnen o. § 4 Rn. 87 ff.; BGHZ 137, 297 (311 f.) = NJW 1998, 756 = JuS 1998, 461 Nr. 10 – UEFA Pokal; *KG* WuW/E OLG 2745 – HFGE; 3737 (3746) – S+T; *MK,* 11. HauptGA, Tz. 961 (S. 403).

[76] Vgl. *BKartA,* Bagatellbekanntmachung v. 13. 3. 2007, Tz. 13–15 (WuW 2007, 369 [370]).

Auftragssteuerung, Meldesystemen und Sanktionsmechanismen, auf die das BKartA auch heute noch, über fünfzig Jahre nach Inkrafttreten des Kartellverbots (!), in immer neuen Branchen stößt.[77] Ebenso verbreitet sind nach wie vor offenbar die mittlerweile sogar strafbaren **Submissionskartelle** (s. § 298 StGB).[78]

Erfasst werden ferner z. B. Vereinbarungen zur **Beschränkung des Nachfragewettbewerbs.** Beispiele aus jüngster Zeit sind Nachfragekartelle von Gemeinden, etwa für den Feuerwehrbedarf,[79] sowie das eigenartige Nachfragekartell der Kraftfahrzeugversicherer, mit dem sie bezweckten, einen Druck auf die Preise der Kraftfahrzeugvermieter im Unfallersatzgeschäft auszuüben,[80] während das BKartA im Jahre 2007 mit Rücksicht auf den problematischen § 69 SGB V erstaunlicherweise keine Möglichkeit zum Einschreiten gegen ein das ganze Bundesgebiet umfassendes Nachfragekartell der Krankenkassen sah.[81] Das kann schwerlich richtig sein. 60

VI. Fallgruppen

1. Arbeitsgemeinschaften

Von Arbeitsgemeinschaften spricht man, wenn mehrere Unternehmen vereinbaren, einen oder mehrere größere Aufträge gemeinsam durchzuführen. Besonders verbreitet sind derartige Absprachen in der Bauwirtschaft. Ihre rechtliche Behandlung ist noch nicht endgültig geklärt. 61

a) Die **Kommission** wollte ursprünglich Arbeitsgemeinschaften nur freistellen, wenn die beteiligten Unternehmen weder in aktuellem noch in potentiellem Wettbewerb stehen, etwa, weil sie aus verschiedenen Branchen kommen oder weil sie alleine nicht in der Lage gewesen wären, den Auftrag auszuführen.[82] Beurteilt wurde dies mit Bezug auf das konkrete Projekt, so dass unter der genannten Voraussetzung auch eine Zusammenarbeit von Unternehmen möglich war, die sich sonst als Konkurrenten gegenüberstehen. Paradigmata sind große Bauprojekte wie der Eurotunnel oder neue Flughäfen, die die Kapazität selbst von Großunternehmen übersteigen.[83] In 62

[77] S. für das seit 1902 praktizierte Quotenkartell für Starkstromkabel *BKartA* WuW/E BKartA 2892 = TB 1997/98, S. 108; weitere Beispiele in: TB 1993/94, S. 29 ff.; 1995/96, S. 29 ff.; 1997/98; S. 34 ff.; 2001/2002, S. 43 ff.; 2003/2004, S. 35 ff.; 2009/2010, S. 37 ff.; WuW/E DE-V 132 (133: für ein Quotenabkommen zwischen Konkurrenten in Verb. mit Ausgleichslieferungen bei Überschreitung der Quote).

[78] Ausführlich *BKartA* TB 1995/96, S. 29 ff.; 1997/98, S. 34 ff.; weitere Beispiele in *BGH* WuW/E Verg. 486; *OLG Frankfurt a. M.* WuW/E DE-R 1388; *BKartA* WuW/E BKartA 2871 – Fahrbahnmarkierungen.

[79] BGHZ 152, 347 = WuW/E DE-R 1087 = GRUR 2003, 633 (Vorinstanz: *OLG Celle* NJW-RR 2002, 476).

[80] *BGH* LM § 1 GWB Nr. 50 = NJW 1998, 2825 = WuW/E DE-R 115 – Carpartner; *KG* WuW/E OLG 5677 (5688 ff.) = NJW-RR 1997, 874; *BKartA* WuW/E BKartA 2795 (2807 ff.); s. dazu *Bunte,* NJW 1999, 93; *Emmerich,* Anm., LM § 1 GWB Nr. 50; *Polley,* WuW 1998, 939; vgl. außerdem zu Kundenbindungssystemen *Köhler,* BB 2001, 1157, sowie zu den im Kreditkartengeschäft üblichen wettbewerbsbeschränkenden Vereinbarungen *Freigang/Grün,* WM 2005, 681.

[81] S. dazu o. § 20 Rn. 20; *Möschel,* JZ 2007, 601.

[82] So schon die Kooperationsbekanntmachung v. 29. 7. 1968 (ABl. Nr. C 75/3), Nr. II 5; s. IM/*Emmerich,* Bd. I/1, Art. 101 Abs. 1 AEUV Rn. 123.

[83] Entsch. v. 24. 10. 1988, ABl. Nr. L 311/36 (38) – Eurotunnel; v. 18. 12. 1996, ABl. 1997 Nr. L 18/87 (91 f.) – Iridium; v. 12. 4. 1999, ABl. Nr. L 125/12 (21 f.) – Versicherungspools.

ihren **Leitlinien** von 2001[84] stellte die Kommission dagegen in erster Linie darauf ab, ob sich an der Arbeitsgemeinschaften Unternehmen mit einer erheblichen Marktmacht beteiligen und die Zusammenarbeit deshalb zu Abschottungsproblemen gegenüber Dritten führen kann, während sie im Übrigen wohl keine Bedenken gegen die Zusammenarbeit von Unternehmen in Arbeitsgemeinschaften mehr hatte (Stichwort: Efficiency). In ihren neuen Leitlinien von 2011, Tz. 53 ist die Kommission darauf jedoch nicht mehr zurückgekommen, sodass der Fragenkreis wieder offen ist.[85]

63 **b)** In der **deutschen Praxis** sind Arbeitsunionen bisher gleichfalls i. d. R. (nur) dann als unbedenklich angesehen worden, wenn die beteiligten Unternehmen alleine nicht in der Lage gewesen wären, sich an dem betreffenden Projekt zu beteiligen.[86] Diese restriktive Haltung erscheint plausibel. Gleichwohl will der **BGH** – ebenso wie die Kommission (o. Rn. 62) – jetzt offenbar wesentlich weiter gehen, da er es neuerdings bereits genügen lässt, wenn sich die Zusammenarbeit für die beteiligten Unternehmen aus ihrer Sicht als „wirtschaftlich sinnvoll und kaufmännisch vernünftig" darstellt; unter dieser Voraussetzung soll dann auch eine längerfristige Kooperation von Konkurrenten möglich sein.[87] Dies ist nur vertretbar, wenn die Merkmale „wirtschaftlich sinnvoll und kaufmännisch vernünftig" nicht rein subjektiv, sondern *objektiv* verstanden werden, d. h. wenn jeweils aufgrund der Marktdaten geprüft wird, ob danach – objektiv gesehen – die Zusammenarbeit der Unternehmen bei der Abwicklung des Projekts die wirtschaftlich sinnvollste Lösung ist.[88]

2. Marktinformationsverfahren

Literatur: *Kommission,* Horizontalleitlinien von 2011 (ABl. Nr. C 11/1), Tz. 55 ff.; *BKartA,* BAnz 1977 Nr. 22, S. 8; TB 2001/2002, S. 45 f.; *Behrens,* Marktinformation und Wettbewerb, 1963; *Dreher,* FS Schirmer, 2005, S. 71; *ders./J. Hoffmann,* WuW 2011, 1181; *Benisch,* FS Steindorff, 1990, S. 937; *Feldkamp,* EuZW 1991, 617; *Frenz,* S. 399 ff.; *Hoppmann,* WuW 1966, 97; *Krone,* Horizontale Markttransparenz im Zeitalter einer Informationsgesellschaft, 2003; *Posner,* Antitrust Law, 2. Aufl., 2001, p. 159 ff.; *Rinck,* FS Hartmann, 1976, S. 231; *Sedemund,* FS Lieberknecht, 1997, S. 571; *Tugendreich,* Die kartellrechtliche Zulässigkeit von Marktinformationsverfahren, 2004; *Vollmer,* FS Mailänder, 2006, S. 215; *Fl. Wagner-v. Papp,* Marktinformationsverfahren: Grenzen der Information im Wettbewerb, 2004; *ders.,* WuW 2005, 732.

64 Als Marktinformationsverfahren bezeichnet man vertragliche Systeme organisierter Markttransparenz zwischen Konkurrenten. Die Erscheinungsformen reichen von Angebotsmeldeverfahren bis zu Verbandsstatistiken über die unterschiedlichsten Daten.[89] Eine besonders umstrittene Erscheinungsform sind identifizierende **Open-Price-Systems (OPS),** bei denen die Mitglieder vor oder nach einem Angebot oder

[84] ABl. Nr. C 3/2 (4 Tz. 24, 21 Tz. 143).

[85] ABl. Nr. C 11/1.

[86] Zuletzt *OLG Stuttgart* WuW/E OLG 3108 (3109); *KG* WuW/E OLG 3115; 3737 (3745); 5565 (5575 ff.).

[87] *BGH* WuW/E BGH 2050 = BB 1984, 364 m. Anm. *Hootz,* S. 557; insbesondere LM Nr. 56 zu § 1 GWB = WuW/E DE-R 876 = NJW 2002, 2176 – Jugendnachtfahren; ebenso für Kundenschutzabreden mit Subunternehmern *BGH* LM § 1 GWB Nr. 51 = WuW/E DE-R 131 (133) = WM 1998, 1739; *OLG Düsseldorf* AG 2006, 506 (509) = WuW/E DE-R 1625.

[88] S. insbesondere *BKartA* WuW/E DE-V 759 (766); 995 (1007 f. Tz. 209 ff.) – Rethmann/GfA Köthen; 1459 (1463 f. Tz. 125 f.) – WP – Haftpflicht; auch schon TB 1983/84, S. 82 f.; *Koenig/Kühling/Chr. Müller,* WuW 2005, 126 (131 ff.).

[89] S. zuletzt *Kommission,* Leitlinien von 2011, Tz. 55 ff.; *Emmerich,* JuS 2007, 877, m. N.

einem Vertragsabschluss die Konditionen des Geschäfts unter Nennung des Kunden – direkt oder indirekt über eine Zentrale – den Konkurrenten melden müssen.

a) Die **Wirkungen** solcher Informationssysteme auf den Wettbewerb sind unterschiedlich. Entsprechend differenziert muss ihre rechtliche Beurteilung ausfallen. Die **Unionsorgane** stellen vor allem darauf ab, ob das Marktinformationsverfahren nach den Umständen des betreffenden Marktes die *Einschränkung des* auf vielen Märkten wichtigen *Geheimwettbewerbs* bezweckt oder bewirkt. Das ist um so eher anzunehmen, je enger der Markt und je kleiner die Zahl der Konkurrenten ist, insbesondere, wenn es sich um homogene Güter handelt, bei denen die Markttransparenz ohnehin schon hoch ist.[90] 65

b) In **Deutschland** ist bisher meistens – idealtypisch – zwischen den (grundsätzlich bedenklichen) identifizierenden Marktinformationsverfahren und den unbedenklichen reinen Verbandsstatistiken unterschieden worden. **Identifizierende OPS** verstoßen, jedenfalls in der Regel, gegen das Kartellverbot, weil und soweit sie auf überschaubaren Märkten mit homogenen Gütern durch den Ausschluss heimlicher Preiszugeständnisse und Rabatte künstlich die für enge Oligopole typische Reaktionsverbundenheit der Beteiligten herstellen und dadurch eine auch empirisch belegte Preisstarrheit nach unten schaffen.[91] Aber auch **nicht identifizierende Marktinformationsverfahren** können in Ausnahmefällen durchaus Wettbewerbsbeschränkungen bezwecken oder bewirken, sofern sie nämlich den wenigen beteiligten Unternehmen deutlich machen, ob einzelne ihrer Konkurrenten wieder zu vorstoßendem Wettbewerb übergehen, so dass dann die anderen nachziehen müssen.[92] In solchen Fällen muss ebenfalls Raum für die Anwendung des § 1 GWB sein. 66

c) Besonderheiten gelten für Informationsverfahren, die in der **Kredit- und Versicherungswirtschaft** einen Austausch der Anbieter über solche Daten zum Gegenstand haben, die es ihnen überhaupt erst ermöglichen, die Kreditwürdigkeit neuer Kunden sowie das mit neuen Versicherungsnehmern verbundene Risiko zutreffend einzuschätzen (s. schon o. § 5 Rn. 5). Ein bekanntes Beispiel ist die SCHUFA, das Kreditinformationssystem der deutschen Banken. Die Zulässigkeit solcher Informationssysteme wird in Deutschland vor allem unter datenschutz- und kartellrechtlichen Gesichtspunkten diskutiert.[93] Überwiegend wird die Auffassung vertreten, dass ein Austausch von Banken und Versicherern über die genannten Daten den 67

[90] S. o. § 5 Rn. 5; grdl. *EuGH* Slg. 1998, I-3138 (3161 ff.) = WuW/E EU-R 75 (Tz. 90 ff.) – J. Deere; Slg. 1998, I-3198 (3226) – Fiatagri; 2003, I-10 885 (10 913 ff. Tz. 81–89) –Thyssen Stahl; insb. grdl. *EuGH* Slg. 2006, I-11145 = EuZW 2006, 753 (756 f. Tz. 51 ff.) = JuS 2007, 877 Nr. 14 – Asnef-Equifex/Ausban; *EuG* Slg. 1994, II-905 (949 ff. Tz. 91 ff.) – Fiatagri; 1994, II-961 (986 ff. Tz. 51 ff.) – John Deere; 1995, II-289 (330 ff.) – SPO; 2004, II-2233 (2276 Tz. 166 ff.) – Mannesmann; 2004, II-2405 (2449 Tz. 188) – Dalmine; *Kommission,* Leitlinien von 2011, Tz. 55 ff.; 7. WB 1977, 1978, Tz. 5 ff. (S. 19 ff.); 11. WB 1981, 1982, Tz. 83 f. (S. 65 ff.); *Emmerich,* EuR 1971, 295 (326 ff.); *Mestmäcker/Schweitzer,* § 9 Rn. 41 ff. (S. 257 f.); LMR/*Wägenbauer,* Art. 101 Abs. 1 EG Rn. 243 ff.

[91] Grdl. BGHSt 26, 56 = NJW 1975, 788 = JuS 1975, 532 Nr. 9; *KG* WuW/E OLG 1253 = JuS 1973, 249 Nr. 10; *OLG Düsseldorf* WuW/E DE-R 949 (950 ff.); *BKartA* WuW 1976, 581 = DB 1977, 245; TB 1979/80, S. 54, 89; 1997/98, S. 78, 79; 2001/2002, S. 45, 147 f.; *Fl. Wagner-v. Papp,* WuW 2005, 732 (bes. 735 ff.); ebenso für Angebotsmeldeverfahren *BGH* LM § 1 GWB Nr. 37 - NJW 1987, 1821.

[92] S. im Einzelnen *Fl. Wagner-v. Papp,* WuW 2005, 732 (735 ff.).

[93] *Dreher,* FS Schirmer, 2005, S. 71 ff.; *Emmerich,* JuS 2007, 877; *Hoeren,* VersR 2005, 1014; *Schwintowski,* VuR 2004, 442; *Stancke,* VersR 2005, 1324; *Stappert/Esser-Wellié,* EuZW 2006, 758.

Wettbewerb nicht beschränke, sondern eher fördere, weil der Austausch den beteiligten Unternehmen überhaupt erst eine sachgerechte Kalkulation ermögliche.[94] Auf Unionsebene ist jetzt das „Asnef-Equifax-Urteil" des **EuGH** vom November 2006 maßgebend.[95] Die Zulässigkeit solcher speziellen Informationssysteme setzt danach dreierlei voraus, 1. ein hinreichend breites Angebot, so dass auf hochkonzentrierten Märkten kein Raum mehr für solche Informationssysteme ist, 2. die Unzulässigkeit jeder unmittelbaren und mittelbaren Identifizierung der Konkurrenten und 3. die rechtlich und tatsächlich diskriminierungsfreie Zugänglichkeit des Systems für alle Unternehmen. Davon wird jetzt auch im Rahmen des § 1 GWB auszugehen sein. – Von den bisher behandelten selbstständigen Marktinformationssystemen (Rn. 64 ff.) müssen schließlich noch die verbreiteten **unselbstständigen Informationssysteme** unterschieden werden, die mit wettbewerbsbeschränkenden Abreden verbunden sind und deren Stabilisierung durch Kontrolle des Marktverhaltens der Kartellmitglieder bezwecken. Derartige Marktinformationsverfahren teilen das Schicksal der wettbewerbsbeschränkenden Abreden, zu denen sie gehören (Art. 101 AEUV; § 1 GWB).[96]

VII. Rechtsfolgen

1. Nichtigkeit

Literatur: S. schon o. § 7; *Fuchs,* Kartellvertrag und Bereicherung, 1990; *Kort,* Bestandsschutz fehlerhafter Strukturveränderungen, 1998; *Paschke,* ZHR 155 (1991), 1; *Pfeiffer,* FS Benisch, 1989, S. 313; *C. Schäfer,* Die Lehre vom fehlerhaften Verband, 2002.

68 **a)** Vereinbarungen und Beschlüsse, die gegen § 1 GWB verstoßen, sind verboten und **nichtig (§ 134 BGB;** ebenso Art. 101 Abs. 2 AEUV und dazu o. § 7 Rn. 11 ff.). Etwas anderes gilt unter dem System der Legalausnahme nur dann, wenn eine der gesetzlichen **Ausnahmen** vom Kartellverbot eingreift, da dann die fragliche Vereinbarung kraft Gesetzes erlaubt ist – ohne vorherige behördliche Kontrolle wie früher in Deutschland üblich (s. §§ 2, 3, 28 und 30 GWB und dazu u. §§ 23–25).

69 Die Verletzung des Kartellverbots zieht selbst dann die Nichtigkeit des entsprechenden Vertrags nach sich, wenn das Kartell die Rechtsform einer **Personengesellschaft** hat, weil bei Verstößen von Gesellschaftsverträgen gegen gesetzliche Verbote wie § 1 GWB grundsätzlich kein Raum für die Anwendung der Regeln über fehlerhafte Gesellschaften ist.[97] Lediglich bei Kartellen in der Rechtsform **juristischer Personen** kommt es zur Anwendung der allgemeinen Vorschriften über die Nichtigkeit der Satzungen solcher Gesellschaften.[98] Doch darf daraus nicht der Schluss gezogen wer-

[94] S. die Genannten (vorige Fn.); anders nur *Schwintowski,* VuR 2004, 242.

[95] Slg. 2006, I-11145 = EuZW 2006, 753 (756 f. Tz. 51 ff., insb. 58 ff.) = JuS 2007, 877 Nr. 14.

[96] *Mestmäcker/Schweitzer,* § 9 Rn. 36 ff., 40 (S. 255 ff.).

[97] *BGH* LM § 1 GWB Nr. 42 = NJW-RR 1991, 1002 = AG 1991, 274 = WuW/E BGH 2675 (2678); *OLG Hamm* WuW/E OLG 3748 = NJW-RR 1986, 1487; WuW/E OLG 4033 (4036 f.); *OLG Frankfurt a. M.* WuW/E OLG 4323 (4324 f.) = AG 1989, 402 f.; WuW/E OLG 5035 = GmbHR 1992, 666; *OLG Düsseldorf* WuW/E DE-R 344 (348); s. *Heymann/Emmerich,* HGB, § 105 Rn. 83 ff.; *Emmerich,* ZHR 139 (1975), 501 (514 f.); anders *K. Schmidt,* AcP 186 (1986), 448; AG 1997, 333 und FS Mestmäcker, S. 775; s. dazu im Einzelnen *Kort,* S. 36 ff.; *C. Schäfer,* Fehlerhafter Verband, S. 257 ff.

[98] *OLG Stuttgart* WuW/E OLG 2790 (2793); strenger *OLG Frankfurt a. M.* WuW/E OLG 5035 = GmbHR 1992, 666.

den, bis zu einer kartellbehördlichen Untersagung könnten gegebenenfalls die nichtigen Satzungsbestimmungen weiter praktiziert werden.[99]

b) Die Nichtigkeit des Vertrages beschränkt sich nach § 134 BGB grundsätzlich auf die gegen § 1 GWB verstoßenden Vertragsklauseln. Ob davon auch der *Vertragsrest* erfasst wird, beurteilt sich nach **§ 139 BGB.**[100] Die Folge wird jedenfalls dann **Gesamtnichtigkeit** des Vertrages sein, wenn die Wettbewerbsbeschränkung den Hauptzweck der Beteiligten darstellte.[101] 70

In anderen Fällen tendierte die Rechtsprechung dagegen lange dahin, den **Vertragsrest** nach Möglichkeit **aufrechtzuerhalten**, und zwar insbesondere, wenn der Vertrag eine sog. salvatorische Klausel enthielt.[102] Diese Praxis hatte jedoch die bedenkliche Folge, dass die Aufnahme wettbewerbsbeschränkender Klauseln in umfangreiche Vertragswerke nahezu risikolos war, weil die einzige Sanktion, die bei Aufdeckung des Verstoßes gegen § 1 GWB drohte, der Wegfall der fraglichen Klausel war.[103] Der BGH hat seine Haltung deshalb inzwischen **geändert**. Seitdem versteht er salvatorische Klauseln nur noch als Beweislastregeln, so dass von Fall zu Fall Raum für die Anwendung des § 139 BGB mit der Folge der Gesamtnichtigkeit des Vertrages trotz Vereinbarung einer salvatorischen Klausel bleibt.[104] 71

2. Ausführungsverträge, Folgeverträge[105]

a) Die Nichtigkeit erfasst bei einem Verstoß gegen § 1 GWB neben dem eigentlichen Kartellvertrag auch die sog. **Ausführungsverträge,** und zwar einfach deshalb, weil sie gleichfalls die Voraussetzungen des Kartellverbots (Art. 101 Abs. 1 AEUV und § 1 GWB) erfüllen (Art. 101 Abs. 2 AEUV, § 134 BGB). Man versteht darunter Verträge zwischen den Kartellmitgliedern oder mit Dritten, die der Durchführung, Verstärkung oder Ausdehnung der verbotenen Wettbewerbsbeschränkung dienen. Beispiele sind Verträge über den Beitritt Dritter oder über Kollegenlieferungen bei verbotenen Spezialisierungskartellen oder Syndikaten, Lizenzverträge zwischen den Mitgliedern von Patentpools sowie Preis-, Vertriebs- oder Ausschließlichkeitsbindungen, über deren parallele Einführung die Konkurrenten sich zuvor unter Verstoß gegen § 1 GWB verständigt haben. § 1 GWB hat insoweit auch den Vorrang vor § 30 GWB oder dem Buchpreisbindungsgesetz.[106] Ebenso zu behandeln sind sog. **Vertragssysteme,** d. h. Systeme aus Horizontal- und Vertikalverträgen, auf die die Beteiligten künstlich die eigentlichen Kartellabsprachen aufteilen und die deshalb bei einem Verstoß gegen § 1 GWB in ihrer Gesamtheit nichtig sind.[107] 72

---

[99] S. *Möschel,* Tz. 218.

[100] *BGH* WuW/E BGH 1733 (1735).

[101] *OLG Frankfurt a. M.* WuW/E OLG 3498 (3500 f.).

[102] So insb. *BGH* LM Nr. 81 zu § 139 BGB (Bl. 3 Rf.) = NJW 1994, 1651 – Pronuptia II.

[103] S. insb. *Steindorff,* FS Hefermehl, 1971, S. 177; *Emmerich,* ZHR 139 (1975), 476 (512); differenzierend dagegen *P. Ulmer,* FS Steindorff, 1990, S. 799.

[104] Grdl. *BGH* NJW 2003, 347 = NZM 2003, 61 m. Anm. *Emmerich,* JuS 2003, 497.

[105] S. zum Folgenden ausführlich IM/*Emmerich,* Bd. II, § 33 Rn. 115 ff.

[106] *BGH* LM § 38 GWB Nr. 12 (Bl. 2 R) = NJW 1984, 1354; WuW/E BGH 205 (211); *OLG Düsseldorf* WuW/E OLG 3271 (3275 f.); s. IM/*Emmerich,* Bd. II, § 30 Rn. 39 ff.

[107] BGHZ 65, 30 (34 f., 40) = NJW 1975, 1837 = JuS 1976, 121 Nr. 7 – ZVN – m. Anm. *Emmerich/Gansweid,* JuS 1976, 432.

73 **b)** Von den Ausführungsverträgen (o. Rn. 72) muss man die **Folgeverträge** unterscheiden. Gemeint sind damit die von den Kartellmitgliedern in Vollzug des verbotenen Kartells **mit** unbeteiligten **Dritten** abgeschlossenen Verträge wie z. B. Lieferverträge aufgrund verbotener Preis-, Konditionen- oder Rabattkartelle. Diese Verträge werden aus Gründen der Rechtssicherheit allgemein als wirksam behandelt, zumal sie ohnehin in aller Regel nicht die Voraussetzungen des Kartellverbots (Art. 101 Abs. 1 AEUV, § 1 GWB) erfüllen dürften, wie bei Verträgen mit Verbrauchern unmittelbar einleuchtet.[108] Unberührt bleiben jedoch etwaige Schadensersatzansprüche der Vertragspartner der Kartellmitglieder aufgrund des § 33 in Verbindung mit § 1 GWB (u. Rn. 74).

3. Schadensersatzansprüche

74 Verstöße gegen das Kartellverbot des § 1 lösen Unterlassungs- und Beseitigungsansprüche sowie bei Verschulden Schadensersatzansprüche der Betroffenen aus (§ 33 Abs. 1 und Abs. 3 GWB von 2005). Derartige Ansprüche können, wie insbesondere das Beispiel der USA zeigt, einen wesentlichen Beitrag zur Durchsetzung des Kartellverbots leisten. In Deutschland haben sie jedoch bislang nur eine marginale Rolle gespielt.[109] Durch die 7. Novelle von 2005 ist deshalb § 33 GWB erheblich verschärft worden, um die Durchsetzung des Kartellverbots durch Ansprüche der betroffenen Dritten zu erleichtern (s. schon o. § 7 Rn. 15 ff. sowie u. § 40).

4. Kartellbehördliche Sanktionen

75 **a)** Das Schwergewicht der Durchsetzung des Kartellverbots lag in Deutschland bisher bei den kartellbehördlichen und bußgeldrechtlichen Sanktionen. Die Einzelheiten ergeben sich seit der 7. GWB Novelle aus den §§ 32 bis 32 e sowie aus § 81 GWB (s. dazu u. §§ 42, 43).

76 **b)** Anders als nach US-amerikanischem Recht stellen Verstöße gegen das Kartellverbot grundsätzlich **keine Straftaten** dar.[110] Eine Ausnahme bilden lediglich die besonders verbreiteten und schädlichen **Submissionskartelle,** die schon immer von Fall zu Fall als Betrug bewertet wurden.[111] Ist dies nicht der Fall, so greift heute § 298 StGB von 1997 ein.[112]

77 Die Kriminalisierung von Submissionsabsprachen im Jahre 1997 hatte zunächst die groteske Folge, dass wegen der notorischen Überlastung der Staatsanwaltschaften (die ausschließlich zur Verfolgung von Straftaten zuständig sind) die besonders schweren und deshalb strafbaren Submissionsabsprachen de facto überhaupt nicht mehr verfolgt wurden.[113] Deshalb bestimmt seit 1998 **§ 82 GWB** ergänzend, dass die Kartellbehörden auf jeden Fall zur Anwendung der §§ 30 und 130 OWiG zuständig bleiben und daher weiterhin zumindest Bußgelder gegen die an den Submissionskartellen beteiligten Unternehmen festsetzen können.[114]

---

[108] RGZ 133, 51 (58 ff.); *BGH* NJW 1956, 1201; BGHSt 32, 389 = NJW 1984, 2372; *OLG Frankfurt a. M.* WiB 1996, 1068 m. Anm. *Emmerich*, S. 1070 f.

[109] S. IM/*Emmerich*, Bd. II, § 33 Rn. 12 ff. m. N.

[110] S. zu dieser Problematik zuletzt *Biermann*, ZWeR 2007, 1 m. N.

[111] Grdl. BGHSt. 38, 186 = NJW 1992, 921; BGHSt 41, 385 = NJW 1996, 1973; BGHSt 47, 83 = NJW 2001, 3718.

[112] S. *Achenbach*, WuW 1997, 958; *Kleinmann/Berg*, BB 1998, 277.

[113] S. dazu die Kritik des *BKartA* TB 1995/96, S. 29 ff.; 1997/98, S. 34 ff.

[114] S. *BKartA* TB 1997/98, S. 35 f.; 2003/2004, S. 36 f.; *Kleinmann/Berg*, BB 1998, 277 (282).

§ 22. Ausnahmen (§ 2 GWB)

Literatur: *BKartA,* Merkblatt über Koorperationsmöglichkeiten kleiner und mittlerer Unternehmen, sogenannte Bekanntmachung KMU, 2007; *P. Jung,* ZWeR 2007, 141; 2008, 141; *Pfeffer/A. C. Wegner,* BB 2007, 1173; *Ch. Zapfe,* Die Ausnahmen vom Kartellverbot zwischen Annäherung und Angleichung an das europäische Recht, 2005.

I. Überblick

Die auffälligste Änderung, die die 7. GWB-Novelle von 2005 im Text des GWB gebracht hat, ist neben der bereits besprochenen Aufgabe der Unterscheidung zwischen horizontalen und vertikalen Vereinbarungen (dazu o. § 21 Rn. 11 ff., 20) die weitgehende **Streichung der zahlreichen Ausnahmen** vom Kartellverbot, die früher für das deutsche Recht kennzeichnend waren. An ihre Stelle sind die Generalklausel des § 2 GWB, die ergänzende Einzelfreistellung für Mittelstandskartelle durch § 3 GWB (dazu u. § 23) und die Bereichsausnahmen für die Landwirtschaft (§ 28), für Zeitungen und Zeitschriften (§ 30 GWB; s. dazu u. § 25) sowie für die Wasserversorgung getreten (§ 131 Abs. 6). 1

Mit der Generalklausel des **§ 2 Abs. 1 GWB** ist auch das deutsche Kartellrecht im Anschluss an Art. 101 Abs. 3 AEUV und Art. 1 Abs. 2 der Kartellverfahrensverordnung Nr. 1/2003 zu dem **System der Legalausnahme** auf der Basis einer **Generalklausel** übergegangen (s. schon o. § 8 Rn. 2 ff.). § 2 I GWB bestimmt dementsprechend seit 2005, dass Vereinbarungen zwischen Unternehmen,[1] die unter angemessener Beteiligung der Verbraucher an dem entstehenden Gewinn zur Verbesserung der Warenerzeugung oder -verteilung oder zur Förderung des technischen oder wirtschaftlichen Fortschritts beitragen, vom Verbot des § 1 freigestellt sind, sofern außerdem die folgenden beiden **Voraussetzungen** erfüllt sind: Den beteiligten Unternehmen dürfen erstens keine Beschränkungen auferlegt werden, die für die Verwirklichung dieser Ziele nicht unerlässlich sind (§ 2 Abs. 1 Halbs. 2 Nr. 1 GWB), woran es bereits fehlt, wenn die Wettbewerbsbeschränkung in keinem sachlich vertretbaren Verhältnis zu den angestrebten Effizienzvorteilen steht;[2] und ihnen dürfen zweitens keine Möglichkeiten eröffnet werden, für einen wesentlichen Teil der betreffenden Waren den Wettbewerb auszuschalten (Nr. 2 a. a. O.). Abs. 2 des § 2 GWB fügt hinzu, dass bei der Anwendung von Abs. 1 der Vorschrift die **Gruppenfreistellungsverordnungen (GFVO)** des Rats und der Kommission **im Wege einer dynamischen Verweisung** entsprechend gelten (S. 1), und zwar auch dann, wenn es sich um einen Fall *ohne* zwischenstaatlichen Bezug handelt, so dass an sich für eine Anwendung der genannten unionsrechtlichen Vorschriften kein Raum ist (S. 2 des § 2 Abs. 2 GWB; s. schon o. § 8 Rn. 6). 2

Das durch § 2 GWB von 2005 eingeführte System der **Legalausnahme** unterscheidet sich grundlegend von dem bisherigen deutschen System der Ausnahmen vom Kartellverbot, für das das Zusammenspiel von Einzelfreistellungen durch die Kartellbehörden für bestimmte Kartellarten und von Bereichsausnahmen für verschiedene hochprivilegierte Wirtschaftszweige kennzeichnend war. Die Gesetzesverfasser haben 3

[1] Auf Beschlüsse und abgestimmte Verhaltensweisen wird im Folgenden nicht mehr gesondert eingegangen.

[2] *OLG Frankfurt a. M.* WuW/E DE-R 2721 (2723 f.) für eine Ausschließlichkeitsbindung, die eine Funktaxizentrale den Teilnehmern auferlegt hatte.

diesen **Systemwechsel** vor allem damit begründet, dass der größte Teil der früheren Einzelfreistellungen, soweit heute noch sachlich gerechtfertigt, ohne weiteres auch von Art. 101 Abs. 3 AEUV in Verb. mit den Gruppenfreistellungsverordnungen und damit zugleich von § 2 Abs. 1 GWB erfasst werde.[3] Deshalb wurde lediglich die in ihren Augen besonders wichtige Einzelfreistellung für Mittelstandskartelle in § 3 beibehalten (dazu u. § 23).

II. Die neue Generalklausel

4 Die neue Generalklausel des § 2 Abs. 1 GWB entspricht im wesentlichen dem Art. 101 Abs. 3 AEUV. Bezweckt wird damit letztlich die **totale Übernahme der unionsrechtlichen Regelung für Ausnahmen** vom Kartellverbot ins deutsche Recht.[4] Dies wird auch an der Verweisung auf die GFVOen in § 2 Abs. 2 GWB sowie an der Anordnung des Vorrangs der GFVOen durch § 22 Abs. 2 S. 1 GWB (entsprechend Art. 3 Abs. 2 S. 1 VO Nr. 1/2003) deutlich. Ergänzend zu berücksichtigen sind die verschiedenen **Leitlinien,** in denen sich die Kommission zur Auslegung des Art. 101 Abs. 3 AEUV geäußert hat und die nach dem Willen der Gesetzesverfasser gleichfalls bei der Auslegung des § 2 GWB zu berücksichtigen sind.[5]

5 Die Verfasser der 7. GWB-Novelle haben in diesem Zusammenhang die Auffassung vertreten, mit dem Übergang zu dem System der Legalausnahme, fußend auf der Generalklausel des § 2 GWB, sei „in aller Regel" **keine sachliche Änderung** gegenüber dem früheren Rechtszustand verbunden, „da sich die Freistellungsvoraussetzungen in Art. 101 Abs. 3 AEUV im Ergebnis weitgehend mit den speziellen gesetzlichen Regelungen in den bisherigen §§ 2 bis 8 GWB a. F. decken."[6] Dies gibt Anlass, im Folgenden auf die wichtigsten früheren Einzelfreistellungen unter dem Blickwinkel einzugehen, ob und in welchem Ausmaß heute tatsächlich noch eine entsprechende Freistellung aufgrund des § 2 GWB von 2005 bzw. des Art. 101 Abs. 3 AEUV in Verb. mit den GFVOen in Betracht kommt.

III. Konditionenkartelle

Literatur: *Kleier,* Freistellung von den Empfehlungsverboten nach deutschem und europäischem Kartellrecht, 1985; *Schirmers,* Konditionenempfehlungen, kartellrechtliche Kontrolle und AGB-Gesetz, 1983; *Ch. Zapfe,* WuW 2007, 1230.

6 **1.** Konditionenkartelle sind Kartelle, durch die sich die beteiligten Unternehmen zur Anwendung einheitlicher Geschäftsbedingungen in ihren Verträgen mit der Marktgegenseite verpflichten (s. schon o. § 5 Rn. 7 ff.). Ihre Freistellung fand sich bis 2005 in **§ 2 Abs. 2 GWB a. F.** Konditionenkartelle waren Widerspruchskartelle (§ 9 Abs. 3 a. F.) und unterlagen einer Missbrauchsaufsicht (§ 12 Abs. 1 a. F.). Erlaubt waren außerdem noch seit der zweiten Novelle von 1973 sog. **Konditionenempfehlungen** von Wirtschafts- und Berufsvereinigung (§ 22 Abs. 3 Nr. 2 von 1998; s. u. § 26). Die Zahl der Konditionenkartelle bewegte sich zuletzt um die 50.[7] An ihre

[3] S. die Begr., BT-Drs. 15/3640, S. 24 ff., 44 f.

[4] Begr. (vorige Fn.).

[5] S. die Begr., BT-Drs. 15/3650, S. 23 (l. Sp. 2. Abs.).

[6] Begr., BT-Drs. 15/3640, S. 26 (l. Sp. unter cc).

[7] *MK,* 11. HauptGA, Tz. 954 (S. 401).

Stelle traten offenbar immer häufiger die beliebten Konditionenempfehlungen; ihre Zahl belief sich auf rund 300.[8]

Die Erlaubnis der Konditionenkartelle war meistens damit **begründet** worden, sie förderten die Markttransparenz und trügen durch die Vereinheitlichung der Geschäftsbedingungen zu einer Konzentration des Wettbewerbs auf Preis und Qualität bei. Tatsächlich war jedoch die Zulassung der Konditionenkartelle auf Druck der Industrie und entgegen der ursprünglichen Absicht der Gesetzesverfasser(!) ein **schwerer Fehler** gewesen. Denn durch sie wurden die Nachteile von Geschäftsbedingungen noch potenziert, weil sie der Marktgegenseite ein Ausweichen unmöglich machten. Dieser Fehler ist erst 2005 durch die Streichung des § 2 GWB korrigiert worden. 7

2. Konditionenkartelle gehören heute zu den grundsätzlich verbotenen **Kernbeschränkungen** (Art. 101 Abs. 1 Halbs. 2 lit. a AEUV).[9] Die Gesetzesverfasser haben zwar die Auffassung vertreten, Konditionenkartelle und -empfehlungen blieben nach Art. 101 Abs. 3 AEUV „grundsätzlich zulässig"; sie seien außerdem im Einzelfall nach § 3 GWB freigestellt.[10] Tatsächlich kann davon jedoch nach dem Gesagten keine Rede sein. 8

IV. Spezialisierungskartelle

Literatur: S. o. § 8 Rn. 32 f. sowie *Eckstein,* Unternehmenswachstum mithilfe von Spezialisierungskartellen, 1971; *Emmerich,* Die Zulässigkeit der Kooperation aufgrund des reformierten GWB, 1974; *ders.,* ZGR 1976, 167; *Richter,* Probleme und Möglichkeiten der Spezialisierungskooperation, 1965; *Salje,* Die mittelständische Kooperation zwischen Wettbewerbspolitik und Kartellrecht, 1981.

1. Nach § 3 GWB von 1998 konnten Vereinbarungen und Beschlüsse, die die Rationalisierung wirtschaftlicher Vorgänge durch Spezialisierung zum Gegenstand haben, im Widerspruchsverfahren des § 9 a. F. vom Kartellverbot freigestellt werden, vorausgesetzt, dass die Wettbewerbsbeschränkung nicht zur Entstehung oder Verstärkung einer marktbeherrschenden Stellung im Sinne des § 19 Abs. 2 führte. Gemeint war damit **jede Form der Arbeitsteilung** zwischen mehreren Unternehmen hinsichtlich beliebiger betrieblicher Vorgänge, vom Einkauf über die Produktion bis zum Vertrieb.[11] **Beispiele** waren (und sind) Abreden über die Arbeitsteilung bei der Entwicklung neuer Produkte[12] oder bei der Lagerhaltung.[13] 9

2. § 3 GWB von 1998 ist ebenso wie der frühere § 2 (o. Rn. 10 ff.) durch die 7. Novelle von 2005 ersatzlos gestrichen worden, weil er neben Art. 101 Abs. 3 AEUV in Verb. mit der **GFVO Nr. 1218/2010** vom 18. Dezember 2010 für Spezialisierungsvereinbarungen[14] entbehrlich sei. Die Gesetzesverfasser haben dabei besonderes Gewicht auf die Marktanteilsschwelle von 20 % gelegt.[15] 10

---

[8] *BKartA* TB 2003/2004, S. 266–294.

[9] S. o. § 5 Rn. 7; *öOGH* WuW/E KRInt 66 (67) – Wärmedämmverbundsysteme; anders offenbar *BKartA* TB 2005/2006, S. 38 f.

[10] So die Begr., BT-Drs. 15/3640, S. 26 (r. Sp. 1. Abs.).

[11] *BKartA* WuW/E BKartA 994; TB 1970, S. 73 f.; 1973, S. 95.

[12] *BKartA* TB 1987/88, S. 67; 1991/92, S. 94.

[13] *BKartA* TB 1977, S. 56.

[14] ABl. Nr. L 335/43; wegen der Einzelheiten s. o. § 8 Rn. 32 f. m. N.

[15] S. die Begr., BT-Drs. 15/354 D, S. 26 (r. Sp. 2. Abs.).

V. Rationalisierungskartelle

Literatur: *BKartA,* Verwaltungsgrundsätze, BAnz Nr. 66 v. 7. 4. 1978 (= WuW 1978, 268); Merkblatt über Kooperationsmöglichkeiten kleiner und mittlerer Unternehmen, Bekanntmachung KMU 2007; *Emmerich,* ZHR 139 (1975), 501; *ders.,* ZGR 1976, 167; *ders.,* Die Zulässigkeit der Kooperation aufgrund des reformierten GWB, 1974; *Eckstein,* Betriebswirtschaftliche Kriterien zur Beurteilung von Rationalisierungskartellen, 1966; *Holland,* Auflagen der Kartellbehörden zu Rationalisierungskartellen, 1977; *Hoppmann/Schlögl,* Rationalisierung durch Kartelle?, 1971; *R. Ott,* Das Wettbewerbsrecht als Mittel der Wirtschaftsgestaltung, 1980.

1. Überblick

11 Als Rationalisierungskartelle bezeichnete das Gesetz in **§ 5 Abs. 1 S. 1 GWB a. F.** früher Vereinbarungen und Beschlüsse, die der Rationalisierung wirtschaftlicher Vorgänge dienen, wobei man im Einzelnen zwischen einfachen und höherstufigen Rationalisierungskartellen zu unterscheiden hatte (s. u. Rn. 13, 15 f.). Besondere **Erscheinungsformen** der Rationalisierungskartelle waren die Spezialisierungskartelle (o. Rn. 9 f.) sowie die Mittelstandskartelle, deren Regelung sich jetzt in § 3 von 2005 findet (dazu u. § 23). Paradigma der (besonders problematischen) höherstufigen Rationalisierungskartelle waren die bekannten **Syndikate**, die schwerste Form vertraglicher Wettbewerbsbeschränkungen überhaupt.[16] Weitere **Beispiele** aus der früheren Praxis waren Spezialisierungsabreden, soweit sie nicht bereits unter § 3 a. F. fielen,[17] die gemeinsame Verwertung von Neben- und Abfallprodukten, gemeinsame Verwaltungs- und Forschungseinrichtungen sowie gemeinsame Beschaffungseinrichtungen.[18]

12 Die **Zulässigkeitsvoraussetzungen** beider Formen von Rationalisierungskartellen, der einfachen wie der höherstufigen, ergaben sich zunächst aus **§ 5 Abs. 1 GWB a. F.** Die wichtigste Voraussetzung war danach, dass die fragliche Vereinbarung der **„Rationalisierung wirtschaftlicher Vorgänge"** diente. Dasselbe bestimmt noch heute § 3 I GWB für die Mittelstandskartelle als besonderer Erscheinungsform der Rationalisierungskartelle (o. Rn. 15; u. § 23 Rn. 12). Eine Rationalisierung wirtschaftlicher Vorgänge in diesem Sinne wird nur angenommen, wenn durch die fragliche Vereinbarung **bei jedem beteiligten Unternehmen** während der Vertragsdauer der **innerbetriebliche Aufwand** für wirtschaftliche Vorgänge wie Forschung und Entwicklung, Verwaltung, Finanzierung, Investitionen, Einkauf, Produktion und Absatz – umgerechnet auf die Produktionseinheit und verglichen mit der Situation *ohne* die Abrede, d. h. bei Wettbewerb – **verringert** wird.[19] Die Rationalisierung muss sich daher ausdrücken lassen in einer *relativen* Kostensenkung, d. h. in einer **Senkung der Kosten pro Produktionseinheit,** so dass die bloße allgemeine Verbesserung der Ertragssituation des Unternehmens, z. B. durch eine Erhöhung der Preise

---

[16] Beispiele in BGHZ 50, 357 (36 ff.) = NJW 1968, 2376 = (vollständiger) WuW/E BGH 967 (971 ff.) – ZVN; *BGH* LM § 5 GWB Nr. 1 = NJW 1965, 2153; *BKartA* Verwaltungsgrundsätze; TB 1979/80, S. 66 f.

[17] *BKartA* WuW/E BKartA 1605; 1794; 2047.

[18] *BKartA* WuW/E BKartA 1695 für die gemeinsame Versorgungsagentur der EVU für Kernbrennstoffe.

[19] *BKartA* WuW/E BKartA 2267 (2268); 2696 (2697); 2903 f.; WuW/E DE-V 127 (129) – Fleurop; 1142 (1146) – Hintermauerziegelkartell; zustimmend (beiläufig) *BGH* LM § 5 GWB Nr. 4 = NJW 1983, 2383; ebenso heute *BKartA* Merkblatt KMU 2007, Tz. 29 ff.; *Pfeffer/A. C. Wegner,* BB 2007, 1173 (1177).

oder eine Einschränkung der Leistungen, nicht ausreicht, da sonst jedes Preiskartell zugleich ein Rationalisierungskartell wäre.[20] Generell unzulässig waren daher bloße Preis- oder Quotenvereinbarungen, während Vertriebskooperationen, *sofern* sie im Wege der Auftragssteuerung zu einer Kostensenkung führten, von Fall zu Fall erlaubt werden konnten.[21] Hinzu kommen musste außerdem, dass die so verstandene Rationalisierung tatsächlich **bei jedem** einzelnen **Mitglied** des Kartells eintritt. Fehlte es hieran nur bei einem einzigen Mitglied, z. B. bei einem Großunternehmen, das mit allen Problemen auch alleine fertig werden konnte, so schied eine Genehmigung des Kartells aus.[22]

Die Erlaubnis eines einfachen Rationalisierungskartells setzte nach § 5 Abs. 1 S. 1 GWB a. F. *weiter* voraus, dass das Kartell geeignet war, die **Leistungsfähigkeit** oder die Wirtschaftlichkeit der beteiligten Unternehmen wesentlich **zu heben** und dadurch die Befriedigung des Bedarfs zu verbessern, sowie, dass der **Rationalisierungserfolg in** einem **angemessenen Verhältnis zu** der **Wettbewerbsbeschränkung** stand (§ 5 Abs. 1 S. 2 GWB a. F.). Schließlich war noch seit der sechsten Novelle von 1998 erforderlich, dass die Wettbewerbsbeschränkung **nicht** zur Entstehung oder Verstärkung einer **marktbeherrschenden Stellung** führte (§ 5 Abs. 1 S. 3 GWB a. F.). Die kollektive Rationalisierung war danach grundsätzlich nur zulässig, wenn die damit verbundenen Vorteile an die Verbraucher weitergegeben wurden. Für die Kartellpreise folgte daraus, dass sie im Regelfall spürbar unter den (hypothetischen) Wettbewerbspreisen liegen mussten.[23] 13

2. Insbesondere höherstufige Rationalisierungskartelle

Höherstufige Rationalisierungskartelle waren Kartelle i. S. d. § 5 Abs. 1 GWB a. F. (o. Rn. 13 f.), die mit **Preisabreden** verbunden waren **oder** bei denen die Rationalisierung durch die Schaffung **gemeinsamer Beschaffungs- oder Vertriebseinrichtungen** verwirklicht werden sollte. Derartige **Syndikate** waren früher in Deutschland recht verbreitet gewesen. Traurige Berühmtheit hatten vor allem die großen Kohle-, Kali- und Stahlsyndikate aus den achtziger und neunziger Jahren des 19. Jahrhunderts erlangt, die mit ihrer Politik der Preisstarrheit nach unten maßgeblich zur Verschärfung der Weltwirtschaftskrise Anfang der dreißiger Jahre des vorigen Jahrhunderts beigetragen hatten. Insgesamt waren ihre Wirkungen so nachteilig gewesen, dass der Gesetzgeber die Zulässigkeitsvoraussetzungen in § 5 Abs. 2 GWB a. F. ganz eng gefasst hatte. Trotzdem gab es zuletzt immer noch mehrere Dutzend Syndikate. 14

Höherstufige Rationalisierungskartelle mussten zunächst sämtliche **Zulässigkeitsvoraussetzungen** der einfachen Rationalisierungskartelle **nach § 5 Abs. 1 GWB a. F.** erfüllen (o. Rn. 12 f.). Darüber hinaus war erforderlich, dass der Rationalisierungszweck auf andere Weise nicht erreicht werden konnte (§ 5 Abs. 2 GWB a. F.; sog. **Unerlässlichkeit der Wettbewerbsbeschränkung**). Das BKartA berücksichtigte bei der Prüfung dieses Merkmals nicht nur die oft ganz kurzfristigen Vorteile derartiger Kartelle, sondern auch ihre langfristigen, negativen Auswirkungen auf die Märkte. 15

[20] BGHZ 137, 297 (314) = NJW 1998, 756 (760) = JuS 1998, 461 (462) Nr. 10 – UEFA-Pokal.
[21] *BKartA* Merkblatt KMU 2007, Tz. 33 ff.
[22] *BGH* LM § 5 GWB Nr. 4 = NJW 1983, 2383; *KG* WuW/E OLG 3279; *BKartA* TB 1989/90, S. 62.
[23] *BGH* LM § 5 GWB Nr. 1 = NJW 1965, 2153 = JuS 1966, 39 f. Nr. 4.

Wettbewerbskonformere Lösungen hatten in jedem Fall den Vorrang, so dass Syndikate immer nur als allerletztes Mittel in Betracht kamen.[24]

3. Neue Rechtslage

16 § 5 GWB a. F. ist ebenso wie die §§ 2 und 3 GWB a. F. durch die 7. GWB-Novelle von 2005 **gestrichen** worden, weil die Gesetzesverfasser der Auffassung waren, dass Rationalisierungskartelle meistens die Freistellungsvoraussetzungen des Art. 101 Abs. 3 AEUV erfüllten, vorausgesetzt, dass die Weitergabe des Rationalisierungserfolgs an die Verbraucher durch das Bestehen wesentlichen Wettbewerbs gesichert erscheint.[25] Dieselbe Auffassung vertritt offenbar das BKartA.[26]

VI. Sonstige Kartelle

17 Bereits durch die 6. Novelle von 1998 waren außerdem die schon lange überlebten Rabatt-, Ausfuhr- und Einfuhrkartelle (endlich) ersatzlos gestrichen worden.[27] Sozusagen zum Ausgleich hatte die 6. Novelle jedoch erstmals eine kurzlebige, bereits im Jahre 2005 wieder gestrichene **Generalklausel** in Gestalt **des § 7 GWB a. F.** nach dem Vorbild des Art. 101 Abs. 3 AEUV **für** sog. **sonstige Kartelle** in das Gesetz eingefügt. Als **Beispiele** für sonstige Kartelle kamen nach den Vorstellungen der Gesetzesverfasser[28] in erster Linie Forschungs- und Entwicklungskooperationen in Betracht, weiter Kartelle im Bereich der früheren Ausnahmebereiche sowie schließlich Kartelle in der Entsorgungswirtschaft (s. dazu schon o. § 21 Rn. 50 ff.). In der Praxis war § 7 GWB a. F. außerdem einmal auf die Gründung eines Gemeinschaftsunternehmens zur Herausgabe eines gemeinsamen Stellenmarktes durch die drei Zeitungen „SZ, FR“ und „Welt“ als Gegengewicht zu der übermächtigen FAZ mit ihrem Stellenmarkt angewandt worden.[29]

§ 23. Mittelstandskartelle (§ 3 GWB)

Literatur: *BKartA,* Bagatellbekanntmachung v. 13. März 2007, WuW 2007, 369; Merkblatt über Kooperationsmöglichkeiten kleiner und mittlerer Unternehmen vom März 2007, sog. Merkblatt KMU; *Dittrich,* Horizontale Rationalisierungskooperationen kleiner und mittlerer Unternehmen, 2009; *Grauel/Mack,* Das Mittelstandskartell in der Praxis, 1980; *Herresthal,* Die Praxis der Mittelstandskooperation nach § 5 b GWB, 1984; *Kapteina,* § 5 b GWB – Mittelstandskooperationen, 1980; *H. Köhler,* Wettbewerbsbeschränkungen durch Nachfrager, 1977; *Veltins,* Die Zulässigkeit von sog. Mittelstandskartellen nach § 5 b GWB, 1981.

---

[24] Vgl. zuletzt für die gemeinsame Beschaffung von Polizeiuniformen durch mehrere Länder *BKartA* TB 2003/2004, S. 91.

[25] Begr., BT-Drs. 15/3640, S. 27 (l. Sp. 2. Abs.).

[26] S. *BKartA* TB 2003/2004, S. 39, 146 – Fleurop.

[27] Zu den erst 2005 endgültig gestrichenen praktisch bedeutungslosen Strukturkrisenkartellen (§ 4 von 1957; § 6 von 1998) s. noch zuletzt *P. Jung,* ZWeR 2007, 141 (153 ff.).

[28] S. Begr., BT-Drs. 13/9720, S. 33.

[29] So jedenfalls *BGH* NJW 2002, 3545 = LM Nr. 1 zu § 7 GWB mit Anm. *Emmerich; BKartA* TB 2001/2002, S. 48 f.; kritisch *Emmerich,* a. a. O., anders zuvor auch *BKartA* WuW/E DE-V 100 und 209; *KG* WuW/E DE-R 628.

I. Überblick

Nach § 3 Abs. 1, der letzten im GWB nach der Novelle von 2005 verbliebenen Einzelfreistellung, erfüllen Vereinbarungen zwischen miteinander im Wettbewerb stehenden Unternehmen,[1] die die Rationalisierung wirtschaftlicher Vorgänge durch zwischenbetriebliche Zusammenarbeit zum Gegenstand haben, kraft einer gesetzlichen Fiktion die Voraussetzungen des § 2 Abs. 1 (so dass sie ohne weiteres freigestellt sind), wenn erstens dadurch der Wettbewerb auf dem Markt nicht wesentlich beeinträchtigt wird (§ 3 Abs. 1 Nr. 1 GWB) und zweitens die Vereinbarung dazu dient, die Wettbewerbsfähigkeit kleiner oder mittlerer Unternehmen zu verbessern (§ 3 Abs. 1 Nr. 2 GWB). – Abs. 2 der Vorschrift enthielt noch ergänzend eine mittlerweile außer Kraft getretene Übergangsregelung, die bei nächster Gelegenheit gestrichen werden soll. 1

§ 3 GWB von 2005 entspricht im wesentlichen dem früheren **§ 4 Abs. 1 GWB von 1998,** der seinerseits auf die zweite Novelle von 1973 zurückging (§ 5b GWB a. F.). Mit der Erlaubnis der Mittelstandskartelle, früher meistens Kooperationskartelle genannt, durch die genannten Vorschriften wurde seinerzeit in erster Linie der **Zweck** verfolgt, kleinen und mittleren Unternehmen einen Ausgleich ihrer strukturellen Nachteile im Wettbewerb mit Großunternehmen zu ermöglichen.[2] § 4 Abs. 1 GWB a. F. hatte sich infolgedessen schließlich zu der **bei weitem wichtigsten Ausnahme** vom Kartellverbot entwickelt. Bereits in den neunziger Jahren zählte man über 180 solcher Kartelle mit mehr als 1500 Beteiligten.[3] Die meisten dieser Kartelle waren (und sind) Vertriebsgemeinschaften, d. h. Syndikate.[4] 2

Die Verfasser der 7. GWB-Novelle haben die **Beibehaltung** der Einzelfreistellung von Mittelstandskartellen in § 3 GWB damit **gerechtfertigt, Kooperationen** der mittelständischen Wirtschaft seien, auch wenn sie streng genommen den Wettbewerb beschränken, aufs ganze gesehen nützlich und **strukturell wettbewerbsfördernd**, so dass bei ihnen häufig die positiven Wirkungen auf den Wettbewerb überwögen. Der nationale Gesetzgeber habe hier einen weiten Regelungsspielraum, weil Kooperationen kleiner und mittlerer Unternehmen in der Regel nicht geeignet seien, den Handel zwischen Mitgliedstaaten zu beeinträchtigen.[5] 3

Praktische Bedeutung hat § 3 GWB **lediglich** in **Fällen ohne zwischenstaatlichen Bezug,** da in anderen Fällen, gekennzeichnet durch die Eignung der Vereinbarung zur Beeinträchtigung des Handels zwischen Mitgliedstaaten (s. dazu o. § 3 Rn. 18 ff.), **Art. 101 Abs. 1 und 3 AEUV** den **Vorrang** vor § 3 I GWB von 2005 hat (Art. 3 Abs. 2 S. 1 VO Nr. 1/2003; § 22 Abs. 2 S. 1 GWB).[6] Dabei ist freilich zu berücksichtigen, dass nach Meinung der Kommission heute Vereinbarungen zwischen kleinen und mittleren Unternehmen grundsätzlich *nicht* mehr zur Beeinträchtigung des Handels zwischen Mitgliedstaaten geeignet sind (s. o. § 8 Rn. 30), woraus die Verfasser der 7. GWB-Novelle von 2005, wie gezeigt (Rn. 3), überhaupt erst die Berechtigung ab- 4

[1] Auf Beschlüsse wird im Folgenden nicht gesondert eingegangen.

[2] S. die ausführliche Begr. zum RegE der sechsten Novelle, BT-Drs. 13/9720, S. 32 f.

[3] S. *BKartA* TB 1991/92, S. 39; 1993/94, S. 29.

[4] Zur Kritik s. *Emmerich,* ZGR 1976, 167 (182); *Hollmann,* AWD 1973, 193; *Hoppmann,* DB 1970, 98; *Mestmäcker,* Die Aussprache 1970, 60; *ders.,* ZStW 129, 91 (95 ff.); *Möschel,* Tz. 295.

[5] Begr., BT-Drs. 15/3640, S. 28 (l. Sp.).

[6] Ebenso die Begr., BT-Drs. 15/3640, S. 28 (l. Sp. 2. Abs.); *Bechtold,* GWB, § 3 Rn. 4; *Dittrich,* WuW 2009, 1006 (1007).

geleitet haben, an einer eigenständigen Regelung für Mittelstandskartelle festzuhalten. Verhält es sich im Einzelfall doch einmal anders, so bleibt es indessen bei dem Vorrang des (strengeren) Art. 101 AEUV.[7]

5 Auf der anderen Seite bleibt aber zu berücksichtigen, dass (natürlich) auch für kleine und mittlere Unternehmen, die Adressaten des § 3 (Rn. 6), **ergänzend** die Generalklausel des **§ 2** gilt. Die wichtige Folge ist, dass, selbst wenn im Einzelfall ein Mittelstandskartell nicht die Voraussetzungen des § 3 erfüllt, immer noch eine Freistellung nach § 2 (= Art. 101 Abs. 3 AEUV) in Betracht kommen kann, da sich die Freistellungsvoraussetzungen der §§ 2 und 3 nicht decken, sondern erhebliche Unterschiede aufweisen.[8]

II. Anwendungsbereich

6 **1.** Der Anwendungsbereich des § 3 GWB von 2005 beschränkt sich auf „Vereinbarungen zwischen miteinander im Wettbewerb stehenden Unternehmen", bei denen es sich zudem, wie aus § 3 Abs. 1 Nr. 2 zu folgern ist, grundsätzlich um kleine oder mittlere Unternehmen handeln muss (dazu u. Rn. 7 ff.). Ebenso wie § 4 Abs. 1 GWB von 1998 erfasst mithin der neue § 3 GWB von 2005 „nur die Freistellung *horizontal* wirkender Wettbewerbsbeschränkungen",[9] während **vertikale Kooperationen** von einer Freistellung aufgrund des § 3 **ausgeschlossen** bleiben. Wegen der **Abgrenzung** kann im Übrigen auf die Ausführungen zur früheren Rechtslage bei § 1 GWB a. F. verwiesen werden (o. § 21 Rn. 14–20).

7 **2.** § 3 Abs. 1 GWB hat den **Zweck**, speziell mittelständischen Unternehmen einen Ausgleich ihrer strukturellen Nachteile im Wettbewerb mit Großunternehmen durch das Mittel der zwischenbetrieblichen Kooperation zu ermöglichen (Rn. 2). Deshalb setzt seine Anwendbarkeit ferner voraus, dass die Vereinbarung oder der Beschluss dazu dient, die **Leistungsfähigkeit** gerade **kleiner oder mittlerer** (mittelständischer) **Unternehmen** zu **fördern** (§ 3 Abs. 1 Nr. 2 GWB). Den Gegensatz bilden Großunternehmen. Für die **Grenzziehung** zwischen mittelständischen und großen Unternehmen wird in Deutschland seit jeher in erster Linie auf die **relativen Größenverhältnisse** auf dem betreffenden Markt abgestellt,[10] wobei Unternehmensgruppen, die i. S. d. § 36 Abs. 2 GWB eine sog. **wettbewerbliche Einheit** bilden – namentlich also Konzerne i. S. d. § 18 Abs. 1 AktG –, im Rahmen des § 3 Abs. 1 GWB gleichfalls als Einheit zu behandeln sind.[11] Umstritten ist, ob daneben – etwa in Anlehnung an § 35 GWB – auch **absolute Kriterien** berücksichtigt werden können,[12] wobei die Angaben über die Umsatzgrenzen im Schrifttum zwischen 25 und 125 Mio. Euro schwanken.[13]

[7] *BKartA* WuW/E DE-V 960 (964)– Vetra/Danzer; WuW/E DE-V 1142 ff = WuW 2006, 190; TB 2005/2006, S. 10 f., 96.

[8] S. im Einzelnen *Dittrich*, WuW 2009, 1006 (1008 f.).

[9] So wörtlich die Begr., BT-Drs. 15/3640, S. 44 (r. Sp. u.).

[10] S. z. B. *Teichmann*, FS Großfeld, 2006, S. 1227 (1229 ff.).

[11] BGHZ 99, 1 (5) = NJW 1987, 1639; *KG* WuW/E OLG 3663.

[12] So noch der Ausschussbericht von 1976, BT-Drs. 7/765, S. 3; BMWi, 2. Kooperationsfibel, S. 48; *BKartA* TB 1976, S. 13; dagegen dann aber die Begr. z. RegE der 5. Novelle von 1989, BT-Drs. 11/4610, S. 15 f.

[13] S. *Bechtold*, GWB, § 3 Rn. 11; *Dörinkel*, WuW 1971, 607; *Ebel*, NJW 1973, 1577; *Teichmann*, WuW 1974, 450 (457); *ders.*, FS Großfeld, 2006, S. 1227 (1230 f.).

Durch die 7. GWB-Novelle von 2005 hat die Frage einen neuen Akzent bekommen, da jetzt durchgängig die Vorschriften des GWB über wettbewerbsbeschränkende Vereinbarungen (§§ 1 bis 3 GWB) im Lichte des europäischen Kartellrechts auszulegen sind, so dass zu berücksichtigen ist, dass die **Kommission** heute zu den vielberufenen KMUs alle Unternehmen mit weniger als 250 Beschäftigten zählt, deren Umsatz nicht die Grenze von 50 Mio. Euro und deren Jahresbilanzsumme nicht die Grenze von 43 Mio. Euro überschreitet.[14] Das spräche an sich für den generellen **Übergang zu absoluten Kriterien** auch bei § 3 GWB. Indessen lehnt das **BKartA** in Übereinstimmung mit der nach wie vor durchaus herrschenden Meinung bislang die Übernahme der genannten absoluten Kriterien ins deutsche Recht ab; das Amt will sich statt dessen ebenso wie früher bei der Abgrenzung zwischen kleinen und mittleren Unternehmen auf der einen Seite und Großunternehmen auf der anderen Seite jedenfalls vorrangig an den **relativen Größenverhältnissen** der Beteiligten auf dem betreffenden Markt orientieren.[15] Konzerne sollen dabei entsprechend § 36 Abs. 1 GWB weiterhin als Einheit zu behandeln sein.[16] 8

Davon zu trennen ist die Frage, ob sich an Kartellen kleiner oder mittlerer Unternehmen nach § 3 Abs. 1 GWB **auch Großunternehmen beteiligen** können. Von der überwiegenden Meinung wird dies bislang *bejaht*, zumindest für den Fall, dass die Leistungsfähigkeit der kleinen und mittleren Unternehmen erst durch die Beteiligung ihrer großen Konkurrenten gefördert werden kann.[17] Dabei wird indessen übersehen, dass Mittelstandskartelle unter Beteiligung von Großunternehmen meistens den Wettbewerb wesentlich beeinträchtigen dürften (§ 3 Abs. 1 Nr. 1 GWB), weil die Beteiligung andernfalls für ein Großunternehmen ohne Interesse wäre.[18] Für den Regelfall scheidet daher – entgegen der h. M. – eine Beteiligung von Großunternehmen an Mittelstandskartellen aus, so dass sich der Anwendungsbereich der Regelung – ganz entsprechend ihrem Zweck (Rn. 2) – im wesentlichen tatsächlich auf Kooperationen gerade kleiner und mittlerer Unternehmen beschränkt. 9

III. Voraussetzungen

1. Zwischenbetriebliche Zusammenarbeit

§ 3 Abs. 1 GWB lässt Vereinbarungen und Beschlüsse insbesondere kleiner und mittlerer Unternehmen (Rn. 7 – 9) zu, „die die **Rationalisierung wirtschaftlicher Vorgänge** durch zwischenbetriebliche Zusammenarbeit zum Gegenstand haben". Diese Formulierung ist (mit Absicht) **denkbar weit**, da letztlich alle Kartelle nichts anderes als Ausdruck einer (freilich eigenartigen) „Zusammenarbeit" von Unternehmen sind. Das (erstaunliche, aber erwünschte) Ergebnis ist, dass unter § 3 Abs. 1 10

[14] S. die Empfehlung zur Definition von Kleinstunternehmen, kleinen und mittleren Unternehmen von 2003, ABl. Nr. L 124/36 (Anhang Art. 2); dazu o. § 8 Rn. 30.

[15] *BKartA,* Merkblatt KMU; zustimmend *Bechtold,* GWB, § 3 Rn. 11; *Dittrich,* WuW 2009, 2006 (2009 f.); *K. Rißmann,* WuW 2006, 881 (887); *Pfeffer/Wegener,* BB 2007, 1173 (1177).

[16] *BKartA,* Merkblatt KMU, Tz. 13.

[17] BGHZ 99, 1 (7) = NJW 1987, 1639; Ausschussbericht, BT-Drs. 7/765, S. 3; BMWi, 2. Kooperationsfibel, S. 48; *BKartA* WuW/E BKartA 2384 (2388 f.), *BKartA* Merkblatt KMU; zustimmend *Bechtold,* GWB, § 3 Rn. 11; *K. Rißmann,* WuW 2006, 881 (887 f.); *Pfeffer/Wegener,* BB 2007, 1173 (1177).

[18] Ebenso im Ergebnis BGHZ 99, 1 (7) = NJW 1987, 1639; *KG* WuW/E OLG 3663 (3665 f.); *BKartA* WuW/E BKartA 2384 (2391); WuW/E DE-V 1142 (1146) – Ziegel.

GWB praktisch **sämtliche wettbewerbsbeschränkenden Abreden i. S. d. § 1 GWB** fallen können, vorausgesetzt lediglich, dass die Zusammenarbeit tatsächlich **der Rationalisierung** wirtschaftlicher Vorgänge bei den Beteiligten **dient.**[19] § 3 Abs. 1 GWB ermöglicht damit eine Zusammenarbeit kleiner und mittlerer Unternehmen namentlich im Einkauf und im Verkauf sowie bei der Forschung, der Produktion und der Werbung.[20]

11 Die **Rechtsform,** die für die Kooperation gewählt wird, spielt keine Rolle, so dass insbesondere auch die Ausgliederung von Unternehmensfunktionen und deren Zusammenfassung in einem **Gemeinschaftsunternehmen** unter § 3 Abs. 1 GWB fällt.[21] Die Folge ist, dass nach § 3 Abs. 1 GWB selbst gemeinschaftliche Einkaufs- und Verkaufseinrichtungen, d. h. **Syndikate** kleiner oder mittlerer Unternehmen legalisiert werden können,[22] *sofern* die meistens großzügig gehandhabten, weiteren Voraussetzungen des § 3 Abs. 1 Nr. 1 und 2 GWB erfüllt sind (s. dazu u. Rn. 12 ff.).

2. Rationalisierung

12 **a)** Die Zulässigkeit eines Mittelstandskartells setzt weiter voraus, dass die Vereinbarung die Rationalisierung wirtschaftlicher Vorgänge bei den beteiligten Unternehmen (o. Rn. 7 ff.) zum Gegenstand hat (§ 3 Abs. 1 Halbs. 1 GWB) und gerade deshalb dazu dient, die Wettbewerbsfähigkeit dieser Unternehmen zu verbessern (§ 3 Abs. 1 Nr. 2 GWB; dazu Rn. 13). Das Kartell ist mithin nur erlaubt, wenn die Kooperation tatsächlich einen **Rationalisierungseffekt** hat, d. h., wenn durch sie das Verhältnis zwischen betrieblichem Aufwand und betrieblichem Ertrag, bezogen auf die Produktionseinheit, bei sämtlichen Beteiligten, verglichen mit der Situation ohne die Abrede, d. h. bei Wettbewerb, verbessert wird.[23] *Nicht* ausreichend ist dagegen eine bloße Verbesserung der Unternehmenserträge; auch durch § 3 Abs. 1 GWB sind daher *reine* Quoten- oder Preiskartelle nicht gedeckt.[24] Dasselbe gilt für sonstige Kartelle, die lediglich durch den Ausschluss des Wettbewerbs (und nicht durch Kostensenkung) zu einer Ertragssteigerung führen,[25] sowie überhaupt für Vereinbarungen, bei denen **Kernbeschränkungen** in Gestalt von Abreden über Preise, Gebiete, Mengen und Produkte und nicht die Rationalisierung im Vordergrund stehen.[26] Die Frage ist freilich umstritten; vielfach wird auch in solchen Fällen eine Anwendung des § 3 Abs. 1 für möglich gehalten, sofern nur die übrigen Voraussetzungen der Vorschrift erfüllt sind, und gerade darin der wesentliche Unterschied zwischen § 3 Abs. 1 zu § 2 Abs. 1 (bei dem eine Erlaubnis von Kernbeschränkungen grundsätzlich ausscheidet) gesehen.[27] Gegen die Richtigkeit dieser Auffassung spricht indessen die

[19] Begr. z. RegE von 1971, BT-Drs. VI/2520, S. 20; Begr. z. RegE der 6. Novelle, BT-Drs. 13/9720, S. 79.

[20] *BKartA* WuW/E DE-V 1142 (1146) = WuW 2006, 190.

[21] Ausschlussbericht, BT-Drs. 7 (1973)/765, S. 3; *BKartA* (vorige Fn.).

[22] *BKartA* WuW/E DE-V 1142 (1146) = WuW 2006, 190.

[23] S. o. § 22 Rn. 12 m. N.; *OLG Frankfurt a. M.* WuW/E OLG 2271; 4495 (4498); *BKartA* Merkblatt KMU, Tz. 28 ff.; *Dittrich*, WuW 2009, 1006 (1010 ff.); *K. Rißmann,* WuW 2006, 881 (886 f.); *Pfeffer/Wegener,* BB 2007, 1173 (1177).

[24] *OLG Frankfurt a. M.* WuW/E OLG 2271; 4495 (4498); *BKartA* Merkblatt KMU, Tz. 33 f.

[25] *OLG Frankfurt a. M.* WuW/E OLG 4495 (4498); *BKartA* TB 1976, S. 49.

[26] Ebenso die Begr., BT-Drs. 15/3540, S. 28 (l. Sp. 3. Abs.).

[27] *BKartA* WuW/E DE-V 1142 (1146) = WuW 2006, 190; *Dittrich*, WuW 2009, 1006 (1011); *K. Rißmann,* WuW 2006, 881 (886).

Notwendigkeit, das deutsche Kartellrecht durchgängig im Lichte des europäischen Kartellrechts auszulegen. Das gilt auch für den ohnehin problematischen § 3 Abs. 1 (vgl. auch Rn. 14 f.).

b) Hinzu kommen muss noch, dass die Vereinbarung *infolge* der mit ihr verbundenen Rationalisierung (o. Rn. 12) dazu dient, die **Wettbewerbsfähigkeit der** an dem Kartell **beteiligten Unternehmen** zu **verbessern** (§ 3 Abs. 1 Nr. 2). In der Praxis wird freilich beides, der Rationalisierungseffekt und die Verbesserung der Wettbewerbsfähigkeit, in der Regel zusammenfallen. Denn wenn die Vereinbarung tatsächlich einen Rationalisierungseffekt im Sinne einer spürbaren Kostensenkung bei den an dem Kartell beteiligten kleinen oder mittleren Unternehmen auslöst, dürfte dadurch meistens zugleich ihre Wettbewerbsfähigkeit gefördert werden. 13

3. Wettbewerbsbeeinträchtigung

a) Die Zulässigkeit eines Mittelstandskartells hat nach § 3 Abs. 1 Nr. 1 GWB schließlich noch zur Voraussetzung, dass durch das Kartell der **Wettbewerb** auf dem Markt **nicht wesentlich beeinträchtigt** wird. Insoweit wird allgemein im Anschluss an eine Bemerkung der Gesetzesverfasser[28] die **Zulässigkeitsgrenze** für Mittelstandskartelle, je nach der Schwere der mit ihnen verbundenen Wettbewerbsbeschränkung, **bei einem Marktanteil zwischen 10 % und 15 %** gezogen.[29] Ergänzend müssen die **Marktverhältnisse** berücksichtigt werden. Die Folge ist, dass für die Zulässigkeit von Mittelstandskartellen **um so engere Grenzen** gelten, **je mehr** Kartelle auf einem Markt bereits (legal) tätig sind.[30] In der Praxis wurden (zu Recht) als bedenklich ferner Verflechtungen zwischen Kooperationsgruppen[31] oder deren Versuch angesehen, durch die Aufnahme von Außenseitern das gesamte Bundesgebiet mit einem Netz derartiger Kartelle zu überziehen.[32] 14

b) Mittelstandskartelle unterlagen früher nach § 12 a. F. einer **Missbrauchsaufsicht** durch das BKartA. Ein Missbrauch wurde insbesondere angenommen, wenn das Kartell zu Wettbewerbsbeschränkungen führte, die über den Zweck der Freistellung hinausgingen,[33] wenn bei der Kooperation der Zweck der Wettbewerbsbeschränkung im Vordergrund stand,[34] wenn sich an dem Mittelstandskartell, aus welchen Gründen immer, Großunternehmen beteiligten,[35] ferner, wenn dem Kartell Unternehmen angehörten, die gleichzeitig in konkurrierenden Kartellen mitwirkten,[36] wenn das Kartell trotz eines niedrigen Marktanteils aus besonderen Gründen eine überragende 15

[28] Begr. z. RegE (BT-Drs. IV/2520), S. 20; Ausschussbericht (BT-Drs. 7/765), S. 3; Begr. z. RegE (BT-Drs. 11/4610), S. 16.

[29] BGHZ 99, 1 (7 f.) = NJW 1987, 1639; *KG* WuW/E OLG 3663 (3669 f.) – Bituminöses Mischgut; *OLG Frankfurt a. M.* WuW/E OLG 2771 (2774); *OLG Stuttgart* WuW/E OLG 2807 (2810); *BKartA* WuW/E BKartA 1699 (1700); *BKartA,* Merkblatt KMU, Tz. 35 f.; WuW/E DE-V 1122 (1146) = WuW 2006, 190; *Dittrich,* WuW 2009, 1006 (1012 f.); *Pfeffer/Wegener,* BB 2007, 1173 (1177 f.); *K. Rißmann,* WuW 2006, 881 (888).

[30] *BKartA* TB 1976, S. 13.

[31] *BKartA* TB 1981/82, S. 8, 43.

[32] *BKartA* TB 1979/80, S. 9.

[33] BGHZ 99, 1 (7) = NJW 1987, 1639; *KG* WuW/E OLG 3663 (3664); *BKartA* WuW/E BKartA 2384 (2391).

[34] *KG* WuW/E OLG 3663 (3664).

[35] S. schon o. Rn. 9 sowie BGHZ 99, 1 (6 f.) = NJW 1987, 1639; *BKartA* TB 1983/84, S. 71; WuW/E BKartA 2384 (2391).

[36] *BKartA* TB 1981/82, S. 8, 43; 1983/84, S. 72.

Marktstellung gegenüber seinen noch kleineren Konkurrenten erlangte,[37] wenn in die Kooperation de facto auch Substitutionsprodukte einbezogen wurden,[38] sowie schließlich, wenn durch ein geschlossenes Netz von Kooperationskartellen der Wettbewerb systematisch beseitigt wurde. In derartigen Missbrauchsfällen dürfte auch heute für die Anwendung des § 3 Abs. 1 GWB von 2005 **kein Raum** sein, entweder, weil die Abrede Kernbeschränkungen bezweckt (Rn. 12) oder weil durch sie der Wettbewerb auf dem Markt wesentlich beeinträchtigt wird (§ 3 Abs. 1 Nr. 1 GWB; vgl. auch § 32 d GWB; Rn. 14).

§ 24. Wettbewerbsregeln

Literatur: *BMWi*, 2. Kooperationsfibel, 1976, S. 58 ff.; MK, Mißbräuche der Nachfragemacht, Sonder-GA 7, 1977; *Chr. Alexander*, ZWeR 2007, 239; *Ehricke*. FS Möschel, 2011, S. 169; *Emmerich*, Die Zulässigkeit der Kooperation von Unternehmen, 1974; *ders.*, ZGR 1976, 167; *Gaertner*, AfP 2006, 413; *H. Herrmann*, Interessenverbände und Wettbewerbsrecht, 1984; *Koppensteiner*, WRP 2007, 475; *Lessmann*, Die öffentlichen Aufgaben und Funktionen privatrechtlicher Wirtschaftsverbände, 1976; *Mestmäcker*, Der verwaltete Wettbewerb, 1984; *Oehler*, Wettbewerbsregeln als Instrumente der Wettbewerbspolitik, 1968; *Sosnitza*, FS Bechtold, 2006, S. 515; *Wirtz*, Werbung und Marktleistung, 1979; *Wolff*, Wettbewerbsregeln, Zweck und System nach dem GWB, 1972.

I. Überblick

1 In den §§ 24 bis 27 regelt das GWB mit den Wettbewerbsregeln ein im Grunde lauterkeitsrechtliches Institut. Wettbewerbsregeln sind nichts anderes als **private Sammlungen von „Vorschriften" über das Verhalten der Unternehmen im Wettbewerb**, wie sie grundsätzlich jedermann „aufstellen" kann, wenn er Lust und Laune dazu verspürt. Tatsächlich kommen freilich als Aufsteller in aller Regel wohl nur **Unternehmensverbände** in Betracht, weshalb sich auch der Anwendungsbereich der §§ 24 bis 27 GWB auf Wettbewerbsregeln von Verbänden beschränkt (§ 24 Abs. 1).[1] Das Gesetz sieht heute für derartige **Verbandsregeln** in den §§ 24 bis 27 GWB ein eigenartiges **Anerkennungsverfahren** vor. Die **Wirkung** der Anerkennung besteht nach § 26 Abs. 1 S. 2 GWB (lediglich) darin, dass die Kartellbehörden von ihren Befugnissen nach den §§ 32 bis 32 d GWB keinen Gebrauch machen werden, wenn sich Unternehmen an die Wettbewerbsregeln halten, selbst wenn ihr Verhalten an sich gegen § 1 GWB verstößt. Die Einzelheiten des Anerkennungsverfahrens regeln die §§ 24 bis 27 GWB verhältnismäßig ausführlich. Die **Voraussetzungen** der Anerkennung ergeben sich insbesondere aus den §§ 24 Abs. 2 und 26 Abs. 2 GWB.

2 Auch die von Verbänden aufgestellten Wettbewerbsregeln (o. Rn. 1) verpflichten an sich niemanden zu ihrer Befolgung, da sie **keine Rechtsnormen** sind. Ihren Zweck, das Verhalten der Verbandsmitglieder zu steuern, können sie daher nur erreichen, wenn sich die Beteiligten zusätzlich durch eine besondere **Vereinbarung** zur Einhal-

[37] *BKartA* TB 1981/82, S. 8.

[38] *BKartA* TB 1979/80, S. 49 f.

[1] Eingehend zur Verbreitung solcher Wettbewerbsregeln mit zahlreichen Beispielen *Sosnitza*, in: Münchener Kommentar zum Lauterkeitsrecht, Bd. II, 2006, S. 794 ff.; weitere Beispiele in BGHZ 166, 154 = NJW 2006, 2627 = JuS 2006, 1030 Nr. 11 – Probeabonnement; *BGH* ZIP 2011. 590 = GRUR 2011, 431 – FSA-Kodex.

tung der Wettbewerbsregeln verpflichten.[2] Derartige Vereinbarungen sind indessen nach § 1 GWB und Art. 101 AEUV nur erlaubt, wenn sie sich **allein gegen unlauteres oder sonst verbotenes Verhalten** im Wettbewerb wenden, da (nur) der gesetzwidrige Wettbewerb keinen Schutz nach dem AEUV und dem GWB genießt, während Eingriffe in den lauteren Wettbewerb ohne weiteres die Anwendung des Art. 101 AEUV und des § 1 GWB nach sich ziehen.[3]

Zumindest **partielle Eingriffe in** den an sich **erlaubten Wettbewerb** der Mitglieder 3
des Verbandes, von dem die Regeln stammen, waren aber bisher durchweg gerade der **eigentliche Zweck** der Wettbewerbsregeln. Die Praxis bietet dafür zahlreiche Beispiele, die von Rabatt- und Zugabeverboten über die Einschränkung von Sonderveranstaltungen bis hin zu einem Verbot der vergleichenden Werbung reichen.[4] Früher entsprach solche Handhabung des Rechtsinstituts der Wettbewerbsregeln auch durchaus den Intentionen des Gesetzgebers (u. Rn. 6 ff.), weshalb noch § 26 Abs. 2 S. 1 GWB von 1998 bestimmte, dass die Kartellbehörde Wettbewerbsregeln, die an sich unter das Kartellverbot (§ 1 GWB a. F.) fielen, nach pflichtgemäßem Ermessen von dem Kartellverbot *freistellen* konnte, so dass es sich der Sache nach bei der Anerkennung von Wettbewerbsregeln um eine **weitere** eigenartige **Ausnahme** von dem Kartellverbot handelte. Hierauf beruhte die eine Zeitlang festzustellende Beliebtheit anerkannter Wettbewerbsregeln. Ein **Beispiel** waren die Wettbewerbsregeln des Verbandes Deutscher Zeitschriftenverleger (VDZ) für den Vertrieb von abonnierbaren Publikumszeitschriften, die Grundsätze für die Werbung für Zeitschriften sowie Bestimmungen über die Verteilung von Werbeexemplaren, über Probeabonnements und Werbegeschenke sowie für die Gewährung von Vermittlungs- und Abschlussprämien enthalten.[5] Im Jahre 2010 zählte das BKartA dagegen nur noch knapp zehn anerkannte Wettbewerbsregeln.[6] Hinzu kommt indessen noch eine kaum überschaubare Vielzahl für alle möglichen Branchen von Verbänden aufgestellter, vom BKartA aber nicht anerkannter Wettbewerbsregeln.

Von der geschilderten **Sonderrolle** der Wettbewerbsregeln – als weiterer Ausnahme 4
vom Kartellverbot des § 1 GWB – ist unter der 7. Novelle von 2005 **nichts übrig geblieben**, da nach **§ 26 Abs. 2 GWB n. F.** die Kartellbehörde den Antrag auf Anerkennung von Wettbewerbsregeln ablehnen *muss*, soweit eine Wettbewerbsregel gegen § 1 GWB verstößt und nicht nach den §§ 2 und 3 GWB freigestellt ist *oder* andere Bestimmungen, insbesondere des UWG, verletzt. Außerdem führt die Anerkennung einer Wettbewerbsregel *nicht* mehr zur *Unanwendbarkeit* des Kartellverbots auf eine entsprechende Vereinbarung von Unternehmen, sondern lediglich dazu, dass (nur) die **Kartellbehörden** gegen die Vereinbarung **nicht nach** den **§§ 32 ff. GWB vorgehen** können (§ 26 Abs. 1 S. 2 GWB), solange die zuständige Kartellbehörde die Anerkennung nicht zurückgenommen oder widerrufen hat (§ 26 Abs. 4 GWB), während – und das ist entscheidend – mit Wettbewerbsregeln heute ein Eingriff in Rechte Dritter nicht mehr verbunden ist. Ebensowenig sind heute noch die Gerichte, z. B. in Rechtsstreitigkeiten nach dem UWG, durch die Anerkennung von Wett-

[2] Dazu eingehend *J. Baur*, ZHR 141 (1977), 293 (297).
[3] S. im Einzelnen o. § 4 Rn. 50 ff., § 21 Rn. 29; BGHZ 36, 105 (111 f.) – NJW 1962, 247.
[4] Ausführlich *Sosnitza* (Fn. 1); *ders.*, FS Bechtold, 2006, S. 515 (522 ff.).
[5] *BKartA* TB 2003/2004, S. 99 f.; dazu kritisch BGHZ 166, 154 = NJW 2006, 2627 = JuS 2006, 1030 Nr. 11 m. Anm. *Alexander*, ZWeR 2007, 239.
[6] TB 2009/2010, S. 168.

bewerbsregeln in irgendeiner Hinsicht präjudiziert; sie haben vielmehr jetzt selbstständig– ungeachtet der Anerkennung von Wettbewerbsregeln durch das BKartA – über die Vereinbarkeit eines bestimmten Verhaltens mit dem UWG zu entscheiden, wobei Wettbewerbsregeln **allenfalls** noch eine gewisse **Indizwirkung** zugebilligt wird.[7]

5 Folgerichtig besitzen die Kartellbehörden jetzt auch **keinen Ermessensspielraum mehr** bei der Anerkennung an sich gegen das Kartellverbot verstoßender Wettbewerbsregeln, sondern *müssen* in diesem Fall die Anerkennung ablehnen (§ 26 Abs. 2 GWB). Die Gesetzesverfasser haben diese Änderung mit dem Übergang zu dem System der Legalausnahme begründet, unter dem sich die Zulässigkeit von Wettbewerbsregeln allein nach § 2 GWB und Art. 101 Abs. 3 AEUV richte, so dass die Kartellbehörden keine Möglichkeit mehr hätten, durch die Anerkennung an sich gesetzwidriger Wettbewerbsregeln in die dadurch begründete Rechtsstellung Dritter einzugreifen.[8]

5a Es wäre indessen zumindest voreilig, aus dem Gesagten den Schluss zu ziehen, dass Wettbewerbsregeln heute keinerlei praktische Bedeutung mehr besäßen. Dagegen spricht nicht nur ihre nach wie vor festzustellende Verbreitung, sondern auch der Umstand, dass das neue **UWG** von 2004 in der Fassung von 2008 nach englischem Vorbild den sog. **Verhaltenskodizes** jedenfalls im Rahmen des Irreführungsverbots durchaus eine eigenständige Rolle zugebilligt (s. § 5 Abs. 1 S. 2 Nr. 6 UWG in Verbindung mit dem Anhang Nrn. 1 und 3 zu § 3 Abs. 3 UWG).[9] Verhaltenskodizes im Sinne des UWG sind nach § 2 Abs. 1 Nr. 5 UWG nichts anderes als Wettbewerbsregeln im Sinne der §§ 24 ff. GWB. Ob die Regelung des UWG zur Folge haben wird, dass die praktische Bedeutung der Wettbewerbsregeln in Zukunft wieder zunimmt, ist noch nicht abzusehen, jedoch eher unwahrscheinlich, da der BGH offenbar nicht bereit ist, ihnen auch unter der Geltung des UWG von 2008 eine nennenswerte Rolle bei der Auslegung des Wettbewerbsrechts zuzubilligen.[10] Umso weniger besteht Anlass, von der bisherigen restriktiven Auslegung der §§ 24 ff. GWB mit Rücksicht auf die genannten Bestimmungen des UWG abzugehen.

II. Geschichte

6 **Vorbild** der Wettbewerbsregeln waren die amerikanischen **Fair Trade Practices Rules.**[11] Mit der Übernahme dieses Rechtsinstituts in das deutsche Recht hatte der Gesetzgeber ursprünglich den **Zweck** verfolgt, der Wirtschaft in beschränktem Umfang einen Ausgleich für die mit der Einführung des generellen Kartellverbots verbundenen Nachteile zu verschaffen, indem ihr ein Weg eröffnet wurde, gegebenen-

[7] BGHZ 166, 154 (161 ff. Tz. 19 ff.) = NJW 2006, 2627 = JuS 2006, 1030 (1031 f. Nr. 11) – Probeabonnement, betreffend die bereits erwähnten (Rn. 3) Wettbewerbsregeln des VDZ; *BGH* ZIP 2011. 590 = GRUR 2011, 431 – FSA-Kodex; *Alexander,* ZWeR 2007, 239 (246, 250 ff.); *Sosnitza,* FS Bechtold, S. 515 (519); sehr str.

[8] S. die Begr., BT-Drs. 15/3640, S. 47 (r. Sp. u.: „Zu Nr. 13").

[9] S. *Dreyer,* WRP 2007, 1294; *Emmerich,* Unlauterer Wettbewerb, § 20 Rn. 41 f.

[10] S. insbes. *BGH* ZIP 2011, 590 Tz. 11, 13, 15 = GRUR 2011, 431 – FSA-Kodex im Anschluss an BGHZ 166, 154 (161 ff. Tz. 19 ff.) = NJW 2006, 2627 = JuS 2006, 1030 (1031 f. Nr. 11) – Probeabonnement.

[11] Dazu *Oehler,* S. 5 ff.; *Herrmann,* S. 108, 351 ff.

falls durch die (früher mögliche) Einschränkung des Kartellverbots selbst für einen „fairen und seriösen Leistungswettbewerb" zu sorgen.[12]

Das Institut der Wettbewerbsregeln erfüllte indessen zunächst nicht die von der Bundesregierung in sie gesetzten Erwartungen (o. Rn. 6), in erster Linie deshalb, weil **§ 28 Abs. 2 GWB von 1957** noch allein auf den „lauteren Wettbewerb" Bezug nahm.[13] Deshalb wurde durch die **zweite Novelle von 1973 § 28 Abs. 2 GWB a. F.** dahingehend geändert, dass fortan Maßstab für die Zulässigkeit von Wettbewerbsregeln neben dem lauteren auch der „leistungsgerechte Wettbewerb" sein sollte. Man erhoffte sich davon einen **Schutz des** sog. **„funktionsfähigen Wettbewerbs"** gegen nicht leistungsbedingte Vorteile marktmächtiger Unternehmen.[14] Diese Hoffnung erwies sich indessen gleichfalls als trügerisch. 7

Das **BMWi** unternahm aus diesem Grund **1974** einen zweiten Anlauf zur Ausweitung des Anwendungsbereichs der früheren §§ 28 ff. GWB, diesmal über den Versuch einer gleichsam „amtlichen" Konkretisierung des Begriffs des Leistungswettbewerbs in § 28 Abs. 2 GWB a. F. mittels eines sog. **„Sündenregisters"**, in dem vor allem zahlreiche Formen angeblicher Missbräuche der Nachfragemacht aufgelistet waren.[15] Die Spitzenorganisationen der gewerblichen Wirtschaft griffen den ihnen damit zugespielten Ball alsbald auf und veröffentlichten ihrerseits Ende **1975** in enger Anlehnung an das Sündenregister als sog. **„Gemeinsame Erklärung"** gleichfalls eine Zusammenstellung ihrer Meinung nach wettbewerbsverzerrender, weil leistungswidriger Verhaltensweisen.[16] Damit sollte nicht zuletzt auf die Interpretation des § 28 Abs. 2 GWB a. F. durch die **Kartellbehörden Einfluss** genommen werden,[17] die sich seitdem tatsächlich zunehmend bereit zeigten, Wettbewerbsregeln anzuerkennen, die auf dem „Sündenregister" oder der „Gemeinsamen Erklärung" beruhten.[18] 8

III. Zulässigkeit

Aufgrund der geschilderten Entstehungsgeschichte (o. Rn. 6 f.) enthält das Gesetz in § 24 Abs. 2 GWB heute mit dem lauteren und dem leistungsgerechten Wettbewerb nebeneinander **zwei Maßstäbe** für die Zulässigkeit von Wettbewerbsregeln (u. Rn. 9af., 11 ff.). In beiden Fällen hat man außerdem zwischen Regeln zu unterscheiden, die einem gegen die fraglichen Maßstäbe verstoßenden Verhalten entgegenwirken sollen, und solchen Regeln, die ein diesen Grundsätzen entsprechendes Verhalten im Wettbewerb anregen sollen (sog. Förderungsregeln). 9

---

12 Vgl. *MK,* SonderGA 7, Tz. 28 ff.; *Herrmann,* S. 399 ff.

13 Begr. z. RegE der 2. Novelle von 1971, BT-Dr VI/2520, S. 14, 19 f., 34 ff.; Bericht des Ausschusses für Wirtschaft von 1973, BT-Dr 7/765, S. 3 f.

14 Begr. z. RegE von 1971 (vorige Fn.), S. 34 f.; Ausschussbericht von 1973 (vorige Fn.), S. 10; *BReg.,* in: *BKartA* TB 1975, S. IV; *BMWi,* 2. Kooperationsfibel, S. 58 ff.

15 Abgedruckt in WRP 1975, 24.

16 Abgedruckt in WRP 1975, 594; 1976, 9.

17 *J. Baur,* ZHR 141 (1977), 293 (295 ff.); *Hinz,* WRP 1976, 4 (6 f.); 1984, 653; *G. Meier,* BB 1977, 720 (722 f.).

18 *BKartA* WuW/E BKartA 1233; 1633; TB 1978, S. 37 f.; zust. *BReg.,* in: *BKartA* TB 1975, S. IV; *BMWi,* 2. Kooperationsfibel, S. 60.

1. Lauterer Wettbewerb

9a Nach § 24 Abs. 2 kommt eine Anerkennung von Wettbewerbsregeln zunächst in Betracht, wenn die Regeln den Zweck haben, einem den Grundsätzen des lauteren Wettbewerbs zuwiderlaufenden Verhalten im Wettbewerb entgegenzuwirken (sog. Lauterkeitsregeln) *oder* ein diesen Grundsätzen entsprechendes Verhalten im Wettbewerb anzuregen (sog. Förderungsregeln; dazu u. Rn. 10). Über das Ausmaß, in dem zunächst die genannten **Lauterkeitsregeln** zulässig sind, bestand von Anfang an Einigkeit: Da ihr Zweck darin bestehen muss, unlauteres Wettbewerbsverhalten zu verhindern (§ 24 Abs. 2 Fall 1 GWB), können sie sich grundsätzlich nur gegen Verhaltensweisen wenden, die ohnehin nach dem UWG verboten sind (s. § 26 Abs. 2 GWB). Solche Wettbewerbsregeln dürften vor allem dann sinnvoll sein, wenn sie die Verbote des UWG für einzelne Branchen konkretisieren oder Zweifelsfragen klären.

10 Umstritten war dagegen lange Zeit das Ausmaß, in dem **Förderungsregeln,** d. h. Regeln zur Anregung eines den Grundsätzen des lauteren Wettbewerbs entsprechenden Verhaltens, zugelassen werden können.[19] Das **BKartA** hatte in dieser Frage zunächst einen verhältnismäßig engen Standpunkt eingenommen und wiederholt betont, derartige Regeln müssten ebenso wie die Lauterkeitsregeln den Zweck haben, gerade den lauteren Wettbewerb zu fördern.[20] Ein Verbot an sich erlaubten Verhaltens im Wettbewerb durch Förderungsregeln komme nur in Betracht, wenn dem fraglichen Verhalten eine **Tendenz zur Unlauterkeit** innewohne und die Regeln geeignet seien, diese Tendenz zu bekämpfen oder positiv in der betreffenden Branche die Voraussetzungen für einen lauteren Wettbewerb zu schaffen. Spätere Versuche des BKartA, den Anwendungsbereich von Förderungsregeln deutlich auszudehnen, scheiterten dagegen regelmäßig an dem Widerstand der Gerichte.[21] Deshalb hielt schließlich auch das BKartA daran fest, dass Förderungsregeln in jedem Fall **lauterkeitsbezogen** sein müssten.[22] Daher wurden Wettbewerbsregeln, die den Zweck hatten, den normalen Preis- und Konditionenwettbewerb zu beschränken, ebensowenig anerkannt wie solche Regeln, die versuchten, eine seit Jahrzehnten bestehende, auf einer umfassenden Kartellierung beruhende Marktstruktur einschließlich fester Vertriebswege festzuschreiben.[23]

2. Leistungswettbewerb

11 Seit der zweiten Novelle von 1973 verweist § 24 Abs. 2 GWB außerdem als Maßstab für die Zulässigkeit von Wettbewerbsregeln neben dem lauteren Wettbewerb (dazu o. Rn. 9af.) auf den „leistungsgerechten" Wettbewerb. Die Bundesregierung verstand darunter seinerzeit den **„funktionsfähigen Wettbewerb"**, dessen Auslesefunk-

[19] S. *Emmerich,* Die Zulässigkeit der Kooperation von Unternehmen, S. 46 ff.

[20] *BKartA* WuW/E BKartA 721; 772; 811; 905; zustimmend *KG* WuW/E OLG 702; *OLG Hamburg* WuW/E OLG 781.

[21] BGHZ 46, 168 (174 ff., 183 f.) = NJW 1966, 2261 = JuS 1967, 89 f. Nr. 6 – Bauindustrie; *BGH* LM § 28 GWB Nr. 3 = NJW 1968, S. 1723 – Fahrlehrer; *KG* WuW/E OLG 1553 (1556).

[22] *BKartA* WuW/E BKartA 1090; 1165; 1213 (1214); 1233; 1633; TB 1995/96, S. 102 – Keramische Fliesen und Platten; kritisch hierzu *Lieberknecht,* FS Möhring, 1965, S. 67 (79 ff.); *Oehler,* S. 41 ff.; *Sack,* GRUR 1975, 297.

[23] *BKartA* WuW/E BKartA 1186 (1188); 1327 (1336 ff.); *KG* WuW/E OLG 1553 (1556).

tion vor allem durch das Auftreten von Marktmacht bedroht werde.[24] Im Schrifttum wurde daraus zum Teil der Schluss gezogen, für die Zulässigkeit von Wettbewerbsregeln genüge fortan bereits eine bloße **Missbrauchstendenz** des durch die fragliche Regel verbotenen Verhaltens im *Vorfeld* der Verbote des GWB *oder* des UWG.[25] Auf derselben Linie lag es, dass das **BKartA** seit 1973 praktisch sämtliche Wettbewerbsregeln anerkannte, die sich gegen Verhaltensweisen richteten, die in dem erwähnten „Sündenregister" oder der „Gemeinsamen Erklärung" (o. Rn. 8) als „nicht leistungsgerecht" gebrandmarkt worden waren.[26] Durch Wettbewerbsregeln konnten danach **z. B.** verboten werden das Anzapfen der Hersteller, etwa durch die Forderung von Schaufenster- oder Regalmieten, ferner die Empfehlung sog. Mondpreise, die Lieferung von Mogelpackungen[27] sowie schließlich „übermäßige" unentgeltliche Nebenleistungen.[28]

Diese weite Auslegung des Begriffs des „leistungsgerechten Wettbewerbs" in § 24 Abs. 2 GWB (o. Rn. 11) verdiente schon früher **keine Billigung.** Denn der (wie immer definierte) **Leistungswettbewerb** ist jedenfalls durchaus **ungeeignet, als Maßstab** für die Zulässigkeit unternehmerischen Verhaltens in Wettbewerbsregeln zu dienen.[29] Wettbewerbsregeln sind Verhaltensnormen. Als solche können sie nur an die den Unternehmen bei der Vornahme der fraglichen Handlung bekannten oder erkennbaren Umstände anknüpfen, weshalb es nicht möglich ist, in ihnen auf bestimmte (spätere) Marktergebnisse oder Marktstrukturen abzustellen. Bereits daran mussten (und müssen) Wettbewerbsregeln mit strukturpolitischer Zielsetzung scheitern.[30] Insbesondere für ein Diskriminierungsverbot ist in Wettbewerbsregeln kein Raum.[31] Ebenso ungeeignet sind Wettbewerbsregeln zur Verhinderung missbräuchlicher Verhaltensweisen.[32] Dies alles gilt – erst recht – heute nach der Abschaffung des Ermessensspielraums, über den die Kartellbehörden bis 2005 aufgrund des § 26 Abs. 2 S. 1 GWB a. F. verfügten (s. § 26 Abs. 2 GWB n. F.). 12

In dieselbe Richtung weist die fortschreitendere **Liberalisierung des** deutschen **Lauterkeitsrechts** seit Beginn des 21. Jahrhunderts. Ausdruck dieses Paradigmenwechsels im Lauterkeitsrecht sind vor allem das neue **UWG von 2004** sowie die Aufhebung der früheren ZugabeVO von 1931 und des RabattG von 1933. Viele Handlungen im Vorfeld (früher) verbotener Zugaben und Rabatte, denen seinerzeit noch eine gewisse Tendenz zur Unlauterkeit innegewohnt haben mochte, gelten heute als unbedenklich 13

[24] Begr. der 2. Novelle, BT-Drs. VI (1971)/2520, S. 34 f.; Bericht des Ausschusses für Wirtschaft, BT-Drs. 7 (1973)/765, S. 10; *BMWi,* 2. Kooperationsfibel, S. 58 ff.; *BKartA* WuW/E BKartA 1633 = WRP 1976, 576 (577).

[25] *Herrmann,* S. 404 f.; *Hönn,* GRUR 1977, 141 (143 ff.); *Kartte,* in: Schwerpunkte des Kartellrechts 1973/74, 1975, S. 65; *ders.,* MA 1977, 343; *ders.,* WRP 1976, 1; *Merkel,* BB 1977, 473, 705; *Sack,* GRUR 1975, 297; *P. Ulmer,* GRUR 1977, 565.

[26] *BKartA* WuW/E BKartA 1633; 1760.

[27] *BKartA* WuW/E BKartA 1633 (1636 ff.); TB 1978, S. 69; *BMWi,* 2. Kooperationsfibel, S. 60.

[28] *BKartA* WuW/E BKartA 1760 (1761 f.); TB 1977, S. 70; 1995/96, S. 102.

[29] Ebenso BGHZ 46, 168 (183 f.) = NJW 1966, 2261 = JuS 1967, 89 f. Nr. 6; *Emmerich,* Die Zulässigkeit der Kooperation von Unternehmen, S. 51 ff.; *ders.,* ZGR 1976, 167 (184 f.); *Mestmäcker,* Der verwaltete Wettbewerb, S. 19 ff.; *Möschel,* Der Oligopolmißbrauch im Recht der Wettbewerbsbeschränkungen, 1974, S. 214 f.; *Oehler,* Wettbewerbsregeln, S. 52 ff., anders *Koppensteiner,* WRP 2007, 475 (478, 484 ff.).

[30] *Möschel* (vorige Fn.).

[31] *Mestmäcker,* Der verwaltete Wettbewerb, S. 229 f.; *Skiba,* WuW 1972, 220.

[32] S. *Dörinkel,* WuW 1971, 607; 1973, 827.

und dürfen auch aus diesem Grunde nicht mehr auf dem Weg über Wettbewerbsregeln unterbunden werden.[33] Für die Interpretation des neuen § 24 Abs. 2 GWB folgt daraus, dass Wettbewerbsregeln in jedem Fall einen **konkreten Lauterkeitsbezug,** und zwar nach *heutigem* Verständnis, aufweisen müssen, indem sie Verhaltensweisen bekämpfen, denen eine **eindeutige Tendenz zur Unlauterkeit** innewohnt.[34]

IV. Verfahren

14 Das Anerkennungsverfahren, das seit 1985 an die Stelle des früheren, umständlichen Eintragungsverfahrens getreten ist, wird durch einen Antrag der Wirtschafts- oder Berufsvereinigung eingeleitet, von der die Wettbewerbsregeln stammen (§ 24 Abs. 3 GWB). Den Inhalt des Antrags regelt § 24 Abs. 4 GWB. Entspricht der Antrag den gesetzlichen Vorschriften, so wird er im Bundesanzeiger bekannt gemacht (§ 27 Abs. 1 GWB). Anschließend gibt die Kartellbehörde betroffenen Dritten Gelegenheit zur Stellungnahme (§ 25 GWB). Aufgrund der darauf hin von Dritten eingereichten Stellungnahmen entscheidet sodann die Kartellbehörde über die **Anerkennung** der Wettbewerbsregeln. Anders als früher (§ 26 Abs. 2 GWB von 1998) verfügt sie dabei **nicht mehr** über einen **Ermessensspielraum;** die Anerkennung *muss* vielmehr versagt werden, wenn die betreffende Wettbewerbsregel gegen das GWB, gegen das UWG oder gegen eine andere Rechtsvorschrift verstößt (§ 26 Abs. 2 GWB von 2005). Die entscheidende Frage wird dabei immer sein, ob hier Raum für die Freistellung einer auf die betreffende Wettbewerbsregel bezogenen Vereinbarung nach **Art. 101 Abs. 3 AEUV** oder nach den **§§ 2 und 3 GWB** ist, auf die auch § 26 Abs. 2 GWB ausdrücklich Bezug nimmt. Eine weitergehende Freistellungsmöglichkeit besitzen die Kartellbehörden heute – anders als früher – nicht mehr.[35]

15 Die Verfügung, durch die eine Wettbewerbsregel nach § 26 Abs. 1 GWB durch die Kartellbehörde anerkannt wird, ist ein **begünstigender Verwaltungsakt,**[36] der mangels einer gesetzlichen Grundlage nicht mit Auflagen oder Bedingungen versehen werden kann.[37] Die Anerkennung wird, um die nötige Publizität von Wettbewerbsregeln sicherzustellen, im Bundesanzeiger bekannt gemacht (§ 27 Abs. 2 Nr. 3 GWB). Die Anerkennung ist von der Kartellbehörde zurückzunehmen oder zu widerrufen, wenn sich nachträglich herausstellt, dass die Voraussetzungen für die Ablehnung der Anerkennung nach § 26 Abs. 2 GWB vorlagen (§ 26 Abs. 4 GWB).

16 Die **Wirkung** der Anerkennung beschränkt sich seit 2005 darauf, dass die Kartellbehörden (nur) von ihren Befugnissen nach den **§§ 32 ff. GWB keinen Gebrauch** machen werden, soweit sich Unternehmen zur Einhaltung anerkannter Wettbewerbsregeln verpflichten. Die Unternehmen müssen mit anderen Worten nicht mit einer Verfügung nach § 32 GWB rechnen. Weitergehende Wirkungen, etwa im

[33] BGHZ 166, 154 (164 f. Tz. 27) = NJW 2006, 2627 = JuS 2006, 1030 (1031 f.) Nr. 11 – Probeabonnement; *BGH* ZIP 2011, 590 Tz. 11, 13, 15 = GRUR 2011, 431 – FSA-Kodex.

[34] Ebenso BGHZ 46, 168 (174 ff.) = NJW 1966, 2261 = JuS 1967, 89 f. Nr. 6; BGHZ 166, 154 = NJW 2006, 2627 = JuS 2006, 1030; *KG* WuW/E OLG 1553 (1556); *Emmerich,* Die Zulässigkeit der Kooperation, 1975, S. 52 ff.; *Hamm,* WuW 1975, 115; *W. Schumacher,* ZHR 140 (1976), 317 (320 ff., 336 f.); *Wolff,* Wettbewerbsregeln, Zweck und System nach dem GWB, 1972, S. 101 ff.

[35] So ausdrücklich die Begr., BT-Drs. 15/3640, S. 47 (r. Sp. u.), 48 (l. Sp. o.).

[36] Begr. (vorige Fn.); BGHZ 91, 178 (182) = NJW 1984, 2697.

[37] BGHZ 91, 178 (179 ff.) = NJW 1984, 2697.

Sinne einer „echten" Freistellung vom Kartellverbot über die §§ 2 und 3 GWB hinaus, hat die Anerkennung dagegen nicht mehr; insbesondere ist mit ihr **kein Eingriff in die Rechte Dritter** verbunden,[38] so dass Dritte von den Unternehmen, die sich zur Einhaltung anerkannter Wettbewerbsregeln verpflichtet haben, nach wie vor nach § 33 GWB **Unterlassung und Schadensersatz** verlangen können, wenn ihrer Meinung nach tatsächlich die Voraussetzungen für eine Anerkennung nicht vorlagen, insbesondere, weil die fragliche Wettbewerbsbeschränkung nicht nach Art. 101 Abs. 3 AEUV oder nach den §§ 2 und 3 GWB freigestellt war.

§ 25. Zeitungen und Zeitschriften (§ 30 GWB)

Literatur: *B. v. Becker,* Vertrieb von Verlagserzeugnissen, in: Martinek/Semler/Habermeier, Handbuch des Vertriebsrechts, 2. Aufl., 2003, § 44 (S. 1178 ff.) = ZUM 2002, 171; *Böck,* Die Auswirkungen neuer Markt- und Vertriebsformen auf Preisbindung und Sortiment, 1980; *Fr. Böhm,* ORDO Bd. 13 (1963), 197; *Emmerich,* EBOR 2 (2001), 553 = in: Liber Amicorum Mestmäcker, Den Haag 2003, S. 125; *ders.,* FS Immenga, 2004, S. 111; *ders.*, FS H. P. Westermann, 2008, S. 899; *M. Engelmann,* Die Zukunft der Buchpreisbindung im europäischen Binnenmarkt, Diss. Würzburg 2002; *Everling,* Buchpreisbindung im deutschen Sprachraum und europäisches Gemeinschaftsrecht, 1997; *Fezer,* Teilhabe und Verantwortung, 1986; *Franzen/Wallenfels/Russ,* Preisbindungsgesetz, 6. Aufl., 2011; *Freytag/Gerlinger,* WRP 2004, 537; *R. Goldschmitt,* Grenzüberschreitende Buchpreisbindung und internationaler Buchmarkt, 2000; *Großhardt,* Die Preisbindung für Verlagserzeugnisse nach europäischem Gemeinschaftsrecht, 1995; *Grundmann,* Literatur ohne Preisbindung, 3. Aufl., 1986; *Löffler/Ricker,* Handbuch des Presserechts, 5. Aufl., 2005, S. 662 ff.; *Meyer-Dohm,* Der westdeutsche Büchermarkt, 1957; *K. van Miert,* Markt, Macht und Wettbewerb, 2000; *A. Obert,* Preisbindung im Buchhandel in Deutschland und im Vereinigten Königreich, 2000; *R. Podszun,* GRURInt. 2007, 485; *R. Schröder,* Die Entwicklung des Kartellrechts und des kollektiven Arbeitsrechts durch die Rechtsprechung des Reichsgerichts vor 1914, 1988; *Strauss,* Der feste Ladenpreis im Buchhandel, 1963.

I. Überblick

Das GWB enthält seit der 7. Novelle von 2005 im 5. Abschnitt unter der Überschrift „Sonderregeln für bestimmte Wirtschaftsbereiche" nur noch drei Bereichsausnahmen für die Landwirtschaft (§ 28 GWB; s. u. Rn. 2), für Zeitungen und Zeitschriften (§ 30 GWB) sowie noch eine bis Ende des Jahres 2012 befristete spezielle Missbrauchsaufsicht für Energieversorgungsunternehmen (s. im Einzelnen u. § 39 Rn. 42 ff.). Die meisten anderen Bereichsausnahmen, die früher für das GWB kennzeichnend waren, sind in den achtziger und neunziger Jahren des vorigen Jahrhunderts Schritt für Schritt unter dem Deregulierungsdruck der Europäischen Union abgebaut und schließlich ganz gestrichen worden. Geblieben ist lediglich auf Druck der Gemeinden die sachlich nicht zu rechtfertigende Bereichsausnahme für die öffentliche Versorgung mit Wasser in § 131 Abs. 6. 1

1. Die Bereichsausnahme für die **Landwirtschaft** in **§ 28** entspricht im Kern der entsprechenden Regelung auf europäischer Ebene durch die VO Nr. 1184/2006.[1] **§ 28 I GWB** beschränkt sich infolgedessen jetzt auf die Freistellung von Vereinbarungen von landwirtschaftlichen Erzeugerbetrieben über die Erzeugung oder den Absatz landwirtschaftlicher Erzeugnisse oder die Benutzung gemeinschaftlicher Einrichtungen, vorausgesetzt, dass sie keine Preisbindung enthalten und den Wettbewerb 2

[38] So ausdrücklich die Begr., BT-Drs. 15/3640, S. 47 (r. Sp. u.).

[1] ABl. Nr. L 214/7; s. dazu o. § 3 Rn. 56.

nicht ausschließen. Nach **Abs. 2** der Vorschrift gilt § 1 GWB außerdem nicht für vertikale Preisbindungen, die die Sortierung, Kennzeichnung oder Verpackung von landwirtschaftlichen Erzeugnissen betreffen.

3 **2. § 30 GWB** gestattet seit 2005 in Abs. 1 nur noch die vertikale Preisbindung für Zeitungen und Zeitschriften. Abs. 2 der Vorschrift fügt hinzu, dass die Vereinbarung der Preisbindung der Schriftform bedarf. Aus Abs. 3 des § 30 GWB folgt schließlich noch, dass die Preisbindung einer Missbrauchsaufsicht durch das BKartA unterliegt. § 30 GWB entspricht im Kern dem **§ 15 von 1998**, der zuletzt in der Fassung des Gesetzes zur Regelung der Preisbindung bei Verlagserzeugnissen vom 2. September 2002 galt.[2] Dieses Gesetz, ein Artikelgesetz, hatte zugleich ein neues **Buchpreisbindungsgesetz** gebracht.

4 Da das Buchpreisbindungsgesetz von 2002 eine gesetzliche Preisbindung für Bücher eingeführt hatte, beschränkte sich der Anwendungsbereich des § 15 GWB a. F. bereits seit 2002 auf Zeitungen und Zeitschriften. In dieser Form wurde § 15 GWB a. F. schließlich als neuer § 30 in das GWB von 2005 übernommen.

5 § 15 GWB von 1998 ging letztlich auf die **§§ 16, 17 und 34 von 1957** zurück. In seiner ursprünglichen Fassung hatte § 16 von 1957 neben der Preisbindung für Verlagserzeugnisse auch noch die **Preisbindung für Markenartikel** geregelt, die jedoch bereits 1973 abgeschafft worden war. An deren Stelle war seinerzeit die Erlaubnis „bloßer" **Preisempfehlungen** für Markenartikel getreten (§ 23 GWB von 1973), die mittlerweile im Zuge der totalen Anpassung des deutschen an das europäische Kartellrecht gleichfalls wieder entfallen ist, da der AEUV keine besonderen Bestimmungen für Empfehlungen kennt (s. u. § 26 Rn. 5).

II. Geschichte

1. Entstehung, Rechtfertigung

6 Das **System fester Endverkaufspreise** für Bücher (im Folgenden zunächst immer einschließlich der Zeitungen und Zeitschriften) ist in Deutschland erst 1887 nach langen Kämpfen **von** dem **Börsenverein** des Deutschen Buchhandels, einem Kartell, gegen den Widerstand der Verleger als Kampfmittel gegen den damaligen, überaus leistungsfähigen Leipziger Versandbuchhandel **durchgesetzt** worden. Daraus wurden dann später – nach bewährtem Muster – sog. „kulturpolitische Gründe", die nach Meinung des Gesetzgebers[3] und der Gerichte[4] die Preisbindung auch heute noch rechtfertigen sollen, wobei vor allem an den **Schutz eines „leistungsfähigen" Sortimenterstandes** durch „auskömmliche" Spannen gedacht wird. Außerdem wird behauptet, nur über die Gewährleistung hoher Gewinne, zumal bei Bestsellern, sei es den Verlagen heute noch möglich, im Wege der „**Quersubvention**" Klassikerausgaben oder Lyrikbände herauszubringen. Bei Zeitungen und Zeitschriften kommt noch

[2] BGBl. I S. 3438, 3670 = GRUR 2003, 38; s. zum Folgenden IM/*Emmerich,* Bd. II, § 30 Rn. 1 ff.; *Emmerich,* EBOR 2 (2001), 553 = in: Liber Amicorum Mestmäcker, Den Haag 2003, S. 125; *ders.*, FS Immenga, 2004, S. 111; *ders.*, FS H.P.Westermann, 2008, S. 899.

[3] Ausschussbericht, BT-Drs. 7 (1973)/765; Begr. zum RegE der 6. Novelle, BT-Drs. 13/9720, S. 35; anders noch *BReg.,* Kartellbericht, BT-Drs. IV (1963)/617, S. 33 ff.

[4] *BVerfG* NJW 1987, 1397; BGHZ 135, 74 (77) = NJW 1997, 1911 – CD-ROM; *öOGH* SZ Bd. 58 (1985) Nr. 53, S. 258 (262 ff.).

das (merkwürdige) Argument hinzu, allein die Preisbindung ermögliche deren **„Überallerhältlichkeit“** zum selben Preis. Ergänzend wird noch (nur) bei Zeitungen und Zeitschriften auf die (angeblichen) Eigenarten des Vertriebs dieser Presseerzeugnisse hingewiesen, gekennzeichnet durch das **Dispositionsrecht** der Verlage und der Großhändler, der sog. Grossisten gegenüber ihren Abnehmern (womit das Bestimmungsrecht der Verlage und Grossisten über die von den Händlern zu vertreibenden Presseerzeugnisse gemeint ist), sowie das korrespondierende **Remissionsrecht** der Händler, d. h. das Recht zur Rückgabe nicht verkaufter Exemplare.[5]

Dispositionsrecht der Verlage und Grossisten sowie Remissionsrecht des Handels 7
mögen sich gegenseitig bedingen. Sie rechtfertigen jedoch ebensowenig wie die anderen angeführten Argumente in irgendeiner Hinsicht die Preisbindung, deren Bedeutung für den Vertrieb von Zeitungen und Zeitschriften zudem gleich aus mehreren Gründen ständig zurückgeht. Der wichtigste Grund ist, dass bei Zeitungen heute bereits rund 60 % und bei Zeitschriften knapp die Hälfte im *Abonnement*, d. h. ohne Zwischenschaltung des Handels und damit ohne Preisbindung vertrieben wird. Auch in den restlichen Fällen ist keineswegs generell der preisgebundene Handel in den Vertrieb eingeschaltet. Zahlreiche Zeitschriften verzichten ohnehin ganz auf eine Preisbindung. Hinzu kommt die wachsende Bedeutung des Vertriebs über das Internet. Dies alles zeigt, dass der Preisbindung bei dem Vertrieb von Zeitungen und Zeitschriften bei weitem nicht die Bedeutung für die Verlage und den Handel zukommt, die ihr von ihren Verteidigern immer ohne weiteres unterstellt wird. Bei Lichte besehen, handelt es sich vielmehr um eine typische **Interessentenideologie,** wie sie noch zur Rechtfertigung jeder Art von Wettbewerbsbeschränkungen vorgebracht wurde, lediglich dazu bestimmt, eine überkommene wettbewerbsfeindliche Marktstruktur gegen die Konkurrenz neuer Vertriebsformen abzusichern, worüber die **Interessen der Buch- und Zeitschriftenkäufer (und -leser)** mittlerweile völlig aus dem Blickfeld der offiziellen Wettbewerbspolitik geraten sind, obwohl allein ihr Schutz das legitime Anliegen des Kartellrechts sein kann. **§ 30 GWB** ist daher heute ebenso wie das BuchpreisbindungsG wettbewerbspolitisch tatsächlich **nicht** mehr zu **rechtfertigen.**[6] Das wird auch durch zahlreiche ausländische Beispiele bestätigt.

2. Verstoß gegen den AEUV?

Die Erlaubnis der vertikalen Preisbindung für Bücher und Presseerzeugnisse durch 8
das deutsche Recht ist durchaus **problematisch**. Das wird sofort deutlich, wenn man sich vergegenwärtigt, dass – an sich – **jede Form der vertikalen Preisbindung**, sofern sie nur zur Beeinträchtigung des Handels zwischen Mitgliedstaaten geeignet ist, als sog. **Kernbeschränkung** gegen Art. 101 Abs. 1 Halbs. 2 lit. a AEUV verstößt. Eine Ausnahme für Bücher und Presseerzeugnisse kennt das Unionsrecht nicht. Auch der nötige **zwischenstaatliche Bezug** (s. o. § 3 Rn. 18 ff.) ist in einer Vielzahl von Fällen gegeben, jedenfalls bei Büchern, vor allem deshalb, weil ungefähr 80 % der in Österreich verkauften Bücher, ebenso aber auch zahlreiche Presseartikel aus Deutschland stammen. Die deutschen Verlage stellten deshalb sofort nach dem Beitritt

[5] Wegen der Einzelheiten s. *v. Becker,* ZuM 2002, 171; *Möschel,* WRP 2004, 857.

[6] Ebenso *MK,* 11. HauptGA, Tz. 970 (S. 404 f.); 13. HauptGA, Tz. 685, 730 ff. (S. 492, 513 ff.); ebenso für die Schweiz *Wettbewerbskommission,* Bericht, WuW 2005, 683 = KRInt 89 sowie *schweizBG* v. 11. 7. 2006, WuW 2006, 1203 = WuW/E KRInt 137 (141 ff.) (grdl.); *schweiz. Bundesrat* v. 2. 5. 2007, WuW/E KRInt 177 (179 Tz. 18).

Österreichs zur EU im Jahre 1993 einen Antrag auf **Freistellung** der grenzüberschreitenden Preisbindung für Bücher und Presseerzeugnisse nach Art. 101 Abs. 3 AEUV. Zugleich wurde von deutscher Seite **massiver Druck auf die Kommission** ausgeübt, die nationale Buchpreisbindung weiterhin zu dulden.[7] Diesem Druck gab die Kommission schließlich nach und teilte Anfang des Jahres 2000 mit, dass sie bereit sei, die *nationale* Buchpreisbindung in Deutschland und in Österreich zu dulden, **nicht** jedoch eine **grenzüberschreitende Preisbindung**; eine Ausnahme sollte lediglich gelten, wenn sich aus objektiven Umständen ergibt, dass die reimportierten Verlagserzeugnisse *allein* zu dem Zweck ihrer Wiedereinfuhr ausgeführt wurden, um die Preisbindung in Deutschland oder in Österreich zu umgehen.[8]

9 **Österreich** erließ daraufhin ein neues Bundesgesetz über die (gesetzliche) Preisbindung bei Büchern, das am 1. Juli 2000 in Kraft trat.[9] In Deutschland reagierte der Gesetzgeber dagegen zunächst mit dem kurzlebigen **Gesetz zur Sicherung der nationalen Buchpreisbindung** vom 30. November 2000, durch das rückwirkend zum 1. Juli 2000 der § 15 Abs. 1 GWB a. F. um drei neue Sätze erweitert wurde.[10]

10 Aufgrund dieses Gesetzes blieb es in Deutschland zunächst bei der **vertraglichen Preisbindung** für Bücher. Der **Konflikt mit** der **Kommission** war damit vorprogrammiert und brach auch prompt aus, als die Verlage weiterhin versuchten, gegen jeden **Reimport** von Büchern nach Deutschland und Österreich – als „Umgehung" der jeweiligen nationalen Buchpreisbindung – vorzugehen.[11] Erst als die Kommission deshalb gegen den Börsenverein und zwei Verlage ein Verfahren aufgrund des Art. 101 AEUV und der VO Nr. 17 einleitete, lenkten die Verlage ein, indem sie sich mit der grundsätzlichen **Preisbindungsfreiheit des grenzüberschreitenden Handels** einverstanden erklärten,[12] woraufhin die Kommission (endlich) am 17. April 2002 das ersehnte **Negativattest** für den Sammelrevers von 2000 für die Buchpreisbindung erteilte.

11 Zur Absicherung dieses Kompromisses dient letztlich das bereits erwähnte **Buchpreisbindungsgesetz** vom 2. September 2002,[13] das in Deutschland nach französischem und österreichischem Vorbild die frühere vertragliche Preisbindung **für Bücher** durch eine **gesetzliche Preisbindung** ersetzte. Hintergrund ist die Rechtsprechung des **EuGH**, nach der **(nur) eine gesetzliche Buchpreisbindung** grundsätzlich mit dem Vertrag vereinbar ist, vorausgesetzt, dass sie *nicht* auf **importierte Bücher** erstreckt wird; etwas anderes soll nur gelten, wenn sich aus objektiven Umständen ergibt, dass die betreffenden Bücher allein zum Zwecke ihrer Wiedereinfuhr ausgeführt wurden, um die gesetzliche Regelung zu umgehen.[14] Dieselbe Formel findet sich jetzt in § 4 Abs. 2 des BuchpreisbindungsG von 2002. Dagegen enthält **§ 30 GWB keinen Vorbehalt für reimportierte Zeitungen und Zeitschriften**, weil die

[7] Die schlichtweg skandalösen Einzelheiten bei *K. van Miert*, Markt, Macht und Wettbewerb, 2000, S. 144 ff.

[8] Quelle: BT-Drs. 14/3509, S. 4 (l. Sp.); TB 1997/98, S. 45.

[9] öBGBl. 2000 I Nr. 45.

[10] BGBl. I S. 1634; s. dazu die Begr., BT-Drs. 14/3509, S. 4 f.; *Emmerich*, EBOR 2 (2001), 553 = in: Liber Amicorum Mestmäcker, Den Haag 2003, S. 125; *Jungermann*, NJW 2000, 2172, 3188.

[11] *LG Berlin* NJWE-WettbR 2000, 251 (252 f.); zustimmend *Bunte*, FS Koppensteiner, 2001, S. 307 (311 ff.).

[12] Börsenblatt 2002 Nr. 24, S. 4 f.

[13] BGBl. I S. 3448.

[14] *EuGH* Slg. 1985, 17 (32 ff. Tz. 15 ff.); 2000, I-8224 (8234 Tz. 24 ff.); 2009, I-3768 Tz. 21 ff. = EuZW 2009, 768 – Libro; dazu *Alexander*, GRUR-Int 2010, 335; *Oberwexer*, EuR 2008, 736.

Kommission der Preisbindung für Zeitungen und Zeitschriften im Gegensatz zu der für Bücher mit Rücksicht auf das sog. Remissionsrecht des Handels grundsätzlich positiv gegenüberstehe.[15] Deshalb blieb es **(nur) bei Presseartikeln** bei der **vertraglichen Preisbindung** nach Maßgabe des § 30 Abs. 1 GWB, so dass sich zumindest *insoweit* weiterhin die Frage nach der Vereinbarkeit der gesetzlichen Regelung (§ 30 Abs. 1 GWB) mit dem vorrangigen Art. 101 Abs. 1 AEUV stellt.

Der Fragenkreis ist noch nicht endgültig geklärt, weil die Situation bei Presseerzeugnissen in der Tat in verschiedener Hinsicht unter dem Blickwinkel des Art. 101 Abs. 1 und 3 AEUV von der bei Büchern abweicht.[16] In vielen Fällen dürfte es bei dem Vertrieb von Presseerzeugnissen bereits an der Eignung der Preisbindung zur **Beeinträchtigung des Handels** zwischen Mitgliedstaaten **fehlen**, so dass sich schon deshalb nicht die Frage nach der Anwendbarkeit des Art. 101 AEUV stellt. In den verbleibenden Fällen muss geklärt werden, ob auf den Vertrieb von Presseerzeugnissen mit Rücksicht auf das Dispositionsrecht der Verlage und Grossisten sowie auf das Remissionsrecht der Händler das **Handelsvertreterprivileg** angewandt werden kann, wie vielfach angenommen wird. Dagegen spricht indessen bereits die selbstständige Stellung der meisten Zeitschriftenhändler, mit der eine Anwendung des Handelsvertreterprivilegs nicht vereinbar ist.[17] Stattdessen ist von Art. 4 lit a der GFVO für vertikale Vereinbarungen von 2010[18] auszugehen, nach dem jede unmittelbare und mittelbare Preisbindung in Vertikalvereinbarungen eine nicht freistellungsfähige **Kernbeschränkung** darstellt, – so dass § 30 GWB im Handel zwischen den Mitgliedstaaten der Europäischen Union nicht mehr angewandt werden darf. Die Tage der Vorschrift dürften damit gezählt sein. 12

III. Bindungsfähige Produkte

Der Anwendungsbereich des § 30 GWB beschränkt sich heute auf Zeitungen und Zeitschriften (S. 1 des § 30 Abs. 1) sowie eine Reihe gleichstehender Prodrukte (S. 2 der Vorschrift; dazu u. Rn. 16 ff.). Dagegen richtet sich die Zulässigkeit der (gesetzlichen) Preisbindung für Bücher seit 2002 nach dem Buchpreisbindungsgesetz. Daraus ergibt sich als erstes die Notwendigkeit, innerhalb er Verlagserzeugnisse (u. Rn. 14) zwischen Büchern sowie Zeitungen und Zeitschriften im Sinne des § 30 GWB zu unterscheiden.[19] 13

1. Begriff

Weder das GWB noch das Buchpreisbindungsgesetz noch ein sonstiges Gesetz enthalten eine **Definition** der Begriffe Buch, Zeitung und Zeitschrift. Klar ist nach dem Zweck der gesetzlichen Regelung lediglich, dass es sich bei allen drei genannten Produkten um **Verlagserzeugnisse** handeln muss, die jedenfalls auch auf dem herkömmlichen Weg über den Großhandel und das Sortiment vertrieben werden. Das **Buch-** 14

[15] So die *BReg.*, BT-Drs. 14(2002)/9196, S. 14 unter Hinweis auf *Kommission*, 29. WB 1999, 2000, S. 181 f. – AMP.

[16] Wegen der Einzelheiten s. *Emmerich*, FS H. P. Westermann, 2008, S. 899.

[17] S. o. § 4 Rn. 90 ff.; ebenso *öOGH* GRUR-Int 2010, 885 (888); 201o, 888 (890 f.); *Alexander*, GRUR-Int 2010, 803 (807 f.); IM/*Emmerich*, Bd. II, § 30 Rn. 18.

[18] ABl. Nr. L 102/1.

[19] S. zum Folgenden ausführlich IM/*Emmerich*, Bd. II, § 30 Rn. 19 ff.

preisbindungsgesetz bestimmt lediglich ergänzend in § 2 Abs. 1 Nrn. 1 bis 4, dass Bücher im Sinne des Gesetzes auch Musiknoten (Nr. 1 a. a. O.), kartographische Produkte (Nr. 2 a. a. O.) sowie Produkte sind, die Bücher, Musiknoten oder kartographische Produkte reproduzieren oder substituieren und bei Würdigung der Gesamtumstände als überwiegend verlags- oder buchhandelstypisch anzusehen sind (Nr. 3 a. a. O.); gleich stehen kombinierte Produkte, bei denen eines der genannten Erzeugnisse die Hauptsache bildet (Nr. 4 a. a. O.). Das entspricht dem herkömmlichen Begriffsverständnis unter den Vorläufern des § 30, wonach Bücher **Werke der Literatur, Tonkunst, Kunst und Photographie sind**, sofern sie durch ein graphisches Verfahren vervielfältigt werden und eine im Vordergrund stehende Informations- oder Anleitungsaufgabe haben.[20] Ebenso behandelt wurden schon früher die **neuen elektronischen Medien mit Buchersatzfunktion** wie namentlich elektronische Wörterbücher, CD-ROM's oder Bücher auf Mikrofiches.[21] Im Ergebnis wurden auf diese Weise mit Rücksicht auf den Zweck der Vorschrift, das System des festen Ladenpreises im Buchhandel zu legalisieren, alle **Verlagserzeugnisse** erfasst, **die herkömmlich zu festen Preisen über den traditionellen Buchhandel vertrieben** werden.[22]

15 **Zeitungen und Zeitschriften** unterscheiden sich von den sonstigen Verlagserzeugnissen einschließlich insbesondere der Bücher, die heute dem BuchpreisbindungsG von 2002 unterliegen, vor allem durch ihre **periodische Erscheinungsweise** und ihre typischerweise von dem Buchvertrieb **abweichenden Vertriebswege.**[23] Periodisch erscheinende Romanhefte und vergleichbare Produkte zählen danach, weil über den Zeitschriftenhandel vertrieben, zu den Zeitschriften und nicht zu den Büchern, so dass sich bei ihnen die Preisbindung nach wie vor nach § 30 GWB richtet.[24]

2. Substitute und Kombinationsprodukte

16 **a)** Nach § 30 Abs. 1 S. 2 GWB zählen zu den Zeitungen und Zeitschriften außerdem die sog. Substitute und die Kombinationsprodukte (u. Rn. 17). Als **Substitute** bezeichnet das Gesetz in § 30 Abs. 1 S. 2 Halbs. 1 Produkte, die Zeitungen oder Zeitschriften reproduzieren oder substituieren und bei Würdigung der Gesamtumstände als überwiegend verlagstypisch anzusehen sind (ebenso § 2 Abs. 1 Nr. 3 BuchpreisbindungsG). Gemeint sind damit insbesondere die **neuen elektronischen Medien mit Ersatzfunktion** für Zeitungen oder Zeitschriften, so dass das betreffende Medium *Lesestoff* enthalten muss, der üblicherweise dem Benutzer auf dem Weg über Zeitungen oder Zeitschriften zur Verfügung gestellt wird. Ein Beispiel ist eine **Internetzeitung.** Hinzu kommen muss noch, dass das betreffende elektronische Medium bei Würdigung der Gesamtumstände als überwiegend **verlagstypisch** anzusehen ist, womit gemeint ist, dass sein Vertriebsweg im wesentlichen dem herkömmlichen Vertriebsweg für Zeitungen oder Zeitschriften entsprechen muss.

[20] BReg., Kartellbericht, S. 33.

[21] BGHZ 135, 74, 78 ff. = NJW 1997, 1911 – CD-ROM; *OLG Hamburg* GRUR 1995, 830, 832; *Fezer,* WuW 1994, 740; *ders.,* WRP 1994, 669; *ders.,* NJW 1997, 2150; *Kort,* WiB 1997, 719.

[22] BGHZ 46, 74, 77 ff. = NJW 1967, 343 – Schallplatten; BGHZ 135, 74, 78 ff. = NJW 1997, 1911 *"CD-ROM"; BGH* WuW/E BGH 1463 = LM Nr. 16 zu § 16 GWB – Briefmarkenalben; LM Nr. 17 zu § 16 GWB = NJW 1986, 1256 – Schulbuch-Preisbindung; *Fezer,* WRP 1994, 669.

[23] *Waldenberger,* NJW 2002, 2914 (2918).

[24] *Bechtold,* GWB, § 30 Rn. 16; str.

b) Erfasst werden von der gesetzlichen Regelung ferner noch **kombinierte Produkte,** bei denen eine Zeitung oder Zeitschrift im Vordergrund steht (§ 30 Abs. 1 S. 2 Halbs. 2). Hintergrund dieser Regelung ist die zunehmende Beliebtheit von Kombinationsprodukten aus Zeitungen oder Zeitschriften und anderen Produkten, womit bezweckt wird, den Absatz der Zeitungen zu fördern. Der Anwendungsbereich dieser Regelung ist umstritten.[25] Nach einer Meinung kommt mit Rücksicht auf den Zweck des § 30 und die Problematik der ganzen Regelung allein eine Kombination mit **Produkten mit Informationsgehalt** in Betracht.[26] Dem hat sich indessen die Rechtsprechung unter Berufung auf den Wortlaut des § 30 Abs. 1 S. 2 Halbs. 2 GWB nicht angeschlossen und die Kombination von Presseerzeugnissen **mit beliebigen anderen**, an sich nicht preisbindungsfähigen **Waren** wie z. B. die Kombination einer Frauenzeitschrift mit einer Sonnenbrille oder mit einem Lippenstift zugelassen.[27] Die Vereinbarkeit dieser weiten Auslegung des Preisbindungsprivilegs des § 30 GWB mit Art. 101 Abs. 1 AEUV ist jedoch durchaus zweifelhaft. 17

IV. Beteiligte

1. Hersteller

a) Die vertikale Preisbindung kann nach § 30 Abs. 1 S. 1 GWB nur durch „Unternehmen" eingeführt werden, die Zeitungen oder Zeitschriften „herstellen". In der ursprünglichen Fassung des GWB (§ 16 Abs. 1 Nr. 2 von 1957) war dagegen noch ausdrücklich von „Verlagsunternehmen" die Rede gewesen. Daran hat sich der Sache nach trotz der Änderung des Wortlauts der Vorschrift nichts geändert, da **„Hersteller"** von Zeitungen oder Zeitschriften **allein** die **Verlage** im Gegensatz insbesondere zu den Groß- und Einzelhändlern sowie zu den Importeuren sind. Als Hersteller kann außerdem grundsätzlich nur derjenige Verlag bezeichnet werden, der die verlegerische, redaktionelle und fertigungstechnische Arbeit selbst durchführt oder von anderen Unternehmen für sich durchführen lässt,[28] worunter freilich auch Fortdrucke durch Bezug des fertigen Satzes von einem anderen Verlag, insbesondere bei sog. Kopfzeitungen und sonstigen lokalen Ausgaben fallen.[29] Gleich steht heute auch die Herstellung eine Internetzeitung (Rn. 16), so dass es für die Annahme eines Verlages letztlich nur noch auf die redaktionelle und wirtschaftliche oder finanzielle Verantwortlichkeit für die Herausgabe und den Inhalt der Zeitung oder Zeitschrif ankommt. **Importeure** oder bloße **Handelsunternehmen** sind dagegen *nicht* zur Einführung der Preisbindung berechtigt. 18

b) Erzeugnisse, die einmal in den **preisbindungsfreien Handel** geraten sind, insbesondere also aus dem preisbindungsfreien Ausland stammende Zeitungen und Zeitschriften, bleiben nach dem Zweck des § 30 preisbindungsfrei. Auch Verlage, z. B. Tochtergesellschaften ausländischer Verlage, können die Händler nicht verpflichten, die von ihnen im preisbindungsfreien Ausland bezogenen Erzeugnisse im Inland nur zu gebundenen Preisen zu vertreiben.[30] 19

[25] S. IM/*Emmerich,* Bd. II, § 30 Rn. 25–30; *Freytag/Gerlinger,* WRP 2004, 537; *Soppe,* WRP 2005, 565.

[26] So *Emmerich,* FS H.P. Westermann, S. 899 (909); *Soppe* (vorige Fn.).

[27] *BGH* WuW/E DE-R 1604 (1606 f.) = GRUR 2006, 161 = NJW-RR 2006, 409 (411 f. Tz. 30) – Zeitschrift mit Sonnenbrille.

[28] *BKartA* TB 1970, S. 82.

[29] *BKartA* TB 1972, S. 106.

[30] *BKartA* TB 1978, S. 84 (l. Sp.).

2. Abnehmer

20 **a)** Gebunden werden können alle „Abnehmer" der fraglichen Zeitungen und Zeitschriften mit Ausnahme der Endverbraucher sowie der Einkaufsgemeinschaften von Endverbrauchern. Möglicher Vertragspartner der Verlage bei der Einführung der Preisbindung sind mithin in erster Linie der **Einzel- und** der **Zwischenhandel,** das sog. **Pressegrosso**, sowie schließlich Reise- und Versandbuchhändler und Kommissionäre.

21 **b)** In die Preisbindung sind nach den üblichen Vertragsmustern, den sog. Reversen, auch die Verkäufe von Zeitungen und Zeitschriften über die Grenzen hinweg, d. h. der **grenzüberschreitende Handel,** insbesondere im Verhältnis zwischen Deutschland und Österreich einbezogen. Dies verstößt, wie gezeigt (Rn. 12), gegen Art. 101 AEUV und führt im Zweifel zur Nichtigkeit der gesamten Preisbindung (Art. 101 Abs. 2 AEUV in Verb. mit § 139 BGB; str.).

V. Nur Preise

22 **1.** § 30 Abs. 1 S. 1 GWB enthält eine Ausnahme von § 1 GWB allein „für **vertikale Preisbindungen**" (einschließlich der sog. Preisbindung der zweiten Hand), soweit ihr Gegenstand gerade „bestimmte Preise" sind (vgl. für Bücher § 5 Buchpreisbindungsgesetz). Gemeint sind die Verkaufspreise des Handels für Zeitungen und Zeitschriften. Den Gegensatz bilden die sonstigen *Geschäftsbedingungen* sowie die Preise von *Dienstleistungen;* insoweit bleibt es daher auch für Zeitungen und Zeitschriften bei dem Verbot des § 1 GWB (u. Rn. 28). Bindungsfähig ist mithin nach § 30 Abs. 1 GWB alles, aber auch nur das, was sich für die Abnehmer unmittelbar als **Preisnachlass** auswirkt einschließlich einzelner **Preisbestandteile** (s. § 30 Abs. 2 S. 1 GWB).[31] Erlaubt ist danach **z. B.** die Bindung von Brutto- oder Nettopreisen, von Höchst- oder Mindestpreisen,[32] von Sonderpreisen für bestimmte Abnehmer wie Studenten oder Büchereien[33] sowie von Preisnachlässen einschließlich der Rabatte und Zugaben,[34] *nicht* dagegen z. B. eine Bindung der Skonti, weil Skonti ein Entgelt für die vorzeitige Zahlung und damit eine sonstige Geschäftsbedingung darstellen.[35]

23 **2. Kein** bindungsfähiger Preisbestandteil ist die **genossenschaftliche Rückvergütung,** da sie unmittelbar auf dem Gesellschaftsrecht beruht (§ 19 Abs. 2 in Verbindung mit § 1 Abs. 1 Nr. 5 GenG).[36] Dasselbe gilt für andere Formen einer umsatzbezogenen **Gewinnverteilung** bei Handelsgesellschaften.[37] Anders soll es sich freilich verhalten, wenn der Zusammenschluss der Abnehmer allein eine Umgehung der

[31] S. dazu IM/*Emmerich,* Bd. II, § 30 Rn. 37, 83 ff.
[32] BGHZ 54, 227 (235) = NJW 1971, 35; str.
[33] *BGH* LM Nr. 17 zu RabattG = WuW/E BGH 951; *KG* WuW/E OLG 3154 (3157); *OLG Düsseldorf* WuW/E OLG 3613 (3622 f.).
[34] BGHZ 36, 370 (372 ff.) = NJW 1962, 1010 = JuS 1962, 286 Nr. 10.
[35] *BGH* (vorige Fn.); LM § 1 GWB Nr. 32 = NJW-RR 1986, 259; LM § 16 GWB Nr. 17 = NJW 1986, 1256.
[36] *BGH* LM Nr. 25 zu RabattG = NJW 1975, 215; LM § 1 UWG Nr. 130 = WuW/E BGH 580; LM § 17 GWB Nr. 7 = NJW 1979, 1411 = JuS 1979, 593 Nr. 8; WuW/E BGH 715 (724); *Michalski,* BB 1983, Beil. 2 zu H 8.
[37] *BGH* (vorige Fn.).

Preisbindung durch die Abschöpfung der Einzelhandelsspanne bezweckt, da die Rechtsprechung in diesem Fall dem § 30 GWB den Vorrang vor dem Gesellschaftsrecht zubilligt.[38]

VI. Preisbindungsvereinbarung

1. Vertrag mit den Abnehmern

§ 30 Abs. 1 S. 1 enthält eine Ausnahme von dem generellen Verbot wettbewerbsbeschränkender Vereinbarungen durch § 1 GWB (nur) für vertikale Preisbindungen zwischen Verlagen und ihren Abnehmern (vgl. a. § 30 Abs. 2). Daraus folgt, dass anders als die Buchpreisbindung die Preisbindung für Presseerzeugnisse **allein durch** Vereinbarung, d. h. durch einen **Vertrag** zwischen Herstellern, d. h. Verlagen, und Abnehmern (o. Rn. 18 ff.) begründet werden kann, da es sich bei der rechtlichen ebenso wie bei der wirtschaftlichen Bindung der Abnehmer iS. des. § 30 I S. 1 GWB[39] gleichermaßen um **rechtsgeschäftliche Beschränkungen ihrer Vertragsfreiheit** hinsichtlich der von ihnen mit ihren Abnehmern abzuschließenden Zweitverträge handelt, die an sich, d. h. ohne die Freistellung durch § 30 unter das Verbot des § 1 fielen. Keine Rolle spielt, ob der Preisbindungsvertrag mit dem Kaufvertrag über die gebundene Ware, die Zeitung oder die Zeitschrift verbunden oder unabhängig davon als Rahmenvertrag für die späteren Veräußerungsgeschäfte vereinbart wird. Im zweiten Fall spricht man auch von **Reversen,** deren Inhalt sich dann auf die Verpflichtung der Abnehmer beschränkt, bei späteren Veräußerungsgeschäften über die gebundenen Zeitungen oder Zeitschriften die vorgeschriebenen Preise einzuhalten oder die Preisbindung weiterzugeben. 24

Im Falle des mehrstufigen Vertriebs durch Einschaltung des **Großhandels,** bei Zeitungen durchweg **Pressegrosso** genannt, kann der Preisbindungsvertrag mit den Zwischenhändlern, den sog. Grossisten, die dann zur Weitergabe der Preisbindung verpflichtet werden müssen, oder direkt mit den Händlern abgeschlossen werden. In jedem Fall ist noch zusätzlich erforderlich, dass die **Bindung der Abnehmer gleichmäßig** ist.[40] Willkürliche Unterscheidungen zwischen den Abnehmern beeinträchtigen die Lückenlosigkeit des Bindungssystems und stellen zugleich einen Missbrauch im Sinne des § 30 Abs. 3 Nr. 1 GWB dar. 25

2. Sammelreverse

Die Buchpreisbindung beruhte bis zum Erlass des Buchpreisbindungsgesetzes im Jahre 2002 auf einem sog. **Sammelrevers,** worunter man die Zusammenfassung der Preisbindungen mehrerer Verlage in einer einzigen, von dem Abnehmer zu unterzeichnenden Urkunde verstand.[41] Durch die Einführung der gesetzlichen Preisbindung für Bücher hat der herkömmliche Sammelrevers mittlerweile weitgehend seine **praktische Bedeutung eingebüßt**. Er wird lediglich noch in beschränktem Umfang für *Zeitschriften* fortgeführt, während die Preisbindung für *Zeitungen* auf Verträgen 26

[38] *BGH* LM § 17 GWB Nr. 7 = NJW 1979, 1411; NJW 1979, 1412 = JuS 1979, 593 Nr. 8.

[39] Zur Unterscheidung zwischen rechtlicher und wirtschaftlicher Bindung s. IM/*Emmerich,* Bd. II, § 30 Rn. 51–54.

[40] *BGH* LM Nr. 17 zu RabattG = WuW/E BGH 951 – Büchereinachlass; s. auch o. Rn. 24.

[41] S. dazu *v. Becker,* ZUM 2002, 171 (173).

zwischen den Verlagen und den wenigen Monopolgrossisten beruht, in denen diese zur Weitergabe der Preisbindung an die Einzelhändler verpflichtet werden. Besonderheiten gelten für den Bahnhofsbuchhandel.

27 Die vielfältigen **kartellrechtlichen Probleme**, die früher mit der Praxis des Sammelreverses verbunden waren, sind daher heute nur noch von beschränktem Interesse.[42] Deshalb genügen hier folgende Bemerkungen: Die überwiegende Meinung hatte bisher **keine Bedenken** gegen die Zulässigkeit des Sammelreverses, solange nur die Händler die Befugnis behielten, einzelne Verlage aus dem Sammelrevers zu streichen.[43] Tatsächlich beruhte und beruht jedoch die Praxis des Sammelreverses auf **Absprachen** der Verleger, so dass das ganze System (eindeutig) gegen das Kartellverbot des **§ 1 GWB und** des **Art. 101 Abs. 1 AEUV** verstößt.[44] Ebenso wird die Rechtslage z. B. in der Schweiz beurteilt.[45]

3. Nur autonome Preisbindung

28 § 30 Abs. 1 S. 1 GWB gestattet **allein** die **„vertikale" Bindung** der Preise eines einzelnen Verlegers in Vereinbarungen gerade mit seinen Abnehmern (dazu o. Rn. 18 ff.). Damit ist gesagt, dass für eine Anwendung des § 30 GWB, verstanden als Ausnahme von dem Preisbindungsverbot des heutigen § 1 GWB (= Art. 101 Abs. 1 Halbs. 2 lit. a AEUV), **in Horizontalbeziehungen kein Raum** ist. Insoweit bleibt es vielmehr bei der Anwendbarkeit der Verbote des § 1 GWB und des Art. 101 Abs. 1 AEUV (s. schon o. Rn. 22, 27). Absprachen mehrerer Verlage untereinander oder mit anderen Unternehmen über die Einführung der Preisbindung verstoßen folglich gegen § 1 GWB sowie bei zwischenstaatlichem Bezug (der hier immer vorliegt) gegen Art. 101 Abs. 1 AEUV und sind deshalb **nichtig.**[46] Die Nichtigkeit des Kartells erfasst dann auch die aufgrund des Kartells vereinbarten Preisbindungsverträge als Ausführungsverträge.[47] Nicht zuletzt darauf beruht die bereits angesprochene Problematik des Sammelreverses (o. Rn. 27).

4. Pflichten der Parteien

29 Allein aufgrund des § 30 GWB ist kein Verleger zur Einführung oder Aufrechterhaltung der Preisbindung verpflichtet. Ihre Zulässigkeit setzt im Gegenteil gerade voraus, dass der **Verleger in der Entscheidung frei** ist und bleibt, ob er die Preisbindung einführen will oder nicht und wie lange er sie gegebenenfalls aufrechterhalten will.[48] Sobald er aber die Preisbindung einmal eingeführt hat, ergeben sich aus dem Preisbindungsvertrag auch für den Verleger gewisse Pflichten oder besser: **Obliegenheiten**. Hervorzuheben sind die Verpflichtung, alle Abnehmer gleichmäßig zu bin-

[42] Wegen der Einzelheiten s. IM/*Emmerich,* Bd. II, § 30 Rn. 43–45.

[43] *BGH* LM Nr. 32 zu § 1 GWB = NJW-RR 1986, 259; LM Nr. 18 zu § 16 GWB (Bl. 2 f.) = NJW 1990, 1993.

[44] S. u. Rn. 28 f.; *LG Düsseldorf* WuW/E LG/AG 589 ff.

[45] *SchweizBGE* 129 (2003) II, 18 (29 ff.); *schweiz. Wettbewerbskommission,* KRInt 89 (90 f. Tz. 31 ff.) = WuW 2005, 683 (684 ff.); *Zäch,* Kartellrecht, Tz. 478 ff. (S. 230 ff.).

[46] *Kommission,* Entsch. v. 12. 12. 1988, ABl. 1989 Nr. L 22/12 – Nettobücher; *BKartA* WuW/E BKartA 40; 41 (48 f.).

[47] S. o. § 7 Rn. 9 und § 21 Rn. 74; *BGH* LM Nr. 1 zu GWB – Allgemeines = NJW 1958, 589; LM Nr. 32 zu § 1 GWB = NJW-RR 1986, 259.

[48] S. o. Rn. 28; *OLG Frankfurt a. M.* NJW-RR 1986, 262 = WuW/E OLG 3609; *KG* WuW/E OLG 4065 (4069).

den (sog. **gedankliche Lückenlosigkeit**), sowie die Pflicht, die Preisbindung zu verteidigen und gegen Verstöße durch gebundene Abnehmer oder durch Außenseiter mit geeigneten Maßnahmen vorzugehen (sog. **praktische Lückenlosigkeit**).[49] Die **Abnehmer** sind demgegenüber verpflichtet, die vertraglich vorgeschriebenen Preise bei der Weiterveräußerung der Verlagserzeugnisse einzuhalten oder – bei der Preisbindung zweiter Hand – diese mit ihren Abnehmern zu vereinbaren;[50] sie können jedoch ebenso wie die Verlage die Preisbindung jederzeit kündigen (§ 242 BGB).

Fehlt die **Lückenlosigkeit** des Preisbindungssystems, so **bricht** das **System zusammen**, da dann den übrigen gebundenen Abnehmern ein Festhalten an den vorgeschriebenen Preisen nicht mehr zuzumuten ist (§§ 242, 273, 320 BGB). Dieselbe Wirkung hat es, wenn der bindende Verleger seinen Abnehmern dadurch Konkurrenz macht, dass er die gebundenen Artikel selbst und zudem noch billiger, z. B. in etwas anderer Aufmachung oder über Bücherclubs, an die Verbraucher verkauft (sog. **Preisspaltung**).[51] Zugleich handelt es sich dann um einen Missbrauch i. S. d. § 30 Abs. 3 Nr. 1 (s. u. Rn. 45). 30

VII. Schriftform

Literatur: *Brautlecht,* Definition, Anwendungsbereich und Wirkungen der Schriftform gemäß § 34 GWB, 1985; *Emmerich,* NJW 1980, 1363; *Heidmeier,* Maßstäbe für die Wirksamkeit von Fachhandelsvertriebsbindungen, 1983; *Jesch,* Das kartellrechtliche Schriftformgebot (§ 34 GWB), 1990.

1. Überblick

Nach § 30 Abs. 2 S. 1 GWB sind Preisbindungsvereinbarungen zwischen einem Verleger von Zeitungen oder Zeitschriften und seinen Abnehmern (o. Rn. 18, 24 f.) „schriftlich abzufassen", freilich heute nur (noch), *soweit* die Vereinbarungen Preise und Preisbestandteile betreffen. Es genügt außerdem, wenn die Beteiligten Urkunden unterzeichnen, die auf eine Preisliste oder auf Preismitteilungen Bezug nehmen (§ 30 Abs. 2 S. 2 GWB). Gemäß S. 3 des § 30 Abs. 2 GWB findet ferner die Vorschrift des § 126 Abs. 2 BGB keine Anwendung. 31

§ 30 Abs. 2 GWB geht auf **§ 34 GWB von 1957** zurück, der freilich noch einen **wesentlich weiteren Anwendungsbereich** als der heutige § 30 Abs. 2 GWB hatte, weil nach § 34 GWB a. F. das Schriftformerfordernis nicht allein für Preisbindungsverträge (§ 16 GWB a. F.), sondern für überhaupt alle wettbewerbsbeschränkenden Verträge und Beschlüsse, und zwar in ihrer Gesamtheit, galt. Dies hatte die unerwartete Folge gehabt, dass insbesondere zahlreiche Ausschließlichkeitsbindungen, die an sich nur einer (harmlosen) Missbrauchsaufsicht aufgrund des § 16 GWB von 1998 (= § 18 GWB von 1957) unterlagen, doch aus kartellrechtlichen Gründen nichtig waren, weil die Beteiligten nicht das Schriftformerfordernis des § 34 a. F. beachtet hatten (§ 125 BGB). Deshalb wurde bereits durch die sechste Novelle von 1998 das Schriftformerfordernis für wettbewerbsbeschränkende Vereinbarungen bis auf die Preisbindungsvereinbarungen gestrichen (s. § 15 Abs. 2 GWB von 1998 = § 30 Abs. 2 GWB von 2005). 32

[49] Wegen der Einzelheiten s. IM/*Emmerich,* Bd. II, § 30 Rn. 99 ff.; *Emmerich,* FG 50 Jahre BGH, Bd. II, 2000, S. 627 (634 ff.).

[50] *OLG Frankfurt a. M.* WuW/E OLG 4306 (4308).

[51] *OLG Frankfurt a. M.* NJW-RR 1986, 262.

32a Die Novelle von 1998 enthielt keine Übergangsregelung. Die Folge ist, dass **§ 34 a. F. auf Altverträge,** die bis zum Ablauf des 31. Dezember 1998 abgeschlossen wurden, noch **weiterhin Anwendung** findet. Daraus kann sich auch heute noch die Formnichtigkeit derartiger Verträge ergeben, so dass insoweit § 34 aF seine Bedeutung behalten hat. Eine Heilung des Formmangels ist durch die Aufhebung der Vorschrift vom 1. Januar 1999 ab nicht eingetreten, es sei denn, die Parteien bestätigen den Vertrag nach dem 1. 1. 1999.[52] Auf **europäischer Ebene** gibt es **keine** dem § 30 Abs. 2 entsprechende **Formvorschrift**. Spezielle Formvorschriften finden sich lediglich in verschiedenen Durchführungsverordnungen zu Art. 101 Abs. 3 AEUV. Soweit sie eingreifen, ist wegen des Vorrangs des Gemeinschaftsrechts kein Raum für die Anwendung des § 30 Abs. 2.[53]

33 Das Schriftformerfordernis hat in erster Linie den **Zweck,** dem BKartA die ihm nach § 30 Abs. 3 GWB obliegende **Missbrauchsaufsicht** zu **ermöglichen.**[54] Mit Rücksicht auf diesen Zweck gilt das Schriftformerfordernis zwar nicht für Vorverträge zu Preisbindungsvereinbarungen,[55] wohl aber für den Beitritt neuer Parteien sowie für Vertragsänderungen, soweit sie Preise oder Preisbestandteile betreffen (s. § 30 Abs. 2 S. 1 GWB).[56]

2. Umfang

34 Das Schriftformerfordernis des § 34 GWB von 1957 erstreckte sich früher auf den *gesamten* Vertrag einschließlich insbesondere der Nebenabreden, mochten die Parteien sie für wichtig halten oder nicht. Seit 1998 erfasst dagegen das Schriftformerfordernis gemäß § 30 Abs. 2 S. 1 GWB die Preisbindungsvereinbarung **nur noch, soweit** sie **Preise und Preisbestandteile betrifft,** im Übrigen also *nicht* mehr, so dass die weiteren Vereinbarungen auch formlos getroffen werden können. Dies bedeutet (natürlich) nicht, dass lediglich die Abrede über die Höhe des gebundenen Preises schriftlich fixiert werden müsste; gemeint ist vielmehr, dass alles, aber auch nur das, **was** gerade die **Preise „betrifft" und deshalb** der **Missbrauchsaufsicht** des BKartA nach § 30 Abs. 3 GWB **unterliegt**, schriftlich abzufassen ist, also sämtliche Abreden, die unmittelbar mit der Preisbindungsvereinbarung zusammenhängen und deren Kenntnis unerlässlich ist, um die Reichweite und Bedeutung der Preisbindungsabrede in der Missbrauchsaufsicht zutreffend abschätzen zu können.[57] Für die übrigen Abreden der Parteien besteht dagegen seit 1998 tatsächlich kein Formzwang mehr.

35 **Beurkundungsbedürftig** sind danach insbesondere die Abreden über die **Parteien**, über den **Vertragsgegenstand**, über die **Höhe** des gebundenen Preises, über die **Art** der Preisbindung, insbesondere, ob es sich um eine Preisbindung der zweiten Hand handelt, sowie über ein etwaiges **Preisbestimmungsrecht** des Verlegers, wie aus S. 2

52 *BGH* LM Nr. 35 zu § 34 GWB (Bl 2R) = NJW- RR 1999, 689; LM Nr. 36 zu § 34 GWB (Bl 2) = NJW- RR 1999, 1199; LM Nr. 36 (Bl 1R) = NJW- RR 2002, 1405.

53 *BGH* LM Nr. 155 zu § 13 GVG = NJW 1983, 519; *OLG Naumburg* NJWE-WettbR 1998, 161, 162; *OLG Düsseldorf* WuW/E DER 3421 (3424).

54 BGHZ 53, 304 (306 f.) = NJW 1970, 1131; BGHZ 54, 145 (148) = NJW 1970, 2157; BGHZ 72, 371 (377) = NJW 1979, 490; *BGH* LM § 20 GWB Nr. 21 = NJW-RR 1998, 1502.

55 S. IM/*Emmerich,* Bd. II, § 30 Rn. 66; str.

56 Vgl. *BGH* LM § 34 GWB Nr. 30 = NJW-RR 1993, 118; *OLG Frankfurt a. M.* WuW/E OLG 5337 f.

57 IM/*Emmerich*, Bd. II, § 30 Rn. 63 ff.

des § 30 Abs. 2 GWB zu folgern ist. Die **Bezugnahme auf Preislisten,** Preismitteilungen oder „Tagespreise" in der Preisbindungsvereinbarung bleibt möglich (s. u. Rn. 39), setzt aber gegebenenfalls die Vereinbarung voraus, dass dem Verleger tatsächlich ein einseitiges Preisbestimmungsrecht zustehen soll (§ 315 BGB); hinzu kommen muss dann noch die Beurkundung auch dieser Abrede (§ 30 Abs. 2 S. 1 GWB).[58]

3. § 126 I BGB

a) § 30 Abs. 2 GWB enthält der Sache nach eine **Bezugnahme auf § 126 I BGB** mit 36
den sich aus § 30 Abs. 2 S. 2 und 3 GWB ergebenden Einschränkungen. Dies bedeutet, dass die Preisbindungsvereinbarung, soweit sie unter § 30 Abs. 2 S. 1 GWB fällt (s. o. Rn. 34 f.), grundsätzlich in **eine von beiden** Parteien **unterschriebene Urkunde** aufgenommen werden muss (s. aber § 30 Abs. 2 S. 3 GWB und dazu u. Rn. 38). Nicht ausreichend ist dagegen die einseitige schriftliche Bestätigung der (mündlichen) Abreden der Parteien oder die konkludente Annahme des schriftlichen Antrags des anderen Teils.[59]

b) Aus § 126 BGB wird allgemein der Grundsatz der **Einheitlichkeit der Urkunde** 37
gefolgert, womit gemeint ist, dass die von den Parteien unterzeichnete Urkunde grundsätzlich **alle formbedürftigen Abreden** enthalten muss. Besteht die Urkunde aus mehreren Blättern, so genügt dafür freilich bereits die fortlaufende Paginierung der Seiten oder die durchgehende Nummerierung des Textes.[60] Außerdem ist zu beachten, dass § 30 Abs. 2 GWB in den Sätzen 2 und 3 **zwei** wichtige **Ausnahmen** von dem Grundsatz der Einheitlichkeit der Urkunde normiert.

Nach **S. 3** des § 30 Abs. 2 GWB findet zunächst **§ 126 II BGB keine Anwendung**. 38
§ 126 Abs. 2 S. 1 BGB bestimmt, dass bei einem Vertrag die Unterzeichnung der Parteien auf *derselben* Urkunde erfolgen muss. Wegen der Unanwendbarkeit dieser Vorschrift im Rahmen des § 30 Abs. 2 GWB genügt hier – anders als im Regelfall – ausnahmsweise auch ein bloßer **Briefwechsel,** vorausgesetzt, dass es sich bei den beiden Schriftstücken tatsächlich um Antrag und Annahme handelt, wozu erforderlich ist, dass sie eindeutig aufeinander Bezug nehmen.[61] Unzulässig ist es dagegen, die Abreden der Parteien auf verschiedene Urkunden aufzuteilen, die sich nicht wechselseitig aufeinander beziehen.[62]

c) Eine weitere Ausnahme von dem Grundsatz der Einheitlichkeit der Urkunde er- 39
gibt sich aus § 30 Abs. 2 **S. 2** GWB, nach dem zur Erfüllung des Schriftformerfordernisses auch die Unterzeichnung von Urkunden ausreicht, die auf eine **Preisliste oder** auf **Preismitteilungen Bezug nehmen.** Der Anwendungsbereich dieser Ausnahme beschränkt sich nicht streng auf die im Gesetz aufgezählten Urkunden, sondern umfasst außerdem noch **andere vergleichbare Urkunden,** die für eine größere Zahl von

[58] Vgl. BGHZ 77, 1 (5 ff.) = NJW 1980, 1529; BGHZ 83, 234 (237) = NJW 1982, 2066; BGHZ 119, 283 (288 f.) = NJW 1993, 64.

[59] *OLG Düsseldorf* WuW/E OLG 2765; 3626; 5341 (5342); *OLG Hamburg* WuW/E OLG 3993 (3994); *OLG Stuttgart* WuW/E OLG 5895 (5897).

[60] S. für § 34 a. F. *BGH* LM § 34 GWB Nr. 33 = NJW-RR 1997, 1357; BGHZ 136, 357 = NJW 1998, 58 = JuS 1998, 266 Nr. 6.

[61] *BGH* LM § 34 GWB Nr. 2 = NJW 1968, 403; LM § 34 GWB Nr. 26 = NJW 1986, 2435; WuW/E BGH 2064 (2065).

[62] S. *BGH* LM § 34 GWB Nr. 33 = NJW-RR 1997, 1357; LM § 34 GWB Nr. 32 = WuW/E BGH 3110 (3111 f.).

Fällen einheitlich gelten sollen und die für die Behörden zweifelsfrei bestimmbar und überprüfbar sind.[63]

40 **d)** Das Schriftformerfordernis gilt nicht nur für die Abgabe, sondern **auch** für den **Zugang** der Willenserklärungen der Parteien (§ 130 BGB).[64] Ausnahmen kommen nach § 151 BGB nur bei einem Verzicht auf den schriftlichen Zugang der Willenserklärung in Betracht, wovon bei dem Sammelreversverfahren der Verlage verbreitet Gebrauch gemacht wird oder doch gemacht wurde.[65]

4. Rechtsfolge

41 Ein Verstoß gegen das Schriftformerfordernis des § 30 Abs. 2 GWB hat nach § 125 BGB die **Nichtigkeit** der Preisbindungsvereinbarung zur Folge, soweit sie unter § 30 Abs. 2 S. 1 GWB fällt. Das Schicksal des Vertragsrestes, der nicht formbedürftig ist, beurteilt sich nach § 139 BGB. Die Berufung einer Partei auf die Formnichtigkeit einer Preisbindungsvereinbarung nach § 30 Abs. 2 GWB verstößt grundsätzlich nicht gegen Treu und Glauben (§ 242 BGB).[66] Die **Praktizierung** eines wegen Verstoßes gegen § 30 Abs. 2 nichtigen Preisbindungssystems fällt – mangels Anwendbarkeit der Freistellung des § 30 – unter das Verbot des **§ 1 GWB** und stellt zugleich einen **Missbrauch** dar, so dass die Kartellbehörden dagegen gleichermaßen aufgrund des § 30 Abs. 3 wie des § 32 einschreiten können.

VIII. Missbrauch

42 **1.** Das BKartA kann gemäß § 30 Abs. 3 GWB (= § 17 GWB von 1957 und § 15 Abs. 3 von 1998) die Preisbindung von Amts wegen oder auf Antrag eines gebundenen Abnehmers für unwirksam erklären, wenn sie missbräuchlich gehandhabt wird (Nr. 1) oder wenn sie allein oder in Verbindung mit anderen Wettbewerbsbeschränkungen geeignet ist, die gebundenen Waren zu verteuern, ein Sinken ihrer Preise zu verhindern oder ihre Erzeugung oder ihren Absatz zu beschränken (Nr. 2).

43 Die Missbrauchsaufsicht über die Preisbindung für Zeitungen und Zeitschriften (§ 30 Abs. 3 GWB) soll verhindern, dass von der Preisbindung in einer mit dem Gesetzeszweck unvereinbaren Weise Gebrauch gemacht wird. **Zweck des § 30 Abs. 1 GWB** ist die Legalisierung des Systems des festen Ladenpreises bei Zeitungen und Zeitschriften, in erster Linie zum Schutz eines „leistungsfähigen" Sortimenterstandes sowie im Interesse der Überallerhältlichkeit von Zeitungen und Zeitschriften zum selben Preis (s. o. Rn. 6). Folglich stellt eine Handhabung der Preisbindung, die **mit diesem Zweck** der Vorschrift **unvereinbar** ist, einen **Missbrauch** im Sinne des § 30 Abs. 3 Nr. 1 GWB dar.[67]

44 Die praktische **Bedeutung** der ganzen Materie ist seit 1973, d. h. seit Abschaffung der Preisbindung für Markenartikel nur noch **gering.** Seit der Herausnahme der Buchpreisbindung und deren Verlagerung auf das eigenartige Buchpreisbindungs-

[63] BGHZ 72, 371 (376 ff.) = NJW 1979, 490; *BGH* LM § 34 GWB Nr. 24 = NJW-RR 1986, 336.
[64] RGZ 61, 414 (415); BGHZ 160, 97 (101) = NJW 2004, 2962; IM/*Emmerich*, Bd. II, § 30 Rn. 71 ff.
[65] *BGH* LM § 34 GWB Nr. 27 = NJW 1986, 1300.
[66] *BGH* LM § 34 GWB Nr. 11 = NJW 1979, 2247; LM § 34 GWB Nr. 24 = NJW-RR 1986, 336.
[67] *BGH* LM § 16 GWB Nr. 17 = NJW 1986, 1256; LM § 17 GWB Nr. 7 = NJW 1979, 1411 = JuS 1979, 593 Nr. 8.

gesetz von 2002 hat § 30 Abs. 3 GWB vollends jegliche praktische Bedeutung eingebüßt. Verfahren des Bundeskartellamts aufgrund des § 30 Abs. 3 sind seit vielen Jahren nicht mehr bekannt geworden, so dass es genügt, im Folgenden auf einige Beispiele aus der früheren Praxis zu § 17 von 1957, dem Vorläufer des heutigen § 30 Abs. 3 GWB, einzugehen, um die Reichweite der Regelung zu verdeutlichen.

2. Die **Nr. 1 des § 30 Abs. 3** wendet sich zunächst gegen jede **missbräuchliche**, weil 45
zweckwidrige **Handhabung** der Preisbindung. Ein Beispiel ist der **zweigleisige Vertrieb** desselben Verlagserzeugnisses (im wirtschaftlichen Sinne) mit und ohne Preisbindung. Die Preisbindung verstößt in diesem Fall bereits gegen § 30 Abs. 1 GWB (s. o. Rn. 30). Wird sie gleichwohl praktiziert, so liegt darin zugleich ein Missbrauch i. S. d. § 30 Abs. 3 Nr. 1 GWB.[68] Umstritten ist, ob hierher auch die Festsetzung des **Abonnementspreises** für Zeitschriften deutlich **unter** dem gebundenen **Einzelverkaufspreis** gehört, wie das Bundeskartellamt lange Zeit angenommen hatte, wobei es die kritische Grenze meistens bei einer Differenz von mehr als 15 % gesehen hatte.[69] Diese Praxis ist indessen überholt.[70] Denn bei dem Einzelverkauf von Presseerzeugnissen und dem Vertrieb im Abonnement handelt es sich tatsächlich um verschiedene Märkte, so dass ein Vergleich der auf den beiden Märkten geforderten unterschiedlichen Preise – von Extremfällen abgesehen – ohne Aussagekraft für die Annahme eines Missbrauchs ist.[71]

b) Nach **§ 30 Abs. 3 Nr. 2 GWB** liegt ein Missbrauch ferner vor, wenn die Preisbin- 46
dung allein oder infolge ihrer Verbindung mit einer anderen Wettbewerbsbeschränkung, insbesondere mit einer Vertriebsbindung, **geeignet** ist, die gebundenen Waren **zu verteuern** oder ein Sinken ihrer Preise zu verhindern oder ihre Erzeugung oder ihren Absatz zu beschränken. Vorläufer der Nr. 2 des § 30 Abs. 3 GWB war **§ 17 Abs. 1 Nr. 2 GWB von 1957.** In der Rechtsprechung zu dieser Vorschrift war ein Missbrauch angenommen worden, wenn die Preisbindung in erster Linie den Zweck hatte, den Abnehmern überhöhte Handelsspannen zu gewährleisten,[72] oder wenn der gebundene **Preis weit über** dem (hypothetischen) **Wettbewerbspreis** festgesetzt wurde.[73] Weitere Beispiele waren ein übermäßiger Preisabstand zwischen Parallelausgaben sowie noch Subskriptionspreise, die 20 % unter dem späteren Ladenpreis liegen oder für einen längeren Zeitraum als ungefähr drei Monate gewährt werden.[74]

Ob an dieser Praxis (o. Rn. 46) heute noch festgehalten werden kann, ist zweifelhaft, 47
da man bedenken muss, dass grundsätzlich **jede Preisbindung geeignet** ist, die gebundene Ware **zu verteuern**. Das ist sogar (s. o. Rn. 6) ausgesprochen ihr Zweck. Nähme man deshalb das Gesetz beim Wort, so wäre im Grunde eine Preisbindung jetzt weithin unmöglich.[75] Das kann (natürlich) nicht der Sinn der gesetzlichen Regelung sein. Mit Rücksicht auf den vom Gesetzgeber mit der Zulassung der Preisbin-

---

[68] BGHZ 53, 76 (86 ff.) = NJW 1970, 858 – Schallplatten II; *KG* WuW/E OLG 1128 (1130).

[69] *BKartA* TB 1987/88, S. 33, 94; 1995/96, S. 92.

[70] Vgl. für Probeabonnements BGHZ 166, 154 (163 ff. Tz. 24 ff.) = NJW 2006, 2627 = JuS 2006, 1030 Nr. 11 m. Anm. *Chr. Alexander,* ZWeR 2007, 239.

[71] IM/*Emmerich*, Bd. II, § 30 Rn. 126.

[72] BGHZ 51, 21 (22 ff.) = NJW 1969, 323; *BKartA* WuW/E BKartA 725; 1320.

[73] *BGH* LM § 17 GWB Nr. 2 = WuW/E BGH 852; WuW/E BGH 853; *KG* WuW/E OLG 1244; *BKartA* WuW/E BKartA 355; 725; 835; 867; 1103.

[74] *BKartA* TB 1983/84, S. 103; 1987/88, S. 33, 94.

[75] S. IM/*Emmerich*, Bd. II, § 30 Rn. 137; *Bunte,* NJW 1997, 3127 (3128 f.).

dung verfolgten Zweck wird sich daher wohl auch in Zukunft die Preismissbrauchsaufsicht über die Preisbindung in einem ganz engen Rahmen zu bewegen haben.

§ 26. Empfehlungen

Literatur: *BMWi,* 2. Kooperationsfibel, 1976, S. 51 ff.; WuW 1986, 111; *BKartA,* Merkblatt über Kooperationsmöglichkeiten für KMU v. März 2007; Bewertung von Verhaltensweisen in Verhandlungen zwischen Herstellern von Markenartikeln, Großhändlern und Einzelhandels-Unternehmen, Brief vom 13. 4. 2010, WuW 2010, 786; *Belke,* Die Geschäftsverweigerung im Recht der Wettbewerbsbeschränkungen, 1966; *Emmerich,* Die Zulässigkeit der Kooperation von Unternehmen aufgrund des reformierten GWB, 1974; *ders.,* ZGR 1976, 167; *Immenga,* FS Werner, 1984, S. 375; *Hirsbrunner/Schwarz,* FS Bechtold, 2006, S. 171; *Lettl,* WRP 2011, 710; *Rüdell,* Die Zulässigkeit horizontaler Empfehlungen nach deutschem und EWG-Kartellrecht, 1974; *Teichmann,* FS Großfeld, 1999, S. 1227.

I. Überblick

1 Das GWB enthielt bis 2005 neben dem generellen Verbot wettbewerbsbeschränkender Vereinbarungen (§§ 1 und 14 GWB von 1998) ergänzend noch verschiedene Umgehungsverbote, unter denen das **Empfehlungsverbot** des § 22 Abs. 1 GWB von 1998 herausragte. Nach dieser Vorschrift waren Empfehlungen verboten, die eine Umgehung der im GWB ausgesprochenen Verbote durch gleichförmiges Verhalten bezweckten oder bewirkten (S. 1 a. a. O.). Dasselbe galt für vertikale Preisempfehlungen nach S. 2 der Vorschrift. Das Empfehlungsverbot war jedoch durch verschiedene **Ausnahmen** durchbrochen, unter anderem für sog. Mittelstandsempfehlungen (§ 22 Abs. 2 GWB a. F., Rn. 6 f.), für die Empfehlung von Geschäftsbedingungen durch Wirtschafts- und Berufsvereinigungen (§ 22 Abs. 3 Nr. 2 GWB a. F.) sowie insbesondere für Preisempfehlungen für Markenwaren (§ 23 GWB a. F.; dazu Rn. 3 f.).

2 Alle diese Regelungen sind durch die 7. GWB-Novelle **gestrichen** worden, weil der AEUV weder ein Empfehlungsverbot noch folgerichtig Ausnahmen davon kennt (s. o. § 4 Rn. 30a). Seitdem richtet sich im deutschen Recht die **Zulässigkeit** von Empfehlungen ebenso wie schon immer auf europäischer Ebene allein **nach** den **allgemeinen Vorschriften**, d. h. nach dem Kartellverbot des Art. 101 Abs. 1 AEUV und des § 1 GWB sowie gegebenenfalls nach den Ausnahmetatbeständen des Art. 101 Abs. 3 AEUV bzw. der §§ 2 Abs. 1 und 3 Abs. 1 GWB.[1] Umstritten sind vor allem die Konsequenzen, die sich aus dieser Gesetzeslage für die Zulässigkeit von Preisempfehlungen bei Markenartikeln ergeben (Rn. 3 f.).

II. Kartellverbot

3 Als **Empfehlung** bezeichnet man gemeinhin eine Erklärung, durch die jemand etwas als für einen anderen gut oder vorteilhaft bezeichnet und ihm deshalb anrät oder vorschlägt; ihr wohnt zwar das Bestreben inne, den Willen des Adressaten zu beeinflussen; sie ist jedoch rechtlich unverbindlich und stellt deshalb einen streng **einseitigen Tatbestand** dar.[2] Dadurch unterscheidet sich die Empfehlung von den durch § 1

[1] Begr., BT-Drs. 15/3640, S. 30 (r. Sp.), 46 (l. Sp.: Zu Nr. 11).

[2] So zu § 22 a. F. BGHZ 28, 208 (211, 222 f.); 125, 315 (318 f.); 140, 342 (345) = JuS 1999, 123 – Sixt; *Hirsbrunner/Schwarz,* FS Bechtold, 2006, S. 171 (183).

GWB und Art. 101 AEUV verbotenen Maßnahmen, die, insbesondere als Vereinbarung, in jedem Fall eine Willensübereinstimmung von zumindest *zwei* Personen voraussetzen (o. § 4 Rn. 12 ff.). Daraus folgt die grundsätzliche **Zulässigkeit** der (streng einseitigen) Empfehlungen, einschließlich namentlich der Preisempfehlungen, etwa für Markenartikel. Dies wird bestätigt durch Art. 4 lit. a der **GFVO Nr. 330/2010** für Vertikalvereinbarungen[3] sowie durch die Vertikalleitlinien ebenfalls von 2010.[4]

Die genannte Vorschrift der GFVO Nr. 330/2010 erstreckt die Freistellung von vertikalen Vereinbarungen nach den Art. 2 und 3 der Verordnung auf den Ausspruch von **Preisempfehlungen** durch Lieferanten, sofern sich die Empfehlungen nicht infolge der Ausübung von Druck oder der Gewährung von Anreizen durch eine der Vertragsparteien tatsächlich wie Fest- oder Mindestverkaufspreise auswirken. Damit ist zugleich gesagt, dass das Kartellverbot (§ 1 GWB und Art. 101 AEUV) doch auf „Empfehlungen" anwendbar ist, wenn sich hinter ihnen in Wirklichkeit eine Maßnahme im Sinne der beiden Kartellverbote verbirgt, wenn sich z. B. die Empfehlung als Antrag auf Abschluss einer Vereinbarung erweist, den die Adressaten durch entsprechendes Verhalten (konkludent) annehmen (s. § 4 Rn. 12 ff.). Empfehlungen sind außerdem verboten, wenn sie auf Vereinbarungen oder abstimmten Verhaltensweisen beruhen oder zu einer abgestimmten Verhaltensweise der Adressaten führen.[5] Dasselbe gilt häufig für **Verbandsempfehlungen**, da sie in der Regel auf Beschlüssen im Sinne des Art. 101 Abs. 1 AEUV und des § 1 GWB beruhen.[6] Empfehlungen sind schließlich noch (nur) nach deutschem Recht untersagt, wenn zugleich die Voraussetzungen des **Druckverbots** des § 21 Abs. 2 erfüllt sind (s. u. § 28 Rn. 11 ff.). Paradigma ist die Androhung einer Liefersperre oder einer Rabattkürzungen seitens des Herstellers eines Markenartikels, wenn die Händler seine Preisempfehlungen nicht befolgen.[7] 4

Die **Grenzziehung** ist schwierig und umstritten. Das BKartA neigt dazu, die Zulässigkeitsgrenzen insbesondere von Preisempfehlungen für Markenartikel im Interesse der effektiven Durchsetzung des Kartellverbots möglichst **eng** zu ziehen und eine verbotene Vereinbarung immer schon dann anzunehmen, wenn es aufgrund der Empfehlungen des Herstellers ausdrücklich oder konkludent zu einer Koordinierung des Marktverhaltens der Beteiligten untereinander oder mit Dritten kommt.[8] Im Schrifttum stößt diese Praxis vielfach auf **Kritik**, weil man nicht ganz ohne Grund befürchtet, dass im Falle ihrer konsequenten Durchsetzung von der grundsätzlichen Zulässigkeit von Preisempfehlungen insbesondere für Markenartikel nicht mehr viel übrig bleiben dürfte.[9] 5

---

[3] ABl. Nr. L 102/1.

[4] ABl. Nr. C 130/1, Tz. 226–228.

[5] S. insbesondere *EuGH* Slg. 1980, 3125 (3250 Tz. 86 ff.) – FEDETAB; 1987, 447 (455 Tz. 30 f.) = NJW 1987, 2150 – Sachversicherer; *BGH* WuW/E DE-R 2408 (2415 f. Tz. 40 ff.) = WRO 2008, 1456 – Lottoblock III.

[6] *BKartA* WuW/E DE-V 1539 (1543 ff. Tz. 25 ff.) – Arzneimittelhersteller (für Preisempfehlungen der Apothekerverbände); *Köhler*, WuW 2009, 258 (266 ff.).

[7] *BKartA* WuW/E DE-V 1813 (1817 f. Tz. 43 f.) – Kontaktlinsen; Brief v. 13. 4. 2010, WuW 2010, 786 (788 f.).

[8] *BKartA* WuW/E DE-V 1813 (1817 f. Tz. 43 f.) – Kontaktlinsen; Brief v. 13. 4. 2010, WuW 2010, 786 (788 f.).

[9] *Hirsbrunner/Schwarz*, FS Bechtold, 2006, S. 171 (185 ff.); *Möschel*, WuW 2010, 1229.

III. Ausnahmen

6 Greift im Einzelfall das Kartellverbot ein (o. Rn. 3 ff.), so ist ergänzend zu prüfen, ob Raum für die Anwendung der Ausnahmen des **Art. 101 Abs. 3 AEUV und** der **§§ 2 und 3 GWB** ist. Nach Meinung der Verfasser der 7. GWB-Novelle soll dies insbesondere regelmäßig bei sog. **Mittelstandsempfehlungen** der Fall sein, sofern sie die Voraussetzungen des früheren § 22 Abs. 2 GWB a. F. erfüllen.[10]

7 **§ 22 Abs. 2 GWB a. F.** erlaubte Empfehlungen, die von Vereinigungen kleiner oder mittlerer Unternehmen unter Beschränkung auf den Kreis der Beteiligten ausgesprochen wurden, wenn die Empfehlungen (1.) dazu dienten, die Wettbewerbsfähigkeit der Beteiligten gegenüber Großbetrieben oder großbetrieblichen Unternehmensformen zu verbessern und (2.) gegenüber den Empfehlungsempfängern ausdrücklich als unverbindlich bezeichnet waren und zu ihrer Durchsetzung kein wirtschaftlicher, gesellschaftlicher oder sonstiger Druck angewandt wurde. Derartige Mittelstandsempfehlungen waren kraft Gesetzes erlaubt, unterlagen jedoch einer (wie immer wirkungslosen) Missbrauchsaufsicht seitens des BKartA nach § 22 Abs. 6 GWB a. F.

8 § 22 Abs. 2 GWB a. F. ist 2005 ebenfalls gestrichen worden. Die Zulässigkeit von Mittelstandsempfehlungen (o. Rn. 7) beurteilt sich seitdem – bei Anwendbarkeit des Kartellverbotes (o. Rn. 3 f.) – allein nach **Art. 101 Abs. 3 AEUV** und nach den **§§ 2 Abs. 1** und **3 Abs. 1 GWB**. Dies bedeutet, dass im Falle des Ausspruches von Mittelstandsempfehlungen zunächst zu prüfen ist, ob sie überhaupt gegen das Kartellverbot des § 1 GWB und des Art. 101 Abs. 1 AEUV verstoßen, etwa, weil sie auf dem Beschluss eines Verbandes beruhen oder weil sie zu einer Verhaltensabstimmung zwischen den Adressaten führen. Ist dies der Fall, so muss als nächstes geprüft werden, ob der fragliche Verbandsbeschluss oder die Verhaltensabstimmung der Adressaten unter eine der Ausnahmen der §§ 2 und 3 GWB und des Art. 101 Abs. 3 AEUV fallen. Generelle Aussagen sind dazu nicht mehr möglich.[11] Als ein **Beispiel** für danach noch mögliche Mittelstandsempfehlungen wird im Schrifttum eine Verbandsempfehlung über Ladenöffnungszeiten genannt.[12]

2. Kapitel. Behinderungswettbewerb

§ 27. Missbrauchsaufsicht

Literatur (Auswahl): *BKartA,* Auslegungsgrundsätze zur Prüfung von Marktbeherrschung vom Juli 2005; *Albach,* Finanzkraft und Marktbeherrschung, 1981; *J. Baur,* Der Mißbrauch im deutschen Kartellrecht, 1972; *Bartling,* Leitbilder der Wettbewerbspolitik, 1980; *St Bechtold,* Die Kontrolle von Sekundärmärkten, 2007; *T. Caspary,* Der Verkauf unter Einstandspreis, 2005; *Emmerich,* Die höchstrichterliche Rechtsprechung zum GWB, ZHR 140 (1976), 97; *T. Golz,* Der sachlich relevante Markt bei Verlagserzeugnissen, 2003; *Hölzler/Satzky,* Wettbewerbsverzerrungen durch nachfragemächtige Handelsunternehmen, 1980; *Hoppmann,* Die Abgrenzung des relevanten Marktes im Rahmen der Mißbrauchsaufsicht, 1974; *ders.,* Marktmacht und Wettbewerb, 1977; *ders.,* Das Konzept des wirksamen Preiswettbewerbs, 1978; *ders.,* Behinderungsmißbrauch, 1980; *ders.,* Marktbeherrschung und Preismißbrauch, 1983; *Ittner,* Die Vermutungen des GWB, 1998; *Jickeli,* Marktzutrittsschranken im Recht der Wettbe-

[10] Begr., BT-Drs. 15/3640, S. 30 (r. Sp. 3. Abs.).

[11] S. *Pfeffer/Wegener,* WuW 2007, 1173 (1178); *K. Rißmann,* WuW 2006, 881 (888 f.).

[12] *K. Rißmann,* WuW 2006, 881 (888 f.).

werbsbeschränkungen, 1990; *Jüngst,* Marktbeherrschungsbegriff, „überragende Marktstellung" und Diversifikation, 1980; *Kirschstein,* Marktmacht und ihre Kontrolle nach dem GWB, 1974; *Klauss,* Die Bestimmung von Marktmacht, 1975; *Köhler,* Nachfragewettbewerb und Marktbeherrschung, 1986; *ders.,* Wettbewerbs- und kartellrechtliche Kontrolle der Nachfragemacht, 1979; *Markert,* Die Wettbewerbsbehinderung im GWB nach der 4. Kartellnovelle, 1982; *Mestmäcker,* Das marktbeherrschende Unternehmen im Recht der Wettbewerbsbeschränkungen, 1959; *ders.,* Medienkonzentration und Meinungsvielfalt, 1978; *ders.,* Der verwaltete Wettbewerb, 1984; *Möschel,* Oligopolmißbrauch, 1974; *ders.,* Rechtsordnung zwischen Plan und Markt, 1975; *ders.,* Pressekonzentration und Wettbewerbsgesetz, 1978; *J. Pohlmeier,* Netzwerkeffekte und Kartellrecht, 2004; *Röper* (Hrsg.), Die Mißbrauchsaufsicht vor dem Hintergrund der Entwicklungen der neueren Wettbewerbstheorie, 1982; *Sandrock,* Grundbegriffe des GWB, 1968; *Schulte-Braucks,* Auflösung marktbeherrschender Stellungen, 1980; *Sieben/Goetzke/Matschke,* Der Begriff „Finanzkraft" in § 22 GWB in betriebswirtschaftlicher Sicht, 1980; *M. Stoll,* Drittmarktbehinderungen im deutschen und europäischen Kartellrecht, 2002; *P. Ulmer,* Schranken zulässigen Wettbewerbs marktbeherrschender Unternehmen, 1977; *U. Westen,* Unbillige Behinderung von Wettbewerbern durch Verkauf unter Einstandspreis, 1987; *Wurmnest,* Marktbeherrschung und Verdrängungsmissbrauch, 2010; *Zohlnhöfer,* Wettbewerbspolitik im Oligopol, 1968.

I. Geschichte

§ 19 GWB wendet sich gegen den Missbrauch marktbeherrschender Stellungen. 1
Vorläufer der Vorschrift war **§ 22 GWB von 1957**. Während jedoch noch § 22 Abs. 4 GWB von 1957 lediglich eine Eingriffsermächtigung für die Kartellbehörden enthielt, ist heute die missbräuchliche Ausnutzung einer marktbeherrschenden Stellung durch ein oder mehrere Unternehmen unmittelbar kraft Gesetzes verboten (§ 19 Abs. 1 GWB), so dass Verstöße gegen das Missbrauchsverbot seit 1998 auch zivilrechtliche Sanktionen aufgrund des § 33 GWB und des § 134 BGB nach sich ziehen können.

In seiner **ursprünglichen Fassung** hatte sich das Missbrauchsverbot noch auf markt- 2
beherrschende Unternehmen im Sinne der heutigen Nr. 1 des § 19 Abs. 2 GWB sowie auf marktbeherrschende Oligopole beschränkt, denen zudem nur einzelne, im Gesetz genau umschriebene Verhaltensweisen untersagt waren. Die Erweiterung zu einer Generalklausel beruhte auf der **ersten Novelle von 1965**. Durch die **zweite Novelle von 1973** wurde der Adressatenkreis um solche Unternehmen erweitert, die im Verhältnis zu ihren Konkurrenten eine überragende Marktstellung besitzen (jetzt § 19 Abs. 2 Nr. 2 GWB). Außerdem wurden erstmals Vermutungen der Marktbeherrschung in das Gesetz eingefügt (§ 19 Abs. 3). Die **vierte Novelle von 1980** brachte die Einfügung der gesetzlichen Regelbeispiele, die sich heute in § 19 Abs. 4 GWB finden. Die **fünfte Novelle von 1989** ergänzte sodann den § 19 Abs. 2 Nr. 2 GWB um zwei vertikale Merkmale. Durch die **6. Novelle von 1998** wurde schließlich das Missbrauchsverbot in ein unmittelbar anwendbares **gesetzliches Verbot** umgestaltet und zugleich § 19 Abs. 4 Nr. 4 GWB in das Gesetz eingefügt.

Mit der Umgestaltung des Missbrauchsverbots in ein gesetzliches Verbot wurde 3
1998 vor allem der Zweck verfolgt, den § 19 GWB partiell **an Art. 102 AEUV anzugleichen** (s. o. §§ 9–11). Auf eine darüber hinausgehende Angleichung des § 19 GWB an Art. 102 AEUV wurde dagegen bisher bewusst verzichtet. Zur Rechtfertigung haben sich die Verfasser der 7. Novelle von 2005 in erster Linie auf die **„deutsche Klausel"** des Art. 3 Abs. 2 S. 2 der Kartellverfahrensverordnung Nr. 1/2003 berufen, die es den Mitgliedstaaten – auf deutsches Drängen hin – gestattet, in ihrem Hoheitsgebiet weiterhin *strengere* innerstaatliche Vorschriften „zur Unterbindung

oder Ahndung einseitiger Handlungen" von Unternehmen zu erlassen oder anzuwenden (s. o. § 3 Rn. 75 ff.). Obwohl dies keineswegs eindeutig ist, wird diese Klausel in Deutschland allgemein dahin ausgelegt, dass Deutschland uneingeschränkt an den §§ 19 und 20 GWB festhalten kann, auch soweit sie über Art. 102 AEUV hinausgehen (s. § 22 Abs. 3 S. 3 GWB).[1] Die **Änderungen,** die die **7. GWB-Novelle** bei § 19 GWB gebracht hat, beschränkten sich infolgedessen auf zwei Klarstellungen in § 19 Abs. 2 S. 1 und S. 3 GWB. Nach S. 1 des § 19 Abs. 2 GWB bezieht sich die Marktbeherrschung immer auf einen sachlich und räumlich relevanten Markt, während S. 3 der Vorschrift bestimmt, dass der räumlich relevante Markt auch über Deutschland hinausgehen kann (sog. „ökonomisch" relevanter Markt). Beides war schon vor Inkrafttreten der 7. GWB-Novelle weithin anerkannt.

4 Das Missbrauchsverbot des § 19 GWB deckt sich in seiner Variante als Behinderungsverbot (§ 19 Abs. 4 Nr. 1 GWB) weitgehend mit dem Diskriminierungsverbot des **§ 20 Abs. 1 GWB** (s. u. § 29 Rn. 40 ff.). Ergänzende Regelungen finden sich in **§ 20 Abs. 2 und Abs. 4 GWB,** durch die sozusagen *im Vorfeld* der Marktbeherrschung bereits bestimmten missbräuchlichen Verhaltensweisen marktstarker Unternehmen begegnet werden soll. Es waren vor allem diese Regelungen, um deren Beibehaltung es bei der Auseinandersetzung um die **deutsche Klausel** des Art. 3 Abs. 2 S. 2 der VO Nr. 1/2003 ging (s. Rn. 3). Im Grunde kennt das Gesetz seitdem (mindestens) **vier verschiedene Begriffe** der Marktbeherrschung und der Marktstärke (s. § 19 Abs. 2 S. 1 Nr. 1 und 2, § 19 Abs. 2 S. 2, § 20 Abs. 2 und § 20 Abs. 4 GWB).

II. Zweck

5 Die deutsche Rechtsordnung kennt bisher – von wenigen Ausnahmen abgesehen – **keine** Möglichkeiten zur **Entflechtung** von Großunternehmen. Beschränkte Ausnahmen finden sich vorerst lediglich im Aufsichtsrecht über Kreditinstitute und Versicherungen in Gestalt der eigenartigen Anteilseignerkontrolle nach dem KWG und dem VAG.[2] Entsprechende Regelungen gibt es auch für die Börsen aufgrund des BörsenG. Die für die laufende Legislaturperiode geplante Einführung einer generellen **Entflechtungsmöglichkeit** für Großunternehmen ist bisher nicht über einen Referentenentwurf hinaus gediehen (s. § 2 Rn. 12). Auch aus § 32 GWB folgt nichts anderes. Zwar gestattet diese Vorschrift heute im Anschluss an Art. 7 Abs. 1 S. 2 und 3 der Kartellverfahrensverordnung Nr. 1/2003 **strukturelle Eingriffe** bis hin zu Entflechtungsmaßnahmen (s. u. § 43 Rn. 10 f.); nach Meinung der Verfasser der 7. Novelle ergibt sich daraus jedoch **keine Befugnis** der Kartellbehörden **zur Entflechtung** marktbeherrschender oder marktstarker Unternehmen, weil „das Wettbewerbsrecht eine – aus eigener Kraft gewachsene – marktbeherrschende oder marktstarke Stellung als solche nicht missbilligt, sondern nur den Missbrauch einer solchen Marktstellung."[3]

6 Die deutsche Rechtsordnung nimmt nach dem Gesagten (vorerst?) einmal entstandene Marktmacht als sozusagen naturgegeben hin und beschränkt sich im wesentlichen

[1] Begr., BT-Drs. 15/3640, S. 29 f.; s. auch u. Rn. 4.

[2] Wegen der Einzelheiten s. *C. van de Sande,* Die Unternehmensgruppe im Banken- und Versicherungsaufsichtsrecht, 2003, S. 152, 189 ff.

[3] So wörtlich die Begr. (Fn. 1), S. 33 (r. Sp. 3. Abs.); ebenso BGHZ 170, 299 (302 ff.) = NJW 2007, 1823 Tz. 13 ff. = JuS 2007, 784 Nr. 13 – National Geographic II.

darauf, besonders **nachteilige Auswirkungen** dieser Marktmacht auf den Wettbewerb zu **bekämpfen.** § 19 GWB fügt sich damit in die allgemeine **Zielsetzung** des Gesetzes ein, den Wettbewerb auf allen Märkten, wo immer möglich, zu schützen, indem sich das Gesetz hier gegen solche „missbräuchlichen" Verhaltensweisen marktbeherrschender Unternehmen wendet, die sich als besonders gefährlich für die Wettbewerbsordnung erwiesen haben.

Die **Maßstäbe** für die Missbrauchsaufsicht über marktbeherrschende Unternehmen 7
sind daher in erster Linie unseren Vorstellungen über die Funktionsbedingungen und die Funktionsweise eines Systems hinreichend freien und fairen Wettbewerbs zu entnehmen. Von daher ist zu entwickeln, **welche konkreten Verhaltensweisen** mächtiger Unternehmen – in unseren Augen – als in einem solchen Maße **gefährlich, weil wettbewerbsbeschränkend** erscheinen, dass Reaktionen der Rechtsordnung (§ 19 Abs. 1 GWB) unerlässlich sind. Zu diesem Zweck wird der **Handlungsspielraum** marktbeherrschender Unternehmen durch § 19 Abs. 1 und die entsprechenden weiteren Verbote des § 20 Abs. 1 und Abs. 4 GWB in einer Weise **beschnitten,** die die gleiche Freiheit Dritter in ihrem Einflußbereich und damit die Funktionsfähigkeit des Vertragsmechanismus gewährleistet. Soweit § 19 Abs. 4 GWB daneben auch eine **Marktergebniskontrolle** erlaubt, kann diese in einer Wettbewerbsordnung immer nur ein Notbehelf sein.

Geschützt werden durch § 19 GWB **alle Dritten im Einflussbereich** marktbe- 8
herrschender Unternehmen. Wenn eine freiheitliche Rechtsordnung schon darauf verzichtet, wirtschaftliche Machtpositionen wieder zu beseitigen (o. Rn. 5), so muss sie zumindest dafür Sorge tragen, dass marktbeherrschende Unternehmen ihre Macht nicht durch übermäßige Eingriffe in die wirtschaftliche Bewegungsfreiheit Dritter missbrauchen können. Dabei ist gleichermaßen an die **Konkurrenten** marktbeherrschender Unternehmen auf dem beherrschten und auf dritten Märkten wie an Unternehmen auf den vor- und nachgeordneten Wirtschaftsstufen sowie an die **Verbraucher** zu denken. § 19 erlaubt insbesondere auch die Erfassung von **Drittmarktbehinderungen,** sofern nur zwischen dem missbräuchlichen Verhalten auf dem dritten Markt und der Beherrschung des Ausgangsmarktes ein Kausalzusammenhang besteht. Denkbar ist das vor allem in den Fällen des sog. **Missbrauchstransfers.**[4]

III. Marktmachtkonzept

Das Missbrauchsverbot des § 19 Abs. 1 GWB gilt nur für marktbeherrschende Un- 9
ternehmen. Die Definition dieses **Zentralbegriffs** des GWB (s. insbesondere noch §§ 20 Abs. 1 und 36 Abs. 1 GWB) findet sich in **§ 19 Abs. 2 GWB,** der außer dem Monopol noch zwei weitere Fälle der Marktbeherrschung kennt, für die sich die Begriffe Einzelmarktbeherrschung (S. 1 des § 19 Abs. 2) und marktbeherrschendes Oligopol (S. 2 der § 19 Abs. 2) eingebürgert haben. **Einzelmarktbeherrschung** ist anzunehmen, wenn ein Unternehmen als Anbieter oder Nachfrager „einer bestimmten Art von Waren oder gewerblichen Leistungen auf dem sachlich und räumlich relevanten Markt" entweder keinem wesentlichen Wettbewerb ausgesetzt ist (Nr. 1 des

[4] Früher sehr str.; s. u. Rn. 64 sowie BGHZ 156, 379 (382 f.) = GRUR 2004, 255; *BGH* WuW/E DE-R 1210 = GRUR 2004, 259 – Strom und Telefon I und II, m. Anm. *Emmerich,* LMK 2004, 69; *OLG Düsseldorf* WuW/E DE-R 1307(1309) – GETECnet; zu der umstr. Rechtslage bei Art. 102 AEUV s. o. § 10 Rn. 9 f.

§ 19 Abs. 2 S. 1 GWB) oder eine überragende Marktstellung besitzt (Nr. 2 a. a. O.), während das **marktbeherrschende Oligopol,** neuerdings auch vielfach im Anschluss an die Terminologie der Kommission „**gemeinsame Beherrschung**" genannt, dadurch gekennzeichnet ist, dass zwischen zwei oder mehr Unternehmen auf einem bestimmten Markt kein wesentlicher Wettbewerb mehr besteht *und* die betreffenden Unternehmen in ihrer Gesamtheit, d. h. „gemeinsam" über eine marktbeherrschende Stellung in dem genannten Sinne verfügen (§ 19 Abs. 2 S. 2 GWB).

10 Das Gesetz bezieht die **Marktbeherrschung** in § 19 Abs. 2 S. 1 GWB **auf** eine ganz **bestimmte Art von Waren oder gewerblichen Leistungen**, und zwar, wie das Gesetz seit der 7. Novelle von 2005 hinzufügt, „auf dem sachlich und räumlich relevanten Markt". Damit sollte das schon früher allgemein anerkannte **Marktmachtkonzept** festgeschrieben werden.[5] Gemeint ist damit die Vorstellung, dass sich wirtschaftliche Macht immer **nur auf** genau abgegrenzten (**relevanten) Märkten** bilden kann, so dass sich die Prüfung der Marktbeherrschung grundsätzlich *in zwei Schritten* zu vollziehen hat, wobei der erste Schritt in der Abgrenzung des relevanten Marktes (u. Rn. 11 ff.) und der zweite in der Messung des Monopolgrades auf diesem Markt besteht (u. Rn. 33 ff.). Fälle reiner **Größenmacht** werden dagegen von § 19 GWB grundsätzlich nicht erfasst, auch nicht von § 19 Abs. 2 S. 1 Nr. 2 GWB.[6]

IV. Marktabgrenzung

11 Als **Markt** bezeichnet man in der Theorie den idealen Ort, wo Angebot und Nachfrage zusammentreffen, wo sich, anders gewendet, mehrere Anbieter um dieselben Kunden oder mehrere Nachfrager um dieselben Anbieter bemühen.[7] Dieser ideale Ort hat eine **sachliche**, eine **räumliche** und (in Ausnahmefällen) eine zeitliche **Dimension**. Marktabgrenzung ist daher nichts anderes als der Versuch einer möglichst genauen Fixierung der genannten Dimensionen des Marktes im Einzelfall, um, wie es der BGH treffend ausgedrückt hat, die **Wettbewerbskräfte zu ermitteln**, denen ein bestimmtes Unternehmen (um dessen Marktposition es geht) tatsächlich ausgesetzt ist, weil man nur dann – wertend – feststellen kann, ob es schon als marktbeherrschend behandelt werden muss – mit allen Konsequenzen (s. insb. §§ 19, 20 und 36 GWB) – oder ob es noch hinreichendem Wettbewerb ausgesetzt ist, so dass sich eine spezielle Aufsicht der Kartellbehörden erübrigt.[8] Dementsprechend unterscheidet man üblicherweise den sachlich, den räumlich und den zeitlich relevanten Markt (u. Rn. 13, 24 ff., 32).

12 Zu der Frage der Marktabgrenzung ist schon wiederholt im Rahmen der Ausführungen zu den Art. 101 und 102 AEUV sowie zur europäischen Fusionskontrolle Stellung genommen worden.[9] Die dort im Einzelnen analysierten Konzepte zur sachlichen und räumlichen Marktabgrenzung beanspruchen grundsätzlich auch Gültigkeit im Rahmen des deutschen Wettbewerbsrechts. Im Folgenden soll lediglich in **Ergänzung zu den bisherigen Ausführungen** und zum Teil im Vorgriff auf die Aus-

[5] So ausdrücklich die Begr. (Fn. 1), S. 45 (r. Sp.: Zu Nr. 7, zu a).

[6] *Wurmnest*, Marktmacht, S. 281 ff.

[7] *BKartA* WuW/E DE-V 275 = AG 2000, 571 – Melitta/Schultink.

[8] BGHZ 170, 299 (305 f. Tz. 19) = NJW 2007, 1823= JuS 2007, 784 Nr. 13 – National Geographic II.

[9] S. im Einzelnen o. § 4 Rn. 63 ff., § 9 Rn. 8 ff. und § 16 Rn. 7 ff.

führungen zur Fusionskontrolle ein Überblick über den heutigen Stand der deutschen Diskussion gegeben werden.

1. Sachlich relevanter Markt

a) Bedarfsmarktkonzept

13 Bei der Abgrenzung des sachlich relevanten Marktes geht es um die Frage, welche Güter oder Leistungen zu *einem* Markt gehören, weil zwischen ihnen spürbare Wettbewerbsbeziehungen bestehen, so dass sie sich gegenseitig im Absatz oder bei der Nachfrage beeinflussen können. Für die Ermittlung derartiger Wettbewerbsbeziehungen hat sich auf europäischer wie auf deutscher Ebene für den Regelfall das sog. Bedarfsmarktkonzept durchgesetzt, das auf die **Sicht der Marktgegenseite** abstellt und dementsprechend „nur" prüft, welche Güter und Leistungen **aus deren Sicht austauschbar** sind, freilich modifiziert durch die ergänzende Berücksichtigung der **Produktions- und Angebotsumstellungsflexibilität** der Hersteller sowie des **Sortimentsgedankens.** Auf der **Angebotsseite** werden dementsprechend – in einer ersten Annäherung – zu demselben Markt solche Güter und Leistungen gerechnet, die nach dem Urteil des durchschnittlichen, vernünftigen Verbrauchers (des sog. Bedarfsdisponenten), der sich bereits für eine bestimmte Waren- oder Leistungsart entschieden *hat,* geeignet sind, denselben Verwendungszweck zu befriedigen, wobei allein **realistische Wahlmöglichkeiten** berücksichtigt werden und Überschneidungen in Randbereichen, weil unvermeidbar, unberücksichtigt bleiben.[10]

14 Dabei darf die Prüfung jedoch nicht stehen bleiben. Insbesondere um eine zu enge und deshalb unrealistische Marktabgrenzung zu vermeiden, ist vielfach, wenn nicht in der Regel, die ergänzende Prüfung erforderlich, ob **andere Hersteller** kurzfristig und mit wirtschaftlich vertretbarem Aufwand bereit und in der Lage sind, ihre Produktion umzustellen, um das fragliche Marktsegment zu bedienen, so dass es für die Marktabgrenzung in solchen Fällen zusätzlich auf die **Produktions- und Angebotsumstellungsflexibilität** der Hersteller ankommt.[11]

15 Der Grund ist, wie schon angedeutet, einfach der, dass es bei der Marktabgrenzung letztlich um die Beantwortung der (schwierigen) Frage geht, welchen Wettbewerbskräften ein Unternehmen ausgesetzt ist,[12] d. h. **welche Unternehmen aus der Sicht des betreffenden Unternehmens,** um dessen Marktstellung es geht, zu seinen **Konkurrenten** gehören, so dass es auf diese Rücksicht nimmt. Denn nur danach kann man beurteilen, ob ein Unternehmen über einen besonders großen, vom Wettbewerb nicht mehr hinreichend kontrollierten Verhaltensspielraum verfügt, so dass es als marktbeherrschend anzusehen ist (u. Rn. 33 ff.). Deshalb darf man bei der Marktabgrenzung nicht bei dem Bedarfsmarktkonzept stehen bleiben, das nur eine erste

---

[10] BGHZ 160, 321 (326) = NJW 2004, 3711– Melitta/Schultink; BGHZ 170, 299 (303 ff.) = NJW 2007, 1823 = JuS 2007, 784 Nr. 13 – National Geographic II; BGHZ 176, 1 (6 ff. Tz. 15 ff.) = NJW-RR 2008, 996 = JuS 2009, 89 – Soda Club II; BGHZ 178, 285 (289 Tz. 15) = AG 2009, 503 – E. ON/Stadtweke Eschwege; *BGH* NJW 2011, 2370 Tz. 12 ff.; *Wurmnest,* Marktmacht, S. 291 ff.

[11] BGHZ 160, 321 (326) = NJW 2004, 3711 – Melitta/Schultink; BGHZ 170, 299 (305 ff.) = NJW 2007, 1823 = JuS 2007, 784 Nr. 13 – Tz. 18 ff. – National Geographic II; BGHZ 174, 12 (15 Tz. 13) = AG 2008, 122 – Sulzer/Kelmix; BGHZ 176, 1 (9 Tz. 21) – Soda Club II.

[12] So BGHZ 170, 299 (305 Tz. 19) = NJW 2007, 1823 = JuS 2007, 784 Nr. 13 – National Geographic II.

Annäherung an die Marktabgrenzung erlaubt, sondern muss ergänzend zumindest noch die **Angebots- und Produktionsumstellungsflexibilität anderer Hersteller** in die Betrachtung miteinbeziehen, vorausgesetzt, dass die fraglichen Anbieter ähnlicher Produkte (die infolgedessen in den Markt mit einzubeziehen sind) *tatsächlich bereit und in der Lage* sind, ihre Produktion kurzfristig und mit wirtschaftlich vertretbarem Aufwand umzustellen,[13] – vorausgesetzt ferner, dass die Abnehmer ihrerseits überhaupt eine Bereitschaft zum Wechsel zu anderen Angeboten zeigen; fehlt es hieran offenbar, so geht auch von Unternehmen am Marktrand keine disziplinierende Wirkung aus, so dass sie dem Verhaltensspielraum des fraglichen marktbeherrschenden Unternehmens keine spürbaren Grenzen ziehen können.[14]

16 Zu demselben Markt werden im Rahmen des Bedarfsmarktkonzepts (Rn. 15) grundsätzlich nur solche **Güter und Leistungen** gerechnet, die **„marktgleichwertig"** sind, weil die Nachfrager zwischen ihnen ohne große Überlegungen und **ohne besondere Anpassungslasten** wählen können. Wo immer dagegen die Nachfrager technisch, sachlich oder auch nur psychisch bedingte **Hemmschwellen** überwinden müssen, wenn sie von einem Angebot zu einem anderen überwechseln wollen, gehören die betreffenden Waren oder Dienstleistungen zu verschiedenen Märkten.[15] Nur eine untergeordnete Rolle spielt in diesem Zusammenhang die **physikalische oder chemische Zusammensetzung** der fraglichen Produkte. Selbst wenn sie an sich „identisch" sind, können sie doch zu verschiedenen Märkten gehören, weil sie z. B. in verschiedenen Verpackungen angeboten werden, die den Abnehmern ein Ausweichen auf den anderen Markt unmöglich machen.[16] Ein deutliches Anzeichen dafür ist die Zugehörigkeit der verglichenen Produkte zu unterschiedlichen Preisklassen. Überhaupt ist die **Existenz substantieller Preisunterschiede** zwischen verschiedenen Waren oder Dienstleistungen häufig ein deutlicher Hinweis darauf, dass die betreffenden Waren oder Dienstleistungen zu unterschiedlichen Märkten gehören, weil es sonst vermutlich infolge der Preisunterschiede zu Arbitragegeschäften zwischen den Abnehmern käme.[17] Zwingend ist freilich auch dieser Schluss nicht; denn Preisunterschiede können ebensogut auf ausgeprägtem Präferenzen der Abnehmer beruhen, die keine Wechselbereitschaft zeigen. In diesem Fall sind Preisunterschiede *kein* Anzeichen für getrennte Märkte,[18] – dies im Übrigen nur ein deutlicher Hinweis auf die Ambivalenz der meisten hier üblicherweise zur Marktabgrenzung herangezogenen Kriterien.

17 Zusätzliche Probleme entstehen, wenn ein Produkt **nur in einzelnen** seiner **Anwendungsmöglichkeiten** mit anderen Produkten **austauschbar** ist, während es hinsicht-

[13] BGHZ 170, 299 (305 Tz. 19) = NJW 2007, 1823 = JuS 2007, 784 Nr. 13 – National Geographic II.

[14] *OLG Düsseldorf* WuW/E DE-R 2477 (2486) – Phonak/ReSound.

[15] BGHZ 71, 102 (108 f.) = NJW 1978, 1320 = JuS 1978, 784 Nr. 7 – Sachs/GKN; BGHZ 73, 65 (71 f.) = NJW 1979, 918 – Erdgas Schwaben; BGHZ 82, 1 (4 f.) = NJW 1982, 337 – Springer/MZV; BGHZ 101, 100 (103 f.) = NJW 1987, 3007 = JuS 1988, 158 Nr. 10 – Inter Mailand; BGHZ 131, 107 (110) = NJW 1996, 595 – Krupp/Daub (Backofenmarkt).

[16] S. für hochwertige Kosmetika *KG* AG 1986, 196 (198) = WuW/E OLG 3577 – Hussel/Mara; für Zucker *BKartA* WuW/E DE-V 1269 (1270 Tz. 18) – Pfeiffer & Langen/Zuckerfabrik Jülich; für Edelstahlbestecke *BGH* LM § 24 GWB Nr. 15 = NJW-RR 1986, 525 – Rheinmetall/WMF; für Industrie- und Haushaltsmehl *BGH* AG 1989, 275 = WuW/E BGH 2575 – Kampffmeyer/Plange.

[17] Vgl. für teure Uhren und Luxusuhren *BKartA* AG 2006, 503 (506) = WuW/E DE-V 385 (386 f.) – Richemont/LMH.

[18] *BGH* WuW/E DE-R 2905 Tz. 30 – Phonak/ReSound.

lich der übrigen „konkurrenzlos“ ist. In derartigen Fällen muss man unterscheiden: Beschränkt sich die Austauschbarkeit eines Produkts mit einem anderen auf unbedeutende Randbereiche, so werden diese vernachlässigt; anders dagegen, wenn die Überschneidungsbereiche so sehr ins Gewicht fallen, dass die Unternehmen auf den verschiedenen Marktsegmenten unterschiedliche Strategien verfolgen können, die dann folgerichtig auch als selbstständige Teilmärkte anzuerkennen sind.[19] Denn von **Teilmärkten** ist stets auszugehen, wenn die Anbieter eine nach Preis, Menge, Qualität und Absatzwegen **differenzierte Absatzstrategie** auf den verschiedenen Märkten betreiben können, insbesondere, weil die Abnehmer unterschiedliche Interessen verfolgen.[20]

b) Beispiele

aa) Es gibt keinen einheitlichen **Wärmemarkt,** auf dem die verschiedenen Energieträger miteinander konkurrierten. Die nur geringfügige Austauschbarkeit der Energieträger in Randbereichen ihrer Anwendungsmöglichkeiten wird wegen der großen Umstellungsschwierigkeiten für die Verbraucher vernachlässigt.[21] 18

Ebensowenig bildet der **Gas**- oder **Strommarkt** eine Einheit; vielmehr muss man hier weiter nach Umwandlungsstufen, Spannungsebenen und Abnehmern trennen. Beherrscht werden beide Märkte von dem nahezu allmächtigen **Duopol** (richtiger: Dyopol) **aus RWE und E.ON**, dem es – mit tatkräftiger Hilfe der Kartellbehörden und der Politik – gelungen ist, die deutschen Gas- und Strommärkte unter sich aufzuteilen.[22] Um die unterschiedlichen Preiselastizitäten der Abnehmer optimal ausnutzen zu können, hatten RWE und E.ON den Markt über Jahrzehnte hinweg vielfach weiter aufgesplittert. Er war namentlich durchgängig **vertikal gegliedert** in die großen Verbundunternehmen, die regionalen Unternehmen und die Stadtwerke. Außerdem wurde **horizontal** nach der Art der Kunden und ihrer Preiselastizität unterschieden, insbesondere zwischen großen und kleinen gewerblichen Abnehmern und Tarifabnehmern, wobei es vor allem die kleinen gewerblichen und die Tarifabnehmer sind, die ausgeplündert wurden und werden. Hieran hat sich bis heute bei **Gas** trotz der Abschaffung der Gebietsmonopole der Versorgungsunternehmen im Jahre 1998 durch die ersatzlose Streichung der früheren Ausnahmebereiche für Gas und Strom nichts geändert, weil infolge der systematischen Verhinderung von Durchleitungen seitens der Gaswirtschaft kein bundesweiter Gasmarkt entstanden ist.[23] Dagegen ist es mittlerweile bei **Strom** zu substanziellen Änderungen gekommen, – ohne dass sich dadurch freilich etwas an der überragenden Stellung des Duopols von E.ON und RWE geändert hätte. Insbesondere ist jetzt ein bundesweiter Markt für den Erstabsatz von Strom seitens der Stromerzeuger und -importeure entstanden, be- 19

[19] BGHZ 77, 279 (287 ff.) = NJW 1980, 2583 – Mannesmann/Brueninghaus.

[20] *OLG Düsseldorf* WuW/E DE-R 1845 (1849) – SES/DPC.

[21] *BGH* NJW 2008, 2172 Tz. 12; 2009, 1212; – Stadtwerke Uelzen; NJW-RR 2010. 618 = WuW/E DE-R 2739; NJW-RR 2011, 774 – Entega I und II; *BKartA* WuW/E DE-V 1704 Tz. 12 ff. – Rhein-Energie; – str., anders BGHZ 172, 315 (327 Tz. 34) = WuW/E DE-R 2243 (2247); OLG Celle, WuW/E DE-R 2249; *Chr. Schmidt*, WuW 2008, 550; *Scholtka/A. Baumbach*, NJW 2010, 1128 (1132).

[22] S. u. § 39 Rn. 3 f. sowie BGHZ 178, 285 (288 ff. Tz. 12 ff.) = NJW-RR 2009, 264 = JuS 2009, 670 – E.ON/Stadtwerke Eschwege; zusammenfassend *Kommission*, Entsch. v. 26. 11. 2008, WuW/E EU-V 1380 Tz. 13, 48 ff. – E.ON; *BKartA* AG 2007, 506 = (auszugsweise) WuW/E DE-V 1357 – RWE/SFG; TB 2009/2010, S. 113 f.

[23] S. Rn. 18; *Emmerich*, AG 2009, 517 (519).

herrscht von den vier großen Verbundunternehmen, neben E.ON und RWE noch EnBW und Vattenfall.[24]

20 **bb)** Eine weitgehende Aufsplitterung in Teilmärkte findet sich ferner auf den **Zeitungsmärkten.** Hier muss man nicht nur zwischen dem Leser- und dem Anzeigenmarkt trennen; vielmehr bildet auch der **Lesermarkt** keine Einheit, sondern zerfällt weiter in die Märkte für Abonnements- und Straßenverkaufszeitungen, Tages- und Sonntagszeitungen, politische Wochenzeitungen, sonstige Wochenblätter, Publikumszeitschriften, populärwissenschaftliche Zeitschriften, Special-Interest-Zeitschriften sowie Fachzeitschriften.[25] Bei den **Tageszeitungen** wird außerdem noch zwischen solchen mit lokaler Berichterstattung sowie regionalen und überregionalen Zeitungen unterschieden, während bei den populärwissenschaftlichen oder **Special-Interest-Zeitschriften** je nach Themenschwerpunkt zu trennen ist, so dass etwa populärwissenschaftliche Zeitschriften, die auf hohem Niveau über fremde Länder und Kulturen berichten, einen eigenen Teilmarkt bilden, auf dem der Verlag Gruner + Jahr mit den Zeitschriften „GEO, National Geographic und P. M." marktbeherrschend ist.[26] Andere Abgrenzungskriterien werden dagegen auf dem **Anzeigenmarkt** zugrunde gelegt. Bieten z. B. Straßenverkaufszeitungen und Anzeigenblätter vergleichbare Anzeigenbelegungseinheiten wie Abonnementstageszeitungen an, so gehören sie zu einem Markt, nicht jedoch die Werbung im Internet oder in Stadtmagazinen und das sog. Direktmarketing durch die Verteilung von Drucksachen. Dadurch wird es aber nicht ausgeschlossen, dass zwischen den einzelnen Märkten enge **Wechselbeziehungen**, hier in Gestalt der bekannten Auflagen-Anzeigespirale bestehen, neudeutsch „indirekte Netzwerkeffekte" genannt, weshalb hier jetzt häufig auch von „**zweiseitigen Märkten**" die Rede ist.[27]

21 **cc)** Die verschiedenen **Verkehrsträger** sind gleichfalls nicht miteinander austauschbar, so dass Bahnverbindungen und Flugverbindungen je eigene Märkte bilden. Dasselbe gilt für die **einzelnen Verbindungen,** so dass man schließlich dazu gekommen ist, die Flugverbindungen zwischen zwei Städten, z. B. zwischen Frankfurt und Berlin oder München und Berlin als je eigene Märkte zu qualifizieren, auf denen dann die jeweils führende Fluggesellschaft marktbeherrschend ist.[28] Restlos geht dieses Konzept der immer weiter getriebene **Marktaufsplitterung** freilich nicht auf, wie z. B. daran deutlich wird, dass es unverkennbar auch auf den *gesamten* innerdeutschen Flugverkehr bezogene Wettbewerbsparameter der Fluggesellschaften gibt, ohne deren Berücksichtigung das Bild daher unvollständig wäre; nicht zum selben Markt

[24] BGHZ 178, 285 (289 f. Tz. 17) = NJW-RR 2009, 264 = JuS 2009, 670 – E.ON/Stadtwerke Eschwege.

[25] BGHZ 82, 1 (3 ff.) = NJW 1982, 337 – Springer/MZV; BGHZ 92, 223 (227 ff.) = NJW 1985, 1626 – Gruner + Jahr/Zeit I; BGHZ 96, 337 (341 ff.) = NJW 1986, 1877 – Abwehrblatt I; *BGH* WuW/E DE-R 336 (341) = AG 2000, 81 – WAZ/IKZ; kritisch z. B. *Dobler,* FS Bechtold, 2006, S. 121.

[26] BGHZ 170, 299 (302 ff. Tz. 18 ff.) = NJW 2007, 1823 – National Geographic II.

[27] *OLG Düsseldorf* WuW/E DE-R 3173 (3181 ff.) – ZVSH/NPG; *BKartA* AG 2004, 560 – Wochenkurier/Lausitzer Rundschau; AG 2005, 311 (314 f.) – MDS/Bonner Zeitungsdruckerei; AG 2006, 893 = WuW/E DE-V 1163 (1175 f.) – Springer/Pro7SAT1; WuW/E DE-V1643 (1645 f.); 1745 und 1754.

[28] BGHZ 149, 239 (244 f.) = NJW 2000, 76 = JuS 2000, 500 Nr. 12 – Lufthansa; *KG* WuW/E DE-R 124 (126) – Lufthansa; *BKartA* WuW/E DE-V 1867 (1868 f.) – TUI fly/Air Berlin; *Emmerich,* AG 2010, 517 (519).

gehören aber auf jeden Fall Fluglinien in das benachbarte Ausland.[29] Im **öffentlichen Personennahverkehr** (ÖPNV) muss man außerdem den Fahrgastmarkt von dem Aufgabenträgermarkt trennen, auf dem die Errichtung, die Unterhaltung und der Betrieb von Verkehrsnetzen im ÖPNV angeboten und nachgefragt werden, während der Fahrgastmarkt nur die Erbringung liniengebundener Verkehrsdienstleistungen im Gegensatz zum motorisierten Individual- und Taxiverkehr umfasst.[30] Bei **Krankenhäusern** bilden schließlich sämtliche stationären Dienstleistungen in Allgemeinkrankenhäusern einschließlich der Universitätskliniken, aber unter Ausschluss der Alten- und Pflegeheime sowie der (viel teureren) reinen Privatkliniken einen einheitlichen Markt, der nicht in Teilmärkte für die einzelnen Fachrichtungen wie Chirurgie, Frauenheilkunde und innere Medizin aufgeteilt wird, weil die einzelnen Fachabteilungen aus der Sicht der Nachfrager weithin austauschbar und die Grenzen zwischen den Fachabteilungen zudem fließend sind.[31]

dd) Grundsätzlich dieselben Regeln wie vorstehend entwickelt (o. Rn. 13 ff.) sind anzuwenden, wenn die **Nachfrageseite** des Marktes (statt wie üblich die Angebotsseite) ins Auge gefasst wird, um den **Beschaffungsmarkt** der Unternehmen abzugrenzen. Folglich ist hier gleichfalls auf die **Sicht** der Gegenseite, d. h. in diesem Fall **der Anbieter** abzustellen und zu prüfen, welche Ausweichmöglichkeiten für sie, die Anbieter, bestehen, so dass *aus ihrer Sicht* (!) alle Nachfrager und Produkte zu demselben Markt gehören, auf die sie ohne große Schwierigkeiten ausweichen können, wobei nicht nur an unterschiedliche Vertriebswege und Absatzmärkte, sondern auch an unterschiedliche Produktionslinien zu denken ist. Produkte, auf die die Herstellung ohne unzumutbaren Aufwand kurzfristig umgestellt werden kann, zählen mithin auf Beschaffungsmärkten zum selben Markt, so dass sich solche Märkte gewöhnlich aus **Gruppen sachlich verwandter Produkte** zusammensetzen dürften.[32] 22

ee) Zusätzliche Schwierigkeiten wirft die Marktabgrenzung im **Einzelhandel** auf, weil Einzelhändler typischerweise mit einer Vielzahl unterschiedlicher Produkte handeln. Auf der **Angebotsseite**, d. h. im Verhältnis zu den Verbrauchern, wird deshalb schon seit geraumer Zeit das gesamte übliche Sortiment des Einzelhandels zu einem Markt zusammengefasst (sog. **Sortimentsgedanke**).[33] Dieses Konzept ist vom BKartA trotz verbreiteter Kritik mittlerweile auch auf die **Nachfrageseite** des Marktes erstreckt worden, so dass hier gleichfalls der relevante Markt jeweils einzelne Sortimentsbereiche aus der Sicht der Hersteller umfasst.[34] 23

[29] *BKartA* WuW/E DE-V 483 (485 f.) – LH/Eurowings.

[30] BGHZ 166, 165 (172 ff. Tz. 23 ff.) = NJW-RR 2006, 836– DBRegio/üstra; BGHZ 168, 295 (302 ff. Tz. 24 ff.) = NJW-RR 2006, 1548 = JuS 2007, 291 Nr. 15 – RSW (DBAG)/KVS Saarlouis; zustimmend *Bremer/Wünschmann,* WuW 2006, 1118; *M. Lange,* ZWeR 2007, 445; ablehnend dagegen *Opitz/C. Colbus,* ZWeR 2007, 89.

[31] BGHZ 175, 333(346 ff.) = NJW-RR 2008, 1426 = JuS 2009, 1038 – Rhönklinikum/Landkreis Rhön-Grabfeld; str., s. *Ulshöfer,* ZWeR 2009, 114 (126 ff.).

[32] *BGH* LM § 20 GWB Nr. 24 (Bl. 2 R f.) = ZIP 2000, 426 – Tariftreueerklärung; LM § 26 GWB Nr. 63 = NJW-RR 1988, 1069 – Sonderungsverfahren; LM § 22 GWB Nr. 25 = NJW 1996, 1820 – HaGe Kiel/RHG Hannover (Raiffeisen); s. auch sogleich u. Rn. 23.

[33] *BGH* LM § 22 GWB Nr. 22 = NJW 1992, 2289– Kaufhof/Saturn; LM § 22 GWB Nr. 17 = AG 1986, 288 – Metro/Kaufhof.

[34] S. schon o. Rn. 22; *BKartA* WuW/E BKartA 2161 = AG 1984, 332 – Coop/Wandmaker; AG 1985, 281 (282) – Pillsbury/Sonnen-Bassermann; kritisch dazu *KG* AG 1985, 167 (171) – Metro/Kaufhof; AG 1987, 285 – Coop/Wandmaker.

2. Räumlich relevanter Markt

a) Abgrenzung

24 Bei der räumlichen Marktabgrenzung geht es um die Frage, **welche Unternehmen**, die austauschbare, d. h. sachlich vergleichbare Güter oder Leistungen anbieten oder nachfragen (dazu o. Rn. 13 ff.), auch tatsächlich miteinander konkurrieren, weil sie **in demselben Gebiet,** d. h. auf demselben räumlich relevanten Markt und nicht in weit voneinander entfernten Märkten tätig sind, zwischen denen nur schwache Wettbewerbsbeziehungen bestehen. Je nach den Marktverhältnissen kann es sich dabei um l**okale, regionale, nationale, europaweite oder Weltmärkte** handeln, wie durch die 7. GWB-Novelle von 2005 in § 19 Abs. 2 S. 2 klargestellt wurde.[35] Freilich bilden wegen der ausgeprägten Präferenz der Nachfrager für die ihnen bekannten Anbieter aus ihrem Umfeld überregionale und erst recht mehrere Länder umfassende Märkte nach wie vor die **Ausnahme.**[36] Man spricht insoweit vielfach auch von dem **„ökonomisch relevanten Markt"** im Gegensatz zu der früher üblichen normativen Begrenzung des räumlich relevanten Marktes auf das Bundesgebiet. Soweit es sich um Märkte handelt, die **mehrere Länder** umfassen, besteht freilich das Problem, dass die nötigen **Ermittlungen der Kartellbehörden** über die Verhältnisse auf ausländischen Märkten naturgemäß auf nur schwer überwindbare Schwierigkeiten stoßen. In solchen Fällen müssen die Kartellbehörden ihre Entscheidungen notfalls auf einer „schwächeren Tatsachengrundlage" treffen, d. h., wenn nicht anders möglich: auf der Grundlage bloßer Schätzungen.[37]

25 Auch bei der räumlichen Marktabgrenzung folgt die Praxis grundsätzlich dem **Bedarfsmarktkonzept.** Dies bedeutet, dass, wenn man zunächst **Angebotsmärkte** ins Auge fasst, in erster Linie zu prüfen ist, **welche** anderen **Anbieter** für die **Abnehmer** des Unternehmens, um dessen Marktstellung es geht, überhaupt als **echte Versorgungsalternativen** in Betracht kommen.[38] Dabei wird allein auf die aus der Sicht der Nachfrager bestehenden, **realen räumlichen Ausweichmöglichkeiten** abgestellt, während bloße theoretische Ausweichmöglichkeiten vernachlässigt werden.[39]

26 Eine (partielle) Definition des räumlich relevanten Marktes findet sich in **Art. 9 Abs. 7 der Fusionskontrollverordnung.** Trotz der beschränkten Zwecke dieser Definition[40] wird in der deutschen wie in der europäischen Kartellpraxis doch zunehmend auf sie Bezug genommen.[41] Das **BKartA** hat dementsprechend als räumlich relevanten Markt wiederholt das Gebiet bezeichnet, in dem die jeweils betroffenen Unternehmen beim Absatz der fraglichen Produkte oder Dienstleistungen dem wirksamen Wettbewerb aktueller Konkurrenten ausgesetzt sind, in dem die Wettbewerbsbedingungen hinreichend homogen sind und das sich von benachbarten Gebie-

[35] S. dazu die Begr., BT-Drs. 15/3640, S. 30 (l. Sp.), 45 (r. Sp.: Zu Nr. 7); ebenso schon BGHZ 160, 321 (327 ff.) = NJW 2004, 3711 – Melitta/Schultink (Staubsaugerbeutel).

[36] BGHZ 166, 165 (176 ff. Tz. 29 ff.) = NJW-RR 2006, 836 – DB Regio/üstra.

[37] BGHZ 160, 321 (326).

[38] BGHZ 166, 165 (175 ff. Tz. 28 ff.) = NJW-RR 2006, 836 – DB Regio/üstra; BGHZ 175, 333 (352) = NJW-RR 2008, 1426 Rhön Klinikum/Landkreis Rhön–Grabfeld; *OLG Düsseldorf* WuW/E DE-R 2798 Tz. 57 ff. – Bau- und Heimwerkermarkt; 3000 (3003 f.) – OMV/Total; *BKartA* WuW/E DE-V 1519 (1527) – Lotto Rheinland Pfalz.

[39] So BGHZ 175, 333 (350 f. Tz. 65) – Röhn-Klinikum/Landkreis Rhön-Grabfeld.

[40] Art. 9 FKVO regelt (nur) die Verweisung an nationale Behörden; s. o. § 14 Rn. 14 ff.

[41] S. z. B. *EuGH* Slg. 1998, I-1453 (1495 Tz. 143) = EuZW 1998, 299 (308)– K + S/MDK.

ten durch spürbar unterschiedlichen Wettbewerbsbedingungen unterscheidet, womit vor allem die Marktzutrittsschranken ins Visier genommen werden.[42] Die Folge ist, dass es im Einzelfall zur Annahme sehr **kleiner lokaler oder regionaler Märkte** kommen kann, wenn sich die Nachfrager nur auf solchen Märkten eindecken oder wenn es sich um Güter handelt, die durch eine **hohe Transportkostenempfindlichkeit** gekennzeichnet sind, so dass sie immer nur über kurze Strecken transportiert werden können. Unberücksichtigt bleibt dabei, dass sich in den Grenzgebieten naturgemäß alle Märkte überlappen; maßgebend ist vielmehr immer nur, wo sich bei einer Gesamtwürdigung der Marktverhältnisse der **Schwerpunkt des Wettbewerbsgeschehens** befindet.[43]

Tatsächlich **passt** hier das **Bedarfsmarktkonzept** im Grunde **noch weniger** als 27
schon bei der sachlichen Marktabgrenzung.[44] Denn es liegt auf der Hand, dass sich die Marktabgrenzung – räumlich gesehen – letztlich allein danach richten kann und darf, **welche** anderen Unternehmen ein bestimmtes **Unternehmen** (um dessen Marktstellung es geht) selbst **als** seine **Konkurrenten** in seinem engeren oder weiteren Umkreis ansieht, so dass es in seinen Planungen auf deren mögliche Reaktionen Rücksicht nimmt, weil es – aus seiner Sicht – allein durch diese Unternehmen in seinem Verhaltensspielraum (mehr oder weniger) beschränkt wird. Sieht es keine derartigen Konkurrenten in seinem Umkreis, d. h. auf den für es relevanten Märkten, so hat es eben die komfortable Stellung eines Quasi-Monopolisten inne. Wenn es dagegen *seiner Meinung nach* auf „seinen Märkten" einer Vielzahl von Konkurrenten gegenübersteht, die gegebenenfalls auf seine Aktionen reagieren können, wird es auf diese auch die gebührende Rücksicht nehmen, so dass es im Ergebnis einem wirksamen Wettbewerbsdruck ausgesetzt ist.[45] Es kommt hinzu, dass die Unternehmen in aller Regel ihre Märkte selbst – bei weitem – am besten kennen (weil davon letztlich ihr Markterfolg abhängt), so dass die realistische Marktabgrenzung durch die betroffenen Unternehmen, *soweit* einmal *feststellbar*, häufig vorzugswürdig ist. Eine derartige **„subjektivistische" Marktabgrenzung** stößt zwar nach wie vor auf zahlreiche Einwände. Geltend gemacht wird vor allem, dass die danach maßgeblichen **Wirtschaftspläne** der Unternehmen meistens unbekannt und jedenfalls – als bloße Selbsteinschätzung – ganz unsicher seien.[46] Dies ändert indessen nichts daran, dass es sehr wohl auch Fallgestaltungen gibt, in denen ein derartiger die (bekannten) Wirtschaftspläne der Unternehmen in den Mittelpunkt rückender Ansatz durchaus bei der Marktabgrenzung hilfreich sein kann.[47]

b) Beispiele

Regionalmärkte bestehen z. B. bei Transportbeton, bei dem sich wegen der hohen 28
Transportkosten das Absatzgebiet im Regelfall auf einen Umkreis von ungefähr 30

[42] *BKartA* AG 2000, 378 (380) – Emerson/NUKEM; WuW/E DE-V 235 (237) – Dürr/Alston; WuW/E DE-V 165 (168 f.) – PPG/ICI; 275 = AG 2000, 571 – Melitta/Schultink; WuW/E DE-V 1635 (1637); 1669 (1672 f.).

[43] *BGH* LM § 24 GWB Nr. 5 = NJW 1980, 1389 – Zementmahlanlage II; LM § 23 GWB Nr. 8 = AG 1982, 255 – SZ/Münchener Wochenblatt.

[44] S. *Emmerich,* FS Oberender, 2011, S. 61 ff.

[45] Vgl. BGHZ 156, 379 (383 ff.) = GRUR 2004, 255 = WuW/E DE-R 1206 – Strom und Telefon I; *BGH* GRUR 2004, 259 = WuW/E DE-R 1210 – Strom und Telefon II.

[46] S. zuletzt *Wurmnest,* Marktmacht, S. 297 ff.

[47] Ein Beispiel bei *Emmerich,* FS Oberender, 2011, S. 61 ff.

bis 50 km um den Sitz eines Werkes beschränkt.[48] Dasselbe gilt für zahlreiche sonstige Güter, die sich wie etwa Mehl, Schnittblumen oder bituminöses Mischgut nicht für längere Transporte eignen,[49] sowie überhaupt für alle Gegenstände des sog. a-periodischen Bedarfs wie Bücher oder Baumarktartikel, die üblicherweise nur in einem Umkreis von 20 bis 30 km um einen Ort mit Zentrumsfunktion nachgefragt zu werden pflegen,[50] nicht dagegen z. B. für den Pharmagroßhandel, weil hier – jedenfalls nach Meinung des BGH[51] – eine derartige **Radiusbetrachtung** zu einer unvertretbaren Ausdehnung des relevanten räumlichen Teilmarktes führte; maßgebend seien vielmehr allein die tatsächlichen Absatzgebiete der einzelnen Händler, die je nach den geographischen Verhältnissen und dem Verhalten der Abnehmer, der Apotheker, unterschiedlich sein könnten.

29 Bei **Zeitungen** bilden die großen Städte je eigene Märkte, weil das besondere Informationsbedürfnis der dort wohnenden Leser nicht von den wenigen überregionalen Zeitungen, sondern in erster Linie von den lokalen Zeitungen befriedigt wird.[52] Für Einzeitungskreise gilt naturgemäß dasselbe.[53] – Bei **Krankenhausdienstleistungen** ist gleichfalls von engen regionalen Märkten auszugehen, weil die Patienten in ihrer großen Mehrzahl nur die wenigen Krankenhäuser in ihrer unmittelbaren Umgebung als echte Alternativen ansehen – ungeachtet des Umstandes, dass natürlich in besonders kritischen Fällen selbst weit entfernte Spezial- oder Universitätskliniken aufgesucht zu werden pflegen.[54] Ähnlich ist die Situation ferner im **Einzelhandel,** wo zum selben Markt schwerpunktmäßig nur diejenigen Geschäfte gehören, die für die Käufer einer Stadt oder Region als Alternativen in Betracht kommen, so dass im Grunde jeder größere Ort mit seinem Einzugsgebiet einen eigenen Markt bildet.[55] Ebenso wird die Rechtslage z. B. auf dem Tankstellenmarkt beurteilt.[56]

30 Wie bereits erwähnt (o. Rn. 21), sind außerdem in der Linienschifffahrt sowie in der **Zivilluftfahrt** jeweils die einzelnen Linien grundsätzlich als eigene räumlich relevante Märkte anerkannt.[57] Dagegen ist der öffentliche Personennahverkehr **(ÖPNV)** regional abzugrenzen, wobei die Regionen durch zusammenhängende Netze von Linien um den zentralen Ort der Region definiert werden.[58]

---

48 *BGH* LM § 24 GWB Nr. 5 = NJW 1980, 1389 = WuW/E BGH 1655 (1658) – Zementmahlanlage II; *BKartA* WuW/E DE-V 465 (466) – Readymix/Thomas.

49 *BGH* WuW/E BGH 2575 = AG 1989, 275 – Kampffmeyer/Plange; BGHZ 166, 165 = NJW-RR 2006, 836 = AG 2006, 369 – DB Regio/üstra; *OLG Düsseldorf* AG 2006, 506 f. = WuW/E DE-R 1625; AG 2006, 506 f. – Rethmann/GfA Köthen; *BKartA* WuW/E DE-V 1507 (1509 f.).

50 *BKartA* WuW/E DE-V 1635 (1638) – Karlsruher Buchmarkt.

51 GRUR 2004, 1048 = AG 2004, 674 (675)– Sanacorp/ANZAG; ebenso sodann für den Papiergroßhandel *BKartA* WuW/E DE-V 117 (118 ff.) – Schneider/Classen.

52 *BGH* AG 1980, 251 (253) = NJW 1980, 1381 (insoweit nicht in BGHZ 76, 55 [72] abgedruckt) – Springer/Elbe Wochenblatt; BGHZ 82, 1 (6 ff.) = NJW 1982, 337 – Springer/MZV; *BGH* LM § 23 GWB Nr. 8 = AG 1982, 255 – SZ/Münchener Wochenblatt; *OLG Düsseldorf* WuW/E DE-R 1361 (1363 f.) – Tagesspiegel/BZ II; 3173 (3185 f.) – ZVSH/NPG.

53 *OLG Düsseldorf* WuW/E DE-R 3173 (3185 f.) – ZVSH/NPG.

54 BGHZ 175, 333 (350 ff.) – Rhönklinikum/Landkreis Rhön-Grabfeld; *A. Bangard,* ZWeR 2007, 183 (223 ff.).

55 *BGH* LM § 22 GWB Nr. 22 = NJW 1992, 2289 – Kaufhof/Saturn; *OLG Düsseldorf* AG 2005, 847 (849) = WuW/E DE-R 1495; WuW/E DE-R 2798.

56 *OLG Düsseldorf* WuW/E DE-R 3000 (3003 f.) – OMV/Total.

57 Vgl. für die Linienschiffahrt *BKartA* WuW/E DE-V 122 (123) – WITASS.

58 BGHZ 166, 165 (176 ff. Tz. 29 ff.) = NJW-RR 2006, 836 – DB Regio/üstra; *M. Lange,* ZWeR 2007, 445 (457 ff.).

Der räumlich relevante Markt beschränkt sich heute – entgegen der früheren Praxis[59] – *nicht* mehr notwendig auf das Bundesgebiet, sondern kann **auch mehrere Länder** oder sogar den Weltmarkt umfassen (sog. **ökonomische Marktabgrenzung** nach § 19 II S. 3 von 2005; s. o. Rn. 24). **Europaweite Märkte** bestehen z. B. bei Staubsaugerbeuteln[60] oder bei Lacken für die Kraftfahrzeugindustrie,[61] während etwa der Waschmittelmarkt nach wie vor national geprägt ist, in erster Linie wegen der Präferenzen der Hausfrauen (und -männer) für die ihnen bekannten nationalen Waschmittel, an ihrer Spitze die unschlagbare Marke „Persil".[62] Ein **Weltmarkt** existiert dagegen z. B. bereits im Großanlagenbau oder im Schiffs- oder Flugzeugbau, wo heute, soweit es um die Zivilluftfahrt geht, im Grunde nur noch Airbus und Boeing konkurrieren.[63] 31

3. Zeitlich relevanter Markt[64]

Die zeitlichen Marktgrenzen spielen nur in Ausnahmefällen eine Rolle, die dadurch gekennzeichnet sind, dass ein Unternehmen aufgrund zeitlich begrenzter Umstände eine **vorübergehende Machtposition** erlangt. Beispiele sind Messen, Volksfeste oder sonstige große Veranstaltungen wie z. B. eine Olympiade oder große Fußballänderspiele.[65] 32

V. Marktbeherrschung

Wie sich aus § 19 Abs. 2 GWB ergibt, kennt das Gesetz **mehrere** unterschiedliche **Formen der Marktbeherrschung**. Es sind dies der Reihe nach (1.) die Einzelmarktbeherrsachung, das sog. Monopol (§ 19 Abs. 2 S. 1 Nr. 1 Fall 1 GWB; u. Rn. 34 f.), (2.) das Fehlen wesentlichen Wettbewerbs (§ 19 Abs. 2 S. 1 Nr. 1 Fall 2; u. Rn. 36 f.), (3.) die überragende Marktstellung (§ 19 Abs. 2 S. 1 Nr. 2 GWB; u. Rn. 40 ff.) sowie (4.) die gemeinsame Marktbeherrschung oder Oligopol (§ 19 Abs. 2 S. 2 GWB; u. Rn. 48 ff.). Hinzu kommen noch mehrere Formen bloßer **Marktstärke** (s. § 20 Abs. 2 und Abs. 4 GWB; s. dazu u. § 29 Rn. 12, 89 ff.). Das **Verhältnis** zwischen diesen verschiedenen Erscheinungsformen von Marktbeherrschung und Marktstärke ist **umstritten**. Unklar ist vor allem das Verhältnis zwischen der Nr. 1 und der Nr. 2 des § 19 Abs. 2 S. 1 GWB, d. h. die Frage, ob die beiden hier geregelten Formen von Marktbeherrschung in einem Alternativverhältnis stehen oder ob die Nr. 2 des § 19 Abs. 2 S. 1 GWB den **weiteren Marktbeherrschungsbegriff** enthält, der letztlich auch die Nr. 1 der Vorschrift umfasst. Überwiegend wird zwar bisher das erstere angenommen mit der Folge, dass die überragende Marktstellung eines Unternehmens i. S. d. Nr. 2 des § 19 Abs. 2 S. 1 GWB auch dann bejaht werden kann, wenn an sich noch wesentlicher Wettbewerb auf dem Markt herrscht 33

[59] Zuletzt BGHZ 131, 107 (112 ff.) = NJW 1996, 595 – Krupp/Daub.
[60] BGHZ 160, 321 (327 ff.) = NJW 2004, 3711 – Melitta/Schultink.
[61] *BKartA* WuW/E DE-V 165 (168 f.) – PPG/ICI; ebenso für Anlagen zur Lackierung von Kfz *BKartA* WuW/E DE-V 235 (237 f.) – Dürr/Alston.
[62] *BKartA* WuW/E DE-V 177 = AG 2000, 375 (376) – Henkel/Luhns.
[63] So ausdrücklich die Begr. zum RegE, BT-Drs. 13/9720, S. 56.
[64] Dazu *v. Ungern-Sternberg*, WuW 1984, 707.
[65] BGHZ 52, 65 (68) = NJW 1969, 1716 – Sportartikelmesse; BGHZ 101, 100 (103 f.) = NJW 1987, 3007 = JuS 1988, 158 Nr. 10 – InterMailand.

(s. die Nr. 1 des § 19 Abs. 2 S. 1 GWB).[66] Tatsächlich wird indessen zumindest in der Fusionskontrolle de facto schon lange **kaum noch** zwischen den beiden Fällen des § 19 Abs. 2 S. 1 GWB **unterschieden** (s. u. § 34 Rn. 11 ff.); der Grund ist einfach der, dass über die Frage der Marktbeherrschung ohnehin immer nur im Einzelfall aufgrund einer Gesamtbetrachtung sämtlicher relevanten Faktoren entschieden werden kann (Rn. 39), die schwerlich je nach dem gewählten Ausgangspunkt (Nr. 1 oder Nr. 2 des § 19 Abs. 2) unterschiedlich ausfallen kann.

1. Einzelmarktbeherrschung

34 Marktbeherrschung liegt nach **§ 19 Abs. 2 S. 1 Nr. 1 Fall 1 GWB** zunächst vor, wenn ein Unternehmen als Anbieter oder Nachfrager einer bestimmten Art von Waren oder gewerblichen Leistungen auf dem jeweils relevanten Markt ohne Wettbewerber ist, d. h. über eine **Monopolstellung** verfügt. Keine Rolle spielt, ob diese Stellung rechtliche oder tatsächliche Gründe hat. Beispiele für **rechtliche Monopole** waren früher vor allem die (inzwischen weitgehend abgeschafften) Verwaltungsmonopole des Staates, die (gleichfalls mittlerweile schon stark erodierten) Prüfmonopole der TÜV sowie die Monopole vieler Gebäudeversicherer nach Landesrecht. Bis heute geblieben ist dagegen z. B. das bizarre Glücksspielmonopol der Bundesländer, während wenigstens das Wettmonopol der Länder inzwischen an dem EuGH gescheitert ist; dasselbe Schicksal droht (hoffentlich) auch bald dem Spielmonopol der Länder für Lotto und Toto.[67]

35 Über **tatsächliche Monopole** verfügen demgegenüber nach wie vor die Energieversorgungsunternehmen in ihren „angestammten" Versorgungsgebieten (s. § 103 Abs. 1 GWB a. F.), die Telekom AG im Ortsvermittlungsbereich, die Deutsche Post AG bei Briefen, die Bahn im Schienenverkehr, die meisten Verwertungsgesellschaften sowie die Regional- oder Lokalzeitungen in den Einzeitungskreisen.[68] Zwar sollte an sich schon lange bei Gas und Strom, bei Telefon und Briefen sowie im Schienenverkehr Wettbewerb herrschen; jedoch ist es den genannten Monopolisten mit tatkräftiger Hilfe unfähiger Politiker bislang gelungen, das Aufkommen jeden Wettbewerbs, insbesondere seitens ausländischer Unternehmen, erfolgreich zu verhindern – mit der Folge, dass die deutschen Verbraucher inzwischen die höchsten Strom-, Gas-, Telefon- Brief- und Bahnpreise zahlen müssen, und das bei häufig miserabler Qualität der angebotenen Dienste. Man nennt das in Deutschland „Daseinsvorsorge für Kommunal- und Landespolitiker.

2. Fehlen wesentlichen Wettbewerbs

36 Ein Unternehmen ist nach **§ 19 Abs. 2 S. 1 Nr. 1 Fall 2 GWB** ferner dann marktbeherrschend, wenn es als Anbieter oder Nachfrager einer bestimmten Art von Waren oder gewerblichen Leistungen „keinem wesentlichen Wettbewerb ausgesetzt" ist. Diese Voraussetzung ist erfüllt, wenn der Wettbewerb seine zentrale Steuerungsfunktion gegenüber dem betreffenden Unternehmen nicht mehr zu erfüllen vermag, so

[66] BGHZ 67, 104 (112 ff.) = NJW 1976, 2259 – Vitamin B 12; BGHZ 68, 23 (28 ff.) = NJW 1977, 675 – Valium; BGHZ 119, 117 (131) = NJW 1993, 264 – Melitta/Kraft (Frapan); kritisch *Offterdinger*, FS Pfeiffer, 1988, S. 727 (735 ff.).

[67] S. o. § 19 Rn. 44; *EuGH* EuZW 2010, 503: 2010, 759 ff.; 2011, 674; *Dreher*, NJW 2010, 198 und EuZW 2010, 771.

[68] *OLG Düsseldorf* WuW/E DE-R 3173 (3187 ff.) – ZVSH/NPG.

dass es **in der Lage** ist, **sich** weitgehend **unabhängig von** seinen **Konkurrenten** zu **verhalten.**[69] Ob diese Voraussetzung erfüllt ist, lässt sich nur aufgrund einer sorgfältigen Analyse der Marktverhältnisse beurteilen, wobei gleichermaßen Marktverhaltens- wie Marktstrukturkriterien zu berücksichtigen sind (u. Rn. 37 ff.).

Als **Marktverhaltenskriterien,** die auf die Fähigkeit zu unabhängigen Strategien und damit auf Marktbeherrschung hindeuten, kommen von Fall zu Fall **„eindeutige" Formen missbräuchlichen Verhaltens** wie Kampfpreisunterbietungen oder Lieferverweigerungen in Betracht, da solche Maßnahmen – aus der Sicht des betreffenden Unternehmens – nur dann sinnvoll sind, wenn es bereits über ein gewisses Maß von Marktmacht verfügt.[70] Ein sicherer Rückschluss vom Verhalten eines Unternehmens auf seine Marktposition ist freilich nur selten möglich, da dasselbe unternehmerische Verhalten vielfach ebensowohl Ausdruck von Wettbewerb wie von Wettbewerbsbeschränkungen sein kann.[71] Das ist der Grund, weshalb heute in der Praxis bei der Ermittlung der Marktbeherrschung **Marktstrukturkriterien** deutlich bevorzugt werden. Die wichtigsten dieser Merkmale zählt das Gesetz bereits selbst für den Fall der überragenden Marktstellung in der **Nr. 2 des § 19 Abs. 2 S. 1 GWB** auf; es sind dies neben dem durchweg ganz im Vordergrund des Interesses stehenden **Marktanteil** eines Unternehmens[72] noch der **Abstand** zu den Konkurrenten, eine etwaige Zersplitterung der Konkurrenz, der von Unternehmen am Marktrand im In- oder Ausland ausgehende Wettbewerbsdruck, weiter die **Finanzkraft** des Unternehmens (Rn. 44), sein Zugang zu den Beschaffungs- und Absatzmärkten sowie seine Verflechtungen mit anderen Unternehmen (s. u. Rn. 45). 37

Jedes der genannten Merkmale (o. Rn. 37) kann freilich durch andere Strukturmerkmale wieder entkräftet werden. Selbst ein hoher Marktanteil korreliert nicht notwendig mit Marktbeherrschung.[73] So verhält es sich z. B., wenn ein Unternehmen mächtigen Abnehmern oder Konkurrenten gegenübersteht, die über erhebliche Ressourcen verfügen, vorausgesetzt, dass die Märkte offen sind. Doch handelt es sich dabei – aufs Ganze gesehen – um Ausnahmefälle.[74] 38

Die Rechtsprechung hat aus dem Gesagten den (naheliegenden) Schluss gezogen, dass über die Marktbeherrschung eines Unternehmens letztlich nur eine **Gesamtbetrachtung der relevanten Faktoren** entscheiden kann, d. h. eine zusammenfassende Würdigung („Schau") der Auswirkungen der Wettbewerbsbedingungen sowie des Wettbewerbsverhaltens des betreffenden Unternehmens auf dem jeweils relevanten Markt. Allein aufgrund eines so gewonnenen Marktbildes kann in der Tat entschieden werden, ob das betreffende Unternehmen wirklich die **Fähigkeit zu unabhängigen Marktstrategien** besitzt, die sich vor allem in der **Fähigkeit** äußert, **die Preise** 39

---

69 *BKartA,* Auslegungsgrundsätze von 2005, Tz. I A 2 I B; *Mestmäcker,* Das marktbeherrschende Unternehmen im Recht der Wettbewerbsbeschränkungen, S. 8 ff.; *Möschel,* Oligopolmißbrauch, S. 164 ff.; *ders.,* Pressekonzentration und Wettbewerbsgesetz, S. 78 ff.; zu Art. 102 AEUV s. schon o. § 9 Rn. 19 ff.

70 *Hoppmann,* Marktmacht und Wettbewerb, S. 24 ff.; ebenso *BKartA* WuW/E BKartA 2488 = AG 1991, 183 (185 f.) BAM/H + W.

71 S. zur Kampfpreisunterbietung schon o. § 10 Rn. 58 ff.

72 S. Rn. 43; BGHZ 165 (181 ff. Tz. 42 ff.) = NJW-RR 2006, 836 – DB Regio/üstra; BGHZ 170, 299 = NJW 2007, 1823 = JuS 2007, 784 Nr. 13 – National Geographic II.

73 *KG* WuW/E OLG 2539 = AG 1982, 190 – Braun/Almo.

74 *BKartA* WuW/E DE-V 1127 (1129 Tz. 144 f.) – CIE/Ish.

zu bestimmen.[75] Wer in der Lage ist, der Marktgegenseite die Preise zu diktieren, beherrscht den Markt, weil er offenkundig auf die Konkurrenten ebenso wie auf die Abnehmer keine Rücksicht mehr zu nehmen braucht. Dasselbe gilt für Unternehmen, die den **Zugang** zu ihrem Markt **kontrollieren** können, z. B. aufgrund des Besitzes von Schlüsselpatenten oder aufgrund der Verfügungsmacht über wesentliche Einrichtungen im Sinne des § 19 Abs. 4 Nr. 4 GWB.

3. Überragende Marktstellung

a) Begriff

40 Als marktbeherrschend gilt nach **§ 19 Abs. 2 S. 1 Halbs. 1 Nr. 2 GWB** ferner ein Unternehmen, das für eine bestimmte Art von Waren oder gewerblichen Leistungen „eine im Verhältnis zu seinen Wettbewerbern überragende Marktstellung" besitzt; dabei sind nach Halbs. 2 der Vorschrift insbesondere sein Marktanteil, seine Finanzkraft, sein Zugang zu den Beschaffungs- und Absatzmärkten, Verflechtungen mit anderen Unternehmen, Marktzutrittsschranken, der tatsächliche oder potentielle Wettbewerb von Unternehmen aus dem In- oder Ausland sowie bei Nachfragern seit 1990 zusätzlich noch ihre Umstellungsflexibilität und die Ausweichmöglichkeiten der Marktgegenseite zu berücksichtigen. Die Gesetzesverfasser hatten bei diesem Tatbestand seinerzeit vor allem **Fälle einer ausgeprägten asymmetrischen Machtverteilung** auf einem Markt im Auge, in denen trotz der Größenunterschiede zwischen den Unternehmen häufig nur mit Mühe feststellbar ist, ob das herausragende Unternehmen noch wesentlichem Wettbewerb ausgesetzt ist (s. die Nr. 1 des § 19 Abs. 2 S. 1 GWB). Deshalb sollte Marktbeherrschung (auch) anzunehmen sein, wenn ein Unternehmen aufgrund der in der Nr. 2 des § 19 Abs. 2 S. 1 GWB genannten Marktstrukturkriterien über einen **besonders großen,** vom Wettbewerb **nicht mehr hinreichend kontrollierten Verhaltensspielraum** verfügt.[76]

41 Dahinter steht die Erfahrung, dass bei **einseitiger Verteilung der die Marktposition** eines Unternehmens vor allem **prägenden Merkmale** zusätzliche Verhaltensspielräume entstehen können, die es einem Unternehmen erlauben, seine Konkurrenten nachhaltig an dem normalen Einsatz ihrer Aktionsparameter zu hindern (vgl. auch § 20 Abs. 4 GWB).[77] In solchen Fällen wird die Annahme einer überragenden Marktstellung auch nicht notwendig dadurch ausgeschlossen, dass auf dem Markt noch andere potente Konkurrenten oder ein mächtiger Nachfrager anzutreffen sind.[78]

42 Ob aber auf einem konkreten Markt tatsächlich eine derartige asymmetrische Machtverteilung besteht, lässt sich nur aufgrund einer **umfassenden Würdigung der Marktverhältnisse** feststellen, wobei alle für einen Markt typischen Abläufe Bedeu-

[75] BGHZ 71, 102 (109 ff.) = NJW 1978, 1320 = JuS 1978, 784 Nr. 7 – Sachs/GKN; BGHZ 79, 62 (66 ff.) = NJW 1981, 1786 – Klöckner/Becorit; BGHZ 82, 1 (5 ff.) = NJW 1982, 337 – Springer/MZV; BGHZ 88, 284 (290 f.) = NJW 1984, 270 – Texaco/Zerssen; BGHZ 131, 107 (115) = NJW 1996, 595 – Krupp/Daub; *Zimmer,* FS Huber, 2006, S. 1173.

[76] S. die Begr. z. RegE, BT-Drs. VI (1971)/2520, S. 21 ff.

[77] BGHZ 77, 279 (291 f.) = NJW 1980, 2583 – Mannesmann/Brueninghaus; *Ramrath,* Die überragende Marktstellung als Merkmal der Fusionskontrolle, 1978, S. 60 ff.

[78] *KG* WuW/E OLG 2182 (2184 ff.) – Klöckner/Becorit; AG 1988, 311 = WuW/E OLG 4167 – Kampffmeyer/Plange.

tung erlangen können (Stichwort: Gesamtbetrachtungsweise).[79] Die Annahme einer überragenden Marktstellung ist insbesondere gerechtfertigt, wenn ein Unternehmen ohne weiteres zu ausdauernden Verlustpreisstrategien in der Lage ist oder wenn es über lange Zeit hinweg doppelt so hohe Preise wie seine Konkurrenten verlangen kann, ohne dass dadurch seine führende Marktstellung beeinträchtigt würde.[80] Denn dann ist eindeutig, dass dieses Unternehmen über die **Fähigkeit zur Preisbestimmung** verfügt, die allgemein als wesentliches Merkmal der Marktbeherrschung gilt (o. Rn. 39). Freilich liegen die Verhältnisse nur selten so einfach wie in den genannten Fällen, so dass meistens nichts anderes übrig bleibt, als von bestimmten verhältnismäßig leicht feststellbaren Marktstrukturmerkmalen wie insbesondere dem Marktanteil und der Finanzkraft eines Unternehmens auf dessen besonderen Verhaltensspielraum zurückzuschließen (u. Rn. 43 ff.).

b) Marktanteil

Als maßgebliches Marktstrukturkriterium nennt das Gesetz in § 19 Abs. 2 S. 1 Nr. 2 GWB zunächst den Marktanteil, weil sich vor allem in ihm der bleibende Erfolg eines Unternehmens ausdrückt (s. schon o. Rn. 37). Dabei kommt es ebensowohl auf den **absoluten wie** auf den **relativen Marktanteil** eines Unternehmens, d. h. auf seinen *Vorsprung* vor den Konkurrenten an. Verbundene Unternehmen gelten in diesem Zusammenhang gemäß § 36 Abs. 2 S. 2 GWB als **wettbewerbliche Einheit**, weil die sog. Verbundklausel des § 36 Abs. 2 S. 1 Geltung für das gesamte GWB einschließlich insbesondere der §§ 19 und 20 beansprucht.[81] **Gemessen** wird der Marktanteil grundsätzlich an den gesamten auf dem jeweils relevanten Markt getätigten **Umsätzen** und nur gelegentlich, wenn die Umsätze aus bestimmten Gründen keine Aussagekraft besitzen, an den auf einem Markt umgesetzten **Stückzahlen oder Mengen**, einschließlich jeweils der Importe und der Lieferungen an Tochtergesellschaften, sofern diese über den Markt nachgefragt und angeboten werden, jedoch abzüglich der konzerninternen Umsätze, der Kollegenlieferungen und der Exporte.[82] Umsatzanteile sind insbesondere dann vorzuziehen, wenn bei den angebotenen Produkten erhebliche Preisunterschiede bestehen.[83] Das gilt auch auf **Ausschreibungsmärkten**.[84] Bei hohen Marktanteilen eines Unternehmens spielen auch die **Gegenmacht** großer Nachfrager oder die Existenz bedeutender potentieller Wettbewerber am Marktrand nur eine untergeordnete Rolle, weil in erster Linie maßgeblich das Verhältnis zu den aktuellen Konkurrenten ist.[85] Anders jedoch, wenn den **potentiellen Konkurrenten** am Marktrand jederzeit ohne besonderen Aufwand ein Marktein- 43

[79] S. o. Rn. 39; BGHZ 67, 104 (112, 115 f.) = NJW 1976, 2259 – Vitamin-B 12; BGHZ 77, 279 (291 f.) = NJW 1980, 2583 – Mannesmann/Brueninghaus; BGHZ 79, 62 (66 ff.) = NJW 1981, 1786 – Klöckner/Becorit; ausführlich *BKartA,* Auslegungsgrundsätze von 2005, Tz. I B 2 ff.

[80] *KG* WuW/E OLG 2849 = AG 1983, 191 (192) – Lufthansa/f. i. r. s.t.; WuW/E OLG 2862 = AG 1983, 194 (195) – Rewe/Florimex; *BKartA* WuW/E BKartA 1709 = AG 1979, 24.

[81] S. BGHZ 71, 102 (116 ff.) = NJW 1978, 1320; BGHZ 79, 62 (68 f.) = NJW 1981, 1786; BGHZ 82, 1 (5 ff.) = NJW 1982, 337; *BGH* AG 2009, 742 = WuW/E DE-R 2739 Tz. 15 – Entega I.

[82] BGHZ 119, 117 (129 f.) = AG 1993, 36 – Melitta/Kraft (Frapan); *BGH* LM § 24 GWB Nr. 16 = AG 1985, 334 = NJW-RR 1986, 525 – Rheinmetall/WMF; AG 1989, 275 = WuW/E BGH 2574 – Kampffmeyer/Plange.

[83] *BKartA* WuW/E DE-V 1643 (1647) – Intermedia.

[84] BGHZ 166, 165 (181 ff. Tz. 42 ff.) = NJW-RR 2006, 836 – DB Regio/üstra.

[85] *OLG Düsseldorf* AG 2005, 847 (850); *BKartA* WuW/E DE-V 1127 (1129 Tz. 144 f.) – CIE/Ish.

tritt möglich ist, weil dadurch der Preiserhöhungsspielraum des fraglichen Unternehmens notwendigerweise begrenzt wird.[86]

c) Finanzkraft

44 Fast dieselbe Bedeutung wie dem Marktanteil (Rn. 43) kommt der Finanzkraft eines Unternehmens für die Beurteilung seiner Marktstellung zu, weil sie eine der wichtigsten Ursachen besonderer Verhaltensspielräume eines Unternehmens ist. Das gilt zumal für Märkte, die durch hohe Risiken charakterisiert sind, die starken Schwankungen unterliegen oder auf denen Forschung und Entwicklung besondere Bedeutung zukommt.[87] Unter der Finanzkraft eines Unternehmens versteht man in diesem Zusammenhang seine **besondere Wirtschaftskraft,** die sich in erster Linie in seinen **Finanzierungsmöglichkeiten**, d. h. in dem Umfang der eigenen Mittel, in der Ertragslage, in dem Ausmaß der Investitionen und in dem Zugang zu den Kapitalmärkten äußert.[88] Wichtigste Kennzahl zur Ermittlung der Finanzkraft eines Unternehmens ist der sog. **Cash-flow**, d. h. die Summe aus Periodengewinnen, Abschreibungen und Rückstellungen. Bedeutsam sind außerdem die Umsatzerlöse sowie der Vergleich von Grundkapital, offenen Rücklagen, Umsatz und Cash-flow.[89] Feste Kennzahlen gibt es nicht.

d) Weitere Faktoren

45 Neben dem Marktanteil und der Finanzkraft (o. Rn. 43 f.) können von Fall zu Fall auch noch andere Faktoren mit unterschiedlichem Gewicht eine Rolle spielen. Hervorzuheben sind der **Zugang** zu den Beschaffungs- und Absatzmärkten sowie die **Verflechtungen** mit anderen Unternehmen, wobei alle rechtlichen, wirtschaftlichen und persönlichen Beziehungen zu anderen Unternehmen berücksichtigt werden, selbst wenn sie noch keine Abhängigkeit und damit keine wettbewerbliche Einheit begründen, sofern nur dadurch ein Vorsprung vor anderen Unternehmen begründet oder befestigt wird, weil die nahezu zwangsläufige Folge solcher Verflechtungen ist, dass zwischen den verflochtenen Unternehmen infolge der gegenseitigen Rücksichtnahme kein funktionsfähiger Wettbewerb mehr besteht.[90] Erhebliche Bedeutung kommt außerdem regelmäßig etwaigen **Marktzutrittsschranken** zu, da die Position eines Unternehmens auf einem Markt um so weniger angreifbar ist, je höher die Marktzutrittsschranken sind.

e) Nachfrageseite

46 Für die Ermittlung der Marktbeherrschung auf der Nachfrageseite eines Marktes sind grundsätzlich dieselben Erwägungen wie auf der Angebotsseite maßgebend. Daher kommt es hier gleichfalls in erster Linie darauf an, ob ein bestimmter Nachfrager wegen seines Anteils an dem Beschaffungsmarkt und wegen seiner Ressourcen **keine**

---

[86] BGHZ 170, 299 (305 ff.) = NJW 2007, 1823 = JuS 2007, 784 Nr. 14 – National Geographic II; *OLG Düsseldorf* (vorige Fn.).

[87] *BKartA* WuW/E BKartA 2729 (2750 f.) = AG 1995, 472 – Hochtief/Ph. Holzmann.

[88] *OLG Düsseldorf* WuW/E DE-R 1973 (1978) – SZ/Lokalzeitung; *BKartA* (vorige Fn.); WuW/E DE-V 1q734 – GNH/GHWN.

[89] *BKartA* AG 1995, 472 = WuW/E BKartA 2729 (2750 f.) – Hochtief/Holzmann.

[90] *BGH* LM Nr. 25 zu § 22 GWB = NJW 1996, 1820 – HaGe Kiel/RHG Hannover; *BKartA* WuW/E DE-V 1607 (1610) – Edeka/Tengelmann.

Rücksicht mehr auf konkurrierende Nachfrager zu nehmen braucht, so dass er über einen besonderen Verhaltenspielraum verfügt.[91]

47 Nach § 19 Abs. 2 S. 1 Nr. 2 GWB sind in diesem Zusammenhang insbesondere die besondere **Umstellungsflexibilität** des Abnehmers sowie die dadurch **eingeschränkten Ausweichmöglichkeiten** der Marktgegenseite zu berücksichtigen. Zweck dieser Regelung war es, die schwierige Feststellung überragender Marktstellungen im **Handel** zu erleichtern, weil die Gesetzesverfasser der Meinung waren, es seien gerade die beiden genannten Umstände zusammen, die den Großen des Einzelhandels einen besonderen, zusätzlichen Verhaltensspielraum verschaffen, so dass es gerechtfertigt sei, bei ihnen Marktbeherrschung bereits bei **Marktanteilen** deutlich **unter einem Drittel** (s. § 19 Abs. 3 S. 1 GWB) anzunehmen.[92] In der Praxis hat diese Regelung bisher, soweit ersichtlich, nur geringe Bedeutung erlangt. Für den Regelfall bleibt es vielmehr auch im Handel dabei, dass Marktbeherrschung grundsätzlich **nur im Einzelfall** auf bestimmten lokalen oder regionalen Märkten festgestellt werden kann, wenn dort einer der Großen des Handels (ausnahmsweise) über eine deutlich überragende Position im Verhältnis zu seinen Konkurrenten verfügt.[93]

4. Oligopol (gemeinsame Beherrschung)

48 Nach **§ 19 Abs. 2 S. 2 GWB** gelten als marktbeherrschend ferner zwei oder mehr Unternehmen, soweit zwischen ihnen für eine bestimmte Art von Waren oder gewerblichen Leistungen ein wesentlicher Wettbewerb nicht besteht *und* soweit sie in ihrer Gesamtheit marktbeherrschend i. S. d. S. 1 des § 19 Abs. 2 GWB sind. Gemeint ist mit dieser Formulierung das sog. marktbeherrschende Oligopol, nach europäischem Vorbild jetzt häufig auch „gemeinsame Beherrschung" genannt (s. o. § 16 Rn. 51 ff.). Hinter der gesetzlichen Regelung steht die **Vorstellung,** marktbeherrschende Oligopole seien aus wettbewerbspolitischer Sicht deshalb als **besonders gefährlich** einzustufen, weil die häufig festzustellende **Gleichförmigkeit des Auftretens** der Oligopolmitglieder der Marktgegenseite in vielen Fällen ein Ausweichen nahezu unmöglich mache. Im Einzelnen unterscheidet man koordinierte und nicht koordinierte Effekte, wobei die **koordinierten Effekte** durchweg als besonders problematisch eingestuft werden (s. schon o. § 16 Rn. 52 ff.). Gemeint ist damit der in engen Oligopolen unter bestimmten, im Einzelnen umstrittenen Voraussetzungen bestehende Anreiz für die Oligopolmitglieder zu einer stillschweigenden Verhaltensabstimmung oder **Kollusion**, die ihnen insbesondere eine **gemeinsame Politik der Gewinnmaximierung** zum Nachteil der Abnehmer ermöglicht. Paradigma ist in die von den großen Verbundunternehmen auf den Energiemärkten gemeinsam betriebene Politik der Ausplünderung der Abnehmer, die ihnen seit vielen Jahren Milliardengewinne beschert. Die Folge ist, dass die intrikate Oligopolproblematik immer mehr in den Mittelpunkt der wettbewerbspolitischen Diskussion gerückt ist. Im selben Ausmaß hat die Oligopolklausel des § 19 Abs. 2 S. 2 an praktischer Bedeutung gewonnen.

[91] *KG* AG 1987, 285 = WuW/E OLG 3917 – Coop/Wandmaker; *Köhler,* Nachfragewettbewerb und Marktbeherrschung, S. 84 ff.

[92] So die Begr. z. RegE (BT-Drs. 11/4610), S. 17 f.; der Bericht des Rechtsausschusses (BT-Drs. 11/5949), S. 19 f.; zustimmend *BGH* LM § 20 GWB Nr. 24 (Bl. 4 R) = ZIP 2000, 426 – Tariftreueerklärung.

[93] *BGH* LM § 22 GWB Nr. 22 = NJW 1992, 2289 – Kaufhof/Saturn; *BKartA* AG 1990, 313 (314) = WuW/E BKartA 2441 – Tengelmann/Gottlieb.

a) Voraussetzungen

49 § 19 Abs. 2 S. 2 GWB macht die Annahme eines marktbeherrschenden Oligopols von dem Zusammentreffen *zweier* Umstände abhängig. Der *erste* Umstand ist, dass *zwischen* den Gruppenangehörigen für eine bestimmte Art von Waren oder gewerblichen Leistungen, d. h. auf einem bestimmten (relevanten) Markt **kein** wesentlicher **Wettbewerb** mehr besteht, der *zweite,* dass die Gruppe **in ihrer Gesamtheit** die Voraussetzungen des § 19Abs. 2 S. 1 Nr. 1 oder Nr. 2 GWB erfüllt, d. h. **marktbeherrschend** ist.

50 Die **Feststellung fehlenden Binnenwettbewerbs** hatte sich von Anfang an als ausgesprochen **schwierig** erwiesen, vor allem, weil es die Gerichte für die Bejahung von Binnenwettbewerb früher vielfach bereits genügen ließen, wenn eine Gesamtbetrachtung der Marktverhältnisse ergibt, dass **noch ein (Rest-)Wettbewerb** besteht, der die wichtigsten Wettbewerbsfunktionen zu erfüllen vermag, wofür nach manchen Entscheidungen sogar schon eine Summierung an sich untergeordneter Wettbewerbsformen ausreichend sein sollte.[94] Hinzu kommen musste außerdem noch, dass das Oligopol **im Außenverhältnis**; d. h. gegenüber Dritten, über eine **marktbeherrschende Stellung** i. S. d. § 19 Abs. 2 S. 1 Nr. 1 *oder* Nr. 2 GWB verfügt, so dass die Oligopolmitglieder – eben als Mitglieder einer den Markt kontrollierenden Gruppe – auf etwaige Außenseiter (nahezu) keine Rücksicht mehr zu nehmen brauchen, sondern z. B. gemeinsam eine Politik der Ausplünderung der Abnehmer betreiben können.[95]

51 Die geschilderte restriktive Praxis der Gerichte (Rn. 50) ist mittlerweile wohl weitgehend **überholt**, seitdem die Gerichte dazu übergegangen sind, die **auf europäischer Ebene** für die Anwendung der FKVO auf Oligopole entwickelten Regeln ins deutsche Recht zu übernehmen, so dass auch im Rahmen des § 19 Abs. 2 S. 2 GWB die Annahme eines Oligopols in Betracht kommt, wenn die **drei Merkmale** der hohen Markttransparenz, des Vorhandenseins wirksamer Vergeltungsmechanismen für abweichende Verhaltensweisen einzelner Oligopolisten sowie des Fehlens wirksamen Außenwettbewerbs zusammentreffen (s. o. § 16 Rn. 51 ff.). In einer ganzen Kette von Entscheidungen aus jüngster Zeit sind diese Kriterien inzwischen präzisiert worden. Zusammengefasst ergibt sich danach heute folgendes Bild: Maßgebend für die Annahme eines Oligopols ist immer eine **Gesamtbetrachtung** des Marktes auf der Basis seiner Strukturmerkmale *und* des tatsächlichen Verhaltens der vermutlichen Oligopolisten. Ein dauerhaft einheitliches Verhalten von Unternehmen als Voraussetzung für die Annahme eines Oligopols ist danach insbesondere zu erwarten, wenn zwischen den fraglichen Unternehmen eine enge Reaktionsverbundenheit besteht, wenn die Markttransparenz hoch ist und wenn die beteiligten Unternehmen über glaubhafte und wirksame Abschreckungsmechanismen zur Disziplinierung ihrer Konkurrenten verfügen. **Indizien** für eine derartige Marktstruktur sind eine Symmetrie der Unternehmen hinsichtlich ihrer Produktpalette, ihrer Technologie und ihrer Kosten, hohe Marktzutrittsschranken sowie eine geringe Preiselastizität der Nachfrage, *nicht* dagegen eine Angleichung der Marktanteile, die im Gegenteil auch

[94] BGHZ 88, 284 (288 ff.) = NJW 1984, 2700 – Texaco/Zerssen; BGHZ 96, 337 (342 ff.) = NJW 1986, 1877 = JuS 1986, 736 Nr. 11 – Abwehrblatt II; *BGH* AG 1982, 44 = WuW/E BGH 1824 – Tonolli/Blei- und Silberhütte Braubach; LM § 24 GWB Nr. 20 = NJW-RR 1988, 484 = AG 1988, 47 (48 ff.) – Zeit II.

[95] S. statt aller *BKartA,* Auslegungsgrundsätze von 2005, unter II B 2/3.

Ausdruck von Wettbewerb sein kann. Vor allem dauerhafte Marktanteilszuwächse einzelner Unternehmen deuten auf tatsächlichen Binnenwettbewerb hin und schließen damit die Annahme eines Oligopols aus. Für eine reine Strukturbetrachtung ist daher hier kein Raum; vielmehr muss **auch** das **Marktverhalten** der Beteiligten berücksichtigt werden. Liegen dagegen die genannten Voraussetzungen für ein Oligopol vor, so ist die Wahrscheinlichkeit koordinierte Effekte umso größer, je enger das Oligopol ist.[96]

Wegen der früheren sehr restriktiven Haltung der Gerichte ist das Vorliegen eines marktbeherrschenden Oligopols bislang nur in verhältnismäßig wenigen Fällen bejaht worden. **Beispiele** sind der Zigarettenmarkt,[97] die Märkte für technische Gase[98] und für Zement,[99] weiter die Märkte für Asphaltmischgut[100] sowie insbesondere die Märkte für die Fernsehwerbung und für Gas und Strom. Während der Markt für **Fernsehwerbung** von einem stabilen, wettbewerbslosen Duopol aus RTL und Pro Sieben SAT1 beherrscht wird,[101] sind die **Gas- und Strommärkte** in Deutschland bundesweit zwischen RWE und E.ON aufgeteilt, die sich keinen Wettbewerb mehr liefern, die beide dieselbe Strategie der Vorwärts- und Rückwärtsintegration sowie der Ausplünderung der Abnehmer betreiben und für die Konkurrenz nicht in Sicht sind.[102] Dagegen wurde z. B. für das durch das SGB V geschaffene **Nachfragekartell der gesetzlichen Krankenkassen** die Anwendbarkeit der Oligopolklausel ebenso **verneint** wie für den **Tankstellenmarkt**, bei den gesetlichen Krankenkassen, weil die einzelnen Krankenkassen durch das SGB V nicht an einem eigenständigen Vorgehen am Markt gehindert würden und von dieser Möglichkeit auch tatsächlich Gebrauch machten,[103] und bei den Tankstellen, weil Preiserhöhungen häufig am Widerstand der anderen Mineralölgesellschaften scheiterten.[104] Ebenso wurde schließlich für den **Hörgerätemarkt** entschieden.[105] 52

b) Rechtsfolgen

Liegen die genannten Voraussetzungen eines marktbeherrschenden Oligopols (o. Rn. 49–52) vor, so gilt nach § 19 Abs. 2 S. 2 GWB **jedes** einzelne **Oligopolmitglied** für sich **allein** als **marktbeherrschend,** da die „gebündelte" Macht der Unternehmensgruppe den einzelnen Mitgliedern der Gruppe zugerechnet wird. Hinzu kommen muss lediglich, dass ein etwaiges missbräuchliches Verhalten des betreffenden Unternehmens gerade **durch** das **einheitliche Auftreten** der Oligopolgruppe am 53

[96] BGHZ 178, 285 (293 ff.) – E.ON/Stadtwerke Eschwege; BGH WuW/E DE-R 2905 = WM 2010, 1071 (1076 f.) – Phonak/ReSound; AG 2010, 832 = WuW/E DE-R 3067 Tz. 15 ff. = JuS 2011, 464 – Springer/ProSiebenSat 1 II; *OLG Düsseldorf* WuW/E DE-R 3000 (3006 ff.) – OMV/Total; *BKartA* WuW/E DE-V 1837 (1839 ff.) – Webasto/Edeka; *Emmerich*, AG 2009, 597 (600 f.); 2010, 517 (520 f.); 2011, 565 (566).

[97] *KG* AG 1984, 130 (135 ff.) = WuW/E OLG 3051 – Ph. Morris/Rothmans.

[98] *BKartA* AG 1988, 387 = WuW/E BKartA 2319 – Messer Griesheim/Buse.

[99] *BKartA* AG 1988, 352 = WuW/E BKartA 2297 – Heidelberger Zement/Malik.

[100] *BKartA* WuW/E DE-V 1306 (1311 f. Tz. 52 ff.) – Strabag/Werhahn.

[101] *BGH* AG 2010, 832 = WuW/E DE-R 3067 Tz. 15 ff. – Springer/ProSiebenSat 1 II.

[102] BGHZ 178, 285 (293 ff.) = AG 2009, 503 = JuS 2009, 670 – E.ON/Stadtwerke Eschwede; *BKartA* WuW/E DE-V 1357 = AG 2007, 506 – RWE/SFG.

[103] S. u. Rn. 53 bei Fn. 88, § 29 Rn. 64 sowie *BGH* GRUR 2003, 979 = WuW/E DE-R 1139 (1141 f.); anders zu Recht *OLG Jena* WuW/E DE-R 500 (502).

[104] *OLG Düsseldorf* WuW/E DE-R 3000 (3006 f.) – OMV/Total.

[105] *BGH* WM 2010, 1071 (1076 f.) = WuW/E DE-R 2905 – Phonak/ReSound.

Markt **ermöglicht** wird.[106] Typische **Oligopolmissbräuche,** die unter den genannten Voraussetzungen bekämpft werden können, sind neben der gemeinsamen Forderung überhöhter Preise[107] insbesondere noch die Identität der Geschäftsbedingungen der Gruppenmitglieder, wodurch den Kunden ein Ausweichen unmöglich gemacht wird (man denke nur an die Banken-AGB und die ADSp), die Versperrung des Marktzugangs durch geschlossene Systeme von Ausschließlichkeitsbindungen, sonstige gemeinsame Abwehrstrategien gegen Außenseiter[108] sowie die Kombination des Oligopols mit Kartellen.[109]

5. Vermutungen

a) Voraussetzungen

54 Der Nachweis der marktbeherrschenden Stellung eines oder mehrerer Unternehmen ist häufig schwierig. Deshalb enthält das Gesetz in § 19 Abs. 3 GWB zwei Vermutungen, für die sich die Bezeichnungen Monopol- und Oligopolvermutung eingebürgert haben. Die **Monopolvermutung** greift bereits ein, wenn *ein* Unternehmen allein einen Marktanteil von mindestens einem Drittel hat (§ 19 Abs. 3 S. 1 GWB). Bei der **Oligopolvermutung** wird dagegen weiter zwischen einem Dreier- und einem Fünferoligopol unterschieden (§ 19 Abs. 3 S. 2 Nr. 1 und 2 GWB): Während bei einem **Dreieroligopol** für die Vermutung der Marktbeherrschung ab einem Marktanteil von 50 % Raum ist, liegt bei dem **Fünferoligopol** die kritische Grenze bei einem Marktanteil von zwei Dritteln.

55 Die Besonderheit der Vermutungen des § 19 Abs. 3 GWB besteht darin, dass sie **allein** an den **Marktanteil** anknüpfen, obwohl dieser nur *ein* Umstand unter anderen ist, die für die Bestimmung der Marktbeherrschung nach § 19 Abs. 2 S. 1 Nr. 2 GWB maßgebend sind (s. o. Rn. 43 ff.). Daraus folgt, dass die Vermutungen „lediglich" **Aufgreifkriterien** in Verbindung **mit einer formellen und materiellen Beweislastregel** entsprechend **§ 292 ZPO** darstellen.[110] Sie befreien zwar die Kartellbehörden nicht etwa von der Würdigung des Marktanteils im Zusammenhang mit den übrigen jeweils relevanten Faktoren im Rahmen einer Gesamtbetrachtung. Jedoch bleibt es die Aufgabe des oder der betroffenen Unternehmen, die gegen die Marktbeherrschung sprechenden Umstände vorzutragen. Tun sie dies nicht und können infolgedessen die Kartellbehörden oder die Gerichte trotz umfassender Würdigung der relevanten Faktoren die marktbeherrschende Position eines Unternehmens oder einer Unternehmensgruppe *weder* ausschließen *noch* bejahen, so ist Raum für die Anwendung der Vermutungen, so dass dann von dem **Vorliegen** von Marktbeherrschung auszugehen ist. Dies alles gilt nicht nur im Rahmen der Missbrauchsaufsicht

[106] BGHZ 96, 337 (345) = NJW 1986, 1877 = JuS 1986, 736 Nr. 11 – Abwehrblatt II; *OLG Düsseldorf* WuW/E OLG 2646; ebenso für die Fusionskontrolle *BGH* AG 2010, 832 = WuW/E DE-R 3067 Tz. 45 = JuS 2011, 464 – Springer/ProSiebenSat 1 II.

[107] *BGH* LM § 5 GWB Nr. 1 = NJW 1965, 2153 = JuS 1966, 39 Nr. 4; *KG* WuW/E OLG 2053.

[108] BGHZ 96, 337 (345 ff.) = NJW 1986, 1877 = JuS 1986, 736 Nr. 11 – Abwehrblatt II.

[109] *Belke,* ZHR 139 (1975), 51 (73); *Möschel,* Oligopolmißbrauch, S. 171, 185 ff.; *Reich,* NJW 1974, 1353.

[110] BGHZ 71, 102 (108) = NJW 1978, 1320 – Sachs/GKN; BGHZ 79, 62 (65) = NJW 1981, 1786 – Klöckner/Becorit; *BGH* LM § 26 GWB Nr. 63 = NJW-RR 1988, 1069; LM § 22 GWB Nr. 25 = NJW 1996, 1820 – HaGe Kiel/RHG Hannover; *OLG Düsseldorf* WuW/E DE-R 2593 (2596 ff.); *Ittner,* Die Vermutungen im GWB, 1998; *P. Pohlmann,* ZHR 164 (2000), 589; *Prütting,* FS Vieregge, 1995, S. 733 (743 ff.).

nach den §§ 19 und 20, sondern auch im Rahmen der Fusionskontrolle aufgrund des § 36 Abs. 1 (im Einzelnen umstritten).

56 In engen asymmetrischen Oligopolen kann die **Monopolvermutung** (zugunsten des größten Unternehmens der Gruppe) **mit** der **Oligopolvermutung** (zugunsten der ganzen Gruppe) **zusammentreffen.** In solchen Fällen schließen sich die Vermutungstatbestände nicht etwa gegenseitig aus. Ebensowenig hat eine Vermutung den Vorrang vor der anderen;[111] vielmehr ist darauf abzustellen, wo der **Schwerpunkt des Sachverhalts** liegt, d. h. für welche Alternative bei realistischer Betrachtung der Marktverhältnisse die größere Wahrscheinlichkeit spricht.[112] Trotz gleichzeitiger Erfüllung der Oligopolvermutung ist folglich von der **Monopolvermutung** auszugehen, wenn dem hohen Marktanteil eines Unternehmens und dessen großem Abstand vor seinen Konkurrenten nach der Struktur des Marktes das entscheidende Gewicht zukommt,[113] während die **Oligopolvermutung** eingreift, wenn mehrere der beteiligten Unternehmen, vor allem wegen personeller oder kapitalmäßiger Verflechtungen, am Markt gemeinsam auftreten.[114]

b) Widerlegung

57 Die Vermutungen des § 19 Abs. 3 S. 1 und 2 GWB sind widerleglich, wobei es in erster Linie die Sache der betroffenen Unternehmen ist, die zur Widerlegung der Vermutungen geeigneten Tatsachen vorzutragen (Rn. 55). Im einzelnen hat man zwischen der Monopolvermutung und den Oligopolvermutungen zu unterscheiden hat.

58 Die **Monopolvermutung** des § 19 Abs. 3 S. 1 GWB knüpft allein an den Marktanteil eines Unternehmens und damit an ein besonders wichtiges Strukturmerkmal an. Folglich kommt auch eine Widerlegung dieser Vermutung grundsätzlich nur in Betracht, wenn der fragliche Markt **strukturelle Besonderheiten** aufweist, die den Fortbestand wesentlichen Wettbewerbs erwarten lassen. Das frühere oder gegenwärtige Verhalten der Unternehmen besitzt demgegenüber nur eine untergeordnete Bedeutung.[115] Die Vermutung ist z. B. widerlegt, wenn auf einem Markt, etwa infolge von Importen, heftiger Preiswettbewerb herrscht,[116] nicht aber, wenn ein Unternehmen offenbar keinem Wettbewerbsdruck mehr ausgesetzt ist und sein Marktanteil trotz des Eindringens von Newcomern unaufhörlich steigt.[117]

59 Die beiden **Oligopolvermutungen** des § 19 Abs. 3 S. 2 Nr. 1 und 2 GWB sind nach Halbs. 2 der Vorschrift widerlegt, wenn die Unternehmen nachweisen, dass die Wettbewerbsbedingungen zwischen ihnen wesentlichen Wettbewerb erwarten lassen *oder* dass die Gesamtheit der Unternehmen, d. h. die Oligopolmitglieder zusammen, im Verhältnis zu den übrigen Wettbewerbern auf dem betreffenden Markt keine

[111] So früher *KG* WuW/E OLG 2234 = AG 1980, 228 – Tonolli/Metallgesellschaft; WuW/E OLG 5549 = AG 1996, 268 (270 f.) – Fresenius/Schiwa; offen gelassen in *BGH* WuW/E BGH 1824 = AG 1982, 44 (45) – Tonolli/Metallgesellschaft.

[112] *BKartA* WuW/E DE-V 427 (428 Tz. 41) – 3 M/Espe.

[113] *MK*, 4. HauptGA, Tz. 585; *BKartA* WuW/E BKartA 1882 = AG 1981, 294 – Krupp/Total; *Immenga/Schulte-Braucks*, BB 1981, 149; *Schultz*, WuW 1981, 102 (108).

[114] *KG* AG 1988, 306 = WuW/E OLG 4095 – Weiß/SW-Verlag.

[115] *BKartA* TB 1974, S. 9.

[116] *BKartA* TB 1974, S. 34; 1975, S. 37; 1976, S. 66.

[117] *BKartA* WuW/E BKartA 1561 (1564 ff.) – Hahn/Johnson (o. b.).

überragende Marktstellung besitzen. Die Widerlegung der Oligopolvermutung muss sich folglich entweder auf den **Fortbestand des Binnenwettbewerbs** (s. § 19 Abs. 2 S. 2 GWB) *oder* auf das **Fehlen einer überragenden Marktstellung** der Oligopolmitglieder im Außenverhältnis beziehen (s. § 19 Abs. 2 S. 1 Nr. 2 GWB). Da der Beweis fortbestehenden Binnenwettbewerbs nur durch den Nachweis entsprechender „Wettbewerbsbedingungen" geführt werden kann, ist die Vermutung hier gleichfalls erst widerlegt, wenn trotz des äußerlichen Vorliegens eines Oligopols die **strukturellen Voraussetzungen für** einen wesentlichen **Wettbewerb fortbestehen**. Das frühere oder gegenwärtige Verhalten der Unternehmen hat in diesem Zusammenhang lediglich insofern Bedeutung, als es Schlüsse auf die allein maßgeblichen strukturellen Gegebenheiten zulässt.

60 Zu den **strukturellen Gegebenheiten** eines Marktes gehören z. B. die Marktzutrittsschranken, der potentielle Wettbewerb und der Substitutionswettbewerb von Produkten am Marktrand, die Absatzbedingungen, die Produktbeschaffenheit sowie der Grad des Wachstums und der Innovationen.[118] Entscheidend ist letztlich immer, ob nachgewiesen wird, dass die **Voraussetzungen für einen funktionsfähigen Preis- oder Qualitätswettbewerb** vorliegen. Dafür spricht es z. B., wenn auf dem Markt lebhafter Preis- oder Kundenwettbewerb herrscht, insbesondere, wenn er auf strukturellen Gegebenheiten wie z. B. der fortlaufenden Öffnung der Märkte im europäischen Binnenmarkt beruht, oder wenn sich die Zusammensetzung der Spitzengruppe des Oligopols ständig ändert. Dagegen werden die Vermutungen des § 19 Abs. 3 S. 2 GWB in der Regel bestätigt, wenn die in der europäischen Praxis zur Fusionskontrolle entwickelten Oligopolmerkmale (besonders hohe Markttransparenz, wirksame Sanktionsmechanismen für die anderen Oligopolisten und Fehlen wirksamen Außenwettbewerbs) auf einem Markt erfüllt sind (Rn. 52).

VI. Missbrauch

Literatur: S. o. bei § 10 sowie *Kommission,* Erläuterung zu den Prioritäten bei der Anwendung des Art. 102 AEUV von 2009, ABl. Nr. C 45/7; *J. Baur,* Der Mißbrauch im deutschen Kartellrecht, 1972; *St. Bechtold,* Die Kontrolle von Sekundärmärkten, 2007; *T. Caspary,* Der Verkauf unter Einstandspreis, 2005; *H. Fleischer,* Behinderungsmißbrauch durch Produktinnovation, 1997; *Gabriel,* Preiskontrolle im Rahmen der Wettbewerbspolitik, 1976; *R. Hahn,* Behinderungsmißbräuche marktbeherrschender Unternehmen, 1984; *Hoppmann,* Behinderungsmißbrauch, 1980; *Markert,* Die Wettbewerbsbehinderung im GWB nach der 4. Kartellnovelle, 1982; *Lux,* Der Tatbestand der allgemeinen Marktbehinderung, 2006; *Meinhold,* Diversifikation, konglomerate Unternehmen und GWB, 1977; *Mestmäcker,* FS Hallstein, 1966, S. 332; *ders.,* AcP 168 (1968), 235; *ders.,* in: Der Mißbrauch marktbeherrschender Stellungen im deutschen, italienischen und europäischen Recht, 1969, S. 1; *ders.,* Der verwaltete Wettbewerb, 1984; *ders.,* Medienkonzentration und Meinungsvielfalt, 1978; *Möschel,* Oligopolmißbrauch, 1974; *ders.,* Pressekonzentration und Wettbewerbsgesetz, 1978; *Munzinger,* Mißbräuchliche Preise, Preisbildungssysteme und Preisstruktur nach § 22 GWB, 1977; *Nette,* Die kartell- und wettbewerbsrechtliche Beurteilung der Preisunterbietung, 1984; *J. Pohlmeier,* Netzwerkeffekte und Kartellrecht, 2004; *Pries,* Kampfpreismissbrauch im ökonomisierten EG-Kartellrecht, 2009; *Sack,* Der Verkauf unter Selbstkosten in Handel und Handwerk, BB 1988, Beil. 3 zu H. 11; *M. Stoll,* Drittmarktbehinderungen im deutschen und europäischen Kartellrecht, 2002; *P. Ulmer,* Schranken zulässigen Wettbewerbs marktbeherrschender Unternehmen, 1977; *H. Westen,* Unbillige Behinderung von Wettbewerbern durch Verkauf unter Einstandspreis, 1987; *Wurmnest,* Marktmacht und Verdrängungsmissbrauch, 2010.

[118] *BKartA* TB 1981/82, S. 23; *MK,* 5. HauptGA, Tz. 488 ff.

1. Generalklausel

Nach der **Generalklausel des § 19 Abs. 1 GWB** ist ebenso wie nach Art. 102 S. 1 AEUV jede missbräuchliche Ausnutzung einer marktbeherrschenden Stellung durch ein oder mehrere Unternehmen verboten. In **Abs. 4** des § 19 zählt das Gesetz **außerdem** seit 1980 zur Erläuterung der Generalklausel des Abs. 1 der Vorschrift **verschiedene Regelbeispiele** auf. Die wichtigsten sind die Beeinträchtigung der Wettbewerbsmöglichkeiten anderer Unternehmen ohne sachlich gerechtfertigten Grund (§ 19 Abs. 4 Nr. 1 GWB; dazu u. Rn. 65 ff.), der Preismissbrauch (§ 19 Abs. 4 Nr. 2 GWB; dazu u. Rn. 84 ff.), die Diskriminierung zwischen gleichartigen Abnehmern (§ 19 Abs. 4 Nr. 3 GWB; dazu u. Rn. 98 ff.) sowie die Verweigerung des Zugangs zu wesentlichen Einrichtungen (§ 19 Abs. 4 Nr. 4 GWB; dazu u. Rn. 102 ff.). Ergänzende Regelungen finden sich ferner in § 20 Abs. 1 und 4 sowie in § 29. 61

Nach Art. 3 Abs. 1 S. 2 der Kartellverfahrensverordnung Nr. 1/2003 findet in Fällen mit zwischenstaatlichem Bezug neben § 19 GWB immer zugleich der (**vorrangige**) **Art. 102 AEUV** Anwendung (ebenso § 22 Abs. 3 S. 1 und 2 GWB; s. o. § 3 Rn. 75 ff.). Dies zwingt zu einer möglichst **einheitlichen Auslegung** der beiden Missbrauchsverbote, so dass wegen der Einzelheiten durchweg zunächst auf die Ausführungen zu Art. 102 AEUV verwiesen werden kann (s. o. § 10). Ergänzend ist Folgendes zu bemerken: 62

Der Versuch einer Konkretisierung des Missbrauchsbegriffs in § 19 Abs. 1 GWB hat ebenso wie bei Art. 102 AEUV bei dem **Zweck** der Vorschrift anzusetzen. Dieser besteht, wie bereits gezeigt (s. o. Rn. 5 ff.), in erster Linie darin, die **wirtschaftliche Bewegungsfreiheit Dritter im Einflussbereich** marktbeherrschender Unternehmen zu **schützen,** um Raum für die Entfaltung kompetitiver Prozesse zu schaffen. Denn Wettbewerb entsteht, wie man sich immer wieder vergegenwärtigen muss, stets dort, wo Unternehmen von ihrer wirtschaftlichen Handlungsfreiheit (im Rahmen der Gesetze) Gebrauch machen, ohne daran von anderen Unternehmen in unzulässiger Weise gehindert zu werden (s. o. § 1 Rn. 2 ff.). Missbräuchlich sind von daher gesehen grundsätzlich solche Verhaltensweisen eines marktbeherrschenden Unternehmens, die ihm nur aufgrund seiner Marktmacht offenstehen und durch die andere Unternehmen in einer Weise behindert oder geschädigt werden, die bei wirksamem Wettbewerb nicht möglich wäre.[119] **Ziel** der Missbrauchsaufsicht muss es vor allem sein, den schon beherrschten Markt offen zu halten *und* die Übertragung der Macht auf dritte Märkte zu verhindern, eben, um anderen Unternehmen den nötigen Raum zu verschaffen, damit sie von ihrer wirtschaftlichen Handlungsfreiheit (als Voraussetzung des Wettbewerbs) auch tatsächlich Gebrauch machen können. 63

Geschützt werden durch das Missbrauchsverbot nach dem Gesagten zunächst alle **Konkurrenten** des marktbeherrschenden Unternehmens, und zwar gleichermaßen **auf** dem bereits **beherrschten wie auf dritten,** (noch) nicht beherrschten **Märkten,** sofern nur ein Kausalzusammenhang zwischen der Marktbeherrschung und dem missbilligten Verhalten oder seiner Wirkung auf dem Drittmarkt besteht. Die Anwendbarkeit des Missbrauchsverbots auf derartige **Drittmarktbehinderungen** war bis 1998 durch die Fassung des § 22 Abs. 4 S. 1 GWB i. d. F. von 1957 ausdrücklich 64

[119] *Mestmäcker,* FS Hallstein 1966, S. 329; *ders.,* AcP 168 (1968), 251; *ders.,* DB 1968, 1800; *ders.,* Medienkonzentration und Meinungsvielfalt, S. 107 ff.

klargestellt.[120] Heute ergibt sie sich jedenfalls aus der Generalklausel des § 19 Abs. 1 GWB, die nicht zwischen missbräuchlichen Verhaltensweisen auf dem beherrschten und auf dritten Märkten unterscheidet.[121] Geschützt werden ferner, wie die Regelbeispiele der Nr. 2 und 3 des § 19 Abs. 4 GWB deutlich machen, die **Angehörigen der vor- und nachgeordneten Wirtschaftsstufen,** vor allem gegen ihre Ausplünderung oder ihre Fesselung an das marktbeherrschende Unternehmen. Paradigmata sind missbräuchliche Preise oder Konditionen sowie Ausschließlichkeitsbindungen (dazu u. Rn. 84 ff.). Die wichtigsten **Erscheinungsformen** des Missbrauchs sind folglich im deutschen Recht nicht anders als im europäischen Recht der Behinderungsmissbrauch (u. Rn. 65 ff.), der Ausbeutungsmissbrauch (u. Rn. 84 ff.) sowie der Strukturmissbrauch (u. Rn. 120 f.).

2. Behinderungsmissbrauch

a) Begriff

65 **aa)** Ein Behinderungsmissbrauch ist seit 1980 nach der **Nr. 1 des § 19 Abs. 4 GWB** anzunehmen, wenn ein marktbeherrschendes Unternehmen als Anbieter oder Nachfrager einer bestimmten Art von Waren oder gewerblichen Leistungen die Wettbewerbsmöglichkeiten anderer Unternehmen in einer für den Wettbewerb auf dem Markt erheblichen Weise ohne sachlich gerechtfertigten Grund beeinträchtigt. Kern des Begriffs ist somit die **grundlose Beeinträchtigung der Wettbewerbsmöglichkeiten anderer Unternehmen** auf dem beherrschten *oder* auf dritten Märkten (s. o. Rn. 63 f.).

66 Mit der Nr. 1 des § 19 Abs. 4 GWB hatte der Gesetzgeber 1980 an die vorausgegangene Diskussion angeknüpft, in der Einigkeit darüber erzielt worden war, dass sich das Gesetz mit dem Verbot des Behinderungsmissbrauchs in erster Linie **gegen** die **von marktbeherrschenden Unternehmen ausgehenden Wettbewerbsbeschränkungen** wendet.[122] **Zweck** des Verbots ist folglich vor allem die Verhinderung solcher Maßnahmen marktbeherrschender Unternehmen, die geeignet sind, durch den Eingriff in die Bewegungsfreiheit Dritter den schon beherrschten Markt endgültig zu schließen *oder* andere Märkte zu monopolisieren (s. o. Rn. 8, 63 f.).

67 Zwei **weitere Behinderungsverbote** finden sich in unmittelbarem Anschluss an § 19 GWB in **§ 20 Abs. 1 und Abs. 4 GWB** (s. dazu u. § 29 Rn. 40, 89 ff.). Alle diese Behinderungsverbote der §§ 19 und 20 GWB dürften sich inhaltlich im wesentlichen decken.[123] Es bedeutet sachlich keinen Unterschied, wenn das Gesetz in § 19 Abs. 4 Nr. 1 GWB auf die **fehlende sachliche Rechtfertigung** der Beeinträchtigung der Wettbewerbsmöglichkeiten anderer Unternehmen und in § 20 Abs. 1 und Abs. 4

[120] *KG* WuW/E OLG 3124 (3129); *BKartA* WuW/E BKartA 2092 (2100) – Metro.

[121] S o. Rn. 8 sowie BGHZ 156, 379 (382 f.) = GRUR 2004, 255 – Strom + Telefon I; *BGH* GRUR 2004, 259 = WuW/E DE-R 1210 – Strom + Telefon II (mit Anm. *Emmerich,* LMK 2004, 69); BGHZ 158, 334 (338 ff.) = NJW 2004, 2375 m. Anm. *Emmerich,* LMK 2004, 191; *OLG Düsseldorf* WuW/E DE-R 818 (883); 1055 (1057); 2292; 2387 (2389); *M. Stoll,* Drittmarktbehinderungen, 2002;, früher str.

[122] *BKartA* TB 1977, S. 25 ff.; 1979/80, S. 27 ff.; *J. Baur,* Der Mißbrauch im deutschen Kartellrecht, S. 196 ff.; *Meinhold,* S. 120, 180 ff.; *Möschel,* Pressekonzentration und Wettbewerbsgesetz, S. 106 ff.; *Stahl,* WuW 1980, 451.

[123] *Markert,* S. 22 f.; s. *Koppensteiner,* WRP 2007, 475 (480 ff.).

GWB auf die **unbillige Behinderung** anderer Unternehmen abstellt. Die Frage ist gleichwohl umstritten, vor allem, weil das *Kammergericht* zumindest früher eine deutliche Trennungslinie zwischen § 19 Abs. 4 Nr. 1 und § 20 Abs. 1, Abs. 4 GWB gezogen hatte, indem es **im Rahmen des § 19 Abs. 4 Nr. 1 GWB** anders als bei § 20 Abs. 1 und Abs. 4 GWB überwiegend darauf abstellte, ob es sich bei der fraglichen Handlung des marktbeherrschenden Unternehmens um eine **Maßnahme des Nichtleistungswettbewerbs** im Sinne des § 24 Abs. 2 GWB handelt oder nicht, wobei der Nichtleistungswettbewerb auch Maßnahmen im „Vorfeld" des unlauteren Wettbewerbs umfassen sollte.[124]

Diese Meinung, die auch heute noch vertreten wird,[125] steht und fällt mit der Möglichkeit einer operationalen **Definition des Nichtleistungswettbewerbs** als Gegensatz zum Leistungswettbewerb. Voraussetzung dafür wäre die Verfügbarkeit eines **Maßstabs**, der es erlaubte, eine bestimmte Maßnahme im Wettbewerb *im Voraus* als leistungsgerecht oder als nichtleistungsgerecht zu identifizieren. Ein derartiger Maßstab existiert indessen *nicht*, weil darüber, was im Wettbewerb leistungsgerecht ist und was nicht, immer erst der Wettbewerb selbst entscheidet, so dass im Voraus niemand wissen kann, was letztlich leistungsgerecht ist.[126] Vorzugswürdig ist deshalb die bereits durch den Wortlaut und die Entstehungsgeschichte des Gesetzes nahegelegte **Parallele zu § 20 Abs. 1 GWB,** so dass hier ebenso wie im Anwendungsbereich des § 20 Abs. 1 GWB über das Vorliegen einer verbotenen, weil sachlich nicht gerechtfertigen (oder: unbilligen) Behinderung nur im Einzelfall aufgrund einer **Interessenabwägung** unter Berücksichtigung der auf die Freiheit des Wettbewerbs gerichteten Zielsetzung des Gesetzes entschieden werden kann, wobei das Augenmerk in erster Linie auf eindeutig wettbewerbsbeschränkende, weil marktschließende Praktiken marktbeherrschender Unternehmen zu richten ist.[127] 68

bb) Nach § 19 Abs. 4 Nr. 1 GWB muss die Beeinträchtigung der Wettbewerbsmöglichkeiten anderer Unternehmen nicht nur ohne sachlich gerechtfertigten Grund (dazu o. Rn. 67 f.), sondern außerdem **in einer für den Wettbewerb** auf dem Markt **erheblichen Weise** erfolgen. Dieses zusätzliche quantitative Tatbestandsmerkmal hat jedoch keine eigenständige Bedeutung; es weist vielmehr lediglich auf die Notwendigkeit hin, im Rahmen der ohnehin gebotenen Interessenabwägung (u. a., auch) die Marktwirkungen der betreffenden Maßnahme zu berücksichtigen (str.). 69

[124] *KG* WuW/E OLG 1000 = JuS 1969, 590 Nr. 6 – Meto-Handpreisauszeichner; WuW/E OLG 1767 = JuS 1977, 689 Nr. 7 – Kombinationstarif; WuW/E OLG 2148 = NJW 1980, 1110 = JuS 1980, 380 Nr. 10 – Sonntag Aktuell; WuW/E OLG 1434; 1983; 2403 = BB 1981, 1110 = JuS 1982, 144 Nr. 11 – Fertigfutter; WuW/E OLG 2607 (2611 f.); 3124 (3129 ff.) – Milchaustauschfuttermittel; ähnlich BGHZ 96, 337 (346 ff.) = NJW 1986, 1877 = JuS 1986, 736 Nr. 11 – Abwehrblatt II; *BKartA* WuW/E BKartA 2092 (2093 ff.) – Metro.

[125] Insbes. *Koppensteiner,* WRP 2007, 475 (484 ff.).

[126] S. schon o. § 24 Rn. 12 ff.; ablehnend deshalb *MK,* 3. HauptGA, Tz. 455 ff.; *BKartA* WuW/E BKartA 2029 ff.; *J. Baur,* JA 1987, 118 (120); *Markert,* S. 17, 34 ff.; *Mestmäcker,* Medienkonzentration und Meinungsvielfalt, S. 128 ff.; *Möschel,* Pressekonzentration und Wettbewerbsgesetz, S. 17 ff.; *Wurmnest,* Marktmacht, S. 357 ff.

[127] S. u. § 29 Rn. 44 ff.; ebenso *OLG Düsseldorf* WuW/E DE-R 880 (883 f.) – Strom + Fon; früher schon *BKartA* WuW/E BKartA 1817 (1824 ff.); 1956 (1958 f.).

b) Kampfpreisunterbietung

Literatur: S. o. § 10 Rn. 58 ff.; *Caspary,* Der Verkauf unter Einstandspreis, 2005; *Meinhold,* Diversivikation, konglomerate Unternehmen und GWB, 1977, S. 183; *Mestmäcker,* Medienkonzentration und Meinungsvielfalt, 1978, S. 114 ff.; *ders.,* Der verwaltete Wettbewerb, 1984, S. 159 ff.; *Möschel,* Pressekonzentration und Wettbewerbsgesetz, 1978, S. 101 ff.; *Pries,* Kampfpreismissbrauch; *H. Westen,* Unbillige Behinderung von Wettbewerbern durch Verkauf unter Einstandspreis, 1987; *Wurmnest,* Marktmacht und Verdrängungsmissbrauch, S. 389 ff.

70 Der wichtigste Wettbewerbsparameter eines Unternehmens ist sein **Preis.** Eingriffe in die Preisbildungsfreiheit der Unternehmen sind deshalb besonders kritisch zu beurteilen, weil sie sich im Grunde gegen den Kern des Wettbewerbsprozesses wenden. Aus diesem Grunde dürfen auch über **§ 19 Abs. 4 Nr. 1 GWB** der Preisbildungsfreiheit marktbeherrschender Unternehmen Schranken nur mit großer Zurückhaltung in eindeutigen Missbrauchsfällen gezogen werden.

71 Bekanntestes Beispiel ist die sog. Kampfpreisunterbietung in Vernichtungsabsicht. Gleich steht die Absicht, andere Unternehmen am Markteintritt verhindern, indem die Preise von vornherein auf ein Niveau gesenkt werden, das einen Markteintritt für andere Unternehmen unrentabel macht.

72 Fälle der geschilderten Art haben im deutschen Kartellrecht bisher nur eine ganz untergeordnete Rolle gespielt. Umso breiter werden sie seit langem im Lauterkeitsrecht diskutiert, in dem die **Kampfpreisunterbietung in Vernichtungsabsicht** geradezu zu den „klassischen" Anwendungsfällen der Generalklausel und damit heute der §§ 3 Abs. 1 und 4 Nr. 10 UWG gehört.[128] Daneben war es vor allem noch der sog. **systematische Verkauf unter Selbstkosten oder unter Einstandspreis**, der im Wettbewerbsrecht die Gemüter bewegte. Er hat heute eine (durchaus problematische) Sonderregelung in § 20 Abs. 4 S. 2 GWB gefunden und ist deshalb erst im Rahmen der Ausführungen zum Diskriminierungsverbot des § 20 näher zu erörtern (u. § 29 Rn. 89 ff.).

73 Anders als im deutschen Kartellrecht steht die Kampfpreisunterbietung im **amerikanischen und** im **europäischen Kartellrecht** seit vielen Jahren im Mittelpunkt einer ausgebreiteten Diskussion gleichermaßen auf ökonomischer wie auf juristischer Ebene.[129] Dabei ist bereits umstritten, ob Kampfpreisstrategien, gekennzeichnet durch die Inkaufnahme hoher Verluste zwecks Verdrängung von Konkurrenten, bei rational handelnden Unternehmen überhaupt vorkommen, weil sie sich (angeblich) in der Regel gar nicht lohnen (s. schon o. § 10 Rn. 58). Dies trifft indessen allenfalls unter ganz unrealistischen modelltheoretischen Annahmen, nicht jedoch in der wirtschaftlichen Wirklichkeit zu.[130] Und in der Tat finden sich auch in der deutschen Kartellrechtspraxis durchaus Beispiele für Kampfpreisstrategien.[131] Ein **Beispiel** war die frühere Praxis des Reiseveranstalters TUI, allein für einzelne Zielgebiete seine Preise weit unter seinen Kosten zu kalkulieren, um auf diese Zielgebiete spezialisierte

[128] S. Unlauterer Wettbewerb, § 6 Rn. 10 ff., § 19 Rn. 4 ff.; *Emmerich,* JuS 1995, 1039.

[129] S. schon o. § 10 Rn. 58 ff. sowie zuletzt insbes. *Pries,* passim; *Wurmnest,* Marktmacht, S. 389 ff., beide mit zahlreichen Nachw.

[130] S. dazu *Pries,* S. 20 ff., 39 f.; *Wurmnest,* Marktmacht, S. 391 ff., beide mit Diskussion der verschiedenen Modelle.

[131] S. z. B. *KG* WuW/E OLG 1767 = BB 1977, 569 = JuS 1977, 689 Nr. 7 – Kombinationstarife; *OLG Düsseldorf* WuW/E OLG 2647 ff.; WuW/E DE-R 867 (869 f.) – LH/Germania; *OLG Karlsruhe* WuW/E OLG 5395 (5398 f.); außerdem z.B, *öOGH* ÖBl. 2003, 244.

kleine Konkurrenten zu vernichten.[132] Weitere Beispiele sind massive Preissenkungen der Lufthansa nur auf einzelnen innerdeutschen Strecken, um dort erstmals tätig gewordene billigere Konkurrenten sofort wieder zu verdrängen,[133] sowie das sog. Preissplitting marktbeherrschender Zeitungsverlage, d. h. die gezielte Herabsetzung der Abonnementspreise nur auf einzelnen Märkten zur Verdrängung der dortigen Lokalzeitungen.[134]

Kampfpreisstrategien kommen also vor (o. Rn. 73), – womit die Frage unausweichlich wird, wie man sie kartellrechtlich sachgerecht erfassen kann. Dabei ist zu bedenken, dass auch marktbeherrschenden Unternehmen die Teilnahme am Preiswettbewerb (selbstverständlich) erlaubt ist (worauf gerade die wettbewerbspolitische Problematik des später zu erörternden § 20 Abs. 4 S. 2 beruht). Konkret gesprochen, stellt sich damit hier die schwierige (und im Grunde bisher nicht befriedigend gelöste) Frage, wie die erlaubte (und erwünschte) Teilnahme marktbeherrschender Unternehmen am Preiswettbewerb von der missbräuchlichen und verbotenen Kampfpreisunterbietung unterschieden werden kann. 74

Für die **Abgrenzung** der erlaubten von der ausnahmsweise verbotenen, weil missbräuchlichen Preisunterbietung sind in der **Wettbewerbstheorie** zahlreiche unterschiedliche Konzepte entwickelt worden, die hier nicht im Einzelnen dargestellt werden können.[135] Festzuhalten ist lediglich, dass sich dabei **zwei** völlig unterschiedliche **Lösungsansätze** herausgebildet haben. Ganz herrschend in der ökonomischen Theorie und (dieser weitgehend folgend) in der amerikanischen und europäischen Praxis ist das sog. **Preis-Kosten-Paradigma**, d. h. der Versuch, anhand des Verhältnisses zwischen den Kosten und den Preisen des marktbeherrschenden Unternehmens Kriterien für die Missbräuchlichkeit einer Preisunterbietung zu entwickeln. Am meisten Anklang gefunden hat dabei der sog. **Areeda/Tuner-Test** aus dem Jahre 1975, der die kritische Grenze für die Zulässigkeit der Preisbildung bei der Unterschreitung der durchschnittlichen variablen Kosten des marktbeherrschenden Unternehmens sieht (sog. **AVC- Standard**),[136] heute vertreten meistens in der Form des **AAC- Standards**, der (wegen der Schwierigkeit, die durchschnittlichen variablen Kosten eines Unternehmens zu ermitteln) auf die durchschnittlichen vermeidbaren Kosten des Unternehmens abstellt. Die europäischen Gerichte und die Kommission tendieren deutlich zu derartigen Ansätzen (s. im Einzelnen oben § 10 Rn. 58 ff.). 75

Die **Praktikabilität** aller derartigen, auf das Verhältnis von Preisen und Kosten des marktbeherrschenden Unternehmens abstellenden Ansätze ist zweifelhaft, weil die Kosten meistens unbekannt und jedenfalls beliebig manipulierbar sind, wobei noch hinzukommt, dass die Abgrenzung der variablen von den (nicht berücksichtigten) Fixkosten nicht ohne Willkür möglich ist und zudem ganz von dem gewählten Zeithorizont abhängt.[137] Als Alternative wurden deshalb in Deutschland (dies der zweite 76

[132] *BKartA* TB 1975, S. 76 f.; 1976, S. 81 f.

[133] *OLG Düsseldorf* WuW/E DE-R 867 (869 ff.) – LH/Germania; *BKartA* TB 2001/2002, S. 31 – LH/Germania; s. u. Rn. 101.

[134] *BKartA* TB 1993/94, S. 120; s. außerdem *J. Baur*, JA 1987, 118 (120).

[135] Übersicht bei *Pries*, S. 41 ff.; *Wurmnest*, Marktmacht, S. 405 ff., beide mit ausführlicher Diskussion der einzelnen Ansätze.

[136] *Areeda/Turner*, Harvard L.Rev 88 (1975), 697.

[137] Bei hinreichend langfristiger Betrachtungsweise sind fast alle Kosten variabel, kurzfristig dagegen nahezu alle fix.

Lösungsansatz) bisher meistens subjektivistische Ansätze bevorzugt, die die **Vernichtungsabsicht** des marktbeherrschenden Unternehmens (soweit feststellbar) in den Vordergrund rücken.[138] Daneben finden jedoch neuerdings auch **Kosten-Preis-Vergleiche** Anwendung.[139] Insgesamt ist aber die deutsche Praxis bisher viel zu schmal, als dass sie präzise Aussagen zu den maßgeblichen Kriterien zur Beurteilung von Kampfpreisstrategien erlaubte. Ohnehin ist anzunehmen, dass sich die Auslegung des deutschen Missbrauchsverbots auf die Dauer auch insoweit an der Auslegung des Art. 102 AEUV durch die europäischen Gerichte und die Kommission orientieren wird (s. deshalb o. § 10 Rn. 58 ff.).

c) Koppelungspraktiken

77 Der AEUV wendet sich in Art. 102 S. 2 lit. d (u. a.) ferner gegen Koppelungspraktiken marktbeherrschender Unternehmen. **Zweck** des Koppelungsverbots ist es vor allem zu verhindern, dass marktbeherrschende Unternehmen durch die Koppelung der Waren oder Leistungen, für die sie marktbeherrschend sind (so dass eine große Zahl der Abnehmer auf diese angewiesen ist), an die Abnahme beliebiger anderer Waren oder Leistungen ihre Macht auf dritte Märkte übertragen (sog. Hebel- oder **Leverage-Effekt,** § 10 Rn. 53 ff.). Aus demselben Grund ist auch in Deutschland anerkannt, dass von marktbeherrschenden oder marktstarken Unternehmen praktizierte **Koppelungen verboten** sind, wenn dadurch die Konkurrenten auf dem Markt für die gekoppelten Produkte oder Leistungen erheblich ohne sachlich gerechtfertigten Grund beeinträchtigt werden (§§ 19 Abs. 1 und Abs. 4 Nr. 1, 20 Abs. 1 und Abs. 4 GWB).[140]

78 **Beispiele** sind die Ausdehnung eines Monopols für Handpreisauszeichner auf den nachgeordneten Etikettenmarkt durch eine Bezugsbindung für die Etiketten,[141] die Bindung des Verkaufs von Eintrittskarten für begehrte Sportveranstaltungen an die gleichzeitige Abnahme von Karten für andere, weniger begehrte Veranstaltungen,[142] die Koppelung eines günstigen Preises für Fernwärme an den gleichzeitigen Bezug von Gas oder Strom durch ein marktbeherrschendes Energieversorgungsunternehmen[143] sowie die Bewilligung eines Aufpreises für die Lieferanten seitens eines marktbeherrschender Nachfragers, sofern die Lieferanten zugleich andere Produkte bei dem Nachfrager beziehen.[144]

78a Maßgebend sind letztlich immer die **Umstände des Einzelfalles**, d. h. die Frage, ob von der fraglichen Koppelungspraktik eines marktbeherrschenden Unternehmens

[138] So schon 1931 zum UWG RGZ 134, 342 – Benrather Tankstellenfall; zustimmend *Pries*, S. 120 ff.; differenzierend *Wurmnest*, Marktmacht, S. 437 ff.

[139] *OLG Düsseldorf* WuW/E DE-R 867 (869 f.) – LH/Germania; *BKartA* TB 2001/2002, S. 31 – LH/Germania.

[140] Z. B. BGHZ 158, 334 (340 ff.) = NJW 2004, 2375 (m. Anm. *Emmerich,* LMK 2004, 191 m. N.) – Der Oberhammer; *OLG Düsseldorf* WuW/E DE-R 2289 (2297 f.) – Stadtwerke Düsseldorf.

[141] *BKartA* WuW/E BKartA 1189 = JuS 1968, 483 Nr. 2; *KG* WuW/E OLG 995 = JuS 1969, 590 Nr. 6 – Meto; s. auch u. Rn. 79.

[142] BGHZ 101, 100 (104 ff.) = NJW 1987, 3007 = JuS 1988, 158 Nr. 10 – InterMailand.

[143] *OLG Düsseldorf* WuW/E DE-R 2289 (2297 f.) – Stadtwerke Düsseldorf.

[144] *KG* WuW/E OLG 3124 (3129 ff.) für eine marktbeherrschende Molkerei, die auf diese Weise zugleich ihren Futtermittelabsatz förderte; vgl. auch für die Koppelung der Lieferung dringend benötigter Blutprodukte durch das DRK an die Abnahme anderer Produkte durch die Krankenhäuser *LG Düsseldorf* WuW/E DE-R 1073 (1075 f.).

tatsächlich wettbewerbsschädliche Wirkungen, insbesondere in Gestalt von Marktverschließungseffekten ausgehen. Der BGH hat dies **z. B. verneint** für die häufige Zwangskombination von Zeitungen, durch die die werbende Wirtschaft gezwungen werden soll, neben einer marktbeherrschenden und deshalb unverzichtbaren Zeitung auch noch andere Blätter desselben Verlags zu belegen.[145] Ebenso großzügig beurteilt wurde die Koppelung der Abgabe von Baugrundstücken durch eine Gemeinde an den Anschluss an ein Blockheizkraftwerk der Gemeinde[146] sowie die Koppelung eines günstigen Stromtarifs seitens eines kommunalen Energieversorgungsunternehmens an die Inanspruchnahme der Dienste des kommunalen Telefonunternehmens, in diesem Fall in erster Linie deshalb, weil dadurch die übermächtige Position der Deutschen Telekom AG in keiner Weise tangiert werden konnte.[147]

d) Ausschließlichkeitsbindungen, Rabatte

In der Praxis zu Art. 102 S. 2 lit. b AEUV gelten Ausschließlichkeitsbindungen markt- 79
beherrschender Unternehmen wegen ihrer besonderen Gefährlichkeit für die Wettbewerbsordnung als geradezu „klassische" Missbrauchsfälle (s. o. § 10 Rn. 27 ff.). Die deutsche Praxis war dagegen lange Zeit bei der Anwendung des Missbrauchsverbots auf Ausschließlichkeitsbindungen – mit Rücksicht auf den früheren § 16 GWB – deutlich zurückhaltender. Erst in jüngster Zeit setzt sich auch in der deutschen Rechtsprechung eine grundsätzlich **negative Beurteilung von Ausschließlichkeitsbindungen** und gleichstehenden Praktiken in der Hand marktbeherrschender Unternehmen durch, so dass heute insoweit wohl kein Unterschied zur Beurteilung der Rechtslage nach Art. 102 S. 2 lit. b AEUV mehr besteht.[148]

Treuerabatte und vergleichbare Abreden sind in der Praxis zu Art. 102 AEUV lange 80
Zeit ebenfalls als grundsätzlich missbräuchlich beurteilt worden, weil ihre Wirkungen weitgehend denen von Ausschließlichkeitsbindungen entsprächen, während heute Art. 102 AEUV nur noch auf solche **bedingten Rabatte** angewandt wird, von denen aufgrund einer Analyse insbesondere der Kosten und Preise der betroffenen Unternehmen anzunehmen ist, dass von ihnen tatsächlich Marktverschließungseffekte ausgehen werden (s. o. § 10 Rn. 30 ff.). In der schmalen deutschen Vorgehensweise sind dagegen jedenfalls früher Treuerabatte entsprechend der ursprünglichen Vorgehensweise auf Unionsebene vielfach ohne weiteres als missbräuchlich behandelt worden; die Praxis war jedoch nicht einheitlich.[149] In Zukunft dürfte sich die deutsche Rechtsprechung wohl insoweit an der neuen Einschätzung von Rabatten durch die Unionsorgane orientieren (oben § 10 Rn. 31 ff.).

145 *BGH* NJW 1984, 1116 = WuW/E BGH 1965; *OLG Stuttgart* WuW/E OLG 2624 (2627 f.); anders zu Recht *KG* WuW/E OLG 1767 = BB 1977, 569 = JuS 1977, 689 Nr. 7; *OLG Stuttgart* WuW/E OLG 2126; *Mestmäcker,* Medienkonzentration und Meinungsvielfalt, S. 122 ff.; *Möschel,* Pressekonzentration und Wettbewerbsgesetz, S. 133 ff.

146 BGHZ 151, 274 (282 f., 285) = NJW 2002, 3779 m. Anm. *Emmerich,* LMK 2003, 93.

147 BGHZ 156, 379 (387 ff.) = GRUR 2004, 255 m. Anm. *Emmerich,* LMK 2004, 69 – Strom + Telefon I; *BGH* GRUR 2004, 259 = WuW/E DE-R 1210 – Strom + Telefon II.

148 *OLG Düsseldorf* WuW/E DE-R 854 (860 f.) – Stadtwerke Aachen; *KG* WuW/E DE-R 1595 (1596) – Blumendistanzhandel; *BKartA* TB 2001/2002, S. 32, 125 f. – Gewürze; WuW/E DE-V 1177 (1185 ff.); *J. Baur,* S. 198 ff.; *Meinhold,* S. 123 ff.; *Mestmäcker,* Medienkonzentration und Meinungsvielfalt, S. 120 ff.

149 Vgl. *KG* WuW/E OLG 1983; 2403 = JuS 1982, 144 Nr. 11; *BKartA* WuW/E BKartA 1817; TB 1985/86, S. 20 f.; *öOGH* ÖBl. 2000, 82; s. *J. Baur,* JA 1987, 118 (119 f.); *Wurmnest,* Marktmacht, S. 609 ff.

e) Öffentliche Hand

81 Die öffentliche Hand, die auf zahlreichen Märkten aus rechtlichen oder tatsächlichen Gründen über ein **Nachfragemonopol** verfügt, hat sich nie gescheut, von dieser Macht zum Nachteil ihrer privaten Lieferanten in einer häufig geradezu erschreckenden Weise Gebrauch zu machen.[150] Das wichtigste **Beispiel** sind die verbreiteten Verstöße gegen die Verdingungsordnungen durch Verzicht auf jede Ausschreibung und Vergabe der Aufträge nach politischen Gesichtspunkten, wobei neuerdings unter der falschen Flagge eines sozialmoderierten Kapitalismus sogar so abenteuerliche Gesichtspunkte wie die Frauenförderung oder die „Tariftreue" Beachtung finden.[151]

82 Weitere hierher gehörende Fälle sind sonstige Formen des willkürlichen Ausschlusses einzelner Lieferanten,[152] die systematische Abwälzung von Entwicklungsrisiken auf die Privatwirtschaft,[153] die ständige Zusammenarbeit mit einzelnen „Hoflieferanten", denen auf diese Weise mit Bedacht eine nahezu unangreifbare Position auf dem Markt zugeschanzt wird,[154] ganz unverhältnismäßige Vertragsstrafenforderungen, insbesondere der Bahn,[155] die Forderung der Rückerstattung von 10 % der im laufenden Jahr mit der Bahn erzielten Umsätze „als Sanierungsbeitrag"[156] sowie die verbreiteten Behinderungen der industriellen Eigenversorgung durch die in aller Regel öffentlichen Energieversorgungsunternehmen, insbesondere mittels diskriminierender Bedingungen für die Versorgung mit Reserve- und Zusatzstrom sowie für die Abnahme des Überschussstromes.[157]

83 Zur Bekämpfung dieser offenen und versteckten Behinderungen und Diskriminierungen von Lieferanten seitens der öffentlichen Hand hat sich in den letzten Jahren ein kompliziertes **Vergaberecht** entwickelt, das seine Regelung mittlerweile in den **§§ 97 bis 129 GWB** gefunden hat. Daneben bleiben jedoch die Behinderungsverbote der **§§ 19 Abs. 4 Nr. 1 und 20 Abs. 1 GWB** anwendbar (§ 104 Abs. 3 GWB).[158] Daraus ergibt sich z. B., dass Gemeinden die besonders begehrten Räumlichkeiten für **Schilderprägeunternehmen** in unmittelbarer Nachbarschaft zu den Kraftfahrzeugzulassungsstellen nicht unter der Hand an Gemeindeunternehmen oder „lokale Matadoren" vergeben dürfen, sondern grundsätzlich **ausschreiben** müssen, damit alle Interessenten eine faire Chance erhalten, zum Zuge zu kommen (§§ 19 Abs. 4 Nr. 1, 20 Abs. 1 GWB).[159]

[150] Ebenso *BKartA* TB 1989/90, S. 27 ff.; 1997/98, S. 32 ff.; 2003/2004, S. 34; *MK,* 7. HauptGA, Tz. 355 ff.; s. ausführlich *Emmerich,* in: Ausschluß von Unternehmern von der Teilnahme am Wettbewerb aus strafrechtlicher, verwaltungsrechtlicher sowie zivilrechtlicher Sicht, Schriftenreihe der Deutschen Gesellschaft für Baurecht Bd. 24, 1995, S. 27.

[151] Dagegen auch *BGH* LM § 20 GWB Nr. 24 = ZIP 2000, 426; *KG* WuW/E Verg. 111 = NJWE-WettbR 1998, 284; *BKartA* TB 1995/96, S. 28 f.; 1997/98, S. 32 ff.; s. *Schultes,* WuW 1982, 731 (747 ff.); anders freilich (ohne Begründung) BVerfGE 116, 202 Tz. 108 f. = NJW 2007, 51 (56).

[152] *OLG Düsseldorf* WuW/E OLG 2274 = NJW 1981, 585 = JuS 1981, 228 Nr. 9; *MK,* 7. HauptGA, Tz. 355 ff. für die Autobahnraststätten.

[153] *BKartA* TB 1989/90, S. 28 f.

[154] So die jahrzehntelange Politik der Bundespost gegenüber Siemens.

[155] BGHZ 105, 24 (29 ff.) = NJW 1988, 2536; *OLG Frankfurt a. M.* WuW/E OLG 3831; *BKartA* TB 2003/2004, S. 34; *MK,* 4. HauptGA, Tz. 497 ff.

[156] Unglaublich, aber wahr, s. *BKartA* TB 2003/2004, S. 34.

[157] S. *BKartA* TB 1977, S. 86 f. – RWE; *MK,* 1. HauptGA, Tz. 706, 745.

[158] *BKartA* TB 1997/98, S. 32.

[159] S. u. § 29 Rn. 57, 71 f.; *BGH* LM Nr. 94 zu § 26 GWB = NJW 1998, 3778; LM Nr. 10 zu § 21 GWB (mit Anm. *Emmerich*) = NJW 2000, 809; NJW 2003, 752 = GRUR 2003, 167; NJW 2003, 2684 = NZM 2003, 597 m. Anm. *Emmerich,* LMK 2003, 169 f. m. N.; NJW 2006, 1979 (1980).

3. Preis- und Konditionenmissbrauch

Literatur: S. o. § 10 Rn. 16 ff.; *MK*, SonderGA 1; SonderGA 47, Preiskontrolle, WuW 2007, 657 = WuW/E DE-V 1381; *Albach*, Als-Ob-Konzept und zeitlicher Vergleichsmarkt, 1976; *J. Baur*, Der Missbrauch im deutschen Kartellrecht, 1972, S. 226 ff.; *Hoppmann*, Preiskontrolle und Als-Ob-Konzept, 1984; *ders.*, Das Konzept des wirksamen Preiswettbewerbs, 1978; *ders.*, Marktbeherrschung und Preismißbrauch, 1983; *Munzinger*, Mißbräuchliche Preise, Preisbildungssystem und Preisstrukturen nach § 22 GWB, 1977; *Wiener*, WuW 2011, 723.

84 Das Gesetz hebt in **§ 19 Abs. 4 Nr. 2 und 3** als weitere Missbrauchsfälle verschiedene Formen des Preis- und des Konditionenmissbrauchs hervor. Nach der **Nr. 2** des § 19 Abs. 4 GWB liegt ein Missbrauch insbesondere vor, wenn ein marktbeherrschendes Unternehmen Entgelte *oder* sonstige Geschäftsbedingungen fordert, die von denjenigen abweichen, die sich bei wirksamem Wettbewerb mit hoher Wahrscheinlichkeit ergäben, wobei insbesondere die Verhaltensweisen von (anderen) Unternehmen auf vergleichbaren Märkten mit wirksamem Wettbewerb zu berücksichtigen sind. Es handelt sich dabei um die wichtigsten Erscheinungsformen des sog. **Ausbeutungsmissbrauchs.**

a) Entwicklung

85 Die Preiskontrolle gegenüber marktbeherrschenden Unternehmen durch die Kartellbehörden setzte **Anfang der siebziger Jahre** ein.[160] Die Ergebnisse dieser Verfahren waren indessen alles andere als ermutigend, da sich die Ermittlung der Grenze, jenseits derer ein Preis als missbräuchlich überhöht anzusehen ist, als ein nahezu **unlösbares Problem** erwies. Der wichtigste Grund ist, dass der **hypothetische Wettbewerbspreis,** der an sich in erster Linie als Maßstab für eine Preiskontrolle durch die Kartellbehörden in Betracht kommt, prinzipiell **unbekannt** ist, so dass sich die Preismissbrauchsaufsicht der Kartellbehörden von Anfang an auf schwierige, **indirekte Verfahren** verwiesen sah, um sich dem vermutlichen Wettbewerbspreis zumindest anzunähern.

86 Unter den zahlreichen hierfür entwickelten Verfahren hatte sich zuletzt allgemein das **Vergleichsmarktkonzept** durchgesetzt, nach dem als Maßstab für die Preismissbrauchsaufsicht in erster Linie die tatsächlich gezahlten Preise auf einem sog. Vergleichsmarkt fungieren sollen. Daneben wurde gelegentlich noch das Zeitvergleichskonzept diskutiert (dazu u. Rn. 94). Beide Verfahren brachten indessen im Ergebnis ebenfalls nicht die erhofften Fortschritte, so dass die kartellbehördliche Preiskontrolle gegen Ende der siebziger Jahre wieder weitgehend zum **Erliegen** kam.[161] Dies zeigt, dass eine Preiskontrolle in einer Wettbewerbsordnung immer nur ein **Notbehelf** in besonderen Situationen sein kann, in denen jede andere Abhilfe versagt.[162] Als solche ist die Missbrauchsaufsicht über Preise jedoch unverzichtbar, und zwar insbesondere auf total vermachteten Märkten.

87 Paradigmata sind die **Gas- und Strommärkte,** auf denen es den beiden Oligopolisten RWE und E.ON bisher gelungen ist, praktisch jeden Wettbewerb zu verhindern. Den Kartellbehörden blieb deshalb hier nichts anderes übrig als die Rückkehr zu dem längst überwunden geglaubten Hilfsmittel der Preiskontrolle. Im Mittelpunkt des Interesses standen dabei zunächst die zahlreichen Verfahren gegen Energieversorgungsunterneh-

160 Vgl. *BKartA* WuW/E BKartA 1482; 1535.
161 *BKartA* TB 1976, S. 24 ff.; 1977, S. 23 ff.
162 S. *BKartA* TB 1997/98, S. 21: ultima ratio.

men wegen **überhöhter Netznutzungsentgelte,**[163] da es sich herausgestellt hat, dass die überzogenen Netznutzungsentgelte der deutschen EVU der wohl wichtigste Grund dafür sind, dass es in Deutschland bisher nicht zu einer nennenswerten Auflockerung der monopolistischen Struktur der Strom- und Gasmärkte gekommen ist. Die Zuständigkeit zur Kontrolle der Nutzungsentgelte liegt jedoch seit 2004 allein bei der Bundesnetzagentur, so dass auf diesem Gebiet heute kein Raum mehr für die Anwendung des § 19 Abs. 4 Nr. 2 GWB durch die Kartellbehörden ist (s. u. § 39 Rn. 32 ff.). Der **Anwendungsbereich der §§ 19 und 20 GWB** beschränkt sich seitdem auf den Bereich der Erzeugung, des Handels und des Vertriebs von Energie einschließlich insbesondere des Verkaufs von Energie an Letztverbraucher. Um den Kartellbehörden hier ihre Aufgaben zu erleichtern, enthält das Gesetz seit 2007 in **§ 29** für die Preiskontrolle gegenüber EVU eine (vorerst) bis Ende 2012 befristete Sonderregelung (s. u. § 39 Rn. 40 ff.).

88 Das Gesetz verlangt in § 19 Abs. 4 Nr. 2 Halbs. 1 GWB der Sache nach eine Überprüfung der Preise marktbeherrschender Unternehmen an Hand des **hypothetischen Wettbewerbspreises**; Halbs. 2 der Vorschrift fügt hinzu, dass hierbei „insbesondere" die Verhaltensweisen von (anderen) Unternehmen auf vergleichbaren Märkten mit wirksamem Wettbewerb zu berücksichtigen sind. Dies bedeutet, dass der Gesetzgeber zwar das **Vergleichsmarktkonzept favorisiert,** andere Verfahren jedoch nicht prinzipiell ausschließt, wobei vor allem noch an das Konzept der **Gewinn- oder Gewinnspannenbegrenzung** zu denken ist (dazu u. Rn. 93 f.). Entgegen verschiedenen in diese Richtung zielenden Anläufen des Bundeskartellamts eröffnet § 19 Abs. 4 Nr. 2 GWB dagegen (anders als § 29) den Kartellbehörden **keine Möglichkeit,** die Ansätze einzelner **Kosten** in der Kalkulation marktbeherrschender Unternehmen **zu überprüfen** und gegebenenfalls zu beanstanden, da § 19 Abs. 4 Nr. 2 GWB allein die „Entgelte" marktbeherrschender Unternehmen der Kontrolle der Kartellbehörden unterwirft, nicht aber die einzelnen Kostenansätze.[164] Der Ansatz von Preisbildungsfaktoren, die bei Wettbewerb nicht durchsetzbar wären, kann aber sehr wohl ein *Indiz* für eine missbräuchliche Preisüberhöhung sein.[165]

b) Vergleichsmarktkonzept

89 Das Vergleichsmarktkonzept wird in einer räumlichen und in einer zeitlichen Variante diskutiert. Das **räumliche Vergleichsmarktkonzept,** das vom Gesetz in § 19 Abs. 4 Nr. 2 Halbs. 2 GWB in den Vordergrund gerückt wird, beruht auf der Annahme, dass **bei Vorhandensein zweier ähnlicher Märkte**, auf denen in unterschiedlichem Maße Wettbewerb herrscht, die Preise auf dem wettbewerbsintensiveren Markt zumindest einen **Anhaltspunkt** für den hypothetischen Wettbewerbspreis auf dem anderen Markt abzugeben vermögen, so dass sie als Maßstab zur Kontrolle der Preise auf diesem Markt herangezogen werden können.[166] Voraussetzung ist frei-

[163] *OLG Düsseldorf* WuW/E DE-R 1239 – TEAG; BGHZ 163, 282 = WuW/E DE-R 1513 – Stadtwerke Mainz; BGHZ 164, 336 = WuW/E DE-R 1617 = NJW 2006, 684 – Stromnetznutzungsentgelt m. Anm. *Kühne,* NJW 2006, 654 (für die Stadtwerke Mannheim).

[164] BGHZ 164, 336 (346) = NJW 2006, 684 (687 Tz. 29) – Stromnetznutzungsentgelt/Stadtwerke Mannheim; *OLG Düsseldorf* WuW/E DE-R 1239 (1242 ff.) – TEAG.

[165] BGHZ 164, 336 (346) = NJW 2006, 684 (687 Tz. 29).

[166] BGHZ 59, 42 (47 ff.) = NJW 1972, 1369 = JuS 1972, 603 Nr. 10 – Stromtarif; BGHZ 67, 104 (112) = NJW 1976, 2259 = JuS 1977, 123 Nr. 11 – Vitamin B 12; BGHZ 68, 23 (30 ff.) = NJW 1977, 675 – Valium I; BGHZ 76, 142 (150 ff.) = NJW 1980, 1164 – Valium II; *OLG Stuttgart* WuW/E DE-R 3389 (3396 ff.) – Tarifwasser-Kunden.

lich, dass der Vergleichsmarkt überhaupt eine genügend breite, d. h. aussagekräftige Vergleichsbasis abgibt, so dass der bloße **Vergleich mit** den Preisen eines **einzigen Konkurrenten** auf einem anderen Markt lediglich in Ausnahmefällen in Betracht kommen wird, nämlich nur, sofern trotz der schmalen Basis die Vergleichbarkeit der Preise gewährleistet ist.[167]

Die Problematik des Vergleichsmarktkonzepts beruht vor allem darauf, dass es **nur selten zwei Märkte** gibt, die in so vielen Merkmalen **übereinstimmen,** dass von dem Preisniveau auf dem einen Markt auf den hypothetischen Wettbewerbspreis auf dem anderen geschlossen werden kann. Denn jeder Markt (ohne Ausnahme) weist Besonderheiten auf, die einen derartigen Vergleich erschweren, wenn nicht unmöglich machen. 90

Die Folge ist, dass die Anwendung des Vergleichsmarktkonzepts wohl in jedem Fall dazu zwingt, (nur) die strukturellen Unterschiede (im Gegesatz zu den unternehmensindividuellen Unterschieden) zwischen den verglichenen Märkten (o. Rn. 90) zur **Ermittlung des sog. wettbewerbsanalogen Preises durch Zu- und Abschläge** auszugleichen.[168] Wegen der damit notwendigerweise verbundenen Unsicherheiten kann eine missbräuchliche Überhöhung der Preise des marktbeherrschenden Unternehmens außerdem nur angenommen werden, wenn die geforderten Preise den wettbewerbsanalogen Preis *erheblich,* d. h. um mindestens 5 % übersteigen (sog. Erheblichkeits- oder **Sicherheitszuschlag**).[169] 91

Aber auch damit ist die Prüfung noch nicht abgeschlossen; vielmehr ist jetzt noch zusätzlich eine **Interessenabwägung** erforderlich ist, da nach Meinung der Gerichte (unter Widerspruch des BKartA[170]) ein „Preis*missbrauch*" nur angenommen werden kann, wenn die (an sich überhöhte) Preisforderung des marktbeherrschenden Unternehmens auch sachlich **nicht gerechtfertigt** ist (s. § 19 Abs. 1 GWB)[171] Daraus wird z. B. der Schluss gezogen, dass kein Unternehmen im Wege der Preismissbrauchsaufsicht gezwungen werden könne, seine *Selbstkosten zu unterschreiten* und so auf die Dauer aus dem Markt auszuscheiden.[172] Für den Vorwurf eines „missbräuchlichen" Verhaltens soll ferner kein Raum sein, wenn die (an sich) überhöhten Preise erforderlich sind, um eine *Tochtergesellschaft* zu *sanieren,*[173] wenn sich das marktbeherrschende Unternehmen mit seinen Preisforderungen lediglich den *Preisen der Konkurrenten* 92

[167] BGHZ 76, 142 (152 f.) = NJW 1980, 1164 – Valium II; BGHZ 163, 282 (291 f.) = WuW/E DE-R 1513 (1517) = NVwZ 2006, 853 – Stadtwerke Mainz.

[168] BGHZ 163, 282 (292 f.) = WuW/E DE-R 1513 (1518) = NVwZ 2006, 853 – Stadtwerke Mainz; *BGH* NJW-RR 2011, 774 (776 Tz. 32) = WM 2011, 517 – Entega II; *OLG Stuttgart* WuW/E DE-R 3389 (3397 f.).

[169] BGHZ 76, 142 (152 f.) – Valium II; BGHZ 163, 282 (291 ff.) = WuW/E DE-R 1513 (1517 f.) = NVwZ 2006, 853 – Stadtwerke Mainz; *BGH* NJW-RR 2011, 774 (776 Tz. 32) = WM 2011, 517 – Entega II; *OLG Frankfurt a. M.* WuW/E DE-R 3238 (3244) – Wasserversorgung O 1.

[170] WuW/E DE-V 722 (730) – TEAG; 750 (755) – RWE Net.

[171] BGHZ 142, 239 (246 ff.) = NJW 2000, 76 = JuS 2000, 500 (501) Nr. 11 – Lufthansa (Flugpreisspaltung); *BGH* WuW/E BGH 1965 = NJW 1984, 1116; *KG* WuW/E DE-R 124 (127 f.) – Lufthansa; *Goette,* FS Geiß, S. 593 (599 ff.).

[172] BGHZ 142, 239 (246 ff.) = NJW 2000, 76 = JuS 2000, 500 (501) Nr. 11 – Lufthansa; *KG* WuW/E OLG 2617 (2618 f.) = AG 1982, 332 m. Anm. *Karehnke,* S. 327; *Goette,* FS Geiß, S. 593 (599 ff.); – dagegen *BKartA* WuW/E BKartA 2875 = NJWE-WettbR 1997, 142 – Lufthansa; *BReg.,* in: TB 1981/82, S. V; *MK,* 4. HauptGA 1980/81, Tz. 510 (S. 159).

[173] *BGH* WuW/E BGH 1965 = NJW 1984, 1116.

angepasst hat (sog. „meeting competition defende")[174] oder wenn die zum Vergleich herangezogenen Preise eines Wettbewerbsmarkts auf einer aggressiven Verlustpreisstrategie eines großen Konkurrenten beruhen.[175]

c) Alternativen?

93 Angesichts der geschilderten Probleme bei der Anwendung des Vergleichsmarktkonzepts (o. Rn. 89 ff.) verwundert es nicht, dass die Praxis zunehmend auf andere Lösungen ausweicht, wobei in erster Linie an das vom EuGH entwickelte Konzept der **Gewinn-** oder **Gewinnspannenbegrenzung** zu denken ist.[176] Das BKartA hat von dieser Methode zur Ermittlung der missbräuchlichen Überhöhung von Preisen vor allem bei der Kontrolle von Arzneimittelpreisen Gebrauch gemacht.

94 Die Problematik des Konzepts der Gewinnbegrenzung besteht darin, dass es einen **Vergleich der Gewinne mit** den tatsächlichen **Kosten** eines Produkts voraussetzt, wofür es indessen kein praktikables Verfahren gibt.[177] Gegen das Konzept der Gewinnbegrenzung spricht ferner, dass es die Kosten des marktbeherrschenden Unternehmens letztlich als gegeben, als „Datum" hinnimmt. Das ist im Grunde derselbe Einwand, der auch gegen die gelegentlich diskutierte zeitliche Variante des Vergleichsmarktkonzepts besteht (sog. **Sockeltheorie**). Das ernüchternde Ergebnis dieser Überlegungen ist, dass die Preismissbrauchsaufsicht in einer Wettbewerbsordnung ein **Notbehelf** in Grenzfällen bleiben muss, in denen jede andere Abhilfe versagt.

d) Konditionenmissbrauch

95 Ein Konditionenmissbrauch liegt nach § 19 Abs. 4 Nr. 2 GWB vor, wenn ein marktbeherrschendes Unternehmen Geschäftsbedingungen fordert, die von denjenigen abweichen, die sich bei wirksamem Wettbewerb mit hoher Wahrscheinlichkeit ergäben, wofür wiederum als **Maßstab** in erster Linie auf die **Situation auf Wettbewerbsmärkten** abzustellen ist (s. o. Rn. 89 ff.). Eine vergleichbare Vorschrift enthält Art. 102 S. 2 lit. a AEUV (s. dazu o. § 10 Rn. 20 ff.).

96 Die geltende Fassung des § 19 Abs. 4 Nr. 2 GWB beruht auf der 4. Novelle von 1980. Vorher war ein Konditionenmissbrauch in erster Linie angenommen worden, wenn die Geschäftsbedingungen eines marktbeherrschenden Unternehmens ohne Not zum Nachteil der anderen Seite vom dispositiven Gesetzesrecht abwichen (vgl. heute § 307 Abs. 2 BGB).[178] Dieses wohlbegründete Konzept hat die Rechtsprechung jedoch mittlerweile unter dem Eindruck der Betonung des Vergleichsmarktkonzepts in der Nr. 2 des § 19 Abs. 4 GWB wieder aufgegeben. Die Folge ist, dass als **Maßstab** für die Kontrolle der Konditionen marktbeherrschender Unternehmen heute nicht mehr das dispositive Gesetzesrecht, sondern die **hypothetischen Konditionen auf Wettbewerbsmärkten** fungieren, wobei auch nicht etwa einzelne Klauseln, sondern sog. „Leistungsbündel" miteinander zu vergleichen sein sollen.[179]

---

[174] *KG* WuW/E OLG 2616; dagegen *MK,* 4. HauptGA, Tz. 508 ff.

[175] BGHZ 142, 239 (250 f.) = NJW 2000, 76 = JuS 2000, 500 (501) Nr. 12 – Lufthansa (Preisspaltung); *Goette,* FS Geiß, S. 592 (601).

[176] S. o. § 10 Rn. 16 ff.; *KG* WuW/E OLG 2892 (2894 f.); *OLG Düsseldorf* WuW/E DE-R 914 (916 f.) – Netznutzungsentgelt.

[177] *MK,* 2. HauptGA, Tz. 384 f.

[178] *BKartA* TB 1976, S. 85 f., 99; 1977, S. 62, 87; 1978, S. 98.

[179] *BGH* LM § 22 GWB Nr. 16 = NJW 1986, 846– Favorit; *KG* WuW/E OLG 3091 (3095 ff.).

Derartige Vergleiche sind indessen – mangels aller Maßstäbe – **nicht möglich,** so dass die Missbrauchsaufsicht über Konditionen ebenso wie zuvor schon die Preismissbrauchsaufsicht praktisch zum Erliegen gekommen ist.[180] Das ist um so bedauerlicher, als gerade eine konsequente Missbrauchsaufsicht über die Geschäftsbedingungen marktbeherrschender Unternehmen und Oligopole (!) an Hand des Maßstabes des dispositiven Gesetzesrechtes (§ 307 Abs. 2 BGB) – man denke nur an die Speditions-, Banken- und Versicherungs-AGB – überaus segensreiche Wirkungen entfalten könnte.[181] 97

4. Preis- und Konditionenspaltung

§ 19 Abs. 4 **Nr. 3** hebt als Erscheinungsformen des Missbrauchs weiter die Fälle der Preis- und der Konditionenspaltung hervor. Das Gesetz versteht darunter die Forderung ungünstigerer Entgelte oder sonstiger Geschäftsbedingungen, als sie das marktbeherrschende Unternehmen *selbst* auf vergleichbaren Märkten von gleichartigen Abnehmern fordert, es sei denn, dass der Unterschied sachlich gerechtfertigt ist. Eine entsprechende Regelung findet sich in Art. 102 S. 2 lit. c AEUV (s. dazu o. § 10 Rn. 45 ff.). Bei der Preis- oder Konditionenspaltung der Nr. 3 des § 19 Abs. 4 GWB handelt es sich im Kern um einen reinen **Diskriminierungsfall** im Sinne des § 20 Abs. 1 GWB (s. u. § 29), lediglich mit der Besonderheit, dass durch das Missbrauchsverbot des § 19 Abs. 4 Nr. 3 GWB anders als nach § 20 Abs. 1 GWB auch **Verbraucher** geschützt werden,[182] während bei sonstigen Diskriminierungen von Verbrauchern durch marktbeherrschende Unternehmen unbedenklich auf die Generalklausel des § 19 Abs. 1 zurückgegriffen werden kann.[183] 98

Für den **Preisvergleich** gilt im Rahmen des § 19 Abs. 4 Nr. 3 GWB dasselbe wie bei der Nr. 2 des § 19 Abs. 4 GWB (s. deshalb o. Rn. 84 ff.), nur, dass hier die **Preise desselben** marktbeherrschenden **Unternehmens auf Märkten mit unterschiedlicher Wettbewerbsintensität** verglichen werden, wobei nur erforderlich ist, dass zwischen den verglichenen Märkten keine so signifkanten Unterschiede bestehen, dass sich ein Vergleich von vorneherein verbietet, die Märkte vielmehr im Großen und Ganzen übereinstimmen.[184] Ist ein Vergleich danach möglich und ergibt er, dass auf dem wettbewerbsintensiveren Markt von dem marktbeherrschenden Unternehmen günstigere Preise als auf dem beherrschten Markt gefordert werden, so liegt grundsätzlich ein **Missbrauch** vor, außer wenn es dem marktbeherrschenden Unternehmen gelingt, den Unterschied sachlich zu rechtfertigen, wofür es die Beweislast trägt. 99

Die in Betracht kommenden **Rechtfertigungsgründe** sind dieselben wie im Rahmen des § 19 Abs. 4 Nr. 2 GWB (Rn. 92). In der Mehrzahl der Fälle sind die Gerichte bisher bei der Bejahung des Vorliegens eines Rechtfertigungsgrundes für eine Preisspaltung erstaunlich **großzügig** verfahren. Beispiele bietet insbesondere die Praxis der Lufthansa, die ihre Preise auf innerdeutschen Strecken häufig dort massiv senkt, wo ihr (ausnahmsweise) Konkurrenz droht, etwa vor einigen Jahren auf der Strecke von Berlin nach München durch British Airways und später auf der Strecke von Berlin 100

[180] *J. Baur,* JA 1987, 118 (123).
[181] Ebenso *Möschel,* Tz. 573.
[182] *BGH* NJW-RR 2011, 774 (776 Tz. 32) = WM 2011, 517 = JuS 2011, 843 – Entega II.
[183] *BGH* NJW-RR 2011, 774 (776 Tz. 55) = WM 2011, 517 = JuS 2011, 843 – Entega II; s. u. Rn. 101.
[184] *BGH* NJW-RR 2011, 774 (776 Tz. 18) = WM 2011, 517 = JuS 2011, 843 – Entega II.

nach Frankfurt seitens der Germania Fluggesellschaft. Während in dem zuletzt genannten Fall das BKartA mit der Anwedung des § 19 Abs. 4 Nr. 3 GWB Erfolg hatte,[185] nahmen die Gerichte in dem zuerst genannten Fall einen wesentlich „großzügigeren" Standpunkt zugunsten der LH ein. Das Vorliegen eines Preismissbrauchs wurde verneint, sofern die Preise der Lufthansa auf keiner der verglichenen Strecken kostendeckend sein sollten[186] *oder* wenn der Konkurrent der Lufthansa, damals British Airways, nur auf der Strecke von Berlin nach München eine aggressive Preispolitik betreibt.[187] Ebenso großzügig verfuhr der BGH in dem Entega-Fall, in dem es einem marktbeherrschenden Energieversorgungsunternehmen gestattet wurde, in den von einer seiner *eigenen* Tochtergesellschaften beherrschten Markt durch das Angebot deutlich niedrigerer Preise, als sie die Tochtergesellschaft fordert, einzudringen, weil auch ein marktbeherrschendes Unternehmen die Möglichkeit haben müsse, unterschiedliche Vertriebswege mit differierenden Preisen nebeneinander zu verfolgen.[188]

101 Neben § 19 Abs. 4 Nr. 3 bleibt zum Schutze der Verbraucher gegen diskriminierende Praktiken marktbeherrschender Unternehmen ein Rückgriff auf die **Generalklausel** des § 19 Abs. 1 möglich (Rn. 98). § 19 Abs. 1 greift z. B. ein, wenn ein marktbeherrschendes Unternehmen von seinen Abnehmern ohne Grund auf *demselben* Markt unterschiedliche Preise verlangt.[189] Weitere Beispiele für derartige **Preisstrukturmissbräuche**[190] sind die Abrechnung von Prüfungen durch den TÜV nach sehr hohen, festen Sätzen ohne jede Rücksicht auf die viel niedrigeren Kosten[191] sowie die Anwendung den Strom erheblich verteuernder Messverfahren durch Versorgungsunternehmen, obwohl auch andere, billigere Verfahren zur Verfügung stehen.[192]

5. Verweigerung des Zugangs zu wesentlichen Einrichtungen

Literatur: S. o. § 10 Rn. 35 ff.; *Kommission,* Mitteilung vom 22. 8. 1998, ABl. Nr. C 265/2 (14 ff. Tz. 83 ff.); *Beckmerhagen,* Die essential facilities-doctrine im US-amerikanischen und europäischen Kartellrecht, 2002; *Bittner,* Die Verweigerung der Drittzulassung zu Infrastruktureinrichtungen, 1998; *K. v. Boesche,* Die zivilrechtsdogmatische Struktur des Anspruchs auf Zugang zu Energieversorgungsnetzen, 2002; *W. Chr. Böttcher,* Die kartellrechtliche Preismissbrauchsaufsicht über den Zugang zu Gasversorgungsnetzen, 2005; *Hermes,* Staatliche Infrastrukturverantwortung, 1998; *Lettl,* WuW 2011, 579; *Th. Müller,* Gasdurchleitung auf der Grundlage des neuen kartellrechtlichen Zugangstatbestandes, 2000; *J. Pohlmeier,* Netzwerkeffekte und Kartellrecht, 2004; *Schwintowski* (Hrsg.), Verhandelter und regulierter Netzzugang, 2005; *Chr. Nill-Theobald/Chr. Theobald,* Grundzüge des Energiewirtschaftsrechts, 2001; *Chr. Theobald/I. Zenke,* Grundlagen der Strom- und Gasdurchleitung, 2001.

a) Einleitung

102 Nach der Nr. 4 des § 19 Abs. 4 GWB, die erst durch die sechste Novelle von 1998 in das Gesetz eingefügt wurde, stellt es grundsätzlich einen Missbrauch dar, wenn sich ein marktbeherrschendes Unternehmen weigert, einem anderen Unternehmen

185 *OLG Düsseldorf* WuW/E DE-R 867 – Germania; *BKartA* TB 2001/2002, S. 31.

186 Diese Behauptung der Lufthansa darf man getrost in das Reich der Märchen verweisen.

187 So BGHZ 142, 239 (246 ff.) = NJW 2000, 76 = JuS 2000, 500 (501) Nr. 12; zustimmend *Goette,* FS Geiß, 2000, S. 593 (597).

188 *BGH* NJW-RR 2011, 774 (776 Tz. 20 ff.) = WM 2011, 517 = JuS 2011, 843 – Entega II.

189 *BGH* NJW-RR 2011, 774 (776 Tz. 18) = WM 2011, 517 = JuS 2011, 843 – Entega II.

190 S. *MK,* SonderGA 1, 1975; *BReg.* (BT-Drs. 8/702), Tz. 60 ff.; *Büdenbender,* ZIP 2000, 2225 (2236 ff.).

191 *BKartA* TB 1977, S. 23 f., 76 f.; 1975, S. 80; WRP 1976, 344.

192 *BGH* LM § 104 GWB Nr. 1 = MDR 1965, 367 = WuW/E BGH 655 – Zeitgleiche Summenmessung.

gegen angemessenes Entgelt Zugang zu seinen Netzen oder zu anderen Infrastruktureinrichtungen zu gewähren, sofern es dem anderen Unternehmen, dem sog. Antragsteller oder Petenten, aus rechtlichen oder tatsächlichen Gründen ohne die Mitbenutzung der fraglichen Infrastruktureinrichtung nicht möglich ist, auf dem vor- oder nachgelagerten Markt als Wettbewerber des marktbeherrschenden Unternehmens tätig zu werden; etwas anderes gilt nur, wenn das marktbeherrschende Unternehmen nachweist, dass ihm die Mitbenutzung seiner Infrastruktureinrichtung durch einen anderen aus betriebsbedingten oder sonstigen Gründen nicht möglich oder nicht zumutbar ist.

Wie schon weiter oben ausgeführt (o. § 10 Rn. 37 ff.), gibt es eine Reihe von Märk- 103
ten, auf denen eine Betätigung nur auf dem Weg über den Aufbau oder die Mitbenutzung kostspieliger Netze oder vergleichbarer Infrastruktureinrichtungen möglich ist. Bekannte **Beispiele** sind die Märkte für Gas und Strom, für Telekommunikationsleistungen und für den Bahnverkehr, da hier durchweg konkurrierende Anbieter, wenn sie nicht zu dem teuren und schwierigen Aufbau eigener Netze schreiten wollen, die vorhandenen Netze mitbenutzen müssen, falls sie die Absicht haben, in Konkurrenz zu dem Netzeigentümer zu treten. In derartigen Fällen stellt sich daher die schwierige Frage, unter welchen Bedingungen Konkurrenten des Netzeigentümers verlangen können, ihnen die Mitbenutzung der Netze zu gestatten.

Zur Beantwortung dieser Frage ist im amerikanischen Antitrust-Recht schon verhält- 104
nismäßig früh die viel diskutierte (und immer noch umstrittene) **essential-facilities Doktrin** entwickelt worden, die später – unter engen Voraussetzungen – auch in das Gemeinschaftsrecht (s. o. § 10 Rn. 37 ff.) sowie schließlich – in Gestalt des **§ 19 Abs. 4 Nr. 4 GWB** i. d. F. von 1998 – ins deutsche Recht übernommen wurde. Ergänzend finden sich noch zahlreiche Sonderregelungen in den verschiedenen **Regulierungsgesetzen** für die Verkehrs- und Energiemärkte. Das **Verhältnis** dieser Regulierungsgesetze, für deren Anwendung und Durchsetzung ausschließlich die Bundesnetzagentur zuständig ist, zu dem GWB ist umstritten (s. u. § 38 Rn. 14–16 und § 39 Rn. 29). Zum Teil wird der Regulierung (entgegen insbesondere § 2 Abs. 3 TKG) generell der **Vorrang** vor dem GWB und hier insbesondere vor den §§ 19 und 20 zugebilligt, soweit die Regulierung reicht, vor allem also in der Frage des Zugangs zu den Netzen und der Höhe des Entgelts. Dieser Auffassung ist **nicht** zu folgen (§ 2 Abs. 3 TKG; s. u. § 38 Rn. 16 m.N.). Auch der **BGH** geht ohne weiteres davon aus, dass die §§ 19 und 20 in der hier besonders interessierenden Frage der Regelung des Zugangs zu den Netzen neben den Regulierungsgesetzen anwendbar bleiben, verlangt aber bei der Anwendung der §§ 19 und 20 auf marktbeherrschende Unternehmen, die der Regulierung unterliegen, die **Berücksichtigung der Entscheidungen der Bundesnetzagentur**, so dass, wenn diese den Zugang zu einem Netz unter bestimmten Bedingungen geöffnet hat, aufgrund des GWB grundsätzlich *kein* weitergehender Zugang mehr verlangt werden kann.[193] Das ist nicht überzeugend, zumal dem Art. 102 AEUV ohnehin der uneingeschränkte Vorrang vor den nationalen Regulierungsgesetzen zukommt. Für die §§ 19 und 20 kann dann schwerlich etwas anderes gelten (s. o. § 10 Rn. 35).

[193] So die beiden SIM-Karten Urteile von 2010: WuW/E DE-R 2963 (2968ff) und WM 2010, 1950 = MMR 2010, 786; zustimmend *Haus,* WuW 2010, 1237; anders zuvor *OLG Düsseldorf* WuW/E DE-R 2427; wohl auch *Heise,* WuW 2009, 1024.

b) Wesentliche Einrichtung

105 Der Anwendungsbereich des § 19 Abs. 4 Nr. 4 GWB beschränkt sich auf sog. wesentliche Einrichtungen. Das Gesetz versteht darunter in § 19 Abs. 4 Nr. 4 **Netze oder andere Infrastruktureinrichtungen**, ohne deren Mitbenutzung es anderen Unternehmen aus rechtlichen oder tatsächlichen Gründen unmöglich ist, auf dem vor- oder nachgelagerten Markt als Wettbewerber des marktbeherrschenden Inhabers der fraglichen Infrastruktureinrichtung tätig zu werden.

106 Die Gesetzesverfasser hatten bei dieser Regelung in erster Linie Fälle im Auge, die dadurch gekennzeichnet sind, dass der Inhaber der wesentlichen Einrichtung infolge dieser Position de facto zugleich **über den Zugang** seiner Konkurrenten zu dem vor- oder nachgelagerten Markt **entscheidet.** Als Paradigmata dienten durchweg die bereits erwähnten Netzmonopole; jedoch wurde die Regelung bewusst nicht auf solche beschränkt.[194] Der **Bundesrat** sprach in diesem Zusammenhang plastisch von „strategischen Engpaßeinrichtungen" mit dem Charakter natürlicher Monopole (sog. **bottleneck-Situationen**). Solche Engpasseinrichtungen müssen seiner Meinung nach zwei **Voraussetzungen** erfüllen, um die Anwendung des § 19 Abs. 4 Nr. 4 GWB zu rechtfertigen: Den Wettbewerbern darf es erstens bei objektiver Betrachtungsweise nicht möglich sein, eine vergleichbare Einrichtung selbst zu errichten (sog. **mangelnde Duplizierbarkeit** der wesentlichen Einrichtung); und die Gewährung des Zugangs zu der Einrichtung muss zweitens **objektiv notwendig** sein, um einen Wettbewerb auf den vor- oder nachgelagerten Märkten sicherzustellen.[195]

107 Das Gesetz enthält keine **Definition** der Begriffe Netze und andere Infrastruktureinrichtungen. Die genaue Grenzziehung ist daher umstritten.[196] Unter **Netzen** versteht man üblicherweise die physische oder virtuelle Verbindung zwischen zwei Punkten zwecks Transports von Personen, Gütern oder Daten. Aus der Formulierung des Gesetzes folgt, dass das Gesetz in den Netzen lediglich eine besondere Erscheinungsform der **anderen Infrastruktureinrichtungen** sieht. Die herrschende Meinung folgert daraus, dass der Begriff der Infrastruktureinrichtungen ganz **weit** auszulegen ist, so dass darunter im Ergebnis sämtliche Einrichtungen fallen, deren Benutzung erforderlich ist, um auf einem vor- oder nachgelagerten Markt Wettbewerbshandlungen vornehmen zu können.

108 Den Gegensatz bilden **Produktionsstätten** (weil sie jederzeit duplizierbar sind) sowie – anders als im Unionsrecht (s. o. § 10 Rn. 39 ff.) – **gewerbliche Schutzrechte**, da sie nicht mit Netzen vergleichbar sind.[197] Zwangslizenzen an gewerblichen Schutzrechten können daher nicht auf § 19 Abs. 4 Nr. 4, wohl aber gegebenenfalls auf die Generalklausel des § 19 Abs. 1, auf das Diskriminierungsverbot des § 20 Abs. 1 GWB sowie – nach Maßgabe der Rechtsprechung des EuGH (o. § 10 Rn. 42 f.) – auf Art. 102 S. 1 AEUV gestützt werden (s. u. § 29 Rn. 62). Für die Anwendung des § 19 Abs. 4 Nr. 4 ist ferner kein Raum, wenn das den Netzzugang suchende Unternehmen, der

194 S. ausführlich die Begr. zum RegE, BT-Drs. 13/9720, S. 36 f, 51 f.; die Stellungnahme des Bundesrats, das., S. 73 ff.; den Ausschussbericht, BT-Drs. 13/10 633, S. 68, 72 (l. Sp. o.).

195 BT-Drs. 13/9720, S. 73.

196 S. insbes. *OLG Brandenburg* WuW/E DE-R 2824 (2827 Tz. 56); *Bechtold*, GWB, § 19 Rn. 100 f.; *Deselaers*, WuW 2008, 179; LMR/*Götting* § 19 Rn. 89 f.; Langen/Bunte/*Nothdurft*, § 19 Rn. 174 ff.

197 So ausdrücklich der Ausschussbericht, BT-Drs. 13/10 633, S. 72 (l. Sp. o.).

sog. *Petent,* selbst die Möglichkeit besitzt, ein Netz aufzubauen, mag dieses auch weniger leistungsfähig als das schon vorhandene Netz des Anspruchsgegners sein.[198]

Beispiele für wesentliche Einrichtungen sind die **Netze** in den Bereichen der Energieversorgung,[199] des Bahnverkehrs und der Telekommunikation sowie Bahnhöfe, Flughäfen und Seehäfen,[200] aber auch **virtuelle Netze** wie umfassende Datenverarbeitungssysteme, ohne deren Mitbenutzung die Betätigung auf bestimmten Märkten heute nicht mehr möglich ist, etwa bei der Reservierung von Flug- oder Bahnreisen oder Hotels.[201] Weitere Beispiele aus der Rechtsprechung sind besondere Zugangsmöglichkeiten zu den Telekommunikationsnetzen über sog. SIM-Karten,[202] der Zugang zu dem von den Ländern immer noch (zu Unrecht) monopolisierten Wett- und Lottomarkt für gewerbliche Spielvermittler[203] sowie die nach Steuerrecht erforderliche Gestattung des Umsatzsteuerausweises für Reiseleistungen, die über Reisestellenkarten abgerechnet werden.[204] Auch Schnittstellen für Computersoftware, Programmplattformen sowie überhaupt allgemein Daten und Informationen können hierher zu rechnen sein, – vorausgesetzt, dass ihre Nutzung für die Betätigung auf vor- oder nachgelagerten Märkten erforderlich ist und dass deshalb dafür zumindest ein potentieller Markt existiert.[205] 109

§ 19 Abs. 4 Nr. 4 GWB wendet sich gegen die Verweigerung des „Zugangs" zu der fraglichen Infrastruktureinrichtung, die zur Folge hat, dass deren „Mitbenutzung" durch den Petenten unmöglich wird (s. Rn. 114). Die Art der **Mitbenutzung** richtet sich nach der Art der Infrastruktureinrichtung. **Beispiele** sind die Gestattung der Benutzung fremder virtueller Netze oder Computerplattformen, die Erlaubnis des Zugangs zu fremden Telekommunikationsnetzen, ferner insbesondere **Durchleitungen** durch fremde Gas- oder Stromleitungen und die Mitbenutzung fremder Verkehrsnetze sowie schließlich noch der Anschluss an fremde Netze. Wichtig ist dies etwa für die Betreiber von Arealnetzen,[206] die sich nach dem Gesagten für den Anspruch auf Anschluss an das Mittel- oder Hochspannungsnetz der Energieversorgungsunternehmen gegebenenfalls auf § 19 Abs. 4 Nr. 4 GWB berufen können.[207] 110

Die Verweigerung des Zugangs zu einer Infrastruktureinrichtung durch deren Inhaber stellt nach § 19 Abs. 4 Nr. 4 GWB **grundsätzlich** einen **Missbrauch** dar, sofern (1.) der Inhaber der Einrichtung auf einem Markt marktbeherrschend ist (u. Rn. 112 f.) und es (2.) dem abgelehnten Unternehmen aus rechtlichen oder tatsächlichen Gründen ohne die Mitbenutzung der Infrastruktureinrichtung nicht möglich 111

198 *OLG Hamburg* WuW/E DE-R 1076 (1078 f.).

199 BGHZ 163, 296 = WuW/E DE-R 1520 – Arealnetz; BGHZ 164, 336 = NJW 2006, 684 – Stromnetznutzungsentgelt; *OLG Düsseldorf* WuW/E DE-R 1246 und 1307 – Arealnetze; *OLG Dresden* GRUR-RR 2001, 190; *OLG München* WuW/E DE-R 906; *BKartA* WuW/E DE-V 149 (152 ff.) = RdE 2000, 31 – BEWAG/RWE; WuW/E DE-V 811 ff.; TB 1997/98, S. 29, 120 f. – Elektromark/Enron; *Walter/v. Keussler,* RdE 1999, 223 (226 f.); *Theobald/I. Zenke,* WuW 2001, 19.

200 BGHZ 152, 84 = NJW 2003, 748– Fährhafen Puttgarden I; *BGH* WuW/E DE-R 703 – Puttgarden II; *BKartA* WuW/E DE-V 1879 (1885 ff.) – Scandlines.

201 *BKartA* TB 1995/96, S. 21, 135 f. – SABRE; *öOGH* ÖBl. 2003, 46; zurückhaltend *OLG Hamburg* WuW/E DE-R 1076 (1078 f.).

202 *BGH* WuW/E DE-R 2963 (2968ff) und WM 2010, 1950 = MMR 2010, 786.

203 *OLG Brandenburg* WuW/E DE-R 2824 (2827 ff.).

204 *BGH* NJW-RR 2010, 392 Tz. 17 ff. = WuW/E DE-R 2708; *Deselaers* WuW 2008, 179.

205 *OLG Brandenburg* WuW/E DE-R 2824 (2827 Tz. 56).

206 Das sind Inselnetze innerhalb größerer Netze zur Versorgung einzelner Gebäudekomplexe.

207 BGHZ 163, 296 = WuW/E DE-R 1520 (1523) – Arealnetz.

ist, auf dem vor- oder nachgelagerten Markt als Wettbewerber des marktbeherrschenden Inhabers der Infrastruktureinrichtung tätig zu werden (u. Rn. 114 f.). Etwas anderes gilt (3.) nur unter den Voraussetzungen des § 19 Abs. 4 Nr. 4 Halbs. 2 GWB, für deren Vorliegen der Inhaber der Infrastruktureinrichtung die Beweislast trägt (Rn. 116). Der Petent muss außerdem grundsätzlich zur Zahlung eines Entgelts in angemessener Höhe bereit sein (Rn. 117).

c) Marktbeherrschung

112 § 19 Abs. 4 Nr. 4 GWB bezieht sich wie der ganze § 19 GWB **allein** auf **marktbeherrschende Unternehmen** im Sinne des § 19 Abs. 2 GWB. Nur wenn also der Inhaber der fraglichen Infrastruktureinrichtung zugleich auf einem Markt marktbeherrschend ist, trifft ihn gegebenenfalls auch die Pflicht, Wettbewerbern die Mitbenutzung seiner Einrichtung nach § 19 Abs. 4 Nr. 4 GWB zu gestatten. Noch nicht gesagt ist damit, **auf welchem Markt** die Marktbeherrschung bestehen muss. In Betracht kommen gleichermaßen der Markt für die Benutzung der Infrastruktureinrichtung wie der vor- oder nachgelagerte Markt, auf dem der Antragsteller, der die Mitbenutzung der Infrastruktureinrichtung anstrebt, als Wettbewerber des Inhabers auftreten will.

113 Überwiegend wird angenommen, das Merkmal der marktbeherrschenden Stellung des Inhabers der Infrastruktureinrichtung beziehe sich gerade auf den Markt für die **Benutzung solcher Einrichtungen.**[208] Die Frage ist jedoch umstritten, weil der Wortlaut des Gesetzes nicht eindeutig ist, vielmehr auch dahin verstanden werden kann, dass Marktbeherrschung zusätzlich oder sogar allein auf dem vor- oder nachgelagerten Markt bestehen muss.[209] Auszugehen ist von dem Zweck der Vorschrift, marktbeherrschende Unternehmen daran zu hindern, ihre Herrschaft über den Marktzugang dazu zu missbrauchen, ihre Macht auf dem nachgelagerten Produkt- oder Dienstleistungsmarkt abzusichern. Daraus folgt, dass für die Anwendung der Vorschrift tatsächlich gleichermaßen Marktbeherrschung auf dem vorgelagerten Markt für die Nutzung der Infrastruktureinrichtung wie Marktbeherrschung auf dem nachgelagerten Produkt- oder Dienstleistungsmarkt ausreichen muss.

d) Zugangsverweigerung

114 § 19 Abs. 4 Nr. 4 GWB wendet sich gegen die grundlose Verweigerung des Zugangs oder der Mitbenutzung gegen angemessenes Entgelt. Darunter fällt gleichermaßen die Ablehnung jeder Verhandlung über einen Zugang zu der wesentlichen Einrichtung[210] wie die „Gewährung" des Zugangs nur zu unangemessenen Bedingungen, insbesondere zu einem überhöhten Nutzungsentgelt oder zu diskriminierenden Bedingungen (s. § 20 Abs. 1 GWB), wobei **Maßstab** die Bedingungen sind, die der Inhaber der Infrastruktureinrichtung *selbst* für die Benutzung seines Netzes kalkulatorisch ansetzt.[211] Um diese Bedingungen möglichst exakt erfassen zu können, ist notfalls eine

[208] BGHZ 163, 296 (304 f.) = WuW/E DE-R 1520 (1524) – Arealnetz; *OLG Naumburg* NJW-RR 2001, 1617; *LG Dortmund* WuW/E DE-R 565 (567) = BB 2000, 2325 – Ruhrgas; s. *Emmerich*, FS Großfeld, 1999, S. 185 (192).

[209] So *Bechtold*, GWB, § 19 Rn. 102 f; *Nothdurft*, in: Langen/Bunte I, § 19 Rn. 168.

[210] So in dem Fall BGHZ 152, 84 = NJW 2003, 748 – Fährhafen Puttgarden.

[211] *BKartA* WuW/E DE-V 722 (730); 750 (757); s. *Deselaers*, EuZW 1995, 563 (566 f.); *Montag*, EuZW 1997, 71 (74).

kalkulatorische Trennung des Netzbereichs und des Wettbewerbsbereichs erforderlich (sog. **unbundling**).[212] Über die Einzelheiten einer derartigen **kalkulatorischen Trennung** der beiden genannten Bereiche wird vor allem in der Regulierungspraxis gestritten. Wegen der keineswegs befriedigenden Ergebnisse versucht die Kommission mittlerweile sogar, die EVU zur **eigentumsmäßigen Abtrennung der Netze** zu zwingen, um endlich deren allseitige Öffnung durchsetzen zu können.[213]

Ist die **Zahl** der Antragssteller größer, als im Rahmen der vorhandenen Kapazitäten berücksichtigt werden kann, so ergibt sich aus § 19 Abs. 4 Nr. 4 in Verbindung mit § 20 Abs. 1 GWB außerdem die Verpflichtung, die **Mitbenutzung** der Netze öffentlich **auszuschreiben.**[214] Der Inhaber der Infrastruktureinrichtung kann dabei keinen generellen Vorrang vor anderen Antragstellern beanspruchen; vielmehr sind die vorhandenen freien Kapazitäten *gleichmäßig* auf den Inhaber der Einrichtung *und* die Antragssteller aufzuteilen.[215] Notfalls müssen die Netze ausgebaut werden (Rn. 116). **115**

e) Rechtfertigungsgründe

Nach § 19 Abs. 4 Nr. 4 Halbs. 2 GWB ist die Verweigerung der Mitbenutzung der Infrastruktureinrichtung durch Konkurrenten nur berechtigt, wenn der Inhaber der Einrichtung nachweist, dass die Mitbenutzung aus betriebsbedingten oder sonstigen Gründen nicht möglich oder ihm doch nicht zumutbar ist. Die (materielle) **Beweislast** für das Vorliegen dieses Ausnahmetatbestandes trägt das in Anspruch genommene marktbeherrschende Unternehmen.[216] Der Wortlaut des Gesetzes und insbesondere der Umstand, dass es sich um einen Ausnahmetatbestand handelt, spricht an sich für eine enge Auslegung der Vorschrift. Tatsächlich neigt jedoch die herrschende Meinung zu einer **weiten Auslegung des Rechtfertigungsgrundes**.[217] Der Anspruch auf Mitbenutzung entfällt danach nicht nur, wenn dem marktbeherrschenden Unternehmen aus rechtlichen oder tatsächlichen Gründen die Gestattung der Mitbenutzung unmöglich oder aufgrund einer Interessenabwägung doch unzumutbar ist, sondern auch, wenn dem *Petenten* nach den Umständen die Mitbenutzung aus in *seiner* Person liegenden Gründen rechtlich oder tatsächlich gar nicht möglich ist, so dass sein Antrag ins Leere zielt.[218] Weitere Beispiele sind die fehlende Kapazität der Netze, die Gefahr von Betriebsstörungen im Falle der Mitbenutzung der Netze durch Dritte sowie die mangelnde Seriösität des Antragsstellers,[219] *nicht* dagegen die Gefahr, dass durch die Mitbenutzung seitens Dritter der Wettbewerb auf den vor- oder nachgelagerten Märkten eröffnet wird, und ebensowenig persönliche Aversionen oder Unterschiede in der Geschäftspolitik der Beteiligten.[220] Auch die mangelnde Reziprozität bei ausländischen Petenten, d. h. der fehlende Zugang deutscher Unternehmen zu ausländischen Netzen, rechtfertigt in Deutschland, jedenfalls im Verhält- **116**

[212] S. *Deselaers,* EuZW 1995, 563 (566 f.); *Büdenbender,* RdE 1999, 1.
[213] S. *Klees/Hauser,* WuW 2007, 596.
[214] *Mailänder,* FS I. Schmidt, 1997, S. 271 (282, 284).
[215] *BKartA* WuW/E DE-V 149 (152 ff.) – BEWAG/RWE; TB 1997/98, S. 120 (121) – Elektromark/Enron; MK, 13. HauptGA, Tz. 103, 107 ff.; dagegen *Paul,* WuW 1999, 1190.
[216] *OLG Düsseldorf* WuW/E DE-R 2941 (2943 f.) – Fährhafen Puttgarden; *Bechtold,* GWB, § 19 Rn. 108 ff.; LMR/*Götting* § 19 Rn. 95 ff.; Langen/Bunte/*Nothdurft,* § 19 Rn. 186 ff.
[217] *OLG Düsseldorf* WuW/E DE-R 2941 (2943 f.) – Fährhafen Puttgarden.
[218] *OLG Düsseldorf* WuW/E DE-R 2941 (2944 f.) – Fährhafen Puttgarden.
[219] S. *LG Köln* NJW-RR 2002, 766.
[220] *BKartA* WuW/E DE-V 149 (152 ff.); 253 (255 f.).

nis zwischen Angehörigen der Europäischen Union, keine Zugangsverweigerung.[221] Ebensowenig steht die Notwendigkeit baulicher Veränderungen im Falle der Mitbenutzung der Infrastruktureinrichtung durch Dritte deren Zumutbarkeit generell entgegen.[222]

f) Entgelt

117 Der Antragsteller muss bereit sein, ein angemessenes Entgelt für die Mitbenutzung der Infrastruktureinrichtung zu bezahlen (§ 19 Abs. 4 Nr. 4 Halbs. 1 GWB). Ein Anspruch auf **unentgeltliche** Gestattung der Mitbenutzung besteht dagegen grundsätzlich nicht.[223] Als **Maßstab** für die Angemessenheit des Entgelts kommt naturgemäß in erster Linie, sofern vorhanden, ein etwaiger Marktpreis in Betracht.[224] Wegen der bekannten Intransparenz der hier betroffenen Märkte hilft dies indessen in der Regel nicht weiter.[225] Als **Richtlinie** kommt in Betracht, dass die angemessene Gegenleistung die durch die Mitbenutzung entstehenden variablen Kosten, einen Beitrag zu den fixen Kosten und eine angemessene Verzinsung des investierten Kapitals umfassen muss. Beim Strom wird dementsprechend allgemein angenommen, dass maximal *ein Drittel* des Preises auf die Netzkosten entfällt. Außerdem müssen bei der Berechnung des Entgelts die Gebote des GWB berücksichtigt werden, so dass das Entgelt **nicht überhöht oder diskriminierend** sein darf (§§ 19 Abs. 4 Nr. 2, 3 und 20 Abs. 1 GWB).[226]

g) Rechtsfolgen

118 Der Anspruch Dritter auf Zugang zu wesentlichen Einrichtungen aufgrund des § 19 Abs. 1 und Abs. 4 Nr. 4 GWB kann sowohl von den Kartellbehörden nach § 32 als auch von den Dritten selbst aufgrund des § 33 Abs. 1 und Abs. 3 GWB in Verb. mit § 249 BGB durchgesetzt werden.[227] Häufig sind zugleich die Voraussetzungen des Diskriminierungsverbots erfüllt, so dass der Anspruch dann auch auf die §§ 20 Abs. 1 und 33 GWB gestützt werden kann.[228] Daneben besteht in der Regel noch eine Zuständigkeit der Bundesnetzagentur aufgrund der verschiedenen Regulierungsgesetze (s. u. §§ 38 Rn. 6 ff., 39 Rn. 23 ff.).

119 **Weigert** sich der Inhaber der Einrichtung, überhaupt in **Verhandlungen** über den Zugang einzutreten, so können sich die Kartellbehörden aufgrund des § 32 zunächst darauf beschränken, dem Inhaber der Einrichtung diese Verweigerung zu untersagen, um die Aufnahme von **Verhandlungen** zu **erzwingen** (§ 32 Abs. 1).[229] Erst wenn

[221] *OLG Düsseldorf* WuW/E DE-R 847 (852) – Linzer Gaslieferant.

[222] *BKartA* WuW/E DE-V 235 (258) – Seehafen Puttgarden; TB 1997/98, S. 120 (121) – Elektromark Hagen/Enron; str. anders z. B. *Bechtold*, GWB, § 19 Rn. 101.

[223] *BGH* NJW- RR 2010, 392 (394 f. Tz. 46 ff.) = WuW/E DE-R 2708.

[224] *Heise*, WuW 2010, 1024 (1028 f.).

[225] S. BGHZ 164, 336 = NJW 2006, 684 – Stromnutzungsentgelt; *OLG Naumburg* WuW/E DE-R 388; *OLG Hamburg* WuW/E DE-R 403 (406 f.); *Büdenbender*, RdE 1999, 1; *ders.*, ZIP 2000, 2225; *Kühne*, NJW 2006, 654; *Emmerich*, FS Großfeld, 1999, S. 185 (191).

[226] *BKartA* WuW/E DE-V 811 (821 f.) – GETEK net; 1879 (1891) – Scandlines; *Büdenbender*, ZIP 2000, 2225 ff.

[227] S. *Emmerich*, AG 2001, 520 (522 f.).

[228] S. o. Rn. 110; *OLG Düsseldorf* WuW/E DE-R 847 (851 f.) – Linzer Gaslieferant; str., s. *Oechsler*, ZHR 164 (2000), 479.

[229] BGHZ 152, 84 (87 ff.) = NJW 2003, 748 = WuW/E DE-R 977 – Fährhafen Puttgarden I; ein Beispiel in *BKartA* WuW/E DE-V 1879 – Scandlines.

diese Verhandlungen zu keinem Erfolg führen, kann die Kartellbehörde in einem zweiten Schritt auf Grundlage konkreter Vorschläge der Unternehmen eine Interessenabwägung vornehmen und sodann die **Eröffnung des Zugangs** zu bestimmten Konditionen aufgrund des § 32 GWB **anordnen.**[230] Soweit sich für Dritte aus den §§ 19, 20 und 33 GWB ein **Anspruch auf Zugang** zu der wesentlichen Einrichtung ergibt, kann dieser Anspruch gegebenenfalls auch durch einstweilige Verfügung durchgesetzt werden.[231]

6. Strukturmissbrauch

§ 19 Abs. 4 enthält lediglich Beispielstatbestände, so dass in Missbrauchsfällen, die 120
nicht unter eine der Nrn. 1 bis 4 des § 19 Abs. 4 subsumiert werden können, immer noch der Rückgriff auf die **Generalklausel** des § 19 Abs. 1 möglich bleibt. Wichtig ist das vor allem in den Fällen des sog. **Strukturmissbrauchs**. Es geht dabei um Fallgestaltungen, in denen marktbeherrschende Unternehmen durch ihre Maßnahmen gezielt die Marktstruktur verschlechtern, wobei das Schwergewicht, anders als in den Behinderungsfällen, weniger auf den Eingriffen in die wirtschaftliche Bewegungsfreiheit Dritter, sondern in erster Linie auf den **langfristigen wettbewerbsfeindlichen Auswirkungen** der Maßnahmen auf die Marktstruktur insgesamt liegt. Das Spektrum der einschlägigen Fälle reicht von Investitionen und Produktinnovationen mit dem Ziel der endgültigen Marktverschließung bis hin zu Zusammenschlussaktivitäten mit dem Zweck der Beseitigung der letzten unabhängigen Konkurrenten.[232]

§ 28. Boykott, sonstiges wettbewerbsbeschränkendes Verhalten

I. Boykott

1. Einleitung

Nach § 21 Abs. 1 GWB dürfen Unternehmen und Vereinigungen von Unterneh- 1
men nicht ein anderes Unternehmen (oder Vereinigungen von Unternehmen) in der Absicht, bestimmte Unternehmen unbillig zu beeinträchtigen, zu Liefersperren oder Bezugssperren auffordern. Der Boykott war früher vor allem ein Mittel des **Organisationszwangs** von Kartellen gegen Außenseiter, die durch Abschneiden von ihren Versorgungsquellen oder Absatzkanälen zum Anschluss an das Kartell oder zum Ausscheiden aus dem Markt gezwungen werden sollten.[1] Heute liegt die **praktische Bedeutung** von Boykotten in erster Linie bei Aufforderungen in speziellen Informationsdiensten der Wirtschaft, einzelne besonders wettbewerbsaktive Unternehmen zu „sperren", d. h. nicht mehr von ihnen zu beziehen oder nicht mehr an sie zu liefern, um sie „im Interesse aller" zu disziplinieren. Betroffen von derartigen Praktiken des

[230] *BKartA* TB 2001/2002, S. 30, 57.

[231] *OLG Naumburg* WuW/E DE-R 388 (391); *OLG Düsseldorf* WuW/E DE-R 847 (849 f.); *LG Magdeburg* WuW/E DE-R 542 (543); *LG Dortmund* WuW/E DE-R 565 (566 f.) = BB 2000, 2325; *Köhler,* BB 2002, 584; *Mailänder,* FS I. Schmidt, 1997, S. 271 ff.

[232] Beispiele in *BKartA* AG 1979, 20 (23); *KG* WuW/E OLG 2109 = AG 1979, 161 f. – Springer/Elbe Wochenblatt; *Emmerich,* (2.) FS Böhm, S. 119 (132 f.).

[1] S. *I. Schmidt,* US-amerikanische und deutsche Wettbewerbspolitik gegenüber Marktmacht, 1973, S. 88, 230 ff. Der Name geht auf einen amerikanischen Unternehmer namens „Boycott" zurück, der anfangs des 20. Jahrhunderts dieses Kampfmittel in den USA besonders propagierte.

Fachhandels und seiner Organe sind vornehmlich die großbetrieblichen Formen des Einzelhandels. Zu beachten bleibt, dass ein Boykottaufruf in aller Regel **zugleich** gegen **§ 823 Abs. 1 BGB sowie** gegen die **§§ 3 und 4 Nr. 10 UWG** verstößt.[2] Das Verhältnis dieses allgemeinen zivilrechtlichen Boykottverbots zu dem speziellen Boykottverbot des § 21 Abs. 1 GWB ist noch nicht endgültig geklärt (u. Rn. 7, 9).

2. Beteiligte

2 Das Boykottverbot des GWB wendet sich nur an Unternehmen und schützt auch nur Unternehmen; alle Beteiligten müssen daher **Unternehmen** i. S. d. GWB sein. Besonderheiten gelten insoweit nicht (s. deshalb o. § 20 Rn. 4 ff.). Unternehmen sind daher z. B. auch eine Universität, soweit sie Werbeflächen in ihren Räumen vermietet,[3] sowie Landwirte, so dass ein Verband von Milchviehhaltern gleichfalls das Boykottverbot beachten muss.[4]

3 Außerdem ist erforderlich, dass **alle Beteiligten** rechtlich und wirtschaftlich **voneinander unabhängig** sind, so dass z. B. Weisungen innerhalb eines Konzerns oder Anweisungen eines Geschäftsherrn an seine Handelsvertreter nicht am Boykottverbot gemessen werden können.[5] Boykottaufrufe von **Verbänden** an ihre Mitglieder fallen dagegen in den Anwendungsbereich des § 21 Abs. 1 GWB, wenn und solange die Mitglieder wirtschaftlich und rechtlich selbstständig sind.[6] Ein Beispiel ist der Aufruf eines Verbandes von Milchviehhaltern an seine Mitglieder, die Molkereien nicht mehr mit Milch zu beliefern, um auf diese einen Druck zur Bewilligung höherer Preise auszuüben.[7] Boykottaufrufe der **Krankenkassen** und ihrer Verbände gegenüber Krankenhäusern und Ärzten verstoßen gleichfalls gegen das Boykottverbot, weil die Adressaten, die Ärzte und Krankenhäuser, nicht von den Krankenkassen und ihren Verbänden abhängig sind.[8]

3. Tatbestand

4 Der Boykottatbestand des § 21 Abs. 1 GWB ist erfüllt, wenn ein Unternehmen ein anderes Unternehmen auffordert, ein drittes Unternehmen, den Boykottierten oder Verrufenen zu sperren, d. h. nicht mehr an ihn zu liefern oder von ihm zu beziehen. Dies wird allgemein **weit ausgelegt.**[9] **Gegenstand** der Sperre können insbesondere auch **Dienstleistungen** sein.[10] Nicht erforderlich ist ferner, dass die Aufforderung Erfolg hatte, da sich das Gesetz in § 21 Abs. 1 bereits gegen die bloße **Aufforderung** zum Boykott wendet.[11]

---

2 S. Unlauterer Wettbewerb, § 6 Rn. 20 ff.

3 *OLG Karlsruhe* WuW/E DE-R 2650 (2651 Tz. 24 ff.) = NJW 2009, 2143 – Freiburger Repetitor.

4 *BKartA* WuW/E DE-V 1679 (1680).

5 *BGH* LM § 26 GWB Nr. 68 (Bl. 1 R) = NJW 1990, 1531; LM § 21 GWB Nr. 8 (Bl. 3) = NJWE-WettbR 1999, 212.

6 *KG* WuW/E OLG 3199 (3200 f.); 5299 (5308); *OLG Düsseldorf* WuW/E OLG 3550 (3553); *Köhler* WuW 2009, 258 (262 ff.).

7 *BKartA* WuW/E DE-V 1679.

8 *BGH* LM § 21 GWB Nr. 8 = NJWE-WettbR 1999, 212 – Sitzender Krankentransport.

9 Kritisch *Möschel*, FS Benisch, 1989, S. 339 ff.

10 *BGH* LM § 21 GWB Nr. 8 (Bl. 3 R f.) = NJWE-WettbR 1999, 212; WuW/E BGH 3006 (3008); Beispiele s. Rn. 5.

11 *BGH* LM § 26 GWB Nr. 68 = NJW 1990, 1531.

Es stellt daher **z. B.** einen verbotenen Boykott dar, wenn ein gewerblicher Vermieter andere Vermieter auffordert, nicht an Konkurrenten zu vermieten.[12] Ebenso zu beurteilen ist die Aufforderung eines kommunalen Entsorgungsträgers an seine Vertragspartner, keine Vertragsbeziehungen zu anderen Entsorgungsträgern aufzunehmen.[13] Selbst ein vertragliches Verbot, einem anderen Unternehmen eine Beteiligungsmöglichkeit zu eröffnen, kann als Boykott zu behandeln sein.[14] Voraussetzung ist aber immer, dass der Aufforderung eine **Zielrichtung gegen andere Unternehmen** innewohnt (u. Rn. 7), während die bloße Werbung für das *eigene* Angebot ohne Bezugnahme auf andere Unternehmen nicht als Aufforderung zur Bezugs- oder Absatzsperre qualifiziert werden kann.[15] Dasselbc gilt für die verbreitete Beratungstätigkeit der **Verbände**, solange sich die Beratung aus der Sicht der Mitglieder nicht der Sache nach als Aufruf zum Boykott bestimmter anderer Unternehmen darstellt.[16] Der bloße Hinweis auf günstige Bezugsmöglichkeiten bei dritten Unternehmen seitens eines Verbandes erfüllt daher noch nicht in den Boykott-Tatbestand,[17] wohl aber die Warnung vor der Fortsetzung von Geschäftsbeziehungen zu bestimmten anderen Unternehmen, weil davon Nachteile drohten. Befolgen einzelne Mitglieder einen entsprechenden Aufruf des Verbandes, so ist auch das Kartellverbot des § 1 und des Art. 101 AEUV anwendbar, weil es sich dann um ein abgestimmtes Verhalten der Beteiligten handelt.[18] 5

Die bloße **Warnung** vor einem wettbewerbswidrigen Verhalten anderer Unternehmen stellt noch keinen Boykottaufruf dar.[19] Dasselbe gilt für die **Durchsetzung vertraglicher Rechte,** namentlich für die Aufforderung, eine (zulässige) Ausschließlichkeits- oder Vertriebsbindung einzuhalten.[20] Dagegen kann es nicht zugelassen werden, dass sich beliebige Dritte aus eigenem Antrieb zum „Anwalt" des gebundenen Fachhandels aufschwingen und den Fachhandel zum Boykott aufrufen, wenn der Hersteller auch sog. „Außenseiter" beliefert (§ 21 Abs. 1 GWB).[21] 6

4. Subjektive Voraussetzungen

a) Das Boykottverbot des GWB weicht vor allem dadurch von dem allgemeinen zivilrechtlichen Boykottverbot des § 823 Abs. 1 BGB und der §§ 3 und 4 Nr. 10 UWG (s. o. Rn. 1) ab, dass sich § 21 Abs. 1 GWB nicht mit dem äußeren Vorliegen eines Boykottaufrufs (o. Rn. 4 ff.) begnügt, sondern zusätzlich die **Absicht des Verrufers** verlangt, den Verrufenen oder **Boykottierten unbillig zu beeinträchtigen.** Der Verrufer muss mithin in einer wettbewerbsfeindlichen Absicht gehandelt haben (vgl. o. Rn. 5), wofür es aber bereits ausreicht, dass dieser Zweck mitbestimmend war und gegenüber sonstigen Zielen nicht völlig zurücktritt.[22] Es genügt mit anderen 7

[12] *OLG Celle* WuW/E DE-R 1197 (1198 f.) – Vermietungsverbot.

[13] *OLG Düsseldorf* WuW/E DE-R 1453 (1455 f.) – PPK Entsorgung.

[14] *BGH* LM § 21 GWB Nr. 10 (Bl. 3) = NJW 2000, 809.

[15] *BGH* LM § 20 GWB Nr. 23 (Bl. 4 f.) = NJW 2000, 866– Kartenlesegerät.

[16] *Köhler,* WuW 2009, 258 (263 ff.).

[17] *BGH* NJW 2000, 3426 (3428).

[18] *Köhler,* WuW 2009, 258 (267 ff.).

[19] *OLG Düsseldorf* WuW/E OLG 2401 (2402).

[20] *OLG Düsseldorf* WuW/E DE-R 1453 (1455 f.) – PPK Entsorgung; *BGH* WuW/E BGH 2562 = MDR 1989, 427 = BB 1989, 931 – marktintern. Gegenbeispiel in *BKartA* TB 2005/2006, S. 24.

[21] Anders zu Unrecht *BGH* WuW/E BGH 2562 = MDR 1989, 427 = BB 1989, 931 – marktintern; dagegen auch *Markert,* BB 1989, 921.

[22] *BGH* LM § 21 GWB Nr. 8 (Bl. 5) = NJWE-WettbR 1999, 212.

Worten, wenn der Verrufer in Kenntnis aller maßgeblichen Umstände und insbesondere der unbilligen Beeinträchtigung des Boykottierten handelt.[23]

8 **b)** Hinzu kommen muss noch, dass die **beabsichtigte Beeinträchtigung** des Boykottierten durch eine Bezugs- oder Absatzsperre **unbillig** wäre. Nach überwiegender, aber bestrittener Meinung (s. o. Rn. 9) kann darüber ebenso wie bei § 20 Abs. 1 GWB (s. u. § 29 Rn. 44 ff.) nur im Einzelfall aufgrund einer **Interessenabwägung** unter Berücksichtigung der auf die Freiheit des Wettbewerbs gerichteten Zielsetzung des Gesetzes entschieden werden.[24] Als unbillig ist ein Boykottaufruf danach **z. B.** anzusehen, wenn es um die bloße Durchsetzung vermeintlicher vertraglicher Rechte geht, da dieses Anliegen nicht das Recht gibt, in die geschäftlichen Beziehungen des Vertragspartners *zu Dritten* einzugreifen,[25] während die Abwehr unfairen, insbesondere unlauteren oder rechtswidrigen Verhaltens im Wege eines Boykottaufrufs von Fall zu Fall möglich bleibt (sog. **Abwehreinwand**).[26] Auch die Absicht einer Universität, die Werbung für gewerbliche Repetitorien in ihren Räumen zu unterbinden, wurde zum Schutze des Lehrangebots der Universität aufgrund einer Abwägung der kollidierenden Interessen als legitim eingestuft,[27] – worüber man durchaus unterschiedlicher Meinung sein kann.

9 Gegen diese betont auf die Umstände des Einzelfalls abstellende Praxis (o. Rn. 8) spricht vor allem, dass heute außerhalb des GWB der **Boykott grundsätzlich** als **rechtswidrig** gilt, wovon es nur wenige, praktisch nicht bedeutsame Ausnahmen gibt (s. o. Rn. 1). Für das GWB kann unter diesen Umständen schwerlich etwas anderes gelten, da nicht vorstellbar ist, dass es Boykottformen gibt, die zwar nach dem BGB und dem UWG, nicht jedoch nach dem GWB verboten sind.[28] Deshalb ist anzunehmen, dass **jeder** nach dem BGB und dem UWG **verbotene Boykott** zugleich **auch unbillig** im Sinne des § 21 Abs. 1 GWB ist. Ausnahmen kommen allenfalls in Abwehrfällen in Betracht (o. Rn. 8).[29]

5. Rechtsfolgen

10 § 21 Abs. 1 GWB enthält ein **Verbot des Boykottaufrufs**, das von den Kartellbehörden durch Verfügungen nach § 32 GWB durchgesetzt werden kann. Ein schuldhafter Verstoß gegen das Boykottverbot seitens des Verrufers stellt ferner eine Ordnungswidrigkeit nach § 81 Abs. 3 Nr. 1 dar. Daneben kann der Boykottierte nach § 33 GWB selbst von dem Verrufer **Schadensersatz** und Unterlassung verlangen.[30]

---

[23] *BKartA* WuW/E DE-V 1679 (1687 f.).

[24] So *BGH* LM § 21 GWB Nr. 8 (Bl. 4) = NJWE-WettbR 1999, 212; LM § 21 GWB Nr. 10 (Bl. 3) = NJW 2000, 809; WuW/E BGH 1786; 2562 = MDR 1989, 427 = BB 1989, 931; *KG* WuW/E DE-R 333 (335); *OLG Düsseldorf* WuW/E DE-R 1381 (1384 ff.) – DSD; 1453 (1456 ff.) – PPK-Entsorgung; *OLG Karlsruhe* WuW/E DE-R 2650 (2652 f.) = NJW 2009, 2143 – Freiburger Repetitor.

[25] *OLG Düsseldorf* WuW/E DE-R 1453 (1456 ff.) – PPK-Entsorgung.

[26] *OLG Düsseldorf* WuW/E DE-R 1381 (1384 ff.) – DSD.

[27] *OLG Karlsruhe* WuW/E DE-R 2650 (2653) = NJW 2009, 2143 – Freiburger Repetitor.

[28] So aber *Bauer/Wrage-Molkenthin,* wistra 1988, 336; *dies.,* BB 1989, 1495.

[29] Ebenso *KG* WuW/E OLG 4065 (4068); 4108 (4111); 5102 (5104); *OLG Hamburg* WuW/E OLG 3233 (3235); *OLG Stuttgart* WuW/E OLG 4254; *OLG München* NJW 1989, 1554; WuW/E OLG 4166; *Markert,* BB 1989, 921.

[30] BGHZ 44, 279 (285) = NJW 1965, 2249; *BGH* LM § 25 GWB Nr. 3 = NJW 1966, 1919; LM § 21 GWB Nr. 8 (Bl. 5) = NJWE-WettbR 1999, 212.

II. Druckverbot

Literatur: *Belke,* Die Geschäftsverweigerung im Recht der Wettbewerbsbeschränkungen, 1966, S. 369 ff.; *M. Pescher,* Der äußere Kartellzwang, 1984.

1. Überblick

Unternehmen und Vereinigungen von Unternehmen dürfen nach **§ 21 Abs. 2 GWB** anderen Unternehmen keine Nachteile androhen oder zufügen und keine Vorteile versprechen oder gewähren, um sie zu einem Verhalten zu veranlassen, das nach dem GWB oder nach einer aufgrund des GWB ergangenen Verfügung der Kartellbehörde nicht zum Gegenstand einer vertraglichen Bindung gemacht werden darf. Das Druckverbot hat vor allem den **Zweck,** die Erzwingung wettbewerbsbeschränkenden Verhaltens zu verhindern (s. u. Rn. 13). Es zieht damit zugleich im deutschen Recht der grundsätzlichen Zulässigkeit von Empfehlungen eine unübersteigbare Schranke (s. § 26 Rn. 4). 11

Verstöße gegen § 21 Abs. 2 GWB lösen in erster Linie kartellbehördliche Sanktionen nach den §§ 32 ff. aus. Schuldhafte Verstöße stellen außerdem eine Ordnungswidrigkeit nach § 81 Abs. 3 Nr. 2 GWB dar. Schließlich können sich die durch die verbotene Druckausübung betroffenen Unternehmen auch selbst dagegen nach § 33 Abs. 1 und Abs. 3 GWB durch Unterlassungs- und **Schadensersatzansprüche** wehren, im Falle einer Liefersperre z. B. in der Form des Anspruchs auf Weiterbelieferung (§ 249 Abs. 1 BGB).[31] 12

2. Tatbestand

a) Durch das Druckverbot des § 21 Abs. 2 GWB soll vor allem die wirtschaftliche Bewegungsfreiheit der Abnehmer eines Unternehmens gegen jede Form der einseitigen Einflussnahme seitens des Lieferanten geschützt werden (o. Rn. 11). Eine **Androhung von Nachteilen** ist daher bereits dann anzunehmen, wenn dem anderen Teil nachteilige Folgen für den Fall in Aussicht gestellt werden, dass er der Empfehlung zu einem bestimmten wettbewerbsbeschränkenden Verhalten nicht folgt. Als **Nachteil** gilt in diesem Zusammenhang **jedes Übel,** das objektiv geeignet ist, den Adressaten der Drohung zu einem bestimmten Verhalten zu veranlassen; nicht erforderlich ist, dass das angedrohte Verhalten rechtswidrig ist.[32] Unter § 21 Abs. 2 GWB kann daher z. B. auch die Androhung der Klageerhebung fallen.[33] 13

b) § 21 Abs. 2 GWB wendet sich außerdem gegen das **Versprechen oder Gewähren von Vorteilen** in wettbewerbsbeschränkender Absicht, wobei jedoch nur solche Vorteile erfasst werden, die deutlich über das hinausgehen, was im Einzelfall ohnehin als Gegenleistung geschuldet wird.[34] Dieser Fall hat aus leicht einsehbaren Gründen – im Gegensatz zu dem Verbot der Nachteilszufügung (o. Rn. 13) – in der bisherigen Praxis nur eine untergeordnete Rolle gespielt. Ein Beispiel wäre etwa die Inaussicht- 14

[31] BGHZ 44, 279 (283) = NJW 1965, 2249; BGHSt 20, 333 = NJW 1966, 460; *BGH* LM § 25 GWB Nr. 3 = NJW 1966, 1919; LM § 25 GWB Nr. 5 = NJW 1973, 94; *OLG München* WuW/E OLG 4668.

[32] *OLG Düsseldorf* WuW/E OLG 1822; *KG* WuW/E OLG 2822 (2823 f.).

[33] *BGH* LM § 1 GWB Nr. 43 = NJW-RR 1991, 1067 = JuS 1991, 863 Nr. 12; *OLG Bremen* WuW/E OLG 4367 (4372 ff.); weitere Beispiele s. u. Rn. 17.

[34] *KG* WuW/E OLG 4398.

stellung eigenen wettbewerbsbeschränkenden Verhaltens als Belohnung für entsprechendes Verhalten des Adressaten.[35]

3. Absicht der Wettbewerbsbeschränkung

15 Eine Nachteilszufügung oder Vorteilsgewährung (o. Rn. 13 f.) ist nach § 21 Abs. 2 nur verboten, wenn die **Absicht** hinzukommt, den Adressaten zu einem **Verhalten zu veranlassen,** das nach dem GWB oder nach einer auf seiner Grundlage ergangenen kartellbehördlichen Verfügung nicht zum Gegenstand einer vertraglichen Bindung gemacht werden darf. Zu denken ist hier in erster Linie an das **Kartellverbot** des § 1 GWB. Erlaubt ist dagegen die Aufforderung zur Unterlassung verbotenen, z. B. unlauteren Verhaltens.[36]

16 Die Rechtsprechung folgert aus § 21 Abs. 2 GWB, dass **Liefersperren** nur untersagt sind, wenn der Abnehmer durch sie zu einem verbotenen Verhalten, z. B. zu einem Verstoß gegen § 1 GWB in Gestalt der Einhaltung bestimmter Preise gezwungen werden soll, **nicht** dagegen, wenn sie **als endgültige Maßnahmen** gedacht sind, etwa als Vergeltung für eine dem Lieferanten nicht genehme Preispolitik des Adressaten.[37] Gegen diese unnötig restriktive Interpretation des § 21 Abs. 2 GWB spricht jedoch, dass mit solchen Maßnahmen **immer auch** zumindest eine **Drohung gegenüber Dritten** verbunden ist. Zudem pflegt im Wirtschaftsleben nichts unwiderruflich zu sein, so dass selbst „endgültige" Liefersperren gewöhnlich sehr schnell revidiert werden, wenn sich der Adressat fortan in dem gewünschten Sinne wettbewerbsbeschränkend verhält.[38]

4. Beispiele

17 § 21 Abs. 2 GWB ist z. B. anwendbar, wenn den Mitgliedern eines Vereins, die sich nicht an einer verbotenen Wettbewerbsbeschränkung beteiligen, der Ausschluss aus dem Verein angedroht wird,[39] wenn einem Unternehmen eine Liefersperre für den Fall angekündigt wird, dass es sich nicht an die empfohlenen Preise hält,[40] oder wenn ein Fahrlehrer anderen Fahrlehrern einen Preiskampf in Aussicht stellt, sofern sie sich nicht seiner Preiserhöhung anschließen.[41] Ebenso ist es zu beurteilen, wenn Architekten oder Apothekern von ihren **Kammern** bei einer Unterschreitung der behördlich festgesetzten Gebührenhöchstsätze oder bei Verstößen gegen (unwirksame) berufsrechtliche Werbeverbote gerichtliche Schritte angekündigt werden[42] oder wenn eine Verbandszeitschrift Herstellern für den Fall weiterer Direktlieferungen unter Umgehung einer Handelsstufe androht, zum Boykott gegen sie aufzurufen.[43]

---

[35] *OLG Düsseldorf* WuW/E OLG 2137 (2138); sehr eng *BGH* WuW/E BGH 2377 (2378).

[36] *BGH* WuW/E BGH 2347; *OLG Karlsruhe* WuW/E DE-R 109 (111 ff.) für einen Verstoß gegen das RBeratG.

[37] So sehr engherzig BGHZ 44, 279 (283 f.) = NJW 1965, 2249 = JuS 1966, 40 Nr. 5 – Brotkrieg; BGHSt 20, 333 = NJW 1966, 460 – Saba; *BGH* LM § 25 GWB Nr. 3 = NJW 1966, 1919; LM § 25 GWB Nr. 5 = NJW 1973, 94; *OLG Düsseldorf* WuW/E OLG 4481.

[38] *Möschel*, Tz. 602.

[39] BGHZ 36, 105 (109 f.) = NJW 1962, 247 – WBS.

[40] *KG* WuW/E OLG 2205; 2822; 5053 (5058 ff.); *OLG Stuttgart* WuW/E OLG 3981.

[41] *OLG Düsseldorf* WuW/E OLG 1822.

[42] *BGH* LM § 25 GWB Nr. 6 = WuW/E BGH 1474 (1478 ff.); LM § 1 GWB Nr. 43 = NJW-RR 1991, 1067 = JuS 1991, 863 Nr. 12.

[43] *BGH* WuW/E BGH 1736 = BB 1980, 1652 = WM 1980, 1209 – marktintern; *OLG Bremen* WuW/E OLG 4367 (4372 ff.).

III. Sonstige Fälle (§ 21 Abs. 3 und Abs. 4 GWB)

1. § 21 Abs. 3 GWB

Nach § 21 Abs. 3 dürfen Unternehmen und Vereinigungen von Unternehmen andere Unternehmen nicht zwingen, einer wettbewerbsbeschränkenden Vereinbarung beizutreten, sich mit einem anderen Unternehmen zusammenzuschließen oder sich zum Zwecke der Wettbewerbsbeschränkung auf einem Markt gleichförmig zu verhalten. Das Gesetz stellt dadurch sicher, dass die genannten Formen *zulässigen,* wettbewerbsbeschränkenden Verhaltens von den beteiligten Unternehmen *nur freiwillig* vorgenommen werden, nicht dagegen aufgrund eines Zwanges durch andere Unternehmen, die an dem betreffenden Verhalten besonders interessiert sind. Im einzelnen sind deshalb verboten 1. der sog. äußere Organisationszwang, insbesondere der Zwang zum Beitritt zu einem erlaubten Kartell (§ 21 Abs. 3 Nr. 1; u. Rn. 20), 2. der Zwang zu einem Zusammenschluss mehrerer Unternehmen i. S. d. § 37 (Nr. 2 a. a. O.) sowie 3. der Zwang zu einem bewussten Parallelverhalten, dies jedoch nur, sofern der Zwingende damit wettbewerbsbeschränkende Zwecke verfolgt (Nr. 3 a. a. O.). Eine gewisse praktische Bedeutung hat von diesen drei Fällen allein der erste erlangt (u. Rn. 19). 18

Nach der **Nr. 1 des § 21 Abs. 3 GWB** dürfen Unternehmen und Vereinigungen von Unternehmen andere Unternehmen nicht dazu zwingen, einer Vereinbarung oder einem Beschluss im Sinne der §§ 2, 3 und 28 Abs. 1 beizutreten. Die geltende Fassung der Vorschrift geht auf die 7. Novelle von 2005 zurück, durch die – infolge der generellen Bezugnahme auf § 1 (über die §§ 2 und 3 GWB) – der Anwendungsbereich der Vorschrift erstmals auch auf vertikale wettbewerbsbeschränkende Vereinbarungen wie z. B. Preisbindungsvereinbarungen ausgedehnt wurde.[44] 19

Der wichtigste Anwendungsfall des § 21 Abs. 3 Nr. 1 GWB ist der sog. **Organisationszwang erlaubter Kartelle,** dies freilich nur, wenn dabei geradezu ein **Zwang** auf die Außenseiter zum Beitritt ausgeübt wird, während in minder schweren Fällen lediglich § 20 Abs. 1 S. 1 GWB eingreift. Der BGH[45] hat daraus den Schluss gezogen, dass unter **Zwang** in § 21 Abs. 3 GWB allein eine qualifizierte Form der Willensbeeinflussung zu verstehen ist, die so intensiv sein muss, dass dem Außenseiter allenfalls formal Alternativen gegenüber dem geforderten Verhalten verbleiben. Ein Beispiel war die Weigerung des Pharmaverbandes, die Produkte von Außenseitern in die (marktbeherrschende) „Rote Liste" aufzunehmen, sofern sie sich nicht bestimmten, wettbewerbsbeschränkenden Verbandsbeschlüssen anschließen, weil die Wirkung einer nahezu totalen Marktzutrittssperre gleichkam.[46] 20

Verstöße gegen § 21 Abs. 3 Nr. 1 GWB lösen Unterlassungs- und Schadensersatzansprüche der Betroffenen aus (§ 33 Abs. 1 und Abs. 3 GWB). Die Kartellbehörden können außerdem gegen solches Verhalten mit Abstellungsverfügungen nach § 32 GWB vorgehen. Schuldhafte Verstöße stellen schließlich nach § 81 Abs. 2 Nr. 1 GWB auch eine Ordnungswidrigkeit dar. 21

---

[44] S. die Begr., BT-Drs. 15 (2004)/3640, S. 46 (l. Sp. – Zu Nr. 9).

[45] BGHZ 78, 190 (200 f.) = NJW 1981, 634 – Rote Liste; *OLG Celle* WuW/E DE-R 327 (333).

[46] So mit Recht *KG* WuW/E OLG 2210 (2211 f.); enger hingegen BGHZ 78, 190 (200 f.) = NJW 1981, 634 – Rote Liste.

2. § 21 Abs. 4 GWB

22 § 21 Abs. 4 GWB bestimmt, dass es verboten ist, einem anderen wirtschaftliche Nachteile zuzufügen, weil dieser ein Einschreiten der Kartellbehörde beantragt oder angeregt hat. Durch dieses Verbot wird die Freiheit geschützt, sich bei der Kartellbehörde über andere wegen vermuteter Kartellverstöße zu beschweren.[47] Die Vorschrift wird genauso wie § 21 Abs. 3 GWB ausgelegt. Erforderlich ist hier aber die Nachteilszufügung, während die bloße Androhung nicht ausreicht. Schuldhafte Verstöße gegen § 21 Abs. 4 GWB stellen nach § 81 Abs. 2 Nr. 1 GWB eine Ordnungswidrigkeit dar. Die praktische Bedeutung der Vorschrift ist ganz gering.

§ 29. Diskriminierungsverbot

Literatur: *J. Baur,* Das Diskriminierungsverbot im Energieversorgungsbereich, 1979; *Belke,* Die Geschäftsverweigerung im Recht der Wettbewerbsbeschränkungen, 1966; *Busche,* Preisbindungsverbot und Markenwarenvertrieb, 1990; *Carlhoff,* Das Diskriminierungsverbot nach § 26 Abs. 2 GWB in der Rechtsprechung des BGH, 1988; *Ebenroth,* Absatzmittlungsverträge, 1980; *Emmerich,* Die höchstrichterliche Rechtsprechung zum Diskriminierungsverbot, AG 1976, 57, 92; *Habersack/Ulmer,* Rechtsfragen des Kraftfahrzeugsvertriebs durch Vertragshändler, 1998; *Heidmeier,* Maßstäbe für die Wirksamkeit von Fachhandelsvertriebsbindungen, 1983; *Heuchert,* Die Normadressaten des § 26 Abs. 2 S. 2 GWB, 1987; *Hölzler/Satzky,* Wettbewerbsverzerrungen durch nachfragemächtige Handelsunternehmen, 1980; *U. Immenga/Markert,* Selektiver Vertrieb und SB-Warenhäuser, 1982; *U. Jansen,* Die Koppelungsverträge im Recht der Wettbewerbsbeschränkungen, 1968; *Kahrs,* Zivilrechtliche Ansprüche aufgrund einer Verletzung des Diskriminierungsverbots, 1965; *Kapp,* Wettbewerbsbeschränkung durch vertikale Vertriebsbindung?, 1984; *Köhler,* Wettbewerbs- und kartellrechtliche Kontrolle der Nachfragemacht, 1979; *ders.,* Wettbewerb, Konzentration und Nachfragemacht im Lebensmittelhandel, 1989; *Markert,* Die Wettbewerbsbehinderung im GWB nach der 4. Kartellnovelle, 1982; *Martens,* Die existentielle Wirtschaftsabhängigkeit, 1979; *Martinek/Semler/Heidmeier,* Hdb. des Vertriebsrechts, 2. Aufl., 2003; *Martinek,* Franchising, 1987; *Möschel,* Oligopolmißbrauch, 1974; *ders.,* Pressekonzentration, 1978; *Pescher,* Der äußere Kartellzwang, 1984; *Richter,* Die Diskriminierung als Kartellordnungswidrigkeit, 1982; *J. Schmitt,* Selektiver Vertrieb und Kartellrecht, 1975; *Schultes,* Preisdifferenzierung unter wettbewerbspolitischem Aspekt, 1963; *K. Schäfer,* § 37 a Abs. 3 GWB und die Berücksichtigung marktstarker Konkurrenten des „Normadressaten", 1986; *J. Schneider,* Softwarenutzungsverträge im Spannungsfeld von Urheber- und Kartellrecht, 1989.

I. Geschichte, Zweck

1 Das GWB enthält in § 20 im Gegensatz zum AEUV ein umfassendes Diskriminierungsverbot, das zudem noch von Novelle zu Novelle verschärft wurde. Den Kern der Regelung bildet seit Inkrafttreten des Gesetzes das grundsätzliche Diskriminierungsverbot des **§ 20 Abs. 1** (= § 26 Abs. 1 a. F.), das seitdem im Kern unverändert marktbeherrschenden Unternehmen, Kartellen und Preisbindern die unbillige Behinderung oder sachlich nicht gerechtfertigte unterschiedliche Behandlung anderer Unternehmen in einem Geschäftsverkehr verbietet, der gleichartigen Unternehmen üblicherweise zugänglich ist. Die Ausdehnung des Adressatenkreises des Diskriminierungsverbots auf Unternehmen, von denen (kleine und mittlere) Anbieter oder Nachfrager abhängig sind (**§ 20 Abs. 2 GWB**), geht auf die zweite Novelle von 1973 zurück. Eine weitere Ausdehnung des Anwendungsbereichs des Diskriminierungsverbots brachte 1980 die vierte Novelle durch die Einbeziehung mittelbarer Diskriminierungen (**§ 20 Abs. 3 GWB**). 1989 kam das heute in **§ 20 Abs. 4 S. 1** enthaltene

[47] *Bechtold,* § 21 Rn. 22.

horizontale Behinderungsverbot hinzu. Die Ergänzung dieser Vorschrift um das grundsätzliche Verbot des Untereinstandspreisverkaufs (**§ 20 Abs. 4 S. 2 GWB**) verdanken wir schließlich der sechsten Novelle von 1998. Da diese Vorschrift indessen nicht den gewünschten Erfolg hatte, den vor allem von kleinen und mittleren Unternehmen gefürchteten Preisdruck im Lebensmitteleinzelhandel zu mildern, wurde die Vorschrift schließlich 2007 (befristet bis 2012) noch um ein *generelles* Verbot des Untereinstandspreisverkaufs (nur) für Lebensmittel ergänzt.

Durch die **7. Novelle** von 2005 wurde ferner Abs. 1 des § 20 GWB sprachlich der Änderung der §§ 1 ff. GWB angepasst. Statt von Kartellen ist deshalb jetzt von miteinander im Wettbewerb stehenden Unternehmen im Sinne der §§ 2, 3 und 28 Abs. 1 sowie anstelle von Preisbindern von Unternehmen die Rede, die Preise nach den §§ 28 Abs. 2 und 30 Abs. 1 S. 1 GWB binden. Außerdem wurde in den Ausschussberatungen noch § 20 Abs. 3 GWB in verschiedenen Punkten erweitert. Eine weitere Verschärfung des § 20 Abs. 3 GWB folgte ebenfalls Ende 2007 (u. Rn. 70 ff.). 2

Das generelle Diskriminierungsverbot des § 20 GWB für marktbeherrschende und marktstarke Unternehmen, für Kartelle und Preisbinder hat in dieser Form **keine Entsprechung auf europäischer Ebene**. Neben Art. 18 AEUV finden sich hier nur partielle Diskriminierungsverbote in Art. 101 Abs. 1 lit. d und in Art. 102 S. 2 lit. c AEUV (s. dazu o. § 5 Rn. 12 ff. und § 10 Rn. 45 ff.). Die unveränderte Beibehaltung des umfassenderen Diskriminierungsverbots des § 20 GWB, auch soweit es über die Art. 101 und 102 AEUV hinausgeht, war deshalb eines der Hauptanliegen der Bundesregierung bei der Durchsetzung der **deutschen Klausel** des **Art. 3 Abs. 2 S. 2 der VO Nr. 1/2003** (§ 22 Abs. 3 S. 3 GWB), und zwar aus der Überlegung heraus, das Diskriminierungsverbot erfülle einschließlich des Verbots des Verkaufs unter Einstandspreis eine wichtige wettbewerbs- und mittelstandspolitische Funktion und sollte deshalb nach Möglichkeit beibehalten werden. § 20 Abs. 1 hatte in der Tat bereits in den ersten Jahren nach Inkrafttreten des Gesetzes eine erhebliche **Bedeutung** erlangt, nicht zuletzt deshalb, weil die Vorschrift von Anfang an als Schutzgesetz anerkannt war, so dass sich die betroffenen Unternehmen schon immer selbst gegen Diskriminierungen, insbesondere in Gestalt von Liefersperren, wehren konnten. Daran hat sich im Ergebnis bis heute nur wenig geändert. 3

Unter einer **Diskriminierung** versteht man die unterschiedliche Behandlung gleichartiger Sachverhalte. Die **Auswirkungen** auf den Wettbewerb sind **ambivalent**; je nach den Umständen können sie positiv oder negativ zu bewerten sein.[1] Lediglich Diskriminierungen, die **von marktstarken Unternehmen** ausgehen, stellen **generell** eine ernstzunehmende **Gefahr** für die Wettbewerbsordnung dar. Das ist der Grund, warum sich der Anwendungsbereich des Diskriminierungsverbots auf marktstarke und marktbeherrschende Unternehmen beschränkt (s. § 20 Abs. 1 und Abs. 2 GWB; vgl. auch Art. 102 S. 2 lit. c AEUV). 4

§ 20 Abs. 1 GWB enthält, genau besehen, **zwei Verbote.** Das erste ist das sog. **Behinderungsverbot,** durch das vornehmlich die Wettbewerber des marktstarken Unternehmens gegen Maßnahmen des Behinderungswettbewerbs geschützt werden sollen. Insoweit deckt sich der **Zweck** des § 20 Abs. 1 GWB weitgehend mit dem des allgemeinen Behinderungsverbots des § 19 Abs. 1 und Abs. 4 Nr. 1 GWB (§ 27 Rn. 5, 65 ff.). 5

[1] S. *MK,* SonderGA 7, Tz. 217 ff.; *Mestmäcker,* WuW 1957, 21, 92.

6 Dagegen bezweckt das davon zu trennende weitere **Verbot der** sachlich nicht gerechtfertigten, d. h. **grundlosen unterschiedlichen Behandlung gleichartiger Unternehmen** in erster Linie den Schutz der **Abnehmer und Lieferanten** marktstarker Unternehmen gegen die ungünstige Beeinflussung ihrer Marktchancen durch ihre Benachteiligung im Verhältnis zu ihren Konkurrenten.[2] Da jedoch durch eine unterschiedliche Behandlung das benachteiligte Unternehmen immer **zugleich** im Wettbewerb mit seinen bevorzugten Konkurrenten **behindert** wird, deckt sich tatsächlich der Anwendungsbereich des Verbots unterschiedlicher Behandlung gleichartiger Unternehmen weitgehend, wenn nicht völlig mit dem des Behinderungsverbots (o. Rn. 5). In der Praxis entwickelt sich infolgedessen § 20 Abs. 1 und Abs. 2 GWB unverkennbar in Richtung eines einheitlichen, umfassend verstandenen Diskriminierungsverbots.[3] **Zweck** des § 20 GWB ist letztlich die allseitige Öffnung der Märkte. Lediglich § 20 Abs. 4 S. 2 hat davon abweichend im Gegenteil den Zweck der *Verhinderung* des Wettbewerbs, insbesondere im Lebensmitteleinzelhandel, dessen Schutz der Politik offenbar besonders am Herzen liegt.

II. Adressaten

1. Marktbeherrschende Unternehmen

7 Adressaten des Diskriminierungsverbotes sind in erster Linie marktbeherrschende Unternehmen i. S. des § 19 Abs. 2 GWB. Wegen der Einzelheiten kann insoweit auf die Ausführungen zu dieser Vorschrift verwiesen werden (s. o. 27 Rn. 33 ff.). Hervorzuheben sind lediglich folgende Punkte:

8 **a)** Die Bezugnahme in § 20 Abs. 1 auf § 19 GWB umfasst auch die **Oligopolklausel** des § 19 Abs. 2 S. 2 GWB sowie die **Vermutungen** des § 19 Abs. 3 GWB.[4] Folglich gilt bei einem marktbeherrschenden Oligopol das Diskriminierungsverbot **für jeden einzelnen Oligopolisten** (s. o. § 27 Rn. 48 ff., 53), nach Meinung der Gerichte freilich nur, wenn sich das Verhalten eines Oligopolisten ebenso wie das gemeinsame Vorgehen aller auswirkt.[5] Das ist seit der Umwandlung des § 19 Abs. 1 GWB in ein unmittelbar anwendbares gesetzliches Verbot wenig überzeugend, zumal alle Maßstäbe für solche Prüfung fehlen.[6]

9 **b)** Ein noch nicht endgültig gelöstes Problem stellt die Behandlung sog. **Drittmarktbehinderungen** dar.[7] Man versteht darunter Behinderungen der Konkurrenten marktbeherrschender Unternehmen auf dritten (noch) nicht beherrschten Märkten. Die Frage, ob auch auf solchen Märkten Raum für eine Anwendung des § 20 Abs. 1

[2] BGHZ 38, 90 (101 f.) = NJW 1963, 293; BGHZ 41, 271 (278) = NJW 1964, 1617 = JuS 1964, 456 Nr. 2 – Werkmilchabzug; BGHZ 49, 90 (93) = NJW 1968, 400 = JuS 1968, 186 Nr. 6 – Jägermeister; BGHZ 52, 65 (70) – NJW 1969, 1716 – Sportartikelmesse.

[3] *Emmerich*, AG 1976, 92 (96).

[4] *BKartA* WuW/E BKartA 1817 (1819); *Bechtold*, § 20 Rn. 11; *P. Pohlmann*, ZHR 164 (2000), 589; s. im Einzelnen o. § 27 Rn. 54 ff.

[5] BGHZ 96, 337 (345 f.) = NJW 1986, 1877 = JuS 1986, 736 Nr. 11 – Abwehrblatt II; *OLG Celle* WuW/E OLG 3564 (3566); *OLG München* WuW/E OLG 4990 (4992 f.).

[6] *Bechtold*, GWB, § 20 Rn. 10.

[7] S. ausführlich *M. Stoll*, Drittmarktbehinderungen im deutschen und europäischen Kartellrecht, 2002, S. 125 ff.

GWB ist, ist früher überwiegend verneint worden.[8] Dagegen spricht jedoch, dass im Rahmen des Behinderungsverbots des § 19 Abs. 1 und Abs. 4 Nr. 1 GWB die Einbeziehung von Drittmarktbehinderungen in den Tatbestand heute feststeht (s. o. § 27 Rn. 8, 63 ff.). Mit Rücksicht darauf erwägt der **BGH** jetzt auch bei § 20 Abs. 1 GWB eine **Anwendung auf Drittmarktbehinderungen**, vorausgesetzt, dass zwischen der Marktbeherrschung auf dem einen Markt und der Behinderung anderer Unternehmen auf dem dritten Markt ein Kausalzusammenhang besteht; denkbar ist das vor allem in den Fällen des sog. Missbrauchstransfers.[9]

2. Kartelle

10 Das Diskriminierungsverbot gilt ferner für Vereinigungen von miteinander im Wettbewerb stehenden Unternehmen im Sinne der §§ 2, 3 und 28 Abs. 1 GWB. Gemeint sind damit schlicht (zulässige) Kartelle (s. o. Rn. 2). Hinter dieser Regelung steht die Annahme des Gesetzgebers, dass Kartelle im Regelfall zumindest über ein gewisses Maß an wirtschaftlicher Macht verfügen, so dass es geboten erschien, ihnen gleichfalls Diskriminierungen zu untersagen, insbesondere bei der Behandlung ihrer Abnehmer oder Lieferanten.[10]

3. Preisbinder

11 Als letzten Adressaten des Diskriminierungsverbots nennt § 20 Abs. 1 Halbs. 1 GWB schließlich noch Unternehmen, die Preise nach § 28 Abs. 2 oder § 30 Abs. 1 GWB binden. Solange die Preisbindung für Markenartikel erlaubt war, lag hier einer der Schwerpunkte der Anwendung des Diskriminierungsverbots. Nach Abschaffung der Preisbindung für Markenartikel im Jahre 1973 beschränkte sich der Anwendungsbereich des Diskriminierungsverbots unter diesem Gesichtspunkt dagegen im wesentlichen auf die **Buchverlage**. Aber auch sie trifft heute das Diskriminierungsverbot *nicht* mehr, seitdem an die Stelle der früheren vertraglichen Buchpreisbindung die *gesetzliche* Preisbindung aufgrund des Buchpreisbindungsgesetzes von 2002[11] getreten ist. Das Diskriminierungsverbot erfasst seitdem unter dem hier interessierenden Gesichtspunkt der Preisbindung – neben bestimmten landwirtschaftlichen Betrieben (§ 28 Abs. 2 GWB) – **nur noch** die **Zeitungs- und Zeitschriftenverleger,** *sofern* sie von dem Preisbindungsprivileg des § 30 Abs. 1 GWB Gebrauch machen.[12] Soweit danach das Diskriminierungsverbot auf Verlage überhaupt noch anwendbar ist, werden sämtliche Unternehmen geschützt, die in das Preisbindungssystem einbezogen sind, bei einer Bindung allein der Endverkaufspreise daher auch die zur Weitergabe der Preisbindung an die Sortimenter verpflichteten Großhändler.[13]

---

[8] Insb. *BGH* LM Nr. 63 zu § 26 GWB (Bl. 3 R) = NJW-RR 1988, 1069; WuW/E DE-R 1011 (1013); *OLG Düsseldorf* WuW/E DE-R 1307 (1309); *OLG Frankfurt a. M.* WuW/E DE-R 1589 (1590 f.) – Fernsehzeitschrift.

[9] BGHZ 158, 334 (339 f.) = NJW 2004, 2375 m. Anm. *Emmerich,* LMK 2004, 191 (192) – Der Oberhammer; *OLG Celle* WuW/E DE-R 1592 f. – Einfach Aktuell.

[10] S. *KG* WuW/E OLG 4907 (4912 f.) – Intersport.

[11] BGBl. I S. 3448, 3670.

[12] Ebenso *Bechtold,* § 20 Rn. 13 f.; *Emmerich,* FS Immenga, 2004, S. 111 (121 f.).

[13] BGHZ 49, 90 (93 f.) = NJW 1968, 400 = JuS 1968, 186 Nr. 4 – Jägermeister; *BGH* LM § 26 GWB Nr. 37 = MDR 1980, 204; LM § 26 GWB Nr. 92 = NJW-RR 1998, 1730 – Bahnhofsbuchhandel.

4. Marktstarke Unternehmen

12 Durch **S. 1** des **§ 20 Abs. 2 GWB,** der auf die zweite Novelle von 1973 zurückgeht, wird der Kreis der Normadressaten des Diskriminierungsverbots auf solche Unternehmen (und Unternehmensvereinigungen, s. Rn. 10) ausgedehnt, von denen kleine und mittlere Anbieter oder Nachfrager einer bestimmten Art von Waren oder gewerblichen Leistungen in einer Weise abhängig sind, dass für sie keine (objektiv) ausreichenden und (subjektiv) zumutbaren Möglichkeiten bestehen, auf andere Unternehmen auszuweichen. Mit dieser Regelung wurde seinerzeit in erster Linie die Schließung von Schutzlücken bezweckt, die sich im Rahmen des § 20 Abs. 1 GWB infolge der Abschaffung der Markenartikelpreisbindung im Jahre 1973 ergeben hatten (Rn. 11).

a) Begriff

13 Das Gesetz hat in S. 1 des § 20 Abs. 2 GWB solche Unternehmen und Kartelle im Auge, von denen (kleine oder mittlere; s. u. Rn. 15) Angehörige der vor- oder nachgeordneten Marktstufe deshalb abhängig sind, weil sie keine Ausweichmöglichkeiten besitzen (sog. **Zwangspartner**). Gemeint sind damit Fälle einer **relativen Marktmacht,** die ihren Grund gerade **in** den **(vertikalen) Beziehungen** zwischen den Beteiligten hat. Für entsprechende horizontale Beziehungen gilt ergänzend das Behinderungsverbot des § 20 Abs. 4 (s. u. Rn. 89 ff.). In diesen Fällen spricht man heute häufig auch zum Unterschied von der Marktbeherrschung des § 19 Abs. 2 GWB von bloßer **„Marktstärke".**

14 Um die Abhängigkeit eines kleinen oder mittleren Lieferanten oder Abnehmers von einem marktstarken Unternehmen oder Kartell zu ermitteln, bedarf es zunächst der **Abgrenzung des relevanten Marktes.** Auf diesem ist sodann zu prüfen, ob der betreffende Anbieter oder Nachfrager, um dessen Schutz es geht, über objektiv **ausreichende und** ihm zugleich subjektiv **zumutbare Ausweichmöglichkeiten** auf andere Unternehmen verfügt. Das hängt davon ab, ob sich der Nachfrager die fragliche Ware über andere Kanäle beschaffen kann bzw. ob der Anbieter sie über andere Kanäle abzusetzen vermag sowie ob diese anderen Kanäle den Genannten nach ihren individuellen wirtschaftlichen Verhältnissen auch zumutbar sind. Daran fehlt es bereits, wenn der betreffende Anbieter oder Nachfrager bei einen Ausweichen auf andere Kanäle so erhebliche Nachteile in Kauf nehmen müsste, dass seine Wettbewerbsfähigkeit dadurch nachhaltig beeinträchtigt würde. Geschützt werden auf diese Weise nicht etwa nur die schon auf einem Markt etablierten Unternehmen, sondern ebenso (kleine oder mittlere) „Newcomer", die auf bestimmte Absatz- oder Versorgungskanäle angewiesen sind, um in einen neuen Markt überhaupt eindringen zu können.[14] Die wichtigsten **Fallgruppen** sind die sortimentsbedingte, die mangelbedingte, die unternehmensbedingte und die nachfragebedingte Abhängigkeit (dazu im Einzelnen u. Rn. 18–33).

b) Nur kleine und mittlere Unternehmen

15 Seit der fünften Novelle von 1989 setzt die Anwendbarkeit des § 20 Abs. 2 S. 1 GWB zusätzlich voraus, dass die abhängigen Unternehmen (Rn. 13 f.) zu dem Kreis der „kleinen oder mittleren Unternehmen", den sog. **„KMUs"** gehören, deren Schutz

[14] *BGH* LM § 26 GWB Nr. 71 = NJW-RR 1991, 825.

dem Gesetzgeber heute besonders am Herzen liegt (s. insb. noch § 3 Abs. 1 GWB und dazu schon o. § 23 Rn. 11 ff.). Der Gesetzgeber wollte damit vor allem den von den Markenartikelherstellern (angeblich) besonders gefürchteten **Belieferungszwang** gegenüber den Großen des Einzelhandels einschränken.[15]

Die Gesetzesverfasser hatten seinerzeit betont, dass bei der Abgrenzung des Kreises der kleinen oder mittleren Unternehmen im Rahmen des § 20 Abs. 2 S. 1 GWB von denselben Kriterien wie bei dem heutigen § 3 Abs. 1 GWB auszugehen sei.[16] Das würde bedeuten, dass es primär auf die **relativen (horizontalen) Machtverhältnisse** auf den Märkten der fraglichen Unternehmen für die Frage ankäme, wer schon zu den besonders schutzbedürftigen „KMUs" gehört.[17] Genauso wird denn auch in der Tat der Begriff in der Mehrzahl der Fälle und insbesondere **bei der sortimentsbedingten** Abhängigkeit verstanden (u. Rn. 18 ff.). Lediglich **bei der unternehmensbedingten Abhängigkeit** (u. Rn. 26 ff.) wird dagegen in erster Linie auf das **vertikale Machtgefälle** zwischen den abhängigen Unternehmen und dem marktstarken Unternehmen auf der anderen Marktseite abgestellt, woraus der BGH z. B. den Schluss gezogen hat, dass die VW-Händler (ungeachtet ihrer absoluten Größe) im Verhältnis zu VW zu den kleinen oder mittleren Unternehmen gehörten.[18] 16

§ 20 Abs. 2 S. 1 GWB bedeutet nur eine **Erweiterung des Adressatenkreises** des Diskriminierungsverbots (§ 20 Abs. 1 GWB), nicht jedoch eine Änderung seines Zwecks oder seiner Schutzrichtung. In den Schutzbereich des § 20 Abs. 1 GWB in Verbindung mit § 20 Abs. 2 S. 1 GWB sind daher **auch** die **Konkurrenten** des marktstarken Unternehmens ebenso wie die der abhängigen Unternehmen gegen mittelbare Behinderungen, z. B. durch Systeme von Ausschließlichkeitsbindungen, einzubeziehen,[19] jedenfalls, wenn es sich auch bei ihnen um kleine oder mittlere Unternehmen handelt.[20] 17

c) Sortimentsbedingte Abhängigkeit

Die praktisch bedeutsamste Erscheinungsform der Abhängigkeit eines Unternehmens von einem anderen im Sinne des § 20 Abs. 2 S. 1 GWB ist die sog. sortimentsbedingte Abhängigkeit. Man versteht darunter die **Angewiesenheit** vieler kleiner oder mittlerer Händler **auf** die **Belieferung mit** bestimmten Artikeln wie insbesondere **bekannten Markenartikeln,** die ihren Grund in der Erwartung der Verbraucher hat, bei ihren Händlern ein möglichst vollständiges Sortiment vorzufinden. Für die Annahme der sortimentsbedingten Abhängigkeit genügt es deshalb bereits, wenn Qualität und Werbung dem betreffenden Artikel eine derartige Stellung auf dem Markt verschafft haben, dass jeder Abnehmer, der seinen Kunden ein vollständiges Sortiment anbieten möchte, auf die Führung des fraglichen Artikels angewiesen ist. Ob dies der Fall ist, hängt in erster Linie von **Ansehen** und Geltung der Ware, von ihrer **Verbrei-** 18

[15] S. die Begr. zum RegE, BT-Drs. 11 (1989)/4610, S. 20 ff.; zur Kritik s. *Emmerich,* AG 1989, 261 (264 f.): in Wirklichkeit ein Phantom oder besser: Popanz.

[16] Begr. (vorige Fn.), S. 22 (l. Sp.).

[17] S. o. § 23 Rn. 11 ff.; dagegen für ergänzende Berücksichtigung absoluter Kriterien in Anlehnung an § 35 I Nr. 1 und 2 *Bechtold,* § 20 Rn. 18; *Lübbert,* in: Wiedemann, § 25 Rn. 6 (S. 858).

[18] *BGH* LM EWGV Nr. 31 = WM 1993, 1062 (1065 f.) = WuW/E BGH 2875 – VW-Leasing; *BKartA* WuW/E DE-V 94 (95 f.) – Metro; *Habersack/P. Ulmer,* Rechtsfragen, S. 103 ff.

[19] *OLG Düsseldorf* WuW/E OLG 5105 (5111) – Ford; *BKartA* WuW/E BKartA 2459 (2460); *Bechtold,* § 20 Rn. 18.

[20] So *Bechtold,* § 20 Rn. 18; str.

tung im Handel, der sog. Distributionsrate, sowie von der **Marktstufe** und der Vertriebsform ab.[21]

19 Unerheblich sind die Umsätze oder der Marktanteil des Anbieters, so dass sogar lebhafter Wettbewerb auf einem Markt der Bejahung der sortimentsbedingten Abhängigkeit nicht notwendig entgegensteht.[22] Ebensowenig spielt es eine Rolle, ob die Wettbewerbsfähigkeit des abhängigen Unternehmens insgesamt auf der Belieferung durch den betreffenden Markenartikelhersteller beruht. Denn § 20 Abs. 2 S. 1 GWB stellt auf die **Abhängigkeit bei** „einer **bestimmten Art**" **von Waren** oder gewerblichen Leistungen ab, so dass folglich allein hinsichtlich dieser (und nicht auch hinsichtlich anderer) Waren oder Leistungen die Abhängigkeit zu prüfen ist. Die Größe und Lebensfähigkeit des Nachfragers im Übrigen sind infolgedessen im vorliegenden Zusammenhang ebenso wie das sonst noch von ihm geführte Sortiment ohne Belang.

20 Für den Regelfall kann daher, jedenfalls in einer ersten Annäherung, davon ausgegangen werden, dass die **Mehrzahl der bekannten Markenartikelhersteller** im Verhältnis (nur) zu kleinen und mittleren Handelsunternehmen als **marktstark** im Sinne des § 20 Abs. 2 S. 1 GWB einzustufen ist.[23] Je nach den Umständen des Einzelfalls kann aber auch selbst bei berühmten Markenartikeln eine Abhängigkeit des Handels zu verneinen sein.[24]

21 Marktstärke unter dem Gesichtspunkt der sortimentsbedingten Abhängigkeit ist ferner **z. B.** angenommen worden bei der DTAG als Mitherausgeberin der regionalen Telefonverzeichnisse, weil diese für viele Branchen als Werbeträger schlicht unverzichtbar sind,[25] bei den Gemeinden als Veranstaltern von Volksfesten im Verhältnis zu den Ausstellern[26] sowie bei einer führenden Kunstmesse im Verhältnis zu den Galerien.[27] Außerdem gehören hierher noch die meisten größeren Industrieunternehmen als **Anbieter von Original-Ersatzteilen,** weil die Reparaturunternehmen durchweg auf die Belieferung mit solchen Ersatzteilen angewiesen sind.[28]

22 Eine Abhängigkeit von Nachfragern bei der Belieferung mit besonders bekannten Artikeln kann gegenüber einem einzelnen Unternehmen oder gegenüber einer Gruppe von Unternehmen bestehen. Im ersten Fall spricht man von Spitzenstellungsabhängigkeit, im zweiten von Spitzengruppenabhängigkeit. Die Regel ist die **Spitzenstellungsabhängigkeit,** so dass sich auch die bisherigen Ausführungen zur sortimentsbedingten Abhängigkeit im wesentlichen auf diese Abhängigkeitsform bezogen (o. Rn. 18–21).

---

[21] S. *BGH* NJW-RR 2000, 1286 = WuW/E DE-R 481 (482) – Designer-Polstermöbel.

[22] *BGH* LM § 26 GWB Nr. 52 = NJW 1985, 2135 – Technics.

[23] So *BGH* LM § 26 GWB Nr. 52 = NJW 1985, 2135 – Technics; LM § 26 GWB Nr. 27 = NJW 1976, 801 = JuS 1976, 398 Nr. 8 – Rossignol; LM § 26 GWB Nr. 29 = BB 1976, 1334 = JuS 1977, 124 Nr. 12 – Asbach Uralt; LM § 26 GWB Nr. 34 = NJW 1979, 2152 = JuS 1979, 820 Nr. 7 – Nordmende; LM § 26 GWB Nr. 37 = MDR 1980, 204 – Modellbauartikel.

[24] So jedenfalls für Rolex-Uhren *OLG Düsseldorf* WuW/E DE-R 1480 (1482 ff.).

[25] *BGH* NJW-RR 2005, 49 = GRUR 2005, 177 = WuW/E DE-R 1377 (1378); NJW 2005, 2014 – Sparberaterin I und II.

[26] *OLG Koblenz* GRUR 1990, 65.

[27] *OLG Düsseldorf* WuW/E OLG 4173.

[28] *BGH* LM § 26 GWB Nr. 62 = NJW-RR 1988, 1504; WuW/E DE-R 357 f. = NJW-RR 2000, 773; *OLG Frankfurt a. M.* WuW/E OLG 4017; 4233; 4681; s. u. Rn. 36, 59.

Eine **Spitzengruppenabhängigkeit** wird dagegen angenommen, wenn alle oder doch die meisten führenden Hersteller bekannter Markenartikel die Belieferung eines kleinen oder mittleren Abnehmers ablehnen, so dass dieser keine Möglichkeit mehr besitzt, durch das Ausweichen auf andere Hersteller sein Sortiment in einer Weise zu vervollständigen, wie es nötig ist, um wettbewerbsfähig zu bleiben, weil die Kunden von ihm ein vollständiges Sortiment der wichtigsten Anbieter erwarten.[29] Ein bekanntes **Beispiel** ist der Markt für **Unterhaltungselektronik**, auf dem zur Spitzengruppe heute die meisten großen Hersteller gehören, so dass hier die Abnehmer nach ihrer Wahl von den Mitgliedern der Spitzengruppe so lange Belieferung verlangen können, bis sie über ein wettbewerbsfähiges Sortiment verfügen.[30] Dasselbe gilt z. B. für Markenparfüms,[31] für Designer-Polstermöbel[32] sowie für Brillengläser,[33] nicht dagegen für Luxusuhren.[34] Insgesamt scheint die Bedeutung dieser Fallgruppe heute nur noch gering zu sein. 23

d) Mangelbedingte Abhängigkeit

Mit mangel- oder knappheitsbedingter Abhängigkeit bezeichnet man vornehmlich die **Abhängigkeit einstufiger Unternehmen von** ihren **mehrstufigen, vertikal integrierten Konkurrenten** mit Zugang zu den Rohstoffquellen. § 20 Abs. 2 S. 1 GWB hat in derartigen Fallgestaltungen die Aufgabe, die Praxis mehrstufiger Unternehmen zu bekämpfen, bei einer Verknappung der Rohstoffe vorrangig die dem Konzern angehörenden Verarbeitungs- und Handelsunternehmen zu versorgen, die Belieferung ihrer einstufigen Konkurrenten dagegen einzuschränken. Paradigma sind die einschlägigen Praktiken der vertikal integrierten **Mineralölkonzerne** während der verschiedenen Ölkrisen.[35] Eine mangelbedingte Abhängigkeit kommt jedoch auch noch in anderen Situationen vor. 24

Aus der Anwendbarkeit des § 20 Abs. 1 GWB können sich in derartigen Fällen für mehrstufige Unternehmen weitreichende **Pflichten** ergeben.[36] Die wichtigste ist, dass sie auch in Krisensituationen zur **Weiterbelieferung** ihrer traditionellen (kleinen und mittleren) Abnehmer verpflichtet sind, die im Rahmen einer laufenden Geschäftsbeziehung bereits früher regelmäßig versorgt wurden. Diese müssen zudem grundsätzlich gleich behandelt werden, so dass die Ressourcen gegebenenfalls auf sie aufzuteilen sind.[37] 25

e) Unternehmensbedingte Abhängigkeit

Von unternehmensbedingter Abhängigkeit spricht man, wenn sich ein Unternehmen, vor allem durch eine langjährige Geschäftsbeziehung, so sehr auf ein anderes 26

---

29 *BGH* NJW-RR 2004, 689 = WuW/E DE-R 1203 (1204) – Depotkosmetik; *OLG Düsseldorf* WuW/E DE-R 1480 (1484 f.) – Rolex-Uhren.

30 BGHZ 129, 53 (58 f.) = NJW 1995, 2415 – Importarzneimittel; *BGH* LM § 26 GWB Nr. 34 = NJW 1979, 2152 = JuS 1979, 820 Nr. 7 – Nordmende; LM § 26 GWB Nr. 55 = NJW-RR 1987, 929; LM § 26 GWB Nr. 38 = NJW 1980, 941; LM § 26 GWB Nr. 46 = NJW 1981, 2357; LM § 26 GWB Nr. 52 = NJW 1985, 2135 – Technics.

31 *BGH* NJW-RR 2004, 689 = WuW/E DE-R 1203 (1204) – Depotkosmetik.

32 *BGH* NJW-RR 2000, 1286 = WuW/E DE-R 481 (482 ff.).

33 *OLG Stuttgart* WuW/E OLG 2693 (2695 f.).

34 *OLG Düsseldorf* WuW/E DE-R 1480 (1484 f.) – Rolex-Uhren.

35 Dazu eingehend *BKartA* TB 1979/80, S. 44 ff. mit Zahlen; *KG* WuW/E OLG 1497; 1499 – AGIP.

36 *EuGH* Slg. 1978, 1513 (1524); *BKartA* TB 1979/80, S. 44 ff.

37 Ausschussbericht, BT-Drs. 7/765, S. 9 f.

Unternehmen eingestellt hat, dass ihm eine sofortige Umstellung im Falle des Abbruchs der Beziehungen nur noch mit unverhältnismäßigen Opfern möglich ist.[38] Der bekannteste hierher gehörende Fall ist die Abhängigkeit vieler kleiner und mittlerer **Zulieferer und Händler** von den großen **Kraftfahrzeugherstellern,** bedingt in erster Linie durch ihre umfangreichen, speziell auf die Bedürfnisse des betreffenden Herstellers ausgerichteten Investitionen, die bei einer plötzlichen Beendigung der Vertragsbeziehung weitgehend entwertet würden.[39] Ebenso zu beurteilen ist die Situation anderer **Vertragshändler,** die sich mit großem Aufwand auf den Vertrieb der Waren eines bekannten Herstellers spezialisiert haben.[40] Für die Annahme von Abhängigkeit ist dagegen kein Raum, wenn dem fraglichen Unternehmen wettbewerbliche Alternativen zur Verfügung stehen.[41]

27 In den genannten Fällen verlangen bereits die §§ 241 Abs. 2 und 242 BGB, dass das marktstarke Unternehmen nicht ohne Rücksicht auf die Interessen seiner abhängigen Zulieferer oder Abnehmer von heute auf morgen die Geschäftsbeziehungen abbricht. Es muss ihnen vielmehr **im Falle der Kündigung** der Geschäftsbeziehung zumindest eine längere **Übergangsfrist** einräumen, um ihnen eine Amortisation ihrer Investitionen und eine Umstellung auf andere Geschäftspartner zu ermöglichen.[42] In dieselbe Richtung weist heute § 20 Abs. 2 S. 1 GWB.

28 Für einen noch weitergehenden **Investitionsschutz** zugunsten abhängiger kleiner und mittlerer Unternehmen bietet § 20 Abs. 2 S. 1 GWB dagegen keine Grundlage.[43] § 20 Abs. 2 S. 1 GWB hat nicht die Aufgabe, solche Unternehmen vor den Folgen eigener geschäftlicher Fehlentscheidungen zu schützen, sondern soll lediglich den übermäßigen Handlungsspielraum mächtiger Unternehmen im Interesse Dritter sachgemäß einschränken.[44] Folglich kann sich ein Unternehmen, wenn es ohne weiteres durch entsprechende Maßnahmen den Risiken eines etwaigen Abbruchs der Geschäftsbeziehungen durch seinen Vertragspartner vorbeugen konnte, später nicht zu seinem Schutz auf § 20 Abs. 2 S. 1 GWB berufen.[45]

[38] Ausschussbericht, BT-Drs. 7/765, S. 9 f.; *BGH* LM § 26 GWB Nr. 61 = NJW-RR 1988, 1502 – Opel-Blitz.

[39] *BGH* LM § 26 GWB Nr. 61 = NJW-RR 1988, 1502 – Opel-Blitz; LM EWG-Vertrag Nr. 31 = WM 1993, 1062 (1065) = WuW/E BGH 2875 – VW-Leasing; WuW/E BGH 1455 (1457) = WM 1976, 1067; LM § 9 (Bm) AGBG Nr. 21 = NJW-RR 1995, 1260 – Citroën; WuW/E DE-R 1621 (1623) – Mercedes/Benz; *Habersack/P. Ulmer,* S. 103 ff.; *Pfeffer,* Der kartellrechtliche Schutz der Zulieferindustrie in der Automobilbranche, 1985.

[40] *Rittner,* WuW 1993, 592.

[41] *BGH* NJW 2011, 2730 – freie Kfz-Werkstätten; *KG* WuW/E OLG 4566; *Ernsthaler,* NJW 2011, 2701. S. auch u. Rn. 28.

[42] *BGH* NJW-RR 1995, 1260 = LM § 9 (Bm) AGBG Nr. 22 m. Anm. *Emmerich* – Citroën; *OLG München* NJW-RR 1995, 1137 (1138 f.); WuW/E OLG 4203; 4228; *OLG Celle* WuW/E DE-R 581 (583) – VAG.

[43] *Foth,* BB 1987, 1270; *Sack,* GRUR 1975, 511.

[44] *BGH* LM § 26 GWB Nr. 79 = NJW 1993, 1653.

[45] *BGH* LM § 26 GWB Nr. 79 = NJW 1993, 1653; LM § 26 GWB Nr. 27 = NJW 1976, 801 = JuS 1976, 398 Nr. 8 – Rossignol; LM § 26 GWB Nr. 61 = NJW-RR 1988, 1502 – Opel-Blitz; *OLG Hamburg* WuW/E OLG 3795 (3797 ff.); *KG* WuW/E OLG 4566; *OLG Düsseldorf* WuW/E OLG 2428; *OLG München* NJW-RR 1995, 1137 (1138 f.); *OLG Köln* NJW-RR 1995, 1140 (1141).

f) Nachfragebedingte Abhängigkeit

Literatur: *Geisbüsch,* Die organisierte Nachfrage, 1964; *Hölzler/Satzky,* Wettbewerbsverzerrungen durch nachfragemächtige Handelsunternehmen, 1980; *Joergens,* Verbraucherschutz als Rechtsproblem, 1977; *O. Kathrein,* Nachfrage im Wettbewerb, 1960; *Kerber,* Evolutionäre Marktprozesse und Nachfragemacht, 1989; *Köhler,* Wettbewerbsbeschränkungen durch Nachfrager, 1977; *ders.,* Nachfragemacht, 1979; *ders.,* Nachfragewettbewerb und Marktbeherrschung, 1986; *Mahlmann,* Genossenschaftsrecht und Wettbewerbsordnung, 1971; *Mestmäcker,* Der verwaltete Wettbewerb, 1984; *Nester,* Nachfragemacht und Kartellgesetz, 1965; *Pfeffer,* Der kartellrechtliche Schutz der Zulieferindustrie in der Automobilbranche, 1985.

Die nachfragebedingte Abhängigkeit, eine besondere Erscheinungsform der unternehmensbedingten Abhängigkeit (o. Rn. 26–28), stand eine Zeitlang im Mittelpunkt der ausgebreiteten Diskussion über das Phänomen der **Nachfragemacht.** Es ging dabei vornehmlich um die (angebliche) **Abhängigkeit** zahlreicher **kleiner und mittlerer Lieferanten von** ihren großen **Abnehmern,** auf die sie als Absatzkanäle nur schwer verzichten zu können glaubten. In der Praxis haben diese Fälle gleichwohl bisher nur eine untergeordnete Rolle gespielt, weil sich der Nachweis der Abhängigkeit der Lieferanten von den Abnehmern in der Mehrzahl der Fälle letztlich doch nicht führen ließ. Durch die vierte Novelle von 1980 ist deshalb § 20 Abs. 2 GWB noch um eine **Abhängigkeitsvermutung** speziell für die hier interessierenden Fälle ergänzt worden, um den betroffenen Lieferanten den Nachweis der Abhängigkeit zu erleichtern (§ 20 Abs. 2 S. 2 GWB; Rn. 32 f.). 29

Ob ein **Lieferant** von seinen Abnehmern tatsächlich im Sinne des § 20 Abs. 2 S. 1 GWB abhängig ist, hängt nach dem Gesagten davon ab, ob er für den Absatz seiner Waren oder Leistungen auf dem fraglichen Markt über ausreichende und zumutbare Ausweichmöglichkeiten verfügt oder nicht. Dies kann immer nur für bestimmte Waren oder Leistungen geprüft werden, wobei der sachlich **relevante Markt** sämtliche Absatzmöglichkeiten für das betreffende Produkt *und* solche weiteren Produkte umfasst, auf die der Lieferant jederzeit mühelos ausweichen kann (Stichwort: Angebotsumstellungsflexibilität).[46] Für diese **Produktpalette** ist sodann zu prüfen, ob der betreffende **Absatzkanal** für den Lieferanten **unverzichtbar** ist. Als Ursache kommt in erster Linie der **Marktanteil** des Nachfragers in Betracht, wobei sich die Praxis bei Konsumgütern einschließlich Lebensmitteln für die Annahme von Abhängigkeit bereits mit einem Abnahmeanteil des betreffenden Nachfragers an der Produktion des Lieferanten in einer Größenordnung von 7,5 bis 10 % begnügt.[47] 30

Weitere Gründe für eine nachfragebedingte Abhängigkeit können sein: eine Spezialisierung des Lieferanten auf bestimmte, nicht allgemein nachgefragte Produkte oder Marken (so die Situation bei zahlreichen Zulieferern der Kraftfahrzeugindustrie), die besondere Bedeutung eines Nachfragers, die Angewiesenheit vieler Hersteller von Markenartikeln auf ihre Vertretung in dem als vollständig oder doch repräsentativ bekannten Sortiment bedeutender Nachfrager sowie insbesondere das **Nachfragemonopol der öffentlichen Hand** auf vielen Märkten, von Kriegswaffen über Uniformen und Schulbücher bis hin zum Verkehrswegebau. Marktstark sind nach dem Gesagten **z. B.** die Firma Metro bei Lebensmitteln,[48] die Länder als Polizeibehörden 31

[46] S. schon o. § 27 Rn. 22 f. sowie *BGH* LM § 26 GWB Nr. 71 = NJW-RR 1991, 825 (für Zuckerrüben).

[47] *KG* AG 1987, 285 = WuW/E OLG 3917 – Coop/Wandmaker; *BKartA* WuW/E DE-V 94 (96 f.) – Metro.

[48] *BKartA* WuW/E DE-V 94 ff. – Metro.

bei der Nachfrage nach Polizeiausrüstungen oder nach den Dienstleistungen der Abschleppunternehmen[49] sowie die gesetzlichen Krankenkassen als Nachfrager nach Heil- und Hilfsmitteln.[50]

g) Vermutung

32 Die Abhängigkeit des Anbieters wird nach **§ 20 Abs. 2 S. 2 GWB** vermutet, wenn ein Nachfrager bei dem Anbieter zusätzlich zu den verkehrsüblichen Preisnachlässen oder sonstigen Leistungsentgelten **regelmäßig besondere Vergünstigungen** erlangt, die gleichartigen Nachfragern nicht gewährt werden. Die Gesetzesverfasser hatten dabei vor allem „Vergünstigungen" wie Schaufenster- oder Regalmieten, Eintrittsgelder, Werbekostenzuschüsse oder Jubiläumsrabatte im Auge. Hinzu kommen muss, dass sie dem Nachfrager von dem Anbieter „regelmäßig", d. h. über einen längeren Zeitraum hinweg, typischerweise gewährt werden, während die einmalige Durchsetzung von Sondervergünstigungen die Vermutung noch nicht auslöst. Ausgeklammert sind außerdem **verkehrsübliche Preisnachlässe** und sonstige Leistungsentgelte, so dass es sich um Vergünstigungen handeln muss, die nur einem oder einigen bedeutenden Abnehmern im Gegensatz zu anderen Abnehmern über längere Zeit hinweg gewährt werden, wenn die Vermutung des § 20 Abs. 2 S. 2 GWB eingreifen soll.

33 Bei der Würdigung dieser Regelung muss man bedenken, dass es sich bei den fraglichen Vergünstigungen durchweg um nichts anderes als um **normale Preisnachlässe** handelt, deren frühere, negative Beurteilung heute weitgehend überwunden ist, so dass insgesamt die gesetzliche Vermutung einer Abhängigkeit der Industrie im Falle der Gewährung solcher Preisnachlässe (§ 20 Abs. 2 S. 2 GWB) auf schwachen Füßen steht.[51] Die praktische Bedeutung der Regelung ist dementsprechend gering.

III. Geschäftsverkehr

1. Zweck

34 Durch das Diskriminierungsverbot werden nach § 20 Abs. 1 GWB andere Unternehmen nur in einem Geschäftsverkehr geschützt, der gleichartigen Unternehmen üblicherweise zugänglich ist. Der Sinn dieses Tatbestandsmerkmals, mit dem das Gesetz ohne Not an **§ 9 der KartellVO von 1923** anknüpft, erschließt sich erst bei einem Blick auf das Verbot der sachlich nicht gerechtfertigten, d. h. grundlosen unterschiedlichen Behandlung gleichartiger Unternehmen (s. u. Rn. 51 ff.). Denn es liegt auf der Hand, dass nicht alle „gleichartigen" Unternehmen auf der Welt ohne Rücksicht auf ihren Tätigkeitsbereich und ihren Sitz nach § 20 Abs. 1 von dem marktstarken Unternehmen Gleichbehandlung verlangen können; sie müssen vielmehr gerade im Verhältnis zu dem marktstarken Unternehmen gleichsam auf einer Stufe nebeneinander stehen, um überhaupt sinnvollerweise miteinander verglichen werden zu können. Das ist es, was das Gesetz mit der fraglichen, aus der KartellVO von 1923 übernommenen Formulierung zum Ausdruck bringen will. Oder anders gewendet: Aus dem gleichartigen Unternehmen üblicherweise zugänglichen **Geschäftsverkehr** ergibt sich überhaupt erst der Rahmen oder besser: **Maßstab**, anhand dessen die Dis-

[49] *OLG Düsseldorf* WuW/E OLG 2495 (2496).
[50] *BGH* LM § 26 GWB Nr. 28 = NJW 1976, 2302; *BKartA* TB 1993/94, S. 98; s. § 69 SGB V.
[51] *MK,* SonderGA 7, Tz. 230 ff.

kriminierung einzelner Unternehmen duch das marktstarke Unternehmen im Vergleich mit anderen Unternehmen ermittelt werden kann.

Den Gegensatz bilden **Individualbeziehungen,** aus denen keine Maßstäbe für die Behandlung anderer Unternehmen abgeleitet werden können. Ein Beispiel ist ein konzerninterner Verkehr, so dass etwa Konzernverrechnungspreise (natürlich) nicht mit Marktpreisen verglichen werden können.[52] Der Grund ist einfach der, das **Konzernunternehmen** nicht mit anderen Unternehmen im Verhältnis zu dem marktstarken Unternehmen auf einer Stufe stehen; sie gehören vielmehr verschiedenen „Sphären" an. Das gilt indessen nicht ausnahmslos. Anders verhält es sich insbesondere, wenn das marktstarke Unternehmen gesetzlich verpflichtet ist, *alle* Abnehmer einschließlich seiner Tochtergesellschaften gleichzubehandeln, wie es etwa für die Gesellschaft zutrifft, die das Schienennetz der DBAG verwaltet, so dass diese Gesellschaft bei den Benutzungsentgelten nicht konzernfremde Gesellschaften gegenüber anderen Tochtergesellschaften der DBAG benachteiligen darf.[53] Relevant, d. h. **maßstabsetzend** ist folglich grundsätzlich nur ein **Geschäftsverkehr**, der **für andere** Unternehmen, und zwar gerade für gleichartige andere Unternehmen, üblicherweise (tatsächlich) **zugänglich** ist, weil sie sich auf demselben Markt bewegen und deshalb auch dieselben Chancen haben sollen. 35

2. Begriff

Zum **Geschäftsverkehr** i. S. d. § 20 Abs. 1 GWB wird jeder privatrechtlich geordnete Verkehr mit Waren oder gewerblichen Leistungen unter Ausschluss rein privater und hoheitlicher Tätigkeiten gerechnet.[54] Die weitere Frage, ob dieser Geschäftsverkehr auch **üblicherweise zugänglich** ist, beurteilt sich **objektiv** danach, was innerhalb der in Betracht kommenden Kreise in natürlicher wirtschaftlicher Entwicklung allgemein geübt und als angemessen, d. h. eben als „üblich" (§ 20 Abs. 1 GWB), empfunden wird.[55] Maßgebend sind letztlich die **hypothetischen Verhältnisse bei Wettbewerb** auf dem fraglichen Markt, während es keine Rolle spielt, ob der betreffende Geschäftsverkehr hergebracht oder neu, verbreitet oder singulär ist. Eine Ausnahme bildet lediglich der *gesetzwidrige* Geschäftsverkehr.[56] Üblich sind daher **z. B.** die Belieferung von Autoleasingunternehmen mit neuen Kraftfahrzeugen[57] oder der Teilehändler und Wartungsunternehmen mit Originalersatzteilen durch deren Hersteller[58] sowie die Zusammenarbeit der Post mit sog. Konsolidierern, die einen Teil der Beförderungsleistungen übernehmen,[59] *nicht* dagegen (angeblich) die Schulung 36

[52] *OLG Frankfurt a. M.* WuW/E DE-R 1901 (1904) – Bahnstrom.

[53] *OLG Düsseldorf* WuW/E DE-R 1184 (1185); 2806 (2808 f.).

[54] S. z. B. *OLG Düsseldorf* WuW/E DE-R 1473 (1478) – Konsolidierer; *BKartA* WuW/E DE-V 1025 (1034) – Konsolidierer.

[55] BGHZ 42, 318 (326) = NJW 1965, 500; BGHZ 52, 65 (70) = NJW 1969, 1716; BGHZ 81, 322 (329 f.) = NJW 1982, 46; BGHZ 119, 335 (338 f.) = NJW 1993, 396 = JuS 1993, 600 Nr. 9 – Stromeinspeisung; s. *Emmerich,* AG 1976, 57 (61 f.).

[56] BGHZ 81, 322 (329 f.) = NJW 1982, 46; *BGH* LM § 26 GWB Nr. 21 = NJW 1972, 483; LM § 26 GWB Nr. 22 = NJW 1973, 280.

[57] BGHZ 81, 322 (329 f.) = NJW 1982, 46; *BGH* LM § 26 GWB Nr. 21 = NJW 1972, 483; LM § 26 GWB Nr. 22 = NJW 1973, 280.

[58] BGHZ 81, 322 (329) = NJW 1982, 46; *BGH* WuW/E DE-R 357 (358) = NJW-RR 2000, 773; a. A. *BGH* LM § 26 GWB Nr. 9 = WuW/E BGH 509 – VW-Ersatzteile; *KG* WuW/E OLG 4522; s. o. Rn. 21 und u. Rn. 59.

[59] *BKartA* WuW/E DE-V 1025 (1034 f.); *OLG Düsseldorf* WuW/E DE-R 1473 (1478 f.).

der Mitarbeiter selbstständiger Wartungsunternehmen durch die Hersteller spezieller medizinischer Geräte.[60]

3. Gleichartigkeit

37 Die bloße Zugänglichkeit des fraglichen Geschäftsverkehrs für andere Unternehmen (o. Rn. 36), die in der Regel kein Problem darstellt, reicht nach § 20 Abs. 1 GWB noch nicht für die Anwendbarkeit des Diskriminierungsverbotes aus. Hinzu kommen muss vielmehr noch, dass der Geschäftsverkehr gerade **für gleichartige Unternehmen zugänglich** ist. Der Grund ist, dass Maßstab für die Feststellung einer Diskriminierung im Sinne der unterschiedlichen Behandlung *zweier* Unternehmen auf demselben Markt nur die **Behandlung vergleichbarer anderer Unternehmen in dem** betreffenden, für die verglichenen Unternehmen gleichermaßen zugänglichen **Geschäftsverkehr** sein kann.[61]

38 Die **Gleichartigkeit** mehrerer Unternehmen ist ebenso wie die Zugänglichkeit des Geschäftsverkehrs (o. Rn. 36) **nach objektiven Gesichtspunkten** zu beurteilen. Kriterien sind die wirtschaftliche Funktion und die Tätigkeit der Unternehmen, d. h. Produktion und Leistung sowie Absatzwege und Absatzgebiete der verglichenen Unternehmen, wobei Unterschiede in den Einzelheiten keine Rolle spielen. Ausschlaggebend ist vielmehr allein, ob die verglichenen Unternehmen im großen und ganzen **dieselbe wirtschaftliche Funktion** erfüllen **und** dieselbe unternehmerische **Tätigkeit** ausüben.[62]

39 **Gleichartig** sind **z. B.** sämtliche Formen des Einzelhandels oder des Großhandels,[63] Buchhandlungen und Kioske, die auf Flughäfen und Bahnhöfen Zeitschriften vertreiben,[64] sowie die Hersteller und die Importeure von Arzneimitteln im Verhältnis zu dem mächtigen Pharmagroßhandel,[65] **verschieden** dagegen konzernabhängige Unternehmen und beliebige dritte Unternehmen (o. Rn. 35), Franchisenehmer und andere Abnehmer, so dass den Ersteren günstigere Preise als den anderen Abnehmern berechnet werden dürfen,[66] Groß- und Einzelhandel[67] oder Groß- und Versandhandel[68]. Insgesamt handelt es sich bei dem Merkmal des gleichartigen Unternehmen üblicherweise zugänglichen Geschäftsverkehrs in § 20 Abs. 1 GWB um ein Tatbestandsmerkmal, das nur eine **erste** verhältnismäßig **grobe Sichtung** der relevanten Fälle ermöglicht, während die nähere Differenzierung erst bei der Prüfung erfolgt, ob die Behinderung unbillig oder die unterschiedliche Behandlung grundlos ist.

---

[60] So jedenfalls *OLG Düsseldorf* WuW/E DE-R 1825 (1828) – Primus.

[61] S. o. Rn. 34 f.; *Belke,* Die Geschäftsverweigerung im Recht der Wettbewerbsbeschränkungen, 1966, S. 343 ff.; *Emmerich,* AG 1976, 56 (60 f.); *G. Meier,* BB 1980, 1301.

[62] BGHZ 49, 90 (97 f.) = NJW 1968, 400; BGHZ 52, 65 (69) = NJW 1969, 1716; BGHZ 81, 322 (330) = NJW 1982, 46; BGHZ 129, 53 (60) = NJW 1995, 2415; *BGH* WuW/E DE-R 1954 (1955 Tz. 11) – PETCYCLE; *OLG Düsseldorf* WuW/E DE-R 1471 (1478 f.) – Konsolidierer; 2806 (2808).

[63] *BGH* LM § 26 GWB Nr. 35 = NJW 1979, 2515; LM § 26 GWB Nr. 31 = NJW 1979, 107; LM § 26 GWB Nr. 43 = NJW 1981, 2355; *OLG Hamburg* WuW/E OLG 4195.

[64] *BGH* LM § 26 GWB Nr. 92 (Bl. 2) = NJW-RR 1998, 1730.

[65] BGHZ 129, 53 (60) = NJW 1995, 2415.

[66] *OLG Düsseldorf* WuW/E DE-R 2585 (2589: sachlich gerechtfertigte Differenzierung).

[67] *OLG Hamburg* WuW/E OLG 3195 (3197).

[68] *OLG Düsseldorf* WuW/E OLG 1945 (1946).

IV. Behinderungsverbot

Nach § 20 Abs. 1 GWB ist es marktbeherrschenden und marktstarken Unternehmen sowie Kartellen und Preisbindern (o. Rn. 7 ff.) zunächst untersagt, ein anderes Unternehmen in einem Geschäftsverkehr, der gleichartigen Unternehmen üblicherweise zugänglich ist (o. Rn. 34 ff.), unmittelbar oder mittelbar unbillig zu behindern. 40

1. Begriff

Der Begriff der (unmittelbaren oder mittelbaren) Behinderung anderer Unternehmen wird in § 20 Abs. 1 GWB im denkbar weitesten Sinne verstanden und umfasst im Grunde **jede Beeinträchtigung der Betätigungs- und Wettbewerbsmöglichkeiten anderer** Unternehmen. Irgendeine Bewertung der betreffenden Maßnahme ist damit noch nicht verbunden; diese folgt vielmehr erst im Rahmen der Prüfung ihrer Unbilligkeit.[69] 41

Eine **unmittelbare Behinderung** von Konkurrenten liegt vor allem in direkt gegen sie gerichteten Wettbewerbsmaßnahmen, z. B. durch die Unterbietung ihrer Preise (s. § 20 Abs. 4 S. 2 GWB) oder durch die Verweigerung ihrer Aufnahme in Verbände oder zulässige Kartelle (s. § 20 Abs. 6 GWB; dazu u. § 30). Die **mittelbare Behinderung** von Konkurrenten ist hingegen dadurch gekennzeichnet, dass in die Maßnahme *andere* Unternehmen eingeschaltet werden. Beispiele sind Ausschließlichkeitsbindungen, Treuerabatte und ähnliche Maßnahmen, durch die die Angehörigen der vor- oder nachgeordneten Marktstufen zum ausschließlichen Geschäftsverkehr mit dem marktstarken Unternehmen veranlasst – und zugleich dessen Konkurrenten von ihren Versorgungsquellen oder Absatzkanälen abgeschnitten, d. h. (mittelbar) behindert werden. Einen Sonderfall regelt seit der vierten Novelle von 1980 der **Abs. 3 des § 20 Abs. 1 GWB** (dazu u. Rn. 77 ff.). 42

Das Behinderungsverbot des § 20 I GWB deckt sich, soweit es sich an marktbeherrschende Unternehmen wendet, weitgehend mit dem Behinderungsverbot des **§ 19 Abs. 1 und Abs. 4 Nr. 1 GWB**. Wegen der Einzelheiten kann daher im Übrigen auf die Ausführungen zu § 19 Abs. 4 Nr. 1 GWB verwiesen werden (s. o. § 27 Rn. 65 ff.). 43

2. Unbilligkeit

Marktbeherrschende und marktstarke Unternehmen (im Folgenden immer nur: „marktstarke Unternehmen") dürfen sich (natürlich) ebenso wie andere Unternehmen im Wettbewerb betätigen und zu diesem Zweck grundsätzlich alle ihnen zu Gebote stehenden Aktionsparameter einsetzen; insbesondere bleiben sie frei, ihr Absatzsystem nach ihren Vorstellungen zu gestalten.[70] Da schon hierdurch ihre Konkurrenten meistens in irgendeiner Hinsicht beeinträchtigt werden, scheidet ein generelles Behinderungsverbot von vornherein aus. Folgerichtig wendet sich auch § 20 Abs. 1 GWB allein gegen die „unbillige" Behinderung anderer Unternehmen durch marktstarke Unternehmen (s. auch § 19 Abs. 4 Nr. 1 und § 20 Abs. 4 S. 1 GWB sowie o. Rn. 41). 44

---

[69] BGHZ 116, 47 (56 f.) = NJW 1992, 1817 = JuS 1992, 700 Nr. 9 – Stadtkurier; s. u. Rn. 44 ff.
[70] S. u. Rn. 54 ff.; *BGH* NJW-RR 2005, 49 = WuW/E DE-R 1377 (1379); NJW 2005, 2014 – Sparberaterin I und II; ständige Rechtsprechung.

45 Über die Unbilligkeit einer behindernden Maßnahme kann nur im Einzelfall aufgrund einer sorgfältigen **Abwägung der Interessen** (allein) der **jeweils Betroffenen** unter Berücksichtigung der auf die Freiheit des Wettbewerbs gerichteten Zielsetzung des Gesetzes entschieden werden.[71] Das ist natürlich nur ein sehr allgemeiner Maßstab, nahezu eine Generalklausel, so dass näheren Aufschluss über die Reichweite des § 20 Abs. 1 GWB allein eine Betrachtung der wichtigsten **Fallgruppen** zu geben vermag (Rn. 54ff.). Aus diesen Fallgruppen lassen sich außerdem einige **allgemeine Regeln** für die jeweils erforderliche Interessenabwägung ableiten. So bleiben zunächst generell **unberücksichtigt** die Interessen unbeteiligter **Dritter** oder gar **öffentliche Interessen** unbestimmten Inhalts, da andernfalls der Abwägungsprozess beliebig würde.[72] Soweit ein marktstarker Nachfrager wie insbesondere die öffentliche Hand bei der Auswahl seiner Vertragspartner legitimerweise **Gemeinwohlerwägungen** wie z. B. die Beschäftigung sonst nur schwer zu vermittelnder Personen berücksichtigen will, muss dies im Rahmen und nach Maßgabe des GWB, d. h. grundsätzlich **auf der Basis einer Ausschreibung** geschehen, die allen Interessierten eine Chance auf ihre Berücksichtigung gibt.[73] Eine Vergabe „unter der Hand" an wegen der Verfolgung öffentlicher Interessen begünstigte Betriebe scheidet aus.[74]

46 Auch die Interessen der Beteiligten finden keineswegs generell Berücksichtigung. **Auszuklammern** sind vielmehr von vornherein etwaige **gesetzeswidrige Zielsetzungen**. Bedeutung hat dies insbesondere für solche Zwecke marktstarker Unternehmen, die mit dem AEUV, dem GWB oder dem UWG unvereinbar sind, so dass z. B. ihr Interesse an der Ausschaltung des Wettbewerbs oder an der Durchsetzung einer gegen das GWB oder den AEUV verstoßenden Preis- oder Vertriebsbindung in keinem Fall eine behindernde Maßnahme zu rechtfertigen vermag.[75]

47 Der **Maßstab** für die Abwägung der verbleibenden legitimen Interessen (nur) der Beteiligten (Rn. 46) ist sodann vorrangig dem **Zweck** der gesetzlichen Regelung (o. Rn. 5 f.) zu entnehmen, den Wettbewerb wo immer möglich umfassend zu schützen. Dabei gilt, dass sich ein marktstarkes Unternehmen um so größere Einschränkungen seiner wirtschaftlichen Bewegungsfreiheit aufgrund des § 20 Abs. 1 GWB gefallen lassen muss, **je mächtiger** es ist.[76] Marktstarke Unternehmen sind außerdem verpflichtet, sich nach Möglichkeit des mildesten Mittels zu bedienen, das zur Verwirk-

[71] BGHZ 38, 90 (102) = NJW 1963, 293; BGHZ 52, 65 (71) = NJW 1969, 1716; BGHZ 56, 327 (336) = NJW 1971, 2027; BGHZ 78, 190 (196ff.) = NJW 1981, 634; BGHZ 81, 322 (331ff.) = NJW 1982, 46; BGHZ 82, 238 (244 f.) = NJW 1982, 644; *BGH* NJW 2008, 1753 Tz. 14 = WuW/E DE-R 2514 – Praktiker; s. *Emmerich*, AG 1976, 92 (93ff.); *Schockenhoff*, FS Bechtold, S. 419 (427ff.).

[72] BGHZ 114, 218 (232 f.) = NJW 1991, 2963 – Krankentransporte; *BGH* LM § 20 GWB Nr. 24 (Bl. 5ff.) = NZA 2000, 327 = ZIP 2000, 426 – Tariftreueerklärung; LM § 26 GWB Nr. 37 = BB 1980, 1117 = MDR 1980, 204 – Modellbauartikel; LM § 26 GWB Nr. 92 (Bl. 2 R f.) = NJW-RR 1998, 1730 – Bahnhofsbuchhandel.

[73] S. u. Rn. 57; *BGH* WuW/E DE-R 1951 (1952 f. Tz. 15ff.) – Behindertenwerkstatt I; NJW-RR 2008 Tz. 12ff. = WuW/E DE-R 2163 (2164 f.) – Behindertenwerkstatt II; *OLG Nürnberg* NJW-RR 2010, 1412.

[74] *BGH* NJW-RR 2008 Tz. 12ff. = WuW/E DE-R 2163 (2164 f.) – Behindertenwerkstatt II.

[75] S. u. Rn. 48, 56 sowie *BGH* LM § 26 GWB Nr. 27 = NJW 1976, 801 = JuS 1976, 398 Nr. 8 – Rossignol; LM EGV Nr. 15 (Bl. 3) = NJW-RR 1999, 189 (191) – Depotkosmetik; NJW-RR 2005, 49 = WuW/E DE-R 1377 (1379); NJW 2005, 2014 – Sparberaterin I, II.

[76] *BGH* LM § 26 GWB Nr. 29 = BB 1976, 1334 = JuS 1977, 124 Nr. 12 – Asbach Uralt; *OLG München* WuW/E OLG 1473 = JuS 1974, 668 Nr. 8; *OLG Hamburg* WuW/E OLG 3795 (3803).

lichung ihrer legitimen Interessen (noch) geeignet ist **(Verhältnismäßigkeitsgrundsatz)**.[77] Insbesondere eine **Lieferverweigerung** kommt nur als äußerstes Mittel in Betracht, wenn dem marktstarken Unternehmen keine weniger einschneidenden Mittel zur Durchsetzung legitimer Zwecke zur Verfügung stehen und zumutbar sind.[78]

Neben dem Zweck des GWB (Rn. 47) sind bei der Abwägung der kollidierenden Interessen der Beteiligten insbesondere noch etwaige vorrangige Wertungen des **GG sowie** des **AEUV** zu berücksichtigen.[79] Die Folge ist z. B., dass Wettbewerbsbeschränkungen, die dem AEUV widersprechen, auch im Rahmen des § 20 Abs. 1 keine Billigung finden können (Rn. 46). Umgekehrt gilt freilich dasselbe: Soweit Wettbewerbsbeschränkungen wie z. B. Ausschließlichkeitsbindungen nach Art. 101 AEUV und den dazu ergangenen Gruppenfreistellungsverordnungen zulässig sind, ist auch kein Raum für eine Anwendung des § 20 Abs. 1. Ein Beispiel sind Bezugsbindungen zulasten der Franchisenehmer im Rahmen eines mit der Gruppenfreistellungsverordnung für vertikale Vereinbarungen Nr. 330/2010[80] vereinbaren Franchisesystem.[81] 48

Aus dem Gesagten (o. Rn. 47 f.) folgt weiter, dass bei der Abwägung die Frage im Vordergrund zu stehen hat, ob es sich bei der Maßnahme des marktstarken Unternehmens **(noch)** um einen **legitimen Einsatz seiner Aktionsparameter** im Wettbewerb handelt oder ob die davon ausgehenden wettbewerbsbeschränkenden Wirkungen so schwerwiegend sind, dass eine Intervention der Rechtsordnung im Interesse der allseitigen Öffnung der Märkte geboten erscheint. Das letztere ist um so eher anzunehmen, je mehr die **behindernden Wirkungen** der Maßnahme ihre **Ursache** letztlich **in der Marktstärke** des fraglichen Unternehmens finden (s. o. Rn. 47). Vor allem Maßnahmen marktstarker Unternehmen, die gerade wegen dessen besonderer Macht geeignet sind, den Zugang zu dem beherrschten Markt endgültig zu schließen oder Wettbewerber zu verdrängen, sollten deshalb grundsätzlich verboten werden.[82] Wichtig ist das insbesondere für die üblichen systematischen Behinderungen ihrer privaten Konkurrenten seitens der Staatsmonopolisten DPAG, DTAG und DBAG auf allen denkbaren Märkten.[83] 49

3. Beweislast

Die Beweislast für das Vorliegen einer unbilligen Behinderung trägt derjenige, der Ansprüche aus den §§ 20 Abs. 1 und 33 GWB herleiten will, im Regelfall also der *Kläger*.[84] Das gilt auch hinsichtlich der Unbilligkeit der Behinderung. Insoweit verhält es sich bei dem ersten Tatbestand des § 20 Abs. 1 GWB anders als bei dem zweiten 50

[77] *Bechtold,* § 20 Rn. 44.

[78] BGHZ 81, 322 (340 ff.) = NJW 1982, 46 – VW-Ersatzteile; *BGH* NJW-RR 2005, 49 (50) = WuW/E DE-R 1377 (1379); NJW 2005, 2014 – Sparberaterin I und II; *KG* WuW/E OLG 2213 (2214); 2247 (2249, 2252); 3957 (3960 ff.).

[79] *BGH* LM Nr. 4 zu § 22 GWB = WuW/E BGH 1142; LM EGV Nr. 15 (Bl. 3) = NJW-RR 1999, 189 (191).

[80] ABl. Nr. L 102/1.

[81] *BGH* NJW 2008, 1753 Tz. 14 ff. = WuW/E DE-R 2514 – Praktiker/Bau und Hobby.

[82] *OLG München* WuW/E OLG 1473 = JuS 1974, 668 Nr. 9; s. schon o. Rn. 46.

[83] *BGH* NJW-RR 2005, 49 = WuW/E DE-R 1377 (1379 f.); NJW 2005, 2014 – Sparberaterin I, II; *BKartA* WuW/E DE-V 1025 (1035 ff.) – Konsolidierer.

[84] BGHZ 116, 47 (56 f.) = NJW 1992, 1817 = JuS 1992, 700 Nr. 9 – Stadtkurier.

(Rn. 51 f.), bei dem anerkannt ist, dass die Beweislast für die Rechtfertigung der unterschiedlichen Behandlung das diskriminierende marktstarke Unternehmen trifft.[85]

V. Verbot unterschiedlicher Behandlung

51 **1.** § 20 I GWB verbietet es marktbeherrschenden und marktstarken Unternehmen (o. Rn. 7 ff.) ferner, andere Unternehmen in einem Geschäftsverkehr, der gleichartigen Unternehmen üblicherweise zugänglich ist (o. Rn. 34 ff.), ohne sachlich gerechtfertigten Grund, d. h. grundlos unmittelbar oder mittelbar gegenüber gleichartigen Unternehmen unterschiedlich zu behandeln **(Diskriminierung i. e. S.).** Durch dieses Verbot sollen vor allem die gleichen Marktchancen der Abnehmer und Lieferanten marktstarker Unternehmen gegen eine Beeinträchtigung durch diskriminierende Maßnahmen ihrer Marktpartner geschützt werden.

52 Diskriminierung ist die Ungleichbehandlung *gleichartiger* Unternehmen im üblichen Geschäftsverkehr. **Vergleichsmaßstab** ist folglich die **Behandlung, die andere gleichartige Unternehmen in** dem für derartige Unternehmen üblicherweise zugänglichen **Geschäftsverkehr erfahren** (s. o. Rn. 36, 39 ff.). Davon zu unterscheiden ist die Gleichbehandlung *unterschiedlicher* Unternehmen, z. B. die Gleichbehandlung des Groß- und Einzelhandels bei der Rabattgewährung. § 20 Abs. 1 GWB ist auf solche Fälle nicht anwendbar, so dass der Großhandel aus ihm nicht etwa einen Anspruch auf einen zusätzlichen Funktionsrabatt herleiten kann.[86]

53 **2.** Der Begriff der unterschiedlichen Behandlung ist letztlich ebenso formal und umfassend wie der der Behinderung (s. o. Rn. 40 ff.). Eine negative Bewertung ist damit noch nicht verbunden ist; eine solche ist vielmehr nur angebracht, wenn die unterschiedliche Behandlung gleichartiger Unternehmen **„ohne sachlich gerechtfertigten Grund"**, d. h. schlicht: **grundlos** erfolgt (§ 20 Abs. 1 2. Alt. GWB). Diese Frage beurteilt sich nach denselben Kriterien, wie sie für die Beurteilung der Unbilligkeit einer Behinderung im Sinne des § 20 Abs. 1 Fall 1 GWB maßgebend sind (s. o. Rn. 44 ff.). Über die Rechtfertigung der Diskriminierung einzelner Unternehmen gegenüber anderen kann daher ebenfalls nur **aufgrund einer Abwägung der Interessen (allein) der Betroffenen** unter Berücksichtigung der auf die Freiheit des Wettbewerbs gerichteten Zielsetzung des Gesetzes entschieden werden. Dabei sollte besonderes Gewicht auf das legitime Interesse aller Unternehmen auf freien Zugang zu den Märkten gelegt werden.

VI. Fallgruppen

1. Liefersperre

a) Begriff

54 Von einer Liefersperre (oder Geschäftsverweigerung) spricht man, wenn ein marktstarkes Unternehmen in einem üblicherweise zugänglichen Geschäftsverkehr einzelne Unternehmen im Gegensatz zu anderen vergleichbaren Unternehmen nicht beliefert.

[85] *BGH* LM § 26 GWB Nr. 71 = WuW/E BGH 2683 (2687) – Zuckerrüben; WuW/E BGH 1671 (1675 f.) – Robbe-Modellsport; WuW/E DE-R 839 (842) = NJW-RR 2002, 763 – Privater Pflegedienst.
[86] BGHZ 38, 90 (100 ff.) = NJW 1963, 293 – Grote-Revers; *Emmerich,* AG 1976, 92 (96 ff.). str.

Solche Diskriminierung ist nach § 20 Abs. 1 und 2 nur zulässig, wenn sie sachlich gerechtfertigt ist, wobei zu berücksichtigen ist, dass Liefersperren mit zu den schwersten denkbaren Eingriffen in die wirtschaftliche Bewegungsfreiheit Dritter gehören. Daraus müsste an sich eine **besonders strenge Anwendung** des § 20 Abs. 1 GWB auf Liefersperren folgen. Auf der anderen Seite bleibt indessen zu bedenken, dass marktstarke Unternehmen **in dem Aufbau ihrer Vertriebsorganisation** grundsätzlich ebenso **frei** bleiben müssen wie andere Unternehmen, da sie auch alleine die Verantwortung für den Absatz ihrer Produkte tragen.[87] Deshalb kann über die Anwendung des § 20 Abs. 1 auf Fälle der Liefersperre immer nur um Einzelfall aufgrund einer sorgfältigen Abwägung der kollidierenden Interessen der Beteiligten entschieden werden (Rn. 44 ff.). Die Akzente werden dabei in der Rechtsprechung je nach Fallgruppe ganz unterschiedlich gesetzt. Neben Fällen, in denen die Gerichte heute zu einer strengen Anwendung des § 20 Abs. 1 tendieren (s. bsonders Rn. 61), stehen andere, in denen eine Anwendung des Diskriminierungsverbots nur in Ausnahmefällen erwogen wird; Paradigma sind die Fälle der Lizenzverweigerung durch Inhaber gewerblicher Schutzrechte (Rn. 62).

Auszugehen ist davon, dass auch marktstarke Unternehmen in der Gestaltung ihres 55 **Absatzsystems** grundsätzlich **frei** sind (o. Rn. 44, 54). § 20 Abs. 1 GWB macht ihnen z. B. keine Vorschriften darüber, ob sie den **Großhandel** in ihren Vertrieb einschalten sollen oder nicht.[88] Aus § 20 Abs. 1 GWB folgt ebensowenig eine **Bindung an** das einmal gewählte **Absatzsystem.** Es steht auch marktstarken Unternehmen frei, nachträglich vom Vertrieb über den Fachhandel zum **Direktvertrieb** an die Verbraucher überzugehen sowie eine Vertriebsbindung einzuführen oder dieses Vertriebssystem wieder aufzugeben.[89] Erst **innerhalb dieses** von ihnen selbst gezogenen **Rahmens** müssen sie **§ 20 Abs. 1 GWB** beachten, woraus sich (i.V.m. § 33 GWB und § 249 BGB) für zu Unrecht übergangene Händler dann im Einzelfall tatsächlich ein **Anspruch auf Belieferung** ergeben kann.[90] Unter denselben (engen) Voraussetzungen ist zugleich die **Kündigung** bereits bestehender langfristiger Vertragsbeziehungen wegen Verstoßes gegen § 20 Abs. 1 GWB unwirksam (§ 134 BGB), da das marktbeherrschende Unternehmen andernfalls sofort nach Wirksamwerden der Kündigung zum Neuabschluss des Vertrages verpflichtet wäre.[91]

[87] S. o. Rn. 44; BGHZ 101, 72 (81 ff.) = NJW 1988, 772 – Krankentransporte; BGHZ 107, 273 (279) = NJW 1989, 3010; *BGH* NJW-RR 2003, 834 = GRUR 2003, 542 = WuW/E DE-R 1051 (1053) – Vorleistungspflicht; NJW-RR 2005, 49 (50) = GRUR 2005, 117 = WuW/E DE-R 1377 (1379); NJW 2005, 2014 – Sparberaterin I, II; NJW 2007, 83 (85) = WuW/E DE-R 1832 (1834 f.) – Lesezirkel; *Bechtold,* § 20 Rn. 56 ff.; *Loewenheim,* LMR, § 20 Rn. 91 ff.

[88] BGHZ 38, 90 (100 ff.) = NJW 1963, 293 – Grote-Revers; *BGH* LM § 26 GWB Nr. 58 = GRUR 1987, 393; LM § 26 GWB Nr. 92 (Bl. 3 f.) = WuW/E DE-R 133 = NJW-RR 1998, 1730 – Bahnhofsbuchhandel.

[89] *BGH* LM § 26 GWB Nr. 65 = NJW-RR 1989, 485 – Lüsterbehangsteine; *OLG Celle* WuW/E DE-R 581 – VAG.

[90] S. u. Rn. 102 sowie *BVerfG* WuW/E DE-R 557 (559); BGHZ 101, 72 (81 ff.) = NJW 1988, 772 – Krankentransporte; BGHZ 107, 273 (278 ff.) = NJW 1989, 3010; *BGH* NJW-RR 2005, 49 (50) = WuW/E DE-R 1377 (1379); NJW 2005, 2014 – Sparberaterin I, II; *KG* WuW/E DE-R 35 (39); WuW/E DE-R 1726 (1729) = NVwZ 2006, 962 = WM 2006, 1266; s. außerdem u. § 40 Rn. 12, 17 ff.

[91] BGHZ 107, 273 (279 ff.) = NJW 1989, 3010; *BGH* LM Nr. 92 zu § 26 GWB = NJW-RR 1998, 1730 und WuW/E DE-R 220 – Bahnhofsbuchhandel I u. II; NJW-RR 2003, 1348 f. = WuW/E DE-R 1144 – Schülertransporte; s. u. Rn. 102.

56 Die Maßstäbe für die Zulässigkeit einer Liefersperre sind **um so strenger, je mächtiger** das die Liefersperre praktizierende Unternehmen ist (o. Rn. 47) und je schwerwiegender sich infolgedessen die Liefersperre für die betroffenen Unternehmen auswirkt.[92] Generell unzulässig ist eine Lieferverweigerung, wenn mit ihr **gesetzwidrige Zwecke** wie z. B. die Durchsetzung einer verbotenen Preisbindung oder die Zementierung der bisherigen Versorgungsmonopole bei Gas und Strom verfolgt werden (vgl. auch § 21 Abs. 2 GWB).[93] Die Lieferverweigerung ist dagegen berechtigt, wenn die damit verfolgten Zwecke im Lichte des GWB als **legitim** einzustufen sind,[94] insbesondere, wenn dem Lieferanten die Belieferung eines bestimmten Abnehmers mit Rücksicht auf dessen vorausgegangenes Verhalten **unzumutbar** ist, z. B., weil sich der Abnehmer einer schweren Vertragsverletzung oder gravierender Verstöße gegen das UWG schuldig gemacht hat oder weil der Hersteller in einer vorausgegangenen Insolvenz des Abnehmers Ausfälle erlitten hatte.[95] Maßgebend sind letztlich immer die Umstände des Einzelfalls. Deshalb kann von Fall zu Fall auch die Ausschlusswirkung, die von **Alleinvertriebsvereinbarungen** auf andere potentielle Abnehmer ausgeht, als unzulässige Behinderung dieser Abnehmer zu qualifizieren sein, jedenfalls, wenn die fragliche Vereinbarung nicht durch eine Gruppenfreistellungsverordnung gedeckt ist (§ 2 Abs. 2).[96]

57 Mit besonderer Strenge sollte im Interesse der Öffnung der Märkte und mit Rücksicht gleichermaßen auf Art. 3 Abs. 1 GG und auf Art. 102 AEUV das Diskriminierungsverbot auf den wirtschaftenden **Staat** und seine Unternehmen angewandt werden. Daraus ergibt sich z. B. für den Staat als **Nachfrager** die grundsätzliche Verpflichtung, die von ihm benötigten Güter und Leistungen **auszuschreiben,** damit alle Anbieter eine faire Chance haben, zum Zuge zu kommen (s. u. Rn. 71). **Bietet** der Staat selbst Güter oder Leistungen **an**, so muss er gleichfalls grundsätzlich in regelmäßigen Abständen eine Ausschreibung zwischen den Interessenten durchführen.[97] Er ist zwar nicht gehindert, in diesen Fällen bei der Entscheidung über den Vertragsabschluss auch **soziale Gesichtspunkte** zu berücksichtigen, muss aber vor allem dann im Rahmen einer Ausschreibung diese Gesichtspunkte offenlegen, um allen Interessierten Gelegenheit zu geben, sich danach zu richten (o. Rn. 45).

b) Beispiele

58 Unzulässig ist der generelle undifferenzierte Ausschluss bestimmter Vertriebsformen wie z. B. der **Selbstbedienungsmärkte.** Gliedern sich solche Geschäfte sog. Fachmärkte an, die allen legitimen Anforderungen an ein Fachgeschäft gerecht werden, so haben sie unter den Voraussetzungen des § 20 Abs. 1 und Abs. 2 GWB selbst im

---

[92] Ebenso *BGH* WuW/E DE-R 357 (359) = NJW-RR 2000, 773 – Feuerwehrgerät; *KG* WuW/E DE-R 35 (39).

[93] S. o. Rn. 46; *BGH* LM § 26 GWB Nr. 55 = NJW-RR 1987, 929; *OLG Stuttgart* WuW/E OLG 3343.

[94] Beispiele in *BGH* NJW-RR 2004, 687 = WuW/E DE-R 1203 (1204 f.) – Depotkosmetik im Internet; *BGH* NJW 2006, 377 = WuW/E DE-R 1597 (1600 ff.) – Hörfunkrechte.

[95] *BGH* LM § 26 GWB Nr. 61 = NJW-RR 1988, 1502= WuW/E BGH 2491 (2495) – Opel-Blitz; LM § 26 GWB Nr. 65 = NJW-RR 1989, 485 = WuW/E BGH 2535 (2539 ff.) – Lüsterbehangsteine.

[96] *BKartA* WuW/E DE-V 1790 (1800 ff.) – Merck KGaA.

[97] S. o. Rn. 45; grdlg. *BGH* WuW/E DE-R 1951 (1952 f. Tz. 15 ff.) – Behindertenwerkstatt. *OLG Düsseldorf* WuW/E DE-R 1991 (1992) – Schilderpräger; *OLG Saarbrücken* WuW/E DE-R 2025 (2026 f.) – Schilderpräger.

Falle einer Fachhandelsbindung Anspruch auf Belieferung.[98] Bei der Interessenabwägung ist freilich auch zu berücksichtigen, ob dem Hersteller im Falle einer Belieferung von Selbstbedienungsmärkten ernsthaft eine Abwanderung des Fachhandels zu anderen Lieferanten droht.[99]

Wartungs- oder Reparaturunternehmen sind in der Regel von den Herstellern der Originalersatzteile abhängig (s. o. Rn. 21, 36), so dass sie von den letzteren die Belieferung mit Ersatzteilen verlangen können, sofern dem nicht im Einzelfall legitime Interessen des Herstellers entgegenstehen.[100] Die Lieferpflicht entfällt jedoch, wenn der Service des Reparaturunternehmens mangelhaft ist oder wenn diesem durch die Belieferung mit Ersatzteilen der Zugang zu dem Kundenkreis des Herstellers eröffnet würde, so dass dem Hersteller Konkurrenz im Neugeschäft droht.[101] 59

Die einzige **Funktaxizentrale** einer großen Stadt, auf deren Benutzung alle Taxiunternehmen angewiesen sind, darf nicht zum Schutze ihrer Mitglieder die Aufnahme weiterer Unternehmen oder gar aller größeren Unternehmen ablehnen oder von unzumutbaren Bedingungen wie z. B. dem Beitritt zu verbotenen wettbewerbsbeschränkenden Vereinbarungen abhängig machen.[102] Dies gilt auch, wenn die Funktaxizentrale in der Rechtsform einer Genossenschaft betrieben wird.[103] Ein Aufnahmezwang entfällt jedoch, wenn die Funktaxizentrale Außenstehenden ihre Dienste ebenfalls zu angemessenen Bedingungen zur Verfügung stellt[104] oder wenn ihr die Zusammenarbeit mit dem Antragsteller unzumutbar ist.[105] 60

Wie sehr letztlich die Anwendung des § 20 Abs. 1 im Einzelfall durch die Besonderheiten der verschiedenen Fallgruppen geprägt wird, soll jetzt noch an zwei Beispielen gezeigt werden, in denen im Ergebnis die Akzente von den Gerichten ganz unterschiedlich gesetzt werden: Das erste Beispiel ergibt sich aus der Kontrolle der **Zulassungspraxis marktbeherrschender** oder marktstarker **Messen**: Da die Vertretung auf derartigen Messen für zahlreiche Unternehmen außerordentlich wichtig, häufig sogar existenznotwendig ist, insbesondere, wenn die fragliche Messe für die potentiellen Abnehmern die zentrale Informationsquelle über das aktuelle Angebot der Hersteller darstellt, wird die Zulassungspraxis solcher Messen ganz streng daraufhin kontrolliert, ob sie diskriminierungsfrei ist, ob mit anderen Worten der Ausschluss einzelner Hersteller von der Zulassung zur Messe (ausnahmsweise) sachlich gerecht- 61

[98] *BGH* WuW/E BGH 1885 = GRUR 1981, 917 (918) – adidas; LM § 26 GWB Nr. 50 = MDR 1983, 820 – Modellbauartikel III; LM § 26 GWB Nr. 55 = NJW-RR 1987, 929; s. u. Rn. 62.

[99] *BGH* WuW/E BGH 1885 = GRUR 1981, 917 (918) – adidas; LM § 26 GWB Nr. 55 = NJW-RR 1987, 929.

[100] *BGH* LM § 26 GWB Nr. 22 = NJW 1973, 280; LM § 26 GWB Nr. 62 = NJW-RR 1988, 1504 – Reparaturbetrieb; LM § 26 GWB Nr. 65 = NJW-RR 1989, 485 = WuW/E BGH 2535 – Lüsterbehangsteine; WuW/E BGH 1891 (1982 f.) – Ölbrenner II; WuW/E DE-R 357 = NJW-RR 2000, 773 – Feuerwehrgerät.

[101] *BGH* LM § 26 GWB Nr. 24 = NJW 1974, 141 =; LM § 26 GWB Nr. 66 = NJW-RR 1989, 1310 – Frankiermaschine; kritisch dazu *BKartA* TB 1989/90, S. 27, 66; 1991/92, S. 86, 101.

[102] BGHZ 120, 161 (175 f.) = NJW 1993, 1710; *BGH* WuW/E BGH 1495; WuW/E BGH 2341 (2343); 2906; *OLG München* WuW/E DE-R 1749.

[103] BGHZ 120, 161 (175 f.) = NJW 1993, 1710; *BGH* WuW/E DE-R 1983 (1985 ff. Tz. 14 ff.) = NJW-RR 2007, 1113; s. o. § 21 Rn. 48.

[104] *OLG Hamburg* WuW/E OLG 3000 (3002); *OLG Frankfurt a. M.* WuW/E OLG 3011.

[105] *OLG Frankfurt a. M.* GRUR 1985, 323.

fertigt ist, weil durch die Konzeption der Messe gedeckt und mit den Erwartungen des Publikums vereinbar.[106]

62 Gleichsam den Gegenpol bildet die viel umstrittene **Zwangslizenzproblematik**.[107] Es geht dabei um die Frage, unter welchen Voraussetzungen der Inhaber eines gewerblichen Schutzrechts und insbesondere eines Patents kartellrechtlich **verpflichtet** ist, einem anderen Unternehmen auf dessen Antrag hin eine **Lizenz** an seinem Schutzrecht zu **erteilen**. Auf Unionsebene wird solcher Anspruch heute unter engen Voraussetzungen aus Art. 102 S. 1 AEUV hergeleitet (s. o. § 10 Rn. 37 ff.). In Deutschland kommt als Anspruchsgrundlage dagegen neben der Generalklausel des § 19 Abs. 1 in erster Linie **§ 20 Abs. 1** GWB in Betracht, während § 19 Abs. 4 Nr. 4 (anders als im Unionsrecht) nicht auf Patente angewandt wird (s. o. § 27 Rn. 102 ff.). Auszugehen ist davon, dass § 24 PatG (der die behördliche Anordnung von Zwangslizenzen erlaubt) die Anwendung des Kartellrechts hier nicht ausschließt.[108] Voraussetzung ist jedoch, dass der Patentinhaber (ausnahmsweise) aufgrund seines Schutzrechts über eine **marktbeherrschende Stellung** verfügt, weil er den Zugang zu einem Markt kontrolliert. Dies ist nur der Fall bei den seltenen Schlüsselpatenten sowie dann, wenn ein Schutzrecht zum Industriestandard geworden ist.[109] Unter diesen engen Voraussetzungen ist dann auch Raum für die Anwendung der §§ 19 Abs. 1 und 20 Abs. 1, wenn die Lizenzverweigerung eine unbillige Behinderung oder **Diskriminierung** des Antragstellers darstellt, insbesondere also, wenn der Patentinhaber mit der Verweigerung der Lizenz wettbewerbsbeschränkende Zwecke verfolgt.[110] Unter zusätzlichen Voraussetzungen kann der Antragsteller, wenn er von dem Patentinhaber aufgrund seines Schutzrechts auf Unterlassung und Schadensersatz in Anspruch genommen wird, dann außerdem auf die genannten Vorschriften des GWB im Rechtsstreit den sog. **Zwangslizenzeinwand** stützen.[111]

2. Selektive Vertriebssysteme

63 Unter einem selektiven Vertriebssystem versteht man, wie schon im Einzelnen ausgeführt (o. § 5 Rn. 25), eine Absatzorganisation, bei der sich der Hersteller aus vertriebspolitischen Erwägungen bewusst auf einzelne ausgewählte Händler als Abnehmer beschränkt und in denen sich die ausgewählten Händler verpflichten müssen, die Waren, die Gegenstand des Vertrages sind, nicht an Händler zu verkaufen, die nicht zum Vertrieb zugelassen sind. Die Zulässigkeit solcher Vertriebssysteme beurteilt sich heute, soweit auf sie das Kartellverbot überhaupt noch angewandt wird, in erster Linie nach der Gruppenfreistellungsverordnung **(GFVO) Nr. 330/2010** (dazu § 5 Rn. S6 – 29), und dies selbst dann, wenn die fragliche Vereinbarung *nicht* zur Beeinträchtigung des Handels zwischen Mitgliedstaaten geeignet ist, so dass der An-

[106] Z. B. *OLG Düsseldorf* DER 2379 und 2897, beide zu Dentalmessen; kritisch dazu *Zwecker/Berghöfer*, WuW 2011, 257.

[107] S. dazu z. B. zuletzt *de Bronett*, WuW 2009, 819; *Emmerich*, JuS 2010, 77; *Hilty*, GRUR 2009, 633; *Höppner*, ZWeR 2010, 393; *Jestaedt*, GRUR 2009, 801; *Nägeli/Jacob*, WRP 2009, 1067; *Plöger*, FS Reuter, 2010, S. 1123.

[108] BGHZ 160, 67 (72 f.) = NJW-RR 2005, 269 – Standard-Spundflasche.

[109] S. o. § 10 Rn. 27; BGHZ 160, 67 (73 f.) = NJW-RR 2005, 269.

[110] BGHZ 160, 67 (76 ff.) = NJW-RR 2005, 269; BGHZ 180, 312 (316 f. Tz. 27) = NJW-RR 2009, 1074 = JuS 2010, 77 – Orange Book Standard; *OLG Karlsruhe* WuW/E DE-R 3347 (3354 ff.).

[111] BGHZ 180, 312 (317 ff. Tz. 29 ff.) = NJW-RR 2009, 1074 = JuS 2010, 77 – Orange Book Standard; sehr str.

wendungsbereich des europäischen Kartellrechts (an sich) überhaupt nicht eröffnet ist (§ 2 Abs. 2 GWB; s. o. § 8 Rn. 6). Soweit danach selektive Vertriebssysteme zulässig sind, bleibt jedoch nach herrschender Meinung aufgrund der deutschen Klausel des Art. 3 Abs. 2 S. 2 der Verordnung Nr. 1/2003 noch Raum für die Anwendung des **§ 20 GWB**. Die praktische Bedeutung dieser Restzuständigkeit des deutschen Rechts ist indessen nur noch gering, da sich aus § 20 Abs. 1 im Ergebnis kaum über die GFVO Nr. 330/2010 hinausgehende Schranken ergeben.[112]

Deshalb genügt hier die Bemerkung, dass die Rechtsprechung die **einfache Fachhandelsbindung** (s. o. § 5 Rn. 26) bisher unter dem Blickwinkel des § 20 Abs. 1 grundsätzlich als unbedenklich angesehen hat, sofern nur die Zulassungsvoraussetzungen für die Händler zumutbar, d. h. nach der Art des vertriebenen Produkts **legitim** sind **und diskriminierungsfrei** gehandhabt werden, so dass sämtliche Händler, die die Voraussetzungen für eine Zulassung erfüllen, auch tatsächlich zugelassen werden.[113] Damit ist zugleich gesagt, dass nicht bestimmte Vertriebsformen wie Kaufhäuser oder Selbstbedienungsgeschäfte prinzipiell ausgeschlossen werden dürfen.[114] Der **quantitative selektive Vertrieb** (o. § 5 Rn. 28) ist bisher von den deutschen Gerichten – trotz der mit ihm verbundenen wettbewerbsbeschränkenden Wirkungen – im Rahmen des § 20 Abs. 1 GWB gleichfalls **durchweg gebilligt** worden, jedenfalls, wenn er sich wie z. B. bei hochwertigen Kosmetika, bei Kraftfahrzeugen und ähnlichen Produkten sachlich rechtfertigen lässt.[115] 63a

3. Sozialversicherungsträger

Die Sozialversicherungsverträger einschließlich insbesondere der gesetzlichen Krankenkassen werden bei der Beschaffung von Heil- und Hilfsmitteln **unternehmerisch** tätig.[116] Im Jahre 2007 ist dies durch die Bezugnahme auf die §§ 19 bis 21 GWB in § 69 S. 2 SGB V bestätigt worden. Da über 90 % der Bevölkerung bei den gesetzlichen Krankenkassen versichert sind, verfügen die Kassen bei der Nachfrage nach Heil- und Hilfsmitteln auf zahlreichen Märkten über eine **marktbeherrschende Stellung**,[117] während es der BGH freilich abgelehnt hat, auf die gesetzlichen Krankenkassen *generell* die Oligopolklausel des § 19 Abs. 2 anzuwenden, und dies, obwohl die gesetzlichen Krankenkassen durch das SGB V gerade zu dem Zweck zu einem Nachfragekartell zusammengeschlossen wurden, um ihre Marktposition gegenüber den Anbietern weiter zu verstärken.[118] Diese Zurückhaltung der Gerichte bei der Anwendung des Diskriminierungsverbots auf die Kassen ist deshalb so bedauerlich, weil die Märkte für Heil- und Hilfsmittel infolge des Übergewichts der Sozialversicherungsträger und der ständigen gesetzgeberischen Interventionen weithin geschlossen sind. 64

[112] S. im Einzelnen *Bechtold*, GWB, § 20 Rn. 46; *Loewenheim*, LMR, § 20 Rn. 94–96.

[113] *BGH* LM § 26 GWB Nr. 55 = NJW-RR 1987, 929 = WuW/E BGH 2351 – SABA.

[114] S. o. Rn. 58; *BGH* LM § 26 GWB Nr. 55 = NJW-RR 1987, 929; LM § 26 GWB Nr. 46 = NJW 1981, 2357; LM § 26 GWB Nr. 50 = MDR 1983, 820 – Modellbauartikel III.

[115] *KG* WuW/E OLG 3288; *OLG Hamburg* WuW/E OLG 3163; *OLG Karlsruhe* WuW/E OLG 2217; *OLG Frankfurt a. M.* WuW/E DE-R 73 (77) – Guerlain; *OLG Celle* WuW/E DE-R 581 – VAG; kritisch *Mäsch*, ZIP 1999, 1507 (1509).

[116] S. o. § 20 Rn. 16 ff.; *Emmerich*, FS Th. Raiser, 2005, S. 645 m. N.; *Möschel*, JZ 2007, 601; *Oehler*, FS Möschel, 2011, S. 451; sehr str.

[117] BGHZ 114, 218 (221 ff.) = NJW 1991, 2963 – Einzelkostenerstattung; *BGH* NJW-RR 2002, 763 = WuW/E DE-R 839 (841) – Privater Pflegedienst.

[118] S. o. § 27 Rn. 52; *BGH* WuW/E DE-R 1139 = GRUR 2009, 979.

64a Gerade das Diskriminierungsverbot des § 20 Abs. 1 GWB könnte daher hier einen wesentlichen Beitrag zu der überfälligen **Marktöffnung** und damit infolge der Entfachung des Wettbewerbs auch zu der dringend nötigen Kostensenkung leisten. In den ersten Jahren nach Inkrafttreten des GWB hatten die Gerichte auch immer wieder einmal den Mut aufgebracht, sich über den Widerstand der Sozialversicherungsträger und der mit ihnen verbündeten Verbände und Politiker hinwegzusetzen und die Märkte partiell zu öffnen.[119] Später ist ihr wettbewerbspolitischer Elan jedoch angesichts des **Widerstands der etablierten Interessen** im Gesundheitswesen weitgehend zum Erliegen gekommen. Seit der Zuständigkeit der Sozialgerichte für den ganzen Fragenkreis (§ 87 Abs. 1 S. 3 GWB; § 51 Abs. 2 SGG), an der auch der neue § 69 S. 2 SGB V nichts geändert hat, ist davon ohnehin angesichts der traditionellen Wettbewerbsfeindlichkeit dieser Gerichte nichts mehr zu spüren.

4. Verlage[120]

65 Die Buchverlage sind heute im Gegensatz zu den Zeitungs- und Zeitschriftenverlagen nicht mehr generell dem Diskriminierungsverbot des § 20 Abs. 1 GWB unterworfen, sondern nur noch, wenn sie ausnahmsweise **marktbeherrschend** oder marktstark im Sinne des § 19 Abs. 1 oder des § 20 Abs. 2 GWB sind (s. o. Rn. 11 und u. Rn. 66). Ebenso wie gegenüber den Sozialversicherungsträgern (o. Rn. 64 f.) hat infolgedessen das Diskriminierungsverbot im Verlagswesen erheblich an praktischer Bedeutung eingebüßt – eine unerwartete, aber von den Verlagen sicher begrüßte Konsequenz des eigenartigen Buchpreisbindungsgesetzes von 2002.

66 Auf dem Buchmarkt herrscht heftiger Wettbewerb, so dass tatsächlich **nur die wenigsten Buchverlage** als marktbeherrschend oder auch nur **marktstark** iS des § 20 Abs. 2 GWB anzusehen sind. Eine Ausnahme bildet aber z. B. der **Beck-Verlag** bei juristischer Literatur, so dass eine Versandbuchhandlung grundsätzlich von diesem die Belieferung mit juristischer Literatur verlangen und nicht etwa für den Bezug z. B. von Kommentaren zum BGB auf den (wesentlich teureren) Buchhandel verwiesen werden kann.[121] Gleich steht die DTAG bei der Herausgabe der örtlichen **Telefonbücher.** Bei der Aufnahme von Inseraten muss sie deshalb alle Interessenten gleich behandeln und darf nicht einzelne willkürlich benachteiligen,[122] z. B. wegen der Zusammenarbeit mit sog. Sparberatern, die den Kunden der Werbeagenturen (die auf Inserate in den Telefonbüchern angewiesen sind) bei der kostengünstigen Gestaltung der Inserate helfen.[123] Anders ist die Situation dagegen bei **Zeitungs- und Zeitschriftenverlagen:** Sie unterliegen als **Preisbinder** weiterhin generell dem Diskriminierungsverbot (s. §§ 30 Abs. 1 S. 1, 20 Abs. 1 GWB und o. Rn. 11). **Zeitungen** dürfen deshalb den Abdruck von Anzeigen nur aus sachlichen Gründen ablehnen, etwa, wenn die fragliche Anzeige gegen das UWG verstößt oder sonst unseriös erscheint.[124] Auch ein Zeitschriftenverlag ist zwar grundsätzlich frei in der Formulierung der Be-

[119] S. *Emmerich,* FS Th. Raiser, 2005, S. 645 m. N.

[120] S. zum Folgenden *Bunte,* FS Koppensteiner, 2001, S. 307; *Emmerich,* FS Immenga, 2004, S. 111; *ders.,* FS H. P. Westermann, 2008, S. 899.

[121] *OLG Karlsruhe* NJW-RR 2008, 563 = WuW/E DE-R 2213 (2214 ff.).

[122] *BGH* NJW-RR 2002, 834 = GRUR 2002, 542 = WuW/E DE-R 1051 (1053 f.) – Vorleistungspflicht.

[123] *BGH* NJW-RR 2005, 49 (50) = GRUR 2005, 177 = WuW/E DE-R 1377 (1379) – Sparberaterin I; NJW 2005, 2014 (2015) – Sparberaterin II; *LG Düsseldorf* WuW/E DE-R 772 f.

[124] *OLG Düsseldorf* WuW/E OLG 3560; *OLG Stuttgart* NJW-RR 1986, 1488; WuW/E DE-R 1191.

dingungen, zu denen er Lesezirkel beliefern will (o. Rn. 44, 54), muss aber, wenn ein Unternehmen diese Bedingungen erfüllt, dieses dann auch tatsächlich beliefern.[125]

Kennzeichnend für den Zeitungs- und Zeitschriftenvertrieb ist in Deutschland das eigenartige System der **Monopolgrossisten,** das überwiegend mit dem sog. Dispositionsrecht der Verlage und dem entsprechenden Remissionsrecht der Zeitungs- und Zeitschriftenhändler gerechtfertigt wird (s. o. § 20 Rn. 6 f.). Deswegen wurde es bisher durchweg gebilligt, dass die Verleger die Belieferung anderer Großhändler neben einem bereits belieferten Großhändler ablehnen.[126] Zum Ausgleich trifft freilich die Monopolgrossisten eine **Pflicht zur Belieferung jedes Zeitungskiosks** ohne Rücksicht auf dessen Größe.[127] Außerdem dürfen sie nicht zwischen den Zeitungen diskriminieren und z. B. Anzeigenblätter vom Vertrieb ausschalten.[128] 67

5. Energieversorgungsunternehmen

Die Energieversorgungsunternehmen (EVU) sind aufgrund ihrer faktischen Gebietsmonopole **in aller Regel marktbeherrschend** und damit dem Diskriminierungsverbot des § 20 Abs. 1 GWB unterworfen, woran sich bis heute trotz der Abschaffung der Gebietsmonopole im Jahre 1998 jedenfalls auf den lokalen und regionalen Märkten (fast) nichts geändert hat. Mit Rücksicht auf § 103 GWB a. F. haben die Gerichte indessen früher von der Möglichkeit zur Anwendung des Diskriminierungsverbotes auf die EVU im Interesse der Auflockerung des Marktes nur sehr zurückhaltend Gebrauch gemacht. Eine Ausnahme bildete lediglich die Bekämpfung der üblichen **Diskriminierungen der industriellen Eigenerzeuger**, so dass die Versorgungsunternehmen mittlerweile durchweg als verpflichtet angesehen werden, fremden Strom zu angemessenen Preisen, berechnet nach dem Prinzip der vermiedenen Kosten, zu übernehmen.[129] Darüber hinaus ist erst in jüngster Zeit ein **verstärkter Einsatz des Diskriminierungsverbotes** im Interesse der Marktöffnung festzustellen. In diesem Zusammenhang ist vor allem zu beachten, dass die Gemeinden und ihre Versorgungsunternehmen (als Eigentümer des Straßen- und Wegenetzes) eine **Monopolstellung** haben, so dass die Ablehnung der Leitungsverlegungen oder die Forderung überhöhter Gegenleistungen für die Gestattung der Leitungsverlegung oder von Durchleitungen von Gas und Strom in Gestalt von Konzessionsabgaben durchaus an den §§ 19 Abs. 1 und 4 sowie 20 Abs. 1 gemessen werden kann, wovon die Kartellbehörden mittlerweile auch gelegentlich, wenn auch immer noch zu zögerlich Gebrauch machen.[130] Es verstößt schließlich noch gegen § 19 Abs. 4 Nr. 1 und 3 sowie gegen § 20 Abs. 1 GWB, wenn ein regionales Versorgungsunternehmen die Belieferung von Stadtwerken nur deshalb ablehnt, weil es die Bewohner der betreffenden 68

---

125 *BGH* NJW 2007, 83 (85) = WuW/E DE-R 1832 (1834 f.) – Lesezirkel.

126 *OLG Celle* WuW/E DE-R 2853 (2858 f.).

127 *KG* WuW/E OLG 5875 (5877 f.); *OLG Karlsruhe* WuW/E OLG 2289; *OLG Koblenz* WuW/E OLG 2898; *OLG Frankfurt a. M.* WuW/E OLG 4038.

128 *LG Düsseldorf* und *LG Köln* WuW/E LG/AG 520 und 521.

129 BGHZ 119, 335 (336 ff.) = NJW 1993, 396 = JuS 1993, 600 Nr. 9 – Stromeinspeisung I; BGHZ 134, 1 (6 ff.) = NJW 1997, 574 – Stromeinspeisung II; *BGH* LM § 26 GWB Nr. 95 (Bl. 1 R) = NJW-RR 1999, 690 = WuW/E DE-R 248 (249) – Kraft-Wärme-Koppelung II; *BKartA* TB 1977, S. 86 f. – RWE; s. jetzt das EnergieeinspeisungsG (EnEG) i. d. F. vom 1. 9. 2005 (BGBl. I, S. 2689) mit Änderungen.

130 *BGH* WuW/E DE-R 2581 (2584 Tz. 17 f.) = WRP 2009, 746 – Neue Trift; *BKartA* WuW/E DE-V 1729 (1731 f.) – GGEW Bergstraße; 1803 (1806 ff. Tz. 33 ff.) – Gasversorgung Ahrensburg; *Lecheler*, WuW 2009, 1249.

Stadt weiterhin selbst direkt beliefern will, um das Aufkommen jeden Wettbewerbs zu verhindern.[131]

69 Die EVU praktizieren noch auf zahlreichen anderen Gebieten versteckte oder offene **Diskriminierungen**. Beispiele sind die (skandalösen) **Installationsmonopole,** die darauf beruhen, dass sich die EVU anmaßen, darüber zu entscheiden, wer zur Installation ihrer Anlagen zugelassen wird (s. Art. 12 Abs. 1 GG),[132] sowie die ebenso skandalösen **Wechselgebühren,** die vor allem die kommunalen EVU von ihren Kunden sowie von konkurrierenden Stromanbietern verlangen, wenn es ihre Tarifabnehmer „wagen" sollten, von dem seit 1998 eröffneten Stromwettbewerb Gebrauch zu machen und zu anderen Anbietern zu wechseln, wobei die Wechselgebühren so hoch kalkuliert zu werden pflegen, dass sie den Wechsel für die anderen Anbieter ebenso wie für die Tarifabnehmer unwirtschaftlich machen.[133]

6. Missbrauch der Nachfragemacht

70 Das Diskriminierungsverbot gilt, wie sich unmittelbar aus § 20 Abs. 2 und Abs. 3 GWB ergibt, **auch** für **marktstarke Nachfrager.** Diskriminierungen, die von ihrer Seite ausgehen, können daher ebenfalls ohne weiteres mit § 20 Abs. 1 GWB erfasst werden. Die wichtigsten Formen sind Bezugssperren (u. Rn. 71 ff.) und Diskriminierungen zwischen den Anbietern bei den Rabatten und den Konditionen (u. Rn. 74 ff.). Man spricht insoweit auch von Rabatt- und Konditionenspreizung, Fälle, die mittlerweile zum Teil eine Sonderregelung in **§ 20 Abs. 3 GWB** gefunden haben (s. dazu u. Rn. 77 ff.). In den vorliegenden Zusammenhang gehört außerdem noch die Problematik des Verkaufs unter Einstandspreis, für den sich eine weitere Sonderregelung in **§ 20 Abs. 4 S. 2 GWB** i. d. F. von 2007 befindet (s. u. Rn. 89 ff.).

a) Bezugssperren

71 Bezugssperren durch marktbeherrschende Nachfrager sind bisher nur selten als verbotene Behinderung der Anbieter qualifiziert worden. Im Vordergrund stehen Fälle, in denen die **öffentliche Hand** wie etwa bei der Nachfrage nach Straßenbauleistungen, nach Heil- und Hilfsmitteln oder nach Kriegswaffen nahezu über ein **Nachfragemonopol** verfügt. In solchen Fällen folgt bereits aus der Ausstrahlungswirkung des Art. 3 Abs. 1 GG auf das Privatrecht, dass die öffentliche Hand zur **Gleichbehandlung der** in Betracht kommenden **Anbieter** verpflichtet ist. Für den Regelfall wird sich daraus für sie die **Verpflichtung zur Ausschreibung** ihres Bedarfs ergeben, damit die privaten Anbieter überhaupt eine faire Chance erhalten, mit ihr in Vertragsbeziehungen zu treten.[134]

72 Das ist deshalb so wichtig, weil die öffentliche Hand mit ihrer Nachfragetätigkeit – zum Schaden der Steuerzahler – in wachsendem Maße auch **allgemeinpolitische**

[131] *BGH* WuW/E DE-R 1726 (1729 Tz. 18) = NVwZ 2006, 962 – Stadtwerke Dachau.

[132] Dagegen zutreffend *OLG Düsseldorf* WuW/E OLG 4692.

[133] *OLG Naumburg* NJW-RR 2001, 1617 = WuW/E DE-R 805 = JuS 2002, 298 f. Nr. 1 m. N.; *OLG München* WuW/E DE-R 790 (793 ff.) – Bad Tölz; *LKartB Bayern* WuW/E DE-V 347 ff.

[134] S. schon o. Rn. 29 ff., 57 f. sowie BGHZ 101, 72 (82 f.) = NJW 1988, 772 – Krankentransporte; *BGH* LM § 26 GWB Nr. 74 = WuW/E BGH 2683 (2687) – Zuckerrüben; *OLG Düsseldorf* WuW/E OLG 2274 (2277 ff.) = JuS 1981, 228 Nr. 9; *Emmerich,* in: Ausschluß von Unternehmern von der Teilnahme am Wettbewerb aus strafrechtlicher, verwaltungsrechtlicher sowie zivilrechtlicher Sicht, Schriftenreihe der Deutschen Gesellschaft für Baurecht Bd. 24, 1995, S. 27 (40 ff.).

Ziele verfolgt, z. B. durch die Begünstigung von Unternehmen, die sich in der „Frauenförderung" hervortun oder eine „Tariftreueerklärung" abgeben. Der Verstoß gegen § 20 Abs. 1 GWB liegt in solchen Fällen auf der Hand, da die genannten (angeblichen) öffentlichen Interessen jedenfalls nicht eine Diskriminierung zwischen Anbietern zu rechtfertigen vermögen (s. o. Rn. 45). Der BGH hat deshalb zu Recht das Verlangen nach Abgabe einer Tariftreueerklärung – in dem fraglichen Fall seitens des Landes Berlin – als Verstoß gegen das Diskriminierungsverbot des § 20 Abs. 1 GWB qualifiziert.[135]

Jenseits des Sonderfalles der Beschaffungstätigkeit der öffentlichen Hand ist die Rechtsprechung aus guten Gründen mit der Annahme von **Bezugspflichten** marktstarker Nachfrager **ausgesprochen zurückhaltend,** da in einer freien Wirtschaft selbst marktbeherrschende Unternehmen grundsätzlich in der Entscheidung frei bleiben müssen, von wem sie welche Waren zu welchen Bedingungen beziehen, schon, weil sie auch allein das Risiko der Weiterveräußerung zu tragen haben.[136] **Ausnahmen** sind freilich denkbar. Ein Beispiel ist der Markt für **Arzneimittel,** auf dem der BGH zum Schutz der Arzneimittelimporteure eine Abnahmepflicht der wenigen marktbeherrschenden Pharmagroßhändler angenommen hat, weil anders hier offenbar gegen den Widerstand der Pharmagroßhändler eine Öffnung des deutschen Marktes für billige ausländische Arzneimittel nicht möglich erschien.[137] 73

b) Rabatt- und Konditionenspreizung

Bei dem Problem der Rabatt- und Konditionenspreizung geht es in erster Linie um die verbreiteten **Versuche marktstarker Nachfrager,** für sich die unterschiedlichsten **Sondervergünstigungen** bei ihren Lieferanten **durchzusetzen.** Das Spektrum reicht von der Zahlung von Eintrittsgeldern über die Gewährung besonderer Rabatte bis zur Gestellung von Verkaufspersonal. In der Rechtsprechung wurden derartige Zuwendungen der Lieferanten eine Zeitlang als unlauter angesehen.[138] Später distanzierte sich die Rechtsprechung jedoch wieder deutlich von dieser negativen Beurteilung zugunsten einer mehr differenzierten Haltung, da es sich bei den genannten Sondervergünstigungen durchweg der Sache nach um nichts anderes als um **normale Preisnachlässe** handelt, die nur deshalb in zugegebenermaßen zum Teil abenteuerliche Formen gekleidet werden, um sie vor den Konkurrenten so lange wie möglich verborgen halten zu können.[139] 74

Derartige (mehr oder weniger) heimliche Preiszugeständnisse der Lieferanten für einzelne Abnehmer sind auf zahlreichen Märkten die **letzte** noch wirksame **Form des Preiswettbewerbs** – und deshalb besonders schützenswert. Es liegt zudem in der Natur der Sache, dass es Abnehmern niemals gelingen wird, Preisnachlässe bei allen 75

[135] *BGH* LM § 20 GWB Nr. 24 (Bl. 5 ff.) = NZA 2000, 327 =ZIP 2000, 426.

[136] BGHZ 101, 72 (81 ff.) = NJW 1988, 772 – Krankentransporte; BGHZ 129, 53 (60 ff.) = NJW 1995, 2415 – Importarzneimittel; *BGH* LM § 26 GWB Nr. 91 a = NJWE-WettbR 1997, 161 – Zuckerrüben II.

[137] BGHZ 129, 53 (60 ff.) = NJW 1995, 2415; zustimmend *BVerfG* WuW/E DE-R 557.

[138] *BGH* LM § 1 UWG Nr. 298 = NJW 1977, 631 = JuS 1977, 409 Nr. 9 – Schaufensteraktion; LM § 1 UWG Nr. 299 = NJW 1977, 1242 = JuS 1977, 410 Nr. 10 – Eintrittsgeld.

[139] *BGH* LM § 1 UWG Nr. 371 = NJW 1983, 171 = JuS 1983, 150 Nr. 11 – Unentgeltliche Preisauszeichnung; LM § 1 UWG Nr. 377 = NJW 1983, 169 – Eröffnungsrabatte; s. dazu Unlauterer Wettbewerb, § 8 Rn. 17 ff.; *MK,* SonderGA 7, Tz. 214 ff.

Anbietern in gleicher Höhe durchzusetzen. § 20 Abs. 1 GWB würde daher geradezu in sein Gegenteil verkehrt, wollte man ihm ein Verbot solcher Preisnachlässe entnehmen, zumal die Folge nur eine bedenkliche Preisstarre im Handel wäre, deren Nachteile letztlich die Verbraucher zu tragen hätten.

76 Eine Anwendung des Diskriminierungsverbots wird daher hier immer **nur in Ausnahmefällen** in Betracht kommen. **Beispiele** sind das gezielte Vorgehen marktstarker Nachfrager gegen einzelne dadurch besonders benachteiligte Lieferanten, weiter Versuche der Nachfrager, die Gewährung gleicher Vergünstigungen an die Konkurrenten zu verhindern, wobei insbesondere an Meistbegünstigungsklauseln zu denken ist, sowie schließlich Preisstrukturmissbräuche. Selbst in derartigen Fällen ist indessen der Nachweis der Voraussetzungen des Diskriminierungsverbotes immer noch ausgesprochen schwierig. Der Gesetzgeber hat deshalb 1980 den § 20 Abs. 1 GWB durch ein speziell auf Fälle der genannten Art gemünztes Verbot passiver Diskriminierungen in **§ 20 Abs. 3 GWB** ergänzt (s. u. Rn. 77 ff.).

VII. Passive Diskriminierung

1. Überblick

77 Nach **§ 20 Abs. 3 S. 1 GWB** von 1980 in der Fassung der 7. Novelle von 2005 dürfen marktbeherrschende Unternehmen und Kartelle ihre Marktstellung nicht dazu ausnutzen, andere Unternehmen im Geschäftsverkehr dazu aufzufordern *oder* zu veranlassen, ihnen ohne sachlich gerechtfertigten Grund Vorteile zu gewähren. Gemäß S. 2 der Vorschrift i. d. F. von 2007 gilt das Verbot auch für marktstarke Unternehmen und Kartelle im Verhältnis zu den von ihnen abhängigen Unternehmen. Die praktische Bedeutung der Vorschrift war bisher gering.

78 § 20 Abs. 3 GWB geht im Kern auf die 4. Novelle von 1980 zurück. Mit ihm sollten vor allem bestimmte Fälle der sog. passiven Diskriminierung, d. h. des **Sich-Diskriminierenlassens seitens marktmächtiger Nachfrager** auf dem Weg über die Durchsetzung von Vorzugsbedingungen bei den Lieferanten erfasst werden. Gemeint sind Fälle einer *mittelbaren* Behinderung der weniger glücklichen Konkurrenten, die an sich bereits unter § 20 Abs. 1 GWB fallen. Wegen der großen Schwierigkeiten, auf die die Anwendung des § 20 Abs. 1 GWB hier jedoch häufig stößt (s. o. Rn. 76), hat der Gesetzgeber 1980, um das kartellrechtliche Instrumentarium gegen Missbräuche der Nachfragemacht zu verbessern, die passive Diskriminierung – als verselbstständigten Anstiftungstatbestand – nochmals gesondert in § 20 Abs. 3 GWB untersagt.[140]

79 Der **Zweck** des § 20 Abs. 3 GWB ist umstritten. Für die Gesetzesverfasser stand nach dem Gesagten (o. Rn. 78) seinerzeit der **Schutz der Konkurrenten marktmächtiger Nachfrager** im Vordergrund. Denn es ging ihnen in erster Linie darum, diese Konkurrenten davor zu bewahren, dass mächtige Nachfrager durch Einsatz ihrer Macht sich einen nicht mehr leistungsgerechten Vorteil im Wettbewerb mit ihnen verschaffen.[141] In diesem Konkurrentenschutz erschöpft sich indessen der

[140] S. *H. Köhler,* BB 1998, 113; 1999, 1017; *ders.,* FS Tilmann, 2003, S. 693; *ders.,* WRP 2006, 13; *Säcker/Mohr,* WRP 2010, 1.

[141] BGHZ 152, 97 (112) = NJW 2003, 205 – Metro/Konditionenanpassung.

Schutzzweck der Vorschrift nicht; vielmehr soll durch § 20 Abs. 3, jedenfalls aus heutiger Sicht, offenkundig auch eine **machtbedingte Ausplünderung der Lieferanten** durch ihre mächtigen Abnehmer **verhindert** werden, so dass sich im Ergebnis der Schutzzweck des § 20 Abs. 3 GWB gleichermaßen auf das horizontale Verhältnis zu den Konkurrenten marktmächtiger Nachfrager wie auf das Vertikalverhältnis zu den von ihnen abhängigen Anbietern oder Lieferanten erstreckt.[142]

2. Normadressaten[143]

Der Kreis der Normadressaten ist in § 20 Abs. 3 S. 1 und 2 GWB i. d. F. von 2007 in wenig klarer Weise umschrieben. Nach S. 1 des § 20 Abs. 3 GWB gilt die Vorschrift zunächst für **marktbeherrschende Unternehmen** im Sinne des § 19 Abs. 2 GWB sowie für Vereinigungen von Unternehmen im Sinne des Abs. 1 des § 20 (s. o. Rn. 10 und u. Rn. 81). S. 2 der Vorschrift fügt sodann hinzu, dass die Pflichten aus § 20 Abs. 3 S. 1 außerdem Unternehmen und Vereinigungen von Unternehmen im Verhältnis zu den von ihnen abhängigen Unternehmen treffen. Daraus ergibt sich als erstes, dass unter § 20 Abs. 3 ferner **marktstarke Nachfrager** fallen. Dies ist deshalb wichtig, weil im Handel marktbeherrschende Positionen selten sind, während Abhängigkeit i. S. d. § 20 Abs. 2 GWB durchaus vorkommt. **80**

Die Einbeziehung marktstarker Nachfrager bedeutet daher bereits eine erhebliche Ausweitung des Anwendungsbereichs der Vorschrift. Eine weitere Ausweitung ergibt sich aus der Einbeziehung von **Vereinigungen von Unternehmen** in den Anwendungsbereich der Vorschrift durch S. 2 des § 20 Abs. 3 GWB, womit hier in erster Linie die mächtigen **Einkaufsgemeinschaften des Handels** gemeint sein dürften, die durch **§ 3 GWB** weitgehend vom Kartellverbot freigestellt sind und bei denen deshalb der wichtigste Anwendungsbereich des § 20 Abs. 3 GWB liegen wird (s. o. § 23 Rn. 9 ff.). Nicht nötig ist, dass die Einkaufsgemeinschaft eine marktbeherrschende Stellung einnimmt; nach § 20 Abs. 3 S. 2 i. d. F. vom 2007 genügt es vielmehr, **wenn** der **Lieferant** von der Einkaufsgemeinschaft **abhängig** ist, weil er über keine ausreichenden und zumutbaren Ausweichmöglichkeiten verfügt,[144] wobei sich jedoch der Schutzbereich der Vorschrift wohl auf **kleine und mittlere Lieferanten** im Sinne des § 20 Abs. 2 S. 1 GWB beschränkt (s. dazu o. Rn. 15 ff.), während große Lieferanten, selbst wenn sie abhängig sind, schwerlich Schutz nach § 20 Abs. 3 GWB genießen, da sie in der Regel selbst in der Lage sind, sich zu helfen.[145] **81**

3. Tatbestand

a) Den genannten Nachfragern (o. Rn. 80 f.) ist es durch § 20 Abs. 3 S. 1 GWB in der Fassung von 2005 untersagt, ihre Marktstellung dazu auszunutzen, andere Unternehmen, typischerweise also ihre Lieferanten, im Geschäftsverkehr dazu aufzufordern *oder* zu veranlassen, ihnen ohne sachlich gerechtfertigten Grund, d. h. grundlos „Vorteile" zu gewähren. Mit dem Merkmal **„Ausnutzung der Marktstellung"** wird zum Ausdruck gebracht, dass zwischen der Marktmacht des betreffenden Nachfra- **82**

[142] *Köhler,* WRP 2006, 139 (140); str.
[143] S. *Köhler,* WRP 2006, 139 (141 f.); *Säcker/Mohr,* WRP 21010, 1.
[144] S. BGHZ 152, 97 (109 ff.) = NJW 2003, 205 – Metro/Konditionenanpassung.
[145] BGHZ 152, 97 (107 ff.) = NJW 2003, 205 – Metro/Konditionenanpassung; *MK,* SonderGA Nr. 47, 2007, Tz. 12 ff.; kritisch *Köhler,* WRP 2006, 139 (141).

gers (o. Rn. 80 f.) und der möglichen Gewährung von Vorteilen seitens der Lieferanten ein **Kausalzusammenhang** bestehen muss, und zwar in dem Sinne, dass die Vorteile letztlich nur mit Rücksicht auf die Marktmacht des Nachfragers von den Lieferanten gewährt werden. Nach dem Zweck der gesetzlichen Regelung dürfte dieser Zusammenhang freilich zu *vermuten* sein. Er fehlt jedoch z. B., wenn der Lieferant die Vorteile von sich aus anbietet, etwa, um die Geschäftsbeziehungen mit dem nächtigen Nachfrager zu festigen.

83 **b)** Verboten ist seit der 7. Novelle von 2005 gleichermaßen die Aufforderung zur Gewährung von Vorteilen wie deren Veranlassung. Eine **Veranlassung** liegt vor, wenn die Vorteile dem mächtigen Abnehmer auf seinen Wunsch hin tatsächlich gewährt werden, während die **Aufforderung** nichts anderes als die (erfolglose) Anstiftung zu solcher Vorteilsgewährung ist. Der Bundesrat wollte mit der Ausdehnung des Tatbestandes auf diesen Fall erreichen, dass die Kartellbehörden auch schon *vorbeugend* nach § 32 einschreiten können, sobald nur mächtige Abnehmer von ihren Lieferanten besondere Vorteile verlangen.[146] Die Kartellbehörden müssen in derartigen Fällen mit anderen Worten nicht erst abwarten, bis es tatsächlich zur Vorteilsgewährung kommt, sondern können sogleich tätig werden.

84 Diese Regelung ist durchaus **problematisch,** weil sie zur Folge haben kann, dass die übliche Forderung günstiger Bedingungen im Rahmen von Vertragsverhandlungen in die Reichweite des Verbots des § 20 Abs. 3 GWB gerät.[147] Das kann schwerlich richtig sein, so dass schon diese Überlegung dazu nötigt, § 20 Abs. 3 GWB **ganz restriktiv** zu **interpretieren** und im Grunde auf Fälle machtbedingter Schädigungen zu begrenzen.[148] In dieselbe Richtung weisen auch die folgenden Überlegungen (Rn. 85 ff.).

85 **c)** § 20 Abs. 3 S. 1 GWB wendet sich ganz allgemein gegen die Forderung oder Veranlassung von **„Vorteilen"**, und zwar ohne sachlich gerechtfertigten Grund (dazu u. Rn. 87). Früher sprach das Gesetz dagegen noch von „Vorzugsbedingungen", wobei die Gesetzesverfasser seinerzeit vor allem „nicht leistungsgerechte Vergünstigungen**",** d. h. solche Vergünstigungen im Auge hatten, die ihren Grund weder in der Menge der abgenommenen Waren noch in anderen betriebswirtschaftlich kalkulierbaren Gegenleistungen des Nachfragers haben, sondern lediglich **auf der Ausnutzung von Marktmacht beruhen** und deshalb anderen gleichartigen Nachfragern, die nicht über eine vergleichbare Macht verfügen, verweigert werden.[149]

86 Der neue Begriff der „Vorteile" im § 20 Abs. 3 S. 1 GWB dürfte jedenfalls im Kern dasselbe wie früher der Begriff der Vorzugsbedingungen (Rn. 85) besagen. **Beispiele** bilden folglich ebenso wie früher schon eine nachträglich durchgesetzte Verschlechterung der Konditionen für die Lieferanten in Verbindung mit Ausgleichszahlungen,[150] ferner die schon wiederholt erwähnten Erscheinungsformen des sog. „Missbrauchs" der Nachfragemacht wie Eintrittsgelder, Regalmieten, Werbekostenzuschüsse oder Inventurhilfen (s. o. Rn. 70) sowie wohl überhaupt **jede Besserstellung** („Vorteil")

[146] BT-Drs. 15/3640, S. 74 (r. Sp. 1. Abs.).

[147] *Kahlenberg/Haellmigk,* BB 2005, 1509 (1511 r. Sp.); sehr kritisch auch *MK,* SonderGA Nr. 47, 2007, Tz. 12 ff.

[148] *Köhler,* WRP 2006, 139 (144).

[149] Begr., BT-Drs. 8/2136, S. 25; *KG* WuW/E DE-R 367 (368) – Berliner Schulbuchbeschaffung; *BKartA* WuW/E DE-V 94 (98) = BB 1999, 706 – Metro.

[150] BGHZ 152, 97 (112) = NJW 2003, 205 – Metro/Konditionenanpassung.

im Verhältnis zu den **Konkurrenten**, deren Behandlung folglich den **Maßstab** für die Annahme eines Vorteils abgibt. Das Problem ist „nur", dass die Mehrzahl dieser Vergünstigungen tatsächlich nichts anderes als *Preisnachlässe* sind und deshalb heute durchweg ganz anders beurteilt werden als noch zurzeit des Erlasses der vierten Novelle im Jahre 1980. Auch daraus ist der Schluss zu ziehen, dass § 20 Abs. 3 S. 1 GWB ganz restriktiv interpretiert werden muss, um eine nicht akzeptable Beschneidung der Vertragsfreiheit der Beteiligten zu verhindern (s. schon Rn. 84). Das Klügste wäre es, den offenkundig missglückten § 20 Abs. 3 GWB ganz zu streichen.[151] Tatsächlich ist die Vorschrift jedoch, wie gezeigt (o. Rn. 77, 80 f.), Ende 2007 erneut ausgedehnt worden.

d) Auf die Notwendigkeit von Restriktionen (o. Rn. 84, 86) weist ferner hin, dass 87
sich der Tatbestand ohnehin auf die Forderung oder Veranlassung von Vorteilen **„ohne sachlich gerechtfertigten Grund"** beschränkt. Auch dadurch wird die Forderung von Vergünstigungen im Rahmen normaler Vertragsverhandlungen wohl aus dem Tatbestand ausgeschlossen (s. o. Rn. 84); erfasst wird vielmehr nur der **Einsatz von Macht zur Erlangung von Vorteilen, auf die kein Anspruch** besteht, insbesondere unter Durchbrechung bestehender Verträge. Die Forderung zusätzlicher Vergünstigungen ist dagegen z. B. gerechtfertigt, wenn ein Unternehmen mit seiner Nachfrage eine neue Rabattstufe erreicht und deshalb zusätzliche Rabatte verlangt.[152] Die **Beweislast** dürfte freilich insoweit den marktmächtigen Nachfrager treffen.[153]

4. Rechtsfolgen

§ 20 Abs. 3 GWB ist ein **gesetzliches Verbot** im Sinne des § 134 BGB, so dass ent- 88
gegenstehende Vereinbarungen nichtig sind. Gleichwohl gewährte Vorteile können kondiziert werden (§ 812 Abs. 1 S. 1 Fall 1 BGB); § 817 BGB steht nicht entgegen. Außerdem kommen Unterlassungs-, Beseitigungs- und **Schadensersatzansprüche** der Betroffenen nach § 33 Abs. 1 und Abs. 3 GWB in Betracht, zu denen nach dem zum Zweck der Vorschrift Gesagten (o. Rn. 79) gleichermaßen die Konkurrenten des marktmächtigen Nachfragers wie die betroffenen Lieferanten gehören. Schließlich können auch die Kartellbehörden gegen den marktmächtigen Nachfrager, wenn Wiederholungsgefahr besteht,[154] mit Abstellungsverfügungen nach § 32 Abs. 1 GWB sowie in Ausnahmefällen mit dem Ziel der Vorteilsabschöpfung nach § 34 GWB vorgehen.[155]

VIII. Horizontales Behinderungsverbot

Literatur: *BKartA,* Angebot unter Einstandspreis, Bekanntmachung Nr. 124/2003; *T. Caspary,* Der Verkauf unter Einstandspreis nach § 20 Abs. 4 S. 2 GWB, 2005; *Lettl,* WRP 2008, 1299; *Markert,* Die Wettbewerbsbehinderung im GWB nach der 4. Kartellnovelle, 1982, S. 46 ff.; *Neumann,* FS Möschel, 2011, S. 441; *P. Ulmer,* FS v. Gamm, 1990, S. 677; *Wudtke,* Sicherung des Leistungswettbewerbs durch das Verbot der unbilligen Behinderung in § 26 Abs. 4 GWB, 1995; *Wurmnest,* Merktmacht und Verdrängungsmissbrauch, 2010, S. 508 ff.

[151] So zutreffend *MK,* SonderGA Nr. 47, 2007, Tz. 13.
[152] Ebenso BGHZ 152, 97 (113 f.) = NJW 2003, 205 – Metro/Konditionenanpassung.
[153] *BGH* (vorige Fn.).
[154] BGHZ 152, 97 (102 ff.) = NJW 2003, 205.
[155] S. *Köhler,* WRP 2006, 139 (144 f.); s. schon Rn. 84.

1. Überblick

89 Nach § 20 Abs. 4 S. 1 GWB ist es Unternehmen mit gegenüber kleinen und mittleren Wettbewerbern überlegener Marktmacht verboten, ihre Marktmacht dazu auszunutzen, solche Wettbewerber unmittelbar oder mittelbar unbillig zu behindern. S. 2 der Vorschrift i. d. F. von 2007 fügt hinzu, dass eine unbillige Behinderung in diesem Sinne insbesondere in drei Fällen anzunehmen ist, nämlich 1., wenn ein Unternehmen Lebensmittel im Sinne des § 2 Abs. 2 LMFG unter Einstandspreis (Nr. 1 aaO.) oder 2. andere Waren oder gewerbliche Leistungen nicht nur gelegentlich unter Einstandspreis anbietet, oder wenn 3. ein Unternehmen von kleinen oder mittleren Unternehmen, mit denen es auf dem nachgelagerten Markt beim Vertrieb von Waren oder gewerblichen Leistungen im Wettbewerb steht, für deren Lieferung einen höheren Preis fordert, als es selbst auf diesem Markt anbietet (sog. Kosten-Preisschere), außer wenn dies sachlich gerechtfertigt ist. Einzelne Rechtfertigungsgründe regeln die S. 3 und 4 der Vorschrift. Die Geltung der S. 2 bis 4 ist befristet bis zum 31. Dezember 2012. Erfolgt keine Verlängerung, so tritt wieder die alte Fassung des S. 2 des § 2 Abs. 4 in Kraft, nach der es generell verboten war, dass ein Unternehmen Waren oder gewerbliche Leistungen nicht nur gelegentlich unter Einstandspreis anbietet. Verstärkt wird die Regelung durch die Vermutung des § 20 Abs. 5 GWB (dazu u. Rn. 97).

90 § 20 Abs. 4 S. 1 GWB geht auf den durch die vierte Novelle von 1980 in das Gesetz eingefügten und bereits 1989 wieder gestrichenen § 37 a Abs. 3 GWB zurück, an dessen Stelle seinerzeit zunächst § 26 Abs. 4 GWB a. F. getreten war. Mit beiden Vorschriften war ein **verstärkter Schutz kleiner und mittlerer Unternehmen im Handel gegen** aggressive Preis- und Rabattpraktiken ihrer **großbetrieblichen Konkurrenten bezweckt** worden. Wegen ihrer restriktiven Auslegung durch die Rechtsprechung war dieser Zweck jedoch in den Augen der Gesetzesverfasser nicht erreicht worden, weshalb 1998 die Vorschrift noch in S. 2 um ein ausdrückliches Verbot des nicht nur gelegentlichen (systematischen) Untereinstandspreisverkaufs ergänzt wurde. Durch die 7. Novelle von 2005 ist § 20 Abs. 4 GWB zunächst nicht geändert worden. Jedoch war bereits in der Koalititonsvereinbarung von 2005 eine weitere Verschärfung der Vorschrift angekündigt worden. Zu diesem Zweck brachte die Bundesregierung im Jahr 2007 einen Gesetzentwurf ein, der Ende des Jahres 2007 verabschiedet wurde.[156] **Befristet auf fünf Jahre**, verbietet seitdem § 20 Abs. 4 S. 2 Nr. 1 insbesondere jeden Untereinstandspreisverkauf von Lebensmitteln - eine direkt gegen den Preiswettbewerb und damit gegen den Kern des Wettbewerbsprozesses selbst gerichtete Vorschrift. § 20 Abs. 4 S. 2 Nr. 1 stellt daher einen **schwerwiegenden wettbewerbspolitischen Missgriff** dar, der zudem völlig ungeeignet zum Schutz kleiner und mittlerer Unternehmen im Handel ist, sondern lediglich den großen Markenartikelherstellern nutzt, für die sich das Verbot des Verkaufs ihrer Waren im Lebensmitteleinzelhandel unter Einstandspreis als bequemer **Ersatz für** die seit 1971 verbotene **Preisbindung** erwiesen hat.[157] Ein Kommentar zu solcher Art von „Wettbewerbsgesetzgebung" erübrigt sich: ein abschreckendes Beispiel erfolgreicher Lobbyarbeit und korrupter Politik.

---

156 Gesetz v. 18. 12. 2007, BGBl. I S. 2966.

157 *MK,* SonderGA Nr. 47, 2007, Tz. 8–11; *Neumann,* FS Möschel, S. 441 (449); *Wurmnest,* Marktmacht, S. 515 f,; völlig unkritisch dagegen *Lettl,* WRP 2008, 1299.

2. Tatbestand

a) § 20 Abs. 4 S. 1 GWB gilt nur für Unternehmen, die über eine **gegenüber kleinen und mittleren Wettbewerbern überlegene Marktmacht** verfügen. Erfasst werden damit Fälle einer relativen *horizontalen* „Übermacht" eines großen Unternehmens gegenüber seinen kleinen und mittleren Konkurrenten.[158] § 20 Abs. 4 GWB ergänzt damit § 20 Abs. 2 GWB, dessen Anwendungsbereich sich auf entsprechende *vertikale* Verhältnisse beschränkt (o. Rn. 12 ff.). Daraus ist der Schluss zu ziehen, dass der Begriff der kleinen und mittleren Unternehmen hier ebenso wie in § 20 Abs. 2 S. 1 auszulegen ist (s. deshalb o. Rn. 15 ff.); ergänzend ist das Begriffsverständnis in § 3 Abs. 1 GWB zu berücksichtigen (o. § 23 Rn. 11 ff.). 91

Für die Annahme eines geschützten **kleinen oder mittleren Unternehmens** kommt es folglich in erster Linie auf das **relative Größenverhältnis** zwischen den Beteiligten auf dem fraglichen Markt an,[159] so dass ausschlaggebend ist, ob dieser Markt durch ein derartiges *Machtgefälle* zwischen dem betreffenden Unternehmen und seinen kleinen und mittleren Konkurrenten gekennzeichnet ist, dass die Folge ein **besonderer**, vom Wettbewerb **nicht mehr hinreichend kontrollierter Verhaltensspielraum** des größeren Unternehmens ist. Kriterien sind das Verhältnis der Marktanteile der Beteiligten sowie die unterschiedliche Größe ihrer Ressourcen.[160] Erfasst werden damit in erster Linie die **großbetrieblichen Formen des Einzelhandels**, deren Niedrigpreisstrategien auf den Einzelhandelsmärkten ohnehin bei der Regelung ganz im Mittelpunkt des Interesses der Gesetzesverfasser gestanden haben.[161] 92

b) Den genannten Unternehmen (o. Rn. 91 f.) ist durch § 20 Abs. 4 S. 1 GWB die unmittelbare oder mittelbare **unbillige Behinderung** ihrer kleinen und mittleren Konkurrenten untersagt. Einzelne Beispielstatbestände zählt (befristet bis Ende 2012) S. 2 des § 20 Abs. 4 auf. Hervorzuheben ist der Verkauf unter Einstandspreis (Nrn. 1 und 2 des § 20 Abs. 4 S. 2; dazu u. Rn. 95 ff.). 93

§ 20 Abs. 4 S. 1 GWB knüpft schon seinem Wortlaut nach unmittelbar an § 20 Abs. 1 GWB an, so dass wegen des **Begriffs der unbilligen Behinderung** auf die Ausführungen zu dem Behinderungsverbot des § 20 Abs. 1 GWB verwiesen werden kann (s. o. Rn. 41 ff.). Es genügt folglich jede objektiv nachteilige Maßnahme seitens des marktstarken Unternehmens im Horizontalverhältnis, durch die seine kleinen oder mittleren Konkurrenten im Wettbewerb geschädigt werden können.[162] Der potentielle **Anwendungsbereich** des Behinderungsverbots des § 20 Abs. 4 GWB ist deshalb an sich sehr *weit*. Praktische Bedeutung hat die Vorschrift indessen im wesentlichen bisher lediglich bei dem (besonders gefürchteten) Verkauf unter Einstandspreis erlangt (dazu Rn. 95 ff.). Weitere Beispiele sind **Koppelungspraktiken**, durch die die Konkurrenten mächtiger Unternehmen auf den Märkten für die ge- 94

[158] Begr. v. 1989, BT-Drs. 8/3690, S. 23.

[159] *BKartA*, Bekanntmachung von 2003 (unter B 1); WuW/E DE-V 289 (290) – Freie Tankstellen; 1481 – Netto Marken Discount; WuW 2000, 1221; *Bechtold*, § 20 Rn. 79 f.

[160] BGHZ 129, 203 (209 f.) = NJW 1995, 2293 – Hitlisten-Urteil; *OLG München* WuW/E OLG 2738; *KG* WuW/E OLG 2620 (2622); WuW/E DE-R 380 (382) – Milchlieferungsverträge; *BKartA* WuW/E DE-V 289 (290) – Freie Tankstellen; WuW/E DE-V 2029; *Markert*, S. 47 ff.; *P. Ulmer*, FS v. Gamm, 1990, S. 677 (681 ff.).

[161] S. o. Rn. 90; *BKartA* WuW/E DE-V 289 (290) – Freie Tankstellen; WuW/E DE-V 314 = NJWE-WettbR 2000, 310 – Aldi Nord; WuW/E DE-V 316 (317 f.) – WalMart.

[162] *OLG Düsseldorf* WuW/E DE-R 829 (832) – Freie Tankstellen.

koppelten Produkte behindert werden können,[163] sowie eine „übermäßige" **Rabattspreizung,** jedenfalls, wenn diese mit dem Versuch verbunden ist, die Gewährung gleicher Vergünstigungen an kleine und mittlere Konkurrenten auf derselben Marktstufe nach Möglichkeit zu verhindern. Hinzu kommen muss noch in jedem Fall, dass die Behinderung **unbillig** ist (§ 20 Abs. 4 S. 1 GWB). Über die Frage der Unbilligkeit kann hier ebenso wie im Rahmen des § 20 Abs. 1 nur aufgrund einer **Interessenabwägung** unter Berücksichtigung der auf die Freiheit des Wettbewerbs gerichteten Zielsetzung des Gesetzes entschieden werden (s. o. Rn. 44 ff.). Daraus folgt, dass vor allem bei Eingriffen in die Preisfreiheit der Unternehmen große Zurückhaltung geboten ist.[164]

3. Insbesondere der Verkauf unter Einstandspreis

a) Überblick

95 § 20 Abs. 4 S. 2 enthält heute in den Nrn. 1 und 2 zwei bis Ende 2012 befristete Verbote des Verkaufs unter Einstandspreis, ein generelles für den Handel mit **Lebensmitteln** im Sinne des § 2 Abs. 2 LMFG (Nr. 1 des § 20 Abs. 2 S. 2) sowie ein auf den nicht nur gelegentlichen Verkauf unter Einstandspreis beschränktes Verbot für den Handel mit allen **anderen Waren und Dienstleistungen** (Nr. 2 a.a.O.), in beiden Fällen unter der weiteren Voraussetzung, dass der Verkauf unter Einstandspreis nicht im Einzelfall aus besonderen Gründen sachlich gerechtfertigt ist; Einzelheiten dazu regeln die S. 3 und 4 des § 20 Abs. 4 (dazu u. Rn. 96, 98). Ursprünglichen enthielt § 20 Abs. 4 S. 2 in der Fassung von 1998 nur ein der jetzigen Nr. 2 der Vorschrift entsprechendes Verbot des nicht nur gelegentlichen Verkaufs unter Einstandspreis. Von der **Bundesregierung** war diese Regelung seinerzeit vor allem mit der Notwendigkeit begründet worden, dem Grundsatz der freien Preisbildung dort Schranken zu ziehen, wo vorsätzliche Verdrängungspraktiken *oder* systematische Untereinstandspreisverkäufe zu einer Gefährdung des funktionierenden Wettbewerbs auf den betroffenen Märkten führten. An dem scharfen Preiswettbewerb namentlich im Lebensmitteleinzelhandel (um den es der Sache nach allein geht) hatte die Vorschrift aber – natürlich – nichts geändert. Deshalb griff die Bundesregierung erneut ein, weil hier der „ruinöse" Preiswettbewerb die Existenz zahlreicher kleiner und mittlerer Händler bedrohe, wodurch (angeblich) zugleich eine Gefahr für die „breite Versorgung vor allem im ländlichen Raum" begründet werde.[165] Ergebnis war das **Gesetz vom 18. Dezember 2007,**[166] durch das das befristete generelle Verbot des Verkaufs unter Einstandspreis für Lebensmittel eingeführt wurde (§ 20 Abs. 4 S. 2–4).

b) Lebensmittel (§ 20 IV S. 2 Nr. 2)

96 Nach § 20 Abs. 4 S. 2 Nr. 1 liegt eine unbillige Behinderung kleiner und mittlerer Wettbewerber durch einen marktstarkes Unternehmen insbesondere vor, wenn dieses Lebensmittel im Sinne von § 2 Abs. 2 LMFG unter Einstandspreis anbietet, außer wenn dies sachlich gerechtfertigt ist. Einzelne Fälle der sachlichen Rechtfertigung

[163] S. *Emmerich,* LMK 2003, 93 f. gegen BGHZ 151, 274 (283 f.) = NJW 2002, 3779 – Fernwärme für Börnsen.
[164] *OLG Düsseldorf* WuW/E DE-R 829 (836 ff.) – Freie Tankstellen.
[165] Begr. z. RegE, BT-Drs. 16/5847, S. 9 f.
[166] BGBl. I S. 2966.

des Verkaufs von Lebensmittel unter Einstandspreis finden sich in den S. 3 und 4 des § 20 Abs. 4. Hervorzuheben sind der Verderb oder eine drohende Unverkäuflichkeit der Lebensmittel sowie die Abgabe an gemeinnützige Einrichtungen (s. Rn. 98).

§ 20 Abs. 4 S. 2 Nr. 1 verbietet bereits das bloße **Angebot** von Lebensmitteln unter Einstandspreis. Als **Einstandspreis** gilt in diesem Zusammenhang der an den Lieferanten tatsächlich gezahlte Preis,[167] berechnet grundsätzlich an Hand des Listenpreises des Herstellers oder Lieferanten ohne Mehrwertsteuer abzüglich aller Rabatte und sonstiger auf den einzelnen Warenbezug bezogener Vergünstigungen wie z. B. Jahresboni, Werbekostenzuschüsse, Verkaufsförderungsentgelte und Umsatzvergütungen.[168] Gleich steht der Fall, dass das marktbeherrschende oder marktstarke Unternehmen lediglich an seinem **Preis festhält,** obwohl sein Einstandspreis inzwischen infolge von Preiserhöhungen der Lieferanten über den gleichgebliebenen Verkaufspreis hinaus gestiegen ist.[169] Etwas anderes soll nur gelten, wenn der Einstandspreis durch Interventionen der Konkurrenten künstlich nach oben manipuliert wird.[170] 97

Liegt danach ein Angebot von Lebensmitteln unter Einstandspreis im Sinne des § 20 Abs. 4 S. 2 Nr. 1 vor, so ist nur noch zu prüfen, ob das Angebot ausnahmsweise **sachlich gerechtfertigt** ist. Beispiele finden sich in den S. 3 und 4 der Vorschrift (Rn. 96). Gleich stehen sonstige **betriebliche Notlagen** wie z. B. eine drohende Insolvenz oder Zahlungsunfähigkeit sowie den Eintritt in einen neuen Markt oder in dauernd niedrigere Wettbewerbspreise.[171] *Nicht* ausreichend soll dagegen der Eintritt in ebenfalls kartellrechtswidrige, weil gegen § 20 Abs. 4 S. 2 Nr. 2 GWB verstoßende Preise der Konkurrenten sein, da dem marktstarken oder marktbeherrschenden Unternehmen in diesem Fall zuzumuten sei, sich gegen die kartellrechtswidrigen Preise der Konkurrenten auf dem dafür vorgesehenen Weg über § 33 Abs. 1 GWB in Verbindung mit den §§ 19 Abs. 4 Nr. 1 und 20 Abs. 4 GWB zu wehren.[172] Auch andere Einschränkungen des Tatbestandes des § 20 Abs. 4 S. 2 GWB, etwa durch das Erfordernis eines Kausalzusammenhanges zwischen der überlegenen Marktmacht und dem Verkauf unter Einstandspreis oder durch das Erfordernis einer spürbaren Beeinträchtigung der Wettbewerbsverhältnisse durch diesen Verkauf, hat der BGH – erstaunlicherweise – ausdrücklich abgelehnt.[173] – Die sachlich durch nichts zu rechtfertigende Vorschrift des § 20 Abs. 4 S. 2 Nr. 1 wird folglich – ohne Not – ganz strikt ausgelegt. Offenbar gilt heute in Deutschland der Preiswettbewerb mittlerweile bereits als etwas grundsätzlich Negatives. 98

[167] BGHZ 152, 361 (367, 373 f.) = GRUR 2003, 363 = WuW/E DE-R 1042 m. Anm. *Lettl,* JZ 2003, 662 – Wal-Mart.

[168] *BKartA* WuW/E DE-V 314 = NJW/E-WettbR 2000, 310 – Aldi/Nord; WuW/E DE-V 316 (318) – WalMart; WuW/E DE-V 911 (914 f.) = WuW 2004, 653 – Photoarbeitstasche; WuW/E DE-V 1481 (1482) – Netto Marken Discount; Bekanntmachung Nr. 124/2003, Tz. B 3.

[169] BGHZ 152, 361 (367, 373 f.) = GRUR 2003, 363 = WuW/E DE-R 1042; *BKartA,* Bekanntmachung Nr. 124/2003, Tz. B 4 (7. Abs.).

[170] BGHZ 152, 361 (374 ff.) – Wal-Mart.

[171] *BKartA,* Bekanntmachung Nr. 124/2003, Tz. B 4 (Abs. 4–6).

[172] So BGHZ 152, 361 (370 ff.) – Wal-Mart; zustimmend *BKartA* WuW/E DE-V 911 (914 ff.) – Photoarbeitstasche; *Lettl,* WRP 2008, 1299 (1303 f.).

[173] BGHZ 152, 361 (368, 376 ff.) – Wal-Mart.

c) Sonstige Fälle (§ 20 Abs. 4 Nrn. 2 und 3)

99 § 20 Abs. 4 S. 2 Nr. 2 wendet sich ferner gegen das nicht nur gelegentliche Angebot **anderer Waren oder gewerblicher Leistungen** unter Einstandspreis. Erfasst werden hier folglich – anders als bei Lebensmitteln – nur auf Dauer angelegte Aktionen im Gegensatz zu sporadischen Sonder- oder Lockvogelangeboten. Eine auf Dauer angelegte Aktion wird freilich bereits angenommen, wenn sie **für mindestens drei Wochen** auf einem bestimmten Markt, wenn auch gegebenenfalls mit wechselnden Waren und immer nur zum Wochenende, praktiziert wird.[174] Für die in Ausnahmefällen anzunehmende sachliche Rechtfertigung des nicht nur gelegentlichen Verkaufs anderer Waren oder Dienstleistungen unter Einstandspreis gilt im Übrigen dasselbe wie bei Lebensmitteln (s. deshalb o. Rn. 96, 98).

100 In § 20 Abs. 4 S. 2 Nr. 3 erfasst das Gesetz schließlich noch (nur) einen besonderen Anwendungsfall der **Preis-Kostenschere**, gekennzeichnet dadurch, dass ein marktbeherrschendes oder marktstarkes Unternehmen von kleinen oder mittleren Unternehmen, mit denen es auf dem nachgelagerten Markt beim Vertrieb von Waren oder gewerblichen Leistungen im Wettbewerb steht, für die Lieferung dieser Waren oder Leistungen einen höheren Preis fordert, als es selbst auf dem nachgelagerten Markt anbietet. Die Vorschrift greift somit nur in dem wohl eher ausgesprochen seltenen, ja theoretischen Fall ein, dass das marktstarke Unternehmen von seinen Konkurrenten auf dem vorgelagerten Markt *höhere Preise* verlangt, als es selbst auf dem nachgelagerten Markt von den Endkunden fordert, während die Vorschrift nicht anwendbar ist, wenn das marktstarke Unternehmen seinen einstufigen Konkurrenten auf dem vorgelagerten Markt lediglich eine ungenügende Marge zubilligt (s. dazu o. § 10 Rn. 59 ff.).[175]

4. Vermutung

101 Nach **§ 20 Abs. 5 GWB** wird die Erfüllung des Tatbestands des § 20 Abs. 4 GWB vermutet, wenn sich „aufgrund bestimmter Tatsachen nach allgemeiner Erfahrung der Anschein" einer unbilligen Behinderung ergibt; die Folge soll sein, dass das marktstarke Unternehmen dann diesen „Anschein" widerlegen und solche anspruchsbegründenden Umstände aus seinem Geschäftsbereich aufklären muss, deren Aufklärung den betroffenen Konkurrenten nicht möglich, ihm selbst aber leicht möglich und zumutbar ist. Im Schrifttum ist diese Regelung auf nahezu einhellige **Kritik** gestoßen, da in einer Wettbewerbsordnung keine Fälle vorstellbar sind, in denen normale Wettbewerbsparameter wie eine Preisunterbietung oder der Druck auf die Preise der Anbieter geeignet sind, den „Anschein" einer unbilligen Behinderung von Konkurrenten hervorzurufen.[176] Die praktische Bedeutung der Vorschrift tendiert folgerichtig gegen Null.

IX. Rechtsfolgen

102 **1.** Bei Verstößen gegen das Diskriminierungsverbot können die **Kartellbehörden** zunächst **nach § 32 GWB** vorgehen und dem marktstarken Unternehmen das fragliche diskriminierende **Verhalten untersagen.** Jedoch müssen sie es in der Regel dem be-

[174] *BKartA* WuW/E DE-V 1481 (1483 ff.) – Netto Marken Discount; *Lettl*, WRP 2008, 1299 (1303).
[175] *Lettl*, WRP 2008, 1299 (1304).
[176] Ebenso *Bechtold*, § 20 Rn. 98; *Hucko*, WuW 1990, 618.

troffenen Unternehmen überlassen, auf welcher Ebene es die nötige Gleichbehandlung anderer Unternehmen wiederherstellen oder eine Behinderung beseitigen will. Die Kartellbehörden können ihm deshalb grundsätzlich nicht auch positiv ein bestimmtes Verhalten, z. B. die Belieferung anderer Unternehmen, vorschreiben.[177] Behördliche Verfügungen dieser Art setzen **kein Verschulden** aufseiten des betroffenen Unternehmens voraus. Die Einleitung eines Verfahrens steht jedoch im Ermessen der Kartellbehörden.[178] Bei schuldhaften Verstößen gegen das Diskriminierungsverbot kommt außerdem die Verhängung von **Geldbußen** aufgrund des § 81 Abs. 2 Nr. 1 GWB in Betracht.[179]

2. In der Praxis weit wichtiger als die erwähnten behördlichen Sanktionen (o. Rn. 100) sind die an Verstöße gegen das Diskriminierungsverbot anknüpfenden **zivilrechtlichen Sanktionen**, da diskriminierte Unternehmen selbst **nach § 33** Unterlassung und Schadensersatz verlangen können. Der **Unterlassungsanspruch** steht dabei im Vordergrund, weil es auch hier grundsätzlich dem Diskriminierenden überlassen bleiben muss, wie er die Diskriminierung beseitigen will.[180] Ein **Belieferungsanspruch** kann daher nur dann unmittelbar auf § 20 Abs. 1 in Verbindung mit § 33 Abs. 1 GWB (als Beseitigungsanspruch) oder mit § 33 Abs. 3 GWB und § 249 Abs. 1 BGB (als Schadensersatzanspruch) gestützt werden, wenn Abhilfe *allein* auf diesem Wege möglich ist und der Antrag die notwendige Bestimmtheit hinsichtlich der zu liefernden Gegenstände und der Konditionen aufweist (§ 253 ZPO).[181] 103

Das Diskriminierungsverbot stellt zugleich ein **gesetzliches Verbot** i. S. d. **§ 134 BGB** dar, so dass in sich diskriminierende Vertragssysteme ebenso nichtig sind[182] wie z. B. eine gegen § 20 Abs. 1 GWB verstoßende Vertragskündigung, dies jedenfalls dann, wenn das kündigende Unternehmen aufgrund des § 20 GWB einem Kontrahierungszwang unterliegt, darüber hinaus aber auch dann, wenn die Kündigung nur gegenüber einzelnen betroffenen Vertragspartnern ausgesprochen wird, so dass diese gegenüber den anderen Vertragspartnern diskriminiert werden.[183] Kein Raum für eine Anwendung des § 134 BGB ist dagegen in den Fällen eines gegen § 20 Abs. 4 S. 2 verstoßenden **Verkaufs unter Einstandspreis**. Ein Anspruch etwa auf Nachzahlung der Preisdifferenz gegen die Abnehmer scheidet offenbar aus.[184] 104

---

177 BGHZ 67, 104 (107 ff.) = NJW 1976, 2259 – Vitamin B12; *BGH* LM § 37 a GWB Nr. 1 = NJW 1975, 1282 – Polyester.

178 *BGH* WuW/E BGH 2058 – Internord; *KG* WuW/E OLG 4973 (4976); 4988 (4989) – Besteckversand.

179 Ein Beispiel in *BGH* WuW/E BGH 2145.

180 S. *OLG Hamburg* WuW/E OLG 5861 (5862); *KG* WuW/E OLG 5875 (5876).

181 BGHZ 36, 91 (100) = NJW 1962, 196; BGHZ 41, 271 (280) = NJW 1964, 1617; BGHZ 49, 90 (98 f.) = NJW 1968, 400; BGHZ 107, 273 (279) = NJW 1989, 3010; *BGH* WuW/E DE-R 1726 = NVwZ 2006, 962 Tz. 18; *OLG Düsseldorf* WuW/E DE-R 1057 (1062 f.).

182 *OLG Düsseldorf* WuW/E OLG 4056 (4058); *OLG Koblenz* GRUR 1990, 64 (67).

183 BGHZ 107, 273 (279 ff.) = NJW 1989, 3010; *BGH* NJW-RR 1998, 1730 = LM Nr. 92 zu § 26 GWB m. Anm. *Götting* (Bl. 4 ff.); WuW/E DE-R 220 – Bahnhofsbuchhandlung I und II; NJW-RR 2003, 1348 (1349) = WuW/E DE-R 1144 – Schülertransporte.

184 *Lettl*, WRP 2008, 1299 (1305).

§ 30. Aufnahmezwang

Literatur: *B. Grunewald,* AcP 182 (1982), 181: *Möschel,* Monopolverband und Satzungskontrolle, 1978; *Scholz-Hoppe,* FS Pfeiffer, 1988, S. 785; *Teubner,* Organisationsdemokratie und Verbandsverfassung, 1978.

I. Überblick

1 Nach § 20 Abs. 6 GWB dürfen Wirtschafts- und Berufsvereinigungen sowie Gütezeichengemeinschaften die Aufnahme eines Unternehmens nicht ablehnen, wenn die Ablehnung eine sachlich nicht gerechtfertigte ungleiche Behandlung darstellte und zu einer unbilligen Benachteiligung des Unternehmens im Wettbewerb führte. Sind diese Voraussetzungen erfüllt, so ergibt sich aus § 20 Abs. 6 in Verbindung mit § 33 GWB ein Anspruch auf Aufnahme in die fragliche Vereinigung (u. Rn. 15).

2 Neben § 20 Abs. 6 GWB kann sich bei anderen Verbänden ein Aufnahmeanspruch im Einzelfall auch aus **§ 20 Abs. 1** in Verb. **mit § 33 GWB** ergeben. Ein Beispiel ist ein erlaubtes **Kartell** (§§ 2 und 3 GWB), das ein Stoffkreislaufsystem betreibt und das deshalb zur Aufnahme aller Unternehmen verpflichtet ist, die die Aufnahmevoraussetzungen erfüllen.[1] Als weitere Anspruchsgrundlagen kommen bei allen Verbänden insbesondere noch die **§§ 3 und 8 UWG** sowie **§ 826 BGB** in Betracht, wobei die Praxis in zunehmendem Maße zu einer Übertragung der Wertungen des § 20 Abs. 6 GWB auf die genannten anderen Vorschriften tendiert, sofern es sich um einen sog. **„sozialmächtigen" Verband** handelt. Man versteht darunter Verbände, die im wirtschaftlichen oder sozialen Bereich eine überragende Machtstellung erlangt haben, so dass die Mitgliedschaft bei ihnen für die Betroffenen von Wichtigkeit ist, um ihre Interessen verfolgen zu können.[2]

II. Adressaten

1. Wirtschafts- und Berufsvereinigungen

3 § 20 Abs. 6 GWB begründet einen Aufnahmezwang zunächst für Wirtschafts- und Berufsvereinigungen. Gemeint sind damit solche Unternehmensvereinigungen, die die **Aufgabe** haben, die wirtschaftlichen oder beruflichen **Interessen ihrer Mitglieder zu fördern,** und zwar **insgesamt** und nicht nur in einzelnen Beziehungen. Dies kann entweder durch interne Hilfestellung gegenüber den Mitgliedern oder durch die gemeinsame Vertretung ihrer Interessen gegenüber der Öffentlichkeit geschehen. Voraussetzung ist zunächst, dass die **Mitgliedschaft freiwillig** ist, so dass die Kammern der freien Berufe nicht hierher gehören. Hinzu kommen muss noch, dass sich die Vereinigung nicht auf die Verfolgung bloßer *Einzelzwecke* beschränkt, sowie, dass sie nicht selbst *wirtschaftlich* tätig wird. Die beiden zuletzt genannten Punkte sind wichtig, um eine Abgrenzung der Wirtschaftsvereinigungen von den Kooperations-

1 *BGH* WuW/E DE-R 1954 (1955 Tz. 12, 1957 Tz. 22 ff.) = NVwZ 2007, 1219 – PETCYCLE.

2 BGHZ 33, 259 (263) = NJW 1961, 172; BGHZ 63, 282 (285) = NJW 1975, 771; BGHZ 93, 151 (153 f.) = NJW 1985, 1216; BGHZ 140, 74 (77 f.) = NJW 1999, 1326; *BGH* LM § 25 BGB Nr. 35 (Bl. 3 R) = NJW 1997, 3368; LM § 38 BGB Nr. 10 = NJW 1985, 1214; LM § 27 GWB Nr. 6 = NJW-RR 1986, 583; *OLG München* WuW/E DE-R 2695 (2696) – Taekwondo; *B. Grunewald,* AcP 182 (1982), 181; *V. Steinbeck,* WuW 1996, 91 (94); dagegen *Scholz-Hoppe,* FS Pfeiffer, 1988, S. 785.

kartellen des § 3 GWB zu ermöglichen (Rn. 2).[3] Nicht ausreichend ist außerdem die bloße Verfolgung ideeller oder sozialpolitischer Ziele.[4]

Beispiele für Wirtschafts- und Berufsvereinigungen sind der Börsenverein des Deutschen Buchhandels,[5] Tierzüchtervereine,[6] Entsorgungsgemeinschaften,[7] ein Verband von Verlegern, der bei seinen Mitgliedern sog. Medienanalysen für die werbende Wirtschaft durchführt,[8] sowie ein Verband von Kunstversteigerern.[9] Dagegen gehören **nicht** hierher wegen der Verfolgung *sozial*politischer Ziele die Gewerkschaften und die **Arbeitgeberverbände** sowie wegen der Verfolgung bloßer *Einzel*zwecke die Kartelle des § 3 GWB (o. Rn. 3) und z. B. noch die Funktaxigemeinschaften und die Molkereigenossenschaften.[10] Unklar ist die Stellung der meisten Dachverbände der verschiedenen Sportarten. Bei ihnen spricht wohl mehr für die Anwendung des § 826 BGB,[11] freilich letztlich mit demselben Ergebnis wie die gleichfalls erwogene Anwendung des § 20 Abs. 6 GWB auf sie.[12] 4

Die genannten Vereinigungen (o. Rn. 3 f.) sind aufgrund ihrer **Satzungsautonomie** grundsätzlich in der Entscheidung **frei, welche Voraussetzungen** sie für die Mitgliedschaft aufstellen wollen.[13] Sie können diese nach ihrem Belieben eng oder weit fassen, so dass z. B. ein Großhändlerverband bestimmen kann, dass Großhändler, die sich zugleich auf den vor- oder nachgelagerten Marktstufen betätigen, von der Mitgliedschaft ausgeschlossen sind,[14] ebenso wie ein Dachverband die Mitgliedschaft bei ihm grundsätzlich von der gleichzeitigen Mitgliedschaft in einem Landesverband abhängig machen darf.[15] Voraussetzung ist freilich, dass die fragliche Satzungsbestimmung nicht ihrerseits gegen § 20 Abs. 1 oder Abs. 6 GWB verstößt (s. u. Rn. 11). 5

2. Gütezeichengemeinschaften

Ein Aufnahmezwang besteht aufgrund des § 20 Abs. 6 ferner für Gütezeichengemeinschaften. Man versteht darunter freiwillige Zusammenschlüsse von Unternehmen, die **als Träger von Gütezeichen Qualitätsstandards** für Waren oder Dienstleistungen **aufstellen**, das Recht zur Führung des Gütezeichens verleihen **und** die **Erfüllung** der jeweils satzungsmäßig vorgeschriebenen Qualitätsstandards durch die Mitglieder **überwachen**.[16] Im Einzelfall können Gütezeichengemeinschaften zugleich unter die §§ 97 ff. MarkenG fallen; notwendig ist dies jedoch nicht. 6

[3] *Bechtold*, § 20 Rn. 103 ff.

[4] *BGH* WuW/E BGH 1725; 2191 = NJW-RR 1986, 339; *OLG Hamburg* WuW/E OLG 2775 (2776); *OLG München* WuW/E OLG 2781; *BKartA* WuW/E BKartA 2770 (2773 ff.); 2899 (2900); Beispiele in Rn. 4.

[5] *BKartA* WuW/E BKartA 2770 (2773 ff.); ursprünglich ein reines Preiskartell (s. o. § 25 Rn. 6 ff.).

[6] *BGH* WuW/E BGH 1725; 2191 = NJW-RR 1986, 339.

[7] *BKartA* TB 1997/98, S. 162 (163).

[8] *OLG München* WuW/E DE-R 1527 (1528 f.) – Apothekenumschau.

[9] *BKartA* TB 1981/82, S. 74 f.

[10] *OLG Frankfurt a. M.* WuW/E OLG 3011.

[11] *OLG Frankfurt a. M.* WuW/E OLG 3752; WuW/E DE-R 2648 (2649) – Handballverband; *OLG München* WuW/E DE-R 2695 (2696) – Taekwondo.

[12] So *V. Steinbeck*, WuW 1996, 91 (96 f.); wohl auch BGHZ 140, 74 (77 ff.) = NJW 1999, 1326.

[13] *OLG München* WuW/E DE-R 1527 (1528 f.) – Apothekenumschau.

[14] *BKartA* TB 1976, S. 76.

[15] So für den Börsenverein des Deutschen Buchhandels *BKartA* WuW/E BKartA 2770 (2773 ff.).

[16] *OLG Frankfurt a. M.* NJW-RR 1986, 133 (134); *LG Köln* WuW/E DE-R 2090 (2091); *LG Köln* WuW/E DE-R 2388 (2390 f.) – DVGW; *BKartA* WuW/E BKartA 1170 (1172).

7 **Beispiele** sind die Gütezeichengemeinschaft „Kachelofen",[17] der Zusammenschluss von Weingutsbesitzern, der das „Deutsche Weinsiegel" verleiht,[18] sowie ein Verein von Gas- und Wasserfachleuten und -unternehmen, der einschlägige Produkte aufgrund einer Prüfung durch die Verleihung von Gütezeichen „zertifiziert".[19] Durch die Anwendung des § 20 Abs. 6 GWB auf derartige Gütezeichengemeinschaften soll eine **objektive und gleichmäßige Anwendung der** in der Satzung der Gemeinschaft vorgeschriebenen **Voraussetzungen** für die Mitgliedschaft und damit für die Verleihung des Gütezeichens auf in- und ausländische Unternehmen sichergestellt werden.[20] Der Verein darf die Verleihung des Gütezeichens nicht willkürlich aus unsachlichen Gründen ablehnen.[21]

III. Voraussetzungen

8 Wirtschafts- und Berufsvereinigungen (o. Rn. 3 ff.) sowie Gütezeichengemeinschaften (o. Rn. 6 f.) sind nach § 20 Abs. 6 GWB zur Aufnahme weiterer Unternehmen auf deren Antrag hin verpflichtet, wenn die Ablehnung der Aufnahme eine sachlich nicht gerechtfertigte, d. h. grundlose ungleiche Behandlung des Antragstellers darstellte (Rn. 9–12) *und* zu seiner unbilligen Benachteiligung im Wettbewerb führte (Rn. 13 f.). Gleich stehen die Nichtbescheidung des Aufnahmeantrags binnen angemessener Frist sowie der Ausschluss aus der Vereinigung, während der bloße Entzug *einzelner* Mitgliedschaftsrechte als verbandsinterner Vorgang nur in den engen Grenzen überprüft werden kann, die für die gerichtliche Kontrolle von Vereinsstrafen gelten.[22] Für die erwähnten **sozialmächtigen Verbände**, (Rn. 2), insbesondere also etwa für Sportverbände, gilt im Ergebnis aufgrund des § 826 BGB dasselbe.[23]

1. Ungleichbehandlung

9 Erste Voraussetzung für die Aufnahmepflicht der Vereinigung ist nach § 20 Abs. 6 GWB, dass die Ablehnung der Aufnahme des Antragstellers eine sachlich nicht gerechtfertigte **ungleiche Behandlung** des Antragstellers **gegenüber anderen** erfolgreichen **Unternehmen** bildete. **Maßstab** ist folglich die Behandlung anderer gleichartiger Unternehmen durch die Vereinigung auf der **Grundlage ihrer Satzung.** Gleich stehen Aufnahmebedingungen, die der Verband mit Billigung sämtlicher Mitglieder über die Satzung hinaus generell praktiziert.[24] Für die **Gleichartigkeit** der verglichenen Unternehmen kommt es folglich letztlich darauf an, ob sie objektiv gesehen unter dem Blickwinkel der Satzung der Vereinigung dieselben Funktionen im Wirtschaftsleben erfüllen (s. o. § 29 Rn. 37 ff.).

10 Hinzu kommen muss, dass die Diskriminierung des Antragstellers (o. Rn. 9) **sachlich nicht gerechtfertigt**, d. h. grundlos ist. Dies kann nur im Einzelfall aufgrund

[17] *OLG Düsseldorf* WuW/E OLG 4698.

[18] *OLG Frankfurt a. M.* NJW-RR 1986, 133.

[19] *LG Köln* WuW/E DE-R 2388 (2390 f.) – DVGW.

[20] *OLG Düsseldorf* WuW/E OLG 4698; *LG Köln* WuW/E DE-R 2388 (2390 f.) – DVGW; *BKartA* WuW/E BKartA 1170; 2185.

[21] *LG Köln* WuW/E DE-R 2388 (2390 f.) – DVGW.

[22] *OLG Frankfurt a. M.* NJW-RR 1986, 133 = WM 1986, 302; *OLG Hamburg* WuW/E OLG 4309; *OLG Karlsruhe* WuW/E OLG 4313; *KG* WuW/E OLG 4560.

[23] Ebenso *OLG Frankfurt* WuW/E DE-R 2648 (2649) – Handballverband.

[24] *OLG Frankfurt a. M.* WuW/E DE-R 2648 (2649 Tz. 34) – Handballverband.

einer **Interessenabwägung** beurteilt werden (s. o. § 29 Rn. 44 ff., 53). Auszugehen ist wieder von den **satzungsmäßigen Voraussetzungen** der Mitgliedschaft (Rn. 9). Leitlinie muss letztlich wie durchweg im Anwendungsbereich des § 20 GWB die auf die Freiheit des Wettbewerbs gerichtete Zielsetzung des GWB sein, wobei um so strengere Maßstäbe anzulegen sind, je schwerwiegender die Auswirkungen einer Aufnahmeverweigerung für den Antragsteller sind.[25]

Steht der Aufnahme des Antragsstellers eine **Satzungsbestimmung** entgegen, so 11
muss noch ergänzend geprüft werden, ob die fragliche Satzungsbestimmung nicht ihrerseits gegen das Gesetz und insbesondere **gegen § 20 Abs. 1 oder Abs. 6 GWB verstößt.**[26] Willkürliche oder übermäßig beschwerende Satzungsbestimmungen, durch die gezielt einzelne Unternehmen von der Mitgliedschaft ausgeschlossen werden sollen, sind mit § 20 Abs. 1 und Abs. 6 GWB unvereinbar und deshalb unbeachtlich (§ 134 BGB).[27] Eine Aufnahmepflicht der Vereinigung aufgrund des § 20 Abs. 6 GWB kommt außerdem in Betracht, wenn sie sich bei den übrigen Mitgliedern gleichfalls nicht an die betreffende Bestimmung ihrer Satzung gehalten hat[28] oder wenn diese erst gezielt nachträglich eingeführt wurde, um bestimmte Unternehmen am Beitritt zu hindern.[29] Ebenso zu beurteilen ist die grundlose Forderung unverhältnismäßig hoher Eintrittsgebühren.[30]

Neben der Nichterfüllung der (wirksamen) satzungsmäßigen Voraussetzungen (o. 12
Rn. 11) kommen als **Ablehnungsgründe** außerdem z. B. noch in Betracht die Verbindung des Antragstellers zu anderen Unternehmen oder sein bisheriges Marktverhalten, insbesondere wiederholte schwerwiegende Verstöße gegen das UWG oder gegen andere Gesetze.[31] Eine Aufnahmeverweigerung kann ferner gerechtfertigt sein, wenn der Antragsteller Ziele verfolgt, die mit der Tätigkeit des Verbandes in keinem Zusammenhang stehen,[32] oder wenn er nicht aus dem Gebiet stammt, auf das der Verband nach seiner Satzung seine Tätigkeit beschränkt.[33] Die **Ablehnung** der Aufnahme ist dagegen **ungerechtfertigt,** wenn ihr einziger Grund die Furcht der Mitglieder vor der Konkurrenz des Antragstellers ist[34] oder wenn sich ein Verband bei seiner Entscheidung auf Klauseln stützt, die nur in der Satzung des Dachverbandes, nicht aber in seiner eigenen Satzung enthalten sind.[35] Dasselbe gilt schließlich, wenn die Vereinigung zur Wahrung ihrer legitimen Interessen über „mildere" Mittel als gerade die Aufnahmeverweigerung verfügt.[36]

[25] *BGH* LM § 38 BGB Nr. 5 = NJW 1969, 316; LM § 27 GWB Nr. 4 = MDR 1970, 307 = WuW/E BGH 1061; LM § 27 GWB Nr. 6 = NJW-RR 1986, 583 – Aikido-Verband; WuW/E BGH 291; 1725; 2191 = NJW-RR 1986, 339; *OLG Frankfurt a. M.* WuW/E DE-R 2648 (2649).

[26] *OLG München* WuW/E DE-R 1527 (1529 ff.) – Apothekenumschau; *Bechtold,* § 20 Rn. 108.

[27] BGHZ 140, 74 (82 f.) = NJW 1999, 1226.

[28] *BKartA* WuW/E BKartA 2770 (2773 ff.).

[29] *OLG Frankfurt a. M.* WuW/E OLG 3752 (3755 ff.).

[30] *BKartA* WuW/E BKartA 2185.

[31] *BGH* LM § 27 GWB Nr. 4 = WuW/E BGH 1061; *OLG Hamburg* WuW/E OLG 4309 (4311); *OLG Karlsruhe* WuW/E OLG 4313 (4314 ff.).

[32] *BGH* NJW-RR 1986, 339 (340) = WuW/E BGH 2191; *OLG München* WuW/E OLG 2781.

[33] *BGH* NJW-RR 1986, 339 (340) = WuW/E BGH 2191; *KG* WuW/E OLG 3475.

[34] *OLG Hamburg* WuW/E OLG 2775 (2779); 4309 (4311); *OLG Düsseldorf* WuW/E OLG 4698.

[35] *BKartA* WuW/E BKartA 2899 (2901) = NJWE-WettbR 1997, 95 – DMS-International.

[36] *BGH* WuW/E BGH 1725 (1726 f.); *KG* WuW/E OLG 2312; *Scholz-Hoppe,* FS Pfeiffer, 1988, S. 795 f.

2. Wettbewerbsnachteil

13 Der Aufnahmeanspruch eines Unternehmens setzt außer der grundlosen Diskriminierung des Antragstellers durch die Ablehnung seines Aufnahmeantrags (o. Rn. 9 ff.) nach § 20 Abs. 6 GWB noch zusätzlich voraus, dass er infolge der Ablehnung seines Antrags **im Wettbewerb unbillig benachteiligt** wird. Dadurch soll der Marktbezug der Regelung sichergestellt werden.

14 In der Praxis lässt sich regelmäßig die Prüfung des Wettbewerbsnachteils von der der grundlosen Ungleichbehandlung nicht trennen; vielmehr geht die Prüfung beider Merkmale meistens in der ohnehin erforderlichen **umfassenden Interessenabwägung** auf (o. Rn. 9), da bereits bei dieser die **Auswirkungen** zu **berücksichtigen** sind, die die Ablehnung des Aufnahmeantrags auf die Wettbewerbsposition des Antragstellers hat.[37] Unter diesem Gesichtspunkt kann es bei der Interessenabwägung **z. B.** ins Gewicht fallen, wenn die Marktgegenseite nur mit Verbandsangehörigen verkehrt oder nur diesen einen besonderen Rabatt zubilligt oder wenn der Antragsteller durch die Verweigerung der Mitgliedschaft von der für ihn wichtigen Beratung und Betreuung durch den Verband ausgeschlossen würde.[38] Eine Benachteiligung des Antragstellers im Wettbewerb *fehlt* dagegen, wenn die Ablehnung keine erkennbaren negativen Auswirkungen für ihn hat,[39] etwa, weil ein Konkurrenzverband zu seiner Aufnahme bereit ist oder weil der fragliche Verband seine Leistungen auch Nichtmitgliedern erbringt.[40]

IV. Rechtsfolgen

15 § 20 Abs. 6 GWB ist ein gesetzliches Verbot, so dass ein abgelehntes Unternehmen nach **§ 33 Abs. 1 GWB** ohne weiteres gegen den betreffenden Verband **Klage auf Aufnahme** erheben kann, wenn die Voraussetzungen des § 20 Abs. 6 GWB erfüllt sind. Als Beseitigungsanspruch setzt dieser Anspruch kein Verschulden aufseiten des Verbandes voraus (§ 33 Abs. 1 S. 1). Anwendbar ist außerdem **§ 32 GWB,** so dass die Kartellbehörden ebenfalls eine **Aufnahmeanordnung** erlassen können, vorausgesetzt, dass jede andere Entscheidung mit § 20 Abs. 6 GWB unvereinbar wäre. Schuldhafte Verstöße gegen § 20 Abs. 6 GWB stellen ferner eine **Ordnungswidrigkeit** dar (§ 81 Abs. 2 Nr. 1 GWB).

[37] *Bechtold,* § 20 Rn. 110; *Möschel,* Tz. 691 (S. 435 f.).

[38] *BGH* WuW/E BGH 288 (291) = NJW 1959, 880 (insoweit nicht in BGHZ 29, 344 [351] abgedruckt); *KG* WuW/E OLG 3159 (3162 f.); *BKartA* WuW/E BKartA 359; TB 1978, S. 71 f., 87.

[39] *BGH* LM § 38 BGB Nr. 7 = NJW 1980, 186 = JuS 1980, 145 Nr. 5 – Anwaltsverein.

[40] *V. Steinbeck,* WuW 1996, 91 (98).

3. Kapitel. Wettbewerbsbeschränkungen durch Unternehmenszusammenschlüsse

§ 31. Einführung

Literatur: S. schon o. §§ 14–18 sowie (Auswahl): *Ackermann,* Gemeinschaftsunternehmen und Wettbewerb, 1978; *Albach,* Finanzkraft und Marktbeherrschung in Fusionsfällen, 1981; *Albath,* Unternehmensbeteiligungen unter 25 % Kapitalanteil, 1988; *E. van Arnheim,* Der räumlich relevante Markt in der Fusionskontrolle, 1991; *Bergmann,* Nachfragemacht in der Fusionskontrolle, 1990; *A. Beyer,* Zusammenschlusskontrolle im englischen und deutschen Recht unter besonderer Berücksichtigung der Sanierungsfusionen, 1986; *Bien,* Fusionskontrolle und subjektiver Drittschutz, 2007; *Böhnke,* Diversifizierte Unternehmen, 1976; *R. Büscher,* Diagonale Unternehmenszusammenschlüsse im amerikanischen und deutschen Recht, 1983; *Catranis,* Die Aufgabe der Zusammenschlusskontrolle, 1982; *Dirrheimer,* Ressourcenstärke und Abschreckungswirkungen in der Fusionskontrolle, 1988; *U. Dormann,* Drittklagen im Recht der Zusammenschlusskontrolle, 2000; *Dreher,* Konglomerate Zusammenschlüsse, Verbotsvermutungen und Widerlegungsgründe, 1987; *Ebel/Funke,* Fusionskontrolle beim Unternehmenskauf, 2002; *Eggers,* Finanzkraft, 1988; *H. M. Emrich,* Die Problematik der Fusionskontrolle bei Konglomeraten, 1978; *Fatscheck,* Die Berücksichtigung außerwettbewerblicher Gesichtspunkte bei Anwendung der Zusammenschlusskontrolle, 1977; *K. Fischer,* Wettbewerbliche Einheit und Fusionskontrolle, 1986; *E. Ganz,* Die Beurteilung von Fusionen kollektiver marktbeherrschender Unternehmen im schweizerischen und europäischen Wettbewerbsrecht, 2004; *Golz,* Der sachlich relevante Markt bei Verlagserzeugnissen, 2003; *B. Grundmann,* Die öffentlich-rechtlichen Rundfunkanstalten im Wettbewerb, 1990; *Hansen,* Fusionskontrollpraxis von BKartA und EG-Kommission, 2009; *H. Hermann,* Die Neufassung des materiellen Untersagungskriteriums in Art. 2 Abs. 2 und 3 FKVO, 2008; *Jickeli,* Marktzutrittsschranken im Recht der Wettbewerbsbeschränkungen, 1990; *Jüngst,* Marktbeherrschungsbegriff, „überragende Marktstellung“ und Diversifikation, 1980; *Kaufhold,* Das Eingriffskriterium in der europäischen Fusionskontrolle, 2007; *Kevekordes,* Auslandszusammenschlüsse im internationalen und materiellen Kartellrecht, 1986; *Klauss,* Die Bestimmung von Marktmacht, 1975; *U. Klumpp,* Die „Efficiency Defense“ in der Fusionskontrolle, 2006; *T. Körber,* Die Konkurrentenklage im Fusionsrecht der USA, Deutschlands und der EU, 1996; *Lenßen,* Der kartellrechtlich relevante Markt, 2009; *P. Mailänder,* Konzentrationskontrolle zur Sicherung von Meinungsvielfalt im privaten Rundfunk, 2000; *Meinhold,* Diversifikation, konglomerate Unternehmen und GWB, 1977; *Mestmäcker,* Medienkonzentration und Meinungsvielfalt, 1978; *Möschel,* Der Oligopolmißbrauch, 1974; *ders.,* Pressekonzentration und Wettbewerbsgesetz, 1978; *ders.,* Entflechtungen im Recht der Wettbewerbsbeschränkungen, 1979; *Neiser,* Die Praxis der deutschen Fusionskontrolle, 1981; *P. Oberender* (Hrsg.), Effizienz und Wettbewerb, 2005; *Paschke,* Der Zusammenschlussbegriff des Fusionskontrollrechts, 1989; *Pellmann,* SIEC, 2006; *Purrucker,* Banken in der kartellrechtlichen Fusionskontrolle, 1983; *Ramrath,* Die „überragende Marktstellung“ als Merkmal der Fusionskontrolle, 1978; *B. Richter,* Teiluntersagung in der Fusionskontrolle, 1987; *Schmidt-Preuß,* Grenzen internationaler Unternehmensakquisition, 1985; *Schulte-Braucks,* Die Auflösung marktbeherrschender Stellungen, 1980; *Schulte* (Hrsg.), Handbuch Fusionskontrolle, 2. Aufl. (2009); *J.-M. Schultze,* Marktzutrittsschranken in der Fusionskontrolle, 1988; *Schwalbe/Zimmer,* Kartellrecht und Ökonomie, 2006; *Spieler,* Fusionskontrolle im Medienbereich, 1988; *K.-D. Stephan,* Die Anwendung des Zusammenschlussbegriffs auf Personalgesellschaften, 1989; *Trafkowski,* Medienkartellrecht, 2002; *Traumann,* Die Zusage im Verfahren der Zusammenschlusskontrolle, 1977; *Wrase,* Europäische Fusionskontrolle und Oligopoltatbestand, 2007; *J. Wertenbruch,* Die Rechtsfolgen der Doppelkontrolle bei Gemeinschaftsunternehmen nach dem GWB, 1990; *Wiedemann,* Gemeinschaftsunternehmen im deutschen Kartellrecht, 1981.

I. Einleitung

Der dritte Schwerpunkt des GWB – neben der Kontrolle wettbewerbsbeschränkender Vereinbarungen (§§ 1–3) und der Kontrolle missbräuchlicher Verhaltensweise marktbeherrschender und marktstarker Unternehmen (§§ 19, 20) – ist seit 1973 die heute in den §§ 35 bis 43 (= §§ 23–24 a von 1973) geregelte Fusionskontrolle, die 1 bisher neben der europäischen Fusionskontrolle aufgrund der FKVO Nr. 139/2004 vom 20. Januar 2004[1] wegen der hohen Schwellenwerte der FKVO (s. Art. 1) nur wenig an praktischer Bedeutung eingebüßt hat.

2 Das BKartA hat seit Einführung der Fusionskontrolle im Jahre 1973 mehrere tausend Zusammenschlüsse auf ihre Vereinbarkeit mit dem GWB überprüft. Von diesen wurden bis 2011 ungefähr einhundertundneunzig untersagt, wobei freilich die Untersagungsverfügungen des Amtes nur in rund einhundertzehn Fällen letztlich Bestand hatten. Um ein vollständiges Bild zu bekommen, muss man freilich zu den untersagten Zusammenschlüssen noch diejenigen hinzurechnen, in denen die beteiligten Unternehmen bereits im informellen Verfahren aufgrund der Bedenken des BKartA auf den Zusammenschluss verzichtet, diesen modifiziert oder wieder rückgängig gemacht haben (sog. **Vorfeldwirkung**). Das BKartA beziffert diese Fälle auf rund vierhundertfünfzig. Hinzu kommt schließlich noch eine ständig wachsende Zahl von Zusammenschlüssen, die gemäß § 40 Abs. 3 S. 1 lediglich unter **Bedingungen oder Auflagen** freigegeben wurden, wobei von Fall zu Fall besonders einschneidende Bedingungen oder Auflagen der Sache nach durchaus einer (an sich nicht möglichen) „Teiluntersagung" des Zusammenschlusses nahekommen können.

3 Neben der Fusionskontrolle nach dem GWB gibt es in Deutschland noch eine weitere **Konzentrationskontrolle** „zur Sicherung der Meinungsvielfalt" **im privaten Rundfunk,** die von den Ländern aufgrund ihrer Zuständigkeit für das Rundfunkrecht für sich reklamiert wird und die unionsrechtlich auf die Vorbehaltsklausel des Art. 21 Abs. 2 der FKVO gestützt wird. Maßgebend ist neben den Landesmediengesetzen in erster Linie der revidierte **Rundfunkstaatsvertrag von 1997.** Die Einzelheiten interessieren hier nicht.[2] Festzuhalten ist lediglich, dass daneben bei Zusammenschlüssen auf dem Rundfunkmarkt immer auch das **GWB und** die **FKVO** Anwendung finden, sofern die jeweiligen Schwellenwerte überschritten werden (s. § 35 GWB, Art. 1 FKVO), da die Rundfunkkonzentrationskontrolle und die Fusionskontrolle nach dem GWB oder der FKVO Zusammenschlüsse unter ganz unterschiedlichen Gesichtspunkten erfassen.[3] Während das GWB mit § 36 Abs. 1 ebenso wie die FKVO (Art. 2) den Erhalt wettbewerblicher Strukturen auch auf den Medienmärkten bezweckt, hat die Rundfunkkonzentrationskontrolle die Gewährleistung der Meinungsvielfalt im Auge, so dass ein Zusammenschluss gegebenenfalls *beide* Hürden überwinden muss. Ein spektakuläres Beispiel war der Versuch des Springer Verlags, die Sendergruppe Pro Sieben SAT 1 zu übernehmen, ein Versuch, der gleichermaßen an dem Widerspruch des BKartA[4] wie dem der Kommission zur Kontrolle der Konzentration im Rundfunk gescheitert ist.[5] Eine mit der Fusionskontrolle in mancher Hinsicht vergleichbare Funktion hat außerdem noch die auf verschiedenen

[1] ABl. Nr. L 24/1; dazu o. §§ 14–18.

[2] S. dazu *E. Clausen-Muradian,* ZUM 1996, 334; *Hess,* AfP 1997, 680, 777; *Knothe/Lebens,* AfP 2000, 125; *U. Koch,* AfP 2007, 305; *P. Mailänder,* Konzentrationskontrolle zur Sicherung von Meinungsvielfalt im privaten Rundfunk, 2000; *H. Schweitzer,* ZUM 1998, 597; *Pelny,* AfP 1998, 35; *Trafkowski,* Medienkartellrecht, 2002; insb. IM/*Mestmäcker/Veelken,* Bd. II, Vor § 35 Rn. 62 ff.

[3] *BGH* NJW-RR 2007, 480 = AG 2007, 204 Tz. 6 = WuW/E DE-R 1890 – Radio TON; a. A. z. B. *Bethge,* Landesrundfunkordnung und BKartA, 1991; s. u. § 32 Rn. 2 und 4.

[4] *BKartA* AG 2006, 893 = WuW/E DE-V 1163.

[5] Die Klage von Springer wurde hier vom VG Köln abgewiesen.

regulierten Märkten praktizierte **Anteilseignerkontrolle,** insbesondere nach dem KWG, dem VAG und dem BörsenG.[6]

Im Zuge der Beratungen der **7. Novelle** von 2005 waren ursprünglich weitreichende Änderungen bei der **Pressefusionskontrolle** beabsichtigt gewesen, um Zeitungsverlagen einen größeren Freiraum als bisher bei Unternehmenszusammenschlüssen zu eröffnen.[7] Wegen der verbreiteten Kritik an diesen neuen Privilegien für einen Wirtschaftszweig wurde jedoch in den Ausschussberatungen auf die geplante Sonderregelung verzichtet.[8] Von den späteren Änderungen ist insbesondere die durch das sog. Dritte Mittelstandsentlastungsgesetz von 2009[9] in § 35 S. 1 Nr. 2 eingefügte 2. Inlandschwelle von 5 Mio Euro hervorzuheben. Schließlich ist daran zu erinnern, dass die Bundesregierung eine Entflechtungsregelung plant (s. dazu schon o. § 2 Rn. 12). Diskutiert wird ferner eine weitere Anpassung der deutschen Fusionskontrolle an das Unionsrecht in Gestalt der FKVO. Ein entsprechender Referentenentwurf für eine für 2012 geplante 8. Novelle liegt inzwischen vor (WuW 2011, 1165). 4

II. Überblick

Kern der gesetzlichen Regelung ist die Vorschrift des **§ 36 Abs. 1 GWB,** die ein grundsätzliches Verbot solcher Unternehmenszusammenschlüsse enthält, von denen zu erwarten ist, dass sie zur **Entstehung oder Verstärkung einer marktbeherrschenden Stellung** i. S. d. § 19 Abs. 2 und Abs. 3 GWB führen werden (u. § 34). Wann ein **Zusammenschluss** vorliegt, ergibt sich aus § 37 GWB (u. § 33). Hinzu kommen muss noch, dass der Zusammenschluss die verschiedenen Umsatzschwellen des § 35 Abs. 1 und Abs. 2 GWB überschreitet (u. § 32). Einzelheiten der Berechnung der Umsatzerlöse und der Marktanteile finden sich in § 38 GWB (u. § 32 Rn. 9 ff.). 5

Anders als früher ist die Fusionskontrolle heute ebenso wie nach der FKVO **präventiv** (u. § 36). Dies bedeutet, dass Zusammenschlüsse grundsätzlich *vor* ihrem *Vollzug* beim BKartA angemeldet werden müssen, wobei bestimmte Angaben zu machen sind, die dem BKartA die Beurteilung des Zusammenschlusses ermöglichen sollen (§ 39 GWB). Die **Anmeldung** löst ein **Vollzugsverbot** aus, von dem das BKartA jedoch im Einzelfall Befreiung erteilen kann (§ 41 GWB). 6

An die Anmeldung schließt sich ein **zweistufiges Prüfverfahren** an (§ 40 GWB). Die erste Phase besteht aus einem kurzen, maximal **einmonatigen Vorprüfverfahren,** in dem das BKartA untersucht, ob es in das eigentliche Hauptprüfverfahren eintreten will (§ 40 Abs. 1 GWB); verneint das Amt dies, so kann der Zusammenschluss ohne weiteres vollzogen werden. Wenn das BKartA dagegen in das **Hauptprüfverfahren** eintritt, bleibt es bei dem Vollzugsverbot. In diesem Verfahren, dessen Dauer grundsätzlich auf **vier Monate** seit Anmeldung begrenzt ist, entscheidet das BKartA über die Freigabe *oder* die Untersagung des Zusammenschlusses (§ 40 Abs. 2 GWB). Auch ein vom BKartA untersagter Zusammenschluss kann jedoch immer noch im Einzelfall vom Bundesminister für Wirtschaft nach § 42 GWB aus gesamtwirtschaftlichen Gründen erlaubt werden (sog. **Ministererlaubnis;** u. § 35). 7

---

[6] Dazu ausführlich *C. van de Sande,* Die Unternehmensgruppe im Banken- und Versicherungsaufsichtsrecht, 2003, S. 136, 152 ff.

[7] S. die Begr., BT-Drs. 15 (2004)/3640, S. 36, 56 ff.

[8] S. den Ausschussbericht, BT-Drs. 15 (2005)/5049, S. 47 (r. Sp. „Zu Nr. 18" 1. Abs.).

[9] BGBl. I S. 55o; s. dazu die Begr., BT-Drs. 16/10490; *Wagner-v.Papp,* WuW 2008, 1167.

III. Zweck

8 Die Fusionskontrolle hat die **Aufgabe,** eine „übermäßige" Unternehmenskonzentration zu verhindern.[10] **Ziel** der Fusionskontrolle sind daher „ausgewogene Marktstrukturen", durch die einseitige, nicht mehr leistungsbedingte Verhaltensspielräume der Unternehmen im Interesse des umfassenden Schutzes der Handlungsfreiheit anderer Unternehmen verhindert werden.[11] Da jedoch keineswegs alle Zusammenschlüsse negativ zu beurteilen sind, erfasst das Gesetz in den §§ 35 bis 43 **lediglich** die für den Bestand des Wettbewerbs **besonders gefährlichen Zusammenschlüsse,** die die Wettbewerbsbedingungen auf dem Markt derart verändern, dass die Funktionsfähigkeit des Wettbewerbs nicht mehr gewährleistet ist.[12]

9 Zusätzliche Zwecke verfolgt die **Pressefusionskontrolle.** Bei ihr kommt zu den genannten Aufgaben (o. Rn. 8) noch die weitere hinzu, *durch* die *Erhaltung der Wettbewerbsstruktur* auf den privatwirtschaftlich organisierten Pressemärkten die **Meinungsvielfalt im Pressewesen zu sichern** und dadurch einen Beitrag zur Lösung der schwierigen Aufgabe zu leisten, das gesellschaftliche Substrat der Pressefreiheit (Art. 5 Abs. 1 GG) zu erhalten.[13] **Ziel** der Pressefusionskontrolle ist es vor allem, nach Möglichkeit die noch vorhandenen Wettbewerbsimpulse auf den Pressemärkten zu schützen, wobei zu berücksichtigen ist, dass die meisten Pressemärkte bereits hochkonzentriert sind und dass hier jede weitere Verschlechterung der Wettbewerbsstruktur wegen der hohen Marktzutrittschranken weitgehend irreversibel ist.[14]

§ 32. Anwendungsbereich

Literatur: *BKartA,* Merkblatt zum Anwendungsbereich der EU-Fusionskontrolle vom Juli 2004; Merkblatt zur deutschen Fusionskontrolle vom Juli 2005.

I. Überblick

1 Die deutsche Fusionskontrolle greift nur ein, wenn es sich bei der fraglichen Unternehmensverbindung um einen Zusammenschluss im Sinne des § 37 GWB handelt (dazu u. § 33), der zwar die verschiedenen Umsatzschwellen des § 35 GWB überschreitet, aber nicht in den Anwendungsbereich der europäischen Fusionskontrolle fällt (§ 35 Abs. 3 GWB, Art. 21 Abs. 1 FKVO). Bei Auslandszusammenschlüssen muss noch hinzukommen, dass sie sich im Inland auswirken (§ 130 Abs. 2 GWB; s. o. § 20 Rn. 22 ff.).

---

[10] Vgl. die Begr. z. RegE der 2. Novelle von 1973 (BT-Drs. VI/2520), S. 14 ff.; den Ausschussbericht (BT-Drs. 7/765), S. 7 f.

[11] So BGHZ 71, 102 (115) = NJW 1978, 1320 = JuS 1978, 784 Nr. 7 – Sachs/GKN; BGHZ 74, 359 (364) = NJW 1979, 2401 = JuS 1980, 227 Nr. 11 – WAZ; BGHZ 77, 279 (281) = NJW 1980, 2583 – Mannesmann/Brueninghaus; BGHZ 79, 62 (67) = NJW 1981, 1786 – Klöckner/Becorit; BGHZ 82, 1 (8 ff.) = NJW 1982, 337 – Springer/MZV; BGHZ 119, 346 (363) = NJW 1993, 1265 – Springer/Beig (Pinneberger Tageblatt); *MK,* 1. HauptGA, Tz. 845 ff.; 6. HauptGA, Tz. 443 ff.

[12] BGHZ 74, 322 (325 f.) = NJW 1979, 2613 – Organische Pigmente.

[13] BGHZ 76, 55 (64 ff.) = NJW 1980, 1381 – Springer/Elbe Wochenblatt; BGHZ 82, 1 (10 ff.) = NJW 1982, 337 – Springer/MZV; BGHZ 102, 180 (191) = NJW 1988, 1850 – Springer/Singener Wochenblatt; IM/*Mestmäcker/Veelken,* Bd. II, Vor § 35 Rn. 46 ff.

[14] BGHZ 82, 1 (10 ff.) = NJW 1982, 337 – Springer/MZV.

Weitere Voraussetzungen bestehen nicht. Insbesondere kennt die deutsche Fusionskontrolle **keine Ausnahmebereiche.** Sie findet vielmehr unter den genannten Voraussetzungen (Rn. 1) auf sämtliche Wirtschaftszweige (einschließlich des Rundfunks, o. § 31 Rn. 4) Anwendung, mögen sie einer besonderen staatlichen Aufsicht unterliegen oder nicht, sofern nicht im Einzelfall die FKVO eingreift. Zwar wurde von interessierter Seite eine Zeitlang eifrig die These propagiert, die **Unternehmen der** sog. **„Daseinsvorsorge"** seien generell oder doch jedenfalls auf regulierten Märkten der Fusionskontrolle entzogen, wobei man neben den **Krankenhäusern** und den Energieversorgungsunternehmen insbesondere die Unternehmen des öffentlichen Personennahverkehrs (**ÖPNV**) im Auge hat.[1] Diese Behauptung entbehrt indessen jeder Grundlage und ist deshalb von den ordentlichen Gerichten – als offenkundige Interessentenideologie – zu Recht zurückgewiesen worden.[2] Auch die Tatsache, dass es sich bei den Krankenhäusern oder den Verkehrsunternehmen ebenso wie bei den Rundfunkanstalten zum Teil um **Anstalten oder Körperschaften des öffentlichen Rechts** handelt, ändert gemäß § 130 Abs. 1 GWB nichts an der Anwendbarkeit der Fusionskontrollvorschriften des GWB oder der FKVO (Art. 106 S. 1 AGEUV).[3] Lediglich das **hoheitliche Handeln** des Staates ist der Anwendung des GWB entzogen.[4] Daraus wird zum Teil der Schluss gezogen, dass auf Zusammenschlüsse z. B. von Sparkassen, die nach Landesrecht durch Gesetz oder Verordnung erfolgen, die Fusionskontrolle des Bundes keine Anwendung finden könne. Die Frage ist noch offen. Auf jeden Fall ist aber das GWB anwendbar, wenn ein Land, wenn auch in Vollzug seiner Gesetzgebung, durch privatrechtlichen Vertrag Anteile an einer privatrechtlichen Gesellschaft wie z. B. einer GmbH erwirbt, mag diese auch das Glücksspiel betreiben.[5] 2

Nach § 35 Abs. 1 GWB finden die Vorschriften über die Zusammenschlusskontrolle (§§ 35 bis 43 GWB) nur Anwendung, wenn die beteiligten Unternehmen (u. Rn. 4 ff.) im letzten Geschäftsjahr vor dem Zusammenschluss insgesamt weltweit Umsatzerlöse von mehr als 500 Mio. Euro ereichten (§ 35 Abs. 1 Nr. 1 GWB) und außerdem mindestens ein beteiligtes Unternehmen im Inland Umsatzerlöse von mehr als 25 Mio. Euro und ein anderes von mehr als 5 Mio Euro erzielt hat (§ 35 Abs. 1 Nr. 2). Die Berechnung der Umsatzerlöse richtet sich nach § 38 GWB (u. Rn. 9 ff.). 3

II. Beteiligte Unternehmen

1. Unternehmensbegriff

Der Unternehmensbegriff ist in der Fusionskontrolle derselbe wie sonst im GWB.[6] Ergänzend bestimmt die 1980 in das Gesetz eingefügte **Flick-Klausel** des § 36 4

[1] Z. B. *Bunte,* GRUR 2004, 913.

[2] BGHZ 166, 165 = NJW-RR 2006, 836 – DBRegio/üstra; BGHZ 168, 295 (300 f. Tz. 18 ff.) = NJW-RR 2006, 1548 – DBAG/KVS Saarlouis; BGHZ 175, 333 (335, 338 ff.) = NJW-RR 2008, 1426 – Rhönklinikum/Landkreis Rhön-Grabfeld; s. *A. Bangard,* ZWeR 2007, 183 (202 ff.); *Brehmer/Wünschmann,* WuW 2006, 118; *Kuchinke/Kallfass,* WuW 2006, 991; *M. Lange,* ZWeR 2007, 445 (453 ff.); *Opitz/B. Colbus,* ZWeR 2007, 89, alle m. N.; anders – natürlich – die Sozialgerichte.

[3] S. Rn. 4; *OLG Düsseldorf* WuW/E DE-R 1397 (1400 f.) – ÖPNV Hannover, WuW/E DE-R 2347 = AG 2008, 859 – Universitätsklinikum Greifswald.

[4] *OLG Düsseldorf* WuW/E DE-R 2436 (2439 ff.) – Lotto Rheinland Pfalz.

[5] *BKartA* WuW/E DE-V 1517 – Lotto Rheinland-Pfalz; *Emmerich,* AG 2009, 597 (601 f.); anders zu Unrecht *OLG Düsseldorf* WuW/E DE-R 2436 (Fn. 4).

[6] S. o. § 20 Rn. 4 ff.; BGHZ 74, 359 (364 ff.) = NJW 1979, 2401 = JuS 1980, 227 Nr. 11 – Brost und Funke/WAZ.

Abs. 3 GWB, dass eine Person oder Personenvereinigung auch dann als Unternehmen gilt, wenn sie zwar an sich kein Unternehmen ist, ihr aber eine Mehrheitsbeteiligung an einem Unternehmen zusteht. **Unternehmen** im Sinne der Fusionskontrolle sind danach **z. B.** die Formkaufleute des § 6 HGB ohne Rücksicht auf ihren Geschäftsumfang und ihre momentanen Aktivitäten,[7] Personen oder Personengruppen wie Familien, die einen bestimmenden Einfluss auf ein Unternehmen besitzen, sofern zwischen ihnen eine wirtschaftliche Interessenbindung besteht, die ein einheitliches Vorgehen erwarten lässt,[8] sowie **Gebietskörperschaften** und **Körperschaften und Anstalten des öffentlichen Rechts** einschließlich z. B. der Krankenkassen, der Rundfunkanstalten oder der Universitätskliniken bei dem Erwerb von oder der Beteiligung an Unternehmen (s. § 38 Abs. 3 GWB).[9]

2. Beteiligte

5 § 35 Abs. 1 GWB stellt für die Berechnung der Umsatzschwellen auf die Umsatzerlöse der an dem Zusammenschluss „beteiligten Unternehmen" ab. Das Gesetz erwähnt diesen Begriff noch an mehreren anderen Stellen,[10] ohne ihn indessen zu definieren. Eine nähere Analyse der einschlägigen Vorschriften zeigt, dass man vor allem zwischen materiell und formell beteiligten Unternehmen unterscheiden muss.[11]

6 Als **formell beteiligt** bezeichnet man diejenigen **Unternehmen**, die nach § 54 Abs. 2 GWB an dem Fusionskontrollverfahren vor dem BKartA (§ 40) kraft Gesetzes *oder* auf ihren Antrag hin teilnehmen. **Materiell beteiligte** Unternehmen sind dagegen diejenigen, zwischen denen sich der Zusammenschluss im Sinne des § 37 GWB vollzieht und denen deshalb die Anmeldepflicht nach § 39 Abs. 2 Nr. 1 GWB obliegt. Von diesem materiellen Beteiligtenbegriff geht auch **§ 35 Abs. 1 GWB** aus, wenn er eine Addierung der Umsätze der am Zusammenschluss „beteiligten Unternehmen" verlangt. Welche Unternehmen dazu gehören, richtet sich nach den **einzelnen Zusammenschlusstatbeständen** des § 37 GWB in Verbindung mit der Verbund- und der Mehrmütterklausel des § 36 Abs. 2 GWB (u. Rn. 7 f., 12, 16 ff.).

7 Beteiligtes Unternehmen ist danach im Falle eines Zusammenschlusses durch Vermögenserwerb (§ 37 Abs. 1 Nr. 1 GWB) neben dem Erwerber auch der Veräußerer (vgl. § 39 Abs. 2 Nr. 2 GWB; Rn. 11). Im Falle des Kontrollerwerbs (§ 37 Abs. 1 Nr. 2 GWB) sind dagegen (nur) beteiligt das oder die Unternehmen, die die Kontrolle über ein anderes Unternehmen erwerben, sowie das (kontrollierte) Beteiligungsunternehmen, während im Falle des Anteilserwerbs (§ 37 Abs. 1 Nr. 3 GWB) allein der Erwerber und das Beteiligungsunternehmen beteiligt sind, nicht dagegen der Anteilsveräußerer, der lediglich Vertragspartner ist, ohne dass dies indessen etwas an seiner Anmeldepflicht änderte (s. § 39 Abs. 2 Nr. 2 GWB).[12] Behält der Veräußerer so viele Anteile zurück, dass ein Gemeinschaftsunternehmen entsteht (§ 37 Abs. 1 Nr. 2 S. 1 und Nr. 3 S. 3 GWB), oder handelt es sich um eine sonstige Ver-

[7] *KG* WuW/E OLG 2601 (2602) – IBB.

[8] BGHZ 74, 359 (365) = NJW 1979, 2401 = JuS 1980, 227 Nr. 11 – Brost und Funke/WAZ.

[9] S. schon o. Rn. 2 u. § 31 Rn. 3 sowie z. B. BVerfGE 73, 118 (174) = NJW 1987, 239; *BKartA* WuW/E BKartA 1457 (1458) = JuS 1974, 666 Nr. 7 – Veba/Gelsenberg; TB 1993/94, S. 124; 2005/06, S. 17; *A. Bangard,* ZWeR 2007, 183 (202 ff.).

[10] S. insb. die §§ 36 Abs. 2, 39 Abs. 2, Abs. 3, Abs. 5 und Abs. 6, 41 Abs. 2 und Abs. 4 sowie 54 Abs. 2 GWB.

[11] S. *Kommission,* Mitteilung, ABl. 1998 Nr. C 66/15; *BKartA* Merkblatt vom Juli 2005.

[12] *OLG Düsseldorf* WuW/E DE-R 1651 (1652).

bindung im Sinne des § 37 Abs. 1 Nr. 4 GWB, so ist auch der Veräußerer an dem Zusammenschluss (materiell) beteiligt und daher im Rahmen des § 35 Abs. 1 GWB mit seinen Ressourcen mitzuzählen.

Zu beachten sind in den genannten Fällen (o. Rn. 7) zusätzlich die **Verbundklausel** des § 36 Abs. 2 S. 1 GWB (s. u. Rn. 12 ff.) sowie die **Mehrmütterklausel** des § 36 Abs. 2 S. 2 GWB (s. dazu u. Rn. 16 ff.). Die Verbundklausel hat z. B. zur Folge, dass im Falle des mittelbaren Erwerbs eines anderen Unternehmens über Tochtergesellschaften auch die Muttergesellschaft als materiell beteiligt gilt, so dass sie im Rahmen des § 35 Abs. 1 GWB mit ihren Umsätzen mitgezählt wird; außerdem trifft dann die Muttergesellschaft nach § 39 Abs. 2 Nr. 1 GWB ebenfalls die Anmeldepflicht.[13] 8

3. Berechnung

Die Fusionskontrolle greift nur ein, wenn die Umsatzerlöse der am Zusammenschluss beteiligten Unternehmen (o. Rn. 6 ff.) im letzten Geschäftsjahr vor dem Zusammenschluss insgesamt mehr als 500 Mio. Euro betrugen und außerdem mindestens eines der beteiligten Unternehmen Inlandsumsätze in Höhe von mehr als 25 Mio. Euro und ein anderes von mehr als 5 Mio Euro erzielte (§ 35 Abs. 1 Nr. 1 und Abs. 2 GWB). Maßgebender **Zeitpunkt**, in dem diese Voraussetzungen für die Anwendung der §§ 35 ff. erfüllt sein müssen, ist der der Entscheidung des Bundeskartellamts, nicht der häufig wesentlich spätere Zeitpunkt der Entscheidung des Beschwerdegerichts.[14] Unerheblich ist, ob später während des Verfahrens die Umsatzschwellen doch noch überschritten werden, wenn es daran zunächst gefehlt hat; gegebenenfalls muss dann ein neues Verfahren eingeleitet werden. 9

Die **Berechnung** der Umsatzerlöse richtet sich nach **§ 38 GWB** in Verb. mit **§ 277 HGB**, aus dem sich ergibt, dass auf **Nettoerlöse** (ohne Umsatzsteuer) abzustellen ist.[15] Hervorzuheben sind ergänzend folgende Punkte: Bei **Handelsunternehmen** werden nur drei Viertel der Umsatzerlöse in Ansatz gebracht (§ 38 Abs. 2 GWB), weil von Zusammenschlüssen im Handel dem Wettbewerb (angeblich) geringere Gefahren als von einem Zusammenschluss von Warenherstellern drohen.[16] Dagegen ist für den Verlag, die Herstellung und den Vertrieb von **Zeitungen,** Zeitschriften und deren Bestandteilen sowie für die Herstellung, den Vertrieb und die Veranstaltung von **Rundfunkprogrammen** und für den Absatz von Rundfunkwerbezeiten das Zwanzigfache der Umsatzerlöse anzusetzen (§ 38 Abs. 3 GWB), so dass bei Zusammenschlüssen auf dem Zeitungs- oder Rundfunkmarkt die **Umsatzschwelle** des § 35 Abs. 1 Nr. 1 GWB bereits bei einem Umsatz der beteiligten Unternehmen von **25 Mio. Euro** erreicht wird. Dadurch soll dem Umstand Rechnung getragen werden, dass es bei Zeitungen und Rundfunkleistungen zahlreiche regionale und lokale Märkte gibt, die trotz der verhältnismäßig niedrigen Umsätze der hier tätigen Unternehmen für sich schutzwürdig sind.[17] 9a

Unter **Zeitungen** i. S. d. § 38 Abs. 3 GWB versteht man zu den Massenmedien gehörende periodische Druckwerke, die in tagebuchartiger Weise fortlaufend über aktuelle Vorgänge berichten, während sich **Zeitschriften** auf die Erörterung einzelner 10

[13] *KG* AG 1979, 158 (159) = WuW/E OLG 1993 – Bayer/HCC.
[14] *OLG Düsseldorf* WuW/E DE-R 2347 = AG 2008, 859 (862).
[15] S. die Begr. zum RegE, BT-Drs. 13/9720, S. 57 f.; *BKartA* Merkblatt vom Juli 2005, unter Tz. V 5.
[16] So die Begr. zum RegE von 1998, BT-Drs. 13/9720, S. 58 (l. Sp. o.).
[17] S. dazu die Begr. (vorige Fn.), S. 58 (l. Sp.), 82; zu § 35 II S. 2 s. u. Rn. 31 f.

Fragen und Vorgänge ohne fortlaufende Berichterstattung beschränken.[18] Zu den periodischen Druckwerken in diesem Sinne gehören grundsätzlich auch die **Anzeigenblätter**, jedenfalls, sofern sie periodisch erscheinen und sich durch einen nicht völlig unbeachtlichen redaktionellen Teil der Erörterung einzelner Vorgänge und Fragen widmen.[19] Mit der **Herstellung und** dem **Vertrieb** von Zeitungen und Zeitschriften sind dagegen in § 38 Abs. 3 GWB Zeitungsdruckereien und spezielle Pressevertriebsunternehmen gemeint wie z. B. ein Unternehmen, das für einen Zeitungsverlag die Hauszustellung der Abonnementszeitungen organisiert.[20] Zu den Unternehmen, die **Rundfunkprogramme vertreiben**, sind schließlich vor allem die Anbieter von Rahmenprogrammen zu zählen, die lokale Hörfunkveranstalter, die sich kein Vollprogramm leisten können, mit Programmteilen versorgen.[21]

11 Bei einem Zusammenschluss durch **Vermögenserwerb** gemäß § 37 Abs. 1 Nr. 1 GWB ist nach **§ 38 Abs. 5 GWB** für die Berechnung der Umsatzerlöse des Veräußerers allein auf den veräußerten Vermögensteil abzustellen. Seine übrigen Umsätze bleiben daher im Rahmen des § 35 GWB außer Betracht.

III. Verbundklausel

12 Nach § 36 Abs. 2 S. 1 GWB sind abhängige und herrschende Unternehmen im Sinne des § 17 AktG sowie Konzernunternehmen im Sinne des § 18 AktG im Rahmen der Fusionskontrolle als ein einheitliches Unternehmen anzusehen. Durch diese Regelung soll sichergestellt werden, dass abhängige und herrschende Unternehmen sowie Konzernunternehmen im GWB als **wirtschaftliche Einheit** behandelt werden Keine Rolle spielt die Rechtsform der beteiligten Unternehmen, so dass herrschendes Unternehmen z. B. auch eine GmbH oder eine Familiengesellschaft sein kann.[22] Der **Anwendungsbereich** der Verbundklausel beschränkt sich nicht, wie man vielleicht aus ihrer Stellung in § 36 Abs. 2 folgern könnte, auf die Fusionskontrolle, sondern umfasst das gesamte Gesetz und damit insbesondere auch die Missbrauchsaufsicht über marktbeherrschende Unternehmen.[23]

1. Abhängigkeit

13 Der Abhängigkeitsbegriff ist in § 36 Abs. 2 S. 1 GWB derselbe **wie in § 17 AktG.**[24] Die Abhängigkeit muss daher gesellschaftsrechtlich vermittelt sein[25] und setzt voraus, dass ein Unternehmen von einem anderen veranlasst werden kann, sich dessen Wil-

[18] *KG* AG 1981, 258 = WuW/E OLG 2457 (2460); *BKartA* AG 1980, 283 – Münchener Wochenblatt; AG 1981, 260 – Springer/AZ; s. auch o. § 25 Rn. 14 f.

[19] BGHZ 102, 180 (190 f.) = NJW 1988, 1850 – Singener Wochenblatt; *BGH* LM § 23 GWB Nr. 8 = AG 1982, 255 = WuW/E BGH 1905 – Münchner Wochenblatt.

[20] *KG* AG 1997, 569 = WuW/E OLG 5907 – Tukan/Deil; *BKartA* WuW/E DE-V 1135 – MS V/PS .

[21] S. die Begr. zum RegE, BT-Drs. 13/9720, S. 58, 82.

[22] BGHZ 74, 359 (361 ff.) = NJW 1979, 2401 – WAZ; *BGH* WuW/E BGH 1655 (1656); noch weiter *BKartA* WuW/E DE-V 408 (409 Tz. 8) – Trienekens/Köln.

[23] *BGH* WuW/E DE-R 2734 Tz. 15 = AG 2009, 742 – Entega I; *OLG Frankfurt* WuW/E DE-R 2860 (2861).

[24] *Säcker,* NJW 1980, 801; *K. Schmidt,* ZGR 1980, 277 (284 ff.); str., offengelassen in BGHZ 121, 137 (145 f.) = NJW 1993, 2114 = AG 1993, 334 – WAZ/IKZ.

[25] BGHZ 121, 137 (145 f.) = NJW 1993, 2114; s. im Übrigen *Emmerich/Habersack,* Konzernrecht, 9. Aufl., 2008, § 3 Tz. 14 ff.

len zu fügen, so dass es in seiner wirtschaftlichen Planung nicht mehr selbstständig ist. Wichtigster Ausdruck der Abhängigkeit eines Unternehmens von einem anderen ist die Fähigkeit des letzteren zur Besetzung der Organe des anderen Unternehmens; unmittelbare und mittelbare Abhängigkeit stehen dabei gleich.[26] Im Falle einer **Mehrheitsbeteiligung** wird die Abhängigkeit vermutet (§ 17 Abs. 2 AktG; s. u. Rn. 14). Im Einzelfall kann aber auch eine **Minderheitsbeteiligung** zur Begründung der Abhängigkeit ausreichen,[27] insbesondere dann, wenn die Minderheitsbeteiligung eine stabile Hauptversammlungsmehrheit verschafft, wofür bei den meisten Publikumsgesellschaften wegen der durchweg niedrigen Präsenz bereits eine Beteiligung von etwa 30 % ausreicht.[28] Ebenso ist es im Ergebnis zu beurteilen, wenn ein nur minderheitlich beteiligtes Unternehmen noch durch andere wirtschaftliche Maßnahmen den Verhaltensspielraum des abhängigen Unternehmens nachhaltig zu beeinflussen vermag.[29]

Unerheblich ist, ob das herrschende Unternehmen von der Beherrschungsmöglichkeit im Augenblick tatsächlich **Gebrauch** macht, weil § 17 AktG auf die bloße Beherrschungs*möglichkeit* abstellt.[30] Dementsprechend sind an die **Widerlegung der Vermutung** der Abhängigkeit im Falle einer Mehrheitsbeteiligung (§ 17 Abs. 2 AktG) im Rahmen der Fusionskontrolle **strenge Anforderungen** zu stellen, wobei eine wirtschaftliche Betrachtungsweise unter wettbewerblichen Gesichtspunkten zugrunde zu legen ist.[31] Die Widerlegung der Abhängigkeitsvermutung (§ 17 Abs. 2 AktG) wird daher **nur selten** gelingen, z. B., wenn nach der Satzung eines Unternehmens die Mehrheit nicht mit einer entsprechenden Einflussnahme auf die Leitung des Unternehmens korreliert, weil für sämtliche Beschlüsse zum Schutze der Minderheit eine qualifizierte Mehrheit erforderlich ist.[32] Dagegen reichen sog. **Entherrschungsverträge**, d. h. Verträge, die bei einer Kapitalmehrheit eine Stimmenmehrheit ausschließen sollen, zur Widerlegung der Vermutung nicht aus; maßgebend sind vielmehr allein die objektiven Verhältnisse sowie die dadurch nahegelegten Verhaltensmöglichkeiten der Unternehmen.[33] 14

2. Konzern

Eine wettbewerbliche Einheit bilden ferner Unternehmen, die zu einem Konzern im Sinne des **§ 18 AktG** gehören. Zwischen Vertragskonzernen und faktischen Konzernen wird dabei ebensowenig wie zwischen Unterordnungs- und Gleichordnungskonzernen unterschieden (§§ 18 Abs. 2, 291, 311 AktG). Ein **faktischer Gleichordnungskonzern** ist z. B. anzunehmen, wenn sich aus den Umständen die einheitliche Leitung der verbundenen Unternehmen durch eines von ihnen, durch eine im Hintergrund stehende Unternehmerpersönlichkeit oder durch die Mitglieder einer Familie ergibt, die gleichmäßig in sämtlichen Leitungsorganen der verbundenen 15

[26] BGHZ 121, 137 (145 ff.) = NJW 1993, 2114 – WAZ/IKZ; *KG* WuW/E OLG 2862 = AG 1983, 194 (197) – Rewe/Florimex.

[27] Wegen der Einzelheiten s. *Emmerich/Habersack*, Aktien- und GmbH-Konzernrecht, 6. Aufl., 2010, § 17 Rn. 18–21.

[28] *BKartA* WuW/E BKartA 1943 = AG 1982, 228 (229) – Ph. Morris/Rothmans.

[29] *BKartA* WuW/E BKartA 2077 = AG 1983, 197 (200) – OAM/Deutag.

[30] *KG* WuW/E OLG 1993 f. = AG 1979, 158 – Organische Pigmente.

[31] *KG* WuW/E OLG 1993 f. = AG 1979, 158 – Organische Pigmente.

[32] *OLG Düsseldorf* WuW/E DE-R 647 (648 f.) – WAZ/OTZ; *BKartA* AG 2000, 520 – WAZ/OTZ.

[33] *BMWi*, ZfE 1979, 131 (132); *MK*, 1. HauptGA, Tz. 868 f.

Unternehmen vertreten sind. Die Folge ist, dass sämtliche in dieser Weise verbundenen Unternehmen in der Fusionskontrolle als (wettbewerbliche) Einheit zu behandeln sind.[34] Dasselbe gilt wohl für den umfangreichen unternehmerischen Besitz des Bundes und der Länder.[35]

IV. Mehrmütterklausel

Literatur: *Fischer,* Wettbewerbliche Einheit 1986; *Steindorff,* Wettbewerbliche Einheit und kartellrechtliche Vermutungen, 1982.

16 Nach der Mehrmütterklausel des **§ 36 Abs. 2 S. 2 GWB** gilt in der Fusionskontrolle *jedes* Unternehmen als herrschendes, wenn mehrere Unternehmen derart zusammenwirken, dass sie *gemeinsam* einen beherrschenden Einfluss auf ein anderes Unternehmen ausüben können. Vergleichbare Regelungen speziell für den Zusammenschlussbegriff finden sich in § 37 Abs. 1 Nr. 2 S. 1 und Nr. 4 GWB (s. dazu u. § 33 Rn. 31 ff.). Sind die Voraussetzungen der Mehrmütterklausel erfüllt, so werden dem Gemeinschaftsunternehmen die Ressourcen *aller* gemeinsam herrschenden Mütter zugerechnet, jeder Mutter dagegen nur die Ressourcen des Gemeinschaftsunternehmens, nicht etwa auch die der anderen Mütter.[36]

1. Voraussetzungen

17 Die Anwendung der Mehrmütterklausel setzt nach § 36 Abs. 2 S. 2 GWB voraus, dass mehrere Unternehmen derart zusammenwirken, dass sie **gemeinsam** einen **beherrschenden Einfluss** im Sinne des § 17 Abs. 1 AktG auf ein anderes Unternehmen auszuüben vermögen. Das ist anzunehmen, wenn aufgrund der Abreden der Parteien *oder* ihrer identischen Interessen die **regelmäßige einheitliche Ausübung der Einflussnahme** einer Gesellschaftergruppe als **gesichert** gelten kann.[37] Die Situation ist eindeutig, wenn entsprechende **Vereinbarungen** der Mütter bestehen, aus denen sich für sie ein ständiger Einigungszwang in den wichtigsten Fragen der Geschäftsführung ergibt, so dass sie schon aus rechtlichen Gründen das Beteiligungsunternehmen gemeinsam beherrschen müssen, solange sie es nicht liquidieren wollen.[38] Im Einzelfall kann es aber auch genügen, wenn die **tatsächliche Gemeinsamkeit** der Interessen der Gesellschafter so stark und dauerhaft ist, dass sie eine gleichbleibende einheitliche Willensbildung erwarten lässt.[39]

18 Für die Anwendung der Mehrmütterklausel ist dagegen *kein* Raum, sofern konkret die Möglichkeit einer Abstimmung mit wechselnden Mehrheiten besteht, weil dann eben keine Gesellschaftergruppe über eine *auf Dauer* gesicherte Einflussmöglichkeit verfügt.[40] Anders verhält es sich erst, wenn eine Gesellschaftergruppe die Möglichkeit be-

[34] BGHZ 121, 137 (144 ff.) = NJW 1993, 2114 – WAZ/IKZ; *BGH* LM § 24 GWB Nr. 30 = WuW/E DE-R 243 = AG 1999, 181 (182 ff.) – Tukan/Deil.

[35] Anders *KG* WuW/E OLG 5151 (5163) – Horten/TUI; s. dagegen *Emmerich,* AG 1994, 477 (480 f.).

[36] *BGH* WuW/E BGH 2620 (2623) = AG 1990, 543 – Springer/Kieler Zeitung.

[37] BGHZ 81, 56 (60 f.) = NJW 1981, 2699 – Transportbeton Sauerland; BGHZ 99, 1 (4) = NJW 1987, 1639; BGHZ 99, 126 (130 f.) = NJW 1987, 1700 – Hussel/Mara; insbesondere *BGH* AG 2007, 204 Tz. 11 ff. = NJW-RR 2007, 480 – Radio TON.

[38] *BGH* AG 2007, 204 Tz. 11 ff. = NJW-RR 2007, 480 – Radio TON; *BKartA* WuW/E BKartA 1876 = AG 1981, 291 – Rewe/Florinex; WuW/E BKartA 1897 = AG 1981, 318 – Hussel/Mara.

[39] *Z. B. OLG Düsseldorf* AG 2006, 506 (508) = WuW/E DE-R 1625 – Rethmann/GfA Köthen mN.

[40] *KG* AG 1991, 176 (177 f.) = WuW/E OLG 4547 – Lübecker Nachrichten/Stormarner Tageblatt.

sitzt, die eigenen Wettbewerbsinteressen abzustimmen und sie gemeinsam gegenüber dem abhängigen Unternehmen durchzusetzen (s. auch Rn. 19). Dabei ist auf die **Sicht des abhängigen Unternehmens** abzustellen, so dass es letztlich darauf ankommt, ob aus seiner Sicht sein wettbewerblicher Entscheidungsspielraum durch die beteiligte Gesellschaftergruppe zusammen ausgeschlossen oder doch spürbar eingeschränkt wird.[41]

Indizien, die auf die dauernde Interessenidentität der Gesellschafter hinweisen, sind neben Vereinbarungen, die auf einen Einigungszwang der Gesellschafter hinauslaufen, z. B. noch die Entstehung des Gemeinschaftsunternehmens aus einem früheren Kartell, das später nur zur Vermeidung einer Untersagung in einen Zusammenschluss umgewandelt wurde, sowie die auch auf anderen Märkten festzustellende Verfolgung einer gemeinsamen wettbewerbeschränkenden Strategie der Gesellschaftergruppe.[42] Im Einzelfall kann sich außerdem die Interessengleichheit der herrschenden Gesellschafter aus ihrer Zugehörigkeit zu derselben Familie oder zu derselben Unternehmensgruppe ergeben. 19

2. Insbesondere paritätische Gemeinschaftsunternehmen

Einen kritischen Grenzfall bildet das paritätische (50 : 50) Gemeinschaftsunternehmen. Aus dem faktischen Einigungszwang, dem beide Mütter hier unterliegen, war zunächst vielfach der Schluss gezogen worden, dass das Gemeinschaftsunternehmen in derartigen Fällen ausnahmslos von beiden Müttern gemeinsam beherrscht werde.[43] So wird auch in der Tat in der europäischen Fusionskontrolle die Rechtslage aufgrund des Art. 3 FKVO beurteilt (o. § 17 Rn. 18 und u. § 33 Rn. 35). Anders dagegen die deutsche Rechtsprechung.[44] Sie verlangt vielmehr, dass zu der bloßen paritätischen Beteiligung der Mütter noch **weitere Umstände** hinzutreten, die aufgrund gleichgerichteter Interessen der beiden Mütter eine gemeinsame Politik bei dem Gemeinschaftsunternehmen gewährleisten.[45] 20

Diese Voraussetzungen sind insbesondere erfüllt, wenn sich aus der Satzung des Gemeinschaftsunternehmens oder aus ergänzenden Absprachen der Mütter ein **Einigungszwang** in den wichtigsten Fragen der Geschäftspolitik ergibt.[46] Für die Annahme einer gemeinsamen Beherrschung der beiden Mütter ist dagegen kein Raum, wenn das Gemeinschaftsunternehmen de facto in den Konzern einer der Mütter eingegliedert wird, so dass diese allein – ohne Rücksicht auf die abweichenden Absprachen der Mütter – die Verantwortung für das Gemeinschaftsunternehmen trägt,[47] während es unschädlich ist, wenn einer der Mütter lediglich ein gewisses Übergewicht eingeräumt wird.[48] 21

[41] *BGH* LM § 24 GWB Nr. 20 = NJW-RR 1988, 484 = AG 1988, 47 (48 f.) – Gruner und Jahr/Zeit; *KG* WuW/E OLG 4075 = AG 1988, 209 – Springer/Kieler Zeitungsverlag; AG 1991, 176 (177 f.) = WuW/E OLG 4547 – Lübecker Nachrichten/Stormaner Tageblatt.

[42] *BKartA* WuW/E BKartA 2488 = AG 1991, 183 f. – BAM/H + W.

[43] *BKartA* WuW 1981, 183; *MK,* 3. HauptGA, Tz. 487 ff.

[44] Seit BGHZ 74, 359 (367 f.) = NJW 1979, 2401 – WAZ; BGHZ 99, 126 (130) = NJW 1987, 1700 – Hussel/Mara.

[45] *BGH* AG 2007, 204 f. Tz. 11 ff. = NJW-RR 2007, 480= WuW/E DE-R 1890 – Radio TON.

[46] Ausführlich *BGH* AG 2007, 204 f. Tz. 11 ff. = NJW-RR 2007, 480= WuW/E DE-R 1890 – Radion TON; BGHZ 99, 1 (4 f.) = NJW 1987, 1639; *OLG Düsseldorf* WuW/E DE-R 647 (654) – WAZ/OTZ; s. auch schon o. Rn. 19.

[47] BGHZ 99, 126 (130 ff.) = NJW 1987, 1700 – Hussel/Mara.

[48] *BKartA* AG 1997, 275 (276 f.) = NJWE-WettbR 1997, 67 – Springer/PSG.

V. Ausnahmen

1. Anschlussklausel

22 Nach der sog. Anschlussklausel des **§ 35 Abs. 2 S. 1 Nr. 1 GWB** findet die Fusionskontrolle keine Anwendung, wenn sich ein Unternehmen, das nicht im Sinne des § 36 Abs. 2 GWB abhängig ist *und* im letzten Geschäftsjahr weltweit Umsatzerlöse von weniger als 10 Mio. Euro erzielt hat, mit einem anderen Unternehmen zusammenschließt. Ausgenommen hiervon sind jedoch Presseunternehmen (§ 35 Abs. 2 S. 2 GWB; s. u. Rn. 31 f.).

23 Durch die wiederholt geänderte Anschlussklausel wollten die Gesetzesverfasser seinerzeit **gewisse Härten abmildern**, die ihrer Meinung nach für kleine und mittlere Unternehmen mit § 36 Abs. 1 GWB verbunden sein können, wenn sie, etwa aus Gründen der Altersversorgung des Inhabers, ihre Selbständigkeit aufgeben wollen. Deshalb sollte solchen Unternehmen mit § 35 Abs. 2 S. 1 Nr. 1 GWB ein Weg eröffnet werden, sich ungehindert durch die Fusionskontrolle größeren Unternehmen anzuschließen, wenn sie dies wünschen.[49]

24 Der Anwendungsbereich der Anschlussklausel beschränkt sich folgerichtig auf **selbstständige Unternehmen,** so dass Konzernunternehmen, selbst wenn es sich um einen Kleinkonzern mit Umsätzen unter 10 Mio. Euro handelt, die Anschlussklausel nicht in Anspruch nehmen können.[50] Ebensowenig ist Raum für die Anwendung der Anschlussklausel, wenn Unternehmen mit Umsätzen über 25 Mio. Euro (s. § 35 Abs. 1 Nr. 2 GWB) kleinere Töchter oder Teilbetriebe veräußern oder wenn das übernommene Unternehmen von einem Großunternehmen abhängig war.[51]

25 Erfasst wird unter den genannten Voraussetzungen (Rn. 23 f.) **jeder Zusammenschluss** i. S. d. § 37 GWB aus der Sicht des kleinen oder mittleren Unternehmens einschließlich der Fälle der Teilveräußerung oder der Ausgliederung von Unternehmensteilen und deren Einbringung in ein **Gemeinschaftsunternehmen;** ausgeklammert ist lediglich die Gründung von Gemeinschaftsunternehmen zusammen mit Großunternehmen.[52] Der Zusammenschluss muss außerdem **freiwillig** erfolgen. Die unfreiwillige Übernahme kleiner oder mittlerer Unternehmen, z. B. durch Aufkäufe über die Börse, ist nicht privilegiert.

2. Bagatellmarktklausel[53]

a) Überblick

26 Die Fusionskontrolle findet nach **§ 35 Abs. 2 S. 1 Nr. 2 GWB** ferner keine Anwendung, wenn ein Markt betroffen ist, auf dem seit mindestens fünf Jahren Waren oder

[49] Vgl. die Begr. zu RegE (BT-Drs. VI/2520), S. 32.

[50] *KG* AG 1979, 226 = WuW/E OLG 2120 – Mannesmann/Brueninghaus; kritisch dazu *Schulte,* AG 1998, 297 (305 f.).

[51] BGHZ 77, 279 (283) = NJW 1980, 2583; *BGH* LM § 24 GWB Nr. 5 = NJW 1980, 1389 = AG 1980, 221 (223); WuW/E BGH 1763 = AG 1981, 219; *KG* WuW/E OLG 2120 = AG 1979, 226 – Mannesmann/Brueninghaus.

[52] *KG* WuW/E OLG 2507 = AG 1982, 74 – Veba/Stadtwerke Wolfenbüttel; WuW/E OLG 3469 = AG 1985, 307 – Thüga; *BKartA* WuW/E DE-V 677 (679 Tz. 25) – RWE Nord; s. *Rottnauer,* WuW 1993, 369 (370, 376).

[53] S. dazu zuletzt *Emmerich,* AG 2010, 517; *Henschen/Koch,* WuW 2009, 1127; *Zigelski,* WuW 2009, 1261.

gewerbliche Leistungen angeboten werden *und* auf dem im letzten Kalenderjahr weniger als 15 Mio. Euro umgesetzt wurden. Durch diese Regelung sollen Bagatellmärkte ohne gesamtwirtschaftliche Relevanz aus dem Anwendungsbereich der Fusionskontrolle ausgeklammert werden, selbst wenn sich auf ihnen Großunternehmen (s. § 35 Abs. 1 GWB) betätigen.[54] Bei der Berechnung des Marktvolumens sind die §§ 36 Abs. 2 und 38 GWB zu beachten.

Ursprünglich waren durch die Bagatellmarktklausel generell Zusammenschlüsse freigestellt, die Märkte betrafen, auf denen im letzten Kalenderjahr weniger als zehn Mio. DM umgesetzt worden waren. Diese Regelung schoss jedoch über ihr Ziel hinaus, da sie zur Folge hatte, dass auch **Märkte in der Entwicklungsphase** von der Fusionskontrolle ausgenommen wurden. Deshalb war bereits 1980 in die Bagatellmarktklausel als weitere Voraussetzung eingefügt worden, dass auf dem Markt schon **seit mindestens fünf Jahren Waren** oder gewerbliche Leistungen **angeboten** werden. Märkte in der Entwicklungsphase unterliegen seitdem der Fusionskontrolle.[55] Durch die sechste Novelle von 1998 wurde jedoch die Umsatzschwelle auf 15 Mio. Euro angehoben, um die Fusionskontrolle zu entlasten.[56] 27

b) Voraussetzungen

Die Anwendung der Bagatellmarktklausel setzt nach § 35 Abs. 2 S. 1 Nr. 2 GWB voraus, dass gerade der durch den Zusammenschluss **betroffene Markt** durch ein geringes Marktvolumen gekennzeichnet ist. Gemeint ist damit für den Regelfall der Markt, auf dem sich der Zusammenschluss vollzieht und auf dem eines der beteiligten Unternehmen infolgedessen eine marktbeherrschende Stellung begründet oder verstärkt.[57] In Ausnahmefällen können jedoch auch Drittmärkten in diesem Sinne betroffen sein.[58] Für die **sachliche Marktabgrenzung** gelten in diesem Zusammenhang dieselben Regeln wie bei § 19 Abs. 2 GWB. Handelt es sich z. B. um den Zusammenschluss eines Gasversorgungsunternehmens mit einem Stromversorgungsunternehmen, so ist der gesamte Strommarkt, der eine Einheit bildet, betroffen und nicht etwa nur der kleine Teilmarkt, auf dem Gas und Strom austauschbar sind.[59] Wenn ein Zusammenschluss gleichzeitig mehrere Märkte betrifft, die wenigstens zum Teil nicht unter die Bagatellmarktklausel fallen, findet diese gleichfalls insgesamt keine Anwendung.[60] Der **räumlich relevante Markt** ist dagegen mit Rücksicht auf den Zweck der Regelung, Fusionen mit marginaler Bedeutung für Deutschland von der Fusionskontrolle auszunehmen, entgegen § 19 Abs. 2 S. 3 GWB auf das **Bundesgebiet** zu beschränken.[61] 28

c) Bündeltheorie

Die Gleichsetzung des betroffenen Marktes im Sinne des § 35 Abs. 2 S. 1 Nr. 2 GWB mit dem Markt, auf dem sich der Zusammenschluss vollzieht (o. Rn. 28), hat häufig die (fatale) Konsequenz, dass infolge der zunehmenden Anerkennung regiona- 29

[54] *BGH* LM § 22 GWB Nr. 25 = NJW 1996, 1820 – HaGe Kiel/RHG Hannover; WM 2007, 2343 (2345 Tz. 16) – Sulzer/Kelmix.
[55] Ein Beispiel in *BKartA* TB 1987/88, S. 11, 73 f. – Bertelsmann/IBM.
[56] S. die Begr. zum RegE, BT-Drs. 13/9720, S. 56 (l. Sp. o.); dazu *Schulte,* AG 1998, 297 (306 f.).
[57] *BKartA* AG 2004, 563 = WuW/E DE-V 937 – DBAG/RSW/KVS.
[58] *OLG Düsseldorf* WuW/E DE-R 2622 (2616 ff.) – Faber/Basalt.
[59] *KG* AG 1985, 307 = WuW/E OLG 3469 – Thüga/Stadtwerke Westerland.
[60] *BKartA* WuW/E DE-V 860 (861 Tz. 15) – Alba City/RUWE.
[61] BGHZ 174, 12 (15 ff. Tz. 14 ff.) = AG 2008, 122 – Sulzer/Kelmix; früher sehr str.

ler und lokaler Märkte im Rahmen der §§ 19 Abs. 2 und 36 Abs. 1 GWB, etwa im Handel, immer häufiger Märkte mit einem Volumen unter 15 Mio. Euro auftauchten. Um hier gegenzusteuern, entwickelte das BKartA[62] schon früh die sog. Bündeltheorie, nach der im Rahmen der Bagatellmarktklausel unter im Einzelnen noch nicht endgültig geklärten Voraussetzungen die Umsätze **räumlich oder sachlich benachbarter,** im wesentlichen **übereinstimmender Märkte** zusammenzurechnen sind, sofern die Unternehmen auf ihnen eine einheitliche Unternehmenspolitik verfolgen, so dass die Wettbewerbsbedingungen auf diesen Märkten nicht unabhängig voneinander betrachtet werden können.[63]

30 Die genaue **Reichweite** der Bündeltheorie ist noch **offen**. Der BGH will offenbar ihren Anwendungsbereich angesichts der problematischen Vereinbarkeit dieser Theorie mit dem Wortlaut des § 35 Abs. 2 S. 1 Nr. 2 auf wenige Fallgruppen beschränkten. Für die Anwendung der Bündeltheorie ist insbesondere kein Raum, wenn die benachbarten Märkte erhebliche Unterschiede aufweisen.[64] Gesichert ist ihre Geltung demgegenüber bisher nur in wenigen **Fallgruppen. Indizien** für die Zusammengehörigkeit der Märkte i. S. der Bündeltheorie sind insbesondere eine hohe Angebotsumstellungsflexibilität und die Identität der beteiligten Unternehmen sowie die Verfolgung einer einheitlichen Strategie, etwa infolge des Absatzes der Produkte über dieselben Vertriebswege.[65] Die Bündeltheorie wurde dementsprechend in der Praxis bisher **z. B.** angewandt, wenn sich ein Zusammenschluss gleichmäßig auf mehrere benachbarte Märkte auswirkt,[66] wenn ein marktbeherrschendes Großunternehmen im Rahmen einer wettbewerbsbeschränkenden Gesamtstrategie durch künstliche Marktaufspaltung willkürlich abgegrenzte Teilmärkte mit Volumina von weniger als 15 Mio. Euro schafft[67] sowie wenn die beteiligten Unternehmen über zahlreiche Bagatellmärkte hinweg eine einheitliche Unternehmenspolitik verfolgen.[68] Gleich steht schließlich noch der Fall, dass die an einem Zusammenschluss beteiligten Unternehmen gleichzeitig auf dem Bagatellmarkt und auf einem vor- oder nachgelagerten Nichtbagatellmarkt tätig sind und die Wettbewerbsbedingungen auf dem Bagatellmarkt unmittelbar darüber entscheiden, welche Wettbewerber rechtlich oder tatsächlich in der Lage sind, ihre Waren oder Dienstleistungen auf dem anderen Markt anzubieten.[69]

[62] *BKartA* WuW/E BKartA 1653 = AG 1977, 19 (21) – Babcock/Artos; WuW/E BKartA 2143 = AG 1984, 302 – GFL; WuW/E BKartA 2161 = AG 1984, 332 – Coop/Wandmaker; WuW/E DE-V 203 = AG 2000, 378 (379) – Emerson/NUKEM; NJWE-WettbR 1999, 247 (248) – Bayer. Landesanstalt/MGK; WuW/E DE-V 1507 (1508 f. Tz. 16, 22 ff.).

[63] BGHZ 168, 295 (298 Tz. 14 f.) = NJW-RR 2006, 1548 = JuS 2007, 291 Nr. 15 – DBAG/KVS Saarlouis; *BGH* LM § 22 GWB Nr. 25 = NJW 1996, 1820 = AG 1996, 266 (268) – HaGe Kiel/RHG Hannover; s. *K. Westermann/Bergmann,* ZWeR 2006, 216 (230 ff.).

[64] BGHZ 174, 12 (15 ff. Tz. 14 ff.) = AG 2008, 122 – Sulzer/Kelmix.

[65] *BKartA* WuW/E DE-V 527 (528 f. Tz. 30 ff.) – Marzipanrohmasse; WuW/E DE-V 717 (718 Tz. 28) – Schwartau/Zentis; WuW/E DE-V 864 (868 f. Tz. 25 ff.) – Homag; 1078 (1079) – Therme/Kendro; 1306 (1307 f. Tz. 23 ff.) – Strabag/Wehrhahn; AG 2007, Tz. 35 ff. = WuW/E DE-V 1340 – Sulzer/Kelmix.

[66] BGHZ 168, 295 (298 Tz. 14 f.) = NJW-RR 2006, 1548 = JuS 2007, 291 Nr. 15 – DBAG/KVS Saarlouis; *BGH* LM § 22 GWB Nr. 25 = NJW 1996, 1820 – HaGe Kiel/RHG Hannover.

[67] BGHZ 81, 56 (62 f.) = NJW 1981, 2699 – Transportbeton Sauerland; *OLG Düsseldorf* WuW/E DE-R 2622 (2616 ff.) – Faber/Basalt; *BKartA* WuW/E DE-V 1892 (1897 f.) – Pelikan/Herlitz.

[68] *BKartA* WuW/E BKartA 2488 = AG 1991, 183 (185) – BAM/H+W; AG 2000, 378 (379) = WuW/E DE-V 203; NJW-E WettbR 1999, 247 (248); *MK,* 9. HauptGA, Tz. 140 ff.

[69] BGHZ 168, 295 (299 Tz. 16) = NJW-RR 2006, 1548 = JuS 2007, 291 Nr. 15 – DBAG/KVS Saarlouis; *BGH* WM 2007, 2343 (2346 Tz. 21).

VI. Pressefusionen

Literatur: *Mestmäcker,* Medienkonzentration und Meinungsvielfalt, 1978; *Möschel,* Pressekonzentration und Wettbewerbsgesetz, 1978.

Nach § 35 Abs. 2 S. 2 GWB ist zum Schutz lokaler und regionaler Pressemärkte die Anschlussklausel (§ 35 Abs. 2 S. 1 Nr. 1 GWB) nicht anzuwenden, soweit durch den Zusammenschluss der Wettbewerb bei dem Verlag, bei der Herstellung oder bei dem Vertrieb von Zeitungen oder Zeitschriften oder deren Bestandteilen i. S. d. § 36 Abs. 1 GWB beschränkt wird. Der Begriff der **Zeitungen** und Zeitschriften ist in § 35 Abs. 2 S. 2 GWB derselbe wie in der Presserechenklausel des § 38 Abs. 3 GWB (s. deshalb o. Rn. 10). Rundfunkunternehmen stehen hier nicht gleich. 31

Unter § 35 Abs. 2 S. 2 GWB fallen gleichermaßen **reine** Pressefusionen wie sog. **gemischte Zusammenschlüsse** zwischen Zeitungs- und Anzeigenblattverlagen.[70] Dasselbe gilt für andere gemischte Zusammenschlüsse zwischen Verlagen und sonstigen Unternehmen. § 35 Abs. 2 S. 2 GWB besagt in den zuletzt genannten Fällen, dass im Rahmen des § 36 Abs. 1 GWB ausschließlich auf die Wirkungen des Zusammenschlusses auf dem Zeitungsmarkt abzustellen ist.[71] 32

§ 33. Zusammenschluss

Literatur: S. o. vor § 15 und vor § 31 sowie *Kommission,* Konsolidierte Mitteilung über Zständigkeitsfragen v. 2008, ABl. Nr. C 95/1; *Albath,* Unternehmensbeteiligungen unter 25 %-Kapitalanteil, 1988; *Albert,* Patente in der Fusionskontrolle, 2011; *M. Karl,* Der Zusammenschlussbegriff in der Europäischen Fusionskontrollverordnung, 1995; *Kerber,* Die Unternehmensentflechtung nach dem GWB, 1987; *Martens,* Die existentielle Wirtschaftsabhängigkeit, 1979; *Paschke,* Der Zusammenschlussbegriff des Fusionskontrollrechts, 1989; *Staudenmayer,* Der Zusammenschlussbegriff in Art. 3 der EG-Fusionskontrollverordnung, 2002; *Stein,* Der wettbewerblich erhebliche Einfluß in der Fusionskontrolle, 1994; *K.-D. Stephan,* Die Anwendung des Zusammenschlussbegriffs auf Personalgesellschaften, 1989; *Stockenhuber,* Die Europäische Fusionskontrolle, 1995; *Windbichler,* Unternehmensverträge und Zusammenschlusskontrolle, 1977.

I. Überblick

Das Gesetz wendet sich in § 36 Abs. 1 unter bestimmten Voraussetzungen gegen „Zusammenschlüsse" von Unternehmen i. S. d. § 37 GWB. Die Prüfung eines Zusammenschlussvorhabens hat daher mit der Frage zu beginnen, ob überhaupt ein „Zusammenschluss" i. S. d. § 37 GWB vorliegt. Vorläufer des § 37 GWB war § 23 Abs. 2 bis Abs. 4 GWB i. d. F. von 1973. Während sich jedoch das Gesetz in **§ 23 Abs. 2 a. F.** noch auf die Aufzählung einzelner Zusammenschlusstatbestände beschränkte, enthält § 37 Abs. 1 Nr. 2 GWB heute mit dem Tatbestand des **Kontrollerwerbs** im Anschluss an Art. 3 FKVO eine **Generalklausel,** mit der im Grunde jedenfalls die große Mehrzahl der einschlägigen Fälle bereits erfasst werden könnte (u. Rn. 8 f. und u. Rn. 47 ff.). 1

[70] BGHZ 102, 180 (190 f.) = NJW 1988, 1850 – Singer Wochenblatt.

[71] BGHZ 76, 55 (70 f.) = NJW 1980, 1381 – Springer/Elbe Wochenblatt; *KG* WuW/E OLG 2109 = AG 1979, 161 (162) – Springer/Elbe Wochenblatt; WuW/E OLG 2527 = AG 1982, 76 (79) – Springer/AZ.

2 Die Gesetzesverfasser haben gleichwohl, vor allem, um die Entstehung neuer Schutzlücken zu vermeiden, neben der Generalklausel des Kontrollerwerbs (o. Rn. 1) an einer Reihe der **Einzeltatbestände** aus dem alten § 23 Abs. 2 i. d. F. von 1973 festgehalten, obendrein noch ergänzt um einen weiten **Umgehungstatbestand**: Die Einzeltatbestände finden sich in der Nr. 1 (Vermögenserwerb; u. Rn. 3 ff.) und in der Nr. 3 des § 37 Abs. 1 GWB (Anteilserwerb; u. Rn. 20 ff.), während die Nr. 4 des § 37 Abs. 1 GWB heute als Umgehungstatbestand fungiert (u. Rn. 47 ff.). Die notwendige Folge dieses **Kombinationsmodells** ist, dass sich jetzt die einzelnen Zusammenschlusstatbestände in vielfältiger und verwirrender Weise überschneiden.

II. Vermögenserwerb

3 Als Zusammenschluss bezeichnet die Nr. 1 des § 37 Abs. 1 GWB zunächst den Erwerb des Vermögens eines anderen Unternehmens ganz *oder* zu einem wesentlichen Teil. Darunter fällt jeder Zusammenschluss **durch abgeleiteten Erwerb des Vermögens** eines anderen Unternehmens **ganz oder zu einem wesentlichen Teil** ohne Rücksicht darauf fällt, ob der Erwerb auf Vertrag oder Gesetz beruht.[1] Der Tatbestand deckt sich im Kern mit dem des Kontrollerwerbs infolge der Erlangung von Eigentumsrechten an einer Gesamtheit oder Teilen des Vermögens eines anderen Unternehmens (Nr. 2 S. 2 lit. a des § 37 Abs. 1 GWB; s. u. Rn. 8 ff., 14).

4 Unter dem **Vermögen** eines Unternehmens versteht man in diesem Zusammenhang sämtliche geldwerten Güter und Rechte einschließlich der subjektiven Rechte und Chancen eines Unternehmens, sofern sie nur im Verkehr gehandelt werden, d. h. letztlich das **gesamte sachliche Substrat** der Marktstellung des Unternehmens.[2] **Beispiele** sind neben Sachgütern aller Art wertvolle Schutzrechte wie insbesondere Patente sowie etwa noch die Titel- und Verlagsrechte an einer Zeitung, die Kundenbeziehungen eines Anzeigenblattes, wichtige Lieferverträge oder eine Marke.[3]

5 Die **Art des abgeleiteten Erwerbs** spielt keine Rolle. Dem Kauf von Vermögensteilen stehen daher z. B. die Verschmelzung, die übertragende Umwandlung sowie die Vermögensübertragung im Wege der Liquidation oder bei Auflösung eines Gemeinschaftsunternehmens gleich.[4] Erforderlich ist lediglich, dass es infolge des fraglichen Vorgangs zu einer **Vollrechtsübertragung** kommt, weil andernfalls nicht von einem „Erwerb" von Vermögensteilen die Rede sein kann.[5] Die **Begründung bloßer Nutzungsrechte** an dem Vermögen eines Unternehmens reicht daher für die Anwendung der Nr. 1 des § 37 Abs. 1 GWB *nicht* aus, wohl aber gegebenenfalls für die der Nr. 2 S. 2 lit. a des § 37 Abs. 1 GWB.[6] Unter die Nr. 1 des § 37 Abs. 1 GWB fällt ferner **nicht** der **originäre Erwerb** einer Rechtsstellung bei der Gründung einer Ge-

---

1 BGHZ 119, 117 (125 f.) = AG 1993, 36 = (gekürzt) NJW 1993, 264 – Melitta/Kraft (Frapan); dagegen *K.* u. *U. Quack,* FS Geiß, 2000, S. 645 (647 ff.).

2 S. *KG* WuW/E OLG 3591 = AG 1986, 230 – Coop/Supermarkt; WuW/E OLG 4095 = AG 1988, 306 – Weiß-Gruppe/SW-Verlag.

3 BGHZ 119, 117 (124 f.) = AG 1993, 36 – Melitta/Kraft (Frapan); *KG* WuW/E OLG 4637 = AG 1991, 276 (277) – Bote vom Grabfeld/Mainpost; *BKartA* AG 1999, 426 – TLZV/WAZ; WuW/E DE-V 195 (197) = NJWE-WettbR 2000, 126 – Westfälische Ferngas/Westfälische Gasversorgung (VEW); WuW/E DE-V 1754 Tz. 21 – shz/Blickpunkt; *Albert,* Patente, S. 54 ff.

4 *KG* WuW/E OLG 2007 f.

5 BGHZ 170, 130 (132) = NJW 2007, 1820 Tz. 9 = JuS 2007, 784 Nr. 13 – National Geographic I.

6 BGHZ 170, 130 (132) = NJW 2007, 1820 Tz. 9 – National Geographic I; s. u. Rn. 14.

sellschaft, weil es dann ebenfalls an einem Rechtsübergang i. S. d. „Erwerbs" des Vermögens eines Unternehmens fehlt.[7] Hinzu kommen muss schließlich noch, dass der veräußerte Vermögensteil wesentlich ist (u. Rn. 6 f.).

Durch das zusätzliche Erfordernis der **Wesentlichkeit des erworbenen Vermögensteils** soll verhindert werden, dass die Fusionskontrolle bereits durch den Erwerb untergeordneter, d. h. unwesentlicher Vermögensteile ausgelöst wird. Zugleich hat das Merkmal der Wesentlichkeit des erworbenen Vermögensteils die Aufgabe, das der Fusionskontrolle unterliegende **externe Wachstum** von Unternehmen von ihrem (**zulässigen**) **internen Wachstum**, und zwar auch in Gestalt des Erwerbs weiterer Vermögensrechte, **abzugrenzen.**[8] Ein erworbener Vermögensteil kann daher nur als wesentlich angesehen werden, wenn er im Verhältnis zum Gesamtvermögen des Veräußerers **quantitativ ausreichend hoch** ist *oder* wenn er unabhängig davon **qualitativ von Bedeutung** ist, insbesondere, weil es sich bei ihm um eine wirtschaftliche Funktionseinheit für ein spezielles Produktions- oder Vertriebsziel handelt, durch das die Stellung des Veräußerers auf dem betreffenden Markt begründet wurde; denn schon dann kann durch den Erwerb dieses Vermögensteils die Position des Erwerbers auf dem Markt verändert werden, so dass eine Kontrolle des Vorgangs nach § 36 Abs. 1 GWB geboten erscheint.[9] Unerheblich ist dagegen die **absolute Größe** des veräußerten Vermögensteils.[10] Ein **Indiz** für die Wesentlichkeit eines Vermögensteils kann insbesondere die Höhe des Kaufpreises sein, da jedenfalls sehr hohe Kaufpreise nur für die Übertragung des Substrats bereits bestehender Marktstellungen gezahlt zu werden pflegen.[11] 6

Der Erwerb einer größeren selbstständigen **Betriebsstätte oder Filiale** dürfte danach wohl ausnahmslos einen Zusammenschluss im Sinne der Nr. 1 des § 37 Abs. 1 GWB darstellen. Wesentliche Vermögensteile sind ferner **z. B.** 59 Tankstellen, die eine Mineralölgesellschaft von einer anderen durch einen einheitlichen Vertrag erwirbt,[12] drei Einzelhandelsgeschäfte in einer Großstadt,[13] bei Anzeigenblättern die Mietverträge, der Auftragsbestand, der Abonnentenstamm sowie die Verlags- und Titelrechte,[14] ferner das Zementwerk eines großen Stahlunternehmens,[15] die Immaterialgüterrechte und die Kundendaten eines Computerherstellers, sofern mit deren Übertragung die Marktstellung des Veräußerers für den Vertrieb von Netzwerktechnik auf den Er- 7

[7] *MK,* 10. HauptGA, Tz. 538; zu Grenzfällen s. *Emmerich,* AG 1994, 477 (481).

[8] S. BGHZ 170, 130 (132 f. Tz. 11) = NJW 2007, 1820 = JuS 2007, 784 Nr. 13 – National Geographic I.

[9] BGHZ 170, 130 (132 f. Tz. 11) = NJW 2007, 1820 = JuS 2007, 784 Nr. 13 – National Geographic I; BGHZ 65, 269 (271 f.) = NJW 1976, 243 – Zementmahlanlage I; BGHZ 119, 117 (121 f.) = AG 1993, 36 – Melitta/Kraft (Frapan); *BKartA* WuW/E DE-V 527 – Schwartau/Rösch und Moll; 1135 (1136) – MS V/PVN; 1289 (1291) – Synthes/AO-ASIF.

[10] BGHZ 65, 296 (272 f.) = NJW 1976, 243 – Zementmahlanlage I; BGHZ 74, 172 (177 f.) = NJW 1979, 2105 – Nähmaschinen; BGHZ 119, 117 (121 ff.) = AG 1993, 36 – Melitta/Kraft (Frapan); *BGH* LM § 24 GWB Nr. 5 = NJW 1980, 1389 – Zementmahlanlage II; WuW/E BGH 1763 (1771) = AG 1981, 219 – Makadamwerk Schwaben/Teerbau.

[11] *BKartA* WuW/E DE-V 1289 (1291) – Synthes/AO-ASIF.

[12] *OLG Düsseldorf* WuW/E DE-R 3000 (3001 f.) – OMV/Total.

[13] *KG* WuW/E OLG 3591 = AG 1986, 230 – Coop SH/Deutscher Supermarkt.

[14] *KG* WuW/E OLG 4095 = AG 1988, 306 – Weiß-Gruppe/SW-Verlag; AG 1991, 276 (277) = WuW/E OLG 4637 – Bote vom Grabfeld/Main-Post; *BKartA* AG 1984, 164 – Panorama; AG 1999, 426 – TLZV/WA; WuW/E DE-V 1754 Tz. 21 – shz/Blickpunkt.

[15] BGHZ 65, 269 (272 f.) = NJW 1976, 243; *BGH* WuW/E BGH 1655.

werber übergeht,[16] außerdem drei kleine Mischwerke für bituminöses Mischgut, wenn infolgedessen der Veräußerer als Anbieter aus dem betreffenden Markt ausscheidet und hiervon spürbare Einflüsse auf den Markt ausgehen,[17] sowie schließlich eine bekannte Marke in Verbindung mit dem zugehörigen Teilgeschäftsbetrieb.[18]

III. Kontrollerwerb

Literatur: S. o. § 15 Rn. 4 ff. sowie *Kommission,* Mitteilung von 2008, ABl. Nr. C 95/1; *M. Karl,* Der Zusammenschlussbegriff in der Europäischen Fusionskontrollverordnung, 1995; *P. Pohlmann,* Der Unternehmensverbund im europäischen Kartellrecht, 1999.

1. Überblick

8 Nach **Nr. 2 S. 1** des § 37 Abs. 1 GWB liegt ein Zusammenschluss ferner in dem Erwerb der unmittelbaren *oder* mittelbaren Kontrolle durch ein *oder* mehrere Unternehmen über die Gesamtheit *oder* Teile eines *oder* mehrerer anderer Unternehmen. **S. 2** der Vorschrift fügt hinzu, dass die Kontrolle durch Rechte, Verträge und andere Mittel begründet wird, die einzeln oder zusammen unter Berücksichtigung aller tatsächlichen und rechtlichen Umstände die **Möglichkeit** gewähren, einen **bestimmenden Einfluss** auf die Tätigkeit eines Unternehmens **auszuüben,** insbesondere **durch Eigentums- oder Nutzungsrechte** an einer Gesamtheit oder an Teilen des Vermögens des Unternehmens (lit. a) oder durch Rechte oder Verträge, die einen bestimmenden Einfluss auf die Zusammensetzung, die Beratungen oder Beschlüsse der Organe des Unternehmens gewähren (lit. b).

9 Vorbild dieses Zusammenschlusstatbestandes sind Abs. 1 lit. b und Abs. 2 des **Art. 3 FKVO.** Abs. 3 der genannten Vorschrift fügt noch hinzu, dass die Kontrolle für Personen oder Unternehmen begründet wird, die aus diesen Rechten oder Verträgen selbst berechtigt sind (lit. a) oder die, obwohl sie aus diesen Rechten oder Verträgen nicht selbst berechtigt sind, die Befugnis haben, die sich daraus ergebenden Rechte auszuüben (lit. b). § 37 Abs. 1 Nr. 2 GWB stimmt im wesentlichen wörtlich mit Art. 3 Abs. 1 lit. b und Abs. 2 FKVO überein, woraus sich, schon mit Rücksicht auf den Vorrang des Unionsrechts, die Notwendigkeit ergibt, § 37 Abs. 1 Nr. 2 GWB grundsätzlich ebenso wie Art. 3 Abs. 1 lit. b und Abs. 2 FKVO auszulegen.[19] Wegen der Einzelheiten kann daher auf die Ausführungen zu Art. 3 FKVO verwiesen werden (o. § 15 Rn. 4 ff.).

10 Durch die Übernahme der **„flexiblen Generalklausel" des Kontrollerwerbs** (Art. 3 Abs. 1 lit. b und Abs. 2 FKVO) ins deutsche Recht sollen seit 1998 sämtliche rechtlichen Konstruktionen erfasst werden, mit denen ein **steuernder unternehmerischer Einfluss auf ein Zielunternehmen** erreicht wird, wobei die Gesetzesverfasser davon ausgegangen sind, dass die früheren Zusammenschlusstatbestände des § 23 Abs. 2 Nr. 2 S. 4 a. F. (Umgehungstatbestand) sowie der Nr. 3 bis Nr. 5 des § 23 Abs. 2 a. F. (Unternehmensverträge, personelle Verflechtungen und sonstige Verbindungen von Unternehmen, die einen beherrschenden Einfluss verleihen) in dem Tatbestand des Kontrollerwerbs aufgegangen sind.

[16] *BKartA* WuW/E DE-V 227 (228) – Cisco/IBM.
[17] *BGH* WuW/E BGH 1763.
[18] BGHZ 119, 117 (121, 127 ff.) = AG 1993, 36 – Melitta/Kraft (Frapan).
[19] *OLG Düsseldorf* WuW/E DE-R 1504 (1507) – National Geographic.

2. Begriff

Was das Gesetz in S. 1 des § 37 Abs. 1 Nr. 2 GWB unter der (unmittelbaren oder mittelbaren) Kontrolle über ein anderes Unternehmen versteht, ergibt sich aus S. 2 der Vorschrift sowie aus Art. 3 Abs. 12 FKVO. „Kontrolle" ist danach gleichbedeutend mit der **Möglichkeit, einen bestimmenden Einfluss auf** die **Tätigkeit** eines anderen Unternehmens **auszuüben.** Wenn ein Unternehmen diese Möglichkeit erlangt, wird das andere Unternehmen, das sog. Beteiligungsunternehmen, im Zweifel von ihm zugleich im Sinne des § 17 AktG **abhängig** sein.[20] Der Begriff der Kontrolle in § 37 Abs. 1 Nr. 2 GWB deckt sich deshalb vielleicht nicht völlig, aber doch im Kern mit dem der **Abhängigkeit in § 17 AktG** (s. dazu schon o. § 32 Rn. 13 ff.). 11

Unter Art. 3 Abs. 1 lit. b und Abs. 2 FKVO werden freilich unter engen Voraussetzungen auch Fälle einer bloßen **wirtschaftlichen Abhängigkeit** subsumiert, etwa aufgrund langfristiger Lieferverträge oder von Lieferantenkrediten, jedenfalls in Verbindung mit strukturellen Verflechtungen (s. o. § 15 Rn. 7). Dagegen wird in Deutschland bisher überwiegend ebenso wie bei § 17 AktG angenommen, dass die Abhängigkeit **gesellschaftsrechtlich vermittelt** sein muss, so dass eine bloße tatsächliche Abhängigkeit nicht in den Anwendungsbereich der Fusionskontrolle führt.[21] Ebenso wenig werden bloße vorübergehende, jederzeit wieder rückgängig zu machende Abhängigkeitsbeziehungen erfasst. Die Beherrschungsmöglichkeit muss vielmehr ebenso wie bei § 17 AktG **auf Dauer** angelegt sein[22] 12

3. Mittel

Als Mittel des Kontrollerwerbs nennt das Gesetz im Anschluss an Art. 3 Abs. 2 FKVO in S. 2 des § 37 Abs. 1 Nr. 2 GWB *beispielhaft* Rechte, Verträge und andere Mittel, „insbesondere" Eigentums- oder Nutzungsrechte an einer Gesamtheit oder an Teilen des Vermögens des Unternehmens (§ 37 Abs. 1 Nr. 2 lit. a GWB; u. Rn. 14) sowie Rechte oder Verträge, die einen bestimmenden Einfluss auf die Zusammensetzung, die Beratungen oder die Beschlüsse der Organe des anderen Unternehmens gewähren (§ 37 Abs. 1 Nr. 2 lit. b GWB; u. Rn. 15 ff.). 13

a) Eigentums- oder Nutzungsrechte

Der erste Fall, d. h. der Erwerb von Eigentums- oder Nutzungsrechten an dem Vermögen *oder* an Teilen des Vermögens des anderen Unternehmens (**lit. a des § 37 Abs. 1 Nr. 2 S. 2 GWB**), dürfte sich im Kern mit dem des **Vermögenserwerbs** im Sinne der Nr. 1 des § 37 Abs. 1 GWB decken (s. o. Rn. 3), geht aber insofern weiter, als er auch den **Erwerb von Nutzungsrechten** umfasst (s. o. Rn. 5). Aus dieser weitgehenden Deckung der beiden Tatbestände der Nr. 1 und Nr. 2 S. 2 lit. a des § 37 GWB ergibt sich die Notwendigkeit, zwecks Vermeidung von Wertungswidersprüchen den Anwendungsbereich der lit. a des § 37 Abs. 1 Nr. 2 S. 2 GWB ebenso wie den der Nr. 1 des § 37 Abs. 1 GWB grundsätzlich auf den Erwerb der **Kontrolle über wesentliche Teile** des Vermögens eines anderen Unternehmens zu beschränken.[23] Beide Tatbestände sind insbesondere anzunehmen, wenn sie dem Erwerber 14

---

[20] Ebenso *Bechtold*, § 37 Rn. 10; *Richter*, in: Wiedemann, § 19 Rn. 76 (S. 659).

[21] *Richter*, in: Wiedemann, § 19 Rn. 77, 92.

[22] *BGH* WuW/E DE-R 2579 – G+J/RBA; *Bechtold*, GWB, § 37 Nr. 12.

[23] BGHZ 170, 130 (132) = NJW 2007, 1820 – National Geographic I.

den Eintritt in die bereits bestehende Marktstellung des Veräußerers ermöglichen, weil (nur) dann die Notwendigkeit einer Kontrolle anhand des § 36 besteht.[24] **Beispiele** sind die Übernahme der Geschäfte eines großen Spielwarenhändlers in einem Land durch ein anderes Unternehmen[25] sowie der Kauf der auf den Linienflugverkehr bezüglichen Vermögensbestandteile einer Fluggesellschaft durch eine andere unter Ausklammerung des Charterverkehrs.[26] Die lit. a der Nr. 2 S. 2 des § 37 Abs. 1 GWB geht jedoch, wie bereits betont, insofern über die Nr. 1 hinaus, als sie auch den **Erwerb bloßer Nutzungsrechte** an der Gesamtheit oder an (wesentlichen) Teilen des Vermögens eines Unternehmens erfasst. Das wichtigste Beispiel für diesen Fall sind **Lizenzen** an wertvollen Schutzrechten,[27] vorausgesetzt, dass dieser Vermögensteil ein von dem übrigen Vermögen abtrennbares Vermögen eines Unternehmens darstellt, das die tragende Grundlage, d. h. das *Substrat* seiner Marktstellung bildet.[28] Ferner gehören hierher insbesondere noch **Betriebspacht- und Betriebsüberlassungsverträge** im Sinne des § 292 Abs. 1 Nr. 3 AktG, weil ihre Folge gleichfalls das Recht zur Nutzung des fremden Unternehmensvermögens ist.[29]

b) Rechte oder Verträge

15 Als Mittel des Kontrollerwerbs nennt das Gesetz in der **lit.** b des § 37 Abs. 1 Nr. 2 S. 2 GWB ferner Rechte oder Verträge, die einen bestimmenden Einfluss auf die Zusammensetzung, die Beratungen oder die Beschlüsse der Organe des anderen Unternehmens d. h. des Beteiligungsunternehmens gewähren. Dies ist der wichtigste Zusammenschlussfall überhaupt, weil darunter auch der **Anteilserwerb** im Sinne der Nr. 3 des § 37 Abs. 1 GWB fällt (u. Rn. 20 ff.).

16 Ein **Mehrheitserwerb** führt daher in jedem Fall in den Anwendungsbereich der Fusionskontrolle.[30] Aber auch eine bloße **Minderheitsbeteiligung** kann nach der Praxis der Kommission für die Annahme eines Kontrollerwerbs ausreichen, sofern die Beteiligung aus rechtlichen oder tatsächlichen Gründen dem Erwerber eine Einflussmöglichkeit i. S. d. Art. 3 Abs. 2 FKVO (= § 37 Abs. 1 Nr. 2 GWB) auf das Beteiligungsunternehmen eröffnet, wovon bereits auszugehen ist, wenn die Minderheitsbeteiligung wegen der niedrigen Hauptversammlungspräsenz in der Regel eine Hauptversammlungsmehrheit verleiht.[31] Die Verbindung einer Minderheitsbeteiligung **mit zusätzlichen vertraglichen Einflussrechten** kann gleichfalls genügen, sofern sie dem beteiligten Unternehmen die Möglichkeit eröffnet, das Verhalten des Beteiligungsunternehmen in seinem Interesse zu steuern.[32] Gleich steht eine Minderheitsbeteiligung in Verbindung **mit parallelen Beteiligungen von Banken,** sofern nach den Umstän-

[24] BGHZ 170, 130 (132) = NJW 2007, 1820 – National Geographic I.

[25] *Kommission,* Entsch. v. 26. 6. 1997, ABl. 1998 Nr. L 316/1 (3 f. Tz. 12 ff.) – Blokker/Toys'R US.

[26] *EuG* Slg. 1994, II-121 (169 Tz. 100) – Air France I.

[27] *Albert,* Patente, S. 56 ff.

[28] BGHZ 170, 130 (134) = NJW 2007, 1820 – National Geographic I; ebenso zuvor schon *OLG Düsseldorf* WuW/E DE-R 1504 (1505).

[29] *Richter,* in: Wiedemann, § 19 Rn. 83 (S. 661); s. außerdem u. Rn. 17.

[30] *Kommission,* Mitteilung, Tz. 56; Begr. zum RegE, BT-Drs. 13/9720, S. 43 (r. Sp.); *Bechtold,* § 37 Rn. 10; *Richter,* in: Wiedemann, § 19 Rn. 81 f. (S. 660).

[31] S. o. § 15 Rn. 9; *Kommission,* Mitteilung, Tz. 57 ff.; Entsch. v. 23. 4. 1997, ABl. 1998 Nr. L 149/21 (25 f. Tz. 31 ff.) – Anglo American Corp./Lonhro; v. 3. 12. 1997, ABl. 1998 Nr. L 201/102 (103 Tz. 7–11) – Veba/Degussa; v. 11. 11. 1998, ABl. 1999 Nr. L 183/1 (3 Tz. 14 ff.) – Skanska/Scancem; s. im Übrigen u. Rn. 24 ff.

[32] *BKartA* WuW/E DE-V 1072 (1073 ff.) – Volksfreund/TW Wochenspiegel.

den davon auszugehen ist, dass die Banken, etwa als sog. Hausbanken, in der Regel zusammen mit dem Erwerber abstimmen werden.[33] Ferner wird von diesem Fall noch die **Aufstockung einer Minderheitsbeteiligung**, etwa von 25 % auf 40 %, erfasst, vorausgesetzt, dass dadurch *erstmals* ein bestimmender Einfluss auf das Beteiligungsunternehmen begründet wird.[34] In sämtlichen genannten Fällen dürfte außerdem der Umgehungstatbestand der **Nr. 4** des § 37 Abs. 1 GWB erfüllt sein.[35]

Bei den **Verträgen,** die einen bestimmenden Einfluss auf ein anderes Unternehmen gewähren, hat das Gesetz in § 37 Abs. 1 Nr. 2 lit. b GWB in erster Linie die **Beherrschungsverträge** des § 291 Abs. 1 S. 1 Fall 1 AktG im Auge, durch die ein Unterordnungskonzern nach § 18 Abs. 1 S. 2 AktG begründet wird. Aber auch Gewinnabführungsverträge (§ 291 Abs. 1 S. 1 Fall 2 AktG) und Betriebspachtverträge (§ 292 Abs. 1 Nr. 3 AktG) kommen je nach den Umständen des Falles als Mittel des Kontrollerwerbs in Betracht.[36] Unerheblich ist die etwaige Unwirksamkeit des Vertrages, z. B. wegen eines Formmangels (s. § 294 AktG), sofern der Vertrag nur tatsächlich durchgeführt wird.[37] 17

c) Sonstige Mittel

Die Aufzählung der Mittel des Kontrollerwerbs in § 37 Abs. 1 Nr. 2 S. 2 GWB (o. Rn. 14–17) ist nicht abschließend („… insbesondere …"), so dass auch noch andere Mittel denkbar sind. In Betracht kommen vor allem noch **personelle Verflechtungen**[38] sowie zusätzliche **Bestimmungen in der Satzung** des Beteiligungsunternehmens, die dem Erwerber einen bestimmenden Einfluss auf die Geschäftsführung des Beteiligungsunternehmens verleihen. Das Gesetz hatte diese eigenartigen Fälle früher in erster Linie mit dem **Umgehungstatbestand des § 23 Abs. 2 Nr. 2 S. 4 a. F.** erfasst, nach dem als Zusammenschluss auch der Erwerb von Anteilen galt, soweit dem Erwerber durch Vertrag, Satzung, Gesellschaftsvertrag oder Beschluss eine Rechtsstellung verschafft wurde, die bei einer AG ein **Aktionär mit mehr als 25 %** des stimmberechtigten Kapitals innehat.[39] 18

Dieser Umgehungstatbestand (s. Rn. 18) wurde als erfüllt angesehen, wenn der betreffende Gesellschafter, sei es aufgrund der Satzung, sei es aufgrund zusätzlicher Abreden, in der Lage war, wichtige Grundlagenentscheidungen bei der Beteiligungsgesellschaft zu verhindern (sog. **Sperrecht**) *oder* wenn er einen **rechtlich abgesicherten Einfluss** auf die Geschäftsführung der Gesellschaft besaß. So verhielt es sich z. B., falls zu einer Beteiligung unter 25 % ein **Vetorecht** des Erwerbers bei den meisten 19

[33] S. *Emmerich,* AG 1994, 477 (480).

[34] *Schulte,* AG 1998, 277 (304).

[35] S. u. Rn. 53; *Emmerich,* AG 2006, 861 (865).

[36] S. *BKartA* TB 2001/2002, S. 17; *J. Hoffmann,* AG 1999, 538 (540 f.); *Jickeli,* GS Sonnenschein, 2003, S. 463 (470 ff.); s. schon u. Rn. 14.

[37] S. *KG* AG 1990, 163 = WuW/E OLG 4379 – Flensburger Zeitungsverlag/SH Landeszeitung.

[38] S. § 23 II Nr. 4 a. F. und dazu *J. Hoffmann,* AG 1999, 538 (541 f.); *Kerber,* Die Unternehmensentflechtung nach dem GWB, 1987, S. 276 ff.; *Paschke,* Der Zusammenschlussbegriff des Fusionskontrollrechts, 1989, S. 23 ff.; *K.-D. Stephan,* Die Anwendung des Zusammenschlussbegriffs auf Personalgesellschaften, 1989, S. 175 ff.; ein Beispiel in *BKartA* WuW 1998, 570 – TÜV Hannover/TÜV Nord.

[39] S. dazu *Kellermann,* FS Pfeiffer, 1988, S. 609; *Kerber,* Die Unternehmensentflechtung nach dem GWB, 1987, S. 201 ff.; *Paschke,* Der Zusammenschlussbegriff des Fusionskontrollrechts, 1989, S. 27 ff.; *K.-D. Stephan,* Die Anwendung des Zusammenschlussbegriffs auf Personalgesellschaften, 1989, S. 122 ff.

Grundlagenentscheidungen oder ein **Mitwirkungsrecht bei der Besetzung** der Geschäftsführung oder bei wichtigen Geschäftsführungsmaßnahmen hinzukam oder wenn der Erwerber aufgrund der Satzung sogar generell nicht überstimmt werden konnte.[40] Das Vorliegen des Umgehungstatbestandes wurde selbst dann bejaht, wenn die fraglichen Mitwirkungsrechte dem Erwerber erst **nach** dem **Beteiligungserwerb** durch Änderung des Gesellschaftsvertrages eingeräumt wurden, sofern nur die Änderung im unmittelbaren Anschluss an den Beteiligungserwerb und aufgrund eines einheitlichen Planes erfolgte.[41] Für **Personengesellschaften** ergab sich daraus, dass für die Annahme eines Zusammenschlusses, solange die Gesellschafter an dem Einstimmigkeitsprinzip festhielten (§ 311 Abs. 1 BGB; § 119 Abs. 1 HGB), bereits jede noch so geringe Beteiligung genügte, weil damit bereits ein Sperrecht bei allen Entscheidungen verbunden war.[42] Das galt sogar für die Beteiligung als Kommanditist unter dem gesetzlichen Regelstatut der KG (§§ 119, 161 Abs. 2, 164 HGB).[43] Heute liegt in den genannten Fällen durchweg ein Kontrollerwerb durch sonstige Mittel im Sinne des § 37 Abs. 1 Nr. 2 GWB oder doch eine sonstige Verbindung von Unternehmen im Sinne der Nr. 4 vor (s. Rn. 47 ff.).

IV. Anteilserwerb

1. Überblick

20 Als Zusammenschluss gilt nach der **Nr. 3 S. 1 des § 37 Abs. 1 GWB** ferner der Erwerb von Anteilen an einem anderen Unternehmen, sofern infolgedessen der Anteilsbesitz des Erwerbers bei Berücksichtigung der ihm schon gehörenden Anteile 25 % oder 50 % des Kapitals oder der Stimmrechte des Beteiligungsunternehmens erreicht. Korreliert die Kapitalbeteiligung nicht mit der Zahl der Stimmrechte, z. B. bei Mehrstimmrechtsaktien oder bei stimmrechtslosen Vorzugsaktien (§§ 12, 139 ff. AktG; § 5 EGAktG), so genügt es, wenn die **Schwellenwerte** bei den Anteilen **am Kapital oder bei den Stimmrechten** erreicht werden. S. 2 der Vorschrift fügt hinzu, dass zu den Anteilen, die einem Unternehmen gehören, auch diejenigen Anteile rechnen, die einem anderen *für Rechnung* dieses Unternehmens gehören und, wenn Inhaber des Unternehmens ein Einzelkaufmann ist, ferner diejenigen Anteile, die sonstiges Vermögen des Inhabers sind (sog. **Zurechnungsklausel**, s. u. Rn. 26 ff.). S. 3 der Nr. 2 des § 37 Abs. 1 GWB fingiert schließlich noch eine Teilfusion der Mütter bei Gründung eines Gemeinschaftsunternehmens (dazu u. Rn. 31 ff.).

21 Der Anteilserwerb ist der bei weitem wichtigste Zusammenschlusstatbestand. Er fand sich deshalb bereits in § 23 Abs. 2 Nr. 2 GWB i. d. F. von 1973. Anders als die zuletzt genannte Vorschrift erfasst jedoch § 37 Abs. 1 Nr. 3 GWB heute nicht mehr den Fall des **Mehrheitserwerbs,** da der Mehrheitserwerb der gleichsam „klassische" Fall des Kontrollerwerbs ist und daher schon unter die Nr. 2 des § 37 Abs. 1 GWB

[40] BGHZ 119, 346 (350 ff.) = NJW 1993, 1265 = AG 1993, 140 – Springer/Beig (Pinneberger Tageblatt); BGHZ 121, 137 (151 f.) = AG 1993, 334 – WAZ/IKZ; *BGH* LM § 23 GWB Nr. 14 = NJW-RR 1986, 1422 – SZ/Donaukurier; LM § 23 GWB Nr. 20 = NJW 1998, 2444 – Hastra/Stadtwerke Garbsen.

[41] BGHZ 121, 137 (152 f.) = AG 1993, 334 – WAZ/IKZ; s. zu diesen Fällen o. § 15 Rn. 6.

[42] BGHZ 102, 180 (185 ff.) = NJW 1988, 1850 – Singener Wochenblatt; *KG* AG 1982, 334 = WuW/E OLG 2753 – Springer/Elbe Wochenblatt.

[43] BGHZ 119, 346 (351) = NJW 1993, 1265 – Springer/Beig.

fällt (o. Rn. 16). Auch im Übrigen deckt sich der Anwendungsbereich der Nr. 3 des § 37 Abs. 1 GWB weitgehend mit dem der Nr. 2 der Vorschrift. Die Gesetzesverfasser haben gleichwohl an dem Zusammenschlusstatbestand des Anteilserwerbs neben dem des Kontrollerwerbs festgehalten, um generell **Minderheitsbeteiligungen ab 25 %** erfassen zu können, selbst wenn sie unterhalb der Kontrollschwelle i. S. d. § 37 Abs. 1 Nr. 2 GWB bleiben (s. im Einzelnen Rn. 24 f.). Der Erwerb von **Beteiligungen unter 25 %** ist dagegen für sich allein grundsätzlich kein Zusammenschluss, sofern er nicht aufgrund weiterer Umstände zu einem Kontrollerwerb im Sinne der Nr. 2 des § 37 Abs. 1 GWB führt *oder* einen wettbewerblich erheblichen Einfluss im Sinne der Nr. 4 des § 37 Abs. 1 GWB zur Folge hat (s. u. Rn. 47 ff.). Für die **Berechnung** des Anteilsbesitzes im Sinne der Nr. 3 des § 37 Abs. 1 GWB wird die Vorschrift des § 16 Abs. 2 und Abs. 3 AktG entsprechend angewandt.[44]

2. Anwendungsbereich

Das Gesetz unterscheidet in § 37 Abs. 1 Nr. 3 S. 1 GWB nicht zwischen dem Erwerb von Beteiligungen an **Kapitalgesellschaften** und an **Personengesellschaften.** Voraussetzung ist lediglich, dass bei dem Beteiligungsunternehmen überhaupt unterschiedliche Stimmrechte und Kapitalanteile denkbar sind.[45] Keine Rolle spielt außerdem, ob der Erwerb auf **Vertrag oder Gesetz** beruht. Ebensowenig wird zwischen dem **derivativen und** dem **originären Erwerb** von Anteilen bei Gründung einer Gesellschaft oder im Falle einer Kapitalerhöhung unterschieden.[46] Für die Gründung eines Gemeinschaftsunternehmens sagt dies S. 3 des § 37 Abs. 1 Nr. 3 GWB ausdrücklich (u. Rn. 47 ff.). 22

Als Erwerb von Beteiligungen i. S. der Nr. 3 des § 37 Abs. 1 GWB gilt nach dem Gesagten (o. Rn. 22) bei den Personengesellschaften auch die Vermehrung des Einflusses eines Gesellschafters durch **Anwachsung** (§ 738 BGB) oder bei einer GmbH infolge der **Kaduzierung oder Einziehung** von Geschäftsanteilen (§§ 21, 34 GmbHG). Ein Erwerb von Stimmrechten ist ferner durch **Stimmbindungsverträge** möglich, sofern der Erwerber dadurch die freie Verfügung über das fragliche Stimmrecht erlangt.[47] Entscheidend ist lediglich, ob die Beteiligung eines Gesellschafters nach dem fraglichen gesellschaftsrechtlichen Vorgang einen der beiden Schwellenwerte des § 37 Abs. 1 Nr. 3 GWB *erreicht.* 23

3. Insbesondere Minderheitsbeteiligung

Nach der lit. b des § 37 Abs. 1 Nr. 3 S. 1 GWB liegt ein Zusammenschluss im Sinne des GWB bereits bei dem Erwerb einer Minderheitsbeteiligung hinsichtlich des Kapitals *oder* hinsichtlich der Stimmrechte in Höhe **von 25 %** vor, weil der Gesetzgeber davon ausgegangen ist, dass auch mit solcher Beteiligung typischerweise ein besonderer gesellschaftsrechtlicher Einfluss verbunden ist.[48] Die Bedeutung dieser Regelung ist oder war doch früher umstritten, weil eine bloße Minderheitsbeteiligungen noch 24

[44] *BKartA* AG 1984, 328 = WuW/E BKartA 2169 – TUI/Air Conti; *Kerber,* Die Unternehmensentflechtung nach dem GWB, 1987, S. 197 ff.

[45] Vgl. für Personengesellschaften *KG* WuW/E OLG 4095 = AG 1988, 306 – Weiß/SW-Verlag; *Paschke,* Der Zusammenschlussbegriff des Fusionskontrollrechts, 1989.

[46] *Bechtold,* GWB, § 37 Rn. 25.

[47] *Bechtold* (vorherige Fn.).

[48] S. Begr. zum RegE, BT-Drs. 13 (1998)/9720, S. 43 (r. Sp.); o. Rn. 21.

nicht notwendig eine wirtschaftliche Einheit der verbundenen Unternehmen als Voraussetzung der materiellen Fusionskontrolle begründet. Deshalb wurde zumindest früher vielfach angenommen, dass eine Minderheitsbeteiligung der **Fusionskontrolle** nach § 36 Abs. 1 GWB nur unterliegt, wenn zusätzliche Umstände, sog. **Plus-Faktoren** es erlauben, die zusammengeschlossenen Unternehmen tatsächlich mit der Folge der Ressourcenzusammenrechnung als **wirtschaftliche Einheit** zu behandeln. Voraussetzung dafür war, dass es sich bei der Minderheitsbeteiligung um eine **unternehmerische Beteiligung** und nicht nur um eine bloße Finanzanlage handelte, so dass ein wirtschaftliches Zusammengehen des Erwerbers mit dem Beteiligungsunternehmen auf Dauer gesichert war, wobei man in erster Linie Beteiligungen an Konkurrenten im Auge hatte.[49]

25 Diese restriktive Interpretation des § 37 Abs. 1 Nr. 3 S. 1 lit. b ist heute überwiegend aufgegeben, da in den genannten Fällen (Rn. 24) ohnehin stets **zugleich** die Voraussetzungen der **Nr. 2 oder Nr. 4** des § 37 Abs. 1 GWB vorliegen. Die Erwähnung von Minderheitsbeteiligungen in § 37 Abs. 1 Nr. 3 lit. b muss daher eine weitergehende Bedeutung haben. Sie wird heute meistens darin gesehen, dass – ganz entsprechend den Vorstellungen der Gesetzesverfasser (Rn. 24) – die Nr. 3 lit b des § 37 Abs. 1 ganz formal zu verstehen ist. *Jede* Beteiligung von mindestens 25 % am Kapital oder an den Stimmrechten eines anderen Unternehmens stellt mit anderen Worten einen Zusammenschluss dar, der zur Anwendung der Vorschriften über die Fusionskontrolle führt.[50] Hinzuzufügen ist freilich, dass das Bundeskartellamt in einzelnen Entscheidungen angedeutet hat, dass es eine Ausnahme machen will, wenn das mit Minderheit beteiligte Unternehmen ausnahmsweise keinerlei Möglichkeiten besitzt, auf die Entscheidungen des Beteiligungsunternehmens Einfluss zu nehmen.[51] Der Wortlaut des Gesetzes bietet indessen keine Grundlage für eine derartige einschränkende Interpretation.

4. Zurechnungsklausel

26 **a)** Bei einem Anteilserwerb werden nicht allein die von dem Erwerber hinzuerworbenen *neuen* Anteile berücksichtigt, sondern nach S. 1 des § 37 Abs. 1 Nr. 3 GWB auch diejenigen, die **ihm bereits gehören**, sowie aufgrund der Zurechnungsklausel des **S. 2** außerdem noch diejenigen, die **einem anderen „für Rechnung**" des Erwerbers gehören. Alle genannten Anteile sind folglich im Rahmen der Nr. 3 des § 37 Abs. 1 GWB zu addieren. Ergänzend ist dabei ferner die **Verbundklausel** des § 36 Abs. 2 S. 1 zu berücksichtigen, die zu einer Vervielfältigung der Zurechnungen führen kann (oben § 32 Rn. 12 ff.). Handelt es sich bei dem Erwerber um einen **Einzelkaufmann**, so sind schließlich auch diejenigen Anteile zu berücksichtigen, die sonstiges Vermögen des Inhabers des Geschäfts sind.

27 Die Zurechnungsklausel des § 37 Abs. 1 Nr. 3 S. 2 stellt darauf ab, ob die fraglichen Anteile einem anderen **„für Rechnung"** des Erwerbers gehören. Dies bedeutet, dass maßgebliches **Kriterium** für die Zurechnung von Anteilen die **Verteilung des** wirt-

[49] BGHZ 119, 346 (362 f.) = NJW 1993, 1265 – Springer/Beig; *KG* AG 1982, 308 = WuW/E OLG 2677 – VEW/Gelsenwasser; *MK,* 4. HauptGA, Tz. 570 ff.

[50] *Bechtold,* GWB, § 37 Rn. 27 f.; *Riesenkampff/Lehr,* LMR, § 37 Rn. 20 f.

[51] *BKartA* WuW/E DE-V 858 (859 Tz. 12 ff.) – Novartis/Rosche; AG 2004, 563 = WuW/E DE-V 937 – Deutsche Bahn/RSW/KVS; s. *Emmerich,* AG 2004, 629 (636 l. Sp.).

schaftlichen **Risikos** des Anteilsbesitzes einschließlich insbesondere des Risikos des Kursverlustes ist. Wenn dieses Risiko nach den Abreden der Beteiligten ein anderer als der förmliche Inhaber des Anteilsbesitzes trägt, muss sich der andere die Anteile im Sinne des § 37 Abs. 1 Nr. 3 S. 2 GWB zurechnen lassen. Ein deutliches **Indiz** (nicht mehr) für eine derartige Risikoverteilung ist ein **Weisungsrecht** des Risikoträgers hinsichtlich der Ausübung der Rechte aus dem Anteilsbesitz.[52] Eine Zurechnung kommt daher insbesondere in Betracht, wenn die Anteile von **Treuhändern** gehalten werden (s. §§ 675 Abs. 1, 662, 665 BGB).[53] Dasselbe gilt z. B., wenn der Erwerber auf die fraglichen Anteile eine **Option** besitzt oder wenn sie zu dem Vermögen einer Holding gehören, auf die er Einfluss nehmen kann.[54]

b) Die Zurechnungsklausel des § 37 Abs. 1 Nr. 3 S. 2 GWB erlaubt zusammen mit der Verbundklausel des § 36 Abs. 2 S. 1 GWB auch eine sachgerechte Lösung der schwierigen Fälle des sog. **mittelbaren Anteilserwerbs,** d. h. des Erwerbs von Beteiligungen **über Tochtergesellschaften oder Treuhänder.**[55] Je nach den Umständen des Falles ist hier auch an die Anwendung der Nr. 2 oder der Nr. 4 des § 37 Abs. 1 GWB zu denken, insbesondere, wenn es sich um einen mittelbaren Kontrollerwerb handelt.[56] 28

Davon zu trennen ist die Frage, ob mit der materiellen Fusionskontrolle auch sog. **Drittwirkungen** erfasst werden können. Man versteht darunter die von einem Zusammenschluss auf *dritte,* d. h. am Zusammenschluss materiell *nicht* beteiligte Unternehmen ausgehenden Wirkungen, die dann relevant sind, wenn der Zusammenschluss zwischen zwei Unternehmen aufgrund der besonderen Marktstruktur dazu führt, dass **bei anderen, dritten Unternehmen** die Voraussetzungen des **§ 36 Abs. 1 GWB** durch Begründung oder Verstärkung einer marktbeherrschenden Stellung **erfüllt** sind. In der Fusionskontrollpraxis werden heute derartige Drittwirkungen berücksichtigt, wenn eines der an dem Zusammenschluss beteiligten Unternehmen **strukturell mit** dem **Drittunternehmen** derart **verbunden** ist, dass die Unternehmen eine wirtschaftliche Einheit im Sinne des § 36 Abs. 2 S. 1 GWB bilden. Gleich steht der Fall, dass eines der an dem Zusammenschluss beteiligten Unternehmen eine nach § 37 Abs. 1 GWB kontrollpflichtige Beteiligung an dem Drittunternehmen hält.[57] 29

c) Die Verbundklausel des § 36 Abs. 2 S. 1 GWB und die Zurechnungsklausel des § 37 Abs. 1 Nr. 3 S. 2 GWB können bei **konzerninternen Umschichtungen** des Be- 30

[52] *BGH* WuW/E DE-R 613 (615) = NJW-RR 2001, 762 – WAZ/IKZ; *OLG Düsseldorf* WuW/E DE-R 1361 (1365 ff.) – Tagesspiegel/BZ II; *Kerber,* S. 166 ff.; kritisch *Staebe,* FS *Bechtold,* 2006, S. 529 (533 ff.).

[53] *BGH* WuW/E DE-R 613 (615) = NJW-RR 2001, 762 – WAZ/IKZ; *KG* WuW/E OLG 3367 = AG 1985, 167 – Metro/Kaufhof; WuW/E DE-R 336 (337 f.) = AG 2000, 81 – WAZ/IKZ; WuW/E DE-R 451 (453 f.) = AG 2000, 563 – Herlitz/Landré.

[54] S. *KG* WuW/E OLG 3367 = AG 1985, 167 – Metro/Kaufhof; WuW/E DE-R 336 (337 f.) = AG 2000, 81 – WAZ/IKZ; WuW/E DE-R 451 (453 f.) = AG 2000, 563 – Herlitz/Landré; *BKartA* AG 1995, 522 = WuW/E BKartA 2829 – T&N/Kolbenschmidt; WuW/E DE-V 871 (872 ff.) – Tagesspiegel/BZ II.

[55] *KG* WuW/E DE-R 336 (337) = AG 2000, 81 – WAZ/IKZ; zum Streitstand s. *MK,* 4. HauptGA, Tz. 556 ff.

[56] *KG* AG 1980, 193 = WuW/E OLG 2113 – RWE/GfE.

[57] *OLG Düsseldorf* AG 2005, 440 (441) – Radio TON Reg/LS; WuW/E DE-R 2094 (2106 ff. Tz. 105 ff.) – E.ON/Stadtwerke Eschwege; *BKartA* WuW/E DE-V 395 (400 Tz. 36) – EnBW/Schwäbisch Gmünd; WuW/E DE-V 511 (519 Tz. 36) – E.ON Ruhrgas I; AG 2002, 628 (Tz. 37) – E.ON/Ruhrgas II; WuW/E DE-V 460 (463 Tz. 31) – Neckarwerke/Fairenergie.

teiligungsbesitzes die merkwürdige Folge haben, dass, jedenfalls auf den ersten Blick, gar kein Zusammenschluss mehr vorliegt, weil aufgrund der Zurechnung der Anteile an dem Beteiligungsunternehmen zu dem *Erwerber,* der Teil desselben Konzerns wie der Veräußerer ist, die fraglichen Anteile dem „Erwerber" ohnehin schon i. S. d § 37 Abs. 1 Nr. 3 S. 2 „gehören". Die Lösung dieser eigenartigen Fälle ergibt sich aus der **Verstärkungsklausel** des § 37 Abs. 2 GWB (s. u. Rn. 54f.). Ein Zusammenschluss, der die Schwellenwerte des § 37 Abs. 1 Nr. 3 GWB bereits ohne die Zurechnung des Anteilsbesitzes verbundener Unternehmen erreicht, bleibt deshalb auch dann ein Zusammenschluss, wenn dem Erwerber diese Anteile aufgrund der Verbund- oder der Zurechnungsklausel schon vorher zugerechnet werden konnten, sofern nur der bereits bestehende Zusammenschluss durch die Übertragung der Anteile auf die andere Konzerngesellschaft *verstärkt,* d. h. verfestigt wird.[58]

V. Gemeinschaftsunternehmen

Literatur: S. o. § 17 sowie *Ganswei̇d,* Gemeinsame Tochtergesellschaften im deutschen Konzern- und Wettbewerbsrecht, 1976; *J. Wertenbruch,* Die Rechtsfolgen der Doppelkontrolle von Gemeinschaftsunternehmen nach dem GWB, 1990; *Wiedemann,* Gemeinschaftsunternehmen im deutschen Kartellrecht, 1981; (o. Verf.) Gemeinschaftsunternehmen, Deutsches und EG-Kartellrecht, FIW H. 122, 1987.

1. Überblick

31 Die Kooperation von Unternehmen vollzieht sich heute vor allem auf dem Weg über die Gründung oder den Erwerb von Gemeinschaftsunternehmen, sog. Joint Ventures (JV). Diese Entwicklung ist, wie bereits im Einzelnen ausgeführt (o. § 17 Rn. 1 ff.), nicht unproblematisch, weil die Mütter, selbst wenn sie formal Wettbewerber bleiben, auf dem vergemeinschafteten Markt ebenso wie auf anderen Märkten auf ihre Zusammenarbeit in dem Gemeinschaftsunternehmen mit Notwendigkeit Rücksicht nehmen werden. Eine Erlahmung des Wettbewerbs zwischen den Müttern ist daher auf die Dauer die nahezu unausweichliche Folge ihrer Zusammenarbeit in dem Gemeinschaftsunternehmen.

32 Die **FKVO** versucht seit 1997, diesen sog. **Gruppeneffekt** durch die eigenartige Regelung des Art. 2 Abs. 4 und Abs. 5 und des Art. 3 Abs. 1 lit. b und Abs. 4 in den Griff zu bekommen. Grundlage der gesetzlichen Regelung ist die Unterscheidung zwischen **Vollfunktionsgemeinschaftsunternehmen** im Sinne des Art. 3 Abs. 4 FKVO und sonstigen Gemeinschaftsunternehmen. Während die ersteren, *vorausgesetzt,* dass sie die Schwellenwerte des Art. 1 Abs. 2 und Abs. 3 FKVO überschreiten, im Rahmen des Fusionskontrollverfahrens gleichermaßen auf ihre Vereinbarkeit mit Art. 101 AEUV wie mit Art. 2 Abs. 3 FKVO überprüft werden, unterliegen alle **sonstigen Gemeinschaftsunternehmen**, also auch die sog. Vollfunktionsgemeinschaftsunternehmen, die unter den genannten Schwellenwerten bleiben, weiterhin allein der Kontrolle aufgrund des Art. 101 AEUV (s. § 17).

33 Einen anderen Weg geht das deutsche Recht. Es erfasst zwar auch – insoweit in Übereinstimmung mit Art. 3 Abs. 1 lit. a FKVO – den **gemeinsamen Kontrollerwerb** durch mehrere Unternehmen in **§ 37 Abs. 1 Nr. 2 S. 1 GWB** (s. dazu u. Rn. 34 f.), bestimmt jedoch ergänzend in **§ 37 Abs. 1 Nr. 3 S. 3 GWB,** dass, wenn

[58] BGHZ 121, 137 (154 f.) = NJW 1993, 2114 – WAZ/IKZ; *Sonnenschein,* ZGR 1977, 35.

mehrere Unternehmen gleichzeitig oder nacheinander Anteile in Höhe von mindestens 25% oder 50% an einem anderen Unternehmen erwerben, dies hinsichtlich der Märkte, auf denen das Gemeinschaftsunternehmen tätig ist, auch als Zusammenschluss der sich beteiligenden *Mütter* untereinander gilt (sog. **Fiktion der Teilfusion der Mütter**, nämlich nur für den Markt des Gemeinschaftsunternehmens; dazu u. Rn. 37 f.). Daneben kann von Fall zu Fall noch der Zusammenschlusstatbestand der **Nr. 4 des § 37 Abs. 1 GWB** eingreifen (wettbewerblich erheblicher Einfluss *mehrerer* Unternehmen auf ein anderes Unternehmen; dazu u. Rn. 47 ff.). Unberührt bleibt schließlich die Anwendung des **Kartellverbots des § 1 GWB** auf die Zusammenarbeit der Mütter mittels oder infolge des Gemeinschaftsunternehmens (u. Rn. 40 f.).

2. Gemeinsamer Kontrollerwerb

Nach § 37 Abs. 1 Nr. 2 S. 1 GWB stellt nicht nur der Erwerb der Kontrolle durch *ein* Unternehmen, sondern auch der Erwerb der Kontrolle durch *mehrere* Unternehmen über ein anderes Unternehmen einen Zusammenschluss dar. Gemeint ist damit die Gründung eines Gemeinschaftsunternehmens. Dieser Fall ist gegeben, wenn **mehrere Unternehmen zusammen** die **Möglichkeit** erwerben, einen **bestimmenden Einfluss** auf die Tätigkeit eines anderen Unternehmens, des Gemeinschaftsunternehmens, auszuüben, z. B., weil die Mütter ihr Vorgehen gegenüber dem Gemeinschaftsunternehmen koordinieren (§ 37 Abs. 1 Nr. 2 S. 2 GWB). 34

Vorbild der Regelung ist **Art. 3 Abs. 1 lit. b FKVO**. Wie bereits im Einzelnen ausgeführt (o. § 17 Rn. 12 ff.), nimmt die **Kommission** einen gemeinsamen Kontrollerwerb im Sinne dieser Vorschrift bereits an, wenn mehrere Unternehmen **zusammen** die **Möglichkeit** besitzen, **Aktionen zu blockieren**, die das strategische Verhalten eines Unternehmens bestimmen, so dass die Mütter darauf angewiesen sind, die Geschäftspolitik einvernehmlich festzulegen.[59] Paradigma ist das **paritätische (50 : 50) Gemeinschaftsunternehmen.** Aber **auch bei ungleicher Verteilung** der Stimmrechte kann gemeinsame Beherrschung anzunehmen sein, wenn der Minderheitsgesellschafter über zusätzliche Rechte verfügt, die es ihm ermöglichen, ein **Veto** gegen strategische Entscheidungen bei dem Gemeinschaftsunternehmen einzulegen.[60] Ein gemeinsamer Kontrollerwerb wird außerdem bejaht, wenn **mehrere** Minderheitsgesellschafter, die **zusammen** über die **Mehrheit** verfügen, gemeinsam bei dem Beteiligungsunternehmen vorgehen, sei es aufgrund von Stimmbindungsverträgen, sog. Pool-Vereinbarungen, sei es im Rahmen einer Holdinggesellschaft, oder wenn für die strategischen Entscheidungen im Gesellschaftsvertrag Einstimmigkeit vorgeschrieben ist, so dass jeder Gesellschafter derartige Entscheidungen blockieren kann,[61] während die Annahme eines gemeinsamen Kontrollerwerbs ausscheidet, wenn die Möglichkeit wechselnder Koalitionen der Minderheitsgesellschafter besteht.[62] 35

Ebenso (o. Rn. 35) ist heute **§ 37 Abs. 1 Nr. 2 S. 1 GWB** auszulegen. Gemeinsame Kontrolle ist deshalb z. B. anzunehmen, wenn sämtliche Mütter in der Geschäftsführung des Gemeinschaftsunternehmens vertreten sind und dort keine überstimmt 36

[59] *Kommission,* Mitteilung von 2008 (ABl. 2008 Nr. C 95/1), Tz. 62 ff.; zustimmend *EuG* Slg. 2006 II-331 = WuW/E EU-R 1005 (1006 ff. Tz. 42 ff.) – Cementbouw.
[60] *Kommission,* Mitteilung (vorige Fn.), Tz. 64 ff.
[61] *BGH* NJW-RR 2010, 615 = NZG 2010, 76 Tz. 22, 24 = JuS 2010, 547 – Gratiszeitung Hallo.
[62] *Kommission,* Mitteilung, Tz. 74 ff.

werden kann.[63] Voraussetzung ist mit anderen Worten in jedem Fall, dass die Gemeinsamkeit des Vorgehens der herrschenden Unternehmen, gleichgültig wie, gesichert ist, und sei es auch durch einen rechtlichen oder faktischen Einigungszwang.[64] Im Kern handelt es sich daher um die Fälle, in denen früher im Sinne des § 23 Abs. 2 Nr. 5 a. F. die **gemeinsame Beherrschung** eines Unternehmens durch mehrere Mütter angenommen wurde. Voraussetzung der gemeinsamen Beherrschung war, dass über die normale Interessenparallelität der Gesellschafter hinaus weitere Umstände vorlagen, die eine **gesicherte einheitliche Einflussnahme einer festen Gesellschaftergruppe** aufgrund einer auf Dauer angelegten Interessengleichheit erwarten ließen.[65] Dies wurde z. B. angenommen, wenn Stimmbindungsverträge zwischen mehreren Gesellschaftern bestehen, die zusammen die Mehrheit bilden,[66] wenn die Mehrheitsgruppe in einem Gleichordnungskonzern zusammengefasst ist,[67] wenn zwei Gesellschafter durch einen Optionsvertrag oder durch ein sonstiges Treuhandverhältnis verbunden sind, das eine einheitliche Stimmabgabe erwarten lässt,[68] oder wenn das Gemeinschaftsunternehmen aus einem Kartell hervorgegangen ist und dieses fortsetzen soll.[69] In allen genannten Fällen dürfte heute auch ein **gemeinsamer Kontrollerwerb** im Sinne des § 37 Abs. 1 Nr. 2 GWB anzunehmen sein.

36a Die **Rechtsfolgen** des gemeinsamen Kontrollerwerbs durch mehrere Unternehmen sind unklar. Sicher ist nur, dass im Falle des gemeinsamen Kontrollerwerbs **vertikale Zusammenschlüsse zwischen jeder** der an der gemeinsamen Kontrolle beteiligten **Mütter und dem Gemeinschaftsunternehmen** vorliegen. Nicht geregelt und deshalb umstritten ist dagegen, ob auch im **Verhältnis zwischen** den verschiedenen **Müttern** ein Zusammenschluss anzunehmen ist. Die Frage ist wichtig insbesondere im Rahmen des **§ 35** für die Entscheidung, ob die verschiedenen Schwellenwerte überschritten werden. Nimmt man lediglich einen vertikalen Zusammenschluss zwischen jeder Mutter und dem Gemeinschaftsunternehmen an, so sind auch nur die Umsätze der einzelnen Mütter für sich mit denen des Gemeinschaftsunternehmens zu addieren, während bei anderer Auslegung außerdem die Umsätze der übrigen Mütter hinzuzurechnen sind. In dem zuletzt genannten Sinne, d. h. im Sinne der Beteiligung aller gemeinsam herrschenden Unternehmen an dem Zusammenschluss, wird insbesondere Art. 3 Abs. 1 lit. b und Abs. 4 FKVO ausgelegt.[70] Im Anschluss daran wird zum deutschen Recht ebenfalls teilweise die Auffassung vertreten, § 37 Abs. 1 Nr. 2 S. 1 sei dahin zu verstehen, dass im Falle des gemeinsamen Kontrollerwerbs **alle** gemeinsam herrschenden Unternehmen an dem Zusammenschluss **beteiligt** sind.[71] Der Sache nach läuft diese Auffassung darauf hinaus, hier § 37 Abs. 1 Nr. 3 S. 3 GWB entsprechend anzuwenden, so dass im Ergebnis bei dem gemeinsamen Kontrollerwerb eine Teilfusion zwischen den Müttern fingiert wird (s. Rn. 37 ff.). Dagegen wird vor allem eingewandt, dass der Gesetzgeber hier gerade von

[63] *BKartA* WuW/E DE-V 1500 (1501 f. Tz. 22 f.) – trac-x; dazu *Becker/Zache*, ZWeR 2007, 443.

[64] *Riesenkampff/Lehr*, LMR, § 37 Rn. 16.

[65] BGHZ 81, 56 (60 f.) = NJW 1981, 2699 – Transportbeton Sauerland; BGHZ 99, 1 (4 f.) = NJW 1987, 1639; BGHZ 99, 126 (130 ff.) = NJW 1987, 1700 – Hussel/Mara; *BGH* LM § 24 GWB Nr. 20 = NJW-RR 1988, 484 – Gruner + Jahr/Zeit II.

[66] BGHZ 81, 56 (60 f.) = NJW 1981, 2699 – Transportbeton Sauerland.

[67] *BKartA* TB 1983/84, S. 82.

[68] *BKartA* AG 1983, 314 – Klöckner/SEN.

[69] *BKartA* WuW/E BKartA 2488 = AG 1991, 183 f. – BAM/H + W.

[70] *Kommission*, Mitteilung von 2008 (ABl. Nr. 95/1), Tz. 139 ff.

[71] *Bechtold*, GWB, § 37 Rn. 17; Langen/Bunte/*Ruppelt*, § 37 Rn. 33.

der Fiktion einer Teilfusion der Mütter abgesehen habe, so dass es dabei bleiben müsse, dass die gemeinsame Kontrolle lediglich zu *vertikalen* Zusammenschlüssen zwischen jeder der an der gemeinsamen Kontrolle beteiligten Mütter und dem Gemeinschaftsunternehmen führt.[72] Zwingend ist das nicht, so dass hier die weitere Entwicklung abgewartet werden muss.

3. Fiktion einer Teilfusion der Mütter

Besonderheiten gelten, wenn **mehrere** Unternehmen gleichzeitig oder nacheinander **Anteile von mindestens 25 % oder 50 %** an einem anderen Unternehmen erwerben (Anteilserwerb nach § 37 Abs. 1 Nr. 3). Für diesen Fall bestimmt das Gesetz ergänzend in § 37 Abs. 1 Nr. 3 S. 3, dass der Anteilserwerb (auch, zusätzlich) als **Zusammenschluss** dieser Unternehmen, der sog. **Mütter,** freilich nur hinsichtlich des Marktes des Gemeinschaftsunternehmens, gilt. Die Folge ist, dass bei Gründung eines Gemeinschaftsunternehmens durch Anteilserwerb der Mütter in Höhe von mindestens 25 % oder 50 % **mehrere Zusammenschlüsse** unterschieden werden müssen: Zunächst liegen nach § 37 Abs. 1 Nr. 3 S. 1 GWB **(vertikale) Zusammenschlüsse** zwischen dem Gemeinschaftsunternehmen und jeder Muttergesellschaft vor, die mit mindestens 25 % an dem Gemeinschaftsunternehmen beteiligt ist.[73] Zusätzlich fingiert das Gesetz jedoch hier noch einen **(horizontalen) Zusammenschluss der Mütter** untereinander, dies freilich *nur* **für den Markt des Gemeinschaftsunternehmens**, so dass im Rahmen der Fusionskontrolle nicht nur die Umsatzerlöse jeder Mutter mit denen des Gemeinschaftsunternehmens, sondern auch die der Mütter untereinander, und zwar insgesamt, zusammenzurechnen sind.[74] Hierbei kommt es weder darauf an, welche Rechtsform das Gemeinschaftsunternehmen hat oder welche Zwecke es verfolgt noch ob die Mütter eine wirtschaftliche Einheit bilden. Der Tatbestand des § 37 Abs. 1 Nr. 3 S. 3 wird vielmehr rein formal abgegrenzt. Hintergrund der Regelung ist der mit der Gründung eines Gemeinschaftsunternehmens typischerweise verbundene **Gruppeneffekt.**[75] 37

Die Fiktion einer Teilfusion der Mütter unter den genannten Voraussetzungen (o. Rn. 37) ist jedenfalls **anwendbar im Rahmen des § 35 GWB** für die Ermittlung der Schwellenwerte sowie im Rahmen **des § 39 GWB** für die Auslösung der Pflicht zur Anmeldung der Gründung des Gemeinschaftsunternehmens. Fraglich ist dagegen, ob dasselbe auch für die **materielle Fusionskontrolle (§ 36 Abs. 1 GWB)** gilt. Überwiegend wird diese Frage bisher *verneint*, so dass eine Anwendung des § 36 Abs. 1 GWB auf den vom Gesetz in § 37 Abs. 1 Nr. 3 S. 3 fingierten Zusammenschluss der Mütter für den Markt des Gemeinschaftsunternehmens nur in Betracht kommt, wenn die Mütter **(zusätzlich)** untereinander *oder* mit dem Gemeinschaftsunternehmen **tatsächlich** eine **wettbewerbliche Einheit** bilden, da es nur unter dieser Voraussetzung als gerechtfertigt angesehen wird, die Ressourcen der beteiligten Unternehmen zusammenzurechnen.[76] 38

---

[72] *KG* WuW/E OLG 2145 (2146) = AG 1980, 253 (254 f.) – Sonntag Aktuell.

[73] Z. B. *BKartA* AG 1985, 337 – Badenwerk/Rhein-Neckar AG.

[74] *Bechtold*, GWB, § 37 Rn. 34; Langen/Bunte/*Ruppelt*, § 37 Rn. 44.

[75] *BKartA* WuW/E DE-V 1607 (1609 f.) – Edeka/Tengelmann; LMR/*Riesenkampff/Lehr*, § 37 Rn. 31.

[76] BGHZ 73, 65 (77 ff.) = NJW 1979, 918 – Erdgas Schwaben; BGHZ 79, 62 (70) = NJW 1981, 1786 – Klöckner/Becorit; *BGH* AG 1981, 219 = WuW/E BGH 1763 – Makadamwerk Schwaben; *Bechtold*, GWB, § 37 Rn. 35 und § 36 Rn. 17; Langen/Bunte/*Ruppelt*, § 37 Rn. 44; weitergehend aber offenbar *BKartA* WuW/E DE-V 1607 (1609 f.) – Edeka/Tengelmann.

39 Bei der Annahme einer **wettbewerblichen Einheit** der Mütter verfuhr die Praxis früher meistens recht großzügig. Die bloße Minderheitsbeteiligung einer Mutter von 25 % an dem Gemeinschaftsunternehmen reichte dafür zwar gewöhnlich nicht aus, wohl aber in der Regel eine Beteiligung von 33 % oder gar von 50 % neben einer anderen Mutter.[77] Außerdem ist in diesem Rahmen der bereits erwähnte Gruppeneffekt (o. Rn. 31 f., 38) zu berücksichtigen.[78] Für die Anwendung des § 36 Abs. 1 GWB ist dagegen kein Raum, wenn sich die Mütter nach der Gründung des Gemeinschaftsunternehmens genauso wie vorher als Konkurrenten gegenüberstehen, so dass sich an der Marktsituation durch den vom Gesetz fingierten Zusammenschluss der Mütter tatsächlich nichts geändert hat.[79]

4. Verhältnis zum Kartellverbot

40 Gemeinschaftsunternehmen können, insbesondere wegen des bereits mehrfach angesprochenen Gruppeneffekts, auch zu einer Beschränkung des Wettbewerbs zwischen den Müttern führen und stehen dann **Kartellen gleich**. Dabei muss man bedenken, dass Kartelle ohnehin nahezu ausnahmslos auch in die Form eines Gemeinschaftsunternehmens gegossen werden können. Paradigma sind Syndikate in der Form von **Doppelgesellschaften.** Man versteht darunter Kartelle, die den gemeinsamen Einkauf oder Vertrieb über Gemeinschaftsunternehmen organisieren, die für sie als Einkäufer oder Verkäufer tätig werden. Ein bekanntes Beispiel ist die Aral AG, die als gemeinsamer Verkäufer für die in dem Benzolverband (BV), einem Kartell, zusammengeschlossenen Mineralölgesellschaften fungiert. Liegen in derartigen Fällen zugleich die Voraussetzungen des § 1 *und* der §§ 35, 37 Abs. 1 Nr. 2 und Nr. 3 S. 3 GWB vor, so muss entschieden werden, ob einer der beiden Regelungen ganz oder partiell der Vorrang zukommt oder ob beide nebeneinander anwendbar sind.

41 Eine gesetzliche Regelung hat dieser Fragenkreis bisher lediglich in Art. 3 Abs. 4 in Verbindung mit **Art. 2 Abs. 4 und Abs. 5 FKVO** gefunden. Die Vereinbarkeit von Vollfunktionsgemeinschaftsunternehmen im Sinne des Art. 3 Abs. 4 FKVO mit dem Kartellverbot des Art. 101 AEUV wird danach in dem durch die FKVO geregelten Fusionskontrollverfahren geprüft, *sofern* das fragliche Gemeinschaftsunternehmen die Schwellenwerte des Art. 1 Abs. 2 und Abs. 3 FKVO erreicht (s. o. § 17 Rn. 21, 28 ff.). Eine vergleichbare Regelung fehlt dagegen im GWB, so dass der Fragenkreis hier **lange Zeit umstritten** war.

42 Zur Lösung dieses Problems sind in Deutschland in erster Linie die sog. Trennungstheorie und die Zweischrankentheorie entwickelt worden. Während die **Trennungstheorie** an Hand wechselnder Kriterien zwischen kooperativen und konzentrativen Gemeinschaftsunternehmen unterscheiden will (oder wollte), so dass jeweils ausschließlich das Kartellverbot *oder* die Vorschriften über die Fusionskontrolle Anwendung finden sollten, tritt die **Zweischrankentheorie** für die **parallele Anwendung** der Kartell- *und* der Fusionskontrollvorschriften auf Gemeinschaftsunternehmen ein,

[77] BGHZ 73, 65 (77 ff.) = NJW 1979, 918 – Erdgas Schwaben; BGHZ 79, 62 (70) = NJW 1981, 1786 – Klöckner/Becorit; *BKartA* WuW/E BKartA 1943 = AG 1982, 228 (229) – Ph. Morris/Rothmans; WuW/E BKartA 2107 = AG 1983, 228 – Stadtwerke Bremen/Gasversorgung Schwanewede.

[78] *BKartA* WuW/E BKartA 2445 = AG 1990, 502 – MAN/ENASA; WuW/E DE-V 1607 (1609 f.) – Edeka/Tengelmann; sehr eng dagegen *KG* WuW/E DE-R 439 (441) – Moksel/Südfleisch (Ostfleisch).

[79] *KG* WuW/E OLG 2359 = AG 1982, 190 (192 f.) – Braun Melsungen/Almo.

wann immer jeweils ihre Voraussetzungen erfüllt sind. Durchgesetzt hat sich mittlerweile im wesentlichen im Anschluss an den OAM-Beschluss des BGH von 1986[80] und den Ostfleisch-Beschluss von 2001[81] die Zweischrankentheorie. In Fällen mit zwischenstaatlichem Bezug spricht für die Anwendung der Zweischrankentheorie bereits der Umstand, dass dann in jedem Fall immer auch **Art. 101 AEUV** anwendbar ist, der durch die §§ 35 ff. GWB nicht verdrängt werden kann (Art. 3 VO Nr. 1/2003). Für § 1 GWB kann dann in den verbleibenden Fällen schwerlich etwas anderes gelten. Die Gründung eines Gemeinschaftsunternehmens fällt folglich (auch) unter das **Kartellverbot des § 1 GWB,** wenn sie zu einer Beschränkung des Wettbewerbs unter den Müttern führt. Dies ist insbesondere anzunehmen, wenn die Mütter weiterhin auf demselben sachlich und räumlich relevanten Markt wie das Gemeinschaftsunternehmen tätig bleiben (Stichwort: Gruppeneffekt).[82]

Für die Anwendbarkeit des Kartellverbots wird danach vor allem bei der Gründung **kooperativer Gemeinschaftsunternehmen** Raum sein. Ein Beispiel ist ein Gemeinschaftsunternehmen, das mit den Müttern bei der Herausgabe von Zeitungen konkurriert und zu dessen Gunsten die Gesellschafter deshalb weitreichende Wettbewerbsverbote in dem Gesellschaftsvertrag des Gemeinschaftsunternehmens übernommen haben.[83] Aber **auch** bei der Gründung **konzentrativer** oder Vollfunktionsgemeinschaftsunternehmen scheidet eine Anwendung des Kartellverbots nicht von vornherein aus; § 1 GWB ist vielmehr anwendbar, wenn die Mütter **potentielle Konkurrenten** bleiben, so dass von der Gründung des Gemeinschaftsunternehmens eine Beschränkung des Wettbewerbs zwischen den Müttern zu befürchten ist (s. Art. 2 Abs. 4 FKVO).[84] Es genügt, wenn die Mütter jederzeit über die Fähigkeit verfügen, in den Markt des Gemeinschaftsunternehmens einzutreten und die Bereitschaft hierzu erkennen lassen, da schon dann zu befürchten steht, dass sie ihre Geschäftspolitik übereinstimmend an dem Gemeinschaftsunternehmen ausrichten werden.[85] 43

Ebenso steht es, wenn sich hinter einem Gemeinschaftsunternehmen in Wirklichkeit ein **Kartell** mehrerer Konkurrenten verbirgt, die sich lediglich in einem Gemeinschaftsunternehmen zusammengetan haben, um den Markt fortan gemeinsam zu „bearbeiten".[86] Eine **Ausnahme** wird allein für **Gemeinschaftsunternehmen mit „Vollfunktionen"** gemacht, die am Markt als „neue selbstständige Planungsein- 44

[80] BGHZ 96, 69 (77 ff.) = NJW 1986, 1874.

[81] BGHZ 147, 325 (331, 333, 335 ff.) = NJW 2001, 3782; ebenso sodann *BGH* WuW/E DE-R 2361 (2362 Tz. 14) – NordKS/Xella; NJW-RR 2010, 615 = NZG 2010, 76 Tz. 14 = JuS 2010, 547 – Gratiszeitung Hallo; *OLG Düsseldorf* AG 2006, 506 (509 f.) = WuW/E DE-R 1625 (1630 f.) – Rethmann/GfA Köthen.

[82] BGHZ 147, 325 (338); *BGH* WuW/E DE-R 2361 (2362 Tz. 14) – NordKS/Xella; NJW-RR 2010, 615 = NZG 2010, 76 Tz. 14 = JuS 2010, 547 – Gratiszeitung Hallo.

[83] *BGH* NJW-RR 2010, 615 = NZG 2010, 76 Tz. 27 ff. = JuS 2010, 547 – Gratiszeitung Hallo.

[84] *OLG Düsseldorf* WuW/E DE-R 1625 (1630 f.); *BKartA* WuW/E DE-V 1277 (1280 ff. Tz. 72 ff.) – Nord-KS/Xella.

[85] BGHZ 147, 325 (338); *BGH* WuW/E DE-R 2361 (2362 Tz. 14) – NordKS/Xella; NJW-RR 2010, 615 = NZG 2010, 76 Tz. 14 = JuS 2010, 547 – Gratiszeitung Hallo; *BKartA* WuW/E DE-V 662 (664 f.) – Eurohypo; WuW/E DE-V 759 (764 f. Tz. 126 ff.) – Nehlsen/Rethmann/BEG.

[86] *BGH* LM § 1 GWB Nr. 42 = NJW-RR 1991, 1002– Nassauische Landeszeitung; LM § 1 GWB Nr. 50 = NJW 1998, 2825 – Carpartner; *KG* WuW/E DE-R 277 (278) = AG 1999, 522 – Ostfleisch; *OLG Düsseldorf* WuW/E OLG 5213 (5218 ff.) – PAVEG.

heiten" auftreten, während sich die Mütter tatsächlich auf die bloße Wahrnehmung ihrer Beteiligungsrechte beschränken.[87]

45 Allein entscheidend ist mithin, ob im Einzelfall die Voraussetzungen des Kartellverbots (§ 1 GWB) oder der §§ 36 Abs. 1 und 37 Abs. 1 GWB erfüllt sind. Ist nur das eine *oder* das andere der Fall, so finden ausschließlich die Vorschriften über Kartelle *oder* über die Fusionskontrolle Anwendung; sind dagegen die Voraussetzungen *beider* Normen, des § 1 *und* des § 36 Abs. 1 GWB erfüllt, so sind sie eben **nebeneinander** anzuwenden.

46 Soweit nach dem Gesagten auf die Gründung eines Gemeinschaftsunternehmens nebeneinander das Kartellverbot (§ 1 GWB) und die Fusionskontrollvorschriften (§ 36 Abs. 1 GWB) anwendbar sind, hat heute grundsätzlich das **Kartellverbot** wegen seiner weiterreichenden Wirkungen (§§ 32, 33, 81 Abs. 2 Nr. 1 GWB; § 134 BGB) den **Vorrang** vor den Fusionskontrollvorschriften. Die wettbewerbsbeschränkenden Klauseln in dem Gesellschaftsvertrag des Gemeinschaftsunternehmens sind daher nichtig, selbst wenn es sich bei dem Gemeinschaftsunternehmen um eine AG oder eine GmbH handeln sollte (§ 1 GWB in Verbindung mit § 134 BGB).[88] Das BKartA ist aber nicht gehindert, die Untersagung eines Gemeinschaftsunternehmens (§§ 1 und 32 Abs. 1 GWB) hilfsweise auch auf § 36 Abs. 1 GWB zu stützen. Es handelt sich dann zwar um zwei verschiedene Streitgegenstände, grundsätzlich jedoch nur um **eine einzige Verfügung**, über die auf Beschwerde hin auch nur einheitlich entschieden werden kann.[89]

VI. Wettbewerblich erheblicher Einfluss

Literatur: *Paschke,* Der Zusammenschlussbegriff des Fusionskontrollrechts, 1989; *Stein,* Der wettbewerblich erhebliche Einfluß, 1994.

1. Überblick

47 Ein Zusammenschluss liegt nach der **Nr. 4 des § 37 Abs. 1 GWB** schließlich noch in jeder sonstigen Verbindung von Unternehmen, aufgrund derer ein *oder* mehrere Unternehmen unmittelbar oder mittelbar einen wettbewerblich erheblichen Einfluss auf ein anderes Unternehmen auszuüben vermögen. Diese Vorschrift geht zurück auf **§ 23 Abs. 2 Nr. 6 a. F.,** der **1989** in das Gesetz eingefügt worden war, um verschiedene **Lücken zu schließen**, die sich seinerzeit nach Meinung der Gesetzesverfasser bei der Anwendung der früheren Regelung (Nr. 1–5 des § 23 Abs. 2 GWB a. F. von 1973) aufgetan hatten. Gedacht war dabei in erster Linie an **qualifizierte Minderheitsbeteiligungen** an Konkurrenten (sog. **24,9 %-Fälle**).[90] Die Verfasser der **6. Novelle von 1998** haben an diesem Tatbestand festgehalten, weil für ihn ein wettbewerbspolitisches Bedürfnis als notwendiges Korrektiv zu bedenklichen Umgehungskonstruktionen bestehe;[91] sie hatten dabei jedoch **allein gesellschaftsrechtlich**

[87] BGHZ 96, 69 (77 ff.) = NJW 1986, 1874 – OAM; BGHZ 147, 325 (337 f.) = NJW 2001, 3782 – Ostfleisch; *OLG Frankfurt a. M.* WuW/E OLG 4323 = AG 1989, 402; *BKartA* WuW/E DE-V 243 (245) – Saft/Tadiran.

[88] *BGH* NJW-RR 2010, 615 = NZG 2010, 76 Tz. 17 = JuS 2010, 547 – Gratiszeitung Hallo.

[89] BGHZ 147, 325 (332 ff.) = NJW 2001, 3782 – Ostfleisch.

[90] S. die Begr. z. RegE (BT-Drs. 11/4610), S. 18 f.; u. Rn. 52.

[91] S. die Begr. zum RegE, BT-Drs. 13/9720, S. 43 (r. Sp. u.).

vermittelte Unternehmensverbindungen im Auge.[92] Durch die **7. Novelle** von 2005 ist die Nr. 4 des § 37 Abs. 1 GWB nicht geändert worden.

Der Zusammenschlusstatbestand der Nr. 4 des § 37 Abs. 1 GWB wird in der Fusionskontrollpraxis zunehmend **großzügiger gehandhabt**, um den verbreiteten Strategien der konzentrationswilligen Wirtschaft zur Umgehung der ungeliebten Fusionskontrolle begegnen zu können. Ein Dorn im Auge sind dem BKartA insbesondere die ausufernden Versuche der Monopolisten E. ON und RWE, über immer neue Minderheitsbeteiligungen an Stadtwerken ihre Absatzwege zu zementieren und dadurch zugleich ausländischen Konkurrenten den Zugang zum deutschen Gas- und Strommarkt zu versperren.[93] 48

2. Voraussetzungen

a) Die Annahme eines Zusammenschlusses setzt nach der Nr. 4 des § 37 Abs. 1 GWB (nur) zweierlei voraus: Erste Voraussetzung ist, dass es sich um eine **„sonstige" Unternehmensverbindung** handelt. Dafür ist lediglich erforderlich, dass die Einflussnahme gerade **gesellschaftsrechtlich vermittelt** und **auf Dauer** angelegt ist (s. schon o. Rn. 48). Bloße tatsächliche Verbindungen reichen dagegen für die Anwendung der Nr. 4 des § 37 Abs. 1 GWB nicht aus, weil andernfalls der Anwendungsbereich der Fusionskontrolle uferlos würde.[94] Ebensowenig genügen bloße Finanz- oder Kapitalanlagen.[95] Zweite Voraussetzung ist, dass diese „sonstige" Unternehmensverbindung unmittelbar oder mittelbar einen **„wettbewerblich erheblichen Einfluss"** auf ein anderes Unternehmen **vermittelt**, womit im Grunde Elemente der materiellen Fusionskontrolle bereits in den Zusammenschlusstatbestand hineingenommen werden, so dass die sonst für die Anwendung des § 36 I GWB zusätzlich erforderliche Prüfung, ob tatsächlich die **Voraussetzungen für eine Ressourcenzusammenrechnung** vorliegen, hier bereits im Rahmen des Zusammenschlusstatbestandes stattzufinden hat. 49

Ein wettbewerblich erheblicher Einfluss auf ein anderes Unternehmen setzt grundsätzlich voraus, dass ein Unternehmen aufgrund rechtlicher oder tatsächlicher Umstände die gesicherte Fähigkeit besitzt, seine **eigenen Interessen** bei der Entscheidung über den Einsatz der Ressourcen des anderen Unternehmens, des Beteiligungsunternehmens, im Wettbewerb zur **Geltung** zu bringen, so dass das Beteiligungsunternehmen letztlich **keine unabhängige Strategie** mehr zu verfolgen vermag und deshalb als selbstständiger Wettbewerber ausfällt. Dafür ist nicht erforderlich, dass sich der Erwerber in allen Fragen bei dem Beteiligungsunternehmen durchzusetzen vermag. Es 50

[92] S. die Begr. (vorige Fn.), S. 57 (r. Sp.); ebenso schon die Begr. z. RegE von 1989, BT-Drs. 11/4610, S. 20 (l. Sp.); s. u. Rn. 51.

[93] S. z. B. *BKartA* WuW/E DE-V 786 (789) – VNG/EMB/Gasmarkt; WuW/E DE-V 831 (832 ff.) – RWE/Wuppertaler Stadtwerke; zustimmend *OLG Düsseldorf* WuW/E DE-R 1639 ff. = AG 2006, 503 – Mainova/AVG; WuW/E DE-R 2094 – E.ON/Stadtwerke Eschwege; vgl. auch für die DPAG *BGH* NJW-RR 2005, 474 = AG 2005, 198 – DPAG/tof; zur Anwendung des § 1 GWB in diesen Fällen s. noch *Gassner*, WuW 2011, 1080 .

[94] *BGH* NJW-RR 2001, 757 = WuW/E DE-R 607 – Springer/Stilke; NJW-RR 2005, 474 = AG 2005, 198 m. Anm. *Emmerich*, LMK 2005, 76 – DPAG/tof; *OLG Düsseldorf* WuW/E DE-R 647 (652 f.) – WAZ/OTZ; WuW/E DE-R 1390 (1392 ff.) – Wochenkurier/Lausitzer Rundschau; AG 2006, 503 Tz. 15 ff. = WuW/E DE-V 1639 – Mainova/AVG.

[95] *KG* WuW/E DE-R 270 (271 ff.) = AG 1999, 524 – Springer/Stilke; *BKartA* WuW/E BKartA 2829 = AG 1995, 522 – T & N/Kolbenschmidt; *Bechtold*, § 37 Rn. 37 ff.

genügt vielmehr schon, dass die anderen Gesellschafter des Beteiligungsunternehmens in wichtigen Fragen auf seine Vorstellungen **Rücksicht nehmen** werden.

51 Bei der Prüfung, ob in diesem Sinne (o. Rn. 50) ein Unternehmen auf ein anderes einen wettberweblich erheblichen Einfluss auszuüben vermag, sind sämtliche faktischen und rechtlichen Elemente des Sachverhalts zu berücksichtigen, die geeignet sind, die Unternehmen einander näher zu bringen, so dass eine Gesamtwürdigung der häufig verwickelten Abreden der Beteiligten unter wettbewerblichen Gesichtspunkten erforderlich ist.[96] Paradigma sind die sog. **24,9 %-Fälle,** d. h. Minderheitsbeteiligungen an Konkurrenten knapp unter der Schwelle des § 37 Abs. 1 Nr. 3 lit. b GWB **in Verbindung mit** besonderen Informations-, Mitsprache- und Kontrollrechten des Erwerbers, sog. **Plus-Faktoren,** durch die er die Möglichkeit erlangt, das Marktverhalten des Beteiligungsunternehmens in seinem Interesse zu beeinflussen. Das BKartA war dabei ursprünglich von einer **20 %-Grenze** für Beteiligungen an Konkurrenten ausgegangen. Jedoch ist diese Grenze später angesichts der um sich greifenden Umgehungsstrategien wieder **aufgegeben** worden, so dass im Einzelfall selbst Beteiligungen an Konkurrenten oder Abnehmern **unter 10 %** für die Annahme eines Zusammenschlusses nach der Nr. 4 des § 37 Abs. 1 GWB ausreichen können, immer vorausgesetzt, dass nach den Umständen des Falles diese Beteiligung zur Folge hat, dass das Beteiligungsunternehmen jetzt auf das an ihm beteiligte Unternehmen bei seinen strategischen Entscheidungen *Rücksicht nehmen* wird.[97] Dafür kann z. B. auch die Einflussnahme über den Aufsichtsrat oder andere Beiräte sprechen.[98]

52 Die Voraussetzungen der Nr. 4 des § 37 Abs. 1 GWB sind danach **z. B.** erfüllt, wenn sich ein **Lieferant an** einem **Abnehmer** mit 15 % oder 20 % beteiligt und er zusätzlich das Recht zur Besetzung von Aufsichtsratsposten in Verbindung mit einem Vorkaufsrecht oder mit dem Recht zur Benennung eines mit weitreichenden Vetorechten ausgestatteten Geschäftsführers erwirbt.[99] Es reicht sogar aus, wenn nach den Umständen des Falles anzunehmen ist, dass das Beteiligungsunternehmen passiv sein Wettbewerbsverhalten an den Interessen des Erwerbers ausrichten wird.[100] Ebenso verhält es sich bei Aufteilung des Beteiligungserwerbs auf mehrere kooperierende Unternehmen, auf sonst verbundene und befreundete Unternehmen oder auf Familienangehörige, so dass die Gruppe insgesamt über eine Mehrheit verfügt.[101] Im Ergebnis führt damit heute *jede* auf Dauer angelegte, gesellschaftsrechtliche Beteiligung an einem Konkurrenten, Abnehmer oder Lieferanten, die keine bloße Finanzanlage dar-

---

[96] *OLG Düsseldorf* WuW/E DE-R 647 (652 f.) – WAZ/OTZ; WuW/E DE-R 1390 (1392 ff.) – Wochenkurier/Lausitzer Rundschau; AG 2006, 503 Tz. 15 ff. = WuW/E DE-R 1639 – Mainova/AVG; WuW/E DE-R 2462 (2464 ff.) – A-TEC/Norddeutsche Affinerie; *BKartA* WuW/E DE-V 968 – MDS/Bonner Zeitungsdruckerei; 983 (984 f. Tz. 18 ff.) – Mainova/AVG; AG 1992, 363 (365).

[97] *OLG Düsseldorf* WuW/E DE-R 2462 (2464 ff.) – A-TEC/Norddeutsche Affinerie.

[98] *OLG Düsseldorf* WuW/E DE-R 1639 ff. = AG 2006, 503 Tz. 15 ff. – Mainova/AVG; WuW/E DE-R 2462 (2464 ff.) – A-TEC/Norddeutsche Affinerie; *BKartA* WuW/E DE-V 786 (789 Tz. 13 f.) – VNG/EMB/Gasmarkt.

[99] *BGH* NJW-RR 2001, 757 = WuW/E DE-R 607 – Springer/Stilke; *OLG Düsseldorf* WuW/E DE-R 2462 (2464 ff.) – A-TEC/Norddeutsche Affinerie; *BKartA* WuW/E DE-V 325 f. – Ruhrgas/Stadtwerke Neuss; TB 1999/2000, S. 137 – Ruhrgas/Stadtwerke Essen.

[100] *BKartA* WuW/E DE-V 467 (469 Tz. 15) – easyplus; WuW/E DE-V 599 (601 Tz. 31 ff.) – Radio L12.

[101] *BKartA* TB 1991/92, S. 24, 139 – Allianz/Dresdener Bank.

stellt, nahezu zwangsläufig in den Anwendungsbereich der Nr. 4 des § 37 Abs. 1 GWB.[102] Erlangt der Erwerber aufgrund der genannten Plus-Faktoren (o. Rn. 51) darüber hinaus die Möglichkeit, einen *bestimmenden Einfluss* auf das Beteiligungsunternehmen auszuüben, so liegt ohnehin bereits der Tatbestand der Nr. 2 des § 37 Abs. 1 GWB (Kontrollerwerb) vor (s. u. Rn. 53).

3. Konkurrenzen

Angesichts der geschilderten weiten Auslegung der Nr. 4 des § 37 Abs. 1 GWB (o. Rn. 47 ff.) liegt es auf der Hand, dass dieser Zusammenschlusstatbestand in der Mehrzahl der Fälle mit den Tatbeständen der Nr. 2 und Nr. 3 des § 37 Abs. 1 GWB zusammentreffen wird. Daraus ergibt sich die Frage, in welchem **Verhältnis** die **Nr. 2 bis Nr. 4** des § 37 Abs. 1 GWB zueinander stehen. Überwiegend wird dieses Verhältnis mit Rücksicht auf die Formulierung der Nr. 4 des § 37 Abs. 1 GWB („… *sonstige* Verbindung …") im Sinne der **Subsidiarität der Nr. 4** gegenüber den Nr. 2 und Nr. 3 des § 37 Abs. 1 GWB gedeutet, um unnötige Doppelkontrollen zu vermeiden.[103] Dagegen will das BKartA alle genannten Zusammenschlusstatbestände **nebeneinander anwenden**, vor allem zu dem Zweck, auch die weitere *Aufstockung* von Minderheits- oder Mehrheitsbeteiligungen erfassen zu können.[104] 53

VII. Ausnahmen

1. Keine wesentliche Verstärkung

Selbst wenn die Voraussetzungen der Nr. 1 bis Nr, 4 des § 37 Abs. 1 GWB an sich erfüllt sind, liegt doch in zwei Fällen kein Zusammenschluss vor. Der erste Fall ergibt sich aus **§ 37 Abs. 2 GWB,** der zweite aus § 37 Abs. 3 (u. Rn. 56). § 37 Abs. 2 regelt den Fall, dass die Unternehmen im Zuge des Aufbaus einer beherrschenden Position **nacheinander mehrmals** einen der **Zusammenschlusstatbestände** erfüllen. Für diesen Fall bestimmt § 37 Abs. 2 GWB, dass ein Zusammenschluss grundsätzlich auch dann vorliegt, wenn die beteiligten Unternehmen bereits vorher zusammengeschlossen waren; eine Ausnahme soll jedoch gelten, wenn der Zusammenschluss nicht zu einer wesentlichen Verstärkung der bestehenden Unternehmensverbindung führt. 54

Eine **wesentliche Verstärkung** des Zusammenschlusses i. S. d. § 37 Abs. 2 GWB ist anzunehmen, wenn der Zusammenschluss weiter strukturell verfestigt wird *oder* wenn der Erwerber zusätzliche Rechte erwirbt.[105] Eine **strukturelle Verfestigung** des Zusammenschlusses in diesem Sinne liegt z. B. vor, wenn der Erwerb einer Mehrheitsbeteiligung durch den Abschluss eines Unternehmensvertrages ergänzt und abgesichert wird,[106] wenn die Beteiligungen zweier Gesellschafter an einem Gemeinschaftsunternehmen aufgrund eines abgestimmten Planes unter Ausscheiden der übrigen auf jeweils 50 % erhöht werden[107] oder wenn eine ausschließliche Lizenz durch 55

---

[102] *Emmerich,* AG 2005, 857 (861 l. Sp. u.).
[103] *Henschen/Ewen,* WuW 1999, 941; *J. Hoffmann,* AG 1999, 538 (544); offen gelassen in *KG* WuW/E DE-R 386 (387 f.).
[104] *BKartA* AG 2000, 520 – WAZ/OTZ.
[105] *BKartA* WuW/E DE-V 1289 (1291 f.) – Synthes/AO-ASIF; *Sonnenschein,* ZGR 1977, 35.
[106] *BKartA* TB 1973, S. 70; 1974, S. 34, 37; MK, 1. HauptGA, Tz. 882.
[107] *BKartA* WuW/E DE-V 53 = AG 1999, 285 (286) – Premiere.

die Übertragung des Rechts selbst ersetzt wird.[108] Dagegen erlangt der Erwerber **zusätzliche Rechte,** wenn eine Minderheitsbeteiligung auf eine Mehrheitsbeteiligung aufgestockt wird.[109] Ebenso steht es z. B., wenn aus einem kleinen Gesellschafterkreis im Zusammenhang mit der Erhöhung der Beteiligung eines der Gesellschafter ein anderer ausscheidet und ein dritter seine Beteiligung verringert.[110] In allen genannten Fällen greift mithin **erneut** die **Fusionskontrolle** ein. Anders ist es im Grunde nach § 37 Abs. 2 GWB nur bei bloßen konzerninternen Vorgängen wie z. B. der Umschichtung des Beteiligungsbesitzes eines Konzerns.[111]

2. Bankenklausel

56 Der zweite Ausnahmetatbestand (**§ 37 Abs. 3 GWB**) betrifft **Kredit- und Finanzinstitute** sowie **Versicherungen** und soll verhindern, dass jede Übernahme junger Aktien durch eines der genannten Unternehmen bei der Gründung einer AG oder bei einer Kapitalerhöhung die Fusionskontrolle auslöst. Deshalb bestimmt **§ 37 Abs. 3 GWB** in sachlicher Übereinstimmung mit Art. 3 Abs. 5 lit. a FKVO (s. o. § 15 Rn. 10), dass der Anteilserwerb durch die genannten Unternehmen nicht als Zusammenschluss gilt, solange sie das Stimmrecht aus den Anteilen nicht ausüben und sofern die Veräußerung der Anteile innerhalb eines Jahres erfolgt, wobei diese Frist vom BKartA auf Antrag verlängert werden kann. Unterbleibt jedoch die Veräußerung innerhalb der genannten Frist, so ist fortan ein Zusammenschluss anzunehmen, der dann auch der Fusionskontrolle nach § 36 Abs. 1 GWB unterliegt.[112]

§ 34. Eingreifkriterien

1 Liegt ein Zusammenschluss i. S. d. § 37 GWB vor (dazu o. § 33), der die Schwellenwerte des § 35 Abs. 1 überschreitet und weder unter die Toleranzklauseln des § 35 Abs. 2 noch unter die FKVO (§ 35 Abs. 3 GWB) fällt (dazu o. § 32), so ist das BKartA grundsätzlich verpflichtet, den Zusammenschluss zu untersagen, sofern zu erwarten ist, dass durch ihn eine marktbeherrschende Stellung i. S. d. § 19 Abs. 2 und Abs. 3 GWB entsteht oder verstärkt wird (§ 36 Abs. 1 GWB; s. u. Rn. 11, 25 ff.). Anders verhält es sich nur, wenn den beteiligten Unternehmen der Nachweis gelingt, dass durch den Zusammenschluss Verbesserungen der Wettbewerbsbedingungen eintreten, die die Nachteile der Marktbeherrschung überwiegen (sog. Abwägungsklausel des § 36 Abs. 1 GWB; dazu u. Rn. 55 ff.). Ein vom BKartA untersagter Zusammenschluss kann außerdem immer noch unter zusätzlichen Voraussetzungen gemäß § 42 GWB vom Bundeswirtschaftsminister erlaubt werden (dazu u. § 35). Mit der **8. Novelle** ist eine Anpassung des § 36 GWB an Art. 2 FKVO geplant, insbesondere, um die Kontrollmöglichkeiten in Oligopolfällen zu verbessern, während weitergehende Änderungen nicht beabsichtigt sind.

[108] *BKartA* WuW/E DE-V 1289 (1291 f.) – Synthes/AO-ASIF.

[109] *BGH* LM § 23 GWB Nr. 14 = NJW-RR 1986, 1422 – SZ/Donaukurier; *KG* AG 1980, 193 = WuW/E OLG 2113 – RWE/GfE; *BKartA* AG 1999, 477 – Pfleiderer/Wayss und Freitag; WuW 1996, 709 (710) – Lufthansa/Start.

[110] *BKartA* WuW/E DE-V 707 (708) – RWE/Stadtwerke Eberswalde.

[111] *BKartA* TB 1974, S. 32, 35; 1987/88, S. 80 f., 111.

[112] *BKartA* TB 1977, S. 71.

I. Prognose

Die Fusionskontrolle hat die Aufgabe, die Wettbewerbsstruktur von Märkten gegen die von Unternehmenszusammenschlüssen drohenden Gefahren zu schützen (s. o. § 31 Rn. 8 ff.). Sie setzt deshalb möglichst früh, nämlich grundsätzlich bereits **vor Vollzug** des Zusammenschlusses ein (sog. **präventive Fusionskontrolle** gemäß § 39 Abs. 1 GWB; s. dazu u. § 36 Rn. 5 ff.). Bei der anschließenden Prüfung des Zusammenschlusses wird sodann *unterstellt*, dass das Zusammenschlussvorhaben später tatsächlich so wie angemelet *vollzogen* wird. Dies bedeutet der Sache nach, dass die Anwendung des § 36 I GWB nicht anders als auf Unionsebene nach Art. 2 Abs. 2 und Abs. 3 FKVO (s. dazu o. § 16 Rn. 36) im Regelfall eine **Prognose über** die **vermutliche zukünftige Entwicklung der Marktstrukturen** infolge des Zusammenschlusses im Falle seines Vollzugs voraussetzt, und zwar in den **nächsten drei bis fünf Jahren** (u. Rn. 6). Folgerichtig stellt das Gesetz in § 36 Abs. 1 Halbs. 1 auf die „zu erwartenden" Wirkungen des Zusammenschlusses ab. 2

Gemeint sind damit die (vermutlich) mit dem Zusammenschluss verbundenen, **längerfristigen, strukturellen Veränderungen** auf den von dem Zusammenschluss betroffenen Märkten im Gegensatz zu bloßen vorübergehenden und kurzfristigen Veränderungen, die idR außer Betracht bleiben.[1] Abzulesen sind diese Veränderungen an einem Vergleich zwischen dem Zustand ohne Durchführung des Unternehmenszusammenschlusses, d. h. bei fortbestehendem Wettbewerb, und dem vermutlichen zukünftigen Zustand infolge des Zusammenschlusses.[2] Die deutschen Gerichte unterscheiden dabei wegen der großen Schwierigkeiten, mit denen derartige Prognosen über die Entwicklung von Märkten naturgemäß verbunden sind, zwischen denjenigen **Wirkungen,** die der Zusammenschluss mit einiger Sicherheit **sogleich** im Augenblick des Vollzugs des angemeldeten Vorhabens zur Folge haben wird (u. Rn. 4), und den **weiteren Auswirkungen,** die voraussichtlich erst in den nächsten drei bis fünf Jahren eintreten werden. **Prognosebasis** ist die aktuelle rechtliche und politische Lage; geplante Gesetzesänderungen sind nur zu berücksichtigen, wenn für sie eine hohe Wahrscheinlichkeit besteht *und* wenn außerdem anzunehmen ist, dass es infolge der erwarteten Gesetzesänderungen auch tatsächlich zu einer Änderung der Verhältnisse auf den betroffenen Märkten kommen wird.[3] 3

Im Vordergrund der Betrachtung haben die **voraussichtlich sogleich** mit dem Vollzug des Zusammenschlusses **eintretenden Wirkungen** zu stehen (str.). § 36 Abs. 1 GWB ist anwendbar, wenn sich bei dieser Betrachtung eine Veränderung der Marktstruktur infolge des Zusammenschlusses abzeichnet, die eine ernste Gefährdung des Wettbewerbs i. S. d. § 19 Abs. 2 und Abs. 3 GWB erwarten lässt, gemessen an dem vermutlichen Zustand ohne den Zusammenschluss, d. h. bei fortbestehendem Wettbewerb, wobei in erster Linie an die Veränderung der die *Marktstruktur* bestimmenden Daten anzuknüpfen ist, während es auf das aktuelle oder zukünftige *Verhalten* 4

[1] *BKartA* WuW/E DE-V 340 (345 f.) – DTAG/dSH.

[2] *BGH* LM Nr. 1 zu § 36 GWB = NJW-RR 2001, 1261 = WuW/E DE R 668 (670) – Dierichs/Kluthe (WerraRundschau).

[3] BGHZ 136, 268 (275 ff.) = NJW 1998, 2440 – RWE/Aggerstrom; *BGH* LM § 23 GWB Nr. 20 = NJW 1998, 2444 – Hastra/Stadtwerke Garbsen; *OLG Düsseldorf* WuW/E DE-R 681 (686 f.) – Trienekens/GMVA.

der Unternehmen, über das ohnehin keine gesicherten Voraussagen möglich sind, allenfalls am Rande ankommt.[4]

5 Die Prüfung darf jedoch nicht bei dieser Betrachtung stehen bleiben, sondern muss auch die **absehbare, weitere Entwicklung** der betroffenen Märkte **in den nächsten drei bis fünf Jahren** einbeziehen.[5] Beispiele sind der mögliche Marktzutritt neuer Unternehmen oder das Ausscheiden von Konkurrenten, der zu erwartende Abbau marktbeherrschender Positionen, etwa infolge der bevorstehenden Öffnung der Märkte im europäischen Binnenmarkt, neue technische Entwicklungen sowie eine Veränderung des Abnehmerverhaltens.

6 Gerade hinsichtlich der genannten Faktoren (o. Rn. 5), die erheblichen Einfluss auf die Entwicklung von Märkten haben können, sind indessen vielfach einigermaßen gesicherte **Voraussagen** selbst für einen begrenzten Zeitraum **nur mit großen Schwierigkeiten** und Unsicherheiten möglich. Deshalb werden solche Entwicklungen nur berücksichtigt, wenn für sie eine **hohe Wahrscheinlichkeit aufgrund konkret nachweisbarer Umstände** besteht, wobei maßgebender Zeitpunkt der der Entscheidung in der letzten Tatsacheninstanz ist.[6] In aller Regel wird sich deshalb die Prognose auf die normale Entwicklung der Marktstrukturen unter im wesentlichen gleichbleibenden rechtlichen, ökonomischen und politischen Rahmenbedingungen sowie auf das typische unternehmerische Verhalten in solchen Strukturen für die nächsten **drei bis fünf Jahre** beschränken müssen. Noch langfristigere Voraussagen (über fünf Jahre hinaus) verbieten sich in der Regel, wenn man die großen Unsicherheiten berücksichtigt, mit denen bereits kurzfristige ökonomische Prognosen durchweg behaftet sind. Bloße hypothetische Entwicklungen, für deren Eintritt bisher keine greifbaren Anhaltspunkte vorhanden sind, bleiben gleichfalls außer Betracht.[7]

7 Voraussagen der genannten Art (o. Rn. 6) über die (vermutliche) weitere Entwicklung von Märkten in der absehbaren Zukunft sind nur auf der Grundlage von **Erfahrungssätzen über typische wirtschaftliche Geschehensabläufe** möglich, die um so sicherer sind, je breiter ihre empirische Basis ist.[8] So entspricht es z. B. allgemeiner wirtschaftlicher Erfahrung, dass es bei einem Zusammenschluss von Konkurrenten im Regelfall zu einer **Addition ihrer Marktanteile und Umsätze** kommen wird.[9] Zwingend ist freilich auch diese Annahme nicht; je nach den Umständen des Falles kann es sich auch ganz anders verhalten, insbesondere, wenn nach den Besonderheiten des betreffenden Marktes mit hohen Abschmelzungseffekten zu rechnen ist,

[4] BGHZ 71, 102 (116 ff.) = NJW 1978, 1320 = JuS 1978, 784 Nr. 7 – Sachs/GKN; BGHZ 76, 55 (73) = NJW 1980, 1381 – Elbe Wochenblatt; BGHZ 79, 62 (67) = NJW 1981, 1786 – Klöckner/Becorit; BGHZ 82, 1 (9) = NJW 1982, 337 – Springer/MZV; BGHZ 136, 268 (275 ff.) = NJW 1998, 2440 – RWE/Aggerstrom.

[5] S. insbesondere *BGH* LM Nr. 1 zu § 36 GWB = NJW-RR 2001, 1261 = WuW/E DE-R 668 (670) – Dierichs/Klutke (WerraRundschau) – sowie u. Rn. 6.

[6] BGHZ 82, 1 (9) = NJW 1982, 337 – Springer/MZV; BGHZ 136, 268 (275 ff.) = NJW 1998, 2440 – RWE/Aggerstrom.

[7] *EuG* Slg. 1994, II-323 (349 Tz. 70 f.) – Air France II; *BKartA* WuW/E BKartA 2820 = AG 1996, 234 (236) – Lafarge Coppée/Limburger Lackfabrik.

[8] S. *Emmerich,* AG 1985, 320.

[9] S. dazu *KG* AG 2000, 563 = WuW/E DE-R 451 (457 f.) – Herlitz/Landré; *Bechtold,* § 36 Rn. 17; *Richter,* in: Wiedemann, § 20 Rn. 135 f. (S. 705).

etwa, weil die großen Abnehmer nicht von den verbundenen Unternehmen abhängig werden wollen.[10]

Auf **Erfahrungssätzen** der geschilderten Art beruht letztlich die ganze präventive Fusionskontrolle (s. schon o. § 16 Rn. 34 ff.). Das erklärt zugleich die großen Schwierigkeiten, auf die die Fusionskontrolle durchweg dort trifft, wo wie insbesondere **bei vertikalen und konglomeraten Zusammenschlüssen** für eine Addition von Marktanteilen kein Raum ist (s. u. Rn. 37, 39 ff.). Vergleichbare Schwierigkeiten bestehen auch überall dort, wo es bislang an **Erfahrungen** über die Entwicklung bestimmter Märktc **mangelt**, etwa, weil es sich um neue Produkte handelt, weil dann auch Voraussagen über den weiteren Gang der Dinge nahezu unmöglich sind. Auf derartigen Märkten in der **Experimentierphase**, in der selbst hohe Marktanteile ohne Aussagekraft sind, interveniert das Bundeskartellamt aufgrund des § 36 Abs. 1 gegen Zusammenschlüsse folgerichtig nur, wenn der Markt durch einen Zusammenschluss bereits jetzt *dauerhaft* abgeschottet wird.[11] – In der europäischen Fusionskontrolle bedient sich die Kommission, nicht zuletzt wegen der hohen Anforderungen der Unionsgerichte an die Plausibilität von Prognosen, wie bereits im Einzelnen ausgeführt,[12] in zunehmendem Maße ökonometrischer Verfahren zu Absicherung ihrer Prognosen, ohne jedoch deren Problematik zu verkennen, weil diese Verfahren durchweg auf gänzlich unrealistischen Annahmen beruhen und ohnehin (natürlich) nicht in der Lage sind, die Ungewissheit der Zukunft zu eliminieren. 8

Die zu erwartenden **Wirkungen**, gegen die sich § 36 Abs. 1 GWB letztlich wendet, müssen gerade **auf dem Zusammenschluss beruhen**, weil sie nur dann den beteiligten Unternehmen zugerechnet werden können, so dass eine Untersagung ihres Zusammenschlusses in Betracht kommt. **Mitursächlichkeit** des Zusammenschlusses für die Verschlechterung der Wettbewerbsbedingungen im Sinne des § 36 Abs. 1 GWB genügt,[13] während eine Untersagung des Zusammenschlusses ausscheidet, wenn ein Vergleich mit der hypothetischen Entwicklung ohne den Zusammenschluss ergibt, dass es auch **ohne** ihn zu **derselben** (und nicht etwa zu einer anderen) **Verschlechterung** der Wettbewerbsbedingungen gekommen wäre.[14] 9

Die Frage der Kausalität des Zusammenschlusses für die zu erwartende Verschlechterung der Wettbewerbsbedingungen im Sinne des § 36 Abs. 1 GWB spielt eine besondere Rolle bei den sog. **Sanierungsfusionen,** d. h. bei Zusammenschlüssen mit vor dem Zusammenbruch stehenden Unternehmen. In solchen Fällen stellt sich durchweg die schwierige Frage, ob es ohne den Zusammenschluss infolge des dann zu erwartenden Zusammenbruchs des übernommenen Unternehmens zu derselben Verschlechterung der Wettbewerbsbedingungen wie infolge der Übernahme dieses Unternehmens durch ein anderes gekommen wäre (dazu u. Rn. 65 ff.). 10

[10] Vgl. *BKartA* WuW/E DE-V 905 (909 f. Tz. 81 ff.) – Ontex/Rostam; 1425 (1427 ff. Tz. 52 ff.) – KLA-Tenecor/Therma-Wave.

[11] *BKartA* WuW/E DE-V 1433 (1438 Tz. 59) – MBS.

[12] S. o. § 16 Rn. 36; *Emmerich*, AG 2010, 517 (522) m.N.

[13] BGHZ 115, 354 (361 f.) = NJW 1992, 1321 – Lübecker Nachrichten/Stormarner Tageblatt.

[14] *KG* WuW/E OLG 4379 = AG 1990, 163 (166) – Flensburger Zeitungsverlag/SH Landeszeitung.

II. Begründung einer marktbeherrschenden Stellung

11 Ein Unternehmenszusammenschluss i. S. d. §§ 35 und 37 GWB ist nach § 36 Abs. 1 GWB zunächst zu untersagen, wenn die Untersuchung seiner unmittelbaren oder sicher zu erwartenden, zukünftigen Auswirkungen (s. o. Rn. 2 ff.) ergibt, dass durch ihn die zusammengeschlossenen Unternehmen erstmals eine marktbeherrschende Stellung i. S. d. § 19 Abs. 2 und Abs. 3 GWB auf einem deutschen Markt (§ 130 Abs. 2 GWB) erlangen werden.

1. Begriff

a) § 19 Abs. 2 und Abs. 3 GWB

12 Der Begriff der **Marktbeherrschung** ist in § 36 Abs. 1 GWB derselbe wie in § 19 Abs. 2 und Abs. 3 GWB. § 36 Abs. 1 stellt folglich die Aufgabe zu untersuchen, ob durch den Zusammenschluss die Marktstruktur auf dem jeweils **relevanten Markt** vermutlich so nachhaltig verändert werden wird, dass fortan die Voraussetzungen für wesentlichen Wettbewerb mit großer Sicherheit entfallen **(§ 19 Abs. 2 S. 1 Nr. 1 GWB)** oder dass die zusammengeschlossenen Unternehmen eine überragende Marktstellung erlangen **(§ 19 Abs. 2 S. 1 Nr. 2 GWB).** Gleich steht der Fall, dass infolge des Zusammenschlusses ein marktbeherrschendes Oligopol im Sinne des **§ 19 Abs. 2 S. 2 GWB** entsteht (s. dazu u. Rn. 43 ff.). Zwischen den beiden Fällen des § 19 Abs. 2 S. 1 Nr. 1 und 2 GWB wird dabei de facto kaum noch unterschieden. An die Stelle ihrer getrennten Prüfung ist vielmehr in der Mehrzahl der Fälle (nicht immer) die einheitliche, umfassende Untersuchung der Marktverhältnisse darauf hin getreten, ob mit dem Zusammenschluss auf dem jeweils relevanten Markt (vermutlich) eine derartige Verschlechterung der Marktstruktur verbunden sein wird, dass für die verbundenen Unternehmen ein **übermäßiger,** vom Wettbewerb nicht mehr hinreichend kontrollierter **Verhaltensspielraum** entsteht.[15]

13 Nicht anders als bei der Missbrauchsaufsicht über marktbeherrschende Unternehmen aufgrund der §§ 19 und 20 steht daher in der Fusionskontrolle die **Abgrenzung des jeweils relevanten Marktes** im Mittelpunkt der Entscheidungen. Dafür sind im Rahmen des § 36 Abs. 1 grundsätzlich dieselben Regeln maßgebend wie bei § 19 (s. daher o. § 27 Rn. 11 ff.). Bei der Abgrenzung des sachlich relevanten Marktes ist folglich hier ebenso wie bei der des örtlich relevanten Marktes von dem **modifizierten Bedarfsmarktkonzept** auszugehen (§ 27 Rn. 13, 24 ff.), während die Kommission im Rahmen der europäischen Fusionskontrolle wo immer möglich zu ökonometrischen Partalanalysen neigt, unter denen der sog. **SSNIP-Test** besondere Bedeutung erlangt hat.[16] Daneben werden freilich auf deutscher wie auf europäischer Ebene noch zahlreiche andere Konzepte für die Marktabgrenzung diskutiert – bis hin zu subjektivistischen Verfahren, die in erster Linie auf die Sicht der verbundenen

[15] S. insb. BGHZ 79, 62 (67 ff.) = NJW 1981, 1786 – Klöckner/Becorit; *KG* WuW/E OLG 3759 = AG 1986, 226 (227 f.) – Pilsburry/Sonnen-Bassermann; ebenso im Ergebnis *BKartA,* Auglegungsgrundsätze, unter I A 2.2.

[16] S. o. § 4 Rn. 64 ff., § 9 Rn. 11 ff., § 16 Rn. 7 ff.; *Kommission,* Bekanntmachung über die Definition des relevanten Marktes von 1997, ABl. Nr. C 372/1; *BKartA,* Merkblatt zur deutschen Fusionskontrolle, 2005; Auslegungsgrundsätze zur Prüfung von Marktbeherrschung in der deutschen Fusionskontrolle, 2005.

Unternehmen abstellen.[17] Angesichts der großen Schwierigkeiten, die die exakte Marktabgrenzung eigentlich durchweg bereitet, da in der wirtschaftlichen Wirklichkeit in einer globalisierten Umwelt nahezu alle Märkte ununterscheidbar ineinander übergehen, so dass in der Mehrzahl der Fälle ohne Wertungen nicht auszukommen ist, ist leicht nachzuvollziehen, dass in den Fusionskontrollverfahren vielfach, wenn nicht im Regelfall die Marktabgrenzung im Zentrum der Auseinandersetzungen der Beteiligten steht.[18] Wegen der Einzelheiten ist auf die Ausführungen zu § 19 zu verweisen (o. § 27 Rn. 11 ff.).

Die Prüfung der Entstehung einer marktbeherrschenden Stellung der beteiligten Unternehmen wird durch die **Vermutungen des § 19 Abs. 3 GWB** erleichtert (s. o. § 27 Rn. 54 ff.). Wann immer also diese Vermutungen nach dem Zusammenschluss erfüllt sein werden, ist zunächst § 36 Abs. 1 GWB als gegeben anzunehmen und „nur" noch zu prüfen, ob der fragliche Markt strukturelle Besonderheiten aufweist, aufgrund derer die Vermutung der Marktbeherrschung als widerlegt anzusehen ist.[19] § 19 Abs. 3 GWB bedeutet *keine* Einschränkung der Amtsermittlungspflicht des BKartA, so dass das Amt in Fusionskontrollfällen, selbst wenn an sich die Voraussetzungen der Vermutungen nach § 19 Abs. 3 GWB erfüllt sind, weiterhin verpflichtet bleibt, den Sachverhalt in jeder Hinsicht soweit wie möglich aufzuklären. In diesem Rahmen ist es dann aber in erster Linie Sache der betroffenen Unternehmen, solche Umstände vorzutragen, die zur Widerlegung der Vermutungen geeignet sind. Nur wenn bei dieser umfassenden Prüfung die Frage der Marktbeherrschung weder bejaht noch verneint werden kann, ist aufgrund des § 19 Abs. 3 GWB von der *Begründung* von Marktbeherrschung (und nicht etwa von dem Gegenteil) auszugehen.[20] 14

b) Maßgebliche Faktoren

aa) Bei der Prüfung der Marktbeherrschung hat man an sich die Wahl zwischen Marktstruktur- und Marktverhaltensansätze, wenn auch heute in der Praxis zu § 19 GWB Marktstrukturkriterien gegenüber Marktverhaltensansätzen ein immer größeres Gewicht erlangen (s. o. § 27 Rn. 33 ff.). Dieselbe Entwicklung ist bei § 36 Abs. 1 GWB festzustellen, wobei hier noch hinzukommt, dass über das *zukünftige Marktverhalten* von Unternehmen ohnehin verlässliche Voraussagen kaum möglich sind. Bei der Prüfung von Unternehmenszusammenschlüssen nach § 36 Abs. 1 GWB in Verbindung mit § 19 Abs. 2 GWB stehen daher **Marktstrukturansätze** ganz **im Vordergrund**, wobei eine langfristige Betrachtungsweise zugrunde zu legen ist, die sämtliche für das Marktgeschehen relevanten Faktoren miteinbezieht.[21] 15

Der wichtigste Marktstrukturfaktor ist jedenfalls bei horizontalen Zusammenschlüssen im Rahmen des § 36 Abs. 1 GWB (natürlich) – ebenso wie auf europäischer Ebene (s. o. § 16 Rn. 37 ff.) – der (vermutliche) **absolute und relative Marktanteil** der zusammengeschlossenen Unternehmen, weil in besonderem Maße geeignet, die 16

---

[17] S. z. B. *Emmerich*, FS Oberender, 2011, S. 61 m.N.

[18] S. dazu z. B. m.N. *Emmerich,* AG 2008, 517 (518 ff.); 2009, 597 (598 ff.); 2010, 517 (518 ff.); 2011, 565 ff.

[19] Ein Beispiel in *BGH* LM § 24 GWB Nr. 20 = NJW-RR 1988, 484 – Gruner + Jahr/Zeit II.

[20] S. *OLG Düsseldorf* AG 2004, 103 (104) = WuW/E DE-R 1159 – BASF/NEPG; AG 2006, 506 = WuW/E DE-R 1625 (1628 f.) – Rethmann/GfA Köthen; zur Oligopolvermutung s. auch u. Rn. 43 ff.

[21] S. o. Rn. 2 ff.; BGHZ 92, 223 (241 ff.) = NJW 1985, 1626 – Gruner und Jahr/Zeit; *BGH* LM § 22 GWB Nr. 22 = NJW 1992, 2289 = AG 1992, 358 – Kaufhof/Saturn.

Marktstellung eines Unternehmens zu kennzeichnen.[22] **Berechnet** wird der Marktanteil in der Regel **anhand der Umsätze** der zum selben Markt gehörenden Unternehmen, wobei konzerninterne Umsätze ebenso wie Exporte unberücksichtigt bleiben, während Importe in die Berechnung des Marktvolumens einbezogen werden.[23] Die Begründung einer marktbeherrschenden Position ist daher bei horizontalen Zusammenschlüssen um so eher anzunehmen, **je höher der Marktanteil** der zusammengeschlossenen Unternehmen **und je größer ihr Abstand** zu den Konkurrenten sein wird.[24] Eindeutig ist die Anwendbarkeit des § 36 Abs. 1 GWB z. B., wenn die zusammengeschlossenen Unternehmen (vermutlich) einen Marktanteil von **über 50%** erreichen werden und der Zusammenschluss für das übernehmende Großunternehmen zu einem erheblichen Zuwachs an Ressourcen führt.[25]

17 Ist der **Abstand** zu den Konkurrenten **groß**, so steht es der Anwendung des § 36 Abs. 1 GWB auch nicht notwendig entgegen, dass es sich bei diesen gleichfalls um große und bedeutende Unternehmen handelt. Vor allem **bei ausgeprägt asymmetrischer Machtverteilung** auf einem Markt bedeuten selbst erhebliche Ressourcen eines Konkurrenten mit *niedrigem* Marktanteil keinen Faktor, der den Vorsprung der zusammengeschlossenen Unternehmen mit dem bei weitem größten Marktanteil ausgleichen könnte. Anders verhält es sich nur, wenn die Position der verbundenen Unternehmen trotz ihres hohen Marktanteils durch den von anderen Unternehmen ausgehenden Wettbewerbsdruck oder durch sonstige Besonderheiten eines Marktes in einem Ausmaß relativiert wird, dass sich die Annahme eines vom Wettbewerb nicht mehr hinreichend kontrollierten Verhaltensspielraums verbietet.[26] Ein Beispiel sind die zunehmend an Bedeutung gewinnenden **Ausschreibungsmärkte,** insbesondere für Bau- und für Verkehrsleistungen, auf denen die Aussagekraft des Marktanteils deshalb häufig zu relativieren ist, weil der Wettbewerb hier weitgehend losgelöst von anderen, bereits durchgeführten Aufträgen (als Grundlage der Marktanteilsberechnung) stattfindet.[27] Jedoch sehen die Dinge schon wieder anders aus, wenn die Mehrzahl der Aufträge weiterhin ohne Ausschreibung vergeben wird und das betreffende Unternehmen davon den größten Teil an sich ziehen kann.[28]

18 **bb) Weitere** wichtige **Faktoren** der infolge des Zusammenschlusses zu erwartenden Marktstruktur (§ 36 Abs. 1 GWB) sind die **Finanzkraft** der verbundenen Unternehmen, die Zersplitterung des übrigen Angebots, freie Kapazitäten bei den Konkurrenten sowie das Vorhandensein jederzeit zum Markteintritt fähiger, **potentieller Konkurrenten** am Marktrand.[29] Das BKartA betont gerade in jüngster Zeit immer

[22] S. u. Rn. 18, 34 ff.; vgl. z. B. für den ÖPNV BGHZ 166, 165 (181 ff. Tz. 42 ff.) = NJW-RR 2006, 836 – DP Regio/üstra; für den Zeitungsmarkt *OLG Düsseldorf* WuW/E DE-R 1973 (1977 f.) = AG 2007, 556 – SZ/Südost Kurier; *BKartA* WuW/E DE-V 695 (696 ff.) – Tagesspiegel/BZ; Auslegungsgrundsätze, unter I B 1.

[23] *BKartA* WuW/E DE-V 1113 (1115, 1122 f.) – Railion/RBH.

[24] BGHZ 131, 107 (117 ff.) = NJW 1996, 595 – Krupp/Daub; *BGH* LM § 22 GWB Nr. 22 = NJW 1992, 2289 – Kaufhof/Saturn; s. u. Rn. 34 ff.

[25] BGHZ 131, 107 (117 ff.) = NJW 1996, 595 – Krupp/Daub; *BKartA* WuW/E DE-V 1442 (1445 ff.) – Kalmar/CVS.

[26] S. *Emmerich,* AG 1991, 413 (418 m. N.).

[27] S. *BKartA* WuW/E DE-V 677 (682 ff. Tz. 111 ff.) – RWE Nord; *Emmerich,* AG 2003, 649 (658 l. Sp. o.).

[28] BGHZ 166, 165 (181 ff. Tz. 42 ff.) = NJW-RR 2006, 836 = AG 2006, 369 – DB Regio/üstra.

[29] S. *BGH* WuW/E BGH 2575 = AG 1989, 275 (277) – Kampffmeyer/Plange; *BKartA,* Auslegungsgrundsätze, unter A I B 2–6.

wieder den „großen Stellenwert“, den es dem potentiellen Wettbewerb von Konkurrenten am Marktrand und in diesem Zusammenhang dem Vorhandensein oder Fehlen von **Marktzutrittsschranken** bei der fusionsrechtlichen Beurteilung von Zusammenschlussvorhaben beimisst.[30] Potentielle Konkurrenten am Marktrand sind deshalb in die Betrachtung mit einzubeziehen, *sofern* in dem üblichen Prognosezeitraum von drei bis fünf Jahren ernsthaft mit ihrem Markteintritt zu rechnen ist oder wenn schon jetzt von ihnen ein fühlbarer Wettbewerbsdruck durch die Beschneidung wettbewerblicher Verhaltensspielräume der aktuellen Konkurrenten ausgeht.[31]

Weit geringere Bedeutung wird dagegen regelmäßig solchen Faktoren beigemessen, 19
die sich ihrer Art nach *gleichmäßig* auf alle Unternehmen eines Marktes auswirken. Beispiele sind ein **Substitutionswettbewerb** am Marktrand sowie der **Einfluss großer Nachfrager.** Solche Faktoren werden nur berücksichtigt, wenn sie sich ausnahmsweise *unterschiedlich* auf die beteiligten Unternehmen auswirken, etwa, weil einzelne, ganz bedeutende Nachfrager ihre Aufträge gezielt nach marktstrategischen Überlegungen verteilen, *oder* wenn sie so stark sind, dass sie den Verhaltensspielraum der verbundenen Unternehmen in einem für die Verneinung von Marktbeherrschung hinreichenden Maße beschränken.[32]

Eine besondere Rolle spielt in diesem Zusammenhang in der deutschen Fusionskon- 20
trolle die sog. **Abschreckungstheorie**. Hinter der Abschreckungstheorie steht die Einsicht in die besondere Gefährlichkeit der Entstehung von Großunternehmen durch Zusammenschlüsse, zumal auf bisher mittelständisch geprägten Märkten, die ihre Ursache vor allem darin hat, dass durch die Entstehung solcher Unternehmen ihre kleineren Konkurrenten vielfach so **abgeschreckt und entmutigt** werden, dass sie fortan auf vorstoßenden Wettbewerb verzichten werden. Dies darf in der Fusionskontrolle nicht unberücksichtigt bleiben, *vorausgesetzt*, dass auf dem betreffenden Markt überhaupt – aus der Sicht der Konkurrenten – mit **Verdrängungsstrategien** der verbundenen Unternehmen zu rechnen ist.[33] Ist das aber der Fall, so können die mit einem Zusammenschluss verbundenen Entmutigungs- und Abschreckungseffekte – zumindest bei langfristiger Betrachtungsweise – bereits für sich allein die Annahme rechtfertigen, dass der Zusammenschluss zur Begründung einer marktbeherrschenden Stellung der verbundenen Unternehmen führen wird, und zwar ohne Rücksicht auf die aktuelle Wettbewerbssituation auf dem betreffenden Markt.[34] Besonders deutlich sind solche Effekte z. B., wenn durch den Zusammenschluss auf einem bislang mittelständisch geprägten Markt ein Unternehmen mit hohem Markt-

[30] *BKartA* WuW/E DE-V 1325 (1328 f. Tz. 136 ff.) – Coherent/Excel; WuW/E DE-V 1365 Tz. 259 ff. – Phonak Holding/GN Store Nord.

[31] S. *KG* WuW/E OLG 4379 = AG 1990, 163 (165) – Flensburger Zeitungsverlag/SH Landeszeitung; *Kantzenbach/Krüger*, WuW 1990, 472 (476).

[32] BGHZ 92, 223 (241 ff.) = NJW 1985, 1626 – Gruner + Jahr/Zeit I; *BGH* LM § 24 GWB Nr. 19 = NJW-RR 1988, 227 – Panorama Anzeigenblätter; *KG* WuW/E OLG 4095 = AG 1988, 306 – Weiß/SW-Verlag; *OLG Düsseldorf* AG 2005, 847 (850) – DB/RSW/KVS; AG 2006, 503 (505) – Mainova/AVG; *BKartA* WuW/E DE-V 1127 (1129 f. Tz. 144 f.) – CIE/Ish; Auslegungsgrundsätze, unter I B 6/7; s. auch u. Rn. 46.

[33] *BKartA* WuW/E DE-V 905 (909 f. Tz. 81 ff.) – Ontex/Rostam; Auslegungsgrundsätze, unter I B 2.2/3.

[34] *KG* WuW/E OLG 3759 = AG 1986, 226 (227 f.) – Pilsburry/Sonnen-Bassermann; *BKartA* WuW/E BKartA 2820 = AG 1992, 406 (407) – Krupp/Daub.

anteil und überlegener Finanzkraft entsteht[35] oder wenn ein Großunternehmen das führende Unternehmen auf einem Markt übernimmt.[36] Die Besonderheit der Abschreckungstheorie besteht darin, dass sie **unabhängig von** einer **Marktanteilsaddition** ist, so dass sie auch ein Instrumentarium zur Beurteilung vertikaler und konglomerater Zusammenschlüsse zur Verfügung stellt (s. u. Rn. 37, 39 ff.).

2. Beispiele

21 Die Frage, ob von einem Zusammenschluss auf die Dauer mit hinreichender Sicherheit die Entstehung einer marktbeherrschenden Stellung im Sinne des § 19 Abs. 2 GWB zu erwarten ist, lässt sich in vielen Fällen nur aufgrund einer aufwendigen und komplexen **Marktstrukturanalyse** beantworten, wozu in der Regel noch überaus schwierige Prognosen hinzukommen, die richtig, genausogut aber auch grundfalsch sein können (wie sich nur allzu oft später herausstellt). Die notwendige Folge ist, dass die einschlägigen Entscheidungen des BKartA und der Gerichte häufig sehr weit in die Details der einzelnen Märkte eindringen – mit der weiteren Folge, dass sich die Entscheidungen nur selten verallgemeinern lassen.[37] Auf der anderen Seite ist aber auch richtig, dass man nur auf der Grundlage des Studiums möglichst vieler Entscheidungen zu § 36 Abs. 1 GWB ein verlässliches Bild von der Funktionsweise der Fusionskontrolle gewinnen kann. Deshalb sollen im Folgenden noch kurz einige Fälle skizziert werden, in denen die Entstehung einer marktbeherrschenden Stellung im Sinne der §§ 36 Abs. 1 und 19 Abs. 2 GWB infolge eines Zusammenschlusses bejaht oder verneint wurde (s. auch u. Rn. 47 ff.).

22 § 36 Abs. 1 ist (natürlich) erfüllt, wenn sich die beiden einzigen Unternehmen auf einem Markt zusammenschließen, so dass ein **Monopol** entsteht (§ 19 Abs. 2 S. 1 Nr. 1 Fall 1); ein Beispiel war der Zusammenschluss der beiden einzigen Munitionsanbieter in Deutschland.[38] Ebenso verhält es sich vielfach bei den (erstaunlich) häufigen **Zusammenschlüssen der beiden größten** Unternehmen eines Marktes mit addierten Marktanteilen weit jenseits der Vermutungen des § 19 Abs. 3 S. 2 Nr. 1.[39] Dieselbe Wirkung hat es, wenn sich die führenden Unternehmen in einem kooperativen Gemeinschaftsunternehmen verbinden[40] oder wenn durch den Zusammenschluss ein marktbeherrschendes **Duopol** bei bestimmten Produkten entsteht.[41] „Leading Case" ist die Aufteilung des deutschen Strommarktes unter den vier führenden Verbundunternehmen durch die gleichzeitigen Zusammenschlüsse von RWE und VEW zu RWE neu sowie von Veba und Viag zur E.ON AG.[42] Ein weiteres Bei-

[35] *BKartA* WuW/E BKartA 2820 = AG 1992, 406 (407) – Krupp/Daub.

[36] *BKartA* WuW/E BKartA 2820 = AG 1996, 234 (236) – Lafarge Coppée/Limburger Lackfabrik.

[37] Übersicht über die jüngste Praxis bei *Emmerich,* AG 2007, 517 (523 ff.); 2008, 517; 2009, 597; 2010, 517; 2011, 565.

[38] *BKartA* WuW/E DE-V 1081 (1086) – RUAG/MEN.

[39] *BKartA* WuW/E BKartA 2405 = AG 1989, 405 – MAN/Sulzer; WuW/E BKartA 2421 = AG 1990, 308 – Unilever/Braun; WuW 1998, 1179 – Krauss-Maffei/Wegmann/EFS; ebenso *BGH* LM § 24 GWB Nr. 20 = NJW-RR 1988, 484 – Gruner + Jahr/Zeit II; *KG* WuW/E OLG 3807 = AG 1986, 294, beide für das Verhältnis zwischen Spiegel, Stern und Zeit.

[40] *BKartA* WuW/E DE-V 1 = AG 1998, 240 (243) – Moksel/Südfleisch (Ostfleisch).

[41] *BKartA* WuW/E BKartA 2247 = AG 1987, 253 – Hüls/Condea; WuW/E BKartA 2405 = AG 1989, 403 (405) – MAN/Sulzer; AG 1992, 363 (366) – Gillette/Wilkinson; WuW/E DE-V 249 (250 ff.) – Ansell/Johnson & Johnson; 1442 (1445 ff.) – Kalmar/CVS.

[42] Freigegeben unter Auflagen durch *BKartA* WuW/E DE-V 301 – RWE/VEW; *Kommission,* ABl. 2001 Nr. L 188/1 = WuW/E EU-V 509 – Veba/Viag; zur Kritik s. u. Rn. 53 f.

spiel aus jüngster Zeit war die Verbindung von Edeka und Tengelmann über mehrere Gemeinschaftsunternehmen, insbesondere den Discounter „Plus".[43]

Die Voraussetzungen des § 36 Abs. 1 GWB waren außerdem in jüngster Zeit z. B. erfüllt im Falle der Erhöhung des Marktanteils von *BASF* bei Fungiziden durch den Erwerb verschiedener Pflanzenschutzmittel von *Bayer CS* auf über 40 %,[44] bei dem Erwerb von *„Mathys"* durch *„Synthes-Stratec"*, weil sich dadurch der Marktanteil der Beteiligten bei bestimmten medizinischen Hilfsprodukten auf über 45 % vergrößerte, wobei noch ein erheblicher Abstand zu den Konkurrenten und vor allem eine enge Verflechtung mit den Abnehmern, den Ärzten hinzukamen, weil dadurch potentielle Konkurrenten abgeschreckt werden mussten,[45] bei der Übernahme des wichtigsten Konkurrenten durch den führenden Hersteller von Geräten für den Transport von Containern mit einem Marktanteil zwischen 40 und 50 %[46] sowie in dem Fall *„Atlas Copco/ABAC"*, in dem zu dem hohen Marktanteil der verbundenen Unternehmen bei bestimmten Kompressoren noch hinzu kam, dass die verbundenen Unternehmen alle Händler durch Ausschließlichkeitsbindungen an sich fesselten und außerdem eine Mehrmarkenstrategie verfolgten, die ihnen eine Differenzierung ihrer Produkte entsprechend den Bedürfnissen jeweils genau definierter Zielgruppen in den verschiedenen Ländern ermöglichte.[47] Die Voraussetzungen der §§ 36 Abs. 1 und 19 Abs. 2 S. 1 GWB sind ferner z. B. erfüllt, wenn ein bedeutender *Hersteller*, der bereits über eine Tochtergesellschaft auf der Handelsstufe präsent ist, einen weiteren großen *Händler hinzuerwirbt*, so dass er auf der Handelsstufe auf einen Marktanteil von über 40 % kommt,[48] oder wenn das Mitglied eines mächtigen (erlaubten) Kartells sich ausgerechnet mit dem einzigen bedeutenden Außenseiter in einem Gemeinschaftsunternehmen zusammenschließt.[49] 23

Unanwendbar ist § 36 Abs. 1 GWB dagegen, wenn trotz hohen Marktanteils der verbundenen Unternehmen die Voraussetzungen für lebhaften Wettbewerb nach den besonderen Umständen des Marktes fortbestehen,[50] insbesondere, wenn mit starken Abschmelzungseffekten zu rechnen ist und die verbleibenden Konkurrenten mithalten können,[51] ferner, falls die verbundenen Unternehmen vermutlich nur Marktanteile in der Gegend von 20 % oder weniger erreichen werden,[52] wenn der Zusammenschluss den verbundenen Unternehmen trotz ihres hohen Marktanteils überhaupt erst die Möglichkeit eröffnet, mächtigen Konkurrenten auf eng benachbarten Märkten wirksamen Wettbewerb zu liefern,[53] oder wenn ein Zusammenschluss überwiegend **dekonzentrative Aspekte** aufweist. Letzteres kommt vor allem in Betracht, wenn aus 24

[43] *BKartA* WuW/E DE-V 1607 (1612ff); zahlreiche weitere Beispiele bei *Emmerich*, AG 2009, 597 (603).

[44] *BKartA* WuW/E DE-V 801 (803).

[45] *BKartA* AG 2004, 557.

[46] *BKartA* WuW/E DE-V 1442 (1444 ff. Tz. 95 ff.) – Cargotec-Kalmar.

[47] *BKartA* Wuw/E DE-V 1349 (1350 ff. Tz. 60 ff.); vgl. auch für den Lasermarkt den Fall Coherent/Excel: *BKartA* WuW/E DE-V 1325 (1328 ff. Tz. 136, 152 ff.).

[48] *BKartA* NJWE-WettbR 1997, 188 (191) = AG 1997, 475 – Merck/KMF.

[49] S. *BKartA* WuW/E DE-V 122 (123 f.) – Witass.

[50] *BGH* WM 2010, 1091 = WuW/E DE-R 2905 – Phonak/ReSound.

[51] *BKartA* WuW/E DE-V 1423 (1427 ff. Tz.52 ff.) – KLA-Tenecor/therma-Wave.

[52] *BGH* LM § 22 GWB Nr. 22 = NJW 1992, 2289 – Kaufhof/Saturn; *KG* WuW/E OLG 2120 = AG 1979, 226 – Mannesmann/Brueninghaus; WuW/E OLG 2539 = AG 1981, 190 – Braun/Almo; ein Gegenbeispiel in *KG* AG 1983, 194 = WuW/E OLG 2862 – Rewe/Florimex.

[53] *BKartA* TB 1989/90, S. 89.

einem Gemeinschaftsunternehmen eine der Mütter durch Veräußerung ihres Anteils an eine der anderen Mütter ausscheidet.[54]

III. Verstärkung einer marktbeherrschenden Stellung

25 Ein Zusammenschluss i. S. der §§ 35 und 37 GWB ist nach § 36 Abs. 1 GWB außerdem zu untersagen, wenn zu erwarten ist, dass durch ihn die schon bestehende marktbeherrschende Stellung eines oder mehrerer beteiligter Unternehmen auf einem deutschen Markt (§ 130 Abs. 2 GWB) i. S. d. § 19 Abs. 2 und Abs. 3 GWB weiter verstärkt wird. **Zweck** dieser Regelung ist es vor allem, den noch vorhandenen Restwettbewerb auf dem bereits gefährdeten Markt zu schützen.

1. Begriff

26 Die Verstärkung der marktbeherrschenden Stellung eines oder mehrerer beteiligter Unternehmen liegt nach einer ständig wiederholten **Formel** vor, wenn die die Marktmacht nach § 19 Abs. 2 GWB bestimmenden Größen durch den Zusammenschluss derart verändert werden, dass die machtneutralisierende **Wirkung des Wettbewerbs** auf einem Markt im Wege der Änderung von markt- und unternehmensbezogenen Strukturen in noch höherem Maße als vor dem Zusammenschluss **eingeschränkt** wird. Dies ist durch einen Vergleich der Wettbewerbslage vor der Verwirklichung des Vorhabens und der wahrscheinlichen Entwicklung nach dem Zusammenschluss festzustellen. Die Verstärkung muss **nicht spürbar**, etwa im Sinne des § 1 GWB sein; vielmehr genügt bereits die bloße Verstärkung der Fähigkeit des oder der an dem Zusammenschluss beteiligten, bereits marktbeherrschenden Unternehmen zur Abwehr des nachstoßenden Wettbewerbs durch **Minderung des Wettbewerbsdruckes**, der von aktuellen oder potentiellen Konkurrenten ausgeht. Dies setzt nicht notwendig eine Vergrößerung des Marktanteils der beteiligten Unternehmen voraus; entscheidend ist vielmehr die **Vergrößerung ihres Verhaltensspielraums** durch eine Veränderung von Marktstrukturdaten, insbesondere durch die **Erhaltung und Sicherung der** schon errungenen **marktbeherrschenden Position** gegen aktuelle oder potentielle Konkurrenz, wobei das Augenmerk insbesondere auf die **Abschreckung** aktueller oder potentieller Konkurrenten durch die Ressourcenakkumulation infolge des Zusammenschlusses zu richten is (Rn. 20, 28). Im Ergebnis genügt damit für die Anwendung des § 36 Abs. 1 in den hier interessierenden Fällen bereits jede noch so **geringfügige Verbesserung** der Wettbewerbssituation eines der beteiligten, bereits marktbeherrschenden Unternehmen durch eine, wenn auch möglicherweise geringfügige Beeinträchtigung des verbliebenen Restwettbewerbs oder des potentiellen Wettbewerbs von Unternehmen am Marktrand.[55]

27 Der Restwettbewerb auf einem Markt ist **um so schutzwürdiger, je größer** die schon bestehende **Macht** der beteiligten Unternehmen ist, so dass auf hochkonzentrierten Märkten nach dem Gesagten (Rn. 26) bereits eine ganz **geringfügige Verstärkung** der bestehenden Marktmacht der beteiligten Unternehmen für die Anwen-

[54] Vgl. *BKartA* TB 1974, S. 32; 1975, S. 36; ein Gegenbeispiel im *BKartA* TB 1978, S. 68.

[55] Z. B. BGHZ 119, 346 (363 ff.) = NJW 1993, 1265 – Springer/Beig (Pinneberger Tageblatt); BGHZ 136, 268 (277 ff.) = NJW 1998, 2440 – RWE/Aggerstrom; BGHZ 166, 165 (183 ff. Tz. 49 ff.) = NJW-RR 2006, 836 – DB Regio/üstra usw. bis *BGH* AG 2010, 832 (837 Tz. 43 ff.) = WuW/E DE-R 3067 = JuS 2011, 464 – Springer/Pro Sieben Sat. 1.

dung des § 36 Abs. 1 GWB ausreicht.[56] In Ausnahmefällen kann deshalb selbst ein Marktanteilsgewinn in der Größenordnung von lediglich 0,5 % die Annahme der Verstärkung einer marktbeherrschenden Stellung rechtfertigen, vorausgesetzt, dass noch andere Faktoren hinzukommen, die die Position der verbundenen Unternehmen auf dem Markt verbessern.[57] Für die Anwendung des § 36 Abs. 1 GWB spricht es in derartigen Grenzfällen insbesondere, wenn der **Zustand** fehlenden wesentlichen Wettbewerbs **weiter** gesellschaftsrechtlich und damit **strukturell abgesichert** wird. Ein besonders wichtiger Fall ist die **Verbindung** eines bereits marktbeherrschenden Unternehmens **mit** einem wichtigen **potentiellen Konkurrenten** am Marktrand, wobei als potentielle Konkurrenten sämtliche Unternehmen gelten, bei denen eine realistische Chance auf einen baldigen Markteintritt besteht. Ob dies der Fall ist, hängt von den gesamten Umständen ab, von den Besonderheiten des betroffenen Marktes bis hin zu dem bisherigen Marktverhalten des potentiellen Konkurrenten.[58] Keine Chance für einen baldigen Markteintritt eines potentiellen Konkurrenten besteht danach z. B., wenn die beteiligten Unternehmen bereits jetzt vielfältig verflochten sind, so dass nicht damit zu rechnen ist, dass sie in den nächsten drei bis fünf Jahren in Wettbewerb treten werden.[59] Dagegen greift § 36 Abs. 1 schon wieder ein bei der alleinigen Übernahme eines bisher zusammen mit einem Konkurrenten betriebenen Gemeinschaftsunternehmen durch den Marktführer.[60] Besonders streng muss die Fusionskontrolle **auf bereits weitgehend vermachteten Märkten** gehandhabt werden, vor allem also **in engen**, praktisch wettbewerbslosen **Oligopolen** wie bei Gas und Strom oder auf dem Aufgabenträgermarkt im öffentlichen Personennahverkehr.[61] Damit ist zugleich gesagt, dass auch auf Ausschreibungsmärkten die Verstärkung einer marktbeherrschenden Stellung durch einen Zusammenschluss vorstellbar ist, z. B. im Falle der Verbindung eines Unternehmens mit einem marktbeherrschenden Unternehmen auf einen eng benachbarten Markt.[62]

Ausschlaggebend ist letztlich die **Sicht der Konkurrenten,** so dass bei der Anwen- **28**
dung des § 36 Abs. 1 GWB hier ebenso wie bei der Begründung einer marktbeherrschenden Stellung (s. o. Rn. 20) in erster Linie die von dem Zusammenschluss auf die Konkurrenten ausgehenden **Abschreckungs- und Entmutigungseffekte** im Vordergrund zu stehen haben (Rn. 20, 26).[63] Grundlage ist die mit dem Zusammenschluss verbundene **Ressourcenakkumulation**, vorausgesetzt, dass nach dem Zu-

[56] BGHZ 166, 165 (183 f. Tz. 49) = NJW-RR 2006, 836 – DB Regio/üstra; *OLG Düsseldorf* AG 2006, 506 = WuW/E DE-R 1625 (1629 f.) – Rethmann/GfA Köthen; 1639 (1642 ff.) = AG 2006, 503 – Mainova/AVG; *BKartA* WuW/E DE-V 1442 (1452 f. Tz. 130 ff.) – Kalmar/CVS.

[57] *BKartA* WuW/E DE-V 493 (498 ff. Tz. 81 ff.) – Dentsply/Degussa Dental.

[58] Vgl. z. B. für einen Zusammenschluss zwischen einem Nahverkehrsunternehmen und der Bahn BGHZ 166, 165 (179, 183 ff.) = NJW-RR 2006, 836 Tz. 37, 48 ff. – DBRegio/üstra; ausführlich *BKartA* WuW/E DE-V 1754 (1757 Tz. 51 ff.) – shz/Blickpunkt.

[59] *OLG Düsseldorf* WuW/E DE-R 3173 (3193 ff.) – ZVSH/NPG.

[60] BGHZ 170, 299 (309 f.) = NJW 2007, 1823 Tz. 25 f. = JuS 2007, 784 Nr. 13 – National Geographic II; *BKartA* AG 2000, 520 – WAZ/OTZ.

[61] BGHZ 168, 295 (305 Tz. 31) = NJW-RR 2006, 1548 – DBAG/KVS Saarlouis; s. dazu *Opitz/B. Colbus,* ZWeR 2007, 89 (99 ff.); ebenso z. B. für die Gas- und Strommärkte *OLG Düsseldorf* WuW/E DE R 2094 – E.ON/Eschwege; *BKartA* AG 2007, 506 ff. = (stark gekürzt) WuW/E DE-V 1357 – RWE/SFG.

[62] BGHZ 166, 165 (184 f. Tz. 51) = NJW-RR 2006, 836 m – DB Regio/üstra.

[63] Grdl. ist der Sachs/GKN-Beschluss von 1978: BGHZ 71, 102 (113 ff.) = NJW 1978, 1320 = JuS 1978, 784 Nr. 7; z. B. *OLG Düsseldorf* WuW/E DE-R 1501 (1503 f.) – G+J/RWA; 1639 (1642 ff.) = AG 2006, 503 – Mainova/AVG; WuW/E DE-R 2094 – E.ON/Eschwege.

sammenschluss tatsächlich aus der Sicht der Konkurrenten mit dem Einsatz der Ressourcen des Erwerbers zugunsten des Beteiligungsunternehmens zu rechnen ist. Man spricht insoweit auch von der **Marktwirksamkeit der Ressourcen** des Erwerbers aus der Sicht der Konkurrenten auf dem Zielmarkt, zumindest in Krisensituationen.[64]

29 Auch die Abschreckungstheorie beruht einschließlich der Annahme der Marktwirksamkeit von Ressourcen letztlich auf bloßen **Erfahrungssätzen** (s. schon o. Rn. 7 f.). *Ein* derartiger Erfahrungssatz lautet z. B., dass ein finanzstarker Partner grundsätzlich von seinen Einflußmöglichkeiten im Sinne einer Absicherung seiner Position Gebrauch machen wird, – wozu eben auch im äußersten Fall der Einsatz seiner Ressourcen zur Abwehr von Konkurrenten gehört.[65] Die Annahme der Marktwirksamkeit der Ressourcen des Erwerbers liegt besondere nahe, wenn er bisher schon marktnah tätig war[66] oder wenn er erklärtermaßen eine Diversifizierungsstrategie verfolgt, da dann von dem unternehmerischen Charakter seiner Beteiligung auszugehen ist.[67]

30 Eine „Verstärkung" setzt aber doch **immer** eine **noch feststellbare Veränderung der Marktstrukturdaten** voraus. Für die Anwendung des § 36 Abs. 1 GWB ist daher kein Raum, wenn die „Veränderung" so geringfügig ausfällt, dass sie nicht mehr den Schluss auf eine Verschlechterung der Marktstruktur rechtfertigt.[68] Beteiligt sich z. B. ein Großunternehmen auf einem oligopolistischen Markt an dem kleinsten Oligopolisten, so scheidet eine Anwendung des § 36 Abs. 1 GWB aus, sofern davon keine Abschreckungswirkung auf die anderen, weit größeren Oligopolisten zu befürchten ist.[69] Ebenso verhält es sich z. B., wenn es nach dem Zusammenschluss vermutlich zu starken **Abschmelzungseffekten** kommen wird und außerdem erheblicher Substitutionswettbewerb besteht[70] oder wenn ein Markt durch einen ungewöhnlichen **Innovationsdruck** gekennzeichnet ist, durch den selbst sehr hohe Marktanteile relativiert werden.[71]

2. Beispiele

31 Die Verstärkung der bereits marktbeherrschenden Position eines Unternehmens durch einen Zusammenschluss ist z. B. angenommen worden, wenn der Marktführer bei bestimmten Arzneimitteln einen der wenigen noch verbliebenen Konkurrenten erwirbt,[72] wenn das eindeutig marktführende Unternehmen seinen größten Konkurrenten übernimmt und dadurch seinen **Vorsprung** vor den wenigen verbliebenen Konkurrenten

[64] *BGH* LM § 23 GWB Nr. 14 = NJW-RR 1986, 1422 = AG 1986, 362 – SZ/Donaukurier; *KG* WuW/E OLG 3759 = AG 1986, 226 (227 f.) – Pilsburry/Sonnen-Bassermann; WuW/E OLG 3807 = AG 1986, 294 – Gruner + Jahr/Zeit.

[65] *BGH* LM Nr. 1 zu § 36 GWB = NJW-RR 2001, 1261 = WuW/E DE-R 668 – Dierichs/Kluthe (WerraRundschau).

[66] Sog. Sachs/GKN-Doktrin (BGHZ 71, 102 [113 ff., 123 f.] = NJW 1978, 1320 = JuS 1978, 784 Nr. 7).

[67] Sog. Rheinmetall/WMF-Doktrin (*BGH* LM § 24 GWB Nr. 15 = NJW-RR 1986, 525 = AG 1985, 334 = WuW/E BGH 2150).

[68] BGHZ 76, 55 (72 ff.) = NJW 1980, 1381 – Elbe-Wochenblatt; *KG* WuW/E OLG 2593 = AG 1981, 190 – Braun/Almo; *BKartA* WuW/E DE-V 1113 (1121 f.) – DB/Railion; 1199 (1200 f. Tz. 73, 81 ff.) – Alva Laval/Tronter.

[69] *BKartA* WuW/E DE-V 201 (202 f.) – Norddeutsche Affinerie/Hüttenwerke Kayser.

[70] *BKartA* WuW/E DE-V 1065 (1068 ff.) – Siemens/Möller.

[71] So für den Softwaremarkt *BKartA* WuW/E DE-V 1221 (1222 ff.) – Adobe/Macromedia.

[72] *BKartA* WuW/E BKartA 2591 = AG 1993, 568 (570 f.) – Fresenius/Schiwa; bestätigt durch *KG* WuW/E OLG 5549 = AG 1996, 268.

nochmals erheblich **vergrößert**[73] oder wenn der führende Hersteller einer **berühmten Marke** wie „Persil" jetzt auch noch in den Markt für Handelsmarken eindringt, weil dadurch sein Verhaltensspielraum weiter vergrößert und sein **Abschreckungspotential** gegenüber Konkurrenten **gesteigert** wird,[74] ferner, wenn ein marktbeherrschender Hersteller von Bestecken aus Edelstahl („WMF") einen kleinen aktiven Konkurrenten hinzuerwirbt, selbst wenn sein Marktanteil dadurch lediglich um 2,5 % wächst, weil und sofern er dadurch zugleich sein Sortiment abzurunden vermag,[75] oder wenn durch die Fusion die **Substitutionskonkurrenz** am Marktrand **beseitigt** wird, insbesondere, wenn die verbundenen Unternehmen fortan in der Lage sind, ihren Nachfragern anders als ihre Konkurrenten auch sämtliche Alternativen zur Deckung eines bestimmten Bedarfs anzubieten.[76] Ebenso ist es zu beurteilen, wenn das schon bestehende Quasi-Monopol eines Gemeinschaftsunternehmens durch die Beteiligung potentieller Konkurrenten weiter abgesichert und damit zugleich die Marktzutrittsschranken erhöht werden,[77] wenn ein kleines, aber marktbeherrschendes Krankenhaus von einem großen Krankenhaus übernommen wird, weil damit der von dem Übernehmer ausgehende potentielle Wettbewerbsdruck wegfällt und die Finanzkraft des übernommenen Krankenhauses erheblich verstärkt wird,[78] ferner, wenn sich eine marktbeherrschende Regionalzeitung mit einem großen Zeitungsverlag am Marktrand verbindet[79] sowie, wenn es auf dem Gasmarkt zu einer Verflechtung zwischen einem der großen Verbundunternehmen, einem marktbeherrschenden regionalen Versorgungsunternehmen und einem der Betreiber der Gastnetze kommt, weil dann sämtliche Beteiligten fortan aufeinander Rücksicht nehmen werden und damit als Konkurrenten wegfallen.[80]

Weitere Beispiele sind der Erwerb einer bekannten Marke durch den Marktführer 32
von einem Konkurrenten[81] sowie die Erhöhung der Beteiligung des Marktführers an einem anderen Unternehmen auf einem Teilmarkt, weil in diesem Fall die Konkurrenten davon ausgehen werden, dass das wirtschaftliche Interesse des Erwerbers an dem Beteiligungsunternehmen steigt, so dass sie jetzt in noch größerem Maße als bisher schon mit einem Einsatz der Ressourcen des Erwerbers im Wettbewerb zugunsten des Beteiligungsunternehmens rechnen müssen (Stichwort: **Abschreckungstheorie**).[82] Daher verstärkt die *Deutsche Bahn* ihre ohnehin bereits auf allen Verkehrsmärkten bestehende marktbeherrschende Stellung, wenn sie weitere lokale oder regionale Nahverkehrsunternehmen übernimmt.[83] Nichts anderes gilt für die nach wie vor an ein Monopol grenzende Stellung der Deutschen Post AG, wenn sie sich auf dem Markt für die Versendung von Geschäftspaketen in Höhe von 24,8 % an einem Konkurrenten beteiligt, weil sie dadurch Zugriff auf dessen

[73] *BKartA* WuW/E BKartA 2894 = AG 1997, 281 (286) = NJWE-WettbR 1997, 115 – Herlitz/Landré; bestätigt durch *KG* WuW/E DE-R 451 = AG 2000, 563.
[74] *BKartA* WuW/E DE-V 177 = AG 2000, 375 (378) – Henkel/Luhns.
[75] *KG* WuW/E OLG 5879 = AG 1998, 234 (235) – WMF/Auerhahn.
[76] *BKartA* WuWE BKartA 2319 = AG 1988, 387 – Messer Griesheim/Buse; s. aber auch *BKartA* WuW/E DE-V 297 (299 Tz. 29) – Siemens/SMS; Auslegungsgrundsätze, unter I B 6.2.
[77] *BKartA* WuW/E DE-V 1500 (1504 Tz. 37 ff.); dazu *Becker/Zache*, ZWeR 2007, 419 (443 f.).
[78] *BKartA* WuW/E DE-V 1734 (1741 ff. Tz. 160 ff.) – GNH/GHMW.
[79] *BKartA* WuW/E DE-V 1745 Tz. 32 ff. – NPG/Detjen.
[80] *BKartA* WuW/E DE-V 1780 (1783 ff. Tz. 103 ff.) – EnBW/EWE.
[81] BGHZ 119, 117 (134 ff.) = AG 1993, 36 (39) – Melitta/Kraft (Frapan).
[82] BGHZ 119, 346 (363 ff.) = NJW 1993, 1265 – Springer/Beig (Pinneberger Tageblatt).
[83] BGHZ 166, 165 (179, 183 ff.) = NJW-RR 2006, 836 Tz. 37, 48 ff. – DBRegio/üstra; *BKartA* WuW/E DE-V 603 (615 f.) – ÖPNV Göttingen.

zusätzlichen Produktionskapazitäten erhält und ihren Marktzugang weiter verbessert.[84]

33 Selbst die **Verbesserung des Zugangs zu Informationen** über Konkurrenten kann zur Verstärkung einer marktbeherrschenden Stellung führen, wenn die Folge ist, dass das marktbeherrschende Unternehmen fortan gezielt die noch verbliebenen Konkurrenten auf ihren Tätigkeitsgebieten angreifen kann, insbesondere, wenn es jetzt in der Lage ist, etwaige Wettbewerbsaktivitäten der Konkurrenten sofort zu identifizieren.[85] Voraussetzung ist freilich, dass der Weitergabe der Daten des Beteiligungsunternehmens an das marktbeherrschende Unternehmen keine schwerwiegenden Hindernisse entgegenstehen.[86]

IV. Erscheinungsformen

1. Horizontale Zusammenschlüsse

34 Die Mehrzahl der Entscheidungen aufgrund des § 36 Abs. 1 GWB betraf bisher horizontale Zusammenschlüsse oder doch solche, bei denen horizontale Aspekte im Vordergrund standen. Es verhält sich insoweit in der deutschen Fusionskontrolle nicht anders als in der europäischen (s. o. § 16 Rn. 43 ff.). Der Grund ist einfach der, dass sich in solchen Fällen die Vergrößerung des Verhaltensspielraums der zusammengeschlossenen Unternehmen immer noch am leichtesten feststellen lässt, vor allem, aber nicht nur im Wege der **Marktanteilsaddition** (Rn. 36):

35 Der besondere Verhaltensspielraum eines Unternehmens mit überragender Marktstellung kann auf jedem der in der Nr. 2 des § 19 Abs. 2 S. 1 GWB genannten **Strukturmerkmale** beruhen (s. o. § 27 Rn. 43 ff.). Folglich genügt bei horizontalen Zusammenschlüssen für das Eingreifen der Fusionskontrolle bereits eine **Veränderung bei einem einzigen** dieser **Strukturmerkmale**, vorausgesetzt, dass davon eine Erweiterung des ohnehin vorhandenen Verhaltensspielraums eines oder mehrerer der beteiligten Unternehmen zu besorgen ist.[87]

36 Bedeutung kommt in diesem Zusammenhang natürlich in erster Linie der **Vergrößerung des Marktanteils** zu.[88] § 36 Abs. 1 GWB dürfte deshalb regelmäßig erfüllt sein, wenn der Marktführer ausgerechnet einen wichtigen Konkurrenten übernimmt, weil dadurch seine ohnehin schon führende Position weiter abgesichert und verbessert wird, vor allem, wenn ihm fortan auf dem Markt nur noch wesentlich kleinere Konkurrenten gegenüberstehen.[89] Dies gilt freilich nur auf Märkten, auf denen der Marktanteil tatsächlich der wichtigste Ausdruck der von einem Unternehmen errungenen Marktposition ist, daher nur mit Einschränkungen z. B. auf **Ausschreibungsmärkten**, bei denen der jeweilige Marktanteil vielfach keine Aussagekraft mehr über

[84] *BGH* NJW–RR 2005, 474 = AG 2005, 198 m. Anm. *Emmerich*, LMK 2005, 76 – transoflex/tof.

[85] *BKartA* WuW/E DE-V 1135 (1140) – MS V/PVN.

[86] *BKartA* WuW/E DE-V 340 (334 f. Tz. 41 ff.) – DTAG/dSH.

[87] BGHZ 71, 102 (116 ff.) = NJW 1978, 1320 = JuS 1978, 784 Nr. 7 – Sachs/GKN; BGHZ 73, 65 (74 ff.) = NJW 1979, 918 – Erdgas Schwaben.

[88] Z. B. BGHZ 166, 165 (181 ff. Tz. 42 ff.) = NJW-RR 2006, 836 – DB Regio/üstra; *OLG Düsseldorf* WuW/E DE-R 1973 (1977) = AG 2007, 556 – SZ/Südost-Kurier.

[89] BGHZ 131, 107 (117 ff.) = NJW 1996, 595 – Krupp/Daub; *BGH* AG 1989, 275 (277) = WuW/E BGH 2575 – Kampffmeyer/Plange.

die Position der Unternehmen hat (s. o. Rn. 16, 27). Die Art des Zusammenschlusses (§ 37 Abs. 1 Nr. 1 bis 4 GWB) spielt in diesem Zusammenhang gleichfalls eine Rolle. Vor allem bei bloßen **Minderheitsbeteiligungen** (§ 37 Abs. 1 Nr. 3 lit. b GWB) kommt eine Addition von Marktanteilen nur unter besonderen Umständen in Betracht, wobei der Ausschluss des Wettbewerbs des Beteiligungsunternehmens im Vordergrund stehen dürfte (s. o. § 33 Rn. 24 f.).

2. Vertikale Zusammenschlüsse

Vertikale Zusammenschlüsse beschwören in erster Linie die **Gefahr** herauf, dass 37 durch Maßnahmen der Vorwärts– oder Rückwärtsintegration die Konkurrenten eines marktbeherrschenden Unternehmens von ihren **Versorgungsquellen oder Absatzkanälen abgeschnitten** werden. Man spricht in diesem Zusammenhang auch von der **Abschottungs- oder Ausschlusswirkung** vertikaler Zusammenschlüsse, die heute ganz im Mittelpunkt der Praxis der Kommission zur FKVO steht (o. § 16 Rn. 44). Dem hat sich mittlerweile auch das Bundeskartellamt angeschlossen.[90] Im Kern stimmt damit die frühere Praxis überein, die vor allem die Vergrößerung des Abwehr- und Abschreckungspotentials der verbundenen Unternehmen durch die Absicherung ihrer Versorgungsquellen und Absatzkanäle im Wege vertikaler Zusammenschlüsse betont hatte.[91] **Beispiele** sind die Beteiligung eines bedeutenden Abnehmers an einem marktbeherrschenden Anbieter, weil dann die beiderseitigen Geschäftsbeziehungen weiter abgesichert werden, da es einem wirtschaftlichen Erfahrungssatz entspricht, dass ein Gesellschafter seinen Bedarf bevorzugt bei seiner Gesellschaft decken wird, wodurch zugleich die Versorgungssicherheit der anderen Abnehmer beeinträchtigt werden kann,[92] ferner das Eindringen eines marktbeherrschenden Zeitungsverlages in den Einzelhandelsmarkt durch den Erwerb eines großen Zeitschriftenhändlers, der zahlreiche Zeitungskioske oder Bahnhofsbuchhandlungen betreibt,[93] die Übernahme eines wichtigen Händlers durch den Marktführer bei verschiedenen Laborchemikalien, der bereits mit einem bedeutenden Unternehmen auf der Einzelhandelsstufe präsent ist,[94] sowie die Beteiligung eines Lieferanten in Höhe von knapp unter 25 % an einem großen Abnehmer, weil dann der Letztere im Zweifel Rücksicht auf den an ihm beteiligten Lieferanten nehmen wird.[95]

Im Mittelpunkt des Interesses stehen hier naturgemäß die ausgreifenden Zusammen- 38 schlussaktivitäten der beiden Oligopolisten **RWE und E.ON,** die seit mehreren Jahren die Politik verfolgen, sich mit ihren Monopolgewinnen buchstäblich an hunderten von lokalen und regionalen Verteilerunternehmen zu beteiligen, um ihre Absatzwege zu sichern, die Marktaufteilung zu zementieren und Konkurrenten für alle

[90] *BKartA* WuW/E DE-V 1669 (1676 ff. Tz. 58 ff.) – Stihl/ZAMA.

[91] *KG* WuW/E DE-R 270 (274 ff.) = AG 1999, 524 – Springer/Stilke; *OLG Düsseldorf* WuW/E DE-R 1639 (1642 ff.) = AG 2006, 503 Tz. 37, 44 ff. – Mainova/AVG; *BKartA* AG 1999, 426 – TLZV/WAZ; *Immenga,* AG 1990, 209.

[92] *BKartA* WuW/E DE-V 1507 (1513 ff. Tz. 85, 150 ff.) – Asphaltwerk Langenthal.

[93] *BKartA* WuW/E BKartA 2909 = AG 1997, 275 (280 ff.) = NJWE-WettbR 1997, 67 – Springer/PSG; insb. *BGH* NJW-RR 2001, 762 = AG 2001, 411 (412) = LM Nr. 1 zu § 37 GWB (m. Anm. *Emmerich*) – Springer/Stilke.

[94] *BKartA* WuW/E BKartA 2905 = NJWE-WettbR 1997, 188 (191) = AG 1997, 475 – Merck/KMF.

[95] *OLG Düsseldorf* WuW/E DE-R 1639 (1642 ff.) = AG 2006, 503 Tz. 37, 44 ff. – Mainova/AVG; WuW/E DE-R 2094 – E.ON/Eschwege; *BKartA* AG 1996, 378 (381) – Veba/Stadtwerke Bremen.

Zeiten den Zugang zu „ihren“ Märkten zu versperren.[96] Das BKartA schreitet deshalb in jüngster Zeit mit zunehmender Schärfe gegen die Beteiligungsaktivitäten der beiden genannten Oligopolisten ein, wobei das Amt zugleich die Anforderungen an die Annahme eines Zusammenschlusses, insbesondere nach der Nr. 4 des § 37 Abs. 1 GWB, kontinuierlich herabgesetzt hat, um den immer raffinierteren Umgehungsstrategien von RWE und E. ON begegnen zu können.[97] Heute geht das BKartA in diesen Fällen davon aus, dass die marktbeherrschende Stellung der genannten Unternehmen grundsätzlich **durch jede weitere Beteiligung an lokalen und regionalen Versorgungsunternehmen verstärkt** würde, weil es sich bei den Beteiligungen ausnahmslos um Aspekte einer langfristigen Strategie zur umfassenden Absicherung der Absatzwege von RWE und E.ON handelt.[98] In dem Fall **E.ON/Stadtwerke Eschwege** hat dies die Billigung des BGH gefunden – und steht damit fest.[99]

3. Konglomerate Zusammenschlüsse

Literatur: S. o § 16 Rn. 48 ff. sowie *BKartA,* Konglomerate Zusammenschlüsse in der Fusionskontrolle, 2006; *R. Büscher,* Diagonale Unternehmenszusammenschlüsse im amerikanischen und deutschen Recht, 1983, S. 349 ff.; *Dreher,* Konglomerate Zusammenschlüsse, Verbotsvermutungen und Widerlegungsgründe, 1978.

39 Von einem konglomeraten Zusammenschluss spricht man bei einer Verbindung von Unternehmen aus verschiedenen Märkten. Die Wirkungen derartiger Zusammenschlüsse sind unklar und umstritten (s. schon im Einzelnen o. § 16 Rn. 48 ff.). Üblicherweise unterscheidet man zwischen Marktverkettungszusammenschlüssen und reinen „conglomerates“ zu. Eine besondere Erscheinungsform der zuerst genannten Marktverkettungszusammenschlüsse sind Produkt- oder Markterweiterungszusammenschlüsse (Rn. 40).

40 Als **Produkt- oder Markterweiterungszusammenschlüsse** bezeichnet man die Übernahme von potentiellen Konkurrenten oder von Anbietern von Substitutionsprodukten. Derartige Zusammenschlüsse stehen auf der Grenze zu horizontalen Zusammenschlüssen (o. Rn. 34 ff.), so dass bei ihnen vor allem auf die **Minderung des Wettbewerbsdrucks** abzustellen ist, der typischerweise von potentieller oder Substitutionskonkurrenz am Marktrand ausgeht, weil durch dessen Abschwächung der Verhaltensspielraum des Erwerbers erweitert wird. Ausschlaggebend ist dafür in erster Linie, ob aus der Sicht der Konkurrenten das **Abwehr- und Abschreckungspotential** der verbundenen Unternehmen **erhöht** wird, wobei davon auszugehen ist, dass bei Übernahme eines Unternehmens im wettbewerblichen Umfeld eines Großunternehmens dem übernommenen Unternehmen grundsätzlich die Ressourcen des Übernehmers zuwachsen.[100]

[96] S. ausführlich *BKartA* TB 2001/2002, S. 163 ff.; 2003/2004, S. 32, 128 ff.; 2005/2006, S. 29 f.; *Emmerich,* JuS 2009, 676.

[97] S. schon o. § 33 Rn. 47 ff. sowie BGHZ 136, 268 = NJW 1998, 2440 – RWE/Aggerstrom; *BGH* LM § 23 GWB Nr. 20 = NJW 1998, 2444 = AG 1998, 335 – Hastra/Stadtwerke Garbsen; *OLG Düsseldorf* WuW/E DE-R 1639 (1642 ff.) = AG 2006, 503 Tz. 37, 44 ff. – Mainova/AVG.

[98] S. u. Rn. 53 f. sowie *BKartA* WuW/E DE-V 823 (826 f., 829) = AG 2004, 514 – E. ON/Stadtwerke Eschwege; WuW/E DE-V 837 (843 f.) = AG 2004, 533 – E.ON/Stadtwerke Lübeck; WuW/E DE-V 831 (835) – RWE/Wuppertaler Stadtwerke; WuW/E DE-V 1357 = AG 2007, 506 – RWE/SFG; WuW/E DE-V1780 (1783 ff. Tz. 103 ff.) – EnBW/EWE.

[99] BGHZ 178, 285 (304 ff. Tz. 58 ff.) = NJW-RR 2009, 264 = JuS 2009, 670.

[100] BGHZ 73, 65 (75 ff.) = NJW 1979, 918 – Erdgas Schwaben; *BKartA* AG 1993, 571 (573 f.) – HaGe Kiel/RHG Hannover.

41 Deutlich werden diese Zusammenhänge etwa an dem Zusammenschluss eines Porzellanherstellers mit einem führenden Anbieter sonstigen Hotelbedarfs, der zur Folge hatte, dass der Porzellanhersteller fortan die Absatzorganisation des letzteren mitbenutzen konnte.[101] Ein weiteres Beispiel ist der Zusammenschluss zwischen dem unbestrittenen Weltmarktführer bei einer bestimmten Medizintechnik mit dem ebenfalls führenden Anbieter einer benachbarten Technik, weil es dadurch dem Erwerber möglich wird, die Angebote zu bündeln und bei Ausschreibungen der Krankenhäuser Paketangebote abzugeben, mit denen die Konkurrenten, die nur auf einem Markt tätig sind, nicht mehr konkurrieren können.[102]

42 Dies leitet über zu der Beurteilung der übrigen konglomeraten Zusammenschlüsse. Auch ihre Problematik sieht man heute – ebenso wie in dem zuletzt genannten Beispiel (Rn. 41) – in erster Linie in der **künstlichen Verbindung** an sich getrennter **Märkte** (sog. **budling**), die den verbundenen Unternehmen Strategien zur Übertragung ihrer Macht von dem einen auf den anderen Markt ermöglichen (sog. **Hebelwirkung** oder leveraging), wobei vor allem an Bündelungs- oder Koppelungspraktiken zu denken ist (s. o. § 16 Rn. 48 ff.). Vielfach spricht man in diesem Zusammenhang auch von den **marktübergreifenden Wirkungen** eines konglomeraten Zusammenschlusses. Das wichtigste Beispiel aus den letzten Jahren war der (später aufgegebene) Versuch eines Zusammenschlusses zwischen einem marktbeherrschenden Zeitungsverlag (**Springer**) und einem gleichfalls marktbeherrschenden Fernsehsender (**ProSiebenSat1**), der zwar auf keinem Markt zu Marktanteilsadditionen führte, den verbundenen Unternehmen aber unter anderem im Wege der sog. „crossmedialen" Werbung die Möglichkeit eröffnete, gegenseitig ihre bereits marktbeherrschenden Positionen mittels der Werbung über das andere Medium abzusichern.[103] Der BGH hat in diesem Fall zugleich klargestellt, dass, wenn es sich bei einem der künstlich verbundenen Märkte um ein enges Oligopol oder um ein Duopol handelt, für die Anwendung des § 36 Abs. 1 auf den konglomeraten Zusammenschluss bereits die Verstärkung der Position *eines* der Oligopolisten durch den Zusammenschluss auf dem genannten Weg ausreicht.[104] Die Fusionskontrolle ist aus den genannten Gründen schließlich besonders strikt zu handhaben, wenn durch den Zusammenschluss ein national oder gar weltweit führendes Unternehmen entstände, dem die Konkurrenten nichts mehr entgegenzusetzen haben.[105]

4. Oligopole

43 Die Oligopolproblrmatik steht heute auf deutscher wie auf europäischer Ebene im Mittelpunkt des wettbewerbspolitischen Interesses. Die **Kommission** unterscheidet dabei zwischen koordinierten und nicht koordinierten Wirkungen von Zusammen-

101 *KG* WuW/E OLG 4865 = AG 1992, 404 – WMF/Hutschenreuther.

102 *BKartA* WuW/E DE-V 669 (672 ff.) – Getinge/Heraeus.

103 S. u. Rn. 51; *BGH* AG 2010, 832 = WuW/E DE-R 3062 = JuS 2011, 464 – Springer/ProSieben Sat1; s. dazu *Bohne,* WRP 2006, 540; *Emmerich,* AG 2006, 861 (869); *Gounalakis/Zagouras,* NJW 2006, 1624; *Kuchinke/Schubert,* WuW 2006, 477; *Lange,* in: Gundel/Heermann/Leible, Konvergenz der Medien – Konvergenz des Rechts, 2009, S. 135; *Mailänder,* AfP 2007, 297; *Schalast u. a.,* WuW 2005, 741.

104 S. u. Rn. 43 ff.; *BGH* AG 2010, 832 Tz. 45 = WuW/E DE-R 3062 = JuS 2011, 464 – Springer/ProSiebenSat1.

105 *BKartA* WuW/E BKartA 2335 = AG 1989, 278 = ZIP 1989, 943 – Daimler Benz/MBB; WuW/E BKartA 2521 (2539 f.) = AG 1993, 478 – ZF-Friedrichshafen/Allison.

schlüssen mit Oligopolmitgliedern. Unter den **koordinierten Wirkungen** eines Zusammenschlusses versteht man den Umstand, dass hohe Markttransparenz, eine hohe Reaktionsverbundenheit der Oligopolmitglieder sowie das Fehlen von Außenwettbewerb zu einer stillschweigenden Koordinierung des Wettbewerbsverhaltens der Oligopolmitglieder führt, weil sich Vorstöße im Wettbewerb für sie nicht mehr lohnen (§ 16 Rn. 52ff.). Von **nicht koordinierten Wirkungen** der Zusammenschlüsse mit einem Oligopolmitglied spricht man dagegen, wenn der Zusammenschluss dazu führt, dass durch ihn insgesamt der Wettbewerbsdruck auf die Mitglieder des Oligopols nachhaltig gemindert wird (§ 16 Rn. 56ff.). Die deutsche Praxis tendiert gleichfalls insbesondere dann zur Anwendung des § 36 Abs. 1 auf Zusammenschlüsse zwischen und mit Oligopolmitgliedern, wenn das Oligopol verengt oder die Tendenz zu einem friedlichen Nebeneinander der Oligopolisten verstärkt wird oder wenn durch die Übernahme von Außenseitern der Wettbewerbsdruck auf das Oligopol verringert wird. Die Fusionskontrolle ist hier um so strikter zu handhaben, je enger das Oligopol bereits ist. Die Anwendung des § 36 Abs. 1 GWB liegt besonders nahe, wenn in einem engen Oligopol einer der Oligopolisten einen wichtigen Außenseiter erwirbt[106] oder wenn das Oligopol durch den Zusammenschluss führender Oligopolisten **weiter stabilisiert und verengt** wird.[107] Grenzfall ist die Entstehung eines marktbeherrschenden **Duopols,** etwa durch Zusammenschlüsse der führenden Oligopolisten zu zwei großen Unternehmensgruppen, zwischen denen wegen ihrer vielfältigen Verflechtungen und der Struktur des Marktes kein Binnenwettbewerb mehr zu erwarten ist; Paradigma ist die Aufteilung der deutschen Gas- und Strommärkte zwischen den beiden Oligopolisten **RWE und E.ON** infolge der Zusammenschlüsse von RWE und VEW sowie von Veba und Viag.[108] Eine weitere Verschlechterung der Situation tritt hier ein, wenn sich obendrein einer der beiden Oligopolisten mit einem wichtigen Lieferanten von Vorprodukten verbindet wie z. B. bei der Übernahme von Ruhrgas durch E.ON[109] oder wenn die beiden Oligopolisten systematisch ihre **Absatzwege** durch Minderheitsbeteiligungen an Abnehmern **absichern.**[110] Ein weiteres Beispiel ist die Übernahme des wichtigsten potentiellen Konkurrenten am Marktrand durch den größeren von zwei Duopolisten in einem ohnehin schon wettbewerbslosen Duopol.[111]

44 Unter besonderen Umständen kann die marktbeherrschende Position eines Duopols zweier großer Unternehmensgruppen auch dadurch verstärkt werden, dass sich einer der beiden Oligopolisten mit einem **Großunternehmen aus** einem **Drittmarkt** zu-

[106] *OLG Düsseldorf* AG 2006, 506 = WuW/E DE-R 1625 (1629 f.) – Rethmann/GfA Köthen; *BKartA* WuW/E BKartA 2297 = AG 1988, 352 – Heidelberger Zement/Malik; WuW/E BKartA 2319 = AG 1988, 387 – Messer-Griesheim/Buse; WuW/E BKartA 2669 (2680 f.) = AG 1995, 429 – Philips/Lindner Licht; WuW/E DE-V 618 – Viterra/Minol; 1221 (1232 ff.) – RTL/ntv; Auslegungsgrundsätze, unter II B.

[107] *BGH*, Beschl. v. 6. 12. 2011 – KVR 95/10 – OMV/Total; *KG* WuW/E OLG 3051 = AG 1984, 130 (138); *BKartA* WuW/E BKartA 1943 = AG 1982, 228 (230 f.); WuW/E BKartA 2204, alle zu dem Fall Ph. Morris/Rothmans; *BKartA* AG 1986, 377 – NUR/ITS; WuW/E BKartA 1517 (1520) – Bitumenverkaufsgesellschaft; 1571 (1576 f.) – Kaiser/VAW.

[108] *BKartA* WuW/E DE-V 301 (307 ff.) – RWE/VEW; *Kommission* WuW/E EU-V 509 = ABl. 2001 Nr. L 188/1 – Veba/Viag; s. u. Rn. 53 f.

[109] *BKartA* WuW/E DE-V 511 (526 Tz. 67 f.) und AG 2002, 628 (635 f. Tz. 76 ff.) – E. ON/Ruhrgas I + II.

[110] S. o. Rn. 38; z. B. *OLG Düsseldorf* WuW/E DE-R 2094 (2905 ff., 2108).

[111] *BKartA* WuW/E DE-V 1442 (1448 – 1452 Tz. 113 ff.) – Kalmar/CVS.

sammenschließt, sofern nämlich die Folge ist, dass sich die markt- und unternehmensbezogenen Strukturmerkmale auf dem Markt des Duopols weiter angleichen, so dass dadurch die Tendenz zu einem wettbewerbslosen Parallelverhalten der beiden Oligopolisten vergrößert und infolgedessen der Binnenwettbewerb in dem ohnehin schon marktbeherrschenden Duopol weiter beschränkt wird. Wichtigstes Beispiel war der bereits mehrfach erwähnte, später freilich gescheiterte Versuch eines Zusammenschlusses zwischen Springer und der Sendergruppe ProSieben Sat1, der den beteiligten Unternehmen die Möglichkeit einer künstlichen Verbindung der Märkte, insbesondere im Wege der sog. crossmedialen Werbung eröffnet hätte.[112] Dieser Fall lehrt zugleich, dass auch konglomerate Zusammenschlüssen mit den Mitgliedern eines Oligopols durchaus mit § 36 Abs. 1 erfasst werden können.[113] Gleich steht aus vergleichbaren Überlegungen heraus der Zusammenschluss eines Oligopolisten mit einem bedeutenden Anbieter von Substitutionsprodukten.[114]

Als **unbedenklich** gelten dagegen in der Regel neben dem bloßen Austausch von 45
Marktanteilen zwischen Oligopolisten[115] insbesondere sog. **Aufholfusionen,** d. h. der Zusammenschluss eines kleineren Mitgliedes einer Oligopolgruppe mit einem anderen Unternehmen, sofern die Folge eine mehr symmetrische Struktur unter den Oligopolmitgliedern als bisher ist.[116] Für die Anwendung des § 36 Abs. 1 GWB ist außerdem kein Raum, wenn trotz der Entstehung eines engen Dreier- oder Vereroligopols nach den Umständen der **Fortbestand lebhaften Binnenwettbewerbs** zu erwarten ist.[117] So verhält es sich insbesondere, wenn bei keinem der Oligopolisten infolge des Zusammenschlusses eine Verstärkung seiner Position eintritt[118] oder wenn in einem engen Oligopol einer der Oligopolisten ein drittes Unternehmen erwirbt, um seine Angebotspalette abzurunden, so dass es auf einzelnen Teilmärkten erstmals zu einem Wettbewerb mit anderen Oligopolisten kommt.[119]

Entscheidend ist letztlich immer die jeweilige **Marktstruktur,** die häufig trotz forma- 46
ler Erfüllung der Voraussetzungen der **Oligopolvermutungen** des § 19 Abs. 3 S. 2 Nr. 1 und 2 GWB doch auf den Fortbestand ausreichenden Binnenwettbewerbs unter den Oligopolisten hindeutet (§ 27 Rn. 59 ff.). Bedeutsam kann dabei von Fall zu Fall auch eine besondere **Nachfragemacht der Abnehmer** sein, vorausgesetzt, dass die letzteren ohne weiteres in der Lage sind, weiterhin das Verhalten der Anbieter zu steuern und dadurch jeden Machtmissbrauch von dieser Seite zu verhindern (s. o. Rn. 19). Ein **Beispiel** ist die Begründung eines Dreieroligopols für die Herstellung von Lacken für die Kraftfahrzeugindustrie, bei dem wegen der Übermacht der auftraggebenden Kfz-Industrie die Annahme von Marktbeherrschung ausscheidet.[120]

112 S. o. Rn. 42; *BGH* AG 2010, 832 = WuW/E DE-R 3062 = JuS 2011, 464 – Springer/ProSieben Sat. 1.
113 *BGH* AG 2010, 832 = WuW/E DE-R 3062 = JuS 2011, 464 – Springer/ProSieben Sat. 1.
114 *BKartA* AG 1986, 327 = WuW/E BKartA 2213 – Linde/Agefko.
115 *BKartA* WuW 1994, 915 – Philips/AEG Lichttechnik.
116 *BKartA* WuW 1994, 744 – Kimberley-Clark/Schickedanz (für Damenbinden).
117 *BGH* WuW/E DE-R 2905 = WM 2010, 1031 – Phonak/ReSound; *OLG Düsseldorf* WuW/E DE-R 3000 – OMV/Total; dagegen aber *BGH*, Beschl. v. 6. 12. 2011 – KVR 95/10 – OMV/Total.
118 *BKartA* WuW/E DE-V 534 (537 Tz. 23 f.) – Cart-Garantie.
119 *BKartA* WuW/E DE-V 537 (542 Tz. 33) – Newage/AVK.
120 *BKartA* WuW/E DE-V 165 (169 f.) – BBG/ICI.

V. Einzelne Märkte

47 In den bisherigen Ausführungen zur Fusionskontrolle sind schon zahlreiche Beispiele für die Funktionsweise der deutschen Fusionskontrolle auf den unterschiedlichsten Märkten angeführt werden. Deshalb soll hier nur noch zur weiteren Verdeutlichung des bisher Gesagten ein kurzer Blick auf die Presse- und auf die Energiemärkte geworfen werden (Rn. 48, 51 ff.).

1. Pressefusionen

48 Der Pressemarkt ist hochkonzentriert; auf vielen Märkten bestehen bereits Quasi-Monopole. Verschärft wird diese Situation noch durch die überragende Position der großen Medienkonzerne Springer, Bertelsmann und Westdeutsche Allgemeine Zeitung (WAZ), deren außergewöhnlichen Ressourcen ihre Konkurrenten nichts Vergleichbares entgegenzusetzen haben, sowie durch die unangreifbare Position vieler Zeitungen und Zeitschriften auf ihren je eigenen Märkten (Stichwort: Einzeitungskreise). Angesichts dieses Befundes hat die Fusionskontrolle hier vor allem die **Aufgabe,** den weiteren Ausbau der beherrschenden Stellung des jeweiligen Marktführers durch Übernahme der letzten Konkurrenten zu verhindern. Die Voraussetzungen des § 36 Abs. 1 GWB sind daher z. B. erfüllt bei einem Zusammenschluss der beiden einzigen Abonnementszeitungen einer Stadt,[121] ebenso bei einem Zusammenschluss von zwei Verlagen mit Marktanteilen von zusammen weit über 50 %,[122] ferner bei Übernahme der Erstzeitung durch die Zweitzeitung in einem Zweizeitungenkreis[123] sowie schließlich bei Verstärkung des schon bestehenden Einflusses eines marktbeherrschenden Zeitungsverlages auf eine führende Zeitung in einem Nachbarkreis.[124]

49 Ebenso ist es zu beurteilen, wenn ein marktbeherrschender Zeitungsverlag einen bedeutenden Zeitschriftenhändler übernimmt und dadurch seine Position auf dem Einzelhandelsmarkt für Zeitungen festigt,[125] wenn sich ein Zeitungsverlag, der auf seinem Markt bereits über hohe Marktanteile verfügt, ausgerechnet mit dem größten Konkurrenten, der WAZ, verbindet,[126] wenn sich die auf dem Markt für Wochenzeitungen mit großem Abstand führende „*Zeit*" mit einem Weltunternehmen wie Bertelsmann zusammenschließt, so dass sie auf dessen Ressourcen zurückgreifen kann,[127] wenn eine führende Regionalzeitung mit einer finanzstarken überregionalen Zeitung fusioniert,[128] wenn eine marktbeherrschende regionale Abonnementszeitung von dem Großverlag Springer übernommen wird,[129] sowie wenn der Axel-Springer-Verlag, der auf dem

121 *BKartA* TB 1993/94, S. 120 – Neue Presse/Coburger Tageblatt.

122 BGHZ 119, 346 (363 ff.) = NJW 1993, 1265 = AG 1993, 140 – Springer/Beig (Pinneberger Tageblatt).

123 *KG* WuW/E OLG 5907 = AG 1997, 569 – Tukan/Deil; bestätigt durch *BGH* LM § 24 GWB Nr. 30 = WuW/E DE-R 243 = AG 1999, 181.

124 *BGH* LM Nr. 1 zu § 36 GWB = NJW-RR 2001, 1261 = WuW/E DE-R 668 – Dierichs/Kluthe (WerraRundschau).

125 *BGH* LM Nr. 1 zu § 37 GWB = GRUR 2001, 364 – Springer/Stilke.

126 BGHZ 121, 137 (155 f.) = NJW 1993, 2114 – WAZ/IKZ I.

127 BGHZ 92, 223 (241 ff.) = NJW 1985, 1626; *BGH* LM § 24 GWB Nr. 20 = WuW/E BGH 2433 = NJW-RR 1988, 484.

128 *BGH* LM § 23 GWB Nr. 14 = NJW-RR 1986, 1422 = WuW/E BGH 2276 = AG 1986, 362 und *KG* WuW/E OLG 3303 = AG 1984, 325 – SZ/Donaukurier.

129 *KG* AG 1988, 209 = WuW/E OLG 4075 – Springer/Kieler Zeitung; s. dazu *BGH* WuW/E BGH 2620 = AG 1990, 543.

Markt für Kaufzeitungen mit der „*Bildzeitung*" eindeutig marktbeherrschend ist, einen der letzten regionalen Konkurrenten aufkauft.[130] Auf derselben Linie liegt schließlich der spektakuläre, später freilich aufgegebene, bereits mehrfach angesprochene Versuch eines Zusammenschlusses zwischen dem Axel-Springer-Verlag und der (zusammen mit RTL) marktbeherrschenden Fernsehkette **ProSieben Sat. 1**, der beiden Beteiligten auf dem Weg über crossmediale Werbung in dem jeweils anderen Medium vielfältige Möglichkeiten zur Absicherung der bereits bestehenden marktbeherrschenden Positionen eröffnet hätte.[131]

Ebenso schutzwürdig wie der Lesermarkt (o. Rn. 48 f.) ist der **Anzeigenmarkt**, weil 50
das Anzeigenaufkommen von zentraler Bedeutung für die Lebensfähigkeit einer freien Presse ist. Darauf beruht die Problematik der **Zusammenschlüsse von Zeitungs- und Anzeigenblattverlagen**, wenn die Folge ein unaufholbarer Vorsprung der verbundenen Blätter vor den anderen Zeitungen und Anzeigenblättern ist. Ein **Beispiel** ist die Übernahme des Münchner Verlags, in dem das Anzeigenblatt *Südost-Kurier* erscheint, durch die marktbeherrschende *SZ*, die in den fraglichen Münchner Stadtteilen gleichfalls Anzeigenblätter herausgibt, so dass die verbundenen Unternehmen auf einen Marktanteil von über 45 % kommen und damit angesichts der überragenden Ressourcen der SZ eindeutig marktbeherrschend sein werden.[132] Die Position eines bereits marktbeherrschenden Zeitungsverlages wird durch die **Übernahme eines führenden Anzeigenblattes** gleichfalls verstärkt, da der Übernehmer jetzt den Substitutionswettbewerb des Anzeigenblattes steuern kann.[133] Eine wesentlich positivere Beurteilung erfahren dagegen meistens Zusammenschlüsse der häufig stark gefährdeten Zweitzeitungen mit rentierlichen Anzeigenblättern oder Großverlagen, sofern dadurch die Zweitzeitung als letztes Wettbewerbselement erhalten werden kann.[134]

2. Energiemarkt

In der „guten alten Zeit" der Gebietsmonopole der Versorgungswirtschaft (§ 103 51
GWB i. d. F. von 1957) hatte die Fusionskontrolle vor allem die Aufgabe, gegenüber den Gebietsmonopolisten den meistens ganz harmlosen **Restwettbewerb** in Gestalt des Substitutionswettbewerbs anderer Energieträger und des gelegentlichen Wettbewerbs um neue Versorgungsgebiete zumindest langfristig gegen Zusammenschlüsse potentieller Konkurrenten zu **schützen**. Mit der ersatzlosen Aufhebung der Gebietsmonopole im Jahre 1998 wurde diese herkömmliche Aufgabe der Fusionskontrolle nahezu obsolet. An ihre Stelle trat statt dessen jetzt der umfassende Schutz des aufkeimenden Wettbewerbs auf den Gas- und Strommärkten gegen die Absicherung

130 BGHZ 82, 1 (8 ff.) = NJW 1982, 337 – Springer/MZV.

131 S. o. Rn. 42; *BGH* AG 2010, 832 = WuW/E DE-R 3062 = JuS 2011, 464.

132 *OLG Düsseldorf* AG 2007, 556 = WuW/E DE-R 1973.

133 BGHZ 76, 55 (73 ff.) = NJW 1980, 1381 – Springer/Elbe-Wochenblatt; BGHZ 102, 180 (191 ff.) = NJW 1988, 1850 – Südkurier/Singener Wochenblatt; *BGH* LM § 23 GWB Nr. 8 = AG 1982, 255 – SZ/Stadler und Faber; LM § 23 GWB Nr. 9 = NJW 1983, 818 = AG 1983, 157 – Springer/AZ; LM § 24 GWB Nr. 19 = NJW-RR 1988, 227 = AG 1988, 103 – Panorama Anzeigenblätter.

134 *BGH* LM § 24 GWB Nr. 19 = NJW-RR 1988, 227 = AG 1988, 103 – Panorama-Anzeigenblätter I; NJW 1988, 1850 (1852 f.) = AG 1988, 207 (209) – Südkurier/Singener Wochenblatt (insoweit nicht in BGHZ 102, 180 [193] abgedruckt); *BKartA* TB 1991/92, S. 128 f. – Gruner + Jahr/Sächsische Zeitung; *MK,* 7. HauptGA, Tz. 490 ff.

der alten monopolistischen Positionen durch Zusammenschlüsse mit Nachbarunternehmen sowie mit Lieferanten und Abnehmern.[135]

52 Vor dieser Aufgabe hat die deutsche wie die europäische Fusionskontrolle weitgehend **versagt.** Der erste Sündenfall war die Hinnahme der Zusammenschlüsse von RWE und VEW zu *RWE neu* und von Veba und Viag zu *E.ON* – mit der absehbaren Konsequenz, dass sich der deutsche **Strommarkt** dadurch in ein friedliches, **wettbewerbsloses Duopol** verwandeln werde, das sich auf die systematische Ausplünderung der Abnehmer und, ermöglicht durch die sprudelnden Monopolgewinne, auf die Übernahme immer neuer Unternehmen in seinem Umkreis konzentriert.[136] Noch schlimmer war, dass man es den beiden Oligopolisten anschließend sogar gestattete, den **Gasmarkt** durch die Übernahme von Thyssen Gas (RWE) und Ruhrgas (E.ON) **in ihr Duopol einzubeziehen.** Zu Recht hatte zwar zunächst das BKartA gleich zweimal den Zusammenschluss von E.ON und Ruhrgas untersagt, weil er auf zahlreichen Märkten zu einer dramatischen Verschlechterung der Wettbewerbsbedingungen führen musste.[137] Jedoch gelang es E.ON mithilfe korrupter Politiker (s. § 35 Rn. 3) – trotz allgemeinen Widerstandes der Gerichte und der Öffentlichkeit[138] –zweimal eine **Ministererlaubnis** durchzusetzen,[139] deren Folge die endgültige Monopolisierung der deutschen Gas- und Strommärkte war.[140] RWE und E.ON setzten danach sofort zur **Monopolisierung auch der nachgeordneten Märkte** durch die Beteiligung an buchstäblich hunderten von regionalen und lokalen Versorgern an, wogegen sich das BKartA jetzt endlich mit Billigung des BGH nachdrücklich wehrt.[141]

VI. Abwägungsklausel

53 Nach **§ 36 Abs. 1 Halbs. 2 GWB** ist ein Zusammenschluss trotz Begründung oder Verstärkung einer marktbeherrschenden Position erlaubt, wenn den beteiligten Unternehmen der Nachweis gelingt, dass mit ihm auch Verbesserungen der Wettbewerbsbedingungen verbunden sind, die die Nachteile der Marktbeherrschung überwiegen. Dem BKartA wird dadurch die Möglichkeit eröffnet, die positiven und negativen Aspekte eines Zusammenschlusses gegeneinander abzuwägen und bei einem Überwiegen der positiven Aspekte auf ein Verbot des Zusammenschlusses zu verzichten.[142] Die **praktische Bedeutung** der Abwägungsklausel ist wegen der restriktiven Haltung des BKartA und der Gerichte **gering.**[143]

[135] S. *BKartA* WuW/E DE-V 195 (199) = AG 1996, 378 (381) – VEBA/Stadtwerke Bremen; NJWE-WettbR 2000, 126 – Westfälische Ferngas/Westfälische Gasversorgung (VEW).

[136] *BKartA* WuW/E DE-V 301 – RWE/VEW; *Kommission,* Entsch. v. 13. 6. 2000, ABl. 2001 Nr. L 188/1 = WuW/E EU-V 509 – Veba/Viag.

[137] S. *BKartA* WuW/E DE-V 511 (516, 519 ff. Tz. 28, 37 ff.) – E. ON/Ruhrgas I; AG 2002, 628 (Tz. 76 ff.) – E. ON/Ruhrgas II.

[138] S. *OLG Düsseldorf* WuW/E DE-R 885; AG 2002, 636 = WuW/E DE-R 926 v. 13. 5. und 5. 9. 2002, WuW/E DE-V 543 und 631; *Emmerich,* AG 2002, 641 (650 f.); *Möschel,* BB 2002, 2077; *Dreher,* WuW 2002, 828.

[139] WuW/E DE-V 751; Verfügung v. 18. 9. 2002 – 1 B 1 – 220 840/129 (nicht veröffentlicht); s. dazu auch u. § 35 Rn. 3, 8 und 11 m. N.

[140] S. *BKartA* AG 2007, 506 ff. = (stark gekürzt) WuW/E DE-V 1357 – RWE/SFG.

[141] S. Rn. 37 f.; BGHZ 178, 285 = NJW-RR 2009, 264 = JuS 2009, 670 – E.ON/Stadtwerke Eschwege.

[142] Begr. z. RegE (BT-Drs. VI/2520), S. 29; Ausschussbericht (BT-Drs. 7/765), S. 7.

[143] Zur Rechslage unter der FKVO s. o. § 16 Rn. 90 ff.

1. Verbesserungen

Die Anwendung der Abwägungsklausel setzt nach § 36 Abs. 1 Halbs. 2 GWB als erstes voraus, dass mit dem Zusammenschluss neben den Nachteilen der Marktbeherrschung auch Verbesserungen der Wettbewerbsbedingungen verbunden sind. Diese Gegenüberstellung von Verschlechterungen der Wettbewerbsbedingungen durch die „Nachteile der Marktbeherrschung" und Verbesserungen der Wettbewerbsbedingungen zeigt, dass im Rahmen der Abwägungsklausel – ebenso wie hinsichtlich der Verschlechterung der Wettbewerbsbedingungen – grundsätzlich **allein strukturelle Veränderungen** auf deutschen Märkten berücksichtigt werden dürfen, durch die die Voraussetzungen eines wirksamen Wettbewerbs **auf** einem **anderen Markt** wesentlich **verbessert** werden.[144] Etwaige Verbesserungen infolge des Zusammenschlusses **auf** dem von dem Zusammenschluss selbst **betroffenen Markt** müssen dagegen schon vorweg bei der Prüfung berücksichtigt werden, ob durch den Zusammenschluss überhaupt im Sinne des § 36 Abs. 1 Halbs. 1 GWB eine marktbeherrschende Stellung begründet oder verstärkt wird.[145] Für die Anwendung der Abwägungsklausel ist nur Raum, wenn die dazu erforderliche Saldierung der Vor- und Nachteile eines Zusammenschlusses auf einem Markt ein Überwiegen der negativen Aspekte ergibt. Erst dann ist mit anderen Worten zu prüfen, ob mit dem Zusammenschluss auch auf einem anderen Markt überwiegende Verbesserungen verbunden sind. Die Einzelheiten sind streitig: Während das OLG Düsseldorf die Auffassung vertritt, dass dem Gesetz eine Beschränkung der Abwägungsklausel auf ebenfalls *beherrschte* Drittmärkte *nicht* entnommen werden könne,[146] hält das Bundeskartellamt mit der wohl herrschenden Meinung daran fest, dass nur Verbesserungen auf von den Beteiligten ebenfalls beherrschten anderen Märkten relevant sind.[147] Sicher ist nur, dass Verbesserungen auf beherrschten Drittmärkten (weit) stärker als Verbesserungen auf Märkten mit ohnehin günstigen Wettbewerbsstrukturen ins Gewicht fallen.[148] 54

Den **Gegensatz** zu strukturellen Voraussetzungen des Wettbewerbs bilden auf der einen Seite das aktuelle oder zukünftige **Verhalten der** beteiligten **Unternehmen**, über das ohnehin keine Voraussagen möglich sind,[149] und auf der anderen Seite sonstige **öffentliche Interessen,** für deren Berücksichtigung allein im Rahmen der Ministererlaubnis nach § 42 GWB Raum ist.[150] Ebenso unerheblich sind bloße **betriebswirtschaftliche,** organisatorische oder marktbezogene **Vorteile** des Zusammenschlusses für die verbundenen Unternehmen, z. B. die bloße Verbesserung ihrer Handlungsmöglichkeiten oder ihrer Finanzkraft oder die Aufholung eines auf eigenen Versäumnissen beruhenden, technischen Rückstandes gegenüber den Konkurrenten, sofern damit nicht ausnahmsweise zugleich eine Verbesserung der allgemei- 55

[144] BGHZ 73, 65 (79 ff.) = NJW 1979, 918 – Erdgas Schwaben; *BGH* LM § 24 GWB Nr. 19 = NJW-RR 1988, 227 = AG 1988, 103 – Panorama-Anzeigenblätter I.

[145] *BKartA* WuW/E DE-V 1113 (1124) – Railion/RBH; 1407 (1423 Tz. 274) – LBK Hamburg/Mariahilf; 1754 (1759 ff. Tz. 91, 104 ff.) – shz/Blickpunkt.

[146] *OLG Düsseldorf* WuW/E DE-R 1845 (1853 f.) – SES/DPC.

[147] *BKartA* WuW/E DE-V 558 (565 f. Tz. 103 ff.) – Viola/Liberty; WuW/E DE-V 1039 (1042 Tz. 158) – SES/DPG; 1567 (1572 f. Tz. 241 ff.) – Kabel Deutschland.

[148] *OLG Düsseldorf* WuW/E DE-R 1845 (1853 f.) – SES/DPC.

[149] Anders für Ausnahmefällen *BKartA* WuW/E DE-V 558 (568 ff. Tz. 205 ff.) – Viola/Liberty; dagegen wie hier wieder *BKartA* WuW/E DE-V 1039 (1044 Tz. 176) – SES/DPG.

[150] *KG* AG 1996, 268 (271) = WuW/E OLG 5549 – Fresenius/Schiwa; *BKartA* AG 1989, 295 = WuW/E BKartA 2370 – Melitta/Kraft (Frapan); s. u. § 35 Rn. 4 ff.

nen Wettbewerbsbedingungen auf dem Markt verbunden ist, etwa, weil nach den Umständen die Weitergabe der Rationalisierungsvorteile an die Abnehmer im Wettbewerb gesichert ist.[151]

2. Kausalität, Verhältnismäßigkeit

56 Die (vermutlichen) strukturellen Verbesserungen der Wettbewerbsbedingungen (o. Rn. 54 f.) werden nur berücksichtigt, wenn sie gerade *auf* dem Zusammenschluss beruhen. Zusammenschluss und Verbesserungen müssen folglich **kausal** verknüpft sein. **Mitursächlichkeit** genügt; diese ist bereits zu bejahen, wenn sich anhand der Umstände des Falles sagen lässt, dass es nach allgemeiner Erfahrung über wirtschaftlich rationales Verhalten von Unternehmen vermutlich zu der fraglichen Verbesserung kommen wird.[152] Dagegen bleiben Vorteile, die auch *ohne* den *Zusammenschluss* eingetreten wären, außer Betracht, eine Frage, die insbesondere bei Sanierungsfusionen eine zentrale Rolle spielt (u. Rn. 62 ff.). Unberücksichtigt bleiben ferner Vorteile, die sich aus einem Verzicht der Beteiligten auf einen *anderen* Zusammenschluss ergeben; eine Saldierung der Vor- und Nachteile aus verschiedenen Zusammenschlüssen findet nicht statt.[153]

57 Zusätzlich muss noch geprüft werden, ob sich dieselben oder vergleichbare Verbesserungen auch auf einem anderen, weniger wettbewerbsbeschränkenden Wege als gerade durch den Zusammenschluss erreichen ließen (sog. **Verhältnismäßigkeitsgrundsatz**).[154] Die Verbesserungen brauchen jedoch **nicht sofort** einzutreten; vielmehr genügt es, wenn sich mit hoher Wahrscheinlichkeit sagen lässt, dass ohne den Zusammenschluss vergleichbare Verbesserungen **in absehbarer Zeit** nicht zu erwarten wären, wobei sich das BKartA an einem Prognosezeitraum von zwei bis drei Jahren zu orientieren pflegt.[155] Die formelle und materielle **Beweislast** für das Vorliegen aller Voraussetzungen der Abwägungsklausel tragen die beteiligten Unternehmen.[156]

3. Abwägung

58 Letzte Voraussetzung der Abwägungsklausel ist nach § 36 Abs. 1 Halbs. 2 GWB, dass die vermutlichen strukturellen **Vorteile** des Zusammenschlusses (o. Rn. 56 ff.) die **Nachteile** der Marktbeherrschung **überwiegen,** also nicht nur ausgleichen, sondern übersteigen. Dies beurteilt sich nach einer **vergleichenden Gesamtbetrachtung,** orientiert an der gesamtwirtschaftlichen Bedeutung der betroffenen Märkte

[151] BGHZ 131, 107 (117 ff.) = NJW 1996, 595; *KG* AG 1992, 406 = WuW/E OLG 5271 (5285), beide zu dem Fall Krupp/Daub; *BGH* LM § 24 GWB Nr. 27 = NJW-RR 1994, 1197 = WuW/E BGH 2899 (2902 f.) – Panorama Anzeigenblätter II; *KG* WuW/E OLG 3469 = AG 1985, 307 – Thüga/Stadtwerke Westerland; *BKartA* WuW/E BKartA 2335 = AG 1989, 278 (289 f.) = ZIP 1989, 943 – DB/MBB; WuW/E BKartA 2396 = AG 1989, 362 – WDR/Radio NRW; WuW/E DE-V 1313 (1323 f. Tz. 121 ff.) – telecash.

[152] *OLG Düsseldorf* WuW/E DE-R 1845 (1853 f.) – SES/DPC.

[153] *KG* WuW/E OLG 5549 = AG 1996, 268 (271) – Fresenius/Schiwa.

[154] BGHZ 73, 65 (81 ff.) = NJW 1979, 918 – Erdgas Schwaben; *KG* WuW/E OLG 3759 = AG 1986, 226 (229) – Pillsbury/Sonnen-Bassermann; WuW/E OLG 3767 = AG 1986, 365 – Anzeigenblätter.

[155] BGHZ 73, 65 (81) = NJW 1979, 918 – Erdgas Schwaben; *KG* WuW/E OLG 4379 = AG 1990, 163 (167) – Flensburger Tageblatt/SH Landeszeitung; *BKartA* WuW/E DE-V 558 (569 f. Tz. 211 ff.) – Viola/Liberty.

[156] BGHZ 73, 65 (81) = NJW 1979, 918 – Erdgas Schwaben; *KG* AG 1990, 163 (167) = WuW/E OLG 4379 – Flensburger Zeitungsverlag/SH Landeszeitung.

und dem allgemeinen Gesetzeszweck.[157] Es liegt auf der Hand, dass solche Gesamtbetrachtung häufig mit erheblichen Schwierigkeiten verbunden ist. Tatsächlich fehlen in der Mehrzahl der Fälle für einen Vergleich der Vor- und Nachteile eines Zusammenschlusses auf verschiedenen Märkten alle Maßstäbe, da es sich dabei im Grunde um inkommensurable und nicht quantifizierbare Größen handelt.

Zu berücksichtigen ist vor allem die **gesamtwirtschaftliche Bedeutung** der betroffenen Märkte.[158] Die Voraussetzungen der Abwägungsklauseln sind erfüllt, wenn geringfügigen Verschlechterungen auf kleinen Märkten (die nach § 35 GWB bereits für die Anwendung des § 36 Abs. 1 GWB ausreichen können) erhebliche Verbesserungen auf gesamtwirtschaftlich wichtigen Märkten gegenüberstehen.[159] Sind **mehrere Märkte** betroffen, so genügen außerdem schon Verbesserungen auf einem von ihnen für die Anwendung der Abwägungsklausel, etwa, wenn es dort zu einer ins Gewicht fallenden Dekonzentration infolge des Zusammenschlusses kommt.[160] Umgekehrt wiegen selbst erhebliche Verbesserungen der Marktstruktur auf regionalen Märkten eine Verschlechterung der Marktstruktur auf zentralen, das gesamte Bundesgebiet umfassenden Märkten nicht auf.[161] 59

Bei der Abwägung ist das Augenmerk in erster Linie auf die **Auswirkungen** des Zusammenschlusses **auf die Konkurrenten** zu richten, da die Fusionskontrolle nicht zuletzt die Aufgabe hat, die Märkte offenzuhalten und Raum für die Entfaltung von Wettbewerbsprozessen zu schaffen.[162] Hierher gehören die bereits erwähnten, vielfältigen Versuche des BKartA, bei Zusammenschlüssen in der Energiewirtschaft über Auflagen und Bedingungen schrittweise eine Entflechtung der Versorgungsunternehmen und die Öffnung der Netze durchzusetzen. Wichtig ist außerdem, ob mit einem Zusammenschluss zugleich **dekonzentrative Wirkungen** verbunden sind, wie es insbesondere bei Zusammenschlüssen durch Vermögens- oder Anteilsveräußerung, bei dem Ausscheiden einzelner Mütter aus einem Gemeinschaftsunternehmen oder bei einem Verzicht der Beteiligten auf wettbewerbsbeschränkende Vereinbarungen im Zuge ihres Zusammenschlusses denkbar ist, insbesondere, wenn infolgedessen die Marktzutrittsbedingungen auf wichtigen Märkten deutlich verbessert werden.[163] 60

Die Wettbewerbsbedingungen werden verbessert, wenn in der Nachbarschaft stark vermachteter Märkte eine **Substitutionskonkurrenz** aufgebaut wird, z. B. durch die Gründung eines Gemeinschaftsunternehmens von Gas- und Elektrizitätsversorgungsunternehmen mit dem Ziel, die Gasversorgung in Konkurrenz zu dem bis dahin auf dem Wärmemarkt dominierenden Öl aufzunehmen.[164] Ebenso ist es zu be- 61

157 *OLG Düsseldorf* WuW/E DE-R 1845 (1853 f.) – SEC/DPC.

158 *OLG Düsseldorf* WuW/E DE-R 1845 (1853 f.) – SES/DPC.

159 *KG* AG 1985, 307 = WuW/E OLG 3469 – Thüga/Stadtwerke Westerland; AG 1986, 226 (229) = WuW/E OLG 3759 – Pillsbury/Sonnen-Bassermann.

160 *BKartA* WuW/E DE-V 1039 (1046 Tz. 204 ff.) – SES/DPC; bestätigt durch *OLG Düsseldorf* WuW/E DE-R 1845 (1853 f.).

161 BGHZ 82, 1 (12) = NJW 1982, 337 – Springer/MZV; *BKartA* WuW/E BKartA 2405 = AG 1989, 403 (406) – MAN/Sulzer; AG 1989, 278 (289 f.) = WuW/E BKartA 2335– Daimler Benz/MBB.

162 *KG* AG 1986, 294 (299) = WuW/E OLG 3807 – Gruner und Jahr/Zeit; *Mestmäcker* Medienkonzentration und Meinungsvielfalt, 1978, S. 97 ff.

163 *BKartA* WuW/E DE-V 1039 (1046 Tz. 204 ff.) – SES/DPC; bestätigt durch *OLG Düsseldorf* WuW/E DE-R 1845 (1853 f.).

164 BGHZ 73, 65 (78 f.) = NJW 1979, 918 – Erdgas Schwaben; *KG* AG 1985, 305 = WuW/E OLG 3443 – EVS-Gas; AG 1985, 307 = WuW/E OLG 3469 – Thüga/Stadtwerke Westerland; *BKartA* AG 1986, 116 – Badenwerk/Rhein-Neckar II.

urteilen, wenn der Zusammenschluss, insbesondere durch das Auftreten neuer mächtiger Konkurrenten oder durch eine Entflechtung zwischen den führenden Oligopolisten, zur **Auflockerung enger Oligopole** führt,[165] wenn er dazu angetan ist, die gefährdete Position einer Zweitzeitung gegenüber der übermächtigen Erstzeitung zu sichern,[166] wenn er einem deutschen ölverarbeitenden Unternehmen den Zugang zu Mineralölquellen sichert,[167] wenn der selbstständige **Markteintritt** selbst die Fähigkeiten eines einzelnen Großunternehmers übersteigt, so dass die Unternehmen ihn nur gemeinsam wagen können[168] oder wenn der Zusammenschluss mehrerer Netzbetreiber zu einer Integration verschiedener Netzebenen und zur Zusammenfassung zersplitterter Teilnetze führt, weil dadurch das Angebot von breitbandigen Internetzugängen verbessert werden kann.[169] Dagegen stellt es **keine Verbesserung** der Wettbewerbsbedingungen dar, wenn der Zusammenschluss lediglich zur Erhaltung der bisherigen Angebotspalette eines Marktes führt[170] oder wenn er die Verengung oder Stabilisierung eines marktbeherrschenden Oligopols zur Folge hat.[171]

4. Sanierungsfusionen

62 Unter einer Sanierungsfusion versteht man die Übernahme eines vom Zusammenbruch bedrohten Unternehmens durch ein gesundes Unternehmen (s. o. § 16 Rn. 42 f.). Solche Zusammenschlüsse sind, sofern sie unter § 36 Abs. 1 GWB fallen, erlaubt, wenn ihre Vorteile (ausnahmsweise) die mit ihnen verbundenen Nachteile überwiegen.[172] **Voraussetzung** für die Anwendung der Abwägungsklausel ist hier, dass mit hoher Wahrscheinlichkeit das übernommene Unternehmen ohne den Zusammenschluss nicht überlebensfähig wäre, dass es keine weniger wettbewerbsbeschränkende Alternative zu dessen Übernahme gerade durch den betreffenden Erwerber gibt und dass bei einer Insolvenz des übernommenen Unternehmens dessen Marktanteile ebenfalls dem Erwerber zuwüchsen, so dass es im Ergebnis dann letztlich zu derselben Verstärkung der marktbeherrschenden Stellung des Erwerbers wie im Falle der Freigabe des Zusammenschlusses käme.[173] Die Darlegungs- und **Beweislast** für das Vorliegen dieser Voraussetzungen trägt das übernehmende Unternehmen.[174]

63 *Kein* Raum für die Annahme einer Sanierungsfusion ist dagegen, wenn ohne sie zumindest gleiche oder sogar bessere Chancen für einen wirksamen Wettbewerb

[165] S. *BKartA* WuW/E BKartA 1517 (1520 f.) – Bitumen-Verkaufsgesellschaft; WuW 1978, 428; 1979, 310.

[166] S. o. Rn. 49 ff. sowie *BGH* LM § 24 GWB Nr. 19 = NJW-RR 1988, 227 = AG 1988, 103 – Panorama I; LM § 24 GWB Nr. 20 = NJW-RR 1988, 484 = AG 1988, 47 – Gruner + Jahr/Zeit II; NJW 1988, 1850 (1852 f.) = AG 1988, 207 (209) – Südkurier/Singener Wochenblatt (insoweit nicht in BGHZ 102, 180 [193] abgedruckt); LM § 24 GWB Nr. 27 = NJW-RR 1994, 1197 = WuW/E BGH 2899 (2902 f.) – Panorama II.

[167] *BKartA* TB 1981/82, S. 39 – Veba/Ruhröl.

[168] *BKartA* TB 1977, S. 89; WuW 1978, 554; TB 1979/80, S. 114.

[169] *BKartA* WuW/E DE-V 1567 (1572 f. Tz. 227 ff.) – Kabel Deutschland.

[170] *KG* AG 1990, 163 (167) = WuW/E OLG 4379 – Flensburger Tageblatt/SH Landeszeitung.

[171] *BKartA* AG 1986, 377 (382) – NUR/ITS; AG 1988, 352 = WuW/E BKartA 2297 – Heidelberger Zement/Malik.

[172] *KG* WuW/E OLG 4379 = AG 1990, 163 (167) – Flensburger Zeitungsverlag/SH Landeszeitung.

[173] S. *OLG Düsseldorf* AG 2007, 551 Tz. 130 ff. = WuW/E DE-R 1958 – Rhönklinikum/Landkreis Rhön-Grabfeld; *BKartA* WuW/E DE-V 777 (784) – Ajimoto/Orsan (MSG); 848 (852 Tz. 54 f.) – Imation/EMTEC; 1087 (1102 f. Tz. 232) – Röhnklinikum/Landkreis Rhön-Grabfeld; 1407 (1421 f. Tz. 235 ff.) – LBK Hamburg/Mariahilf; 1517 (1533 Tz. 202) – Lotto Rheinland-Pfalz.

[174] *BKartA* WuW/E DE-V 1407 (1421 f. Tz. 235 ff.) – LBK Hamburg/Mariahilf.

beständen. Der **Zusammenbruch** eines Unternehmens ist daher einer Sanierungsfusion **vorzuziehen**, wenn sich bei Ausscheiden des kranken Unternehmens dessen **Marktanteil** voraussichtlich auf *mehrere* oder gar alle Konkurrenten **verteilte** und nicht nur dem einen übernehmenden Unternehmen zuwüchse. Der Zusammenschluss des Sanierungskandidaten ausgerechnet mit dem **Marktführer** erfüllt schon deshalb in der Regel *nicht* die Voraussetzungen der Abwägungsklausel.[175] Anders verhält es sich lediglich, wenn die beteiligten Unternehmen ohnehin die einzigen Anbieter sind, so dass sich auch im Falle einer Insolvenz des übernommenen Unternehmens keine andere Situation ergäbe.[176]

Sanierungsfusionen erfüllen ferner dann *nicht* die Voraussetzungen der Abwägungsklausel, wenn das Ziel der Rettung des gefährdeten Unternehmens **auch durch weniger wettbewerbsbeschränkende Mittel** als gerade durch den fraglichen Zusammenschluss erreicht werden könnte (s. o. Rn. 570), wobei insbesondere an eine Kooperation der Beteiligten untereinander oder mit Dritte zu denken ist.[177] Es muss sich dabei freilich um realistische Alternativen handeln. Eine Übernahme des insolventen Unternehmens durch dessen Management gehört z. B. nicht dazu, wenn schon die Finanzierung der Übernahme nicht gesichert ist.[178] Für eine Sanierungsfusion ist ferner kein Raum, wenn es sich um **strukturelle Schwierigkeiten** handelt, die sämtliche Unternehmen eines Marktes gleichmäßig treffen.[179] Eine Sanierungsfusion **erfüllt** dagegen die Voraussetzungen der Abwägungsklausel, wenn im Falle des Zusammenbruchs des gefährdeten Unternehmens eine noch schwerwiegendere Verschlechterung der Wettbewerbsbedingungen als infolge der Sanierungsfusion drohte[180] oder wenn durch den Zusammenschluss eine größere Zahl selbstständiger Unternehmen als ohne ihn erhalten werden kann, insbesondere, wenn bei einem Verbot des Zusammenschlusses alle beteiligten Unternehmen aus dem Markt ausscheiden müssten.[181] 64

§ 35. Ministererlaubnis

I. Überblick

Nach § 42 Abs. 1 S. 1 GWB kann der Bundesminister für Wirtschaft und Technologie einen vom BKartA bereits untersagten Zusammenschluss auf Antrag erlauben, wenn im Einzelfall die Wettbewerbsbeschränkung infolge des Zusammenschlusses (s. § 36 Abs. 1 GWB) von gesamtwirtschaftlichen Vorteilen des Zusammenschlusses aufgewogen wird *oder* der Zusammenschluss durch ein überragendes Interesse der 1

[175] *KG* WuW/E OLG 1989 = AG 1979, 17 (19 f.) – Hansa Zement/Klöckner; AG 1979, 161 (162) = WuW/E OLG 2109 – Springer/Elbe Wochenblatt; *BKartA* AG 1994, 518 = WuW/E BKartA 2641 – Sarstedter Kurier/Kreisanzeiger.

[176] S. o. Rn. 9 f; *BGH* LM § 24 GWB Nr. 5 = NJW 1980, 1389 = WuW/E BGH 1655 (1660) – Klöckner/Hansa (Alsen-Breitenburg); *BKartA* WuW/E DE-V 1227 (1233 f.) – RTL/ntv; 1517 (1533 Tz. 202) – Lotto Rheinland-Pfalz.

[177] *BKartA* AG 1977, 165 (168) = WuW/E BKartA 1657 – Thyssen/Hüller Hille; WuW/E DE-V 1407 (1421 ff. Tz. 235 ff.) – LBK Hamburg /Mariahilf.

[178] *BKartA* WuW/E DE-V 848 (852 Tz. 56 ff.) – Imation/EMTEC.

[179] *BKartA* AG 1993, 571 (574) – HaGe Kiel/RHG Hannover.

[180] *KG* AG 1990, 163 (167) = WuW/E OLG 4379 – Flensburger Zeitungsverlag/SH Landeszeitung.

[181] *BKartA* WuW/E BKartA 1571 (1581 f.) – Kaiser/VAW; AG 1977, 165 (168) = WuW/E BKartA 1657 – Thyssen/Hüller Hille.

Allgemeinheit gerechtfertigt ist. S. 2 der Vorschrift fügt hinzu, dass hierbei auch die Wettbewerbsfähigkeit der Unternehmen auf ausländischen Märkten zu berücksichtigen ist. Die Erlaubnis darf aber nur erteilt werden, wenn durch das Ausmaß der Wettbewerbsbeschränkung die marktwirtschaftliche Ordnung nicht gefährdet wird (§ 42 Abs. 1 S. 3 GWB). Die Ministererlaubnis kann mit Bedingungen und Auflagen verbunden werden, durch die die beteiligten Unternehmen indessen nicht einer laufenden Verhaltenskontrolle unterstellt werden dürfen (§ 42 Abs. 2 S. 1 GWB). Die Erlaubnis kann außerdem widerrufen oder geändert werden, wenn sie auf unrichtigen Angaben beruht, arglistig herbeigeführt wurde oder die beteiligten Unternehmen einer mit ihr verbundenen Auflage zuwiderhandeln (§ 42 Abs. 2 S. 2 in Verb. mit § 40 Abs. 3 a GWB). Die Ministererlaubnis wird nur auf Antrag erteilt; die Einzelheiten regeln die Abs. 3 und 4 des § 42 GWB.

2 **Grund der Regelung** war die Befürchtung des Gesetzgebers von 1973, die Abwägungsklausel des § 36 Abs. 1 GWB (s. dazu o. § 34 Rn. 53 ff.) werde allein möglicherweise nicht ausreichen, um in sämtlichen Fusionsfällen eine sachlich zutreffende, d. h. auch mit dem Allgemeininteresse übereinstimmende Entscheidung zu ermöglichen.[1] Bisher wurden 22 Anträge auf Ministererlaubnis gestellt. Davon wurden sechs abgelehnt;[2] acht hatten Erfolg;[3] in den restlichen Fällen sind die Anträge mangels Aussicht auf Erfolg zurückgenommen worden. Soweit der Minister den Anträgen stattgegeben hat, geschah dies in der Regel nur unter Beschränkungen und Auflagen.

3 Die **Erfahrungen,** die der Bundesminister für Wirtschaft mit der Erlaubnis von Unternehmenszusammenschlüssen gemacht hat, sind **alles andere als ermutigend.**[4] Insbesondere das in nahezu jedem Fusionsfall angeführte **Arbeitsplatzargument**, d. h. die Behauptung, der Zusammenschluss trage zur Erhaltung von Arbeitsplätzen in Deutschland bei, hat sich eigentlich durchweg als falsch erwiesen (Rn. 22). Die Praxis des Ministers ist infolgedessen heute ausgesprochen **restriktiv.** Eine unvertretbare **Ausnahme** bildete zuletzt nur die Erlaubnis des Zusammenschlusses zwischen **E.ON und Ruhrgas** im Jahre 2002, die – unter Verstoß gegen § 42 Abs. 1 S. 3 GWB – zu einer weitgehenden Monopolisierung der deutschen Gas- und Strommärkte jedenfalls auf der Verbundebene geführt hat.[5]

---

1 Begr. z. RegE, BT-Drs. VI/2520, S. 31.

2 WuW/E BWM 149 – VAW/Kaiser (Kapal); WuW/E BWM 185 = AG 1986, 338 – VEW/Sidéchar; WuW/E BWM 207 = AG 1990, 306 – MAN/Sulzer; WuW/E BWM 213 = AG 1993, 238 – BayWa/WLZ; WuW/E BWM 225 = AG 1997, 523 – PCS/Kali+Salz; Vfg. v. 22. 5. 2006 – I B 2–221 410/2 – Rhönklinikum/Landkreis Rhön-Grabfeld; dazu *Emmerich,* AG 2006, 861 (870).

3 WuW/E BWM 147 – Veba/Gelsenberg; WuW/E BWM 155 = AG 1977, 21 – Babcock/Artos; WuW/E BWM 159 = AG 1977, 288 – Thyssen/Hüller Hille; WuW/E BWM 165 = ZfE 1979, 131 – Veba/BP (Ruhrgas); WuW/E BWM 177 = AG 1982, 45 – IBH/Wibau; WuW/E BWM 191 = AG 1990, 39 – Daimler Benz/MBB; WuW/E DE-V 751; Verfügung v. 18. 9. 2002 – 1 B1–220 840/129 – E. ON/Ruhrgas I + II; WuW/E DE-V 1691 – Universitätsklinikum Greifswald/Kreiskrankenhaus Wolgast.

4 *BMWi* WuW 1986, 788; 1992, 925.

5 S. schon o. § 34 Rn. 54 sowie durchweg sehr kritisch *OLG Düsseldorf* WuW/E DE-R 885 und 926 = AG 2002, 636; *MK,* SonderGA vom 13. 5. 2002 und v. 5. 9. 2002, WuW/E DE-V 543 und 631; *Dreher,* WuW 2002, 828; *Emmerich,* AG 2002, 641 (650 f.); *Möschel,* BB 2002, 2077.

II. Voraussetzungen

1. Gemeinwohlerwägungen

Eine Ministererlaubnis kommt nach § 42 Abs. 1 S. 1 GWB nur in Betracht, wenn die Wettbewerbsbeschränkung von gesamtwirtschaftlichen Vorteilen des Zusammenschlusses aufgewogen wird *oder* wenn der Zusammenschluss durch ein überragendes Interesse der Allgemeinheit gerechtfertigt ist. Dabei ist auch die Wettbewerbsfähigkeit der beteiligten Unternehmen auf ausländischen Märkten zu berücksichtigen (§ 42 Abs. 1 S. 2); jedoch darf durch die Erlaubnis nicht die marktwirtschaftliche Ordnung gefährdet werden (§ 42 Abs. 1 S. 3). 4

Bei den **gesamtwirtschaftlichen Vorteilen** im Sinne des § 42 Abs. 1 S. 1 GWB hat das Gesetz in erster Linie die mit einem Zusammenschluss möglicherweise verbundenen positiven Wirkungen für die Volkswirtschaft im Auge, während mit dem anderen Tatbestandsmerkmal des **überragenden Interesses** der Allgemeinheit im Grunde die Gemeinwohlerwägungen der politischen Führung gemeint sind, einschließlich der **Wettbewerbsfähigkeit** deutscher Unternehmen auf ausländischen Märkten (S. 2 des § 42 Abs. 1 GWB). Theoretisch lassen sich zwar die genannten Voraussetzungen für eine Ministererlaubnis durchaus trennen; letztlich gehen sie indessen alle in dem **öffentlichen Interesse an dem Zusammenschluss** auf,[6] dem hier für Ausnahmefälle der **Vorrang** vor dem strikten Wettbewerbsschutz gemäß § 36 Abs. 1 GWB zugebilligt wird.[7] Der Minister kann daher einen Zusammenschluss grundsätzlich (nur) erlauben, wenn er durch **staats-, wirtschafts- oder gesellschaftspolitische Gründe** von großem Gewicht gerechtfertigt wird, die konkret nachgewiesen sind. 5

Bloße **einzelwirtschaftliche Vorteile** des Zusammenschlusses für die beteiligten Unternehmen genügen dagegen in der Regel *nicht.* Anders verhält es sich nur, wenn es sich bei ihnen ausnahmsweise zugleich um „gesamtwirtschaftliche" Vorteile handelt, an deren Erzielung ein öffentliches Interesse besteht.[8] Vor allem für eine Berücksichtigung von **Rationalisierungsvorteilen** ist daher im Rahmen des § 42 Abs. 1 GWB nur selten Raum.[9] Ebensowenig stellt die bloße Entlastung öffentlicher Haushalte, z. B. durch die Veräußerung defizitärer Unternehmen, einen Gemeinwohlgrund im Sinne des § 42 Abs. 1 S. 1 GWB dar, so dass Gemeinden, die ihre Krankenhäuser „loswerden" wollen, indem sie sie (ausgerechnet) an den Marktführer veräußern, nicht unter Hinweis auf die damit verbundene Entlastung ihrer Haushalte eine Ministererlaubnis für den vom BKartA untersagten Zusammenschluss beantragen können.[10] 6

2. Abwägung

Zweite Voraussetzung der Ministererlaubnis ist nach § 42 Abs. 1 S. 1 GWB, dass durch die genannten Gemeinwohlerwägungen (s. o. Rn. 4–6) die mit dem Zusam- 7

[6] S. *Bechtold,* § 42 Rn. 7 ff.; IM/*Mestmäcker/Veelken,* Bd. II, § 42 Rn. 37 ff.

[7] *KG* WuW/E OLG 1937 = AG 1978, 207 – Thyssen/Hüller Hille.

[8] *BMWi* WuW/E BWM 149 – Kapal; WuW/E BWM 213 = AG 1993, 238 – BayWa/WLZ.

[9] *BMWi* WuW/E BWM 207 (210 f.) = AG 1990, 306 – MAN/Sulzer; Verfügung v. 22. 5. 2006 – Rhönklinikum/Landkreis Rhön-Grabfeld (s. AG 2006, 870).

[10] *BMWi* Verfügung v. 22. 5. 2006 (s. AG 2006, 870) – Rhönklinikum/Landkreis Rhön-Grabfeld; s. zu diesem sehr umstrittenen Fall *A. Bangard,* ZWeR 2007, 183 (199 ff.); *Bremer/Wünschmann,* WuW 2006, 118; *Brückenberger/Klaue/Schwintowski* (Hrsg.), Krankenhausmärkte zwischen Regulierung und Wettbewerb, 2006; *Bretthauer,* NJW 2006, 2884; *Mittelschulte/Zumschlinge,* WuW 2006, 366.

menschluss nach § 36 Abs. 1 GWB verbundene Wettbewerbsbeschränkung zumindest *aufgewogen* wird. Aus dieser Regelung wird überwiegend der Schluss gezogen, dass der Minister im Rahmen der Entscheidung über eine Erlaubnis nach § 42 Abs. 1 S. 1 GWB an die **Feststellungen des BKartA** über die mit dem Zusammenschluss verbundene **Wettbewerbsbeschränkung gebunden** ist (§ 36 Abs. 1 GWB), so dass sich seine Aufgabe darauf „beschränkt", die (bindend festgestellte) Wettbewerbsbeschränkung zu gewichten und gegen die von ihm angenommenen gesamtwirtschaftlichen Vorteile des Zusammenschlusses **abzuwägen.**[11]

8 Dabei sind **um so strengere Anforderungen** zu stellen, je höher der Konzentrationgrad auf einem Markt bereits ist.[12] Im Grunde folgt dies bereits aus S. 3 des § 42 Abs. 1 GWB, nach dem die Erlaubnis nur erteilt werden darf, wenn durch das Ausmaß der Wettbewerbsbeschränkung die marktwirtschaftliche Ordnung nicht gefährdet wird (u. Rn. 10). Genau dies ist aber um so eher der Fall, je höher die Konzentrationsrate auf einem Markt bereits ist. Folglich scheidet eine Ministererlaubnis aus, wenn ein Zusammenschluss die Entstehung einer **monopolartigen Stellung** in Deutschland nach sich zieht.[13] Erweist sich dagegen die mit dem Zusammenschluss verbundene Wettbewerbsbeschränkung als weniger bedeutsam, so sind auch im Rahmen des § 42 Abs. 1 S. 1 GWB entsprechend niedrigere Anforderungen an die Gemeinwohlgründe zu stellen.[14]

9 Die Erlaubnis **muss erteilt** werden, wenn die Abwägung ergibt, dass die Vorteile die Nachteile des Zusammenschlusses zumindest aufwiegen („... erteilt ..."),[15] *vorausgesetzt,* dass keine weniger einschneidenden Alternativen vorhanden sind und dass der Zusammenschluss tatsächlich konkret geeignet ist, die angestrebten Gemeinwohlzwecke zu verwirklichen.[16] Eine Erlaubnis scheidet dagegen aus, wenn der Eintritt der mit dem Zusammenschluss angestrebten gesamtwirtschaftlichen Vorteile ganz unsicher und ungewiss ist.[17]

3. Schranken

10 Nach § 42 Abs. 1 S. 3 GWB darf die Erlaubnis nur erteilt werden, wenn durch das Ausmaß der Wettbewerbsbeschränkung die **marktwirtschaftliche Ordnung nicht gefährdet** wird. Diese Grenze ist zwar noch nicht überschritten, wenn ein Zusammenschluss auf wichtigen Märkten zur Begründung oder Verstärkung einer marktbeherrschenden Position führt,[18] wohl aber, wenn auf umfassenden Bedarfsmärkten nicht mehr ein Mindestmaß an funktionsfähigem Wettbewerb erhalten bleibt, so dass der Wettbewerb seine elementare Steuerungsfunktion nicht mehr auszuüben

[11] Anders *Bechtold,* § 42 Rn. 5.

[12] *KG* WuW/E OLG 1937 = AG 1978, 207; *BMWi* WuW/E BWM 159 = AG 1977, 288 (289) – Thyssen/Hüller Hille; WuW/E BWM 177 = AG 1982, 45 – IBH/Wibau; WuW/E BWM 186 = AG 1986, 338 f. – VEW/Sidéchar; WuW/E BWM 191 = AG 1990, 37 (39 ff., 41) – DB/MBB; WuW/E BWM 207 (208) = AG 1990, 306 – MAN/Sulzer.

[13] *BMWi* WuW/E BWM 207 (208) = AG 1990, 306 – MAN/Sulzer; WuW/E BWM 213 = AG 1993, 238 – BayWa/WLZ.

[14] *BMWi* AG 1982, 45 (46) = WuW/E BWM 177 – IBH/Wibau; WuW/E DE-V 1691 – Universitätsklinikum Greifswald/Kreiskrankenhaus Wolgast; *MK,* SonderGA 10, Tz. 71 f.

[15] *BMWi* AG 1990, 39 (43) = WuW/E BWM 191 – DB/MBB.

[16] *BMWi* WuW/E BWM 149 – Kapal; WuW/E BWM 165 = ZfE 1979, 131 – Veba/BP; WuW/E BWM 213 = AG 1993, 238 – BayWa/WLZ.

[17] *BMWi* WuW/E BWM 185 = AG 1986, 338 (339 f.) – VEW/Sidéchar.

[18] *MK,* SonderGA 2, Tz. 31.

vermag,[19] oder wenn der Zusammenschluss ohne zwingende Not zur Begründung einer monopolistischen Position der Beteiligten führt.[20]

4. Beispiele

Ein Zusammenschluss kann vom Minister nach dem Gesagten z. B. erlaubt werden, wenn er geeignet erscheint, zur Verwirklichung anders nicht erreichbarer, dringender und hochrangiger **Ziele der Energiepolitik** des Bundes beizutragen. Beispiele sind die langfristige Sicherung der Mineralölversorgung Deutschlands, die Überwindung der Strukturprobleme bei den deutschen Raffinerien oder die Erschließung neuer Erdgasbezugsquellen.[21] Tatsächlich hat sich indessen gerade hier gezeigt, **wie problematisch Prognosen** über die möglichen positiven Wirkungen von Zusammenschlüssen sind. Denn in der Mehrzahl der genannten Fälle hatten sich schon kurze Zeit nach dem Zusammenschluss die Verhältnisse auf den internationalen Energiemärkten durchweg so grundlegend verändert, dass in den Fällen „Veba/Gelsenberg“ und „Veba/BP“ die mit den Zusammenschlüssen angestrebten gesamtwirtschaftlichen Vorteile irrelevant wurden und statt dessen als greifbares Ergebnis allein die weitere Verstärkung der ohnehin übermächtigen Position der Veba auf zahlreichen Märkten übrig blieb.[22] 11

Die größte Bedeutung hat heute die Schaffung und **Erhaltung von Arbeitsplätzen.** Hieran besteht in der Tat ein öffentliches Interesse, namentlich, wenn es sich um strukturell benachteiligte Gebiete handelt. Eine ministerielle Erlaubnis des Zusammenschlusses kommt daher z. B. in Betracht, wenn der Zusammenschluss in strukturschwachen Gebieten zur Erhaltung von Arbeitsplätzen geeignet ist, die sonst unwiderruflich verloren gingen. In Wirklichkeit sind jedoch gerade Fusionen in der Mehrzahl der Fälle ein **denkbar ungeeignetes Mittel** zur Erhaltung von Arbeitsplätzen.[23] Denn nach allen Erfahrungen führt bei den meisten Zusammenschlüssen die damit angestrebte Rationalisierung über kurz oder lang doch nur zum *Abbau* von Arbeitsplätzen bei dem übernommenen Unternehmen.[24] – Im Jahre 2008 hat es der Minister für die Anwendung des § 42 schließlich sogar genügen lassen, wenn der Zusammenschluss zwischen einem Universitätsklinikum und einem Kreiskrankenhaus zum langfristigen Erhalt des Klinikums beizutragen vermag.[25] 12

III. Verfahren

Die Ministererlaubnis wird nur auf **Antrag** erteilt (§ 42 Abs. 1 S. 1 GWB). Die Einzelheiten der Antragstellung regelt § 42 Abs. 3 GWB. Der Antrag kann auch **wäh-** 13

[19] *MK* (vorige Fn.).
[20] *BMWi* WuW/E BWM 207 (208 ff.) = AG 1990, 306 – MAN/Sulzer; WuW/E BWM 238 = AG 1993, 238 – BayWa/WLZ.
[21] *BMWi* WuW/E BWM 147 – Veba/Gelsenberg; WuW/E BWM 185 – Veba/BP; insbesondere WuW/E DE-V 751 und Verfügung v. 18. 9. 2002 – 1 B1–220 840/129 – E.ON/Ruhrgas I + II; s. *Emmerich,* AG 2002, 641 (650 f.).
[22] So sehr selbstkritisch *BMWi,* WuW 1986, 788.
[23] S. *BMWi* WuW/E BWM 149 (151 f.) – Kapal; 207 (212) = AG 1990, 306 – MAN/Sulzer; WuW/E BWM 155 = AG 1977, 21 – Babcock/Artos; WuW/E BWM 159 = AG 1977, 288 (289) – Thyssen/Hüller Hille; WuW/E BWM 165 = ZfE 1979, 131 – Veba/BP; WuW/E BWM 177 = AG 1982, 45 (46 f.) – IBH/Wibau; WuW/E BWM 225 (228) = AG 1997, 523 – PCS/Kali+Salz.
[24] S. *BMWi* WuW 1986, 788.
[25] *BMWi* WuW/E DE-V 1691 Tz. 60 ff. – Universitätsklinikum Greifswald/Kreiskrankenhaus Wolgast.

rend eines anhängigen **Beschwerdeverfahrens** gestellt werden. Entgegen der früher durchaus herrschenden Meinung schließen sich beide Verfahren nach Meinung des Ministers nicht etwa gegenseitig aus.[26] Maßgebender **Zeitpunkt** für die vom Minister seiner Entscheidung zugrundezulegende Sach- und Rechtslage ist der der Entscheidung.[27]

14 Die Erlaubnis kann mit **Bedingungen und Auflagen** verbunden werden, durch die die Unternehmen jedoch nicht einer laufenden Verhaltenskontrolle unterstellt werden dürfen (§§ 42 Abs. 2, 40 Abs. 3 und Abs. 3 a GWB). Dadurch sollen die volkswirtschaftlich schädlichen Auswirkungen des Zusammenschlusses hintangehalten oder zusätzliche Wettbewerbsbeschränkungen beseitigt werden.[28] Aus der Zulässigkeit von Bedingungen ergibt sich außerdem, dass es dem Minister freisteht, dem **Antrag nur teilweise stattzugeben** und im Übrigen eine Entflechtung des schon vollzogenen Zusammenschlusses anzuordnen.[29]

§ 36. Verfahren

Literatur: S. o. § 18 sowie *BKartA,* Merkblatt zur deutschen Fusionskontrolle vom Juli 2005; Formular zur Anmeldung eines Zusammenschlusses vom August 2006; *Bien*, Fusionskontrolle und subjektiver Drittschutz, 2007; *U. Dormann,* Drittklagen im Recht der Zusammenschlusskontrolle, 2000; *Kerber,* Die Unternehmensentflechtung nach dem GWB, 1987; *Körber,* Die Konkurrentenklage im Fusionsrecht der USA, Deutschlands und der Europäischen Union, 1996; *Leibenath,* Rechtsprobleme der Zusagenpraxis in der europäischen Fusionskontrolle, 2000; *Richter,* Teiluntersagung in der Fusionskontrolle, 1987; *Windbichler,* Informelles Verfahren bei der Fusionskontrolle, 1981.

I. Überblick

1 Das Verfahren in der Fusionskontrolle wird in der Regel eingeleitet durch eine Anmeldung des Zusammenschlusses nach § 39 Abs. 1 GWB (dazu u. Rn. 5 ff.), kann aber auch von Amts wegen eingeleitet werden, wenn das BKartA von einem nicht angemeldeten, aber kontrollpflichtigen Zusammenschluss erfährt.[1] Das nachfolgende Verfahren des BKartA ist in den §§ 40 und 41 GWB nur bruchstückhaft geregelt. Ergänzend gelten die sonstigen Verfahrensvorschriften in- und außerhalb des GWB. Kennzeichnend für das Verfahren vor dem BKartA ist vor allem die Zweiteilung des Verfahrens durch seine Aufspaltung in das Vorprüf- und das Hauptprüfverfahren.

2 Das **Vorprüfverfahren** beginnt in der Regel (s. Rn. 1) mit Eingang der vollständigen Anmeldung des Zusammenschlusses nach § 39 GWB beim BKartA und dauert höchstens einen Monat (§ 40 Abs. 1 S. 1 GWB). Binnen dieser Frist muss das BKartA entscheiden, ob der Zusammenschluss unbedenklich ist oder ob das Hauptprüfverfahren eröffnet werden soll (§ 40 Abs. 1 GWB; u. Rn. 14 ff.). Erst in dem **Hauptprüf-**

[26] *BMWi* Verfügung v. 22. 5. 2006 – Rhönklinikum/Landkreis Rhön-Grabfeld (unveröffentlicht, s. AG 2006, 870); WuW/E DE-V 1691 Tz. 32 ff. Universitätsklinikum Greifswald/Kreiskrankenhaus Wolgast.

[27] *BMWi* WuW/E BWM 155 = AG 1977, 21 (22) – Babcock/Artos.

[28] *KG* WuW/E OLG 1937 = AG 1978, 207 (210) – Thyssen/Hüller Hille.

[29] *KG* WuW/E OLG 1937 = AG 1978, 207 (209 f.) – Thyssen/Hüller Hille; *BMWi* AG 1977, 288 (290) = WuW/E BWM 159 – Thyssen/Hüller Hille.

[1] Beispiele in *BKartA* WuW/E DE-V 947 – National Geographic I; WuW/E DE-V 1081 – TW Verlag/Wochenspiegel.

verfahren, für das dem BKartA im Regelfall nur vier Monate seit Eingang der (vollständigen) Anmeldung zur Verfügung stehen (s. § 40 Abs. 2 S. 2 GWB), entscheidet das Amt sodann über die Freigabe *oder* die Untersagung des Zusammenschlusses (§ 40 Abs. 2 S. 1 GWB; u. Rn. 18 ff.).

Eine **Verlängerung** der Viermonatsfrist für das Hauptprüfverfahren (Rn. 2) ist nur 3
unter den Voraussetzungen des § 40 Abs. 2 S. 4 Nr. 1 bis 3 GWB möglich. Die Viermonatsfrist beginnt außerdem neu zu laufen, wenn die Freigabeentscheidung des BKartA rechtskräftig aufgehoben worden ist (§ 40 Abs. 6 GWB).

Während des Laufs der beiden Fristen des § 40 Abs. 1 S. 1 und Abs. 2 S. 2 GWB be- 4
steht ein **Vollzugsverbot** für den Zusammenschluss (§ 41 Abs. 1 GWB), von dem das BKartA nur im Einzelfall auf Antrag Befreiung erteilen kann (§ 41 Abs. 2 GWB; u. Rn. 45 ff.). Kommt es trotz des grundsätzlichen Vollzugsverbots zu dem Zusammenschluss, etwa nach Befreiung gemäß § 41 Abs. 2 GWB, so muss der Zusammenschluss im Falle seiner Untersagung wieder **aufgelöst** werden (§ 41 Abs. 3 und Abs. 4 GWB; u. Rn. 49 ff.). Die Verfügungen des BKartA nach § 40 Abs. 2 GWB und die Auflösung eines Zusammenschlusses nach § 41 Abs. 3 und Abs. 4 GWB werden zwecks Information der Öffentlichkeit im Bundesanzeiger **bekanntgemacht** (§ 43 Abs. 2 Nr. 1 und 4 GWB).

II. Anmeldung

Nach § 39 Abs. 1 GWB muss ein Zusammenschluss im Sinne der §§ 35 und 37 5
GWB grundsätzlich vor seinem Vollzug beim BKartA angemeldet werden. Die Fusionskontrolle ist mithin seit der sechsten Novelle von 1998 – anders als früher – generell **präventiv.** Einzelheiten der Anmeldung regelt das Gesetz in den Abs. 2 und 3 des § 39 GWB. Eine Ausnahme von der Anmeldepflicht findet sich in § 39 Abs. 4 GWB für den Fall eines Verweisungsbeschlusses der Kommission nach Art. 9 Abs. 3 lit. b FKVO (s. o. § 14 Rn. 14 ff.). Außerdem muss auch der Vollzug eines Zusammenschlusses unverzüglich beim BKartA angezeigt werden (§ 39 Abs. 6 GWB).

1. Verpflichtete

Die Anmeldepflicht trifft nach § 39 Abs. 2 Nr. 1 und 2 GWB die an dem Zusam- 6
menschluss beteiligten Unternehmen sowie im Falle eines Zusammenschlusses durch Vermögens- oder Anteilserwerb (§ 37 Abs. 1 Nr. 1 und 3 GWB) außerdem den Vermögens- oder Anteilsveräußerer. Gemeint sind damit die am Zusammenschluss **materiell beteiligten Unternehmen,** deren Kreis hier ebenso wie in § 35 Abs. 1 GWB abzugrenzen ist (s. § 32 Rn. 5 ff.).[2] Die Anmeldepflicht obliegt **jedem** der genannten, am Zusammenschluss materiell **beteiligten** Unternehmen gesondert und ohne Rücksicht auf etwaige Anmeldungen oder Angaben Dritter (§ 39 Abs. 1 GWB). Durch die Anmeldung eines Zusammenschlusses seitens eines beteiligten Unternehmens werden die anderen beteiligten Unternehmen nicht etwa automatisch gleichfalls zu anmeldenden Unternehmen.[3]

---

[2] *BKartA* Formular, Tz. 2 ff.; *Bechtold,* § 39 Rn. 8.

[3] *OLG Düsseldorf* WuW/E DE-R 1881 (1882 f.) – E.I. du Pont/Pedex.

7 Die Anmeldepflicht des **Vermögens- oder Anteilsveräußerers** (§ 39 Abs. 2 Nr. 2 in Verb. mit § 37 Abs. 1 Nr. 1 und 3 GWB) hat denselben Umfang wie die der anderen Beteiligten, so dass sie sich inhaltlich nach § 39 Abs. 3 GWB richtet (§ 39 Abs. 3 S. 3 GWB). Lediglich bei der Berechnung der Marktanteile und der Umsatzerlöse ist der Veräußerer nach § 38 Abs. 5 GWB allein mit dem veräußerten Vermögensteil zu berücksichtigen. Anwendbar ist außerdem die **Verbundklausel** des § 36 Abs. 2 GWB, so dass ein herrschendes oder abhängiges Unternehmen sowie Konzernunternehmen ebenfalls als an dem Zusammenschluss beteiligt gelten und deshalb anmeldepflichtig sind. Bei einem mittelbaren Erwerb über Tochtergesellschaften oder durch Tochtergesellschaften trifft dementsprechend **auch** die **Muttergesellschaft** die Pflicht zur Anmeldung des Zusammenschlusses.[4]

8 Anzumelden ist, wie es § 24 a Abs. 1 S. 1 und 2 GWB a. F. früher präzise formulierte, das **Zusammenschlussvorhaben,** wozu erforderlich ist, dass der *Plan* eines Zusammenschlusses der beteiligten Unternehmen bereits so weit konkretisiert ist, dass er vom BKartA überprüft werden kann. Nach der großzügigen Auslegung des BKartA genügt es dafür bereits, wenn bei verständiger Einschätzung der Lage in absehbarer Zeit die **Chance einer Verwirklichung** des Zusammenschlusses besteht. Lediglich Pläne, deren Realisierung nicht absehbar ist, sind von einer Anmeldung ausgeschlossen. Eine sog. „Vorratsanmeldung“ ist dem deutschen Recht fremd.[5]

9 Das Verfahren **erledigt** sich, sobald wenigstens eines der am Zusammenschluss beteiligten Unternehmen das Zusammenschlussvorhaben **endgültig aufgibt** und nicht mehr weiter verfolgt. Gleich stehen so schwerwiegende Veränderungen des Zusammenschlussvorhabens, dass im Grunde ein anderer Zusammenschluss vorliegt, während geringfügige Veränderungen nicht zur Erledigung des Verfahrens führen.[6] Dasselbe gilt, wenn die **Anmeldung** des Zusammenschlusses von den beteiligten Unternehmen **zurückgenommen** wird, wozu sie jederzeit in der Lage sind, oder wenn die Beteiligten nach Freigabe eines Zusammenschlusses unter Bedingungen sämtliche Bedingungen erfüllt haben.[7] Befindet sich das Verfahren im Augenblick der Erledigung in der Beschwerdeinstanz, kommt jetzt nur noch ein **Fortsetzungsfeststellungsantrag** nach § 71 Abs. 2 S. 2 in Betracht, sofern der oder die Beschwerdeführer ein berechtigtes Interesse an der Feststellung haben, dass die angefochtene Untersagungsverfügung des Bundeskartellamts unzulässig oder unbegründet war. Dafür genügt es in der Fusionskontrolle bereits, dass die angefochtene Verfügung eine **Präjudizwirkung** für andere vergleichbare Zusammenchlüsse mit dem Zielunternehmen haben kann.[8] Anders dagegen, wenn eine Wiederholung eines derartigen Zusammenschlusses ausgeschlossen erscheint oder wenn sich die Umstände derart verändert

4 *KG* WuW/E OLG 1993 = AG 1979, 158 (159) – Bayer/HCC; ebenso für Gemeinschaftsunternehmen hinsichtlich der Mütter *BGH* AG 2007, 906 (907 Tz. 10) = ZIP 2007, 2284 = WuW/E DE-R 2138.

5 *BGH* WuW/E BGH 1763 = AG 1981, 219 – Makadamwerk Schwaben; *KG*; WuW/E OLG 5495 (5496) – Vorratsanmeldung; *OLG Düsseldorf* AG 2007, 909 – Börse/London Stock Exchange.

6 BGHZ 174, 179 (180 Tz. 8) = NJW 2008, 1234 – Springer/Pr07Sat1 I; *BGH* NJW-RR 2006, 1340 Tz. 13 ff. = WuW/E DE-R 1783 – Atys/Agrana (Call-Option); *OLG Düsseldorf* AG 2007, 909 – Börse/London Stock Exchange; WuW/E DE-R 1654 (1655) – RUAG/MEN.

7 *BGH* WuW/E DE-R 2905 Tz. 23 ff. = WM 2010, 1091 – Phonak/ReSound; *OLG Düsseldorf* WuW/E DE-R 2630 (2634) – Edeka/Plus.

8 BGHZ 174, 179 (183 ff.) = NJW 2008, 1234 – Springer/Pr07Sat1 I; *OLG Düsseldorf* WuW/E DE-R 2462 (2473 f.) – A-TEC/Norddeutsche Affinerie; 2593 (2595) – Springer/Pro7Sat1.

haben, dass die frühere Beurteilung des Sachverhaltes durch das Bundeskartellamt für die Zukunft keine Bedeutung mehr hat.[9] Im Falle des § 71 Abs. 2 S. 2 ist maßgebender Zeitpunkt für die Beurteilung der Rechtmäßigkeit der Untersagungsverfügung des Bundeskartellamts der der Erledigung.[10]

2. Inhalt

Der Inhalt der vorgeschriebenen Anmeldung ergibt sich aus **§ 39 Abs. 3 GWB.**[11] 10
Anzugeben sind danach vor allem die Form des Zusammenschlusses (S. 1 des § 39 Abs. 3 GWB) sowie für sämtliche beteiligten Unternehmen einschließlich der mit ihnen verbundenen Unternehmen (s. § 39 Abs. 3 S. 4 GWB) neben der Firma, dem Sitz und der Art des Geschäftsbetriebes (§ 39 Abs. 3 Nr. 1 und 2 GWB) insbesondere die **Marktanteile**, sofern diese im Inland für die beteiligten Unternehmen zusammen mindestens 20 % betragen (§ 39 Abs. 3 S. 2 Nr. 4 GWB), ferner die **Umsatzerlöse** in Deutschland, in der Europäischen Union und weltweit (Nr. 3 a. a. O.) und im Falle des Anteilserwerbs noch die Höhe der erworbenen und der insgesamt gehaltenen **Anteile** (§ 39 Abs. 3 S. 2 Nr. 5 GWB). Im Falle der **Vermögens- oder Anteilsveräußerung** (§ 37 Abs. 3 Nr. 1 und 3 GWB) müssen Angaben über die Firma oder eine sonstige Bezeichnung, den Ort der Niederlassung oder des Sitzes oder über einen Zustellungsbevollmächtigten im Inland (Nr. 1 und 6 des § 39 Abs. 3 S. 2 GWB) auch für den Veräußerer gemacht werden (s. schon o. Rn. 7). Bei **verbundenen Unternehmen** i. S. d. § 36 Abs. 2 GWB sind schließlich noch die Abhängigkeits- und Beteiligungsverhältnisse sowie die Konzernbeziehungen zwischen den verbundenen Unternehmen mitzuteilen (S. 4 des § 39 Abs. 3).

Die Erfüllung der Anmeldepflicht liegt im öffentlichen Interesse, so dass **Geheimhaltungsinteressen** der beteiligten Unternehmen keine Einschränkung dieser Pflicht rechtfertigen können.[12] Erst wenn alle erforderlichen Angaben gemacht sind, ist die Anmeldung **vollständig** mit der Folge, dass die **Fristen** des § 40 GWB zu laufen beginnen (s. u. Rn. 14). 11

Reichen die von den Unternehmen gemachten Angaben zur Beurteilung des Zusammenschlusses nicht aus, so kann das BKartA von jedem beteiligten Unternehmen ergänzende **Auskünfte** über die Marktanteile und die Umsatzerlöse verlangen (§ 39 Abs. 5 GWB). Daneben bleibt § 59 GWB anwendbar. 12

Die Nichterfüllung der Anmelde- wie der Auskunftspflicht ist eine **Ordnungswidrigkeit** (§ 81 Abs. 2 Nr. 3 und 4 GWB). Das BKartA kann die Erfüllung der Anmeldepflicht außerdem durch die Festsetzung von Zwangsgeldern durchsetzen (§ 86 a GWB). 13

III. Vorprüfverfahren

Das Vorprüfverfahren von höchstens einem Monat beginnt mit Eingang der Anmeldung des Zusammenschlusses (o. Rn. 5 ff.) beim BKartA (§ 40 Abs. 1 S. 1 GWB). 14

[9] *BGH* WuW/E DE-R 2905 Tz. 16 ff. = WM 2010, 1091 – Phonak/ReSound; AG 2011, 131 (132 f. Tz. 21 ff.) – Edeka/Plus; kritisch dazu *Brück,* WuW 2011, 255.
[10] *BGH* WuW/E DE-R 2905 Tz. 31 ff. = WM 2010, 1091 – Phonak/ReSound.
[11] Dazu ausführlich *BKartA,* Formular vom August 2006, Tz. 4 ff.
[12] *BKartA* TB 1974, S. 31; 1978, S. 23.

Voraussetzung ist, dass die **Anmeldung vollständig** ist (§ 40 Abs. 1 S. 1), wozu vor allem gehört, das sie sämtliche in § 39 Abs. 3 GWB bezeichneten Angaben enthält (§ 39 Abs. 3 S. 5 GWB).[13] Fehlt es hieran, so löst die Anmeldung nicht die kurzen **Fristen** des § 40 Abs. 1 S. 1 und Abs. 2 S. 2 GWB aus;[14] außerdem läuft dann das Vollzugsverbot des § 41 Abs. 1 S. 1 GWB auf unbestimmte Zeit, – womit zugleich gesagt ist, dass (natürlich) auch durch eine unvollständige Anmeldung das Verfahren vor dem Bundeskartellamt ausgelöst wird, zumal das Amt ohnehin jederzeit von Amts wegen tätig werden kann.[15] Die genannten **Fristen beginnen** in einem derartigen Fall erst im Augenblick der nachträglichen Vervollständigung der Anmeldung.[16]

15 In dem Vorprüfverfahren untersucht das BKartA, ob der Zusammenschluss offenkundig unbedenklich ist oder ob eine weitere Prüfung erforderlich erscheint; im zweiten Fall soll das Amt das Hauptprüfverfahren einleiten (§ 40 Abs. 1 S. 2 GWB). Dies geschieht durch eine entsprechende Mitteilung an die beteiligten Unternehmen, häufig auch **„Monatsbrief"** genannt (§ 40 Abs. 1 S. 1 GWB). Für die Mitteilung ist keine besondere Form vorgeschrieben;[17] sie bedarf keiner Begründung und ist auch nicht selbstständig anfechtbar, weil es sich bei ihr lediglich um eine das Verfahren betreffende Entscheidung ohne Außenwirkungen handelt.[18]

16 Die **Frist** für die Mitteilung über die Einleitung des Hauptprüfverfahrens beträgt *höchstens* einen Monat (§ 40 Abs. 1 S. 1 GWB). Bei dieser Frist handelt es sich um eine verfahrensrechtliche **Ausschlussfrist**, deren Dauer nicht zur Disposition der Beteiligten und des Bundeskartellamts steht, so dass sie insbesondere nicht verlängert werden kann, auch nicht durch Rücknahme und anschließende sofortige Wiederholung der Anmeldung.[19] Für die Mitteilung über die Einleitung des Hauptprüfverfahrens braucht das Bundeskartellamt nicht das Ende der Einmonatsfrist abzuwarten; die Mitteilung kann auch schon früher, gegebenenfalls sogar unmittelbar nach Eingang der Anmeldung ergehen, wodurch sich das BKartA die volle Dauer der Viermonatsfrist des § 40 Abs. 2 S. 1 GWB für das häufig schwierige Hauptprüfverfahren sichert.

17 Erscheint der Zusammenschluss dem BKartA wie in der großen Mehrzahl der Fälle unbedenklich, so wird das **Verfahren** von Amts wegen wieder **eingestellt.** Das BKartA kann dies den beteiligten Unternehmen mitteilen, ist dazu jedoch nach dem Gesetz nicht verpflichtet. Der **bloße Ablauf der Monatsfrist** des § 40 Abs. 1 S. 1 GWB ohne Reaktion des BKartA steht daher einer formlosen Freigabeentscheidung gleich.[20] Es handelt sich dabei um eine gesetzliche **Fiktion,** so dass eine **Anfechtung der „Einstellung"**, etwa seitens der Konkurrenten der beteiligten Unternehmen, ohne Rücksicht auf die Rechtmäßigkeit des Vorgehens des BKartA **nicht möglich** ist.[21] Die etwaige **Mitteilung** der Verfahrenseinstellung bedarf ebenso wie der sog. Mo-

[13] S. o. Rn. 11; BGHZ 73, 65 (69 f.) = NJW 1979, 918 – Erdgas Schwaben.
[14] *OLG Düsseldorf* WuW/E DE-R 1033 (1034) – Sanacorp/Anzag; 3173 (3137) – ZVSH/NPG.
[15] *OLG Düsseldorf* WuW/E DE-R 3173 (3137) – ZVSH/NPG.
[16] *OLG Karlsruhe* AG 1985, 109 (112 ff.).
[17] *OLG Düsseldorf* WuW/E DE-R 2477 (2480 f. Tz. 25) – Phonak/ReSound.
[18] Begr. zum RegE, BT-Drs. 13/9720, S. 59 (r. Sp.); *Bechtold,* § 40 Rn. 6.
[19] *OLG Düsseldorf* WuW/E DE-R 2477 (2480 f.) – Phonak/ReSound.
[20] Begr. zum RegE, BT-Drs. 13/9720, S. 59 (r. Sp.); *Schulte,* AG 1998, 297 (300).
[21] *BGH* AG 2006, 159 (160) = WuW/E DE-R 1571 – Ampere (EWE/VNG); *OLG Düsseldorf* WuW/E DE-R 1293 (1294 f.) – tv kofler.

natsbrief (o. Rn. 15) keiner Begründung und kann gleichfalls **nicht angefochten** werden, da es sich auch bei ihr um eine reine verwaltungsinterne Verfahrensentscheidung handelt.[22] Weicht die spätere Durchführung eines Zusammenschlussvorhabens wesentlich von der Anmeldung ab, so verliert die etwaige Freigabe des Zusammenschlusses, die sich immer nur auf den angemeldeten Zusammenschluss bezieht, ihre Wirkung, so dass insbesondere wieder das Vollzugsverbot des § 41 Abs. 1 GWB in Kraft tritt.[23]

IV. Hauptprüfverfahren

1. Fristen

a) Zum Hauptprüfverfahren kommt es, wenn das BKartA einen angemeldeten Zusammenschluss nach § 36 Abs. 1 GWB als bedenklich ansieht und dies den anmeldenden Unternehmen durch den sog. Monatsbrief rechtzeitig mitgeteilt hat (§ 40 Abs. 1 GWB; dazu o. Rn. 15). Insgesamt darf das Hauptprüfverfahren **höchstens vier Monate** seit Eingang der Anmeldung dauern: Bei dieser Frist handelt es sich ebenso wie bei der Einmonatsfrist um eine verfahrensrechtliche **Ausschlussfrist**, deren Ablauf die Befugnis des Bundeskartellamts zur Untersagung des Zusammenschlusses erlöschen lässt.[24] Ergeht innerhalb der Frist keine Entscheidung des BKartA über den Zusammenschluss, so gilt er folgerichtig kraft Gesetzes als freigegeben (§ 40 Abs. 2 S. 2 GWB; sog. **Freigabefiktion**)). Die (sehr) **kurze Frist** von lediglich vier Monaten (einschließlich des Vorprüfverfahren!) schließt es von vornherein aus, dass das BKartA im Hauptprüfverfahren allen erdenklichen Aspekten eines Zusammenschlusses nachgehen könnte. Aus naheliegenden Gründen muss sich das Amt vielmehr bei seiner **Prüfung** im wesentlichen auf die Angaben der beteiligten Unternehmen beschränken und diese anhand der Erkenntnismöglichkeiten, die ihm in der kurzen Frist von maximal vier Monaten zur Verfügung stehen, auf ihre Richtigkeit überprüfen.[25] Dieselbe **Beschränkung der Aufklärungsmöglichkeiten** besteht im **Beschwerdeverfahren,** so dass das OLG Düsseldorf (als Beschwerdegericht) gleichfalls nicht verpflichtet ist, umfängliche Erhebungen durchzuführen, für die von vornherein im Verwaltungsverfahren kein Raum war.[26] Es kann sich daher auch darauf beschränken, ergänzende Ermittlungen dem Bundeskartellamt zu übertragen und deren Ergebnisse zur Kenntnis zu nehmen.[27] 18

b) Die **Frist** des § 40 Abs. 2 S. 2 GWB kann in bestimmten Fällen **verlängert** werden, die abschließend in § 40 Abs. 2 S. 4 Nr. 1 bis 3 GWB aufgezählt sind. Der wichtigste Fall ist der der **Nr. 1** des § 40 Abs. 2 S. 4 GWB; die Viermonatsfrist findet danach keine Anwendung, wenn die anmeldenden Unternehmen der Fristverlängerung **zugestimmt** haben, etwa, um bestimmte Zusagen erfüllen zu können, die sie gemacht haben, um die sonst drohende Untersagung des Zusammenschlusses doch 19

[22] *BGH* AG 2006, 159 (160) = WuW/E DE-R 1571 – Ampere (EWE/VNG); *OLG Düsseldorf* WuW/E DE-R 644 (645) – NetCologne; WuW/E DE-R 681 (682 f.) – Trienekens.

[23] *OLG Düsseldorf* WuW/E DE-R 1033 (1034) – Sanacorp/Anzag.

[24] *OLG Düsseldorf* WuW/E DE-R 3173 (3177) – ZVSI I/NPG.

[25] BGHZ 170, 299 (303 f.) = NJW 2007, 1823 = JuS 2007, 784 Nr. 13 – National Geographic II.

[26] S. u. § 41 Rn. 7; BGHZ 170, 299 (303 f.) = NJW 2007, 1823 = JuS 2007, 784 Nr. 13 – National Geographic II.

[27] BGHZ 178, 285 (294 Tz. 32) = AG 2009, 503= JuS 2009, 670 – E.ON/Stadtwerke Eschwege.

noch abzuwenden (u. Rn. 34 ff.). Weitere Fälle einer Fristverlängerung sind die Täuschung des Bundeskartellamts durch unrichtige Angaben oder durch die nicht rechtzeitige Erteilung einer Auskunft (§ 40 Abs. 2 S. 4 Nr. 2 GWB) sowie die Unterlassung der Bestellung eines Zustellungsbevollmächtigten im Inland entgegen § 39 Abs. 3 S. 2 Nr. 6 GWB (§ 40 Abs. 2 S. 4 Nr. 3 GWB).

2. Anhörung der Beteiligten

20 Wenn sich im Hauptprüfverfahren herausstellt, dass der Zusammenschluss gegen § 36 Abs. 1 GWB verstößt, muss das BKartA zunächst allen formell Beteiligten (§ 54 Abs. 2 GWB; s. u. Rn. 21) **Gelegenheit zur Stellungnahme** geben (§ 56 GWB). Das geschieht gewöhnlich dadurch, dass das Amt die Beteiligten unter Fristsetzung zur Äußerung auffordert.[28] Ein Verstoß gegen § 56 GWB macht die nachfolgende Untersagungsverfügung rechtswidrig.[29]

21 An dem Fusionskontrollverfahren **formell beteiligt** sind nach § 54 Abs. 2 GWB die Unternehmen, gegen die sich das Verfahren richtet (§ 54 Abs. 2 Nr. 2 GWB), ferner die auf ihren Antrag beigeladenen Unternehmen (§ 54 Abs. 2 Nr. 3 GWB)[30] sowie in den Fällen der Nr. 1 und 3 des § 37 Abs. 1 GWB noch der Vermögens- oder Anteilsveräußerer (§ 54 Abs. 2 Nr. 4 GWB). Die Unternehmen, gegen die sich i. S. d. Nr. 2 des § 54 Abs. 2 GWB das Verfahren richtet, sind nur die **unmittelbar am Zusammenschluss beteiligten Unternehmen**, nicht dagegen die nur mittelbar beteiligten Unternehmen i. S. d. § 36 Abs. 2 GWB, da das Gesetz in § 54 Abs. 2 GWB auf die zuletzt genannte Vorschrift nicht Bezug nimmt. Die Folge ist vor allem, dass bei einem **Zusammenschluss abhängiger Unternehmen** die herrschenden Unternehmen neben den abhängigen Unternehmen nicht ebenfalls an dem Fusionskontrollverfahren formell beteiligt sind, außer im Falle ihrer Beiladung oder ihrer faktischen Hinzuziehung durch das BKartA.[31]

21a Über die **Beiladung Dritter** nach § 54 Abs. 2 Nr. 3 S. 1 GWB entscheidet das BKartA auf Antrag nach freiem Ermessen; das Amt ist nicht etwa verpflichtet, sämtliche Personen, deren Interessen durch die Entscheidung erheblich berührt werden können, auf ihren Antrag hin auch tatsächlich zu dem Verfahren beizuziehen, schon, um den Verfahrensstoff in Grenzen zu halten.[32] Einen **Antrag** auf Beiladung können Dritte nur bis zum Schluss des kartellbehördlichen Verfahrens stellen, nicht mehr danach und deshalb insbesondere auch nicht mehr erst während des Beschwerdeverfahrens. Das Beschwerdegericht, immer das OLG Düsseldorf, besitzt gleichfalls nicht mehr die Befugnis zur Beiladung Dritter.[33] Diese Fragen sind wichtig, weil davon nicht zuletzt das Beschwerderecht Dritter abhängt, die vom Bundeskartellamt nicht beigeladen wurden (Rn. 30 ff.).

[28] *BGH* LM § 24 GWB Nr. 16 = NJW-RR 1986, 525 = WuW/E BGH 2150 – Rheinmetall/WMF; *KG* AG 1986, 196 (197) = WuW/E OLG 3577 – Hussel/Mara.

[29] *KG* WuW/E OLG 2411 = AG 1981, 285 (286) – Bayer/Firestone; AG 1982, 74 (75) = WuW/E OLG 2507 – Veba/Stadtwerke Wolfenbüttel.

[30] S. dazu *KG* WuW/E OLG 5849 = AG 1997, 573 (575) – Bayerische Wasserkraftwerke/Bayernwerk.

[31] *BGH* LM § 24 GWB Nr. 16 = AG 1985, 334 = NJW-RR 1986, 525 – Rheinmetall/WMF.

[32] BGHZ 169, 370 = NJW 2007, 607 – pepcom; *BGH* WuW/E DE-R 2029 (2030 f. Tz. 10 ff.) – iesy/Ish; s. dazu u. Rn. 31 sowie u. § 42 Rn. 3; *Bechtold,* NJW 2007, 562; *Bien,* ZWeR 2007, 533; *Schalast/Rößner,* WuW 2007, 589; *K. Westermann,* WuW 2007, 596.

[33] *BGH* WuW/E DE-R 2725 (2726 Tz. 10) – Universitätsklinikum Greifswald; 2728 2729 Tz. 12) – Versicherergemeinschaft; dagegen *Stancke,* WuW 2010, 642.

3. Entscheidung

Geben die Stellungnahmen der Beteiligten nach § 56 GWB (o. Rn. 20) dem BKartA keinen Anlass zur Änderung seines Standpunkts, so wird der Zusammenschluss untersagt; einen **Ermessensspielraum** besitzt das Amt insoweit *nicht* (§ 36 Abs. 1 GWB). Auch eine **Teiluntersagung** ist *nicht* möglich; vielmehr *muss* der Zusammenschluss *insgesamt* untersagt werden, selbst wenn er nur auf einem einzigen von möglicherweise zahlreichen betroffenen Märkten die Voraussetzungen des § 36 Abs. 1 GWB erfüllt.[34] Wegen dieser häufig misslichen Konsequenzen der gesetzlichen Regelung des § 36 Abs. 1 GWB eröffnet das GWB in § 40 Abs. 3 S. 1 seit der sechsten Novelle von 1998 dem Bundeskartellamt zusätzlich die Möglichkeit, den Zusammenschluss **unter Bedingungen oder Auflagen freizugeben**, die darauf gerichtet sein müssen, die wettbewerbswidrigen Aspekte des Zusammenschlusses auf einzelnen Märkten zu beseitigen. Damit wird bezweckt, die Voraussetzungen für eine Untersagung des Zusammenschlusses nach § 36 Abs. 1 GWB auszuräumen (s. u. Rn. 34 ff.). 22

Die Untersagungsverfügung ist ein **Verwaltungsakt** i. S. d. Verwaltungsverfahrensgesetzes (VerwVfG), der meistens „Beschluss" genannt wird, weil er in einem justizförmigen Verfahren ergeht (s. u. § 42 Rn. 1 ff.). Der Beschluss muss **begründet und** nach den Vorschriften des Verwaltungszustellungsgesetzes (VwZG) von 1952 i. d. F. von 1976[35] (nur) den anmeldenden Unternehmen formgerecht und rechtzeitig, d. h. noch vor Ablauf der Fristen des § 40 Abs. 2 GWB **zugestellt** werden (§§ 40 Abs. 2 S. 2 und 61 Abs. 1 S. 1 GWB). Wird diese Frist versäumt, so gilt der Zusammenschluss kraft Gesetzes als freigegeben (§ 40 Abs. 2 S. 2 GWB). 23

Erweist sich der Zusammenschluss als unbedenklich, so wird über die **Freigabe** seit 1998 – anders als früher – ebenfalls förmlich **durch „Beschluss"**, d. h. durch einen Verwaltungsakt entschieden. Dadurch sollen Transparenz und Kontrolle der Fusionskontrollpraxis des BKartA verbessert werden. Vorbild der Regelung war Art. 8 FKVO. Gleich steht der Fall, dass binnen der Viermonatsfrist keine Verfügung ergeht (§ 40 Abs. 2 S. 2 GWB); jedoch scheiden in diesem Fall Bedingungen und Auflagen nach § 40 Abs. 3 S. 1 GWB aus. 24

V. Rechtsmittel

1. Wahlrecht

Nach der Untersagung des Zusammenschlusses haben die betroffenen Unternehmen die Wahl zwischen der Beschwerde (§§ 63 ff. GWB) und dem Antrag auf Erteilung einer Ministererlaubnis (§ 42 GWB). Die beiden Verfahren schließen sich nicht etwa gegenseitig aus und können daher auch nebeneinander betrieben werden (s. o. § 35 Rn. 13; str.). 25

Entscheiden sich die Unternehmen zunächst allein für die **Beschwerde,** so beginnt die Frist für den Antrag auf Erteilung der Ministererlaubnis erst mit dem rechtskräftigen Abschluss des Beschwerdeverfahrens (§ 42 Abs. 3 S. 2 GWB). Wenn die Unternehmen dagegen zunächst die Erteilung einer **Ministererlaubnis** beantragen, läuft 26

[34] Anders *Richter,* Teiluntersagung; zu Auslandszusammenschlüssen s. o. § 3 Rn. 22 f.
[35] BGBl. I S. 3341.

die Beschwerdefrist erst von der Zustellung der Verfügung des Ministers ab (§ 66 Abs. 1 S. 3 GWB). Die Unternehmen haben dann wieder die Wahl, ob sie nur die Verfügung des Ministers oder nur die Untersagungsverfügung des BKartA oder beide Verfügungen gleichzeitig anfechten wollen.

2. Beschwerde

27 Das regelmäßige Rechtsmittel gegen Entscheidungen des BKartA im Fusionskontrollverfahren ist die Beschwerde zum OLG Düsseldorf, häufig auch Anfechtungsbeschwerde genannt, weil sie an die Stelle der Anfechtungsklage in sonstigen Verwaltungssachen nach § 40 VwGO tritt (§§ 63 ff. GWB). Die **Beschwerdebefugnis** steht nach § 63 Abs. 2 GWB allen formell Beteiligten i. S. d. § 54 Abs. 2 zu, zu denen insbesondere auch die Beigeladenen nach § 54 Abs. 2 Nr. 4 GWB gehören.[36] Im einzelnen muss man danach unterscheiden, ob das BKartA den Zusammenschluss untersagt oder freigegeben hat. Im Falle der **Untersagung** sind in erster Linie die materiell beteiligten Unternehmen beschwerdebefugt, während im Falle einer **Freigabe** des Zusammenschlusses vor allem an eine Beschwerde der beigeladenen Konkurrenten zu denken ist (§ 54 Abs. 2 Nr. 4 GWB; s. u. Rn. 30 ff.). Im Falle einer feindlichen Übernahme verfügt außerdem noch das gegen seinen Willen übernommene „Zielunternehmen" über eine Klagemöglichkeit, weil es immer an dem Verfahren beteiligt ist (§§ 54 Abs. 2 Nr. 2, 63 Abs. 2 GWB).[37]

28 Die Beschwerde setzt eine **formelle und materielle Beschwer** voraus.[38] Dafür ist nicht die Verletzung eines subjektiven Rechts des Beschwerdeführers erforderlich; es genügt vielmehr die Verletzung eines wirtschaftlichen Interesses durch die angefochtene Entscheidung;[39] ausreichend ist daher, dass der Beschwerdeführer durch die Freigabe des Zusammenschlusses und die damit verbundene Verschlechterung der Wettbewerbsbedingungen auf dem relevanten Markt in seinem eigenen unternehmerischen und wettbewerblichen Betätigungsfeld und Gestaltungsspielraum auf dem relevanten Markt unmittelbar und individuell nachteilig betroffen wurde.[40] Fehlt es jedoch selbst daran, etwa, weil der Beschwerdeführer an einem der beteiligten Unternehmen nur ganz geringfügig beteiligt ist oder weil sich der Zusammenschluss inzwischen erledigt hat, so ist die Beschwerde unzulässig.[41] Das Beschwerdegericht entscheidet nach der **Sach- und Rechtslage** im Augenblick der letzten mündlichen Verhandlung (§ 71 GWB), so dass es auch die Entwicklung der wirt-

[36] *BGH* LM § 62 GWB Nr. 4 = AG 1984, 323 – Coop/Supermagazin.

[37] *Schulte,* AG 1997, 297 (302).

[38] BGHZ 155, 214 (216 ff.) = NJW 2003, 3776 – HABET/Lekkerland; *BGH* WuW/E DE-R 2138 = AG 2007, 906 (907 ff. Tz. 14 ff.) – Anteilsveräußerung; *OLG Düsseldorf* WuW/E DE-R 1651 (1652 f.) – Zementvertrieb; 1654 (1655 f.) – RUAG/MEN; 1835 (1836 f.) = AG 2007, 909 – Deutsche Börse/London Stock Exchange.

[39] BGHZ 155, 214 (216 ff.) = NJW 2003, 3776 – HABET/Lekkerland; BGHZ 166, 165 (169 Tz. 11) = NJW-RR 2006, 836 – DBRegio/üstra; WuW/E DE-R 2138 = AG 2007, 906 Tz. 14 ff. – Anteilsveräußerung.

[40] *BGH* WuW/E DE-R 2138 = AG 2007, 906 (907 Tz. 16) = ZIP 2007, 2284 – Anteilsveräußerung; WuW/E DE-R 3284 (3285 Tz. 4) – Pressegrossisten; *OLG Düsseldorf* WuW/E DE-R 1835 (1836 f.) = AG 2007, 909 – Deutsche Börse/London Stock Exchange.

[41] *BGH* WuW/E DE-R 2138 = AG 2007, 906 (907 Tz. 16) = ZIP 2007, 2284 – Anteilsveräußerung; WuW/E DE-R 3284 (3285 Tz. 4) – Pressegrossisten; *OLG Düsseldorf* WuW/E DE-R 1651 (1653) – Zementvertrieb; 1654 (1655 f.) – RUAG/MEN.

schaftlichen Verhältnisse in der Zeit nach der Entscheidung des BKartA berücksichtigen kann.[42]

Die Beschwerde der an einem Zusammenschluss beteiligten Unternehmen gegen die Untersagung eines Zusammenschlusses durch das BKartA hat grundsätzlich **keine aufschiebende Wirkung** (s. § 64 Abs. 1 GWB). Die beteiligten Unternehmen sind deshalb darauf angewiesen, wenn sie den untersagten Zusammenschluss trotz des Vollzugsverbots alsbald vollziehen wollen, nach § 41 Abs. 2 beim Bundeskartellamt **Befreiung von dem Vollzugsverbot** aus wichtigem Grund zu beantragen und im Falle der Ablehnung dieses Antrags auch insoweit Beschwerde einzulegen.[43] Wegen der engen Voraussetzungen des § 41 Abs. 2 kann das OLG Düsseldorf über die beiden Beschwerden (gegen den Untersagungsbeschluss und gegen die Ablehnung der Befreiung vom Vollzugsverbot) durchaus auch unterschiedlich entscheiden.[44] 29

3. Insbesondere die Beschwerde Dritter

a) Die Verpflichtung des BKartA, im Hauptprüfverfahren heute gemäß § 40 Abs. 2 S. 1 GWB auch über eine **Freigabe** des Zusammenschlusses grundsätzlich förmlich **durch „Beschluss" (Verfügung)** zu entscheiden (s. o. Rn. 24), ist 1998 nicht zuletzt zu dem Zweck eingeführt worden, dritten Unternehmen, die durch die Freigabe eines Zusammenschlusses betroffen sind, entsprechend der Praxis zur FKVO (s. o. § 18 Rn. 18 ff.) eine Klagemöglichkeit zu eröffnen (o. Rn. 27). Die **Beschwerdebefugnis Dritter** steht seitdem außer Frage, **wenn** sie zum Verfahren **beigeladen** (§§ 63 Abs. 2, 54 Abs. 2 Nr. 3 GWB; s. u. Rn. 31) **und** durch die angefochtene Freigabeentscheidung formell und materiell **beschwert** sind (s. o. Rn. 28). 30

Auf die zulässige Beschwerde hin muss das Beschwerdegericht, das OLG Düsseldorf, den Sachverhalt grundsätzlich von Amts wegen ermitteln (s. o. Rn. 18), kann jedoch die Freigabeentscheidung des BKartA nur insoweit überprüfen, wie eine Beeinträchtigung der geschützten Interessen der beschwerdeführenden Dritten in Betracht kommt. Ergibt die Prüfung, dass die Freigabeentscheidung des BKartA gegen das Gesetz verstößt, so hat das Gericht die Freigabeentscheidung des BKartA **aufzuheben**, so dass das BKartA erneut über den Zusammenschluss entscheiden muss. Zu einer eigenen Entscheidung über den Zusammenschluss ist das Beschwerdegericht nicht befugt.[45] 31

b) Zweifelhaft ist die Beschwerdebefugnis von **Konkurrenten**, die **nicht** zu dem Verfahren **beigeladen** waren, etwa, weil sie einen entsprechenden Antrag versäumt hatten oder weil ihr Antrag vom BKartA abgelehnt worden war.[46] Mit Rücksicht auf 32

---

[42] *BGH* LM § 24 GWB Nr. 20 = NJW-RR 1988, 484 = AG 1988, 47 – Gruner + Jahr/Zeit II; LM Nr. 1 zu § 37 GWB = NJW-RR 2001, 757 = WuW/E DE-R 607 – Springer/Stilke; LM Nr. 1 zu § 36 GWB = WuW/E DE-R 668 (670) = NJW-RR 2001, 1261 – Dierichs/Kluthe (Werra Rundschau).

[43] BGHZ 178, 203 (210 ff. Tz. 20 ff.) = NJW 2009, 1611 – Faber/Basalt; *OLG Düsseldorf* WuW/E DE-R 2069 (2075 ff.) – Phonak/ReSound; 3000 (3015 f.) – OMV/Total; – früher sehr str.: s. einerseits ablehnend *Bremer/Wünschmann*, WuW 2008, 25; andererseits zustimmend *Wertenbruch*, ZWeR 2008, 109 (120 ff.); *Zimmer/Logemann*, ZWeR 2008, 122.

[44] So in der Tat in dem Fall Faber/Basalt *OLG Düsseldorf* WuW/E DE-R 2622; s. dazu *Emmerich*, AG 2010, 517 (525).

[45] S. BGHZ 155, 214 (219 ff.) = NJW 2003, 3776 – HABET/Lekkerland.

[46] S. *Bien*, Fusionskontrolle und subjektiver Drittschutz, 2007; *ders.*, ZWeR 2007, 533; *Dormann*, Drittklagen im Recht der Zusammenschlusskontrolle, 2000; *Körber*, Die Konkurrentenklage im Fusionsrecht der USA, Deutschlands und der Europäischen Union; *ders.*, BB 2000, 1532; *Schulte*, AG 1998, 297 (303); *Steinberger*, WuW 2000, 345.

den Wortlaut des § 63 Abs. 2 GWB ist zunächst die Beschwerdebefugnis dieser Personen überwiegend verneint worden. Die Folge war freilich eine bedenkliche Beschneidung der Rechtsschutzmöglichkeiten Dritter. Deshalb hat der **BGH** mittlerweile entschieden, dass die Beschwerdebefugnis auch solchen Personen zusteht, die zwar tatsächlich nicht beigeladen wurden, deren Interessen jedoch durch die Entscheidung **im Sinne des § 54 Abs. 2 Nr. 3 S. 1 GWB erheblich berührt** werden, so dass das BKartA befugt gewesen wäre, sie beizuladen (ohne freilich dazu verpflichtet zu sein, o. Rn. 20), sofern sie noch rechtzeitig einen Antrag auf Beiladung bei dem Bundeskartellamt gestellt hatten (Rn. 21).[47] **Voraussetzung** ist, dass die Dritten durch die Freigabe des Zusammenschlusses durch das Bundeskartellamt in dem schon genannten Sinne (Rn. 28) **materiell beschwert** sind, wofür erforderlich ist, dass sie durch die Freigabe in ihrer *eigenen* unternehmerischen und wettbewerblichen Betätigung auf dem relevanten Markt nachteilig betroffen sind. Die Folge ist z. B., dass Unternehmensverbände in keinem Fall ein Beschwerderecht besitzen, weil sie durch die Freigabe eines Zusammenschlusses nicht *selbst* betroffen sein können.[48]

33 **c)** Auch die **Beschwerde Dritter** gegen eine Freigabeentscheidung des BKartA (o. Rn. 30 ff.) hat grundsätzlich **keine aufschiebende Wirkung** (s. § 64 Abs. 1 GWB sowie o. Rn. 29), so dass der Zusammenschluss aufgrund der *Freigabe* trotz der Beschwerde Dritter vollzogen werden kann – mit der Folge, dass später eine Auflösung praktisch kaum mehr möglich ist. Deshalb eröffnet § 65 Abs. 3 S. 3 GWB in Verbindung mit S. 1 Nr. 2 und 3 dem Beschwerdegericht, d. h. dem OLG Düsseldorf, die **Möglichkeit**, auf Antrag die **aufschiebende Wirkung** der Beschwerde **wiederherzustellen,** so dass es bei dem *Vollzugsverbot* des § 41 Abs. 1 GWB bleibt und der Zusammenschluss weiterhin nicht vollzogen werden darf.[49] Weil jedoch von dieser Möglichkeit nach Meinung der Verfasser der 7. GWB-Novelle übermäßig Gebrauch gemacht wurde, ist 2005 die **Antragsbefugnis Dritter** durch S. 4 des § 65 Abs. 3 GWB auf Fälle beschränkt worden, in denen der Antragsteller geltend macht, durch die Freigabeentscheidung des BKartA gerade **in seinen Rechten verletzt** worden zu sein, wovon, wie schon betont (o. Rn. 32), nur in Ausnahmefällen die Rede sein kann.[50]

VI. Bedingungen und Auflagen[51]

1. Überblick, Voraussetzungen

34 Die Verfügung, durch die das BKartA im Hauptprüfverfahren einen Zusammenschluss freigibt, kann gemäß **§ 40 Abs. 3 S. 1 GWB i. d. F. von 1998** mit Bedingungen und Auflagn versehen werden. Nach **S. 2** dieser Vorschrift dürfen jedoch die beteiligten Unternehmen auf diesem Wege nicht einer laufenden Verhaltenskontrolle unterstellt werden (vgl. § 42 Abs. 2 GWB). Aufgrund des § 40 Abs. 3 a GWB i. d. F. von 2005 kann die Freigabe eines Zusammenschlusses durch das BKartA ferner

[47] BGHZ 169, S. 370 = NJW 2007, 607 – pepcom; *BGH* WuW/E DE-R 2029 Tz. 18 f. – iesy/Ish; WuW/E DE-R 2138 = AG 2007, 996 – Anteilsveräußerung; s. dazu *Bechtold,* NJW 2007, 572; *Schalast/Rößner,* WuW 2007, 589; *K. Westermann,* WuW 2007, 596; kritisch *Bien,* ZWeR 2007, 533.

[48] *BGH* WuW/E DE-R 3284 f. – Pressegrossisten.

[49] *OLG Düsseldorf* WuW/E DE-R 665 (667); 681 (687).

[50] S. die Begr., BT-Drs. 15/3640, S. 65 (l. Sp. o. „Zu Nr. 41 zu a"); *OLG Düsseldorf* WuW/E DE-R 1644 ff. = AG 2006, 247 – Wehrhahn.

[51] S. dazu insb. *Veelken,* WRP 2003, 692.

widerrufen werden, soweit die Beteiligten einer mit der Freistellung verbundenen Auflage zuwiderhandeln oder soweit die Freistellung auf unrichtigen Angaben beruht oder arglistig herbeigeführt wurde.

Durch die geschilderte Regelung sollte 1998 die bis zuletzt umstrittene **Zusagenpraxis** des BKartA (endlich) auf eine verlässliche gesetzliche Grundlage gestellt werden.[52] Damit hatte es folgende Bewandtnis: Da das Gesetz, jedenfalls nach überwiegender Meinung, keine Teiluntersagungen von Zusammenschlüssen zulässt (o. Rn. 22) und das GWB vor 1998 auch keine Grundlage für Bedingungen und Auflagen enthielt, hatte das BKartA früher im Falle des Verstoßes eines Zusammenschlusses gegen § 24 Abs. 1 a. F. (= § 36 Abs. 1 GWB n. F.) an sich nur die Möglichkeit, den Zusammenschluss *insgesamt* zu untersagen, selbst wenn die Beteiligten durch (mehr oder weniger) geringfügige Korrekturen an ihrem Zusammenschlussvorhaben den Weg zur Erlaubnis des Zusammenschlusses freimachen konnten. Als Ausweg aus diesem Dilemma verfiel das BKartA seinerzeit auf die Idee, im Rahmen der Prüfung eines Zusammenschlusses auch **Zusagen der beteiligten Unternehmen über dekonzentrative Maßnahmen** zu berücksichtigen, bei deren Einhaltung dann die Voraussetzungen des § 24 Abs. 1 a. F. GWB nicht mehr erfüllt waren, so dass der Zusammenschluss freigegeben werden konnte.[53] 35

Die Zusagen zerfielen in zwei Gruppen, für die sich die Bezeichnungen Vorfrist- und Nachfristzusagen eingebürgert hatten. Als **Vorfristzusagen** bezeichnete man Zusagen der beteiligten Unternehmen über strukturelle Maßnahmen wie die Veräußerung einzelner Beteiligungen oder die Auflösung wettbewerbsbeschränkender Verträge noch **während des Laufs der Untersagungsfristen** (s. § 24 a a. F.). Solche Zusagen, deren Erfüllung mithin schon *vor* dem Zeitpunkt der Entscheidung des BKartA über den Zusammenschluss lag, wurden allgemein als zulässig angesehen. 36

Umstritten blieb dagegen bis zuletzt die Zulässigkeit von **Nachfristzusagen,** d. h. von Zusagen der beteiligten Unternehmen über dekonzentrative Maßnahmen erst *nach* Ablauf der verschiedenen Untersagungsfristen, z. B. binnen einer Frist von einem oder zwei Jahren. Derartige Zusagen hatte das BKartA gleichfalls als zulässig angesehen und deshalb auf ihrer Grundlage bis 1998 immer wieder auf die an sich gebotene Untersagung eines Zusammenschlusses bis zum Ablauf der Untersagungsfristen verzichtet[54]. 37

Für derartige Nachfristzusagen ist **heute** neben § 40 Abs. 3 S. 1 GWB n. F. **kein Raum mehr**. Durch § 40 Abs. 3 S. 1 GWB sollte gerade ein Ersatz für diese problematische Zusagenpraxis geschaffen werden. **Vorfristzusagen** im Hauptprüfverfahren bleiben dagegen möglich, wie insbesondere die Zulässigkeit der Fristverlängerung nach § 40 Abs. 2 S. 3 Nr. 1 GWB zeigt (s. o. Rn. 19). Praktische Bedeutung haben indessen Vorfristzusagen, soweit erkennbar, nicht mehr, seitdem das Gesetz in § 40 Abs. 3 S. 1 GWB dem BKartA ausdrücklich die Möglichkeit eröffnet, die formelle Freigabe (§ 40 Abs. 2 S. 1 GWB) mit Bedingungen und Auflagen zu verbinden (u. Rn. 41 f.). 38

52 Begr. zum RegE, BT-Drs. 13/9720, S. 60.

53 S. *Hoesch,* BB 1995, 1917; *Richter,* Teiluntersagung in der Fusionskontrolle, 1987; *Riesenkampff,* WuW 1977, 291; *Schultz,* WuW 1982, 429; *Windbichler,* Informelles Verfahren bei der Fusionskontrolle, 1981.

54 Beispiele zuletzt in *BKartA* TB 1997/98, S. 18, 243 ff.; zustimmend *BGH* LM § 24 GWB Nr. 4 = NJW 1979, 2563 – Bayer/Metzeler; str.

39 Das Bundeskartellamt entscheidet nach pflichtgemäßem **Ermessen**, ob es unter den Voraussetzungen des § 36 Abs. 1 von der durch § 40 Abs. 3 S. 1 eröffneten Möglichkeit zur Freigabe des Zusammenschlusses unter Nebenbestimmungen Gebrauch machen oder den Zusammenschluss untersagen will.[55] Wenn aber die an einem Zusammenschluss beteiligten Unternehmen von sich aus Nebenbestimmungen anbieten, die die bis dahin an sich gegebenen Untersagungsvoraussetzungen wieder entfallen lassen, *muss* das Amt auf das Angebot eingehen, es kann dann nicht mehr einfach die Nebenbestimmungen ablehnen und stattdessen den Zusammenschluss untersagen.[56] Voraussetzung ist aber in jedem Fall, dass aufgrund konkreter Umstände mit hoher Wahrscheinlichkeit anzunehmen ist, dass die von den Beteiligten angebotenen oder von dem Amt ins Auge gefassten Nebenbestimmungen im Falle ihrer Erfüllung tatsächlich die Untersagungsvoraussetzungen entfallen lassen; verbleiben insoweit Zweifel, so kommt nur eine Untersagung des Zusammenschlusses in Betracht.[57] Kommt eine Freigabe unter Nebenbestimmungen in Betracht, so hat das Bundeskartellamt ferner grundsätzlich die Wahl zwischen einer Freigabe unter Bedingungen oder unter Auflagen; wegen ihrer automatischen Wirkung (Rn. 41) sollen jedoch auflösende Bedingungen, falls geeignet, in der Regel vorzugswürdig sein.[58]

40 Bedingungen und Auflagen, sog. Nebenbestimmungen sind nicht schrankenlos zulässig. **Zulässigkeitsvoraussetzung** ist einmal, dass die Beteiligten mit der Nebenbestimmung **einverstanden** sind; die Freigabe eines Zusammenschlusses unter einer Nebenbestimmung, die von dem Beteiligten abgelehnt wird, kommt nicht in Betracht.[59] Zweitens dürfen sich die Nebenbestimmungen **nicht** darauf richten, die beteiligten Unternehmen einer **laufenden Verhaltenskontrolle** zu unterstellen (§ 40 Abs. 3 S. 2 GWB). Daraus folgt, dass als Gegenstand einer Nebenbestimmung **nur strukturelle Maßnahmen** in Betracht kommen, die die Wettbewerbsbedingungen und nicht das laufende Wettbewerbsverhalten der beteiligten Unternehmen beeinflussen und die Voraussetzungen für eine Untersagung des Zusammenschlusses nach § 36 Abs. 1 GWB beseitigen sollen. Die **Abgrenzung** ist schwierig, schon deshalb, weil auch die Marktstruktur in der Regel nur über das Verhalten der beteiligten Unternehmen beeinflusst werden kann. Entscheidend ist letztlich, worauf nach den Umständen das *Schwergewicht* der Nebenbestimmungen liegt, auf dem Eingriff in die Marktstruktur oder auf der Kontrolle des laufenden Wettbewerbsverhaltens der beteiligten Unternehmen.[60]

2. Bedingungen

41 Nach § 40 Abs. 3 S. 1 GWB kann die Freigabe eines Zusammenschlusses im Hauptprüfverfahren, ein Verwaltungsakt, zunächst mit Bedingungen verbunden werden. Eine **Bedingung** ist nach § 36 Abs. 2 Nr. 2 des Verwaltungsverfahrensgesetzes

[55] *OLG Düsseldorf* WuW/E DE-R 2462 (2471 f.) – A-TEC/Nordeutsche Affinerie; 2593 (2601 Tz. 202) – Springer/Pro7Sat1.

[56] *BGH* WuW/E DE-R 2905 = WM 2010, 1091 (1100) – Phonak/ReSound.

[57] *OLG Düsseldorf* WuW/E DE-R 2593 (2601) – Springer/Pro7Sat1.

[58] So *OLG Düsseldorf* WuW/E DE-R 2798 (2803 f.) – Bau- und Heimwerkermarkt; 2894 Tz. 22 – Bau und Garten.

[59] *BKartA* TB 2001/2002, S. 22 ff.

[60] BGHZ 166, 165 (186 ff. Tz. 55 ff.) = NJW-RR 2006, 836 – DB Regio/üstra; *BKartA* WuW/E DE-V 1135 (1140 f.); ausführlich *Veelken,* WRP 2003, 692 ff.

(VwVfG) eine Nebenbestimmung zu einem Verwaltungsakt, aufgrund derer der Eintritt oder der Wegfall einer Vergünstigung, hier der Freigabe des Zusammenschlusses, von dem ungewissen Eintritt eines zukünftigen Ereignisses abhängt.[61] Die Bedingung kann grundsätzlich **auflösend oder aufschiebend** sein. Das BKartA macht von beiden Möglichkeiten Gebrauch. Ein Beispiel für eine *auflösende* Bedingung ist die Freigabe eines Zusammenschlusses unter der Bedingung der Veräußerung einer Tochtergesellschaft binnen einer bestimmten Frist. Die Folge ist, dass die bedingte Freigabe endet und die Untersagung des Zusammenschlusses wieder in Kraft tritt, wenn in dem genannten Fall die Tochtergesellschaft nicht fristgerecht veräußert wird.[62] Eine nachträgliche **Abänderung** der auflösenden Bedingung zu Gunsten der Unternehmen, etwa im Wege der Fristverlängerung, scheidet grundsätzlich aus.[63] Wird die Bedingung binnen der vorgeschriebenen Frist nicht erfüllt, so muss der Zusammenschluss vielmehr grundsätzlich aufgelöst werden (Rn. 49 ff.). – Die Freigabe eines Zusammenschlusses unter einer **aufschiebenden Bedingung** bedeutet dagegen, dass die *Wirkung* der Freigabe und damit insbesondere die Aufhebung des Vollzugsverbotes des § 41 Abs. 1 GWB von dem Eintritt der Bedingung abhängt, z. B. von der fristgerechten Veräußerung bestimmter Beteiligungen seitens der beteiligten Unternehmen, wenn das BKartA die Veräußerung zur Bedingung der Freigabe des Zusammenschlusses gemacht hatte. Dabei darf wohl auch die Frist des § 40 Abs. 2 S. 2 GWB überschritten werden, weil andernfalls die ganze Regelung praktisch bedeutungslos wäre.

3. Auflagen

Unter einer Auflage ist im Gegensatz zu einer Bedingung (o. Rn. 41) eine Nebenbestimmung zu verstehen, durch die dem oder den begünstigten Unternehmen ein Tun, Dulden oder Unterlassen aufgegeben wird (§ 36 Abs. 2 Nr. 4 VwVfG). Für Auflagen gelten dieselben **Zulässigkeitsvoraussetzungen** wie für Bedingungen (s. o. Rn. 39 f.). Auch eine Auflage muss deshalb **von den beteiligten Unternehmen akzeptiert** werden; Auflagen gegen den Willen der Beteiligten scheiden aus. Außerdem kommen nach § 40 Abs. 3 S. 2 nur Auflagen mit **struktureller Zielsetzung** in Betracht, während es unzulässig ist, die beteiligten Unternehmen im Wege einer Auflage einer laufenden Verhaltenskontrolle zu unterstellen. **Beispiele** für den zulässigen Inhalt von Auflagen sind in erster Linie die Veräußerung von Beteiligungen oder von Unternehmensteilen, die Auflösung oder der Austritt aus Kartellen sowie die Veränderung der Organisation oder der Willensbildung der beteiligten Unternehmen. In der Praxis des BKartA spielen neben **Veräußerungsauflagen** vor allem **Marktöffnungsauflagen** eine Rolle,[64] insbesondere auf den Energiemärkten, auf denen das BKartA über entsprechende Auflagen bei der Freigabe von Zusammenschlüssen zwischen den großen Verbundunternehmen wie RWE oder E.ON und regionalen oder lokalen Versorgern, immer wieder versucht, die verkrusteten Marktstrukturen (ein wenig) aufzulockern, z. B. durch die Begründung von Sonderkündigungsrechten sowie durch Auflagen, durch die die Voraussetzungen für Durchleitungen verbessert 42

61 *BKartA* TB 2001/2002, S. 22 ff.

62 So z. B. *BKartA* WuW/E DE-V 1313 (1324 Tz. 126 ff.) – Telecash; 1349 (1356 f. Tz. 135 ff.) – Atlas Copco/ABAC; 1376 (1378 f.) – Douglas/Hela; TB 2005/06, S. 20.

63 *OLG Düsseldorf* WuW/E DE-R 2496 (2498 ff.) – Globus/Distributa.

64 *BKartA* TB 2001/2002, S. 23; besonders weitgehend *BKartA* WuW/E DE-V 301 (309 ff.) – RWE/VEW.

werden sollen.[65] Durchaus **offen** ist bisher, ob die mit derartigen Auflagen angestrebten strukturellen **Verbesserungen** auch nur in der Mehrzahl der Fälle tatsächlich **erreicht** werden. Untersuchungen der Kommission zu der entsprechenden Auflagenpraxis der Kommission mahnen hier zu großer Skepsis.[66]

43 Wird die Freigabeentscheidung vom BKartA mit einer Auflage verbunden, so hat dies zur Folge, dass die Wirkung der Freigabe, d. h. die Aufhebung des Vollzugsverbots des § 41 Abs. 1 GWB, anders als im Falle einer aufschiebenden Bedingung (o. Rn. 41), zwar sofort eintritt; jedoch trifft die Beteiligten jetzt die **Verpflichtung,** trotz Freigabe des Zusammenschlusses der Auflage nachzukommen.[67] Zur **Durchsetzung** dieser Verpflichtung stehen dem BKartA **mehrere Wege** zur Verfügung.[68] In Betracht kommen neben dem Widerruf der Freigabeentscheidung wegen Nichterfüllung der Auflage (§ 40 Abs. 3 a GWB i. d. F. von 2005) noch Maßnahmen des Verwaltungszwangs (§ 86 a GWB n. F.) sowie ein Bußgeldverfahren (§ 81 Abs. 2 Nr. 5 GWB). Widerruft das BKartA die Freigabe wegen Nichterfüllung der Auflage, so muss der Zusammenschluss aufgelöst werden (§ 40 Abs. 3 a S. 2 in Verbindung mit § 41 GWB; dazu u. Rn. 49 ff.).

4. Anfechtung

44 Unter den Voraussetzungen des § 63 GWB können die Nebenbestimmungen, d. h. die Bedingungen und Auflagen **von** den **beteiligten Unternehmen** auch **selbstständig angefochten** werden. Nebenbestimmungen sind vor allem dann rechtswidrig und deshalb auf Beschwerde hin aufzuheben, wenn sie gegen § 40 Abs. 3 S. 2 GWB verstoßen (s. Rn. 40) oder unverhältnismäßig sind. Die beteiligten Unternehmen haben die Anfechtungsmöglichkeit selbst dann, wenn sie den Nebenbestimmungen in dem Amtsverfahren hilfsweise zugestimmt, zugleich aber grundsätzlich daran festgehalten hatten, dass ihr Zusammenschluss an sich unbeschränkt freigegeben werden müsse, weil sie dann durch die Nebenbestimmungen immer noch beschwert sind.[69] **Beigeladene Dritte** können dagegen mit der Anfechtung einer Freigabeentscheidung des BKartA nicht die nachträgliche Verbindung der Freigabeentscheidung mit Nebenbestimmungen erreichen; eine entsprechende Verpflichtungsbeschwerde Dritter ist dem GWB fremd.[70]

VII. Vollzugsverbot[71]

45 **1.** Nach § 41 Abs. 1 S. 1 GWB dürfen die Unternehmen einen Zusammenschluss, der vom BKartA nicht freigegeben wurde, erst nach Ablauf der Fristen des § 40

[65] S. *Immenga,* ZNER 2002, 152 (155 ff.); *Möschel,* DB 2001, 131; *ders.,* GS Sonnenschein, 2003, S. 759 (765 ff.) = FS J. Baur, 2002, S. 527 = ZNER 2002, 2; *D. Schroeder,* FS J. Baur, 2002, S. 567 (569 ff.); *K.-P. Schultz,* FS J. Baur, 2002, S. 577 (581 ff.).

[66] S. *P. Linsmeier,* FS Bechtold, 2006, S. 269 (271 ff.).

[67] *BKartA* TB 2001/2002, S. 22 ff.

[68] *OLG Düsseldorf* WuW/E DE-R 953 (954 f.) – Lufthansa/Eurowings.

[69] BGHZ 166, 165 (169 f. Tz. 13 ff.) = NJW-RR 2006, 836 – DBRegio/üstra; *OLG Düsseldorf* WuW/E DE-R 1397 (1398 ff.) – ÖPNV Hannover.

[70] *OLG Düsseldorf* WuW/E DE-R 1291 (1292) – Zeiss/Leica; WuW/E DE-R 1462 (1463 f.) – Argenthaler Steinbruch.

[71] S. dazu zuletzt *Bien,* ZWeR 2001, 110; *Kühne/Kizil,* ZWeR 2010, 268; *Röhling,* FS Kühne, 2009, S. 287.

Abs. 1 S. 1 und Abs. 2 S. 2 GWB vollziehen *oder* an dem Vollzug des Zusammenschlusses mitwirken. Bis zum Ablauf der genannten Fristen besteht mit anderen Worten ein Vollzugsverbot, uind zwar **während des gesamten Fusionskontrollverfahrens**, auch während des sich anschließenden Beschwerde- und Rechtsbeschwerdeverfahrens. Es **endet** erst mit der Freigabe des Zusammenschlusses durch das Bundeskartellamt oder mit Rechtskraft der die Untersagungsverfügung aufhebenden Entscheidung des OLG Düsseldorf oder des BGH.[72] Verstöße gegen das Vollzugsverbot stellen eine Ordnungswidrigkeit dar (s. § 81 Abs. 2 Nr. 1 GWB). Durch diese Regelung sollen nach Möglichkeit die Schwierigkeiten vermieden werden, die erfahrungsgemäß mit der nachträglichen Auflösung einmal vollzogener Zusammenschlüsse verbunden sind (u. Rn. 49 ff.).

Das Vollzugsverbot des § 41 Abs. 1 S. 1 GWB richtet sich in erster Linie gegen die **Erfüllungsgeschäfte** im Gegensatz zu den zugrunde liegenden Kausalgeschäften, aus denen sich überhaupt erst das anmeldepflichtige Zusammenschluss*vorhaben* im Sinne des § 39 Abs. 1 GWB ergibt (s. o. Rn. 9). *Zulässig* ist daher zwar der Abschluss von Kaufverträgen über Anteile oder Vermögenswerte sowie der Abschluss von Gesellschaftsverträgen, *verboten* dagegen die *Übertragung* von Anteilen oder Vermögenswerten sowie die tatsächliche *Durchführung* des Gesellschaftsvertrages, z. B. die Erteilung von Weisungen seitens des Erwerbers an das Beteiligungsunternehmen.[73] 46

2. Gegen das Vollzugsverbot verstoßende Rechtsgeschäfte sind **unwirksam** (§ 41 Abs. 1 S. 2 GWB). Nach überwiegender Meinung handelt es sich dabei um eine bloße **schwebende Unwirksamkeit,** die infolgedessen noch nachträglich **geheilt** werden kann, etwa, indem das BKartA den beteiligten Unternehmen mitteilt, es verzichte – trotz des rechtswidrigen Vollzugs des Zusammenschlusses – auf dessen Untersagung.[74] Eine **Ausnahme** von der Regel des § 41 Abs. 1 S. 2 GWB gilt außerdem aus Gründen der Rechtssicherheit nach **§ 41 Abs. 1 S. 3 GWB** i. d. F. von 2005 für Grundstücksgeschäfte, sobald sie durch Eintragung in das Grundbuch rechtswirksam geworden sind, sowie für verschiedene gesellschaftsrechtliche Vorgänge, bei denen eine Unwirksamkeit ex tunc als schwer erträglich angesehen wird. Es sind dies Verträge über die Umwandlung, Eingliederung oder Gründung eines Unternehmens sowie Unternehmensverträge i. S. der §§ 291 und 292 AktG nach ihrer Eintragung ins Handelsregister (§ 294 AktG). In diesen Fällen kommt nach der Untersagung nur noch die Auflösung des Zusammenschlusses nach § 41 Abs. 3 und Abs. 4 GWB in Betracht (s. u. Rn. 49 ff.). 47

3. (Nur) das BKartA kann auf Antrag **Befreiung** von dem Vollzugsverbot des § 41 Abs. 1 S. 1 GWB erteilen, wenn die beteiligten Unternehmen hierfür **wichtige Gründe** geltend machen, insbesondere, um schweren Schaden von einem beteiligten Unternehmen oder von Dritten abzuwenden (§ 41 Abs. 2 S. 1 GWB). Zu denken ist hier in erster Linie an *Sanierungsfusionen,* bei denen häufig die Entscheidung über den Vollzug des Zusammenschlusses keinen Aufschub duldet, um den endgültigen Zusammenbruch des übernommenen Unternehmens zu verhindern.[75] § 41 Abs. 2 48

[72] *OLG Düsseldorf* WuW/E DE-R 3000 (3015 f.) – OMV/Total.

[73] *Bechtold,* § 41 Rn. 4; *Richter,* in: Wiedemann, § 21 Rn. 38 (S. 722 f.).

[74] *BGH* LM § 24 GWB Nr. 4 = NJW 1979, 2563 = WuW/E BGH 1556 – Bayer/Metzeler; WuW/E BGH 1547 = NJW 1980, 183 = AG 1979, 137 (138) – Bayer/Metzeler.

[75] S. o. § 34 Rn. 65 ff.; *OLG Düsseldorf* WuW/E DE-R 2069 (2075 ff.) – Phonak/ReSound.

GWB enthält eine abschließende Regelung, neben der für einen Rückgriff auf die §§ 60 und 64 Abs. 2 GWB kein Raum ist.[76] Das gilt auch im **Beschwerdeverfahren** (oben Rn. 29).

VIII. Auflösung

Literatur: *Kerber,* Die Unternehmensentflechtung nach dem GWB, 1987; *Möschel,* Entflechtungen im Recht der Wettbewerbsbeschränkungen, 1979; *ders.,* Die Auflösung vollzogener Unternehmenszusammenschlüsse nach dem GWB, 1982; *Oehler,* Entflechtung und Kontrahierungszwang, 1977; *Schulte-Braucks,* Die Auflösung marktbeherrschender Stellungen, 1980, *Ulshöfer,* WuW 2011, 820.

49 Ein vom BKartA rechtskräftig untersagter und vom Bundesminister für Wirtschaft auch nicht nach § 42 GWB ausnahmsweise erlaubter Zusammenschluss ist aufzulösen, sofern er bereits vollzogen wurde (§ 41 Abs. 3 S. 1 GWB). Vorstellbar ist dies nach Übergang zur generellen präventiven Fusionskontrolle (§ 39 Abs. 1 GWB) im Jahre 1998 freilich nur noch in wenigen Fällen. Die wichtigsten sind der Vollzug eines Zusammenschlusses ohne dessen Anmeldung beim BKartA oder entgegen dem Vollzugsverbot des § 41 Abs. 1 GWB (s. im Einzelnen o. Rn. 47), der Vollzug nach Befreiung vom Vollzugsverbot aufgrund des § 41 Abs. 2 GWB, der Eintritt einer auflösenden Bedingung (o. Rn. 39), der Widerruf der Freigabeentscheidung durch das BKartA nach § 40 Abs. 3 a GWB (s. § 41 Abs. 4 GWB) sowie die Aufhebung der Freigabeentscheidung *nach Vollzug* des Zusammenschlusses. Gleich steht der Fall, dass ein Zusammenschluss vor Eintritt einer aufschiebenden Bedingung vollzogen wird und die Bedingung endgültig ausfällt.

1. Auflösungspflicht

50 Die **Verpflichtung** der beteiligten Unternehmen zur Auflösung eines bereits vollzogenen Zusammenschlusses beruht in den genannten Fällen (o. Rn. 49) unmittelbar auf § 41 Abs. 3 S. 1 GWB.[77] Die Nichterfüllung dieser Verpflichtung ist jedoch **sanktionslos,** so dass das BKartA, wenn die beteiligten Unternehmen der Auflösungspflicht nicht freiwillig nachkommen, die zur Auflösung des Zusammenschlusses erforderlichen **Maßnahmen anordnen** muss (§ 41 Abs. 3 S. 2 GWB). Diese Anordnung hat gleichfalls noch keine privatrechtsgestaltende Wirkung, sondern konkretisiert ihrerseits lediglich die nunmehr erforderlichen Maßnahmen (o. Rn. 54), so dass das BKartA, wenn die Unternehmen auch darauf hin nicht tätig werden, zur Durchsetzung seiner Anordnung jetzt erst die in § 41 Abs. 4 Nr. 2 und 3 und in § 86 a GWB genannten **Maßnahmen** ergreifen darf. Es sind dies die Festsetzung von Zwangsgeldern (§ 86 a GWB), die Untersagung der Ausübung des Stimmrechts aus Anteilen an einem der beteiligten Unternehmen (Nr. 2 des § 41 Abs. 4 GWB) sowie die Bestellung eines Treuhänders, der die Auflösung des Zusammenschlusses herbeiführt (Nr. 3 des § 41 Abs. 4 GWB).[78]

---

[76] *OLG Düsseldorf* WuW/E DE-R 2069 (2070 ff.) – Phonak/ReSound.

[77] Anders die überwiegende Meinung, z. B. *Bechtold,* § 41 Rn. 13; *Richter,* in: Wiedemann, § 21 Rn. 129.

[78] Beispiele für Entflechtungsanordnungen in *BKartA* AG 1991, 180 – Kampffmeyer/Plange; WuW/E BKartA 2625 = AG 1994, 521 – Krupp/Hoesch (Brüninghaus); WuW/E DE-V 1340 = AG 2007, 833 – Sulzer/Kelmix – (aufgehoben durch *BGH* WuW/E DE-R 2133 = AG 2008, 122); TB 2005/06, S. 21 f.

Die **Auflösungspflicht endet,** sobald die materiellen oder formellen Voraussetzungen einer Untersagung des Zusammenschlusses nach den §§ 36 und 37 GWB nicht mehr vorliegen. Sowohl eine Reduzierung der Beteiligung des Erwerbers unter die Grenzen des § 37 Abs. 1 Nr. 3 GWB als auch ein nachträglicher Wegfall der durch den Zusammenschluss begründeten oder verstärkten marktbeherrschenden Stellung der zusammengeschlossenen Unternehmen machen deshalb eine Auflösung des Zusammenschlusses für die Zukunft entbehrlich.[79] 51

Eine nachträgliche Auflösung des Zusammenschlusses scheidet ferner aus, wenn der **Zusammenschluss** in der Zwischenzeit seinem Wesen nach so sehr **verändert** wurde, dass er von der ursprünglichen Untersagungsverfügung nicht mehr ergriffen wird.[80] Dafür genügt zwar nicht die bloße Umwandlung einer mittelbaren in eine unmittelbare Beteiligung oder eine konzerninterne Umschichtung der Beteiligungen,[81] wohl aber eine solche Veränderung der Beteiligungsverhältnisse, dass der ursprüngliche Zusammenschlusstatbestand jetzt nicht mehr vorliegt.[82] Das BKartA muss daher, wenn die Beteiligten nachträglich den Zusammenschlusstatbestand durch einen anderen ersetzen, gegebenenfalls eine neue Untersagungsverfügung erlassen.[83] 52

2. Verpflichteter

Das Gesetz regelt nicht ausdrücklich, **wen** die Auflösungspflicht trifft. Richtigerweise sollte der Kreis der Auflösungspflichtigen **eigenständig** nach Sinn und Zweck der gesetzlichen Regelung **abgegrenzt** werden. Danach müssen zu den Verpflichteten (außer den materiell Beteiligten) noch der Vermögens- und der Anteilsveräußerer in den Fällen der Nr. 1 und 3 des § 37 Abs. 1 GWB, weiter das herrschende Unternehmen im Falle des § 36 Abs. 2 S. 1 GWB sowie das Beteiligungsunternehmen und dessen Gesellschafter gerechnet werden, weil ohne deren Einbeziehung in den Kreis der auflösungspflichtigen Personen dem BKartA häufig die Auflösung eines Zusammenschlusses gar nicht möglich sein dürfte. An alle Genannten kann mithin eine Auflösungsanordnung nach § 41 Abs. 3 S. 2 GWB gerichtet werden.[84] Andere Personen, insbesondere die Geschäftspartner und die Arbeitnehmer der beteiligten Unternehmen, sind dagegen Dritte, in deren Rechte im Auflösungsverfahren *nicht* eingegriffen werden darf. 53

3. Erscheinungsformen

Aus § 41 Abs. 3 S. 3 GWB folgt, dass das Gesetz **zwei** verschiedene **Formen** der Auflösung bereits vollzogener Zusammenschlüsse kennt; es sind dies die Wiederherstellung des Zustandes vor dem Zusammenschluss, die sogenannte **Restitution,** sowie 54

[79] BGHZ 88, 273 (277 ff.) = NJW 1984, 2886 – Springer/Elbe Wochenblatt; *Möschel,* ZGR 1984, 655.

[80] *BGH* LM § 23 GWB Nr. 13 = WuW/E BGH 2211 = AG 1986, 223 – Ph. Morris/Rothmans; *OLG Düsseldorf* WuW/E DE-R 1435 (1436 ff.) – Agrana/Atys; WuW/E DE-R 1625 – Rethmann/GfA Köthen; *Kerber,* Die Unternehmensentflechtung nach dem GWB, 1987, S. 42 ff.

[81] *BGH* WuW/E BGH 2425 = AG 1988, 103 (104). (insoweit nicht in LM § 24 GWB Nr. 19 = NJW-RR 1988, 227 abgedruckt) – Panorama-Anzeigenblätter; *OLG Düsseldorf* WuW/E DE-R 1435 (1436 ff.) – Agrana/Atys; WuW/E DE-R 1625 – Rethmann/GfA Köthen.

[82] *BGH* LM § 23 GWB Nr. 13 = AG 1986, 223 = WuW/E BGH 2211 – Ph. Morris/Rothmans; WuW/E BGH 2207 (2208) – Lufthansa/f. i. r. s.t.; *KG* WuW/E OLG 3767 = AG 1986, 365 – Anzeigenblätter; *OLG Düsseldorf* WuW/E DE-R 1625 (1626) – Rethmann/GfA Köthen.

[83] *BKartA* WuW/E BKartA 2204 = AG 1986, 331 – Ph. Morris/Rothmans II.

[84] Ebenso *Kerber,* Die Unternehmensentflechtung nach dem GWB, 1987, S. 48 ff.; anders BGHZ 88, 273 (277 ff.) = NJW 1984, 2886 – Springer/Elbe Wochenblatt.

die **Beseitigung** der Wettbewerbsbeschränkung i. S. d. § 36 Abs. 1 GWB **auf andere Weise.** Das **Wahlrecht** zwischen diesen beiden Formen der Auflösung steht grundsätzlich den beteiligten Unternehmen zu, wobei sich aus dem Zusammenhang der gesetzlichen Regelung ergibt, dass sie verpflichtet sind, die Wahl in angemessener Frist zu treffen und anschließend die gewählten Maßnahmen zügig durchzuführen.[85] Kommen sie der Durchführungspflicht nicht alsbald nach, so hat das BKartA lediglich die Möglichkeit, die von den Beteiligten gewählten Maßnahmen durch seine Auflösungsanordnung nach § 41 Abs. 3 S. 2 GWB zu konkretisieren und zu deren Durchsetzung sodann die in § 41 Abs. 4 GWB genannten Maßnahmen zu ergreifen. Das BKartA muss dabei den **Verhältnismäßigkeitsgrundsatz** beachten und darf deshalb immer nur diejenigen Maßnahmen wählen, die jeweils unter Wahrung der Belange Dritter mit dem niedrigsten Aufwand und der geringsten Belastung für die Beteiligten zum Ziele führen.

55 Nach überwiegender Meinung folgt aus § 41 Abs. 3 S. 3 GWB **kein Vorrang der Restitution** vor der Beseitigung der Wettbewerbsbeschränkung auf andere Weise.[86] Die Praxis bevorzugt deshalb deutlich die bloße **Teilentflechtung** durch Reduzierung des Anteilsbesitzes unter die Schwellenwerte des § 37 Abs. 1 Nr. 3 GWB.[87] Daneben kommen z. B. in Betracht das Ausscheiden eines Unternehmens aus einem Konzern,[88] die Veräußerung von Unternehmensteilen an Dritte,[89] die Verteilung der erworbenen Anteile an die eigenen Aktionäre (sog. pro-rata-Entflechtung), ferner die Ausgründung neuer lebensfähiger Unternehmen und deren Veräußerung, die Beschränkung des Einflusses des Erwerbers bei dem Beteiligungsunternehmen durch Stimmrechtsbeschränkungen sowie schließlich sonstige kompensatorische Maßnahmen, durch die die Wettbewerbsbedingungen i. S. d. § 36 Abs. 1 GWB verbessert werden sollen, wie z. B. der Austritt aus Kartellen, die Aufnahme von Lieferbeziehungen zu Dritten sowie die Lizenzerteilung an Konkurrenten.[90]

4. Kapitel. Ausnahmebereiche

§ 37. Einleitung

Literatur: *BReg.,* Bericht über die Ausnahmebereiche, BT-Drs. 7/3206; *Deregulierungskommission,* Marktöffnung und Wettbewerb, 1991; *U. Brandt,* Wettbewerbspolitische Ausnahmebereiche, 1977; *Eickhof,* Zur Legitimation ordnungspolitischer Ausnahmebereiche, ORDO 44 (1993), 203; *Emmerich,* Die freiheitssichernde Funktion des Wettbewerbsrechts, AJP 1992, 206; *Helmrich* (Hrsg.), Wettbewerbspolitik und Wettbewerbsrecht, 1987; *Immenga,* Wettbewerbsbeschränkungen auf staatlich gelenkten Märkten, 1967; *Kaufer,* Industrieökonomik, 1980; *Krakowski* (Hrsg.), Deregulierung in der Bundesrepublik Deutschland, 1988; *J. Müller/I. Vogelsang,* Staatliche Regulierung, 1980; *Seidenfus* (Hrsg.), Deregulierung – eine Herausforderung an die Wirtschafts- und Sozialpolitik in der Marktwirtschaft, 1989; *Soltwedel,* Deregulierungspotentiale in der Bundesrepublik, 1986; *R. Weber,* Wirtschaftsregulierung in wettbewerbspolitischen Ausnahmebereichen, 1986.

85 *KG* AG 1991, 179 = WuW/E OLG 4558 – Kampffmeyer/Plange.

86 *Kerber,* Die Unternehmensentflechtung nach dem GWB, 1987, S. 35 ff.; anders *Möschel,* Tz. 911 ff.; wohl auch *BKartA* AG 1991, 180 – Kampffmeyer/Plange.

87 *Kerber,* Die Unternehmensentflechtung nach dem GWB, 1987, S. 38, 109 ff.; *Möschel,* Tz. 916 ff.

88 S. *KG* WuW/E OLG 2753 = AG 1982, 334 – Springer/Elbe Wochenblatt.

89 *BKartA* AG 1991, 180 – Kampffmeyer/Plange.

90 S. *Albert,* Patente in der Fusionskontrolle, 2011.

I. Überblick

Als **Ausnahmebereiche** bezeichnet man Branchen oder Wirtschaftszweige, in denen das GWB entweder überhaupt nicht oder doch nur mit erheblichen Einschränkungen Anwendung findet. Das GWB enthielt ursprünglich in den §§ 99 bis 103 a a. F. einen umfangreichen Katalog derartiger Ausnahmebereiche. Die wichtigsten waren die Verkehrswirtschaft (§ 99 GWB a. F.), die Landwirtschaft (§ 100 GWB a. F.), die Kredit- und Versicherungswirtschaft (§ 102 GWB a. F.), die Kohle- und Stahlwirtschaft (§ 101 Nr. 3 GWB a. F.) sowie die Elektrizitäts-, Gas- und Wasserwirtschaft (§§ 103 f. GWB a. F.). Außerdem war (und ist) eine ganze Reihe weiterer Märkte **durch Sondergesetze** außerhalb des GWB zugunsten einzelner Unternehmen **monopolisiert.**[1] Beispiele waren die Prüfmonopole der Technischen Überwachungsvereine (TÜV) aufgrund des Gerätesicherheitsgesetzes (GSG) und des Kraftfahrzeugsachverständigengesetzes,[2] das Arbeitsvermittlungsmonopol des Bundes nach § 13 AFG von 1969,[3] das Brief- und Fernmeldemonopol des Bundes aufgrund des § 2 PostG von 1969 und des § 1 FAG von 1928 sowie die faktischen und weithin zugleich rechtlichen Monopole der öffentlich-rechtlichen Rundfunkanstalten nach den Rundfunkgesetzen der Länder.[4] Hinzu kommen z. B. noch die bis auf den heutigen Tag aus rein fiskalischen Gründen behaupteten Wett- und Glücksspielmonopole der Bundesländer sowie die Wegemonopole der Gemeinden, die diesen eine verhängnisvolle wettbewerbsfeindliche Schlüsselrolle in der Energieversorgung sichern (s. u. § 39, besonders Rn. 16 ff.). 1

Die Auseinandersetzung über die Beibehaltung oder die Einschränkung der genannten Ausnahmebereiche und Monopole (o. Rn. 1) bildete seit Inkrafttreten des GWB im Jahre 1958 einen der **Schwerpunkte der wettbewerbspolitischen Diskussion.** Obwohl diese Privilegien naturgemäß von ihren zahlreichen Nutznießern, nicht zuletzt in der Politik und in der Wissenschaft, „mit Zähnen und Klauen“ unter Anrufung der höchsten Werte der Nation verteidigt wurden, setzte sich doch ungefähr seit Mitte der achtziger Jahre immer mehr die Erkenntnis durch, dass die Ausnahmebereiche und Monopole heute sachlich durch nichts mehr zu rechtfertigen sind. Seitdem befinden sie sich kontinuierlich auf dem Rückzug, wobei vor allem der **von der Europäischen Union ausgehende Deregulierungdruck** hilfreich war. Wegen des wachsenden Widerstandes der vielen Wettbewerbsfeinde zumal in Deutschland und Frankreich kommt dieser Prozess heute jedoch nur noch langsam voran. Auf manchen Gebieten sind sogar **Rückschläge** zu verzeichnen. Dazu gehört im Grunde auch, dass in den Fällen, in denen ein Abbau von Monopolen gelang, häufig an die Stelle der herkömmlichen Ausnahmebereiche eine neue staatliche Aufsicht, meistens **Regulierung** genannt, getreten ist (s. §§ 38, 39). Von einer vollständigen Liberalisierung dieser Märkte kann daher keine Rede sein. 2

Die Regelung der wenigen, im GWB verbliebenen Ausnahmebereiche findet sich jetzt in erster Linie in den **§§ 28 bis 30 GWB,** d. h. mitten im Gesetz, wodurch zum 3

---

1 Eine (bedrückende) Übersicht zuletzt bei *Hamm*, FS Oberender, 2011, S. 67.

2 Dazu *Emmerich,* in: P. Oberender (Hrsg.), Marktstruktur und Wettbewerb, 1984, S. 659; *ders.,* Sicherheit und Wettbewerb, 1986; *ders.,* Der Sachverständige 1989, 143; *ders.,* FS Hoppmann, 1993, S. 241; *ders.,* AJP 1992, 206.

3 S. *Emmerich,* BB 1989, Beil. 3 zu H. 4, S. 9; *ders.,* FS Keller, 1989, S. 685; *ders.,* AJP 1992, 206.

4 Vgl. dazu *Emmerich,* AfP 1986, 206; 1989, 433; *ders.,* AG 1985, 293; *ders.,* in: Steiner (Hrsg.), Sport und Medien, 1990, S. 57; *ders./U. Steiner,* Möglichkeiten und Grenzen der wirtschaftlichen Betätigung der öffentlich-rechtlichen Rundfunkanstalten, 1986.

Ausdruck gebracht werden soll, dass es sich bei ihnen nicht mehr wie früher um echte Ausnahmen vom Anwendungsbereich des Gesetzes insgesamt, sondern lediglich um (eng begrenzte) **Spezialregelungen für einzelne Fragen** handelt, die wegen der Besonderheiten verschiedener Branchen (noch) für notwendig gehalten werden.[5] Es handelt sich dabei um die Landwirtschaft (§ 28 GWB; s. o. § 25 Rn. 2), um die Energiewirtschaft (§ 29; dazu u. § 39 Rn. 44 ff.) sowie um das Pressewesen (§ 30; dazu o. § 25). Versteckt an anderen Stellen des Gesetzes finden sich freilich noch **weitere** wichtige **Ausnahmebereiche**. Hervorzuheben sind: § 130 Abs. 1 S. 2 GWB, nach dem die §§ 1 bis 96 GWB keine Anwendung auf die **Deutsche Bundesbank und die Kreditanstalt für Wiederaufbau** finden, weiter § 131 Abs. 6 GWB, nach dem die früheren §§ 103, 103 a und 105 GWB für die öffentliche **Versorgung mit Wasser** weitergelten, so dass es insoweit bei den „herkömmlichen" Gebietsmonopolen geblieben ist, und zwar ausschließlich mit Rücksicht auf die fiskalischen Interessen der Gemeinden und der Länder (s. dazu u. § 39 Rn. 2), sowie noch Art. 2 der sechsten Novelle, durch den einzelne der bisherigen Bestimmungen über Ausnahmebereiche in **Spezialgesetze** verwiesen wurden, um so zumindest optisch das GWB von den Ausnahmeregelungen zu entlasten.

4 Den vorerst lezten **Deregulierungsschub** brachte die **siebte Novelle von 2005** durch die Anpassung des GWB an das europäische Kartellrecht, das – anders als früher das GWB – nahezu keine Ausnahmebereiche kennt (s. o. § 3 Rn. 52 ff.). Folgerichtig wurden durch die siebte Novelle die Sonderregelungen für die Kredit- und Versicherungswirtschaft, für die Urheberrechtsverwertungsgesellschaften und für den Sport gestrichen, weil dem europäischen Kartellrecht vergleichbare Sonderregelungen fremd sind (Rn. 6 ff.).

5 Es wäre ganz falsch, aus dem Gesagten (Rn. 1 ff.) den Schluss zu ziehen, Deutschland sei heute das „gelobte Land" des freien Wettbewerbs. Das Gegenteil ist richtig: Auf zahlreichen Märkten bestehen staatliche Monopole, staatliche Wettbewerbsbeschränkungen zu Gunsten einzelner privilegierter Unternehmen (und zum Nachteil der Verbraucher) sowie überflüssige Regulierungen fort.[6] Das wichtigste Beispiel ist der überregulierte **Energiemarkt** (dazu u. § 39). Ein weiteres Beispiel ist der **Gesundheitsmarkt**: Bis zum Jahre 2000 stand zwar fest, dass auf die Leistungsbeziehungen der Krankenkassen, insbesondere auf die Nachfrage nach Heil- und Hilfsmitteln das GWB in vollem Umfang Anwendung fand – zum offenbaren Nutzen für die Leistungserbringer: Den Krankenkassen, im Grunde ein sozialistisches Umverteilungssystem, und ihren Vertretern in Politik und Wissenschaft passte dies jedoch nicht; deshalb wurde durch ein Gesetz aus dem Jahre 2000 in § 69 SGB V die Unanwendbarkeit des GWB auf die fraglichen Leistungsbeziehungen bestimmt und damit im Ergebnis ein **neuer Ausnahmebereich** eingeführt.[7] Die Folgen waren, wie von vornherein absehbar, desaströs. Dieser Erkenntnis konnte sich schließlich auch der Gesetzgeber nicht mehr entziehen, so dass durch zwei Gesetze aus den Jahren 2007[8] und 2010[9] die entsprechende **Anwendbarkeit des GWB** auf die Leistungsbeziehungen der Krankenkassen (§ 69 Abs. 2 SGB V) und, noch wichtiger, durch Streichung

[5] S. die Begr. zum RegE, BT-Drs. 13/9720, S. 38 f.

[6] Überblick bei *Hamm*, FS Oberender, 2011, S. 67 ff.

[7] BGBl. 1999 I S. 2626; s. dazu *Emmerich*, FS Raiser, 2005, S. 647; *ders.*, in: IM, § 130 Rn. 22, 55 ff.

[8] BGBl I S. 278.

[9] BGBl I S. 2262.

des § 87 S. 3 GWB, die Zuständigkeit der ordentlichen Gerichte dafür wieder klargestellt wurden.[10]

II. Kredit- und Versicherungswirtschaft

Literatur: *BReg.*, Bericht über die Wettbewerbsverschiebungen im Kreditgewerbe, BT-Drs. V/3500; *Aust*, Der Wettbewerb in der Bankwirtschaft, 1963; *H. Büschgen/U. Schneider*, Der europäische Binnenmarkt 1992, 1990; *Buschmann*, Die Vereinbarungen und Zusammenschlüsse im Kreditwesen, 1963; *Dreher/Kling*, Kartell- und Wettbewerbsrecht der Versicherungsunternehmen, 2007; *Emmerich*, Die Bereichsausnahme für Versicherungen, ZHR 149 (1985), 672; *Farny*, Die Versicherungsmärkte, 1961; *Finsinger*, Verbraucherschutz auf Versicherungsmärkten, 1988; *Hoeren*, Selbstregulierung im Banken- und Versicherungsrecht, 1995; *Hollenders*, Die Bereichsausnahme für Versicherungen nach § 102 GWB, 1985; *A. Horn*, Wettbewerblicher Ausnahmebereich für die Versicherungswirtschaft, 1988; *Immenga*, Die Stellung der Emissionskonsortien in der Rechts- und Wirtschaftsordnung, 1981; *ders.*, Beteiligungen von Banken an anderen Wirtschaftszweigen, 1975; *Krümmel*, Wettbewerb und Konzentration im deutschen Bankwesen, 1977; *E. Kullmann*, Versicherungsrecht und europäisches Kartellrecht, 1987; *(Börner-)Meyer*, Ausnahmebereiche des GWB, 1972; *Möschel*, Das Wirtschaftsrecht der Banken, 1972; *Müller/Vogelsang*, Staatliche Regulierung, 1979; *Renken*, Die Zusammenarbeit der Kreditinstitute nach deutschem und europäischem Kartellrecht, 1992; *Röper*, Wettbewerbsprobleme der Versicherungswirtschaft, 1978; *H. A. Schmidt*, Die Europäisierung des Kartellrechts im Bereich der Kredit- und Versicherungswirtschaft, 1995; *R. Schmidt*, Zur rechtlichen Lage der Versicherungswirtschaft nach dem GWB, 1960; *Stützel*, Bankpolitik heute und morgen, 1964; *Windhagen*, Die Versicherungswirtschaft im europäischen Kartellrecht, 1996.

1. Frühere Rechtslage

In der Kredit- und Versicherungswirtschaft sind traditionell **Wettbewerbsbeschränkungen** überaus **verbreitet**. Bekannte **Beispiele** sind die Empfehlungen der Verbände hinsichtlich der Zinsen, Prämien und Konditionen.[11] In der **Kreditwirtschaft** kamen (und kommen) noch die Zahlungsverkehrsabkommen zwischen den verschiedenen Bankengruppen sowie die Vertragwerke über die Einführung neuer Dienstleistungen und über die Einlagensicherungssysteme hinzu. In der **Versicherungswirtschaft** standen dagegen bisher im Mittelpunkt des Interesses die wichtigen Mitversicherungs- und Rückversicherungsgemeinschaften, die sog. Pools, etwa für die Risiken Atom, Pharma und Luft, sowie die klassischen Prämienkartelle. Wettbewerbsbeschränkende Abreden fanden und finden sich außerdem noch in zahlreichen anderen Vertragswerken. 6

Alle diese wettbewerbsbeschränkenden Praktiken (Rn. 6) unterlagen ursprünglich aufgrund des **§ 102 GWB** i. d. F. von 1957 lediglich einer belanglosen Missbrauchsaufsicht.[12] Ihre Freistellung war jedoch bereits durch **§ 29** i. d. F. der sechsten Novelle **von 1998** deutlich **eingeschränkt** worden. 2005 ist sodann auch § 29 von 1998 **gestrichen** worden. Auslöser war wiederum der vom Unionsrecht ausgehende Liberalisierungsdruck (Rn. 8 ff.). 7

[10] S. im Einzelnen *Bechtold/Bosch*, NJW 2011, 3484 (3490), FK/*Meyer/Lindemann* § 87 Rn. 4, 9 und 19 ff.; *Haus/Schaper*, ZWeR 2011, 48 m.N.

[11] *Deregulierungskommission*, S. 14 ff.; *Adolff*, FS Geiß, 2000, S. 519 ff.; *Klaue*, FLF 1987, 39.

[12] Zu § 102 a. F. s. *Emmerich*, ZHR 149 (1985), 672; zu den angeblichen Besonderheiten s. zuletzt *Lettl*, WM 2005, 1585 (1586 f.); 2006, 253.

2. Europäische Union

8 Die **gegenseitige Öffnung** der früher streng gegeneinander abgeschotteten nationalen Kredit- und Versicherungsmärkte war von Anfang an eines der wichtigsten Anliegen der Europäischen Union im Rahmen des Binnenmarktprojekts. Diese Entwicklung ist inzwischen weit fortgeschritten, wobei die Union nicht, wie ursprünglich geplant, den Weg der Maximalharmonisierung, sondern den der Minimalharmonisierung in Verbindung mit der Durchsetzung des Herkunftslandprinzips gegangen ist. **Minimalharmonisierung** bedeutet in diesem Zusammenhang Vereinheitlichung des Aufsichtsrechts (nur) so weit, wie erforderlich, um den Mitgliedstaaten die *gegenseitige Anerkennung* der *Aufsichtspraxis* der anderen Mitgliedstaaten zu ermöglichen. Diesem Ziel diente eine Vielzahl ständig überarbeiteter Richtlinien, deren Wirkung insgesamt in einer weitgehenden Vereinheitlichung *und* Liberalisierung des Aufsichtsrechts bestand, – womit die Basis für die allseitige Anerkennung des **Herkunftslandprinzips** gelegt war. Gemeint ist damit die Kontrolle der Kredit- und Versicherungsunternehmen *allein* durch die Behörden ihres *Sitzlandes* in Verbindung mit der gegenseitigen Marktöffnung.

9 Einen wichtigen Beitrag zu der skizzierten Entwicklung (Rn. 8) hat auch die Wettbewerbspolitik geleistet, weil der AEUV im Gegensatz zum GWB **keinen Ausnahmebereich** für Banken und Versicherungen kennt, so dass die Anwendbarkeit der Wettbewerbsregeln auf diese Unternehmen von Anfang an außer Frage stand.[13] Die Kommission hat deshalb bereits in einer Vielzahl von Entscheidungen insbesondere Art. 101 AEUV auf die in der Kredit- und Versicherungswirtschaft bisher üblichen wettbewerbsbeschränkenden Abreden angewandt. Die etwaige Billigung solcher Abreden durch das nationale Recht spielte dabei ebensowenig eine Rolle wie eine Genehmigung durch die nationalen Aufsichtsbehörden, da die Wettbewerbsregeln des Vertrags den Vorrang haben.[14]

10 Sonderregelungen existieren nur noch für die Versicherungswirtschaft. Maßgebend ist heute die **GFVO Nr. 267/2010 für den Versicherungssektor.**[15] Anders als noch die vorausgegangene GFVO Nr. 358/2003[16] beschränkt sich die neue Verordnung auf die Erlaubnis der gemeinsamen Erhebung von Daten als Basis für die Kalkulation der Risiken und Prämien sowie auf die Freistellung von Mitversicherungsgemeinschaften, sog. Pools für bestimmte Großrisiken. Die Einzelheiten ergeben sich aus einer **Mitteilung** der Kommission vom März 2010.[17] Ziel der neuen Verordnung ist danach eine weitere Einschränkung der Privilegien für die Versicherungswirtschaft.

3. Neue Rechtslage

11 Durch die siebte GWB-Novelle von 2005 ist im GWB die Sonderregelung für die Kredit- und Versicherungswirtschaft (§ 29 GWB i. d. F. von 1998) ganz **gestrichen**

[13] Grdl. für die Banken *EuGH* Slg. 1981, 2021 (2030 f.) = NJW 1982, 505 = JuS 1982, 208 Nr. 1; für die Versicherungen *EuGH* Slg. 1977, 1091 (1125 ff.); 1987, 447 (451 f.) = NJW 1987, 2150 = JuS 1987, 739 Nr. 1.

[14] *EuGH* Slg. 1987, 447 (452 f.) = NJW 1987, 2150 = JuS 1987, 739 Nr. 1; *EuG* Slg. 2004, II-56 (89 Tz. 93) – JCB.

[15] ABl. Nr. L 83/1.

[16] ABl. Nr. L 53/8; s. dazu *OLG Düsseldorf* WuW/E DE-R 2540; *BKartA* WuW/E DE-V 1459; *Meyer-Lindemann*, ZWeR 2009, 522.

[17] ABl. Nr. C 82/20.

worden. Seitdem gelten für Banken und Versicherungen die Vorschriften des GWB ohne Einschränkung.[18] Zur Begründung haben die Gesetzesverfasser bemerkt, wettbewerbsbeschränkende Vereinbarungen in der Kredit- und Versicherungswirtschaft hätten in aller Regel einen zwischenstaatlichen Bezug, so dass hier für **nationale Sonderregelungen** neben Art. 101 AEUV **kein Raum mehr** sei.[19] Eine substantielle Änderung der Rechtslage sei damit nicht verbunden. Soweit in der Versicherungswirtschaft noch Sonderregelungen erforderlich seien, greife die erwähnte **GFVO Nr. 267/2010** ein (o. Rn. 10), und zwar gemäß § 2 Abs. 2 GWB auch in rein nationalen Fällen ohne zwischenstaatlichen Bezug. Im übrigen blieben Mitversicherungen im Einzelfall ebenso wie Preisbindungen im Konsortialgeschäft der Kreditinstitute und im Rückversicherungsgeschäft nach der Praxis der Kommission zulässig.

III. Urheberrechtsverwertungsgesellschaften

Literatur: *Mestmäcker,* FS Lukes, 1989, S. 447; *ders.,* in: Schwarze/J. Becker (Hrsg.), Geistiges Eigentum und Kultur im Spannungsfeld von nationaler Regelungskompetenz und europäischem Wirtschafts- und Wettbewerbsrecht, 1998, S. 53; *Zeidler,* Urhebervertragsrecht und Kartellrecht, 2007, S. 259 ff.

Das GWB enthielt in **§ 30 a. F.** bis 2005 eine weitere Sonderregelung für die urheberrechtlichen Verwertungsgesellschaften, also in erster Linie für die bekannte Gema. Nach Abs. 1 dieser Vorschrift galten die §§ 1 und 14 a. F. nicht für die Bildung urheberrechtlicher Verwertungsgesellschaften sowie für Verträge und Beschlüsse solcher Gesellschaften, soweit sie zur wirksamen Wahrnehmung der Urheberrechte und der verwandten Schutzrechte erforderlich und der Aufsichtsbehörde gemeldet waren. 12

Die Problematik dieser Regelung lag darin, dass dem **Unionsrecht** eine vergleichbare **Sonderregelung** für Verwertungsgesellschaften **fremd** war und ist. Die Kommission hat deshalb von Anfang an die Wettbewerbsregeln auf solche Gesellschaften angewandt, dabei jedoch immer deren Besonderheiten berücksichtigt, die sich daraus ergeben, dass Verwertungsgesellschaften für die Durchsetzung von Urheberrechten und verwandten Schutzrechten unabdingbar sind.[20] Im Mittelpunkt des wettbewerbsrechtlichen Interesses stehen heute vor allem die vielfältigen Wettbewerbsbeschränkungen, die sich in den **Gegenseitigkeitsvereinbarungen** der nationalen Verwertungsgesellschaften im Rahmen ihres Dachverbandes, der sog. CISAG, finden.[21] 13

Urheberrechtliche Verwertungsgesellschaften erstrecken sich in aller Regel auf das gesamte Gebiet eines Mitgliedstaats. Ihre Vertragswerke haben daher durchweg zwischenstaatlichen Bezug, so dass heute auch insoweit in der Tat **für nationale Sonderregelungen** neben Art. 101 AEUV **kein Raum** mehr ist. Folgerichtig ist durch die siebte Novelle von 2005 der § 30 GWB a. F. gestrichen worden. Nach Meinung der Gesetzesverfasser werden jedoch dadurch die Bildung und die Tätigkeit der Verwertungsgesellschaften ebensowenig wie ihre gegenwärtige Organisationsform infrage gestellt, da nach der Praxis der Unionsorgane die auf der Abtretung der Rechte ihrer Mitglieder beruhende **Stellung und** die **Tätigkeit** der Verwertungsgesellschaften, so- 14

[18] S. ausführlich *Lettl,* WM 2005, 1585; 2006, 253.

[19] Begr., BT-Drs. 15/3640, S. 48 f.; s. dazu *BKartA* TB 2005/2006, S. 160 ff.

[20] S. o. § 10 Rn. 22; wegen der Einzelheiten s. *Mestmäcker/Schweitzer,* § 30 (S. 765 ff.).

[21] Dazu *Kommission,* Entsch v. 26. 7. 2008, ABl. Nr. C 323/12 = (ausführlicher) WuW/E EU-V 1357 – CISAG; *LG Mannheim* WuW/E DER 2564 (2568).

weit sie zur Wahrnehmung der Urheberrechte ihrer Mitglieder unerlässlich sind, **nicht** als **wettbewerbsbeschränkend** anzusehen seien.[22]

IV. Sport

Literatur: *Deselaers,* WuW 1998, 946; *Dietrich,* Causa Sport (CaS) 2004, 249; *Emmerich,* JuS 2006, 1123; *Giebel,* WRP 2006, 857; *A. Fleischer,* WuW 1996, 473; *ders.,* CaS 2006, 345; *ders.,* Sport und Recht (Spurt), 2003, 89; *Hannemann,* Kartellverbot und Verhaltenskoordinierung im Sport, 2001; *Heermann,* ZHR 161 (1997), 665; *ders.,* RabelsZ 67 (2003), 106; *ders.,* WuW 2009, 394, 489; *ders.,* WRP 2009, 285; 2011, 36; *ders., CaS 2009, 226; ders.,* in: Arter/Baddeley, Sport und Recht IV, Bern 2007, S. 263; *Hobe/Tiedje,* JuS 1996, 486; *Hohmann,* WRP 1997, 1011; *Jänich,* GRUR 1998, 438; *P. Mailänder,* Sport als Wirtschaftsgut, FS Geiß, 2000, S. 605; *Mestmäcker,* Veranstalterrechte als Fernsehrechte, FS Sandrock, 2000, S. 689; *Osterwalder,* Übertragungsrecht an Sportveranstaltungen, 2004; *Schmittmann/Lehmann,* AfP 1996, 255; *Schürnbrand,* ZWeR 2005, 396; *Stopper,* Ligasport und Kartellrecht, 1997; *Schroeter,* WRP 2006, 1327; *Schwartze/Hetzel,* EuR 2005, 581; *Streinz,* Spurt 1998, 1; *Wertenbruch,* ZIP 1996, 1417; *Zagouras,* WuW 2006, 376.

1. Frühere Rechtslage (§ 31 von 1998)

15 Eine weitere eigenartige Sonderregelung enthielt das GWB seit **1998** in **§ 31** für den Sport. Das Kartellverbot des § 1 GWB fand danach unter bestimmten Voraussetzungen keine Anwendung auf die zentrale Vermarktung von Rechten an der Fernsehübertragung satzungsgemäß durchgeführter sportlicher Wettbewerbe durch Sportverbände; Voraussetzung war, dass die Sportverbände in Erfüllung ihrer gesellschaftspolitischen Verantwortung auch der Förderung des Jugend- und Amateursports verpflichtet sind und dieser Verpflichtung durch eine angemessene Teilhabe an den Einnahmen aus der zentralen Vermarktung der Fernsehrechte Rechnung tragen.

16 Mit dieser überraschenden Vorschrift hatte der Gesetzgeber der sechsten Novelle von 1998 auf eine Entscheidung des **BGH** vom Dezember 1997 reagiert, nach der der Beschluss des Deutschen Fußballbundes (DFB) über die zentrale Vermarktung der Fernsehübertragungsrechte an Europapokalheimspielen gegen § 1 GWB verstieß, weil es sich bei dem DFB um eine Vereinigung von Unternehmen handele und durch den Beschluss der Sache nach ein Syndikat der Bundesligavereine für die Vergabe von Fernsehübertragungsrechten begründet werde.[23] Der DFB sah infolgedessen seine zentrale Rolle bei der Vergabe von Fernsehübertragungsrechten für Spiele der Fußballbundesliga und damit eine seiner wichtigsten Einnahmequellen bedroht. Deshalb wandte er sich umgehend an die Politiker, die angesichts des bevorstehenden Bundestagswahlkampfs noch während der Ausschußberatungen seinem Drängen (mit denkbar schlechtem Gewissen) nachgaben.[24] Ergebnis war der erwähnte § 31 GWB von 1998 (o. Rn. 15).

2. Neue Rechtslage

17 Die geschilderte Sonderregelung für den Sport (o. Rn. 15 f.) war vor allem deshalb problematisch, weil (natürlich) § 31 GWB i. d. F. von 1998 nichts an der Anwend-

[22] Begr., BT-Drs. 15/3640, S. 48 f.; *EuGH* Slg. 1989, 2565 (2575 Tz. 31) – Tournier; *BGH* LM Nr. 64 zu § 26 GWB = NJW-RR 1988, 1187 – Gema-Wertungsverfahren; s. dazu auch o. § 4 Rn. 88.

[23] BGHZ 137, 297 = NJW 1998, 756 = JuS 1998, 461 Nr. 10.

[24] S. die Stellungnahmen des Bundesrats und der Bundesregierung, BT-Drs. 13/9720, S. 75, 81; die Ausschussberatungen, BT-Drs. 13/10 633, S. 3, 61, 63, 72.

barkeit des **Art. 101 AEUV** auf wettbewerbsbeschränkende Beschlüsse von Sportverbänden ändern konnte. Der DFB hatte deshalb – trotz des § 31 GWB von 1998 – bei der Kommission eine **Freistellung** seiner Beschlüsse zur zentralen Vermarktung von Bundesligaspielen nach Art. 101 Abs. 3 AEUV beantragt. Diesen Anträgen hatte die Kommission in den Jahren 2003 und 2005 unter bestimmten Bedingungen stattgegeben (s. schon o. § 8 Rn. 52).

Mit Rücksicht darauf hielten die Verfasser der siebten Novelle von 2005 eine weitere 18 **Sonderregelung** für den Sport für **entbehrlich**.[25] Sie haben dabei die Auffassung vertreten, die zentrale Vermarktung der Fernsehübertragungsrechte für Sportveranstaltungen werde durch die Streichung des § 31 GWB i. d. F. von 1998 wegen der positiven Haltung der Kommission zur Anwendung des Art. 101 Abs. 3 AEUV auf derartige Vereinbarungen nicht infrage gestellt; die **Zentralvermarktung** dieser Rechte bleibe vielmehr **grundsätzlich erlaubt**, wenn die Rechte in Pakete aufgeteilt und den Vereinen abgestufte Rechte zur Eigenvermarktung gegeben würden. Die Vermarktungsregeln müssten außerdem objektiv, transparent und nicht diskriminierend angewandt werden. Die Einzelheiten sind streitig.[26]

Wie bereits im Einzelnen ausgeführt (o. § 3 Rn. 34), sind Berufssportler, ihre Verei- 19 ne und deren Verbände grundsätzlich als **Unternehmen** im Sinne der Wettbewerbsregeln des AEUV sowie des GWB anzusehen, so dass **Wettbewerbsbeschränkungen** in den Verträgen der Berufssportler mit ihren Vereinen sowie mit Dritten, wobei vor allem an Veranstalter und Sponsoren zu denken ist, ebenso wie wettbewerbsbeschränkende Klauseln in den Satzungen der Vereine und Verbände grundsätzlich am **Kartellrecht** gemessen werden können. Eine **Ausnahme** gilt lediglich, soweit es um die Regelung rein sportlicher Fragen wie z. B. des Doping geht (o. § 3 Rn. 34). Die Konsequenz ist, dass heute auf einmal eine Fülle bisher üblicher vertraglicher Gestaltungen in dem zunehmend ökonomisierten Sport in die Reichweite des Kartellrechts und damit insbesondere in die des Kartellverbots geraten ist. Dies hat im In- und Ausland zu einer breiten Diskussion geführt, in der die gängigen Praktiken im Berufs- und Ligasport zunehmend kritischer hinterfragt werden.[27]

§ 38. Verkehrswirtschaft

Literatur: *J. Basedow,* Wettbewerb auf Verkehrsmärkten, 1989; *ders.,* Das neue Wirtschaftsrecht der Postdienste, 1995; *Bullinger/Mestmäcker,* Multimediadienste, 1997; *Ellger/Kluth,* Das Wirtschaftsrecht der internationalen Telekommunikation in der Bundesrepublik Deutschland, 1992; *Emmerich,* EG-Wettbewerbsregeln im Telekommunikationsbereich, AJP 1993, 383; *ders.,* Die Liberalisierung der Postmärkte, ORDO 44 (1993), 55; *Habersack/Holznagel/Lübbeg,* Behördliche Auskunftsrechte und besondere Missbrauchsaufsicht im Postrecht, 2002; *Br. Haar,* Marktöffnung in der Telekommunikation, 1995; *A. Kark,* Die Liberalisierung der europäischen Zivilluftfahrt und das Wettbewerbsrecht der europäischen Gemeinschaft, 1989; *Knieps/Müller/v. Weizsäcker,* Die Rolle des Wettbewerbs im Fernmeldebereich, 1981; *Manssen* (Hrsg.), Telekommunikations- und Multimediarecht; *Mestmäcker* (Hrsg.), Kommunikation ohne Monopole I, 1980; *ders.,* Kommunikation ohne Monopole II, 1995; *ders./Engel/Gabriel/Bräutigam/M. Hoffmann,* Der Einfluß des europäischen Gemeinschaftsrechts auf die deutsche Rundfunkordnung, 1990; *J. Scherer,* Telekommunikationsrecht und Telekommunikationspolitik, 1985; *ders.* (Hrsg.), Telekommunikation und Wettbewerb, 1988.

[25] Begr., BT-Drs. 15/3640, S. 50.

[26] S. *Heermann,* ZWeR 2009, 472; *ders.,* WRP 2011, 36.

[27] S. im Einzelnen m.N. *Heermann,* WuW 2009, 394, 489; *ders.,* WRP 2009, 285; *ders.,* CaS 2009, 226; *ders.,* in: Arter/Baddeley, Sport und Recht IV, S. 263.

I. Überblick

1 Sonderregelungen für die Verkehrswirtschaft enthält das GWB heute nicht mehr. Dagegen fand sich in der ursprünglichen Fassung des Gesetzes in **§ 99 von 1957** noch eine weitgehende Freistellung der Verkehrswirtschaft vom Kartell- und Empfehlungsverbot,[1] die jedoch bereits im Laufe der achtziger Jahre mit Rücksicht auf die fortschreitende Liberalisierung der Verkehrsmärkte auf europäischer und nationaler Ebene (u. Rn. 3 ff.) schrittweise eingeschränkt worden war, so dass es nur folgerichtig war, dass durch die sechste Novelle von **1998** der **Ausnahmebereich** für die Verkehrswirtschaft schließlich ganz **gestrichen** wurde. Geblieben ist lediglich die **Freistellung der** sog. **Verkehrsverbünde,** die sich jedoch seit 1998 nicht mehr im GWB findet, sondern aus Gründen des Sachzusammenhangs in § 8 Abs. 3 des Personenbeförderungsgesetzes (PBefG) und in § 12 Abs. 7 des Allgemeinen Eisenbahngesetzes (AEG) eingerückt wurde.[2] Ziel dieser Freistellungen ist es, die Kooperation von Verkehrsunternehmen zwecks Bildung zusammenhängender Liniennetze zu fördern.

2 Die gänzliche Abschaffung des früheren Ausnahmebereichs für die Verkehrswirtschaft ändert nichts daran, dass hier wegen der vielfältigen Regulierungen, denen die Verkehrsmärkte unterliegen (s. u. Rn. 6 ff.), weiterhin verschiedene Besonderheiten zu beachten sind. Die wichtigste ist, dass **öffentlich-rechtliche Regelungen** der Verkehrsleistungen oder Verkehrsnebenleistungen – entsprechend der ursprünglichen Fassung von § 99 Abs. 1 GWB a. F. – nach wie vor den **Vorrang** vor dem GWB haben (sog. state-action-defense).[3] Die Anwendung des GWB wird durch öffentlich-rechtliche Sonderregelungen freilich immer **nur insoweit** ausgeschlossen, wie die hoheitlichen Eingriffe einen **Wettbewerb** tatsächlich **unmöglich** machen. Bleiben den Verkehrsunternehmen staatlich nicht geregelte Verhaltensspielräume, z. B. weil nur sog. **Margentarife**, d. h. Mindest- und Höchstpreise, festgesetzt werden, so kann sich in dem freigegebenen Zwischenraum ein Preiswettbewerb entfalten, der dann auch durch das GWB geschützt wird.[4] Außerdem berührt eine behördliche Genehmigung von Tarifen oder Bedingungen *ohne* gesetzliche Grundlage, wie sie immer wieder vorkommt, nicht die Anwendbarkeit des Gesetzes.[5]

II. Europäische Union

Literatur: S. o. § 3 Rn. 52 ff.; *Basedow,* Der Transportvertrag, 1987; *ders.* (Hrsg.), Europäische Verkehrspolitik, 1987; *J. Baumann,* Die Luftverkehrspolitik der Europäischen Union, 1995; *R. K. Bayen/J. Herbert,* Deregulierung des amerikanischen und europäischen Luftverkehrs, 1991; *Blaurock* (Hrsg.), Grenzen des Wettbewerbs auf deregulierten Märkten, 1997; *Emmerich,* AJP 1993, 383; *ders.,* ORDO 44 (1993), 55; *A. Epiney/Gruber,* Verkehrsrecht in der EU, 2001; *Scherer* (Hrsg.), Telekommunikation und Wirtschaftsrecht, 1988.

---

[1] S. dazu z. B. *Emmerich,* JuS 1970, 332.

[2] S. dazu ausführlich *BKartA* WuW/E DE-V 603 ff.

[3] Vgl. *Emmerich,* WuW 1989, 363 (367).

[4] *OLG Düsseldorf* WuW/E OLG 2488 (2493); *BKartA* TB 1987/88, S. 101.

[5] *BGH* LM § 26 GWB Nr. 20 = NJW 1972, 486 = WuW/E BGH 1200; LM Vorb. zu § 145 BGB Nr. 13 = BB 1969, 1239 = WuW/E BGH 1131; *OLG Celle* WuW/E OLG 3226.

Die gemeinsame Verkehrspolitik der Art. 90 ff. AEUV beruht im wesentlichen auf zwei Säulen, der **Harmonisierung der Wettbewerbsbedingungen** und der nachfolgenden Liberalisierung der Märkte durch ihre **gegenseitige Öffnung** für die Verkehrsunternehmen aus den anderen Mitgliedstaaten. Dieser Prozess hat sich als überaus mühsam erwiesen, so dass die Union auf beiden Gebieten erst in den letzten Jahren nennenswerte Fortschritte erzielt hat. Die Folge ist, dass auch die **Wettbewerbsregeln** hier zunächst nur geringe Bedeutung hatten. Zwar enthält der Vertrag an keiner Stelle eine Freistellung der Verkehrsunternehmen von den Wettbewerbsregeln. Jedoch hatte die Kommission daraus lange Zeit keine Folgerungen gezogen, weil durch die **Verordnung Nr. 141 von 1962** die Verordnung Nr. 17, die sog. Kartellverordnung, zunächst auf die Verkehrsunternehmen für nicht anwendbar erklärt worden war.[6] 3

Eine den Verkehrsunternehmen angepasste **Sonderregelung** hatte erst 1968 unter Beschränkung auf den Eisenbahn-, Straßen- und Binnenschiffsverkehr die **Verordnung Nr. 1017/68** gebracht,[7] an deren Stelle mittlerweile die Verordnung Nr. 169/2009 getreten ist.[8] Sonderregelungen für die anderen Verkehrsbereiche folgten wiederum erst Jahre später,[9] nachdem der Gerichtshof die grundsätzliche **Geltung der Wettbewerbsregeln** auch für den Verkehr bestätigt hatte.[10] Die Kommission ist seitdem immer wieder gegen Kartelle in der Verkehrswirtschaft eingeschritten. Beispiele sind die Seeschiffahrtskonferenzen, durch die die Reedereien die Linien und Häfen untereinander aufteilen,[11] Tarifabsprachen der Eisenbahnunternehmen[12] sowie Empfehlungen dieser Unternehmen zur Beschränkung des Wettbewerbs um die Reisebüros.[13] 4

Zu den Verkehrsunternehmen gehören nicht zuletzt die **Postunternehmen.** Obwohl sich die Mitgliedstaaten gegen deren Unterstellung unter den Vertrag besonders lange und heftig gewehrt hatten, steht heute doch fest, dass die Postunternehmen normale Unternehmen wie andere auch sind, so dass ihre **Bindung an die Wettbewerbsregeln** nicht mehr zweifelhaft ist.[14] Die Kommissionspraxis hat sich gerade hier durch ihren Beitrag zur Öffnung der Postmärkte als besonders segensreich erwiesen. Die jetzt näher zu betrachtende Liberalisierung der Verkehrsmärkte wäre in Deutschland ohne das energische Vorgehen der Kommission vor allem gegen die Postmonopole nicht denkbar gewesen. 5

---

[6] ABl. 1962, S. 2751.

[7] ABl. Nr. L 175/1; dazu *EuGH* Slg. 1987, 2218; 1997, I-1312 (1320 ff.) – UIC.

[8] ABl. Nr. L 61/1.

[9] Vgl. wegen der Einzelheiten *Wiedemann,* § 1 Rn. 12 ff. (S. 6 ff.); *Meyer-Lindemann*, in: FK, 2009, Sonderbereich Verkehr; *Epiney*, Verkehrsrecht, in: Dauses, Hdb. Teil L, 2003; Langen/Bunte/*Ruppelt/Bunte*, Kartellrecht I, § 31 Anhang.

[10] *EuGH* Slg. 1986, 1457 (1465 ff.) = NJW 1986, 2182 = JuS 1987, 231 Nr. 1 – Asjes; Slg. 1989, 838 (845 ff.) = NJW 1989, 2192 = JuS 1989, 1007 Nr. 1 – Flugtarife, Slg. 1993, I-5841 (5846 Tz. 12) = EuZW 1993, 769 = JuS 1994, 349 f. Nr. 5 – Reiff; Slg. 1994, I-2525 (2529 Tz. 12) – Delta.

[11] Entsch. v. 1. 4. 1992 (ABl. Nr. L 134/1) und v. 23. 12. 1992 (ABl. 1993 Nr. L 34/20); bestätigt durch *EuG* Slg. 1996, II-1201 – Comp. Maritime Belge (CBM) ; *EuGH* Slg. 2000, I-1442 = WuW/E EU-R 309.

[12] Entsch. v. 24. 2. 1993, ABl. Nr. L 73/38; *EuG* Slg. 1998, II-3141 (3178 ff.) = WuW/E EU-R 237 – Europ. Night Services.

[13] Entsch. v. 25. 11. 1992, AB. Nr. L 366/47.

[14] Grdl. war das BT-Urteil v. 1985, *EuGH* Slg. 1985, 873 (885 ff.).

III. Regulierung

Literatur: S. o. vor Rn. 1 und 3 sowie *Kommission,* Mitteilung über die Anwendung der Wettbewerbsregeln im Telekommunikationsbereich vom 22. 8. 1998, ABl. Nr. C 265/2; 2002 Nr. C 165/6; 2003 Nr. L 114/45; *Büchner u. a.,* Beck'scher TKG-Kommentar, 3. Aufl., 2006; *Blaurock* (Hrsg.), Grenzen des Wettbewerbs auf deregulierten Märkten, 1997; *M. Paulweber,* Regulierungszuständigkeiten in der TK, 1999; *Säcker,* Berliner Kommentar zum TKG, 2006; *Trute/Spoerr/Bosch,* TKG mit FTEG, 2001.

1. Überblick

6 Zu einem Abbau von Monopolen unter gleichzeitiger Öffnung der Märkte ist es in Deutschland in den letzten Jahren namentlich auf den Märkten für Fernmeldeleistungen (neudeutsch: Telekommunikations- oder TK-Leistungen) sowie für Post- und Eisenbahnverkehrsleistungen gekommen. Grundlagen waren zunächst das Allgemeine Eisenbahngesetz (AEG) von 1993,[15] das Telekommunikationsgesetz (TKG) von 1996[16] und das Postgesetz (PostG) von 1997,[17] die allesamt in der Folgezeit wiederholt geändert wurden. Wichtig ist vor allem die Ersetzung des TKG von 1996 durch das **neue TKG von 2004.**[18]

7 Durch die genannten Gesetze (o. Rn. 6) sind nicht einfach die bisherigen Monopole von Bahn und Post beseitigt und die Märkte für den Wettbewerb geöffnet worden, wie es zum Teil im Ausland geschehen ist; vielmehr wurde statt dessen eine neue **asymmetrische Regulierung durch** besondere **Aufsichtsbehörden** in Konkurrenz zum BKartA ins Leben gerufen, weil man der Meinung war, nur so die erdrückende Übermacht der bisherigen Monopolunternehmen Bahn und Post (einigermaßen) bändigen zu können. Politische Vorbehalte gegen einen „übermäßigen" Wettbewerb Dritter zum Nachteil von Bahn und Post – Hochburgen der Gewerkschaften – kamen hinzu. Das Ergebnis war die Ersetzung der bisherigen Staatsmonopole durch staatlich regulierte Märkte.

8 Mit **Regulierung** meint man im vorliegenden Zusammenhang die **Unterstellung** einzelner Wirtschaftszweige **unter die Aufsicht besonderer Behörden** mit der Aufgabe, das Verhalten der betreffenden Unternehmen am Markt nach Maßstäben zu regeln oder zu überprüfen, die in dem jeweiligen Aufsichtsgesetz festgelegt sind. Die zunehmende Ausdehnung solcher Regulierungsbereiche ist keineswegs unproblematisch, sondern begründet im Gegenteil ernste **Gefahren für** die allgemeine Geltung der **Wettbewerbsordnung.** Denn nach aller Erfahrung tendieren staatliche Aufsichtsbehörden, schon im Interesse der Verstetigung ihrer Position, alsbald dahin, ihre Zuständigkeiten immer weiter auszudehnen, sich dabei mit dem beaufsichtigten Wirtschaftszweig zu identifizieren und dessen Interessen zu ihren eigenen zu machen.[19] Problematisch ist ferner die unvermeidliche **Konkurrenz** zwischen den Regulierungsbehörden und dem **BKartA sowie** der **Kommission,** die zunehmenden Ein-

[15] BGBl. I S. 2396.
[16] BGBl. I S. 1120.
[17] BGBl. I S. 3294.
[18] BGBl. I S. 1190 mit Änderungen.
[19] S. zu dieser Problematik der Tätigkeit der Regulierungsbehörden *Badura,* FS Großfeld, 1999, S. 35; *ders.,* FS Immenga, 2004, S. 3; *Körber,* FS Möschel, 2011, S. 1043; *Möschel,* MMR 1999, 3; 2007, 343; *ders.,* WuW 1999, 832; *ders.,* FS Immenga, 2004, S. 277; *M. Paulweber,* Regulierungszuständigkeiten in der TK, 1999; *Schebstadt,* WuW 2005, 6; *D. Schroeder,* WuW 1999, 14; *J.-P. Schneider,* ZHR 164 (2000), 513 (535 ff.).

fluss gerade auf die Regulierungspraxis in den hier interessierenden Wirtschaftszweigen nimmt.

Aufsichtsbehörden waren zunächst nach dem AEG das Eisenbahnbundesamt und im Übrigen die Regulierungsbehörde für Telekommunikation und Post (RegTP), beides weisungsabhängige Bundesoberbehörden (§§ 66, 71 ff. TKG von 1996; § 44 PostG). An ihre Stelle ist mittlerweile aufgrund zahlreicher Gesetzesänderungen die sog. **Bundesnetzagentur** (BNetzA) für Elektrizität, Gas, TK, Post und Eisenbahn getreten.[20] Die Einzelheiten regelt das Gesetz über die Bundesnetzagentur von 2005.[21] Die Bundesnetzagentur vereinigt infolge ihrer Zuständigkeit für alle regulierten Verkehrsmärkte eine ungewöhnliche und für die Wettbewerbsordnung insgesamt durchaus **gefährliche Macht** in ihren Händen. 9

2. Telekommunikationsgesetz

a) Das **TKG von 1996** schaffte den rechtlichen Rahmen für den durch dieses Gesetz erstmals geöffneten Markt für Telekommunikations- (TK-)Leistungen. Kern der gesetzlichen Regelung war die Ersetzung des alten Fernmeldemonopols des Bundes aufgrund des FAG von 1928 durch einen **Wettbewerbsmarkt**. Der letzte Schritt der Liberalisierung bestand 1998 in der Freigabe des Sprachtelefons. An der überragenden Position der Deutschen Telekom AG **(DTAG),** die vor allem auf ihrem faktischen Netzmonopol im Ortsvermittlungsbereich beruht, hat dies freilich bisher nur wenig geändert.[22] 10

Das TKG ist im Jahre 2004 grundlegend geändert und neu verkündet worden **(TKG von 2004).**[23] Durch das neue TKG von 2004 sollte vor allem das sog. **Richtlinienpaket** der EU von 2002 in deutsches Recht umgesetzt werden, mit dem unter anderem ein modernisiertes Zugangsregime angestrebt wurde. Die Regulierung ist seitdem grundsätzlich präventiv und marktmachtabhängig. Zuständig ist die Bundesnetzagentur (o. Rn. 9), die durch das neue TKG von 2004 erhebliche neue Befugnisse erhalten hat. Gleichzeitig wurde aber auch die Rolle der Kommission in dem Regulierungsprozess deutlich verstärkt, um die Harmonisierung des Regulierungsrahmens in der Union voranzutreiben.[24] 11

Zweck des neuen TKG ist es, durch eine „technologieneutrale Regulierung" den **Wettbewerb** im Bereich der Telekommunikation und leistungsfähige TK-Infrastrukturen zu **fördern** sowie flächendeckend angemessene und ausreichende Dienstleistungen zu gewährleisten (so § 1 TKG 2004). Kern der gesetzlichen Regelung sind die Vorschriften über die **Zugangs-** (§§ 16 bis 26 TKG) **und** die **Entgeltregulierung** (§§ 27 bis 39 TKG). Durch diese Vorschriften soll nach Möglichkeit allen Interessierten ein diskriminierungsfreier Zugang zu den Netzen eröffnet werden, um den Wettbewerb auf den TK-Märkten (endlich) voranzubringen. 12

[20] S. § 4 Abs. 1 S. 1 des Bundeseisenbahnverkehrsverwaltungsgesetzes; §§ 116 ff. TKG von 2004; § 54 EnWG von 2005.

[21] BGBl. I S. 2004 (= Art. 2 des EnWG von 2005).

[22] S. *MK*, 12. HauptGA, Tz. 18; 13. HauptGA, Tz. 12 ff.; SonderGA 29, Wettbewerb auf Telekommunikations- und Postmärkten?, 2000; Wettbewerbsentwicklung bei der Telekommunikation: Wendepunkt der Regulierung, SonderGA 2007; *BKartA* TB 1997/98, S. 152 f.

[23] BGBl. I S. 1190 m. späteren Änderungen.

[24] Wegen der Einzelheiten s. *F. Haus*, Kommunikationskartellrecht, WuW 2004, 171; *Manßen* (Hrsg.), Telekommunikations- und Multimediarecht, 2. Bd., 2006.

13 In ihrer bisherigen **Praxis** hat sich die Regulierungsbehörde keineswegs immer von dem Ziel einer umfassenden Wettbewerbsförderung leiten lassen, nicht zuletzt wegen des ungewöhnlichen politischen Einflusses der Deutschen Telekom AG. Deshalb ist insgesamt noch **keineswegs ausgemacht,** ob die Öffnung der TK-Märkte in Deutschland wirklich ein Erfolg werden wird.[25]

14 **b)** Die **Kompetenzen der Regulierungsbehörde konkurrieren,** soweit sie sich gegen marktbeherrschende TK-Unternehmen, sprich gegen die Deutsche Telekom AG wenden, offenkundig **mit** den Befugnissen des **BKartA** aufgrund der §§ 19 und 20 GWB. Deshalb bestimmt **§ 2 Abs. 3 TKG**, dass die Vorschriften des GWB anwendbar bleiben, soweit nicht durch das TKG ausdrücklich abschließende Regelungen getroffen sind. § 2 Abs. 3 S. 2 TKG fügt hinzu, dass die Aufgaben und Zuständigkeiten der Kartellbehörden, insbesondere also des BKartA unberührt bleiben.

15 Die überwiegende Meinung folgert aus dieser Regelung, dass zumindest den zentralen Vorschriften des **TKG** über die **Zugangs- und die Entgeltregulierung** der **Vorrang** vor dem GWB zukomme, soweit sie Aufsichts- und Eingriffsrechte der Aufsichtsbehörde, d. h. der Bundesnetzagentur gegenüber TK-Unternehmen begründen.[26] Auch in der Aufsichtspraxis wird überwiegend nach diesem Muster verfahren, so dass das BKartA aufgrund der §§ 19 und 20 GWB gegenüber TK-Unternehmen nur noch tätig wird, soweit keine Eingriffsbefugnisse der Bundesnetzagentur bestehen.[27]

16 Dieser Meinung (o. Rn. 15) ist *nicht* zu folgen; vielmehr ist – entsprechend dem Wortlaut des § 2 Abs. 3 TKG (2004) – davon auszugehen, dass das **BKartA generell** neben der Bundesnetzagentur für die TK-Unternehmen **zuständig** ist, da keine der einschlägigen Vorschriften des TKG sich ausdrücklich als abschließend in dem genannten Sinne bezeichnet.[28] Unberührt bleibt auf jeden Fall die Zuständigkeit des BKartA zur Anwendung der übrigen Vorschriften des GWB, in erster Linie also der Fusionskontrollvorschriften sowie der Wettbewerbsregeln des AEUV (Art. 101, 102 und 106), soweit nicht im Einzelfall die **state-action-defense** eingreift, weil das fragliche Verhalten dem Telekommunikationsunternehmen von der Regulierungsbehörde geradezu vorgeschrieben worden ist. Davon geht, wie bereits ausgeführt (o. § 27 Rn. 104), im Prinzip auch der **BGH** aus, verlangt freilich bei der Missbrauchsaufsicht über die TK-Unternehmen nach den §§ 19 und 20 GWB die umfassende Berücksichtigung der Entscheidungen der Bundesnetzagentur, – wofür tatsächlich jede Begründung fehlt, zumal unter dem Blickwinkel des (immer auch anwendbaren) Art. 102 AEUV, da die Bundesnetzagentur (natürlich) keine Befugnis besitzt, mit ihren Entscheidungen die Beschlüsse der Kommission zu präjudizieren. Es ist nicht erkennbar, warum dann für das Bundeskartellamt etwas anderes gelten sollte.

---

[25] S. die kritische Bestandsaufnahme in *MK,* Sonder GA 29, Wettbewerb auf Telekommunikations- und Postmärkten?, 2000; Wettbewerbsentwicklung bei der Telekommunikation: Wendepunkt der Regulierung, SonderGA 2007; 13. HauptGA, Tz. 12 ff.; *Möschel,* MMR 2007, 343; *J.-P. Schneider,* ZHR 164 (2000), 513 (518 ff.); *D. Schroeder,* WuW 1999, 14, alle m. w. N.

[26] *Ludewigs,* WuW 2008, 534 (537 f.); *Mestmäcker,* FS Fikentscher, S. 557 (562 ff.); *Möschel,* WuW 1999, 832 (839 f.); *ders.,* MMR 1999, 3 (4 f.); *ders.,* in: Multimedia: Kommunikation ohne Grenzen – Grenzenloser Wettbewerb, 1998, S. 53 (55); *M. Paulweber,* S. 49 ff.; *Schuster,* in: Beck'scher TKG-Kommentar, 2006, § 2 Rn. 32 ff.

[27] S. *BKartA* TB 2001/2002, S. 34; 2003/2004, S. 27 f.

[28] Ebenso *Basedow,* FS Sandrock, S. 13 (31 ff.); *Körber,* FS Möschel, 2011, S. 1043 (1048); *D. Schroeder,* WuW 1999, 14 (15 ff.); *J. Topel,* ZWeR 2006, 27; s. auch u. Rn. 19 zu § 3 PostG.

3. Postgesetz

a) Die Marktöffnung bei den Postdienstleistungen durch das PostG von 1997 folgte im Prinzip dem Modell des TKG. Tatsächlich beschränkte sich freilich die Marktöffnung zunächst auf gewisse, verhältnismäßig unbedeutende Randbereiche, weil bei der **Briefbeförderung** die frühere Bundespost, die jetzige Deutsche Post AG **(DPAG),** bis Ende 2007 die Beibehaltung ihres Monopols durchzusetzen vermochte (§ 51 PostG). Ursprünglich sollte diese Exklusivlizenz zwar bereits im Jahre 2002 auslaufen. Wie nicht anders zu erwarten, gelang es jedoch der DPAG aufgrund ihrer engen Verflechtung mit den Parteien und den Gewerkschaften, den Zeitpunkt der Aufhebung ihres Briefmonopols immer wieder hinauszuschieben (u. Rn. 18). 17

Aber der Wind des Wandels ließ sich auch hier auf die Dauer nicht ganz aufhalten. Der durch die dritte Novelle zum Postgesetz von 2002 eingeleitete Prozess der schrittweisen **Liberalisierung des Briefmarktes** ist mittlerweile abgeschlossen, so dass sich die Post jetzt auch bei der Briefbeförderung dem Wettbewerb Dritter stellen muss. Weit her ist es damit freilich nicht, weil die Post aufgrund der **Befreiung von der Umsatzsteuer** nach wie vor über ungewöhnliche Wettbewerbsvorteile verfügt, zumal es ihr obendrein noch gelang, die Politik zur Festsetzung eines überhöhten Mindestlohnes zu veranlassen, um ihren Konkurrenten auch auf diese Weise jeden Vorteil im Wettbewerb zu nehmen.[29] So hat sich bisher an der „monopolähnliche Stellung"[30] der Post bei den Postdienstleistungen und insbesondere bei der Briefbeförderung (zum offenbaren Leidwesen der Verbraucher) nur wenig geändert. In Deutschland nennt man das „Daseinsvorsorge". 18

b) Die **Entgeltregulierung** findet sich in den §§ 19, 20 und 25 PostG, während sich der **Anspruch** anderer Postunternehmen **auf Zugang** zu den Postfachanlagen und den Informationen über Adressenänderungen aus § 29 PostG ergibt. § 32 PostG begründet ergänzend eine besondere **Missbrauchsaufsicht** über die Deutsche Post AG, vor allem für den Fall, dass sie durch Verträge nach § 29 PostG die Wettbewerbsmöglichkeiten anderer Anbieter grundlos beeinträchtigt. Zuständige **Regulierungsbehörde** ist wie bei der DTAG die Bundesnetzagentur (o. Rn. 11). Durch das PostG und die Befugnisse der Bundesnetzagentur werden jedoch die Anwendbarkeit des **GWB** und die Zuständigkeiten des **BKartA nicht berührt** (§ 2 Abs. 3 PostG).[31] 19

c) Die Deutsche Post AG nutzt ihre „monopolähnliche Stellung" auf dem Briefmarkt (o. Rn. 18), wo immer möglich, systematisch dazu aus, die dem Wettbewerb geöffneten Märkte (wieder) zu monopolisieren. Insbesondere auf dem **Paketmarkt** verfolgt sie bereits seit langem die Politik, durch Preise weit unter ihren Kosten, die durch die exzessiven Gewinne aus dem Briefsektor finanziert werden, ihre privaten Konkurrenten zu verdrängen.[32] Außerdem hat sich die Deutsche Post AG das Vorbild der anderen großen Monopolisten, insbesondere der Energieversorgungsunternehmen RWE und E.ON, zu Herzen genommen und **kauft** jetzt rundum im In- und Ausland Unternehmen auf, die ihr jemals als **Konkurrenten** gefährlich werden könnten. 20

[29] S. *Hamm*, FS Oberender, 2011, S. 67 (74).

[30] So ausdrücklich *BKartA* TB 2001/2002, S. 35; 2003/2004, S. 28; 2005/2006, S. 27; *MK,* 13. HauptGA, Tz. 55; *dies.,* Wettbewerbsentwicklung bei der Post 2007. Monopolkampf mit allen Mitteln, SonderGA 2007.

[31] S. o. Rn. 16; *OLG Düsseldorf* WuW/E DE-R 1473 (1474 ff.) – Konsolidierer; str., anders z. B. *Ludewigs*, WuW 2008, 534 (542 ff. m.N.).

[32] S. statt aller *EuG* Slg. 1999, II-2635 = EuR 1999, 649 = WuW/E EU-R 258 – UPS.

4. Allgemeines Eisenbahngesetz

21 **a)** Durch das Allgemeine Eisenbahngesetz (AEG) von 1993 ist der Markt für Eisenbahnverkehrsleistungen erstmals dem Wettbewerb geöffnet worden, so dass seitdem andere Unternehmen solche Verkehrsleistungen grundsätzlich in Konkurrenz zur früheren Bundesbahn, die heute Deutsche Bahn AG **(DBAG)** heißt, aufgrund einer Genehmigung nach § 6 AEG erbringen können. Der Anspruch anderer Verkehrsunternehmen auf **Benutzung des Schienennetzes** der Deutschen Bahn AG ergab sich zunächst aus § 14 I AEG a. F. und wurde notfalls durch eine Entscheidung der damaligen Aufsichtsbehörde, des Eisenbahnbundesamtes, durchgesetzt (§ 14 Abs. 5 S. 1 AEG a. F.). Auch hier fügte und fügt das Gesetz hinzu, dass die Aufgaben und Zuständigkeiten der Kartellbehörden nach dem **GWB unberührt** bleiben (jetzt §§ 14 ff. AEG n. F.). Die Auslegung dieser Regelung ist hier ebenfalls umstritten, sollte aber, schon im Interesse des umfassenden Wettbewerbsschutzes, nicht anders als bei dem TKG und dem Postgesetz ausfallen.[33]

22 Die **praktischen Auswirkungen** der ganzen Regelung waren zunäüchst vernachlässigenswert, weil die Deutsche Bahn AG alles nur Erdenkliche unternahm (und unternimmt), um das Aufkommen privater Konkurrenz in ihrem Netz zu verhindern.[34] Dabei ist es bis heute im Personenfernverkehr im wesentlichen geblieben, weil die privaten Konkurrenten der Bahn bislang nur wenige Verbindungen in Konkurrenz zur DBAG mit Erfolg betreiben konnten; dagegen nimmt im Personennahverkehr und insbesondere im Güterverkehr die Konkurrenz privater Unternehmen langsam, aber stetig zu.[35]

23 **b)** Diese Entwicklung rief schließlich auch den Gesetzgeber auf den Plan. Zunächst verabschiedete die Europäische Union in den Jahren 2001 und 2004 **zwei** sog. **Eisenbahnpakete,** bestehend aus einer Vielzahl von Richtlinien, mit denen durchweg bezweckt wird, den Zugang zu den Bahnnetzen zu verbessern, die Transparenz der Vergabeverfahren zu erhöhen und die Entgeltregulierung auf neue Grundlagen zu stellen.[36]

24 Die Umsetzung der genannten Richtlinien erfolgte im Jahre 2005 durch verschiedene **Änderungsgesetze zum AEG**[37] in Verbindung mit einer neuen Eisenbahninfrastruktur-BenutzungsVO.[38] Auch diese Regelungen haben durchweg den **Zweck,** den Netzzugang und die Netznutzungsentgelte, letztlich im Interesse der Wettbewerbseröffnung, einer weitreichenden staatlichen **Regulierung** durch die Bundesnetzagentur zu unterwerfen. Unberührt bleiben aber, wie schon betont (o. Rn. 21), die Anwendbarkeit des **GWB** und damit die Zuständigkeit des **BKartA** insbesondere für die immer noch in einer nahezu monopolähnlichen Stellung verharrende Deutsche Bahn AG. Denn nach wie vor ungelöst ist das zentrale Problem, dass die DBAG weiterhin die **Eigentümerin des Schienennetzes** ist – und damit über den Zugang ihrer Kon-

[33] S. o. Rn. 16, 19: *Bremer/Höppner*, WuW 2009, 1201; *Körber*, FS Möschel, 2011, S. 1043 (1048 f.); – anders z. B. *LG Berlin* WuW/E DE-R 2561; *Ludewigs*, WuW 2008, 534 (545 f. m.N.).

[34] S. *BKartA* TB 1997/98, S. 143 ff.; *MK,* SonderGA 48, 2007, Tz. 16 ff.; WuW/E DE-V 1385 (1387 f.); *Basedow,* FS Sandrock, S. 13 (18 ff.).

[35] S. *MK,* SonderGA 55, Bahn 2009, WuW/E DE-V 1820.

[36] Wegen der Einzelheiten s. *MK* (vorige Fn.), Tz. 1 ff.; *Bartosch/Jaros,* WuW 2005, 15; *Chr. Koenig/Neumann/M. Schellberg,* WuW 2006, 139.

[37] BGBl. I S. 1138 und 2270.

[38] BGBl. I S. 1566.

kurrenten zu ihrem Markt entscheidet, wobei sie – trotz Regulierung – naturgemäß allein ihre Monopolinteressen verfolgt. Eine Lösung ist hier nur durch die Trennung des Bahnbetriebs von dem Eigentum an den Netzen (sog. **unbundling**) möglich, wogegen sich aber die Gewerkschaften und große Teile der Politik mit Händen und Füßen wehren: keine guten Perspektiven für den Wettbewerb – und für die Verbraucher.

§ 39. Versorgungswirtschaft

Literatur: 1. Zum deutschen Recht: *BReg.,* Der EG-Binnenmarkt und die nationale Energiepolitik, BT-Drs. 11 (1989)/4523; *MK,* 15. Preiskontrolle in Energiewirtschaft und Handel?, SonderGA 47, 2007, WuW/E DEV 1381; *dies.,* Strom und Gas 2007: Wettbewerbsdefizite und zögerliche Regulierung, SonderGA 2007; *Deregulierungskommission,* Marktöffnung und Wettbewerb, 1991, S. 66 ff.; *J. Baur* (Hrsg.), Neue Strukturen der Energieversorgung, 1989; *ders.,* Vergütungen von Strom aus Eigenerzeugungsanlagen, 1990; *Bayermann/Loibl,* Energierecht, 2003; *Britz,* Örtliche Energieversorgung nach nationalem und europäischem Recht, 1994; *Büdenbender,* Energierecht, 1981; *Damm,* Kommunale Einwirkungen auf gemischtwirtschaftliche Energieversorgungsunternehmen, 1988; *Emmerich,* Ist der kartellrechtliche Ausnahmebereich für die leitungsgebundene Versorgungswirtschaft wettbewerbspolitisch gerechtfertigt?, 1978; *ders.,* Energielieferungsvertrag, in: BMJ, Gutachten und Vorschläge zur Überarbeitung des Schuldrechts, Bd. III, 1983, S. 123; *ders./Lukes* (Hrsg.), Ordnungspolitische Überlegungen zur leitungsgebundenen Energieversorgung, 1977; *Emmerich/Lukes/H. K. Schneider,* Ordnungsprobleme in der leitungsgebundenen Energiewirtschaft, ZfE 1979, Sonderh. 1; *Grimmer,* Die kartellrechtliche Aufsicht nach §§ 103, 104 GWB bei mißbräuchlich überhöhten Strompreisen in der Elektrizitätswirtschaft, 1980; *Gröner,* Die Ordnung der deutschen Elektrizitätswirtschaft, 1975; *Immenga,* Wettbewerbsbeschränkungen auf staatlich gelenkten Märkten, 1967; *ders.,* Strompreise zwischen Kartell- und Preisaufsicht, 1982; *Klopfer/Schulz,* Märkte für Strom – Internationale Erfahrungen und Übertragbarkeit auf Deutschland, 1993; *Lippert,* Energiewirtschaftsrecht, Gesamtdarstellung, 2002; *Litpher/Gantzsch,* Energielieferungsverträge, 2000; *Mönig/Schmitt/Schneider/Schürmann,* Konzentration und Wettbewerb in der Energiewirtschaft, 1977; *Niederleithinger,* Die Stellung der Versorgungswirtschaft im GWB, 1968; *H. J. Niemeyer,* Der „Jahrhundertvertrag" nach deutschem Kartellrecht, 1990; *Nill-Theobald/Chr. Theobald,* Grundzüge des Energiewirtschaftsrechts, 2001; *Pfeiffer,* Die kartellrechtliche Wirksamkeit energiewirtschaftlicher Konzessionsverträge, 1985; *Säcker* (Hrsg.), Reform des Energierechts, 2003; *Schneider/Theobald,* Recht der Energiewirtschaft, 3. Aufl. (2011); *Dauner/Theobald,* Energierecht, 2005; *W. Schulz,* Ordnungsprobleme der Elektrizitätswirtschaft, 1979; *M. Schütte,* kartellrechtliche Grenzen für Sonderabnehmerpreise, 1991; *Schwintowski* (Hrsg.), Handbuch Energiehandel, 2006; *Steinberg/Britz,* Der Energieliefer- und -erzeugermarkt nach nationalem und europäischem Recht, 1995; *R. Sturm/St. Wilks,* Wettbewerbspolitik und die Ordnung der Elektrizitätswirtschaft in Deutschland und Großbritannien, 1997; Nill- *Theobald/ Theobald,* Grundzüge des Energierechts, 2. Aufl. (2008); *Chr. Theobald./I. Zenke,* Grundlagen der Strom- und Gasdurchleitung, 2001; *Zander/Riedel,* Strombeschaffung im liberalisierten Energiemarkt, 2000.

2. Zum europäischen Recht: *Kommission,* Energie in Europa, Luxemburg 1988; Mitteilung „Vollendung des Energiebinnenmarktes"; KOM (2001) 125 endg.; *J. Baur* (Hrsg.), Leistungsgebundene Energie und der Gemeinsame Markt, 1990; *Emmerich,* FS Frhr. v. Gamm, 1990; *ders.,* FS Koppensteiner, 2001, S. 351; *Harms* (Hrsg.), Atomstrom aus Frankreich?, 1988; *ders.* (Hrsg.), Konturen eines EG-Energiemarktes, 1989; *ders.* (Hrsg.), Zielkonflikte in der Energiewirtschaft, 1987; *Hüffer/Ipsen/Tettinger* (Hrsg.), Die Transitrichtlinie für Gas und Elektrizität, 1991; *Lecheler/Recknagel,* Energie, in: Dauses, Hdb., Abschnitt M, 2008.; *Lukes* (Hrsg.), Ein EWG-Binnenmarkt für Elektrizität – Realität oder Utopie?, 1988; *dMestmäcker u. a.* (Hrsg.), Die Gaswirtschaft im Binnenmarkt, 1990; *ders.* (ed.), Natural Gas in the Internal Market, London/Baden-Baden 1993; *Metzenthien,* Wettbewerb durch EG-Stromimporte, 1992; *M. Schröder,* Kompetenz- und eigentumsrechtliche Fragen bei der Verwirklichung des Elektrizitätsbinnenmarktes, 1993; *Schulenberg,* Die Energiepolitik der EU, 2009; *Schütze,* Europäischer Stromverbund und EG-Recht, 1992; *Schwabe,* Die deutsche Stromversorgungsstruktur und der EG-Vertrag, 1993; *Steindorff,* Grenzen der EG-Kompetenzen, 1990; *Stewing,* Gasdurchleitung nach europäischem Recht, 1989.

I. Überblick

1 Der wettbewerbspolitisch **bedeutsamste Ausnahmebereich** fand sich früher am Ende des Gesetzes **in § 103 von 1957 und § 103 a von 1980,** durch die bis 1998 die Versorgungswirtschaft insbesondere von der Anwendung des Kartellverbots (§ 1 GWB a. F.) und des Preisbindungsverbots (§ 14 GWB a. F.) freigestellt worden war. Diese ebenso ungewöhnliche wie grundlose **Privilegierung** eines ganzen Wirtschaftszweiges erklärte sich allein durch die **alles überragende Macht der** mit der öffentlichen Hand vielfältig verflochtenen **Energiewirtschaft**, der es dadurch ermöglicht wurde, über Jahrzehnte hinweg für Außenstehende nahezu **unvorstellbare Monopolgewinne** zulasten der Energieverbraucher einzufahren. Die (bittere) Konsequenz ist bis heute, dass Deutschland seit vielen Jahren das Land mit den **höchsten Gas- und Strompreisen** in der Welt ist – mit der weiteren Folge der kontinuierlichen Abwanderung energieintensiver Wirtschaftszweige aus Deutschland.

2 Der Erkenntnis von der **Unhaltbarkeit dieses Zustandes** konnte sich schließlich auch die Bundesregierung nicht mehr verschließen. Deshalb wurden die früheren §§ 103 und 103 a GWB für die Elektrizitäts- und Gaswirtschaft durch das Energiewirtschaftsgesetz (EnWG) vom 24. April **1998 ersatzlos gestrichen.** Lediglich für die vom EnWG nicht erfasste **Wasserwirtschaft** sind die genannten Vorschriften (vorerst?) aufrechterhalten worden (jetzt § 131 Abs. 6 GWB i. d. F. von 2005), angeblich, weil noch geprüft werden müsse, ob nicht wenigstens in der Wasserwirtschaft mit Rücksicht auf verschiedene Sonderregelungen an geschlossenen Versorgungsgebieten festgehalten werden müsse,[1] tatsächlich indessen allein mit Rücksicht auf die fiskalischen Interessen der Gemeinden und der Länder, in die der Bund nicht eingreifen möchte (oder kann; s. o. § 37 Rn. 3). Die Folge ist, dass sich insbesondere die **Preiskontrolle** gegenüber Wasserversorgungsunternehmen auch heute noch **nach § 103 Abs. 5 S. 1 Nr. 1 und S. 2 Nr. 2 GWB a. F.** richtet, so dass insoweit die früher zur Preiskontrolle gegenüber Energieversorgungsunternehmen entwickelten Regeln etwa über den Vergleich der Preise gleichartiger Versorgungsunternehmen weiterhin Anwendung finden.[2]

3 Trotz der formalen Abschaffung der Gebietsmonopole in der Gas- und Stromwirtschaft im Jahre 1998 (o. Rn. 2) ist es der Versorgungswirtschaft bisher weitgehend **gelungen**, ihre **Gebietsmonopole „zu retten"**.[3] Es ist zwar zumindest bei Strom zur Entstehung neuer überörtlicher Märkte gekommen (s. schon o. § 27 Rn. 19). Gleichwohl werden die Strom- und Gasmärkte infolge der Zusammenschlüsse von Viag und Veba zu E.ON sowie von RWE und VEW zu RWE neu, verbunden mit der anschließenden Übernahme von Ruhrgas durch E.ON und von Thyssen Gas durch RWE, weiterhin durch ein wettbewerbsloses **Dupol von RWE und E.ON beherrscht**, die sich im wesentlichen darauf beschränken, die Abnehmer auszuplün-

[1] S. die Begr., BT-Drs. 13/9720, S. 70; die Begr. zum EnWG, BT-Drs. 13 (1997)/7274, S. 24; dazu *Daiber,* WuW 1996, 361.

[2] S. u. Rn. 34, 36 ff.; BGHZ 184, 168 (172 ff. Tz. 17 ff.) = NJW 2010, 1573; *OLG Stuttgart* WuW/E DE-R 3389; *Daiber*, WuW 1996, 361; 2010, 1141; *Ritzenhoff,* WP 2010, 727.

[3] S. statt aller *BReg.,* Begr. zur GWB-Novelle von 2007, BT-Dr. 16/5847, S. 9 = WuW 2007, 295 (303); BGHZ 178, 285 = NJW-.RR 2009, 264 = JuS 2009, 670. E.ON/Stadtwerkie Eschwege; *BKartA* AG 2007, 506 = (auszugsweise) WuW/E DE-V 1357 – RWE/SFG; LTB 2005/2006, S. 27 ff.; LTB 2009/2010, S. 112 ff.; *MK,* Strom und Gas 2007: Wettbewerbsdefizite und zögerliche Regulierung, SonderGA 2007; *Heitzer*, WuW 2007, 854 (856 f.).

dern, mögliche Konkurrenten aufzukaufen und die Abnehmer nach Möglichkeit an sich zu binden, um ausländischen Anbietern den Zugang zum deutschen Markt zu versperren.[4] Zum Fortbestand der lokalen und regionalen Versorgungsmonopole hat freilich auch die mangelnde Wechselbereitschaft der Abnehmer beigetragen, so dass insgesamt jedenfalls auf der lokalen und regionalen Ebene bei Strom und Gas kaum Verbesserungen festzustellen sind.

An diesem komfortablen Zustand würde sich vermutlich auch in den nächsten Jahren nichts ändern, gäbe es nicht den von der Europäischen Union ausgehenden **Liberalisierungsdruck.** Der **Energiebinnenmarkt** gehört seit langem zu den großen Desiderata der Kommission, die deshalb immer wieder Anläufe unternimmt, um der Verwirklichung dieses (dringenden) Ziels wenigstens einen Schritt näher zu kommen, bisher freilich nur mit mäßigem Erfolg. Denn trotz der großen Bemühungen der Union um die Verwirklichung des Energiebinnenmarktes (Rn. 7 ff.) sind die **nationalen Märkte** immer noch – zum großen Nachteil für die Verbraucher – **weitgehend getrennt**, insbesondere, weil die Mitgliedstaaten die Energiepolitik weithin zum Kern ihrer nationalen Souveränität zählen. 4

II. Geschichte

Das herkömmliche System streng gegeneinander abgeschotteter **Gebietsmonopole** jeweils eines einzigen Energieversorgungsunternehmens (EVU) zumindest auf lokaler und regionaler Ebene hatte sich in Deutschland bereits vor dem Ersten Weltkrieg durchgesetzt. Auch das alte **EnWG von 1935**[5] hatte daran nichts geändert, da es auf einem grundsätzlich negativen Urteil über den Wettbewerb in der Versorgungswirtschaft beruhte.[6] Begründet wurde der Ausschluss des Wettbewerbs in der Versorgungswirtschaft meistens mit dem Hinweis auf die (angeblichen) **Besonderheiten der Gas- und Stromwirtschaft** wie Leitungsgebundenheit und mangelnde Speicherfähigkeit.[7] Der wirliche Grund war aber natürlich allein das Interesse der Energieversorgungsunternehmen und der mit ihnen bis heute verbündeten Kommunen und Länder an der rücksichtslosen Ausplünderung der Abnehmer. Aus demselben Grund weigerten sich die Energieversorgungsunternehmen z. B. bis in die Gegenwart, die nötigen Kuppel – oder Übergabestellen („Knoten") an den Grenzen auszubauen, selbstverständlich auch dies nur, um das Eindringen ausländischer Energieversorgungsunternehmen in ihre Gebietsmonopole zu verhindern.[8] Infolgedessen hat der grenzüberschreitende Stromhandel nach wie vor lediglich einen Anteil von weniger als 10 % an der gesamten Stromerzeugung der Gemeinschaft. 5

In der Öffentlichkeit nahm daher die **Kritik** an den Gebietsmonopolen der Energieversorgungsunternehmen ständig zu, so dass es 1980 und 1989 zu ersten **Korrekturen** der bisherigen monopolfreundlichen Gesetzgebung kam (s. die §§ 103 und 6

4 *BKartA* AG 2007, 506 = WuW/E DE-V 1357 – RWE/SFG; LTB 2005/2006, S. 27 ff.

5 RGBl. I S. 1451.

6 Vgl. die wichtige Präambel zum EnWG und dazu *Emmerich*, JZ 1982, 496.

7 Exemplarisch *Börner,* DB 1977, 481; 1980, 769; *Büdenbender,* ZfE 1980, 286; 1983, 60; wegen der Einzelheiten s. *Emmerich,* Ist der kartellrechtliche Ausnahmebereich für die leitungsgebundene Versorgungswirtschaft wettbewerbspolitisch gerechtfertigt?, S. 49 ff.; *ders.,* JZ 1982, 496.

8 *Kommission,* Mitteilung, KOM (2001) 125 endg., S. 10; *MK,* SonderGA 47, 2007, Tz. 5 (WuW/E DE-V 1381 [1382]).

103 a GWB von 1980 und 1989). Angesichts des massiven Widerstands der Energieversorgungsunternehmen und ihrer Verbündeten, insbesondere in den Kommunen, blieben diese Änderungen jedoch **ohne Wirkung**, so dass ein grundlegender Wandel überfällig war.[9] In dieselbe Richtung wirkte der von der Europäischen Union ausgehende Deregulierungsdruck (u. Rn. 8 ff.).

7 Der **AEUV** gilt einschließlich seiner Wettbewerbsregeln (Art. 101 – 106) auch für die Versorgungswirtschaft. Das ist zwar früher vielfach bestritten worden,[10] steht heute aber außer Frage.[11] Die **Kommission** unternahm deshalb Ende der achtziger Jahre die ersten zaghaften Versuche, um den europäischen **Binnenmarkt** auch auf diesem Sektor durchzusetzen. Das Ergebnis waren **verschiedene Richtlinien**, insbesondere über Gas– und Stromlieferungen über große Netze, die jedoch noch weitgehend wirkungslos blieben.[12]

8 **1992** legte die Kommission deshalb **zwei weitere Vorschläge** für Richtlinien zur Verwirklichung des Elektrizitäts- und des Gasbinnenmarktes vor, durch die insbesondere die ausschließlichen Gas- und Elektrizitätserzeugungsrechte der staatlichen Monopolunternehmen in verschiedenen Mitgliedstaaten[13] beseitigt, die vertikal integrierten Unternehmen entflochten und umfassende Durchleitungsrechte eingeführt werden sollten (heute sog. **1. Legislativpaket**).[14] Vor allem der letzte Punkt, der sog. „Third Party Access **(TPA)**“, stieß indessen auf verbreitete Kritik in den Mitgliedstaaten, so dass die beiden Richtlinien bis zu ihrer **Verabschiedung** in den Jahren **1996 und 1998** immer weiter verwässert wurden.[15] Weitere Schritte zur Verwirklichung des Binnenmarktes für Gas und Strom waren infolgedessen unerlässlich, wenn man auf dem einmal eingeschlagenen Weg vorankommen wollte.

9 Im Jahre **2003** schlug die Kommission aus diesem Grund den **Erlass eines Bündels weiterer Richtlinien und Verordnungen** vor, mit denen erreicht werden sollte, den europäischen Strom- und Gasbinnenmarkt bis zum Jahre 2005 zu verwirklichen.[16] In den Verhandlungen über dieses **2. Legislativpaket, das** sog. **Beschleunigungspaket** wurde zwar der **Endtermin** für die Verwirklichung des Energiebinnenmarktes um zwei Jahre auf den **1. Juli 2007** hinausgeschoben; im Übrigen konnte sich jedoch die Kommission mit ihren Vorschlägen zur **Entflechtung** der Energieversorgung durch die rechtliche und organisatorische Verselbstständigung des Netzbetriebs (sog. **unbundling) und** zur **Regulierung des Netzzugangs** weitgehend durchsetzen.[17]

---

[9] So selbst die *BReg.*, Begr. z. EnWG, BT-Drs. 13/7274, S. 9, 24.

[10] S. dazu *Emmerich*, FS v. Gamm, 1990, S. 581 (587 ff.); *ders.*, AJP 1992, 206 (211 f.).

[11] Grdl. *EuGH* Slg. 1994, I-1508 (1518 ff.) = EuZW 1994, 408 = JuS 1994, 882 Nr. 2 – Almelo; Slg. 1997, I-5768 – Niederlande; 1997, I-5793 – Italien; 1997, I-5815 = EuZW 1998, 76 – Frankreich; Slg. 1997, I-5853 – Spanien; *Müller-Graff*, FS Tilmann, 2003, S. 721.

[12] Transparenzrichtlinie v. 21. 5. 1990, ABl. Nr. L 185; Transitrichtlinie für Ergaslieferungen über große Netze v. 31. 5. 1991, ABl. Nr. L 147/37; Transitrichtlinie für Elekrizitätslieferungen über große Netze vom 29. 10. 1990, ABl. Nr. L 313/30; s. *Mestmäcker*, in: J. Baur, Leitungsgebundene Energie, S. 39; *ders.*, Natural Gas in the Internal Market, S. 1 ff.

[13] In Frankreich EdF und GdF, in Italien ENEL.

[14] ABl. 1992 Nr. C 65/4, 14.

[15] Elektrizitätsrichtlinie vom 19. 12. 1996, ABl. 1997 Nr. L 27/20; Erdgasrichtlinie vom 22. 6. 1998, ABl. Nr. L 4/1; s. im Einzelnen u. Rn. 25.

[16] S. dazu *Lecheler/Gundel*, EuZW 2003, 621; *Neveling/Theobald*, EuZW 2002, 106, beide m. N.

[17] S. die sog. Elektrizitätsrichtlinie vom 26. 6. 2003 (ABl. Nr. L 176/37) sowie die Gasrichtlinie vom 26. 6. 2003, ABl. Nr. L 176/57.

Zugleich erging eine Verordnung über den grenzüberschreitenden Stromhandel Nr. 1228/2003[18] in Verbindung mit einer Entscheidung über eine Reihe von Leitlinien betreffend die transeuropäischen Netze im Energiebereich vom selben Tag,[19] durch die die Voraussetzungen für den grenzüberschreitenden Stromhandel nachhaltig verbessert werden sollten.

Das Beschleunigungspaket zwang den deutschen Gesetzgeber zum Handeln. Ergebnis ist das neue **EnWG von 2005**[20] in Verbindung mit einer **Reihe von Verordnungen** vom 25. Juli 2005, durch die der Netzzugang und die dabei zu fordernden Entgelte geregelt werden.[21] Zuständig für die Regulierung ist seitdem ausschließlich die **Bundesnetzagentur** zusammen mit den Landesregulierungsbehörden (§ 54 EnWG; s. o. § 38 Rn. 11). Ende des Jahres 2006 folgten schließlich noch vier weitere Verordnungen, die die Beziehungen zu den Tarifabnehmern regeln.[22] 10

Auch das 2. Legislativpaket (Rn. 9) hatte, wie angesichts des hinhaltenden Widerstandes der EVU und vieler Mitgliedstaaten von vornherein zu befürchten war, **nicht** den erhofften **Erfolg**, so dass von einem europäischen Energiebinnenmarkt nach wie vor keine Rede sein kann. Die Hauptursache sah und sieht die Kommission in der üblichen konzernmäßigen vertikalen Verbindung von Energieerzeugung und -verteilung, d. h. konkret: in dem Umstand, dass den Energiekonzernen auch die Netze gehören. Die Kommission schlug deshalb im Jahre 2007 ein **3. Legislativpaket** von insgesamt fünf Richtlinien und Verordnungen vor, um den Energiebinnenmarkt endlich voranzubringen.[23] Kern der Vorschläge war die endgültige eigentumsmäßige Trennung (**unbundling)** von Energieerzeugung und -verteilung sowie die Schaffung einer **Europäischen Energieagentur** (ACER). Insbesondere der Vorschlag einer eigentumsmäßigen Trennung von Energieerzeugung und -verteilung stieß jedoch bei mehreren Mitgliedstaaten, allen voran wiederum Deutschland und Frankreich, auf heftigen **Widerstand**, weshalb die schließlich im Jahre **2009** verabschiedeten **fünf Richtlinien und Verordnungen**, darunter eine neue Strom- und eine neue Gasrichtlinie[24] neben der von der Kommission weiterhin favorisierten und z. B. im Vereinigten Königreich schon lange verwirklichten strikten eigentumsmäßigen Trennung von Erzeugung und Verteilung zwei weitere Modelle (ISO und ITO) vorsehen, mit denen auf andere Weise die weitgehende Trennung beider Bereiche erreicht werden soll. Die Umsetzung der Richtlinie erfolgte im Zuge der sog. **Energiewende** zusammen mit zahlreichen anderen Gesetzesänderungen durch Gesetze vom 3. August 2011.[25] Die Vorschriften über die Entflechtung finden sich jetzt in den neuen § 6 bis 10 e EnWiG von 2011. 11

[18] ABl. Nr. L 176/1.

[19] ABl. Nr. L 176/11.

[20] BGBl. I S. 1970 mit Änderungen, zuletzt 2007 (BGBl. I S. 2966).

[21] BGBl. 2005 I S. 2197, 2210, 2225 und 2243.

[22] BGBl. I S. 2193 und 2477; s. dazu *Fr.-R. Groß,* NJW 2007, 1030; *Scholtka/A. Baumbach,* NJW 2008, 1128 (1129 f.); zur früheren Rechtslage s. *Emmerich,* Energielieferungsvertrag, in: BMJ, Gutachten und Vorschläge, Bd. III, 1983, S. 123.

[23] S. dazu z. B. *Pießkaller,* EuZW 2008, 199; *Scholtka/A. Baumbach,* NJW 2008, 1128.

[24] Alle ABl. 2009 Nr. L 211.

[25] BGBl. I. S. 1554; s. dazu *Gundel/Germelmann,* EuZW 2009, 763; *Scholtka/A. Baumbach,* NJW 2010, 1118; *Theobalds/Gey-Kern,* EuZW 2011, 896.

III. Frühere Rechtslage[26]

12 Ein Verständnis der gegenwärtigen Situation ist nicht möglich ohne Kenntnis der früheren Sonderregelung für die Versorgungswirtschaft, die letztlich die Ursache für die heutige wettbewerbsfeindliche Marktstruktur ist. Kern dieser Sonderregelung war die Freistellung der vier wichtigsten, in der Versorgungswirtschaft üblichen wettbewerbsbeschränkenden Verträge von der Anwendung des Kartell- und des Preisbindungsverbotes (§§ 1 und 14 GWB a. F.). Die größte praktische Bedeutung kam dabei den Demarkations- und den Konzessionsverträgen zu (§ 103 Abs. 1 Nr. 1 und 2 GWB a. F.; dazu u. Rn. 13, 16 ff.). Zu beachten ist, dass die §§ 103 und 103a GWB a. F. für die **öffentliche Wasserversorgung** nach wie vor **in Kraft** sind (§ 131 Abs. 6; s. dazu schon o. Rn. 2).

1. Demarkationsverträge

13 Als Demarkationsverträge bezeichnet man Vereinbarungen zwischen Energieversorgungsunternehmen sowie zwischen diesen und Gemeinden zur Aufteilung der Versorgungsgebiete zwischen ihnen. Im einzelnen hat man horizontale und vertikale Demarkationen zu unterscheiden. Unter **horizontalen Demarkationen** versteht man die Aufteilung der Versorgungsgebiete durch benachbarte Versorgungsunternehmen, die nicht in Lieferbeziehungen stehen, während **vertikale Demarkationen** nichts anderes als Vereinbarungen über die Aufteilung der Versorgungsgebiete in Lieferverträgen zwischen Liefer- und Verteilerunternehmen oder zwischen diesen und Gemeinden sind. Die Freistellung aller dieser Verträge vom Kartellverbot durch **§ 103 Abs. 1 Nr. 1 GWB a. F.** wurde meistens damit gerechtfertigt, dass die vertragliche Aufteilung der Versorgungsgebiete im Interesse einer sicheren und billigen Energieversorgung erforderlich sei.[27] § 103 Abs. 1 Nr. 1 GWB a. F. enthielt damit der Sache nach eine (grundlose) gesetzliche Erlaubnis bestimmter **Rationalisierungskartelle** in der Versorgungswirtschaft.

14 Damit ist zugleich gesagt, dass sämtliche Demarkationsverträge – als **verbotene Kartelle** (§ 1 GWB) – durch die Aufhebung des § 103 Abs. 1 Nr. 1 GWB im April 1998 – von der öffentlichen Wasserversorgung abgesehen – ihre Wirksamkeit einbüßten. Dies wurde zwar zunächst für *vertikale* Demarkationen häufig unter Hinweis auf § 16 GWB a. F. bestritten, indessen zu Unrecht, weil Gemeinden und Energieversorgungsunternehmen wegen des jederzeit möglichen Übergangs der ersteren zur Eigenversorgung immer zumindest potentielle Konkurrenten sind, so dass auch Demarkationen zwischen ihnen seit 1998 ohne Ausnahme unter § 1 GWB sowie bei zwischenstaatlichem Bezug zugleich unter Art. 101 Abs. 1 AEUV fielen.[28]

---

[26] S. dazu statt aller *MK,* 1. HauptGA, Tz. 757 ff.; *Emmerich,* in: ders./Lukes, Ordnungspolitische Überlegungen, S. 45; *ders.,* Ist der kartellrechtliche Ausnahmebereich für die leitungsgebundenen Versorgungswirtschaft wettbewerbspolitisch gerechtfertigt, 1978; *Immenga,* Wettbewerbsbeschränkungen auf staatlich gelenkten Märkten, 1967, S. 222 ff.; *Niederleithinger,* Die Stellung der Versorgungswirtschaft im GWB, 1968.

[27] So BGHZ 59, 42 (45) = NJW 1972, 1369 = JuS 1972, 603 Nr. 10; *BGH* NJW 1975, 2065 = WuW/E BGH 1405 (1407); NJW 1976, 710 (711).

[28] BGHZ 154, 21 (29 ff.) = WuW/E DE-R 1119 = NVwZ 2003, 1140 – Verbundnetz II; *BGH* WuW/E DE-R 399 – Verbundnetz I; *KG* RdE 2002, 101); *OLG Frankfurt a. M.* WuW/E OLG 3427; *OLG Karlsruhe* NJW-RR 1993, 110 = WuW/E OLG 5063.

Dasselbe gilt für die umstrittenen **Gesamtbedarfsdeckungsklauseln** in langfristigen Energielieferungsverträgen, durch die die Abnehmer möglichst auf Dauer an die Energielieferanten gebunden werden sollen. Diese Klauseln verstoßen, da sie ebenfalls den potentiellen Wettbewerb zwischen den Parteien beschränken, gegen das Kartellverbot des § 1 GWB und des Art. 101 Abs. 1 AEUV.[29] Überhaupt hat sich die Vielzahl ungewöhnlich **langfristiger Lieferverträge** zwischen Energieerzeugern und -verteilern als eines der größten Hindernisse für eine zügige Marktöffnung bei Strom und Gas erwiesen,[30] so dass das BKartA jetzt auch gegen derartige langfristige Energielieferungsverträge aufgrund der §§ 1, 19 und 20 GWB sowie der Art. 101 und 102 AEUV im Interesse der Auflockerung der verkrusteten Strukturen in der Energiewirtschaft – gegen den heftigen Widerstand der Energieversorgungsunternehmen – einschreitet.[31] 15

2. Konzessionsverträge

Als Konzessionsverträge bezeichnet man Verträge, durch die die Gebietskörperschaften, in erster Linie die Gemeinden, den Energieversorgungsunternehmen die Verlegung und den Betrieb von Leitungen auf oder unter öffentlichen Wegen gestatten. Dabei ist zu beachten, dass die öffentlichen Wege und Straßen durchweg im Eigentum der Gemeinden stehen (sog. **Wegemonopol** der Gemeinden) und dass eine Leitungsverlegungen ohne die Benutzung öffentlicher Wege und Straßen praktisch nicht möglich ist. Konzessionsverträge sind infolgedessen überaus **verbreitet**. Zivilrechtlich stehen sie Pachtverträgen nahe. Die **Gegenleistung**, die die Energieversorgungsunternehmen auf der Grundlage dieser Verträge für die Gestattung der Leitungsverlegung an die Gemeinden zahlen, bezeichnet man als **Konzessionsabgaben**. Sie belaufen sich mittlerweile auf mehrere Milliarden Euro. Grundlage ist die KonzessionsabgabenVO (KAV) vom 9. Januar 1992.[32] 16

Die wettbewerbsrechtliche Besonderheit der Konzessionsverträge bestand früher darin, dass es schon in der Zeit vor dem ersten Weltkrieg üblich geworden war, dass die Gemeinden **jeweils nur mit einem Energieversorgungsunternehmen** einen Konzessionsvertrag über die Benutzung ihrer Wege zur Verlegung von Leitungen abschlossen, um diesem Energieversorgungsunternehmen dergestalt ein **Monopol** zu verschaffen, an dessen Erträgen sie dann über die Konzessionsabgaben – der Sache nach eine Art Verbrauchssteuer – partizipierten. Die generelle Erlaubnis dieser Ausschließlichkeitsbindungen der Gemeinden in den Konzessionsverträgen gegenüber dem jeweiligen Energielieferanten durch § 103 I Nr. 2 GWB a. F. war damit die **eigentliche Basis der** früheren **Gebietsmonopole** der Energieversorgungsunternehmen (und heute noch der Wasserversorgungsunternehmen). 17

Die **Dauer** der Konzessionsverträge war 1980 erstmals durch § 103 a Abs. 1 GWB a. F. auf maximal **zwanzig Jahre begrenzt** worden, um eine Verewigung der Gebietsmonopole auf vertraglicher Basis zu verhindern. Der Versorgungswirtschaft war diese Befristung der Konzessionsverträge naturgemäß ausgesprochen **lästig**. Durch 18

[29] *OLG Düsseldorf* WuW/E DE-R 854 (859 ff.); *LG Düsseldorf* RdE 2000, 83 (84); *LG Köln* RdE 2000, 233 (234 ff.).

[30] *BKartA* WuW 1999, 35 = TB 1997/98, S. 126 f.; *Emmerich,* FS Koppensteiner, 2001, S. 351.

[31] *BKartA* WuW/E DE-V 1147 ff. (1149, 1156 ff.) – E. ON/Ruhrgas unter Berufung auf die Art. 101 und 102 AEUV und § 1 GWB.

[32] BGBl. I S. 12, 407 (mit Änderungen); s. dazu *Emmerich,* BB 1973, 1269.

eine Fülle oft nur schwer durchschaubarer Abreden hatte sie deshalb alsbald versucht, die Fristenregelung des § 103 a Abs. 1 GWB a. F. zu unterlaufen. Stichworte waren das gespaltene Wegerecht (Fortsetzung des ausschließlichen Wegerechts nach Ablauf von zwanzig Jahren als einfaches Wegerecht), Eintrittsklauseln, automatische Verlängerungsklauseln, Energiebezugspflichten der Gemeinden, Wiederbelieferungsvorbehalte der Energieversorgungsunternehmen sowie sog. Endschaftsabreden, durch die die Gemeinden bei Übergang zu einem anderen Energieversorgungsunternehmen mit hohen Ablösungskosten belastet wurden.[33]

19 Die Vereinbarkeit vieler der genannten Abreden mit § 103 a Abs. 1 S. 1 GWB a. F. war durchaus zweifelhaft. Daraus hatte sich eine lebhafte Diskussion über die Frage entwickelt, ob ausschließliche Konzessionsverträge an sich **Kartelle** oder bloße Vertikalvereinbarungen sind. Die Antwort auf diese Frage konnte nicht zweifelhaft sein: Da Gemeinden und Versorgungsunternehmen hinsichtlich der Versorgung eines bestimmten Gebiets durchweg zumindest potentielle Konkurrenten sind, stellten ausschließliche Konzessionsverträge nichts anderes als die Regelung des Wettbewerbs zwischen den Parteien dar und fielen deshalb auch schon früher **ausnahmslos** unter das **Kartellverbot** (§ 1 GWB a. F.).

20 Diese Auffassung hatte sich zuletzt allgemein durchgesetzt.[34] Die notwendige Folge war, dass mit Außerkrafttreten des § 103 Abs. 1 Nr. 2 GWB a. F. am 25. April 1998 jedenfalls die **Ausschließlichkeitsbindungen** zulasten der Gemeinden in herkömmlichen Konzessionsverträgen, von der öffentlichen Wasserversorgung abgesehen, **unwirksam** wurden (§ 1 GWB in Verbindung mit § 134 BGB; Art. 101 Abs. 2 AEUV). Weil die Gemeinden infolgedessen hohe Ausfälle bei den für ihre Haushalte (angeblich) unverzichtbaren Konzessionsabgaben befürchteten, bestimmte die **Übergangsvorschrift** des Art. 4 § 1 des Gesetzes zur Neuregelung des Energiewirtschaftsrechts von 1998, dass laufende Konzessionsverträge, und zwar einschließlich der vereinbarten Konzessionsabgaben, trotz Wegfalls der Ausschließlichkeit im Übrigen unberührt bleiben. Sie bestehen folglich als Verträge mit einfachem Wegerecht fort.

21 Die laufenden Konzessionsverträge wurden damit im Ergebnis dem **EnWG von 2005** angepasst, nach dem die Gemeinden ihre öffentlichen Verkehrswege für die Verlegung und den Betrieb von Leitungen zur unmittelbaren Versorgung von Letztverbrauchern im Gemeindegebiet **diskriminierungsfrei** durch Vertrag **zur Verfügung zu stellen** haben (§ 46 Abs. 1 S. 1 EnWG). Unberührt bleibt das Recht der Gemeinden, für die Gestattung der Leitungsverlegung eine Gegenleistung in Gestalt der herkömmlichen Konzessionsabgaben zu verlangen (§§ 46 Abs. 1 S. 2, 48 EnWG). Die Verträge sind jedoch ebenso wie früher schon kraft Gesetzes auf eine Dauer von höchstens zwanzig Jahren befristet (§ 46 Abs. 2 EnWG).

22 Die geschilderte Regelung bedeutet im Zusammenhang, dass die Gemeinden seit 1998 den **Bau konkurrierender Leitungen** einschließlich Stichleitungen zu einzelnen Sonderabnehmern nicht mehr verhindern können, außer wenn sie dafür (ausnahmsweise) sachliche Gründe haben.[35] Andernfalls verstößt die Ablehnung des Ab-

[33] S. dazu BGHZ 143, 128 (138 ff.) = NJW 2000, 576 – Endschaftsbestimmung.

[34] BGHZ 119, 101 (105 f.) = NJW 1992, 2888 = JuS 1993, 425 Nr. 10; *BGH* LM § 1 GWB Nr. 34 = NJW-RR 1986, 880 = WuW/E BGH 2247; RdE 1986, 118; LM § 103 GWB Nr. 6 = NJW-RR 1994, 322 = WuW/E BGH 2914 (2916).

[35] S. die Begr. zum EnWG, BT-Drs. 13/7274, S. 12, 20 f.

schlusses eines Konzessionsvertrages gegen § 46 EnWG i.V.m. den **§§ 19 Abs. 4 Nr. 4 und 20 Abs. 1 GWB,** so dass das BKartA dagegen mit Abstellungsverfügungen einschreiten kann, da die Gemeinden insoweit infolge ihres Wegemonopols ausnahmslos als marktbeherrschend anzusehen sind (§ 46 Abs. 5 EnWG in Verb. mit § 32 GWB). Außerdem machen sich die Gemeinden schadensersatzpflichtig (§ 33 GWB). Als **Schadensersatz** kann auch die Gestattung der Leitungsverlegung verlangt werden (§ 249 BGB). Damit hat eine Auffassung, die gelegentlich schon zum früheren Recht unter Berufung auf § 26 Abs. 2 GWB a. F. (= § 20 Abs. 1 GWB n. F.) vertreten wurde,[36] eine gesetzliche Bestätigung gefunden.

IV. Energiewirtschaftsgesetz

Literatur: *Chr. Nill-Theobald/Theobald,* Grundzüge des Energiewirtschaftsrecht, 2. Aufl. (2008); *Schneider/Theobald,* Recht der Energiewirtschaft, 3. Aufl. 2010; *Theobald/Zenke,* Grundlagen der Strom- und Gasdurchleitung, 2001; *Zander/Riedel,* Strombeschaffung, 2000.

Das **Energiewirtschaftsgesetz (EnWG) von 1998** versuchte vor allem auf zwei Wegen, einen **Wettbewerb** um Versorgungsgebiete und Kunden in der Versorgungswirtschaft zu **eröffnen.**[37] Der eine Weg war die erstmalige Ermöglichung von Direktleitungen zu einzelnen Kunden (Rn. 24), der andere die an bestimmte Voraussetzungen geknüpfte Verpflichtung der Energieversorgungsunternehmen, ihre Netze zur Durchleitung von Strom anderen Anbietern zur Verfügung zu stellen (Rn. 25 ff.): 23

1. Der Bau von **Direktleitungen** (sog. Stichleitungen) zwischen einem Energieversorgungsunternehmen und einem großen Abnehmer in dem Versorgungsgebiet eines anderen Energieversorgungsunternehmen scheiterte früher in der Regel an dem absoluten Gebietsschutz des letzteren, beruhend durchweg auf einem ganzen Netz von Demarkations- und Konzessionsverträgen. Nach der ersatzlosen Aufhebung dieser Verträge und der Verpflichtung der Gemeinden, ihre Wege diskriminierungsfrei auch anderen Energieversorgungsunternehmen zur unmittelbaren Versorgung von Letztverbrauchern im Gemeindegebiet zur Verfügung zu stellen (o. Rn. 21 f.), stehen an sich dem Bau von Direktleitungen keine grundsätzlichen Hindernisse mehr entgegen. Aus vielerlei Gründen wird es sich jedoch dabei immer um Ausnahmefälle handeln. (Weit) größere praktische Bedeutung kommt daher der Ermöglichung von Durchleitungen durch fremde Netze zu (Rn. 25 ff.).[38] 24

2. Die **erste Elektrizitätsrichtlinie** von 1996 sah zur Lösung der **Durchleitungsproblematik** noch drei verschiedene Modelle vor (s. o. Rn. 9). Es waren dies der Netzzugang auf Vertragsbasis (sog. verhandelter Netzzugang), der geregelte Netzzugang sowie das merkwürdige Alleinabnehmersystem. Deutschland hatte sich 1998 grundsätzlich für das **System des verhandelten Netzzugangs** entschieden, und zwar – weit über die Elektrizitätsrichtlinie hinaus – nicht nur für die sog. zugelassenen oder großen Kunden, sondern sofort **für alle Kunden**, ließ daneben aber auf Druck der Gemeinden und der mit ihnen verbündeten, wettbewerbsfeindlichen Länder zum Schutz der fiskalischen Interessen der Gemeinden auf Wunsch kommunaler Energieversorgungsunternehmen auch das Alleinabnehmersystem zu. 25

[36] S. *Emmerich,* BB 1973, 1269.

[37] S. die Begr., BT-Drs. 13 (1998)/7274, S. 10 ff.

[38] S. u. Rn. 25 ff.; zu den Einzelheiten s. *Nill-Theobald/Theobald,* Grundzüge; *Theobald/Zenke,* Grundlagen, beide m. N.

26 **§ 6 EnWG von 1998** bestimmte deshalb, dass die Betreiber von Gas- und Elektrizitätsversorgungsnetzen anderen Unternehmen ihr Netze für **Durchleitungen diskriminierungsfrei** zur Verfügung stellen mussten, sofern sie nicht nachweisen konnten, dass ihnen die Durchleitung aus betriebsbedingten *oder* „sonstigen" Gründen unter Berücksichtigung der sich aus § 1 EnWG ergebenden Ziele des Gesetzes unmöglich *oder* unzumutbar war, wobei Umweltgesichtspunkte besonders zu berücksichtigen waren.

27 Die Praktikabilität dieser Regelung stand und fiel mit der Höhe der von den Energieversorgungsunternehmen für die Benutzung ihrer Netze geforderten **Durchleitungsentgelte.** Zu deren Festlegung hatten die wichtigsten Verbände 1999 eine sog. **Verbändevereinbarung II** abgeschlossen.[39] Merkmale dieser Vereinbarung waren die Einführung eines für den Regelfall entfernungsunabhängigen Netzzugangsentgelts und von Lastprofilen sowie die Aufteilung des Bundesgebiets in zwei Tarifzonen, so dass beim Übergang von der einen Zone in die andere (aus nicht nachvollziehbaren Gründen) ein zusätzliches Transportentgelt fällig wurde.

28 Die Vereinbarkeit des ganzen Vertragswerks mit den §§ 1, 19 und 20 Abs. 1 GWB sowie mit den Art. 101 und 102 AEUV war von Anfang an zweifelhaft. Zahlreiche Energieversorgungsunternehmen hielten sich deshalb nicht an die Verbändevereinbarung,[40] so dass die tatsächlich ausgehandelten Durchleitungsentgelte eine ungewöhnliche Schwankungsbreite aufwiesen.[41] Insgesamt war aber das Bestreben vor allem vieler kommunaler und regionaler Energieversorgungsunternehmen unverkennbar, durch die **Forderung völlig überhöhter Durchleitungsentgelte** nach Möglichkeit das Eindringen anderer Energieversorgungsunternehmen in ihre „angestammten" Versorgungsgebiete zu verhindern.[42] In den verschiedenen darauf hin vom BKartA eingeleiteten **Missbrauchsverfahren** setzte sich der **BGH** schließlich für eine strenge Kontrolle ein, wobei er es vor allem ablehnte, für die Zeit nach dem 1. Januar 2004 die genannte Verbändevereinbarung II noch als Maßstab heranzuziehen.[43]

29 **3.** Weitere Ausführungen zu dem Themenkreis der kartellrechtlichen Kontrolle von Durchleitungsentgelten erübrigen sich, weil das neue **EnWG von 2005** i. d. F. von 2011 aufgrund der europäischen Vorgaben[44] der unglücklichen Vielfalt der Netzzugangsmodelle ein Ende bereitet hat. Von wenigen Ausnahmen abgesehen, ist fortan **nur noch** das **Modell des geregelten Netzzugangs** aufgrund veröffentlichter und im Voraus geprüfter Tarife zulässig (**§§ 20 ff. EnWG** von 2005 in Verbindung mit den Zugangs- und Netzentgeltverordnungen für Strom und Gas vom 25. Juli 2005).[45] Die **Höhe der Netznutzungsentgelte** richtet sich seit 2009 nach der sog. AnreizregulierungsVO von 2007,[46] auf deren Grundlage die Bundesnetzagentur Erlösobergrenzen festsetzt, um den Energieversorgungsunternehmen einen Anreiz zu Kostensenkungen zu geben.[47] Angesichts der **ausschließlichen Zuständigkeit der**

[39] Text: RdE 2000, Heft 2 Anh. X (mit späteren Änderungen).

[40] *Theobald/Zenke,* WuW 2001, 19 (35).

[41] *Markert,* BB 2001, 105 (108 f.).

[42] *BKartA* WuW/E DE-V 301 (305 Tz. 78); *Büdenbender,* ZIP 2000, 2225 ff.; *ders.,* ZWeR 2006, 233.

[43] BGHZ 163, 282 (289 ff.) = WuW/E DE-R 1513 – Stadtwerke Mainz; BGHZ 164, 333 (345 ff.) = NJW 2006, 684 (686 f. Tz. 27 ff.) – Stromnetznutzungsentgelt m. Anm. *Büdenbender,* ZWeR 2006, 233 und *Kühne,* NJW 2006, 654.

[44] S. *Lecheler/Gundel,* EuZW 2003, 621 (625 ff.).

[45] BGBl. I S. 2197, 2210, 2225 und 2243.

[46] BGBl. I S. 2529.

[47] S. z. B. *Lotze/Thomale,* WuW 2008, 257 (264 ff.).

Bundesnetzagentur für diese Regulierung (§ 111 EnWG) ist daneben für eine kartellbehördliche Kontrolle der Preise und Konditionen aufgrund der §§ 19 und 20 GWB kein Raum mehr (s. o. § 27 Rn. 87).

V. Missbrauchsaufsicht

1. Problematik

Das GWB kannte ursprünglich als (bescheidenen) Ausgleich für die weitgehende Freistellung der Versorgungswirtschaft von den Verboten des Gesetzes eine **besondere Missbrauchsaufsicht** der Kartellbehörden über die Energieversorgungsunternehmen. Grundlage war **§ 103 Abs. 5 S. 1 a. F.**, der zugleich in **S. 2 Nr. 1 bis 4** die **wichtigsten Missbrauchsfälle** aufzählte. Es waren dies der Reihe nach der Behinderungsmissbrauch, der Preis- und der Konditionenmissbrauch, die unbillige Behinderung der industriellen Eigenversorgung sowie die grundlose Verweigerung von Durchleitungsrechten. Nach § 131 Abs. 6 sind diese Bestimmungen, soweit es um die **öffentliche Versorgung mit Wasser** geht, wie bereits betont (oben Rn. 2), weiterhin anwendbar.[48] 30

Im Übrigen, also für die Elektrizitäts- und Gasversorgung ist § 103 Abs. 5 GWB a. F. 1998 aufgehoben worden, so dass die Energieversorgungsunternehmen seitdem ebenso wie andere Unternehmen der allgemeinen Missbrauchsaufsicht der Kartellbehörden aufgrund der **§§ 19, 20 und 29 GWB** unterliegen, freilich nur, soweit nicht in § 111 EnWG eine abweichende Regelung getroffen ist **(§ 130 Abs. 3 GWB i. d. F. von 2007). § 111 EnWG** von 2005 i. d. F. von 2007 bestimmt in Abs. 1 S. 1, dass die §§ 19, 20 und 29 GWB (von 2007) *nicht* anzuwenden sind, soweit durch das EnWG oder durch aufgrund des EnWG erlassene Rechtsverordnungen ausdrücklich abschließende Regelungen getroffen werden. **Abschließende Regelungen** in diesem Sinne enthalten nach Abs. 2 des § 111 EnWG die Bestimmungen des dritten Teils des EnWG über die Regulierung des Netzbetriebs, insbesondere also über den **Netzzugang und** die **Netzentgelte (§§ 11–35 EnWG)** sowie die zugehörigen Verordnungen über den Netzzugang und die Netzentgelte bei Gas und Strom vom 25. Juli 2005 (s. o. § 27 Rn. 87, u. Rn. 29). § 111 Abs. 3 EnWG fügt noch hinzu, dass bei der Preismissbrauchsaufsicht über Energieversorgungsunternehmen aufgrund der §§ 19, 20 und 29 GWB Netzzugangsentgelte, die Bestandteile der kontrollierten Preise sind, als rechtmäßig zugrunde zu legen sind, soweit sie nach § 20 Abs. 1 EnWG veröffentlicht sind, dies deshalb, weil insoweit allein die Bundesnetzagentur zuständig ist. 31

Dies bedeutet, dass sich der **Anwendungsbereich der §§ 19, 20 und 29 GWB** auf den **nicht regulierten Bereich** beschränkt, d. h. auf den gesamten weiten Bereich der Erzeugung, des Handels und des Vertriebs von Energie einschließlich des Verkaufs an Letztverbraucher.[49] Insoweit stellt sich vor allem die Frage, ob bei der Missbrauchsaufsicht über marktbeherrschende Versorgungsunternehmen nach dem GWB weiterhin Raum für die Berücksichtigung der **Ergebnisse** ist, zu der die Praxis **aufgrund des** früheren **§ 103 Abs. 5 a. F.** gelangt war. Das Problem rührt daher, dass 32

[48] BGHZ 184, 168 = NJW 2010, 2573.

[49] S. schon o. § 27 Rn. 87 sowie z. B. *BKartA* TB 2003/2004, S. 31; *Lotze/Thomale*, WuW 2008, 257; *Ludwigs*, WuW 2008, 534 (535 ff.).

§ 103 Abs. 5 a. F. andere Voraussetzungen als die heutigen §§ 19, 20 und 29 GWB hatte und andere Zwecke verfolgte. Denn er setzte keine Marktbeherrschung voraus und hatte in erster Linie die Aufgabe, einen zweckwidrigen Einsatz der Freistellung (die es nicht mehr gibt) zu verhindern.[50] Die Folge war, dass im Rahmen des § 103 Abs. 5 a. F. auch energiewirtschaftliche Zielsetzungen Berücksichtigung fanden, während die §§ 19, 20 und 29 mit ihrer ganz anderen, auf die umfassende Sicherung des Wettbewerbs ausgerichteten Zielsetzung dafür naturgemäß, wenn überhaupt, so nur in wesentlich geringerem Ausmaß als früher § 103 Abs. 5 a. F. Raum lassen.

33 In dieselbe Richtung weisen die neuen Vorschriften des **§ 130 Abs. 3 GWB** und des **§ 111 EnWG** von 2005 i. d. F. von 2007 (o. Rn. 31). Beide lassen im Zusammenhang den Willen des Gesetzgebers erkennen, energiewirtschaftlichen Überlegungen nur noch im Rahmen der Kontrolle des Netzzugangs und der Netznutzungsentgelte nach dem EnWG Raum zu geben (weshalb insoweit heute die ausschließliche Zuständigkeit bei der Bundesnetzagentur liegt), während im Übrigen die Zuständigkeit der Kartellbehörden, insbesondere aufgrund der §§ 19, 20 und 29 GWB unberührt bleiben soll. Für die Missbrauchsaufsicht nach Art. 102 AEUV versteht sich das ohnehin von selbst (s. die Art. 3 und 5 der KartellverfahrenVO Nr. 1/2003). Die Rechtsprechung zum früheren § 103 Abs. 5 a. F. ist aus diesen Gründen nur noch mit Vorsicht im Rahmen der §§ 19 und 20 sowie 29 GWB verwertbar, nämlich nur, soweit sich die zugrunde liegenden Wertungen nicht durch die Aufhebung der Gebietsmonopole entscheidend gewandelt haben. Dies bedeutet im Einzelnen:

2. Vergleichsmarktkonzept

34 Abs. 5 Nach der **Nr. 1 des § 103 Abs. 5 S. 2 GWB a. F.** war bei Gas und Strom (und ist heute noch bei Wasser, worauf jedoch im Folgenden nicht mehr gesondert eingegangen werden soll) ein Missbrauch zunächst anzunehmen, wenn das **Marktverhalten** eines Energieversorgungsunternehmens den Grundsätzen zuwiderlief, die für das Marktverhalten von Unternehmen **bei wirksamem Wettbewerb** bestimmend sind. Der Gesetzgeber wollte damit seinerzeit erreichen, dass in der Versorgungswirtschaft – trotz ihrer monopolistischen Struktur – nach Möglichkeit Wettbewerbsgesichtspunkte zum Tragen kommen; **Maßstab** für die Missbrauchsaufsicht über die Energieversorgungsunternehmen nach § 103 Abs. 5 a. F. sollte deshalb (u. a.) sein, ob sich Unternehmen unter Wettbewerbsbedingungen bei ihren Maßnahmen im Zweifel von denselben Grundsätzen wie das fragliche Energieversorgungsunternehmen leiten ließen.[51] Das sind Maßstäbe, die **auch im Rahmen des § 19 Abs. 1 und Abs. 4 Nr. 1 bis 3 GWB sowie** des **§ 20 GWB** Beachtung verdienen, so dass die Fälle, in denen früher ein Missbrauch nach § 103 Abs. 5 S. 2 **Nr. 1** a. F. angenommen wurde, in ihrer Mehrzahl heute nicht anders zu beurteilen sein dürften, immer vorausgesetzt, dass das fragliche Energieversorgungsunternehmen zugleich marktbeherrschend im Sinne des § 19 Abs. 2 GWB ist, wovon jedoch im Zweifel angesichts des Fortbestehens der monopolistischen Struktur der deutschen Versorgungswirtschaft auszugehen ist.

[50] S. im Einzelnen BGHZ 59, 42 (45) = NJW 1972, 1369 = JuS 1972, 603 Nr. 10; BGHZ 74, 327 (339) = MDR 1980, 32; BGHZ 135, 323 (327 ff.) = NJW 1997, 3173 – Gaspreis; *BGH* NJW 1974, 901 = JuS 1974, 397 Nr. 7.

[51] BGHZ 129, 37 (44 f.) = NJW 1995, 1894 – Weiterverteiler.

Ebenso wie früher sind daher auch heute noch **missbräuchlich z. B.** ein rechtswidriges, weil gegen den AEUV verstoßendes Verhalten,[52] insbesondere durch die Vereinbarung rechtlicher oder faktischer **Ausschließlichkeitsbindungen** zulasten der Abnehmer (Art. 101 AEUV),[53] die Forderung überhöhter, durch das Gesetz nicht mehr gedeckter Baukostenzuschüsse,[54] eine **unbillige Lastenverteilung** in den Versorgungsbedingungen,[55] ferner die Verweigerung der Einrichtung technisch möglicher Anlagen mit rationalisierendem oder verbilligendem Effekt, etwa durch die drastische Erhöhung des Gaspreises bei Benutzung einer Wärmepumpe,[56] außerdem (obwohl allgemein üblich) die Abwälzung der Verluste aus den Verkehrsbetrieben im Rahmen des sog. **Querverbundes** auf die Strompreise durch kommunale Verbundunternehmen[57] sowie schließlich die Anwendung den Strom unnötig verteuernder Meßverfahren.[58] Gleich stehen heute **Maßnahmen** der Energieversorgungsunternehmen zu dem Zweck, den langsam aufkommenden **Wettbewerb** um die Abnehmer von vornherein zu **verhindern.** Beispiele sind außer den bereits erwähnten rechtlichen oder faktischen Ausschließlichkeitsbindungen insbesondere sog. **Wechselgebühren**, die die Energieversorgungsunternehmen in ihren Tarifen solchen Kunden auferlegen, die es „wagen", zu einem anderen Strom- oder Gasanbieter zu wechseln, durch die mit anderen Worten die Kunden dafür bestraft werden sollen, dass sie von den Vorteilen der Aufhebung der Gebietsmonopole Gebrauch machen wollen.[59] 35

3. Preismissbrauch

Ein Missbrauch lag bis 1998 nach der **1980** in das Gesetz eingefügten **Nr. 2 des § 103 Abs. 5 S. 2 a. F.** ferner dann vor, wenn ein Versorgungsunternehmen spürbar **ungünstigere Preise oder Geschäftsbedingungen** forderte **als gleichartige Versorgungsunternehmen,** außer wenn das Versorgungsunternehmen nachwies, dass die Abweichung auf Umständen beruhte, die ihm nicht zurechenbar sind. Die hiernach mögliche Preismissbrauchsaufsicht hatte bis zur Aufhebung des § 103 a. F. im Jahre 1998 ganz **im Mittelpunkt der Kontrolle der Kartellbehörden** über die Energieversorgungsunternehmen gestanden.[60] Schon dieser Umstand rechtfertigt einen kurzen Rückblick auf die Praxis der Kartellbehörden zu § 103 a. F. Es kommt hinzu, dass die fragliche Regelung für die öffentliche Versorgung mit Wasser fortgilt § 131 Abs. 6, s. o. Rn. 2) und dass der im Jahre 2007 in das Gesetz eingefügte neue § 29 wenigstens partiell auf der früheren Regelung aufbaut (Rn. 42 ff.). 36

[52] *BKartA* TB 1987/88, S. 108 (l. Sp. o.).

[53] S. o. § 10 Rn. 27 ff.; *OLG Düsseldorf* WuW/E DE-R 854 (860 ff.) – Stadtwerke Aachen.

[54] BGHZ 74, 327 (339 f.) = MDR 1980, 32; *OLG Celle* ZfE 1979, 139; *BKartA* TB 1978, S. 98 f.

[55] Begr. z. RegE, BT-Drs. 8/2136, S. 33; *BKartA* TB 1979/80, S. 110.

[56] *BKartA* TB 1979/80, S. 116.

[57] Begr. z. RegE, BT-Drs. 8/2136, S. 33; *BKartA* TB 1979/80, S. 116; 1983/84, S. 114; *LKartB NRW* WuW/E LKartB 233; sehr str.

[58] *BGH* LM § 104 GWB Nr. 1 = WuW/E BGH 655.

[59] *OLG Naumburg* NJW-RR 2001, 1617 = JuS 2002, 298 Nr. 16; *LKartB Bayern* WuW/E DE-V 347; s. jetzt auch § 20 a EnWiG von 2011 und dazu *Theobald/Gey-Kern*, EuZW 2011, 896 (898).

[60] S. eingehend *MK*, Die Missbrauchsaufsicht über Gas- und Fernwärmeunternehmen, SonderGA 21, 1991.

a) § 103 GWB a. F.

37 § 103 Abs. 5 S. 2 Nr. 2 GWB a. F forderte einen Vergleich der Preise (oder Geschäftsbedingungen) eines Versorgungsunternehmens mit denen gleichartiger anderer Versorgungsunternehmen. Mit dieser Regelung hatte der Gesetzgeber 1980 an die vorausgegangene **Praxis des BGH** zur Preismissbrauchsaufsicht über Versorgungsunternehmen nach § 104 a. F. angeknüpft.[61] Danach war es zwar grundsätzlich zulässig gewesen, eine missbräuchliche Überhöhung der Preise eines Versorgungsunternehmens durch Vergleich mit den Preisen eines anderen gleichartigen Versorgungsunternehmens und damit durch den **Vergleich** der Preise **zweier Monopolisten** (Gegensatz: der sog. fiktive Wettbewerbspreis) festzustellen. Der Vergleich wurde jedoch dadurch erheblich **erschwert**, dass dabei zugunsten des betroffenen Versorgungsunternehmens **auch** die durch die **Struktur** seines Versorgungsgebietes bedingten Kosten (im Gegensatz zu den sog. unternehmensindividuellen Kosten) **berücksichtigt** werden mussten. Ein Missbrauch wurde obendrein nur angenommen, wenn die von dem Energieversorgungsunternehmen geforderten Preise die (korrigierten) Vergleichspreise *erheblich* überstiegen (sog. **Erheblichkeitszuschlag**).[62]

38 Um hier zumindest ein wenig gegenzusteuern, hatte der Gesetzgeber bereits 1980 die **Beweislast** für das Vorliegen besonderer struktureller Gegebenheiten **umgekehrt,** wenn sich ein Energieversorgungsunternehmen zur Rechtfertigung von Preisunterschieden auf derartige Gegebenheiten berufen wollte. Ausgangspunkt für die Preismissbrauchsaufsicht nach § 103 Abs. 5 S. 2 Nr. 2 a. F. blieb aber weiterhin der **Monopolpreisvergleich,** d. h. der Vergleich der Preise (oder Konditionen) des fraglichen Energieversorgungsunternehmens mit denen „gleichartiger" anderer, ebenfalls monopolistischer Energieversorgungsunternehmen. Dieses Merkmal wurde und wird ganz **weit** ausgelegt. Zwei Versorgungsunternehmen sind schon dann als gleichartig anzusehen, wenn zwischen ihnen hinsichtlich der wirtschaftlichen Rahmenbedingungen aus der Sicht der Abnehmer keine wesentlichen Unterschiede bestehen.[63] Als gleichartig galten daher z. B. kommunale und regionale Energieversorgungsunternehmen,[64] Liefer- und Verteilerunternehmen[65] sowie benachbarte Energieversorgungsunternehmen, *nicht* dagegen die Lieferanten von Erdgas und von Stadtgas.[66] Folglich konnten z. B. die Konditionen benachbarter Gasversorger verglichen werden, ohne dass sich die Kartellbehörden auf einen Vergleich der Preise oder Konditionen des fraglichen Energieversorgungsunternehmens mit denen auf dem allgemeinen Wärmemarkt (sog. fiktiver Wettbewerbspreis) einlassen mussten. Für die Annahme eines Missbrauchs reichte es außerdem bereits aus, wenn *eine* Abnehmergruppe schlechter als bei einem Nachbarunternehmen behandelt wurde, während es keine Rolle spielte, ob das fragliche Energieversorgungsunternehmen bei der gebotenen Preissenkung seine Kosten noch decken konnte.[67]

[61] Begr. z. RegE, BT-Drs. 8/2136, S. 33 f.

[62] S. schon o. § 27 Rn. 84 ff.; BGHZ 59, 42 (47) = NJW 1972, 1369 = JuS 1972, 603 Nr. 10 – OBAG; BGHZ 68, 23 (33, 36) = NJW 1977, 679 – Valium I; BGHZ 76, 142 (149 ff.) = NJW 1980, 1164 – Valium II; ebenso der Sache nach noch *BGH* NJW-RR 2010, 618 = WuW/E DE-R 2739 – Entega I.

[63] BGHZ 184, 168 (175 f. Tz. 28 ff.) – Wasserversorgung Wetzlar.

[64] BGHZ 129, 37 (46 f.) = NJW 1995, 1894 – Weiterverteiler – m. Anm. *Mestmäcker,* JZ 1995, 965.

[65] *BKartA* WuW/E BKartA 2843 (2847) – Spreegas; bestätigt durch *KG* WuW/E OLG 5926 (5929) – Spreegas.

[66] BGHZ 130, 390 (396) = NJW 1996, 193 – Stadtgaspreise.

[67] BGHZ 129, 37 (48 ff.) = NJW 1995, 1894; BGHZ 135, 323 = NJW 1997, 3173 – Gaspreis; *KG* WuW/E OLG 5926 (5929 ff.) – Spreegas.

Diese Rechtsprechung beruhte maßgeblich auf der früheren Erlaubnis der Gebietsmonopole der Energieversorgungsunternehmen, so dass mit deren Aufhebung im Jahre 1998, von der öffentlichen Wasserversorgung abgesehen (§ 131 Abs. 6, Rn. 2), ihre **Grundlage entfallen** war. Maßgebend waren statt dessen **fortan** dieselben Regeln wie für andere marktbeherrschende Unternehmen (**§§ 19 Abs. 4 Nr. 2 und 3, 130 Abs. 3 GWB;** s. § 27 Rn. 84 ff.). Wichtig ist oder besser: war das speziell für die Missbrauchskontrolle gegenüber den durchgängig weit überhöhten **Netznutzungsentgelten** durch die Kartellbehörden.[68] Weitere Ausführungen dazu erübrigen sich indessen, weil die **Zuständigkeit** jetzt insoweit ausschließlich **bei** der **Bundesnetzagentur** liegt (§ 130 Abs. 3 GWB in Verb. mit §§ 30, 111 EnWG von 2005), vorbehaltlich freilich der immer möglichen Anwendung des Art. 102 AEUV durch das BKartA (s. o. Rn. 29, 34). 39

Zuständig geblieben sind die **Kartellbehörden** jedoch für die Missbrauchsaufsicht nach § 19 Abs. 4 Nr. 2 und 3 GWB (§ 130 Abs. 3 GWB) in dem gesamten weiten Bereich der **Erzeugung**, des **Handels** und des **Vertriebs** von Energie (Rn. 31). Infolgedessen war zunächst an die Stelle des Monopolpreisvergleichs (o. Rn. 38) der Vergleich mit dem wettbewerbanalogen Preis auf der Grundlage des **Vergleichsmarktkonzepts** getreten, der aber von Fall zu Fall auch an den Preisen konkurrierender Energieversorgungsunternehmen abgelesen werden kann, sobald sich einmal Wettbewerbselemente auf den Märkten für Strom und Gas durchsetzen sollten.[69] 40

An den unaufhörlich steigenden Strom- und Gaspreisen vermochte freilich diese notwendigerweise immer auf Einzelfälle beschränkte Preismissbrauchsaufsicht der Kartellbehörden auf der Grundlage des § 19 Abs. 4 Nr. 2 und 3 GWB (o. Rn. 40) nichts zu ändern. Infolgedessen sah sich die Bundesregierung wegen der zunehmenden Sensibilisierung der Öffentlichkeit für dieses in der Tat drängende Problem, durch das zunehmend der Wirtschaftsstandort Deutschland bedroht wird, zum Handeln aufgerufen. Ergebnis war der neue, zunächst auf fünf Jahre befristete § 29 GWB aus dem Jahre 2007[70] (§ 131 Abs. 7 GWB, Rn. 42 ff.). 41

b) § 29 GWB

Literatur: *Baumgart/Rasbach/Rudolph*, FS Kühne, 2009, S. 25; *Becker/Blau*, Die Preismissbrauchsnovelle in der Praxis, 2010; *Ehricke*, EuZW 2007, 717, *Heitzer*, WuW 2007, 854; *Kolpatzik/Berg*, WuW 2011, 712; *Lohse*, FS Kreutz, 2010, S. 715; *Lotze/Thomale*, WuW 2008, 257; *Markert*, ZNER 2007, 365; *Ritter/Lücke*, WuW 2007, 698; *Schneider/Theobald*, Recht der Energiewirtschaft, 3. Aufl. (2011).

Nach § 29 S. 1 GWB von 2007 ist es Energieversorgungsunternehmen, die allein oder zusammen mit anderen Versorgungsunternehmen marktbeherrschend sind, (vorerst) bis 2012 (s. § 131 Abs. 7 GWB) verboten, diese Stellung missbräuchlich auszunutzen, indem sie 1. Entgelte oder sonstige Geschäftsbedingungen fordern, die ungünstiger sind als diejenigen anderer Versorgungsunternehmen oder von Unternehmen auf vergleichbaren Märkten, außer wenn das Versorgungsunternehmen nachweist, dass die Abweichung sachlich gerechtfertigt ist, wobei jedoch die Umkehr der Beweislast allein für Verfahren vor den Kartellbehörden gilt (Nr. 1 aaO.) oder 2. Entgelte fordert, die die Kosten in unangemessener Weise überschreiten (Nr. 2 aaO), 42

[68] BGHZ 163, 282 (289 ff.) = WuW/E DE-R 1513 – Stadtwerke Mainz; BGHZ 164, 336 (345 f.) = NJW 2006, 684 (686 f. Tz. 27 ff.) = WuW/E DE-R 1617 – Stromnetznutzungsentgelt.

[69] S. *Büdenbender*, ZWeR 2006, 233; *Möschel*, WuW 1999, 5 (10 ff.); *Markert*, BB 2001, 105 (108 f.).

[70] BGBl. I S. 2966.

wobei nach S. 2 der Vorschrift Kosten, die sich ihrem Umfang nach im Wettbewerb nicht einstellten, bei der Feststellung eines Missbrauchs nicht berücksichtigt werden dürfen. S. 3 der Vorschrift fügt hinzu, dass die §§ 19 und 20 GWB unberührt bleiben. Zur **Begründung** hat die Bundesregierung ausgeführt, auf den Energiemärkten habe sich immer noch nicht ein funktionierender Wettbewerb entwickelt, so dass die Energiepreise auf ein volkswirtschaftlich bedenkliches Niveau gestiegen seien, woraus sich die **Notwendigkeit einer verschärften Preismissbrauchsaufsicht** ergebe. **Maßstab** sollten einmal die Preise anderer Energieversorgungsunternehmen sowie sonstiger Unternehmen auf im Übrigen vergleichbaren Märkten, zum anderen die absolute Überhöhung der Preise eines Energieversorgungsunternehmens sein, womit die Prüfkonzepte der Kostenkontrolle und der Gewinnbeschränkung im Gesetz festgeschrieben würden.[71] Die Hoffnung war dabei, dass bis Ende des Jahres 2012 (s. § 131 Abs. 7) endlich der Wettbewerb auf den Energiemärkten funktionieren werde.[72] Da dies eher unwahrscheinlich ist, erscheint es nicht ausgeschlossen, dass es zu einer Verlängerung der Geltungsdauer des § 29 kommen wird.

43 Die neue Vorschrift erfuhr alsbald vielfältige **Kritik.**[73] Ihre **praktische Bedeutung** scheint bisher eher gering geblieben zu sein.[74] Das Bundeskartellamt hat zwar aufgrund des § 29 insbesondere zahlreiche Verfahren gegen Gasversorgungsunternehmen eingeleitet; in keinem dieser Verfahren ist es jedoch zu einer Entscheidung gekommen, da sich die betroffenen Unternehmen durchweg unter dem Druck der Verfahren zu Preissenkungen bereit fanden, teilweise im Rahmen von Verpflichtungszusage nach § 32b.[75] Gerichtliche Entscheidungen zu § 29 sind bisher, soweit ersichtlich, nicht bekannt geworden, obwohl § 29 ein **gesetzliches Verbot** darstellt, so dass die betroffenen Abnehmer jedenfalls Rückzahlung der missbräuchlich überhöhten Entgelte fordern können (§§ 134, 812 Abs. 1 S. 1 BGB). Außerdem kommen **Schadensersatzansprüche** der Abnehmer nach § 33 Abs. 3 GWB in Betracht. Umstritten ist, ob das Bundeskartellamt, wenn es nach § 32 GWB vorgeht, ebenfalls die Rückzahlung der überhöhten Entgelte anordnen kann.[76]

44 Der **Anwendungsbereich** des § 29 beschränkt sich, als Sonderregelung zu § 19, auf marktbeherrschende Strom- und Gasversorgungsunternehmens im Sinne des § 19 Abs. 2. Fernwärmeunternehmen werden – entgegen der ursprünglichen Absicht der Gesetzesverfasser – nicht erfasst. Keine Rolle spielt dagegen, ob es sich um einen Fall der Einzelmarktbeherrschung oder um einen solchen der gemeinsamen Beherrschung handelt, so dass in den Anwendungsbereich des § 29 insbesondere auch das marktbeherrschende **Duopol von RWE und E.ON** fällt. Das spezielle Missbrauchsverbot des § 29 gilt in diesem Fall für jedes einzelne Oligopolmitglied.

45 Den genannten Unternehmen (Rn. 44) ist es zunächst nach **§ 29 S. 1 Nr. 1** grundsätzlich verboten, auf dem beherrschten Markt Entgelte (oder sonstige Geschäftsbedingungen) zu fordern, die ungünstiger sind als diejenigen (beliebiger) anderer Ver-

[71] S. die Begr. z. RegE, BT-Drs. 16 (2007)/5847, S. 9, 11 = WuW 2008, 295 (303, 305 f.); den Ausschussbericht, BT-Dr. 16 (2007)/7156 = WuW 2008, 314 (323).

[72] *Heitzer*, WuW 2007, 854 (856 f.); *Ritter/Lücke*, WuW 2007, 698 (700 f.).

[73] *MK*, SonderGA 47, 2007, Tz. 1 ff. (WuW/E DE-V 1381 f.); s. außerdem *Ehricke*, EuZW 2007, 717.

[74] *Becker/Blau*, Die Preismissbrauchsnovelle in der Praxis, 2010.

[75] *BKartA* WuW/E DE-V 1704 – Rhein-Energie; sehr kritisch zu diesen Verfahren aus der Sicht der betroffenen Unternehmen *Baumgart/Rasbach/Rudolph*, FS Kühne, 2009, S. 25 – 61.

[76] S. IM/*Emmerich*, § 32 Rn. 25, 40.

sorgungsunternehmen oder von sonstigen Unternehmen auf vergleichbaren Märkten – außer bei sachlicher Rechtfertigung der Abweichungs (dazu Rn. 46). Das Gesetz unterscheidet hier somit zwei Alternativen. Die erste besteht aus dem **Vergleich der Entgelte** des fraglichen Versorgungsunternehmen mit denen eines beliebigen anderen **Versorgungsunternehmens**. Das Bundeskartellamt verfährt insoweit nach dem **Konzept des mengengewichteten Nettovergleichs**; gemeint ist damit, dass verglichen werden die Erlöse der gegenübergestellten Versorgungsunternehmen aufgrund von Tarifen, in denen sich die Mehrzahl der Kunden befindet, abzüglich der regulierten Netznutzungsentgelte sowie der jeweiligen Konzessionsabgaben, und zwar deshalb, weil die Versorgungsunternehmen auf diese Posten keinen Einfluss hätten.[77] Nicht berücksichtigt werden dagegen unterschiedliche Bezugskosten, eben, weil von den Unternehmen beeinflussbar.[78] Nicht jede Differenz, die sich bei diesem Vergleich ergibt, führt freilich automatisch zur Annahme eines Missbrauchs, weil das Bundeskartellamt den betroffenen Unternehmen außerdem einen **Erheblichkeitszuschlag** zubilligt, dessen Höhe sich nach der Wettbewerbsintensität des Vergleichsmarktes richten soll.[79]

Bei der Würdigung diese Regelung muss man beachten, dass angesichts der hochdifferenzierten Versorgungsmärkte von vornherein nur Versorgungsunternehmen auf demselben Markt, insbesondere auf derselben Versorgungsstufe miteinander vergleichbar sind. Der Vergleich eines großen Verbundunternehmens mit einem kleinen lokalen Versorger ist ohne Aussagekraft. Nach Meinung der Gesetzesverfasser kann dies freilich erst im Rahmen der Prüfung berücksichtigt werden, ob die Abweichung sachlich gerechtfertigt ist.[80] Für die betroffenen Unternehmen hat das freilich die fatale Folge, dass sie dafür dann in den Verfahren vor den Kartellbehörden (nicht vor den ordentlichen Gerichten) die volle **Beweislast** tragen. Ob das hinnehmbar ist, wird mit guten Gründen bezweifelt und deshalb verlangt, dass die Kartellbehörden – im Rahmen der ihnen obliegenden Amtsermittlung (§ 57) – bei der Missbrauchsaufsicht **nur** in dem genannten Sinne **vergleichbare Unternehmen** als Maßstab heranziehen.[81] 46

Im Rahmen des § 29 S. 1 Nr. 1 können sich die Kartellbehörden ferner auf den Vergleich mit den **Entgelten von Unternehmen auf vergleichbaren Märkten** stützen (**2. Alternative**). Dabei ist nicht an Versorgungsunternehmen zu denken (für diese gilt nur die 1. Alternative, Rn. 45), sondern an Unternehmen auf dritten Märkten, sofern sie mit Energiemärkten vergleichbar sind, etwa weil sie ebenfalls eine Netzstruktur aufweisen.[82] 47

Ergibt der Vergleich (Rn. 45–47), dass die Entgelte des betroffenen Unternehmens ungünstiger als die des zum Vergleich herangezogenen anderen Unternehmens sind, so ist zunächst einmal von einem **Missbrauch** auszugehen, außer wenn das betrof- 48

[77] *BKartA* WuW/E DE-V 1704 Tz. 18 ff., 28 f. – Rhein-Energie; *Baumgart/Rasbach/Rudolph*, FS Kühne, 2009, S. 25 (27, 32 ff.).

[78] Dagegen *Baumgart/Rasbach/Rudolph*, FS Kühne, 2009, S. 25 (35 f.).

[79] *BKartA* WuW/E DE-V 1704 Tz. 27; *Ritter/Lücke* WuW 2007, 698 (706 f.).

[80] Begr., BT-Drs. 16 (2007)/5847, S. 11 = WuW 2008, 295 (306).

[81] Ausschussbericht, BT-Drs. 16 (2007)/7156 = WuW 2008, 314 (323); *Baumgart/Rasbach/Rudolph*, FS Kühne, 2009, S. 25 (37 ff.); *Lotze/Thomale*, WuiW 2008, 257 (261 f.); *Ritter/Lücke*, WuW 2007, 698 (703).

[82] Begr., BT-Drs. 16 (2007)/5847, S. 11 = WuW 2008, 295 (308).

fene Unternehmen nachweist, dass die Abweichung sachlich gerechtfertigt ist, wobei diese Umkehr der Darlegungs- und **Beweislast** nur für das Verfahren vor den Kartellbehörden aufgrund des § 32 gilt, nicht dagegen für Verfahren vor den ordentlichen Gerichten (o. Rn. 43). Als **Rechtfertigungsgründe** kommen vor allem strukturelle Unterschiede zwischen den verglichenen Unternehmen in Betracht, darüber hinaus aber auch sonstige Umstände, die es ausschließen, die von dem Vergleichsunternehmen geforderten Entgelte zu verallgemeinern. Den betroffenen Unternehmen wird von dem Bundeskartellamt außerdem (erstaunlicherweise) der Einwand gestattet, dass sie bei einer Senkung ihrer Entgelte auf das Niveau der Vergleichsunternehmen ihre **Kosten nicht mehr decken** könnten.[83]

49 Der Umstand, dass die betroffenen Unternehmen die **Beweislast** für die Rechtfertigungsgründe tragen (Rn. 48), stellt eine erhebliche Belastung der betroffenen Unternehmen dar, da man bedenken muss, dass diese über keine Ermittlungsbefugnisse verfügen und deshalb in jeder Hinsicht auf die freiwillige Mitwirkung der zum Vergleich herangezogenen Unternehmen angewiesen sind. Deshalb wird man anzunehmen haben, dass die Kartellbehörden im Rahmen der Amtsermittlung, soweit ihnen möglich, auch entlastende Umstände berücksichtigen müssen (str.).

50 Von einem Missbrauch ist ferner grundsätzlich auszugehen, wenn das marktbeherrschende Versorgungsunternehmen Entgelte fordert, die die **Kosten in unangemessener Weise überschreiten (§ 29 S. 1 Nr. 2**), wobei nach S. 2 der Vorschrift Kosten, die bei Wettbewerb vermieden würden, nicht berücksichtigt werden dürfen, um zu verhindern, dass die Versorgungsunternehmen ihre Kosten künstlich inflationieren, um überhöhte Preise mit überhöhten Kosten „rechtfertigen" zu können. Damit wurde das aus der Praxis zu Art. 102 AEUV bekannte Konzept der Gewinn- oder **Gewinnspannenbegrenzung** im Gesetz festgeschrieben. Wegen der Einzelheiten kann daher auf die Ausführungen zu Art. 102 AEUV verwiesen werden (§ 10 Rn. 19). Unklar ist insbesondere, von welchem **Kostenbegriff** das Gesetz hier ausgeht; in den Gesetzesberatungen wurde diese Frage bewusst offen gelassen.[84] Ebenso unklar ist, auf welche **Maßstäbe** die Kartellbehörden im Rahmen der vom Gesetz verlangten Kostenkontrolle nach S. 2 des § 29 rekurrieren sollen. Zu beachten bleibt schließlich, dass nur eine Überschreitung der Kosten in unangemessener, d. h. wohl in erheblicher und sachlich nicht mehr zu rechtfertigender Weise den Missbrauchsvorwurf nach § 29 S. 1 Nr. 2 zu rechtfertigen vermag. Aus alledem folgt jedenfalls, dass mit der Nr. 2 des § 29 S. 1, wenn überhaupt, so **nur Extremfälle** erfasst werden können.[85] Und es ist bezeichnend, dass die ganze Regelung bisher keinerlei praktische Bedeutung erlangt hat.

[83] *BKartA* WuW/E DE-V 1704 Tz. 30 – Rhein-Energie; *Baumgart/Rasbach/Rudolph*, FS Kühne, 2009, S. 25 (37); – dagegen zu Recht *Ritter/Lücke*, WuW 2007, 698 (704).

[84] Begr., BT-Drs. 16 (2007)/5847, S. 11 = WuW 2008, 295 (308); *Ritter/Lücke*, WuW 2007, 698 (707 ff.).

[85] *Heitzer*, WuW 2007, 854 (857).

5. Kapitel. Sanktionen, Behörden und Verfahren

§ 40. Zivilrechtliche Ansprüche

Literatur: *Alexander*, Schadensersatz und Abschöpfung im Lauterkeits- und Kartellrecht, 2010; *Augenhofer* (Hrsg.), Die Europäisierung des Kartell- und Lauterkeitsrechts, 2009; *Behrens/Hartmann-Rüppel/Herrlinger*, Schadensersatzklagen gegen Kartellmitglieder, 2010; *Bulst*, Schadensersatzansprüche der Marktgegenseite – Zur Schadensabwälzung nach deutschem, europäischem und US-amerikanischem Recht, 2006; *Görner*, Die Anspruchsberechtigung der Marktbeteiligten nach § 33 GWB, 2008; *Dreier*, Kompensation und Prävention, 2003; *Fuchs*, Kartellvertrag und Bereicherung, 1990; *Hempel*, Privater Rechtsschutz im Kartellrecht, 2002; *Jones*, Private Enforcement of Antitrust Law in the EU, UK and USA, 1999; *Kahrs*, Zivilrechtliche Ansprüche aufgrund einer Verletzung des Diskriminierungsverbots, 1965; *E. Koch*, Schadensersatz bei unerlaubten wettbewerbsbeschränkenden Handlungen nach deutschem und europäischem Recht, 1968; *Krüger*, Kartellregress, 2010; *Linder*, Privatklage und Schadensersatz im Kartellrecht, 1980; *Logemann*, Der kartellrechtliche Schadensersatz, 2009; *Mailänder*, Privatrechtliche Folgen unerlaubter Kartellpraxis, 1964/65; *Möllers/Heinemann* (ed), The Enforcement of Competition Law in Europe, Cambrige/New York 2007; *Möschel/Bien* (Hrsg.), Kartellrechtsdurchsetzung durch private Schadensersatzklagen?, 2010; *P. Müller*, Punitive Damages und deutsches Schadensersatzrecht, 2000; *Müller-Laube*, Der private Rechtsschutz gegen unzulässige Beschränkungen des Wettbewerbs und mißbräuchliche Ausübung von Marktmacht im deutschen Kartellrecht, 1980; *Paul*, Gesetzesverstoß und Vertrag im Wettbewerbs- und Regulierungsrecht, 2009; *Zuber*, Die EG-Kommission als amicus curiae, 2001.

I. Überblick

Es ist eine alte Erfahrung, dass Kartellbehörden allein mit der Aufgabe überfordert sind, für die Durchsetzung des Wettbewerbsrechts zu sorgen. Die Effektivität des Wettbewerbsschutzes hängt deshalb zu einem guten Teil davon ab, ob es gelingt, das **Interesse der** von wettbewerbsbeschränkenden Maßnahmen **Betroffenen** an einer Durchsetzung der kartellrechtlichen Verbote in den Dienst der Wettbewerbspolitik zu stellen. In besonderem Maße gilt das seit dem Übergang zu dem System der Legalausnahme für das Kartellverbot (Art. 101 AEUV, § 1 GWB), so dass es von Anfang an ein vordringliches Anliegen der Kommission im Rahmen ihrer Reformüberlegungen war, auch die Möglichkeiten Privater zur Durchsetzung der Wettbewerbsregeln zu verbessern, um so wenigstens partiell einen Ausgleich für die Verminderung der behördlichen Kontrolldichte zu schaffen (s. o. § 7 Rn. 10 ff.). 1

Folgerichtig sind durch die **7. Novelle** zum GWB von 2005 die **Möglichkeiten Privater zur Durchsetzung** des GWB mittels Unterlassungs- und Schadensersatzansprüchen durch § 33 GWB deutlich gegenüber dem früheren Rechtszustand **verbessert** worden. Hervorzuheben ist, dass es heute (anders als nach dem früheren § 35 a. F.) insbesondere nicht mehr darauf ankommt, ob die verletzte Vorschrift des GWB als Schutzgesetz im Sinne des § 823 Abs. 2 BGB zu qualifizieren ist. 2

§ 33 GWB bestimmt deshalb jetzt ganz allgemein, dass die „Betroffenen" bei einem Verstoß gegen das GWB oder gegen die Wettbewerbsregeln des Vertrages Beseitigung und Unterlassung verlangen können. Betroffen ist jeder, der als Mitbewerber oder sonstiger Marktbeteiligter durch den Verstoß beeinträchtigt ist (S. 3 des § 33 Abs. 1). Abs. 2 der Vorschrift erweitert den Kreis der Anspruchsberechtigten auf bestimmte Verbände zur Förderung gewerblicher oder selbstständiger beruflicher Interessen (vgl. § 8 Abs. 3 Nr. 2 UWG von 2004). Hat der Täter bei dem Verstoß schuldhaft gehandelt, so ist er außerdem zum Schadensersatz verpflichtet (§ 33 3

Abs. 3). Die Sätze 2 und 3 des § 33 Abs. 3 regeln ergänzend einzelne Aspekte der Schadensproblematik, während die Sätze 4 und 5 der Vorschrift die Verpflichtung des Täters begründen, Geldschulden ab Eintritt des Schadens mit 5 Prozentpunkten über dem Basiszinssatz zu verzinsen. Zinseszinsen sind dagegen nicht geschuldet (s. § 288 Abs. 1 S. 2 und § 289 S. 1 BGB in Verb. mit S. 5 des § 33 Abs. 3).

4 Mit der Anordnung einer Ersatzpflicht bei Kartellverstößen verfolgt der Gesetzgeber einen **doppelten Zweck.**[1] Im Vordergrund steht der Zweck der **Kompensation** von Schäden, die ihre Ursache in einem Kartellverstoß haben. Durch die möglichst weitgehende Verpflichtung zum Ersatz derartiger Schäden soll zugleich im öffentlichen Interesse die **Durchsetzung des Kartellrechts gefördert** werden, weil die betroffenen Dritten immer noch „die besten Kartellwächter sind". Die privatrechtlichen Sanktionen des § 33 und insbesondere der Schadensersatzanspruch ergänzend insofern in sinnvoller Weise die kartellbehördlichen Sanktionen der §§ 30 Abs. 3, 32, 32d und 81 GWB, die freilich bisher ganz im Vordergrund des Interesses gestanden haben. Erst in den letzten Jahren zeichnet sich ein **Paradigmenwechsel** hin zur stärkeren Betonung der privaten Rechtsdurchsetzung im Kartellrecht mittels Schadensersatzansprüchen ab.

II. Aktivlegitimation, Betroffener

5 **1.** Nach § 33 Abs. 1 S. 3 GWB sind betroffen und damit jedenfalls nach § 33 Abs. 1 anspruchsberechtigt zunächst die durch einen Verstoß gegen den AEUV oder das GWB beeinträchtigten **„Mitbewerber".** Wer Mitbewerber ist, ergibt sich in erster Linie aus § 2 Abs. 1 Nr. 3 UWG (str.). Gemeint sind damit folglich sämtliche Unternehmen, die mit den an dem Kartellverstoß beteiligten Unternehmen „in einem **konkreten Wettbewerbsverhältnis**" stehen, wobei es keine Rolle spielt, ob die Unternehmen derselben oder verschiedenen Branchen oder Wirtschaftsstufen angehören.[2]

6 Anspruchsberechtigt sind nach § 33 Abs. 1 S. 3 GWB ferner **„sonstige Marktbeteiligte"**, immer vorausgesetzt, dass sie durch den Kartellverstoß beeinträchtigt sind. Darunter fallen sämtliche anderen Unternehmen im Einflussbereich der an einem Kartellverstoß beteiligten Unternehmen sowie die Verbraucher. Der Begriff deckt sich im Kern wohl mit dem der „Marktteilnehmer" in § 2 Abs. 1 Nr. 2 UWG. Nur diese weite Auslegung des § 33 Abs. 1 S. 3 GWB entspricht auch dem Courage-Urteil des EuGH von 2001, nach dem bei einem Kartellverstoß grundsätzlich **„jedermann"** schadensersatzberechtigt ist, dessen Marktchancen durch den Kartellverstoß im Verhältnis zu der Situation bei Wettbewerb verschlechtert wurden.[3]

7 **2.** Die geschilderte weite Auslegung des § 33 Abs. 1 S. 3 gilt jedenfalls für die **Abwehransprüche** aus § 33 Abs. 1 S. 1 und 2, auf die sich S. 3 der Vorschrift unmittelbar bezieht. Umstritten ist, ob dieselbe weite Auslegung im Rahmen des § 33 Abs. 3 geboten ist, d. h. ob alle genannten Betroffenen unter den in § 33 Abs. 3 genannten Voraussetzungen außerdem **Schadensersatz** verlangen können. Diese Frage lässt sich

[1] S. statt aller *Alexander*, Schadensersatz, S. 299 ff.

[2] *BGH* NJW 2005, 1788 (1790).

[3] *EuGH* Slg. 2001, I-6314 (6323 Tz. 27); s. dazu schon o. § 7 Rn. 10 ff. sowie noch *Brinker/Balssen*, FS Bechtold, 2006, S. 69.

wohl nicht allgemein beantworten; maßgebend sollte vielmehr in erster Linie der Schutzzweck der einzelnen Vorschriften des GWB und des AEUV sein, wie jetzt noch an einigen Beispielen gezeigt werden mag (Rn. 8 ff.).

Vor allem bei dem **Kartellverbot** des § 1 GWB war früher umstritten, welche Personen in den Schutzbereich des Verbots einzubeziehen sind. Große Zurückhaltung bestand in der Rechtsprechung insbesondere gegenüber Schadensersatzansprüchen der Lieferanten oder Abnehmern eines Kartells. Heute steht dagegen fest, dass diese Personenkreise ebenfalls zu den sonstigen Marktbeteiligten im Sinne des § 33 Abs. 1 S. 3 gehören und deshalb gegebenenfalls nicht nur Unterlassung, sondern auch Schadensersatz von den Kartellmitgliedern verlangen können. Für die Endverbraucher sollte nichts anderes gelten (str.). Selbst die Mitglieder eines Kartells können gegebenenfalls von den anderen Mitgliedern Ersatz fordern, sofern sie keine erhebliche Verantwortung für die Wettbewerbsverzerrung tragen, dies deshalb, weil niemand Nutzen aus seinem eigenen rechtswidrigen Verhalten ziehen darf;[4] Ersatzansprüche von Kartellmitgliedern kommen daher z. B. in Betracht, wenn ein Mitglied durch wirtschaftlichen Druck zum Abschluss eines für es letztlich nachteiligen Kartellvertrages veranlasst oder an diesem festgehalten wurde (vgl. § 21 Abs. 2).[5] 8

Das **Missbrauchs- und** das **Diskriminierungsverbot** entfalten gleichfalls Schutzwirkungen grundsätzlich zu Gunsten aller durch einen Missbrauch oder eine Diskriminierung unmittelbar oder mittelbar betroffenen Unternehmen (§§ 19, 20 und 33), immer vorausgesetzt, dass der stets erforderliche Zurechnungs- oder Rechtswidrigkeitszusammenhang zwischen Verstoß und Schaden gegeben ist. Das ist unzweifelhaft bei denjenigen **Unternehmen auf dem beherrschten oder auf anderen (dritten) Märkten**, gegen die sich der Missbrauch oder die Diskriminierung richtet, bei **§ 19 Abs. 4 Nr. 1** folglich die behinderten Unternehmen auf dem beherrschten oder auf dritten Märkten, bei **§ 19 Abs. 4 Nr. 2** die ausgeplünderten Abnehmer (bei denen es sich auch um Verbraucher handeln kann) sowie z. B. bei **§ 19 Abs. 4 Nr. 4** diejenigen Unternehmen, denen grundlos der Zugang zu Netzen oder sonstigen Infrastruktureinrichtungen verwehrt wird. Entsprechend ist bei **§ 20 Abs. 1 bis 4** zu differenzieren. Noch ungeklärt ist die Rechtslage dagegen z. B. hinsichtlich Abnehmern auf entfernteren dritten Märkten. 9

3. Der Unterlassungs- und Beseitigungsanspruch richtet sich nach § 33 Abs. 1 **gegen denjenigen**, der gegen eine Vorschrift des GWB, gegen die Wettbewerbsregeln des Vertrages oder gegen eine Verfügung der Kartellbehörde **verstoßen** hat. Hat der Täter schuldhaft gehandelt, so ist er außerdem schadensersatzpflichtig, wie aus dem Verweis auf § 33 Abs. 1 S. 1 in Abs. 3 S. 1 der Vorschrift folgt. Maßgebend ist mit anderen Worten, *an wen* sich jeweils die fragliche kartellrechtliche Vorschrift wendet. In der großen Mehrzahl der Fälle sind Adressaten der Verbote des Kartellrechts **(nur) Unternehmen**, so dass auch nur diese einen Kartellverstoß in dem genannten Sinne begehen können – mit der weiteren Folge, dass grundsätzlich auch nur Unternehmen für die Ansprüche Betroffener (Rn. 5 ff.) aus § 33 Abs. 1 und 3 **passivlegitimiert** sind. Soweit Unternehmen die Rechtsform einer Handelsgesellschaft oder einer juristischen Person haben, müssen sie sich insoweit das Verhalten ihrer Organe zurechnen lassen (§ 31 BGB). Wenn andere Personen für ein Unternehmen in kartell- 10

[4] *EuGH* Slg, 2001, I-6314 (6323 f. Tz. 24, 31) – Courage.

[5] *Alexander*, Schadensersatz, S. 362.

rechtswidriger Weise tätig werden, ist darauf abzustellen, ob die zuständigen Organe ihre **Organisations- oder Aufsichtspflicht** schuldhaft verletzt haben (§ 31 BGB).

III. Unterlassungs- und Beseitigungsanspruch

11 **1.** Nach § 33 Abs. 1 S. 1 GWB ist der Täter eines Kartellverstoßes dem Betroffenen (o. Rn. 5 ff.) in erster Linie zur **Beseitigung und** bei Wiederholungsgefahr zur **Unterlassung** verpflichtet. S. 2 der Vorschrift fügt hinzu, dass der Anspruch auf Unterlassung bereits dann besteht, wenn eine Zuwiderhandlung erstmals ernsthaft droht. S. 1 und 2 des § 33 Abs. 1 GWB entsprechen nahezu wörtlich dem § 8 Abs. 1 S. 1 und 2 UWG von 2004. Dasselbe gilt für die Regelung des **Verbandsklagerechts** in § 33 Abs. 2 GWB, die wörtlich mit der entsprechenden Regelung in § 8 Abs. 3 Nr. 2 UWG von 2004 übereinstimmt, so dass wegen der Einzelheiten auf die Erläuterungen zum UWG verwiesen werden kann.[6]

12 **2.** Der **Unterlassungsanspruch** des durch einen Kartellverstoß Betroffenen (o. Rn. 5 ff.) hat nach § 33 Abs. 1 S. 1 GWB (nur) folgende **Voraussetzungen**: 1. eine Handlung, die einen Kartellverstoß darstellt, 2. Rechtswidrigkeit dieses Eingriffs und 3. Wiederholungsgefahr. Verschulden ist dagegen nicht erforderlich. Ziel des Unterlassungsanspruchs ist die **Verhinderung zukünftiger neuer Verstöße** des Täters gegen den AEUV oder das GWB, die mit dem bereits begangenen Kartellverstoß im wesentlichen übereinstimmen (Stichwort: Wiederholungsgefahr). § 33 Abs. 1 S. 2 GWB regelt ergänzend den sog. **vorbeugenden Unterlassungsanspruch,** der bereits eingreift, wenn ein Kartellverstoß lediglich **erstmals** ernsthaft **droht.** Ist dies der Fall, so braucht der durch den drohenden Verstoß Betroffene nicht erst die Begehung der fraglichen Handlung abzuwarten, um sich anschließend dagegen wehren zu können, sondern kann sofort „vorbeugend" Unterlassung der drohenden Handlung verlangen.

13 **3.** Neben dem Unterlassungsanspruch erwähnt das Gesetz in § 33 Abs. 1 S. 1 GWB außerdem noch den **Beseitigungsanspruch** des Betroffenen. Der Sache nach handelt es sich bei diesem Anspruch um eine besondere Erscheinungsform des Unterlassungsanspruchs, so dass er gleichfalls kein Verschulden voraussetzt (o. Rn. 12); erforderlich ist vielmehr lediglich, dass sich aus dem objektiv rechtswidrigen Verstoß gegen das GWB oder den AEUV eine **fortlaufende Quelle rechtswidriger Störungen** ergibt *und* dass dem Täter die **Beseitigung** dieser Folgen seines Eingriffs **möglich und zumutbar** ist. Kein Raum für den Beseitigungsanspruch ist dagegen, wenn bereits weniger einschneidende Maßnahmen zur Störungsabwehr ausreichen. Die größte praktische Bedeutung hat der Beseitigungsanspruch im Falle einer **Liefersperre** unter Verletzung der §§ 19 und 20 GWB oder der Art. 101 und 102 AEUV. Weitere **Beispiele** sind der Anspruch auf Zugang zu wesentlichen Einrichtungen nach § 19 Abs. 4 Nr. 4 GWB, der Anspruch auf Zwangslizenzen bei einer Verletzung der §§ 19 und 20 GWB oder des Art. 102 AEUV durch die Verweigerung einer Lizenz, der Anspruch auf Aufnahme in erlaubte Kartelle oder Verbände (§ 20 Abs. 1 und Abs. 6),[7] ferner der Anspruch auf Nachzahlung der Differenz zu dem angemessenen

[6] S. Unlauterer Wettbewerb, §§ 21 und 22 Abs. 3.

[7] BGHZ 29, 344 (351 f.) = NJW 1959, 880; *BGH* WuW/E DE-R 1954 (1955 Tz. 11 f., 1957 Tz. 22) = NVwZ 2007, 1219 – PETCYCLE.

Preis im Falle der Diskriminierung eines Lieferanten seitens eines mächtigen Abnehmers durch Zahlung eines zu niedrigen Preises[8] sowie schließlich der Anspruch auf Unterlassung der weiteren Praktizierung eines gegen § 1 GWB verstoßenden Nachfragekartells von Gemeinden oder Sozialversicherungsträgern.[9]

IV. Schadenersatzanspruch

1. Überblick

14 Nach § 33 Abs. 3 S. 1 ist, wer einen Verstoß nach Abs. 1 der Vorschrift vorsätzlich oder fahrlässig begeht, zum Ersatz des daraus entstehenden Schadens verpflichtet. Anspruchsberechtigt ist grundsätzlich der Betroffene im Sinne des § 33 Abs. 1 S. 3 (Rn. 5 ff.), während die Ersatzpflicht in erster Linie das für den fraglichen Verstoß im Sinne des § 33 Abs. 1 S. 1 verantwortliche Unternehmen trifft (Rn. 10). Es handelt sich um eine gesetzliche, auf einem rechtswidrigen und schuldhaften Eingriff beruhende Haftung, so dass § 33 Abs. 3 der Sache nach einen **Deliktsanspruch** in Ergänzung zu den §§ 823 und 826 BGB begründet. Auf ihn finden daher die **§§ 249 ff., 276 ff. und 827 ff. BGB** Anwendung, soweit nicht das GWB wie in § 33 Abs. 3 S. 2 bis 5 und in Abs. 5 abweichende Regelungen enthält.

15 Die **Rechtswidrigkeit** des Eingriffs ergibt sich aus den Verstoß gegen das GWB, die Wettbewerbsregeln des Vertrages oder eine Verfügung der Kartellbehörde (§ 33 Abs. 3 S. 1 in Verbindung mit Abs. 1 S. 1 der Vorschrift), soweit nicht in Ausnahmefällen ein Rechtfertigungsgrund vorliegt. Der Schadensersatzanspruch setzt außerdem **Verschulden** des Täters voraus. Probleme ergeben sich daraus in aller Regel nicht, da die große Mehrzahl der Kartellverstöße **vorsätzlich** begangen werden dürfte. Befindet sich der Täter ausnahmsweise in einem Rechtsirrtum über die Zulässigkeit seines Verhaltens, so dürfte durchweg zumindest Fahrlässigkeit gegeben sein (§ 276 Abs. 2 BGB).

2. Schaden

16 Das Vorliegen eines Schadens beurteilt sich nach den §§ 249 bis 252 BGB. Ergänzend bestimmt **S. 2 des § 33 Abs. 3 GWB**, dass der Schaden, wenn eine Ware oder Dienstleistung zu einem „überteuerten" Preis bezogen wird, nicht deshalb ausgeschlossen ist, weil die Ware oder Dienstleistung weiterveräußert wurde. Bezweckt ist damit eine partielle Regelung der Problematik, die sich im Falle der **Überwälzung des Schadens** von den unmittelbar betroffenen Abnehmern eines Kartells **auf weitere Abnehmer** auf anderen Marktstufen ergibt (sog. **passing-on-defense** [oder: defence]). S. 3 des § 33 Abs. 3 GWB fügt noch hinzu, dass bei der Entscheidung über den Umfang des Schadens nach § 287 ZPO „insbesondere der anteilige Gewinn" berücksichtigt werden darf, den das Unternehmen durch den Kartellverstoß erlangt hat.

17 **Schadensermittlung und Schadensberechnung** bereiten bei Verstößen gegen das GWB und die Wettbewerbsregeln des Vertrages häufig erhebliche Schwierigkeiten. Der wichtigste Grund ist der, dass nach der **Differenzmethode** (§§ 249 und 252

[8] BGHZ 119, 335 (345 f.) = NJW 1993, 396 – Stromeinspeisung; BGHZ 133, 177 (180 ff.) = NJW 1996, 3005 – Kraft-Wärme-Koppelung.

[9] *OLG Koblenz* WuW/E Verg. 184; *OLG Celle* WuW/E Verg. 188 f.; *OLG Düsseldorf* EuZW 1999, 188.

BGB) als Maßstab in erster Linie auf die hypothetischen Verhältnisse ohne den Kartellverstoß, d. h. *bei Wettbewerb* abzustellen ist, diese Verhältnisse indessen in der Mehrzahl der Fälle eine hoffnungslose Unbekannte darstellen, so dass in aller Regel nur eine Schadensschätzung nach § 287 ZPO und § 252 BGB aufgrund zweifelhafter Annahmen in Betracht kommt. Paradigmatisch sind die Probleme bei Preis- und Konditionenkartellen, da die hypothetischen Preise oder Konditionen ohne das Kartell, d. h. bei Wettbewerb, meistens, wenn überhaupt, nur vage geschätzt werden können. Deutlich besser ist die Situation dagegen in vielen Missbrauchs- und Diskriminierungsfällen, in denen häufig ausreichende Anhaltspunkte für eine Schadensschätzung vorhanden sind.[10]

3. Berücksichtigung des Gewinns

18 Um die Schadensberechnung zu erleichtern, fügt das Gesetz in § 33 Abs. 3 S. 3 hinzu, dass bei der Entscheidung über den Umfang des Schadens nach § 287 ZPO insbesondere der „anteilige Gewinn, den das Unternehmen durch den Verstoß erlangt hat, berücksichtigt" werden kann. Die Gesetzesverfasser haben hinzugefügt, der **Gewinn** errechne sich aus den Umsatzerlösen abzüglich der Herstellungskosten der erbrachten Leistung sowie abzüglich angefallener Betriebskosten, während Gemeinkosten oder sonstige betriebliche Aufwendungen nicht abzugsfähig seien.[11]

19 Aus dem Verweis auf § 287 ZPO folgt, dass es im pflichtgemäßen **Ermessen der Gerichte** steht, ob sie bei der ihnen nach § 287 ZPO obliegenden Schadensschätzung von der Befugnis zur Berücksichtigung des anteiligen Gewinns überhaupt Gebrauch machen wollen oder nicht. Einen Anspruch darauf hat der Geschädigte nicht; erst recht kann er *nicht* – anders als im gewerblichen Rechtsschutz – statt des Ersatzes seines Schadens analog § 687 Abs. 2 BGB die Herausgabe des Verletzergewinns verlangen.[12] Wenn jedoch feststeht, dass den von dem Kartellverstoß Betroffenen irgendein Schaden entstanden ist und wenn ferner dieser Schaden nach § 287 ZPO nur bei Berücksichtigung des Verletzergewinns geschätzt werden kann, so *muss* das Gericht auch diesen Weg gehen und kann nicht einfach, ohne von der Möglichkeit des § 33 Abs. 3 S. 3 Gebrauch gemacht zu haben, einen Schadensersatzanspruch ablehnen.

4. Vorteilsausgleichung

20 Nach **§ 33 Abs. 3 S. 2** ist der Schaden, wenn eine Ware oder Dienstleistung zu einem „überteuerten" Preis bezogen wird, nicht deshalb ausgeschlossen, weil die Ware oder Dienstleistung „weiterveräußert" wurde. Durch diese Vorschrift von 2005 sollte klargestellt werden, dass es bei der sog. **passing-on-Problematik** nicht um eine Frage der Schadensermittlung, sondern um eine solche der **Vorteilsausgleichung** geht. Gemeint ist damit die Frage, ob der Schaden der unmittelbaren Abnehmer (oder gelegentlich auch der Lieferanten) der Kartellmitglieder entfällt, wenn es diesen, insbesondere also den unmittelbaren oder direkten Abnehmern gelegt, die überhöhten Kartellpreise ganz oder doch teilweise auf ihre Abnehmer abzuwälzen, so dass als Schaden bei ihnen nur ein etwaiger entgangener Gewinn zurückbleibt, der auf einem

[10] S. im Einzelnen *Emmerich*, AG 2001, 520; IM/*Emmerich* Bd. I, § 33 Rn. 54–64 m.N.
[11] So die Begr. v. 2005, S. 54 (l. Sp. o.).
[12] *Bechtold*, § 33 Rn. 30; Langen/Bunte/*Bornkamm*, § 33 Rn. 132.

Rückgang der Nachfrage (oder des Absatzes) infolge der Überhöhung des Kartellpreises beruht.[13]

Der Fragenkreis ist im In- und Ausland gleichermaßen umstritten, eine allseits befriedigende Lösung bisher offenbar nicht gefunden. In den **USA** hat sich z. B. im Anschluss an zwei Leitentscheidungen des Supreme Courts aus den Jahren 1968 und 1977 weithin die Auffassung durchgesetzt, dass nur die direkten (unmittelbaren) Abnehmer eines Kartells Schadensersatz verlangen könnten (sog. **direct-purchaser-Regel**), dass also den Kartellmitgliedern (nur) ihren eigenen Abnehmern gegenüber die passing-on-defence versagt sei,[14] dass aber die mittelbaren Abnehmer auf den nachfolgenden Marktstufen, gleichsam zum Ausgleich, *nicht* ebenfalls von den Kartellmitgliedern Schadensersatz verlangen könnten, schon, um deren mehrfache Inanspruchnahme zu verhindern.[15] Dieselbe Auffassung wird gelegentlich in Deutschland vertreten, weit häufiger dagegen die Auffassung, dass **sämtliche Abnehmer** anspruchsberechtigt sind, wobei dann freilich wieder umstritten ist, ob und gegebenenfalls wie eine mehrfache Inanspruchnahme der Kartellmitglieder verhindert werden soll oder werden kann.[16] Eine wieder andere Lösung hat das **KG** im Jahre 2009 in dem Fall des Berliner-Transportbeton-Kartells entwickelt.[17] Danach sind zwar alle Abnehmer, die unmittelbaren ebenso wie die mittelbaren, anspruchsberechtigt; da jedoch die Kartellmitglieder den Schaden nur einmal zu ersetzen bräuchten, müssten sämtliche Abnehmer als **Gesamtgläubiger** im Sinne des § 428 BGB behandelt werden, so dass sie gegebenenfalls intern zum Ausgleich verpflichtet seien (§ 430 BGB). 21

Keine dieser Lösungen (s. Rn. 21) vermag vollauf zu befriedigen. Immer bleiben Fälle, in denen die betreffende Lösung letztlich „nicht aufgeht". Unter diesen Umständen empfiehlt sich eine pragmatische Vorgehensweise, wobei zu berücksichtigen ist, dass die **praktische Bedeutung** der Problematik meistens wohl übertrieben wird. Bereits den unmittelbaren Abnehmer eines Kartells wird der Nachweis eines Schadens häufig sehr schwer fallen. Noch schwieriger dürfte es dann für die Kartellmitglieder sein, die Voraussetzungen der Vorteilsausgleichung nachzuweisen. Wo beides aber doch einmal gelingt, dürfte dann auch Raum für Ersatzansprüche der mittelbaren Abnehmer seien, deren Anspruchsberechtigung man daher nicht vorschnell verneinen darf. 22

V. Feststellungswirkung

1. Zur weiteren Erleichterung der Verfolgung von Schadensersatzansprüchen aufgrund des GWB und der Wettbewerbsregeln des AEUV (Art. 101 und 102) enthält das GWB in **§ 33 Abs. 4** eine (sehr weitgehende) Regelung über die Feststellungswirkung kartellbehördlicher Entscheidungen und der anschließenden gerichtlichen Entscheidungen sowie solcher gerichtlichen Entscheidungen, die wie in Österreich und 23

[13] Aus dem umfangreichen Schrifttum s. zuletzt z. B. *Alexander*, Schadensersatz, S. 376, 396 ff.; Langen/Bunte/*Bornkamm*, § 33 Rn. 107 ff.; *Bulst*, in: Möschel/Bien, Kartellrechtsdurchsetzung, S. 225; *Fuchs*, ZWeR 2011, 192; *K. Westermann*, FS H. P. Westermann, 2008, S. 1605.

[14] Hanover Shoe v. United Shoe Machinery Corp. 392 U. S. 481, 492 f. = 88 S. Ct. 2224 = 20 L. Ed. 2 d 1231 (1968).

[15] Illinois Brick Corp. v. Illinois, 431 U. S. 720, 723 ff. = 97 S. Ct. 2061 = 52 L. Ed. 2 d 707 (1977).

[16] S. m.N. IM/*Emmerich*, Bd. I, § 33 Rn. 69.

[17] *KG* WuW/E DE-R 2773 (2782 ff.).

Irland an die Stelle kartellbehördlicher Entscheidungen treten.[18] Danach sind die deutschen Gerichte, wenn aufgrund des GWB oder der Wettbewerbsregeln des AEUV Schadensersatz verlangt wird, an bestandskräftige oder rechtskräftige Entscheidungen der genannten Kartellbehörden oder -gerichte gebunden, soweit es um die Feststellung des Verstoßes geht (§ 33 Abs. 4 S. 1 und 2 GWB). Gemeint ist damit eine **Bindung an die tatsächlichen Feststellungen** der Kartellbehörde **sowie an deren rechtliche Beurteilung** als Verstoß im Sinne des § 33 Abs. 1 S. 1.[19] Eine derartige Wirkung von Verwaltungsakten bezeichnet man im Verwaltungsrecht allgemein als „Feststellungswirkung" im Gegensatz zu der bloßen Tatbestandswirkung von Verwaltungsakten, die sich darauf beschränkt, dass die übrigen Staatsorgane einschließlich der Gerichte eine einmal getroffene und nicht mit Erfolg angefochtene Regelung eines Sachverhalts durch einen Verwaltungsakt zu respektieren haben – freilich ohne *inhaltliche* Bindung. S. 3 des § 33 Abs. 4 GWB fügt hinzu, dass diese Verpflichtung oder besser: Bindung der deutschen Gerichte entsprechend Art. 16 Abs. 1 S. 4 der KartellverfahrensVO Nr. 1/2003 unbeschadet der Rechte und Pflichten nach Art. 267 AEUV gilt. Die Regelung ist entsprechend anwendbar auf die Vorteilsabschöpfung durch Verbände und Einrichtungen (§ 34 a Abs. 5 GWB).

24 Soweit sich § 33 Abs. 4 GWB auf bestandskräftige Entscheidungen der **Kommission** bezieht, wiederholt er lediglich, was sich bereits aus Art. 16 Abs. 1 S. 1 der KartellverfahrensVO Nr. 1/2003 ergibt, der seinerseits eine bloße Kodifizierung der vorausgegangenen Rechtsprechung des EuGH darstellt (s. o. § 7 Rn. 21 f.). Auch die in § 33 Abs. 4 S. 1 GWB außerdem angeordnete Bindung deutscher Gerichte an die bestandskräftigen Entscheidungen der **deutschen Kartellbehörden** ist nur Ausdruck der Feststellungswirkung solcher Entscheidungen (allein) nach den **§ 32, 32 a und 32 d** sowie nach **§ 81 GWB**. *Keine* Bindungswirkung besteht dagegen in den Fällen der §§ 30 Abs. 3, 32 b, 32 c und 36 Abs. 1 GWB, teils, weil sie keine abschließende Feststellung eines Kartellverstoßes enthalten, teils, weil es bei ihnen keine betroffenen Dritten im Sinne des § 33 Abs. 1 S. 3 GWB gibt. In Bußgeld- und Strafverfahren besteht gleichfalls generell keine Bindung, soweit nicht der Grundsatz „ne bis in idem" eingreift.

25 **2.** § 33 Abs. 4 S. 1 GWB beschränkt sich nicht auf die im Kern unproblematische Bindung der deutschen Gerichte an bestandskräftige Entscheidungen der Kommission 23 f.), sondern erstreckt die Feststellungswirkung – ohne Begründung und ohne Not – auch auf bestandskräftige Entscheidungen der **Wettbewerbsbehörden** sowie der an ihrer Stelle entscheidenden **Gerichte anderer Mitgliedstaaten.** Diese Regelung ist zu Recht auf nahezu einhellige Kritik gestoßen, weil keine Gewähr dafür besteht, dass kartellbehördliche Entscheidungen in den anderen Mitgliedstaaten in einem rechtsstaatlichen Verfahren ergehen, in dem zumindest das rechtliche Gehör der betroffenen deutschen Staatsangehörigen gewährleistet ist, so dass die ganze Regelung gegen Art. 103 Abs. 1 GG verstoßen dürfte.[20]

26 **3.** Soweit § 33 Abs. 4 S. 1 eine Bindung deutscher Gerichte an in- und ausländische kartellbehördliche oder kartellgerichtliche Entscheidungen anordnet (o. Rn. 23 ff.),

[18] In Österreich nimmt das OLG Wien weitgehend die Funktionen einer Kartellbehörde wahr; ebenso in Irland der High Court in Dublin.

[19] Ein Beispiel in *OLG Düsseldorf* WuW/E DE-R 2763 (2766) – Post-Konsolidierer.

[20] S. schon o. § 7 Rn. 22; ebenso *MK*, SonderGA von 2004, Tz. 53 (S. 30 f.); *Bechtold*, DB 2004, 235 (239); *Fuchs*, WRP 2005, 1384 (1395); *Hempel*, WuW 2005, 137 (144).

erstreckt sich die Bindungswirkung auf die **„Feststellung des Verstoßes" in tatsächlicher und rechtlicher Hinsicht.**[21] Jedoch beschränkt sich die Bindung auf die tragenden Gründe der Entscheidung.[22] Die Folge ist, dass, soweit die Bindungswirkung reicht, in einem nachfolgenden Schadensersatzprozess die der Entscheidung der Kartellbehörde zugrunde liegenden und vom Kläger zur Begründung seiner Klage vorgetragenen tatsächlichen Feststellungen keines Beweises mehr bedürfen. Das Gericht ist in dem nachfolgenden Verfahren darüber hinaus auch an die rechtliche Würdigung der von der Kartellbehörde festgestellten Tatsachen gebunden; es darf daher seiner Entscheidung keine abweichende rechtliche Würdigung der festgestellten Tatsachen zugrundelegen,[23] z. B. einen Missbrauch entgegen der Kartellbehörde verneinen. Hinsichtlich der **weiteren Voraussetzungen eines Schadensersatzanspruchs** Betroffener aufgrund des § 33 GWB in Verbindung mit den §§ 249 bis 252 und 276 BGB sind die Gerichte dagegen im nachfolgenden Rechtsstreit **nicht gebunden**, insbesondere also nicht hinsichtlich der Kausalität des Kartellrechtsverstoßes für den behaupteten Schaden, hinsichtlich der Schadens sowie in Bezug auf das Verschulden.

VI. Konkurrenzen

§ 33 ist **lex specialis** (nur) zu § 823 Abs. 2 BGB sowie zu § 823 Abs. 1 BGB, soweit 27
es um Eingriffe in den Gewerbebetrieb des Betroffenen geht. Im Übrigen konkurriert die Vorschrift mit sämtlichen Deliktstatbeständen innerhalb und außerhalb des BGB. Bedeutung hat dies vor allem für **§ 826 BGB**. Besonderheiten gelten für das Verhältnis des § 33 zu den **§§ 8 und 9 UWG**. Die Wechselwirkungen zwischen dem GWB und dem UWG sind vielschichtig.[24] Hier genügt die Bemerkung, dass in der Praxis eine Zeit lang eine deutliche, mittlerweile aber wieder aufgegebene Tendenz festzustellen war, jedenfalls in bestimmten Fallgruppen eindeutiger Verstöße gegen das GWB zugleich einen Fall unlauteren Wettbewerbs anzunehmen. Jedoch hält der **BGH** heute an der parallelen Anwendbarkeit des UWG nur noch in Fällen fest, in denen zugleich wie etwa bei einem Boykott oder einer gezielten Behinderung von Konkurrenten ein eigenständiger UWG-Tatbestand erfüllt ist, während im Übrigen nunmehr § 33 GWB als grundsätzlich **abschließende Regelung** der zivilrechtlichen Ansprüche bei Kartellrechtsverstößen angesehen wird.[25]

VII. Folge- und Ausführungsverträge

Als **Folgeverträgen** bezeichnet man die von den Mitgliedern eines Kartells auf dessen 28
Grundlage **mit Dritten** abgeschlossenen Verträge, insbesondere also Lieferverträge von Kartellmitgliedern mit ihren Abnehmern. Derartige Folgeverträge werden aus

[21] S. dazu auch *Alexander*, Schadensersatz, S. 427; *Grüneberger*, in: Möschel/Bien, Kartellrechtsdurchsetzung, S. 151, 173 f.

[22] *Alexander*, Schadensersatz, S. 427.

[23] *OLG Düsseldorf* WuW/E DE-R 2763 (2766) – Post-Konsolidierer; *Grüneberger*, in: Möschel/Bien, Kartellrechtsdurchsetzung, S. 151, 173 f.

[24] Wegen der Einzelheiten s. *Emmerich*, in: Augenhofer, Die Europäisierung des Kartell- und Lauterkeitsrechts, 2009, S. 73.

[25] BGHZ 166, 154 (159 ff. Tz. 13 ff.) = NJW 2006, 2627 = JuS 2006, 1030 – Probeabonnement; s. dazu *Alexander*, Schadensersatz, S. 50 ff. *ders.*, ZWeR 2007, 239 (244, 249 f.); *Köhler*, GRUR 2004, 381 (386).

Gründen der Rechtssicherheit grundsätzlich *nicht* von der Nichtigkeit einer Kartellvereinbarung (§ 1 GWB in Verbindung mit § 134 BGB; Art. 101 Abs. 2 AEUV) erfasst, sofern sie nicht selbst gegen das GWB oder gegen sonstige zwingende Rechtsvorschriften verstoßen.[26]

29 Unter **Ausführungsverträgen** versteht man im Gegensatz zu den Folgeverträgen (o. Rn. 28) Verträge zwischen den Kartellmitgliedern oder mit Dritten, durch die das verbotene Kartell durchgeführt oder verstärkt werden soll. **Beispiele** sind Verträge über den Beitritt Dritter zu verbotenen Kartellen, Kollegenlieferungen bei verbotenen Spezialisierungskartellen oder Syndikaten, Lizenzverträge zwischen den Mitgliedern eines verbotenen Patentpools sowie Preis-, Vertriebs- oder Ausschließlichkeitsbindungen, über deren parallele Einführung die Konkurrenten sich zuvor unter Verstoß gegen § 1 GWB oder Art. 101 AEUV verständigt hatten. Derartige Ausführungsgeschäfte werden ohne weiteres von der **Nichtigkeit** des Kartells erfasst (§ 1 GWB in Verb. mit § 134 BGB; Art. 101 Abs. 2 AEUV); § 1 verdrängt insoweit auch den § 30 GWB.[27] Ebenso zu behandeln sind ferner Verträge über die Gründung von **Gemeinschaftsunternehmen**, sofern die zugrundeliegenden Absprachen der Mütter gegen § 1 oder gegen Art. 101 Abs. 1 AEUV verstoßen,[28] sowie sog. **Vertragssysteme**, d. h. Systeme aus Horizontal- und Vertikalverträgen, auf die die Beteiligten künstlich die eigentlichen Kartellvereinbarungen aufteilen und die deshalb in ihrer Gesamtheit gegen das Kartellverbot verstoßen.[29]

§ 41. Kartellbehörden

I. Überblick

1 Das GWB benennt in § 48 Abs. 1 zunächst die für die Anwendung des Gesetzes zuständigen Kartellbehörden, regelt sodann in § 48 Abs. 2 die Aufgabenverteilung zwischen diesen Behörden und schafft in den §§ 49 bis 50 c die nötige Rechtsgrundlage für die Zusammenarbeit der Kartellbehörden untereinander, mit anderen Behörden sowie mit der Kommission und den Wettbewerbsbehörden der anderen Mitgliedstaaten der Europäischen Union im Rahmen des Netzwerks der europäischen Wettbewerbsbehörden (s. Rn. 3). Der Sache nach gehören in den vorliegenden Zusammenhang auch noch die Vorschriften über die Monopolkommission (§§ 44–47), die nur deshalb nicht in den Zweiten Teil des GWB mit der Überschrift „Kartellbehörden“ aufgenommen wurden, weil die Monopolkommission – mangels Entscheidungsbefugnissen im Einzelfall – nicht im formellen Sinne zu den Kartellbehörden zählt (u. Rn. 10 f.).

---

[26] RGZ 133, 51 (58 ff.); *BGH* LM Nr. 2 zu ADSp.-Allg. = NJW 1956, 1201 = WuW/E BGH 152 – Spediteurbedingungen; BGHSt 32, 389 = NJW 1984, 2372 (2373); *OLG München* NJW-RR 2002, 886 (887 f.); *Emmerich*, ZHR 139 (1975), 476 (516); *D. Fuchs*, Kartellverbot und Einzelvertrag, 1963; *Mailänder*, Privatrechtliche Folgen, S. 109, 134, 181 ff.; *Mestmäcker*, WuW 2004, 754 (765).

[27] *Emmerich*, ZHR 139 (1975), 476 (516 f.); *ders.*, WiB 1996, 1070; *Kl. Fuchs*, Kartellvertrag, S. 35 ff.; *Mailänder*, Privatrechtliche Folgen, S. 140 f.

[28] *BGH* LM Nr. 42 zu § 1 GWB = NJW-RR 1992, 1002; *OLG Hamm* WuW/E OLG 3748 = NJW-RR 1986, 1487; *OLG Frankfurt* WuW/E OLG 4323 (4324 f.) = AG 1989, 402.

[29] BGHZ 65, 30 (40) = NJW 1975, 1837.

Kartellbehörden sind nach § 48 Abs. 1 GWB (nur) das BKartA, das Bundesministerium für Wirtschaft und Technologie (BMWi) sowie die nach Landesrecht zuständigen obersten Landesbehörden, die sog. Landeskartellbehörden. Die **Verteilung der Zuständigkeiten** zwischen den genannten Kartellbehörden richtet sich nach § 48 Abs. 2. Ein Verstoß gegen diese Zuständigkeitsverteilung führt grundsätzlich zur Nichtigkeit des Verwaltungsaktes.[1] Jedoch ist durch die siebte Novelle von 2005 die Zuständigkeitsverteilung zwischen dem BKartA und den Landeskartellbehörden „flexibilisiert" worden, womit gemeint ist, dass jetzt im Einvernehmen zwischen dem BKartA und den Landeskartellbehörden **Verweisungen** von der einen an die andere Behörde möglich sind (§ 49 Abs. 3 und Abs. 4 GWB n. F.). Neu ist außerdem die ausdrückliche Befugnis der Landeskartellbehörden zur Anwendung der Wettbewerbsregeln des AEUV (Art. 101 und 102) im Rahmen des Netzwerks der europäischen Wettbewerbsbehörden (§ 50 GWB). 2

Die Rechtsgrundlage für die **Zusammenarbeit** der Kartellbehörden untereinander, mit anderen Behörden einschließlich der Bundesnetzagentur sowie mit der Europäischen Kommission und den Wettbewerbsbehörden der anderen Mitgliedstaaten der Europäischen Union im Rahmen des **Netzwerks** der europäischen Wettbewerbsbehörden nach den Art. 11 ff. der KartellverfahrensVO Nr. 1/2003 findet sich in den neuen **§§ 50 a bis 50 c GWB.** Danach sind die genannten Behörden vor allem zum Informationsaustausch untereinander befugt. Die Einzelheiten richten sich nach einer **Bekanntmachung der Kommission** aus dem Jahre **2004.**[2] § 50 b Abs. 1 GWB erstreckt die Befugnis zum Informationsaustausch darüber hinaus auch auf die Zusammenarbeit des BKartA mit außereuropäischen Wettbewerbsbehörden, insbesondere also mit den amerikanischen Antitrust-Behörden.[3] Die Zusammenarbeit der Kartell- und Wettbewerbsbehörden der Europäischen Union im Rahmen des Netzwerks der europäischen Wettbewerbsbehörden hat z. B. zur Folge, dass sich die Behörden gegenseitig **Amtshilfe** leisten können, so dass die Behörden eines Mitgliedstaats auf Bitten der Behörden eines anderen Mitgliedstaates in Verfahren nach den Wettbewerbsregeln des Vertrages sogar **Durchsuchungen** durchführen können und müssen.[4] Außerdem hat die Kommission die Befugnis, sich an jedem Verfahren vor einem nationalen Gericht mit einer Stellungnahme nach Art. 15 der Verordnung Nr. 1/2003 zu beteiligen.[5] 3

II. Bundeskartellamt

1. Organisation

Die größte Bedeutung bei der Durchsetzung des GWB kommt dem BKartA mit Sitz in Bonn zu (§§ 51–53 GWB). Das BKartA ist eine **Bundesoberbehörde**, die dem BMWi untersteht, so dass es grundsätzlich von den **Weisungen** des Ministers abhängig ist. Das gilt jedenfalls für allgemeine Weisungen (s. § 52 GWB), während um- 4

[1] *Möschel,* Tz. 1071; enger offenbar für Bußgeldbescheide BGHSt 27, 196 = NJW 1977, 1748.
[2] Bekanntmachung über die Zusammenarbeit innerhalb des Netzes der Wettbewerbsbehörden von 2004, ABl. Nr. C 101/43; s. u. § 42 Rn. 13.
[3] S. *Oberender* (Hrsg.), Internationale Wettbewerbspolitik, 2006.
[4] *OGH* WuW/E KRInt 281.
[5] *EuGH* Slg. 2009, I-4854.

stritten ist, ob der Minister auch durch Einzelweisungen in schwebende Verfahren eingreifen kann. Dagegen spricht vor allem, dass das BKartA seine Entscheidungen in einem justizförmigen Verfahren durch Beschlussabteilungen trifft, die mit einem Vorsitzenden und mehreren Beisitzern besetzt sind (§ 51 Abs. 2, 3 GWB).[6] Im Augenblick bestehen beim BKartA zwölf derartige Beschlussabteilungen, deren Zuständigkeit sich in erster Linie nach Wirtschaftsbereichen richtet.[7] Hinzu kommen noch drei Vergabekammern und eine Reihe weiterer Referate.

2. Auskunftsrecht

Literatur: *Barth/St. Budde*, WuW 2010, 377; *Herrlinger/Kleine*, WuW 2007, 222; *Herrmanns*, Die Ermittlungsbefugnis der Kartellbehörden, 1972; *Möschel*, Wettbewerbsbeschränkungen, Tz. 1082 ff.; *Lieberknecht*, WuW 1988, 833; *K. Schmidt*, Drittschutz, Akteneinsicht und Geheimnisschutz, 1992; *K.-P. Schultz*, CuR 1987, 489; *R. Werner*, AG 1988, 149; *Töllner*, EWS 2011, 21.

5 **a)** Die Kartellbehörden (§ 48 Abs. 1 GWB) besitzen nach **§ 59 GWB** ein Auskunfts- und Untersuchungsrecht (u. Rn. 6). Außerdem haben sie durch die siebte Novelle von 2005 nach dem Vorbild des Art. 17 der KartellverfahrensVO Nr. 1/2003 die Befugnis erhalten, **Enquêteuntersuchungen** hinsichtlich bestimmter Wirtschaftszweige oder (sektorübergreifend) bestimmter Arten von Vereinbarungen durchzuführen **(§ 32 e GWB).**[8] Voraussetzung ist lediglich, dass starre Preise oder andere Umstände auf eine Wettbewerbsbeschränkung hindeuten, während es nicht erforderlich ist, dass bereits gegen bestimmte Unternehmen ein konkreter Anfangsverdacht besteht.

6 **b)** Anders als das Untersuchungsrecht des § 32 e (o. Rn. 5) setzt das **Auskunftsrecht** der Kartellbehörden nach **§ 59 GWB** voraus, dass sich gegen das in Anspruch genommene Unternehmen bereits ein **konkreter Anfangsverdacht** richtet, der sich auf sämtliche Tatbestandsmerkmale der betreffenden Norm des GWB erstreckt, gegen die verstoßen worden sein soll. Steht dagegen fest, dass einzelne Tatbestandsmerkmale nicht erfüllt sind, so ist für die Anwendung des § 59 GWB kein Raum.[9]

7 Das Auskunftsrecht besteht **bis zur Bestandskraft** der Entscheidung der Kartellbehörde fort (§ 59 Abs. 1 S. 1 Halbs. 1 GWB), also auch noch während des Beschwerde- und des Rechtsbeschwerdeverfahrens. Es dient dem BKartA dann vor allem zur Erfüllung entsprechender Auflagen des Beschwerdegerichts oder zum Nachschieben von Gründen.[10]

8 **c)** § 59 Abs. 1 Nr. 1 und 2 GWB verleiht den Kartellbehörden in erster Linie die Befugnis, von Unternehmen und Unternehmensvereinigungen **Auskunft und** die **Herausgabe von Unterlagen** zu verlangen sowie bei diesen innerhalb der üblichen Geschäftszeiten die geschäftlichen Unterlagen **einzusehen und** zu **prüfen.** Das Auskunftsersuchen ergeht durch Verfügung oder Beschluss der Kartellbehörde (§ 59 Abs. 6 und 7 GWB); die Betroffenen können sich dagegen mit der Beschwerde,

---

[6] S. *Geberth*, AG 1991, 295 (296).

[7] S. *BKartA* TB 2009/2010, S. 171; *Weber*, in: 10 Jahre BKartA 1968, S. 263.

[8] S. dazu *OLG Düsseldorf* WuW/E DE-R 1993.

[9] BGHZ 91, 178 (184 f.) = NJW 1984, 2697; *OLG Düsseldorf* WuW/E DE-R 1179 (1180 ff.) – Stromcontracting.

[10] S. o. § 36 Rn. 18; BGHZ 155, 214 (220 f.) = NJW 2003, 3776 – HABET/Lekkerland; kritisch dazu *Jüntgen*, WuW 2011, 340.

nicht jedoch mit der Rechtsbeschwerde zum BGH wehren (§§ 63, 74 GWB).[11] **Gegenstand** der Auskunft sind die wirtschaftlichen Verhältnisse des betroffenen Unternehmens und der mit ihm verbundenen Unternehmen (§ 59 Abs. 1 Nr. 1 und 2).[12] Das wird allgemein **weit** ausgelegt, um dem Bundeskartellamt seine schwierige Ermittlungsarbeit zu erleichtern.[13] Reichen die Auskünfte und die vorgelegten Unterlagen nach Meinung des Amtes nicht aus, so kann das Amt außerdem eine **Durchsuchung** anordnen, wovon indessen nur selten Gebrauch gemacht wird; hier ist zusätzliche Voraussetzung eine Anordnung des zuständigen Amtsrichters (§ 59 Abs. 4 GWB). Die Kartellbehörden haben schließlich noch die Möglichkeit zur **Beweiserhebung** nach § 57 in Verbindung mit der **ZPO**.

d) Im **Bußgeldverfahren** findet § 59 GWB keine Anwendung; statt dessen richten 9
sich die Ermittlungsbefugnisse der Kartellbehörden hier nach dem **OWiG**, so dass sie jetzt grundsätzlich dieselben Rechte und Pflichten **wie die Staatsanwaltschaft** bei der Verfolgung von Straftaten haben (§ 46 Abs. 2 OWiG).[14] Hat das Bundeskartellamt einen Bußgeldbescheid erlassen, so können die betroffenen Unternehmen **Einspruch** zum OLG Düsseldorf einlegen. In diesem Fall geht die Zuständigkeit zur Vertretung der Anklage auf den Generalstaatsanwalt über (§ 69 Abs. 4 OWiG). Das Bundeskartellamt ist fortan nicht mehr formell an dem Verfahren beteiligt, sondern hat lediglich die (bescheidene) Stellung eines beratenden Hilfsorgans des Gerichts mit einem (eingeschränkten) eigenen **Fragerecht** aufgrund des § 82a GWB.[15]

III. Monopolkommission

1. Durch die zweite Novelle von 1973 ist eine Monopolkommission mit Sitz in Köln 10
aus fünf Mitgliedern geschaffen worden (§ 44 GWB). Ihre Aufgabe besteht vor allem darin, alle zwei Jahre ein sog. Hauptgutachten über die Entwicklung der Unternehmenskonzentration und über die Anwendung der §§ 35 bis 43 GWB zu erstatten (§ 44 Abs. 1 S. 1 GWB). Die Kommission kann außerdem nach ihrem Ermessen zusätzliche Gutachten anfertigen (§ 44 Abs. 1 S. 4 GWB). Die Bundesregierung kann die Monopolkommission ebenfalls mit der Erstattung von Gutachten beauftragen (§ 44 Abs. 1 S. 3 GWB). Eine Verpflichtung dazu besteht jedoch nur in den Fällen, in denen bei dem BMWi ein Antrag auf Erlaubnis eines Zusammenschlusses gemäß § 42 gestellt wird (§ 42 Abs. 4 S. 2 GWB). Später hat die Monopolkommission noch den zusätzlichen Auftrag erhalten, alle zwei Jahre ein Gutachten zur Entwicklung des Wettbewerbs in den Netzindustrien zu erstatten (§ 62 EnWG, § 121 Abs. 2 TKG, § 36 AEG).[16]

2. Die Monopolkommission gehört nicht zu den Kartellbehörden i. S. d. § 48 GWB 11
(o. Rn. 1), so dass sie im Gegensatz zu den letzteren **nicht** über das **Auskunfts- und Untersuchungsrecht** aus § 59 GWB verfügt. Die Kommission war daher bei ihrer Tätigkeit früher auf die freiwillige Mitarbeit der Unternehmen angewiesen. Da indes-

[11] *BGH* LM § 73 GWB Nr. 3 = NJW 1983, 1911; WM 2007, 1763 ff. = WuW/E DE-R 2055.
[12] S. *BGH* WM 2007, 1763 (1768 Tz. 41 f.) = WuW/E DE-R 2055 (2062); *OLG Düsseldorf* WuW/E DE-R 1861 (1862 f.) – Kalksandstein.
[13] S. z. B. *Töllner*, EWS 2011, 21 f.
[14] S. *Töllner*, EWS 2011, 21 (23 ff.).
[15] *Barth/St. Budde*, WuW 2010, 377.
[16] S. *G. v. Wallenberg*, WuW 2008, 646.

sen die Unternehmen hierzu vielfach nicht bereit waren, ist bereits durch die fünfte Novelle von 1989 eine **Pflicht der statistischen Ämter** begründet worden, der Monopolkommission aggregierte **Daten** über die Konzentration in den einzelnen Wirtschaftszweigen zu übermitteln (§ 47 GWB). Nach **§ 46 Abs. 2 a GWB** i. d. F. von **2005** kann die Monopolkommission ferner **Einsicht in** die von der Kartellbehörde geführten **Akten** einschließlich Betriebs- und Geschäftsgeheimnisse und personenbezogener Daten nehmen, soweit dies zur ordnungsgemäßen Erfüllung ihrer Aufgaben erforderlich ist.

§ 42. Verfahren

Literatur: S. o. §§ 13 und 36 sowie *Greiffenhagen,* Die Kartellgenehmigung im Recht des GWB, der EGKS und der EWG, 1966; *Herrmanns,* Die Ermittlungsbefugnis der Kartellbehörden, 1972; *Kremer,* Die kartellverwaltungsrechtliche Beschwerde, 1988; *K. Schmidt,* Kartellverfahrensrecht, Kartellverwaltungsrecht, Bürgerliches Recht, 1977; *ders.,* Gerichtsschutz in Kartellverwaltungssachen, 1980; *ders.,* Drittschutz, Akteneinsicht und Geheimnisschutz im Kartellverfahren, 1992

I. Grundzüge des Verwaltungsverfahrens

1 **1.** Die Kartellbehörden des Bundes und der Länder (§ 48 GWB; s. dazu o. § 41) sind Verwaltungsbehörden, so dass sich ihr Verfahren, soweit nicht das GWB wie in den §§ 54 bis 62 besondere Bestimmungen enthält, nach den Verwaltungsverfahrensgesetzen (VwVfG) des Bundes und der Länder richtet. Von diesem sog. formellen Verfahren muss man das **informelle Verwaltungsverfahren** unterscheiden, das häufig dem formellen Verfahren vorausgeht und in dem bereits zahlreiche Fälle durch Gespräche zwischen den Kartellbehörden und den Beteiligten geklärt werden. Nur wenn dies nicht gelingt, leiten die Kartellbehörden **von Amts wegen oder auf Antrag** das **formelle Verwaltungsverfahren** ein (§ 54 I GWB; Rn. 3).

2 Die Kartellbehörde kann nach § 54 Abs. 1 S. 2 GWB **auf** entsprechendes **Ersuchen** (zum Schutz eines Beschwerdeführers) ein Verfahren auch **von Amts wegen** einleiten. Mit dieser Bestimmung hat es folgende Bewandtnis: Nach Aussagen interessierter Kreise werden im Handel Verstöße mächtiger Nachfrager insbesondere gegen das Diskriminierungsverbot (§ 20 GWB) vielfach nicht den Kartellbehörden angezeigt, weil die betroffenen Lieferanten Sanktionen der Nachfrager befürchten, in erster Linie in Gestalt ihrer „Auslistung", d. h. durch ihre Streichung von der Liste der berücksichtigten Lieferanten (sog. Ross- und Reiterproblematik). Um hier Abhilfe zu schaffen, ermöglicht jetzt die genannte (durchaus problematische) Bestimmung der Sache nach **anonyme Anzeigen** beim BKartA.

3 **2.** Das formelle Verwaltungsverfahren ist weitgehend **justizförmig ausgestaltet.**[1] Welche Personen und Unternehmen an dem Verfahren **beteiligt** sind, ergibt sich im Einzelnen aus § 54 Abs. 2 GWB. An dem Verfahren beteiligt sind danach der oder die Antragsteller (Nr. 1 aaO.), die Unternehmen, gegen die sich das Verfahren richtet (Nr. 2 aaO.), sowie die Personen und Personenverbände, die von der Kartellbehörde auf ihren Antrag hin beigeladen wurden (Nr. 3 aaO), wobei die **Auswahl** der Beige-

[1] S. BGHZ 43, 307 (314 f.) = NJW 1965, 1379 – Linoleum; *BGH* LM § 73 GWB Nr. 3 = NJW 1983, 1911.

ladenen im Ermessen der Kartellbehörde steht. Dritte haben häufig ein erhebliches Interesse an solcher Beiladung, weil davon ihre Beschwerdebefugnis abhängt (s. § 63 Abs. 2 und dazu schon oben § 36 Rn. 21a, 30 ff.). Ein **Antrag** auf Beiladung kann nur bis zum Abschluss des Verfahrens vor der Kartellbehörde gestellt werden, nicht mehr danach.[2] In dem Verfahren muss den Beteiligten vor allem Gelegenheit zur Stellungnahme gegeben werden (§ 56 Abs. 1 GWB), um ihren Anspruch auf **rechtliches Gehör** zu wahren (Art. 103 Abs. 1 GG). Zu diesem Zweck *kann* die Kartellbehörde auf Antrag oder von Amts wegen eine **mündliche Verhandlung** durchführen; die Anordnung steht jedoch heute – anders als früher – im Ermessen der Kartellbehörde (§ 56 Abs. 3 S. 1 GWB). Die **Beweiserhebung** ist ebenfalls in Anlehnung an das gerichtliche Verfahren geregelt (§ 57 GWB). Die **Entscheidungen** ergehen durch begründete Verfügungen (§ 61 GWB), die meistens Beschlüsse genannt werden.[3] Der Sache nach handelt es sich dabei durchweg um **Verwaltungsakte** (u. Rn. 5).

3. Durch die siebte GWB-Novelle von 2005 haben die **Befugnisse** der deutschen Kartellbehörden, allen voran des BKartA in Bonn, eine tiefgreifende Umgestaltung erfahren (s. im Einzelnen u. § 43 Rn. 6 ff.). Die Einzelheiten ergeben sich aus den neuen **§§ 32 bis 32 e und 34 GWB,** die weitgehend mit den entsprechenden Vorschriften der KartellverfahrensVO Nr. 1/2003 (Art. 7 ff.) übereinstimmen (s. deshalb auch o. § 13) Die wichtigsten Befugnisse sind der Erlass von Verbots- oder Abstellungsverfügungen (§ 32 GWB), die Anordnung einstweiliger Maßnahmen (§ 32 a GWB; s. dazu u. § 43 Rn. 8 ff.), der Erlass einstweiliger Anordnungen (§ 60 GWB), die Untersagung von Unternehmenszusammenschlüssen (§ 36 Abs. 1 GWB; s. dazu o. § 36) sowie die Anordnung der Vorteilsabschöpfung (§ 34 GWB), jeweils im Rahmen des geschilderten formellen Verwaltungsverfahrens (s. schon o. Rn. 3). 4

II. Kartellbeschwerdeverfahren

1. Die von den Kartellbehörden in dem Verwaltungsverfahren erlassenen Beschlüsse oder Verfügungen sind **Verwaltungsakte** (o. Rn. 3 f.). Rechtsmittel gegen diese Verwaltungsakte der Kartellbehörden ist jedoch nicht die Anfechtungsklage vor den Verwaltungsgerichten nach § 40 Abs. 1 VwGO, sondern die eigenartige **Kartellbeschwerde zum** zuständigen **OLG** aufgrund der §§ 63 Abs. 1 und 76 GWB. Bei dem in den §§ 63 bis 80 GWB ausführlich geregelten Kartellbeschwerdeverfahren handelt es sich daher der Sache nach um ein (besonderes) **Verwaltungsstreitverfahren.**[4] Folgerichtig hat man im Einzelnen die Anfechtungs- und die Verpflichtungsbeschwerde zu unterscheiden, während dem Gesetz an sich eine Leistungs- und eine Feststellungsbeschwerde unbekannt sind, jedoch in Ausnahmefällen in Analogie zur VwGO ebenfalls zugelassen werden, wenn anders ein wirksamer Rechtsschutz nicht möglich erscheint.[5] 5

2. Erste Instanz sind die **Kartellsenate der Oberlandesgerichte.** Die Beschwerde kann auf neue Tatsachen und Beweismittel gestützt werden, so dass das OLG Tatsacheninstanz ist (§ 63 Abs. 1 GWB). Das Beschwerdegericht muss – entsprechend 6

[2] *BGH* WuW/E DE-R 2728 (2729 ff. Tz. 9 ff.) = NJW-RR 2010, 54 – Versicherergemeinschaft.
[3] Wegen des Verfahrens in der Fusionskontrolle s. schon o. § 36.
[4] S. *OLG Saarbrücken* WuW/E OLG 825.
[5] *OLG Düsseldorf* WuW/E DE-R 1585 Tz. 19; 2755 (2758 f.) – DFL-Vermarktungsrechte; – anders *OVG Berlin* WuW/E VG 385 = WuW 1990, 535 – Rewe.

der Natur des Verfahrens als Verwaltungsstreitverfahren (o. Rn. 5) – den Sachverhalt von Amts wegen ermitteln (§ 70 Abs. 1 GWB); dadurch werden jedoch die Beteiligten nicht von ihrer Pflicht zur Mitwirkung bei der Aufklärung des Sachverhaltes entbunden (s. o. § 36 Rn. 18 und § 41 Rn. 7).

7 Die Beschwerde hat (nur) in den in § 64 Abs. 1 GWB genannten Fällen, die durch die Novellen von 2005 und 2007 noch weiter eingeschränkt wurden, **aufschiebende Wirkung.** Das ist grundsätzlich unbedenklich, kann aber im Einzelfall wegen der unvermeidlichen Dauer gerichtlicher Verfahren zur Wirkungslosigkeit der Verfügung führen. Deshalb ist den Kartellbehörden bereits durch die zweite Novelle von 1973 zusätzlich die Befugnis verliehen worden, die **sofortige Vollziehung** ihrer Verfügungen anzuordnen (§ 65 GWB). In bestimmten Fällen kann das OLG jedoch die aufschiebende Wirkung der Beschwerde wiederherstellen, namentlich, wenn ernstliche Zweifel an der Rechtmäßigkeit der angefochtenen Verfügung bestehen (§ 65 Abs. 3 GWB).[6]

8 **3.** Gegen die Entscheidung des Beschwerdegerichts (§ 71 GWB; o. Rn. 6 f.) ist unter engen Voraussetzungen die **Rechtsbeschwerde** zum BGH zulässig (§ 74 GWB). Hier entscheidet wiederum der Kartellsenat (§ 94 GWB). Der BGH überprüft – als Revisionsgericht – allein die richtige Anwendung des Gesetzes (§ 76 Abs. 2).

III. Bußgeldverfahren

9 Geldbußen aufgrund des § 81 GWB i. d. F. von 2007 werden nicht im Verwaltungsverfahren der §§ 54 ff. GWB, sondern in dem vom OWiG geregelten Bußgeldverfahren verhängt. Das GWB ordnet in den §§ 83 ff. lediglich die Zuständigkeit und den Instanzenzug abweichend vom OWiG (s. u. § 43 Rn. 17 ff.; zur Stellung des BKartA s. schon o. § 41 Rn. 9).

IV. Bürgerliche Rechtsstreitigkeiten

10 Das GWB enthält in den §§ 87 bis 90 ferner einige Sondervorschriften für Zivilprozesse aufgrund des GWB oder der Wettbewerbsregeln des AEUV (Art. 101 und 102) bzw. des EWR (Art. 53 und 54), z. B. für Schadensersatzklagen aus § 33 oder für Klagen aus (zulässigen) Kartellverträgen. Hervorzuheben sind folgende Punkte:

11 **1.** Für Zivilklagen aufgrund des GWB sind **ausschließlich** die **Kammern für Handelssachen** der Landgerichte zuständig (§§ 87, 95 GWB). Andere Gerichte waren deshalb früher zur Aussetzung des Rechtsstreits verpflichtet, wenn ihre Entscheidung von einer nach dem GWB zu treffenden Entscheidung abhing (§ 96 Abs. 2 GWB a. F.). Diese **Aussetzungspflicht,** die zu einer Verdoppelung der Prozesse führen konnte, war den ordentlichen Gerichten von Anfang an ausgesprochen lästig gewesen, so dass sie schließlich durch die sechste Novelle von **1998 gestrichen** wurde. An ihre Stelle ist die **umfassende Zuständigkeit der Kartellgerichte** für Kartellrechtsfragen *und* damit zusammenhängende andere Fragen getreten (§§ 87 und 88 GWB).[7] Über

[6] Ebenso gegebenenfalls der BGH (s. *BGH* NJW-RR 1999, 342 = LM § 63 a GWB Nr. 1).
[7] *K. Schmidt,* ZWeR 2007, 394; zu Schiedsgerichten s. noch *K. Schmidt,* BB 2006, 1397; *W. Bosch,* FS Bechtold 2006, S. 59.

die **Berufung** und die **Revision** gegen die Urteile der Landgerichte in Kartellsachen entscheiden die Kartellsenate der Oberlandesgerichte und des BGH (§§ 91 und 94 Abs. 1 Nr. 3 GWB).

2. Ausgenommen von der ausschließlichen Zuständigkeit der Kartellgerichte (o. Rn. 11) waren lediglich bis 2010 kartellrechtliche Streitigkeiten auf dem Gebiet der **gesetzlichen Krankenversicherung** im Rahmen des § 69 SGB V, die durch § 87 S. 3 GWB und § 51 Abs. 2 SGG ausschließlich den **Sozialgerichten** zugewiesen waren, angeblich wegen der größeren Sachnähe der Sozialgerichte, in Wirklichkeit allein deshalb, weil die Sozialpolitiker nichts mehr fürchten als den Wind des Wettbewerbs in ihren sozialistischen Umverteilungssystemen. Deshalb wurde die missglückte Vorschrift 2010 durch das AMNOG wieder gestrichen.[8] 12

3. Die Gerichte müssen von jedem Verfahren das **BKartA benachrichtigen,** damit das Amt für eine ausreichende Berücksichtigung kartellrechtlicher Gesichtspunkte sorgen kann (§ 90 GWB i. d. F. von 2007). Ergänzend regelt seit 2005 **§ 90 a GWB** in Vollzug von Art. 15 der KartellverfahrensVO Nr. 1/2003 die Zusammenarbeit der deutschen Kartellgerichte mit der Europäischen Kommission im Rahmen des Netzwerks der europäischen Wettbewerbsbehörden und -gerichte (s. dazu schon o. § 41 Rn. 3). 13

§ 43. Entscheidungen und Sanktionen

Literatur: S. schon o. § 13 und § 36; *BKartA,* Bekanntmachung v. 15. 9. 2006 über Geldbußen, sog. Bußgeldleitlinien, BAnz 2006 Nr. 182, S. 6499 = NJW 2006, 3544; Bekanntmachung über den Erlass oder die Reduktion von Geldbußen, sog. Bonusregelung v. 7. 3. 2006, BAnz 2006 Nr. 52, S. 1663; *Alexander,* Schadensersatz und Abschöpfung im Lauterkeits- und Kartellrecht, 2010; *Federmann,* Kriminalstrafen im Karrtellrecht, 2006; *Möschel,* Zur Problematik einer Kriminalisierung von Submissionsabsprachen, 1980; *ders./Bien* (Hrsg.), Kartellrechtsdurchsetzung durch private Schadensersatzklagen?, 2010; *K. Schmidt,* Kartellverfahrensrecht, Kartellverwaltungsrecht, Bürgerliches Recht, 1977; *ders.,* Aufgaben und Leistungsgrenzen der Gesetzgebung im Kartelldeliktsrecht, 1978; *Selmer,* Verfassungsrechtliche Probleme einer Kriminalisierung des Kartellrechts, 1977; *St. Sieme,* Der Gewinnabschöpfungsanspruch nach § 10 UWG und die Vorteilsabschöpfung nach §§ 34, 34a GWB, 2009; *Tiedemann,* Kartellrechtsverstöße und Strafrecht, 1976.

I. Überblick

Die Befugnisse der deutschen Kartellbehörden bei Verstößen von Unternehmen (und deren Vereinigungen[1]) gegen die Verbote des GWB sowie gegen die Art. 101 und 102 AEUV ergeben sich in erster Linie aus den **§§ 32 bis 32 e und 34 GWB.** An der Spitze der Regelung steht **§ 32 GWB,** wonach die Kartellbehörde Unternehmen verpflichten kann, eine Zuwiderhandlung gegen die Vorschriften des GWB oder gegen die Wettbewerbsregeln des AEUV (Art. 101 oder 102) abzustellen (dazu u. Rn. 8 ff.). 1

In seiner **ursprünglichen Fassung** hatte das GWB lediglich drei Sanktionen gekannt, nämlich die Unwirksamkeit oder Nichtigkeit von Verträgen, ferner Schadensersatzansprüche bei Verstößen gegen Schutzgesetze sowie schließlich Geldbußen. 2

[8] S. schon o. § 37 Rn. 5; zur Kritik s. m. N. *Emmerich,* FS Th. Raiser, 2005, S. 647 ff.

[1] Darauf wird im Folgenden nicht mehr gesondert eingegangen.

Aus dieser offenbar als abschließend gedachten Regelung war seinerzeit überwiegend der Schluss gezogen worden, die Kartellbehörden besäßen keine weitergehenden Befugnisse zur Durchsetzung des GWB und damit insbesondere nicht die Befugnis, die Praktizierung unwirksamer oder nichtiger Verträge sowie die Vornahme verbotener Handlungen – ebenso wie etwa die Polizeibehörden – im Verwaltungsverfahren zu verbieten.

3 Dieser Rechtszustand galt allgemein als unbefriedigend. Deshalb wurden bereits durch die **zweite Novelle** von 1973 mit dem früheren **§ 37a** eine Vorschrift in das Gesetz eingefügt, die den Kartellbehörden die Möglichkeit eröffnete, gegen die Praktizierung verbotener Verträge und gegen die Vornahme verbotener Handlungen ohne Rücksicht auf ein Verschulden der Beteiligten im sog. objektiven Verwaltungsverfahren nach den §§ 54 ff. GWB vorzugehen. Weitere Eingriffsbefugnisse der Kartellbehörden ergaben sich aus den verschiedenen Missbrauchsverboten des früheren GWB.

4 Die Zusammenfassung der Untersagungsbefugnisse der Kartellbehörden (o. Rn. 3) in einer Vorschrift **(§ 32 GWB)** beruht auf der **sechsten Novelle** von 1998. Damit wurde vor allem der Zweck verfolgt, die Befugnisse der Kartellbehörden auf sämtliche Verbotstatbestände des GWB und des AEUV auszudehnen (s. Rn. 8). Durch die **siebte Novelle** von **2005** wurde der genannte § 32 schließlich im Zuge der allgemeinen Anpassung des deutschen an das europäische Kartellrecht im wesentlichen an **Art. 7 der VO Nr. 1/2003** angeglichen, so dass wegen der Einzelheiten auch auf die Ausführungen zu der zuletzt genannten Vorschrift verwiesen werden kann (o. § 13 Rn. 7, 11 ff.). Mit der geplanten 8. Novelle ist für 2012 eine weitere Anpassung speziell des Abs. 2 des § 32 an Art. 7 Abs. 1 S. 2 und 3 der VO 1/2003 geplant.[2]

5 Das Gesetz zieht mit der geschilderten Regelung (o. Rn. 1, 4) die gebotenen Folgerungen aus **Art. 5 S. 1** der **KartellverfahrensVO Nr. 1/2003,** nach dem die Wettbewerbsbehörden der Mitgliedstaaten jetzt generell auch für die Anwendung der Art. 101 und 102 AEUV zuständig sind. S. 2 dieser Vorschrift fügt hinzu, dass die Wettbewerbsbehörden der Mitgliedstaaten hierzu von Amts wegen oder aufgrund einer Beschwerde Entscheidungen erlassen können, mit denen die Abstellung von Zuwiderhandlungen oder einstweilige Maßnahmen angeordnet werden (s. §§ 32, 32 a GWB), Verpflichtungszusagen entgegengenommen (s. § 32 b GWB) oder Geldbußen, Zwangsgelder oder sonstige im innerstaatlichen Recht vorgesehene Sanktionen verhängt werden (s. §§ 34, 34 a, 81 und 86 a GWB). Nach Art. 5 S. 3 der VO Nr. 1/2003 können die Wettbewerbsbehörden schließlich, wenn die Voraussetzungen für ein Verbot nach den ihnen vorliegenden Informationen nicht gegeben sind, auch entscheiden, dass für sie kein Anlass besteht, tätig zu werden (s. § 32 c GWB).

6 Von den in den §§ 32 bis 32 d und 34 GWB geregelten Befugnissen hat die Befugnis der Kartellbehörden zum Erlass von Verbotsentscheidungen oder Abstellungsverfügungen nach **§ 32 GWB** die mit Abstand **größte praktische Bedeutung**. Die folgenden Ausführungen beschränken sich deshalb im wesentlichen auf § 32 GWB. Die **weiteren Befugnisse** der Kartellbehörden nach den §§ 32 a bis 32 d GWB (Anordnung einstweiliger Maßnahmen, Verbindlicherklärung von Verpflichtungszusagen, Entscheidung, dass kein Anlass zum Tätigwerden besteht, und Entzug der Freistellung aufgrund einer Gruppenfreistellungsverordnung) decken sich zudem weithin mit den entsprechenden Befugnissen der Kommission aufgrund der **Art. 8 bis 10**

[2] Text des RefE bei *Bechtold*, GWB, S. 267.

und 29 der KartellverfahrensVO Nr. 1/2003, so dass wegen der Einzelheiten auf die Ausführung zu den genannten Vorschriften der VO Nr. 1/2003 verwiesen werden kann (o. § 13 Rn. 1 ff.).

§ 34 GWB verleiht den Kartellbehörden außerdem noch die Befugnis zur **Abschöpfung** des wirtschaftlichen Vorteils bei vorsätzlichen Verstößen gegen das GWB oder den AEUV. Die praktische Bedeutung der komplizierten Regelung ist gering (s. u. Rn. 15). Ergänzend verleiht **§ 34a** bei sog. Massenschäden dieselbe Befugnis noch bestimmten Interessenverbänden. 7

II. Verfügungen nach § 32 GWB

1. Anwendungsbereich

Die Kartellbehörde kann gemäß § 32 Abs. 1 GWB Unternehmen verpflichten, eine Zuwiderhandlung gegen die Vorschriften des GWB oder des AEUV abzustellen. Abs. 2 der Vorschrift fügt im Anschluss an Art. 7 Abs. 1 S. 2 der VO Nr. 1/2003 hinzu, dass die Kartellbehörde hierzu den Unternehmen alle Maßnahmen aufgeben kann, die für eine wirksame Abstellung der Zuwiderhandlung erforderlich und gegenüber dem festgestellten Verstoß verhältnismäßig sind. Durch diese Formulierung sollte den Kartellbehörden erstmals im deutschen Recht eine sog. **positive Tenorierung** ihrer Verfügungen ermöglicht werden, womit gemeint ist, dass die Kartellbehörden nunmehr den Unternehmen auch bestimmte Handlungen „positiv“ vorschreiben können und nicht mehr wie früher auf den bloßen (negativen) Ausspruch von Verboten beschränkt sind. 8

Der **Anwendungsbereich** des § 32 umfasst seit der sechsten Novelle von 1998 zunächst **sämtliche Verbotstatbestände des GWB.**[3] Die wichtigsten **Beispiele** sind das Kartellverbot des § 1, das Missbrauchsverbot des § 19, die verschiedenen Diskriminierungsverbote des § 20 sowie die Verbote des § 21. Hinzugetreten waren bereits im Jahre 1998 aufgrund des damaligen § 50 Abs. 2 Verstöße gegen die **Art. 101 und 102 AEUV**. Dasselbe besagt jetzt ausdrücklich § 32 Abs. 1 von 2005. **§ 30 Abs. 3** schließt die Anwendbarkeit des § 32 gleichfalls nicht aus, wenn zugleich ein Verstoß gegen die Verbote des GWB oder des AEUV vorliegt. Dasselbe gilt für **§ 36,** sofern die Gründung eines Gemeinschaftsunternehmens sowohl gegen § 1 als auch gegen § 36 verstößt. *Nicht* ausreichend sind dagegen bloße Eingriffsermächtigungen wie § 131 Abs. 6 in Verbindung mit § 103 Abs. 5 a. F.[4] – *Nicht* erforderlich ist, dass es bereits zu einem Verstoß gegen die genannten kartellrechtlichen Verbote gekommen ist; vielmehr **genügt** es, wenn nur die **ernste Besorgnis** einer drohenden Gesetzesverletzung besteht (sog. **Erstbegehungsgefahr**).[5] **Gleich steht** der Fall, dass nach einer Zuwiderhandlung die Wiederholung des Gesetzesverstoßes zu befürchten ist (sog. **Wiederholungsgefahr**). 8a

Als **Adressaten** von Verfügungen aufgrund des § 32 Abs. 1 kommen **allein Unternehmen** und Vereinigungen von Unternehmen in Betracht, soweit sie dem GWB oder dem AEUV unterliegen. Unternehmen im Sinne des § 32 sind insbesondere auch die **öffentlichen Unternehmen** im Sinne des § 130 Abs. 1, und zwar, wie be- 8b

[3] BGHZ 184, 168 (188 Tz. 75) = NJW 2010, 2573.
[4] BGHZ 184, 168 (188 Tz. 74 ff.) = NJW 2010, 2573.
[5] *OLG Düsseldorf* WuW/E DE-R 2754 (2759) – Akteneinsicht.

sonderer Hervorhebung bedarf, einschließlich der **Gebietskörperschaften**, soweit sie sich unternehmerisch betätigen und deshalb gemäß § 130 Abs. 1 dem GWB unterliegen. Schreiben die Länder durch Gesetz den Unternehmen ein Verhalten vor, das gegen die Wettbewerbsregeln des AEUV verstößt, so dass das fragliche Gesetz wegen des Vorrangs des Unionsrechts nicht anwendbar ist, so kann das BKartA nach Meinung des BGH den Unternehmen freilich nur vorschreiben, das (unwirksame) Gesetz nicht zu beachten. Es kann jedoch nicht den Verstoß des Gesetzes gegen das Unionsrecht im Tenor seiner Verfügung feststellen, weil ihm dazu die Kompetenz aufgrund des § 32 Abs. 1 fehle.[6] Das ist mit Rücksicht auf die abweichende Rechtsprechung des EuGH durchaus zweifelhaft.[7]

2. Ermessen

9 Aus der Formulierung des § 32 Abs. 1 GWB („… kann …“) wird allgemein der Schluss gezogen, dass der Erlass einer Verfügung in den in § 32 genannten Fällen im **Ermessen** der Kartellbehörden steht, welches nur in engen Grenzen nach § 71 Abs. 5 GWB von den Gerichten **überprüft** werden kann.[8] Das gilt insbesondere auch, wenn die Kartellbehörde – mangels öffentlichen Interesses – ein Eingreifen gegen (behauptete) Kartellrechtsverstöße *ablehnt.* Betroffene **Dritte** haben grundsätzlich **keinen Anspruch** auf Einschreiten der Kartellbehörden, da § 32 GWB ein Antragsrecht Dritter nicht vorsieht.[9] Dahinter steht letztlich die Erwägung, dass sich heute Dritte über § 33 in aller Regel selbst gegen Kartellrechtsverstöße mit Unterlassungs-, Beseitigungs- oder Schadensersatzklagen wehren können (s. o. § 40). Damit ist zugleich gesagt, dass eine abweichende Entscheidung, d. h. die **Bejahung** eines echten Antragsrechts Dritter, zumindest dann in Betracht kommt, wenn dem Antragsteller ein **schwerer Schaden droht**, der auf andere Weise **nicht mit zumutbarem Aufwand** abgewendet werden kann.[10]

10 Der **Zeitpunkt**, in dem die Voraussetzungen für den Erlass einer Verfügung nach § 32 vorliegen müssen, ist der ihres **Erlassens.**[11] Lagen die **Voraussetzungen** einer Abstellungsverfügung ursprünglich, insbesondere bei Einleitung des Verfahrens vor, sind sie indessen während des Verfahrens endgültig **entfallen**, so kommt nur noch eine Feststellungsentscheidung nach § 32 Abs. 3 in Betracht (Rn. 14), nicht mehr dagegen eine Abstellungsverfügung nach § 32 Abs. 1 oder 2. So verhält es sich insbesondere, wenn das betroffene Unternehmen das fragliche Verhalten endgültig aufgibt und auch definitiv **keine Wiederholungsgefahr** mehr besteht.

3. Inhalt

11 Die Kartellbehörde kann gemäß § 32 Abs. 1 Unternehmen oder Vereinigungen von Unternehmen verpflichten, eine Zuwiderhandlung gegen die Vorschriften des GWB oder des AEUV abzustellen. Abs. 2 der Vorschrift fügt im Anschluss an Art. 7 der VO

[6] *BGH* WuW/E DE-R 2408, 2419 Tz. 82 f. = WRP 2008, 1456 – Lottoblock.

[7] *EuGH* Slg. 2003 I-8055 = WuW/E EU-R 727 Tz. 51 ff. – CIF; *K. Westermann*, ZWeR 2010, 81 (89 ff.).

[8] BGHZ 142, 239 (252 f.) = NJW 2000, 76 – Flugpreisspaltung.

[9] *BGH* WuW/E BGH 2058 (2059 f.) = NVwZ 1984, 265; WuW/E BGH 3035 (3036) = NJWE-WettbR 1996, 119; WuW/E BGH 3113 (3119); ZIP 2001, 807; str.

[10] *KG* WuW/E OLG 1813, 1815; ebenso heute (mit Unterschieden im Einzelnen) *Bechtold*, GWB, § 32 Rn. 5 – 6; Langen/Buntee/*Bornkamm*, § 32 Rn. 12; *Jaeger*, in: FK, § 32 Rn. 13.

[11] BGHZ 180, 323, 341 f. Tz. 50 = NJW-RR 2009, 1635 – Gaslieferungsverträge.

Nr. 1/2003 hinzu, dass die Kartellbehörde hierzu den Unternehmen oder Vereinigungen von Unternehmen alle Maßnahmen aufgeben kann, die für eine wirksame Abstellung der Zuwiderhandlung erforderlich und gegenüber dem festgestellten Verstoß verhältnismäßig sind. Durch diese Formulierung wird zweierlei klargestellt: Zunächst ergibt sich insbesondere aus § 32 Abs. 2 („...festgestellter Verstoß ...") ebenso wie aus dem Vergleich mit Art. 7 Abs. 1 VO Nr. 1/2003, dass jede Abstellungsverfügung aus **zwei Bestandteilen** besteht, nämlich aus der **Feststellung des Kartellverstoßes** sowie aus der Aufgabe oder besser: **Anordnung von Maßnahmen** zur Abstellung des festgestellten Verstoßes. Die Feststellung eines Kartellverstoßes ist folglich die Basis für die Anordnung geeigneter und verhältnismäßiger Maßnahmen zur Abstellung des Verstoßes. Es ist üblich geworden, die Feststellung deshalb ebenfalls in den **Tenor** der Verfügung aufzunehmen. Notwendig ist dies indessen nicht; es genügt auch, wenn sich die Feststellung aus der Begründung der Verfügung ergibt.

Die Kartellbehörde ist nicht gehindert, eine Untersagungsverfügung gleichzeitig auf 11a § 32 GWB und auf eine andere Vorschrift des GWB wie z. B. § 36 Abs. 1 zu stützen, sofern sie für beide Verfahren zuständig ist. Wichtig ist dies etwa bei **Gemeinschaftsunternehmen,** die gleichermaßen dem Kartellverbot (§ 1 GWB) wie den Fusionskontrollvorschriften (§ 36 GWB) unterliegen. Es handelt sich dann zwar um verschiedene Streitgegenstände, aber nur um eine *einzige* Verfügung, die auch nur einheitlich angefochten werden kann.[12] Die Kartellbehörde kann ferner jederzeit nach ihrem Ermessen von einem Untersagungsverfahren aufgrund des § 32 GWB zu einem Bußgeldverfahren nach § 81 GWB übergehen, ebenso wie beide Verfahren auch nebeneinander betrieben werden können.

Anders als Art. 7 Abs. 1 S. 2 der VO Nr. 1/2003 unterscheidet das Gesetz (noch) in 11b § 32 im Einzelnen nicht zwischen **Abhilfemaßnahmen verhaltensorientierter und struktureller Art** (s. dazu o. § 13 Rn. 9 ff.). Zur Begründung haben die Gesetzesverfasser ausgeführt, die **Zulässigkeit struktureller Maßnahmen** beurteile sich im deutschen Recht nach dem Verhältnismäßigkeitsgrundsatz, zumal dem deutschen Recht, wie etwa das Verbot kartellrechtswidriger Gemeinschaftsunternehmen zeige, Maßnahmen struktureller Art ohnehin nicht fremd seien.[13] Aufgrund des § 32 GWB sind folglich unter strenger Beachtung des Verhältnismäßigkeitsgrundsatzes – im wesentlichen dieselben Abhilfemaßnahmen struktureller Art zulässig wie nach Art. 7 Abs. 1 S. 2 der VO Nr. 1/2003 (s. deshalb im Einzelnen o. § 13 Rn. 11 ff.). Durch die geplante 8. Novelle von 2012 soll dies in 32 durch Anpassung an Art. 7 der Verordnung Nr. 1/2003 ausdrücklich klargestellt werden.

Die **Abgrenzung** zwischen verhaltensorientierten und strukturellen Maßnahmen ist 11c schwierig und im Einzelfall unsicher. Im Kern geht es darum, dass **verhaltensorientierte** Maßnahmen in erster Linie bei dem zukünftigen unternehmerischen Verhalten ansetzen, während **strukturelle** Maßnahmen mit Eingriffen in die Unternehmenssubstanz, insbesondere das Eigentum oder die Schutzrechte eines Unternehmens verbunden sind. **Beispiele** für die letzteren sind die Veräußerung von Beteiligungen oder von gewerblichen Schutzrechten, der Austritt aus Gesellschaften sowie überhaupt das Verbot kartellrechtswidriger Gemeinschaftsunternehmen.[14] Auf der Grenze stehen die

[12] BGHZ 147, 325 (331 ff.) = NJW 2001, 3782 – Ostfleisch.

[13] S. die Begr. v. 2004, BT-Drs. 15/3640, S. 33 (r. Sp. 3. Abs.).

[14] S. BGHZ 147, 325, 335 ff., 341 f. = NJW 2001, 3782 – Ost-Fleisch; *OLG Düsseldorf* WuW/E DE-R 2361, 2362 Tz. 16 – Nord KS/Xella; *BKartA* WuW/E DE-V 1277, 1288 Tz. 139 ff.

Eröffnung des Zugangs zu Infrastruktureinrichtungen,[15] während die Anordnung der Erteilung von Zwangslizenzen wohl eher verhaltensorientiert ist. Die Abgrenzung ist insofern wichtig, als der **Spielraum** der Kartellbehörden bei verhaltensorientierten Maßnahmen tendenziell größer als bei strukturellen Maßnahmen ist, die entsprechend Art. 7 Abs. 2 S. 3 VO Nr. 1/2003 nur subsidiär unter strikter Beachtung des Verhältnismäßigkeitsgrundsatzes in Betracht kommen.[16] Für weitergehende Maßnahmen und insbesondere für eine **Entflechtung** marktbeherrschender Unternehmen ist dagegen im deutschen Recht allein aufgrund des § 32 weiterhin kein Raum, da – mangels eines Monopolisierungsverbotes – die bloße Existenz eines marktbeherrschenden Unternehmens noch nicht gegen das GWB verstößt.[17]

11d Bei den **verhaltensorientierten Anordnungen zur Abstellung** eines rechtswidrigen Zustandes steht das **Verbot rechtswidriger Verhaltensweisen** deutlich im Vordergrund. Gemeint sind damit die herkömmlichen Unterlassungsverfügungen, die § 32 in seiner ursprünglichen Fassung von 1998 allein im Auge hatte. Weitere **Beispiele** für Abhilfemaßnahmen verhaltensorientierter Art sind die Anordnung der Belieferung einzelner Unternehmen oder doch der Aufnahme von Verhandlungen über eine Belieferung, die Anordnung der Rückzahlung zu Unrecht empfangener Beträge (str.) oder der Erteilung von Zwangslizenzen, die Anordnung der Eröffnung des Zugangs zu sonstigen Informationen, bei einem Preismissbrauch ferner die Festsetzung einer Höchstgrenze für zukünftige Preisforderungen, die Anordnung der Änderung oder der Kündigung von Verträgen sowie die Anordnung der (zeitlich begrenzten) Information Dritter über die vorgeschriebenen Abhilfemaßnahmen, um zu verhindern, dass das verbotene Verhalten einfach wie bisher fortgesetzt werden kann.[18] Die Anordnungen müssen dem konkreten Verstoß angepasst und zur Wiederherstellung des gesetzmäßigen Zustandes geeignet sein. Sie dürfen nicht weiter als nötig in die Entscheidungsfreiheit der Unternehmen eingreifen.

4. Bestimmtheitsgrundsatz

12 Verfügungen der Kartellbehörden aufgrund des § 32 GWB sind Verwaltungsakte, so dass für sie der Bestimmtheitsgrundsatz des **§ 37 Abs. 1 VwVfG** gilt. Die Verfügung muss folglich eindeutig den Adressaten erkennen lassen und inhaltlich hinreichend bestimmt, d. h. so **vollständig, klar und eindeutig** sein, dass sich die Adressaten ohne weiteres nach ihr richten können und eine Vollstreckung der Verfügung nach § 86 a GWB jederzeit möglichst (vgl. auch § 81 Abs. 2 Nr. 2 lit. a GWB). Die Entscheidung, was von dem Adressaten der Verfügung konkret verlangt wird, darf nicht offen bleiben und in die Vollstreckung verlagert werden, sondern muss in der Verfügung selbst getroffen werden, wobei freilich nichts hindert, zur Präzisierung des Tenors gegebenenfalls die Gründe heranzuziehen.[19]

13 Daraus haben sich erhebliche **Schwierigkeiten** vor allem in den Fällen der **Nr. 2** (Preismissbrauch) **und** der **Nr. 4 des § 19 Abs. 4 GWB** (Verweigerung des Zugangs

[15] BGHZ 158, 84 = NJW 2003, 748 – Fährhafen Puttgarden; *BGH* WuW/E DE-R 703 – Puttgarden II; WuW/E DE-R 1520 = WM 2005, 1720 – Mainova/EVO (Arealnetz).

[16] *BGH* WuW/E DE-R 2361, 2363 Tz. 18 – Nord KS/Xella m. Anm. *Ulshöfer*, WuW 2011, 820.

[17] Ebenso die Begr. zu § 32,. BT-Dr. 15/3640, S. 33 (r. Sp. 3. Abs.).

[18] BGHZ 176, 1, 21 f. Tz. 50 f. = NJW-RR 2008, 996 – Soda Club II.

[19] BGHZ 110, 371 (377, 379) = NJW 1990, 2815; BGHZ 128, 17 (24) = NJW 1995, 2718; BGHZ 129, 37 (40 f.) = NJW 1995, 1844; insb. BGHZ 152, 84 (85, 92 f.) = NJW-RR 2003, 748 – Fährhafen Puttgarden; *BGH* WuW/E DE-R 703 – Puttgarden II; BGHZ 176, 1 (19 f. Tz. 47) – Soda Club II.

zu wesentlichen Einrichtungen) sowie des **§ 20 Abs. 4 GWB** (Verkauf unter Einstandspreis) ergeben. In solchen Fällen sind deshalb gewisse **Modifikationen** des Bestimmtheitsgrundsatzes unumgänglich. Weigert sich z. B. ein marktbeherrschendes Unternehmen unter Verstoß gegen § 19 Abs. 4 Nr. 4 GWB oder Art. 102 AEUV generell, anderen Unternehmen Zugang zu seinen Netzen oder zu einem Hafen zu gewähren, so lässt sich der mit den genannten Vorschriften verfolgte Zweck nur erreichen, wenn den Kartellbehörden die Befugnis zugebilligt wird, dem marktbeherrschenden Unternehmen bereits diese Weigerung zu untersagen, so dass es Verhandlungen mit dem Petenten aufnehmen muss.[20] Wenn diese Verhandlungen scheitern, muss dann gegebenenfalls ein zweites Missbrauchsverfahren durchgeführt werden.[21] Anders kann nur verfahren werden, wenn ein Abschluss zwischen dem marktbeherrschenden Betreiber einer Infrastruktureinrichtung und einem Petenten praktisch **nur zu ganz bestimmten Bedingungen** erfolgen kann, weil alle anderen Konditionen missbräuchlich wären, wobei insbesondere an Fälle zu denken ist, in denen sich am Markt Bedingungen durchgesetzt haben, zu denen allgemein abgeschlossen wird. Nur in derartigen Fällen kann daher **sofort** der **Zugang** zu den genannten Bedingungen aufgrund der §§ 19 Abs. 4 Nr. 4 und 32 **angeordnet** werden.[22]

5. Nachträgliche Feststellung von Zuwiderhandlungen

Nach § 32 Abs. 3 GWG kann die Kartellbehörde auch noch nachträglich eine Zuwiderhandlung feststellen, nachdem diese beendet ist, soweit ein berechtigtes Interesse daran besteht.[23] Vorbild der Regelung ist Art. 7 Abs. 1 S. 4 der VO Nr. 1/2003, der durch § 32 Abs. 3 GWB ins deutsche Recht übernommen werden sollte. Wegen der Einzelheiten ist auf die Ausführungen zu Art. 7 Abs. 1 S. 4 der VO Nr. 1/2003 zu verweisen (§ 13 Rn. 13 f.). 14

IV. Vorteilsabschöpfung, Zwangsgeld

Neben der Befugnis des BKartA und der anderen Kartellbehörden, unter den in § 81 GWB genannten Voraussetzungen Geldbußen zu verhängen (dazu u. Rn. 20 ff.), ist unter den Sanktionen noch zu erwähnen die Befugnis der Kartellbehörden zur **Vorteilsabschöpfung** nach § 34 GWB (u. Rn. 16 ff.) und zur **Vollstreckung** ihrer Anordnungen nach den jeweils maßgeblichen Verwaltungsvollstreckungsgesetzen, beim BKartA also nach dem Verwaltungsvollstreckungsgesetz des Bundes (§ 86 a S. 1 GWB), wobei die Höhe des **Zwangsgeldes** mindestens 1000 und höchstens 10 Mio. Euro beträgt (§ 86 a S. 2 GWB). Im Folgenden sind nur einige ergänzende Bemerkungen zur Vorteilsabschöpfung zu machen. 15

Nach § 34 Abs. 1 GWB idF von 2007 kann die Kartellbehörde, wenn ein Unternehmen schuldhaft einen Kartellrechtsverstoß begangen und dadurch einen wirtschaftlichen Vorteil erlangt hat, dessen Abschöpfung anordnen und dem Unternehmen die Zahlung eines entsprechenden Geldbetrages auferlegen. Die Vorteilsabschöpfung entfällt indessen, wenn der Vorteil bereits durch Schadensersatzleistungen, durch die Verhängung einer Geldbuße oder durch die Anordnung des Verfalls abgeschöpft ist 16

[20] BGHZ 152, 82 (94 ff.) = NJW 2003, 748; *BGH* WuW/E DE-R 703.
[21] *BGH* (vorige Fn.).
[22] BGHZ 152, 84 (94 ff.) = NJW 2003, 748 – Fährhafen Puttgarten.
[23] S. die Überschrift zu § 32: „… nachträgliche Feststellung von Zuwiderhandlungen“.

(§ 34 Abs. S. 2 S. 1 in Verbindung mit § 33 Abs. 3 und § 81 Abs. 5 GWB, § 29 a OWiG und §§ 73 Abs. 3, 73 a StGB). Die Anordnung der Vorteilsabschöpfung steht im Ermessen der Kartellbehörde (§ 34 Abs. 1 S. 1). Unter den Voraussetzungen des § 34 Abs. 3 (unbillige Härte) kann die Vorteilsabschöpfung außerdem beschränkt werden. Wenn der wirtschaftliche Vorteil gering ist, soll ganz auf sie verzichtet werden (§ 34 Abs. 3 S. 2). Wegen der großen Schwierigkeiten bei der Berechnung des abzuschöpfenden wirtschaftlichen Vorteils gestattet § 34 Abs. 4 S. 1 ferner die Schätzung der Höhe des Vorteils. Die Verjährungsfrist beträgt grundsätzlich fünf Jahre (§ 34 Abs. 5 S. 1). – § 34 muss vor allem im Zusammenhang mit **§ 34 a** gesehen werden. § 34 a von 2005 begründet erstmals nach dem **Vorbild des § 10 UWG** von 2004 ein subsidiäres Recht der *Verbände* des § 33 Abs. 2 auf Vorteilsabschöpfung zugunsten des Bundeshaushalts. § 34 weist außerdem enge Beziehungen zu § 81 auf, da nach **§ 81 Abs. 5** in Verbindung mit § 17 Abs. 4 OWiG fakultativ auch eine **bußgeldrechtliche Vorteilsabschöpfung** möglich ist (u. Rn. 25 ff.). Machen die Kartellbehörden von dieser bußgeldrechtlichen Möglichkeit der Mehrerlösabschöpfung Gebrauch, so ist daneben für eine verwaltungsrechtliche Vorteilsabschöpfung nach § 34 kein Raum (§ 34 Abs. 2 S. 1).

17 **Vorgänger** der komplizierten Regelung der §§ 34, 34a und 81 Abs. 5 GWB in Verbindung mit § 17 Abs. 4 OWiG waren § 38 Abs. 4 von 1957 sowie § 37b von 1980 gewesen, wobei an die Stelle des § 37b später § 34 von 1998 getreten war. Diese Vorschriften ermöglichten gleichfalls sowohl eine bußgeldrechtliche als auch eine verwaltungsrechtliche **Mehrerlösabschöpfung**. Die praktische Bedeutung beider Vorschriften war jedoch gering geblieben, weil sich die **Berechnung** des Mehrerlöses der Unternehmen infolge eines Kartellrechtsverstoßes als ungewöhnlich **schwierig** erwiesen hatte. Daran hat sich bis heute trotz der Ersetzung des Begriffs des Mehrerlöses durch den des wirtschaftlichen Vorteils in §§ 34, 34a und in § 81 Abs. 5 GWB nichts geändert, zumal sich die Begriffe des Mehrerlöses und des wirtschaftlichen Vorteils, wenn auch nicht völlig, so doch weitgehend decken. Deshalb zunächst ein Blick auf die Vorläufer der heutigen §§ 34 und 81 Abs. 5.

18 Unter dem **Mehrerlös** wurde in den vorausgegangenen Vorschriften (Rn. 17) in der Regel die **Differenz zwischen den tatsächlichen Einnahmen** aufgrund des Wettbewerbsverstoßes und den Einnahmen verstanden, die das betroffene Unternehmen im gleichen Zeitraum **ohne den Wettbewerbsverstoß** erzielt hätte, wobei mit Einnahmen die Umsatzerlöse gemeint sind. Bei einem Kartellverstoß bestand der Mehrerlös folglich in der Differenz zwischen dem Kartellpreis und dem hypothetischen Wettbewerbs- oder Marktpreis, multipliziert mit den abgesetzten Mengen (str.), so dass eine Mehrerlösabschöpfung nur für den Zeitraum in Betracht kam, in dem der Kartellpreis tatsächlich feststellbar über dem hypothetischen Wettbewerbspreis lag. Die **Kosten** blieben außer Betracht. Umstritten war und ist vor allem die Berücksichtigung der mit überhöhten Kartellpreisen verbundenen **Mengeneffekte**, d. h. des vermutlichen Absatzrückgangs infolge der Erhöhung des Kartellpreises über das Marktpreisniveau. Obwohl auch die Rechtsprechung neuerdings zu einer Berücksichtigung derartiger Mengeneffekte tendiert,[24] bleibt doch zu berücksichtigen, dass die Quantifizierung von Mengeneffekten notwendigerweise spekulativen Charakter trägt und daher die Berechnung des Mehrerlöses mit zusätzlichen, nur schwer lösbaren Proble-

---

[24] *OLG Düsseldorf*, Urt. v. 26. 6. 2009 – VI – 2a Kart 2 – 6/08 OWi – Zementkartell.

men belastet.[25] Statt dessen sollte davon ausgegangen werden, dass die Bildung eines Kartells und seine Durchführung die **Entstehung eines Mehrerlöses indizieren**, weil wirtschaftlich rational handelnde Unternehmen sonst von der Vereinbarung eines Kartells absähen.[26] Aber selbst unter dieser Prämisse bleibt die Berechnung des Mehrerlöses aufgrund eines Kartellverstoßes **schwierig** genug, weil der als Maßstab in erster Linie in Betracht kommende Wettbewerbs- oder Marktpreis eine „hoffnungslose Unbekannte" darstellt. Deshalb stellte das BKartA mit Billigung des BGH, um die Berechnung des Mehrerlöses zu vereinfachen, wo immer möglich auf die **Differenz** zwischen dem Nettopreis der Mitglieder eines verbotenen Kartells **vor und nach dem Vertragsabschluss** ab, multipliziert mit den zu dem Kartellpreis verkauften Mengen.[27]

Im Gegensatz zu § 34 a. F. (s. Rn. 17) ermöglichte § 81 schon immer die Berücksichtigung der **wirtschaftlichen Vorteile**, die ein Unternehmen aus einem schuldhaften Kartellrechtsverstoß gezogen hatte. Dies ergab sich früher aus der Verweisung auf § 17 Abs. 4 S. 1 OWiG in § 81 Abs. 2 a. F., heute aus der Verweisung in § 81 Abs. 5 S. 1.[28] **§ 17 Abs. 4 S. 1 OWiG** bestimmt, dass die Geldbuße den wirtschaftlichen Vorteil, den der Täter aus der Ordnungswidrigkeit gezogen hat, übersteigen soll. Mit dieser Regelung wird der **Zweck** verfolgt zu verhindern, dass sich die Ordnungswidrigkeit für den Täter im Ergebnis „lohnt", weil die schließlich festgesetzte Geldbuße hinter den wirtschaftlichen Vorteilen zurückbleibt, die er durch die Ordnungswidrigkeit erzielt hat. Deshalb sollen durch die Geldbuße die durch die Ordnungswidrigkeit erielten wirtschaftlichen Vorteile auf jeden Fall abgeschöpft werden, so dass der wirtschaftliche Vorteil grundsätzlich den **Mindestbetrag der Geldbuße** bezeichnet, während erst der darüber hinausgehende Betrag die Aufgabe hat, die Ordnungswidrigkeit zu ahnden. Folgerichtig unterscheidet man innerhalb der einheitlichen Geldbuße häufig einen **Abschöpfungs- und einen Ahndungsteil**; beide Teile müssen auch in der Begründung des Beschlusses, durch den das Bußgeld festgesetzt wird, deutlich getrennt werden.[29] 19

Von den genannten Unterschieden zwischen der Berechnung des Mehrerlöses und der wirtschaftlichen Vorteile abgesehen, wurden und werden in Literatur und Rechtsprechung bei der Berechnung des wirtschaftlichen Vorteils in § 17 Abs. 4 OWiG im wesentlichen **dieselben Grundsätze** wie bei der Berechnung des Mehrerlöses herangezogen (Rn. 18). Wo immer möglich, wird deshalb – entsprechend dem Grundsatz, dass Kartelle in aller Regel eine Preiserhöhung nach sich ziehen (Rn. 18). – zur Ermittlung des Markt- oder Wettbewerbspreises das **zeitliche Vergleichsmarktkonzept** angewandt. Entsprechend ist der Begriff des wirtschaftlichen Vorteils heute in den §§ 34 und 34a auszulegen. Darunter fällt somit im Ergebnis **jeder in Geld kalkulierbare Vorteil** des Verstoßes gegen die Kartellgesetze, indessen **gekürzt um** die auf den Vorteil bezüglichen **Aufwendungen**, nicht dagegen um die anteiligen 20

[25] *Bongard*, WuW 2010, 762.

[26] So BGHSt 52, 1 Tz. 21 = NJW 2007, 3792 – Papiergroßhandel; *BGH* WuW/E DE-R 1487; NJW 2006, 163 = WuW/E DE-R 1567, 1569 – Berliner Transportbeton I; *Kühnen*, WuW 2011, 16, 18; *Raum*, FS Hirsch, 2008, S. 301, 303.

[27] S. BGHSt 52, 1 Tz. 10 ff. = NJW 2007, 3792; *BGH* NJW 2006, 163, 165 f. = WuW/E DE-R 1567, 1571; *BKartA* WuW/E BKartA 1376, 1385; WuW/E BKartA 1393, 1404; WuW/E BKartA 2005, 2007; s. dazu *Volhard*, FS Gaedertz, 1992, S. 599, 600 f.

[28] *BGH* wistra 1991, 268 = WuW/E BGH 2718, 2719 f.

[29] *Raum*, FS Hirsch, S. 301, 308.

Gemeinkosten (str.).[30] Man spricht insoweit auch von dem **Nettoprinzip** oder dem Saldierungsgrundsatz, wobei zur Berechnung im wesentlichen dieselben Grundsätze wie früher zur Berechnung des Mehrerlöses heranzuziehen sind (Rn. 17). Über die Schwierigkeit aller dieser Rechenoperationen darf man sich indessen keinen Illusionen hingeben, – wodurch sich zugleich die praktische Bedeutungslosigkeit der §§ 34 und 34a erklärt.

V. Geldbußen

1. Überblick

21 Verstöße gegen die Verbote des GWB gelten in Deutschland anders als etwa im amerikanischen Antitrust-Recht, aber in Übereinstimmung mit dem europäischen Kartellrecht (s. o. § 13 Rn. 35 ff.), grundsätzlich **nicht** als **Straftaten**, sondern nur als **Ordnungswidrigkeiten** (§ 81 GWB i. d. F. von 2007). Eine Ausnahme bilden lediglich seit 1997 **Submissionskartelle** nach **§ 298 StGB**, neben dem von Fall zu Fall, wenn einmal der Nachweis eines Vermögensschadens gelingt, auch die Anwendung des § 263 StGB in Betracht kommt. § 298 StGB hat mittlerweile durchaus praktische Bedeutung erlangt.[31] Negativ wirkte sich jedoch zunächst aus, dass für die Anwendung der §§ 263 und 298 StGB allein die (notorisch überlasteten) Staatsanwaltschaften zuständig sind (die immer den Vorrang vor den Kartellbehörden haben), so dass die Verfahren häufig genug – wegen dringender anderer Verfahren – einfach eingestellt wurden und werden. Abhilfe schuf hier erst **§ 82 GWB** von 2005, nach dem für die Verhängung von Geldbußen gegen *Unternehmen* nach den §§ 30 und 130 OWiG die Kartellbehörden zuständig bleiben.

22 In den letzten Jahren hat sich in Deutschland (wieder) eine lebhafte Diskussion über die Frage entwickelt, ob es sich im Interesse einer Verbesserung der Kartellrechtsdurchsetzung empfiehlt, über § 298 StGB hinaus auch andere schwerwiegende Verstöße gegen das **Kartellrecht** zu **kriminalisieren**, d. h. zu Straftatbeständen aufzuwerten – und damit deren Verfolgung in die Hände der Staatsanwaltschaften zu legen. Gedacht wird dabei in erster Linie an die „klassischen" hardcore-Kartelle, d. h. an Kernbeschränkungen wie Preis-, Gebiets- und Mengenkartelle. Dafür werden neben der erhöhten Abschreckungswirkung von Straftatbeständen in erster Linie die positiven Erfahrungen in den USA und im Vereinigten Königreich mit Straftatbeständen angeführt.[32] Es fehlt indessen auch nicht an warnenden Stimmen.[33] Weitere Ausführungen dazu erübrigen sich, weil auf politischer Ebene momentan keine Bestrebungen zur Einführung neuer Straftatbestände zu erkennen sind.

2. § 81 GWB

23 § 81 Abs. 1 bis 3 GWB zählt die einzelnen **Tatbestände** auf, in denen Geldbußen von den Kartellbehörden verhängt werden können. Die wichtigsten Fälle sind Verstöße gegen die Wettbewerbsregeln des Vertrages (§ 81 Abs. 1), Verstöße gegen das

[30] Ausschussbericht v. 2005, BT-Drs. 15/5049, S. 50 (r. Sp.).

[31] S. *Wagner-v. Papp*, in: Möschel/Bien, S. 267.

[32] *Biermann*, ZWeR 2007, 1; *Federmann*, Kriminalstrafen; *Wagner-v. Papp*, in: Möschel/Bien, S. 267 (290 ff.); *ders.*, WuW 2009, 1236; 2010, 268.

[33] *Dreher*, WuW 2011, 232.

Kartellverbot und gegen die Missbrauchs- und Diskriminierungsverbote des Gesetzes (§ 81 Abs. 2 Nr. 1) sowie Verstöße gegen § 21 Abs. 1 und 2 (§ 81 Abs. 3). Handelt es sich in den genannten Fällen zugleich um eine Straftat nach den §§ 263 und 298 StGB, für deren Verfolgung an sich allein die Staatsanwaltschaft zuständig ist, so bleibt das Bundeskartellamt doch für die Anwendung des § 30 OWiG auf die beteiligten Unternehmen zuständig (§ 82; s. o. Rn. 21). § 82a regelt ergänzend die Stellung des Bundeskartellamts in dem sich anschließenden gerichtlichen Verfahren (s. o. § 41 Rn. 9 sowie u. Rn. 25).

Die **Voraussetzungen** für die Verhängung von Geldbußen sowie das **Verfahren**, in 24 dem sie verhängt werden, richten sich nach den Vorschriften des **OWiG,** soweit nicht das GWB abweichende Vorschriften enthält. Hervorzuheben sind folgende Punkte: Nach **§ 30 OWiG** kann unter bestimmten Voraussetzungen bei Verstößen der Organmitglieder eines Unternehmens gegen das GWB als Nebenfolge eine Geldbuße gegen das **Unternehmen** selbst festgesetzt werden. Außerdem begründet **§ 130 OWiG** eine **Aufsichtspflicht** des Unternehmensinhabers gegenüber seinen Mitarbeitern, um zu verhindern, dass sich der Inhaber bei Kartellverstößen der Mitarbeiter hinter diesen verstecken kann. Wichtig ist das vor allem bei den üblichen Verstößen gegen das Kartellverbot in der Baubranche.[34]

Die Geldbußen werden von der nach § 48 GWB zuständigen Kartellbehörde ver- 25 hängt. **Rechtsbehelfe** sind der Einspruch (§§ 67 ff. OWiG) und die Rechtsbeschwerde (§ 79 OWiG). Abweichend vom OWiG sind für diese Rechtsbehelfe das OLG und der BGH zuständig (§§ 83 und 84 GWB; s. o. § 42 Rn. 9).

Ob die Kartellbehörden bei einem Verstoß gegen das GWB eine Geldbuße verhän- 26 gen, steht in ihrem pflichtgemäßen **Ermessen** (§ 47 OWiG; sog. Opportunitätsprinzip). Die **Höhe** der zu verhängenden Geldbuße richtet sich nach **§ 81 Abs. 4 und Abs. 5 GWB in Verbindung mit § 17 Abs. 4 OWiG.** In der Mehrzahl der Fälle, insbesondere also bei Verstößen gegen die Wettbewerbsregeln des AEUV sowie gegen die §§ 1, 19, 20 und 21 GWB beträgt der Bußgeldrahmen heute grundsätzlich eine Mio. Euro (S. 1 des § 81 Abs. 4 GWB), in den restlichen Fällen 100 000 Euro (S. 5 a. a. O.). S. 2 der Vorschrift fügt jedoch hinzu, dass gegen Unternehmen auch eine **höhere Geldbuße** verhängt werden kann; diese darf indessen 10 % des im vorausgegangenen Geschäftsjahr erzielten Gesamtumsatzes des Unternehmens nicht übersteigen (sog. Kappungsgrenze).

Vorschriften zur Berechnung der Kappungsgrenze des § 81 Abs. 4 S. 2 Halbs. 2 fin- 27 den sich in den Sätzen 3 und 4 des § 81 Abs. 4. Nach **S. 6 der Vorschrift** sind schließlich bei der Festsetzung der Höhe der Geldbuße sowohl die Schwere der Zuwiderhandlung als auch deren Dauer zu berücksichtigen. Anwendbar ist ferner **§ 17 IV OWiG,** der zusätzlich die Abschöpfung des wirtschaftlichen Vorteils aus der Ordnungswidrigkeit erlaubt; jedoch bestimmt § 81 Abs. 5 dass der wirtschaftliche Vorteil in Kartellsachen (nur) abgeschöpft werden *kann,* also – anders als im Regelfall des 17 Abs. 4 OWiG – nicht abgeschöpft werden *muss.* Die Berechnung des wirtschaftlichen Vorteils bereitet gewöhnlich erhebliche Schwierigkeiten. Wegen der Einzelheiten kann auf die Ausführungen zu § 34 verwiesen werden (Rn. 17 ff.).

[34] S. dazu z. B. *BKartA* TB 1995/96, S. 29 f.

28 Nach § 81 Abs. 4 GWB sind Geldbußen gegen juristische Personen und Personenvereinigungen zu **verzinsen**, um die Unternehmen davon abzuhalten, Rechtsmittel allein zu dem Zweck einzulegen, die Fälligkeit der Geldbuße hinauszuschieben.[35] Abs. 7 des § 81 GWB ermächtigt schließlich noch das BKartA, allgemeine Verwaltungsgrundsätze über die Ausübung seines Ermessens bei der Bemessung der Geldbuße festzulegen.

29 Die unklare Regelung des § 81 Abs. 4 hat zu einer Fülle von Streitfragen Anlass gegeben.[36] Das **BKartA** versteht den S. 2 des § 81 Abs. 4 GWB als Ermächtigung, gegenüber Unternehmen (wozu bekanntlich auch natürliche Personen gehören, s. o. § 20 Rn. 5 ff.) bei der Festsetzung von Geldbußen gegenenfalls auch über den als zu eng empfundenen Rahmen des S. 1 a. a. O. (1 Mio. Euro) hinauszugehen. Das ergibt sich im Einzelnen aus den auf § 81 Abs. 7 GWB gestützten **Bußgeldleitlinien** vom 15. Sept. 2006.[37] Die **Bußgeldleitlinien** lehnen sich eng an ihr europäisches Vorbild an (s. deshalb auch o. § 13 Rn. 24 ff.). Das BKartA geht bei der Bemessung von Geldbußen gleichfalls **zweistufig** vor. Auf der ersten Stufe wird ein **Grundbetrag** von maximal 30 % des sog. tatbezogenen Umsatzes des betreffenden Unternehmens festgesetzt,[38] der sodann auf der zweiten Stufe durch die Berücksichtigung erschwerender und mildernder Umstände den Besonderheiten des Einzelfalls angepasst wird.[39] Die Folge sind kontinuierlich steigende Geldbußen, vor allem in Hardcore-Fällen. Im Jahre 2010 betrug die Gesamtsumme der verhängten Geldbußen z. B. 267 Mio. Euro.[40]

30 Das BKartA hat ferner aufgrund des § 81 Abs. 7 GWB am 7. März 2006 eine Bekanntmachung über den Erlass oder die Reduzierung von Geldbußen in Kartellsachen erlassen.[41] Nach dieser sog. **Bonusregelung II** ist das BKartA bereit, sog. **Kronzeugen**, die maßgebend zur Aufdeckung von Kartellverstößen und insbesondere von Hardcore-Kartellen beitragen, **Geldbußen** ganz oder doch weitgehend zu **erlassen**, um die Bereitschaft zur Anzeige von Kartellverstößen zu fördern.[42] Die Problematik dieser Regelung liegt in der mit ihr verbundenen Erschwerung der Rechtsverfolgung Betroffener gegen die genannten Kronzeugen aufgrund des § 33 GWB, weil das BKartA diesen zugleich nach Möglichkeit Anonymität garantiert[43] – ein überaus merkwürdiger Beitrag einer Bundesbehörde zur Durchsetzung privatrechtlicher Ansprüche, hier aus § 33 GWB, die offenbar als zweitrangig angesehen wird.

[35] S. dazu sehr kritisch *OLG Düsseldorf* WuW/E DE-R 3308 (3316 ff.: Verstoß gegen Art. 3 GG); *Burrichter,* FS Bechtold, 2006, S. 97.

[36] S. dazu z. B. *Achenbach,* ZWeR 2009, 3; *ders.,* WuW 2011, 810; *Bach,* FS Bechtold, 2006, S. 1; *Brettel/Thomas,* ZWeR 2009, 25; *Buntscheck,* WuW 2008, 941; *Meyer-Lindenau,* WuW 2011, 1235; *Mundt,* WuW 2007, 458 (464 ff.).

[37] BAnz 2006 Nr. 182, S. 6499 = NJW 2006, S. 3544; s. dazu *Bach/Klumpp,* NJW 2006, 3524; *Mundt,* WuW 2007, 458; *Chr. Vollmer,* ZWeR 2007, 168.

[38] Bußgeldleitlinien, Tz. 4 ff.

[39] Bußgeldleitlinien, Tz. 14 ff.

[40] S. *BKartA* TB 2009/2010, S. 37 ff.; kritisch zur Höhe der Geldbußen *Möschel,* WuW 2010, 869.

[41] BAnz 2006 Nr. 52, S. 1667; s. dazu *Eibl/Kübler,* ECLR 2007, 116; *Engelsing,* ZWeR 2006, 179; *Stockmann,* FS Bechtold, 2006, S. 559 (563 ff.); *van Vormizeele,* wistra 2006, 292.

[42] Bonusregelung II (Fn. 42), Tz. 3 ff.

[43] Bonusregelung II (Fn. 42), Tz. 2, 21 f.; im Ergebnis gebilligt durch *EuGH,* Urt. v. 14. 6. 2011 – C 360/09 – Pfleiderer m. Anm. *Fornasier/Sanner,* WuW 2011, 1067.

Sachverzeichnis

Die **fett** gesetzten Zahlen verweisen auf die Paragrafen des Buches, die mageren auf deren Randnummern.